COMMENT PROGRAMMER EN C++

TROISIÈME ÉDITION

H. M. Deitel
Deitel & Associates, Inc.

P. J. Deitel
Deitel & Associates, Inc.

LES
ÉDITIONS
**REYNALD
GOULET**
INC.

Comment programmer en C++

3e édition, Deitel et Deitel

Cet ouvrage est une version française de
C++ How to Program, Third Edition
Deitel & Deitel
Copyright © 2001, 1998, 1994 par Prentice-Hall, Inc.
Publié avec l'accord de Prentice Hall Inc., une division de Pearson Education

Traduction et adaptation :   William Piette
          Daniel Breton
          Alain Champagne
          Michèle Simond
          François Villeneuve
          Martin Villeneuve
          Jean-Marie Dirand

Infographie: *Productions André Ayotte inc.*

Copyright © 2001 Éditions Reynald Goulet inc.

www.goulet.ca

Bibliothèque nationale du Québec
Bibliothèque nationale du Canada

Imprimé au Canada

03 02 01   5 4 3 2 1

ISBN 2-89377-186-6

À

Don Kostuch:

Pour ton engagement empressé dans l'excellence de l'enseignement et de la rédaction de textes sur le C++ et la technologie des objets.

Merci d'avoir été notre mentor, notre collègue et notre ami.

Merci pour avoir été cette décennie notre plus critique, mais aussi plus positif relecteur.

Merci pour le sacrifice désintéressé de ton temps personnel passé à nous aider à respecter nos contraintes d'édition.

C'est un privilège pour nous d'avoir été tes étudiants.

Nous attendons avec impatience ta collaboration comme co-auteur de *Advanced C++ How To Program*.

Harvey et Paul Deitel

Table des matières

21 Les ajouts de la norme ANSI/ISO au langage C++   1067

Illustrations

5   Pointeurs et chaînes   **304**

6   Classes et abstraction de données   389

7   Classes: deuxième partie   452

8 Surcharge des opérateurs 523

9 Héritage 576

10   Fonctions virtuelles et polymorphisme   **625**

11   Flux d'entrée-sortie en C++   **659**

17 Le précompilateur 902

18 Concepts liés à l'héritage du C 915

A   Tableau de préséance des opérateurs   1102

B   Jeu de caractères ASCII   1104

C   Systèmes de numération   1105

Préface

Bienvenue dans le monde de la norme ANSI/ISO du C++ ! Ce livre a été rédigé par deux personnes: l'une est mûre et l'autre est jeune. La personne mûre (H.M.D., du Massachussetts Institute of Technology, 1967) a programmé et (ou) enseigné la programmation pendant 39 ans. La personne plus jeune (P.J.D., M.I.T., 1991) a programmé pendant 18 ans et a été prise par le virus de l'enseignement et de l'écriture. L'auteur senior programme et enseigne à partir de son expérience, l'auteur junior en fait de même à partir d'une réserve intarissable d'énergie. L'auteur senior veut de la clarté, l'auteur junior veut des performances. Le senior apprécie l'élégance et la beauté, tandis que le junior veut des résultats. Ils ont conjugué leurs efforts pour produire ce livre que vous trouverez, ils l'espèrent, informatif, intéressant et délassant.

L'adoption de la norme ANSI/ISO du C++ a créé une excitation toute particulière au sein de la communauté des acteurs du C++. L'ANSI ou American National Standards Institute, et l'ISO, ou International Standards Organization, ont coopéré pour développer ce qui constitue une des normes les plus importantes dans la communauté internationale de l'informatique.

Lorsque nous avons rédigé la deuxième édition de *Comment programmer en C++*, nous visions principalement l'enseignement supérieur et universitaire traditionnellement dévoué à l'apprentissage du Pascal et du C et mettant en évidence le paradigme de la programmation procédurale. Écrire un manuel d'apprentissage du C++ pour les deux premiers niveaux des écoles d'informatique était un défi considérable pour nous, car cela nous contraignait à décrire deux paradigmes de programmation, à savoir: la programmation procédurale, puisque le C++ inclut toujours le C, et la programmation orientée objets. Ceci doublait presque le volume des matières à présenter en introduction. Nous avons finalement choisi de présenter la matière provenant du C sur les types de données primitifs, les structures de contrôle, les fonctions, les tableaux, les pointeurs et les chaînes dans les cinq premiers chapitres, puis la programmation orientée objets dans les chapitres 6 à 15.

Comment programmer en C++ est vite devenu le livre d'apprentissage le plus répandu dans les établissements d'enseignement du monde entier! Nous avons retardé la rédaction de la nouvelle édition pour deux raisons:

1. D'abord, le C++ était en pleine mutation pendant cette période, de nouveaux brouillons du document de normalisation apparaissant de manière régulière, mais sans pour autant de signes évidents de la part du comité de normalisation que le brouillon soit sur le point d'une approbation, ni dans sa forme telle quelle, ni dans un court terme.

2. Ensuite, nous attendions un signe majeur nous indiquant qu'il était temps de rédiger une nouvelle édition de *Comment programmer en C++*. Ce fut le cas en juillet 1997, lorsque Bjarne Stroutstrup édita la troisième édition de son livre *The C++ Programming Language, Third Edition*. Stroutstrup a créé le C++ et ses livres sont le reflet des travaux définitifs sur le langage. À ce stade, nous avons considéré que la nouvelle définition du C++ était suffisamment stable pour nous autoriser à publier *Comment programmer en C++, deuxième édition*.

Nous avons dévié quelque peu notre attention entretemps, pour produire cinq publications sur Java. L'excitation engendrée par l'approbation de la norme ANSI/ISO du C++ a attiré à nouveau notre attention sur ce langage.

Comment programmer en C++, troisième édition

Nous avons opéré une révision en profondeur de cette troisième édition qui a amené des milliers de changements, en vue d'une meilleure finition. Nous avons également mis à jour les programmes du texte pour nous conformer à l'usage des espaces de noms (*namespaces*) de la norme du C++.

La particularité principale de cette troisième édition est une étude de cas complète, assortie de sa mise en pratique, d'une conception orientée objets à l'aide du langage UML (*Unified Modeling Language*). Nous considérons en effet que l'absence d'un engagement vers des projets de conception orientés objets de grande échelle est un des grands manquements des livres d'introduction à la programmation. Nous recommandons vivement cette étude de cas facultative, car elle étend considérablement l'expérience de l'étudiant dès la première année du programme universitaire. L'étude de cas offre à l'étudiant une opportunité de s'immerger dans un programme en C++ de plus de mille lignes, scrupuleusement ausculté par des réviseurs renommés de l'industrie et des milieux académiques.

Les éditions précédentes de ce livre comportaient des sections spéciales *À propos des Objets* à la fin des chapitres 1 à 7. Ces sections emmenaient l'étudiant parmi les étapes nécessaires à la conception d'un logiciel de simulation d'un ascenseur. Nous demandions aux étudiants de franchir ces étapes et de mettre en pratique leur conception en C++. Pour ce *Comment programmer en C++, troisième édition*, nous avons complètement remodelé cette étude de cas. À la fin des chapitres 1 à 7 et du chapitre 9, nous mettons à profit les sections *À propos des objets* pour proposer une introduction soigneuse à la conception orientée objets par le biais de l'UML. L'UML est aujourd'hui le schéma de représentation graphique le plus largement utilisé pour la modélisation des systèmes orientés objets. L'UML est un langage graphique complexe, très riche de possibilités. Nous ne présentons dans les sections *À propos des objets* qu'un sous-ensemble de ces possibilités, concis, simplifié. Nous exploitons ensuite ce sous-ensemble pour entraîner le lecteur dans sa toute première expérience de conception, avec un UML destiné au concepteur-programmeur novice en orientation objets. Nous présentons cette étude de cas dans une forme totalement résolue. Il ne s'agit pas ici d'un simple exercice, mais plutôt d'une expérience d'apprentissage menée du début à la fin, avec en conclusion un parcours détaillé du code en C++.

Dans chacun des cinq premiers chapitres, nous concentrons notre attention sur la méthodologie conventionnelle de la programmation structurée, parce que les objets que nous construirons seront composés au moins en partie de morceaux de programmes structurés. En fin de chaque chapitre, une section *À propos des objets* présente progressivement une introduction à l'orientation objets, grâce au langage UML. Notre but avec ces sections est d'aider l'étudiant à développer une manière de penser orientée objets, de sorte qu'il puisse immédiatement mettre en pratique les concepts de programmation orientée objets qu'il commencera à étudier au chapitre 6. Dans la première de ces sections, soit à la fin du premier chapitre, nous introduisons les concepts de base (le «penser objets») et la terminologie (le «parler objets»). Aux sections facultatives *À propos des objets* de la fin des chapitre 2 à 5, nous évoquons des notions plus évoluées tout en attaquant de front un problème de défi avec les techniques de la conception orientée objets (COO). Nous analysons un énoncé de problème type qui requiert l'édification d'un système, déterminons les objets nécessaires pour mettre en place ce système, les attributs que les objets doivent posséder, les comportements de ces objets pour afficher et spécifier la manière dont ils interagissent les uns avec les autres pour concorder avec les requis du système. Nous définissons tout ceci avant même d'analyser l'écriture de programmes orientés objets en C++. Aux sections des chapitres 6, 7 et 9, nous analysons une réalisation concrète en C++ du système orienté objets que nous avons conçu dans les chapitres précédents.

Cette étude de cas est d'une taille bien plus importante que tout autre projet envisagé dans le livre. Nous pensons qu'un étudiant acquiert une expérience significative en suivant le processus complet de cette conception et de sa mise en place. Ce projet nous a obligé a intégrer des notions que nous n'abordons nulle part ailleurs dans le livre, parmi lesquelles l'interaction entre objets, une analyse en profondeur des identificateurs, la philosophie de l'utilisation des références, de préférence par rapport aux pointeurs et l'usage de déclarations préliminaires (forward) pour éviter tout problème d'inclusion circulaire. Cette étude de cas prépare les étudiants aux genres de projets qu'ils en manqueront de rencontrer dans l'industrie.

Les sections *À propos des objets*

Au deuxième chapitre, nous entamons la première phase de la conception orientée objets (COO) du simulateur d'ascenseur et identifions les classes nécessaires à sa réalisation. Nous introduisons également le cas d'utilisation UML, les diagrammes de classes et d'objets, ainsi que les concepts d'association, de multiplicité, de composition, de rôles et de liens.

Le troisième chapitre nous amène à déterminer une grande partie des attributs de classes dont nous avons besoin pour mettre en place le simulateur d'ascenseur. Nous introduisons aussi le diagramme d'états de l'UML, les diagrammes d'activité et les concepts d'événements et d'actions lorsqu'ils concernent ces diagrammes.

Au quatrième chapitre, nous déterminons nombre des opérations, c'est-à-dire les comportements des classes de la simulation d'ascenseur. Nous introduisons le diagramme de séquence de l'UML et le concept des messages envoyés parmi les objets.

Le cinquième chapitre détermine les collaborations, c'est-à-dire les interactions entre les objets, nécessaires au système et représente ces collaborations dans le diagramme des collaborations de l'UML. Une bibliographie intermédiaire et une liste des ressources de l'Internet et du Web viennent compléter cette section, qui contiennent les caractéristiques techniques de l'UML 1.3 et d'autres matières de référence telles que des ressources générales, des didacticiels, des foires aux questions (FAQ), des articles, des descriptifs et des logiciels.

Au sixième chapitre, nous utilisons le diagramme de classes UML développé dans les sections précédentes pour dégager les fichiers d'en-têtes en C++ qui définissent nos classes. Nous introduisons le concept des identificateurs des objets du système et commençons l'étude de la mise en œuvre des identificateurs en C++.

Au chapitre 7, nous présentons un programme complet en C++ de simulation de l'ascenseur, d'un millier de lignes de code et un parcours méticuleux du code. Le code suit directement la conception en UML créée dans les autres sections et exploite nos bonnes pratiques de programmation, dont l'utilisation des fonctions et données membres statiques et constants. Nous analysons aussi l'allocation de mémoire dynamique, la composition, les interactions entre objets par l'entremise des identificateurs et la manière de mettre à profit les déclarations préliminaires pour éviter le problème des inclusions circulaires.

Au neuvième chapitre, nous mettons à jour le design de la simulation et sa réalisation concrète pour y intégrer l'héritage. Nous suggérons alors quelques modifications que l'étudiant peut concevoir et implanter à l'aide des outils présentés aux sections précédentes.

Nous souhaitons vraiment que cette toute nouvelle version mise à jour de l'étude de cas du simulateur d'ascenseur offre une expérience très stimulante et bien fondée tant aux étudiants qu'à leurs instructeurs. Nous utilisons une procédure par étapes progressives, soigneusement mise au point et orientée objets pour produire un design sous UML de notre simulateur d'ascenseur. À partir de cette conception, nous produisons une implantation totalement opérationnelle et d'une taille conséquente en C++ et, ceci, à l'aide de notions capitales de la programmation telles que les classes, les objets, l'encapsulation, la visibilité, la composition et l'héritage. Nous vous saurions gré de prendre quelques instants pour nous adresser vos commentaires, critiques et suggestions qui nous permettraient d'améliorer encore cette étude de cas, à l'adresse **deitel@deitel.com**.

Ensemble d'auxiliaires à Comment programmer en C++, troisième édition

Le but de tout notre labeur est de produire un livre et des accessoires que les instructeurs et les étudiants évalueront, nous l'espérons, à leur juste valeur. Les ressources accessoires suivantes sont disponibles:

- Le cédérom d'accompagnement placé sous la couverture de fin du livre contient les 268 exemples de programmes de *Comment programmer en C++, troisième édition*. Ils aident les formateurs à préparer plus vite leurs cours et les étudiants à maîtriser le C++. Les exemples sont également disponibles en téléchargement sur **www.deitel.com** (en anglais). Lorsque vous extrayez le code source du fichier ZIP, vous devez utiliser un lecteur de fichier ZIP tel que WinZip (**http://winzip.com/**) ou PKZIP (**http://www.pkware.com/**) qui tient compte des répertoires. Le contenu du fichier doit être extrait dans un répertoire distinct comme par exemple **cpecpp3e_exemples**.

- L'édition *Introductory* du logiciel *Microsoft Visual C++ 6* est fournie également sur le cédérom d'accompagnement. Elle permet aux étudiants d'écrire, de compiler et de déboguer des programmes en C++. Nous avons ajouté un petit didacticiel gratuit à Visual C++ 6 en format PDF d'Adobe Acrobat et en anglais sur notre site Web (**www.deitel.com**).

- Le *Manuel de l'Instructeur de Comment programmer en C++, troisième édition* sur cédérom contient les réponses en anglais à la plupart des exercices du livre. Les programmes sont répartis dans des répertoires par chapitre et numéros d'exercices.

- L'option *Multimedia Cyber Classroom: Third Edition*, en anglais, est une version du livre sur cédérom multimédia interactif pour Windows. Elle propose un parcours vocal des programmes, des questions de révision de sections, seulement disponibles sur cette version, un moteur de recherche textuel, la possibilité d'exécuter les programmes d'exemple et de bien d'autres encore. Le *Cyber Classroom* aide les étudiants à tirer un meilleur parti de leur cours. Il s'avère également utile aux étudiants qui ratent l'un ou l'autre cours et doivent le rattraper rapidement. Le *Cyber Classroom* n'est actuellement disponible qu'en anglais, soit sous une forme autonome, soit accompagné du livre dans un produit appelé The Complete C++ Training Course: Third Edition (ISBN 0-13-089563-6). Nous évoquerons plus en détail le Cyber Classroom plus loin dans cette préface.

- Le site Web d'accompagnement en anglais (**www.prenhall.com/deitel**) ou *Companion Web site*, fournit aux instructeurs et aux étudiants des ressources. Celles destinées aux enseignants comportent des annexes au livre (par exemple l'annexe D, *Ressources de l'Internet et du Web sur le C++*, et un gestionnaire de syllabus pour la planification des leçons. Les ressources destinées aux étudiants comportent les objectifs des chapitres, des questions du genre vrai ou faux, la mise en évidence de certains éléments des chapitres, des matières de références et un panneau d'affichage de messages.

- Des notes de leçons au format PowerPoint® pour les instructeurs, en anglais uniquement (*PowerPoint® Instructor Lecture Notes*), avec de nombreuses caractéristiques propres telles que le code source et une analyse des points principaux pour chaque programme et illustration majeurs. Ces notes de cours sont disponibles gratuitement aux enseignants et aux étudiants sur notre site **www.deitel.com**.

- Le manuel de laboratoire, disponible en anglais uniquement sous le nom de *Lab Manual* à partir du printemps 2001, contient des sessions bien délimitées de laboratoire d'informatique.

Une révolution dans le développement de logiciels

Depuis des années, le matériel informatique s'améliore de manière fantastique, tandis que les logiciels semblent résister pour une raison ou l'autre de manière rigide aux tentatives de les créer plus rapidement, et de les rendre meilleurs. Nous sommes actuellement en plein dans une révolution de la manière de concevoir et d'écrire les logiciels. Cette révolution se base sur la notion pleine de bon sens qui existe déjà dans le domaine matériel, des composants normalisés, interchangeables, de la même manière que le célèbre Henry Ford a conçu à son époque la Ford Modèle T. Les composants logiciels sont appelés des «objets» ou, plus exactement, des «classes», qui forment les gabarits à partir desquels on produira ensuite des objets.

Le plus mûr des langages dits orientés objets est Smalltalk, développé au début des années 1970 au Centre de recherches de Xerox, à Palo Alto. Mais le langage le plus largement utilisé (de l'ordre de dix fois plus que Smalltalk) est très certainement le C++, créé par Bjarne Stroutstrup et d'autres personnes au début des années 1980 chez AT&T. Dans le laps de temps compris entre les deux premières éditions de ce livre, un autre prétendant est apparu sur la scène: le langage de programmation orienté objets Java, développé au début des années 1990 par James Gosling et d'autres personnes de Sun Mycrosystems.

On peut se demander pourquoi un nouveau langage de programmation apparaît ainsi à peu près tous les dix ans. Smalltalk était véritablement en avance sur son temps et servait le dessein d'une expérience dans le domaine de la recherche. Le C++ est apparu juste à la bonne époque, sert encore actuellement pour la programmation de systèmes de très hautes performances et rencontre les besoins habituels du développement d'applications. Java™ offre aux développeurs la possibilité de créer des applications de grande portabilité, intensivement équipées de multimédia, destinées à une forte implication du réseau et, ceci, sous l'Internet et le Web.

Programmation procédurale, programmation à base d'objets, programmation orientée objets et programmation générique

Dans ce livre, vous apprendrez à maîtriser les cinq principaux composants du C++ ainsi que quatre paradigmes modernes de programmation.

1. La *programmation procédurale* en C est traitée aux chapitres 1 à 5 et 16 à 18 qui couvrent notamment les types de données, les structures de contrôle, les fonctions, les tableaux, les pointeurs, les chaînes de caractères, les structures, la manipulation des bits et des caractères, la précompilation et d'autres sujets.

2. Les améliorations du C++ à la *programmation procédurale* en C sont traitées dans les sections 3.15 à 3.21 du chapitre 3. Les principaux thèmes couverts comprennent: les fonctions **inline**, les références, les arguments par défaut, la surcharge des fonctions et les modèles de fonctions.

3. La *programmation à base d'objets* en C++ est traitée dans les chapitres 6 à 8. Les thèmes couverts comprennent: les types de données abstraits, les classes, les objets, l'encapsulation, le masquage de l'information, le contrôle de l'accès aux membres, les constructeurs et les destructeurs, la réutilisation de logiciels, les objets constants et les fonctions membres, la composition, l'amitié, l'allocation dynamique de la mémoire, les membres statiques, le pointeur **this** et d'autres sujets.

4. La *programmation orientée objets* en C++ est traitée dans les chapitres 9 à 15, 19 et 21. Les thèmes couverts comprennent: les classes de base, l'héritage unique, les classes dérivées, l'héritage multiple, les fonctions virtuelles, le liage dynamique, le polymorphisme, les fonctions virtuelles pures, les classes abstraites et les classes concrètes, les entrées-sorties de flux, le traitement des exceptions, le traitement des fichiers, les structures de données, les chaînes comme objets à part entière, le type de données **bool**, les opérateurs de transtypage, les espaces de noms, l'information de type valorisée à l'exécution (*RTTI*), les constructeurs explicites et les membres de données mutables.

5. La *programmation générique* en C++ est traitée au chapitre 20. Les thèmes couverts comprennent: la bibliothèque de modèles standard (*STL, Standard Template Library*), les conteneurs modélisés, les conteneurs de séquence et les conteneurs associatifs, les adaptateurs de séquence, les itérateurs qui traversent les conteneurs modélisés et les algorithmes qui traitent les éléments de ces conteneurs.

Évolution du Pascal et du C au C++ et à Java™

Le C++ a remplacé le C comme le langage préféré d'implantation des systèmes dans l'industrie. La programmation en C conservera cependant son statut d'atout dans un curriculum vitae du fait de la quantité énorme de code hérité du C qu'il reste à entretenir. Le Dr Harvey M. Deitel enseigne depuis deux décennies les cours préparatoires d'introduction à la programmation en environnement collégial, en mettant l'accent sur le developpement de programmes écrits avec clarté et structure. L'essentiel de ces cours réside dans les principes de base de la programmation, avec une évidence toute particulière sur l'utilisation effective des structures de contrôle et le découpage en fonctions. Nous présentons cette matière exactement de la même manière que H.M.D. le fait dans ses cours universitaires. Quelques pièges demeurent mais, lorsqu'ils apparaissent, nous les dénonçons et expliquons les procédures qui permettent de les gérer efficacement. Note expérience montre que les étudiants abordent le cours de la même manière qu'ils abordent les cours de Pascal et de C. Une petite différence néanmoins: les étudiants montrent une meilleure motivation dans la mesure où ils savent qu'ils étudient un langage de pointe, le C++, et un paradigme de programmation à la pointe du progrès, la programmation orientée objets, et qu'ils pourront les exploiter immédiatement lorsqu'ils quitteront l'environnement académique. Il montrent un meilleur enthousiasme pour la matière, ce qui constitue une aide supplémentaire lorsque l'on considère la difficulté accrure de l'apprentissage du C++ par rapport au Pascal ou au C.

Notre but était clair: produire un manuel d'apprentissage du C++ pour les étudiants ayant peu ou pas d'expérience de la programmation, tout en offrant un traitement approfondi et rigoureux de la théorie et de la pratique nécessaires pour les cours de plus haut niveau. Pour atteindre ces objectifs, nous avons rédigé un livre plus volumineux que les autres ouvrages sur le C++, afin d'enseigner non seulement les principes de la programmation procédurale, mais aussi ceux de la programmation à base d'objets, de la programmation orientée objets et de la programmation générique. Des centaines de milliers de personnes à travers le monde ont étudié ces matières à l'école ou dans le cadre de séminaires professionnels.

Jusqu'au début des années 1990, les cours d'informatique se concentraient sur la programmation procédurale en Pascal ou en C. Depuis lors, ces cours ont fortement évolué vers la programmation orientée objets en C++ et en Java. Chez Deitel & Associates, Inc., nous concentrons nos efforts sur la production de matériels de formation de qualité sur les langages de programmation les plus «pointus» du moment. Tandis que *Comment programmer en C++, troisième édition* entre sous presse, nous travaillons sur *Java How To Program: Fourth Edition* (*Comment programmer en Java, quatrième édition*), *Advanced C++ How To Program* et *Advanced Java How To Program*.

Présentation de la programmation orientée objets dès le premier chapitre!

Concevoir ce livre n'a pas été une sinécure! Devrait-il porter exclusivement sur la programmation orientée objets ou devrait-il plutôt proposer une approche hybride équilibrant la programmation procédurale et la programmation orientée objets?

De nombreux formateurs qui se serviront de ce livre ont déjà enseigné la programmation procédurale en C ou en Pascal. Le C++ lui-même n'est pas purement orienté objets, mais est plutôt un langage qui permet aussi bien la programmation procédurale que la programmation orientée objets.

Nous avons donc choisi de traiter la programmation procédurale en C++ dans les cinq premiers chapitres du manuel en y présentant des notions d'informatique, les structures de contrôle ainsi que les fonctions, tableaux, pointeurs et chaînes. Ces chapitres couvrent les éléments C du C++ et les améliorations procédurales apportées au C par le C++.

Nous avons apporté une petite touche qui rend ces cinq premiers chapitres tout à fait uniques: chacun de ces chapitres se termine par une section spéciale, *À propos des objets*, destinée à aider les étudiants à se familiariser avec les objets et leurs comportements.

Dans la section *À propos des objets* du premier chapitre, nous introduisons les concepts et la terminologie de l'orientation objets. Dans les chapitres 2 à 5, ces sections présentent les exigences d'une spécification pour un gros logiciel orienté objets – la construction d'un simulateur d'ascenseur – et guident les étudiants dans les étapes types du processus de conception orienté objets. Elles expliquent comment identifier les objets d'un problème, comment spécifier les attributs et les comportements des objets et comment préciser leurs interactions. Dès la fin du cinquième chapitre, les étudiants ont complété une bonne conception orientée objets du simulateur d'ascenseur et sont prêts à commencer à le programmer en C++, ce qu'ils commenceront à faire à partir des chapitres 6 et 7, où nous traitons de l'abstraction des données et des classes. La section correspondante du neuvième chapitre applique les concepts de l'héritage en C++ au simulateur d'ascenseur.

À propos de ce livre

Comment programmer en C++ propose un large éventail d'exemples, d'exercices et de projets diversifiés, destinés à donner aux étudiants la chance de résoudre des problèmes intéressants du monde réel. Axé sur les principes du bon génie logiciel et sur l'importance de la clarté des programmes, il est essentiellement fondé sur l'apprentissage par la pratique et renferme donc peu d'arcanes terminologiques et syntaxiques.

Ce livre a été rédigé par des formateurs qui passent la majeure partie de leur temps à enseigner et à écrire des ouvrages sur les langages de programmation à la pointe du progrès.

Le texte insiste sur la pédagogie. Ainsi, presque chaque nouveau concept du C++ ou de la programmation orientée objets est présenté dans le cadre d'un programme en C++ fonctionnel, immédiatement suivi d'une fenêtre montrant la sortie produite. Ce format est ce que nous appelons «l'approche par code en direct».

Parmi les autres outils pédagogiques utilisés, vous trouverez au début de chaque chapitre un ensemble d'*Objectifs* et un *Aperçu* de la matière couverte. Vous trouverez aussi dans chaque chapitre des séries d'astuces sur les erreurs de programmation les plus courantes, les bonnes pratiques de programmation, la performance, la portabilité, le génie logiciel et les tests et le débogage. Tous ces conseils sont repris en bloc à la fin de leur chapitre. Vous trouverez encore un résumé de chaque chapitre et un glossaire alphabétique des nouveaux termes appris. Des exercices de révision et leurs réponses, ainsi que la plus riche collection d'exercices qui soit, viennent couronner le tout.

Les exercices proposés vont des questions de rappel les plus simples aux projets d'importance, en passant par des problèmes de programmation épineux. Les formateurs désireux de faire travailler leurs étudiants sur des projets de session complets trouveront de nombreux problèmes adéquats dans les exercices des chapitres 3 à 21. Nous n'avons épargné aucun effort dans ces exercices pour augmenter encore la valeur de ce cours pour les étudiants.

Tout au long de ce livre, nous avons utilisé une série de compilateurs C++. Pour la plupart, les programmes de ce manuel fonctionnent sur tous les compilateurs compatibles ANSI/ISO.

Le livre se base sur le langage de programmation tel qu'il a été développé respectivement par l'*Accredited Standard Committee X3, Information Technology* et son *Technical Commitee X3J16, Programming Language C++*. Ce Langage est approuvé par l'*International Standards Organization* (ISO). Pour de plus amples détails, contactez :

X3 Secretariat
1250 Eye street NW
Washington DC 20005

Le programmeur méticuleux lira ces documents et s'y référera d'une manière périodique. Ces documents n'ont rien de didacticiels. Ils définissent plutôt le C et le C++ avec le niveau de précision extraordinaire que les créateurs de compilateurs et les développeurs aguerris exigent.

Nous avons soigneusement vérifié et fait vérifier notre exposé vis à vis de ces documents. Notre livre est destiné à une utilisation aux niveaux élémentaires et intermédiaires de la formation au C++. Nous n'avons cependant pas cherché à couvrir toutes les possibilités analysées dans ces documents exhaustifs.

Objectifs
Chaque chapitre commence par un énoncé des objectifs. Celui-ci indique à l'étudiant à quoi s'attendre et lui permet, une fois le chapitre lu, de déterminer s'il a atteint ces objectifs. Il crée la confiance et renforce l'apprentissage.

Aperçu
L'aperçu du chapitre donne à l'étudiant une vue d'ensemble chronologique de la matière qui y sera traitée. Sachant ce qui l'attend, l'élève sera mieux préparé à établir un rythme d'apprentissage confortable et efficace.

Sections
Chaque chapitre est structuré en de nombreuses petites sections traitant des points clés, plutôt qu'en grosses sections générales.

13 741 lignes de code à syntaxe colorée dans 268 programmes modèles
(avec les sorties des programmes)
Les fonctionnalités du C++ sont présentées dans le cadre de programmes complets et fonctionnels, chacun suivi d'une fenêtre contenant la sortie produite lors de l'exécution du programme. Cette approche, que nous désignons d'approche de code en direct, permet à l'étudiant de confirmer que les programmes s'exécutent comme prévu, est une excellente façon d'apprendre et, par une lecture attentive du code qui a produit les différents résultats, améliore l'étude et permet de renforcer les concepts. Nos programmes explorent les différentes possibilités du C++. La lecture de ce livre ne se limite pas à la seule introduction et à l'exécution des programmes proposés sur un ordinateur. La mise en évidence de la syntaxe du code par des conventions de couleurs pour les mots-clés du C++, les commentaires et le reste du texte des programmes facilite la lecture du code.

Les étudiants apprécient particulièrement cette coloration de la syntaxe lorsqu'ils abordent les programmes de taille importante que nous leur présentons.

469 illustrations et figures

Ce livre comprend un grand nombre de tableaux, dessins et illustrations en couleurs. Notre discussion des structures de contrôle au deuxième chapitre est illustrée au moyen d'ordinogrammes soigneusement préparés. En effet, même si nous ne les enseignons pas ici comme outil de développement de programmes, les ordinogrammes sont utiles pour mieux illustrer le fonctionnement des structures de contrôle du C++. Dans notre présentation des structures de données au chapitre 15, nous utilisons des dessins linéaires colorés pour montrer le processus de création et de maintenance des listes liées, des queues, des piles et des arbres binaires. Le reste du livre est abondant d'illustrations.

625 astuces de programmation

Nous avons inclus six éléments de conception pour aider les étudiants à se concentrer sur les aspects importants du développement de programmes, des tests et du débogage, de la performance et de la portabilité. Les centaines d'astuces et de conseils donnés ici représentent ce que nous avons accumulé de mieux au cours de nos dizaines d'années d'expérience en programmation et en enseignement. Ils procurent une base sur laquelle construire de bons logiciels. Ces astuces se répartissent comme suit :

112 bonnes pratiques de programmation

Ces bonnes pratiques sont mises en évidence afin d'attirer l'attention des étudiants sur des techniques favorisant la création de meilleurs programmes. Lorsque nous enseignons les fondements de la programmation à des novices, nous les avertissons de ce que tout notre cours repose sur la notion de «clarté» et que nous relèverons sous cette rubrique les techniques qui leur permettront d'écrire des programmes plus clairs, plus compréhensibles et plus faciles à maintenir.

216 erreurs de programmation courantes

Les étudiants qui apprennent un langage, surtout au début, tendent à commettre souvent les mêmes erreurs. Attirer leur attention sur ces erreurs les aide à ne plus les répéter. Certaines de celles que nous rapportons ici sont moins fréquentes mais nous les avons intégrées à cette rubrique pour éviter d'avoir à créer une autre catégorie d'astuces.

87 astuces sur la performance

D'après notre expérience, apprendre aux étudiants à écrire des programmes clairs et compréhensibles est, de loin, l'objectif le plus important dans un premier cours de programmation. Par contre, ils sont pressés d'atteindre un certain niveau et veulent découvrir comment accélérer leurs programmes. Tous veulent écrire les programmes les plus rapides et les moins gourmands en mémoire, ceux qui nécessitent le moins de frappes au clavier ou qui étonnent de bien d'autres façons. C'est pourquoi nous avons inclus ces astuces qui mettent en lumière les possibilités d'amélioration de la performance des programmes.

37 astuces sur la portabilité

Le développement de logiciels est une activité complexe et coûteuse. Les organisations qui œuvrent dans ce domaine doivent souvent produire des versions adaptées à différents types d'ordinateurs et de systèmes d'exploitation. C'est pourquoi la portabilité, c'est-à-dire la capacité d'un logiciel à s'exécuter sur divers systèmes informatiques avec peu ou pas de changements au code, est importante aujourd'hui. Nombre de gens vantent le C++ à cet effet, notamment grâce au lien fort entre le C++ et le C ANSI/ISO, mais aussi au fait que le C++ ANSI/ISO est une norme globale. Ils croient que, s'ils implantent une application en C++, celle-ci sera automatiquement exécutable partout. Ceci n'est pas du tout le cas. Parvenir à la portabilité exige une conception soignée, prudente et comporte de nombreuses embûches. Les astuces présentées sous cette rubrique devraient aider les étudiants à écrire du code portable.

146 observations de génie logiciel

Le paradigme de la programmation orientée objets exige de repenser complètement notre manière de construire des logiciels. Le C++ est un langage efficace en matière de génie logiciel. Les observations présentées sous cette rubrique soulignent les techniques, les problèmes de conception et d'autres questions qui peuvent affecter l'architecture et la construction de logiciels et, plus particulièrement, les systèmes à grande échelle. Presque tout ce que les étudiants apprendront ici leur sera utile pour les cours plus avancés et dans leur milieu de travail, lorsqu'ils commenceront à travailler sur de gros systèmes complexes.

27 astuces de tests et de débogage

Le titre de cette rubrique est peut-être inexact. Quand nous avons décidé d'incorporer ces astuces dans cette seconde édition, nous pensions qu'elles seraient des suggestions pour tester les programmes en vue d'exposer les bogues et des recommandations sur la façon de les corriger. Toutefois, la plupart de ces conseils sont davantage des observations sur les possibilités et les fonctionnalités du C++ qui empêchent les bogues d'infester les programmes.

Résumé

Le *Résumé* reprend sous forme de liste à puces toute la matière vue dans un chapitre. Il aide l'étudiant à réviser et à renforcer les principaux concepts étudiés. Chaque sommaire reprend environ 37 notions.

Terminologie

Chaque chapitre comprend un glossaire alphabétique des principaux termes qui ont été définis dans le texte. Chaque liste renferme environ 72 mots et locutions.

Résumé des astuces, pratiques et erreurs

Toutes les astuces, pratiques et erreurs de programmation vues dans un chapitre sont intégralement reprises à la fin du chapitre.

554 exercices de révision et leurs réponses

Ces exercices et leurs réponses sont fournis à des fins d'autoformation. Ils permettent à l'étudiant de confirmer et renforcer ses connaissances avant d'attaquer les exercices réguliers.

877 exercices (ou 1431 en comptant les éléments d'exercices)

Chaque chapitre se termine par un ensemble imposant d'exercices comprenant: des rappels sur la terminologie et les concepts; l'écriture d'instructions individuelles, de petites portions de fonctions et de classes, et de programmes complets en C++; ainsi que le développement d'un gros projet de session. Le grand nombre d'exercices proposé permet aux formateurs d'adapter leurs cours aux besoins des participants et de varier les travaux à chaque session ou semestre. Les enseignants peuvent utiliser ces exercices dans le cadre de devoirs à la maison, d'interrogations éclairs et d'examens de fin d'année.

Un manuel Corrigé des exercices avec les solutions des exercices

Les solutions des exercices sont reprises sur le cédérom du formateur (*Instructor's CD*, uniquement disponible en anglais) et sur les disques accessibles uniquement aux instructeurs auprès des représentants de Prentice Hall. **Note: ne nous écrivez pas pour demander le cédérom du formateur. La distribution de celui-ci est restreinte aux professeurs de collèges et universités qui établissent leurs cours sur ce livre. Les instructeurs peuvent obtenir le manuel des solutions auprès des seuls représentants de Prentice Hall.** Les solutions à environ la moitié des exercices sont insérées dans le cédérom du *C++ Multimedia Cyber Classroom: Third Edition*. Le site **www.deitel.com** donne plus d'informations à ce sujet, et notamment sur les modalités de commande.

4523 entrées d'index (pour un total approximatif de 7653 références croisées)

Un index complet regroupant les principaux termes et concepts étudiés termine le livre. Cet index peut être utile pour retrouver des notions particulières et pour les programmeurs qui se servent de cet ouvrage comme référence. La plupart des termes listés dans la section *Terminologie* de chaque chapitre, notamment, sont repris dans l'index. L'étudiant utilisera l'*Index* conjointement aux listes de *Terminologie* pour vérifier qu'il a bien assimilé les matières clés de chaque chapitre.

Tour d'horizon du livre

Ce livre est divisé en plusieurs parties. La première, constituée des chapitres 1 à 5, est une présentation approfondie de la programmation procédurale en C++ et, notamment, des types de données, des entrées-sorties, des structures de contrôle, des fonctions, des tableaux, des pointeurs et des chaînes. La section *À propos des objets* de la fin des chapitres 1 à 5 introduit la technologie des objets, présente une étude de cas facultative mais intéressante de conception et de réalisation d'un logiciel complet orienté objets, de taille conséquente.

La deuxième partie, soit les chapitres 6 à 8, traite en détail de l'abstraction des données avec les classes, les objets et la surcharge des opérateurs. Cette section pourrait à juste titre être appelée «Programmation avec des objets». Les sections *À propos des objets* des fins de chapitres 6 et 7 développent et présentent un programme en C++ d'un millier de lignes qui met en place la conception des chapitres 2 à 5.

La troisième partie (chapitres 9 et 10) présente l'héritage, les fonctions virtuelles et le polymorphisme, c'est-à-dire les technologies de base de la vraie programmation orientée objets. La section *À propos des objets* de la fin du chapitre 9 intègre l'héritage dans la conception et la réalisation du simulateur d'ascenseur.

La quatrième partie (chapitres 11 et 14) traite des entrées-sorties de flux de type C++. Nous y verrons notamment l'emploi des E/S de flux avec le clavier, l'écran, les fichiers et les tableaux de caractères. Cette partie présente aussi le traitement séquentiel des fichiers et le traitement à accès direct (ou accès aléatoire).

La cinquième partie (chapitres 12 et 13) présente deux des plus récents ajouts au C++, à savoir les modèles et le traitement des exceptions. Les modèles, aussi dénommés types paramétrés, favorisent la réutilisation du code. Quant aux exceptions, elles aident les programmeurs à développer des systèmes commerciaux et des systèmes spécialisés plus robustes et tolérants aux pannes.

La sixième partie (chapitre 15), traite en détail des structures de données dynamiques comme les listes liées, les queues, les piles et les arbres. Alliée au traitement de la bibliothèque de modèles standard du C++ au chapitre 20, cette section forme un complément indispensable aux cours traditionnels sur les structures de données et les algorithmes.

La septième partie (chapitres 16 à 18) parle d'un large éventail de thèmes, notamment de la manipulation des bits, des caractères et des chaînes; du précompilateur et de divers autres sujets.

La dernière partie, soit les chapitres 19 à 21, est consacrée aux dernières améliorations au C++ et à la bibliothèque standard du C++. Nous y traitons notamment de la classe string, du traitement de flux de chaînes, de la bibliothèque de modèles standard (STL, *Standard Template Library*) et d'une foule d'autres ajouts au C++.

Cet ouvrage se termine par des listes de documents de référence, des annexes sur la préséance des opérateurs, le jeu de caractères ASCII, les systèmes de numération (binaire, décimal, octal et hexadécimal), ainsi qu'une liste de ressources disponibles sur Internet et sur le Web. Le tout se termine par un imposant index où le lecteur pourra repérer les termes qu'il recherche dans le livre.

Examinons maintenant chaque chapitre d'un peu plus près.

Chapitre 1 – Introduction aux ordinateurs et à la programmation en C++. Décrit les ordinateurs, leur mode de fonctionnement et comment ils sont programmés. Nous y introduisons la notion de programmation structurée et expliquons pourquoi cet ensemble de techniques a suscité une révolution dans la façon d'écrire les programmes. Ce chapitre raconte brièvement l'évolution des langages de programmation depuis les langages machine aux langages d'assemblage à ceux de haut niveau. Nous y discutons aussi des origines du C++, présentons un environnement type de programmation en C++ et introduisons le mode d'écriture précis d'un programme en C++. Nous y décrivons également en détail le processus de prise de décision et les opérations arithmétiques du C++. Nous avons également introduit ici egalement un tout nouvel «aspect et comportement» à nos programmes sources en C++, plus ouvert, plus facile à lire, grâce à une mise en évidence colorée des éléments de syntaxe du code, permettant de repérer au simple coup d'œil les mots-clés, les commentaires et le texte plus conventionnel. Après avoir étudié ce chapitre, l'étudiant sera à même d'écrire des programmes simples mais complets en C++. Nous parlons aussi des espaces de noms et de l'instruction **using** pour ceux de nos lecteurs qui ont accès à des compilateurs conformes à la norme. Nous employons le nouveau style des fichiers d'en-têtes. Il faudra encore plusieurs années pour éliminer les anciens compilateurs car ceux-ci sont encore très répandus. Les lecteurs désireux de plonger directement dans l'orientation objets sont invités à lire les sections *À propos des objets* pour prendre connaissance de la terminologie de base de la technologie des objets.

Chapitre 2 – Structures de contrôle. Introduit la notion des algorithmes (procédures) pour résoudre des problèmes. Nous y expliquons l'importance d'utiliser les structures de contrôle efficacement pour produire des programmes qui soient faciles à comprendre, à déboguer, à maintenir et mieux à même de fonctionner correctement dès le premier essai. Nous y présentons la structure de séquence, les structures de sélection (**if**, **if/else** et **switch**) et les structures de répétition (**while**, **do/while** et **for**). Nous examinons la répétition en détail et comparons les boucles contrôlées par compteur et des boucles contrôlées par sentinelle. Nous y expliquons la méthode de l'affinage par étapes descendant, une technique essentielle à la production de programmes bien structurés, et présentons le pseudocode, un outil populaire d'aide à la conception de programmes. Les méthodes et les techniques dont nous nous servons au chapitre 2 pour utiliser efficacement les structures de contrôles sont applicables non seulement au C++ mais à tous les langages de programmation. Ce chapitre aide l'étudiant à développer de bonnes habitudes de programmation avant d'attaquer les tâches plus substantielles qui suivent dans le reste du livre. Nous terminons ce chapitre par les opérateurs logiques **&&** (et), **||** (ou) et **!** (non) et par un tableau des mots-clés auquel nous avons ajouté les nouveaux mots-clés. Nous introduisons aussi l'opérateur **static_cast** du nouveau style, qui est plus sûr que l'opérateur de transtypage hérité du C et nous discutons des nouvelles règles d'étendue pour les compteurs de boucles dans les boucles **for**. Du côté des exercices pratiques, nous avons ajouté le problème de «Peter Minuit» pour explorer les merveilles de l'intérêt composé. Nous étudions aussi les nouvelles règles de portée dans les boucles de comptage par **for**. Dans la section *À propos des objets*, nous abordons la première phase de conception orientée objets (COO) du simulateur d'ascenseur, indentifiant les classes nécessaires pour mettre en place le simulateur. Nous envisageons aussi les diagrammes des cas d'utilisation, des classes et des objets en UML ainsi que les concepts des associations, de la multiplicité, de la composition, des rôles et des liens.

Chapitre 3 – Fonctions. Traite de la conception et de la construction des modules de programmes. Les possibilités du C++ en matière de fonctions comprennent les fonctions de la bibliothèque standard, les fonctions définies par le programmeur, la récursion, les appels par valeur et les appels par référence. Les techniques présentées dans ce chapitre sont essentielles pour produire des programmes bien structurés, particulièrement les applications et logiciels plus gros que les étudiants seront appelés à développer lorsqu'ils seront sur le marché du travail. Nous présentons la stratégie «diviser pour mieux régner», un moyen efficace pour résoudre des problèmes complexes en les divisant en composants interactifs plus simples. Les étudiants apprécient généralement notre exposé sur les nombres aléatoires et la simulation, ainsi que notre discussion de la «barbotte», un jeu de dés qui fait un usage élégant des structures de contrôle. Ce chapitre propose une solide introduction à la récursion et comprend un tableau répertoriant les douzaines d'exemples et d'exercices répartis dans le reste du manuel. Parmi la soixantaine d'exercices qui terminent le chapitre, l'étudiant trouvera plusieurs problèmes classiques de récursion, notamment les «Tours de Hanoi». Ce chapitre traite également des soi-disant améliorations apportées au C par le C++, dont les fonctions inline, les paramètres de référence, les arguments par défaut, l'opérateur unaire de résolution de portée, la surcharge des opérateurs et les modèles de fonction. Nous avons modifié le tableau des fichiers d'en-tête en y ajoutant bon nombre des nouveaux fichiers d'en-tête que nous utiliserons tout au long du livre. Dans ce chapitre, n'oubliez pas de faire l'exercice 3.54 qui vous ajoute des possibilités de pari au programme de jeu de la barbotte. La section *À propos des objets* montre comment déterminer les attributs dont les classes du simulateur d'ascenseur auront besoin. Nous introduisons dans cette section le diagramme d'état de l'UML, les diagrammes d'activité et les concepts des événements et des actions au fur et à mesure où ils apparaissent en relation avec ces diagrammes.

Chapitre 4 – Tableaux. Traite de l'organisation des données dans des tableaux (ou des groupes) d'éléments connexes du même type. Dans ce chapitre, nous présentons de nombreux exemples de tableaux à indices simples et des tableaux à indices doubles. En programmation structurée, il est bien connu qu'organiser les données correctement est aussi important que de bien utiliser les structures de contrôle. Les exemples proposés dans ce chapitre examinent diverses manipulations courantes des tableaux, l'impression d'histogrammes, le tri de données, le passage de tableaux à des fonctions et une introduction au domaine de l'analyse de données de sondage (avec des statistiques simples). Une des caractéristiques de ce chapitre est la présentation des techniques élémentaires de tri et de recherche, ainsi que la discussion sur le tri binaire, une fonctionnalité considérablement plus efficace que la recherche linéaire. Les 94 exercices à la fin du chapitre comprennent une foule de problèmes intéressants mettant en œuvre des techniques de tri améliorées, la conception d'un système de réservation de billets d'avion, une introduction aux tortues graphiques (rendues célèbres dans le langage LOGO), ainsi que les problèmes du «Tour des chevaliers» et des «Huit reines». Ces deux derniers problèmes introduisent la notion de programmation heuristique, une méthode très populaire en intelligence artificielle. Les exercices se terminent par de nombreux problèmes sur la récursion comprenant le tri par sélection, les palindromes, la recherche linéaire, la recherche binaire, les huit reines, l'impression d'un tableau, l'impression à rebours d'une chaîne et la recherche de la valeur minimale dans un tableau. Ce chapitre utilise des tableaux de style C qui, comme le lecteur le verra au chapitre 5, sont en réalité des pointeurs vers le contenu du tableau en mémoire. Nous considérons certainement les tableaux comme des objets à part entière. Au chapitre 8, nous utilisons les techniques de surcharge des opérateurs pour modeler une précieuse classe **Array** à partir de laquelle nous créons des objets **Array**, bien plus robustes et agréables à utiliser en programmation que les tableaux du chapitre 4. Au chapitre 20, *Bibliothèque de modèles standard*, nous introduisons la classe **vector** qui, lorsque utilisée avec les itérateurs et les algorithmes couverts dans ce chapitre, crée un solide traitement des tableaux comme objets à part entière. La section *À propos des objets* guide l'étudiant à travers les étapes nécessaires pour déterminer les comportements, c'est-à-dire les opérations, des classes dans le simulateur d'ascenseur. Nous introduisons aussi le diagramme de séquence de l'UML, en conjonction avec le concept des messages envoyés entre objets.

Chapitre 5 – Pointeurs et chaînes. Présente l'une des caractéristiques les plus puissantes mais les plus difficiles à maîtriser du C++, à savoir: les pointeurs. Le chapitre explique en détail les opérateurs de pointeurs, l'appel par référence, les expressions de pointeurs, l'arithmétique de pointeurs, les relations entre les pointeurs et les tableaux, les tableaux de pointeurs et les pointeurs vers les fonctions. Pointeurs, tableaux et chaînes étant intimement liés en C++, nous introduisons donc les concepts de base sur la manipulation des chaînes et présentons quelques-unes des fonctions de manipulation de chaînes les plus populaires comme **getline** (entrer une ligne de texte), **strcpy** et **strncpy** (copier un chaîne), **strcat** et **strncat** (concaténer deux chaînes), **strcmp** et **strncmp** (comparer deux chaînes), **strtok** (diviser une chaînes en jetons) et **strlen** (calculer la longueur d'une chaîne). Les 49 exercices du chapitre comprennent une simulation de la course du lièvre et de la tortue, des algorithmes de brassage et de distribution de cartes, le tri rapide récursif et les traversées de labyrinthe récursives. Une section spéciale, intitulée *Construire votre ordinateur*, explique la programmation en langage machine et se poursuit par un projet impliquant la conception et la mise en œuvre d'un simulateur d'ordinateur qui permet à l'étudiant d'écrire et d'exécuter des programmes en langage machine. Cette portion unique du texte est particulièrement utile pour comprendre le fonctionnement des ordinateurs. Au chapitre 15, une autre section spéciale guide le lecteur dans la construction d'un compilateur; le langage machine généré par ce compilateur est ensuite exécuté sur le simulateur de langage machine réalisé au chapitre 7. Les informations sont communiquées du compilateur au simulateur dans des fichiers séquentiels, une fonctionnalité dont nous traitons au chapitre 14. Une autre section spéciale offre des exercices stimulants sur la manipulation de chaînes connexes à l'analyse de texte, le traitement de texte, l'impression de dates en divers formats, la protection des chèques, l'écriture du mot équivalant au montant d'un chèque, le code Morse et les conversions du système métrique au système impérial. Le lecteur voudra peut-être revoir ces exercices de manipulation de chaînes après avoir étudié la classe **string** au chapitre 19. De nombreuses personnes trouvent que les pointeurs sont, de loin, la partie la plus difficile des cours d'introduction à la programmation. En C et en « C++ brut », les tableaux et les chaînes sont en réalité des pointeurs vers le contenu de tableaux et de chaînes en mémoire. Même les noms de tableaux sont des pointeurs. Une étude attentive de ce chapitre permettra à l'étudiant d'acquérir une solide compréhension des pointeurs, aussi ardus soient-ils.

Nous vous rappelons que, plus loin dans le livre, nous traitons les tableaux et les chaînes comme des objets à part entière. Au chapitre 8, nous utiliserons la surcharge des opérateurs pour modeler des classes **Array** et **String**. Au chapitre 19, nous parlons de la classe **string** de la bibliothèque standard et montrons comment manipuler des objets **string**. Au chapitre 20, nous discutons de la classe **vector**. Le chapitre 5 est rempli d'exercices stimulants. Ne ratez pas la section *Construire votre propre ordinateur*. Dans la section *À propos des objets*, nous déterminons nombre des collaborations (interactions entre les objets du système) nécessaires pour mettre en place le simulateur d'ascenseur et représenter ces collaborations dans le diagramme de collaboration de l'UML. Une bibliographie vient compléter ce chapitre, ainsi qu'une liste de ressources de l'Internet et du Web relatives à la norme 1.3 d'UML et à toute une série de matières de référence, de ressources générales, de didactciels, de FAQ, d'articles et de logiciels.

Chapitre 6 – Classes et abstractions de données. Ce chapitre marque le point de départ de notre étude de la programmation à base d'objets. Il nous donne l'occasion d'enseigner l'abstraction de données de la bonne façon, c'est-à-dire au moyen d'un langage, le C++, expressément dévolu à la mise en œuvre de types de données abstraits (ADT, *abstract data type*). Ce chapitre traite de l'implantation des ADT sous forme de structures et de classes de style C++, de l'accès aux membres d'une classe, de la façon de séparer l'interface de l'implantation, de l'emploi des fonctions d'accès et des fonctions utilitaires, de l'initialisation des objets avec des constructeurs, de la destruction des objets avec des destructeurs, de l'affectation par copie par défaut vers le membre et la réutilisation de logiciel. Les exercices de ce chapitre entraînent l'étudiant à développer des classes pour différents formats de nombres (complexes, rationnels, dates, heures, rectangles et grands entiers) et pour jouer au Morpion. À la section *À propos des objets*, l'étudiant devra écrire un fichier d'en-tête de classe et des fichiers source de définition de fonction membre pour chacune des classes du simulateur d'ascenseur. Cette section donne aussi les grandes lignes de l'opération d'un pilote pour exécuter le simulateur et suggère plusieurs sorties utiles. Les lecteurs friands de problèmes mathématiques apprécieront les exercices portant sur la création de la classe **Complexe** (pour les nombres complexes), de la classe **Rationnel** (pour les nombres rationnels) et de la classe **EntierEnorme** (pour les entiers arbitrairement gros). La section *À propos des objets* utilise le diagramme de classes développé dans les sections précédentes pour mettre en évidence les fichiers d'en-têtes qui définissent les classes. Nous introduisons le concept des *identificateurs* aux objets du système et entamons l'étude de la mise en œuvre de identificateurs en C++.

Chapitre 7 – Classes (2ᵉ partie). Ce chapitre poursuit l'étude des classes et de l'abstraction de données. Il explique comment déclarer et utiliser des objets constants et des fonctions membres constantes. Il traite de la composition, c'est-à-dire du processus de construction de classes dont les membres sont des objets d'autres classes; des fonctions et des classes amies qui ont des droits d'accès spéciaux sur les membres privés et protégés des classes; du pointeur **this** qui permet à un objet de connaître sa propre adresse; de l'allocation dynamique de la mémoire; des membres de classes statiques pour contenir et manipuler les données d'une classe. Nous y donnons des exemples de types populaires de données abstraites (tableaux, chaînes et queues) et parlons des classes de conteneurs et des itérateurs. Les exercices de ce chapitre demandent à l'étudiant de développer une classe compte d'épargne et une classe pour contenir des ensembles d'entiers. Dans notre discussion sur les objets constants, nous mentionnons brièvement le nouveau mot-clé **mutable** qui, comme nous le verrons au chapitre 21, permet de modifier une implantation invisible dans les objets constants. Nous parlons de l'allocation dynamique de la mémoire avec **new** et **delete**. Lorsque **new** échoue, le programme renvoie un pointeur **0** dans le C++ de l'ancien style, le style que nous utilisons dans les chapitres 7 à 12. Au chapitre 13, lors de notre discussion du nouveau style, nous verrons qu'en cas d'échec de **new**, le nouveau **new** «lance une exception». Dans notre discussion sur les membres de classes statiques, nous avons ajouté un exemple basé sur un jeu vidéo. Tout au long de ce livre, nous insistons sur l'importance qu'il y a à masquer les détails d'implantation aux clients d'une classe. Nous montrons ensuite des données privées sur nos en-têtes de classes qui, elles, révèlent ces détails. Nous avons introduit une nouvelle section sur les classes proxy, un bon moyen de masquer même les données privées aux clients d'une classe. À la section *À propos des objets*, nous demandons au lecteur d'incorporer des éléments de gestion de la mémoire dynamique et de composition dans son simulateur d'ascenseur. Les étudiants apprécieront également l'exercice de création de la classe **Intergerset**, une bonne préparation à la surcharge des opérateurs que nous verrons au chapitre 8. Cette même section propose une version du programme complet en C++ du simulateur d'ascenseur, soit environ 1000 lignes de code, et un parcours détaillé de ce code. Le code découle directement de la conception en UML créée dans les séctions précédentes et emploie nos bonnes pratiques de programmation, dont l'usage des membres de données et des fonctions membres **static** et **const**. Nous analysons aussi l'allocation de mémoire dynamique, la composition, l'interaction des objets avec les identificateurs, et la manière d'utiliser des pré-déclarations pour éviter le risque d'inclusion circulaire.

Chapitre 8 – Surcharge des opérateurs. Ce chapitre est sans conteste l'un des plus appréciés, car il s'allie parfaitement avec la discussion sur l'abstraction des données vue aux chapitres 6 et 7. La surcharge des opérateurs permet au programmeur d'indiquer au compilateur comment utiliser les opérateurs existants avec des objets du nouveau type. Le C++ sait déjà comment employer ces opérateurs avec des objets prédéfinis, comme les entiers, les nombres à virgule flottante et les caractères. Mais supposons que nous créions une nouvelle classe chaîne. Que signifie alors le signe plus (+)? De nombreux programmeurs utilisent le signe + dans les chaînes pour indiquer la concaténation. Au chapitre 8, l'étudiant apprendra comment «surcharger» le signe plus de façon que, lorsqu'il est écrit entre deux objets chaîne dans une expression, le compilateur génère un appel de fonction à une «fonction d'opérateur» qui concatène les deux chaînes. Ce chapitre explique les fondements de la surcharge des opérateurs, traite des restrictions qui s'y appliquent, compare la surcharge avec des fonctions membres d'une classe à la surcharge avec des fonctions non membres, parle de la surcharge des opérateurs unaires et binaires et de la conversion d'un type à un autre. Ce chapitre se caractérise également par une gamme importante d'exemples d'études de cas mettant en œuvre, notamment, une classe tableau, une classe chaîne, une classe date, une classe entiers énormes et une classe nombres complexes. Les étudiants friands de mathématiques apprécieront les exercices portant sur la création de la classe polynôme. La surcharge des opérateurs est un sujet complexe mais enrichissant, car l'emploi adéquat de cette fonctionnalité permet de mieux «polir» les classes. Les discussions portant sur les classes **Array** et **String** sont particulièrement intéressantes pour les étudiants qui continueront de se servir des classes **string** et **vector** de la bibliothèque standard. Les techniques étudiées aux chapitres 6, 7 et 8 permettent de bâtir une classe **Date** qui, si elle avait été utilisée depuis les vingt dernières années, aurait pu éviter une grande partie des problèmes du «bogue de l'an 2000». Les exercices encouragent les étudiants à ajouter la surcharge des opérateurs aux classes **Complexe**, **Rationnel** et **EntierEnorme** pour faciliter la manipulation des objets de ces classes avec des symboles d'opérateur plutôt qu'au moyen d'appels de fonction comme dans les exercices du chapitre 7.

Chapitre 9 – Héritage. Ce chapitre porte sur l'une des fonctionnalités les plus fondamentales des langages de programmation orientés objets. L'héritage est une forme de réutilisation du logiciel dans laquelle les nouvelles classes sont développées rapidement et facilement en absorbant les possibilités des classes existantes et en y ajoutant les nouvelles fonctionnalités convenables. Ce chapitre parle des classes de base et des classes dérivées, des membres protégés, de l'héritage public, protégé et privé, des classes de base directes et indirectes, des constructeurs et des destructeurs dans les classes de base et dérivées et du génie logiciel avec l'héritage. Nous y comparons l'héritage (relation «est un») à la composition (relation «possède») et introduisons les concepts des relations «utilise un» et «connaît un». Ce chapitre renferme plusieurs grandes études de cas, notamment une qui implante une hiérarchie de classes utilisant un point, un cercle et un cylindre. Il se termine par une étude de cas sur l'héritage multiple, une fonctionnalité évoluée du C++ qui permet de former une classe dérivée par héritage des attributs et des comportements de plusieurs classes de base. Dans les exercices, les étudiants devront comparer les processus de création de nouvelles classes par héritage et par composition. Ils devront aussi étendre les diverses hiérarchies d'héritage étudiées au chapitre; écrire une hiérarchie d'héritage pour des quadrilatères, des trapèzes, des parallélogrammes, des rectangles et des carrés; et créer une hiérarchie de formes plus générale avec des formes bidimensionnelles et tridimensionnelles. Notez que nous avons modifié notre hiérarchie d'héritage de façon à montrer un bel exemple d'héritage multiple. La discussion sur l'héritage multiple se poursuit au chapitre 21 où nous exposons les probèmes provoqués par l'héritage dit en losange et nous montrons comment résoudre ces problèmes grâce aux classes de base virtuelles. La section *À propos des objets* de ce chapitre met à jour la conception du simulateur d'ascenseur et sa mise en œuvre de façon à y intégrer l'héritage. Nous suggérons aussi des modifications évoluées supplémentaires, pour que l'étudiant puisse les concevoir et les réaliser, sur base des outils présentés dans les sections précédentes.

Chapitre 10 – Fonctions virtuelles et polymorphisme. Ce chapitre traite d'une autre des fonctionnalités fondamentales de la programmation orientée objets: le comportement polymorphique. Lorsque de nombreuses classes sont reliées par héritage à une classe de base commune, on peut traiter chaque objet de classe dérivée comme un objet de classe de base, ce qui permet d'écrire des programmes d'une manière générale, indépendante des types spécifiques des objets de classe dérivée. Le même programme étant capable de traiter de nouveaux types d'objets, les systèmes deviennent donc plus extensibles. Le polymorphisme permet aux programmes d'éliminer la logique de commutation (par un `switch`) au profit d'une logique linéaire plus simple. Par exemple, un gestionnaire d'affichage d'un jeu vidéo peut simplement envoyer un message «dessiner» à chaque objet intégré dans une liste liée d'objets où chaque objet sait comment se dessiner lui-même. On peut ajouter un nouvel objet à ce programme sans avoir à le modifier dans la mesure où cet objet puisse se tracer lui-même. Ceci est le style de programmation type pour mettre en œuvre les interfaces utilisateur graphiques (IUG; *GUI, graphical user interface*) les plus populaires d'aujourd'hui. Ce chapitre explique comment réaliser un comportement polymorphique au moyen de fonctions virtuelles. Nous y faisons la distinction entre les classes abstraites, à partir desquelles il est impossible d'instancier des objets, et les classes concrètes, à partir desquelles les objets peuvent être instanciés. Les classes abstraites sont utiles pour procurer aux classes une interface héritable à travers toute la hiérarchie. Deux grandes études de cas sur le polymorphisme caractérisent ce chapitre: un système de paie et une autre version de la hiérarchie de formes point, cercle et cylindre vue au chapitre 9. Les exercices demandent à l'étudiant de traiter un certain nombre de questions et de méthodes conceptuelles, d'ajouter des classes abstraites à la hiérarchie des formes, de développer un programme graphique élémentaire, de modifier la classe **Employes** étudiée au chapitre et de continuer tous ces projets à l'aide de fonctions virtuelles et de programmation polymorphique. Les deux études de cas sur le polymorphisme montrent le contraste existant entre les styles d'héritage. La première – le système de paie – est un exemple clair et sensé de l'emploi de l'héritage. La seconde, qui poursuit le développement de la hiérarchie de formes point, cercle et cylindre, est un exemple de ce que certains professionnels nomment «héritage structurel» et qui, quoique pas aussi naturel et sensé que la première approche, n'en est pas moins «mécaniquement» correct. Nous avons décidé de conserver cet exemple à cause de section *Polymorphisme, fonctions virtuelles et liage dynamique «sous le capot»*. En effet, pour donner suite aux nombreuses demandes de professionnels du milieu, nous avons décidé de fournir une explication plus approfondie du polymorphisme et de ses coûts en développant une illustration montrant les tables de fonctions virtuelles (*vtables*) que le C++ construit automatiquement pour soutenir le style de programmation virtuelle. Nous avons tracé ces tables dans ceux de nos cours où nous avons traité de la hiérarchie de formes point, cercle et cylindre. Ces professionnels nous ont indiqué que cela leur donnait en effet les renseignements nécessaires pour décider si le polymorphisme était une méthode de programmation appropriée aux différents projets sur lesquels ils sont appelés à travailler. Nous avons inclus cette présentation à la section 10.10 et l'illustration des tables de fonctions virtuelles à la figure 10.2. Nous vous demandons de lire cette présentation attentivement, car elle vous permettra de beaucoup mieux comprendre ce qui se passe vraiment dans l'ordinateur quand vous programmez en utilisant l'héritage et le polymorphisme.

Chapitre 11 – Flux d'entrée-sortie en C++. Ce chapitre porte sur le nouveau style d'entrée-sortie orienté objets introduit dans le C++. Nous y traitons en détail des diverses fonctionnalités d'entrée-sortie du C++, y compris des sorties avec l'opérateur d'extraction de flux, des entrées avec l'opérateur d'insertion de flux, des E/S indépendantes du type (type-safe), des E/S formatées et des E/S non formatées (pour la performance). Nous y parlons aussi des manipulateurs de flux servant à contrôler la base de flux (décimale, octale ou hexadécimale), des nombres à virgule flottante, du contrôle des largeurs de champ, des manipulateurs définis par l'utilisateur, des états de format et d'erreur de flux, des entrées-sorties d'objets de type défini par l'utilisateur et de la synchronisation des flux d'entrées qui permet d'assurer que les messages invitant l'utilisateur à entrer ses réponses apparaissent effectivement. Les nombreux exercices proposés demandent aux étudiants d'écrire divers programmes qui testeront la plupart des fonctionnalités d'entrée-sortie traitées dans le chapitre.

Chapitre 12 – Modèles. Ce chapitre traite de l'un des plus récents ajouts au C++, les modèles de fonction que nous avons introduit au chapitre 3 et que nous complétons ici avec un modèle supplémentaire. Les modèles de classe permettent au programmeur de saisir l'essence d'un type de données abstrait, comme une pile, un tableau ou une queue, puis de créer, avec un minimum de codes additionnels, des versions de cet ADT pour des types particuliers comme une queue d'**int**, de **float**, de chaînes et d'autres. C'est d'ailleurs pourquoi on désigne souvent les classes de modèles par l'appellation «types paramétrés». Ce chapitre explique comment utiliser les paramètres typés et non typés, et étudie les interactions entre les modèles et d'autres concepts du C++ comme l'héritage, les amis et les membres statiques. Dans les exercices, l'étudiant sera appelé à écrire divers modèles de fonctions et de classes et à les utiliser dans des programmes complets. Nous compléterons notre discussion sur les modèles au chapitre 20, où nous parlons de la bibliothèque de modèles standard, des conteneurs, des itérateurs et des algorithmes.

Chapitre 13 – Traitement des exceptions. Ce chapitre porte sur l'une des plus récentes améliorations au C++, le traitement des exceptions, qui permet au programmeur d'écrire des programmes plus robustes, plus tolérants aux pannes et mieux adaptés aux environnements commerciaux et spécialisés. Nous y expliquons quand utiliser le traitement des exceptions et introduisons les bases de ce traitement avec les blocs **try**, les instructions **throw** et les blocs **catch**. Nous y indiquons aussi quand relancer une exception; expliquons comment écrire une spécification d'exception et traiter des exceptions inattendues; et discutons des liens existant entre les exceptions et les constructeurs, les destructeurs et l'héritage. Les 43 exercices de ce chapitre guideront l'étudiant à travers la mise en œuvre de programmes qui illustrent la diversité et la puissance des fonctionnalités du C++ en matière de traitement des exceptions. Nous étudions le fait de relancer une exception et illustrons les deux manières dont **new** peut échouer lorsque la mémoire s'épuise. Avant l'adoption de la norme ANSI/ISO du C++, **new** échouait en retournant 0, un peu comme **malloc** échoue en C en retournant **NULL** comme valeur de pointeur. Nous montrons un échec du **new** nouveau style qui lance une exception **bad_alloc** (mauvaise allocation). Nous illustrons l'utilisation de **set_new_handler** pour spécifier une fonction personnalisée servant à remédier aux problèmes de saturation de la mémoire. Nous traitons également du nouveau modèle de classe **auto_ptr** qui garantit que la mémoire allouée dynamiquement sera correctement supprimée pour éviter les fuites. Pour terminer, nous analysons la nouvelle hiérarchie d'exceptions de la bibliothèque de modèles standard.

Chapitre 14 – Gestion de fichiers. Ce chapitre porte sur les techniques utilisées pour traiter les fichiers texte à accès séquentiel et à accès aléatoire. Il commence par une introduction à la hiérarchie des données (bits, octets, champs, enregistrements et fichiers), puis se poursuit par une présentation simple des fichiers et des flux. Nous traitons des fichiers à accès séquentiel au moyen d'une série de trois programmes qui montrent comment ouvrir et fermer des fichiers, comment stocker des données séquentiellement dans un fichier et comment lire des données séquentiellement dans un fichier. Les fichiers à accès direct sont traités au moyen de quatre programmes qui montrent comment créer séquentiellement un fichier à accès direct, comment lire et écrire des données dans un fichier à accès direct et comment lire des données séquentiellement à partir d'un fichier à accès direct. Le quatrième programme combine nombre des techniques d'accès aux fichiers dans un programme complet de traitement de transactions. Dans les exercices, les étudiants seront appelés à mettre en œuvre divers programmes capables de construire et de traiter aussi bien des fichiers à accès séquentiel que des fichiers à accès direct. La matière relative au traitement des flux de chaînes de caractères est reléguée à la fin du chapitre 19.

Chapitre 15 – Structures de données. Ce chapitre porte sur les techniques servant à créer et à manipuler des structures de données dynamiques. Nous commençons par une présentation des classes autoréférentielles et de l'allocation dynamique de la mémoire. Nous expliquons ensuite comment créer et maintenir diverses structures de données dynamiques, notamment les listes liées, les queues (ou files d'attente), les piles et les arbres. Chaque type de structure de données est illustré au moyen de programmes fonctionnels complets et d'exemples de sorties. Ce chapitre aidera les étudiants à maîtriser les pointeurs et comprend un très grand nombre d'exemples utilisant l'indirection et la double indirection, un concept assez ardu. L'un des problèmes afférents au travail avec les pointeurs est que les élèves ont de la difficulté à visualiser les structures de données et la façon dont leurs nœuds sont reliés. Nous avons donc inclus des illustrations montrant les liaisons et l'ordre dans lequel elles sont créées. L'arbre binaire est un excellent outil pour l'étude des pointeurs et des structures de données dynamiques. C'est pourquoi nous avons utilisé un exemple qui crée un arbre binaire, applique l'élimination des doublons et introduit les traversées en pré-ordre, en ordre et en post-ordre de cet arbre binaire. Cet exemple est très apprécié, surtout quand on voit que la traversée en ordre affiche les valeurs des nœuds en ordre trié. Un grand nombre d'exercices accompagne ce chapitre. Ceux de la section *Bâtir votre propre compilateur*, notamment, guident l'étudiant pas à pas dans le développement d'un programme de conversion infixé à postfixé et d'un programme d'évaluation d'une expression postfixée. L'algorithme d'évaluation postfixé est ensuite modifié de façon à générer du code en langage machine. Le compilateur place ce code dans un fichier, en utilisant les techniques vues au chapitre 14. Les étudiants exécutent ensuite le langage machine produit par leurs compilateurs sur les simulateurs qu'ils ont construits au chapitre 5. Les 67 exercices comprennent une simulation d'un magasin d'alimentation utilisant la mise en file d'attente, la recherche récursive d'une liste, l'affichage récursif à rebours d'une liste, la suppression d'un nœud d'arbre binaire, la traversée niveau par niveau d'un arbre binaire, l'affichage d'arbres, l'écriture d'une partie d'un compilateur d'optimisation, l'écriture d'un interpréteur, l'insertion et la suppression n'importe où dans une liste liée, l'implantation de listes et de files d'attente sans pointeurs de queues, l'analyse des performances de la recherche et du tri d'un arbre binaire et la mise en œuvre d'une classe de liste indexée. Après avoir maîtrisé ce chapitre, le lecteur est prêt à passer à l'étude des conteneurs de la bibliothèque de modèles standard (STL, *standard template library*), des itérateurs et des algorithmes (chapitre 20). Les conteneurs de la STL sont des structures de données prédéfinies suffisantes pour mettre en œuvre la grande majorité des applications.

Chapitre 16 – Bits, caractères, chaînes de caractères et structures. Ce chapitre présente une foule de caractéristiques importantes du C++. Les puissantes capacités de manipulation de bits permettent aux développeurs d'écrire des programmes qui mettent en œuvre des fonctionnalités matérielles de bas niveau capables de traiter des chaînes de bits, de régler des bits individuels aux positions marche ou arrêt et de stocker les informations de façon plus compacte. Ces capacités, qui n'existent habituellement que dans les langages d'assemblage bas de gamme, sont très prisées des programmeurs qui écrivent des systèmes d'exploitation ou des systèmes d'exploitation réseau. Au chapitre 5, nous avons introduit la manipulation de chaînes **char** * de style C ainsi que les fonctions de manipulation de chaînes les plus populaires. Au chapitre 16, nous poursuivons notre présentation des caractères et des chaînes **char** * de style C. Nous y décrivons les diverses fonctionnalités de manipulation de caractères de la bibliothèque **<Cctype>**, notamment la possibilité de tester un caractère pour vérifier s'il s'agit d'un chiffre, d'une lettre, d'un caractère alphanumérique, d'un chiffre hexadécimal, d'une lettre minuscule ou majuscule, et autres. Nous présentons aussi les autres fonctions de manipulation de chaîne des diverses bibliothèques de chaînes. Comme d'habitude, chaque fonction est illustrée dans le cadre d'un programme C++ complet et fonctionnel. Les structures correspondent aux enregistrements en Pascal et dans d'autres langages: elles rassemblent des éléments de données de types divers. Au chapitre 14, nous avons utilisé des structures pour former des fichiers composés d'enregistrements de données; nous les avons ensuite employées conjointement avec des pointeurs au chapitre 15, pour former des structures de données dynamiques comme des listes liées, des queues, des piles et des arbres. Un des exercices clés du chapitre 16 est la simulation de brassage et de distribution de cartes à haute performance qui permettra d'insister sur l'importance de la qualité des algorithmes. Les 38 exercices encouragent le lecteur à expérimenter la plupart des fonctionnalités traitées au chapitre. L'un des problèmes guide les étudiants dans le développement d'un vérificateur orthographique. Les chapitres 1 à 5 et 16 à 18 concernent principalement la portion du C++ héritée du C. Le chapitre 16 propose une description plus approfondie des chaînes **char** * de style C pour les programmeurs qui seront appelés à travailler avec du code hérité du C. Le chapitre 19, rappelons-le, traite de la classe **string** et explique comment manipuler des chaînes en tant qu'objets à part entière.

Chapitre 17 – Le précompilateur. Ce chapitre couvre en détail les directives du précompilateur. Il comprend des renseignements plus complets sur la directive **#include**, qui inclut une copie du fichier spécifié à la place de la directive avant la compilation du fichier, et sur la directive **#define**, qui crée des constantes symboliques et des macros. Nous expliquons la compilation conditionnelle qui permet au programmeur de contrôler l'exécution des directives de précompilation et la compilation du code d'un programme. Nous présentons aussi: l'opérateur **#**, qui convertit son opérande en chaîne; l'opérateur **##**, qui concatène deux jetons et les diverses constantes symboliques prédéfinies (**_LINE_**, **_FILE_**, **_DATE_**, **_TIME_** et **_STDC_**). Pour terminer, nous discutons de **assert**, une macro de l'en-tête **<cassert>**, très utile pour tester, mettre au point, vérifier et valider des programmes. Nous avons utilisé **assert** dans de nombreux exemples, mais nous encourageons fortement le lecteur à employer plutôt le traitement des exceptions (voir le chapitre 13).

Chapitre 18 – Concepts liés à l'héritage du C. Ce chapitre s'adresse surtout aux programmeurs appelés à travailler avec du code hérité du C et présente des sujets supplémentaires, dont plusieurs ne sont habituellement pas couverts dans les cours d'introduction à la programmation. Vous y apprendrez comment: rediriger les entrées à un programme de façon qu'elles proviennent d'un fichier; rediriger les sorties d'un programme vers un fichier; rediriger la sortie d'un programme vers un autre programme (traitement «pipeline»); ajouter le contenu de la sortie d'un programme à la fin d'un fichier existant; développer des fonctions utilisant des listes d'arguments de longueur variable; passer des arguments de ligne de commande à la fonction **main** et à les utiliser dans un programme; compiler des programmes dont les composants sont répartis dans de nombreux fichiers; enregistrer avec **atexit** des fonctions à exécuter lorsque le programme se termine; mettre fin à l'exécution d'un programme avec la fonction **exit**; utiliser les qualificateurs de type **const** et **volatile**; spécifier le type d'une constante numérique au moyen des suffixes d'entier et de virgule flottante; utiliser la bibliothèque de manipulation de signaux pour piéger les événements inattendus; créer et utiliser les tableaux dynamiques avec **calloc** et **realloc**; utiliser **union** comme technique d'économie d'espace; et, enfin, comment utiliser des spécifications de liens lorsque des programmes en C++ doivent être liés à du code hérité du C.

Chapitre 19 – Classe string et gestion de flux de chaînes de caractères. Ce chapitre porte aussi sur les fonctionnalités du C++ qui permettent d'entrer des données à partir de chaînes en mémoire et de sortir des données vers des chaînes en mémoire. Ces fonctionnalités sont souvent désignées par l'expression «traitement du flux de chaîne». La classe **string** est un composant obligatoire de la bibliothèque standard. Même si ce chapitre est placé près de la fin du livre, nombre de formateurs voudront sans doute intégrer la discussion sur les «chaînes en tant qu'objets à part entière» plus tôt dans leur cours. Nous avons traité les chaînes de style C dans les chapitres 5 et suivants pour plusieurs raisons, notamment parce que nous croyons que ces discussions renforcent la compréhension que le lecteur peut avoir des pointeurs. Nous pensons aussi que pendant la prochaine décennie, les programmeurs devront être capables de lire et de modifier la quantité phénoménale de code hérité du C qui s'est accumulée au cours des 25 dernières années. Ce code traite les chaînes comme des pointeurs, comme le fait une grande partie du code C++ écrit depuis nombre d'années. Au chapitre 19, nous traitons de l'affectation, de la concaténation et de la comparaison des chaînes. Nous montrons comment déterminer leurs diverses caractéristiques, comme leur taille et leur capacité, et comment déterminer si une chaîne est vide ou pleine. Nous expliquons aussi comment redimensionner une chaîne. Nous examinons les diverses fonctions de *recherche* qui permettent de trouver une sous-chaîne dans une chaîne et nous montrons comment trouver soit la première ou la dernière occurrence d'un caractère sélectionné dans une chaîne de caractères, et comment trouver la première ou la dernière occurrence d'un caractère qui n'est pas inclus dans une chaîne. Nous expliquons aussi comment remplacer, effacer et insérer des caractères dans une chaîne et comment convertir un objet chaîne en chaîne **char *** de style C.

Chapitre 20 – La bibliothèque de modèles standard (STL). Nous insistons ici encore sur le fait que ce livre n'est pas consacré à la STL. Nous n'avons pas parlé des fonctionnalités de la bibliothèque de modèles standard dans les 18 premiers chapitres et nous n'avons fait que mentionner brièvement les itérateurs au chapitre 19. Avec l'ajout de ce chapitre 20, *Comment programmer en C++, troisième édition* traite désormais de quatre paradigmes de programmation: la programmation procédurale, la programmation à base d'objets, la programmation orientée objets et la programmation générique (avec la bibliothèque de modèles standard). Nous pensons que l'enseignement de la programmation orientée objets deviendra de plus en plus ardue au fur à mesure de la croissance des bibliothèques de classes et de modèles de classes. Nous croyons aussi que les composants réutilisables croîtront de façon exponentielle au cours des prochaines décennies. C'est pourquoi les cours d'informatique de base devront présenter le langage racine, montrer comment construire des classes utiles, examiner les principales bibliothèques de classes existantes et indiquer comment réutiliser ces composants. Les cours de niveau supérieur et, en fait, tous les cours traitant de sujets utilisant des ordinateurs– autrement dit presque tous – couvriront la base de connaissances et enseigneront et utiliseront les bibliothèques de classes applicables au contenu précis du cours. Le milieu de l'informatique consacre de nombreux efforts pour supporter la réutilisation sur différentes plates-formes; le langage utilisé pour écrire les classes aura donc peu d'importance puisqu'on sera capable de les réutiliser à partir de nombreux langages.

Chapitre 21 – Les ajouts de la norme au langage C++. Ce chapitre est lui aussi nouveau et rassemble divers ajouts apportés au C++. Nous y parlons du type de données bool avec des valeurs fausses (**false**) et vraies (**true**) qui sont une représentation plus naturelle que les valeurs non nulles et nulles. Nous présentons aussi les quatre nouveaux opérateurs de transtypage – **static_cast**, **const_cast**, **reinterpret_cast** et **dynamic_cast** – qui fournissent un mécanisme de transtypage beaucoup plus robuste que les styles hérités du C. Nous parlons des espaces de nom (**namespace**), une fonctionnalité particulièrement vitale pour les développeurs de gros systèmes utilisant diverses bibliothèques de classes. Les espaces de nom préviennent les collisions de dénominations qui gênaient tant le développement de ces systèmes. Nous examinons l'information de type valorisée à l'exécution (RTTI, *run-time type information*) qui permet aux programmes de vérifier le type d'un objet, une fonction autrefois impossible à moins que le programmeur n'ajoute un code de type précis (ce qui est une mauvaise pratique de programmation). Nous discutons de l'emploi des opérateurs **typeid** et **dynamic_cast**. Nous étudions les nouveaux mots-clés des opérateurs; ceux-ci sont utiles pour les programmeurs qui n'aiment pas les opérateurs sibyllins mais servent surtout pour les pays où certains caractères n'existent pas sur les claviers locaux. Nous examinons le mot-clé **explicit** qui empêche le compilateur d'invoquer les constructeurs de conversion quand ils sont indésirables; les constructeurs de conversions explicites ne peuvent être appelés qu'au moyen de la syntaxe des constructeurs et non par des conversions implicites. Nous discutons aussi du mot-clé **mutable** qui permet de modifier un membre d'un objet constant. Ceci n'était autrefois réalisable que par la «mise à l'écart de la constance», une pratique risquée. Nous examinons également quelques anciennes fonctionnalités plus ou moins obscures que nous avons choisi de ne pas inclure dans la partie principale du livre, tels les opérateurs de pointeur vers un membre **.*** et **->*** et l'emploi des classes de base virtuelles avec héritage multiple.

Annexe A – Tableau de préséance des opérateurs. Chaque opérateur est présenté sur sa propre ligne avec son symbole, son nom et son associativité.

Annexe B – Jeu de caractères ASCII. Nous avons résisté à la tentation d'ajouter le nouveau jeu de caractères internationaux Unicode à cette liste. Nous avons plutôt choisi d'attendre la prochaine édition dans laquelle nous présenterons Unicode en détail.

Annexe C – Systèmes de numération. Cette annexe porte sur les systèmes de numération binaire, octal, décimal et hexadécimal. Nous y voyons comment convertir les nombres d'une base à une autre et expliquons les représentations binaires de complément à un et de complément à deux.

Annexe D – Ressources de l'Internet et du Web sur le C++. Cette annexe propose une impressionnante liste de ressources relatives au C++ parmi lesquelles vous trouverez des démonstrations, des articles, des informations sur les compilateurs les plus appréciés, y compris les produits gratuits, des livres, des articles, des conférences, des banques de données sur les opportunités de carrières, des journaux, magasines, aides et didacticiels en ligne, des FAQ (foires aux questions, des groupes de discussion, des copies du document de la norme ANSI/ISO du C++, des cours par le Web, des nouvelles sur les produits, et des outils de développement en C++.

Bibliographie. Une liste de 125 livres et articles, dont certains ont un intérêt purement historique et la plupart sont de toute première fraîcheur, encourage l'étudiant à poursyuivre son effort de lecture concernant le C++ et la POO.

Index. Index complet qui permet au lecteur de localiser n'importe quel terme ou concept dans le texte.

Le C++ Multimedia Cyber Classroom: Third Edition

Nous avons réalisé une version logicielle sur cédérom de la version américaine de *Comment Programmer en C++, troisième édition*, nommée *C++ Multimedia Cyber Classroom: Third Edition*. Elle est construite sur les caractéristiques d'étude et de référence. Le *Cyber Classroom* est empaqueté avec l'exemplaire papier du livre dans une publication intitulée *The Complete C++ Training Course: Third Edition*. Si vous avez déjà acheté le livre en français des Éditions Reynald Goulet, Prentice Hall vous donne l'occasion d'obtenir une copie du cédérom du *C++ Multimedia Cyber Classroom*. Veuillez vous référer aux instructions de commande du site **www.prenhall.com/deitel/**.

Une brève introduction des auteurs évalue les caractéristiques du *Cyber Classroom*. Les 268 exemples de code C++ en direct du livre prennent littéralement vie dans le *C++ Multimedia Cyber Classroom*. Nous y avons placé des exécutables pour tous les exemples sous-jascents du *C++ Multimedia Cyber Classroom*, de sorte que, si vous visualisez un programme et voulez l'exécuter, il vous suffit de cliquer sur l'écrou lumineux correspondant pour que le programme s'exécute. Vous verrez immédiatement, et entendrez éventuellement pour les programmes audios, les résultats correspondants. Si vous souhaitez modifier un programme et voir les effets de vos changements, cliquez simplement sur l'icône de la disquette qui provoque le transfert du code source du programme du cédérom vers votre propre répertoire, pour que vous puissiez modifier le texte, le compiler et tester votre nouvelle version. Cliquez sur l'icône de son, Paul Deitel vous explique les détails du programme et parcourt le code. Vous n'entendrez probablement pas la voix de Harvey Deitel, car les gens de Prentice Hall lui préfèrent celle de Paul Deitel.

Comment programmer en C++, troisième édition contient des milliers d'exercices répartis en groupes de difficultés variables. Le *C++ Multimedia Cyber Classroom* contient les solutions d'environ la moitié des exercices (les solutions des autres exercices sont réservées aux formateurs qui souhaitent faire de ces exercices des devoirs. Dans le cadre du *Cyber Classroom*, nous avons pris soin de sélectionner la solution d'au moins un exercice de chaque groupe. Ceci permet à l'étudiant de voir la solution d'au moins un exercice de chaque groupe. Il décidera d'appliquer les solutions de cet exercice aux autres exercices.

Le *C++ Multimedia Cyber Classroom* propose des aides diverses à la navigation dont un accès exceptionnel par des liens hypertextes. Il se rappelle dans un historique particulier les sections récemment visitées et permet de se déplacer vers les pages précédentes comme vers les pages suivantes de cet historique. Les milliers d'entrées d'index sont reliées à leurs détails. Sélectionnez un terme et le *C++ Multimedia Cyber Classroom* retrouve ses occurrences dans le texte. Les entrées de la *Table of Contents* sont actives, c'est-à-dire que, par un clic sur le nom d'un chapitre ou d'une section, vous plongez immédiatement dans ces chapitres ou sections. L'insertion de *bookmarks* (signets) aux emplacements que vous souhaitez est aussi possible, pour vous permettre d'y revenir en temps utile.

La troisième édition du *Cyber Classroom* a été complètement remise à jour sur base d'une interface de type navigateur Web. Le *Cyber Classroom* est proposé sous deux formes: une version en cédérom pour les plates-formes Microsoft® Windows® et une version basée sur le Web. La version Web est idéale pour les étudiants qui préfèrent la convivialité de l'environnement de l'Internet et qui souhaitent exécuter le Cyber Classroom sur des plates-formes non Windows.

Les utilisateurs étudiants et professionnels de nos *Cyber Classrooms* nous disent apprécier l'interactivité et la référence que constituent ces *Cyber Classrooms* par leur forme de liens hypertextes et leurs autres possibilités de navigation. Nous avons reçu un courriel d'une personne qui disait vivre en pleine brousse et ne pouvoir suivre de cours complet dans une université, de sorte que le *Cyber Classroom* constitue pour elle une belle solution à ses besoins de formation.

Des professeurs nous ont adressé des courriels indiquant que leurs étudiants apprécient l'utilisation du *Cyber Classroom*, qu'ils passent moins de temps sur les cours et maîtrisent mieux la matière que lorsqu'ils ne suivent que le cours à partir du seul livre sous sa forme papier. De plus, le *Cyber Classroom* permet aussi de réduire la file d'attente des étudiants aux portes des bureaux des professeurs pendant les heures de bureau. Prentice Hall publie actuellement en anglais des *Cyber Classrooms* pour la plupart de nos livres et nous publierons bientôt nos livres sous la forme de formation par le Web.

Remerciements

Un des grands plaisirs qu'apporte l'écriture d'un livre réside dans la reconnaissance des efforts des nombreuses personnes dont les noms ne peuvent apparaître sur la couverture, mais dont le dur labeur, la coopération, l'amitié et la compréhension sont cruciales dans la production du livre.

De nombreuses autres personnes de Deitel & Associates, Inc. ont consacré des heures de leur propre temps sur ce projet.

- Tem Nieto, gradué du Massacussetts Institute of Technology, est un de nos collègues à plein temps de Deitel & Associates, Inc., récemment promu à la direction du développement des produits. Tem enseigne le C++, le C et Java dans des séminaires et participe avec nous à la rédaction des livres, au développement des cours et à la mise en page en multimédia. Tem a participé aux chapitres 19, 21 et à la section spéciale intitulée *Construisez votre propre compilateur* du chapitre 15. Il a également contribué à l'*Instructor's Manual* (Corrigé des exercices) et au *C++ Multimedia Cyber Classroom: Third Edition.*

- Barbara Deitel a dirigé la préparation du manuscrit et coordonné les efforts conjugués avec ceux de Prentice Hall relatifs à la production de ce livre. Les efforts de Barbara concernent la partie la plus ingrate du développement de livres. Sa patience est infinie. Elle a géré les détails de finition qu'implique la production d'un livre de 1200 pages en quadrichromie, un corrigé des exercices de 550 pages et les 650 mégaoctets du cédérom du *C++ Multimedia Cyber Classroom*. Elle a passé des heures innombrables à recherhcer les citations d'introduction aux chapitres de la version américaine et, ceci, en parallèle à la responsabilité des tâches de gestion que sont les siennes auprès de Deitel & Associates, Inc.

- Abbey Deitel, diplômée du programme de gestion industrielle de la Carnegie Melton University, et actuellement présidente du marketing international de Deitel & Associates, Inc., a rédigé l'annexe D et suggéré le titre de la version américaine du livre. Nous avons demandé à Abbey de surfer sur le Web et de repérer les meilleurs sites sur le C++. Elle a utilisé tous les principaux moteurs de recherche et collationné les informations réunies à votre destination dans l'annexe D. Pour chaque ressource et démonstration, Abbey fournit une brève description. Elle a rejeté des centaines de sites et a conservé les meilleurs qu'elle pouvait trouver. Elle entretient cette liste de ressources et de démonstrations sur notre site `www.deitel.com`. N'hésitez pas à lui communiquer les URL de vos sites préférés sur le sujet par courriel à `deitel@deitel.com` et elle déposera les liens relatifs à ces sites sur le nôtre.

Parmi les étudiants, internes de Deitel & Associates, Inc., qui ont participé à l'élaboration de ce livre, nous avons le plaisir de citer:

- Ben Wiedermann, un de premiers de sa promotion de l'Université de Boston, est le principal développeur, programmeur er rédacteur collaborant avec le Dr Harvey M. Deitel sur l'étude de cas en UML. Nous souhaitons souligner l'extraordinaire engagement de Ben sur ce projet et ses contributions.

- Sean Santry, diplômé d'informatique et de philosophie du Collège de Boston, a travaillé sur la réalisation du code et sur le parcours du code de l'étude de cas en UML. Il a rejoint à temps plein l'équipe de Deitel & Associates, Inc. pour prendre le poste de chef de développement auprès de Paul Deitel dans notre prochain livre *Advanced Java How To Program.*

- Blake Perdue, un des meilleurs de sa promotion de l'Université de Vanderbilt, a participé à l'élaboration de l'étude de cas en UML.

- Kalid Azad, un des meilleurs de sa promotion de l'Université de Princeton, a intensivement travaillé sur les accessoires du livre, dont les *PowerPoint*® *Instructor Lecture Notes* et le banc de tests.

- Aftab Bukhari, un des premiers de sa promotion de l'Université de Boston, a pris en charge le test et la vérification approfondis des programmes et collaboré à l'élaboration des auxiliaires, dont le *PowerPoint*® *Instructor Lecture Notes* et l'*Instructor's Manual* (le Corrigé des exercices).

- Jason Rosenfeld, un des premiers de sa promotion de l'Université de Northwestern, a collaboré aux accessoires du livre et notamment sur l'*Instructor's Manual.*

- Melissa Jordan, une des meilleures graphistes de l'Université de Boston, a coloré les éléments de dessin de la totalité du livre et créé quelques-unes des illustrations originales.

- Rudolf Faust, issu de l'Université de Stanford, a participé à la mise en place du banc de tests.

Nous avons eu la grande fortune de travailler sur ce projet avec une équipe talentueuse et toute dévouée de mise en page de Prentice Hall. Ce livre existe par les encouragements, l'enthousiasme et l'assiduité de Petra Recter et de son chef, Marcia Horton, la meilleure amie que nous ayons eue en vingt-cinq ans de publications, l'éditeur en chef de la division Engineering and Computer Science de Prentice Hall. Camille Trentacoste a fait un excellent travail en tant que responsable de production, et Sarah Burrows a fait aussi un excellent travail tant pour la révision que pour les suppléments du livre.

Le *C++ Multimedia Cyber Classroom: Third Edition* a été développé en parallèle avec le *C++ How To Programm: Third Edition.* Nous apprécions sincèrement l'approche nouveaux médias, l'expertise technique sécurisante de notre éditeur, Mark Taub, et de sa collègue Karen McLean. Mark et Karen ont amené le *C++ Multimedia Cyber Classroom: Third Edition* au stade de la publication dans les temps. Ils sont certainement parmi les principaux leaders de la publication par les nouveaux médias.

Nous devons des remerciements particuliers à la créativité de Tamara Newnam Cavallo (**smartart@earthlink.net**) qui a réalisé les différents pictogrammes des icônes d'astuces et de la couverture. Elle a imaginé et ralisé la délicieuse créature qui partage avec vous les astuces de programmation du livre. Aidez-nous à baptiser cette petite fourmi ailée. Voici quelques premières suggestions: Bogue D., InterGnat (Inter-Moucheron), Mme Kito, DeetleBug (un surnom malheureux attaché autrefois à H.M.D. dans les écoles supérieures) et Caractéristix («Ce n'est pas un bogue mais une caractéristique», disait-il.)

Nous souhaitons saluer également les efforts de nos relecteurs de la *Third Edition* et adresser un remerciement particulier à Crissy Statuto de Prentice Hall qui a géré l'effort extraordinaire de relecture.

Relecteurs de la matière du C++

- Tamer Nassif (Motorola)
- Christophe Dinechin (Hewlett Packard)
- Thomas Kiesler (Montgomery College)
- Mary Astone (Université Troy State)
- Simon North (Synopsis)
- Harold Howe (Inprise)
- William Hasserman (Université du Wisconsin)
- Phillip Wasserman (Collège Chabot)
- Richard Albright (Université du Delaware)
- Mahe Velauhapilla (Université de Georgetown)
- Chris Uzdavinis (Automated Trading Desk)
- Stephen Clamage (Président de l'ANSI C++ Standard Committee)
- Ram Choppa (Akili Systems: Université de Huston)
- Wolfgang Petz (Université d'Akron)

Relecteurs de l'étude de cas en UML

- Spencer Roberts (Titus Corporation)
- Don Kostuch (You Can C Clearly Now)
- Kendall Scott (consultant indépendant; auteur de l'UML)
- Grant Larsen (Blueprint Technologies)
- Brian Cook (Technical Resource Connection; OMG)
- Michael Chonoles (Chef de méthodologie, Lockheed Martin Adv. Concepts; OMG)
- Stephen Tockey (Contrux Software; OMG)
- Cameron Skinner (Advanced Software Technologies; OMG)
- Rick Cassidy (Advanced Consepts Center)
- Mark Contois (NetBeans)
- David Papurt (consultant indépendant; enseignant et auteur en C++)
- Chris Norton (AD2IT, consultant indépendant)

Nous voudrions souligner encore les efforts des relecteurs de nos précédentes éditions, certains ayant participé à la première, certains à la deuxième et d'autres aux deux éditions:

- Richard Albright (Université du Delaware)
- Ken Arnold (Sun Microsystems)
- Ian Baker (Microsoft)
- Pete Becker (Membre de l'ANSI/ISO C++ Committee; Dinkumware, LTD.)

- Timothy D. Born (Delta C-Fax)
- John Carson (Université George Washington)
- Steve Clamage (président de l'ANSI/ISO C++ Standards Commitee; Sunsoft)
- Marian Corcoran (membre de l'ANSI/ISO C++ Standards Commitee)
- Edgar Crisostomo (Siemens/Rolm)
- David Finkel (Institut Polytechnique de Worcester)
- Rex Jaeschke (Président, ANSI/ISO C Commitee)
- Frank Kelbe (Naval Postgraduate School)
- Chris Kelsey (Kelsey Associates)
- Don Kostuch (You Can C Clearly Now)
- Meng Lee (co-créateur de la STL; Hewlett Packard)
- Barbara Moo (AT&T Bell Labs)
- David Papurt (consultant)
- Wolfgang Pelz (Université d'Akron)
- Jandelyn Plane (Université de Maryland College Park)
- Paul Power (Borland)
- Kenneth Reek (Rochester Institue of Technology)
- Larry Rosler (Hewlett Packard)
- Robin Rowe (Halycon - Naval Postgraduate School)
- Brett Schuchert (ObjectSpace; co-auteur du *STL Primer*)
- Alexander Stepanov (co-créateur de la STL; Silicon Graphics)
- William Tepfenhart (AT&T; auteur de *UML and C++: A Practical Guide to Object-Oriented Development*)
- David Vandevoorde (membre de l'ANSI/ISO C++ Commitee; Hewlett Packard)
- Terry Wagner (Université du Texas)

Malgré des contraintes de temps très strictes, ils ont scruté chaque aspect du texte et proposé d'innombrables suggestions pour améliorer la précision et compléter la présentation.

Nous apprécierions sincèrement vos commentaires, critiques, corrections et suggestions qui améliorent ce texte. Veuillez adresser votre correspondance à

deitel@deitel.com

Nous répondrons immédiatement. Voilà, c'est tout pour l'instant. Bienvenue au monde extraordinaire du C++, de la programmation orientée objets, de l'UML et de la programmation générique avec la STL. Nous espérons que vous prendrez du plaisir à la programmation informatique contemporaine et vous souhaitons beaucoup de succès!

Dr Harvey M. Deitel
Paul J. Deitel

À propos des auteurs

Le **Dr Harvey M. Deitel**, président directeur général de Deitel & Associates, Inc., a trente-neuf ans d'expérience dans le domaine informatique, tant sur le plan industriel que sur le plan académique. Il fait partie des quelques principaux formateurs et présentateurs de séminaires en informatique. Le Dr Deitel possède des diplômes B.S. et M.S. du Massachussetts Institute of Technology et un Ph. D. de l'Université de Boston. Il est l'un des pionniers des projets de systèmes d'exploitation à mémoire virtuelle d'IBM et du MIT, qui ont conduit au développement de techniques largement diffusées à l'heure actuelle dans des systèmes tels que UNIX®, Windows NT™, OS/2 et Linux. Il possède vingt ans d'expérience de l'enseignement en collèges; il a été titulaire et a servi au poste de directeur du département Informatique du Collège de Boston, avant de fonder Deitel & Associates, Inc. avec Paul J. Deitel. Il est l'auteur ou le co-auteur de plusieurs dizaines de livres et de progiciels multimédias, et il en rédige actuellement cinq autres. La reconnaissance internationale lui vient de traductions de ses livres en japonais, en russe, en espagnol, en chinois élémentaire, en chinois avancé, en coréen, en français, en portugais, en polonais et en italien.

Paul J. Deitel, vice président de Deitel & Associates, Inc., est diplômé de la Sloan School of Management du Massachussetts Institute of Technology, où il a étudié les technologies de l'information. Par le biais de Deitel & Associates, Inc., il a dispensé des cours en C, C++, Internet, Web pour le compte de clients industriels, tels que Compaq, Sun Microsystems, White Sands Missile Range, Rogue Wave Software, Computervision, Stratus, Fidelity, Cambridge Technology Partners, Open Environment Corporation, One Wave, Hyperton Software, Lucent Technologies, Adra Systems, Entergy, CableData Systems, NASA au Kennedy Space Center, le National Severe Storm Center, IBM et de nombreuses autres organismes. Il a enseigné le C++ et Java pour le Boston Chapter de l'Association for Computing Machinery, et a donné des cours de Java par satellite dans le cadre d'une coopération de Deitel & Associates, Inc., Prentice Hall et le Technology Education Network.

Les Deitel sont les co-auteurs des livres les plus vendus dans le domaine de l'introduction aux langages de programmation informatique: *C How To Program: Third Edition*, *Java How To Program: Third Edition* (traduit en français par les Éditions Reynald Goulet inc. sous le titre *Comment programmer en Java, Troisième édition*), *Visual Basic 6 How To Program* (dont Tem R. Nieto est un co-auteur). Les Deitel ont aussi participé à la rédaction du *C++ Multimedia Cyber Classroom: Third Edition* (dont la première édition était le tout premier livre proposé en version multimédia par Prentice Hall), le *Java 2 Multimedia Cyber Classroom: Third Edition*, le *Visual Basic 6 Multimedia Cyber Classroom* et l'*Internet and World Wide Web Programming Multimedia Cyber Classroom*. Les Deitel sont aussi co-auteurs de *The Complete C++ Training Course: Third Edition*, le *Complete Visual Basic 6 Training Course*, *The Complete Java 2 Training Course: Third Edition* et *The Complete Internet and World Wide Web Programming Training Course*; ces produits, en anglais, contiennent chacun le livre de la série *How To Program* et le *Multimedia Cyber Classroom* correspondant.

À propos de Deitel & Associates, Inc.

Deitel & Associates, Inc. est une organisation à croissance rapide, reconnue au niveau international dans les domaines de la formation intra-entreprise et elle s'est spécialisée dans l'édition d'ouvrages consacrés à la formation aux langages de programmation, à l'Internet, au Web et à technologie des objets. La société propose des cours en C++, en Java, en C, en Visual Basic, d'Internet et du Web, ainsi que de technologie objets. Les principaux acteurs de Deitel & Associates, Inc. sont le Dr Harvey M. Deitel et Paul J. Deitel. Parmi ses clients, l'entreprise compte quelques-unes des plus grandes sociétés d'informatique, des agences du gouvernement américain et des organisations commerciales. Le partenariat de publications établi avec Prentice Hall permet à Deitel & Associates, Inc. d'éditer des livres à la pointe de la programmation et des livres destinés aux professionnels, des cédéroms multimédias interactifs de la série *Cyber Classroom* et des cours de formation basés sur le Web. Deitel & Associates, Inc. et les auteurs peuvent être joints par courriel à l'adresse:

deitel@deitel.com

Pour de plus amples renseignements sur Deitel & Associates, Inc., leurs publications et leurs cours *in situ*, visitez le site:

www.deitel.com

Pour en savoir plus sur les publications de Deitel chez Prentice Hall, voyez:

www.prenhall.com/deitel

Pour une liste des publications de Deitel chez Prentice Hall, relatives aux livres, aux *Cyber Classrooms*, aux *Complete Training Courses*, aux produits de formation par le Web et les informations concernant les modalités de commande au niveau international des produits dans leur version américaine, veuillez consulter le site:

www.deitel.com

Pour la version française de certaines de ces publications, visitez le site:

www.goulet.ca

1

Introduction aux ordinateurs et à la programmation en C++

Objectifs

- Comprendre les concepts de base de l'informatique.

- Se familiariser avec les différents types de langages de programmation.

- Comprendre un environnement type de développement de programme C++.

- Écrire des programmes simples en C++.

- Utiliser des instructions d'entrée et de sortie simples.

- Se familiariser avec les types de données fondamentaux.

- Utiliser les opérateurs arithmétiques.

- Comprendre la préséance des opérateurs arithmétiques.

- Écrire des instructions simples de prise de décision.

Aperçu

1.1 Introduction

Bienvenue au C++! Nous avons travaillé sans relâche afin de créer pour vous ce qui, nous l'espérons, sera une expérience instructive, divertissante et stimulante. Le C++ est un langage difficile, habituellement enseigné à des programmeurs expérimentés. Cet ouvrage est donc unique, car:

- il convient aux techniciens qui possèdent peu ou pas d'expérience en programmation;
- il convient aux programmeurs expérimentés désireux d'approfondir encore plus leur connaissance de ce langage.

Comment un livre unique peut-il plaire à ces deux catégories de personnes? Tout simplement en utilisant un noyau commun capable de mettre en relief la *clarté,* grâce aux techniques éprouvées de la *programmation structurée* et de la *programmation orientée objets.* Les non programmeurs apprennent la programmation de la bonne manière dès le début. Nous avons tenté de rédiger d'une manière claire et évidente ce livre abondamment illustré. Plus important, le livre présente des centaines de programme C++ opérationnels et montre les résultats produits par ces programmes, exécutés sur un ordinateur. Nous appelons cette présentation l'approche par code en direct. Tous ces exemples de programmes sont disponibles sur le cédérom d'accompagnement du livre. Il est également possible d'en télécharger une version en anglais sur le site **www.deitel.com**. Les exemples sont également disponible sur le produit en anglais *C++ Multimedia Cyber Classroom: Third Edition.* Le *Cyber Classroom* contient des liens hypertextes, des parcours avec commentaires vocaux des exemples de programmes du livre, ainsi que les réponses à environ la moitié des exercices (en tenant compte des réponses courtes, des petits programmes et de nombre des projets complets). Les informations de commande du *Cyber Classroom* se trouvent sur le site Web de Deitel.

Les cinq premiers chapitres introduisent les principes fondamentaux des ordinateurs, de la programmation et du langage de programmaiton C++. Les débutants qui ont abordé nos cours nous disent que la matière des chapitres 1 à 5 présente une fondation solide pour un traitement plus en profondeur du C++ dans les chapitres restant. Les programmeurs expérimentés lisent habituellement les cinq premiers chapitres d'une manière très rapide et trouvent ensuite le traitement du C++ dans le reste du livre à la fois rigoureux et plein de défis.

Nombre de programmeurs chevronnés nous ont déclaré qu'ils avaient apprécié notre couverture de la programmation structurée. Bien qu'ayant souvent eu à travailler avec des langages structurés comme le C ou le Pascal, ils n'avaient cependant jamais réussi à écrire le meilleur code possible par manque de connaissance des bases de cette matière. Revoir la programmation structurée dans les premiers chapitres de ce livre leur a permis d'améliorer leur style de programmation en C et en Pascal. En bref, que vous soyez débutant ou expérimenté, vous trouverez donc dans ce livre beaucoup d'information, de divertissement et de défis.

Les *ordinateurs*, que l'on désigne souvent par le terme *matériel*, sont contrôlés par des logiciels, c'est-à-dire des instructions écrites pour demander à l'ordinateur d'exécuter des *actions* et de *prendre des décisions*. Le C++ est l'un des langages de développement de logiciels les plus populaires aujourd'hui. Ce texte fournit une introduction à la programmation en C++ dans sa version ANSI/ISO , qui a été normalisée en 1998 aux États-Unis par l'*American National Standards Institute (ANSI)* et dans le monde entier par l'*International Standards Organization (ISO)*.

L'ordinateur est aujourd'hui présent dans presque tous les secteurs, grâce surtout à la chute considérable de son prix et à la rapidité des progrès dans les technologies du matériel et des logiciels. À une époque où les prix ne cessent d'augmenter dans presque tous les domaines, l'informatique fait en effet figure d'exception. Les ordinateurs, qui, il y a 25 à 30 ans, occupaient de vastes salles et coûtaient des millions de dollars, peuvent désormais être intégrés sur des puces de silicium plus petites qu'un ongle et dont le coût s'élève à quelques dollars pièce. De fait, la technologie des puces de silicium a rendu l'informatique si abordable qu'on dénombre actuellement des centaines de millions d'ordinateurs universels à travers le monde, dans les milieux d'affaires, le secteur industriel, les organismes gouvernementaux et à domicile. D'après certaines prévisions, ce nombre pourrait facilement doubler d'ici quelques années.

Ce livre vous stimulera pour plusieurs raisons. Parmi vos collègues de travail, les plus anciens ont sans doute appris le C ou le Pascal comme premier langage de programmation selon la méthode dite de *programmation structurée*. Vous apprendrez simultanément le C et le C++! Pourquoi? Pour la bonne raison que le C++ comprend le C et bien davantage. De plus, vous étudierez à la fois la programmation structurée et la programmation orientée objets. Là encore, pourquoi enseigner les deux?

Tout simplement parce que la programmation orientée objets sera assurément la méthode de programmation clé de la prochaine décennie. Dans ce cours, vous créerez et utiliserez beaucoup d'*objets*; mais vous découvrirez aussi qu'on peut construire une meilleure structure interne pour ces objets à partir de techniques de programmation structurée. De plus, cette méthode de programmation permet parfois de mieux exprimer la logique de la manipulation d'objets.

Nous présentons les deux méthodes pour une autre raison: la migration massive des systèmes en C vers les systèmes en C++. On trouve une énorme quantité de ce qu'on appelle le «code C hérité», car le langage C est employé depuis environ un quart de siècle et a vu son utilisation augmenter de façon considérable au cours des dernières années. Après avoir appris le C++, les gens le trouvent plus efficace que le C et décident souvent de passer au C++. Ils amorcent alors la conversion de leurs systèmes hérités en langage C++ – un procédé relativement simple – puis se mettent à utiliser les différentes fonctionnalités du C++ (plus connues comme «enrichissement du C par le C++») , afin de parfaire leur style d'écriture de programmes en C. Enfin, ils commencent à utiliser les possibilités de la programmation orientée objets du C++ pour profiter pleinement des véritables avantages de ce langage.

Phénomène nouveau: la plupart des fournisseurs offrent maintenant un seul produit combinant le C et le C++ plutôt que deux produits distincts comme par le passé. Les utilisateurs qui le désirent peuvent ainsi continuer à programmer en C, puis passer progressivement au C++ en temps opportun.

Le C++ est devenu le langage d'implantation de choix des systèmes informatiques à hautes performances. Mais peut-on l'enseigner aux néophytes qui liront ce manuel? Nous croyons que oui. Il y a cinq ans, lorsque le Pascal a été retiré des premiers cours d'informatique, nous avons relevé un défi comparable en écrivant le manuel *Comment programmer en C*. Des centaines d'universités dans le monde utilisent désormais la deuxième édition de ce livre pour leurs cours, avec une efficacité au moins aussi grande qu'avec les anciens manuels sur le Pascal. Nous n'avons observé aucune différence significative, si ce n'est que les étudiants sont maintenant plus motivés, car ils savent qu'ils utiliseront d'avantage le C que le Pascal dans les classes supérieures et au cours de leur carrière. Ceux qui apprennent le C savent aussi qu'ils seront mieux préparés pour étudier le C++ et le *Java*, un langage connexe au C++ mais conçu pour l'Internet.

Les cinq premiers chapitres de ce livre vous enseigneront la programmation structurée en C++, la «portion C» du C++ et «l'enrichissement du C par le C++», tandis que le reste portera sur l'étude de la programmation orientée objets du C++. Vous n'aurez cependant pas à attendre le chapitre 6 pour commencer à apprécier l'orientation objets puisque chacun des cinq premiers chapitres se termine par une section intitulée *À propos des objets*. Ces sections introduisent les concepts de base de la programmation orientée objets et sa terminologie. Quand vous atteindrez le chapitre 6, *Classes et abstraction de données*, vous serez prêts à commencer à utiliser le C++ pour créer des objets et écrire des programmes orientés objets.

Le premier chapitre est divisé en trois parties. La première introduit les fondements des ordinateurs et de la programmation. La deuxième vous permet de commencer immédiatement à écrire quelques programmes simples en C++. La troisième, enfin, vous aide à commencer à «penser aux objets».

Vous voilà maintenant fixé! Vous êtes sur le point d'emprunter un chemin rempli de défis et de récompenses. Si vous souhaitez communiquer avec nous, vous pouvez envoyer un courriel à

deitel@deitel.com

Nous répondrons immédiatement. Nous espérons que vous apprécierez l'apprentissage avec *Comment programmer en C++*. Si vous souhaitez utiliser la version anglaise et interactive sur cédérom de ce livre, veuillez rechercher le titre *C++ Multimedia Cyber Classroom: Third Edition* sur le site **www.deitel.com** .

1.2 Qu'est-ce qu'un ordinateur ?

Un *ordinateur* est un appareil capable d'effectuer des calculs et de prendre des décisions logiques des millions, voire des milliards de fois plus rapidement que le cerveau humain. Ainsi, alors que bon nombre des ordinateurs personnels d'aujourd'hui peuvent réaliser une centaine de millions d'additions par seconde, il faudrait des dizaines d'années à une personne pour en faire autant, même à l'aide d'une calculatrice. Quant aux superordinateurs les plus rapides, ils peuvent effectuer des centaines de milliards d'additions par seconde, soit environ le même nombre que pourraient réaliser des centaines de milliers de personnes en une année! Des ordinateurs traitant des billions d'instructions par seconde sont déjà fonctionnels dans certains laboratoires de recherche!

Les ordinateurs traitent les *données* au moyen de séries d'instructions connues sous le nom de *programmes*. Ces programmes guident l'ordinateur à travers des séries ordonnées d'actions, spécifiées par des personnes appelées *programmeurs*.

Les différents composants de l'ordinateur – comme le clavier l'écran, la souris, les disques, la mémoire, le lecteur de cédérom et les unités de traitement – sont désignés par le terme *matériel* et les programmes qui y sont exécutés, par le terme *logiciels*. Les coûts de fabrication du matériel informatique ont énormément diminué au cours des dernières années, au point que les ordinateurs personnels sont devenus un produit d'usage courant. Il n'en va pas de même, hélas, du côté de la technologie des logiciels où les coûts n'ont pas cessé d'augmenter. Dans ce manuel, vous apprendrez des méthodes de développement de programmes éprouvées, capables de diminuer les coûts de développement, soit: la programmation structurée, l'affinage progressif descendant, la fonctionnalisation, la programmation orientée objets, la conception orientée objets et la programmation générique.

1.3 Organisation d'un ordinateur

Quelle que soit leur apparence physique, la plupart des ordinateurs sont habituellement divisés en six sections ou *unités logiques,* à savoir:

1. *Unité d'entrée.* Il s'agit de la section «réceptrice» de l'ordinateur, c'est-à-dire celle qui reçoit les informations (données et programmes) provenant des différents *périphériques d'entrée* et qui met ces informations à la disposition des autres unités afin qu'elles puissent être traitées. Aujourd'hui, la majeure partie des informations sont entrées dans la machine par l'entremise du clavier et de la souris mais elles peuvent aussi être entrées en parlant à l'ordinateur et en scannant des images.

2. *Unité de sortie.* Il s'agit de la section «d'expédition» de l'ordinateur, c'est-à-dire celle qui prend l'information traitée par l'ordinateur et qui la distribue aux différents périphériques de sortie pour la rendre utilisable à l'extérieur de la machine. Aujourd'hui, la majeure partie de l'information de sortie des ordinateurs est affichée sur des écrans, imprimée sur du papier ou utilisée pour contrôler d'autres périphériques.

3. *Unité de mémoire.* Il s'agit de la section «d'entreposage» de l'ordinateur. De capacité relativement faible mais d'accès rapide, elle conserve l'information provenant de l'unité d'entrée de façon à la rendre immédiatement disponible pour tout traitement. Elle conserve également l'information traitée jusqu'à ce qu'elle puisse être distribuée aux périphériques de sortie par l'unité de sortie. Elle est souvent désignée par les termes *mémoire* ou *mémoire principale*.

4. *Unité arithmétique et logique (UAL; ALU, arithmetic and logic unit).* Il s'agit de la section de «fabrication» de l'ordinateur. Elle est responsable de l'exécution de calculs, telles l'addition, la soustraction, la multiplication et la division. Elle contient les mécanismes de décision qui permettent à la machine, par exemple, de comparer deux données provenant de l'unité de mémoire et de déterminer si elles sont égales ou non.

5. *Unité centrale de traitement (UCT; CPU, central processing unit).* Il s'agit de la section «d'administration» de l'ordinateur, c'est-à-dire celle qui coordonne la machine et supervise le fonctionnement des autres sections. Elle indique à l'unité d'entrée quand lire l'information en mémoire; indique à l'unité arithmétique et logique quand utiliser l'information provenant de l'unité de mémoire pour des calculs; et synchronise l'unité de sortie pour diriger l'information de la mémoire aux différents périphériques de sortie.

6. *Unité de stockage secondaire.* Unité de grande capacité, il s'agit de la section «d'entreposage» à long terme de l'ordinateur. Les données ou les programmes qui ne sont pas utilisés de façon active sont normalement rangés sur des périphériques de stockage secondaires (comme des disques), jusqu'à ce qu'on en ait de nouveau besoin quelques heures, quelques jours, quelques mois voire des années plus tard. Il faut beaucoup plus de temps pour accéder à l'information stockée dans les unités secondaires que pour obtenir celle de la mémoire. Par ailleurs, le coût par unité de stockage secondaire est beaucoup moins élevé que celui par unité de mémoire principale.

1.4 Évolution des systèmes d'exploitation

Les premiers ordinateurs ne pouvaient exécuter qu'une seule *opération* ou *tâche* à la fois. Ce mode de fonctionnement, où la machine utilise un seul programme à la fois tout en traitant des groupes ou lots de données, est souvent appelé *traitement par lots* mono-utilisateur. Dans ces anciens systèmes, les utilisateurs soumettaient habituellement leurs travaux à un centre d'informatique au moyen de cartes perforées et devaient souvent attendre des heures voire des jours avant de recevoir les imprimés.

Des logiciels spéciaux appelés *systèmes d'exploitation* furent développés pour faciliter l'utilisation des ordinateurs. Les premiers systèmes d'exploitation assurèrent une transition plus souple entre les opérations et, de ce fait, diminuèrent le temps nécessaire aux opérateurs pour passer d'une tâche à une autre. Résultat: la quantité de travail, c'est-à-dire la *capacité de traitement*, atteinte par les machines s'en trouva accrue.

Au fur et à mesure que les ordinateurs s'amélioraient, il devenait évident que le traitement par lots mono-utilisateur n'utilisait pas les ressources de la machine de façon efficace et qu'il serait possible de mieux les exploiter en partageant nombre de travaux ou de tâches. Cette idée donna naissance à la *multiprogrammation*, un procédé par lequel l'ordinateur partage ses ressources entre de nombreuses opérations pour permettre leur exécution «en simultané». Avec les premiers systèmes d'exploitation en multiprogrammation, les utilisateurs soumettaient encore leurs travaux sur des cartes perforées et devaient toujours attendre les résultats pendant des heures ou des jours.

Dans les années 1960, différents groupes des milieux industriels et universitaires développèrent des systèmes d'exploitation en *temps partagé,* lequel est une forme spéciale de multiprogrammation où les utilisateurs accèdent à l'ordinateur à l'aide de *terminaux* (des périphériques dotés de claviers et d'écrans). Dans un système en temps partagé type, des dizaines voire des centaines d'utilisateurs partagent l'ordinateur en même temps. L'ordinateur n'exécute pas réellement en simultané les applications de tous les utilisateurs, mais il exécute en fait une partie d'une application d'un utilisateur, puis passe au service de la personne suivante. Il fait tout cela si vite qu'il peut assurer les services d'un même utilisateur plusieurs fois par seconde, ce qui donne l'impression à cet utilisateur que les programmes s'exécutent en simultané. Un avantage du temps partagé est que l'utilisateur reçoit une réponse immédiate de l'ordinateur à ses requêtes au lieu de devoir attendre de longs moments entre requêtes et réponses, comme dans les anciennes formes d'informatique.

1.5 Informatique personnelle, informatique distribuée et informatique client-serveur

L'informatique personnelle a vu le jour en 1977, grâce aux rêves d'un passionné de l'informatique qui fonda, cette année-là, la société Apple Computer. Le prix plus abordable des ordinateurs permit à bien des gens de s'en procurer pour leur utilisation personnelle ou pour le travail. En 1981, IBM, le plus gros fournisseur de produits informatiques du monde, lançait le IBM Personal Computer. Presque du jour au lendemain, l'informatique personnelle devenait légitime dans les milieux d'affaire et industriels ainsi que dans les organismes gouvernementaux.

Mais ces ordinateurs étaient des unités «autonomes»: chaque personne travaillait sur sa propre machine, puis transportait des disquettes d'un poste à un autre afin de partager les informations. Même si les premiers ordinateurs personnels n'étaient pas assez puissants pour une utilisation en temps partagé, on pouvait toutefois les relier en réseaux informatiques à l'intérieur d'une organisation, soit sur des lignes téléphoniques, soit en *réseaux locaux (LAN, local area network)*. Cela a conduit au phénomène de l'*informatique distribuée*, dans laquelle le traitement informatique d'une organisation est distribué vers les différents postes de travail à travers des réseaux, plutôt que d'être exécuté entièrement à partir d'une installation centrale unique. Les ordinateurs personnels étaient suffisamment puissants pour supporter les besoins des utilisateurs individuels, tout en soutenant les tâches de communication de base nécessaires au transfert électronique de l'information.

Les ordinateurs personnels haut de gamme d'aujourd'hui sont aussi puissants que les machines à un million de dollars d'il y a dix ans. Les meilleurs ordinateurs de bureau – les *stations de travail* – procurent d'énormes possibilités à leurs utilisateurs. L'information est facilement partagée à travers des réseaux sur lesquels certaines machines – les *serveurs de fichiers* – offrent un stock commun de programmes et de données dont peuvent se servir des ordinateurs *clients* répartis sur le réseau. C'est ce qu'on appelle l'*informatique client-serveur*. Le C et le C++ sont devenus les langages de prédilection pour concevoir des programmes pour systèmes d'exploitation, pour la gestion de réseaux et pour des applications client-serveur distribuées. Les systèmes d'exploitation en vogue aujourd'hui, comme UNIX, Linux et Windows de Microsoft fournissent les différentes possibilités discutées dans cette section.

1.6 Langages machine, langages d'assemblage et langages de haut niveau

Les programmeurs utilisent divers langages de programmation pour écrire des instructions. Certains de ses langages – il en existe actuellement des centaines – sont directement compréhensibles par la machine; d'autres requièrent des étapes intermédiaires de *traduction*. On peut diviser les langages informatiques en trois grandes catégories:

1. Langages machine

2. Langages d'assemblage

3. Langages de haut niveau

Un ordinateur ne peut directement comprendre que son propre *langage machine*, c'est-à-dire le «langage naturel» exclusif à sa conception matérielle. Les langages machine sont habituellement constitués d'une suite de nombres – en fait une série de 1 et de 0 – qui chargent les ordinateurs d'exécuter leurs opérations les plus élémentaires une par une. Ils sont *dépendants de la machine*. Autrement dit, un langage machine donné ne peut être employé que sur un seul type d'ordinateur. Les langages machine sont fastidieux pour les humains, comme le montre la portion suivante d'un programme en langage machine qui additionne la paie du temps supplémentaire et la paie du temps régulier, puis stocke le résultat sous forme de paie brute.

```
+1300042774
+1400593419
+1200274027
```

Plus les ordinateurs gagnaient en popularité, plus il devenait évident que la programmation en langage machine exigeait trop de temps et d'efforts. Au lieu d'utiliser les suites de nombres que les machines pouvaient comprendre directement, les programmeurs commencèrent donc à utiliser des abréviations tirées de l'anglais pour représenter les opérations élémentaires de l'ordinateur, établissant ainsi la base des *langages d'assemblage*. Ils développèrent aussi des programmes de traduction, appelés assembleurs, pour convertir en langage machine les programmes écrits en langage d'assemblage. L'exemple suivant d'un programme en langage d'assemblage exécute la même addition que ci-dessus, mais d'une façon plus claire que son équivalent en langage machine:

```
LOAD PAIEREGULIERE
ADD PAIESUPPLEMENTAIRE
STORE PAIEBRUTE
```

Même si ce dernier code est plus clair pour les humains, les ordinateurs ne peuvent le comprendre tant qu'il n'a pas été traduit en langage machine.

Les langages d'assemblage contribuèrent à augmenter la popularité des ordinateurs mais exigeaient encore beaucoup d'instructions pour accomplir même les tâches les plus simples. Afin d'accélérer le processus de programmation, on développa des *langages de haut niveau* dans lesquels des instructions uniques exécutent des tâches considérables. Des programmes de traduction appelés *compilateurs* convertissent en langage machine des programmes écrits en langage de haut niveau. Les langages de haut niveau permettent d'écrire des instructions qui ressemblent à la langue courante et qui contiennent des numérations mathématiques usuelles. Un programme de paie écrit en langage de haut niveau pourrait contenir une instruction telle que:

```
PaieBrute = PaieReguliere + PaieSupplementaire
```

De toute évidence, les langages de haut niveau sont beaucoup plus attrayants du point de vue du programmeur, comparativement aux langages machine ou d'assemblage. Le C et le C++ figurent parmi les langages de haut niveau les plus puissants et les plus répandus.

Toutefois, la compilation en langage machine d'un programme écrit en langage de haut niveau peut prendre un temps considérable. C'est pourquoi on développa des *interpréteurs* capables d'exécuter directement des programmes en langage de haut niveau sans compilation préalable en langage machine. Même si les programmes interprétés s'exécutent plus lentement que les programmes compilés, ils sont très populaires dans les environnements de développement où on recompile très souvent des programmes modifiés ou corrigés. La version compilée n'est produite qu'une fois le programme développé, assurant ainsi un fonctionnement plus efficace.

1.7 Historique du C et du C++

Le C++ a été développé à partir du C qui fut lui-même élaboré à partir de deux langages de programmation antérieurs, le BCPL et le B. Le BCPL fut développé en 1967 par Martin Richards comme langage d'écriture de logiciels de systèmes d'exploitation et de compilateurs. Ken Thompson modela plusieurs particularités de son langage B à partir de leurs équivalents en BCPL. En 1970, il utilisa le langage B pour créer des versions primitives du système d'exploitation UNIX aux laboratoires Bell sur un ordinateur DEC PDP-7. Le BCPL et le B étaient des langages «non typés»; chaque élément de données occupait un «mot» en mémoire et le fardeau de traiter un élément comme un nombre entier ou comme un nombre réel, par exemple, incombait au programmeur.

Le langage C a été développé à partir du B par Dennis Ritchie aux laboratoires Bell et a été exécuté pour la première fois en 1972 sur un ordinateur DEC PDP-11. Le C utilise de nombreux concepts importants des langages BCPL et B tout en incorporant le *typage des données* et d'autres fonctionnalités. Le C s'est d'abord répandu comme langage de développement du système d'exploitation UNIX et, aujourd'hui, la majorité des systèmes d'exploitation sont écrits en C et (ou) en C++. Au cours des deux dernières décennies, le C est en effet devenu disponible pour la plupart des ordinateurs, car il est indépendant du matériel. En utilisant un design soigné, il est possible d'écrire des programmes C *portables* sur la plupart des machines.

À la fin des années 1970, le C avait évolué en ce qu'on désigne maintenant par les vocables de « C conventionnel », « C classique » ou « C de Kernighan et Ritchie ». En 1978, la publication chez Prentice-Hall du livre *The C Programming Language* de Kernighan et Ritchie attira l'attention générale sur ce langage.

L'emploi très répandu du C sur différents types d'ordinateurs (parfois appelés *plates-formes matérielles*) amena hélas de nombreuses variantes, similaires mais souvent incompatibles. Cette situation était un problème sérieux pour les développeurs chargés d'écrire des programmes portables capables de fonctionner sur différentes plates-formes, d'où la nécessité évidente d'une version standard du langage C. En 1983, l'*American National Standards Committee on Computers and Information Processing (X3)* créait le comité technique X3J11 afin de «fournir une définition du langage claire et indépendante de la machine». Le standard élaboré fut approuvé en 1989. L'ANSI travailla ensuite de pair avec l'*International Standards Organization (ISO)* pour normaliser le langage C à l'échelle mondiale; le document collectif du standard fut publié en 1990 et porte l'identification ANSI/ISO 9899: 1990. On peut commander des copies de ce document auprès de l'ANSI. La deuxième édition du Kernighan et Ritchie, publiée en 1988, est conforme à cette version appelée ANSI C.

Astuce sur la portabilité 1.1

Le C étant un langage normalisé, indépendant du matériel et largement disponible, des applications écrites en C peuvent souvent être exécutées avec peu ou pas de modifications sur une vaste gamme de systèmes informatiques différents.

Le C++, une extension du C, a été développé au début des années 1980 par Bjarne Stroustrup aux laboratoires Bell. Le C++ procure une quantité de fonctionnalités qui rehaussent le langage C et, de surcroît, offre des possibilités pour la programmation orientée objets.

La communauté des développeurs de logiciels est en pleine révolution. Construire des programmes rapidement, correctement et de façon économique reste un but inaccessible et, ce, au moment où la demande pour des logiciels novateurs et plus performants monte en flèche. Les *objets* sont essentiellement des composants logiciels réutilisables qui modèlent des éléments du monde réel. Les programmeurs découvrent que l'adoption d'une approche de conception et de mise en œuvre modulaire et orientée objets améliore considérablement la productivité des groupes de développement de logiciels. Ceci était impossible avec les anciennes techniques de programmation populaires comme la programmation structurée. Les programmes orientés objets sont plus faciles à comprendre, à corriger et à modifier.

Nombre d'autres langages orientés objets ont été développés dont, notamment, Smalltalk, créé au Palo Alto Research Center (PARC) de Xerox. Smalltalk est un véritable langage orienté objets dans lequel tout ou presque est objet. Le C++ est un langage hybride qui permet de programmer en style C, en style orienté-objet ou encore dans les deux styles à la fois. À la section 1.9, nous examinerons également le Java, un nouveau langage passionnant dérivé du C et du C++.

1.8 Bibliothèque standard du C++

Les programmes en C++ sont formés de blocs appelés classes et fonctions. Vous pouvez programmer chaque bloc dont vous avez besoin pour former un programme en C++. La plupart des programmeurs profitent toutefois des riches collections de classes et de fonctions existant déjà dans la bibliothèque standard du C++. L'apprentissage de l'univers du C++ comporte donc deux volets: (1) apprendre le langage lui-même et (2) apprendre comment utiliser les classes et les fonctions de la bibliothèque standard du C++. Nous aborderons bon nombre de ces classes et fonctions tout au long de ce manuel. En outre, tout programmeur nécessitant une compréhension approfondie des fonctions de la bibliothèque ANSI C incluse dans le C++, de leur implantation et des façons de les utiliser pour écrire un code portable se doit de lire l'ouvrage de Plauger (P192). Les bibliothèques de classes standard sont généralement disponibles auprès des fournisseurs de compilateurs. Vous trouverez également plusieurs bibliothèques de classes à usage spécial chez les fournisseurs de logiciels indépendants.

Observation de génie logiciel 1.1

Utilisez une approche «jeu de construction» quand vous concevez des programmes. N'essayez pas de réinventer la roue mais servez-vous des pièces existantes chaque fois que c'est possible. Ce procédé, connu sous l'appellation «réutilisation de logiciels», est fondamental à la programmation orientée objets.

Observation de génie logiciel 1.2

Lorsque vous programmerez en C++, vous utiliserez habituellement les blocs de construction suivants: les classes et fonctions de la bibliothèque standard du C++, les classes et fonctions que vous aurez créées ainsi que les classes et fonctions des différentes bibliothèques populaires non standard.

Créer vos propres fonctions et classes vous donnera l'avantage de savoir exactement comment elles fonctionnent et de pouvoir examiner le code C++. En revanche, la conception, le développement et le maintien de nouvelles fonctions et classes qui soient exactes et qui fonctionnent de manière efficace est un travail long et ardu.

Astuce sur la performance 1.1

Utilisez les fonctions et les classes de la bibliothèque standard au lieu d'en écrire des versions comparables. Cela améliorera la performance du programme, car ces éléments ont été écrits avec soin pour fonctionner efficacement.

Astuce sur la portabilité 1.2

Utiliser les fonctions et les classes de la bibliothèque standard au lieu d'en écrire des versions comparables vous permettra d'améliorer la portabilité du programme, car ces éléments sont inclus dans presque toutes les implantations de C++.

1.9 Java et Comment programmer en Java

Bien des gens croient que le prochain domaine majeur dans lequel les microprocesseurs auront un profond impact est celui des appareils intelligents de grande consommation. L'ayant pressenti, Sun Microsystems créa un projet de recherche interne du nom de *Green* (Vert) en 1991. Le projet donna naissance à un langage basé sur le C et le C++, que le créateur, James Gosling, nomma *Oak* (Chêne), parce qu'un chêne occupait toute la vue par la fenêtre de son bureau chez Sun. Comme il apparût qu'un autre langage existait déjà du nom de Oak, il fallut trouver un autre nom. C'est un groupe de gens de chez Sun qui visitaient un vendeur de café local qui suggéra le nom de *Java* et ce nom fut adopté.

Le projet Green dut faire face à quelques difficultés. Le marché des périphériques intelligents ne démarrait pas aussi fort que Sun l'avait anticipé. Plus grave, un contrat essentiel pour lequel Sun s'était porté candidat fut remporté par un autre compétiteur. Ainsi, le projet était menacé d'abandon. Par une chance tout à fait extraordinaire, le marché du Web explosa en popularité en 1993 et les gens de chez Sun y virent le portentiel immédiat d'utiliser Java pour équiper des pages Web d'un *contenu dynamique*, sujet que nous évoquerons plus loin dans ce livre. Cette opportunité donna un grand bol d'air frais, inespéré, au projet.

Sun annonça de façon formelle l'existence de Java à une foire commerciale spécialisée en mai 1995. D'ordinaire, un événement de ce type n'attirerait pas l'attention outre mesure mais Java provoqua l'intérêt général des commerciaux, du fait de l'intérêt phénoménal pour le Web. Java sert aujourd'hui à créer des pages Web avec un contenu dynamique et interactif, pour développer des applications industrielles à la taille d'une entreprise, pour améliorer les fonctionnalités des serveurs Web, c'est-à-dire des ordinateurs qui fournissent le contenu des pages que nous voyons dans nos navigateurs Web, pour fournir des applications destinées aux appareils électroniques domestiques, comme les téléphones portables, les assistants numériques personnels, et bien d'autres choses encore.

En 1995, nous suivions avec un grand intérêt le développement de Java par Sun Microsystems. En novembre 1995, nous assistions à une conférence sur l'Internet à Boston. Un représentant de Sun Microsystems fit une présentation passionnée de Java. À mesure que progressait la présentation, il devenait clair que Java devait jouer un rôle significatif dans le développement de pages Web interactives en multimédia. Mais nous vîmes surtout le formidable potentiel de ce langage.

Nous vîmes en Java le langage adéquat d'enseignement d'un langage de programmation dès la première année de cours, mais aussi des concepts fondamentaux des graphismes, de l'imagerie, de l'animation, de l'audio, de la vidéo, des bases de données, de la mise en réseau, du multithread et de l'informatique collaborative. Nous avons commencé à rédiger la première édition de *Java How to Program*, publiée au début des cours de l'automne 1996. La troisième édition est parue en 2000.

En plus de sa propension à développer des applications Internet et en intranet, Java est certain de devenir un langage de choix dans l'implantation des logiciels destinés aux appareils qui communiquent par un réseau (les téléphones mobiles, les assistants numériques personnels). Ne vous étonnez pas si un de ces jours votre nouvelle chaîne stéréo ou votre frigo se connectent en réseau grâce à la technologie de Java!

1.10 Autres langages de haut niveau

Des centaines de langages de haut niveau ont été développés mais seuls quelques-uns sont devenus populaires. Le FORTRAN (*FORmula TRANslator*) fut mis au point par *IBM Corporation* entre 1954 et 1957 pour satisfaire les applications scientifiques et d'ingénierie exigeant des calculs mathématiques complexes. Le FORTRAN est toujours très utilisé, surtout dans les applications d'ingénierie.

Le COBOL (*COmmon Business Oriented Language*) sfut développé conjointement par des fabricants d'ordinateurs et par des utilisateurs du gouvernement américain et du secteur industriel en 1959. Le COBOL est surtout utilisé pour des applications commerciales exigeant une manipulation précise et efficace de grandes quantités de données. Plus de la moitié des logiciels commerciaux d'aujourd'hui sont encore programmés en COBOL.

Le *Pascal* fut créé à peu près à la même époque que le C par le professeur Nicklaus Wirth à des fins d'utilisation académique. Nous discuterons plus en détail du Pascal dans la prochaine section.

1.11 Programmation structurée

Au cours des années 1960, de nombreux grands projets de développement informatique éprouvèrent de très sérieuses difficultés: échéanciers rarement respectés, coûts dépassant les budgets, produits finis peu fiables. On se rendit alors compte que le développement de logiciels était une activité beaucoup plus complexe qu'on ne l'avait imaginé. La recherche effectuée pendant ces années déboucha sur la *programmation structurée*, une approche disciplinée d'écriture permettant de créer des programmes plus clairs, plus faciles à tester, à déboguer et à modifier que les programmes non structurés. Le chapitre 2 analyse les principes de la programmation structurée et les chapitres 3 à 5 développent plusieurs programmes structurés.

Un des résultats tangibles de cette recherche a été le développement du langage de programmation Pascal par Niklaus Wirth en 1971. Ainsi nommé en l'honneur du mathématicien et philosophe du 17e siècle Blaise Pascal, le Pascal fut créé pour l'enseignement de la programmation structurée en milieu académique et devint rapidement le langage de programmation favori dans la plupart des universités. Hélas dénué de bon nombre des caractéristiques nécessaires à une utilisation pratique dans des applications commerciales, industrielles et gouvernementales, le Pascal est surtout resté limité au milieu universitaire.

Le langage de programmation *Ada* a été développé durant les années 1970 et au début des années 1980 sous le parrainage du ministère de la défense américain (DOD, *Department of Defense*). À cette époque, les programmeurs utilisaient des centaines de langages distincts pour produire les logiciels de commande et de contrôle massifs du DOD, lequel en vint à désirer un langage unique convenant à la majorité de ses besoins. Même si le langage Ada final diffère beaucoup du Pascal, c'est ce dernier qui fut choisi pour en être la base. L'Ada fut nommé ainsi en mémoire de Lady Ada Lovelace – fille du poète Lord Byron et scientique – à qui l'on attribue l'écriture du tout premier programme informatique au début du 19e siècle (pour la «Machine analytique», un calculateur mécanique créé par Charles Babbage). Une des capacités importantes de l'Ada est ce qu'on appelle le multitâche, une fonctionnalité qui permet aux programmeurs de spécifier que de nombreuses activités se produiront en parallèle. Les autres langages de haut niveau populaires dont nous avons discuté, dont le C et le C++, permettent généralement d'écrire des programmes qui n'exécutent qu'une seule activité à la fois.

1.12 La tendance principale des logiciels: la technologie objets

Parmi les auteurs de ce livre, Harvey M. Deitel se remémore l'époque de la grande frustration que ressentaient dans les années 1960 les grandes compagnies de développement de logiciels, surtout celles qui développaient des projets à grande échelle. Pendant ses années préparatoires à son diplôme universitaire, l'étudiant Harvey M. Deitel eut l'insigne privilège de travailler l'été chez un leader parmi les vendeurs d'ordinateurs au sein des équipes développant des systèmes d'exploitation en temps partagé et à mémoire virtuelle. Ce fut pour cet étudiant une expérience d'une qualité extrême. Mais, lors de l'été 1967, la réalité reprit ses droits lorsque la société abandonna l'idée de produire commercialement ce même système sur lequel des centaines de personnes avaient travaillé pendant de si nombreuses années: il était beaucoup trop difficile de mener à terme ce projet. La production de logiciels n'est pas une mince affaire!

Entre-temps, le coût du matériel a décliné de façon gigantesque, à un tel point que les ordinateurs personnels sont devenus d'une banalité bien ordinaire. Malheureusement, le coût du développement de logiciels a, lui, terriblement augmenté, puisque les programmeurs développent des applications toujours plus puissantes et plus complexes, sans pour autant compter sur une amélioration des technologies sous-jascentes du développement logiciel. Ce livre propose justement des méthodes éprouvées de développement de logiciels destinées à réduire les coûts de développement.

Une véritable révolution est en cours dans le monde du logiciel. L'édification rapide de logiciels corrects et économiques demeure un but insaisissable et, ceci, à un moment où la demande de logiciels nouveaux et sur-puissants ne cesse de se manifester. Les *objets* représentent des *composants* logiciels réutilisables qui modélisent des éléments de la vie réelle. Les développeurs de programmes découvrent petit à petit que les approches de conception et de réalisation orientées objets rendent les groupes de développement beaucoup plus productifs que ce qui était possible avec les anciennes techniques de programmation usuelles telles que la programmation structurée. Les programmes orientés objets sont souvent plus faciles à comprendre, à corriger et à modifier.

Les améliorations de technologies logicielles commencèrent à apparaître avec ce que l'on appelle la *programmation structurée*, et les disciplines associées, comme l'*analyse et la conception des systèmes structurés*, mise en place dans les années 1970. Mais ce ne fut que lorsque la programmation orientée objets fut exploitée dans les années 1980, et largement répandue dans les années 1990, que les développeurs de logiciels perçurent qu'ils disposaient enfin des outils dont ils avaient besoin pour franchir des caps importants dans le processus de développement.

En réalité, la technologie objet date déjà du milieu des années 1960. Le langage de programmation C++, développé chez AT&T par Bjarne Stroustrup dans les années 1980, est fondé sur deux autres langages: le C, développé au départ par AT&T pour créer le système d'exploitation Unix au début des années 1970, et le Simula 67 – un langage de programmation de simulation développé en Europe et mis sur le marché en 1967. Le C++ a absorbé les fonctionnalités du C en y ajoutant les possibilités du Simula de créer et de manipuler des objets. Ni le C ni le C++ n'ont été voués à un usage étendu au delà des laboratoires de AT&T. Mais les racines de ce nous appellerions un support s'est rapidement développé pour ces deux langages.

Que sont les objets et en quoi paraissent-ils si magiques? En fait, la technologie des objets est un schéma d'empaquetage qui permet de créer des entités logicielles chargées de sens. Elles ont un sens large et parfois fortement centré sur certains domaines d'application. Il existe des objets de date, des objets de temps, des objets de chèque de paiement, des objets de facture, des objets de sons, des objets de vidéo, des objets de fichier, des objets d'enregistrement, et ainsi de suite. En fait, tout nom commun peut être représenté par un objet.

Nous vivons dans un monde peuplé d'objets. Regardez autour de vous: il y a des voitures, des avions, des gens, des animaux, des bâtiments, des feux de signalisation, des ascenseurs, etc. Avant l'apparition des langages orientés objets, les langages de programmation tels que le Fortran, le Pascal, le Basic et le C se concentraient sur les actions (des verbes) au lieu de s'intéresser aux choses, aux objets (donc aux noms). Les programmeurs vivant dans un monde d'objets étaient obligés de programmer d'abord des verbes, en s'installant devant un ordinateur. Le changement radical de paradigme rendait l'écriture de programmes quelque peu difficile. Aujourd'hui, la disponibilité des langages orientés objets tels que Java, le C++ et bien d'autres, permet aux programmeurs de continuer à vivre et à penser dans un monde orienté objets, et, lorsqu'ils se retrouvent devant le clavier de leur ordinateur, ils peuvent programmer d'une manière orientée objets aussi. Ceci signifie qu'ils programment de la même manière qu'ils perçoivent le monde. C'est un procédé bien plus naturel que la programmation procédurale, et il a eu un impact perceptible sur la productivité des programmeurs.

Une des difficultés majeures de la programmation procédurale est que les unités de programmes que les programmeurs ont créées ne reflètent pas facilement les entités de la réalité. Par conséquent, ces entités procédurales ne sont pas particulièrement réutilisables. Il arrive souvent que les programmeurs démarrent à partir de zéro sur un nouveau projet et qu'ils réécrivent depuis le début des logiciels fort semblables aux précédents. Ceci entraîne une perte de temps et donc d'argent, puisque les gens sont obligés de réinventer la roue à chaque fois. Dans le contexte de la technologie des objets, les entités logicielles créées précédemment, les *objets*, sont réutilisables pour d'autres projets à venir, à condition qu'ils aient été écrits avec soin. L'utilisation massive de bibliothèques de composants réutilisables telles que la bibliothèque *MFC (Microsoft Foundation Classes)*, celles créées par Rogue Wave et par bien d'autres sociétés de développement, peut réduire de manière spectaculaire la masse d'efforts nécessaires pour mettre en place certains types de systèmes (par rapport aux efforts nécessaires pour réinventer ces fonctionnalités dans de nouveaux projets).

Certains organismes déclarent que la réutilisation n'est pas réellement le bénéfice essentiel qu'ils retirent de la programmation orientée objets. Ils indiquent que la programmation orientée objets tend à produire des logiciels plus compréhensibles, mieux structurés et bien plus faciles à entretenir. Cette remarque est très intéressante puisque des estimations font état de ce que près de 80 % des coûts d'un logiciel ne sont pas directement associés au développement initial de ce logiciel mais bien à l'évolution continue et à l'entretien de ce logiciel tout au long de son cycle de vie.

Quelque soient les bénéfices de la programmation orientée objets, il est clair que celle-ci constituera la méthodologie de programmation des quelques décennies à venir.

Note: le texte comportera de nombreuses *Observations de génie logiciel* pour expliquer les concepts qui affectent et améliorent l'architecture et la qualité générales d'un logiciel, surtout dans le cadre d'applications de grande taille. Nous mettrons aussi en évidence des *Bonnes pratiques de programmation* (des habitudes à acquérir qui permettent d'écrire des programmes plus clairs, plus compréhensibles, plus faciles à entretenir et beaucoup plus faciles à déboguer et à tester), des *Erreurs de programmation courantes* (des problèmes à surveiller, de façon à éviter d'effectuer les mêmes erreurs dans des programmes), des *Astuces sur la performance* (les techniques qui aident l'écriture de programmes plus rapides et qui utilisent moins de mémoire), des *Astuces sur la portabilité* (les techniques qui garantissent qu'un programme s'exécute sur différentes machines, avec peu de modifications ou prou), des *Astuces de tests et de débogage* (des techniques qui permettent de retirer les bogues de programmes et, plus important, d'autres techniques qui permettent d'écrire dès le premier coup des programmes sans bogue) et des *Observations d'aspect et comportement* (des techniques permettant de concevoir l'aspect et le comportement d'une interface graphique en vue d'une certaine joliesse d'aspect, d'un certain agrément et une certaine facilité d'utilisation). Nombre de ces techniques, pratiques et observations ne constituent que des lignes de conduites et nous ne doutons un seul instant que vous développerez bientôt votre propre style de programmation.

L'avantage de créer votre propre code est que vous savez toujours la manière dont il fonctionne. Vous pouvez en examiner le contenu à tout moment. Les inconvénients sont la perte de temps et la quantité d'efforts complexes nécessaires à la conception et la création d'un code nouveau.

Astuce sur la performance 1.2

La réutilisation de composants de code éprouvé au lieu d'écrire vos propres versions permet d'améliorer les performances d'un programme parce que ces composants sont conçus dès le départ pour fonctionner avec efficacité.

Observation de génie logiciel 1.3

Des bibliothèques étendues de classes de composants logiciels sont disponibles sur l'Internet et le Web. Nombre d'entre elles sont accessibles sans frais.

1.13 Éléments de base d'un environnement C++ type

Les systèmes C++ comprennent habituellement plusieurs parties: un environnement de développement de programmes, le langage et la bibliothèque standard C++. Le texte qui suit explique un environnement type de développement de programmes en C++ et la figure 1.1 en montre les détails.

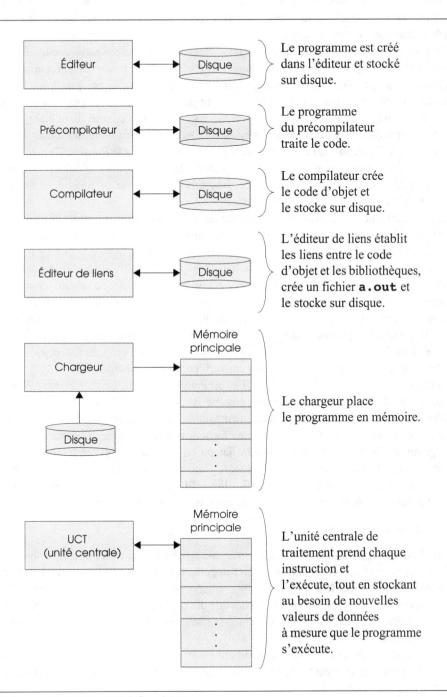

Figure 1.1   Environnement C++ type.

En règle générale, l'exécution des programmes en C++ traverse six phases à savoir: l'*édition*, la *précompilation*, la *compilation*, l'*édition des liens*, le *chargement* et l'*exécution*. Nous nous attardons ici sur un système type en C++ pour UNIX (Note: les programmes de ce manuel s'exécuteront avec peu ou pas de modifications sur la plupart des systèmes C++ courants, incluant les systèmes pour Windows de Microsoft). Si vous n'utilisez pas un système UNIX, reportez-vous aux manuels de votre machine ou demandez à votre professeur de vous expliquer comment réaliser ces tâches dans votre environnement.

La première phase consiste à éditer un fichier à l'aide d'un *programme d'édition*. Le programmeur écrit un programme en C++ dans l'éditeur, y effectue toutes les corrections utiles, puis l'enregistre sur un périphérique de stockage secondaire (un disque dur, par exemple). Les noms de fichier des programmes en C++ se terminent souvent par les extensions **.cpp**, **.cxx** ou **.C** (notez que le C est en majuscule). Pour en savoir plus sur les extensions de noms de fichiers, consultez la documentation propre à votre environnement C++. Deux éditeurs très répandus sur les systèmes UNIX sont le **vi** et le **emacs**. Les coffrets de logiciels C++, comme le *Borland C++* et le *Microsoft Visual C++* pour ordinateurs personnels, possèdent des programmes d'édition incorporés qui s'intègrent facilement à l'environnement de programmation. Nous prenons pour acquis que le lecteur sait déjà comment éditer un programme.

Le programmeur donne ensuite la commande de *compiler* le programme. Le compilateur traduit le programme du langage C++ au langage machine (aussi appelé *code objet*). Dans un système C++, un programme de précompilation s'exécute automatiquement avant que la phase de traduction par le compilateur ne commence. Le précompilateur C++ obéit à des commandes spéciales appelées *directives de précompilation* qui indiquent les manipulations à exécuter au sein du programme avant sa compilation. Il s'agit habituellement d'inclure d'autres fichiers texte dans le fichier à compiler et d'exécuter différents remplacements de texte. Les directives de précompilation les plus communes sont traitées dans les premiers chapitres; une discussion détaillée de toutes les fonctions de précompilation figure au chapitre intitulé «*Le précompilateur*». Le précompilateur est appelé par le compilateur avant que le programme ne soit converti en langage machine.

La phase suivante est l'*édition des liens*. Les programmes en C++ comprennent typiquement des références aux fonctions définies ailleurs, comme dans les bibliothèques standard ou dans les bibliothèques privées de groupes de programmeurs travaillant sur un projet particulier. Le code objet produit par le compilateur C++ contient normalement des «trous» à cause de ces parties manquantes. Un programme d'édition des liens établit la liaison entre le code objet et le code des fonctions manquantes pour produire une *image exécutable* (sans pièce manquante). Sur un système UNIX type, la commande pour compiler et éditer les liens d'un programme en C++ est **CC**. Ainsi, pour compiler et éditer les liens d'un programme nommé **bienvenue.C**, tapez

```
CC bienvenue.C
```

à l'*invite* UNIX et appuyez sur la touche *Entrée* (ou touche *Retour*). Si la compilation et l'édition des liens s'effectuent correctement, un fichier appelé **a.out**, c'est-à-dire l'image exécutable du programme **bienvenue.C** sera produit.

La phase suivante est le *chargement*. Avant de pouvoir être exécuté, un programme doit d'abord être mis en mémoire. Cette action est effectuée par le *chargeur*, qui prend l'image exécutable du disque et le transfère à la mémoire.

Finalement, l'ordinateur, contrôlé par son unité centrale, exécute le programme une instruction à la fois. Pour charger et exécuter le programme sur un système UNIX, on tape **a.out** à l'invite UNIX et on appuie sur *Retour*.

Les programmes ne fonctionnent pas toujours du premier coup, car différents types d'erreurs peuvent faire échouer chacune des phases précédentes. Un programme exécutable peut, par exemple, tenter de diviser par zéro (une opération aussi illégale sur un ordinateur qu'en arithmétique). Le cas échéant, un message d'erreur s'afficherait et le programmeur devrait revenir à la phase d'édition, effectuer les corrections nécessaires, puis poursuivre le processus jusqu'à la fin pour déterminer si ces corrections fonctionnent convenablement.

Erreur de programmation courante 1.1

On désigne les erreurs du type «division par zéro» se produisant pendant l'exécution d'un programme par l'expression erreurs à l'exécution. La division par zéro produit généralement une erreur fatale, c'est-à-dire une erreur provoquant l'arrêt immédiat du programme. Les erreurs non fatales permettent au programme de s'exécuter jusqu'à la fin, mais produisent souvent des résultats inexacts. (Note: sur certains systèmes, la division par zéro n'est pas une erreur fatale. Veuillez consulter la documentation de votre système.)

La plupart des programmes en C++ effectuent des entrées et (ou) des sorties de données. Certaines fonctions de C++ prennent leurs données d'entrée à partir de **cin**, le *flux d'entrée standard*. Ces entrées proviennent normalement du clavier, mais peuvent aussi venir de tout autre périphérique auquel **cin** peut-être connecté. Les données de sortie sont dirigées vers **cout**, le flux de sortie standard, et sont normalement retournées à l'écran de l'ordinateur (ou à tout autre périphérique auquel **cout** est rattaché: disque, imprimante, etc.). On trouve également un flux d'*erreurs standard* désigné par **cerr**. Il est habituellement associé à l'écran et sert à afficher les messages d'erreurs. Nombre d'utilisateurs dirigent couramment les données de sortie régulières (**cout**) vers d'autres unités que l'écran mais gardent **cerr** assigné à ce dernier pour assurer que l'utilisateur soit immédiatement informé de toute erreur.

1.14 Tendances du matériel

La communauté des programmeurs poursuit son expansion sur base du flux constant d'améliorations nouvelles sur les plans du matériel, du logiciel et des communications. Chaque année, les gens s'attendent à payer un peu plus cher pour la plupart des produits et services. L'opposé exact se produit dans le domaine des ordinateurs et des télécommunications, surtout pour le coût du matériel compatible avec les nouvelles technologies. Les dernières décennies ont vu la chute rapide des coûts du matériel, et aucun changement n'est prévu dans les années qui viennent. C'est là un phénomène technologique, constituant une autre force motrice du boum économique actuel. Chaque année, parfois tous les deux ans, la capacité des ordinateurs tend à doubler, sur trois plans: la quantité de mémoire qui sert à exécuter les programmes, la mémoire secondaire qui stocke les programmes et données au long terme, et la vitesse des processeurs, soit la vitesse avec laquelle les ordinateurs peuvent exécuter leurs programmes (donc faire leur travail). Le même phénomène apparaît dans le domaine des communications où les coûts plongent, surtout depuis quelques années, où la demande gigantesque de bandes passantes de communications amène les opérateurs et fabricants à entrer en compétition. À notre connaissance, aucun autre champ d'activité ne connaît une telle progression de performances en parallèle à une telle chute de coûts.

Lors de l'explosion de l'utilisation des ordinateurs dans les années 1960 et 1970, on parlait quelquefois de l'amélioration gigantesque de productivité humaine que l'informatique et les communications entraîneraient. Mais ces prédictions ne se sont jamais matérialisées. Les organisations dépensaient de grandes sommes d'argent et de tenps sur les ordinateurs et les employaient certes effectivement, mais sans les gains de productivité qu'elles escomptaient. C'est l'invention de la puce à microprocesseur et sa vaste expansion à la fin des années 1970 et dans les années 1980 qui ont vu naître le travail en profondeur sur les améliorations de productivité des années 1990, dont la conséquence immédiate est la prospérité économique que nous connaissons.

1.15 Histoire de l'Internet

Vers la fin des années 1960, l'un des auteurs, Harvey M. Deitel était étudiant au MIT. Sa recherche au sein du projet Mac du MIT (nommé aujourd'hui le Laboratoire d'Informatique, le quartier général du World Wide Web Consortium, était financée par l'ARPA—l'*Advanced Research Projects Agency* du Ministère de la défense (DOD) américain. ARPA sponsorisait une conférence où plusieurs dizaines de boursiers de l'ARPA étaient invités à échanger et à partager des idées, à l'Université de Urbana-Champaign d'Illinois. Lors de cette conférence, l'ARPA a dévoilé les brouillons d'un projet de mise en réseau des principaux ordinateurs d'une dizaine d'universités et d'instituts de recherche financés par l'ARPA. Ils devaient communiquer par ce qui semblait alors des lignes de 56 kb/s (c'est-à-dire 56 000 bits par seconde), à une époque où la plupart des gens qui communiquaient par des lignes téléphoniques arrivaient royalement à 110 bits par seconde. Harvey Deitel se remémore l'excitation que cette conférence a provoquée parmi son audience. Les chercheurs de Harvard parlèrent de communications avec le super-ordinateur Univac 1108 à travers les États-Unis jusqu'à l'Université d'Utah pour gérer les calculs relatifs à leurs recherches en graphismes. De nombreuses autres possibilités fascinantes furent proposées. La recherche académique était sur le point de franchir une étape immense. Peu après la conférence, l'ARPA procéda à la mise en place de ce qui fut rapidement nommé *ARPAnet*, le grand-père de l'*Internet* actuel.

Les choses évoluèrent rapidement des lignes de conduites imaginées initialement. Alors que les estimations montraient au départ que le principal bénéfice que les chercheurs devraient tirer de l'expérience serait le partage des capacités de calcul de leurs ordinateurs, la réalité montra que les chercheurs obtenait comme principal bénéfice de l'opération la possibilité de communiquer facilement et rapidement entre eux par le biais de l'ARPAnet et par ce que l'on nomma le courrier électronique ou *electronic mail* (*e-mail* en abrégé) en anglais. C'est encore vrai aujourd'hui, où le courrier électronique par l'Internet facilite les communications entre des millions de gens de tous genres et de toutes nationalités à la surface du globe.

Un des principaux buts de l'ARPA avec ce réseau était de permettre à plusieurs utilisateurs d'envoyer et de recevoir des informations en même temps par le biais des mêmes canaux de communication, tels que des lignes téléphoniques. Le réseau fonctionnait grâce à une technique nommée la *commutation par paquets*, selon laquelle des données numériques sont envoyées sous la forme de petits ensembles, les *paquets* de données. Les paquets contiennent des données, des informations relatives aux adresses, au contrôle d'erreurs et au séquencement. Les informations d'adresse servent à convoyer les paquets de données vers leur destination. Les informations de séquence permettent d'assembler les paquets à leur arrivée, qui, du fait des mécanismes complexes impliqués, sont susceptibles d'arriver en désordre, pour reconstituer les données dans leur forme originale et les présenter correctement au destinataire. Les paquets émis par une multitude d'expéditeurs peuvent transiter sur les mêmes lignes. La technique de commutation par paquets réduit considérablement les coûts de transmission par rapport aux coûts des lignes de communication dédiées, louées.

Le réseau fut conçu pour fonctionner sans nécessiter la présence d'un contrôle centralisé. Ce qui signifie qu'une partie du réseau peut très bien tomber en panne et que les parties du reseau encore en fonctionnement peuvent prendre en charge le convoi des paquets des émetteurs aux destinataires par d'autres voies.

Les protocoles de communication par l'ARPAnet se firent connaître sous le vocable de *TCP* – le *Transmission Control Protocol*. TCP garantit que des messages sont correctement convoyés d'un émetteur à un récepteur et que ces messages arrivent intacts.

En parallèle à l'évolution de l'Internet naissant, des organisations du monde entier mettaient en place leurs propres réseaux de communcation, tant au sein même des organisations (intra-organisations), que entre les organisations (inter-organisations). Une grande diversité de matériels de réseau et de logiciels apparurent. Un grand défi fut de faire en sorte que ces éléments puissent communiquer entre eux. L'ARPA y réussit en développant le protocole *IP* – l'*Internetworking Protocol*, créant ainsi véritablement un réseau de réseaux, qui devint l'architecture d'internet ou, d'une manière plus générale encore, de l'Internet. La combinaison globale de tous les protocoles est désigné actuellement sous l'appellation de pile de protocoles *TCP/IP*.

Au départ, l'utilisation de l'Internet était réservée aux universités et aux instituts de recherche; puis l'armée en devint un gourmand utilisateur. Finalement, le gouvernement américain décida de permettre l'accès à l'Internet à des fins commerciales. Les communautés universitaires et militaires émirent d'abord quelques réserves, puisqu'il était pressenti que les temps de réponse du réseau, le «net», risquaient de s'affaiblir devant une telle masse d'utilisateurs.

En réalité, c'est exactement l'inverse qui s'est produit. Les entreprises ont vite pris conscience de ce qu'elles pourraient adapter leurs modes de travail et offrir de nouveaux et meilleurs services à leurs clients, de sorte qu'elles commençèrent à investir en masse dans le développement et l'amélioration de l'Internet. Ceci fit naître une compétition de prestige parmi les opérateurs de communications, les fabricants de matériels et de logiciels pour satisfaire une demande en croissance permanente. Le résultat fut que la bande passante (la capacité de transit d'informations) de l'Internet s'est considérablement accrue, alors que les coûts ont chuté d'une manière vertigineuse. Le sentiment général est que l'Internet a joué un rôle significatif dans la prospérité économique des États-Unis et de nombre de nations pendant les années 1990 et il est fort probable qu'il y participera encore pendant de longues années.

1.16 Histoire du World Wide Web

Le *World Wide Web* ou, selon l'usage entendu, le *Web*, permet à des utilisateurs d'ordinateurs de chercher, de trouver et de visualiser des documents chargés de multimédia, c'est-à-dire des documents contenant du texte, des graphismes, des animations, des sons et (ou) de la vidéo, sur à peu près tous les sujets. Bien que l'Internet ait été développé voici plus de trente ans, la naissance du Web est bien plus récente. En 1990, *Tim Berners-Lee* du CERN (le laboratoire européen de physique des particules) a mis en place le World Wide Web et plusieurs des protocoles de communication qui forment l'épine dorsale du Web.

L'Internet et le Web sont donc deux concepts tout à fait distincts et ils figureront sans doute parmi les plus grandes créations de l'espèce humaine. Autrefois, les applications informatiques fonctionnaient sur des ordinateurs autonomes et indépendants, c'est-à-dire sur des ordinateurs non connectés à d'autres. Les applications d'aujourd'hui ont la possibilité d'être écrites pour communiquer avec des millions d'ordinateurs répartis à la surface du globe. L'Internet mélange les technologies de l'informatique et des télécommunications. Il facilite notre travail. Il permet un accès instantané aux informations et, ceci, où qu'elles se trouvent à la surface terrestre. Il donne aux individus et aux entreprises une fenêtre de visibilité à l'échelle du globe. Il change la manière dont on traite les affaires. Les gens peuvent trouver les meilleurs prix, virtuellement de n'importe quel produit ou service. Des communautés d'intérêts spécifiques peuvent entretenir des contacts. Les chercheurs obtiennent instantanément les dernières découvertes, de n'importe quel coin du monde.

1.17 Remarques générales sur le C++ et le livre

Le C++ est un langage complexe. Certains programmeurs expérimentés s'enorgueillisent de pouvoir utiliser le C++ d'une façon bizarre, tordue et compliquée. C'est là une pratique bien triste, car elle crée des programmes plus difficiles à lire, plus enclins aux comportements étranges, plus ardus à tester et à déboguer et plus difficile à adapter au besoins changeants. Ce manuel étant destiné aux programmeurs novices, ne soyez pas surpris que nous insistions tant sur la *clarté* des programmes. Le conseil qui suit est le premier d'une série sur les bonnes pratiques de programmation.

Bonne pratique de programmation 1.1

Écrivez vos programmes en C++ de la manière la plus simple possible. Évitez aussi les usages bizarres qui «étirent» le langage inutilement.

Vous trouverez de nombreuses astuces du genre tout au long de cet ouvrage. Elles ne prétendent pas à autre chose que vous aider à écrire des programmes clairs, intelligibles et faciles à maintenir, tester ou déboguer. Vous trouverez aussi des conseils sur les problèmes à éviter pour ne pas reproduire les erreurs de programmation les plus communes dans vos programmes; des techniques sur la performance qui vous aideront à écrire des programmes fonctionnant plus rapidement et (ou) utilisant moins de mémoire; des astuces sur la portabilité qui vous aideront à écrire des programmes capables de fonctionner sur différentes plates-formes avec peu ou pas de modifications; des observations sur le génie logiciel (idées et concepts qui affectent et améliorent l'architecture globale des logiciels et, surtout, celle des logiciels complexes); et, pour terminer, des astuces pour les tests et la mise au point de vos programmes.

Vous avez entendu dire que le C et le C++ sont des langages portables et que les programmes écrits en C et en C++ peuvent fonctionner sur de nombreux ordinateurs différents. La *portabilité* totale est une utopie. Le document sur la norme ANSI C contient une longue liste de problèmes sur la portabilité et des livres complets sur le sujet ont également été écrits.

Astuce sur la portabilité 1.3

Même s'il est possible d'écrire des programmes portables, un grand nombre de problèmes entre différents compilateurs C et C++ ainsi qu'entre différentes machines peuvent rendre la portabilité difficile à réaliser. Celle-ci n'est en effet pas garantie par le simple fait qu'un programme est écrit en C ou en C++, et les programmeurs auront souvent besoin de transiger directement avec des variantes de compilateurs et d'ordinateurs.

Nous avons étudié attentivement le document de norme ANSI/ISO du C++. Toutefois, aussi complète et exacte que puisse être notre présentation, le C++ est un langage riche et notre ouvrage ne couvre pas toutes ses subtilités ni tous les sujets avancés le concernant. Si vous désirez obtenir plus de détails techniques sur le C++, nous vous suggérons donc de lire la plus récente version du document de la norme du C++ sur le site Web de l'ANSI, source idéale pour en acquérir une copie:

http://www.ansi.org

Le titre du document est «Information Technology – Programming Languages – C++» et le numéro du document est ISO/IEC 14882-1998. Si vous ne souhaitez pas acquérir ce document, l'ancien brouillon de la norme est visible sur le site Web

http://www.cygnus.com/misc/wp/

Nous avons inclus une vaste bibliographie de livres et d'articles sur le C++ et la programmation orientée objets ainsi qu'une annexe de ressources comprenant de nombreux sites Web et autres sites Internet relatifs à ces sujets.

De nombreuses fonctions des versions actuelles de C++ sont incompatibles avec des implantations antérieures du langage. Certains programmes présentés ici peuvent donc ne pas fonctionner avec des compilateurs C++ plus anciens.

Bonne pratique de programmation 1.2

Lisez les manuels de la version de C++ que vous utilisez. Consultez-les souvent pour vous assurer de connaître la riche collection de fonctions du C++ et vérifier que vous les utilisez correctement.

Bonne pratique de programmation 1.3

Votre ordinateur et votre compilateur sont de bons professeurs. Si, après avoir lu votre manuel du C++ attentivement, vous n'êtes toujours pas sûr du mode de fonctionnement d'une fonctionnalité du langage, faites des essais au moyen d'un petit programme de test et observez ce qui se produit. Réglez les options de votre compilateur de façon à obtenir le maximum d'avertissements, étudiez chaque message reçu pendant de la compilation et apportez les corrections nécessaires pour éliminer ces messages.

1.18 Introduction à la programmation en C++

Le langage C++ facilite une approche structurée et disciplinée de la conception de programmes. Nous allons maintenant présenter la programmation en C++ et analyserons plusieurs de ses grandes caractéristiques instruction par instruction. Au chapitre 2, nous présenterons en détail la programmation structurée et poursuivrons sur la même lancée jusqu'au chapitre 5. À partir du chapitre 6, nous étudierons la programmation en C++ orientée objets. Comme nous insistons sur la programmation orientée objets tout au long de ce manuel, soulignons une fois de plus la présence d'une section intitulée *À propos des objets* à la fin de chacun des cinq premiers chapitres. Ces sections spéciales introduisent les concepts de l'orientation objets et présentent une étude de cas destinée à mettre le lecteur au défi de créer et implanter un gros programme C++ orienté objets.

1.19 Programme simple: Afficher une ligne de texte

Le C++ utilise des notations qui peuvent paraître étranges aux non-programmeurs. Nous commencerons par l'étude d'un programme simple ayant pour objet d'afficher une ligne de texte. Le programme et sa sortie à l'écran sont illustrés à la figure 1.2.

Ce programme montre en détail quelques caractéristiques importantes du langage C++. Les lignes

```
// Figure 1.2: fig1_02.cpp
// Mon premier programme en C++.
```

commencent toutes deux par **//**, un symbole qui indique que le reste de chaque ligne est un *commentaire*. Les commentaires servent à *documenter* les programmes et améliorer leur lisibilité, et aident également d'autres personnes à lire et à comprendre votre programme. Ils n'appellent aucune action de la part de l'ordinateur et, comme le compilateur C++ les ignore, ils ne génèrent aucun code objet en langage machine. Le commentaire **Mon premier programme en C++** n'est qu'une simple description du programme. Un commentaire commençant par **//** est appelé *commentaire à une seule ligne*, car il se termine à la fin de la ligne courante. [Note: les programmeurs de C++ peuvent également utiliser le style de commentaires du langage C dans lequel un commentaire, pouvant contenir plusieurs lignes, commence par **/*** et se termine par **/*.**]

Bonne pratique de programmation 1.4

Chaque programme devrait commencer par un commentaire décrivant son utilité.

La ligne 3,
```
#include <iostream.h>
```

```
1    // Figure 1.2: fig01_02.cpp
2    // Mon premier programme en C++.
3    #include <iostream>
4
5    int main()
6    {
7        std::cout << "Bienvenue au C++!\n";
8
9        return 0;   // indique que le programme s'est terminé avec succès.
10   }
```

```
Bienvenue au C++!
```

Figure 1.2   Programme d'affichage d'un texte.

est une *directive de précompilation*, c'est-à-dire un message au précompilateur C++. Les lignes commençant par # sont traitées avant la précompilation du programme. Cette ligne particulière indique au précompilateur d'inclure le contenu du *fichier d'en-tête du flux d'entrée/sortie* **<iostream>** dans le programme. Ce fichier doit être inclus dans tout programme qui dirige des données de sortie vers l'écran ou qui reçoit des données d'entrée à partir du clavier au moyen d'un flux d'entrée/sortie de style C++. Nous verrons bientôt que le programme de la figure 1.2 dirige des données de sortie vers l'écran. Le contenu d'iostream.h est expliqué en détail un peu plus loin. Notez que le document de la norme ANSI/ISO du C++ spécifie que **<iostream>** et les autres fichiers d'en-tête standard apparaissent sous cette forme, alors que nombre de compilateurs ne supportent pas encore cette norme, et ils utilisent encore les anciens fichiers d'en-tête, soit **iostream.h**.

Erreur de programmation courante 1.2

 *Si vous oubliez d'inclure le fichier **iostream** dans un programme qui reçoit des entrées du clavier ou qui dirige des sorties vers l'écran, le compilateur émettra un message d'erreur.*

La ligne 5,

```
int main()
```

fait partie de tout programme en C++. Les parenthèses qui suivent **main** indiquent que **main** est un bloc de construction du programme appelé *fonction*. Les programmes en C++ contiennent une ou plusieurs fonctions, dont l'une doit obligatoirement être **main**. Le programme de la figure 1.2 ne contient qu'une seule fonction. L'exécution des programmes en C++ commence habituellement à la fonction **main**, même si celle-ci n'est pas la première fonction dans le programme. Le mot-clé **int**, à gauche de **main**, indique que **main** «renvoie» un nombre entier comme valeur (nombre entier). Nous expliquerons la signification de *«renvoyer une valeur»* quand nous étudierons les fonctions au chapitre 3. Pour l'instant, contentez-vous d'inclure le mot-clé **int** à gauche de **main** dans chacun de vos programmes.

Le *corps* de chaque fonction doit commencer par une *accolade gauche*, **{**, et se terminer par une accolade droite, **}**, correspondante. La ligne 7,

```
std::cout << "Bienvenue au C++!\n";
```

instruit l'ordinateur d'afficher la *chaîne* de caractères comprise entre les guillemets. La ligne entière – incluant **std::cout**, l'opérateur **<<**, la chaîne **"Bienvenue au C++!\n"** et le point-virgule (**;**) – est appelée *instruction*. Chaque instruction doit se terminer par un *point-virgule*, que l'on appelle aussi *séparateur d'instructions*. En C++, les entrées et les sorties sont effectuées au moyen de *flux de caractères*. Ainsi, lorsque l'instruction précédente est exécutée, elle dirige le flux de caractères **Bienvenue au C++!** vers l'*objet du flux de sortie standard* – **std::cout** – normalement associé à l'écran. Nous discuterons de **cout** en détail au chapitre 11, *Flux d'entrée-sortie en C++*.

Notez que nous avons placé **std::** devant **cout**. Ceci est obligatoire lorsque nous utilisons la directive de précompilation **#include <iostream>**. La notation **std::cout** spécifie que nous utilisons un nom, soit **cout** dans ce cas-ci, qui fait partie de l'espace de noms de **std**. Les espaces de noms (*namespace* en anglais) constituent une caractéristique avancée du C++. Le chapitre 21 étudie en détail les espaces de noms mais, pour l'heure, rappelez-vous simplement d'inclure **std::** devant chaque mention à **cout**, **cin** et **cerr** dans un programme. Cela peut paraître lourd et, à la figure 1.14, nous introduisons l'instruction **using**, qui permet d'éviter de placer un **std::** devant chaque usage d'un nom de l'espace de noms **std**.

L'*opérateur* **<<** est l'opérateur d'*insertion de flux*. La valeur située à la droite de l'opérateur, soit l'*opérande droit,* est inséré dans le flux de sortie lors de l'exécution du programme. Normalement, les caractères de l'opérande droit s'affichent exactement comme ils apparaissent entre les guillemets, sauf s'il s'agit de caractères **\n** qui ne sont pas affichables. La barre oblique inverse (****) désigne un *caractère de changement de code* et indique de sortir un caractère spécial. Quand le programme rencontre une barre oblique inverse dans une chaîne de caractères, il la combine avec le caractère suivant pour former une *séquence de changement de code*. Par exemple, la séquence **\n** désigne une *nouvelle ligne* et, de ce fait, déplace le *curseur* (c'est-à-dire l'indicateur de la position courante à l'écran) au début de la ligne suivante. D'autres séquences de changement de code communes sont énumérées à la figure 1.3.

Erreur de programmation courante 1.3

Omettre le point-virgule à la fin d'une instruction est une erreur de syntaxe. Une telle erreur survient lorsque le compilateur est incapable de reconnaître une instruction, auquel cas il émet normalement un message d'erreur pour aider le programmeur à localiser et réparer cette instruction. Les erreurs de syntaxe sont des violations du langage. Comme elles se produisent durant le phase de compilation, on les appelle aussi erreurs de compilation.

La ligne 9,

```
return 0; // indique que le programme s'est terminé avec succès.
```

est incluse à la fin de chaque fonction **main**. Le mot-clé **return** du C++ est l'un des différents moyens que nous utiliserons pour *sortir d'une fonction*. Lorsque l'instruction **return** est utilisée à la fin de **main** comme ici, la valeur **0** indique que le programme s'est *terminé avec succès*. Les raisons d'utiliser cette instruction vous apparaîtront clairement au chapitre 3, lorsque nous étudierons les fonctions en détail. Pour l'instant, contentez-vous d'inclure cette instruction dans chaque programme, pour éviter que le compilateur ne produise un avertissement sur certains systèmes.

L'accolade droite, **}**, de la ligne 10 indique la fin de **main**.

Séquence de changement de code	Description
\n	*Nouvelle ligne.* Positionne le curseur au début de la ligne suivante.
\t	*Tabulation horizontale.* Déplace le curseur à la tabulation suivante.
\r	*Retour de chariot.* Positionne le curseur au début de la ligne courante; ne passe pas à la ligne suivante.
\a	*Alerte.* Active la sonnerie du système.
****	*Barre oblique inverse.* Utilisée pour afficher un caractère de barre oblique inverse.
\"	*Guillemet.* Sert à afficher un caractère de guillemets.

Figure 1.3   Séquences de changement de code communes.

Bonne pratique de programmation 1.5

Beaucoup de programmeurs choisissent la commande nouvelle ligne (\n) comme dernier caractère d'une fonction, pour s'assurer que celle-ci positionnera le curseur au début d'une nouvelle ligne. Des conventions de cette nature favorisent la réutilisation d'un logiciel; un but majeur dans les environnements de développement de logiciels.

Bonne pratique de programmation 1.6

Indentez le corps entier de chaque fonction d'un niveau d'indentation à l'intérieur des accolades définissant le corps de cette fonction. Cette convention fait ressortir la structure fonctionnelle d'un programme et le rend plus facile à lire.

Bonne pratique de programmation 1.7

Établissez une convention pour la taille d'indentation que vous préférez, puis appliquez-la uniformément. Vous pouvez utiliser la touche de tabulation pour créer les indentations, mais la position des taquets peut varier. Pour former un niveau d'intentation, nous recommandons d'utiliser des tabulations d'un centimètre ou, de préférence, trois espaces.

Le C++ permet généralement au programmeur d'exprimer des instructions de diverses façons. Il peut ainsi afficher **Bienvenue au C++!** sous différentes formes. Par exemple, le programme de la figure 1.4 utilise des instructions d'insertion de flux multiples mais produit néanmoins une sortie identique au programme de la figure 1.2. Cela s'explique du fait que chaque instruction d'insertion de flux reprend l'affichage là où l'instruction précédente l'avait terminé. La première insertion de flux affiche **Bienvenue** suivi d'un espace; la seconde poursuit l'affichage sur la même ligne, immédiatement après l'espace.

```
1   // Figure 1.4: fig01_04.cpp
2   // Affichage d'une ligne avec des instructions multiples.
3   #include <iostream>
4
5   int main()
6   {
7      std::cout << "Bienvenue";
8      std::cout << "au C++!\n";
9
10     return 0;    // indique que le programme s'est terminé avec succès.
11  }
```

```
Bienvenue au C++!
```

Figure 1.4   Affichage sur une ligne avec des instructions séparées utilisant **cout**.

Une instruction unique peut afficher sur plusieurs lignes en utilisant des caractères de nouvelle ligne, comme on peut le voir à la figure 1.5. Chaque fois que le programme rencontre la séquence de changement de code **\n** (nouvelle ligne) dans le flux de sortie, il positionne le curseur au début de la ligne suivante. Pour obtenir une ligne vide à la sortie, il suffit de placer deux caractères de nouvelle ligne dos à dos, comme illustré à la figure 1.5.

```
1   // Figure 1.5: fig01_05.cpp
2   // Affichage de plusieurs lignes avec une seule instruction.
3   #include <iostream>
4
5   int main()
6   {
7      std::cout << "Bienvenue\nau\n\nC++!\n";
8
9      return 0;    // indique que le programme s'est terminé avec succès.
10  }
```

```
Bienvenue
au

C++!
```

Figure 1.5   Affichage sur plusieurs lignes avec une seule instruction **cout**.

1.20 Autre programme simple: addition de deux entiers

Le programme suivant utilise l'objet de flux d'entrée **std::cin** afin d'obtenir deux entiers tapés au clavier par l'utilisateur. Il calcule ensuite la somme de ces valeurs et sort le résultat en utilisant **std::cout**. Ce programme et un exemple de sortie sont illustrés à la figure 1.6.

Les commentaires des lignes 1 et 2,

```
// Figure 1.6: fig1_06.cpp
// Programme d'addition.
```

énoncent le nom du fichier et l'utilité du programme. La directive du précompilateur C++

```
#include <iostream>
```

permet d'inclure le contenu du fichier d'en-tête **iostream** dans le programme.

```
1   // Figure 1.6: fig01_06.cpp
2   // Programme d'addition.
3   #include <iostream>
4
5   int main()
6   {
7       int entier1, entier2, somme;            // déclaration.
8
9       std::cout << "Entrez le premier entier\n";   // invite.
10      std::cin >> entier1;                     // lecture d'un entier.
11      std::cout << "Entrez le second entier\n";    // invite.
12      std::cin >> entier2;                     // lecture d'un entier.
13      somme = entier1 + entier2;               // affectation de la somme.
14      std::cout << "La somme vaut " << somme << endl;  // affiche la somme.
15
16      return 0;     // indique que le programme s'est terminé avec succès.
17  }
```

```
Entrez le premier entier
45
Entrez le second entier
72
La somme vaut 117
```

Figure 1.6   Programme d'addition.

Comme nous l'avons déjà mentionné, chaque programme commence à s'exécuter avec la fonction **main**. L'accolade gauche marque le début du corps de **main** et l'accolade droite marque la fin de la fonction. La ligne 7,

```
int entier1, entier2, somme;            // déclaration.
```

est une *déclaration*. Les mots **entier1**, **entier2** et **somme** sont des noms de *variables*. Une variable est un emplacement en mémoire où il est possible de stocker une valeur pour un programme. Cette déclaration spécifie que les variables **entier1**, **entier2** et **somme** sont des données de type **int**, c'est-à-dire des variables qui retiendront des valeurs d'entiers, comme les nombres 7, –11, 0, 31914. Toutes les variables doivent être déclarées avec un nom et un type de données avant toute utilisation dans un programme. Plusieurs variables de même type peuvent être déclarées dans une seule déclaration ou dans plusieurs. Nous aurions pu écrire trois déclarations, une pour chaque variable, mais celle que nous avons choisie est plus concise.

Bonne pratique de programmation 1.8

Certains programmeurs préfèrent déclarer chaque variable sur une ligne distincte, car ce format permet d'insérer facilement un commentaire descriptif à côté de chaque déclaration.

Nous verrons bientôt les types de données **double** (pour spécifier les nombres réels, c'est-à-dire les nombres avec points décimaux comme 3.4, 0.0, −11.19) et **char** (pour spécifier les données de type caractère; une variable **char** ne peut contenir qu'une seule lettre majuscule ou minuscule, qu'un seul chiffre ou qu'un seul caractère spécial, comme x, $, 7, *, etc.).

Bonne pratique de programmation 1.9

Pour améliorer la lisibilité de vos programmes, mettez un espace après chaque virgule (,).

Un nom de variable est tout identificateur valide, c'est-à-dire n'importe quelle série de caractères formée de lettres, de chiffres ou de caractères de soulignement (_) mais ne commençant pas par un chiffre. Le C++ est *sensible à la casse*. Il interprète donc différemment les majuscules et les minuscules. Autrement dit, **a1** et **A1** sont deux identificateurs différents.

Astuce sur la portabilité 1.4

Le C++ accepte en principe des identificateurs de n'importe quelle longueur. Toutefois, des restrictions peuvent être imposées par certains systèmes et (ou) implantations de C++. Pour assurer la portabilité, utilisez des udentificateurs de 31 caractères ou moins.

Bonne pratique de programmation 1.10

L'emploi de noms de variables évocateurs assurera à votre programme une certaine forme «d'auto-documentation». En effet, cela le rend plus facile à comprendre à la lecture et évite d'avoir à utiliser trop de commentaires ou à consulter des manuels.

Bonne pratique de programmation 1.11

Si vous préférez placer les déclarations au début d'une fonction, séparez-les des instructions exécutables de cette fonction au moyen d'une ligne vide afin de bien mettre en évidence la position de fin des déclarations et la position de début des instructions.

Les déclarations de variables peuvent être placées à peu près n'importe où dans une fonction. Toutefois, la déclaration d'une variable doit venir avant toute utilisation de la variable dans le programme. Au lieu d'utiliser une seule instruction pour déclarer les trois variables du programme de la figure 1.6, on aurait par exemple pu placer trois déclarations distinctes et la déclaration

```
int entier1;
```

aurait pu venir immédiatement avant la ligne

```
std::cin >> entier1;
```

Mais alors, il aurait fallu placer aussi la déclaration

```
int entier2;
```

dans le programme et elle aurait pu venir immédiatement avant la ligne

```
std::cin >> entier2;
```

Enfin, la déclaration

```
int somme;
```

aurait pu venir immédiatement avant l'instruction

```
somme = entier1 + entier2;
```

Bonne pratique de programmation 1.12

Insérez toujours une ligne vide avant une déclaration située entre des instructions exécutables. Cette pratique fait ressortir les déclarations dans le programme et contribue à sa clarté.

Bonne pratique de programmation 1.13

Si vous préférez placer les déclarations au début d'une fonction, séparez-les des instructions exécutables de cette fonction au moyen d'une ligne vide afin de bien mettre en évidence la position de fin des déclarations et la position de début des instructions.

L'instruction de la ligne 9,

```
std::cout << "Entrez le premier entier\n";  //invite.
```

affiche la chaîne **Entrez le premier entier** (également appelée *litéral* ou *chaîne litérale*) et déplace le curseur au début de la ligne suivante. Ce message est appelé une invite, car il invite l'utilisateur à effectuer une action précise. L'instruction précédente signifie en fait que «**std::cout** prend la chaîne de caractères **"Entrez le premier entier\n"**».

L'instruction de la ligne 10,

```
std::cin >> entier1;                        // lecture d'un entier.
```

utilise l'*objet du flux d'entrée* **std::cin** et l'*opérateur d'extraction de flux,* **>>**, pour obtenir une valeur à partir du clavier. L'emploi de l'opérateur d'extraction de flux avec **std::cin** prend les données d'entrée en provenance du flux d'entrée standard, soit habituellement le clavier. L'instruction précédente signifie en fait que «**std::cin** donne une valeur à **entier1**».

Quand l'ordinateur exécute l'instruction précédente, il attend que l'utilisateur entre une valeur pour la variable **entier1**. L'utilisateur répond en tapant un entier et en appuyant sur la touche *Entrée* (parfois appelée touche *Retour*) pour l'envoyer à l'ordinateur. La machine affecte ensuite ce nombre, ou valeur, à la variable **entier1**. Toute référence ultérieure à **entier1** dans le programme utilisera cette même valeur.

Les objets de flux **std::cout** et **std::cin** facilitent les interactions entre l'utilisateur et l'ordinateur. Ces interactions ressemblant à un dialogue, on les désigne souvent par les expressions d'*informatique conversationnelle* ou d'*informatique interactive*.

L'instruction de la ligne 11,

```
std::cout << "Entrez le second entier\n";// invite.
```

affiche les mots **Entrez le second entier à l'écran** et déplace le curseur au début de la ligne suivante. Cette instruction invite l'utilisateur à effectuer une action. L'instruction

```
std::cin >> entier2;                        // lecture d'un entier.
```

affecte la valeur tapée par l'utilisateur à la variable **entier2**.

L'instruction d'affectation de la ligne 13,

```
somme = entier1 + entier2;                    // affectation de la somme.
```

calcule la somme des variables **entier1** et **entier2**, puis affecte le résultat à la variable **somme** en utilisant l'*opérateur d'affectation* **=**. L'instruction signifie que «la **somme** obtient la valeur de **entier1** + **entier2**.» La plupart des calculs sont effectués par des instructions d'affectation. L'opérateur **=** et l'opérateur d'addition **+** sont considérés comme des *opérateurs binaires*, car chacun possède deux *opérandes*, à savoir: **entier1** et **entier2** dans le cas de l'opérateur **+**, et **somme** et la valeur de l'expression **entier1** + **entier2** dans le cas de l'opérateur **=** .

Bonne pratique de programmation 1.14

Mettez des espaces de chaque côté d'un opérateur binaire, pour le faire ressortir et rendre le programme plus lisible.

La ligne 14,

```
std::cout << "La somme vaut " << somme << endl;    // affiche la somme.
```

affiche la chaîne de caractères **La somme vaut**, suivie de la valeur numérique de **somme**, suivie de **std::endl** (abréviation de *end line*, soit « terminer la ligne », associé à l'espace de noms **std**), un manipulateur de flux. Le manipulateur **std::endl** produit une nouvelle ligne, puis vide le tampon de sortie. Ceci veut simplement dire que sur certains systèmes où les sorties s'accumulent dans la machine jusqu'à ce qu'il y en ait assez pour justifier un affichage à l'écran, **std::endl** force toute sortie accumulée et les affiche à ce moment précis.

Notez que la ligne de code précédente affiche plusieurs valeurs de types différents. L'opérateur d'insertion de flux « sait » comment produire chaque pièce de données. On désigne l'emploi de multiples opérateurs **<<** dans une seule instruction par les termes *concaténation, chaînage* ou *mise en cascade des opérations d'insertion de flux*. Il n'est donc pas nécessaire d'utiliser des instructions de sortie multiples pour produire plusieurs parties de données.

Il est aussi possible d'effectuer des calculs dans des instructions de sortie. Par exemple, nous aurions pu combiner les deux instructions précédentes des lignes 13 et 14 dans l'instruction suivante:

```
std::cout << "La somme est " << entier1 + entier2 << endl;
```

et ainsi éliminer le besoin d'utiliser la variable **somme**.

L'accolade droite, **}**, informe l'ordinateur que le programme a atteint la fin de la fonction **main**.

Une caractéristique importante du C++ est qu'il permet aux utilisateurs de créer leurs propres types de données (voir le chapitre 6). Les utilisateurs peuvent ensuite «apprendre» au C++ comment entrer et sortir les valeurs de ces nouveaux types de données au moyen des opérateurs **>>** et **<<** (un procédé appelé *surcharge des opérateurs*, que nous étudierons au chapitre 8).

1.21 Concepts de mémoire

Des noms de variables tels que **entier1**, **entier2** et **somme** correspondent en réalité à des *emplacements* dans la mémoire de l'ordinateur. Chaque variable possède un *nom*, un *type*, une *taille* et une *valeur*.

Dans le programme d'addition de la figure 1.6, lorsque l'instruction

```
std::cin >> entier1;
```

est exécutée, les caractères de la valeur tapée par l'utilisateur sont traduits en un entier et ce dernier est placé dans un emplacement de la mémoire, auquel le compilateur C++ a associé le nom **entier1**. Supposons que l'utilisateur entre le nombre **45** comme valeur de **entier1**.

L'ordinateur placera **45** dans l'emplacement **entier1**, comme illustré à la figure 1.7.

Chaque fois qu'une valeur est écrite dans un emplacement de mémoire, elle y remplace la valeur précédente qui est détruite.

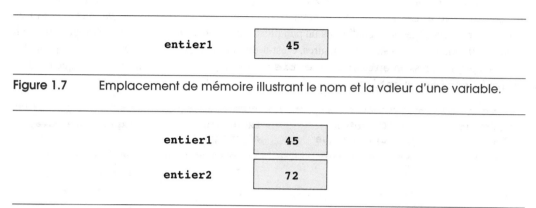

Figure 1.7   Emplacement de mémoire illustrant le nom et la valeur d'une variable.

Figure 1.8   Emplacements de mémoire après entrée des valeurs pour deux variables.

Revenons à notre programme d'addition. Supposons que l'utilisateur entre la valeur **72** lorsque l'instruction

```
std::cin >> entier2;
```

est exécutée. Cette valeur est écrite dans l'emplacement **entier2** et la mémoire apparaît telle qu'illustrée à la figure 1.8. Notez que le compilateur n'est pas obligé d'affecter ces emplacements à des endroits contigüs de la mémoire.

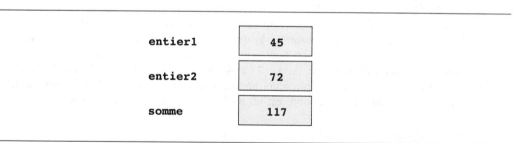

Figure 1.9   Emplacements de mémoire après un calcul.

Après avoir obtenu des valeurs pour **entier1** et **entier2**, le programme additionne ces valeurs et place le résultat dans la variable **somme**. L'instruction

```
somme = entier1 + entier2;
```

qui effectue l'addition détruit également une valeur. Cela se produit lorsque la **somme** calculée d'**entier1** et **entier2** est écrite dans l'emplacement **somme** (quelque soit la valeur déjà présente dans **somme**, cette valeur est perdue). Une fois que **somme** est calculée, la mémoire apparaît comme illustré à la figure 1.9. Notez que les valeurs d'**entier1** et **entier2** apparaissent toujours comme elles étaient avant leur utilisation pour le calcul de **somme**. Elles ont été utilisées mais non détruites pendant l'exécution du calcul. Ainsi, lorsqu'une valeur est lue dans un emplacement de mémoire, le processus est non destructif.

1.22 Arithmétique

La plupart des programmes réalisent des calculs arithmétiques. Un résumé des opérateurs arithmétiques est illustré à la figure 1.10. Notez l'emploi de différents symboles spéciaux qui ne sont pas utilisés en algèbre. L'*astérisque* (*) indique la multiplication, et le *signe de pourcentage* (%) est l'opérateur *modulo*, que nous étudierons un peu plus loin. Les *opérateurs arithmétiques* présentés à la figure 1.10 sont tous des opérateurs binaires, c'est-à-dire des opérateurs qui prennent deux opérandes. Par exemple, l'expression **entier1 + entier2** contient l'opérateur binaire **+** ainsi que les deux opérandes **entier1** et **entier2**.

Opération C++	Opérateur artithmétique	Expression algébrique	Expression en C++
Addition	+	$f + 7$	**f + 7**
Soustraction	−	$p - c$	**p − c**
Multiplication	*	bm	**b * m**
Division	/	x / y ou $\dfrac{x}{y}$ ou $x \div y$	**x / y**
Modulo	%	$r \bmod s$	**r % s**

Figure 1.10   Opérateurs arithmétiques.

La *division entière* – c'est-à-dire quand le numérateur et le dénominateur sont tous deux des entiers – produit un résultat entier. Par exemple, l'expression **7 / 4** est évaluée à **1**, alors que l'expression **17/5** est évaluée à **3**. Notez que toute partie fractionnaire d'une division entière est tout simplement abandonnée (c'est-à-dire *tronquée*); autrement dit, le résultat n'est pas arrondi.

Le C++ comprend l'*opérateur modulo*, %, qui donne le reste d'une division entière. Cet opérateur ne peut être utilisé qu'avec des opérandes entiers. L'expression **x % y** donne la partie restante après la division de **x** par **y**. Ainsi, **7 % 4** produit **3** et **17 % 5** donne **2**. Dans les prochains chapitres, nous étudierons plusieurs applications intéressantes de l'opérateur modulo, notamment pour déterminer si un nombre est un multiple d'un autre ou, encore, s'il est pair ou impair.

Erreur de programmation courante 1.4

L'emploi de l'opérateur modulo (%) avec des opérandes non-entiers est une erreur de syntaxe.

En C++, les expressions arithmétiques doivent être entrées dans l'ordinateur sous *forme linéaire*. Ainsi, des expressions comme « **a** divisé par **b** » doivent être écrites sous la forme **a / b** afin que tous les opérateurs, constantes et variables apparaissent sur une seule ligne droite. La notation algébrique

$$\frac{a}{b}$$

est généralement inacceptable pour les compilateurs, quoique l'on trouve certains progiciels spécialisés supportant une notation plus naturelle pour les expressions mathématiques complexes.

Dans les expressions de C++, les parenthèses s'emploient sensiblement de la même façon que dans les expressions algébriques. Par exemple, pour multiplier **a** par la quantité **b + c**, on écrira:

    a * (b + c)

Le C++ applique les opérateurs des expressions arithmétiques dans un ordre précis déterminé par les règles suivantes de *préséance des opérateurs* (généralement identiques à celles de l'algèbre):

1. Les opérateurs figurant dans des expressions placées entre parenthèses sont évalués en premier. Ainsi, *le programmeur peut utiliser des parenthèses pour forcer l'ordre d'évaluation* à se produire selon la séquence qu'il souhaite. Les parenthèses représentent le «plus haut niveau de préséance». Dans le cas de *parenthèses imbriquées* ou *emboîtées*, les opérateurs placés entre les paires de parenthèses les plus à l'intérieur sont appliqués en premier.

2. Les opérations de multiplication, de division et de modulo sont appliquées ensuite. Si l'expression contient plusieurs de ces opérations, les opérateurs sont appliqués de gauche à droite. La multiplication, la division et le modulo ont le même niveau de préséance.

3. Les opérations d'addition et de soustraction sont appliquées en dernier. Si l'expression contient plusieurs de ces opérations, les opérateurs sont appliqués de gauche à droite. L'addition et la soustraction ont le même niveau de préséance.

Les règles de préséance des opérateurs en vigueur dans le C++ permettent d'appliquer les opérateurs dans le bon ordre. Quand nous disons que certains opérateurs sont appliqués de gauche à droite, nous faisons référence à *l'associativité* des opérateurs. Nous verrons aussi que certains opérateurs s'associent de droite à gauche. Le tableau de la figure 1.11 résume les règles de préséance des opérateurs et sera étendu au fur et à mesure que nous introduirons de nouveaux opérateurs du C++. Un tableau complet des préséances est inclus en annexe.

Opérateur(s)	Opération(s)	Ordre d'évaluation (préséance)
( )	Parenthèses	Évaluées en premier. Si les parenthèses sont imbriquées, l'expression placée dans la paire la plus à l'intérieur est évaluée en premier. Si plusieurs parenthèses sont « au même niveau », c'est-à-dire non imbriqées, elles sont évaluées de gauche à droite.
*, / ou %	Multiplication Division Modulo	Évalué(e)s en deuxième lieu. S'il en existe plusieurs, l'évaluation se fait de gauche à droite.
+ ou –	Addition Soustraction	Évaluées en dernier. S'il en existe plusieurs, l'évaluation de fait de gauche à droite.

Figure 1.11   Préséance des opérateurs arithmétiques.

Examinons maintenant différentes expressions dans le contexte des règles de préséance des opérateurs. Chaque exemple comporte une expression algébrique et son équivalent en C++.

L'exemple suivant représente la *moyenne arithmétique* de cinq termes:

Algèbre : $m = \dfrac{a + b + c + d + e}{5}$

C++:   `m = (a + b + c + d + e) / 5;`

Les parenthèses sont nécessaires car la division a préséance sur l'addition. On doit diviser la quantité totale **(a + b + c + d + e)** par **5**. Si on omet les parenthèses par inadvertance, on obtient **a + b + c + d + e / 5**, ce qui donne le résultat erroné suivant:

$$a + b + c + d + \frac{e}{5}$$

L'exemple suivant représente l'équation d'une droite:
Algèbre: $y = mx + b$

C++: `y = m * x + b;`

Aucune parenthèse n'est requise. La multiplication est appliquée en premier puisqu'elle a préséance sur l'addition.

L'exemple suivant comprend des opérations de modulo (**%**), de multiplication, de division, d'addition et de soustraction:
Algèbre: $z = pr\%q + w/x - y$

C++: `z  =  p  *  r  %  q  +  w  /  x  -  y;`
           ⑥   ①   ②   ④   ③   ⑤

Les nombres encerclés sous l'instruction indiquent l'ordre dans lequel le C++ applique les opérateurs. La multiplication, le modulo et la division ayant préséance sur l'addition ou la soustraction, ils sont évaluées en premier en ordre d'association de gauche à droite. L'addition et la soustraction sont appliquées en deuxième, également de gauche à droite.

Les expressions munies de plusieurs paires de parenthèses ne renferment pas toutes des parenthèses imbriquées. Par exemple, l'expression

    a * (b + c) + c * (d + e)

n'en contient pas. Ici, les parenthèses sont plutôt «au même niveau».

Pour arriver à mieux comprendre les règles de préséance des opérateurs, analysons le mode d'évaluation d'un polynôme du second degré.

    `y  =  a  *  x  *  x  +  b  *  x  +  c;`
         ⑥   ①   ②   ④   ③   ⑤

Les nombres encerclés sous l'instruction indiquent l'ordre dans lequel le C++ applique les opérateurs. Le C++ n'offrant pas d'opérateur arithmétique d'*élévation à une puissance*, nous avons donc représenté x^2 par **x * x**. L'élévation à une puissance, que nous verrons un peu plus loin, est réalisée au moyen de la fonction **pow** (*power* ou puissance) de la bibliothèque standard. Toutefois, comme l'utilisation de **pow** appelle quelques subtilités du point de vue des types de données nécessaires, nous ne traiterons de cette fonction en détail qu'au chapitre 3.

Imaginons que les variables **a**, **b**, **c** et **x** soient initialisées comme suit: **a = 2**, **b = 3**, **c = 7** et **x = 5**. La figure 1.12 illustre l'ordre d'application des opérateurs pour le polynôme de second degré ci-dessus.

À des fins de clarté, il est possible de réécrire comme suit l'instruction d'affectation précédente en ajoutant quelques parenthèses facultatives:

    `y = (a * x * x) + (b * x) + c;`

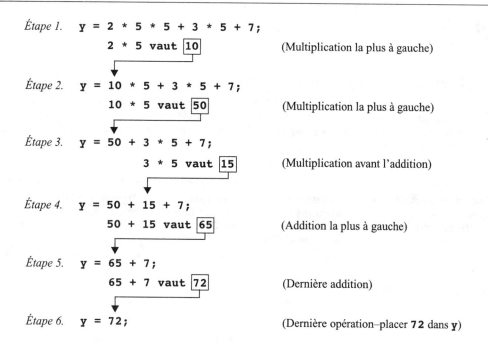

Étape 1.   `y = 2 * 5 * 5 + 3 * 5 + 7;`

`2 * 5 vaut` 10   (Multiplication la plus à gauche)

Étape 2.   `y = 10 * 5 + 3 * 5 + 7;`

`10 * 5 vaut` 50   (Multiplication la plus à gauche)

Étape 3.   `y = 50 + 3 * 5 + 7;`

`3 * 5 vaut` 15   (Multiplication avant l'addition)

Étape 4.   `y = 50 + 15 + 7;`

`50 + 15 vaut` 65   (Addition la plus à gauche)

Étape 5.   `y = 65 + 7;`

`65 + 7 vaut` 72   (Dernière addition)

Étape 6.   `y = 72;`   (Dernière opération–placer **72** dans **y**)

Figure 1.12   Ordre d'évaluation d'un polynôme du second degré.

Bonne pratique de programmation 1.15

Comme en algèbre, il est acceptable de placer des parenthèses facultatives dans une expression pour la rendre plus compréhensible. Ces parenthèses, que l'on appelle parenthèses redondantes, sont couramment utilisées pour regrouper les sous-expressions d'une expression complexe et, ainsi, la rendre plus claire. Le découpage de longues instructions en une séquence d'instructions plus réduites, plus simples, aide aussi à la clarté du code.

1.23 Prise de décision: opérateurs d'égalité et relationnels

Cette section introduit une version simple de la *structure* **if** qui permet à un programme en C++ de prendre une décision en fonction de la véracité ou de la fausseté d'une *condition* donnée. Si la condition est satisfaite, donc si elle est vraie (**true**)[1], l'instruction située dans le corps de la structure **if** est exécutée. Si la condition n'est pas satisfaite, donc fausse (**false**), l'instruction du corps n'est pas exécutée. Nous verrons bientôt un exemple de ceci.

On peut former des conditions dans des structures **if** en utilisant des *opérateurs d'égalité* et des *opérateurs relationnels* (voir la figure 1.13). Tous les opérateurs relationnels ont le même niveau de préséance et leur association s'établit de gauche à droite. Les opérateurs d'égalité ont également le même niveau de préséance, mais d'une priorité inférieure à celui des opérateurs relationnels. L'association d'opérateurs d'égalité s'établit elle aussi de gauche à droite.

---

1. Le compilateur utilise les mots clés **true** pour exprimer une condition vraie et **false**, pour une condition fausse.

Erreur de programmation courante 1.5

Une erreur de syntaxe se produira si l'un quelconque des opérateurs ==, != , >= et <= contient des espaces entre ses paires de symboles.

Erreur de programmation courante 1.6

Le fait d'inverser l'ordre des paires d'opérateurs dans l'un quelconque des opérateurs != , >= et <= (en les écrivant respectivement: =! , => et =<) entraîne habituellement une erreur de syntaxe. Dans certains cas, l'inversion de != en =! ne produira pas une erreur de syntaxe mais très certainement une erreur de logique.

Opérateur d'égalité ou opérateur relationnel algébrique standard	Opérateur d'égalité ou opérateur relationnel C++	Exemple de condition en C++	Signification de la condition C++
Opérateurs relationnels			
>	>	x > y	**x** est plus grand que **y**
>	>	x < y	**x** est plus petit que **y**
≥	>=	x >= y	**x** est plus grand ou égal à **y**
≤	<=	x <= y	**x** est plus petit ou égal à **y**
Opérateurs d'égalité			
=	==	x == y	**x** est égal à **y**
≠	!=	x != y	**x** est différent de **y**

Figure 1.13   Opérateurs d'égalité et opérateurs relationels.

Erreur de programmation courante 1.7

Évitez de confondre l'opérateur d'égalité == avec l'opérateur d'affectation =. L'opérateur d'égalité doit se lire « est égal à » tandis que l'opérateur d'affectation doit se lire « prend » , « prend la valeur de » ou « est affecté de la valeur de ». Dans le cas de l'opérateur d'égalité, certaines personnes préfèrent la signification « double égal ». Comme nous le verrons un peu plus loin, le fait de confondre ces opérateurs ne cause pas nécessairement d'erreurs de syntaxe faciles à identifier mais peut entraîner des erreurs de logique très subtiles.

L'exemple suivant utilise six instructions **if** pour comparer deux nombres entrés par l'utilisateur. Si l'une ou l'autre des conditions dans ces instructions **if** est satisfaite, l'instruction de sortie associée à ce **if** est exécutée. Le programme ainsi que trois exemples de dialogues d'entrée-sortie sont illustrés à la figure 1.14.

```
1   // Figure 1.14: fig01_14.cpp
2   // Utilisation d'instructions if, d'opérateurs
3   // relationnels et d'opérateurs d'égalité.
4   #include <iostream>
5
6   using std::cout;  // le programme utilise cout.
7   using std::cin;   // le programme utilise cin.
8   using std::endl;  // le programme utilise endl.
9
10  int main()
11  {
12     int nombre1, nombre2;
13
14     cout << "Entrez deux entiers pour connaître\n"
15         << "les résultats de leur comparaison: ";
16     cin >> nombre1 >> nombre2; // lecture de deux entiers.
17
18     if ( nombre1 == nombre2 )
19        cout << nombre1 << " est égal à " << nombre2 << endl;
20
21     if ( nombre1!= nombre2 )
22        cout << nombre1 << " est différent de " << nombre2 << endl;
23
24     if ( nombre1 < nombre2 )
25        cout << nombre1 << " est plus petit que " << nombre2 << endl;
26
27     if ( nombre1 > nombre2 )
28        cout << nombre1 << " est plus grand que " << nombre2 << endl;
29
30     if ( nombre1 <= nombre2 )
31        cout << nombre1 << " est plus petit ou égal à "
32            << nombre2 << endl;
33
34     if ( nombre1 >= nombre2 )
35        cout << nombre1 << " est plus grand ou égal à "
36            << nombre2 << endl;
37
38     return 0;    // indique que le programme s'est terminé avec succès.
39  }
```

```
Entrez deux entiers pour connaître
les résultats de leur comparaison: 3 7
3 est différent de 7
3 est plus petit que 7
3 est plus petit ou égal à 7
```

Figure 1.14   Utilisation des opérateurs d'égalité et relationnels. (1 de 2)

```
Entrez deux entiers pour connaître
les résultats de leur comparaison: 22 12
22 est différent de 12
22 est plus grand que 12
22 est plus grand ou égal à 12
```

```
Entrez deux entiers pour connaître
les résultats de leur comparaison: 7 7
7 est égal a 7
7 est plus petit ou égal à 7
7 est plus grand ou égal à 7
```

Figure 1.14   Utilisation des opérateurs d'égalité et relationnels. (2 de 2)

Les lignes 6 à 8,

```
using std::cout;    // le programme utilise cout.
using std::cin;     // le programme utilise cin.
using std::endl;    // le programme utilise endl.
```

sont des instructions **using** destinées à éliminer la nécessité de répéter le préfixe **std::**. Une fois ces instructions incluses, nous pouvons écrire **cout** au lieu de **std::cout**, **cin** au lieu de **std::cin** et **endl** au lien de **std::endl** dans le reste du programme. *Note*: à partir de cet endroit, nous incluons dans tous les exemples une ou plusieurs instructions **using** destinée à cet usage.

La ligne 12,

```
int nombre1, nombre2;
```

déclare les variables utilisées dans le programme. Rappelons que les variables peuvent être déclarées soit en une seule déclaration, soit dans des déclarations multiples, et que, si plusieurs noms sont déclarés en une seule déclaration, comme dans cet exemple, ils doivent être séparés par des virgules (**,**) pour constituer ce que l'on appelle une *liste d'éléments séparés par des virgules*.

Le programme utilise des opérations d'extraction de flux en cascade en ligne 16 pour entrer deux entiers. Rappelons aussi que **cin** suffit ici à la place de **std::cin** du fait de la présence de la ligne 7. Une première valeur est lue et déposée dans la variable **nombre1**, une seconde valeur est ensuite lue et déposée dans **nombre2**.

La structure **if** des lignes 18 et 19,

```
if ( nombre1 == nombre2 )
    cout << nombre1 << " est égal à " << nombre2 << endl;
```

compare les valeurs des variables **nombre1** et **nombre2** et en teste l'égalité. Si les valeurs sont égales, l'instruction de la ligne 19 affiche une ligne de texte indiquant que les nombres sont égaux. Si les conditions sont vraies dans une ou plusieurs des conditions des structures **if** commençant aux lignes 21, 24, 27, 30 et 34, les instructions **cout** respectives affichent une ligne de texte de confirmation.

Notez que chaque structure **if** de la figure 1.14 n'a qu'une seule uinstruction dans son corps et que cette instruction est chaque fois mise en retrait. Le retrait du corps d'une structure **if** améliore la lecture d'un programme. Nous verrons au chapitre 2 comment spécifier des structures **if** avec plusieurs instructions dans leurs corps (en insérant les instructions du corps à l'intérieur d'une paire d'accolades, **{ }**).

Bonne pratique de programmation 1.16

*Indentez l'instruction dans le corps d'une structure **if** pour faire ressortir le corps de la structure et améliorer la lisibilité du programme.*

Erreur de programmation courante 1.8

*Placer un point-virgule immédiatement après la parenthèse droite suivant une condition dans une structure **if** constitue souvent une erreur de logique (mais pas une erreur de syntaxe). Cela produirait en effet un corps vide pour la structure **if** qui, elle-même, n'accomplirait aucune action, que sa condition soit vraie ou pas. Pire encore, l'instruction du corps initial de la structure **if** deviendrait alors une instruction à la suite de la structure **if** et serait toujours exécutée, ce qui donnerait un programme produisant des résultats inexacts.*

Bonne pratique de programmation 1.17

Chaque ligne de programme ne devrait pas comporter plus d'une instruction.

Notez l'utilisation d'espacements à la figure 1.14. Les caractères d'espace blanc comme les tabulations, les nouvelles lignes et les espaces présents dans les instructions C++ sont normalement ignorés par le compilateur. Ceci permet donc au programmeur de répartir les instructions sur plusieurs lignes et de les espacer à son gré. Par contre, il ne faut pas couper les identificateurs, les chaînes de caractères (comme **"Bonjour"**) et les constantes (telles que **1000**) sur plusieurs lignes.

Erreur de programmation courante 1.9

*Couper un identificateur en insérant des espaces blancs – par exemple, en écrivant **ma in** au lieu de **main** – est une erreur de syntaxe.*

Bonne pratique de programmation 1.18

Vous pouvez répartir une instruction très longue sur plusieurs lignes. Le cas échéant, choisissez des points de rupture cohérents, comme après une virgule dans une liste d'éléments séparés par des virgules, ou après un opérateur dans une longue expression. Lorsque vous répartissez une instruction sur deux lignes ou plus, indentez toutes les lignes subséquentes.

Le tableau de la figure 1.15 présente l'ordre de préséance des opérateurs introduits dans ce chapitre. Ces opérateurs sont répertoriés de haut en bas par ordre décroissant de préséance. Notez que tous, sauf l'opérateur d'affectation =, s'associent de gauche à droite. L'addition étant associée à gauche, l'expression **x + y + z** est évaluée comme si elle était exprimée sous la forme **(x + y) + z**. Comme l'opérateur d'affectation = s'associe de droite à gauche, une expression du type **x = y = 0** est évaluée comme si elle était présentée sous la forme **x = (y = 0)**. Comme nous le verrons plus loin, le programme affecte d'abord **0** à **y**, puis assigne le résultat de cette affectation, **0**, à **x**.

Opérateurs	Associativité	Type
( )	de gauche à droite	parenthèses
* / %	de gauche à droite	multiplicatifs
+ -	de gauche à droite	additifs
<< >>	de gauche à droite	insertion et extraction de flux
< <= > >=	de gauche à droite	relationnels
== !=	de gauche à droite	d'égalité
=	de droite à gauche	d'affectation

Figure 1.15   Préséance et associativité des opérateurs vus jusqu'ici.

Bonne pratique de programmation 1.19

Lorsque vous écrivez des expressions contenant de nombreux opérateurs, reportez-vous au tableau de préséance. Vérifiez que les opérateurs de l'expression sont exécutés dans l'ordre attendu. Si vous avez des doutes quant à l'ordre d'évaluation dans une expression complexe, découpez l'expression en instructions plus petites, ou utilisez des parenthèses pour imposer l'ordre comme vous le feriez pour une expression algébrique. N'oubliez pas non plus que certains opérateurs, comme l'opérateur d'affectation (=), sont associatifs de droite à gauche plutôt que de gauche à droite.

Nous avons introduit plusieurs caractéristiques importantes du C++ et vu comment afficher et entrer des données, effectuer des calculs et prendre des décisions. Nous approfondirons ces techniques ainsi que l'indentation au chapitre 2, lorsque nous commencerons l'étude de la *programmation structurée*. Nous y verrons aussi comment spécifier et varier l'ordre d'exécution des instructions ou, plus précisément, ce qu'on appelle le *flot d'exécution*.

1.24   À propos des objets: introduction à la technologie des objets et au langage UML

Nous allons maintenant aborder l'*orientation objets* qui, comme nous le verrons, est une façon naturelle de penser le monde et d'écrire des programmes.

Dans chacun des cinq premiers chapitres, nous concentrons notre étude sur la méthodologie «conventionnelle» de la programmation structurée parce que les objets que nous construisons sont composés en partie de morceaux de programmes structurés. Nous terminons chaque chapitre par une section *À propos des objets* dans laquelle nous présentons soigneusement l'introduction à l'orientation objets. Le but de ces sections est de vous amener à développer une manière de penser orientée objets, pour que vous puissiez immédiatement mettre en pratique la connaissance de la programmation orientée objets que vous recevrez au chapitre 6. Nous introduisons aussi le langage UML (*Unified Modeling Language*), un langage graphique permettant aux gens qui construisent des systèmes (c'est-à-dire les architectes en logiciel, les ingénieurs systèmes, les programmeurs, et autres) de représenter le produit de leur conception orientée objets (COO) grâce à une notation commune.

Dans cette section nécessaire (1.24), nous introduisons les concepts de base qui forment la «pensée objet», et la terminologie, qui forme le «langage objet». Les sections facultatives *À propos des objets* de fin des chapitres 2 à 5 apportent des notions plus complexes, tandis que nous attaquons un problème concret aves les techniques de la conception orientée objets. Nous analysons un énoncé de problème type nécessitant la mise en place d'un système, déterminons les objets nécessaires à son implantation, les attributs dont les objets ont besoin, les comportements que ces objets doivent exhiber et spécifions comment les objets doivent interagir les uns avec les autres pour respecter les requis du système.

Tout ceci est effectué alors que nous n'avons pas encore appris à écrire un programme en C++ orienté objets. À la section *À propos des objets* de la fin des chaiptres 6, 7 et 9, nous analyserons l'implantation du système orienté objets que nous aurons conçu aux chapitres précédents.

Cette étude de cas vous prépare à aborder les projets complexes du genre de ceux que vous rencontrerez dans l'industrie. Si vous êtes étudiant, et si votre formateur ne prévoit pas d'inclure cette étude de cas au sein du cours, nous vous conseillons vivement d'approcher cette étude de cas par vos propres moyens. Nous pensons en effet que c'est là votre intérêt de mener à terme ce vaste et intéressant projet. Ce faisant, vous obtiendrez une solide introduction à la conception orientée objets en UML, et vous exercerez vos aptitudes à la lecture de code en parcourant un programme en C++ d'un millier de lignes de code, soigneusement écrit et documenté, qui résout le problème présenté dans cette étude de cas.

Nous entamons notre introduction à l'orientation objets avec quelques-uns des termes clés de sa terminologie. Observez le monde réel. Où que vous tourniez votre regard, vous les voyez. Quoi donc ? Les objets ! Les gens, les animaux, les plantes, les automobiles, les avions, les édifices, les ordinateurs, etc. Nous, les humains, pensons en termes d'objets. Nous possédons cette merveilleuse capacité d'*abstraction* qui nous permet de voir des images sur un écran comme des objets réels (maisons, autobus, arbres, montagnes, etc.) plutôt que comme des séries de points de couleurs individuels (appelés *pixels*, de l'anglais *picture elements*). Nous avons la faculté, si nous le voulons, de penser en termes de plages plutôt qu'en termes de grains de sable, de forêts plutôt que d'arbres, de maisons plutôt que de briques.

Nous pourrions être enclins à diviser les objets en deux catégories: les objets animés et les objets inanimés. Les objets animés sont, d'une certaine façon, «vivants». Ils se meuvent et font des choses. Les objets inanimés – une éponge, par exemple – ne semblent pas faire grand-chose, être simplement là «à ne rien faire». Pourtant, animés ou inanimés, tous ces objets ont des choses en commun. Ils possèdent tous des *attributs* comme une taille, une forme, une couleur, un poids, etc. Et tous manifestent aussi des *comportements*. Par exemple, un ballon roule, rebondit, se gonfle, se dégonfle; un bébé pleure, rit, dort, rampe, marche et cligne des yeux; une automobile accélère, freine, tourne; une éponge absorbe l'eau, etc.

Les humains font l'apprentissage des objets en étudiant leurs attributs et en observant leurs comportements. Différents objets peuvent posséder des attributs semblables et manifester des comportements analogues. On peut établir des comparaisons entre les bébés et les adultes, ou entre les humains et les chimpanzés. Les automobiles, les camions, les tricyles et les patins à roulettes ont beaucoup de choses en commun.

La *programmation orientée objets (POO)* modèle les objets du monde réel avec des équivalents logiciels. Elle profite des relations de classes où les objets de certaines classes – une classe de véhicules, par exemple – possèdent les mêmes caractéristiques. Elle profite aussi des relations d'*héritage* et même des relations d'*héritage multiple*, où de toutes nouvelles classes d'objets héritent de certaines caractéristiques de classes existantes tout en possédant des caractéristiques propres. Par exemple, un objet de la classe «décapotable» possède des caractéristiques de la classe automobile, mais la décapotable possède un toit qui peut se replier.

La programmation orientée objets nous offre une manière plus naturelle et plus intuitive de visualiser le processus de programmation, à savoir: la *modélisation* d'objets réels, de leurs attributs et de leurs comportements. La *POO* modélise (terme du jargon signifiant «crée un modèle à partir de») également la communication entre les objets. Tout comme les gens communiquent les uns avec les autres au moyen de messages (par exemple, un sergent commandant à ses troupes de se mettre au garde-à-vous), les objets communiquent également à l'aide de messages.

La POO *encapsule* les données (les attributs) et les fonctions (les comportements) dans des ensembles appelés *objets*; les données et les fonctions d'un objet sont intimement liées. Les objets ont la propriété de *masquer l'information*. Cela signifie que, même si les objets savent comment communiquer les uns avec les autres à travers des interfaces bien définies, ils ignorent habituellement comment les autres objets sont mis en œuvre, car les détails d'implantation sont cachés à l'intérieur même des objets. Il est certainement possible de bien conduire une automobile sans rien savoir du fonctionnement interne du moteur, de la transmission et du système d'échappement. Nous verrons pourquoi le masquage d'information est si crucial pour la conception de logiciels de qualité.

La programmation en C ou en d'autres *langages de programmation procéduraux* tend vers l'*orientation action*, alors que la programmation en C++ tend vers une orientation objets. En C, l'unité de programmation est la *fonction*; en C++, c'est la classe à partir de laquelle les objets sont finalement «instanciés» (autre terme du jargon signifiant «créés»). Les classes du C++ contiennent des fonctions qui mettent en place les comportements des classes et des données qui implantent les attributs des classes.

Les programmeurs de C s'appliquent à écrire de fonctions. Des groupes d'actions effectuant des tâches communes sont constitués en fonctions et les fonctions sont regroupées pour former des programmes. Les données sont certes importantes dans le langage C, mais la perspective veut que les données existent principalement pour appuyer les actions réalisées par les fonctions. Dans une spécification de système, les verbes aident le programmeur de C à déterminer la série de fonctions qui travailleront ensemble à l'implantation du système.

Les programmeurs de C++ s'attachent à créer leurs propres *types définissables par l'utilisateur*, qu'on appelle *classes*. Chaque classe contient des données ainsi que la série de fonctions qui manipulent les données. Les composants des données d'une classe sont appelés *membres de données* et les composants des fonctions sont appelés *fonctions membres* (ou, *méthodes* dans d'autres langages de programmation orientés objets). Tout comme on désigne par le terme *variable* une instance de type intégré comme **int**, une instance de type définissable par l'utilisateur (c'est-à-dire une classe) est désignée par le terme *objet*. Le programmeur utilise des types intégrés comme blocs de construction pour former des types définissables par l'utilisateur. En C++, l'attention est centrée sur les classes (à partir desquelles on forme les objets) plutôt que sur les fonctions. Dans une spécification de système, les *noms* aident le programmeur de C++ à déterminer la série de classes à partir desquelles des objets capables de collaborer à l'implantation du système seront créés.

Les plans sont aux maisons ce que les classes sont aux objets. Nous pouvons construire plusieurs maisons à partir d'un plan et nous pouvons créer plusieurs objets à partir d'une classe. Les classes ont aussi des relations avec les autres classes. Ainsi, par exemple, la conception orientée objets d'une **Banque** montre que la classe **TerminalBancaire** a besoin d'une relation avec la classe **Client**. On appelle ces relations des *associations*.

Nous verrons que, lorsqu'un logiciel est «empaqueté» en classes, celles-ci deviennent des composants réutilisables dans de futurs systèmes logiciels. Des groupes de classes liées sont parfois proposés en *packages* (paquets) de *composants réutilisables*. Tout comme les agents immobiliers affirment à leurs clients que les trois plus importants facteurs affectant le prix des propriétés sont «l'emplacement, l'emplacement et l'emplacement», nous affirmons que les trois plus importants facteurs touchant l'avenir du développement des logiciels sont «la réutilisation, la réutilisation et la réutilisation».

De fait, la technologie des objets nous permettra de construire la plupart des logiciels du futur en combinant des « composants standardisés et interchangeables » appelés classes. Ce manuel vous enseignera comment concevoir des classes utiles pour réutiliser, réutiliser et réutiliser. Chaque nouvelle classe que vous créerez aura la possibilité de devenir un « *actif logiciel* » dont vous et d'autres programmeurs pourrez vous servir pour accélérer le développement des logiciels à venir et en améliorer la qualité. C'est là une possibilité captivante.

Introduction à l'analyse et à la conception orientées objets (ACOO)

Jusqu'ici, vous avez sans doute déjà écrit quelques petits programmes en C++. comment avez-vous créé le code de ces programmes? Si vous êtes comme la plupart des programmeurs novices, vous avez sans doute allumé votre ordinateur et simplement commencé à taper le source de ces programmes. Cette approche fonctionne pour de petits programmes mais fonctionnerait-elle encore si on vous demandait d'écrire un logiciel complet pour contrôler les terminaux bancaires d'une grande banque? De tels projets sont trop vastes et complexes pour vous autoriser à vous asseoir devant votre ordinateur et commencer à taper du code.

Pour créer les meilleures solutions, vous devez suivre tout un processus détaillé d'obtention d'une *analyse* des requis du projet et de *conception* (le jargon autorise le terme de «*design*») qui satisfasse ces requis. Vous devez impérativement suivre tout ce processus, faire vérifier et approuver ses résultats par vos supérieurs avant d'écrire la moindre ligne de code pour ce projet. Si ce processus implique l'analyse et la conception du système d'un point de vue orienté objets, on l'appelle *processus d'analyse et de conception orientées objets (ACOO)*. Les programmeurs expérimentés savent que, quelque soit la simplicité apparente d'un problème, le temps passé sur l'analyse et le design épargnent un temps considérable lors par exemple de l'abandon d'une approche de développement insensée d'un système, à mi-chemin pendant sa réalisation.

L'ACOO est le terme générique qui désigne les idées sous-jascentes du processus que nous employons pour analyser un problème et développer une approche pour le résoudre. Les petits problèmes tels que ceux que montrent les premiers chapitres ne nécessitent pas de processus vraiment exhaustif. Il suffit d'établir un *pseudocode* avant d'écrire ce genre de code. Le pseudocode est une manière informelle d'exprimer le code d'un programme. Ce n'est vraiment un langage de programmation, mais il se rend utile lorsqu'il faut contruire un plan et constituer un guide de référence avant d'écrire le code proprement dit. Le chapitre 2 introduit cette notion de pseudocode.

Le pseudocode peut suffir pour les problèmes restreints mais, comme les problèmes et les groupes de gens qui résolvent ces problèmes ne cessent de croître en taille, les méthodes de l'ACOO se montrent plus efficaces. Idéalement, un groupe de développeurs doit se mettre d'accord dès le départ sur la définition stricte d'un processus de résolution du problème et sur une manière uniforme de communication des résultats de ce processus entre les membres du groupe. Bien des processus d'ACOO existent; cependant, un langage graphique de communication des résultats d'un processus d'ACOO s'est largement imposé. Ce langage est connu sous le nom d'*UML* (*Unified Modeling Language*, qui signifie *langage unifié de modélisation*). L'UML a été développé au millieu des années 1990, sous la direction initiale d'un trio de méthodologues en logiciel: Grady Booch, James Rumbaugh et Ivan Jacobson.

Histoire de l'UML

Dans les années 1980, un nombre croissant d'organisations abordaient la POO pour développer les applications, et montraient un besoin d'un processus établi d'approche de l'ACOO. Des métho-dologues, dont Booch, Rumbaugh et Jacobson, produisaient et promouvaient des processus distincts qui satisfaisaient ces besoins. Tous ces procédés utilisaient leurs propres notations, ou langages, sous la forme de diagrammes et de graphiques, pour convoyer les résultats d'analyse et de conception.

Au début des années 1990, des sociétés différentes, et même des départements différents au sein des mêmes sociétés utilisaient des systèmes de notation différents. De plus, ces sociétés souhaitaient utiliser des outils logiciels pour les aider dans ces processus bien particuliers. Devant tant de procédés différents, les vendeurs de logiciels ne pouvaient satisfaire les besoins des utilisateurs avec leurs outils, ni fournir des adaptations en temps utile. Il était clair qu'un processus normalisé était devenu nécessaire.

En 1994, James Rumbaugh rejoignit Grady Booch au sein de *Rational Software Corporation* et, ensemble, ils unirent leurs efforts pour constituer un procédé commun. Ils furent bientôt rejoints par Ivan Jacobson. En 1996, le groupe présenta les toutes premières versions de l'UML à la communauté de l'ingénierie logicielle et lui demanda ses impressions. À peu près au même moment, une organisation nommée l'*Object Management Group™ (OMG™)* plaça un appel d'offres pour un langage de modélisation commun. L'OMG est une organisation sans but lucratif qui promeut l'usage de la technologie orientée objets en définissant des lignes de conduite et en publiant des caractéristiques techniques pour les tehcnologies orientées objets. Plusieurs sociétés, parmi lesquelles HP, IBM, Microsoft, Oracle et Rational Software, avaient reconnu le besoin d'un langage de modélisation commun. Ces sociétés formèrent les UML Partners en réponse à la demande d'offres de OMG et soumirent la proposition de l'UML version 1.1 à l'OMG. Celle-ci accepta la proposition et, en 1997, prit en charge la responsabilité de la maintenance continue et de la révision de l'UML. En 1999, l'OMG livra la version 1.3 de l'UML, version en cours d'application au moment de la publication de ce livre.

Qu'est-ce que l'UML?

Le langage UML est aujourd'hui le schéma de représentation graphique le plus utilisé pour la modélisation des systèmes orientés objets. Il a unifié les divers schémas existant déjà à la fin des années 1980. Les gens qui conçoivent des systèmes utilisent le langage (sous forme de diagrammes et de graphiques) pour modéliser leurs systèmes. Par *modélisation*, il faut comprendre la représentation sous la forme de modèles graphiques.

Une des caractéristiques les plus attrayantes de l'UML est sa souplesse. L'UML est extensible et indépendant des divers processus d'ACOO. Le modéliseur UML est libre de développer des systèmes à l'aide procédés variés, mais tous les développeurs peuvent aujourd'hui exprimer ces systèmes par un jeu standard de notations.

L'UML est un langage graphique complexe, riche de possibilités. Aux sections intitulées *À propos des objets*, nous présentons un sous-ensemble concis et simplifié de ces possibilités et c'est ce sous ensemble que nous utiliserons pour guider le lecteur tout au long d'une première expérience de design avec l'UML, destinée au concepteur-programmeur novice en orientation objets. Pour une étude plus détaillée de l'UML, nous vous conseillons de vous référer au site Web de l'Object Management Group (**www.omg.org**) et au document officiel de normalisation de l'UML 1.3 (**www.omg.org/uml/**, chercher *UML 1.3 specifications document*). Nombre de livres ont déjà été publiés sur l'UML. *UML Distilled: Second Edition*, de Martin Fowler (et Kendall Scott) fournit une introduction détaillée de l'UML version 1.3, avec de nombreux exemples. Le *Guide de l'utilisateur UML*, de Booch, Rumbaugh et Jacobson, est LE didacticiel de l'UML.

La technologie orientée objets est omniprésente dans l'indistrie du logiciel, et l'UML le devient aussi petit à petit. Notre souhait, dans ces sections *À propos des objets*, est de vous encourager à penser d'une manière orientée objets, aussi tôt, aussi souvent que possible. La section correspondante du chapitre 2 vous donne une première occasion d'appliquer la technologie objet pour mettre en place une solution à un problème complexe. Nous espérons que vous trouverez en ce projet facultatif une introduction attrayante et captivante à la conception orientée objets avec l'UML, ainsi qu'à la programmation orientée objets.

RÉSUMÉ

- Un ordinateur est un appareil capable d'effectuer des calculs et de prendre des décisions logiques à des vitesses des millions voire des milliards de fois plus rapides que le cerveau humain.

- Les ordinateurs traitent les données sous le contrôle de programmes.

- Les différents composants (comme le clavier, l'écran, les disques, la mémoire et les unités de compilation) compris dans un ordinateur sont désignés par le terme matériel.

- Les programmes qui dirigent l'ordinateur sont appelés logiciels.

- L'unité d'entrée est la section « réceptrice » de l'ordinateur. Actuellement, la plus grande partie de l'information est entrée dans les ordinateurs au moyen d'un clavier ressemblant à celui d'une machine à écrire.

- L'unité de sortie est la section «d'expédition» de l'ordinateur. Actuellement, la majeure partie de l'information de sortie des ordinateurs est affichée sur des écrans ou imprimée sur papier.

- L'unité de mémoire est la section «d'entreposage» de l'ordinateur et est souvent désignée par les termes mémoire ou mémoire principale.

- L'unité arithmétique et logique (UAL; ALU, *arithmetic and logic unit*) effectue les calculs et prend les décisions.

- Les données ou les programmes d'usage peu fréquent sont normalement rangés sur des périphériques de stockage secondaires (comme des disques ou des disquettes), jusqu'à ce qu'ils soient de nouveau nécessaires.

- Dans le traitement par lots à utilisateur unique, l'ordinateur utilise un seul programme à la fois tout en traitant des groupes ou *lots* de données.

- Les logiciels appelés systèmes d'exploitation ont été développés pour faciliter l'utilisation des ordinateurs et améliorer leurs performances.

- Les systèmes d'exploitation de multiprogrammation permettent l'exécution «simultanée» de nombreux travaux sur l'ordinateur, car celui-ci partage ses ressources entre les opérations.

- Le temps partagé est un type spécial de multiprogrammation dans lequel les utilisateurs ont accès à l'ordinateur par le biais de terminaux. Les programmes des utilisateurs semblent fonctionner tous en même temps.

- L'informatique distribuée permet à une organisation de distribuer ses travaux informatiques à travers des réseaux vers les sites où le travail réel de l'entreprise est accompli.

- Les serveurs stockent des programmes et des données que peuvent partager des ordinateurs clients dispersés sur un réseau, d'où le terme informatique client/serveur.

- Un ordinateur ne peut comprendre directement que son propre langage machine. Les langages machine sont habituellement constitués de suites de nombres (ultimement réduits en 1 et en 0), qui instruisent les ordinateurs d'exécuter leurs opérations les plus élémentaires une par une. Les langages machine sont dépendants de la machine.

- La base des langages d'assemblage a été établie au moyen d'abréviations en anglais. Les assembleurs ont été développés pour convertir en langage machine des programmes écrits en langage d'assemblage.

- Les compilateurs convertissent en langage machine des programmes écrits en langage de haut niveau. Les langages de haut niveau contiennent des mots anglais et des numérations mathématiques conventionnelles.

- Les programmes interpréteurs exécutent directement des programmes en langage de haut niveau sans nécessiter leur compilation préalable en langage machine.

- Même si les programmes compilés s'exécutent plus vite que les programmes interprétés, les interpréteurs sont populaires dans les environnements de développement, où l'on recompile fréquemment des programmes à mesure qu'on leur ajoute de nouvelles fonctionnalités ou qu'on corrige les erreurs. Une fois le programme développé, on peut produire une version finale compilée pour assurer un fonctionnement plus efficace.

- Avec les langages C et C++, il est possible d'écrire des programmes portables sur la plupart des ordinateurs.

- Le FORTRAN (*FORmula TRANslator*) est utilisé pour des applications mathématiques. Le COBOL est surtout utilisé pour des applications commerciales qui exigent une manipulation précise et efficace de grandes quantités de données.

- La programmation structurée est une approche disciplinée qui permet d'écrire des programmes plus clairs, plus faciles à tester, à déboguer et à modifier que les programmes non structurés.

- Le Pascal a été créé pour enseigner la programmation structurée dans des environnements académiques.

- Le langage de programmation Ada a été développé sous le parrainage du ministère de la défense américaine *(DOD)*, en utilisant le Pascal comme base.

- Le fonctionnement multitâche permet aux programmeurs de spécifier des activités en parallèle.

- Tous les systèmes C++ comprennent trois parties: l'environnement, le langage et les bibliothèques standard. Les fonctions des bibliothèques ne font pas partie intégrante du langage C++; elles effectuent des opérations comme les calculs mathématiques populaires.

- Les programmes en C++ traversent six phases avant d'être exécutés: l'édition, la précompilation, la compilation, l'édition des liens, le chargement et l'exécution.

- Le programmeur écrit un programme en C++ avec l'éditeur et, s'il y a lieu, le corrige. Sur un système UNIX type, les noms de fichiers de programmes en C++ se terminent par l'extension .C.

- Le compilateur traduit le programme du langage C++ en code de langage machine (également appelé code objet).

- Le précompilateur C++ obéit à des commandes spéciales appelées directives de précompilation. Ces directives indiquent habituellement les fichiers à inclure dans le fichier en cours de compilation et les symboles spéciaux à remplacer par du texte.

- Un programme d'édition des liens lie le code objet au code des fonctions manquantes pour produire une image exécutable (sans pièces manquantes). Sur un système UNIX type, la commande pour compiler et éditer les liens d'un programme en C++ est **CC**. Si la compilation et l'édition des liens du programme se sont déroulés correctement, un fichier appelé **a.out** est produit. Il s'agit de l'image exécutable du programme.

- Le chargeur prend l'image exécutable sur le disque et la transfère en mémoire.

- Un ordinateur, contrôlé par son unité centrale, exécute un programme une instruction à la fois.

- Les erreurs du type «division par zéro» se produisent pendant l'exécution d'un programme s'exécute. C'est pourquoi on les appelle «erreurs à l'exécution».

- La division par zéro produit habituellement une erreur fatale, c'est-à-dire une erreur qui provoque l'arrêt immédiat du programme et ne lui permet pas d'accomplir son travail avec succès. Les erreurs non fatales permettent au programme de s'exécuter jusqu'à la fin, mais produisent souvent des résultats inexacts.

- Certaines fonctions de C++ prennent leurs données d'entrée à partir de **cin** (flux d'entrée standard). Ces entrées proviennent normalement du clavier, même si on peut associer **cin** à un autre périphérique. Les données de sorties sont dirigées par **cout** (flux de sortie standard). Ces sorties sont normalement retournées vers l'écran de l'ordinateur, bien qu'on puisse associer **cout** à un autre périphérique.

- Le flux d'erreurs standard est désigné par **cerr**. Le flux **cerr** (normalement associé à l'écran) sert à afficher les messages d'erreurs.

- Il existe beaucoup de variations entre les différentes implantations de C++ et les différents ordinateurs; c'est pourquoi la portabilité est un but utopique.

- Le C++ offre des possibilités pour la programmation orientée objets.

- Les objets sont essentiellement des composants logiciels réutilisables modelés sur le monde réel. Les objets sont fabriqués à partir de «plans» appelés classes.

- Les commentaires d'une ligne commencent par **//**. Les programmeurs insèrent des commentaires pour documenter les programmes et améliorer leur lisibilité. Les commentaires n'appellent aucune action de l'ordinateur lorsque le programme s'exécute.

- La ligne **#include <iostream>** dit au précompilateur C++ d'inclure le contenu du fichier d'en-tête du flux d'entrée/sortie dans le programme. Ce fichier contient l'information nécessaire pour compiler les programmes utilisant **std::cin** et **std::cout** ainsi que les opérateurs **<<** et **>>**.

- Les programmes en C++ commencent à s'exécuter à la fonction **main**.

- L'objet de flux de sortie **std::cout**, normalement connecté à l'écran, est utilisé pour sortir les données. Des éléments de données multiples peuvent être produits à la sortie par la concaténation d'opérateurs d'insertion de flux **<<**.

- L'objet de flux d'entrée **std::cin**, normalement connecté au clavier, est utilisé pour entrer les données. Des éléments de données multiples peuvent être entrés par la concaténation d'opérateurs d'extraction de flux **>>**.

- Toutes les variables d'un programme en C++ doivent être déclarées avant de pouvoir être utilisées.

- Tout identificateur valide peut être utilisé comme nom d'une variable C++. Un identificateur est une série de caractères pouvant comprendre des lettres, des chiffres ou des caractères de soulignement (_), mais ne commence pas par un chiffre. Le C++ n'impose en principe pas de limites de longueur aux identificateurs, mais certains systèmes et (ou) implantations de C++ le font.

- Le C++ est sensible à la casse.

- La plupart des calculs sont effectués dans des instructions d'affectation.

- Chaque variable stockée dans la mémoire d'un ordinateur possède un nom, un type, une taille et une valeur.

- Chaque fois qu'une valeur est écrite dans un emplacement de mémoire, elle y remplace la valeur précédente qui est alors détruite.

- Lorsqu'une valeur est lue dans un emplacement de mémoire, le processus est non destructif. Autrement dit, le programme lit une copie de la valeur sans perturber la valeur originale en mémoire.

- Le C++ évalue les expressions arithmétiques dans un ordre précis, déterminé par les règles de préséance et d'associativité des opérateurs.

- L'instruction **if** permet à un programme de prendre une décision lorsqu'une certaine condition est satisfaite. Le format d'une instruction **if** est:

        if (*condition*)
              instruction **;**

- Si la condition est vraie (**true**), l'instruction contenue dans le corps de **if** est exécutée. Si la condition n'est pas satisfaite, c'est-à-dire si elle est fausse (**false**), l'instruction du corps est omise.

- Dans une instruction **if**, les conditions sont habituellement formées au moyen d'opérateurs d'égalité et d'opérateurs relationnels. Le résultat de l'utilisation de ces opérateurs demeure toujours la simple observation de «vrai» ou «faux».

- Les instructions

        using std::cout;
        using std::cin;
        using std::endl;

    sont des instructions **using** qui permettent d'éliminer l'obligation de répéter le préfixe **std::**. Une fois les instructions **using** incluses dans le programme, nous pouvons écrire respectivement **cout**, **cin** et **endl** au lieu de **std::cout**, **std::cin** et **std::endl**, dans la suite du programme.

- L'orientation objets est une façon naturelle de penser le monde et d'écrire des programmes.

- Les objets sont dotés d'attributs (taille, forme, couleur, poids, etc.) et manifestent des comportements.

- Les humains font l'apprentissage des objets en étudiant leurs attributs et en observant leurs comportements.

- Différents objets peuvent posséder des attributs semblables et manifester des comportements similaires.

- La programmation orientée objets (POO) modèle les objets du monde réel au moyen d'équivalents logiciels. Elle profite des relations de classes, dans lesquelles certaines classes – une classe de véhicules, par exemple – sont dotées des mêmes caractéristiques. Elle profite aussi des relations d'héritage et même des relations d'héritage multiple, où de toutes nouvelles classes d'objets héritent de caractéristiques de classes existantes en plus de posséder des caractéristiques uniques.

- La programmation orientée objets fournit une manière intuitive de visualiser le processus de programmation, à savoir par la modélisation d'objets réels, de leurs attributs et de leurs comportements.

- La POO modèle la communication entre objets au moyen de messages.

- La POO encapsule les données (attributs) et les fonctions (comportement) dans des objets.

- Les objets ont la propriété de masquer l'information. Même si les objets savent comment communiquer les uns avec les autres à travers des interfaces bien définies, ils ignorent habituellement pas les détails touchant l'implantation des autres objets.

- Le masquage d'informations est crucial pour concevoir des logiciels de qualité.

- La programmation en C ou en d'autres langages de programmation procéduraux tend vers une orientation d'action. Les données y sont certes importantes, mais la vision est que les données existent principalement pour appuyer les actions réalisées par les fonctions.

- Les programmeurs de C++ se concentrent sur la création de leurs propres types définissables par l'utilisateur, qu'on appelle classes. Chaque classe contient des données ainsi qu'une série de fonctions manipulant les données. Les composants des données d'une classe sont appelés membres de données. Les composants des fonctions d'une classe sont appelés fonctions membres ou méthodes.

TERMINOLOGIE

abstraction

actif de logiciel

action

analyse

analyse et conception orientées objets (ACOO)

ANSI/ISO C

association

associativité de droite à gauche

associativité de gauche à droite

associativité des opérateurs

attribut

attributs des objets

Booch, Grady

C

C++

bibliothèque standard du C++

caractère de changement de code (****)

caractère de nouvelle ligne (**\n**)

caractères d'espace blanc

cerr, objet

chaîne

chargement

cin, objet

clarté

classe

commentaire (**//**)

compilateur

comportement

comportements des objets

composant

conception de classes utiles

conception orientée objet (COO)

condition

corps d'une fonction

cout, objet

décision

déclaration

dépendant de la machine

design

division d'entiers

données

éditeur

édition des liens

emplacement de mémoire

encapsulation

entier (**int**)

entrée-sortie

erreur à l'exécution

erreur de compilation

erreur de syntaxe

erreur fatale

erreur de logique

erreur non fatale

flot d'exécution

fonction

fonction membre

héritage

héritage multiple

identificateur

indépendant de la machine

instancier

instruction

int

interface

interpréteur

invite

iostream

iostream.h

Jacobson, Ivan

langage d'assemblage

langage de haut niveau

langage de programmation

langage de programmation procédural

langage machine

liste d'éléments séparés par des virgules

logiciel

main

masquage d'information

matériel

membre de données

mémoire

mémoire principale

message

méthode

modélisation

mots réservés

multiprocesseur

multiprogrammation

multitâche
namespace (espace de noms)
nom d'une variable
nom pleinement qualifié (avec namespaces)
noms dans une spécification de système
norme ANSI/ISO standard C
norme ANSI/ISO standard C++
objet
objet **cerr**, **std::cerr**
objet **cin**, **std::cin**
objet **cout**, **std::cout**
objet d'entrée standard (**cin**)
objet d'erreur standard (**cerr**)
objet de sortie standard (**cout**)
objet **endl**, **std::endl**
Object Management Group (OMG)
opérande
opérateur
opérateur binaire
opérateur d'addition (**+**)
opérateur d'affectation (**=**)
opérateur de multiplication (*****)
opérateur de soustraction (**-**)
opérateur modulo (**%**)
opérateurs arithmétiques
opérateurs d'égalité
   == «est égal à»
   =! «est différent de»
opérateurs relationnels
   > «plus grand que»
   < «plus petit que»
   >= «plus grand ou égal à»
   <= «plus petit ou égal à»
ordinateur
orientation actions
parenthèses (**)**
parenthèses imbriquées
périphérique d'entrée

périphérique de sortie
point-virgule (**;**) séparateur d'instruction
précompilateur
préséance
programmation orientée objets (POO)
programmation procédurale
programmation structurée
programme de traduction
programme informatique
pseudocode
Rational Software Corporation
règles de préséance des opérateurs
requis
réutilisation d'un logiciel
Rumbaugh, James
sensible à la casse
séparateur d'instructions (;)
séquence de changement de code
serveur de fichier
std::cerr, objet
std::cin, objet
std::cout, objet
std::endl, objet
structure **if**
syntaxe
type définissable par l'utilisateur
UCT (unité centrale)
Unified Modeling Language (UML)
unité arithmétique et logique (UAL)
unité centrale de traitement (UCT)
using std::cerr;
using std::cin;
using std::cout;
using std::endl;
valeur d'une variable
variable
verbes dans une spécification de système

ERREURS DE PROGRAMMATION COURANTES

1.1   On désigne les erreurs du type « division par zéro » se produisant pendant l'exécution d'un programme par l'expression erreurs à l'exécution. La division par zéro produit généralement une erreur fatale, c'est-à-dire une erreur provoquant l'arrêt immédiat du programme. Les erreurs non fatales permettent au programme de s'exécuter jusqu'à la fin, mais produisent souvent des résultats inexacts. (Note: sur certains systèmes, la division par zéro n'est pas une erreur fatale. Veuillez consulter la documentation de votre système.)

1.2   Si vous oubliez d'inclure le fichier **iostream** dans un programme qui reçoit des entrées du clavier ou qui dirige des sorties vers l'écran, le compilateur émettra un message d'erreur.

1.3   Omettre le point-virgule à la fin d'une instruction est une erreur de syntaxe. Une telle erreur survient lorsque le compilateur est incapable de reconnaître une instruction, auquel cas il émet normalement un message d'erreur pour aider le programmeur à localiser et réparer cette instruction. Les erreurs de syntaxe sont des violations du langage. Comme elles se produisent durant le phase de compilation, on les appelle aussi erreurs de compilation.

1.4   L'emploi de l'opérateur modulo (`%`) avec des opérandes non-entiers est une erreur de syntaxe.

1.5   Une erreur de syntaxe se produira si l'un quelconque des opérateurs `==`, `!=`, `>=` et `<=` contient des espaces entre ses paires de symboles.

1.6   Le fait d'inverser l'ordre des paires d'opérateurs dans l'un quelconque des opérateurs `!=`, `>=` et `<=` (en les écrivant respectivement: `=!`, `=>` et `=<`) entraîne habituellement une erreur de syntaxe. Dans certains cas, l'inversion de `!=` en `=!` ne produira pas une erreur de syntaxe mais très certainement une erreur de logique.

1.7   Évitez de confondre l'opérateur d'égalité `==` avec l'opérateur d'affectation `=`. L'opérateur d'égalité doit se lire « est égal à » tandis que l'opérateur d'affectation doit se lire « prend » , « prend la valeur de » ou « est affecté de la valeur de ». Dans le cas de l'opérateur d'égalité, certaines personnes préfèrent la signification « double égal ». Comme nous le verrons un peu plus loin, le fait de confondre ces opérateurs ne cause pas nécessairement d'erreurs de syntaxe faciles à identifier mais peut entraîner des erreurs de logique très subtiles.

1.8   Placer un point-virgule immédiatement après la parenthèse droite suivant une condition dans une structure **if** constitue souvent une erreur de logique (mais pas une erreur de syntaxe). Cela produirait en effet un corps vide pour la structure **if** qui, elle-même, n'accomplirait aucune action, que sa condition soit vraie ou pas. Pire encore, l'instruction du corps initial de la structure **if** deviendrait alors une instruction à la suite de la structure **if** et serait toujours exécutée, ce qui donnerait un programme produisant des résultats inexacts.

1.9   Couper un identificateur en insérant des espaces blancs – par exemple, en écrivant **ma in** au lieu de **main** – est une erreur de syntaxe.

BONNES PRATIQUES DE PROGRAMMATION

1.1   Écrivez vos programmes en C++ de la manière la plus simple possible. Évitez aussi les usages bizarres qui «étirent» le langage inutilement.

1.2   Lisez les manuels de la version de C++ que vous utilisez. Consultez-les souvent pour vous assurer de connaître la riche collection de fonctions du C++ et vérifier que vous les utilisez correctement.

1.3   Votre ordinateur et votre compilateur sont de bons professeurs. Si, après avoir lu votre manuel du C++ attentivement, vous n'êtes toujours pas sûr du mode de fonctionnement d'une fonctionnalité du langage, faites des essais au moyen d'un petit programme de test et observez ce qui se produit. Réglez les options de votre compilateur de façon à obtenir le maximum d'avertissements, étudiez chaque message reçu pendant de la compilation et apportez les corrections nécessaires pour éliminer ces messages.

1.4   Chaque programme devrait commencer par un commentaire décrivant son utilité.

1.5   Beaucoup de programmeurs choisissent la commande nouvelle ligne (`\n`) comme dernier caractère d'une fonction, pour s'assurer que celle-ci positionnera le curseur au début d'une nouvelle ligne. Des conventions de cette nature favorisent la réutilisation d'un logiciel; un but majeur dans les environnements de développement de logiciels.

1.6   Indentez le corps entier de chaque fonction d'un niveau d'indentation à l'intérieur des accolades définissant le corps de cette fonction. Cette convention fait ressortir la structure fonctionnelle d'un programme et le rend plus facile à lire.

1.7   Établissez une convention pour la taille d'indentation que vous préférez, puis appliquez-la uniformément. Vous pouvez utiliser la touche de tabulation pour créer les indentations, mais la position des taquets peut varier. Pour former un niveau d'intentation, nous recommandons d'utiliser des tabulations d'un centimètre ou, de préférence, trois espaces.

1.8   Certains programmeurs pr éfèrent déclarer chaque variable sur une ligne distincte, car ce format permet d'insérer facilement un commentaire descriptif à côté de chaque déclaration.

1.9   Pour améliorer la lisibilité de vos programmes, mettez un espace après chaque virgule (`,`).

1.10 L'emploi de noms de variables évocateurs assurera à votre programme une certaine forme «d'auto-documentation». En effet, cela le rend plus facile à comprendre à la lecture et évite d'avoir à utiliser trop de commentaires ou à consulter des manuels.

1.11 Si vous préférez placer les déclarations au début d'une fonction, séparez-les des instructions exécutables de cette fonction au moyen d'une ligne vide afin de bien mettre en évidence la position de fin des déclarations et la position de début des instructions.

1.12 Insérez toujours une ligne vide avant une déclaration située entre des instructions exécutables. Cette pratique fait ressortir les déclarations dans le programme et contribue à sa clarté.

1.13 Si vous préférez placer les déclarations au début d'une fonction, séparez-les des instructions exécutables de cette fonction au moyen d'une ligne vide afin de bien mettre en évidence la position de fin des déclarations et la position de début des instructions.

1.14 Mettez des espaces de chaque côté d'un opérateur binaire, pour le faire ressortir et rendre le programme plus lisible.

1.15 Comme en algèbre, il est acceptable de placer des parenthèses facultatives dans une expression pour la rendre plus compréhensible. Ces parenthèses, que l'on appelle parenthèses redondantes, sont couramment utilisées pour regrouper les sous-expressions d'une expression complexe et, ainsi, la rendre plus claire. Le découpage de longues instructions en une séquence d'instructions plus réduites, plus simples, aide aussi à la clarté du code.

1.16 Indentez l'instruction dans le corps d'une structure **if** pour faire ressortir le corps de la structure et améliorer la lisibilité du programme.

1.17 Chaque ligne de programme ne devrait pas comporter plus d'une instruction.

1.18 Vous pouvez répartir une instruction très longue sur plusieurs lignes. Le cas échéant, choisissez des points de rupture cohérents, comme après une virgule dans une liste d'éléments séparés par des virgules, ou après un opérateur dans une longue expression. Lorsque vous répartissez une instruction sur deux lignes ou plus, indentez toutes les lignes subséquentes.

1.19 Lorsque vous écrivez des expressions contenant de nombreux opérateurs, reportez-vous au tableau de préséance. Vérifiez que les opérateurs de l'expression sont exécutés dans l'ordre attendu. Si vous avez des doutes quant à l'ordre d'évaluation dans une expression complexe, découpez l'expression en instructions plus petites, ou utilisez des parenthèses pour imposer l'ordre comme vous le feriez pour une expression algébrique. N'oubliez pas non plus que certains opérateurs, comme l'opérateur d'affectation (**=**), sont associatifs de droite à gauche plutôt que de gauche à droite.

ASTUCES SUR LA PERFORMANCE

1.1 Utilisez les fonctions et les classes de la bibliothèque standard au lieu d'en écrire des versions comparables. Cela améliorera la performance du programme, car ces éléments ont été écrits avec soin pour fonctionner efficacement.

1.2 La réutilisation de composants de code éprouvé au lieu d'écrire vos propres versions permet d'améliorer les performances d'un programme parce que ces composants sont conçus dès le départ pour fonctionner avec efficacité.

ASTUCES SUR LA PORTABILITÉ

1.1 Le C étant un langage normalisé, indépendant du matériel et largement disponible, des applications écrites en C peuvent souvent être exécutées avec peu ou pas de modifications sur une vaste gamme de systèmes informatiques différents.

1.2 Utiliser les fonctions et les classes de la bibliothèque standard au lieu d'en écrire des versions comparables vous permettra d'améliorer la portabilité du programme, car ces éléments sont inclus dans presque toutes les implantations de C++.

1.3   Même s'il est possible d'écrire des programmes portables, un grand nombre de problèmes entre différents compilateurs C et C++ ainsi qu'entre différentes machines peuvent rendre la portabilité difficile à réaliser. Celle-ci n'est en effet pas garantie par le simple fait qu'un programme est écrit en C ou en C++, et les programmeurs auront souvent besoin de transiger directement avec des variantes de compilateurs et d'ordinateurs.

1.4   Le C++ accepte en principe des identificateurs de n'importe quelle longueur. Toutefois, des restrictions peuvent être imposées par certains systèmes et (ou) implantations de C++. Pour assurer la portabilité, utilisez des udentificateurs de 31 caractères ou moins.

OBSERVATIONS DE GÉNIE LOGICIEL

1.1   Utilisez une approche « jeu de construction » quand vous concevez des programmes. N'essayez pas de réinventer la roue mais servez-vous des pièces existantes chaque fois que c'est possible. Ce procédé, connu sous l'appellation « réutilisation de logiciels », est fondamental à la programmation orientée objets.

1.2   Lorsque vous programmerez en C++, vous utiliserez habituellement les blocs de construction suivants: les classes et fonctions de la bibliothèque standard du C++, les classes et fonctions que vous aurez créées ainsi que les classes et fonctions des différentes bibliothèques populaires non standard.

1.3   Des bibliothèques étendues de classes de composants logiciels sont disponibles sur l'Internet et le Web. Nombre d'entre elles sont accessibles sans frais.

EXERCICES DE RÉVISION

1.1   Complétez les phrases suivantes:
   a) La société qui a popularisé l'informatique personnelle est _____.
   b) L'ordinateur qui a légitimé l'informatique personnelle au travail et dans les affaires est le _____.
   c) Les ordinateurs traitent les données sous le contrôle de séries d'instructions qu'on appelle des _____.
   d) Les six principales unités logiques de l'ordinateur sont: _____, _____, _____, _____, et _____.
   e) Les trois classes de langages discutés dans ce chapitre sont: _____, _____, et _____.
   f) Les programmes qui traduisent des programmes écrits en langage de haut niveau en langage machine sont des _____.
   g) Le C est largement connu comme étant le langage de développement du système d'exploitation _____.
   h) Le langage _____ a été développé par Wirth pour enseigner la programmation structurée dans les universités.
   i) Le département de la défense américaine a développé le langage Ada en lui donnant une capacité apellée _____ qui permettait aux programmeurs de spécifier que de nombreuses activités peuvent être traitées en parallèle.

1.2   Inscrivez les mots manquants dans les phrases suivantes sur l'environnement C++.
   a) Les programmes C++ sont normalement tapés dans l'ordinateur en utilisant un programme _____.
   b) Dans un système C++, un programme _____ s'exécute avant que la phase de traduction du compilateur ne débute.
   c) Le programme _____ combine la sortie du compilateur avec différentes fonctions de bibliothèque pour produire une image exécutable.
   d) Le programme _____ transfère l'image exécutable d'un programme en C++ du disque vers la mémoire.

1.3   Inscrivez les mots manquants dans les phrases suivantes.
   a) Tout programme en C++ commence à s'exécuter à la fonction _____.
   b) L'_____ débute le corps de chaque fonction et l'_____ termine le corps de chaque fonction.
   c) Chaque instruction se termine par un _____.

d) La séquence de changement de code **\n** représente le caractère de _____, lequel positionne le curseur au début de la ligne suivante.

e) L'instruction _____ est utilisée pour prendre des décisions.

1.4 Indiquez si les énoncés suivants sont vrais ou faux. S'ils sont faux, expliquez pourquoi. Supposez qu'une instruction **using std::cout;** a été utilisée.

a) Les commentaires demandent à l'ordinateur d'afficher le texte situé après le **//** lors de l'exécution du programme.

b) Lorsque la séquence de changement de code **\n** est produite par **cout** à la sortie, le curseur est positionné au début de la ligne suivante.

c) Toutes les variables doivent être déclarées avant de pouvoir être utilisées.

d) On doit affecter un type à toutes les variables lors de leur déclaration.

e) Le C++ considère les variables **nombre** et **NoMbRe** comme identiques.

f) Des déclarations peuvent apparaître n'importe où dans le corps d'une fonction C++.

g) On ne peut utiliser l'opérateur modulo (**%**) qu'avec des opérandes d'entiers.

h) Les opérateurs arithmétiques *****, **/**, **%**, **+** et **−** possèdent tous le même niveau de préséance.

i) Un programme en C++ qui affiche trois lignes de sortie doit contenir trois instructions de sortie utilisant **cout**.

1.5 Écrivez une seule instruction en C++ pour réaliser chacun des énoncés suivants (supposez qu'aucune instruction **using** n'a été utilisée) :

a) Déclarer des variables de type int nommées: **c, ceciEstUneVariable, q76354** et **nombre**.

b) Inviter l'utilisateur à entrer un entier. Terminer le message d'invite par un signe deux-points (**:**) suivi d'un espace et laisser le curseur positionné après l'espace.

c) Lire un entier entré au clavier par l'utilisateur et stocker la valeur entrée dans la variable d'entier **age**.

d) Si la variable nombre n'est pas égale à **7**, afficher **"Le nombre de la variable n'est pas égal à 7"**.

e) Afficher le message **"Ceci est un programme en C++"** sur une seule ligne.

f) Afficher le message **"Ceci est un programme en C++"** sur deux lignes de façon que la première ligne se termine par programme.

g) Afficher le message **"Ceci est un programme en C++"** avec chaque mot du message sur une ligne séparée.

h) Afficher le message **"Ceci est un programme en C++"** avec chaque mot séparé du suivant par une tabulation.

1.6 Écrivez une instruction (ou un commentaire) qui réalise chacun des énoncés suivants (supposez que des instructions **using** ont été utilisées) :

a) Indiquer que l'utilité du programme est de calculer le produit de trois entiers.

b) Déclarer des variables de type **int** possédant les noms: **x, y, z** et **resultat**.

c) Inviter l'utilisateur à entrer trois entiers.

d) Lire trois entiers entrés au clavier et les stocker dans les variables **x, y** et **z**.

e) Calculer le produit des trois entiers contenus dans les variables **x, y** et **z** et affecter le résultat à la variable **resultat**.

f) Afficher **"Le produit est "** suivi de la valeur de la variable **resultat**.

g) Renvoyer une valeur de **main** indiquant que le programme s'est terminé avec succès.

1.7 En utilisant les instructions déterminées à l'exercice 1.6, écrivez un programme complet qui calcule et affiche le produit de trois entiers. Vous devrez pour ce faire écrire les instructions **using** nécessaires.

1.8 Identifiez et corrigez les erreurs dans chacune des instructions suivantes (supposez qu'une instruction **using std::cout;** a été utilisée):

a) ```if (c < 7);
   cout << "c est plus petit que 7\n";```

b) ```if (c => 7)
   cout << "c est égal ou plus grand que 7\n";```

1.9 Inscrivez les termes corrects «en langage objet» dans chacun des énoncés suivants:

a) Les humains peuvent regarder un écran de télévision et voir des points de couleur, ou ils peuvent reculer et apercevoir trois personnes assises à une table de conférence. Ceci est un exemple d'une capacité appelée _____.

b) Si nous voyons une automobile comme un objet, le fait que celle-ci soit une décapotable est un attribut/comportement (choisir l'un ou l'autre) _____ de l'automobile.

c) Le fait qu'une automobile peut accélérer ou ralentir, tourner à gauche ou à droite, avancer ou reculer sont des exemples de _____ d'un objet «automobile».

d) Lorsqu'un nouveau type de classe hérite des caractéristiques de plusieurs types différents de classes existantes, il s'agit d'un héritage _____ .

e) Les objets communiquent les uns avec les autres au moyen de _____ .

f) Les objets communiquent entre eux à travers des _____ bien définies.

g) Un objet ne peut normalement pas connaître l'implantation d'autres objets; cette propriété s'appelle _____.

h) Dans une spécification de système, les _____ aident le programmeur de C++ à déterminer les classes requises pour l'implantation du système.

i) Les composants des données d'une classe sont appelés _____ et les composants des fonctions d'une classe sont appelés   .

j) Une instance d'un type définissable par l'utilisateur s'appelle _____.

RÉPONSES AUX EXERCICES DE RÉVISION

1.1 a) *Apple*. b) *IBM Personal Computer*. c) programmes. d) unité d'entrée, unité de sortie, unité de mémoire, unité arithmétique et logique, unité centrale, unité de stockage secondaire. e) langages machine, langage d'assemblage, langage de haut niveau. f) compilateurs. g) UNIX. h) Pascal. i) multitâche.

1.2 a) éditeur. b) précompilateur. c) d'édition des liens. d) chargeur.

1.3 a) **main**. b) accolade gauche (**{**), accolade droite (**}**). c) point-virgule. d) nouvelle ligne. e) **if**.

1.4 a) Faux. Les commentaires ne déclenchent aucune action lors de l'exécution du programme. Ils ne servent qu'à documenter le programme et à améliorer sa lisibilité.

b) Vrai.

c) Vrai.

d) Vrai.

e) Faux. Le C++ est sensible à la casse; ces deux variables sont donc uniques.

f) Vrai.

g) Vrai.

h) Faux. Les opérateurs *****, **/** et **%** possèdent la même préséance, tandis que les opérateurs **+** et **—** possèdent un niveau de préséance moins élevé.

i) Faux. Une simple instruction de sortie utilisant **cout** et contenant des séquences de changement de code **\n** multiples peut afficher plusieurs lignes.

1.5
```
a) int c, ceciEstUneVariable, q76354, nombre;
b) std::cout << "Entrez un entier: ";
c) std::cin >> age;
d) if ( nombre != 7 )
   std::cout << "Le nombre de la variable n'est pas égal à 7\n";
e) std::cout << "Ceci est un programme en C++\n";
f) std::cout << "Ceci est un programme\nen C++\n";
g) std::cout << "Ceci\nest\nun\nprogramme\nen\nC++\n";
h) std::cout << "Ceci\test\tun\tprogramme\ten\tC++\n";
```

1.6   a) `// Calcul du produit de trois entiers.`
       b) `Int x,y,z,resultat;`
       c) `cout << "Entrez trois entiers: ";`
       d) `cin >> x >> y >> z;`
       e) `resultat = x * y * z;`
       f) `cout << "Le produit est " << resultat << endl;`
       g) `return 0;`

1.7   ```
       // Calcul du produit de trois entiers.
       #include <iostream.h>

       using std::cout;
       using std::cin;
       using std::endl;

       int main()
       {
          int x, y, z, resultat;
          cout << "Entrez trois entiers: ";
          cin >> x >> y >> z;
          resultat = x * y * z;
          cout << "Le produit est " << resultat << endl;
          return 0;
       }
       ```

1.8    a) Erreur: point-virgule après la parenthèse droite de la condition dans l'instruction **if**. Correction:
       enlever le point-virgule après la parenthèse droite. Note: le résultat de cette erreur est que l'instruction
       de sortie sera exécutée, que la condition dans l'instruction **if** soit vraie ou pas. Le point-virgule après
       la parenthèse droite est considéré comme une instruction vide, c'est-à-dire qui n'effectue rien. Nous
       étudierons l'instruction vide au prochain chapitre.
       b) Erreur: l'opérateur relationnel **=>**. Correction: remplacer **=>** par **>=**.

1.9    a) abstraction. b) attribut. c) comportements. d) multiple. e) messages. f) interfaces. g) masquage
       de l'information. h) noms. i) membres de données; fonctions membres ou méthodes. j) objet.


## EXERCICES

1.10   Classez chacun des éléments suivants dans la catégorie matériel ou logiciel:
       a) UCT (unité centrale de traitement)
       b) compilateur C++
       c) UAL (unité arithmétique et logique)
       d) précompilateur C++
       e) unité d'entrée
       f) programme d'édition

1.11   Pourquoi devriez-vous écrire un programme avec un langage indépendant de la machine plutôt que
       dépendant de la machine? Pourquoi un langage dépendant de la machine est-il parfois plus approprié à certains
       types de programmes?
       ```

1.12 Inscrivez les mots manquants dans chacun des énoncés suivants:

a) Quelle unité logique de l'ordinateur reçoit l'information extérieure qui sera utilisée par la machine? _____.

b) Le procédé qui consiste à commander à l'ordinateur de résoudre des problèmes spécifiques s'appelle _____.

c) Quel type de langage informatique utilise des abréviations de mots anglais pour les instructions en langage machine? _____.

d) Quelle unité logique de l'ordinateur dirige l'information déjà traitée vers les différents périphériques afin que l'information puisse être utilisée à l'extérieur de la machine? _____.

e) Quelle unité logique de l'ordinateur retient l'information? _____.

f) Quelle unité logique de l'ordinateur effectue les calculs? _____.

g) Quelle unité logique de l'ordinateur prend les décisions logiques? _____.

h) Le niveau de langage qui convient le mieux à un programmeur désirant écrire des programmes rapidement et facilement est _____.

i) Le seul langage qu'un ordinateur peut comprendre directement est le _____.

j) Quelle unité logique de l'ordinateur coordonne les activités de toutes les autres unités logiques? _____.

1.13 Expliquez la signification des objets suivants:

a) **std::cin**

b) **std::cout**

c) **std::cerr**

1.14 Pourquoi l'attention générale est-elle désormais tournée vers la programmation orientée objets et plus particulièrement vers le C++?

1.15 Complétez les phrases suivantes:

a) Les _____ servent à documenter un programme et à améliorer sa lisibilité.

b) L'objet utilisé pour afficher l'information est _____.

c) Une instruction C++ capable de prendre une décision est _____.

d) Les calculs sont normalement effectués par les instructions _____.

e) L'objet _____ entre des données provenant du clavier.

1.16 Écrivez une seule instruction ou une seule ligne en C++ accomplissant chacun des énoncés suivants:

a) Afficher le message **"Entrez deux nombres"**.

b) Affecter le produit des variables **b** et **c** à la variable **a**.

c) Indiquer que le programme effectue un exemple de calcul de paie (autrement dit, utiliser un texte qui aide à documenter le programme).

d) Entrer trois valeurs au clavier et les reporter dans les variables d'entiers **a**, **b** et **c**.

1.17 Dites si les énoncés suivants sont vrais ou faux. S'ils sont faux, expliquez vos réponses.

a) Les opérateurs de C++ sont évalués de gauche à droite.

b) Les noms suivants sont tous des noms de variables valables: **_sous_barre_**, **m928134**, **t5**, **j7**, **ses_ventes**, **son_compte_total**, **a**, **b**, **c**, **z**, **z2**.

c) L'instruction **cout << "a = 5;";** est un exemple type d'instruction d'affectation.

d) En C++, une expression arithmétique valable sans parenthèse est évaluée de gauche à droite.

e) Les noms suivants sont tous des noms de variables non valables: **3g**, **87**, **67h2**, **h22**, **2h**.

1.18 Complétez les phrases suivantes:

a) Quelles sont les opérations arithmétiques de même niveau de préséance que la multiplication? _____.

b) Quelle série de parenthèses est évaluée en premier dans une expression arithmétique comportant des parenthèses imbriquées? _____.

c) Un emplacement de mémoire capable de contenir différentes valeurs à des moments différents pendant l'exécution d'un programme porte le nom de _____.

1.19   Déterminez ce qui s'affiche lorsque chacune des instructions en C++ suivantes est exécutée. Si aucun affichage ne se produit, répondez par «rien». Supposez que **x = 2** et que **y = 3**.

- a) **cout << x;**
- b) **cout << x + x;**
- c) **cout << "x=";**
- d) **cout << "x = " << x;**
- e) **cout << x + y << " = " << y + x;**
- f) **z = x = y;**
- g) **cin >> x >> y;**
- h) **// cout << "x + y = " << x + y;**
- i) **cout << "\n";**

1.20   Parmi les instructions en C++ suivantes, identifiez celles contenant des variables dont les valeurs sont détruites:

- a) **cin >> b >> c >> d >> e >> f;**
- b) **p = i + j + k + 7;**
- c) **cout << "variables dont les valeurs sont detruites";**
- d) **cout << "a = 5";**

1.21   À partir de l'équation algébrique $y = ax^3 + 7$, dites si les instructions en C++ suivantes sont correctes ou incorrectes.

- a) **y = a * x * x * x + 7;**
- b) **y = a * x * x * (x + 7);**
- c) **y = (a * x) * x * (x + 7);**
- d) **y = (a * x) * x * x + 7;**
- e) **y = a * (x * x * x) + 7;**
- f) **y = a * x * (x * x + 7);**

1.22   Identifiez l'ordre d'évaluation des opérateurs dans chacune des instructions en C++ suivantes et indiquez la valeur de x après exécution de chaque instruction.

- a) **x = 7 + 3 * 6 / 2 − 1;**
- b) **x = 2 % 2 + 2 * 2 − 2 / 2;**
- c) **x = (3 * 9 * (3 + (9 * 3/ (3))));**

1.23   Écrivez un programme qui demande à l'utilisateur d'entrer deux nombres, obtient les deux nombres de l'utilisateur et affiche la somme, le produit, la différence et le quotient de ces deux nombres.

1.24   Écrivez un programme qui affiche les nombres 1 à 4 sur la même ligne avec chaque paire de nombres contigüs séparés par un espace. Écrivez le programme en utilisant les méthodes suivantes:

- a) En utilisant une instruction de sortie avec un opérateur d'insertion de flux.
- b) En utilisant une instruction de sortie avec quatre opérateurs d'insertion de flux.
- c) En utilisant quatre instructions de sortie.

1.25   Écrivez un programme qui demande à l'utilisateur d'entrer deux entiers, qui obtient les nombres de l'utilisateur et qui affiche le nombre le plus élevé suivi des mots «**est le plus grand**». Si les nombres sont égaux, le programme affichera «**Ces nombres sont égaux**».

1.26   Écrivez un programme qui reçoit trois entiers entrés au clavier et affiche la somme, la moyenne, le produit, le plus petit et le plus grand de ces nombres. Le dialogue à l'écran doit ressembler à ceci:

```
Entrez trois entiers différents: 13 27 14
La somme est 54
La moyenne est 18
Le produit est 4914
Le plus petit entier est 13
Le plus grand entier est 27
```

1.27   Écrivez un programme qui lit le rayon d'un cercle et qui affiche le diamètre, la circonférence et l'aire de ce cercle. Utilisez la valeur constante **3.14159** pour π. Effectuez ces calculs dans des instructions de sortie. (Note: dans ce chapitre, nous n'avons discuté que des variables et des constantes d'entiers. Au chapitre 3, nous discuterons des nombres à virgule flottante, c'est-à-dire des valeurs pouvant posséder des points décimaux).

1.28   Écrivez un programme qui affiche une boîte, un *ovale*, une *flèche* et un *losange* tels qu'illustrés à la figure suivante:

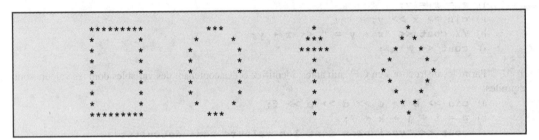

1.29   Déterminez ce qu'affiche le code suivant:

```
cout << "*\n**\n***\n****\n*****\n";
```

1.30   Écrivez un programme qui lit cinq entiers et qui détermine et affiche le plus petit et le plus grand entier du groupe. N'utilisez que des techniques de programmation apprises dans ce chapitre.

1.31   Écrivez un programme qui lit un entier et qui détermine et affiche s'il s'agit d'un entier pair ou impair. (Indice: utilisez l'opérateur modulo. Un nombre pair est un multiple de deux. Tout multiple de deux laisse un reste de zéro lorsqu'il est divisé par 2).

1.32   Écrivez un programme qui lit deux entiers et qui détermine et affiche si le premier entier est un multiple du second. (Indice: utilisez l'*opérateur modulo*).

1.33   Affichez un *motif de damier* avec huit instructions de sortie. Affichez ensuite le même motif en utilisant le moins d'instructions possibles.

1.34   Expliquez la distinction entre les termes erreur fatale et erreur non fatale. Pourquoi devrait-on préférer expérimenter une erreur fatale plutôt qu'une erreur non fatale?

1.35   Jetons un regard en avant. Dans ce chapitre, vous avez étudié les entiers et le type int. Le C++ peut également représenter des *lettres majuscules, minuscules*, ainsi qu'une variété considérable de symboles spéciaux. Le C++ utilise de petits entiers de façon interne pour représenter chaque caractère différent. La série de caractères qu'un ordinateur utilise et les représentations d'entiers correspondant à ces caractères constitue le *jeu de caractères* de cet ordinateur. Vous pouvez afficher un caractère en plaçant tout simplement celui-ci entre apostrophes, comme suit:

```
cout << 'A';
```

Vous pouvez afficher l'équivalent de l'entier de ce caractère en faisant précéder ce caractère par `static_cast`; cette action s'appelle un transtypage (nous analyserons plus en détail le transtypage au chapitre 2):

```
cout << static_cast< int >( 'A' );
```

Lorsque l'instruction précédente s'exécute, elle affiche la valeur **65** (sur les systèmes utilisant ce qu'on appelle le *jeu de caractères ASCII*). Écrivez un programme qui affiche les équivalents des entiers de quelques lettres majuscules, minuscules, chiffres et symboles spéciaux. Déterminez, au moins, les équivalents entiers des caractères suivants: **A B C a b c 0 1 2 $ * + /** et le caractère vide.

1.36   Écrivez un programme qui prend comme entrée un nombre de cinq chiffres, qui sépare les différents chiffres composant ce nombre et qui affiche les chiffres séparés les uns des autres par trois espaces. (Indice: utilisez l'opérateur de division d'entier et l'opérateur modulo.) Par exemple, si l'utilisateur tape **42339**, le programme devrait afficher:

```
4    2    3    3    9
```

1.37   En n'utilisant que les techniques apprises dans ce chapitre, écrivez un programme qui calcule le carré et le cube des nombres 0 à 10 et qui utilise des tabulations pour afficher le tableau de valeurs suivant:

```
nombre       carré       cube
0            0           0
1            1           1
2            4           8
3            9           27
4            16          64
5            25          125
6            36          216
7            49          343
8            64          512
9            81          729
10           100         1000
```

1.38   Répondez brièvement à chacune des questions suivantes à propos de la «pensée objet»:

a) Pourquoi avons-nous choisi de discuter en détail de la programmation structurée avant de procéder au traitement en profondeur de la programmation orientée objets?

b) Quelles sont les étapes types (mentionnées dans ce chapitre) d'un processus de conception orienté objets?

c) Comment l'héritage multiple se manifeste-t-il chez les humains?

d) Quelles sortes de messages les gens se communiquent-ils les uns aux autres?

e) Les objets s'envoient des messages les uns aux autres à travers des interfaces bien définies. Quelles interfaces une radio d'automobile (objet) présente-t-elle à son utilisateur (un objet personne)?

1.39   Vous portez probablement à votre poignet l'un des types d'objets les plus communs au monde: une montre. Expliquez de quelle manière chacun des termes et concepts suivants s'appliquent à la notion de montre: objet, attributs, comportements, classe, héritage (par exemple, un réveil-matin), abstraction, modélisation, messages, encapsulation, interface, masquage de l'information, membres de données et fonctions membres.

Structures
de contrôle

Objectifs

- Comprendre les techniques élémentaires de résolution de problèmes.

- Développer des algorithmes par le processus de l'affichage par étapes descendant.

- Utiliser les structures de sélection **if**, **if/else** et **switch** pour faire des choix parmi différentes actions.

- Utiliser les structures de répétition **while**, **do/while** et **for** pour exécuter des instructions de façon répétitive dans un programme.

- Comprendre la répétition contrôlée par compteur et la répétition contrôlée par sentinelle.

- Utiliser les opérateurs d'incrémentation, de décrémentation et d'affectation ainsi que les opérateurs logiques.

- Utiliser les instructions de contrôle de programme **break** et **continue**.

Aperçu

Résumé • Terminologie • Erreurs de programmation courantes • Bonnes pratiques de programmation • Astuces sur la performance • Observations de génie logiciel • Astuces de tests et de débogage • Exercices de révision • Réponses aux exercices de révision • Exercices

2.1 Introduction

Avant d'écrire un programme destiné à résoudre un problème particulier, il est fondamental de bien comprendre toutes les facettes du problème et de planifier minutieusement sa solution. Pendant l'écriture d'un programme, il est aussi essentiel de comprendre les types de blocs de construction disponibles et d'employer des principes éprouvés de construction de programmes. Nous discuterons de toutes ces questions dans l'exposé de ce chapitre portant sur la théorie et les principes de la programmation structurée. Les techniques que vous apprendrez ici s'appliquent à la plupart des langages de haut niveau, incluant le C++. L'utilité des structures de contrôle pour construire et manipuler des objets vous apparaîtra clairement lorsque nous aborderons l'étude de la programmation orientée objets au chapitre 6.

2.2 Algorithmes

Tout problème informatique peut être résolu par l'exécution d'une série d'actions dans un ordre spécifique. Une procédure de résolution de problème en termes

1. d'*actions* à exécuter et

2. d'*ordre* d'exécution de ces actions,

s'appelle un *algorithme*. L'exemple suivant démontre qu'il est important de spécifier exactement l'ordre dans lequel les actions doivent être exécutées.

Supposons l'algorithme «debout tout le monde» que suivrait un fonctionnaire pour se lever le matin et se rendre au travail: (1) sortir du lit, (2) enlever son pyjama, (3) prendre une douche, (4) s'habiller, (5) déjeuner, (6) partir au travail. Cette routine permet au fonctionnaire de se rendre au travail bien préparé pour prendre des décisions cruciales.

Supposons maintenant que les mêmes étapes se déroulent dans un ordre légèrement différent: (1) sortir du lit, (2) enlever son pyjama, (3) s'habiller, (4) prendre une douche, (5) déjeuner, (6) partir au travail. Dans ce cas, notre fonctionnaire arrivera au bureau complètement trempé.

En programmation, spécifier l'ordre d'exécution des instructions s'appelle contrôle de programme. Dans ce chapitre, nous examinerons les possibilités de contrôle de programmes du C++.

2.3 Pseudocode

Le *pseudocode* est un langage simple et artificiel qui aide les programmeurs à développer des algorithmes. Le pseudocode que nous présentons ici est particulièrement utile pour développer des algorithmes de programmes qui seront ensuite convertis en programmes C++ structurés. Le pseudocode est similaire à de l'anglais usuel et, même s'il n'est pas un langage informatique à proprement parler, il est commode et facile à utiliser.

Les programmes en pseudocode ne sont de fait pas exécutés sur des ordinateurs mais servent plutôt à aider le programmeur à « imaginer » son programme avant de commencer à l'écrire dans un langage de programmation comme le C++. Dans ce chapitre, nous donnons plusieurs exemples sur la façon d'utiliser le pseudocode efficacement dans le développement de programmes C++ structurés.

Le style de pseudocode présenté ici est constitué uniquement de caractères, ce qui permettra aux programmeurs de facilement taper leurs programmes au moyen d'un programme d'édition. L'ordinateur peut afficher sur demande une copie fraîche d'un programme en pseudocode. Soigneusement préparé, un tel programme peut ensuite être facilement converti en un programme C++ correspondant, ce qui, dans bien des cas se fait simplement en remplaçant les instructions de pseudocode par leurs équivalents en C++.

Le pseudocode est constitué exclusivement d'instructions exécutables, c'est-à-dire celles qui sont exécutées une fois le programme converti en C++ puis mis en marche. Les déclarations ne sont pas des instructions exécutables. Par exemple, la déclaration

```
int i;
```

a pour seul rôle d'indiquer le type de la variable **i** au compilateur et d'instruire celui-ci de réserver un espace de mémoire pour cette variable. Elle ne fait rien d'autre. Lors de l'exécution du programme, elle n'entraîne aucune action: ni entrée, ni sortie, ni quelque calcul que ce soit. Certains programmeurs choisissent d'énumérer les variables et d'indiquer leur utilité au début d'un programme de pseudocode.

2.4 Structures de contrôle

En règle générale, les instructions d'un programme s'exécutent les unes à la suite des autres, dans l'ordre où elles sont écrites. Ce processus s'appelle *exécution séquentielle*. Nous discuterons un peu plus loin du *transfert de contrôle*, c'est-à-dire d'un processus qui, au moyen de diverses instructions du C++, permet au programmeur de spécifier que la prochaine instruction à exécuter peut être autre que l'instruction suivante dans la séquence.

Durant les années 1960, il devint évident que l'utilisation aveugle de transferts de contrôle était à la source de bien des difficultés rencontrées par les groupes de développement de logiciels. On pointa du doigt l'*instruction* **goto** qui permet au programmeur de spécifier un transfert de contrôle vers l'une des innombrables destinations possibles dans un programme. La notion de ce qui allait devenir la *programmation structurée* devint presque synonyme d'élimination du **goto**.

Les recherches de Bohm et Jacopini[1] démontrèrent qu'on pouvait écrire des programmes sans aucune instruction **goto**. Le défi pour les programmeurs de l'époque fut donc de changer leur style pour une programmation sans **goto**. Ce n'est toutefois qu'au début des années 1970 que l'on commença à prendre la programmation structurée au sérieux, quand les développeurs en constatèrent les résultats impressionnants: temps de conception plus rapides, plus grand respect des échéanciers et des budgets. La clé de ces succès tient au fait que les programmes structurés sont plus clairs, plus faciles à déboguer et à modifier, et plus propices à être sans bogues dès le départ.

Les travaux de Bohm et Jacopini démontrèrent qu'on pouvait écrire n'importe quel programme à partir de seulement trois *structures de contrôle*, à savoir: la *structure de séquence*, la *structure de sélection* et la *structure de répétition*. La structure de séquence est intégrée au C++; donc, sauf indication contraire, l'ordinateur exécute les instructions en C++ les unes après les autres dans l'ordre où elles ont été écrites. Le segment d'*ordinogramme* de la figure 2.1 illustre une séquence type dans laquelle deux calculs sont réalisés dans l'ordre.

Les ordinogrammes sont une représentation graphique d'un algorithme ou d'une portion d'algorithme. Ils comportent certains symboles d'usage spécial tels que des rectangles, des losanges, des ovales et des petits cercles qui sont reliés les uns aux autres par des flèches appelées *lignes de flot*.

Comme le pseudocode, les ordinogrammes sont pratiques pour développer et représenter des algorithmes. Et bien que la plupart des programmeurs leur préfèrent le pseudocode, nous les utilisons dans ce manuel parce qu'ils illustrent clairement comment les structures de contrôle fonctionnent.

Examinons le segment d'ordinogramme pour la structure de contrôle illustrée à la figure 2.1. Nous utilisons le *symbole rectangle*, aussi appelé *symbole d'action*, pour signaler tout type d'action incluant un calcul ou une opération d'entrée-sortie. Les lignes de flot sur la figure indiquent l'ordre d'exécution des actions: on additionne d'abord **note** à **total**, pour ensuite ajouter **1** à **compteur**. Le C++ permet d'avoir autant d'actions que l'on veut dans une structure de séquence et, comme nous le verrons bientôt, quelque soit l'emplacement d'une simple action, on peut placer plusieurs actions en séquence.

Lorsqu'on dessine un ordinogramme représentant un *algorithme complet*, le premier symbole utilisé est un *symbole ovale* contenant le mot «début» et le dernier, un symbole ovale contenant le mot «fin». Dans le dessin d'une portion d'algorithme, comme à la figure 2.1, les symboles ovales sont omis et remplacés par des *petits cercles* également appelés *symboles connecteurs*.

---

1. Bohm, C. et G. Jacopini, « *Flow Diagrams, Turing Machines, and Languages with Only Two Formation Rules* », *Communications of the ACM*, Vol. 9, No. 5, mai 1966, pages 336-371.

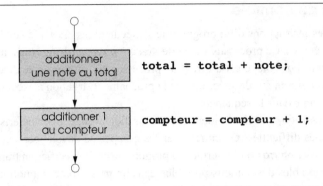

Figure 2.1   Ordinogramme d'une structure de séquence en C++.

Le plus important des symboles d'ordinogramme est probablement le *losange*, ou *symbole de décision*, qui indique qu'une décision doit être prise. Nous en discuterons dans la prochaine section.

Le C++ offre trois types de structures de sélection que nous analyserons toutes dans ce chapitre. La structure de sélection **if** effectue (sélectionne) une action si la condition est **true** (vraie) ou l'omet si la condition est **false** (fausse). La structure de sélection **if/else** effectue une action si une condition est **true** et effectue une action différente si elle est **false**. La structure de sélection **switch** effectue une action parmi plusieurs, selon la valeur d'une expression.

La structure de sélection **if** est dite *structure de sélection unique*, car elle sélectionne ou ignore une seule action. La structure de sélection **if/else**, qui sélectionne l'une ou l'autre de deux actions différentes est appelée *structure de sélection double*. Quant à la la structure de sélection **switch**, il s'agir d'une *structure de sélection multiple* puisqu'elle sélectionne une action à partir de nombreuses actions différentes.

Le C++ offre trois types de structures de répétition, à savoir: **while**, **do/while** et **for**. Chacun des mots **if**, **else**, **switch**, **while**, **do** et **for** est un *mot-clé* du C++. Ces mots réservés par le langage servent à mettre en œuvre différentes caractéristiques du C++, dont les structures de contrôle. On ne peut utiliser les mots-clés comme identificateurs comme on le fait pour les noms de variables. Une liste complète des mots-clés C++ est illustrée à la figure 2.2.

Erreur de programmation courante 2.1

Utiliser un mot-clé comme identificateur est une erreur de syntaxe.

Tout est là. Le C++ n'a que sept structures de contrôle: la séquence, trois types de sélection et trois types de répétition. Chaque programme en C++ est formé par une combinaison d'autant de types de structures de contrôle que nécessaire pour l'algorithme mis en œuvre par le programme. Comme pour la structure de séquence de la figure 2.1, nous verrons que chaque ordinogramme d'une structure de contrôle possède deux symboles petits cercles: l'un au point d'entrée de la structure et l'autre au point de sortie. Ces structures de contrôle à entrée unique-sortie unique facilitent la conception des programmes et sont attachées les unes aux autres en reliant le point de sortie d'une structure au point d'entrée de la suivante. Ce processus est analogue à la façon dont un enfant empile des blocs de construction; c'est pourquoi nous l'appelons empilement des structures de contrôle. Nous apprendrons qu'il n'existe qu'une seule autre façon de relier des structures de contrôle: une méthode appelée imbrication des structures de contrôle.

Observation de génie logiciel 2.1

*Quel que soit le programme que nous construisions en C++, tous seront bâtis à partir de seulement sept types différents de structures de contrôle – **if**, **if/else**, **switch**, **while**, **do**, **do/while** et **for** – combinées de seulement deux façons: par empilement ou par imbrication des structures de contrôle.*

Mots-clés du C++				

Mots-clés communs des langages de programmation C et C++

auto	break	case	char	const
continue	default	do	double	else
enum	extern	float	for	goto
if	int	long	register	return
short	signed	sizeof	static	struct
switch	typedef	union	unsigned	void
volatile	while			

Mots-clés du C++

asm	bool	catch	class	const_cast
delete	dynamic_cast	explicit	false	friend
inline	mutable	namespace	new	operator
private	protected	public	reinterpret_cast	
static_cast	template	this	throw	true
try	typeid	typename	using	virtual
wchar_t				

Figure 2.2   Mots-clés du C++.

2.5 Structure de sélection `if`

On emploie une structure de sélection pour choisir parmi différentes voies d'actions alternatives. Supposons, par exemple, que la note de passage d'un examen est de 60.

L'instruction de pseudocode

> *Si la note de l'étudiant est supérieure ou égale à 60*
>> *Afficher « Réussite »*

détermine si la condition «la note de l'étudiant est supérieure ou égale à 60» est vraie (**true**) ou fausse (**false**). Si la condition est vraie (**true**), le mot «Réussite» est affiché et l'instruction de pseudocode suivante est «effectuée» (rappelez-vous que le pseudocode n'est pas un véritable langage de programmation). Si la condition est fausse (**false**), l'instruction d'affichage est ignorée et l'instruction de pseudocode suivante est effectuée, dans l'ordre. Notez que la deuxième ligne de cette structure de sélection est indentée. Bien que facultative, une telle indentation est fortement recommandée pour mettre en relief la structure inhérente aux programmes structurés. Lors de la conversion du pseudocode en code C++, le compilateur ignore les caractères d'espace blanc comme les espaces vides, les tabulations et les nouvelles lignes utilisés pour l'indentation et l'espacement vertical.

Bonne pratique de programmation 2.1

L'application régulière et raisonnable de conventions d'indentation dans vos programmes améliore grandement leur lisibilité. Nous recommandons une tabulation de taille fixe d'environ un centimètre ou trois espaces par retrait.

L'instruction *Si* de pseudocode précédente peut s'écrire de la façon suivante en C++:

```
if ( note >= 60 )
    cout << "Réussite";
```

Notez que le code C++ correspond de près au pseudocode. Il s'agit de l'une des propriétés du pseudocode expliquant sa si grande utilité comme outil de développement de programmes.

Bonne pratique de programmation 2.2

On utilise souvent le pseudocode pour «imaginer» un programme pendant le processus de conception. Le programme de pseudocode est ensuite converti en C++.

L'ordinogramme de la figure 2.3 illustre la structure **if** de sélection unique. Cet ordinogramme renferme le symbole sans doute le plus important, le *symbole losange* ou *symbole de décision*, qui indique qu'une décision doit être prise. Ce symbole contient une expression, par exemple une condition, qui peut être soit vraie soit fausse. Deux lignes de flot émergent du symbole de décision; l'une indique la direction à prendre si l'expression est vraie et l'autre, la direction à prendre si elle est fausse. Au chapitre 1, nous avons vu que les décisions peuvent être prises en fonction de conditions contenant des opérateurs relationnels ou d'égalité, mais en réalité, elles peuvent l'être dans toute expression. Si celle-ci vaut zéro, elle est considérée fausse, tandis qu'elle est considérée vraie si son évaluation diffère de zéro. Les normes du C++ offrent le type de données **bool** pour représenter vrai ou faux. Les mots-clés **true** et **false** sont utilisés pour représenter des valeurs de type **bool**.

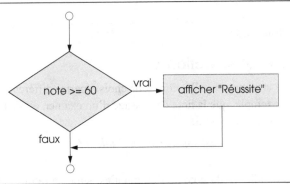

Figure 2.3   Ordinogramme de la structure de sélection **if**.

Notez que la structure **if** est elle aussi une structure à entrée unique-sortie unique. Nous verrons bientôt que, hormis des symboles de petits cercles et des lignes de flot, les ordinogrammes des structures de contrôle restantes ne contiennent, eux aussi, que des symboles rectangles pour indiquer les actions à réaliser et des symboles losanges pour indiquer les décisions à prendre. Nous avons attiré votre attention ici sur le *modèle de programmation action/décision*.

Nous pouvons imaginer sept boîtes contenant chacune une seule structure de contrôle de l'un des sept types. Ces structures sont vides, autrement dit, rien n'est écrit dans les rectangles ou les losanges. La tâche du programmeur consiste alors à assembler un programme avec autant de types de structures de contrôle que l'exige l'algorithme, de combiner ces structures de seulement deux façons possibles (empilement ou imbrication), puis de déterminer les actions et décisions de façon appropriée pour l'algorithme. Nous discuterons plus loin des multiples manières d'écrire ces actions et ces décisions.

2.6 Structure de sélection `if/else`

La structure de sélection **if** n'exécute l'action indiquée que si la condition est vraie et l'ignore dans le cas contraire. La structure de sélection **if/else** permet au programmeur de spécifier des actions différentes selon que la condition est vraie ou fausse. Par exemple, l'instruction de pseudocode

> *Si la note de l'étudiant est supérieure ou égale à 60*
> *Afficher «Réussite»*
> *sinon*
> *Afficher «Échec»*

affiche *Réussite* si la note de l'étudiant est supérieure ou égale à 60 et *Échec* si elle est inférieure à 60. Dans chaque cas, l'instruction de pseudocode suivante est « exécutée » après affichage du résultat de la précédente. Notez que le corps du else est également indenté.

Bonne pratique de programmation 2.3

Indentez les deux instructions du corps d'une structure **if/else**.

Quelle que soit la convention d'indentation choisie, appliquez-la soigneusement à l'ensemble de vos programmes. Il est difficile de lire des programmes n'obéissant pas à des conventions d'espacement uniformes.

Bonne pratique de programmation 2.4

Si vous optez pour différents niveaux d'indentation, décalez chaque niveau par la même quantité d'espace supplémentaire.

La structure de pseudocode *Si/sinon* précédente peut s'écrire de la façon suivante en C++:

```
if ( note >= 60 )
    cout << "Réussite";
else
    cout << "Échec";
```

L'ordinogramme de la figure 2.4 illustre bien le flot d'exécution dans la structure **if/else**. Notez que, là encore, à l'exception des petits cercles et des flèches, l'ordinogramme ne renferme que des symboles rectangles (pour les actions) et un losange (pour la décision). Imaginez encore une fois une boîte profonde contenant autant de structures de sélection double vides que nécessaire pour construire tout programme en C++. Le travail du programmeur consiste à assembler ces structures de sélection – par empilement ou par imbrication – avec n'importe quelles autres structures de contrôle requises par l'algorithme et à remplir les rectangles et les losanges vides avec des actions et des décisions convenant à l'algorithme à mettre en œuvre.

Le C++ offre l'*opérateur conditionnel (?:)* qui est apparenté de près à la structure **if/else**. Cet opérateur est le seul *opérateur ternaire* du C++; il prend trois opérandes. La combinaison de ces trois opérandes et de l'opérateur conditionnel forment une *expression conditionnelle*. Le premier opérande est une condition, le deuxième est la valeur de toute l'expression conditionnelle si la condition est vraie et le troisième, la valeur pour toute l'expression conditionnelle si la condition est fausse. Par exemple, l'instruction de sortie

```
cout << ( note >= 60 ? "Réussite": "Échec" );
```

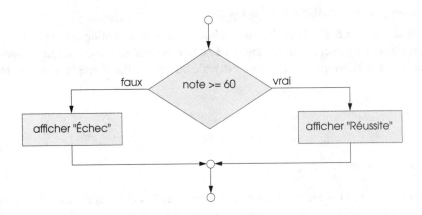

Figure 2.4 Ordinogramme d'une structure de sélection double `if/else`.

contient une expression conditionnelle qui produit la chaîne **"Réussite"** si la condition **note >= 60** est vraie et la chaîne **"Échec"**, si elle est fausse. Ainsi, l'instruction contenant l'opérateur conditionnel effectue sensiblement la même chose que l'instruction **if/else** précédente. Comme nous le verrons, l'opérateur conditionnel a un faible niveau de préséance; c'est pourquoi les parenthèses sont requises dans l'expression.

Les valeurs d'une expression conditionnelle peuvent aussi être des actions à exécuter. Par exemple, la signification de l'expression conditionnelle

```
note >= 60 ? cout << "Réussite": cout << "Échec";
```

devrait se lire «Si **note** est supérieure ou égale à **60** alors **cout << "Réussite"**, sinon **cout << "Échec"**». Ceci est comparable à la structure **if/else** analysée précédemment. Nous verrons que les opérateurs conditionnels peuvent être utilisés dans certaines situations où les instructions **if/else** ne le peuvent pas.

Des *structures* ***if/else*** *imbriquées* testent les cas multiples, en plaçant les structures de sélection **if/else** à l'intérieur d'autres structures de sélection **if/else**. Par exemple, l'instruction de pseudocode suivante affichera **A** pour des notes d'examen supérieures ou égales à **90**, **B** pour des notes entre **80** et **89**, **C** pour des notes entre **70** et **79**, **D** pour des notes entre **60** et **69** et **F** pour toutes les autres notes.

Si la note de l'étudiant est supérieure ou égale à 90
    Afficher «A»
sinon
    Si la note de l'étudiant est supérieure ou égale à 80
        Afficher «B»
    sinon
        Si la note de l'étudiant est supérieure ou égale à 70
            Afficher «C»
        sinon
            Si la note de l'étudiant est supérieure ou égale à 60
                Afficher «D»
            sinon
                Afficher «F»

Ce pseudocode peut s'écrire comme ceci en langage C++:

```
if ( note >= 90 )
   cout << "A";
else
   if ( note >= 80 )
      cout << "B";
   else
      if ( note >= 70 )
         cout << "C";
      else
         if ( note >= 60 )
            cout << "D";
         else
            cout << "F";
```

Si **note** est supérieure ou égale à 90, les quatre premières conditions seront vraies, mais seule l'instruction **cout** située après le premier test sera exécutée. Après l'exécution de ce **cout**, la partie **else** de l'instruction **if/else** «extérieure» est omise. Plusieurs programmeurs de C++ préfèrent écrire la structure **if** précédente de la façon suivante:

```
if ( note >= 90 )
   cout << "A";
else if ( note >= 80 )
   cout << "B";
else if ( note >= 70 )
   cout << "C";
else if ( note >= 60 )
   cout << "D";
else
   cout << "F";
```

Les deux formes sont équivalentes, mais la seconde est plus populaire parce qu'elle évite l'indentation profonde du code vers la droite. Une telle indentation ne laisse souvent que peu d'espace sur une ligne, force la division des lignes et diminue la lisibilité du programme.

Astuce sur la performance 2.1

*Une structure **if/else** imbriquée est souvent beaucoup plus rapide qu'une série de structures de sélection unique **if** à cause de la possibilité d'une sortie hâtive après que l'une des conditions est satisfaite.*

Astuce sur la performance 2.2

*Dans une structure **if/else** imbriquée, testez les conditions les plus susceptibles d'être vraies au début. Ceci permettra à cette structure d'être exécutée plus rapidement et de sortir plus tôt que si vous testez les cas les moins fréquents.*

La structure de sélection **if** attend une seule instruction dans son corps. Pour inclure plusieurs instructions dans le corps d'un **if**, il faut les placer entre des accolades (**{** et **}**). Une série d'instructions contenues au sein d'une paire d'accolades s'appelle *instruction composée*.

Observation de génie logiciel 2.2

On peut placer une instruction composée à tout endroit d'un programme où l'on peut placer une instruction simple.

L'exemple suivant contient une instruction composée dans la partie **else** d'une structure **if/else**.

```
if ( note >= 60 )
    cout << "Réussite.\n";
else {
    cout << "Échec.\n";
    cout << "Vous devrez reprendre ce cours.\n";
}
```

Dans ce cas, si **note** est inférieure à 60, le programme exécute les deux instructions du corps du **else** et affiche

```
Échec.
Vous devrez reprendre ce cours.
```

Notez les accolades entourant les deux instructions de la clause **else**. Ces accolades sont importantes. Sans elles, l'instruction

```
cout << "Vous devrez reprendre ce cours.\n";
```

serait à l'extérieur du corps de la partie **else** du **if** et s'exécuterait, que la note soit inférieure à **60** ou non.

Erreur de programmation courante 2.2

Le fait d'oublier une ou les deux accolades délimitant une instruction composée dans un programme peut produire des erreurs de syntaxe ou des erreurs de logique.

Bonne pratique de programmation 2.5

*Le fait de toujours mettre des accolades dans une structure **if/else** (ou dans toute autre structure de contrôle) permet de ne pas les oublier, surtout lorsqu'on ajoute ultérieurement des instructions à une clause **if** ou **else**.*

Une erreur de syntaxe est une erreur décelée par le compilateur. L'effet d'une *erreur de logique* se fait sentir lors de l'exécution du programme. Une *erreur de logique fatale* cause l'échec du programme et le termine de façon prématurée. Une *erreur logique non fatale* permet au programme de continuer son exécution mais produit des résultats inexacts.

Observation de génie logiciel 2.3

De même qu'il est possible de placer une instruction composée à tout endroit où l'on peut placer une instruction simple, il est aussi possible de ne pas avoir d'instruction du tout, c'est-à-dire d'insérer une instruction vide. L'instruction vide est représentée en plaçant un point-virgule (;) à l'endroit où se trouverait normalement une instruction.

Erreur de programmation courante 2.3

*Le fait de placer un point-virgule (;) après la condition dans une structure **if** provoque une erreur de logique dans les structures **if** de sélection unique et une erreur de syntaxe dans les structures **if** de sélection double (si la partie **if** contient une instruction de corps).*

Bonne pratique de programmation 2.6

Certains programmeurs préfèrent entrer les accolades de début et de fin des instructions composées avant d'écrire les instructions individuelles entre celles-ci. Cette pratique aide à éviter l'omission d'une ou des deux accolades.

Dans cette section, nous avons présenté la notion d'instruction composée. Une instruction composée peut contenir des déclarations (comme le fait le corps de **main**, par exemple), auquel cas on l'appelle *bloc*. Les déclarations dans le bloc sont habituellement placées en premier, avant les instructions d'action, bien qu'on puisse mélanger des déclarations et des instructions d'action. Nous discuterons de l'utilisation des blocs au chapitre 3. Pour le moment, donc, évitez d'utiliser des blocs (autres que le corps de **main**, évidemment).

2.7 Structure de répétition `while`

Une *structure de répétition* permet au programmeur de spécifier qu'une action sera répétée pendant qu'une condition demeure vraie. L'instruction de pseudocode

> *Tant que ma liste d'achats n'est pas vide*
> *Acheter l'article suivant et le rayer de ma liste*

décrit la répétition qui se produit lorsqu'on fait des courses au magasin. La condition «Tant que ma liste d'achats n'est pas vide» peut être vraie ou fausse. Si elle est vraie, alors l'action «Acheter l'article suivant et le rayer de ma liste» est effectuée et le sera de façon répétitive tant que la condition demeure vraie. La ou les instructions contenues dans la structure de répétition `while` forment le corps du `while`. Le corps d'une structure `while` peut être formé d'une instruction simple ou d'une instruction composée. La condition finira par devenir fausse lorsque le dernier article sur la liste d'achats aura été acheté et rayé de la liste. À ce moment, la répétition cesse et la première instruction de pseudocode située après la structure de répétition est exécutée.

Erreur de programmation courante 2.4

Omettre d'inclure dans le corps d'une structure `while` une action qui permette à la condition du `while` de devenir fausse provoque habituellement une erreur appelée «boucle infinie», dans laquelle la structure de répétition ne se termine jamais.

Erreur de programmation courante 2.5

Écrire le mot-clé `while` avec un W majuscule comme dans While est une erreur de syntaxe. Rappelez-vous, en effet, que le C++ est sensible à la casse et que tous les mots-clés réservés du C++, comme `while`, `if` et `else`, ne contiennent que des minuscules.

Considérons maintenant un véritable exemple de `while`, soit un segment de programme conçu pour trouver la première puissance de 2 donnant un résultat supérieur à 1000. Supposons que la variable d'entier `produit` soit initialisée à 2. Lorsque la structure de répétition `while` suivante termine son exécution, `produit` contiendra la réponse désirée:

```
int produit = 2;

while ( produit <= 1000 )
    produit = 2 * produit;
```

L'ordinogramme de la figure 2.5 illustre le flot d'exécution de la structure `while` qui correspond à la structure `while` précédente. Notez une fois de plus que, hormis des petits cercles et des flèches, l'ordinogramme ne contient qu'un symbole rectangle et un symbole losange. Imaginez une boîte profonde remplie de structures `while` vides pouvant être empilées ou imbriquées avec d'autres structures de contrôle pour former l'implantation structurée du flot d'exécution d'un algorithme. Les rectangles et les losanges vides sont ensuite remplis avec les actions et les décisions appropriées. L'ordinogramme illustre clairement la répétition. La ligne de flot qui émerge du rectangle effectue la boucle sur la décision qui est constamment testée jusqu'à ce qu'elle devienne fausse. La structure `while` est alors complétée et le contrôle passe à l'instruction suivante dans le programme.

Lorsque la structure `while` commence à s'exécuter, la valeur de `produit` est 2. La variable `produit` est multipliée par 2 de façon répétitive, prenant successivement les valeurs **4**, **8**, **16**, **32**, **64**, **128**, **256**, **512** et **1024**. Lorsque produit devient **1024**, la condition de la structure `while`, `produit <= 1000`, devient fausse. Cette situation termine la répétition; la valeur finale de `produit` est de **1024**. L'exécution du programme se poursuit avec l'instruction suivant le `while`.

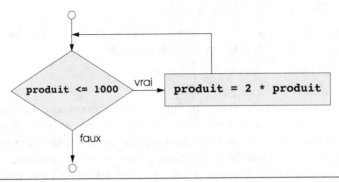

Figure 2.5   Ordinogramme d'une structure de répétition `while`.

2.8 Formulation d'algorithmes: étude de cas 1 (répétition contrôlée par compteur)

Pour illustrer le développement des algorithmes, nous résolvons différentes variantes d'un problème portant sur la moyenne d'une classe. Considérons l'énoncé suivant:

> *Une classe de dix étudiants passe un examen. Les notes (entiers compris entre 0 et 100) de cet examen vous sont transmises. Déterminez la moyenne de la classe pour l'examen.*

La moyenne de la classe est égale à la somme des notes divisée par le nombre d'étudiants. L'algorithme nécessaire pour résoudre ce problème sur un ordinateur doit entrer chacune des notes, calculer la moyenne et afficher le résultat.

Utilisons le pseudocode pour énumérer les actions à exécuter et spécifier l'ordre d'exécution de ces actions. Nous utilisons la *répétition contrôlée par compteur* pour entrer les notes une par une. Cette technique fait usage d'une variable appelée un *compteur* pour contrôler le nombre de fois qu'une série d'instructions s'exécutera. Dans cet exemple, la répétition se termine lorsque le compteur dépasse 10. Dans cette section, nous présentons un algorithme en pseudocode (figure 2.6) et le programme correspondant (figure 2.7). Dans la prochaine section, nous expliquerons comment développer des algorithmes en pseudocode. La répétition contrôlée par compteur est souvent appelée *répétition définie* puisqu'on connaît le nombre de répétitions avant que la boucle ne commence à s'exécuter.

Régler le total à zéro
Régler le compteur de notes à zéro

Tant que le compteur de notes est inférieur ou égal à dix
    Entrer la note suivante
    Ajouter La note au total
    Ajouter un au compteur de notes

Régler la moyenne de la classe au total divisé par dix
Afficher la moyenne de la classe

Figure 2.6   Algorithme en pseudocode utilisant une répétition contrôlée par compteur pour résoudre le problème de la moyenne d'une classe.

```
1   // Figure 2.7: fig02_07.cpp
2   // Programme de la moyenne d'une classe par
3   // répétition contrôlée par compteur.
4   #include <iostream>
5
6   using std::cout;
7   using std::cin;
8   using std::endl;
9
10  int main()
11  {
12     int total,            // somme des notes.
13         compteurNotes,    // nombre de notes entrées.
14         note,             // une note.
15         moyenne;          // moyenne des notes.
16
17     // phase d'initialisation.
18     total = 0;                        // remise à zéro du total.
19     compteurNotes = 1;                // préparation au bouclage.
20
21     // phase de traitement.
22     while ( compteurNotes <= 10 ) {   // effectuer la boucle 10 fois.
23        cout << "Entrez la note: ";    // invite pour entrée.
24        cin >> note;                   // entrée de la note.
25        total = total + note;          // ajouter la note au total.
26        compteurNotes = compteurNotes + 1; // incrémenter le compteur.
27     }
28
29     // phase de terminaison.
30     moyenne = total / 10;             // division d'entiers.
31     cout << "La moyenne de la classe est de "<< moyenne << endl;
32
33     return 0;   // indique que le programme s'est terminé avec succès.
```

```
Entrez la note: 98
Entrez la note: 76
Entrez la note: 71
Entrez la note: 87
Entrez la note: 83
Entrez la note: 90
Entrez la note: 57
Entrez la note: 79
Entrez la note: 82
Entrez la note: 94
La moyenne de la classe est de 81
```

Figure 2.7   Programme en C++ et exemple d'exécution pour le problème de la moyenne d'une classe avec répétition contrôlée par compteur.

Dans l'algorithme, prenez note des références à un total et à un compteur. Un total est une variable servant à accumuler la somme d'une série de valeurs. Un compteur est une variable utilisée pour compter, c'est-à-dire, dans le cas présent, pour compter le nombre de notes entrées. Les variables servant à stocker les totaux devraient normalement être initialisées à zéro avant d'être utilisées dans le programme, sinon la somme inclura la valeur précédente stockée dans l'emplacement de mémoire du total.

Les lignes 12 à 15,

```
int total,           // somme des notes.
    compteurNotes,   // nombre de notes entrées.
    note,            // une note.
    moyenne;         // moyenne des notes.
```

déclarent les variables **total**, **compteurNotes**, **note** et **moyenne** de type **int**. La variable **note** stocke la valeur que l'utilisateur entre dans le programme.

Notez que les déclarations précédentes apparaissent dans le corps de la fonction **main**. Rappelons que les variables déclarées dans le corps de la définition d'une fonction constituent des *variables locales* et qu'elles ne sont utilisables que dans le corps de cette fonction, à partir de la ligne de leur déclaration et jusqu'à l'accolade de fermeture (**}**) de la même fonction. La déclaration d'une variable locale dans une fonction doit impérativement apparaître avant toute utilisation de cette variable dans la fonction.

Les lignes 18 et 19,

```
total = 0;                    // remise à zéro du total.
compteurNotes = 1;            // préparation au bouclage.
```

sont les instructions d'affectation qui initialisent **total** à **0** et **compteurNotes** à **1**.

Remarquez que les variables **total** et **compteurNotes** sont initialisées avant leur utilisation dans une quelconque opération de calcul. Les variables de comptage sont habituellement initialisées à zéro ou à un, selon leur usage (nous montrons des exemples de démonstration de ces deux usages). Une variable qui n'a pas été initialisée contient tout juste une *ordure*, que l'on désigne de *valeur indéterminée*, soit la dernière valeur stockée dans l'emplacement mémoire réservé actuellement par cette variable.

Erreur de programmation courante 2.6

Si un compteur ou un total n'est pas initialisé, les résultats de votre programme seront probablement inexacts. C'est un exemple d'erreur de logique.

Bonne pratique de programmation 2.7

Initialisez les compteurs et les totaux.

Bonne pratique de programmation 2.8

Déclarez chaque variable sur une ligne séparée.

La ligne 22,

```
while ( compteurNotes <= 10 ) {   // effectuer la boucle 10 fois.
```

indique que la structure **while** doit continuer aussi longtemps que la valeur de **compteurNotes** est inférieure ou égale à **10**.

Les lignes 23 et 24,

```
cout << "Entrez la note: ";     // invite pour entrée.
cin >> note;                    // entrée de la note.
```

correspondent à l'instruction de pseudocode **"Entrer la note suivante"**. La première instruction affiche l'invite **"Entrez la note: "** à l'écran. La deuxième entre la valeur de la **note** saisie par l'utilisateur.

Le programme met ensuite à jour total avec la nouvelle **note** entrée par l'utilisateur. La ligne 25,

```
total = total + note;           // ajouter la note au total.
```

ajoute **note** à la valeur précédente de **total** et affecte le résultat à **total**.

Le programme est à présent prêt à incrémenter la variable **compteurNotes** pour indiquer qu'une **note** a été traitée, et à lire la note suivante auprès de l'utilisateur. La ligne 26,

```
compteurNotes = compteurNotes + 1; // incrémenter le compteur.
```

ajoute **1** à **compteurNotes**, de sorte que la condition de la structure **while** devient finalement fausse, ce qui termine la boucle.

La ligne 30,

```
moyenne = total / 10;           // division d'entiers.
```

affecte les résultats du calcul de la moyenne à la variable **moyenne**. La ligne 31,

```
cout << "La moyenne de la classe est de "<< moyenne << endl;
```

affiche la chaîne de caractères **"La moyenne de la classe est de "**, suivie de la valeur de la variable **moyenne**.

Remarquez que le calcul de moyenne dans ce programme produit une valeur entière. en réalité, la somme des notes de cet exemples est de 817, ce qui, divisé par 10, devrait donner 81.7, soit un nombre avec un point décimal. Nous verrons à la section suivante comment gérer de tels nombres, que l'on désigne de nombres à virgule flottante.

Erreur de programmation courante 2.7

Comme, dans une boucle contrôlée par compteur, le compteur de boucles (qui augmente d'une unité à chaque boucle traversée) est supérieur de un à sa dernière valeur légitime (c'est-à-dire 11 dans le cas d'un dénombrement de 1 à 10), utiliser la valeur du compteur dans un calcul après la boucle produit souvent une erreur par décalage de un.

À la figure 2.7, si la ligne 30 utilisait **compteurNotes** plutôt que 10 pour le calcul, la sortie de ce programme afficherait une valeur de 74.

2.9 Formulation d'algorithmes avec affinage par étapes descendant: étude de cas 2 (répétition contrôlée par sentinelle)

Généralisons maintenant le problème de calcul de la moyenne de la classe. Supposons le problème suivant :

Développer un programme calculant la moyenne d'une classe qui traitera une quantité arbitraire de notes chaque fois qu'il sera exécuté.

Dans le premier exemple de calcul de la moyenne de la classe, le nombre de notes (10) est connu d'avance. Dans ce prochain exemple, comme nous n'avons aucune indication sur le nombre de notes à entrer, le programme doit donc traiter un nombre arbitraire de notes. Comment le programme peut-il déterminer quand arrêter l'entrée des notes? Comment saura-t-il quand faire le calcul et afficher la moyenne de la classe?

L'une des façons de résoudre ce problème consiste à utiliser une valeur spéciale appelée *valeur de sentinelle* (ou encore *valeur de signal*, *valeur factice* ou *valeur du drapeau*) pour indiquer la «fin de la saisie de données». L'utilisateur tape les notes jusqu'à ce que toutes les notes légitimes aient été entrées, puis tape la valeur de sentinelle pour indiquer que la dernière note a été entrée. La répétition contrôlée par sentinelle est souvent appelée *répétition non définie* parce qu'on ne connaît pas le nombre de répétitions avant que la boucle ne commence à s'exécuter.

Il faut évidemment choisir une valeur de sentinelle qui ne portera pas à confusion avec une valeur d'entrée admissible. Comme les notes d'examen sont normalement des entiers positifs, –1 est une valeur de sentinelle acceptable pour ce problème. Ainsi, l'exécution de ce programme de calcul de la moyenne de la classe pourrait traiter un flux d'entrée comme 95, 96, 75, 74, 89 et –1. Le programme calculerait et afficherait ensuite la moyenne de la classe pour les notes 95, 96, 75, 74 et 89 (–1 étant la valeur de sentinelle, elle ne devrait pas être incluse dans le calcul de la moyenne).

Erreur de programmation courante 2.8

Choisir une valeur de sentinelle qui est également une valeur de donnée légitime est une erreur de logique.

Abordons maintenant ce même programme de calcul de la moyenne d'une classe avec une méthode appelée *affinage par étapes descendant*, une technique essentielle au développement de programmes bien structurés. Commençons par la représentation en pseudocode du *haut*:

> *Déterminer la moyenne de la classe à l'examen*

Le haut est un énoncé indiquant la fonction globale du programme soit, en définitive, sa représentation complète. Malheureusement, le haut (comme ici) comporte rarement assez de détails pour permettre au programmeur d'écrire le programme en C++. C'est là qu'intervient le processus d'affinage qui consiste à diviser le haut en une série de tâches plus petites et à lister ces tâches dans l'ordre où elles doivent se dérouler. Nous obtenons ainsi le *premier affinage* suivant:

> *Initialiser les variables*
> *Entrer, faire la somme et compter les notes de l'examen*
> *Calculer et afficher la moyenne de la classe*

Ici, nous n'avons employé que la structure de séquence; les étapes listées sont exécutées en ordre, l'une après l'autre.

Observation de génie logiciel 2.4

Chaque affinage, tout comme le haut lui-même, est une spécification complète de l'algorithme; seul le niveau de détail varie.

Observation de génie logiciel 2.5

Nombre de programmes peuvent être logiquement divisés en trois phases: une phase d'initialisation des variables du programme; une phase de traitement qui saisit les données d'entrée et ajuste les variables en conséquence; et une phase de terminaison qui calcule et affiche les résultats finaux.

L'observation de génie logiciel précédente est souvent tout ce dont vous avez besoin pour réaliser le premier affinage du processus par étapes descendant. Pour procéder au niveau suivant, c'est-à-dire le *second affinage*, nous assignons des variables spécifiques. Nous avons besoin du total cumulé des nombres, d'un compte des nombres traités, d'une variable pour recevoir la valeur de chaque note saisie et d'une variable pour conserver la moyenne calculée. Ainsi, l'instruction de pseudocode

Initialiser les variables

peut être affinée comme suit:

Initialiser le total à zéro
Initialiser le compteur à zéro

Notez que seules les variables *total* et *compteur* doivent être initialisées avant d'être utilisées; les variables *moyenne* et *note* (respectivement pour la moyenne calculée et l'entrée de l'utilisateur) n'ont pas besoin de l'être puisque leurs valeurs seront récrites au fur et à mesure qu'elles seront calculées ou saisies.

L'instruction de pseudocode

Entrer, faire la somme et compter les notes de l'examen

exige une structure de répétition (c'est-à-dire, une boucle) qui entre chaque note successivement. Comme nous ne savons pas à l'avance combien de notes seront traitées, nous utiliserons la répétition contrôlée par sentinelle. L'utilisateur tapera les notes légitimes une à la fois, puis, une fois la dernière note entrée, il tapera la valeur de sentinelle. Le programme vérifiera la présence de la valeur de sentinelle après chaque entrée de note et terminera la boucle lorsque l'utilisateur saisira cette valeur. Le second affinage de l'instruction de pseudocode précédente devient alors

Entrer la première note (peut être la valeur de sentinelle)

Tant que l'utilisateur n'a pas encore entré la valeur de sentinelle

Ajouter cette note au total en cours
Ajouter 1 au compteur de notes
Entrer la note suivante (peut être la valeur de sentinelle)

Notez qu'en pseudocode, nous n'utilisons pas d'accolades autour des séries d'instructions formant le corps de la structure du *tant que*, mais nous utilisons l'indentation pour montrer qu'elles appartiennent au *tant que*. Le pseudocode, rappelons-le, n'est qu'un outil informel de développement de programmes.

L'instruction de pseudocode

Calculer et imprimer la moyenne de la classe

peut être affinée comme suit:

Si le compteur n'est pas égal à zéro
    Régler la moyenne au total divisé par le compteur
    Afficher la moyenne
sinon
    Afficher «Entrée de note requise»

Notez qu'ici nous avons pris soin de vérifier la possibilité d'une division par zéro, une *erreur de logique fatale* qui, lorsqu'elle n'est pas détectée, provoque la terminaison du programme (souvent appelée *explosion* ou *plantage*). Le second affinage complet du pseudocode pour le problème de calcul de la moyenne d'une classe est illustré à la figure 2.8.

Erreur de programmation courante 2.9

Une tentative de division par zéro provoque une erreur fatale.

Bonne pratique de programmation 2.9

Quand vous faites une division par une expression dont la valeur pourrait être zéro, testez le cas et traitez-le adéquatement dans votre programme (en affichant un message d'erreur, par exemple) plutôt que de permettre la production d'une erreur fatale.

Dans les figures 2.6 et 2.8, nous avons inclus quelques lignes complètement vides dans le pseudocode pour le rendre plus lisible et bien démarquer les différentes phases de ces programmes.

Initialiser le total à zéro
Initialiser le compteur à zéro

Entrer la première note (peut être la valeur de sentinelle)
Tant que l'utilisateur n'a pas encore entré la valeur de sentinelle
  Ajouter cette note au total en cours
  Ajouter 1 au compteur de notes
  Entrer la note suivante (peut être la valeur de sentinelle)

Si le compteur n'est pas égal à zéro
  Régler la moyenne au total divisé par le compteur
  Afficher la moyenne
Sinon
  Afficher «Entrée de note requise»

Figure 2.8   Algorithme de pseudocode utilisant la répétition contrôlée par sentinelle pour résoudre le problème de calcul de la moyenne d'une classe.

L'algorithme de pseudocode de la figure 2.8 résout le problème plus général du calcul de la moyenne d'une classe. Nous avons pu développer cet algorithme avec seulement deux niveaux d'affinage, mais il en faut parfois plus.

Observation de génie logiciel 2.6

Le programmeur termine le processus d'affinage par étapes descendant lorsque l'algorithme de pseudocode est suffisamment spécifié pour lui permettre de le convertir en C++. L'implantation du programme en C++ est alors habituellement simple.

Le programme en C++ et un exemple d'exécution sont illustrés à la figure 2.9. Même si toutes les notes entrées sont des entiers, il est probable que le calcul de la moyenne produise un nombre comportant un point décimal, c'est-à-dire un nombre réel. Le type **int** ne peut pas représenter de nombres réels. Le programme introduit le type de données **double** pour permettre l'emploi de nombres décimaux (ou *nombres à virgule flottante*) et introduit également un opérateur spécial appelé *opérateur de transtypage* pour effectuer le calcul de la moyenne et produire un résultat numérique en virgule flottante. Ces caractéristiques sont expliquées en détail après la présentation du programme.

Cet exemple montre que les structures de contrôle sont empilables au sommet les unes des autres, en séquence, tout comme un enfant empilerait des blocs de construction. La structure **while** des lignes 31 à 36 est immédiatement suivie d'une structure **if/else** au lignes 39 à 46 et, ceci, en une séquence. La majeure partie du code de ce programme est identique au code de la figure 2.7, de sorte que nous nous concentrons sur les nouvelles caractéristiques et les nouveaux concepts.

La ligne 21 déclare une variable **double** nommée **moyenne**. Cette modification nous permet de stocker le résultat du calcul de moyenne dans un nombre en virgule flottante. La ligne 25 initialise **compteurNotes** à **0**, puisque aucune note n'a encore été saisie. Rappelons que ce programme utilise une répétition contrôlée par sentinelle. Pour conserver une trace précise du nombre de notes saisies, la variable **compteurNotes** n'est incrémentée que lorsqu'une note valable est saisie.

Notez que les deux instructions d'entrée des lignes 29 et 35,

```
cin >> note;
```

sont précédées d'une instruction de sortie qui invite l'utilisateur à entrer une valeur.

```cpp
1   // Figure 2.9: fig02_09.cpp
2   // Programme de moyenne d'une classe avec
3   // répétition contrôlée par sentinelle.
4   #include <iostream>
5
6   using std::cout;
7   using std::cin;
8   using std::endl;
9   using std::ios;
10
11  #include <iomanip>
12
13  using std::setprecision;
14  using std::setiosflags;
15
16  int main()
17  {
18     int total,            // somme des notes.
19         compteurNotes,    // nombre de notes entrées.
20         note;             // une note.
21     double moyenne;       // nombre avec point décimal pour la moyenne.
22
23     // Phase d'initialisation.
24     total = 0;
25     compteurNotes = 0;
26
27     // Phase de traitement.
28     cout << "Entrez une note, ou -1 pour terminer: ";
29     cin >> note;
30
31     while ( note!= -1 ) {
32        total = total + note;
33        compteurNotes = compteurNotes + 1;
34        cout << "Entrez une note, ou -1 pour terminer: ";
35        cin >> note;
36     }
37
```

Figure 2.9   Programme en C++ et exemple d'exécution pour le problème effectuant la moyenne d'une classe avec répétition contrôlée par sentinelle. (1 de 2)

```
38        // Phase de terminaison.
39        if ( compteurNotes!= 0 ) {
40           moyenne = static_cast< double > ( total ) / compteurNotes;
41           cout << "La moyenne de la classe est de "<< setprecision( 2 )
42                << setiosflags( ios::fixed | ios::showpoint )
43                << moyenne << endl;
44        }
45        else
46           cout << "Entrée d'une note requise" << endl;
47
48        return 0;    // indique que le programme s'est terminé avec succès.
49     }
```

```
Entrez une note, ou -1 pour terminer: 75
Entrez une note, ou -1 pour terminer: 94
Entrez une note, ou -1 pour terminer: 97
Entrez une note, ou -1 pour terminer: 88
Entrez une note, ou -1 pour terminer: 70
Entrez une note, ou -1 pour terminer: 64
Entrez une note, ou -1 pour terminer: 83
Entrez une note, ou -1 pour terminer: 89
Entrez une note, ou -1 pour terminer: -1
La moyenne de la classe est de 82.50
```

Figure 2.9   Programme en C++ et exemple d'exécution pour le problème effectuant la moyenne d'une classe avec répétition contrôlée par sentinelle. (2 de 2)

Bonne pratique de programmation 2.10

Invitez l'utilisateur à entrer chaque donnée au clavier. L'invite devrait indiquer la forme de la donnée à saisir et toute valeur spéciale (telle la valeur de sentinelle que l'utilisateur doit entrer pour terminer une boucle).

Bonne pratique de programmation 2.11

Dans une boucle contrôlée par sentinelle, les invites demandant des entrées devraient explicitement rappeler la valeur de sentinelle à l'utilisateur.

Étudiez la différence entre la logique de programmation de la répétition contrôlée par sentinelle comparée à celle de la répétition contrôlée par compteur de la figure 2.7. Dans une répétition contrôlée par compteur, on lit une valeur de l'utilisateur à chaque passe de la structure **while** et, ceci, pour un nombre spécifié de passes. Dans une répétition contrôlée par sentinelle, on lit une valeur (ligne 29) avant que le programme n'atteigne la structure **while**. Cette valeur sert à déterminer si le flot du programme doit entrer dans le corps de la structure **while**. Si la condition de la structure **while** est fausse (c'est-à-dire que l'utilisateur a déjà tapé la sentinelle), le corps de la structure n'est pas exécuté (aucune note n'est réellement entrée). Si, par ailleurs, la condition est vraie, le corps commence son exécution et la valeur entrée par l'utilisateur est traitée (donc ajoutée à **total** dans cet exemple). Après traitement de la valeur, la valeur suivante est saisie auprès de l'utilisateur juste avant la fin du corps de la structure **while**. Au moment où l'accolade de fermeture (**}**) est atteinte (ligne 36), l'exécution se poursuit avec le test suivant de la condition de la structure **while**, avec La nouvelle valeur entrée par l'utilisateur, pour déterminer si le corps de la structure **while** doit encore s'exécuter une nouvelle fois. Notons que la valeur suivante est chaque fois introduite par l'utiliseur, juste avant l'évaluation de la condition de la structure **while**. Ceci permet de déterminer sur la valeur tout juste entrée est la sentinelle *avant* le traitement de cette valeur (et donc ajoutée au **total**). Si la valeur entrée est celle de la sentinelle, la structure **while** se termine et la valeur n'est pas ajoutée à **total**.

Remarquez l'instruction composée dans la boucle du **while** de la figure 2.9. Sans les accolades, les trois dernières instructions du corps de la boucle se retrouveraient en dehors de la boucle avec, pour résultat, l'interprétation incorrecte du code suivante:

```
while ( note != -1 )
    total = total + note;
compteurNotes = compteurNotes + 1;
cout << "Entrez une note, ou -1 pour terminer: ";
cin >> note;
```

Cette situation créerait une boucle infinie si l'utilisateur n'entrait pas –1 comme première note.

Les moyennes ne sont pas toujours évaluées avec des valeurs d'entiers. Une moyenne contient souvent une valeur fractionnaire, comme 7.2 ou –93.5. On désigne ces valeurs comme étant des *nombres à virgule flottante* et on les représente en C++ par les types de données **float** et **double**. Une variable de type **double** peut stocker une valeur d'une amplitude bien plus grande ou d'une plus grande précision qu'une variable **float**. Pour cette raison, nous préférons utiliser le type **double** que le type **float** pour représenter des valeurs en virgule flottante de nos programmes. Les constantes, telles que **1000.0** et **.05**, sont traitées comme du type **double** en C++.

La variable **moyenne** est déclarée comme étant de type **double** afin de capturer le résultat fractionnaire de notre calcul. Toutefois, le résultat du calcul de **total / compteur** donne un entier puisque **total** et **compteur** sont tous deux des variables d'entiers. La division de deux entiers provoque une *division entière* dans laquelle toute partie fractionnaire du calcul est perdue (ou *tronquée*, en d'autres termes). Comme le calcul est effectué en premier, la partie fractionnaire est perdue avant que le résultat ne puisse être affecté à **moyenne**. Pour produire un calcul à virgule flottante à partir de valeurs d'entiers, nous devons créer des valeurs temporaires représentant les nombres à virgule flottante pour le calcul. Le C++ offre l'opérateur de transtypage unaire pour accomplir cette tâche. L'instruction

```
moyenne = static_cast< double >( total ) / compteurNotes;
```

inclut l'opérateur de transtypage **static_cast< double >( )** qui crée une copie temporaire à virgule flottante de son opérande entre parenthèses, **total**. Cet emploi d'un opérateur de transtypage s'appelle une *conversion explicite*. La valeur stockée dans **total** est toujours un entier. Le calcul est maintenant constitué d'une valeur à virgule flottante (la version **double** temporaire de **total**) divisée par l'entier compteur.

Le compilateur C++ ne peut qu'évaluer des expressions dans lesquelles les types de données des opérandes sont identiques. Pour s'assurer que les opérandes sont de même type, le compilateur effectue une opération appelée *promotion* (ou *conversion implicite*) sur les opérateurs sélectionnés. Par exemple, dans une expression contenant les types de données **int** et **double**, les opérandes **int** sont promus à **double**. Dans notre exemple, une fois que **compteurNotes** est promu à **double**, le calcul s'effectue et le résultat de la division à virgule flottante est affecté à **moyenne**. Nous discuterons plus loin dans ce chapitre de tous les types de données standard et de leur ordre de promotion.

Les opérateurs de transtypage sont disponibles pour tout type de données. L'opérateur **static_cast** est formé lorsque le mot-clé **static_cast** est suivi d'un nom de type de données entouré de chevrons (**<** et **>**). L'opérateur de transtypage est un *opérateur unaire*, c'est-à-dire un opérateur qui ne prend qu'un seul opérande. Au chapitre 1, nous avons étudié les opérateurs arithmétiques binaires. Le C++ supporte également des versions unaires des opérateurs d'addition (**+**) et de soustraction (**–**) pour permettre aux programmeurs d'écrire des expressions comme **–7** ou **+5**. Les opérateurs de transtypage sont associatifs de droite à gauche et ont préséance sur les autres opérateurs unaires comme le **+** unaire et le **–** unaire. Cette préséance est plus élevée que celle des *opérateurs multiplicatifs* *****, **/** et **%**, mais moins élevée que celle des parenthèses. Nous indiquons l'opérateur de transtypage par la notation **static_cast< type>()** dans nos tableaux de préséance.

Voyons brièvement les capacités de formatage illustrées à la figure 2.9 et que nous expliquerons en détail au chapitre 11. L'appel **setprecision (2)** dans l'instruction de sortie

```
cout << "La moyenne de la classe est de "<< setprecision( 2 )
     << setiosflags (ios::fixed | ios::showpoint)
     << moyenne << endl;
```

indique que la variable moyenne de type **double** sera affichée avec une précision de deux chiffres à la droite du point décimal (par exemple 92.37). Cet appel est désigné par l'expression *manipulateur de flux paramétré*. Les programmes qui utilisent ces appels doivent contenir la directive de précompilateur

```
#include <iomanip>
```

Les lignes 13 et 14 spécifient les noms du fichier d'en-tête **<iomanip>** utilisés dans ce programme. Notez que **endl** est un *manipulateur de flux non paramétré* qui ne requiert pas le fichier d'en-tête **<iomanip>**. Si la précision n'est pas spécifiée, les valeurs à virgule flottante apparaissent normalement à la sortie avec une précision de six chiffres (soit la *précision par défaut*); nous verrons néanmoins une exception à cette règle un peu plus loin.

Le manipulateur de flux inclus dans l'instruction précédente, **setiosflags(ios::fixed | ios::showpoint)** détermine deux options de formatage de sortie, à savoir **ios::fixed** et **ios::showpoint**. La barre verticale (**|**) sépare les options multiples incluses dans un appel **setiosflags** (nous expliquerons la notation de **|** en détail au chapitre 16). *Note*: bien que les virgules servent généralement à séparer des éléments de listes, il n'est pas permis de les utiliser avec le manipulateur de flux *setiosflags* car, sinon, seule la dernière option de la liste serait prise en compte. L'option **ios::fixed** provoque la sortie d'une valeur à virgule flottante dans un format dit *format à virgule fixe* (par opposition à la *notation scientifique* dont nous parlerons au chapitre 11). L'option **ios::showpoint** force l'affichage du point décimal et des zéros de suite même si la valeur est une quantité représentant un nombre entier, par exemple 88.00. Sans l'option **ios::showpoint**, la valeur précédente, en C++, s'affiche sous la forme 88 sans les zéros de suite et sans point décimal. Lorsque le formatage précédent est utilisé dans un programme, la valeur affichée est *arrondie* au nombre de positions décimales indiqué, quoique la valeur en mémoire demeure inchangée. Par exemple, les valeurs 87.945 et 67.543 apparaîtront respectivement sous les formes 87.95 et 67.54 à la sortie.

Astuce de tests et de débogage 2.1

Nous préférerons le point décimal à la virgule pour représenter les nombres en virgule flottante ou en notation scientifique. La saisie sous DOS d'un nombre comportant une virgule entraînera la perte de la partie fractionnaire du nombre. Sous Windows, ce sont les paramètres régionaux qui interviennent pour déterminer si un nombre doit être noté avec le point ou la virgule décimale.

Erreur de programmation courante 2.10

Utiliser des nombres à virgule flottante de manière qui présume qu'ils sont représentés avec précision peut mener à des résultats inexacts. La plupart des ordinateurs ne les représentent qu'approximativement.

Bonne pratique de programmation 2.12

Ne comparez pas de valeurs à virgule flottante pour vérifier leur égalité ou leur inégalité. Testez plutôt que la valeur absolue de leur différence est inférieure à une faible valeur spécifiée.

En dépit du fait que les nombres à virgule flottante ne sont pas toujours «précis à 100%», ils ont néanmoins de nombreuses applications. Par exemple, lorsque nous parlons d'une température du corps «normale» de 37.2 degrés, nous n'avons pas besoin d'une précision à grand nombre de chiffres. Lorsque nous vérifions la température d'un thermomètre et que nous lisons 37.2, il s'agit peut-être en réalité de 37.1999473210643. L'essentiel de ce raisonnement est que d'identifier ce nombre simplement par 37.2 demeure exact dans la plupart des applications.

Les nombres à virgule flottante se développent également par la division. Lorsque nous divisons 10 par 3, le résultat est 3.3333333, c'est-à-dire avec une séquence de 3 se répétant à l'infini. L'ordinateur n'allouant qu'une quantité fixe d'espace pour conserver une telle valeur, il est donc évident que la valeur à virgule flottante stockée ne peut être qu'approximative.

2.10   Formulation d'algorithmes avec affinage par étapes descendant: étude de cas 3 (structures de contrôle imbriquées)

Étudions maintenant un autre problème complet. Nous formulerons une fois de plus l'algorithme en utilisant le pseudocode et l'affinage par étapes descendant, puis nous écrirons un programme en C++ correspondant. Nous avons vu que les structures de contrôle peuvent être empilées les unes sur les autres (en séquence), tout comme un enfant empile des blocs de construction. Dans cette étude de cas, nous analyserons la seule autre façon structurée dont on peut relier les structures de contrôle en C++ à savoir: l'imbrication d'une structure de contrôle à l'intérieur d'une autre.

Supposons l'énoncé de problème suivant:

Un collège offre un cours préparant les étudiants à l'examen de certification en courtage immobilier. L'an dernier, plusieurs des étudiants de ce cours se sont présentés à l'examen et le collège aimerait bien connaître leurs résultats. On vous a demandé d'écrire un programme capable de produire un sommaire des résultats. Pour ce faire, on vous a remis la liste des dix étudiants participants avec, à côté de chaque nom, le chiffre 1 pour indiquer que la personne a réussi l'examen ou le chiffre 2, si elle a échoué.

Votre programme devrait analyser les résultats de l'examen comme ceci:

1. Entrer chaque résultat d'examen (soit un 1 ou un 2). Afficher le message «Entrez un résultat» à l'écran chaque fois que le programme désire un autre résultat de test.

2. Compter le nombre de résultats d'examen de chaque type.

3. Afficher le sommaire des résultats en indiquant le nombre d'étudiants qui ont passé l'examen et le nombre qui ont échoué.

4. Si plus de huit étudiants ont réussi l'examen, afficher le message «Relevez le niveau du cours».

Après avoir lu l'énoncé du problème soigneusement, nous observons que:

1. Le programme doit traiter dix résultats d'examen. Nous utiliserons donc une boucle contrôlée par compteur.

2. Chaque résultat d'examen est un nombre: soit 1 soit 2. Chaque fois que le programme lit un résultat, le programme doit déterminer si le nombre est un 1 ou un 2. Notre algorithme testera pour un 1. Si le nombre n'est pas un 1, nous présumerons qu'il s'agit d'un 2. (À la fin de ce chapitre, un exercice analyse les conséquences de cette hypothèse).

3. Deux compteurs seront utilisés; un pour compter le nombre d'étudiants qui ont réussi l'examen et l'autre pour compter le nombre d'étudiants qui ont échoué.

4. Une fois que le programme aura traité tous les résultats, il devra décider si plus de huit étudiants ont réussi l'examen.

Procédons maintenant avec l'affinage par étapes descendant. Nous commençons avec une représentation en pseudocode du haut:

Analyser les résultats de l'examen et décider s'il faut relever le niveau du cours

Une fois de plus, il est important de souligner que le haut est une représentation complète du programme, mais qu'il est probable que plusieurs affinages seront nécessaires avant que le pseudocode puisse être développé naturellement en un programme C++. Notre premier affinage est

Initialiser les variables
Entrer les dix résultats d'examen et compter les succès et les échecs
Afficher un sommaire des résultats de l'examen et décider s'il faut relever le niveau du cours

Ici aussi, même si nous avons une représentation globale du programme complet, un affinage supplémentaire est nécessaire. Assignons maintenant des variables spécifiques. Nous avons besoin de compteurs pour enregistrer les succès et les échecs, d'un compteur pour contrôler le processus de boucle et d'une variable pour stocker les entrées de l'utilisateur. L'instruction de pseudocode

Initialiser les variables

peut être affinée comme suit:

Initialiser les succès à zéro
Initialiser les échecs à zéro
Initialiser le compteur d'étudiants à un

Notez que seuls les compteurs et les totaux sont initialisés. L'instruction de pseudocode

Entrer les dix résultats d'examen et compter les succès et les échecs

exige une boucle pour entrer successivement le résultat de chaque examen. Nous savons d'avance qu'il y aura précisément dix résultats d'examen; une boucle contrôlée par compteur convient donc. Une structure de sélection double *imbriquée* à l'intérieur de la boucle déterminera si chaque examen est un succès ou un échec, et incrémentera le compteur approprié en conséquence. L'affinage de l'instruction de pseudocode précédente devient alors

Tant que le compteur d'étudiants est inférieur ou égal à dix
  Entrer le résultat d'examen suivant

  Si l'étudiant a passé l'examen
      Ajouter 1 aux succès
  sinon
      Ajouter 1 aux échecs

  Ajouter 1 au compteur d'étudiants

Notez l'emploi de lignes vides pour mettre en relief la structure de contrôle *Si/sinon* afin d'améliorer la lisibilité du programme. L'instruction de pseudocode

Afficher un sommaire des résultats de l'examen et décider s'il faut relever le niveau du cours

peut être affiné de la façon suivante:

Afficher le nombre de succès
Afficher le nombre d'échecs
Si plus de huit étudiants ont réussi l'examen
    Afficher «Relevez le niveau du cours»

Le second affinage complet est illustré à la figure 2.10. Notez une fois de plus l'utilisation de lignes vides pour mettre en relief la structure du *tant que* afin d'améliorer la lisibilité du programme.

Initialiser les succès à zéro

Initialiser les échecs à zéro

Initialiser le compteur d'étudiants à un

Tant que le compteur d'étudiants est inférieur ou égal à dix
  Entrer le résultat d'examen suivant

  Si l'étudiant a passé l'examen
      Ajouter 1 aux succès
  sinon
          Ajouter 1 aux échecs

  Ajouter 1 au compteur d'étudiants

Afficher le nombre de succès

Afficher le nombre d'échecs

Si plus de huit étudiants ont réussi l'examen
  Afficher «Relevez le niveau du cours»

Figure 2.10 Pseudocode pour le problème des résultats d'examen.

L'affinage de ce pseudocode est maintenant suffisant pour la conversion en C++. Le programme en C++ et deux exemples d'exécution sont illustrés à la figure 2.11.

```cpp
1   // Figure 2.11: fig02_11.cpp
2   // Analyse des résultats d'examen.
3   #include <iostream>
4
5   using std::cout;
6   using std::cin;
7   using std::endl;
8
9   int main()
10  {
11      // Initialisation des variables dans les déclarations.
12      int succes = 0,               // nombre de succès.
13          echecs = 0,               // nombre d'échecs.
14          compteurEtudiants = 1,    // compteur d'étudiants.
15          resultat;                 // résultat d'un examen.
16
17      // Traitement de 10 étudiants; boucle contrôlée par compteur.
18      while ( compteurEtudiants <= 10 ) {
19          cout << "Entrez un résultat (1=succès, 2=échec): ";
20          cin >> resultat;
21
22          if ( resultat == 1 )      // if/else imbriquée dans le while.
23              succes = succes + 1;
```

Figure 2.11   Programme en C++ et exemples d'exécution pour le problème des résultats d'examen. (1 de 2)

```
24          else
25              echecs = echecs + 1;
26
27          compteurEtudiants = compteurEtudiants + 1;
28      }
29
30      // Phase de terminaison.
31      cout << "Succès "<< succes << endl;
32      cout << "Échec "<< echecs << endl;
33
34      if ( succes > 8 )
35          cout << "Relevez le niveau du cours "<< endl;
36
37      return 0;    // programme terminé avec succès.
38  }
```

```
Entrez un résultat (1=succès, 2=échec): 1
Entrez un résultat (1=succès, 2=échec): 1
Entrez un résultat (1=succès, 2=échec): 1
Entrez un résultat (1=succès, 2=échec): 2
Entrez un résultat (1=succès, 2=échec): 1
Entrez un résultat (1=succès, 2=échec): 1
Entrez un résultat (1=succès, 2=échec): 1
Entrez un résultat (1=succès, 2=échec): 1
Entrez un résultat (1=succès, 2=échec): 1
Entrez un résultat (1=succès, 2=échec): 1
Succès 9
Échecs 1
Relevez le niveau du cours
```

```
Entrez un résultat (1=succès, 2=échec): 1
Entrez un résultat (1=succès, 2=échec): 2
Entrez un résultat (1=succès, 2=échec): 2
Entrez un résultat (1=succès, 2=échec): 1
Entrez un résultat (1=succès, 2=échec): 1
Entrez un résultat (1=succès, 2=échec): 1
Entrez un résultat (1=succès, 2=échec): 2
Entrez un résultat (1=succès, 2=échec): 1
Entrez un résultat (1=succès, 2=échec): 1
Entrez un résultat (1=succès, 2=échec): 2
Succès 6
Échecs 4
```

Figure 2.11   Programme en C++ et exemples d'exécution pour le problème des résultats
d'examen. (2 de 2)

Les lignes 12 à 15,

```
int succes = 0,          // nombre de succès.
    echecs = 0,          // nombre d'échecs.
    compteurEtudiants = 1,   // compteur d'étudiants.
    resultat;            // résultat d'un examen.
```

déclarent les variables qu'utilise **main** pour gérer les résultats d'examens. Notez que nous avons profité d'une caractéristique du C++ permettant d'incorporer une initialisation des variables lors de leur déclaration (**succes** reçoit **0**, **echecs** reçoit **0** et **compteurEtudiants** reçoit **1**). Les programmes de boucle peuvent nécessiter une initialisation au début de chaque répétition, ce qui se fait normalement au moyen d'instructions d'affectation.

Bonne pratique de programmation 2.13

Initialiser les variables lors de leur déclaration aide le programmeur à éviter des problèmes de données non initialisées.

Observation de génie logiciel 2.7

L'expérience démontre que la partie la plus ardue de la résolution de problème sur un ordinateur est le développement de l'algorithme de la solution. Une fois l'algorithme exact spécifié, le processus de production d'un programme C++ fonctionnel à partir de cet algorithme est habituellement simple.

Observation de génie logiciel 2.8

Nombre de programmeurs expérimentés écrivent des programmes sans jamais utiliser d'outils de développement tel que le pseudocode. Ces programmeurs croient que leur but ultime est de résoudre le problème sur ordinateur et que l'écriture de pseudocode ne fait que retarder la production du produit final. Bien que ce processus puisse fonctionner pour des problèmes simples et familiers, il peut mener à des erreurs sérieuses et à de longs délais pour des projets plus gros et plus complexes.

2.11 Opérateurs d'affectation

Le C++ offre différents *opérateurs d'affectation* pour abréger les expressions d'affectation. Par exemple, l'instruction

```
c = c + 3;
```

peut se simplifier avec l'opérateur d'affectation d'addition **+=** comme suit:

```
c += 3;
```

L'opérateur **+=** additionne la valeur de l'expression située à droite de l'opérateur avec la valeur de la variable située à gauche de l'opérateur, puis stocke le résultat dans la variable à gauche de l'opérateur. Toute instruction ayant la forme

variable = variable opérateur expression;

et où *opérateur* est l'un des opérateurs binaires **+**, **−**, *****, **/** ou **%** (ou d'autres que nous verrons un peu plus loin), peut s'écrire sous la forme

variable opérateur = expression;

Par conséquent, l'instruction **c += 3** additionne **3** à **c**. La figure 2.12 présente les opérateurs d'affectation arithmétiques, des exemples d'expressions utilisant ces opérateurs et des explications.

Astuce sur la performance 2.3

L'emploi d'opérateurs d'affectation «abrégés» peut accéler un peu l'écriture et la compilation des programmes. Certains compilateurs génèrent en effet un code s'exécutant plus rapidement lorsqu'on fait appel à de tels opérateurs d'affectation.

Opérateur d'affectation	Exemple d'expression	Explication	Affectation
Supposons que: `int c = 3, d = 5, e = 4, f = 6, g = 12;`			
`+=`	`c += 7`	`c = c + 7`	10 à `c`
`-`	`d -= 4`	`d = d - 4`	1 à `d`
`*=`	`e *= 5`	`e = e * 5`	20 à `e`
`/=`	`f /= 3`	`f = f / 3`	2 à `f`
`%=`	`g %= 9`	`g = g % 9`	3 à `g`

Figure 2.12 Opérateurs arithmétiques d'affectation.

Astuce sur la performance 2.4

Nombre des astuces sur la performance présentées ici apportent des améliorations plutôt modestes; le lecteur peut donc être tenté de les ignorer. Une amélioration importante est souvent réalisée lorsqu'on place une amélioration a priori insignifiante dans une boucle qui se répète à maintes reprises.

2.12 Opérateurs d'incrémentation et de décrémentation

Le C++ offre également l'*opérateur d'incrémentation unaire* **++** et l'*opérateur de décrémentation unaire* **--** qui sont résumés à la figure 2.13. Si une variable **c** est incrémentée de 1, l'opérateur d'incrémentation **++** peut être utilisé au lieu des expressions **c = c + 1** ou **c += 1**. Si un opérateur d'incrémentation ou de décrémentation est placé avant une variable, on parle alors d'opérateur de *pré-incrémentation* ou de *pré-décrémentation*, selon le cas. Si un opérateur d'incrémentation ou de décré-mentation est placé après une variable, il devient respectivement un opérateur de *post-incrémentation* ou de *post-décrémentation*. La pré-incrémentation (pré-décrémentation) d'une variable provoque une incrémentation (décrémentation) de cette variable par une quantité de 1 et la nouvelle valeur de la variable est ensuite utilisée dans l'expression où elle apparaît. La post-incrémentation (post-décrémentation) d'une variable cause l'utilisation de la valeur courante de cette variable dans l'expression où elle apparaît, pour ensuite incrémenter (décrémenter) la valeur de la variable par une quantité de 1.

Opérateur	Nom	Exemple	Explication d'expression
`++`	pré-incrémentation	`++a`	Incrémenter **a** de **1**, puis utiliser la nouvelle valeur de **a** dans l'expression où **a** réside.
`++`	post-incrémentation	`a++`	Utiliser la valeur courante de **a** dans l'expression où **a** réside, puis incrémenter **a** de **1**.
`--`	pré-décrémentation	`--a`	Décrémenter **a** de **1**, puis utiliser la nouvelle valeur de **a** dans l'expression où **a** réside.
`--`	post-décrémentation	`a--`	Utiliser la valeur courante de **a** dans l'expression où **a** réside, puis décrémenter **a** de **1**.

Figure 2.13 Opérateurs d'incrémentation et de décrémentation.

Le programme de la figure 2.14 démontre la différence entre la version à pré-incrémentation et la version à post-incrémentation de l'opérateur **++**. La post-incrémentation de la variable **c** l'incrémente après son utilisation dans l'instruction de sortie tandis que la pré-incrémentation de la variable **c** l'incrémentation avant qu'elle ne soit utilisée dans l'instruction de sortie.

Le programme affiche la valeur de **c** avant et après l'utilisation de l'opérateur **++**. L'opérateur de décrémentation (**--**) fonctionne de façon analogue.

Bonne pratique de programmation 2.14

Les opérateurs unaires doivent être placés à côté de leurs opérandes sans espaces interposés.

Les trois instructions d'affectation de la figure 2.11

```
succes = succes + 1;
echecs = echecs + 1;
compteurEtudiants = compteurEtudiants + 1;
```

```cpp
1   // Figure 2.14: fig02_14.cpp
2   // Pré-incrémentation et post-incrémentation.
3   #include <iostream>
4
5   using std::cout;
6   using std::endl;
7
8   int main()
9   {
10      int c;
11
12      c = 5;
13      cout << c << endl;          // afficher 5.
14      cout << c++ << endl;        // afficher 5 puis post-incrémenter.
15      cout << c << endl << endl;  // afficher 6.
16
17      c = 5;
18      cout << c << endl;          // afficher 5.
19      cout << ++c << endl;        // pré-incrémenter puis afficher 6.
20      cout << c << endl;          // afficher 6.
21
22      return 0;                   // programme terminé avec succès.
23   }
```

```
5
5
6

5
6
6
```

Figure 2.14   Différence entre la pré-incrémentation et la post-incrémentation.

peuvent s'écrire de façon plus concise avec des opérateurs d'affectation, comme

```
succes += 1;
echecs += 1;
compteurEtudiants += 1;
```

ou avec des opérateurs de pré-incrémentation comme

```
++succes;
++echecs;
++compteurEtudiants;
```

ou encore avec des opérateurs de post-incrémentation comme

```
succes++;
echecs++;
compteurEtudiants++;
```

Notez que, si, dans une instruction, on incrémente ou décrémente une variable par elle-même, les formes de pré-incrémentation et de post-incrémentation ont le même effet, et les formes de pré-décrémentation et de post-décrémentation ont aussi le même effet. La pré-incrémentation et la post-incrémentation d'une variable ne possèdent différents effets (et de façon similaire pour la pré-décrémentation et la post-décrémentation) que lorsqu'une variable apparaît dans le contexte d'une plus grande expression. Notez aussi que la préincrémentation et la pré-décrémentation opèrent un peu plus vite que la post-incrémentation et la post-décrémentation.

Pour l'instant, seul un nom de variable simple est utilisable comme opérande d'un opérateur d'incrémentation ou de décrémentation (nous verrons que ces opérateurs peuvent être employés avec ce qu'on appelle des *valeurs gauches* ou *lvalues*).

Erreur de programmation courante 2.11

Utiliser un opérateur d'incrémentation ou de décrémentation sur une expression autre qu'un nom de variable simple, par exemple en écrivant ++(x + 1), est une erreur de syntaxe.

Le tableau de la figure 2.15 montre la préséance et l'associativité des opérateurs étudiés jusqu'à présent. Les opérateurs sont illustrés de haut en bas par ordre décroissant de préséance. La deuxième colonne décrit l'associativité des opérateurs à chaque niveau de préséance. Notez que l'opérateur conditionnel (**?:**), les opérateurs unaires d'incrémentation (**++**), de décrémentation (**--**), d'addition (**+**), de soustraction (**-**), les opérateurs de transtypage, ainsi que les opérateurs d'affectation =, +=, -=, *=, /= et %= s'associent de droite à gauche. Tous les autres opérateurs de ce tableau s'associent de gauche à droite. La troisième colonne indique le nom des différents groupes d'opérateurs.

2.13 Les essentiels de la répétition contrôlée par compteur

La répétition contrôlée par compteur exige:

1. Le nom d'une variable de contrôle (ou compteur de boucle).

2. La valeur initiale de la variable de contrôle .

3. La condition qui vérifie la valeur finale de la variable de contrôle (autrement dit si le bouclage doit continuer).

4. L'incrémentation (ou la décrémentation) par laquelle la variable de contrôle est modifiée chaque fois qu'elle traverse la boucle.

Opérateurs	Associativité	Type d'opérateurs
( )	de gauche à droite	parenthèses
++ -- + - static_cast<*type*>()	de droite à gauche	unaires
* / %	de gauche à droite	multiplicatifs
+ -	de gauche à droite	additifs
<< >>	de gauche à droite	d'insertion/d'extraction
< <= > >=	de gauche à droite	relationnels
== !=	de gauche à droite	d'égalité
?:	de droite à gauche	conditionnel
= += -= *= /= %=	de droite à gauche	affectation
,	de gauche à droite	virgule

Figure 2.15   Préséance des opérateurs étudiés jusqu'à présent.

Supposons le programme simple illustré à la figure 2.16, qui affiche les nombres de 1 à 10. La déclaration de la ligne 10,

```
int compteur = 1;
```

nomme la variable de contrôle (**compteur**), la déclare comme étant un entier, lui réserve de l'espace en mémoire et règle sa valeur initiale à **1**. Les déclarations nécessitant une initialisation sont, en effet, des instructions exécutables. En C++, il est plus précis d'appeler *définition*, une *déclaration* réservant également de la mémoire, comme le fait la déclaration précédente.

```
1    // Figure 2.16: fig02_16.cpp
2    // Répétition contrôlée par compteur.
3    #include <iostream>
4
5    using std::cout;
6    using std::endl;
7
8    int main()
9    {
10      int compteur = 1;            // initialisation.
11
12      while ( compteur <= 10 ) {   // condition de répétition.
13        cout << compteur << endl;
14        ++compteur;                // incrémentation.
15      }
16
17      return 0;
18   }
```

Figure 2.16   Répétition contrôlée par compteur. (1 de 2)

```
1
2
3
4
5
6
7
8
9
10
```

Figure 2.16   Répétition contrôlée par compteur. (2 de 2)

La déclaration et l'initialisation de **compteur** auraient également pu être réalisées avec les instructions

```
int compteur;
compteur = 1;
```

La déclaration n'est pas exécutable, mais l'instruction l'est. Nous utilisons les deux méthodes d'initialisation des variables.

L'instruction

```
++compteur;
```

incrémente le compteur de boucle de 1 chaque fois que la boucle est exécutée. La condition de répétition de la boucle dans la structure du **while** teste si la valeur de la variable de contrôle est inférieure ou égale à 10 (la dernière valeur pour laquelle la condition est vraie). Notez que le corps de ce **while** est effectué même lorsque la variable de contrôle vaut **10**. La boucle se termine lorsque la variable de contrôle dépasse **10** (c'est-à-dire lorsque **compteur** devient **11**).

On peut écrire le programme illustré à la figure 2.16 de façon plus concise en initialisant compteur à 0 et en remplaçant la structure du **while** par

```
while ( ++compteur <= 10 )
    cout << compteur << endl;
```

Ce code épargne une instruction puisque l'incrémentation se fait directement dans la condition du **while** avant que cette dernière ne soit testée. De plus, ce code élimine les accolades autour du corps du **while**, car le **while** ne contient désormais qu'une seule instruction. Écrire un code de manière aussi condensée demande une certaine pratique et peut conduire à des programmes plus difficiles à déboguer, à modifier et à maintenir.

Erreur de programmation courante 2.12

Comme les valeurs à virgule flottante peuvent être approximatives, le contrôle des boucles de comptage avec des variables à virgule flottante peut produire des valeurs de compteur imprécises et des tests de terminaison inexacts.

Bonne pratique de programmation 2.15

Contrôlez les boucles de comptage avec des valeurs d'entiers.

Bonne pratique de programmation 2.16

Indentez les instructions à l'intérieur du corps de chaque structure de contrôle.

Bonne pratique de programmation 2.17

Insérez une ligne vide avant et après chaque structure de contrôle afin de la mettre en relief dans le programme.

Bonne pratique de programmation 2.18

Un programme comportant trop de niveaux d'imbrication peut être difficile à comprendre. En règle générale, évitez d'utiliser plus de trois niveaux d'indentation.

Bonne pratique de programmation 2.19

Un espacement vertical au-dessus et au-dessous des structures de contrôle et une indentation des corps de ces structures à l'intérieur de leurs en-têtes donnent aux programmes une apparence bidimensionnelle qui en améliore beaucoup la lisibilité.

2.14 Structure de répétition `for`

La structure de répétition **for** gère tous les détails de la répétition contrôlée par compteur. Pour illustrer les grandes possibilités de **for**, récrivons le programme de la figure 2.16. Le résultat de cette réécriture, dont le fonctionnement est expliqué ci-après, est illustré à la figure 2.17.

Lorsque la structure **for** commence à s'exécuter, la variable de contrôle **compteur** est déclarée et initialisée à **1**. La condition de répétition de la boucle **compteur <= 10** est ensuite vérifiée. Comme la valeur initiale de **compteur** est **1**, la condition est satisfaite et l'instruction du corps affiche la valeur de compteur, à savoir **1**. La variable de contrôle **compteur** est ensuite incrémentée dans l'expression **compteur++** et la boucle recommence avec le test de répétition de boucle. La variable de contrôle étant maintenant égale à **2**, la valeur finale n'est pas dépassée et le programme exécute de nouveau l'instruction du corps. Ce processus continue jusqu'à ce que la variable de contrôle **compteur** soit incrémentée à **11**; à ce stade, le test de répétition de boucle échoue et la répétition se termine. Le programme continue en exécutant la première instruction suivant la structure du **for** (dans le cas présent, l'instruction **return** à la fin du programme).

```
1    // Figure 2.17: fig02_17.cpp
2    // Répétition contrôlée par compteur avec la structure for.
3    #include <iostream>
4
5    using std::cout;
6    using std::endl;
7
8    int main()
9    {
10   // L'initialisation, la condition de répétition et l'incrémentation
11   // sont toutes incluses dans l'en-tête de la structure for.
12
13       for ( int compteur = 1; compteur <= 10; compteur++ )
14          cout << compteur << endl;
15
16       return 0;
17   }
```

Figure 2.17   Répétition contrôlée par compteur avec la structure **for**.

La figure 2.18 examine de plus près la structure **for** de la figure 2.17. Notez que la structure du **for** «fait tout», car elle spécifie chacun des éléments requis pour la répétition contrôlée par compteur au moyen d'une variable de contrôle. Si le corps du **for** renferme plus d'une instruction, il faudra insérer des *accolades pour définir le corps de la boucle*.

Notez, à la figure 2.17, que nous avons utilisé la condition de répétition de boucle **compteur <= 10**. Si nous avions écrit **compteur < 10** par inadvertance, la boucle n'aurait alors été exécutée que neuf fois. Ceci est une erreur de logique commune que l'on appelle *erreur par décalage de un*.

Erreur de programmation courante 2.13

L'emploi d'un opérateur relationnel inexact ou d'une valeur finale erronée pour un compteur de boucle dans une condition de structure while ou for peut causer des erreurs par décalage de un.

Bonne pratique de programmation 2.20

*On peut éviter les erreurs par décalage de un en utilisant la valeur finale dans une condition de structure **while** ou **for** et l'opérateur relationnel **<=**. Ainsi, dans le cas d'une boucle servant à afficher les valeurs de 1 à 10, la condition de répétition de boucle doit être **compteur <= 10** plutôt que **compteur < 10** (une erreur par décalage de un) ou **compteur < 11** (une entrée néanmoins correcte). De nombreux programmeurs préfèrent quand même ce qu'on appelle le comptage orienté zéro où, pour compter dix fois à travers la boucle, **compteur** doit être initialisé à zéro et où le test de la répétition de boucle doit être **compteur < 10**.*

Le format général de la structure du **for** est

> **for** (*initialisation; testContinuationBoucle; incrément*)
>   *instruction*

où *initialisation* initialise la variable de contrôle de la boucle, *testContinuationBoucle* est la condition de répétition de boucle (qui ontient La valeur finale de la variable de contrôle pour laquelle la condition est vraie) et *incrément* incrémente la variable de contrôle. Dans la plupart des cas, la structure du **for** peut être représentée comme suit par une structure **while** équivalente:

> *initialisation;*
> **while** (*testContinuationBoucle*) {
>   *instruction*
>   *incrément***;**
> **}**

Il existe néanmoins une exception à cette règle que nous étudierons à la section 2.18.

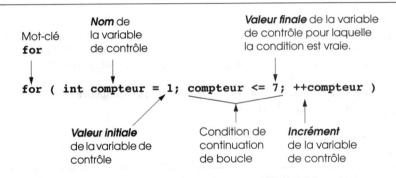

Figure 2.18   Composants d'un en-tête type **for**.

Si l'expression *initialisation* de l'en-tête de la structure du **for** définit la variable de contrôle, autrement dit, si le type de la variable de contrôle est spécifié avant le nom de la variable, on ne peut utiliser la variable de contrôle que dans le corps de la structure du **for**. La valeur de la variable de contrôle sera donc inconnue en dehors de la structure du **for**. Cette utilisation restrictive du nom de la variable de contrôle est connue sous le nom de *portée de la variable*. La portée est traitée en détail au chapitre 3, *Fonctions*.

Erreur de programmation courante 2.14

*Lorsque la variable de contrôle d'une structure **for** est au départ définie dans la section d'initialisation de l'en-tête de cette structure, l'utilisation de la variable de contrôle après le corps de la structure constitue une erreur de syntaxe.*

Astuce sur la portabilité 2.1

*Dans le nouveau standard du C++, la portée de la variable de contrôle déclarée dans la section d'initialisation d'une structure **for** diffère de la portée dans les compilateurs C++ antérieurs. Le code C++ créé par d'anciens compilateurs C++ peut se rompre lorsqu'il est compilé au moyen de compilateurs compatibles avec la nouvelle norme du C++. Deux stratégies de programmation préventives permettent d'éviter ce problème: soit définir les variables de contrôle avec différents noms dans chacune des structures **for**, soit définir la variable de contrôle en dehors et avant la première boucle **for** si vous préférez utiliser le même nom pour la variable de contrôle dans plusieurs structures **for**.*

Il peut arriver que les expression d'*initialisation* et d'*incrément* soient des listes d'expressions séparées par des virgules. Les virgules, telles qu'elles sont utilisées ici, sont des *opérateurs virgules* qui garantissent l'évaluation de gauche à droite des listes d'expressions. L'opérateur virgule a la préséance la moins élevée de tous les opérateurs du C++. La valeur et le type d'une liste d'expressions séparées par une virgule représentent la valeur et le type de l'expression la plus à droite dans la liste. L'*opérateur virgule* est surtout utilisé dans les structures **for** et permet au programmeur d'utiliser de multiples expressions d'initialisation et (ou) d'incrémentation. On peut, par exemple, retrouver plusieurs variables de contrôle à initialiser et incrémenter dans une seule structure **for**.

Bonne pratique de programmation 2.21

*Dans les sections d'initialisation et d'incrémentation d'une structure **for**, ne placez que les expressions impliquant les variables de contrôle. Les manipulations d'autres variables devraient apparaître soit avant la boucle (si elles ne s'exécutent qu'une fois comme les instructions d'initialisation), soit dans le corps de la boucle (si elles s'exécutent une fois par répétition, comme les instructions d'incrémentation et de décrémentation).*

Les trois expressions de la structure du **for** sont facultatives. Si l'expression de *testContinuationBoucle* est omise, le C++ prend pour acquis que la condition de répétition de boucle est vraie, créant ainsi une *boucle infinie*. On peut aussi omettre l'expression d'*initialisation* si la variable de contrôle est initialisée ailleurs dans le programme, ainsi que l'expression d'*incrément* si l'incrémentation est calculée par des instructions dans le corps du **for** ou si aucune instruction n'est requise. L'expression d'incrémentation de la structure du **for** se comporte comme une instruction autonome à la fin du corps du **for**. Par conséquent, les expressions

```
compteur = compteur + 1
compteur += 1
++compteur
compteur++
```

se valent toutes dans la partie «incrémentation» de la structure du **for**. Nombre de programmeurs préfèrent la forme **compteur++** parce que l'incrémentation survient après l'exécution du corps de la boucle et que la forme de post-incrémentation semble plus naturelle. Comme la variable incrémentée ici n'apparaît pas dans une expression, la pré-incrémentation et la post-incrémentation ont le même effet. Notez aussi que les deux points-virgules sont obligatoires dans la structure du **for**.

Erreur de programmation courante 2.15

*L'utilisation de virgules au lieu des deux points-virgules requis dans un en-tête **for** est une erreur de syntaxe.*

Erreur de programmation courante 2.16

*Placer un point-virgule immédiatement à la droite de la parenthèse droite d'un en-tête **for** a pour effet de transformer le corps de la structure du **for** en instruction vide. Cela constitue, normalement, une erreur de logique.*

Observation de génie logiciel 2.9

*On place parfois un point-virgule immédiatement après un en-tête **for** pour créer ce qu'on appelle une boucle d'attente. Une telle boucle **for** dotée d'un corps vide effectue toujours le nombre de boucles indiqué mais ne fait rien d'autre que ce comptage. Vous pouvez, par exemple, utiliser une boucle d'attente pour ralentir un programme dont les sorties à l'écran sont trop rapides pour que vous ayez le temps de les lire.*

Les portions d'initialisation, de condition de répétition de boucle et d'incrémentation d'une structure **for** peuvent contenir des expressions arithmétiques. Par exemple, supposons que $x = 2$ et que $y = 10$. Si x et y ne sont pas modifiés dans le corps de la boucle, l'instruction

```
for ( int j = x; j <= 4 * x * y; j += y / x )
```

est équivalente à l'instruction

```
for ( int j = 2; j <= 80; j += 5 )
```

L'incrément d'une structure **for** peut être négatif, auquel cas on parle alors de décrémentation puisque la boucle compte en descendant.

Si la condition de répétition de boucle est fausse au départ, le corps de la structure **for** n'est pas effectué, l'opération se poursuivant plutôt avec l'instruction suivant le **for**.

On affiche ou utilise souvent la variable de contrôle pour effectuer des calculs dans le corps d'une structure **for**, mais cela n'est pas impératif. On l'utilise aussi couramment pour contrôler la répétition sans pourtant jamais la mentionner dans le corps de la structure du **for**.

Bonne pratique de programmation 2.22

*Même s'il est possible de changer la valeur de la variable de contrôle dans le corps d'une boucle **for**, évitez cette pratique car elle peut provoquer des erreurs de logique subtiles.*

L'ordinogramme d'une structure **for** est sensiblement pareil à celui d'une structure **while**. Par exemple, l'ordinogramme de l'instruction **for** suivante,

```
for ( int compteur = 1; compteur <= 10; compteur++ )
    cout << compteur << endl;
```

est illustré à la figure 2.19.

Nous voyons clairement dans cet ordinogramme que l'initialisation ne se produit qu'une fois et que l'incrémentation se produit *après* l'exécution de l'instruction du corps. Notez que, hormis des petits cercles et des flèches, l'ordinogramme ne contient que des symboles rectangles et un seul symbole losange. Imaginez, encore une fois, que le programmeur a accès à une boîte profonde remplie de structures **for** vides et qu'il peut empiler et nicher autant de ces structures avec d'autres structures de contrôle pour former une implantation structurée du flot d'exécution d'un algorithme. Puis, une fois de plus, il remplira les rectangles et les losanges avec des actions et des décisions pertinentes à l'algorithme.

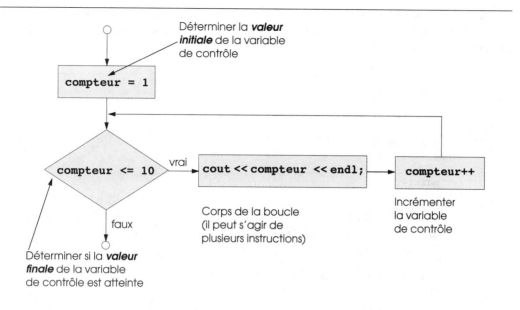

Figure 2.19   Ordinogramme d'une structure de répétition **for** type.

2.15 Exemples d'utilisation de la structure `for`

Les exemples suivants illustrent des méthodes pour modifier la variable de contrôle dans une structure **for**. Dans chaque cas, nous écrivons l'en-tête **for** approprié. Notez le changement dans l'opérateur relationnel pour les boucles qui décrémentent la variable de contrôle.

a) Variation de la variable de contrôle de **1** à **100** par incréments de **1**.

```
for ( int i = 1; i <= 100; i++ )
```

b) Variation de la variable de contrôle de **100** à **1** par incréments de **-1** (décréments de **1**).

```
for ( int i = 100; i >= 1; i-- )
```

Erreur de programmation courante 2.17

L'emploi du mauvais opérateur relationnel dans une condition de répétition de boucle qui compte en descendant (par exemple, utiliser **i <= 1** *dans une boucle comptant en descendant jusqu'à* **1**) *est habituellement une erreur de logique qui provoquera des résultats inexacts lors de l'exécution du programme.*

c) Variation de la variable de contrôle de **7** à **77** par échelons de **7**.

```
for ( int i = 7; i <= 77; i += 7 )
```

d) Variation de la variable de contrôle de **20** à **2** par échelons de **-2**.

```
for ( int i = 20; i >= 2; i -= 2 )
```

e) Variation de la variable de contrôle pour la séquence de valeurs suivante: **2**, **5**, **8**, **11**, **14**, **17**, **20**.

```
for ( int j = 2; j <= 20; j += 3 )
```

f) Variation de la variable de contrôle pour la séquence de valeurs suivante: **99**, **88**, **77**, **66**, **55**, **44**, **33**, **22**, **11**, **0**.

```
for ( int j = 99; j >= 0; j -= 11 )
```

Les deux exemples suivants de la structure **for** montrent des applications simples. Le programme de la figure 2.20 utilise la structure **for** pour effectuer la somme de tous les entiers pairs compris entre **2** et **100**.

```cpp
1   // Figure 2.20: fig02_20.cpp
2   // Somme avec for.
3   #include <iostream>
4
5   using std::cout;
6   using std::endl;
7
8   int main()
9   {
10     int somme = 0;
11
12     for ( int nombre = 2; nombre <= 100; nombre += 2 )
13       somme += nombre;
14
15     cout << "La somme vaut "<< somme << endl;
16
17     return 0;
18  }
```

```
La somme vaut 2550
```

Figure 2.20   Somme avec **for**.

Notez que le corps de la structure du **for** de la figure 2.20 pourrait aussi être fusionné à l'intérieur de la portion la plus à droite de l'en-tête du **for** en utilisant l'*opérateur virgule* de la façon suivante:

```cpp
for ( int nombre = 2;// initialisation
      nombre <= 100;// condition de répétition
      somme += nombre, nombre += 2)// total et incrémentation
   ;
```

L'initialisation **somme = 0** pourrait aussi être fusionnée à l'intérieur de la section d'initialisation du **for**.

Bonne pratique de programmation 2.23

*Même s'il est souvent possible de fusionner des instructions précédant un **for** et des instructions dans le corps d'un **for** à l'intérieur de l'en-tête du **for**, évitez cette pratique car cela peut rendre le programme plus difficile à lire.*

Bonne pratique de programmation 2.24

Si cela est possible, limitez la taille des en-têtes de la structure de contrôle à une seule ligne.

L'exemple suivant calcule l'*intérêt composé* en utilisant la structure **for**. Supposons l'énoncé suivant:

Une personne investit 1000.00$ dans un compte d'épargne à un taux d'intérêt de 5%. En supposant que tout l'intérêt soit déposé dans le compte et y reste, calculez et affichez le montant d'argent dans le compte à la fin de chaque année, pendant dix ans. Utilisez la formule suivante pour déterminer ces montants:

$$a = p \left(1 + r\right)^n$$

où:

     p est le montant investi au départ (c'est-à-dire le capital),
     r est le taux d'intérêt annuel,
     n est le nombre d'années, et
     a est le montant en dépôt à la fin de la $n^{ième}$ année.

Ce problème implique une boucle effectuant le calcul indiqué pour chacune des dix années où l'argent reste en dépôt. La solution est illustrée à la figure 2.21.

La structure du **for** exécute le corps de la boucle dix fois, effectuant une variation sur une variable de contrôle de 1 à 10 par incréments de 1. Le C++ ne comprenant pas d'opérateur d'élévation à la puissance, nous utilisons donc à cette fin la *fonction* **pow** *de la bibliothèque standard*. La fonction **pow(x, y)** calcule la valeur de **x** élevée à la puissance **y**. Dans cet exemple, l'expression algébrique $(1+r)^n$ s'écrit sous la forme **pow(1+taux, annee)**, où **taux** représente *r* et **annee** représente *n*. La fonction **pow** prend deux arguments de type **double** et renvoie une valeur **double**. Le type **double** est un type à virgule flottante sensiblement similaire à **float**, mais une variable de type **double** peut stocker une valeur beaucoup plus grande et avec plus de précision que **float**. Les constantes (comme **1000.0** et **.05** à la figure 2.21) sont traitées comme étant de type **double** par le C++.

Ce programme ne se compilerait pas sans l'inclusion de **math.h**. La fonction **pow** exige deux arguments **double**. Notez que **annee** est un entier. Le fichier **math.h** inclut une information qui indique au compilateur de convertir la valeur d'**annee** en une représentation **double** temporaire avant d'appeler la fonction. Cette information est contenue dans le prototype de fonction de **pow**. Les *prototypes de fonction* sont expliqués au chapitre 3. Un résumé de la fonction **pow** ainsi que d'autres fonctions de la bibliothèque mathématique sont également fournis au chapitre 3.

Erreur de programmation courante 2.18

Oublier d'inclure le fichier **<cmath>** *dans un programme utilisant des fonctions de la bibliothèque mathématique est une erreur de syntaxe.*

Notez que nous avons déclaré les variables **montant**, **capital** et **taux** comme étant de type **double**. Nous avons fait cela pour simplifier, car nous avons affaire à des parties fractionnaires de dollars et parce que nous avons besoin d'un type permettant les points décimaux pour ces valeurs. Cela peut hélas causer des *problèmes*. L'exemple suivant explique brièvement les problèmes susceptibles de survenir lorsqu'on utilise **float** ou **double** pour représenter des montants d'argent (en supposant que l'affichage s'effectue avec **setprecision(2)**, ce qui impose une précision de deux chiffres après la virgule lors de l'affichage). Deux montants d'argent **float** stockés dans l'ordinateur pourraient valoir **14.234** (qui s'afficherait **14.23**) et **18.673** (qui s'afficherait **18.67**). Lorsqu'on additionne ces montants, la somme interne produite donne **32.907**, pour un affichage à l'écran de **32.91**. Par conséquent, l'affichage complet indiquerait

```
   14.23
 + 18.67
 -------
   32.91
```

alors qu'une personne qui ferait l'addition des nombres individuels tels qu'affichés obtiendrait la somme de 32.90! Vous voilà prévenus!

Bonne pratique de programmation 2.25

N'utilisez pas de variables de type **float** *ou* **double** *pour effectuer des calculs monétaires. L'imprécision des nombres à virgule flottante peut provoquer des erreurs et, par conséquents, donner des valeurs monétaires inexactes. Dans les exercices, nous explorons l'emploi des entiers dans les calculs monétaires. Note: on commence à trouver des bibliothèques de classes du C++ pour effectuer adéquatement les calculs monétaires.*

```
1   // Figure 2.21: fig02_21.cpp
2   // Calcul de l'intérêt composé.
3   #include <iostream>
4
5   using std::cout;
6   using std::endl;
7   using std::ios;
8
9   #include <iomanip>
10
11  using std::setw;
12  using std::setiosflags;
13  using std::setprecision;
14
15  #include <cmath>
16
17  int main()
18  {
19     double montant,            // montant en dépôt.
20            capital = 1000.0,   // capital de départ.
21            taux = .05;         // taux d'intérêt.
22
23     cout << "Année" << setw( 20 )
24          << "Montant en dépôt" << endl;
25
26     // Imposer le format des nombres en virgule flottante.
27     cout << setiosflags( ios::fixed | ios::showpoint )
28          << setprecision( 2 );
29
30     for ( int annee = 1; annee <= 10; annee++ ) {
31        montant = capital * pow( 1.0 + taux, annee );
32        cout << setw( 5 ) << annee << setw( 20 ) << montant << endl;
33     }
34
35     return 0;
36  }
```

```
Année        Montant en dépôt
      1           1050.00
      2           1102.50
      3           1157.62
      4           1215.51
      5           1276.28
      6           1340.10
      7           1407.10
      8           1477.46
      9           1551.33
     10           1628.89
```

Figure 2.21   Calcul de l'intérêt composé avec **for**.

L'instruction de sortie

```
cout << setiosflags( ios::fixed | ios::showpoint )
     << setprecision( 2 );
```

placée juste avant la boucle **for** et l'instruction de sortie

```
cout << setw( 4 ) << annee << setw( 20 ) << montant << endl;
```

au sein de la boucle, affiche les valeurs des variables **annee** et **montant** avec le format spécifié par les manipulateurs de flux paramétrés **setw**, **setiosflags** et **setprecision**. L'appel de **setw(4)** spécifie que la prochaine valeur de sortie est affichée avec une *largeur de champ* de 4, c'est-à-dire que la valeur est affichée avec au moins quatre positions de caractères. Si la valeur de sortie a une largeur de moins de quatre positions de caractères, la valeur est *cadrée à droite* dans le champ par défaut. Si la valeur de sortie possède une largeur de plus de quatre positions de caractères, la largeur du champ est étendue pour accommoder la valeur entière. On peut utiliser l'appel *setiosflags(ios::left)* pour spécifier que les valeurs de sortie doivent être *cadrées à gauche*.

Le reste de la mise en forme comprise dans l'instruction de sortie précédente indique que la variable **montant** est affichée comme une valeur à virgule fixe, dont le point décimal (spécifié par le manipulateur de flux *setiosflags(ios::fixed | ios::showpoint)*) est cadré à droite dans un champ de 20 positions de caractères (spécifié avec **setw(20)**) et possédant une précision de deux chiffres à la droite du point décimal (spécifiée avec **setprecision(2)**). Nous traiterons en détail des grandes possibilités de formatage d'entrée-sortie du C++ au chapitre 11. Nous avons placé les manipulateurs de flux **setiosflags** et **setprecision** dans un **cout** avant la boucle parce que ces paramétrages conservent leurs effets tant qu'ils ne sont pas modifiés, et il n'est donc pas nécessaire de les appliquer à chaque itération de la boucle.

Notez que le calcul **1.0 + taux** apparaissant comme un argument pour la fonction **pow** est contenu dans le corps de l'instruction **for**. En réalité, ce calcul produit le même résultat chaque fois que la boucle est traversée; la répétition du calcul est donc inutile.

Astuce sur la performance 2.5

Évitez de placer des expressions dont les valeurs ne changent pas à l'intérieur des boucles. Mais même si vous le faites, la plupart des compilateurs d'optimisation évolués d'aujourd'hui placeront automatiquement de telles expressions à l'extérieur des boucles dans le code généré en langage machine.

Astuce sur la performance 2.6

Nombre de compilateurs contiennent des fonctions d'optimisation destinées à améliorer le code que vous écrivez, mais il est toujours préférable d'écrire le bon code dès le départ.

Pour le plaisir, essayez notre problème «Peter Minuit» inclus dans les exercices de ce chapitre. Ce problème démontre les merveilles de l'intérêt composé.

2.16 Structure de sélection multiple **switch**

Nous avons traité de la structure de sélection unique **if** et de la structure de sélection double **if/else**. Un algorithme peut parfois contenir une série de décisions dans laquelle une variable ou une expression est testée séparément pour chacune des valeurs entières constantes qu'elle peut prendre et où différentes actions sont prises. Le C++ offre la structure de sélection multiple **switch** pour traiter de telles prises de décisions.

La structure **switch** consiste en une série d'étiquettes **case** et d'une étiquette **default** optionnelle. Le programme de la figure 2.22 utilise **switch** pour compter la quantité de chacune des différentes notes, représentées par des lettres, que les étudiants ont obtenues à un examen.

```
1   // Figure 2.22: fig02_22.cpp
2   // Décompte des lettres représentant les notes d'examen.
3   #include <iostream>
4
5   using std::cout;
6   using std::cin;
7   using std::endl;
8
9   int main()
10  {
11      int note,          // une note.
12          aComptage = 0, // nombre de A.
13          bComptage = 0, // nombre de B.
14          cComptage = 0, // nombre de C.
15          dComptage = 0, // nombre de D.
16          fComptage = 0; // nombre de F.
17
18      cout << "Entrez les lettres des notes d'examen." << endl
19           << "Entrez le caractère de fin de fichier pour terminer."
20           << endl;
21
22      while ( ( note = cin.get()) != EOF ) {
23
24          switch ( note ) {        // switch imbriquée dans while.
25
26              case 'A': // note de A majuscule.
27              case 'a': // ou note de a minuscule.
28                  ++aComptage;
29                  break; // nécessaire pour sortir de switch.
30
31              case 'B': // note de B majuscule.
32              case 'b': // ou note de b minuscule.
33                  ++bComptage;
34                  break;
35
36              case 'C': // note de C majuscule.
37              case 'c': // ou note de c minuscule.
38                  ++cComptage;
39                  break;
40              case 'D': // note de D majuscule.
41              case 'd': // ou note de d minuscule.
42                  ++dComptage;
43                  break;
44              case 'F': // note de F majuscule.
45              case 'f': // ou note de f minuscule.
46                  ++fComptage;
47                  break;
48
49              case '\n': // ignorer les nouvelles lignes,
50              case '\t': // les tabulations,
51              case ' ': // et les espaces entrés.
52                  break;
```

Figure 2.22   Exemple d'utilisation de **switch**. (1 de 2)

```
53
54              default:    // prendre tous les autres caractères.
55                 cout << "Lettre de note inexacte. "
56                     << "Entrez une nouvelle note." << endl;
57                 break;  // facultatif.
58          }
59      }
60
61      cout << "\n\nLes totaux pour chaque lettre des notes d'examen:"
62          << "\nA: "<< aComptage
63          << "\nB: "<< bComptage
64          << "\nC: "<< cComptage
65          << "\nD: "<< dComptage
66          << "\nF: "<< fComptage << endl;
67
68      return 0;
69  }
```

```
Entrez les lettres des notes d'examen.
Entrez le caractère de fin de fichier pour terminer.
a
B
c
C
A
d
f
C
E
Lettre de note inexacte. Entrez une nouvelle note.
D
A
b


Les totaux pour chaque lettre des notes d'examen:
A: 3
B: 2
C: 3
D: 2
F: 1
```

Figure 2.22   Exemple d'utilisation de **switch**. (2 de 2)

Dans le programme, l'utilisateur entre les lettres des notes d'examen d'une classe. À l'intérieur de l'en-tête du **while**,

```
while ( ( note = cin.get() ) != EOF )
```

l'affectation entre parenthèses **(note = cin.get())** est exécutée en premier. La fonction **cin.get()** lit un caractère du clavier et stocke ce caractère dans la variable entière **note**. Nous expliquerons la notation du point utilisée dans **cin.get()** au chapitre 6, *Classes*. Les caractères sont normalement stockés dans des variables de type **char**. Toutefois, une caractéristique importante du C++ est qu'on peut stocker les caractères dans tout type de données entière puisqu'ils sont représentés comme des entiers d'un octet dans l'ordinateur. Nous pouvons donc traiter un caractère comme un entier ou comme un caractère, selon l'usage auquel il est destiné. Par exemple, l'instruction

```
cout << "Le caractère ("<< 'a' << ") possède la valeur "
     << static_cast< int > ( 'a' ) << endl;
```

affiche le caractère **a** et sa valeur d'entier correspondante de la façon suivante:

Le caractère (a) possède la valeur 97

L'entier 97 est la représentation numérique de ce caractère dans l'ordinateur. Aujourd'hui, beaucoup d'ordinateurs utilisent le *jeu de caractères ASCII (American Standard Code for Information Interchange)*, dans lequel 97 représente la lettre minuscule **'a'**. Une liste des caractères ASCII avec leurs valeurs décimales correspondantes est présentée dans les annexes.

Des instructions d'affectation en bloc possèdent la valeur affectée à la variable située à la gauche de l'opérateur **=**. Par conséquent, la valeur de l'affectation **note = cin.get ()** est la même que la valeur renvoyée par **cin.get()** et affectée à la variable **note**.

Le fait que les instructions d'affectation possèdent des valeurs peut être utile pour *initialiser différentes variables à une même valeur*. Par exemple,

```
a = b = c = 0;
```

évalue d'abord l'affectation **c = 0** (puisque l'opérateur **=** est associatif de droite à gauche). La variable **b** reçoit ensuite la valeur de l'affectation **c = 0** (qui vaut **0**). Ensuite, la variable **a** reçoit la valeur de l'affectation **b = (c = 0)** (qui vaut également **0**). Dans le programme, la valeur de l'affectation **note = cin.get()** est comparée avec la valeur de *EOF* (symbole dont le sigle signifie «*end of file*» ou «*fin de fichier*»). Nous utilisons **EOF** (qui a normalement la valeur −1) comme valeur de sentinelle. Toutefois, vous ne pourrez pas taper au clavier la valeur -1, ni ne pourrez utiliser les lettres EOF pour marquer la fin de fichier. L'utilisateur tape une combinaison de touches dépendante du système pour indiquer la «fin de fichier», c'est-à-dire «Je n'ai plus d'autre donnée à entrer». **EOF** représente une *constante symbolique* entière définie dans le fichier d'en-tête **<iostream>**. Si la valeur affectée à **note** est égale à **EOF**, le programme se termine. Nous avons choisi de représenter les caractères de ce programme comme des **int** parce que **EOF** possède une valeur entière (qui est normalement, nous le répétons, égale à **−1**).

Astuce sur la portabilité 2.2

Les combinaisons de touches pour indiquer une fin de fichier («end of file») dépendent du système.

Astuce sur la portabilité 2.3

*Tester pour la constante symbolique **EOF** («end of file» ou «fin de fichier») plutôt que pour −1 rend les programmes plus portables. La norme ANSI stipule que **EOF** est une valeur entière négative (bien que pas nécessairement égale à −1). Par conséquent, **EOF** peut posséder différentes valeurs sur différents systèmes.*

Sur les systèmes UNIX ainsi que sur plusieurs autres, la fin de fichier est entrée en tapant la séquence

<ctrl-d>

seule sur une ligne. Cette notation indique d'appuyer simultanément sur la touche *Ctrl* et sur la touche *d*. Sur d'autres systèmes, comme le *VAX VMS de Digital Equipment Corporation* ou le *MS-DOS de Microsoft*, la fin de fichier est entrée en tapant

<ctrl-z>

L'utilisateur entre les notes au clavier. Lorsqu'il appuie sur la touche *Entrée* (ou *Retour*), les caractères sont lus un par un par la fonction **cin.get()**. Si le caractère entré n'est pas une «fin de fichier», la structure **switch** est exécutée. Le mot-clé **switch** est suivi du nom de variable **note** entre parenthèses; c'est ce qu'on appelle une expression de contrôle. La valeur de cette expression est comparée avec chacune des étiquettes **case**. Supposons que l'utilisateur tape la lettre **C** comme note. Le **C** est automatiquement comparé à chaque **case** dans la structure **switch**. S'il y a correspondance (**case 'C':**), les instructions de ce **case** sont exécutées. Pour la lettre **C**, **cComptage** est incrémenté de **1** et on sort immédiatement de la structure **switch** avec l'instruction **break**. Notez que, contrairement aux autres structures de contrôle, il n'est pas nécessaire d'inclure les instructions multiples d'un **case** entre *accolades*.

L'instruction **break** indique au contrôle du programme de procéder avec la première instruction suivant la structure **switch**. L'instruction **break** est utilisée car, autrement, les étiquettes **case** de l'instruction **switch** s'exécuteraient ensemble. Si **break** n'est pas employé dans une structure **switch**, les instructions de toutes les étiquettes **case** restantes seront exécutées chaque fois qu'une correspondance se produira dans la structure. (Cette caractéristique est parfois utile pour effectuer les mêmes actions pour plusieurs étiquettes **case**, comme dans le programme de la figure 2.22.) Si aucune correspondance ne se produit, la case **default** est exécutée et un message d'erreur s'affiche.

Chaque **case** peut contenir une ou plusieurs actions. La structure **switch** diffère de toutes les autres structures en ce sens que les accolades ne sont pas requises lorsque nous avons des actions multiples dans une étiquette **case** d'une structure **switch**. L'ordinogramme d'une structure de sélection multiple **switch** générale (utilisant un **break** dans chaque **case**) est illustré à la figure 2.23.

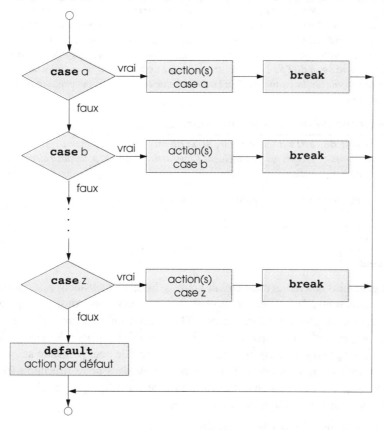

Figure 2.23   Structure de sélection multiple **switch** utilisant des instructions **break**.

L'ordinogramme montre clairement que chaque instruction **break** à la fin d'une étiquette **case** indique au contrôle de sortir immédiatement de la structure **switch**. Notez que, hormis des petits cercles et des flèches l'ordinogramme ne renferme, une fois de plus, que des symboles rectangles et des symboles losanges. Imaginez de nouveau que le programmeur a accès à une boîte profonde remplie de structures **switch** vides et qu'il peut empiler et nicher autant de ces structures avec d'autres structures de contrôle pour former une implantation structurée du flot d'exécution d'un algorithme. Puis, une fois de plus, il remplit les rectangles et les losanges avec des actions et des décisions appropriées à l'algorithme. Les structures de contrôle imbriquées sont courantes, mais il est plutôt rare de retrouver des structures **switch** imbriquées dans un programme.

Erreur de programmation courante 2.19

*Oublier une instruction **break** lorsqu'elle est requise dans une structure **switch** constitue une erreur de logique.*

Erreur de programmation courante 2.20

*L'omission d'un espace entre le mot **case** et la valeur d'entier à tester dans une structure **switch** peut provoquer une erreur de logique. Par exemple, écrire **case3:** au lieu de **case 3:** crée simplement une étiquette inutilisée (nous discuterons davantage de cette situation au chapitre 18). Ce problème empêchera la structure **switch** d'effectuer les actions appropriées lorsque l'expression de contrôle de **switch** vaut 3.*

Bonne pratique de programmation 2.26

*Fournissez une étiquette **default** dans les instructions **switch**. Les étiquettes **case** qui ne sont pas explicitement testées dans une instruction **switch** sans étiquette **default** sont ignorées. L'inclusion d'une étiquette **default** attire l'attention du programmeur sur la nécessité de traiter les conditions d'exception. Certaines situations n'exigent cependant aucun traitement d'étiquette **default**. Bien que les clauses **case** et **default** d'une structure **switch** puissent se produire dans n'importe quel ordre, le fait de placer la clause **default** en dernier est reconnu comme une bonne pratique de programmation.*

Bonne pratique de programmation 2.27

*Lorsque la clause **default** d'une structure **switch** est placée en dernier, l'instruction **break** n'est pas requise. Certains programmeurs incluent l'instruction **break** pour des raisons de clarté et de symétrie avec les autres **case**.*

Dans la structure **switch** de la figure 2.22, les lignes 49 à 52,

```
case '\n':
case '\t':
case ' ':
   break;
```

indiquent au programme d'ignorer les caractères de nouvelle ligne, les tabulations et les caractères vides. La lecture des caractères un à la fois peut occasionner certains problèmes. Ainsi, pour qu'ils soient lus par le programme, les caractères doivent être envoyés à l'ordinateur en appuyant sur la touche *Entrée* du clavier. Cette action a pour effet d'insérer un *caractère de nouvelle ligne* après le caractère à traiter. Ce caractère de nouvelle ligne doit souvent être traité de façon spéciale pour permettre au programme de fonctionner correctement. En incorporant les **case** précédents dans notre structure **switch**, nous empêchons le message d'erreur de l'étiquette **default** de s'afficher chaque fois qu'une nouvelle ligne, une tabulation ou un espace est trouvé dans l'entrée.

Erreur de programmation courante 2.21

Le fait de ne pas traiter les nouvelles lignes ou autres caractères d'espace blanc à l'entrée lorsque les caractères sont lus un à la fois peut provoquer des erreurs de logique.

Notez que lorsque plusieurs étiquettes **case** sont inscrites ensemble (par exemple **case 'D':
case 'd':** à la figure 2.22), la même série d'actions se produit pour chacune des étiquettes **case**.

Lorsque vous faites appel à la structure **switch**, rappelez-vous qu'elle ne peut être utilisée que pour tester une *expression constante entière*, c'est-à-dire toute combinaison de constantes de caractères ou de constantes entières qui s'évaluent à une valeur entière constante. Une constante de caractère est représentée par le caractère spécifique entre apostrophes, tel **'A'**. Une *constante entière* est tout simplement une valeur d'entier.

Lorsque nous atteindrons la partie du manuel traitant de la programmation orientée objets, nous présenterons une façon plus élégante d'implanter la logique du **switch**. Nous utiliserons la technique du polymorphisme pour créer des programmes souvent plus clairs, plus concis, plus faciles à maintenir et plus simples à agrandir que les programmes utilisant la logique du **switch**.

Les langages portables comme le C++ doivent avoir des tailles de type de données souples, car différentes applications peuvent nécessiter des entiers de tailles différentes. Le C++ offre différents types de données pour représenter les entiers. L'échelle des valeurs d'entiers pour chaque type dépend du matériel particulier de l'ordinateur. Outre les types **int** et **char**, le C++ offre les types **short** (abréviation de **short int**) et **long** (abréviation de **long int**). L'échelle minimale des valeurs pour les entiers **short** est de ±32767. Pour la grande majorité des calculs d'entiers, les entiers **long** suffisent. L'échelle minimale des valeurs pour les entiers **long** est de ±2147483647. Sur la plupart des ordinateurs, les **int** sont équivalents aux **short** ou aux **long**. L'échelle des valeurs pour un **int** est au moins équivalente à celle des entiers **short** mais pas plus grande que celle des entiers **long**. Le type de données **char** est utilisable pour représenter tout caractère compris dans le jeu de caractères de l'ordinateur, ainsi que pour représenter de petits entiers.

Astuce sur la portabilité 2.4

Comme la taille des entiers **int** *varie selon les systèmes, utilisez les entiers* **long** *si vous pensez traiter des entiers dépassant l'échelle ±32767 ou si vous désirez faire fonctionner le programme sur plusieurs systèmes différents.*

Astuce sur la performance 2.7

Pour les situations axées sur la performance et où la mémoire ou la vitesse d'exécution sont cruciales, il est recommandé d'utiliser des tailles d'entiers plus petites.

Astuce sur la performance 2.8

L'emploi de tailles d'entiers plus petites peut relentir le programme si les instructions de la machine ne permettent pas de les manipuler aussi efficacement que les entiers de taille naturelle (par exemple, on doit procéder à une extension de signe).

Erreur de programmation courante 2.22

Fournir des étiquettes **case** *identiques dans une structure* **switch** *est une erreur de syntaxe.*

2.17 Structure de répétition do/while

La structure de répétition **do/while** est similaire à la structure du **while**. Dans la structure **while**, la condition de répétition de boucle est testée au début de la boucle, avant le contenu du corps de la boucle. La structure **do/while** teste la condition de répétition de boucle *après* l'exécution du corps de la boucle; par conséquent, le corps de la boucle est exécuté au moins une fois. Lorsque qu'une structure **do/while** se termine, l'exécution se poursuit avec l'instruction suivant la clause du **while**. Notez que les accolades ne sont pas nécessaires dans la structure **do/while** si le corps ne contient qu'une seule instruction. Elles sont toutefois habituellement incluses pour éviter la confusion entre les structures **while** et **do/while**. Par exemple,

```
while ( condition )
```

est normalement considérée comme l'en-tête de la structure du **while**. Une structure **do/while** sans accolades autour du corps de l'instruction simple apparaît de la façon suivante

```
do
    instruction
while ( condition );
```

ce qui peut porter à confusion. La dernière ligne, **while(condition);**, peut être mal interprétée par le lecteur comme étant une structure **while** renfermant une instruction vide. Par conséquent, une structure **do/while** à une seule instruction est souvent écrite comme ceci pour éviter toute ambiguïté:

```
do {
    instruction
} while ( condition );
```

Bonne pratique de programmation 2.28

*Certains programmeurs insèrent toujours les accolades dans une structure **do/while** même si elles ne sont pas nécessaires. Cette pratique aide à éliminer les ambiguïtés entre la structure **while** et la structure **do/while** à une seule instruction.*

Erreur de programmation courante 2.23

*Les boucles infinies surviennent lorsque la condition de répétition de boucle d'une structure **while**, **for** ou **do/while** ne devient jamais fausse. Pour empêcher ce phénomène, assurez-vous que la valeur de la condition change quelque part dans l'en-tête ou le corps de la boucle afin que la condition puisse devenir fausse.*

Le programme de la figure 2.24 utilise une structure de répétition **do/while** pour afficher les nombres de 1 à 10. Notez que la variable de contrôle **compteur** est pré-incrémentée dans le test de répétition de boucle. Notez aussi les accolades entourant le corps à instruction simple de la structure **do/while**.

```
1   // Figure 2.24: fig02_24.cpp
2   // Utilisation de la structure de répétition do/while.
3   #include <iostream>
4
5   using std::cout;
6   using std::endl;
7
8   int main()
9   {
10      int compteur = 1;
11
12      do {
13         cout << compteur << " ";
14      } while ( ++compteur <= 10 );
```

Figure 2.24   Utilisation de la structure **do/while**. (1 de 2)

```
15
16      cout << endl;
17
18      return 0;
19   }
```

```
1  2  3  4  5  6  7  8  9  10
```

Figure 2.24   Utilisation de la structure **do/while**. (2 de 2)

Un ordinogramme d'une structure **do/while** est illustré à la figure 2.25. Cet ordinogramme indique clairement que la condition de répétition de boucle n'est pas exécutée avant que l'action n'ait été effectuée au moins une fois. Notez que, hormis des petits cercles et des flèches l'ordinogramme ne renferme une fois de plus que des symboles rectangles et des symboles losanges. Imaginez de nouveau que le programmeur a accès à une boîte profonde remplie de structures **do/while** vides et qu'il peut empiler et nicher autant de ces structures avec d'autres structures de contrôle pour former une implantation structurée du flot d'exécution d'un algorithme. Puis, une fois de plus, les rectangles et les losanges sont remplis par des actions et des décisions pertinentes à l'algorithme.

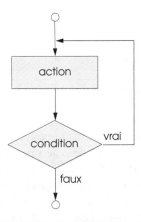

Figure 2.25   Ordinogramme d'une structure de répétition **do/while**.

2.18 Instructions **break** et **continue**

Les instructions **break** et **continue** modifient le flot d'exécution. L'instruction **break**, lorsque exécutée dans une structure **while**, **for**, **do/while** ou **switch**, provoque la sortie immédiate de cette structure. L'exécution du programme se poursuit avec la première instruction suivant cette structure. On utilise couramment l'instruction **break** pour sortir d'une boucle plus tôt, ou pour ignorer la partie restante d'une structure **switch** (comme à la figure 2.22). La figure 2.26 démontre l'utilisation de l'instruction **break** dans une structure de répétition **for**. Lorsque la structure **if** détecte que la valeur de **x** est devenue **5**, **break** s'exécute. L'instruction **for** est alors terminée et le programme continue avec le **cout** situé après le **for**. La boucle ne s'exécute au complet que quatre fois.

Notez que la variable de contrôle **x** de ce programme est définie en dehors de l'en-tête de la structure **for**. Ce choix s'explique du fait que nous voulons utiliser la variable de contrôle à la fois dans le corps de la boucle et après que celle-ci a terminé son exécution.

```
1    // Figure 2.26: fig02_26.cpp
2    // Utilisation de l'instruction break dans une structure for.
3    #include <iostream>
4
5    using std::cout;
6    using std::endl;
7
8    int main()
9    {
10   // le x est déclaré ici pour qu'on puisse l'utiliser après la boucle.
11      int x;
12
13      for ( x = 1; x <= 10; x++ ) {
14
15         if ( x == 5 )
16            break;        // sortie de la boucle seulement si x est égal à 5.
17
18         cout << x << "";
19      }
20
21      cout << "\nSortie de la boucle lorsque x est égal à "<< x << endl;
22      return 0;
23   }
```

```
1 2 3 4
Sortie de la boucle lorsque x est égal à 5
```

Figure 2.26   Utilisation de l'instruction **break** dans une structure **for**.

L'instruction **continue**, lorsqu'elle est exécutée dans une structure **while**, **for** ou **do/while**, ignore les instructions restantes dans le corps de cette structure et procède à l'itération suivante de la boucle. Dans les structures **while** et **do/while**, le test de répétition de boucle est évalué immédiatement après l'exécution de l'instruction **continue**. Dans la structure **for**, l'expression d'incrémentation est exécutée, puis le test de répétition de boucle est évalué. Nous avons dit, un peu plus tôt, que la structure **while** peut être utilisée dans la plupart des cas afin de représenter la structure **for**. L'unique exception se produit lorsque l'expression d'incrémentation de la structure **while** suit l'instruction **continue**. Dans ce cas, l'incrémentation n'est pas exécutée avant le test de la condition de répétition de boucle; le **while** ne s'exécute alors pas de la même manière que le **for**. La figure 2.27 utilise l'instruction continue dans une structure **for** pour omettre l'instruction de sortie de la structure et pour commencer l'itération suivante de la boucle.

```
1    // Figure 2.27: fig02_27.cpp
2    // Utilisation de l'instruction continue dans une structure for.
3    #include <iostream>
4
5    using std::cout;
6    using std::endl;
7
```

Figure 2.27   Utilisation de l'instruction **continue** dans une structure **for**. (1 de 2)

```
 8   int main()
 9   {
10      for ( int x = 1; x <= 10; x++ ) {
11
12         if ( x == 5 )
13            continue;   // ignore le code restant dans la boucle
14                        // seulement si x est égal à 5.
15
16         cout << x << "";
17      }
18      cout << "\nL'instruction continue évite d'afficher la valeur 5"
19           << endl;
20
21      return 0;
22   }
```

```
1 2 3 4 6 7 8 9 10
L'instruction continue évite d'afficher la valeur 5
```

Figure 2.27   Utilisation de l'instruction **continue** dans une structure **for**. (2 de 2)

Bonne pratique de programmation 2.29

*Certains programmeurs croient que **break** et **continue** enfreignent la programmation structurée. Comme les effets de ces instructions peuvent être obtenus par des techniques de programmation structurée que nous apprendrons bientôt, ces programmeurs n'utilisent pas **break** ni **continue**.*

Astuce sur la performance 2.9

*Lorsqu'elles sont utilisées correctement, les instructions **break** et **continue**, s'exécutent plus rapidement que les techniques structurées correspondantes que nous apprendrons un peu plus loin.*

Observation de génie logiciel 2.10

Il existe une tension entre la réalisation de logiciels de qualité et la réalisation de logiciels ultra-performants. L'un de ces objectifs est souvent atteint aux détriments de l'autre.

2.19 Opérateurs logiques

Jusqu'à présent, nous n'avons étudié que des *conditions simples* telles que **compteur <= 10**, **total > 1000**, ou **nombre != valeurSentinelle** et nous les avons exprimées en fonction des opérateurs relationnels **>**, **<**, **>=** et **<=** et des opérateurs d'égalité **==** et **!=**, où chaque décision testait précisément une condition. Pour tester des conditions multiples pendant une prise de décision, ces tests étaient effectués dans des instructions séparées ou dans des structures **if** ou **if/else** imbriquées.

Le C++ offre des opérateurs logiques qui sont utilisés pour former des conditions plus complexes par une combinaison de conditions simples. Les opérateurs logiques sont: **&&** *(ET logique)*, **||** *(OU logique)* et **!** *(NON logique*, également appelé *inverseur logique* ou *négation logique)*. Examinons des exemples pour chacun d'eux.

Supposons que nous souhaitions nous assurer que deux conditions sont *toutes deux* vraies avant de choisir un chemin d'exécution particulier. Dans ce cas, nous pouvons utiliser l'opérateur logique **&&** de la façon suivante:

```
if ( sexe == 1 && age >= 65 )
   ++femmesAinees;
```

Cette instruction **if** contient deux conditions simples. On peut, par exemple, évaluer la condition **sexe == 1** pour déterminer si une personne est une femme. La condition **age >= 65** est évaluée pour déterminer si une personne est une personne âgée. L'opérateur **==** ayant préséance sur l'opérateur **&&**, la condition simple à la gauche de **&&** est évaluée en premier. S'il y a lieu, la condition simple à la droite de l'opérateur **&&** est évaluée ensuite, puisque **>=** a préséance sur **&&** (nous verrons un peu plus loin que l'expression à droite d'une expression ET logique n'est évaluée que si l'expression de gauche est vraie). L'instruction **if** considère ensuite la condition combinée

```
sexe == 1 && age >= 65
```

Cette condition est vraie si et seulement si les deux conditions simples sont vraies. Finalement, si cette condition combinée est effectivement vraie, le compteur de **femmesAinees** est incrémenté de **1**. Si l'une ou l'autre des conditions simples ou les deux sont fausses, le programme omet alors l'incrémentation et passe à l'instruction qui suit le **if**. On peut rendre la condition combinée précédente plus lisible en ajoutant des parenthèses redondantes

```
( sexe == 1 ) && ( age >= 5 )
```

Erreur de programmation courante 2.24

Bien que l'expression **3 < x < 7** *soit une condition correcte du point de vue mathématique, elle ne s'évalue pas comme il faut en C++. Utilisez plutôt* **(3 < x && x < 7)** *pour obtenir l'évaluation adéquate en C++.*

Le tableau de la figure 2.28 résume l'opérateur **&&**. Le tableau illustre les quatre combinaisons possibles des faux et vrais pour expression1 et expression2. De tels tableaux sont souvent appelés tables de vérité. Le C++ évalue comme étant fausse ou vraie toute expression incluant des opérateurs relationnels, des opérateurs d'égalité et (ou) des opérateurs logiques.

Astuce sur la portabilité 2.5

Pour assurer la compatibilité avec les versions antérieures du standard C++, la valeur booléenne **true** *peut également être représentée par toute valeur différente de zéro, tandis que la valeur booléenne* **false** *peut aussi l'être par la valeur zéro.*

Analysons maintenant l'opérateur **||** (OU logique). Supposons que nous voulons nous assurer, à un endroit particulier du programme, que l'une ou l'autre des deux conditions *ou* les deux sont vraies avant de choisir un chemin d'exécution particulier. Dans ce cas, nous utilisons l'opérateur **||** comme dans la portion de programme suivante:

```
if ( moyenneSemestre >= 90 || examenFinal >= 90 )
    cout << "La note de l'étudiant est A" << endl;
```

Expression1	Expression2	Expression1 && expression2
Fausse	Fausse	Fausse
Fausse	Vraie	Fausse
Vraie	Fausse	Fausse
Vraie	Vraie	Vraie

Figure 2.28   Table de vérité de l'opérateur **&&** (ET logique).

Cette condition contient également deux conditions simples. La condition simple **moyenne Semestre >= 90** est évaluée pour déterminer si l'étudiant mérite un «A» pour le cours par suite de performances soutenues tout au long du semestre. La condition simple **examenFinal >= 90** est évaluée pour déterminer si l'étudiant mérite un «A» pour le cours, suite à sa réussite remarquable à l'examen final. L'instruction **if** considère ensuite la condition combinée

moyenneSemestre >= 90 || examenFinal >= 90

et accorde la note «A» à l'étudiant si l'une ou l'autre des deux conditions simples ou les deux sont vraies. Notez que le seul cas où le message « La note de l'étudiant est A » ne s'affiche pas survient si les deux conditions simples sont simultanément fausses. La figure 2.29 illustre la table de vérité pour l'opérateur OU logique (||).

Expression1	Expression2	Expression1 || expression2
Fausse	Fausse	Fausse
Fausse	Vraie	Vraie
Vraie	Fausse	Vraie
Vraie	Vraie	Vraie

Figure 2.29   Table de vérité de l'opérateur || (OU logique).

L'opérateur **&&** a une préséance plus élevée que l'opérateur ||. Les deux s'associent de gauche à droite. Une expression contenant des opérateurs **&&** ou || est évaluée jusqu'à ce que la vérité ou la fausseté soit connue. Par conséquent, l'évaluation de l'expression

sexe == 1 && age >= 65

s'arrête immédiatement si **sexe** n'est pas égal à **1** (puisque toute l'expression est alors fausse) ou se poursuit si **sexe** est égal à **1** (puisque l'expression entière pourrait toujours être vraie si la condition **age >= 65** est vraie).

Erreur de programmation courante 2.25

Dans les expressions utilisant l'opérateur &&, il peut arriver qu'une condition – que nous appellerons condition dépendante – exige qu'une autre condition soit vraie pour justifier l'évaluation de la condition dépendante. Le cas échéant, la condition dépendante devrait être placée après l'autre condition, à défaut de quoi une erreur pourrait se produire

Astuce sur la performance 2.10

Dans les expressions utilisant l'opérateur &&, si les conditions distinctes sont indépendantes l'une de l'autre, placez la condition la plus susceptible d'être fausse à l'extrême gauche. Dans les expressions utilisant l'opérateur ||, placez plutôt la condition la plus susceptible d'être vraie à l'extrême gauche. Cette pratique peut réduire le temps d'exécution d'un programme.

Le C++ offre l'opérateur **!** (NON logique) pour permettre au programmeur «d'inverser» la signification d'une condition. Contrairement aux opérateurs **&&** et ||, qui combinent deux conditions (opérateurs binaires), l'opérateur de négation logique n'utilise qu'une seule condition comme opérande (opérateur unaire). L'opérateur de négation logique se place avant une condition lorsqu'on veut choisir un chemin d'exécution pour une condition originale (sans l'opérateur de négation logique) fausse, comme dans la portion de programme suivante:

```
if ( !( note == valeurSentinelle ) )
    cout << "La prochaine note est "<< note << endl;
```

Les parenthèses entourant la condition **note == valeurSentinelle** sont requises, car le niveau de préséance de l'opérateur de négation logique est supérieur à celui de l'opérateur d'égalité. La figure 2.30 illustre la table de vérité pour l'opérateur de négation logique.

Expression	!expression
Fausse	Vraie
Vraie	Fausse

Figure 2.30   Table de vérité de l'opérateur **!** (NON logique).

Dans la plupart des cas, le programmeur peut éviter d'utiliser la négation logique en exprimant la condition différemment, avec un opérateur relationnel ou d'égalité approprié. Par exemple, l'instruction précédente peut également s'écrire sous la forme:

```
if ( note != valeurSentinelle )
    cout << "La prochaine note est "<< note << endl;
```

Cette souplesse peut souvent aider le programmeur à exprimer une condition de façon plus «naturelle» ou plus pratique.

La figure 2.31 illustre la préséance et l'associativité des opérateurs C++ examinés jusqu'à présent. Les opérateurs sont énumérés de haut en bas en ordre décroissant de préséance.

Opérateurs	Associativité	Type d'opérateurs
()	de gauche à droite	parenthèses
++ -- static_cast<*type*>()	de gauche à droite	unaires (post-fixes)
++ -- + -	de droite à gauche	unaires (pré-fixes)
* / %	de gauche à droite	multiplicatifs
+ -	de gauche à droite	additifs
<< >>	de gauche à droite	d'insertion/d'extraction
< <= > >=	de gauche à droite	relationnels
== !=	de gauche à droite	d'égalité
&&	de gauche à droite	ET logique
||	de gauche à droite	OU logique
?:	de droite à gauche	conditionnel
= += -= *= /= %=	de droite à gauche	affectation
,	de gauche à droite	virgule

Figure 2.31   Préséance et associativité des opérateurs.

2.20 Confusion entre les opérateurs d'égalité (==) et d'affectation (=)

Nous avons cru bon de souligner dans une section distincte un type d'erreur très fréquent chez les programmeurs de C++, même les plus chevronnés à savoir: la confusion accidentelle entre les opérateurs **==** (d'égalité) et **=** (d'affectation). Ce type d'erreur est d'autant plus dommageable qu'il ne provoque habituellement pas d'erreur de syntaxe. Au contraire, les instructions comportant de telles erreurs sont d'ordinaire compilées correctement et les programmes s'exécutent jusqu'à la fin mais en générant sans doute des résultats erronés à travers différentes erreurs de logique à l'exécution.

Ces problèmes proviennent de deux aspects du C++. Le premier est que toute expression produisant une valeur peut être utilisée dans la portion décisionnelle dans toute structure de contrôle. Si la valeur est zéro (**0**), elle est traitée comme fausse et si elle diffère de zéro, elle est traitée comme vraie. Le second est que les instructions en C++ produisent une valeur, à savoir la valeur affectée à la variable située à la gauche de l'opérateur d'affectation. Supposons, par exemple, que nous voulions écrire

```
if ( codePaie == 4 )
    cout << "Vous obtenez une prime!" << endl;
```

mais que nous écrivions par inadvertance

```
if ( codePaie = 4 )
    cout << "Vous obtenez une prime!" << endl;
```

La première instruction **if** accorde correctement une prime à la personne dont le **codePaie** est égal à **4**. La seconde, par contre – autrement dit celle comportant l'erreur – évalue l'expression d'affectation dans la condition de **if** à la constante de **4**. Comme toute valeur différente de zéro est interprétée comme vraie, la condition de cette instruction **if** est toujours vraie et la personne reçoit toujours une prime, quel que soit le code de paie! Pire encore: le code de paie a été modifié alors qu'il n'aurait dû être qu'examiné!

Erreur de programmation courante 2.26

Utiliser l'opérateur == pour l'affectation et l'opérateur = pour l'égalité est une erreur de logique.

Astuce de tests et de débogage 2.2

Les programmeurs écrivent normalement les conditions telles que x == 7 avec le nom de variable à gauche et la constante à droite. En inversant cette notation de façon à avoir la constante à gauche et le nom de variable à droite comme ceci 7 == x, le programmeur qui remplace accidentellement l'opérateur == par un = sera protégé par le compilateur. Comme seul un nom de variable peut être placé du côté gauche d'une instruction d'affectation, le compilateur traitera en effet ceci comme une erreur de syntaxe. Cette pratique évitera au moins les dégâts potentiels d'une erreur de logique à l'exécution.

Les noms de variables sont désignés par le terme valeurs gauches[2] parce qu'on peut les utiliser à gauche d'un opérateur d'affectation. De même, les constantes sont appelées *valeurs droites* parce qu'on ne peut les utiliser qu'à la droite d'un opérateur d'affectation. Notez que les valeurs gauches peuvent également être utilisées comme valeurs droites mais non l'inverse.

---

2. NdT.: en langue anglaise, on utilise le terme «lvalue» pour parler de valeur gauche et «rvalue» pour désigner une valeur droite.

L'envers de la médaille peut être tout aussi déplaisant. Supposons que le programmeur désire affecter une valeur à une variable en utilisant une instruction simple comme

```
x = 1;
```

mais écrit plutôt

```
x == 1;
```

Ceci ne constitue pas non plus une erreur de syntaxe, le compilateur se contentant d'évaluer l'expression conditionnelle. Si **x** est égal à **1**, la condition est vraie et l'expression renvoie la valeur **true**. Si **x** est différent de **1**, la condition est fausse et l'expression renvoie la valeur **false**. Quelle que soit la valeur renvoyée, la valeur est simplement perdue puisqu'il n'y a aucun opérateur d'affectation. De plus, la valeur de **x** demeurant inchangée, ceci provoque sans doute une erreur de logique à l'exécution. Nous ne connaissons hélas aucun truc pratique pour vous aider à remédier à ce problème!

Astuce de tests et de débogage 2.3

Utilisez votre éditeur de texte pour rechercher toutes les occurrences de l'opérateur = dans votre programme et vérifiez si vous avez utilisé l'opérateur adéquat à chacun de ces endroits.

2.21 Résumé de programmation structurée

À l'exemple des architectes, les programmeurs devraient faire appel à la sagesse collective de leur profession lorsqu'ils conçoivent des programmes. Notre champ d'activité est plus récent que celui de l'architecture et notre sagesse collective est beaucoup plus clairsemée. Nous avons quand même appris que la programmation structurée produit des programmes plus faciles à comprendre et, par conséquent, plus faciles à tester, à déboguer, à modifier et, qui plus est, mathématiquement corrects.

La figure 2.32 résume les structures de contrôle du C++. Les petits cercles utilisés dans la figure servent à signaler l'unique point d'entrée et l'unique point de sortie de chaque structure.

Relier les symboles d'ordinogramme de façon arbitraire peut mener à des programmes non structurés. C'est pourquoi, les membres de la profession ont choisi de combiner ces symboles de façon à former une série limitée de structures de contrôle et de construire des programmes structurés en combinant correctement les structures de contrôles de deux façons simples.

Pour simplifier, nous n'avons utilisé que les structures de contrôle à entrée unique-sortie unique, c'est-à-dire celles où il n'y a qu'une façon d'entrer dans chaque structure et dans sortir. L'inter-connexion en séquence de structures de contrôle pour former des programmes structurés est simple: le point de sortie d'une structure de contrôle est relié au point d'entrée de la structure suivante. Autrement dit, les structures de contrôle sont simplement placées les unes à la suite des autres dans un programme, une pratique que nous appelons «empilement de structures de contrôle». Les règles de formation des programmes structurés permettent également l'imbrication des structures de contrôle.

La figure 2.33 présente les règles à respecter pour former de bons programmes structurés. Ces règles présument qu'on peut utiliser le symbole rectangle pour indiquer toute action, entrées-sortie comprise.

L'application de ces règles produit toujours un ordinogramme bien structuré ayant l'apparence d'un jeu de construction bien ordonné. Par exemple, l'application répétée de la règle 2 à l'ordinogramme le plus simple produit un ordinogramme structuré contenant de nombreux rectangles en séquence (figure 2.35). Notez que la règle 2 génère une pile de structures de contrôle; c'est pourquoi nous l'appelons *règle d'empilement*.

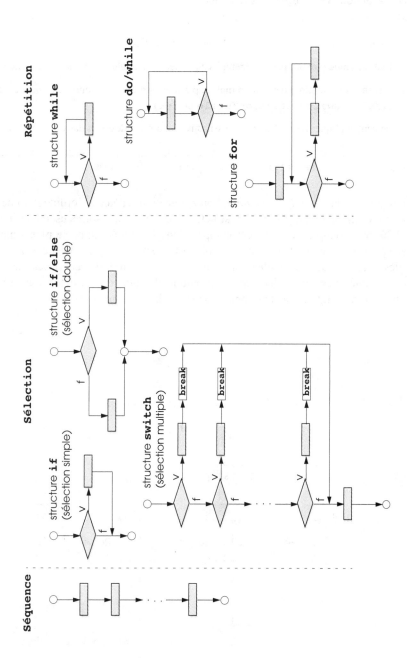

Figure 2.32   Structures de séquence, de sélection et de répétition à entrée unique et sortie unique du C++.

Règles de formation de programmes structurés

1) Commencez avec «l'ordinogramme le plus simple» (figure 2.34).

2) Tout rectangle (action) peut être remplacé par deux rectangles (actions) en séquence.

3) Tout rectangle (action) peut être remplacé par toute structure de contrôle (séquence, `if`, `if/else`, `switch`, `while`, `do/while` ou `for`).

4) On peut appliquer les règles 2 et 3 aussi souvent qu'on le désire et dans n'importe quel ordre.

Figure 2.33   Règles de formation de programmes structurés.

La règle 3 est la *règle d'imbrication*. Son application répétée à l'ordinogramme le plus simple produit un ordinogramme formé de structures de contrôle soigneusement imbriquées. À la figure 2.36, par exemple, le rectangle compris dans l'ordinogramme le plus simple est d'abord remplacé par une structure de sélection double (`if/else`). La règle 3 est ensuite réappliquée aux rectangles de cette structure de sélection double qui sont, à leur tour, remplacés par des structures de sélection double. Les boîtes hachurées entourant chacune des structures de sélection double représentent le rectangle qui a été remplacé dans l'ordinogramme original.

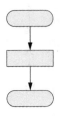

Figure 2.34   Ordinogramme le plus simple.

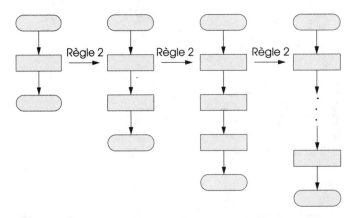

Figure 2.35   Application répétée de la règle 2 de la figure 2.33 à l'ordinogramme le plus simple.

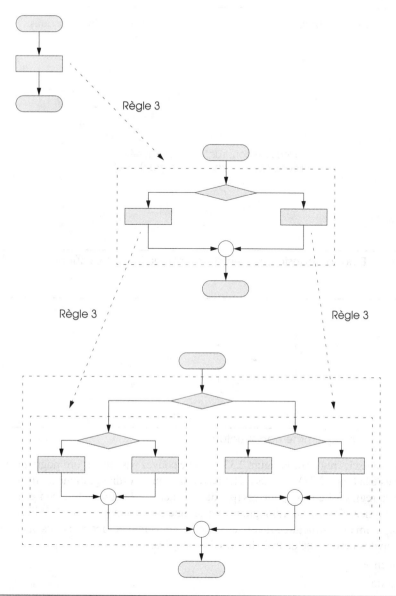

Figure 2.36   Application de la règle 3 de la figure 2.33 à l'ordinogramme le plus simple.

La règle 4 génère des structures imbriquées plus grosses, plus enveloppées et plus profondes. Les ordinogrammes émergeant de l'application des règles de la figure 2.33 constituent la série de tous les ordinogrammes structurés possibles et, par conséquent, la série de tous les programmes structurés possibles.

La beauté de l'approche structurée est que nous n'utilisons que sept pièces simples à entrée unique-sortie unique et que nous les assemblons de seulement deux façons simples. La figure 2.37 illustre les sortes de blocs de construction empilés produits par l'application de la règle 2 et les sortes de blocs de construction imbriqués produit par l'application de la règle 3. La figure illustre également la sorte d'imbrication des blocs de construction qui n'apparaît pas dans les ordinogrammes structurés (à cause de l'élimination de l'instruction **goto**).

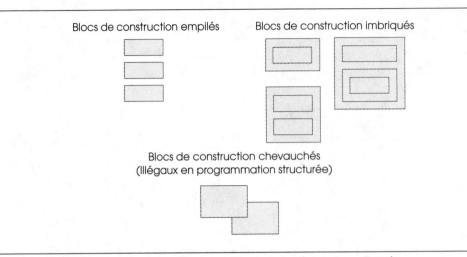

Figure 2.37   Blocs de construction empilés, imbriqués et chevauchés.

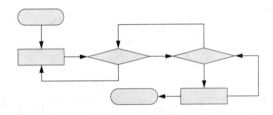

Figure 2.38   Ordinogramme non structuré.

Si vous suivez les règles de la figure 2.33, vous ne pouvez pas créer d'ordinogramme non structuré (tel que celui de la figure 2.38). Si vous n'êtes pas certain qu'un ordinogramme particulier est structuré, appliquez ces règles à l'envers pour essayer de ramener l'ordinogramme à son état le plus simple. Si vous y parvenez, c'est que l'ordinogramme d'origine est structuré; sinon, il ne l'est pas.

La programmation structurée favorise la simplicité. Bohm et Jacopini nous ont donné la preuve que nous n'avons besoin que de trois formes de contrôles:

- Séquence
- Sélection
- Répétition

La séquence est une bagatelle. La sélection est mise en oeuvre de l'une ou l'autre des trois façons suivantes:

- Structure **if** (sélection unique)
- Structure **if/else** (sélection double)
- Structure **switch** (sélection multiple)

En réalité, il est facile de prouver que la simple structure **if** est suffisante pour offrir toute forme de sélection; tout ce qui peut être accompli avec une structure **if/else** et une structure **switch** peut être implantée en combinant des structures **if** (mais peut-être pas aussi facilement).

La répétition est implantée de l'une ou l'autre des trois façons suivantes:

- Structure **while**
- Structure **do/while**
- Structure **for**

Il est facile de prouver que la structure **while** est suffisante pour fournir toute forme de répétition. Tout ce qui peut être accompli avec les structures **do/while** et **for** peut aussi se faire avec la structure **while** (mais peut-être pas aussi facilement).

La combinaison de ces résultats montre que toute forme de contrôle requise dans un programme en C++ peut s'exprimer en termes de:

- Séquence
- Structure **if** (sélection)
- Structure **while** (répétition)

De plus, ces structures de contrôle ne peuvent être combinées que de deux façons: par empilement et par imbrication. La programmation structurée, en effet, favorise la simplicité.

Dans ce chapitre, nous avons vu comment composer des programmes à partir de structures de contrôles contenant des actions et des décisions. Dans le chapitre 3, nous introduirons une autre unité de programmation structurée, soit la *fonction*. Nous apprendrons à bâtir de gros programmes en combinant des fonctions qui, elles aussi, sont composées de structures de contrôle. Nous verrons également comment les fonctions favorisent la réutilisation des logiciels. Au chapitre 6, nous introduirons une autre unité de programmation structurée appelée *classe*. Nous créerons ensuite des objets à partir des classes et aborderons le traitement de la programmation orientée objets. Continuons maintenant notre introduction des objets en analysant un problème que le lecteur doit résoudre au moyen des techniques de la conception orientée objets.

2.22 (Étude de cas optionnelle) À propos des objets: identification des classes dans un problème

Il est temps à présent d'aborder notre étude de cas de conception et d'implantation orientée objets. Ces sections *À propos des objets* de fin de ce chapitre et des quelques chapitres qui suivent vous emmènent dans le domaine de l'orientation objets en examinant l'étude de cas d'un simulateur d'ascenseur. Cette étude de cas vous apportera une expérience substancielle, soigneusement fouillée, d'une conception et d'une mise en place complète. Aux chapitres 2 à 5, vous exécuterez les différentes étapes d'une conception orientée objets (COO) grâce à l'UML. Aux chapitres 6, 7 et 9, vous implanterez le simulateur d'ascenseur en utilisant les techniques de la programmation orientée objets (POO) du C++. Nous présentons cette étude de cas dans une forme totalement résolue. Il ne s'agit pas simplement d'un exercice mais bien d'une expérience d'apprentissage conduite de bout en bout, qui se conclut par un parcours détaillé du code source en C++. Nous avons inséré cette étude de cas dans le livre pour que vous vous familiarisiez avec le genre de problèmes complexes qui foisonnent dans l'industrie. Nous espérons que vous apprécierez cette expérience.

Énoncé du problème

Une société a l'intention de construire un édifice à bureaux de deux étages et de l'équiper d'un ascenseur ultra-moderne. La compagnie vous demande de développer un *logiciel de simulation* orienté objets en C++ modélisant le fonctionnement de l'ascenseur, pour l'aider à déterminer s'il répondra à leurs besoins.

Votre simulateur comprend une horloge qui commence la journée à l'heure 0 et qui évalue le temps en secondes. L'horloge donne un tic chaque seconde, c'est-à-dire qu'il incrémente le temps d'une unité; elle ne garde pas trace des heures ni des minutes. Au début de la journée, un composant du simulateur, le « planificateur », établit au hasard deux prévisions de temps: le moment où une première personne arrive à l'étage 1 et appuie sur le bouton de l'étage pour demander l'ascenseur, et le moment où une personne arrive à l'étage 2, appuie sur le bouton de l'étage pour demander l'ascenseur. Le temps associé à ces deux moments est défini par un entier de la plage de valeurs de 5 à 20 (donc 5, 6, 7 et ainsi de suite jusque 20). Vous verrez comment établir l'horaire aléatoire des arrivées au chapitre 3. Lorsque l'heure de l'horloge devient égale au premier des deux moments d'arrivée, le simulateur «crée» une nouvelle personne pour l'étage en question et place cette personne à cet étage. Celle-ci presse ensuite le bouton de cet étage pour faire venir l'ascenseur. *Note*: il est possible que les deux moments planifiés aient la valeur de temps, indiquant qu'aux deux étages, une personne est arrivée et a pressé le bouton d'appel de l'étage au même moment. Le bouton d'appel de l'étage s'illumine, montrant que le bouton a été pressé. *Note*: L'illumination du bouton se produit automatiquement lors d'une pression sur le bouton et ne nécessite aucune programmation; la lampe témoin incluse dans le bouton s'éteint automatiquement aussi lorsque le bouton est réinitialisé. L'ascenseur commence sa journée en attendant, porte fermée, à l'étage 1. Pour économiser l'énergie, l'ascenseur ne se déplace que si c'est nécessaire. Il alterne les directions entre les déplacements vers le haut ou vers le bas.

Pour la simplicité, l'ascenseur et chacun des étages ont une capacité d'une seule personne. Le planificateur vérifie d'abord qu'un étage est occupé avant de créer une personne à déplacer à cet étage. Si l'étage est déjà occupé, le planificateur place un délai d'une seconde avant la création de cette personne, ce qui donne ainsi à l'ascenseur l'opportunité de prendre cette personne en charge et de libérer l'étage. Une personne arrivant à un étage, le planificateur crée le temps aléatoire suivant compris entre 5 et 20 secondes, projeté dans l'avenir, pour qu'une nouvelle personne arrive à cet étage et presse le bouton d'appel de l'étage.

Lorsque l'ascenseur arrive à un étage, il réinitialise le bouton de l'ascenseur et donne un coup de cloche (par un avertisseur, nommé cloche, qui se trouve dans l'ascenseur même). L'ascenseur signale son arrivée à l'étage et, en réponse, l'étage réinitialise le bouton d'étage et allume la lampe témoin d'arrivée de l'ascenseur placée au même étage. L'ascenseur ouvre ensuite sa porte. *Note*: la porte de l'étage s'ouvre automatiquement en même temps que la porte de l'ascenseur, et ne nécessite aucune programmation. Le passager de l'ascenseur, s'il y en a un, quitte ce dernier et une personne, s'il y en a une en attente à l'étage, entre dans l'ascenseur. Bien que chaque étage n'ait une capacité que d'une personne, supposez qu'il y a une place suffisante aux étages pour qu'une personne en attente puisse céder le passage à une personne qui sort de l'ascenseur.

Une personne qui entre dans l'ascenseur appuie sur le bouton de l'ascenseur; le bouton s'illumine automatiquement et sans programmation au moment de la pression et se réinitialise, c'est-à-dire s'éteint, lorsque l'ascenseur arrive à l'autre étage et réinitialise son bouton. Puisqu'il n'y a que deux étages, l'ascenseur ne comporte qu'un seul bouton: il indique à l'ascenseur de se déplacer vers l'autre étage. La personne ayant appuyé sur le bouton de l'ascenseur, l'ascenseur ferme sa porte et commence à se déplacer vers l'autre étage. Lorsqu'il y arrive, son passager débarque et, si aucune personne n'est en attente à cet étage, si le bouton de l'autre étage n'a pas été pressé entretemps, l'ascenseur ferme sa porte et attend.

Pour la simplification, supposez que toutes les activités qui se produisent lorsque l'ascenseur atteint un étage, jusqu'à la fermeture de sa porte, prennent un temps zéro. Toutefois, même si ces opérations prennent un temps zéro, elles se produisent en séquence: la porte de l'ascenseur s'ouvre d'abord, avant que le passager quitte l'ascenseur. L'ascenseur prend cinq secondes pour se déplacer d'un étage à l'autre. Une fois par seconde, le simulateur donne l'état de la progression au planificateur et à l'ascenseur. Ces derniers utilisent cette mesure du temps pour déterminer les actions qu'ils doivent effectuer à ce moment donné; en d'autres termes, le planificateur détermine la création d'une personne à un étage et, lorsque l'ascenseur se déplace, détermine le moment de son arrivée à destination.

Le simulateur doit afficher des messages à l'écran décrivant les activités qui se produisent dans le système. Celles-ci sont, par exemple, qu'une personne appuie sur le bouton d'un étage, que l'ascenseur arrive à un étage, que l'horloge donne un tic, qu'une personne entre dans l'ascenseur, et ainsi de suite. La sortie ressemble à ce qui suit.

Entrer la durée d'exécution: 30
(le planificateur prévoit la personne suivante à l'étage 1 au temps 5)
(le planificateur prévoit la personne suivante à l'étage 2 au temps 17)

*** LA SIMULATION D'ASCENSEUR COMMENCE ***

TEMPS: 1
l'ascenseur est au repos à l'étage 1

TEMPS: 2
l'ascenseur est au repos à l'étage 1

TEMPS: 3
l'ascenseur est au repos à l'étage 1

TEMPS: 4
l'ascenseur est au repos à l'étage 1

TEMPS: 5
le planificateur crée la personne 1
la personne 1 se présente à l'étage 1
la personne 1 presse le bouton d'appel de l'étage 1
le bouton d'appel de l'étage 1 appelle l'ascenseur
(le planificateur prévoit la personne suivante à l'étage 1 au temps 20)
l'ascenseur réinitialise son bouton
l'ascenseur fait sonner sa cloche
l'étage 1 réinitialise son bouton
l'étage 1 allume son témoin lumineux
l'ascenseur ouvre sa porte à l'étage 1
la personne 1 entre dans l'ascenseur à l'étage 1
la personne 1 presse le bouton de l'ascenseur
le bouton de l'ascenseur indique à l'ascenseur de se préparer à partir
l'étage 1 éteint son témoin lumineux
l'ascenseur ferme sa porte à l'étage 1
l'ascenseur se déplace vers l'étage 2 (arrivée au temps 10)

TEMPS: 6
l'ascenseur monte

TEMPS: 7
l'ascenseur monte

TEMPS: 8
l'ascenseur monte

TEMPS: 9
l'ascenseur monte

TEMPS: 10
l'ascenseur arrive à l'étage 2
l'ascenseur réinitialise son bouton
l'ascenseur fait sonner sa cloche
l'étage 2 réinitialise son bouton
l'étage 2 allume son témoin lumineux

l'ascenseur ouvre sa porte à l'étage 2
la personne 1 quitte l'ascenseur à l'étage 2
l'étage 2 éteint son témoin lumineux
l'ascenseur ferme sa porte à l'étage 2
l'ascenseur au repos à l'étage 2

TEMPS: 11
l'ascenseur est au repos à l'étage 2

TEMPS: 12
l'ascenseur est au repos à l'étage 2

TEMPS: 13
l'ascenseur est au repos à l'étage 2

TEMPS: 14
l'ascenseur est au repos à l'étage 2

TEMPS: 15
l'ascenseur est au repos à l'étage 2

TEMPS: 16
l'ascenseur est au repos à l'étage 2

TEMPS: 17
le planificateur crée la personne 2
la personne 2 se présente à l'étage 2
la personne 2 presse le bouton d'appel de l'étage 2
le bouton d'appel de l'étage 2 appelle l'ascenseur
(le planificateur prévoit la personne suivante à l'étage 2 au temps 34)
l'ascenseur réinitialiseson bouton
l'ascenseur fait sonner sa cloche
l'étage 2 réinitialise son bouton
l'étage 2 allume son témoin lumineux
l'ascenseur ouvre sa porte à l'étage 2
la personne 2 entre dans l'ascenseur à l'étage 2
la personne 2 presse le bouton de l'ascenseur
le bouton de l'ascenseur indique à l'ascenseur de se préparer à partir
l'étage 2 éteint son témoin lumineux
l'ascenseur ferme sa porte à l'étage 2
l'ascenseur se déplace vers l'étage 1 (arrivée au temps 22)

TEMPS: 18
l'ascenseur monte

TEMPS: 19
l'ascenseur monte

TEMPS: 20
le planificateur crée la personne 3
la personne 3 se présente à l'étage 1
la personne 3 presse le bouton d'appel de l'étage 1
le bouton d'appel de l'étage 1 appelle l'ascenseur
(le planificateur prévoit la personne suivante à l'étage 1 au temps 26)
l'ascenseur descend

```
TEMPS: 21
l'ascenseur descend

TEMPS: 22
l'ascenseur arrive à l'étage 1
l'ascenseur réinitialise son bouton
l'ascenseur fait sonner sa cloche
l'étage 1 réinitialise son bouton
l'étage 1 allume son témoin lumineux
l'ascenseur ouvre sa porte à l'étage 1
la personne 2 quitte l'ascenseur à l'étage 1
la personne 3 entre dans l'ascenseur à l'étage 1
la personne 3 presse le bouton de l'ascenseur
le bouton de l'ascenseur indique à l'ascenseur de se préparer à partir
l'étage 1 éteint son témoin lumineux
l'ascenseur ferme sa porte à l'étage 1
l'ascenseur se déplace vers l'étage 2 (arrivée au temps 27)

TEMPS: 23
l'ascenseur monte

TEMPS: 24
l'ascenseur monte

TEMPS: 25
l'ascenseur monte

TEMPS: 26
le planificateur crée la personne 4
la personne 4 se présente à l'étage 1
la personne 4 presse le bouton d'appel de l'étage 1
le bouton d'appel de l'étage 1 appelle l'ascenseur
(le planificateur prévoit la personne suivante à l'étage 1 au temps 35)
l'ascenseur monte

TEMPS: 27
l'ascenseur arrive à l'étage 2
l'ascenseur réinitialise son bouton
l'ascenseur fait sonner sa cloche
l'étage 2 réinitialise son bouton
l'étage 2 allume son témoin lumineux
l'ascenseur ouvre sa porte à l'étage 2
la personne 3 quitte l'ascenseur à l'étage 2
l'étage 2 éteint son témoin lumineux
l'ascenseur ferme sa porte à l'étage 2
l'ascenseur se déplace vers l'étage 1 (arrivée au temps 32)

TEMPS: 28
l'ascenseur descend

TEMPS: 29
l'ascenseur descend

TEMPS: 30
l'ascenseur descend

*** FIN DE LA SIMULATION D'ASCENSEUR ***
```

Un des buts de ces sections *À propos des objets* des chapitres 2 à 7 et 9, est de mettre en place un simulateur logiciel opérationnel qui modélise le fonctionnement de l'ascenseur pour le nombre de secondes entré par l'utilisateur du simulateur.

Analyse et conception du système

Dans cette section et les quelques sections *À propos des objets* qui suivent, nous suivons les étapes d'un processus de conception orienté objets pour le système de l'ascenseur. L'UML est conçu pour un usage avec n'importe quel processus ce ACOO, et il en existe de nombreux. Une méthode très usuelle est appelée *Rational Unified Process™*, développé par Rational Software Corporation. Pour cette étude de cas, nous présentons notre propre processus de design simplifié, destiné à votre première expérience de la COO en UML.

Avant de commencer, examinons la nature des simulations. Un simulateur comporte deux parties. La première contient les éléments qui appartiennent au monde que nous voulons simuler. Cette partie renferme des éléments tels que l'ascenseur, les étages, les boutons, et ainsi de suite. Appelons-la la *partie du monde*. La seconde contient tous les éléments nécessaires pour simuler ce monde. Parmi ceux-ci on retrouve l'horloge et le planificateur. C'est ce que nous appelons la *partie du contrôleur*. Nous conserverons en permanence à l'esprit ces deux parties tout au long du processus de design de notre système.

Diagrammes de cas d'utilisation

Quand des développeurs commencent un projet, ils débutent rarement sur un énoncé détaillé du problème, tel que celui que propose le début de cette section (voir section 2.22). Ce document et les autres résultent habituellement d'une phase d'*analyse orientée objets (AOO)*. Au cours de cette phase, indispensable, vous interrogez les gens qui veulent édifier le système et les gens qui, en fin de compte, doivent utiliser ce système. Les informations obtenues dans ces interviews permettent de constituer ce que l'on appelle les *requis du système* ou les *contraintes du système*. Ces requis vous guident et guident tous les développeurs qui vous accompagnent au fur et à mesure du design du système. Dans notre étude de cas, l'énoncé du problème contient les contraintes du système de l'ascenseur. Les résultats de la phase d'analyse sont destinés à spécifier clairement *ce que* le système est supposé faire. Les résultats de la phase de conception sont destinés à spécifier clairement *comment* construire le système pour qu'il fasse ce qu'il est sensé faire.

L'UML met en place des *diagrammes de cas d'utilisation* pour faciliter le processus de collection des requis. Les diagrammes de cas d'utilisation modélisent les interactions entre les clients externes du systèmes et les *cas d'utilisation* du système. Chaque cas d'utilisation représente une fonctionnalité, une capacité, différente que le système fournit au client. Par exemple, un teminal bancaire automatique a plusieurs cas d'utilisation comme le «dépôt», le «retrait», le «transfert de fonds».

La figure 2.39 montre le diagramme de cas d'utilisation du système de l'ascenseur. Le personnage sur la gauche représente un *acteur*. Les acteurs sont des entités extérieures telles que des gens, des robots ou d'autres «systèmes» qui utilisent le système. Les seules acteurs de notre système sont les gens qui veulent emprunter l'ascenseur. Nous modélisons donc un acteur nommé «Personne». Le nom de l'acteur apparaît juste en-dessous du personnage.

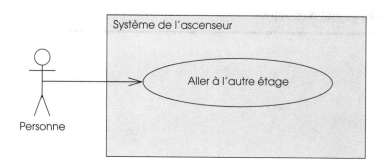

Figure 2.39   Diagramme de cas d'utilisation pour le système de l'ascenseur.

Le cadre du système, c'est-à-dire le grand rectangle bleu de la figure, contient les cas d'utilisation du système. Notez que le cadre est intitulé «Système de l'ascenseur». Ce titre indique que ce modèle de cas d'utilisation intéresse *les comportements du système que nous voulons simuler*, soit ici un ascenseur transportant des gens, *par opposition aux comportements de la simulation*, soit ici la création de gens et la planification des arrivées.

L'UML modélise chaque cas d'utilisation par un ovale. Dans notre système simple, les acteurs utilisent l'ascenseur pour un seul usage: aller à l'autre étage. Le système assure donc une seule fonctionnalité à ses utilisateurs: «Aller à l'autre étage» est le seul cas d'utilisation de notre système d'ascenseur.

À mesure que vous édifiez le système, vous vous basez sur le diagramme de cas d'utilisation pour vérifier que tous les besoins des clients sont bien assurés. Notre étude de cas contient un seul cas d'utilisation. Dans des systèmes plus vastes, les diagrammes de cas d'utilisation sont des outils indispensables qui permettent aux concepteurs de garder leur concentration sur la satisfaction des besoins des utilisateurs. Le but des diagrammes de cas d'utilisation est de montrer le genre d'interactions que les utiliseurs ont avec le système, sans devoir fournir les détails de ces interactions.

Identification des classes dans un système

L'étape suivante dans le processus de COO consiste à *identifier les classes* dans le problème. Nous finirons par décrire ces classes d'une manière formelle et par les mettre en place en C++, étape ultime qui fait l'objet du chapitre 6. Nous devons d'abord réviser l'énoncé du problème et localiser les *noms*; ceux-ci représentent en toute probabilité la plupart des classes, ou instance de classes, nécessaires pour implanter le simulateur d'ascenseur. La figure 2.40 propose une liste de ces noms.

Liste des noms de l'énoncé du problème

société

bâtiment

ascenseur

simulateur

horloge

Figure 2.40   Liste des noms dans l'énoncé du problème. (1 de 2)

Liste des noms de l'énoncé du problème

temps

planificateur

personne

étage 1

bouton d'étage

étage 2

porte de l'ascenseur

énergie

capacité

bouton de l'ascenseur

cloche de l'ascenseur

témoin lumineux de l'étage, d'arrivée de l'ascenseur

personne attendant à un étage

passager de l'ascenseur

Figure 2.40   Liste des noms dans l'énoncé du problème. (2 de 2)

Nous ne sélectionnons que les noms qui interviennent réellement dans le système. Pour cette raison, nous éliminons:

- société
- simulateur
- temps
- énergie
- capacité

Nous n'avons nul besoin de modéliser la société sous forme d'une classe, puisque la société ne fait pas partie de la simlation, et qu'elle nous demande simplement de modéliser l'ascenseur. Le simulateur est le programme C++ dans sa totalité, et non une classe individuelle. Le temps est une propriété de l'horloge et non une entité en elle-même. Inutile aussi de modéliser l'énergie dans la simulation, bien que les fournisseurs d'électricité, de gaz ou de carburant serait très certainement intéressés par l'idée d'intervenir sur ces éléments dans leurs propres programmes de simulation. Et, enfin, nous rejetons la capacité, qui constitue une propriété de l'ascenseur et de l'étage, et non une entité en elle-même.

Nous déterminons les classes du système en filtrant les noms restant en des catégories distinctes. Chaque nom restant de la figure 2.40 fait référence à une ou plusieurs des catégories suivantes:

- bâtiment
- ascenseur
- horloge
- planificateur
- personne (attendant à un étage ou passager de l'ascenseur)

- étage (soit 1, soit 2)

- bouton d'étage

- bouton d'ascenseur

- cloche

- témoin lumineux

- porte

Ces catégories sont susceptibles de former les classes dont nous aurons besoin pour mettre notre système en place. Notez que nous créons une catégorie distincte pour les boutons d'étage et une autre pour le bouton de l'ascenseur. Les deux types de boutons assurent en effet des rôles différents dans la simulation: les boutons d'étages appellent l'ascenseur et le bouton d'ascenseur indique à l'ascenseur de se déplacer vers l'autre étage.

Nous pouvons à présent modéliser les classes du système sur base des catégories identifiées. Par convention, nous mettons les noms de classes sous une forme comprenant une première majuscule à chaque mot qui forme le nom de la classe. Si le nom d'une classe comporte deux ou plusieurs noms accolés, nous les plaçons ensemble après en avoir mis en capitale la première lettre de chaque mot. On obtient ainsi par exemple: **NomsMotsMultiples**. À l'aide de cette convention, nous créons donc les classes **Ascenseur**, **Horloge**, **Planificateur**, **Personne**, **Etage**, **Porte**, **Batiment**, **BoutonEtage**, **BoutonAscenseur**, **Cloche** et **TemoinLumineux**. Nous construirons notre système à partir de ces classes, que nous considérons dores et déjà comme des blocs de construction. Avant de construire le système, nous devons toutefois encore obtenir une meilleure connaissance de la manière dont les classes interagissent.[3]

Diagrammes de classes

L'UML nous donne les outils qui nous permettent de modéliser les classes du système de l'ascenseur et leurs relations par le biais du *diagramme de classes*. La figure 2.41 montre la manière dont on représente une classe en UML. Nous modélisons ici la classe **Ascenseur**. Dans un diagramme de classe, chaque classe est modélisée sous la forme d'un rectangle, divisé en trois parties. La partie supérieure contient le nom de la classe.

La partie centrale contient les *attributs* de la classe. La section *À propos des objets* du chapitre 3 analyse cette notion d'attribut. La partie inférieure contient les *opérations* de la classe. Nous étudierons les opérations à la section *À propos des objets* du chapitre 4.

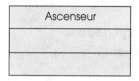

Figure 2.41   Représentation d'une classe en UML.

---

3. NdT.: remarquez que nous n'avons pas utilisé de caractère accentué dans les noms de classes. Bien que la plupart des logiciels gèrent sans problème majeur les caractères accentués, y compris le compilateur C++ que nous utiliserons plus loin, la plus élémentaire prudence nous conseille de nous en passer. Des problèmes d'affichage, de reconnaissance des accents par les outils utilisés restent à craindre. Par ailleurs, l'omission des accents vous évite de jongler avec le clavier dans bien des cas.

Les classes interagissent les unes avec les autres au moyen d'*associations*. La figure 2.42 montre comment interagissent les classes **Batiment**, **Ascenseur** et **Etage**. Notez que les rectangles de ce diagramme ne sont pas divisés en trois parties. L'UML autorise la troncature des symboles de classes de cette manière, de façon à rédiger des diagrammes plus lisibles.

Dans ce diagramme de classes, une ligne en trait plein qui relie deux classes représente une association. Une association est une relation entre des classes. Les nombres placés près des lignes expriment des *valeurs de multiplicité*. Celles-ci indiquent *combien* d'objets d'une classe participent dans l'association. À partir de ce diagramme, nous voyons que deux objets de la classe **Etage** participent dans l'association avec un objet de la classe **Batiment**. Par conséquent, la classe **Batiment** a une *relation de un à deux* avec la classe **Etage**; de la même manière, on peut dire que la classe **Etage** a une *relation de deux à un* avec la classe **Batiment**.

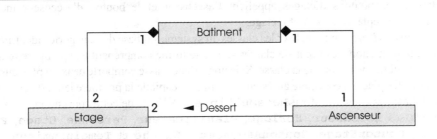

Figure 2.42   Associations entre classes dans un diagramme de classes.

Le diagramme permet aussi de déduire que la classe **Batiment** a une *relation de un à un* avec la classe **Ascenseur**, et vice versa. L'UML permet ainsi de modéliser de nombreux types de multiplicités. La figure 2.43 montre les types de multiplicités et leur représentation.

Symbole	Signification
0	Aucun.
1	Un.
m	Une valeur entière
0..1	Zéro à un.
m..n	Au moins *m*, mais pas plus de *n*.
*	Tout nombre non négatif.
0..*	Zéro ou plus.
1..*	Un ou plus.

Figure 2.43   Tableau des multiplicités.

Il est possible de baptiser une association. Par exemple, le mot *Dessert* au dessus de la ligne de liaison entre les classes **Etage** et **Ascenseur** indique le nom de cette association, la flèche montrant le sens de l'association. Cette partie du diagramme signifie: «un objet de la classe **Ascenseur** dessert deux objets de la classe **Etage**.»

Les losanges pleins liés aux lignes d'association de la classe **Batiment** indiquent que la classe **Batiment** entretient une relation de *composition* avec les classes **Etage** et **Ascenseur**. La composition implique une relation de type contenant ou contenu. La classe qui se trouve du côté du symbole de composition (le losange plein donc) de la ligne d'association est le contenant (soit **Batiment** dans ce cas-ci) et la classe de l'autre côté de la ligne d'association est le contenu (soit **Etage** et **Ascenseur** dans ce cas-ci).[4]

La figure 2.44 montre le diagramme de classe complet du système d'ascenseur. Toutes les classes que nous avons créées y sont modélisées, ainsi que les associations entre les classes. *Note*: au chapitre 9, nous étendrons le diagramme de classes à l'aide du concept orienté objets de l'*héritage*.

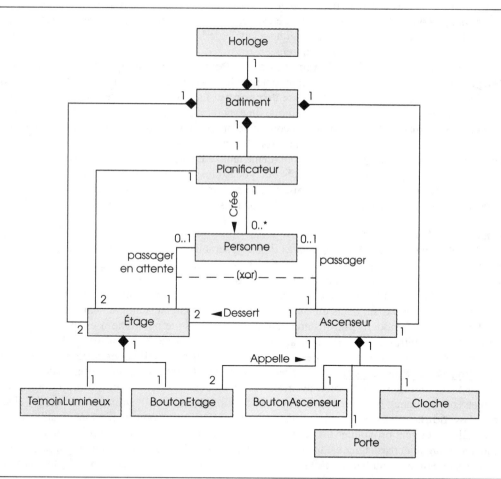

Figure 2.44   Diagramme de classes complet pour le simulateur d'ascenseur.

---

4. En accord avec la norme UML 1.3, les classes impliquées dans une relation de composition observent les trois propriétés suivantes: 1) une seule classe de la relation peut représenter le contenant (en d'autres termes, le losange plein ne peut se placer qu'à une seule extrémité de la ligne d'association); 2) la composition implique des durées de vie concordant entre le contenu et ses parties à un moment donné et le contenant est responsable de la création et de la destruction de ses parties; 3) une partie du cointenu ne peut appartenir qu'à un seul contenant à la fois, bien que lea partie puisse être retirée et reliée à un autre contenant, qui assume désormais la responsabilité de la partie de contenu.

La classe **Batiment** est représentée au plus près du sommet du diagramme et se compose de deux classes: **Horloge** et **Planificateur**. Ces deux classes constituent en fait la partie contrôleur de la simulation. La classe **Batiment** est aussi composée de la classe **Ascenseur** et de la classe **Etage**.[5] Vous noterez aussi la relation de un à deux entre la classe **Batiment** et la classe **Etage**.

Les classes **Etage** et **Ascenseur** sont modélisées plus près du bas du diagramme. La classe **Etage** est composée d'un objet de la classe **TemoinLumineux** et d'un autre de la classe **BoutonEtage**. La classe **Ascenseur** est constituée d'un objet de chacune des classes **BoutonAscenseur**, **Porte** et **Cloche**.

Les classes impliquées dans une association peuvent posséder un ou plusieurs *rôles*. Les rôles clarifient la relation entre deux classes. Par exemple, la classe **Personne** joue le rôle de «passager en attente» dans son association avec la classe **Etage** (du fait qu'une personne attend devant l'ascenseur), et la classe **Personne** joue aussi le rôle de «passager» dans son association avec la classe **Ascenseur**. Dans un diagramme de classe, le nom d'un rôle de classe se place sur un des deux côtés de la ligne d'association, près du rectangle de la classe qui joue le rôle. Chaque classe d'une association peut jouer un rôle différent.

L'association entre la classe **Etage** et la classe **Personne** indique qu'un objet de la classe **Etage** peut être en liaison avec zéro ou un objet de la classe **Personne**. La classe **Ascenseur** est liée aussi à zéro ou un objet de la classe **Personne**. La ligne en pointillés qui effectue le pont entre ces deux lignes d'association indique une contrainte sur la relation entre les classes **Personne**, **Etage** et **Ascenseur**. La contrainte dit qu'un objet de la classse **Personne** peut participer à une relation avec un objet de la classe **Etage** ou à une relation avec un objet de la classe **Ascenseur**, mais pas à ces deux objets en même temps. La notation pour cette relation est le mot «xor» (qui signifie «exclusive or» en anglais, soit «ou exclusif» en français), placé entre des crochets droits.[6] L'association entre la classe **Planificateur** et la classe **Personne** établit qu'un objet de la classe **Planificateur** crée zéro objets ou plus de la classe **Personne**.

Diagrammes d'objets

L'UML définit par ailleurs des *diagrammes d'objets*, semblables aux diagrammes de classes, mais qui en diffèrent en ceci qu'ils modélisent des objets et des *liens*, c'est-à-dire les relations entre objets. Tout comme les diagrammes de classes, les diagrammes d'objets modélisent la structure du système. Ils présentent un instantané de la structure du système pendant son fonctionnement, ce qui fournit des informations sur quels objets participent dans le système à un moment très spécifique.

La figure 2.45 modélise un instantané du système lorsque personne n'est présent dans le bâtiment, en d'autres termes lorsque aucun objet de la classe **Personne** n'existe dans le système à ce moment très précis. Les noms d'objets sont habituellement écrits sous la forme **nomDObjet : NomDeClasse**. Le premier mot dans le nom d'un objet n'est pas mis avec une première majuscule, mais bien les mots suivants. Tous les noms d'objets d'un diagramme d'objets sont soulignés. Nous omettons le nom de certains objets de ce diagramme, comme des objets de la classe **BoutonEtage**. Dans de grands systèmes, de nombreux noms d'objets seront utilisés dans le modèle. Ceci peut provoquer un véritable fouilli dans le diagramme, compliquant sa lecture. Si le nom d'un objet particulier est inconnu ou s'il n'est pas nécessaire de l'inclure (parce que nous ne nous intéressons qu'au type de l'objet), nous pouvons omettre le nom de l'objet. Dans ce cas-là, nous affichons simplement le double point et le nom de sa classe.

---

5. La relation composite entre la classe **Batiment** et les classes **Horloge** et **Planificateur** représente une décision de conception de notre part. Nous considérons en effet que la classe **Batiment** fait partie à la fois des parties «monde» et «contrôleur» de la simulation. Dans notre design, nous donnons au bâtiment la responsabilité de lancer la simulation.

6. Les contraintes dans les diagrammes UML peuvent être écrites avec ce que l'on appelle l'OCL, le langage de contrainte d'objet (*Object Constraint Language*). L'OCL a été créé de telle sorte que les modélisateurs puissent exprimer des contraintes sur un système d'une manière clairement définie. Pour en savoir plus, visitez le site *www-4.ibm.com/software/ad/standards/ocl.html*.

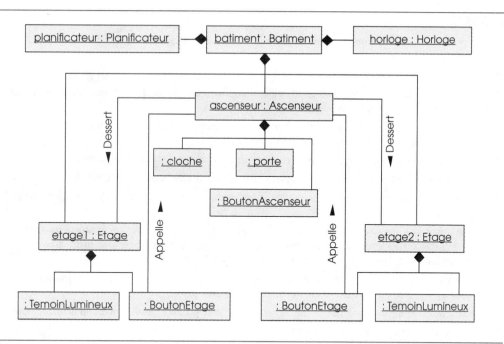

Figure 2.45   Diagramme d'objets d'un bâtiment inoccupé.

Nous avons à présent identifié les classes du système, bien que nous puissions encore en découvrir d'autres aux phases suivantes du processus de conception. Nous avons aussi examiné le cas d'utilisation du système. À la section *À propos des objets* du chapitre 3, nous exploiterons ces connaissances pour envisager les changements du système au cours du temps. Au fur et à mesure où nous étendrons nos connaissances, nous découvrirons de nouvelles informations qui nous permettront de décrire nos classes plus en profondeur.

Notes

1. Vous apprendrez comment implanter «le hasard» dans le prochain chapitre, lorsque nous étudierons la génération des nombres aléatoires. La production de nombres aléatoires peut vous aider à réaliser des projets tels que la simulation d'un jeu de pile ou face ou de lancement de dés. Elle vous permettra également de simuler des personnes arrivant au hasard pour utiliser l'ascenseur.

2. Comme le monde réel est un monde orienté objets, il vous sera tout naturel de poursuivre ce projet même si vous n'avez pas encore étudié l'orientation objets de façon formelle.

Questions

1. Comment pouvez-vous décider si l'ascenseur sera capable de supporter le volume de circulation anticipé?

2. Pourquoi est-il beaucoup plus compliqué de mettre en oeuvre un édifice de trois étages ou plus?

3. Il est fréquent de trouver plusieurs ascenseurs dans des gratte-ciel. Nous verrons au chapitre 6 que, une fois que nous avons créé un objet d'ascenseur, il est facile d'en créer autant que nous le voulons. Quels problèmes entrevoyez-vous s'il y a plusieurs ascenseurs qui peuvent, chacun, laisser entrer et sortir des passagers à chaque étage de l'édifice?

4. Afin de simplifier, nous avons convenu que notre ascenseur et chaque étage avaient une capacité d'une seule personne. Quels problèmes entrevoyez-vous si vous avez la possibilité d'augmenter ces capacités?

RÉSUMÉ

- Une procédure de résolution de problème en termes d'actions à exécuter et d'ordre d'exécution de ces actions s'appelle un algorithme

- Dans un programme, la spécification de l'ordre d'exécution des instructions s'appelle le contrôle de programme.

- Le pseudocode aide le programmeur à «imaginer» un programme avant qu'il ne tente de l'écrire dans un langage de programmation comme le C++.

- Les déclarations sont des messages indiquant au compilateur les noms et les attributs des variables et chargeant le compilateur de réserver de l'espace pour celles-ci.

- Une structure de sélection est utilisée pour choisir parmi différentes suites d'actions alternatives.

- La structure de sélection **if** n'effectue l'action indiquée que lorsque la condition est vraie.

- La structure de sélection **if/else** permet de spécifier des actions différentes selon que la condition est vraie ou fausse.

- Lorsqu'il faut exécuter plus d'une instruction là où on en attend qu'une seule, ces instructions doivent être mises entre accolades pour former une instruction composée. On peut placer une instruction composée partout où il est possible de mettre une instruction simple.

- Une instruction vide indiquant qu'aucune action ne doit être effectuée, est représentée en plaçant un point-virgule (;) à l'endroit où se retrouverait normalement une instruction.

- Une structure de répétition spécifie qu'une action sera répétée pendant qu'une condition demeure vraie.

- Le format de la structure de répétition **while** est:

        while (*condition*)
            instruction

- Une valeur contenant une partie fractionnaire est appelée nombre à virgule flottante et est représentée par le type de données **float** ou **double**.

- L'opérateur de transtypage unaire **static_cast< double >( )** crée une copie temporaire à virgule flottante de son opérande.

- Le C++ offre les opérateurs d'affectation arithmétiques **+=, -=, *=, /=** et **%=** qui aident à abréger certains types courants d'expressions.

- Le C++ offre les opérateurs d'incrémentation (**++**) et de décrémentation (**--**) pour incrémenter et décrémenter une variable par une valeur de 1. Si l'opérateur est placé avant la variable, la variable est d'abord incrémentée ou décrémentée de 1 puis utilisée dans l'expression. S'il est placé après la variable, la variable est d'abord utilisée dans l'expression, puis incrémentée ou décrémentée de 1.

- Une boucle est un groupe d'instructions exécutées de façon répétitive par l'ordinateur jusqu'à ce qu'une condition de terminaison soit satisfaite. On retrouve la répétition contrôlée par compteur et la répétition contrôlée par sentinelle.

- Un compteur de boucles sert à compter les répétitions pour un groupe d'instructions. Il est habituellement incrémenté (ou décrémenté) de 1 chaque fois que le groupe d'instructions est exécuté.

- Les valeurs de sentinelle sont généralement utilisées pour contrôler la répétition lorsque le nombre précis de répétitions n'est pas connu d'avance et lorsque la boucle comprend des instructions qui obtiennent des données chaque fois que la boucle est traversée. Une valeur de sentinelle est entrée après que tous les éléments de données valides ont été fournis au programme. Les sentinelles doivent différer des éléments de données valides.

- La structure de répétition **for** supporte tous les détails de la répétition contrôlée par compteur. Le format général de la structure **for** est

        for (*expression1;* *expression2;* *expression3*)
            instruction

où *expression1* initialise la variable de contrôle de la boucle, *expression2* représente la condition de répétition de boucle et où *expression3* incrémente la variable de contrôle.

- La structure de répétition **do/while** teste la condition de répétition de boucle à la fin de la boucle, afin que le corps de la boucle soit exécuté au moins une fois. Le format de la structure **do/while** est

```
do
    instruction
while ( condition );
```

- L'instruction **break**, lorsqu'exécutée dans une structure **while**, **for**, **do/while**, ou **switch**, provoque une sortie immédiate de cette structure.

- L'instruction **continue**, lorsqu'exécutée dans une structure **while**, **for** ou **do/while**, ignore les instructions restantes dans le corps de cette structure et procède à l'itération suivante de la boucle.

- L'instruction **switch** peut contenir une série de décisions dans laquelle une variable ou expression est testée pour chacune des valeurs entières constantes qu'elle peut prendre et où différentes actions sont exécutées. Dans la plupart des programmes, il est nécessaire d'inclure une instruction **break** à la suite des instructions de chaque étiquette **case**. Plusieurs étiquettes **case** peuvent exécuter les mêmes instructions en énumérant celles-ci avant les instructions. La structure **switch** ne peut tester que des expressions entières constantes. Il n'est pas nécessaire de placer une étiquette **case** à instructions multiples entre accolades.

- Sur les systèmes UNIX et de nombreux autres systèmes, on indique la fin de fichier en tapant

  <ctrl-d>

  seule sur une ligne. Sur les systèmes VMS et DOS, on indique la fin de fichier en tapant

  <ctrl-z>

  éventuellement suivi d'une pression de la touche *Entrée*.

- Les opérateurs logiques peuvent être utilisés pour former des conditions complexes en combinant des conditions. Les opérateurs logiques sont **&&**, **||** et **!**, soit respectivement le ET logique, le OU logique et le NON logique (ou négation).

- Toute valeur différente de zéro est une valeur vraie (**true**); la valeur zéro (**0**) est une valeur fausse (**false**).

TERMINOLOGIE

affinage par étapes descendant	étiquette **case**
algorithme	étiquette par défaut **default**
bloc	exécution séquentielle
bool	**false**
boucle d'attente	**float**
boucle infinie	fonction **cin.get ( )**
break	fonction **pow**
caractères d'espace blanc	format à virgule fixe
char	initialisation
compteur de boucle	instruction composée
continue	instruction vide (**;**)
corps d'une boucle	**ios::fixed**
définition	**ios::left**
division d'entiers	**ios::showpoint**
double	jeu de caractères ASCII
EOF (*end of file* ou fin de fichier)	largeur de champ
erreur de syntaxe	**long**
erreur fatale	manipulateur de flux paramétré
erreur logique	manipulateur de flux **setiosflags**
erreur non fatale	manipulateur de flux **setprecision**
erreur par décalage de un	manipulateur de flux **setw**

modèle de programmation action/décision

mot-clé

opérateur conditionnel (**? :**)

opérateur d'incrémentation (**++**)

opérateur de décrémentation (**--**)

opérateur de post-décrémentation

opérateur de post-incrémentation

opérateur de pré-décrémentation

opérateur d'incrémentation (**++**)

opérateur de décrémentation (**--**)

opérateur de post-décrémentation

opérateur de post-incrémentation

opérateur de pré-décrémentation

opérateur de pré-incrémentation

opérateur ET logique (**&&**)

opérateur de transtypage

opérateur NON logique (**!**)

opérateur OU logique (**||**)

opérateur ternaire

opérateur unaire

opérateurs d'affectation arithmétiques
   +=, **-=**, ***=**, **/=**, et **%=**

opérateurs logiques

programmation structurée

pseudocode

répétition

répétition contrôlée par compteur

répétition définie

répétition non définie

sélection

short

static_cast<type> ( )

structure de contrôle

   à entrée unique-sortie unique

   empilée

   imbriquée

structure de répétition

structure de répétition **do/while**

structure de répétition **for**

structure de répétition **while**

structure de sélection double

structure de sélection **if**

structure de sélection **if/else**

structure de sélection multiple

structure de sélection **switch**

structure de sélection unique

transfert de contrôle

true

valeur de sentinelle

valeur droite

valeur gauche

valeur non définie

Terminologie de À propos des objets

acteur

analyse orientée objets (AOO)

analyse et conception orientées objets (ACOO)

association

cadre du système

cas d'utilisation

composition

conception orientée objets (COO)

contrainte

diagramme de cas d'utilisation

diagramme de classe

diagramme d'objet

identifier les classes d'un système

lien

multiplicité

nom d'association

OCL (Object Constraint Language)

partie contrôleur d'une simulation

partie monde d'une simulation

que (fait le système) ou comment (il le fait)

relation un à deux

relation un à un

Rational Unified Process

requis du système

rôle

simulateur logiciel

structure statique d'un système

symbole de losange plein dans les diagrammes
   de classe et d'objets de l'UML

symbole de trait plein dans les diagrammes
   de classe et d'objets de l'UML

symbole rectangle dans un diagramme
   de classe UML

un à deux, relation

un à un, relation

xor

ERREURS DE PROGRAMMATION COURANTES

2.1   Utiliser un mot-clé comme identificateur est une erreur de syntaxe.

2.2   Le fait d'oublier une ou les deux accolades délimitant une instruction composée dans un programme peut produire des erreurs de syntaxe ou des erreurs de logique.

2.3   Le fait de placer un point-virgule (**;**) après la condition dans une structure **if** provoque une erreur de logique dans les structures **if** de sélection unique et une erreur de syntaxe dans les structures **if** de sélection double (si la partie **if** contient une instruction de corps).

2.4   Omettre d'inclure dans le corps d'une structure **while** une action qui permette à la condition du **while** de devenir fausse provoque habituellement une erreur appelée «boucle infinie», dans laquelle la structure de répétition ne se termine jamais.

2.5   Écrire le mot-clé **while** avec un W majuscule comme dans While est une erreur de syntaxe. Rappelez-vous, en effet, que le C++ est sensible à la casse et que tous les mots-clés réservés du C++, comme **while**, **if** et **else**, ne contiennent que des minuscules.

2.6   Si un compteur ou un total n'est pas initialisé, les résultats de votre programme seront probablement inexacts. C'est un exemple d'erreur de logique.

2.7   Comme, dans une boucle contrôlée par compteur, le compteur de boucles (qui augmente d'une unité à chaque boucle traversée) est supérieur de un à sa dernière valeur légitime (c'est-à-dire 11 dans le cas d'un dénombrement de 1 à 10), utiliser la valeur du compteur dans un calcul après la boucle produit souvent une erreur par décalage de un.

2.8   Choisir une valeur de sentinelle qui est également une valeur de donnée légitime est une erreur de logique.

2.9   Une tentative de division par zéro provoque une erreur fatale.

2.10   Utiliser des nombres à virgule flottante de manière qui présume qu'ils sont représentés avec précision peut mener à des résultats inexacts. La plupart des ordinateurs ne les représentent qu'approximativement.

2.11   Utiliser un opérateur d'incrémentation ou de décrémentation sur une expression autre qu'un nom de variable simple, par exemple en écrivant **++(x + 1)**, est une erreur de syntaxe.

2.12   Comme les valeurs à virgule flottante peuvent être approximatives, le contrôle des boucles de comptage avec des variables à virgule flottante peut produire des valeurs de compteur imprécises et des tests de terminaison inexacts.

2.13   L'emploi d'un opérateur relationnel inexact ou d'une valeur finale erronée pour un compteur de boucle dans une condition de structure while ou for peut causer des erreurs par décalage de un.

2.14   Lorsque la variable de contrôle d'une structure **for** est au départ définie dans la section d'initialisation de l'en-tête de cette structure, l'utilisation de la variable de contrôle après le corps de la structure constitue une erreur de syntaxe.

2.15   L'utilisation de virgules au lieu des deux points-virgules requis dans un en-tête **for** est une erreur de syntaxe.

2.16   Placer un point-virgule immédiatement à la droite de la parenthèse droite d'un en-tête **for** a pour effet de transformer le corps de la structure du **for** en instruction vide. Cela constitue, normalement, une erreur de logique.

2.17   L'emploi du mauvais opérateur relationnel dans une condition de répétition de boucle qui compte en descendant (par exemple, utiliser **i <= 1** dans une boucle comptant en descendant jusqu'à **1**) est habituellement une erreur de logique qui provoquera des résultats inexacts lors de l'exécution du programme.

2.18   Oublier d'inclure le fichier **<cmath>** dans un programme utilisant des fonctions de la bibliothèque mathématique est une erreur de syntaxe.

2.19   L'emploi du mauvais opérateur relationnel dans une condition de répétition de boucle qui compte en descendant (par exemple, utiliser **i <= 1** dans une boucle comptant en descendant jusqu'à **1**) est habituellement une erreur de logique qui provoquera des résultats inexacts lors de l'exécution du programme.

2.20   L'omission d'un espace entre le mot **case** et la valeur d'entier à tester dans une structure **switch** peut provoquer une erreur de logique. Par exemple, écrire **case3:** au lieu de **case 3:** crée simplement une étiquette inutilisée (nous discuterons davantage de cette situation au chapitre 18). Ce problème empêchera la structure **switch** d'effectuer les actions appropriées lorsque l'expression de contrôle de **switch** vaut 3.

2.21   Le fait de ne pas traiter les nouvelles lignes ou autres caractères d'espace blanc à l'entrée lorsque les caractères sont lus un à la fois peut provoquer des erreurs de logique.

2.22   Fournir des étiquettes **case** identiques dans une structure **switch** est une erreur de syntaxe.

2.23   Les boucles infinies surviennent lorsque la condition de répétition de boucle d'une structure **while**, **for** ou **do/while** ne devient jamais fausse. Pour empêcher ce phénomène, assurez-vous que la valeur de la condition change quelque part dans l'en-tête ou le corps de la boucle afin que la condition puisse devenir fausse.

2.24   Bien que l'expression **3 < x < 7** soit une condition correcte du point de vue mathématique, elle ne s'évalue pas comme il faut en C++. Utilisez plutôt **(3 < x && x < 7)** pour obtenir l'évaluation adéquate en C++.

2.25   Dans les expressions utilisant l'opérateur **&&**, il peut arriver qu'une condition – que nous appellerons condition dépendante – exige qu'une autre condition soit vraie pour justifier l'évaluation de la condition dépendante. Le cas échéant, la condition dépendante devrait être placée après l'autre condition, à défaut de quoi une erreur pourrait se produire

2.26   Utiliser l'opérateur **==** pour l'affectation et l'opérateur **=** pour l'égalité est une erreur de logique.

BONNES PRATIQUES DE PROGRAMMATION

2.1   L'application régulière et raisonnable de conventions d'indentation dans vos programmes améliore grandement leur lisibilité. Nous recommandons une tabulation de taille fixe d'environ un centimètre ou trois espaces par retrait.

2.2   On utilise souvent le pseudocode pour « imaginer » un programme pendant le processus de conception. Le programme de pseudocode est ensuite converti en C++.

2.3   Indentez les deux instructions du corps d'une structure **if/else**.

2.4   Si vous optez pour différents niveaux d'indentation, décalez chaque niveau par la même quantité d'espace supplémentaire.

2.5   Le fait de toujours mettre des accolades dans une structure **if/else** (ou dans toute autre structure de contrôle) permet de ne pas les oublier, surtout lorsqu'on ajoute ultérieurement des instructions à une clause **if** ou **else**.

2.6   Certains programmeurs préfèrent entrer les accolades de début et de fin des instructions composées avant d'écrire les instructions individuelles entre celles-ci. Cette pratique aide à éviter l'omission d'une ou des deux accolades.

2.7   Initialisez les compteurs et les totaux.

2.8   Déclarez chaque variable sur une ligne séparée.

2.9   Quand vous faites une division par une expression dont la valeur pourrait être zéro, testez le cas et traitez-le adéquatement dans votre programme (en affichant un message d'erreur, par exemple) plutôt que de permettre la production d'une erreur fatale.

2.10   Invitez l'utilisateur à entrer chaque donnée au clavier. L'invite devrait indiquer la forme de la donnée à saisir et toute valeur spéciale (telle la valeur de sentinelle que l'utilisateur doit entrer pour terminer une boucle).

2.11   Dans une boucle contrôlée par sentinelle, les invites demandant des entrées devraient explicitement rappeler la valeur de sentinelle à l'utilisateur.

2.12   Ne comparez pas de valeurs à virgule flottante pour vérifier leur égalité ou leur inégalité. Testez plutôt que la valeur absolue de leur différence est inférieure à une faible valeur spécifiée.

2.13 Initialiser les variables lors de leur déclaration aide le programmeur à éviter des problèmes de données non initialisées.

2.14 Les opérateurs unaires doivent être placés à côté de leurs opérandes sans espaces interposés.

2.15 Contrôlez les boucles de comptage avec des valeurs d'entiers.

2.16 Indentez les instructions à l'intérieur du corps de chaque structure de contrôle.

2.17 Insérez une ligne vide avant et après chaque structure de contrôleafin de la mettre en relief dans le programme.

2.18 Un programme comportant trop de niveaux d'imbrication peut être difficile à comprendre. En règle générale, évitez d'utiliser plus de trois niveaux d'indentation.

2.19 Un espacement vertical au-dessus et au-dessous des structures de contrôle et une indentation des corps de ces structures à l'intérieur de leurs en-têtes donnent aux programmes une apparence bi-dimensionnelle qui en améliore beaucoup la lisibilité.

2.20 On peut éviter les erreurs par décalage de un en utilisant la valeur finale dans une condition de structure **while** ou **for** et l'opérateur relationnel **<=**. Ainsi, dans le cas d'une boucle servant à afficher les valeurs de 1 à 10, la condition de répétition de boucle doit être **compteur <= 10** plutôt que **compteur < 10** (une erreur par décalage de un) ou **compteur < 11** (une entrée néanmoins correcte). De nombreux programmeurs préfèrent quand même ce qu'on appelle le comptage orienté zéro où, pour compter dix fois à travers la boucle, **compteur** doit être initialisé à zéro et où le test de la répétition de boucle doit être **compteur < 10**.

2.21 Dans les sections d'initialisation et d'incrémentation d'une structure **for**, ne placez que les expressions impliquant les variables de contrôle. Les manipulations d'autres variables devraient apparaître soit avant la boucle (si elles ne s'exécutent qu'une fois comme les instructions d'initialisation), soit dans le corps de la boucle (si elles s'exécutent une fois par répétition, comme les instructions d'incrémentation et de décrémentation).

2.22 Même s'il est possible de changer la valeur de la variable de contrôle dans le corps d'une boucle **for**, évitez cette pratique car elle peut provoquer des erreurs de logique subtiles.

2.23 Même s'il est souvent possible de fusionner des instructions précédant un **for** et des instructions dans le corps d'un **for** à l'intérieur de l'en-tête du **for**, évitez cette pratique car cela peut rendre le programme plus difficile à lire.

2.24 Si cela est possible, limitez la taille des en-têtes de la structure de contrôle à une seule ligne.

2.25 N'utilisez pas de variables de type **float** ou **double** pour effectuer des calculs monétaires. L'imprécision des nombres à virgule flottante peut provoquer des erreurs et, par conséquents, donner des valeurs monétaires inexactes. Dans les exercices, nous explorons l'emploi des entiers dans les calculs monétaires. Note: on commence à trouver des bibliothèques de classes du C++ pour effectuer adéquatement les calculs monétaires.

2.26 Fournissez une étiquette **default** dans les instructions **switch**. Les étiquettes **case** qui ne sont pas explicitement testées dans une instruction **switch** sans étiquette **default** sont ignorées. L'inclusion d'une étiquette **default** attire l'attention du programmeur sur la nécessité de traiter les conditions d'exception. Certaines situations n'exigent cependant aucun traitement d'étiquette **default**. Bien que les clauses **case** et **default** d'une structure **switch** puissent se produire dans n'importe quel ordre, le fait de placer la clause **default** en dernier est reconnu comme une bonne pratique de programmation.

2.27 Lorsque la clause **default** d'une structure **switch** est placée en dernier, l'instruction **break** n'est pas requise. Certains programmeurs incluent l'instruction **break** pour des raisons de clarté et de symétrie avec les autres **case**.

2.28 Certains programmeurs insèrent toujours les accolades dans une structure **do/while** même si elles ne sont pas nécessaires. Cette pratique aide à éliminer les ambiguïtés entre la structure **while** et la structure **do/while** à une seule instruction.

2.29 Certains programmeurs croient que **break** et **continue** enfreignent la programmation structurée. Comme les effets de ces instructions peuvent être obtenus par des techniques de programmation structurée que nous apprendrons bientôt, ces programmeurs n'utilisent pas **break** ni **continue**.

ASTUCES SUR LA PERFORMANCE

2.1   Une structure **if/else** imbriquée est souvent beaucoup plus rapide qu'une série de structures de sélection unique **if** à cause de la possibilité d'une sortie hâtive après que l'une des conditions est satisfaite.

2.2   Dans une structure **if/else** imbriquée, testez les conditions les plus susceptibles d'être vraies au début. Ceci permettra à cette structure d'être exécutée plus rapidement et de sortir plus tôt que si vous testez les cas les moins fréquents.

2.3   L'emploi d'opérateurs d'affectation «abrégés» peut accéler un peu l'écriture et la compilation des programmes. Certains compilateurs génèrent en effet un code s'exécutant plus rapidement lorsqu'on fait appel à de tels opérateurs d'affectation.

2.4   Nombre des astuces sur la performance présentées ici apportent des améliorations plutôt modestes; le lecteur peut donc être tenté de les ignorer. Une amélioration importante est souvent réalisée lorsqu'on place une amélioration a priori insignifiante dans une boucle qui se répète à maintes reprises.

2.5   Évitez de placer des expressions dont les valeurs ne changent pas à l'intérieur des boucles. Mais même si vous le faites, la plupart des compilateurs d'optimisation évolués d'aujourd'hui placeront automatique-ment de telles expressions à l'extérieur des boucles dans le code généré en langage machine.

2.6   Nombre de compilateurs contiennent des fonctions d'optimisation destinées à améliorer le code que vous écrivez, mais il est toujours préférable d'écrire le bon code dès le départ.

2.7   Pour les situations axées sur la performance et où la mémoire ou la vitesse d'exécution sont cruciales, il est recommandé d'utiliser des tailles d'entiers plus petites.

2.8   L'emploi de tailles d'entiers plus petites peut relentir le programme si les instructions de la machine ne permettent pas de les manipuler aussi efficacement que les entiers de taille naturelle (par exemple, on doit procéder à une extension de signe).

2.9   Lorsqu'elles sont utilisées correctement, les instructions **break** et **continue**, s'exécutent plus rapidement que les techniques structurées correspondantes que nous apprendrons un peu plus loin.

2.10   Dans les expressions utilisant l'opérateur **&&**, si les conditions distinctes sont indépendantes l'une de l'autre, placez la condition la plus susceptible d'être fausse à l'extrême gauche. Dans les expressions utilisant l'opérateur **||**, placez plutôt la condition la plus susceptible d'être vraie à l'extrême gauche. Cette pratique peut réduire le temps d'exécution d'un programme.

ASTUCES SUR LA PORTABILITÉ

2.1   Dans le nouveau standard du C++, la portée de la variable de contrôle déclarée dans la section d'initialisation d'une structure **for** diffère de la portée dans les compilateurs C++ antérieurs. Le code C++ créé par d'anciens compilateurs C++ peut se rompre lorsqu'il est compilé au moyen de compilateurs compatibles avec la nouvelle norme du C++. Deux stratégies de programmation préventives permettent d'éviter ce problème: soit définir les variables de contrôle avec différents noms dans chacune des structures **for**, soit définir la variable de contrôle en dehors et avant la première boucle **for** si vous préférez utiliser le même nom pour la variable de contrôle dans plusieurs structures **for**.

2.2   Les combinaisons de touches pour indiquer une fin de fichier («end of file») dépendent du système.

2.3   Tester pour la constante symbolique **EOF** («end of file» ou «fin de fichier») plutôt que pour −1 rend les programmes plus portables. La norme ANSI stipule que **EOF** est une valeur entière négative (bien que pas nécessairement égale à −1). Par conséquent, **EOF** peut posséder différentes valeurs sur différents systèmes.

2.4   Comme la taille des entiers **int** varie selon les systèmes, utilisez les entiers **long** si vous pensez traiter des entiers dépassant l'échelle ±32767 ou si vous désirez faire fonctionner le programme sur plusieurs systèmes différents.

2.5   Pour assurer la compatibilité avec les versions antérieures du standard C++, la valeur booléenne **true** peut également être représentée par toute valeur différente de zéro, tandis que la valeur booléenne **false** peut aussi l'être par la valeur zéro.

OBSERVATIONS DE GÉNIE LOGICIEL

2.1   Quel que soit le programme que nous construisons en C++, tous seront bâtis à partir de seulement sept types différents de structures de contrôle – **if**, **if/else**, **switch**, **while**, **do**, **do/while** et **for** – combinées de seulement deux façons: par empilement ou par imbrication des structures de contrôle.

2.2   On peut placer une instruction composée à tout endroit d'un programme où l'on peut placer une instruction simple.

2.3   De même qu'il est possible de placer une instruction composée à tout endroit où l'on peut placer une instruction simple, il est aussi possible de ne pas avoir d'instruction du tout, c'est-à-dire d'insérer une instruction vide. L'instruction vide est représentée en plaçant un point-virgule (**;**) à l'endroit où se trouverait normalement une instruction.

2.4   Chaque affinage, tout comme le haut lui-même, est une spécification complète de l'algorithme; seul le niveau de détail varie.

2.5   Nombre de programmes peuvent être logiquement divisés en trois phases: une phase d'initialisation des variables du programme; une phase de traitement qui saisit les données d'entrée et ajuste les variables en conséquence; et une phase de terminaison qui calcule et affiche les résultats finaux.

2.6   Le programmeur termine le processus d'affinage par étapes descendant lorsque l'algorithme de pseudocode est suffisamment spécifié pour lui permettre de le convertir en C++. L'implantation du programme en C++ est alors habituellement simple.

2.7   L'expérience démontre que la partie la plus ardue de la résolution de problème sur un ordinateur est le développement de l'algorithme de la solution. Une fois l'algorithme exact spécifié, le processus de production d'un programme C++ fonctionnel à partir de cet algorithme est habituellement simple.

2.8   Nombre de programmeurs expérimentés écrivent des programmes sans jamais utiliser d'outils de développement tel que le pseudocode. Ces programmeurs croient que leur but ultime est de résoudre le problème sur ordinateur et que l'écriture de pseudocode ne fait que retarder la production du produit final. Bien que ce processus puisse fonctionner pour des problèmes simples et familiers, il peut mener à des erreurs sérieuses et à de longs délais pour des projets plus gros et plus complexes.

2.9   On place parfois un point-virgule immédiatement après un en-tête **for** pour créer ce qu'on appelle une boucle d'attente. Une telle boucle **for** dotée d'un corps vide effectue toujours le nombre de boucles indiqué mais ne fait rien d'autre que ce comptage. Vous pouvez, par exemple, utiliser une boucle d'attente pour ralentir un programme dont les sorties à l'écran sont trop rapides pour que vous ayez le temps de les lire.

2.10   Il existe une tension entre la réalisation de logiciels de qualité et la réalisation de logiciels ultra-performants. L'un de ces objectifs est souvent atteint aux détriments de l'autre.

ASTUCES DE TESTS ET DE DÉBOGAGE

2.1   Nous préférerons le point décimal à la virgule pour représenter les nombres en virgule flottante ou en notation scientifique. La saisie sous DOS d'un nombre comportant une virgule entraînera la perte de la partie fractionnaire du nombre. Sous Windows, ce sont les paramètres régionaux qui interviennent pour déterminer si un nombre doit être noté avec le point ou la virgule décimale.

2.2   Les programmeurs écrivent normalement les conditions telles que **x == 7** avec le nom de variable à gauche et la constante à droite. En inversant cette notation de façon à avoir la constante à gauche et le nom de variable à droite comme ceci **7 == x**, le programmeur qui remplace accidentellement l'opérateur **==** par un **=** sera protégé par le compilateur. Comme seul un nom de variable peut être placé du côté gauche d'une instruction d'affectation, le compilateur traitera en effet ceci comme une erreur de syntaxe. Cette pratique évitera au moins les dégâts potentiels d'une erreur de logique à l'exécution.

2.3   Utilisez votre éditeur de texte pour rechercher toutes les occurrences de l'opérateur **=** dans votre programme et vérifiez si vous avez utilisé l'opérateur adéquat à chacun de ces endroits.

EXERCICES DE RÉVISION

Les exercices 2.1 à 2.10 correspondent aux sections 2.1 à 2.12.
Les exercices 2.11 à 2.13 correspondent aux sections 2.13 à 2.21.

2.1   Répondez aux questions suivantes.
  a) Tout programme peut être écrit à partir de trois types de structures de contrôle: _____,
     _____ et _____.
  b) La structure de sélection _____ est utilisée pour exécuter une action lorsqu'une condition est
     vraie et une autre action lorsque la condition est fausse.
  c) La répétition un certain nombre de fois d'une série d'instructions s'appelle répétition _____.
  d) Lorsque le nombre de fois qu'une série d'instructions sera répétée n'est pas connu à l'avance, une
     valeur _____ peut être utilisée afin de terminer la répétition.

2.2   Écrivez quatre instructions C++ différentes ajoutant une quantité de 1 à la variable d'entier **x**.

2.3   Écrivez des instructions en C++ pour accomplir chacune des tâches suivants:
  a) Affecter la somme de **x** et de **y** à **z** et incrémenter la valeur de **x** par une quantité de 1 après le calcul.
  b) Tester si la valeur de la variable **decompte** est plus élevée que 10. Si c'est le cas, afficher
     «Le décompte est plus élevé que 10.»
  c) Décrémenter la variable **x** de **1** et soustraire ensuite celle-ci de la variable **total**.
  d) Calculer le reste une fois que **q** est divisé par **diviseur** et affecter le résultat à **q**. Écrire cette
     instruction de deux différentes façons.

2.4   Écrivez une instruction en C++ pour accomplir les tâches suivantes:
  a) Déclarer les variables somme et **x** comme étant de type **int**.
  b) Initialiser la variable **x** à **1**.
  c) Initialiser la variable **somme** à **0**.
  d) Additionner la variable **x** à la variable **somme** et affecter le résultat à la variable **somme**.
  e) Afficher **"La somme vaut: "**, suivi de la valeur de la variable **somme**.

2.5   Combinez les instructions que vous avez écrites à l'exercice 2.4 dans un programme qui calcule et
affiche la somme des entiers de 1 à 10. Utilisez la structure **while** comme boucle pour le calcul et les
instructions d'incrémentation. La boucle doit se terminer lorsque la valeur de **x** est égale à 11.

2.6   Déterminez les valeurs de chaque variable après que le calcul ait été effectué. Présumez, lorsque
chaque instruction commence son exécution, que toutes les variables possèdent la valeur entière 5.
  a) **produit *= x++;**
  b) **quotient /= ++x;**

2.7   Écrivez des instructions simples C++ pour les tâches suivantes:
  a) Entrée d'une variable d'entier **x** avec **cin** et **>>**.
  b) Entrée d'une variable d'entrée **y** avec **cin** et **>>**.
  c) Initialiser la variable d'entrée **i** à **1**.
  d) Initialiser la variable d'entier **puissance** à **1**.
  e) Multiplier la variable **puissance** par **x** et affecter le résultat à **puissance**.
  f) Incrémenter la variable **y** par une quantité de **1**.
  g) Tester la variable **y** pour vérifier si elle est inférieure ou égale à **x**.
  h) Sortie de la variable d'entier puissance avec **cout** et **<<**.

2.8   Écrivez un programme en C++ utilisant les instructions de l'exercice 2.7 pour calculer **x** élevé à la
puissance de **y**. Le programme doit posséder une structure de contrôle de répétition **while**.

2.9   Identifiez et corrigez les erreurs dans les instructions suivantes:
  a) **while (c <= 5) {**
        produit *= c;
        ++c;

```
b) cin << valeur;
c) if ( sexe == 1 )
       cout << "Femme" << endl;
   else;
       cout << "Homme" << endl;
```

2.10 Trouvez le problème dans la structure de répétition **while** suivante:

```
while ( z >= 0 )
    somme += z;
```

2.11 Indiquez si les phrases suivantes sont vraies ou fausses. Si la réponse est fausse, expliquez pourquoi.
   a) L'étiquette **default** est requise dans une structure de sélection **switch**.
   b) L'instruction **break** est requise dans l'étiquette **default** d'une structure de sélection **switch** afin de sortir de la structure de manière adéquate.
   c) L'expression **(x > y && a < b)** est vraie si l'expression **x > y** est vraie ou si l'expression **a < b** est vraie.
   d) Une expression contenant l'opérateur **||** est vraie si l'un ou l'autre, ou si ses deux opérandes sont vrais.

2.12 Écrivez une instruction ou une série d'instructions C++ pour exécuter chacune des tâches suivantes:
   a) Effectuer la somme des entiers impairs compris entre 1 et 99 en utilisant une structure **for**. Supposez que les variables entières **somme** et **comptage** ont été déclarées.
   b) Afficher la valeur de **333.546372** dans une largeur de champ de **15** caractères avec une précision de **1**, **2** et **3**. Afficher chaque nombre sur la même ligne. Cadrez chaque nombre à gauche, dans son champ. Quelles sont les trois valeurs affichées?
   c) Calculer la valeur de **2.5** élevée à la puissance de **3** en utilisant la fonction **pow**. Affichez le résultat avec une précision de **2** avec une largeur de champ de **10** positions. Quelle est la valeur affichée?
   d) Afficher les entiers de 1 à 20 en utilisant la boucle **while** et la variable de compteur **x**. Supposez que la variable **x** a été déclarée mais non initialisée. Affichez seulement cinq entiers sur chaque ligne. *Indice*: utilisez le calcul **x % 5**. Lorsque la valeur de ce calcul est de **0**, affichez un caractère de nouvelle ligne, sinon afficher un caractère de tabulation.
   e) Répétez l'exercice 2.12 d) en utilisant une structure **for**.

2.13 Trouvez l'erreur dans chacun des segments de code suivants et expliquez comment la corriger.
   a)
```
x = 1;
while ( x <= 10 );
    x++;
}
```
   b)
```
for ( y = .1; y != 1.0; y += .1 )
    cout << y << endl;
```
   c)
```
switch ( n ) {
    case 1:
       cout << "Le nombre est 1" << endl;
    case 2:
       cout << "Le nombre est 2" << endl;
       break;
    default:
       cout << "Le nombre n'est pas 1 ni 2" << endl;
       break;
}
```
   d) Le code suivant doit afficher les valeurs 1 à 10.
```
n = 1;
while ( n < 10 )
    cout << n++ << endl;
```

RÉPONSES AUX EXERCICES DE RÉVISION

2.1 a) séquence, sélection et répétition. b) **if/else**. c) contrôlée par compteur ou définie.
d) de sentinelle, de signal, du drapeau, ou factice.

2.2
```
x = x + 1;
x += 1;
++x;
x++;
```

2.3
a) `z = x++ + y;`
b) `if ( decompte > 10 )`
   `    cout << "Le décompte est plus élevé que 10" << endl;`
c) `total -= --x;`
d) `q %= diviseur;`
   `q = q % diviseur;`

2.4
a) `int somme, x;`
b) `x = 1;`
c) `somme = 0;`
d) `somme += x; ou somme = somme + x;`
e) `cout << "La somme vaut: "<< somme << endl;`

2.5 Voir ci-dessous.

```
1    // Calcul de la somme des entiers de 1 à 10.
2    #include <iostream>
3
4    using std::cout;
5    using std::endl;
6
7
8    int main()
9    {
10      int somme, x;
11      x = 1;
12      somme = 0;
13      while ( x <= 10 ) {
14         somme += x;
15         ++x;
16      }
17      cout << "La somme vaut: "<< somme << endl;
18      return 0;
19   }
```

2.6
a) `produit = 25, x = 6;`
b) `quotient = 0, x = 6;`

2.7
a) `cin >> x;`
b) `cin >> y;`
c) `i = 1;`
d) `puissance = 1;`
e) `puissance *= x; ou puissance = puissance * x;`
f) `y++;`
g) `if ( y <= x )`
h) `cout << puissance << endl;`

2.8 Voir ci-dessous.

```
1   // Élévation de x à la puissance y.
2   #include <iostream>
3
4   using std::cout;
5   using std::cin;
6   using std::endl;
7
8   int main()
9   {
10     int x, y, i, puissance;
11
12     i = 1;
13     puissance = 1;
14     cin >> x;
15     cin >> y;
16
17     while ( i <= y ) {
18        puissance *= x;
19        ++i;
20     }
21
22     cout << puissance << endl;
23     return 0;
24  }
```

2.9   a) Erreur: Accolade droite manquante pour la fermeture du corps du **while**.
Correction: Ajouter l'accolade droite de fermeture après l'instruction **++c;**.
   b) Erreur: Insertion de flux utilisée au lieu de l'extraction de flux.
Correction: Changez **<<** pour **>>**.
   c) Erreur: Le point-virgule placé après **else** provoque une erreur de logique. La seconde instruction de sortie sera toujours exécutée. Correction: Effacez le point-virgule placé après **else**.

2.10   La valeur de la variable **z** n'est jamais changée dans la structure **while**. Par conséquent, si la condition de répétition de boucle **(z >= 0)** est vraie, une boucle infinie est créée. Pour empêcher la création d'une boucle infinie, **z** doit être décrémentée pour que sa valeur puisse éventuellement devenir inférieur à 0.

2.11   a) Faux. L'étiquette **default** est facultative. Si aucune action par défaut n'est requise, il est inutile d'employer une étiquette **default**.
   b) Faux. L'instruction **break** est utilisée pour sortir de la structure **switch**. L'instruction **break** n'est pas requise lorsque l'étiquette **default** représente la dernière étiquette **case**.
   c) Faux. Les deux expressions relationnelles doivent être vraies pour que l'expression entière soit vraie lorsqu'on utilise l'opérateur **&&**.
   d) Vrai.

2.12 a)
```
somme = 0;
for ( comptage = 1; comptage <= 99; comptage += 2 )
        somme += comptage;
```
b)
```
cout<< setiosflags(ios::fixed | ios::showpoint | ios::left)
    << setprecision( 1 ) << setw( 15 ) << 333.546372
    << setprecision( 2 ) << setw( 15 ) << 333.546372
    << setprecision( 3 ) << setw( 15 ) << 333.546372
    << endl;
```
La sortie affiche:
```
333.5           333.55          333.546
```
c)
```
cout << setiosflags( ios::fixed | ios::showpoint )
        << setprecision( 2 ) << setw( 10 ) << pow( 2.5, 3 )
        << endl;
```
La sortie affiche:
```
15.63
```
d)
```
x = 1;
while ( x <= 20 ) {
    cout << x;
    if ( x % 5 == 0 )
        cout << endl;
    else
        cout << '\t';
    x++;
}
```
e)
```
for ( x = 1; x <= 20; x++ ) {
    cout << x;
    if ( x % 5 == 0 )
        cout << endl;
    else
        cout << '\t';
}
```
ou
f)
```
for ( x = 1; x <= 20; x++ )
    if ( x % 5 == 0 )
        cout << x << endl;
    else
        cout << x << '\t';
```

2.13 a) Erreur: Le point-virgule placé après l'en-tête du **while** cause une boucle infinie.
Correction: Remplacer le point-virgule par **{** ou déplacer les caractères **;** et **}**.

b) Erreur: Utilisation d'un nombre à virgule flottante pour contrôler une structure de répétition **for**.
Correction: Utiliser un entier et effectuer le bon calcul de façon à obtenir les valeurs désirées.

```
for ( y = 1; y!= 10; y++ )
    cout << ( static_cast< float >( y ) / 10 ) << endl;
```

c) Erreur: Instruction **break** manquante dans les instructions pour la première étiquette **case**.
Correction: Ajouter une instruction **break** à la fin des instructions pour la première étiquette **case**. Notez qu'il ne s'agit pas nécessairement d'une erreur, si le programmeur désire que l'instruction de l'étiquette **case 2:** s'exécute chaque fois que l'instruction de l'étiquette **case 1:** s'exécute.

d) Erreur: Opérateur relationnel incorrect utilisé dans la condition de répétition du **while**.
Correction: Utiliser le **<=** plutôt que le **<** ou changer le **10** pour un **11**.

EXERCICES

Les exercices 2.14 à 2.38 correspondent aux sections 2.1 à 2.12.
Les exercices 2.39 à 2.63 correspondent aux sections 2.13 à 2.21.

2.14 Identifiez et corrigez les erreurs pour chacun des cas suivants (Note: chaque partie de code peut contenir plus d'une erreur):

```
a) if ( age >= 65 );
       cout << "L'âge est supérieur ou égal à 65" << endl;
   else
       cout << "L'âge est inférieur à 65 << endl";
b) if ( age >= 65 )
       cout << "L'âge est supérieur ou égal à 65" << endl;
   else;
       cout << "L'âge est inférieur à 65 << endl";
c) int x = 1, total;
   while ( x <= 10 ) {
      total += x;
      ++x;
   }
d) While ( x <= 100 )
       total += x;
       ++x;
e) while ( y > 0 ) {
       cout << y << endl;
       ++y;
   }
```

2.15   Qu'affiche le programme suivant?

```
1    #include <iostream>
2
3    using std::cout;
4    using std::endl;
5
6    int main()
7    {
8       int y, x = 1, total = 0;
9
10      while (x <= 10) {
11         y = x * x;
12         cout << y << endl;
13         total += y;
14         ++x;
15      }
16
17      cout << "Le total est de "<< total << endl;
18      return 0;
19   }
```

Pour les exercices 2.16 à 2.19, effectuez chacune des étapes suivantes:
    a) Lisez l'énoncé du problème.
    b) Formulez l'algorithme en utilisant le pseudocode et l'affinage par étapes descendant.
    c) Écrivez un programme en C++.
    d) Testez, déboguez et exécutez le programme C++.

2.16   Les conducteurs se soucient du kilomètrage parcouru par leurs automobiles. Un conducteur décide d'enregistrer la quantité de kilomètres parcourus et la quantité de litres d'essence utilisés à chaque plein d'essence. Développez un programme de C++ afin d'entrer les quantités de kilomètres parcourus et de litres utilisés à chaque plein d'essence. Le programme doit calculer et afficher le taux de litres au 100 kilomètres obtenu entre chaque plein d'essence. Après avoir traité toutes les informations d'entrée, le programme doit calculer et afficher le taux combiné de litres au 100 kilomètres pour tous les pleins d'essence.

```
Entrez le nombre de litres utilisés (-1 pour terminer): 12.8
Entrez le nombre de kilomètres parcourus: 28
Le taux de litres au cent km pour ce plein d'essence est de 22.421875

Entrez le nombre de litres utilisés (-1 pour terminer): 10.3
Entrez le nombre de kilomètres parcourus: 200
Le taux de litres au cent km pour ce plein d'essence est de 19.417475

Entrez le nombre de litres utilisés (-1 pour terminer): 5
Entrez le nombre de kilomètres parcourus: 120
Le taux de litres au cent km pour ce plein d'essence est de 24.000000

Entrez le nombre de litres utilisés (-1 pour terminer): -1

Le taux de litres au cent km cumulatif est de 21.601423
```

2.17   Développez un programme en C++ qui déterminera si le client d'un grand magasin a dépassé la marge de crédit de son compte. La liste ci-dessous inclut les informations disponibles pour chaque client:
    a) Numéro de compte (entier)
    b) Solde au début du mois
    c) Total de tous les articles achetés par le client pendant ce mois
    d) Total de tous les crédits appliqués au compte du client durant ce mois
    e) Limite permise de crédit

```
Entrez le numéro de compte (-1 pour terminer): 100
Entrez le solde de départ: 5394.78
Entrez le total des achats: 1000.00
Entrez le total des crédits: 500.00
Entrez la marge de crédit: 5500.00
Compte no.:        100
Marge de crédit:   5500.00
Solde:             5894.78
Marge de crédit dépassée.

Entrez le numéro de compte (-1 pour terminer): 200
Entrez le solde de départ: 1000.00
Entrez le total des achats: 123.45
Entrez le total des crédits: 321.00
Entrez la marge de crédit: 1500.00

Entrez le numéro de compte (-1 pour terminer): 300
Entrez le solde de départ: 500.00
Entrez le total des achats: 274.73
Entrez le total des crédits: 100.00
Entrez la marge de crédit: 800.00

Entrez le numéro de compte (-1 pour terminer): -1
```

Le programme doit entrer toutes ces informations, calculer le nouveau solde (= solde du début du mois + articles achetés – crédits) et déterminer si le nouveau solde dépasse la marge de crédit du client. Pour les clients qui ont dépassé leur marge, le programme doit afficher le numéro de compte du client, sa marge de crédit, le nouveau solde et le message « Marge de crédit dépassée ».

2.18   Une grosse société de produits chimiques rémunère ses représentants commerciaux à la commission. Les représentants reçoivent $200 par semaine plus 9% de leurs ventes brutes par semaine. Par exemple, un représentant qui vend pour 5000 $ de produits chimiques en une semaine perçoit un salaire de $200 plus 9% de 5000 $, soit un total de 650 $. Développez un programme en C++ qui entre les ventes brutes hebdomadaires de chaque représentant et qui calcule et affiche son salaire. Traitez les informations d'un seul représentant à la fois.

```
Entrez les ventes en dollars (-1 pour terminer): 5000.00
Le salaire est de: $650.00

Entrez les ventes en dollars (-1 pour terminer): 6000.00
Le salaire est de: $740.00

Entrez les ventes en dollars (-1 pour terminer): 7000.00
Le salaire est de: $830.00

Entrez les ventes en dollars (-1 pour terminer): -1
```

2.19   Développez un programme en C++ qui déterminera le salaire brut de chacun des employés d'une compagnie. L'entreprise paie le «temps régulier» pour les 40 premières heures travaillées par chaque employé et paie le «temps et demi» pour toutes les heures dépassant les 40 heures régulières. La compagnie vous confie la liste des employés, le nombre d'heures travaillées par chaque employé la semaine dernière, ainsi que le taux horaire de chaque employé. Votre programme doit entrer ces informations pour chaque employé et doit déterminer et afficher le salaire brut de chacun d'entre eux.

```
Entrez le nombre d'heures travaillées (-1 pour terminer): 39
Entrez le taux horaire de l'employé ($00.00): 10.00
Le salaire est de $390.00

Entrez le nombre d'heures travaillées (-1 pour terminer): 40
Entrez le taux horaire de l'employé ($00.00): 10.00
Le salaire est de $400.00

Entrez le nombre d'heures travaillées (-1 pour terminer): 41
Entrez le taux horaire de l'employé ($00.00): 10.00
Le salaire est de $415.00

Entrez le nombre d'heures travaillées (-1 pour terminer): -1
```

2.20   Le processus de recherche de la plus grande valeur (c'est-à-dire la valeur maximale d'un groupe de nombres) est fréquemment utilisé dans les applications d'ordinateurs. Par exemple, un programme déterminant le gagnant d'un concours de ventes traiterait le nombre d'articles vendus par chaque représentant. Le représentant ayant vendu le plus d'articles gagne le concours. Écrivez un programme en pseudocode et ensuite un programme en C++ qui traite l'entrée d'une série de 10 nombres et qui détermine et affiche la plus grande valeur. Indice: votre programme doit utiliser trois variables de la façon suivante:

compteur: Variable comptant jusqu'à 10 (c'est-à-dire qui fait le suivi de la quantité de nombres entrés et qui détermine le moment où les 10 nombres ont été traités).

nombre: Le nombre courant entré dans le programme.

maximale: La plus grande valeur traitée par le programme.

2.21   Écrivez un programme en C++ utilisant une boucle et la séquence de changement de code par tabulation **\t** pour afficher le tableau de valeurs suivant:

N	10*N	100*N	1000*N
1	10	100	1000
2	20	200	2000
3	30	300	3000
4	40	400	4000
5	50	500	5000

2.22   En utilisant une approche similaire à celle de l'exercice 2.20, trouvez les deux plus grandes valeurs parmi les 10 nombres. Note: vous ne pouvez entrer chaque nombre qu'une seule fois.

2.23   Modifiez le programme de la figure 2.11 pour valider ses entrées. Pour toute entrée, si la valeur traitée est différente de 1 ou de 2, continuez la boucle jusqu'à ce que l'utilisateur entre une valeur adéquate.

2.24   Qu'affiche le programme suivant?

```
1    #include <iostream>
2
3    using std::cout;
4    using std::endl;
5
6    int main()
7    {
8       int compteur = 1;
9
10      while ( compteur <= 10 ) {
11         cout << ( compteur % 2? "****": "++++++++" )
12              << endl;
13         ++compteur;
14      }
15
16      return 0;
17   }
```

2.25   Qu'affiche le programme suivant?

```
1    #include <iostream>
2
3    using std::cout;
4    using std::endl;
5
6    int main()
7    {
8       int rangee = 10, colonne;
9
10      while ( rangee >= 1 ) {
11         colonne = 1;
12
13         while ( colonne <= 10 ) {
14            cout << ( rangee % 2? "<": ">" );
15            ++colonne;
16         }
17
18         --rangee;
19         cout << endl;
20      }
21
22      return 0;
23   }
```

2.26   *(Problème du else mal placé)* Déterminez la sortie pour chacun des cas suivants, lorsque **x** vaut **9** et que **y** vaut **11**, et lorsque **x** vaut **11** et que **y** vaut **9**. Notez que le compilateur ignore l'indentation dans un programme en C++. De plus, le compilateur C++ associe toujours un **else** au **if** qui le précède, à moins d'une instruction contraire indiquée par le positionnement d'accolades **{ }**. Comme la programmeur ne peut savoir, à première vue, quel **if** correspond à quel **else**, on dit qu'il s'agit du problème «du else mal placé». Nous avons éliminé l'indentation du code pour ajouter une touche de défi aux problèmes. *Indice*: appliquez les conventions d'indentation que vous avez apprises.

```
a) if ( x < 10 )
   if ( y > 10 )
   cout << "*****" << endl;
   else
   cout << "#####" << endl;
   cout << "$$$$$" << endl;
b) if ( x < 10 ) {
   if ( y > 10 )
   cout << "*****" << endl;
   }
   else {
   cout << "#####" << endl;
   cout << "$$$$$" << endl;
   }
```

2.27   *(Autre problème du else mal placé)* Modifiez le code suivant pour produire la sortie illustrée. Utilisez les techniques d'indentation appropriées. Le compilateur ignore l'indentation dans un programme en C++. Nous avons éliminé l'indentation du code pour ajouter une touche de défi au problème. Note: il se peut que les changements requis se limitent à l'insertion d'accolades, ou qu'aucun changement ne soit nécessaire.

```cpp
if ( y == 8 )
if ( x == 5 )
cout << "@@@@@" << endl;
else
cout << "#####" << endl;
cout << "$$$$$" << endl;
cout << "&&&&&" << endl;
```

a)   En présumant que **x = 5** et que **y = 8**, la sortie suivante est produite.

```
@@@@@
$$$$$
&&&&&
```

b)   En présumant que **x = 5** et que **y = 8**, la sortie suivante est produite.

```
@@@@@
```

c)   En présumant que **x = 5** et que **y = 8**, la sortie suivante est produite.

```
@@@@@
&&&&&
```

d)   En présumant que **x = 5** et que **y = 7**, la sortie suivante est produite. Note: les trois dernières instructions de sortie placées après **else** font toutes partie d'une instruction composée.

```
#####
$$$$$
&&&&&
```

2.28   Écrivez un programme qui, à partir d'un nombre désignant la longueur d'un des côtés d'un carré, affiche ce carré en fonction de cette grandeur à partir d'astérisques et d'espaces vides. Votre programme doit fonctionner pour tout carré de grandeurs comprises entre 1 et 20. Par exemple, si votre programme lit une grandeur de 5, il doit afficher:

```
*****
*   *
*   *
*   *
*****
```

2.29   Un *palindrome* est un nombre, un mot ou une phrase qui reste identique quelque soit le sens dans lequel on le lise. Par exemple, chacun des nombres à cinq chiffres suivants est un palindrome: 12321, 55555, 45554 et 11611. Écrivez un programme capable de lire un entier à cinq chiffres et pouvant déterminer si cet entier est un palindrome ou non. (Indice: utilisez les opérateurs modulo et de division pour séparer les différents chiffres composant le nombre).

2.30   Écrire un programme qui fait la conversion d'un entier entré, ne comprenant que des 0 et des 1 (c'est-à-dire un entier «binaire») pour afficher son équivalent décimal. *Indice*: utilisez les opérateurs modulo et de division pour traiter les chiffres de nombre «binaire» un à la fois, de la droite vers la gauche. Dans le système des nombres décimaux, la valeur du chiffre le plus à droite est de 1, la valeur du chiffre à gauche de celui-ci est de 10, puis de 100, 1000 et ainsi de suite. Dans le système des nombre binaires, la valeur du chiffre positionné le plus à droite est 1, la valeur du chiffre positionné à gauche de ce dernier est de 2, puis de 4, 8 et ainsi de suite. Par conséquent, le nombre décimal 234 peut être interprété par l'expression 4 * 1 + 3 * 10 + 2 * 100. L'équivalent décimal de nombre binaire 1101 est donc de 1 * 1 + 0 * 2 + 1 * 4 + 1 * 8, soit 1 + 0 + 4 + 8, c'est-à-dire 13.

2.31   Écrivez un programme qui affiche le motif de damier suivant:

```
* * * * * * * *
 * * * * * * * *
* * * * * * * *
 * * * * * * * *
* * * * * * * *
 * * * * * * * *
* * * * * * * *
 * * * * * * * *
```

Votre programme ne peut utiliser que trois instructions de sortie, chacune d'elles selon les formes suivantes:

```
cout << "* ";
cout << ' ';
cout << endl;
```

2.32   Écrivez un programme qui affiche constamment les multiples de l'entier 2, soit les nombres 2, 4, 8, 16, 32, 64, etc. Votre boucle ne doit pas se terminer (c'est-à-dire que vous devez créer une boucle infinie). Que se passe-t-il lorsque vous exécutez le programme?

2.33   Écrivez un programme qui, après avoir lu le rayon d'un cercle (valeur double), calcule et affiche le diamètre, la circonférence et l'aire du cercle. Utilisez la valeur 3.14159 pour π.

2.34   Quel est le problème dans l'instruction ci-dessous? Ré-écrivez l'instruction correctement afin d'accomplir ce que le programmeur voulait probablement faire.

```
cout << ++( x + y );
```

2.35   Écrivez un programme qui lit trois valeurs **double** différentes de zéro et qui affiche si ces valeurs pourraient représenter les côtés d'un triangle.

2.36   Écrivez un programme qui lit trois entiers différents de zéro et qui détermine et affiche si ces entiers pourraient former les côtés d'un triangle droit.

2.37   Une compagnie désire transmettre des données par téléphone, mais se soucie du fait que ses téléphones puissent être écoutés clandestinement. Toutes ces données sont transmises sous forme d'entiers à quatre chiffres. On vous demande d'écrire un programme pouvant crypter ces données, afin d'assurer une transmission plus sécuritaire. Votre programme doit lire un entier à quatre chiffres et procéder au cryptage de la façon suivante: remplacer chacun des chiffres de l'entier par: *(la somme de ce chiffre + 7) modulo 10*. Ensuite, permuter le premier chiffre avec le troisième, permuter le deuxième chiffre avec le quatrième et afficher l'entier crypté. Écrivez un programme séparé pour crypter l'entier à quatre chiffres entré, puis pour décrypter l'entier crypté afin de retrouver le nombre original.

2.38   La *factorielle* d'un entier *n* non négatif s'écrit avec l'expression *n!* (prononcez «factorielle n») et se définit de la façon suivante:

$$n! = n \cdot (n-1) \cdot (n-2) \cdot ... \cdot 1 \quad \text{(pour des valeurs de n supérieures ou égales à 1)}$$

et

$$n! = 1 \quad \text{(pour } n = 0).$$

Par exemple, 5! = 5 · 4 · 3 · 2 · 1, ce qui donne 120.

a) Écrivez un programme qui lit un entier non négatif, calcule et affiche sa factorielle.

b) Écrivez un programme qui estime la valeur de la constante mathématique *e* en utilisant la formule:

$$e = 1 + \frac{1}{1!} + \frac{1}{2!} + \frac{1}{3!} + \cdots$$

c) Écrivez un programme qui calcule la valeur de ex en utilisant la formule:

$$e^x = 1 + \frac{x}{1!} + \frac{x^2}{2!} + \frac{x^3}{3!} + \cdots$$

2.39   Trouvez l'erreur dans chacun des problèmes suivants (il peut y avoir plus d'une erreur):

a)
```
For ( x = 100, x >= 1, x++ )
    cout << x << endl;
```

b) Le code suivant doit afficher si l'entier valeur est pair ou impair:
```
switch ( valeur % 2 ) {
    case 0:
        cout << "Entier pair "<< endl;
    case 1:
        cout << "Entier impair "<< endl;
}
```

c) Le code suivant doit produire à la sortie les entiers impairs de 19 à 1:
```
for ( x = 19; x >= 1; x += 2 )
    cout << x << endl;
```

d) Le code suivant doit produire à la sortie les entiers pairs de 2 à 100:
```
compteur = 2;
do {
    cout << compteur << endl;
    compteur += 2;
} While ( compteur < 100 );
```

2.40   Écrivez un programme qui calcule la somme d'une séquence d'entiers. Présumez que le premier entier lu spécifie le nombre de valeurs qu'il reste à entrer et qui composera cette séquence. Votre programme ne doit lire qu'une seule valeur par instruction d'entrée. Une séquence d'entrée type aura donc la forme suivante:

5 100 200 300 400 500

où le nombre **5** indique que les **5** valeurs subséquentes doivent être additionnées.

2.41   Écrivez un programme qui calcule et affiche la moyenne de plusieurs entiers. Présumez que la dernière valeur lue est la sentinelle **9999**. Une séquence d'entrée type aura donc la forme suivante:

10 8 11 7 9 9999

indiquant que la moyenne de toutes les valeurs précédant 9999 doit être calculée.

2.42   Quelle est l'utilité de ce programme?

```
1    #include <iostream>
2
3    using std::cout;
4    using std::cin;
5    using std::endl;
6
7    int main()
8    {
9       int x, y;
10      cout << "Entrez deux entiers compris entre 1 et 20: ";
11      cin >> x >> y;
12      for ( int i = 1; i <= y; i++ ) {
13         for ( int j = 1; j <= x; j++ )
14            cout << '@';
15         cout << endl;
16      }
17      return 0;
18   }
```

2.43   Écrivez un programme qui trouve le plus petit de différents entiers. Présumez que la première valeur lue spécifie le nombre de valeurs qu'il reste à entrer et qui composeront la séquence, le premier nombre ne faisant pas partie de la séquence.

2.44   Écrivez un programme qui calcule et affiche le produit des entiers impairs de 1 à 15.

2.45   La fonction *factorielle* est fréquemment utilisée dans des problèmes de probabilité. La factorielle d'un entier positif *n* (écrite *n!* et prononcée «factorielle *n*») est égale au produit des entiers positifs de 1 à *n*. Écrivez un programme qui évalue les factorielles des entiers de 1 à 5. Affichez les résultats sous la forme d'un tableau. Quelle difficulté pourrait vous empêcher de calculer la factorielle de 20?

2.46   Modifiez le programme d'intérêt composé de la section 2.15 pour calculer des taux d'intérêt de 5%, 6%, 7%, 8%, 9% et 10%. Utilisez une boucle for pour varier le taux d'intérêt.

2.47   Écrivez un programme qui affiche les motifs ci-dessous séparément et l'un en-dessous de l'autre. Utilisez des boucles **for** pour produire les motifs. Toutes les astérisques (*) doivent s'afficher à partir d'une instruction simple selon la forme **cout << '*';** (qui effectue un affichage des astérisques côte à côte). *Indice*: les deux derniers motifs requièrent que chaque ligne débute avec un nombre approprié d'espaces vides. Exercice de mérite supplémentaire: combinez le code des quatre problèmes séparés en un seul programme, pour afficher les quatre motifs côte à côte, à partir d'une utilisation ingénieuse de boucles **for** imbriquées.

```
(A)              (B)              (C)              (D)
*                **********       **********               *
**               *********        *********               **
***              ********         ********                ***
****             *******          *******                 ****
*****            ******           ******                  *****
******           *****            *****                   ******
*******          ****             ****                    *******
********          ***              ***                    ********
*********          **               **                    *********
**********          *                *                     **********
```

2.48   Une application intéressante des ordinateurs consiste à dessiner des graphiques et des histogrammes. Écrivez un programme qui lit cinq nombres (compris entre 1 et 30). Pour chaque nombre lu, votre programme doit afficher une ligne formée d'une quantité d'astérisques adjacentes égale à ce nombre. Par exemple, si votre programme lit le nombre sept, il doit afficher * * * * * * *.

2.49   Une entreprise de vente par catalogue fait la promotion de cinq produits différents dont les prix de détail sont: produit 1: $2.98, produit 2: $4.50, produit 3: $9.98, produit 4: $4.49 et produit 5: $6.87. Écrivez un programme qui lit une série de paires de nombres de la façon suivante:

    a) Numéro du produit
    b) Quantité vendue en une journée

Votre programme doit utiliser une instruction **switch** pour déterminer le prix de détail de chaque produit. Votre programme doit calculer et afficher la valeur au détail totale de tous les produits vendus la semaine dernière.

2.50   Modifiez le programme de la figure 2.22 afin de calculer la moyenne des points mérités pour la classe. Une note de 'A' vaut 4 points, une note 'B' vaut 3 points, etc.

2.51   Modifiez le programme de la figure 2.21 pour n'utiliser que des entiers dans le calcul de l'intérêt composé. (Indice: traitez tous les montants d'argent comme des nombres entiers de sous. «Divisez» ensuite le résultat en une portion «dollar» et une portion «sous» en utilisant les opérateurs modulo et de division. Insérez un point entre les deux portions).

2.52   Supposons que **i = 1, j = 2, k = 3** et **m = 2**. Qu'affiche chacune des instructions suivantes? Pour chaque cas, indiquez si les parenthèses sont nécessaires.

    a) **cout << (i == 1) << endl;**
    b) **cout << (j == 3) << endl;**
    c) **cout << (i >= 1 && j < 4) << endl;**
    d) **cout << (m <= 99 && k < m) << endl;**
    e) **cout << (j >= i || k == m) << endl;**
    f) **cout << (k + m < j || 3 - j >= k) << endl;**
    g) **cout << (!m) << endl;**
    h) **cout << (!(j - m)) << endl;**
    i) **cout << (!(k > m)) << endl;**

2.53   Écrivez un programme qui affiche un tableau des équivalents binaires, octaux et hexadécimaux pour les nombres décimaux compris entre 1 et 256. Si vous n'êtes pas familiers avec ces systèmes de nombres, lisez d'abord l'annexe C.

2.54   Calculez la valeur de π à partir de la série infinie

$$\pi = 4 - \frac{4}{3} + \frac{4}{5} + \frac{4}{7} + \frac{4}{9} + \frac{4}{11} + \cdots$$

Affichez un tableau illustrant les valeurs de π, selon l'approximation d'un terme de cette série, de deux termes, de trois termes, et ainsi de suite. Combien de termes de cette série devez-vous utiliser avant d'obtenir 3.14? 3.141? 3.1415? 3.14159?

2.55   *(Triplets de Pythagore)* Un triangle droit peut posséder des côtés qui sont tous des entiers. La série des trois valeurs d'entiers des côtés d'un triangle droit s'appelle triplet de *Pythagore*. Ces trois côtés doivent satisfaire la relation qui dit que la somme des carrés de deux des côtés est égale au carré de l'hypoténuse. Trouvez les triplets de Pythagore pour **cote1**, **cote2** et l'**hypotenuse** de valeurs ne dépassant pas 500. Utilisez une boucle **for** à imbrication triple qui essaie toutes les possibilités. Ce problème représente un exemple de calcul par «force vive». Vous apprendrez, dans des cours d'informatique plus avancés, qu'on trouve beaucoup de problèmes intéressants pour lesquels il n'existe aucune autre approche algébrique que l'utilisation du calcul par force vive.

2.56   Une compagnie rémunère ses employés selon leur fonction. Ils peuvent être cadres (recevant un salaire hebdomadaire fixe), travailleurs à tarif horaire (recevant un taux horaire fixe «régulier» pour les 40 premières heures et un taux horaire «temps et demi» soit 1.5 fois le taux horaire régulier pour les heures supplémentaires), travailleurs à commission (recevant $250 plus 5.7% de leurs ventes hebdomadaires brutes), ou travailleurs à la pièce (recevant un taux fixe d'argent pour chaque article produit; chaque travailleur à la pièce de cette compagnie ne travaille que sur un seul type d'article).

Écrivez un programme qui calcule la paie pour chaque employé. Vous ne connaissez pas à l'avance le nombre d'employés. Chaque type d'employé possède son propre code de paie: le code de paie 1 représente les cadres, le code de paie 2 représente les travailleurs à tarif horaire, le code de paie 3 représente les travailleurs à commission et le code de paie 4 représente les travailleurs à la pièce. Utilisez une structure **switch** pour calculer la paie de chaque employé en fonction du code de paie de cet employé. À l'intérieur de cette structure **switch**, invitez l'utilisateur (par exemple, le responsable de la paie) à entrer les faits appropriés requis par votre programme pour calculer la paie de chaque employé en fonction du code de paie de l'employé.

2.57   *(Lois de De Morgan)* Dans ce chapitre, nous avons discuté des opérateurs logiques **&&**, **||** et **!**. Les lois de De Morgan peuvent parfois nous aider à exprimer une expression de façon plus pratique. Ces lois stipulent que l'expression **!(condition1 && condition2)** est logiquement équivalente à l'expression **(!condition1 || !condition2)**. Également, l'expression **!(condition1 || condition2)** est logiquement équivalente à l'expression **(!condition1 && !condition2)**. Utilisez les lois de De Morgan pour écrire les expressions équivalentes des instructions suivantes et écrivez ensuite un programme pour illustrer, pour chacun des cas, que l'expression originale et la nouvelle expression sont équivalentes.

    a) `!( x < 5 ) && !( y >= 7 )`
    b) `!( a == b ) || !( g != 5 )`
    c) `!( ( x <= 8 ) && ( y > 4 ) )`
    d) `!( ( i > 4 ) || ( j <= 6 ) )`

2.58   Écrivez un programme qui affiche le motif de losange ci-dessous. Vous pouvez utiliser des instructions de sortie qui affichent soit un seul astérisque (*****) soit un seul caractère d'espace vide. Maximisez votre utilisation de la répétition (avec des structures **for** imbriquées) et minimisez le nombre d'instructions de sortie.

```
    *
   ***
  *****
 *******
*********
 *******
  *****
   ***
    *
```

2.59   Modifiez le programme que vous avez écrit à l'exercice 2.58 pour lire un entier impair compris entre 1 et 19 qui spécifie le nombre de rangées dans le losange. Votre programme doit ensuite afficher un losange de la taille appropriée.

2.60   Certaines critiques à l'endroit des instructions **break** et **continue** énoncent qu'elles ne sont pas structurées. En réalité, on peut toujours remplacer les instructions **break** et les instructions **continue** par des instructions structurées, même si cela peut être difficile. Décrivez d'une façon générale votre démarche afin de remplacer toutes les instructions **break** d'une boucle d'un programme par des équivalents structurés. *Indice*: l'instruction **break** quitte une boucle à partir de l'intérieur du corps de celle-ci. L'autre façon de quitter est par échec du test de répétition de boucle. Pour le test de répétition de boucle, songez à utiliser un second test indiquant «sortie prématurée provoquée par la condition de rupture». Utilisez la technique développée ici pour retirer l'instruction **break** du programme de la figure 2.26.

2.61   Quelle est l'utilité du segment de programme ci-dessous?

```
1    for ( i = 1; i <= 5; i++ ) {
2       for ( j = 1; j <= 3; j++ ) {
3          for ( k = 1; k <= 4; k++ )
4             cout << '*';
5          cout << endl;
6       }
7       cout << endl;
8    }
```

2.62   Décrivez d'une façon générale votre démarche afin de remplacer toutes les instructions **continue** d'une boucle d'un programme par des équivalents structurés. Utilisez la technique développée ici pour retirer l'instruction **continue** du programme de la figure 2.27.

2.63   (*Chanson «Les douze jours de Noël»*) Écrivez un programme utilisant la répétition et des structures **switch** pour afficher la chanson «Les douze jours de Noël». Une des structures **switch** doit être utilisée pour afficher le jour (c'est-à-dire «Premier», «Deuxième», etc.). Une structure **switch** distincte doit être utilisée pour afficher la partie restante de chaque couplet.

L'exercice 2.64 correspond à la section 2.22, « À propos des objets ».

2.64   Décrivez, en 200 mots ou moins, une automobile et son utilité. Énumérez les noms et les verbes séparément. Dans ce manuel, nous avons dit que chaque nom peut correspondre à un objet qu'il faut construire pour implanter le système soit, dans ce cas, une automobile. Choisissez cinq objets que vous avez énumérés et définissez quelques attributs et quelques comportements pour chacun d'entre eux. Décrivez brièvement les interactions de ces objets. Vous aurez de cette façon effectué plusieurs des étapes cruciales dans la conception orientée objets type.

2.65   (*Problème de «Peter Minuit»*) Une légende raconte qu'en 1626, Peter Minuit fit l'acquisition de Manhattan pour 24.00 $. S'agissait-il là d'un bon investissement? Pour répondre à cette question, modifiez le programme d'intérêt composé de la figure 2.21. Commencez avec un capital de 24.00 $ et calculez le montant de l'intérêt sur le dépôt si cet argent était resté déposé jusqu'à maintenant (durant 374 années, jusqu'en 2000). Écrivez ce programme en calculant des taux d'intérêt composés de 5%, 6%, 7%, 8%, 9% et 10% afin d'observer les merveilles de l'intérêt composé.

3

Fonctions

Objectifs

- Construire des programmes en utilisant une approche modulaire à partir de petits éléments, appelés fonctions.

- Créer de nouvelles fonctions.

- Comprendre les mécanismes utilisés pour transmettre des informations entre des fonctions.

- Introduire des techniques de simulation utilisant la génération de nombres aléatoires.

- Comprendre de quelle façon la visibilité des identificateurs est limitée à des régions spécifiques des programmes.

- Écrire et utiliser des fonctions pouvant s'appeler elles-mêmes.

Aperçu

3.1 Introduction

La plupart des programmes informatiques qui résolvent des problèmes du monde réel sont beaucoup plus imposants que ceux présentés dans les premiers chapitres. L'expérience a démontré que la meilleure façon de développer et de maintenir un gros programme consiste à le bâtir à partir de petits éléments ou composants, car ceux-ci sont plus maniables que le programme d'origine. On qualifie cette technique par l'expression *«diviser pour mieux régner»*. Ce chapitre décrit de nombreuses caractéristiques clés du langage C++ qui facilitent la conception, la mise en œuvre, le fonctionnement et la maintenance de gros programmes.

3.2 Composants de programmes en C++

En C++, les modules sont désignés par les termes *fonctions* et *classes*. La conception de programmes en C++ consiste typiquement à combiner les nouvelles fonctions écrites par le programmeur avec des fonctions déjà disponibles dans la *bibliothèque standard du C++* et à combiner les nouvelles classes créées par le programmeur aux classes disponibles dans différentes bibliothèques de classes. Ce chapitre portera principalement sur les fonctions; nous analyserons les classes en détail à partir du chapitre 6.

La bibliothèque standard du C++ offre une riche collection de fonctions pour effectuer les calculs mathématiques courants, les manipulations de chaînes, les manipulations de caractères, les entrées et les sorties, la vérification des erreurs et nombre d'autres opérations utiles. Comme ces fonctions fournissent beaucoup des possibilités requises par les programmeurs, le travail de ces derniers en est facilité d'autant. Les fonctions de la bibliothèque standard du C++ font partie intégrante de l'environnement de programmation du C++

Bonne pratique de programmation 3.1

Familiarisez-vous avec la riche collection de fonctions et de classes de la bibliothèque standard du C++.

Observation de génie logiciel 3.1

N'essayez pas de réinventer la roue. Lorsque cela est possible, utilisez les fonctions de la bibliothèque standard du C++ plutôt que d'écrire de nouvelles fonctions, afin de réduire le temps de développement du programme.

Astuce sur la portabilité 3.1

L'emploi des fonctions de la bibliothèque standard du C++ accroît la portabilité des programmes.

Astuce sur la performance 3.1

N'essayez pas de récrire des routines existantes de la bibliothèque afin de les rendre plus efficaces. Dans la plupart des cas, vous ne pourrez pas améliorer leur performance.

Le programmeur peut écrire des fonctions pour définir des tâches spécifiques utilisables à plusieurs endroits dans un programme. On appelle parfois ces tâches des *fonctions définies par le programmeur*. Les véritables instructions définissant la fonction ne sont écrites qu'une seule fois et sont cachées (masquées) aux autres fonctions.

Une fonction est *invoquée* (c'est-à-dire appelée à exécuter sa tâche désignée) par un *appel de fonction*. L'appel de fonction spécifie le nom de la fonction et fournit l'information (ou les *arguments*) dont la fonction appelée a besoin pour exécuter son travail. On peut établir une analogie entre ce processus et la *gestion de forme hiérarchique*. Un patron (la *fonction d'appel* ou *appelant*) demande à l'employé (la *fonction appelée*) d'exécuter une tâche et de *renvoyer* (c'est-à-dire, rapporter) les résultats lorsque la tâche est terminée. La fonction du patron ne sait pas *comment* la fonction de l'employé effectue les tâches qui lui sont dévolues. L'employé peut appeler d'autres fonctions, mais le patron ne sera pas en mesure de le savoir. Nous verrons bientôt que ce «masquage» des détails d'implantation favorise une bonne conception des logiciels. La figure 3.1 illustre la fonction **main** communiquant avec différentes fonctions d'employés de façon hiérarchique. Notez que **employe1** agit comme une fonction de patron sur **employe4** et **employe5**. Les relations entre fonctions peuvent aussi différer de la structure hiérarchique illustrée à la figure 3.1.

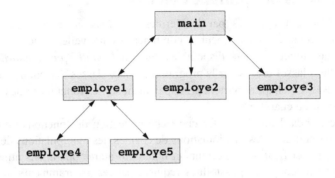

Figure 3.1   Relations hiérarchiques entre fonctions patrons et fonctions employés.

3.3 Fonctions de la bibliothèque mathématique

Les fonctions de la bibliothèque mathématique permettent au programmeur d'effectuer certains calculs mathématiques courants. Nous utiliserons ici différentes fonctions de la bibliothèque mathématique pour introduire le concept des fonctions. Plus loin dans le livre, nous étudierons nombre des autres fonctions de la bibliothèque standard du C++.

On appelle généralement les fonctions en écrivant leur nom suivi d'une parenthèse gauche, suivi de l'*argument* (ou par une liste d'arguments séparés par des virgules) de la fonction, suivi d'une parenthèse droite. Par exemple, un programmeur désirant calculer et afficher la racine carrée de **900.0** écrira

```
cout << sqrt  ( 900.0 );
```

Lorsque cette instruction est exécutée, la fonction **sqrt** de la bibliothèque mathématique est appelée à calculer la racine carrée du nombre entre parenthèses (**900.0**). Le nombre **900.0** est l'*argument* de la fonction **sqrt**. L'instruction précédente afficherait **30**. La fonction **sqrt** prend un argument de type **double** et renvoie un résultat de type **double**. Toutes les fonctions de la bibliothèque mathématique renvoient le type de données **double**. Pour utiliser ces fonctions, il faut inclure le fichier d'en-tête **<cmath>**.

Erreur de programmation courante 3.1

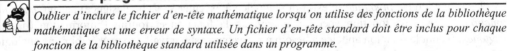

Oublier d'inclure le fichier d'en-tête mathématique lorsqu'on utilise des fonctions de la bibliothèque mathématique est une erreur de syntaxe. Un fichier d'en-tête standard doit être inclus pour chaque fonction de la bibliothèque standard utilisée dans un programme.

Les arguments de fonctions peuvent être des constantes, des variables, ou des expressions. Si **c1 = 13.0**, **d = 3.0** et **f = 4.0**, alors l'instruction

```
cout << sqrt ( c1 + d * f );
```

calcule et affiche la racine carrée de **13.0 + 3.0 * 4.0 = 25.0**, à savoir **5** (car le C++ n'affiche habituellement pas les zéros de suite ou le point décimal dans un nombre à virgule flottante sans partie fractionnaire).

Un résumé de certaines fonctions de la bibliothèque mathématique est présenté à la figure 3.2, dans laquelle les variables **x** et **y** sont de type **double**.

3.4 Fonctions

Les fonctions permettent au programmeur de configurer un programme en modules. Toutes les variables déclarées dans les définitions des fonctions sont des *variables locales*, c'est-à-dire connues uniquement dans la fonction où elles sont définies. La plupart des fonctions possèdent une liste de *paramètres* qui permettent de communiquer les informations entre les fonctions. Ces paramètres sont également des variables locales.

Observation de génie logiciel 3.2

Dans des programmes contenant de nombreuses fonctions, on devrait implanter **main** *comme un groupe d'appels aux fonctions qui effectuent la majeure partie du travail.*

Fonction	Description	Exemple
ceil(x)	arrondit x au plus petit entier supérieur à x	ceil(9.2) donne 10.0 ceil(-9.8) donne -9.0
cos(x)	cosinus trigonométrique de x (x en radians)	cos(0.0) donne 1.0
exp(x)	fonction exponentielle e^x	exp(1.0) donne 2.718282 exp(2.0) donne 7.389056
fabs(x)	valeur absolue de x	fabs(5.1) donne 5.1 fabs(0.0) donne 0.0 fabs(-8.76) donne 8.76
floor(x)	arrondit x à l'entier le plus grand, inférieur à x	floor(9.2) donne 9.0 floor(-9.8) donne -10.0
fmod(x, y)	reste de la division x/y sous forme de nombre à virgule flottante	fmod(13.657, 2.333) donne 1.992
log(x)	logarithme naturel de x (base e)	log(2.718282) donne 1.0 log(7.389056) donne 2.0
log10(x)	logarithme de x (base 10)	log10(10.0) donne 1.0 log10(100.0) donne 2.0
pow(x, y)	x élevé à la puissance de y (x^y)	pow(2, 7) donne 128
sin(x)	sinus trigonométrique de x (x en radians)	sin(0.0) donne 0.0
sqrt(x)	racine carrée de x	sqrt(900.0) donne 30.0 sqrt(9.0) donne 3.0
tan(x)	tangente trigonométrique de x (x en radians)	tan(0.0) donne 1

Figure 3.2   Fonctions de la bibliothèque mathématique couramment utilisées.

Il existe plusieurs raisons de «fonctionnaliser» un programme. L'approche «diviser pour mieux régner» améliore la maniabilité du développement du programme. Un autre motif est la *réutilisation du logiciel,* à savoir: l'utilisation de fonctions existantes comme blocs de construction pour créer de nouveaux programmes. La réutilisation du logiciel est un facteur important dans la programmation orientée objets. Des noms et des définitions de fonctions adéquats permettent de concevoir des programmes utilisant des fonctions standard qui exécutent des tâches spécifiques plutôt qu'un code personnalisé. Une troisième raison est d'éviter la répétition du code dans un programme: en l'empaquetant comme une fonction, on peut en effet l'exécuter depuis plusieurs endroits du programme au moyen d'un simple appel de fonction.

Observation de génie logiciel 3.3

Chaque fonction devrait se limiter à effectuer une tâche unique et bien définie; le nom de la fonction devrait exprimer cette tâche avec clarté. Cette pratique favorise la réutilisation du logiciel.

Observation de génie logiciel 3.4

Si vous ne parvenez pas à choisir un nom concis pour exprimer l'utilité d'une fonction, cela peut signifier que votre fonction tente d'effectuer trop de tâches diverses. Le cas échéant, divisez cette fonction en plusieurs fonctions plus petites.

3.5 Définitions de fonctions

Chacun des programmes que nous avons présentés jusqu'ici se résumait à une fonction nommée **main** appelant des fonctions de la bibliothèque standard pour accomplir ses tâches. Nous allons maintenant voir comment les programmeurs écrivent leurs propres fonctions personnalisées.

Analysons un programme doté d'une fonction définie par **carre** qui calcule les carrés des entiers 1 à 10 (figure 3.3).

```
1   // Figure 3.3: fig03_03.cpp
2   // Création et utilisation d'une fonction définie par le programmeur.
3   #include <iostream>
4
5   using std::cout;
6   using std::endl;
7
8   int carre( int );    // prototype de la fonction.
9
10  int main()
11  {
12     for ( int x = 1; x <= 10; x++ )
13        cout << carre( x ) << "  ";
14
15     cout << endl;
16     return 0;
17  }
18
19  // Définition de la fonction.
20  int carre( int y )
21  {
22     return y * y;
23  }
```

```
1   4   9   16   25   36   49   64   81   100
```

Figure 3.3   Création et utilisation d'une fonction définie par l'utilisateur.

Bonne pratique de programmation 3.2

Placez une ligne vide entre les définitions de fonctions pour les séparer les une des autres et, ainsi, augmenter la lisibilité du programme.

La fonction **carre** est *invoquée* ou *appelée* dans **main** avec l'appel

```
carre( x )
```

La fonction **carre** reçoit une copie de la valeur de **x** dans le *paramètre* **y**. Ensuite, **carre** calcule **y * y**. Le résultat est transmis à l'endroit où la fonction **carre** a été invoquée dans **main**, puis est affiché. Notez que la valeur de **x** n'est pas changée par l'appel de la fonction. Ce processus est répété dix fois en utilisant la structure de répétition **for**.

La définition de **carre** montre que **carre** attend un paramètre d'entier **y**. Le mot-clé **int** qui précède le nom de la fonction indique que celle-ci renvoie un résultat entier. L'instruction **return** dans **carre** renvoie le résultat du calcul vers la fonction d'appel.

La ligne 8,

```
int carre( int );   // prototype de la fonction.
```

est le *prototype de fonction*. Le type de données **int** entre parenthèses informe le compilateur que la fonction **carre** attend une valeur entière de la part de la fonction d'appel. Le type de données **int** à la gauche du nom de fonction **carre** avise le compilateur que **carre** renvoie un résultat entier à la fonction d'appel. Le compilateur se réfère au prototype de fonction pour vérifier si les appels vers **carre** contiennent le bon type de données renvoyées, le bon nombre et le bon type d'arguments et si les arguments sont dans le bon ordre. Le prototype de fonction n'est pas requis si la définition de la fonction apparaît avant la première utilisation de la fonction dans le programme. Le cas échéant, la définition de la fonction agit également comme prototype de la fonction. À la figure 3.3, si les lignes 20 à 23 apparaissaient avant **main**, le prototype de fonction de la ligne 8 ne serait plus nécessaire. Les prototypes de fonctions sont discutés en détail à la section 3.6.

Le format de la définition de la fonction est:

> *Type_de_valeur_renvoyée nom_de_fonction(liste des paramètres)*
> {
>   *déclarations et instructions*
> }

Le *nom_de_fonction* peut être tout identificateur valide. Le *type_de_valeur_renvoyée* est le type de données du résultat retourné de la fonction vers la fonction d'appel. Le type de la valeur renvoyée **void** indique qu'une fonction ne retourne aucune valeur. Lorsque le type de valeur renvoyée n'est pas spécifié, le compilateur prend pour acquis qu'il est de type **int**.

Erreur de programmation courante 3.2

L'omission du type de valeur renvoyée dans la définition d'une fonction est une erreur de syntaxe.

Erreur de programmation courante 3.3

Oublier de renvoyer une valeur à partir d'une fonction qui est sensée en retourner une est une erreur de syntaxe.

Erreur de programmation courante 3.4

*Le renvoi d'une valeur par une fonction dont le type de renvoi déclaré est **void** est une erreur de syntaxe.*

La *liste de paramètres* est une liste séparée par des virgules qui contient les déclarations des paramètres reçus par la fonction lorsqu'elle est appelée. Si une fonction ne reçoit aucune valeur, cette liste est **void** ou simplement laissée vide. On doit explicitement spécifier un type pour chacun des paramètres de la liste de paramètres d'une fonction.

Erreur de programmation courante 3.5

Déclarer des paramètres de fonction de même type sous la forme **float x, y** *plutôt que* **float x, float y**. *De fait, la déclaration* **float x, y** *provoquerait une erreur de compilation, car un type est requis pour chacun des paramètres dans la liste de paramètres.*

Erreur de programmation courante 3.6

Placer un point-virgule après la parenthèse droite qui ferme la liste des paramètres d'une définition de fonction est une erreur de syntaxe.

Erreur de programmation courante 3.7

Le fait de définir de nouveau un paramètre de fonction comme variable locale dans la fonction est une erreur de syntaxe.

Bonne pratique de programmation 3.3

Même si cela n'est pas une mauvaise pratique, évitez d'utiliser les mêmes noms pour les arguments passés à une fonction et les paramètres correspondants dans la définition de la fonction. Vous pourrez ainsi prévenir toute ambiguïté.

Erreur de programmation courante 3.8

En C++, les **( )** *dans un appel de fonction sont en fait un opérateur qui provoque l'appel de la fonction. Oublier les* **( )** *dans un appel de fonction qui ne requiert pas d'arguments n'est pas une erreur de syntaxe, mais la fonction n'est pas invoquée.*

Les *déclarations* et les *instructions* entre accolades forment le *corps de la fonction* ou ce qu'on appelle aussi le *bloc*. Un bloc n'est en fait qu'une instruction composée incluant des déclarations. Des variables peuvent être déclarées dans n'importe quel bloc et les blocs peuvent être imbriqués. *On ne peut en aucun cas définir une fonction à l'intérieur d'une autre fonction.*

Erreur de programmation courante 3.9

Définir une fonction à l'intérieur d'une autre fonction est une erreur de syntaxe.

Bonne pratique de programmation 3.4

Choisir des noms évocateurs pour les fonctions et les paramètres accroît la lisibilité des programmes et aide à éviter l'emploi excessif de commentaires.

Observation de génie logiciel 3.5

Une fonction ne devrait jamais dépasser la taille d'une fenêtre d'éditeur. Mais quelle que soit sa longueur, elle devrait toujours accomplir une tâche avec efficacité. Les fonctions de petite taille favorisent la réutilisation des logiciels.

Observation de génie logiciel 3.6

Les programmes devraient toujours être écrits comme des collections de petites fonctions. Cette pratique rend les programmes plus faciles à lire, à déboguer, à maintenir et à modifier.

Observation de génie logiciel 3.7

Une fonction qui exige un grand nombre de paramètres effectue probablement trop de tâches. Le cas échéant, essayez de la diviser en plusieurs fonctions plus petites qui exécutent ces tâches séparément. Dans la mesure du possible, l'en-tête de la fonction ne devrait pas dépasser une ligne.

Erreur de programmation courante 3.10

Il y a erreur de syntaxe si le prototype, l'en-tête ou les appels de fonction ne concordent pas quant au nombre, au type et à l'ordre des arguments et des paramètres ainsi que dans le type de valeur retournée.

Il existe trois façons de renvoyer le contrôle à l'endroit précis où une fonction a été invoquée. Si la fonction ne renvoie pas de résultat, le contrôle est simplement renvoyé lorsque l'accolade droite indiquant la fin de la fonction est atteinte, ou en exécutant l'instruction.

```
return;
```

Si la fonction renvoie un résultat, l'instruction

```
return expression;
```

retourne la valeur d'*expression* à l'appelant.

Notre deuxième exemple utilise une fonction définie par le programmeur, **maximum**, pour déterminer et renvoyer le plus grand de trois entiers (figure 3.4).

```cpp
1   // Figure 3.4: fig03_04.cpp
2   // Recherche du plus grand de trois entiers.
3   #include <iostream>
4
5   using std::cout;
6   using std::cin;
7   using std::endl;
8
9   int maximum( int, int, int );    // prototype de fonction.
10
11  int main()
12  {
13     int a, b, c, plusgrand;
14
15     cout << "Entrez trois entiers: ";
16     cin >> a >> b >> c;
17
18     // a, b et c ci-dessous sont des arguments
19     // pour l'appel de la fonction maximum.
20     plusgrand = maximum (a,b,c);
21     cout << "La valeur maximale est: " << plusgrand << endl;
22
23     return 0;
24  }
25
26  // Définition de la fonction maximum.
27  // x, y et z ci-dessous sont des arguments
28  // pour la définition de la fonction maximum.
29  int maximum( int x, int y, int z )
30  {
31     int max = x;
32
33     if ( y > max )
34        max = y;
35
36     if ( z > max )
37        max = z;
38
39     return max;
40  }
```

```
Entrez trois entiers: 22 85 17
La valeur maximale est: 85
```

```
Entrez trois entiers: 92 35 14
La valeur maximale est: 92
```

```
Entrez trois entiers: 45 19 98
La valeur maximale est: 98
```

Figure 3.4   Fonction **maximum** définie par le programmeur.

Les trois entiers sont entrés, puis sont passés vers **maximum** qui détermine le plus grand entier. Cette valeur est renvoyée à **main** par l'instruction **return** à l'intérieur de **maximum**. La valeur renvoyée est affectée à la variable **plusgrand** et ensuite affichée.

3.6 Prototypes de fonctions

Une des caractéristiques les plus importantes du C++ est le *prototype de fonction*. Un prototype de fonction indique au compilateur le nom de la fonction, le type de données renvoyé par la fonction, le nombre de paramètres que la fonction s'attend à recevoir, les types des paramètres et l'ordre dans lequel ces paramètres devraient se suivre. Le compilateur utilise les prototypes de fonctions pour valider les appels de fonction. Les versions antérieures de C n'exécutaient pas ce genre de vérification; il était alors possible d'appeler les fonctions de manière inconvenante sans que le compilateur détecte les erreurs. De tels appels pouvaient occasionner des erreurs fatales à l'exécution ou des erreurs non fatales, provoquant autant d'erreurs logiques subtiles et difficiles à détecter. Les prototypes de fonctions corrigent cette imperfection.

Observation de génie logiciel 3.8

*Les prototypes de fonctions sont requis en C++. Utilisez des directives de précompilateur **#include** pour obtenir des prototypes de fonctions de la bibliothèque standard à partir des fichiers d'en-tête. Utilisez aussi **#include** pour obtenir des fichiers d'en-tête contenant des prototypes de fonctions utilisés par les membres de votre groupe et (ou) par vous-même.*

Observation de génie logiciel 3.9

Un prototype de fonction n'est pas requis si la définition de la fonction apparaît avant la première utilisation de cette fonction dans le programme. Le cas échéant, la définition de la fonction sert également de prototype de fonction.

Dans la figure 3.4, le prototype de fonction pour maximum est

```
int maximum( int, int, int );
```

Ce prototype stipule que **maximum** prend trois arguments de type **int** et renvoie un résultat de type **int**. Notez que ce prototype de fonction est identique à l'en-tête de la définition de la fonction de **maximum** sauf que les noms des paramètres (**x**, **y** et **z**) ne sont pas inclus.

Bonne pratique de programmation 3.5

Beaucoup de programmeurs utilisent des noms de paramètres dans les prototypes de fonctions à des fins de documentation. Le compilateur ignore ces noms.

Erreur de programmation courante 3.11

Oublier le point-virgule à la fin d'un prototype de fonction est une erreur de syntaxe.

La portion d'un prototype de fonction incluant le nom de la fonction et les types de ses arguments s'appelle la *signature de la fonction* ou simplement *signature*. La signature n'inclut pas le type de renvoi de la fonction.

Erreur de programmation courante 3.12

Un appel de fonction qui n'est pas assorti au prototype de fonction est une erreur de syntaxe.

Erreur de programmation courante 3.13

Il y a erreur de syntaxe si le prototype de fonction ne concorde pas avec la définition de la fonction.

Imaginons un exemple pour illustrer l'erreur de programmation courante ci-dessus. Si, à la figure 3.4, nous avions écrit le prototype de fonction

```
void maximum( int, int, int );
```

le compilateur aurait signalé une erreur, car le type de renvoi **void** du prototype de fonction diffère du type de renvoi **int** de l'en-tête de la fonction.

Une autre caractéristique importante des prototypes de fonctions est la *contrainte de type des arguments,* c'est-à-dire le forçage des arguments au type approprié. Par exemple, même si on appelle la fonction de la bibliothèque mathématique **sqrt** avec un argument entier alors que le prototype de fonction dans **<cmath>** spécifie un argument **double**, la fonction s'exécutera correctement malgré tout. L'instruction

```
cout << sqrt ( 4 );
```

évalue **sqrt (4)** correctement et affiche la valeur **2**. Le prototype de fonction force le compilateur à convertir la valeur de l'argument entier **4** en valeur **double** de 4.0 avant de passer la valeur à **sqrt**. En général, les valeurs des arguments ne correspondant pas précisément aux types des paramètres du prototype de fonction sont converties au bon type avant l'appel de la fonction. Ces conversions peuvent produire des résultats inexacts si les *règles de promotion* du C++ ne sont pas respectées. Les règles de promotion spécifient comment convertir certains types en d'autres types sans perdre de données. Dans l'exemple ci-dessus avec **sqrt**, un **int** est automatiquement converti en **double** sans altération de sa valeur. Toutefois, un **double** converti en **int** tronque la partie fractionnaire de la valeur **double**. La conversion de types de grands entiers en types d'entiers plus petits (par exemple de **long** à **short**) peut également donner des résultats modifiés.

Les règles de promotion s'appliquent aux expressions contenant des valeurs de deux types de données ou plus. De telles expressions sont appelées *expressions de types mixtes*. Dans une expression de type mixte, le type de chaque valeur est promu au type «le plus élevé» de l'expression (en réalité, une valeur temporaire de chaque valeur est créée et utilisée pour l'expression; les valeurs originales demeurent inchangées). Une autre utilisation courante de la promotion se produit lorsque le type d'un argument d'une fonction n'est pas assorti au type de paramètre spécifié dans la définition de la fonction. La figure 3.5 énumère les types de données incorporés, du «type le plus élevé» au «type le moins élevé».

Types de données

```
long double
double
float
```
`unsigned long int`	(synonyme de **unsigned long**)
`long int`	(synonyme de **long**)
`unsigned int`	(synonyme de **unsigned**)
`int`	
`unsigned short int`	(synonyme de **unsigned short**)
`short int`	(synonyme de **short**)

```
unsigned char
short
char
```
`bool`	(**false** devient 0, **true** devient 1)

Figure 3.5   Hiérarchie de promotion des types de données prédéfinis.

La conversion de valeurs en des types moins élevés peut entraîner des valeurs inexactes. On ne peut donc convertir une valeur à un type inférieur qu'en affectant explicitement la valeur à une variable de type moins élevé, ou en utilisant un opérateur de forçage de type. Les valeurs des arguments d'une fonction sont converties aux types des paramètres du prototype de fonction comme si on les avait directement affectées aux variables de ces types. Si notre fonction **carre** qui utilise un paramètre entier (figure 3.3) est appelée avec un argument à virgule flottante, l'argument est converti à **int** (un type moins élevé) et **carre** renvoie habituellement une valeur inexacte. Par exemple, **carre(4.5)** donnerait une valeur de **16** au lieu de **20.25**.

Erreur de programmation courante 3.14

La conversion d'un type de données plus élevé à un type moins élevé dans la hiérarchie de promotion peut changer la valeur des données.

Erreur de programmation courante 3.15

Oublier un prototype de fonction lorsqu'une fonction n'est pas définie avant qu'elle ne soit d'abord invoquée est une erreur de syntaxe.

Observation de génie logiciel 3.10

Dans un fichier, un prototype de fonction placé en dehors de toute définition de fonction s'applique à tous les appels apparaissant après le prototype de fonction. Un prototype de fonction placé dans une fonction ne s'applique qu'aux appels faits à l'intérieur de cette fonction.

3.7 Fichiers d'en-tête

Chaque bibliothèque standard possède un *fichier d'en-tête* correspondant qui contient les prototypes de fonction pour toutes les fonctions de cette bibliothèque et les définitions de différents types de données et constantes requis par ces fonctions. La figure 3.6 énumère quelques-uns des fichiers d'en-tête de la bibliothèque standard du C++ pouvant être inclus dans des programmes en C++. Le terme «macros» utilisé à plusieurs reprises dans la figure 3.6 est discuté en détail au chapitre 17, *Précompilateur*. Les fichiers d'en-tête se terminant par **.h** représentent des fichiers d'en-tête de l'«ancien style» et ils ont été remplacés par les fichiers d'en-tête de la bibliothèque standard du C++ normalisé.

Fichier d'en-tête de la bibliothèque standard	Description
<cassert>	Contient des macros et de l'information pour ajouter des diagnostics afin de faciliter le débogage des programmes. Ce fichier d'en-tête remplace le fichier d'en-tête **<assert.h>**.
<cctype>	Contient des prototypes de fonctions pour les fonctions testant les caractères de certaines propriétés, ainsi que des prototypes des fonctions utilisables dans la conversion de lettres minuscules en lettres majuscules et vice versa. Ce fichier d'en-tête remplace le fichier d'en-tête **<ctype.h>**.
<cfloat>	Contient les limites de la taille de virgule flottante du système. Ce fichier d'en-tête remplace le fichier d'en-tête **<float.h>**.

Figure 3.6   Fichiers d'en-tête de la bibliothèque standard. (1 de 3)

Fichier d'en-tête de la bibliothèque standard	Description
`<climits>`	Contient les limites de la taille des entiers du système. Ce fichier d'en-tête remplace le fichier d'en-tête `<limits.h>`.
`<cmath>`	Contient les prototypes de fonctions pour les fonctions de la bibliothèque mathématique. Ce fichier d'en-tête remplace le fichier d'en-tête `<math.h>`.
`<cstdio>`	Contient les prototypes de fonctions pour les fonctions de la bibliothèque d'entrée-sortie standard et de l'information utilisée par celles-ci. Ce fichier d'en-tête remplace le fichier d'en-tête `<stdio.h>`.
`<cstdlib>`	Contient des prototypes de fonctions pour la conversion de nombres en texte, de texte en nombres, d'allocation de mémoire, de nombres aléatoires et autres fonctions utilitaires. Ce fichier d'en-tête remplace le fichier d'en-tête `<stdlib.h>`.
`<cstring>`	Contient des prototypes de fonctions pour les fonctions de traitement de chaînes de style C. Ce fichier d'en-tête remplace le fichier d'en-tête `<string.h>`.
`<ctime>`	Contient des prototypes de fonctions et des types pour la manipulation de la date et de l'heure. Ce fichier d'en-tête remplace le fichier d'en-tête `<time.h>`.
`<iostream>`	Contient des prototypes de fonctions pour les fonctions d'entrée standard et de sortie standard. Ce fichier d'en-tête remplace le fichier d'en-tête `<iostream.h>`.
`<iomanip>`	Contient des prototypes de fonctions pour les manipulateurs de flux permettant le formatage de flux de données. Ce fichier d'en-tête remplace le fichier d'en-tête `<iomanip.h>`.
`<fstream>`	Contient des prototypes de fonctions pour les fonctions qui prennent des données d'entrée à partir de fichiers sur disque et qui produisent des données de sortie vers des fichiers d'un disque (nous en discuterons au chapitre 14). Ce fichier d'en-tête remplace le fichier d'en-tête `<fstream.h>`.
`<utility>`	Contient des classes et des fonctions utilisées par plusieurs fichiers d'en-tête de la bibliothèque standard.
`<vector>`, `<list>`, `<deque>`, `<queue>`, `<stack>`, `<map>`, `<set>`, `<bitset>`	Ces fichiers d'en-tête contiennent des classes pour implanter les conteneurs de la bibliothèque standard. Les conteneurs servent à remiser les données pendant l'exécution d'un programme. Nous discuterons de ces fichiers d'en-tête au chapitre 20, *La bibliothèque de modèles standard (STL)*.
`<functional>`	Contient des classes et des fonctions utilisées par des algorithmes de la bibliothèque standard.
`<memory>`	Contient des classes et des fonctions utilisées par la bibliothèque standard pour allouer de la mémoire aux conteneurs de la bibliothèque standard.
`<iterator>`	Contient des classes pour la manipulation de données dans les conteneurs de la bibliothèque standard.
`<algorithm>`	Contient des fonctions pour la manipulation de données dans les conteneurs de la bibliothèque standard.

Figure 3.6   Fichiers d'en-tête de la bibliothèque standard. (2 de 3)

Fichier d'en-tête de la bibliothèque standard	Description
`<exception>`, `<stdexcept>`	Ces fichiers d'en-tête contiennent des classes utilisées pour le traitement d'exceptions (nous en discuterons au chapitre 13).
`<string>`	Contient la définition des chaînes de classes de la bibliothèque standard (nous en discuterons au chapitre 19).
`<sstream>`	Contient des prototypes de fonctions pour les fonctions qui prennent des données d'entrée à partir de chaînes de la mémoire et qui produisent des données de sortie vers des chaînes de la mémoire (nous en discuterons au chapitre 14).
`<locale>`	Contient des classes et des fonctions normalement utilisées par le traitement des flux pour traiter des données sous la forme naturelle à différents langages (par exemple, les formats monétaires, le tri des chaînes, la présentation des caractères, etc.).
`<limits>`	Contient une classe définissant les limites du type de données numériques de chaque plate-forme informatique.
`<typeinfo>`	Contient des classes pour l'identification du type valorisée à l'exécution (déterminant les types de données pendant l'exécution).

Figure 3.6   Fichiers d'en-tête de la bibliothèque standard. (3 de 3)

Le programmeur peut créer des *fichiers d'en-tête personnalisés*. Les fichiers d'en-tête définis par le programmeur doivent se terminer par l'extension **.h**. On peut inclure un fichier d'en-tête défini par le programmeur en utilisant la directive de précompilation **#include**. Par exemple, on peut inclure le fichier d'en-tête **carre.h** dans notre programme en plaçant la directive

```
#include "carre.h"
```

en haut du programme. La section 17.2 présente des informations supplémentaires sur l'inclusion des fichiers d'en-tête.

3.8 Génération de nombres aléatoires

Faisons maintenant une brève et, nous l'espérons, divertissante incursion du côté d'applications de programmation populaires, à savoir les simulateurs et les jeux. Dans cette section et dans la suivante, nous développerons un programme de jeu structuré incluant des fonctions multiples. Le programme utilise la plupart des structures de contrôle que nous avons étudiées jusqu'à présent.

L'ambiance qui règne dans un casino est à même de revigorer n'importe quel genre de personne, du gros joueur assis à une table de «roulette» au simple amateur occasionnel de machines à sous. Cette ambiance provient de l'*élément de chance,* ou plutôt de *hasard*, c'est-à-dire de cette possibilité de voir un petit tas de monnaie se transformer en une montagne de richesses. L'élément de chance peut être introduit dans les applications informatiques au moyen de la fonction **rand** de la bibliothèque standard.

Supposons l'instruction suivante:

```
i = rand();
```

La fonction **rand** génère un entier compris entre **0** et **RAND_MAX** (constante symbolique définie dans le fichier d'en-tête **<cstdlib>**). La valeur de **RAND_MAX** doit être d'au moins **32767**, soit la valeur positive maximale pour un entier à deux octets (16 bits). Si **rand** produit réellement des entiers d'une façon aléatoire, chaque nombre compris entre **0** et **RAND_MAX** possède une *chance* égale (ou *probabilité*) d'être choisi à chaque appel de **rand**.

L'échelle des valeurs directement produite par **rand** diffère souvent de ce qui est requis dans une application spécifique. Par exemple, un programme simulant un jeu de pile ou face n'aurait besoin que de la valeur 0 pour «pile» et de la valeur 1 pour «face». Un programme simulant le lancement d'un dé à six faces n'aurait besoin que d'une série d'entiers aléatoires de 1 à 6. Un programme déterminant le prochain type d'engin spatial (à partir d'un choix de quatre possibilités) qui traverserait l'horizon d'un jeu vidéo n'aurait besoin que d'entiers aléatoires de 1 à 4.

Pour faire la démonstration de **rand**, développons un programme simulant 20 lancements d'un dé à six faces et affichant la valeur de chaque lancer. Le prototype de la fonction **rand** se trouve dans **<cstdlib>**. Nous utiliserons l'opérateur modulo (**%**) de pair avec **rand** de la façon suivante

```
rand()% 6
```

afin de produire des entiers de 0 à 5. Ce processus s'appelle *graduation*. Le nombre 6 représente le *facteur de graduation*. Nous *décalons* ensuite l'échelle des nombres produits en ajoutant 1 à notre résultat précédent. La figure 3.7 confirme que les résultats obtenus varient de 1 à 6. Une nouvelle exécution du programme de la figure 3.7 produit :

```cpp
1   // Figure 3.7: fig03_07.cpp
2   // Entiers gradués et décalés produits
3   // par l'instruction 1 + rand()% 6.
4   #include <iostream>
5
6   using std::cout;
7   using std::endl;
8
9   #include <iomanip>
10
11  using std::setw;
12
13  #include <cstdlib>
14
15  int main()
16  {
17     for ( int i = 1; i <= 20; i++ ) {
18        cout << setw( 10 ) << ( 1 + rand()% 6 );
19
20        if ( i % 5 == 0 )
21           cout << endl;
22     }
23
24     return 0;
25  }
```

5	5	3	5	5
2	4	2	5	5
5	3	2	2	1
5	1	4	6	4

Figure 3.7   Entiers gradués et décalés produits par l'instruction **1 + rand()** **% 6**.

Pour illustrer que ces nombres sont produits avec une probabilité à peu près égale, simulons 6 000 lancers d'un dé en utilisant le programme de la figure 3.8. Chaque entier devrait apparaître environ 1 000 fois.

```cpp
1   // Figure 3.8: fig03_08.cpp
2   // Lancer un dé à six faces 6000 fois.
3   #include <iostream>
4
5   using std::cout;
6   using std::endl;
7
8   #include <iomanip>
9
10  using std::setw;
11
12  #include <cstdlib>
13
14  int main()
15  {
16     int frequence1 = 0, frequence2 = 0,
17         frequence3 = 0, frequence4 = 0,
18         frequence5 = 0, frequence6 = 0,
19         face;
20
21     for ( int lancement = 1; lancement <= 6000; lancement++ ) {
22        face = 1 + rand()% 6;
23
24        switch ( face ) {
25           case 1:
26              ++frequence1;
27              case;
28           case 2:
29              ++frequence2;
30              case;
31           case 3:
32              ++frequence3;
33              case;
34           case 4:
35              ++frequence4;
36              case;
37           case 5:
38              ++frequence5;
39              case;
40           case 6:
41              ++frequence6;
42              case;
43           default:
44              cout << "Ne jamais se rendre ici!";
45        }
46     }
47
```

Figure 3.8   Lancement d'un dé à six faces 6000 fois. (1 de 2)

```
48      cout << "Face" << setw( 13 ) << "Fréquence"
49          << "\n   1" << setw( 13 ) << frequence1
50          << "\n   2" << setw( 13 ) << frequence2
51          << "\n   3" << setw( 13 ) << frequence3
52          << "\n   4" << setw( 13 ) << frequence4
53          << "\n   5" << setw( 13 ) << frequence5
54          << "\n   6" << setw( 13 ) << frequence6 << endl;
55
56      return 0;
57   }
```

```
Face     Fréquence
1             987
2             984
3            1029
4             974
5            1004
6            1022
```

Figure 3.8   Lancement d'un dé à six faces 6000 fois. (2 de 2)

Comme nous pouvons le voir sur l'affichage du programme, nous avons utilisé la graduation, le décalage et la fonction **rand** pour effectuer une simulation réaliste d'un lancement de dé à six faces. Notez que le programme ne peut jamais parvenir au cas **default** fourni dans la structure **switch**, même si nous l'avons inclus à des fin de bonne pratique. Après notre étude des tableaux au chapitre 4, nous vous montrerons comment remplacer toute la structure **switch** de façon élégante au moyen d'une instruction à une ligne.

```
5        5        3        5        5
2        4        2        5        5
5        3        2        2        1
5        1        4        6        4
```

Astuce de tests et de débogage 3.1

*Dans une structure **switch**, fournissez un cas **default** pour saisir les erreurs même si vous êtes absolument certain qu'il n'y a pas de bogue!*

Comme vous pouvez le constater, le programme a affiché exactement la même série de valeurs que précédemment. Comment peut-on affirmer qu'il s'agit là de nombres aléatoires? Ironiquement, cette répétition identique est une caractéristique importante de la fonction **rand**. C'est elle qui, lors du débogage d'un programme, permet de prouver que les corrections apportées au programme fonctionnent adéquatement.

La fonction **rand** génère en réalité des *nombres pseudo-aléatoires*. Un appel répété de la fonction **rand** produit une séquence de nombres qui semble aléatoire. Toutefois, la même séquence se répète à chaque exécution du programme. Une fois le programme entièrement débogué, on peut conditionner cette fonction de façon qu'elle génère une séquence différente de nombres aléatoires à chaque exécution. Ce processus s'appelle *randomisation* et s'accomplit avec la fonction **srand** de la bibliothèque standard. La fonction **srand** prend un argument entier **unsigned** et *donne une valeur de départ* à la fonction **rand** afin qu'elle produise une séquence de nombres aléatoires différente à chaque exécution du programme.

L'emploi de **srand** est illustré à la figure 3.9. Nous utilisons le type de données **unsigned** qui est le terme abrégé de **unsigned int**. Un entier **int** est stocké dans au moins deux octets de mémoire et peut avoir des valeurs positives et négatives. Une variable de type **unsigned int** est également rangée dans au moins deux octets de mémoire. Un **unsigned int** de deux octets ne peut posséder qu'une valeur non négative allant de 0 à 65535. Un **unsigned int** de quatre octets ne peut avoir qu'une valeur non négative comprise entre 0 et 4294967295. La fonction **srand** prend une valeur de type **unsigned int** comme argument. Le prototype de fonction pour la fonction **srand** se trouve dans le fichier d'en-tête **<cstdlib>**.

```cpp
1   // Figure 3.9: fig03_09.cpp
2   // Randomisation du programme de lancement du dé.
3   #include <iostream>
4
5   using std::cout;
6   using std::cin;
7   using std::endl;
8
9   #include <iomanip>
10
11  using std::setw;
12
13  #include <cstdlib>
14
15  int main()
16  {
17     unsigned depart;
18
19     cout << "Entrez une valeur de départ: ";
20     cin >> depart;
21     srand ( depart );
22
23     for ( int i = 1; i <= 10; i++ ) {
24        cout << setw( 10 ) << 1 + rand()% 6;
25
26        if ( i % 5 == 0 )
27           cout << endl;
28     }
29
30     return 0;
31  }
```

```
Entrez une valeur de départ: 67
1          6          5          1          4
5          6          3          1          2
```

```
Entrez une valeur de départ: 432
4          2          6          4          3
2          5          1          4          4
```

```
Entrez une valeur de départ: 67
1          6          5          1          4
5          6          3          1          2
```

Figure 3.9   Dimension aléatoire du programe de lancement de dés.

Exécutons maintenant le programme plusieurs fois afin d'observer les résultats. Notez qu'une séquence *différente* de nombres aléatoires est obtenue à chaque exécution, à condition qu'une valeur de départ différente soit fournie.

Si nous désirons randomiser sans avoir à entrer chaque fois une valeur de départ, nous pouvons utiliser une instruction comme:

```
srand ( time( 0 ) )
```

Cette instruction dit à l'ordinateur de lire son horloge afin d'obtenir automatiquement une valeur de départ. La fonction **time** (avec l'argument **0** écrit comme dans l'instruction précédente) renvoie la valeur de l'heure courante au calendrier (en secondes). Cette valeur est convertie en un entier **unsigned**, puis est utilisée comme valeur de départ pour produire les nombres aléatoires. Le prototype de fonction de **time** se retrouve dans **<ctime>**.

Astuce sur la performance 3.2

*L'appel de la fonction **srand** n'est requis qu'une seule fois dans un programme pour obtenir l'effet de randomisation désiré. Appeler cette fonction plus d'une fois est redondant et ne peut que réduire la performance du programme.*

Les valeurs directement produites par **rand** sont toujours comprises à l'intérieur de l'échelle:

```
0 - rand() - RAND_MAX
```

Nous avons démontré précédemment comment écrire une instruction simple pour simuler le lancement d'un dé à six faces avec l'instruction

```
face = 1 + rand() % 6;
```

qui affecte toujours (au hasard) un entier à la variable **face** compris dans l'échelle $1 \leq$ **face** ≤ 6. Notez cette échelle a une largeur (c'est-à-dire le nombre d'entiers consécutifs de l'échelle) de 6 et un nombre de départ de 1. En nous référant à l'instruction précédente, nous voyons que la largeur de l'échelle est déterminée par le nombre utilisé pour graduer **rand** avec l'opérateur modulo (dans le cas présent, 6) et que le nombre de départ de l'échelle est égal au nombre (dans le cas présent, 1) ajouté à **rand % 6**. Nous pouvons généraliser ce résultat de la façon suivante

```
n = a + rand() % b;
```

où **a** représente la *valeur de décalage* (qui est égale au premier nombre de l'échelle désirée d'entiers consécutifs) et où **b** désigne le *facteur de graduation* (qui est égal à la largeur de l'échelle désirée d'entiers consécutifs). Dans les exercices, nous verrons qu'il est possible de choisir des entiers au hasard à partir de séries de valeurs autres que des échelles de valeurs consécutives.

Erreur de programmation courante 3.16

*Utiliser **srand** au lieu de **rand** pour produire des nombres aléatoires est une erreur de syntaxe, car la fonction **srand** ne renvoie pas de valeur.*

3.9 Exemple: jeu de hasard et introduction à enum

L'un des jeux de hasard les plus populaires est un jeu de dés appelé «la barbotte» qui se joue dans les casinos ainsi que dans des lieux clandestins un peu partout dans le monde. Les règles de ce jeu sont plutôt simples:

Un joueur lance deux dés. Chaque dé a six faces contenant, respectivement un, deux, trois, quatre, cinq et six points. Après le lancer des dés, on calcule la somme des points des deux faces pointant vers le haut. Si la somme est de 7 ou 11 au premier coup de dés, le joueur gagne. Si elle est de 2, 3, ou 12 au premier coup de dés (appelé «barbotte»), le joueur perd (autrement dit la «banque» gagne).

Si la somme est de 4, 5, 6, 8, 9 ou 10 au premier lancer, cette somme devient alors le «point» du joueur. Pour gagner, il doit relancer les dés jusqu'à ce qu'il «obtienne son point». Le joueur perd s'il obtient 7 avant de faire son point.

Le programme de la figure 3.10 simule le jeu de la barbotte. La figure 3.11 illustre plusieurs exemples d'exécution.

Notez que le joueur doit jeter deux dés au premier lancer et doit en faire autant pour tous les lancers suivants. Nous avons défini une fonction **lancerDes** pour lancer les dés, calculer et afficher leur somme. La fonction **lancerDes** n'est définie qu'une seule fois mais est appelée de deux endroits dans le programme. Il est intéressant de noter que **lancerDes** ne prend aucun argument; nous avons donc indiqué **void** dans la liste de paramètres. La fonction **lancerDes** renvoie la somme des deux dés; c'est pourquoi un type de renvoi **int** est indiqué dans l'en-tête de la fonction.

Le jeu est relativement complexe. Le joueur peut gagner ou perdre au premier lancer, ou peut gagner ou perdre sur n'importe quel lancer subséquent. La variable **statutPartie** est utilisée pour en faire le suivi et est déclarée comme étant d'un type appelé **Statut**. La ligne

```
enum Statut { CONTINUER, GAGNE, PERD };
```

crée un *type défini par l'utilisateur* appelé *énumération*. Une énumération, introduite par le mot-clé **enum** et suivie par un *nom de type* (dans le cas présent, **Statut**), est une série de constantes entières représentées par des identificateurs. À moins d'indication contraire, les valeurs de ces *constantes d'énumération* commencent à **0** et sont incrémentées de **1**. Dans l'énumération précédente, **CONTINUER** est affectée de la valeur **0**, **GAGNE** est affectée de la valeur **1**, tandis que **PERD** est affectée de la valeur **2**. Les identificateurs de l'**enum** doivent être uniques, bien que des constantes d'énumération séparées puissent avoir la même valeur d'entier.

Bonne pratique de programmation 3.6

Mettez en majuscule la première lettre d'un identificateur employé comme un nom de type défini par l'utilisateur.

Les variables du type **Statut** défini par l'utilisateur ne peuvent être affectées qu'à l'une des valeurs déclarées dans l'énumération. Lorsque le joueur gagne la partie, **statutPartie** est réglé à **GAGNE**. Lorsqu'il perd la partie, **statutPartie** est réglé à **PERD**. Sinon, **statutPartie** est réglé à **CONTINUER** afin que le joueur puisse relancer les dés.

Erreur de programmation courante 3.17

Affecter l'équivalent d'entier d'une constante d'énumération à une variable de type «énumération» est une erreur de syntaxe.

Une autre énumération usuelle est

```
enum Mois { JAN = 1, FEV, MAR, AVR, MAI, JUN, JUL, AOU,
            SEP, OCT, NOV, DEC};
```

qui crée le type **Mois** défini par l'utilisateur, avec des constantes d'énumération représentant les mois de l'année. Comme la première valeur de l'énumération précédente est réglée à 1 de façon explicite, toutes les valeurs suivantes sont incrémentées de 1, pour donner des valeurs résultantes comprises entre 1 et 12. Toute constante d'énumération peut être affectée d'une valeur d'entier dans la définition de l'énumération et toutes les constantes d'énumération subséquentes posséderont une valeur plus élevée que la constante précédente par une valeur de 1.

```
1    // Figure 3.10: fig03_10.cpp
2    // Jeu de la barbotte.
3    #include <iostream>
4
5    using std::cout;
6    using std::endl;
7
8    #include <cstdlib>
9
10   #include <ctime>
11
12   using std::time;
13
14   int lancerDes( void );    // prototype de fonction.
15
16   int main()
17   {
18      enum Statut { CONTINUER, GAGNE, PERD };
19      int somme, monPoint;
20      Statut statutPartie;
21
22      srand ( time( NULL ) );
23      somme = lancerDes();            // premier lancer des dés.
24
25      switch ( somme ) {
26         case 7:
27         case 11:                     // victoire au premier lancer.
28            statutPartie = GAGNE;
29            break;
30         case 2:
31         case 3:
32         case 12:                     // défaite au premier lancer.
33            statutPartie = PERD;
34            break;
35         default:                     // point de rappel.
36            statutPartie = CONTINUER;
37            monPoint = somme;
38            cout << "Le point est " << monPoint << endl;
39            break;                    // facultatif.
40      }
41
42      while ( statutPartie == CONTINUER ) {    // relancer les dés.
43         somme = lancerDes();
44
45         if ( somme == monPoint )      // victoire en faisant le point.
46            statutPartie = GAGNE;
47         else
48            if ( somme == 7 )          // défaite en lançant 7.
49               statutPartie = PERD;
50      }
51
52      if ( statutPartie == GAGNE )
53         cout << "Le joueur gagne" << endl;
```

Figure 3.10   Programme simulant le jeu de la barbotte. (1 de 2)

```
54        else
55            cout << "Le joueur perd" << endl;
56
57        return 0;
58    }
59
60    int lancerDes ( void )
61    {
62        int de1, de2, sommeDes;
63
64        de1 = 1 + rand()% 6;
65        de2 = 1 + rand()% 6;
66        sommeDes = de1 + de2;
67        cout << "Le joueur a lancé " << de1 << " + " << de2
68            << " = " << sommeDes << endl;
69
70        return sommeDes;
71    }
```

Figure 3.10   Programme simulant le jeu de la barbotte. (2 de 2)

```
Le joueur a lancé 6 + 5 = 11
Le joueur gagne
```

```
Le joueur a lancé 6 + 6 = 12
Le joueur perd
```

```
Le joueur a lancé 4 + 6 = 10
Le point est 10
Le joueur a lancé 2 + 4 = 6
Le joueur a lancé 6 + 5 = 11
Le joueur a lancé 3 + 3 = 6
Le joueur a lancé 6 + 4 = 10
Le joueur gagne
```

```
Le joueur a lancé 1 + 3 = 4
Le point est 4
Le joueur a lancé 1 + 4 = 5
Le joueur a lancé 5 + 4 = 9
Le joueur a lancé 4 + 6 = 10
Le joueur a lancé 6 + 3 = 9
Le joueur a lancé 1 + 2 = 3
Le joueur a lancé 5 + 2 = 7
Le joueur perd
```

Figure 3.11   Exemples d'exécution du jeu de la barbotte.

Erreur de programmation courante 3.18

Une fois qu'une constante d'énumération est définie, toute tentative de lui affecter une autre valeur constitue une erreur de syntaxe.

Bonne pratique de programmation 3.7

N'utilisez que des lettres majuscules pour les noms des constantes d'énumération. Cette pratique permet de les faire ressortir dans un programme et rappelle au programmeur qu'il ne s'agit pas de variables.

Bonne pratique de programmation 3.8

L'emploi d'énumérations plutôt que de constantes entières peut rendre les programmes plus clairs.

Après le premier lancer, si la partie est gagnée, le corps de la structure **while** est ignoré puisque **statutPartie** n'est pas égal à **CONTINUER**. Le programme passe à la structure **if/else** qui affiche «**Le joueur gagne**» si **statutPartie** est égal à **GAGNE**, ou «**Le joueur perd**» si **statutPartie** est égal à **PERD**.

Après le premier lancer, si la partie n'est pas terminée, **somme** est stockée dans **monPoint**. L'exécution se poursuit avec la structure **while** puisque **statutPartie** est égal à **CONTINUER**. À chaque passage dans le **while**, **lancerDes** est appelé pour produire une nouvelle **somme**. Si **somme** est égale à **monPoint**, **statutPartie** est réglé à **GAGNE**, le test du **while** échoue, la structure **if/else** affiche «**Le joueur gagne**» et l'exécution prend fin. Si somme est égale à 7, **statutPartie** est réglé à **PERD**, le test du **while** échoue, l'instruction **if/else** affiche «**Le joueur perd**» et l'exécution prend fin.

Notez l'emploi intéressant des différents mécanismes de contrôle de programme dont nous avons déjà discutés. Le programme de la barbotte utilise deux fonctions, **main** et **lancerDes**, les structures **switch**, **while**, **if/else**, ainsi que des structures **if** imbriquées. Dans les exercices, nous analyserons différentes caractéristiques intéressantes du jeu de la barbotte.

3.10 Classes de stockage

Aux chapitres 1 à 3, nous avons utilisé des identificateurs pour les noms des variables. Les attributs des variables comprennent le nom, le type, la taille et la valeur. Dans ce chapitre, nous utilisons aussi des identificateurs pour les noms des fonctions définies par l'utilisateur. De fait, chaque identificateur d'un programme possède d'autres attributs, notamment la *classe de stockage*, la *portée* et la *liaison*.

Le C++ offre cinq *spécifications de classes de stockage*: **auto**, **register**, **extern**, **mutable** et **static**. Une spécification de classe de stockage d'un identificateur aide à déterminer sa classe de stockage, sa portée et sa liaison. Cette section traite des spécifications de classes de stockage **auto**, **register**, **extern** et **static**. La spécification de stockage **mutable**, étudiée en détail au chapitre 21, sert exclusivement pour les types du C++ définis par l'utilisateur, que l'on nomme *classes* (introduits aux chapitres 6 et 7).

La *classe de stockage* d'un identificateur détermine la période durant laquelle l'identificateur existe en mémoire. Certains identificateurs existent brièvement, quelques-uns sont créés et détruits à maintes reprises, d'autres encore existent pendant toute l'exécution du programme. Cette section traite des deux classes de stockage statique et automatique.

La *portée* d'un identificateur est l'endroit où l'on peut référencer l'identificateur dans un programme. Certains identificateurs peuvent être référencés dans la totalité d'un programme; d'autres ne peuvent l'être que dans certaines parties d'un programme. La section 3.11 analyse la portée des identificateurs.

La *liaison* d'un identificateur détermine, pour un programme à fichiers source multiples (sujet que nous aborderons au chapitre 6), si l'identificateur n'est connu que dans le fichier source courant ou s'il est connu dans tout fichier source avec les déclarations appropriées.

Les spécifications de classes de stockage peuvent être divisées en deux classes de stockage: *classe de stockage automatique* et *classe de stockage statique*. Les mots-clés **auto** et **register** sont utilisés pour déclarer des variables de la classe de stockage automatique. De telles variables sont créées lors de l'entrée du bloc où elles sont déclarées; elles existent pendant que le bloc est actif et sont détruites lors de la sortie du bloc.

Seules les variables peuvent être de la classe de stockage automatique. Les paramètres et les variables locales d'une fonction sont normalement de cette classe de stockage. La spécification de classe de stockage **auto** déclare explicitement des variables à classe de stockage automatique. Par exemple, la déclaration ci-dessous indique que les variables de type **double** nommées **x** et **y** sont des variables locales à classe de stockage automatique, c'est-à-dire qu'elles n'existent que dans le corps de la fonction dans laquelle la définition apparaît:

```
auto double x, y;
```

Les variables locales sont, par défaut, de la classe de stockage automatique; c'est pourquoi le mot-clé **auto** est rarement utilisé. À partir de maintenant, nous désignerons les variables à classe de stockage automatique par la locution simplifiée «variables automatiques».

Astuce sur la performance 3.3

Le stockage automatique est une façon de préserver la mémoire, car les variables à classe de stockage automatique sont créées lors de l'entrée du bloc dans lequel elles sont déclarées et détruites lors de la sortie du bloc.

Observation de génie logiciel 3.11

Le stockage automatique est un exemple du principe du moindre privilège. Pourquoi stocker des variables en mémoire et les rendre accessibles lorsqu'elles ne sont pas requises?

Les données de la version en langage machine du programme sont normalement chargées dans des registres pour les calculs et autres traitements.

Astuce sur la performance 3.4

*La spécification de classe de stockage **register** peut se placer avant une déclaration de variable automatique pour suggérer au compilateur de conserver la variable dans l'un des registres haute vitesse du matériel de l'ordinateur plutôt qu'en mémoire. S'il est possible de conserver des variables à utilisation intensive, comme des compteurs ou des totaux, dans des registres du matériel, on peut alors éliminer la surcharge causée par le stockage répétitif des variables de la mémoire vers les registres et le chargement correspondant des résultats en mémoire.*

Erreur de programmation courante 3.19

*L'emploi de multiples spécifications de classes de stockage pour un identificateur est une erreur de syntaxe. On ne peut appliquer qu'une seule spécification de classe de stockage à un identificateur. Par exemple, si vous incluez **register**, n'incluez pas **auto**.*

Le compilateur peut ignorer les déclarations **register**. Par exemple, il se peut que le nombre de registres disponibles soit insuffisant pour l'utilisation requise par le compilateur. La déclaration ci-dessous *suggère* de placer la variable d'entier **compteur** dans un des registres de l'ordinateur. Que le compilateur le fasse ou non, **compteur** est initialisé à 1:

```
register int compteur = 1;
```

Le mot-clé **register** ne peut être utilisé qu'avec des paramètres de fonction et des variables locales.

Astuce sur la performance 3.5

Les déclarations **register** *sont souvent facultatives. Les compilateurs à optimisation d'aujourd'hui sont capables de reconnaître les variables d'usage fréquent et de les placer dans des registres sans exiger du programmeur qu'il entre une déclaration* **register**.

Les mots-clés **extern** et **static** sont utilisés pour déclarer des identificateurs pour les variables et fonctions de la classe de stockage statique. De telles variables existent dès le début de l'exécution du programme. Pour les variables, le stockage n'est alloué et initialisé qu'une fois, au début de l'exécution du programme. Pour les fonctions, leurs noms existent lorsque le programme commence à s'exécuter. Toutefois, même si ces variables et noms de fonction existent dès le début de l'exécution du programme, ces identificateurs ne pourront pas nécessairement être utilisés à travers tout le programme. La classe de stockage et la portée (où un nom peut être utilisé) sont des sujets distincts, comme nous le verrons à la section 3.11.

Il existe deux types d'identificateurs à classe de stockage statique: les identificateurs externes (comme les variables globales et les noms de fonction) et les variables locales déclarées avec la spécification de classe de stockage **static**. La spécification de classe de stockage par défaut des variables globales et des noms de fonction est **extern**. Les variables globales sont créées en plaçant les déclarations des variables en dehors de toute définition de fonction. Les variables globales conservent leurs valeurs pendant toute l'exécution du programme. Les variables globales et les fonctions peuvent être consultées par toute fonction placée à la suite de leurs déclarations ou définitions dans le fichier.

Observation de génie logiciel 3.12

La déclaration d'une variable globale plutôt que locale produit des effets de bord involontaires lorsqu'une fonction ne devant pas accéder à cette variable la modifie accidentellement ou volontairement. En général, l'emploi de variables globales devrait se limiter à certaines situations qui exigent des performances uniques.

Observation de génie logiciel 3.13

Les variables utilisées dans une fonction particulière doivent être déclarées variables locales dans cette fonction plutôt que variables globales.

Les variables locales déclarées avec le mot-clé **static** ne sont encore connues qu'à l'intérieur de la fonction dans laquelle elles sont définies, mais, contrairement aux variables automatiques, elles conservent leurs valeurs lors de la sortie de la fonction. Lors d'un appel ultérieur de la fonction, les variables locales **static** possèdent les mêmes valeurs qu'au moment de la dernière sortie de la fonction. L'instruction suivante déclare la spécification **static** pour la variable **compteur** et l'initialise à 1.

```
static int compteur = 1;
```

Toutes les variables numériques de la classe de stockage statique sont initialisées à zéro si elles ne sont pas initialisées explicitement par le programmeur. (Les variables de pointeur statiques, traitées au chapitre 5, sont également initialisées à zéro).

Les spécifications de classes de stockage **extern** et **static** ont une signification spéciale lorsqu'elles sont explicitement appliquées à des identificateurs externes. Au chapitre 18, *Concepts liés à l'héritage du C*, nous discuterons de l'emploi des spécifications **extern** et **static** avec des identificateurs externes et des programmes à fichiers source multiples.

3.11 Règles de portée

La portion de programme où un identificateur est significatif représente sa *portée*. Par exemple, lorsque nous déclarons une variable locale dans un bloc, elle ne peut être consultée qu'à l'intérieur de ce bloc ou dans les blocs imbriqués au sein de ce bloc. Les quatre portées d'un identificateur sont la *portée de fonction*, la *portée de fichier*, la *portée de bloc* et la *portée de prototype de fonction*. Nous analyserons plus tard un cinquième type de portée: la *portée de classe*.

Un identificateur déclaré en dehors de toute fonction possède une *portée de fichier*. Un tel identificateur est «connu» dans toutes les fonctions, du point de sa déclaration jusqu'à la fin du fichier. Les variables globales, les définitions de fonctions et les prototypes de fonctions en dehors d'une fonction ont tous une portée de fichier.

Les étiquettes (identificateurs suivis d'un deux-points, par exemple **depart:**) sont les seuls identificateurs à avoir une *portée de fonction*. Les étiquettes peuvent être utilisées n'importe où dans la fonction où elles apparaissent, mais elles ne peuvent être consultées en dehors du corps de cette fonction. On utilise des étiquettes dans les structures **switch** (comme les étiquettes **case**) et dans les instructions **goto** (voir le chapitre 18). Les étiquettes représentent les détails d'implantation dissimulés entre les différentes fonctions. Cette dissimulation ou, plus précisément, *masquage de l'information*, est l'un des principes les plus fondamentaux de la bonne conception de logiciels.

Les identificateurs déclarés à l'intérieur d'un bloc ont une *portée de bloc*. La portée de bloc commence au point de déclaration de l'identificateur et se termine à l'accolade droite de terminaison (**}**) du bloc. Les variables locales déclarées au début d'une fonction ont une portée de bloc, tout comme les paramètres de fonctions, qui représentent également des variables locales de cette fonction. Tout bloc peut contenir des déclarations de variables. Lorsque les blocs sont imbriqués et qu'un identificateur d'un bloc extérieur porte le même nom qu'un identificateur d'un bloc intérieur, l'identificateur du bloc extérieur est «masqué» jusqu'à ce que l'exécution du bloc intérieur soit terminée. Durant cette exécution, le bloc intérieur voit la valeur de son propre identificateur local et non celle de l'identificateur du même nom du bloc qui le contient. Les variables locales déclarées **static** ont toujours une portée de bloc, même si elles existent depuis le début de l'exécution du programme. La durée du stockage n'affecte pas la portée d'un identificateur.

Les seuls identificateurs dotés d'une *portée de prototype de fonction* sont ceux que l'on utilise dans la liste de paramètres d'un prototype de fonction. Comme nous l'avons déjà mentionné, les prototypes de fonctions ne requièrent pas de nom dans la liste de paramètres, mais seulement des types. Si un prototype de fonction utilise un nom dans sa liste de paramètres, le compilateur ignore ce nom. Les identificateurs employés dans un prototype de fonction peuvent être réutilisés sans ambiguïté ailleurs dans le programme.

Erreur de programmation courante 3.20

L'emploi accidentel d'un même nom pour désigner un identificateur de bloc intérieur et un identificateur de bloc extérieur, alors que le programmeur veut en fait que l'identificateur du bloc extérieur demeure actif pendant toute la durée du bloc intérieur constitue normalement une erreur de logique.

Bonne pratique de programmation 3.9

Évitez les noms de variables qui masquent des noms dans les portées extérieures. Vous pouvez y parvenir en évitant d'utiliser des identificateurs dupliqués dans un programme.

Le programme de la figure 3.12 est une démonstration des questions de portée utilisant des variables globales, des variables locales automatiques et des variables locales **static**.

```
1    // Figure 3.12: fig03_12.cpp
2    // Exemple de portée.
3    #include <iostream>
4
5    using std::cout;
6    using std::endl;
7
8    void a( void ); // prototype de fonction.
9    void b( void ); // prototype de fonction.
10   void c( void ); // prototype de fonction.
11
12   int x = 1;        // variable globale.
13
14   int main()
15   {
16      int x = 5;     // variable locale de main.
17
18      cout << "le x local de la portée extérieure de main est " << x << endl;
19
20      {              // début de nouvelle portée.
21         int x = 7;
22
23         cout << "le x local de la portée intérieure de main est "
24             << x << endl;
25      }              // fin de nouvelle portée.
26
27      cout << " le x local de la portée extérieure de main est " << x << endl;
28
29      a();           // a possède un x local automatique.
30      b();           // b possède un x local statique.
31      c();           // c utilise un x global.
32      a();           // a ré-initialise le x local automatique.
33      b();           // le x local statique retient sa valeur précédente.
34      c();           // le x global retient aussi sa valeur.
35
36      cout << "le x local de main est " << x << endl;
37
38      return 0;
39   }
40
41   void a( void )
42   {
43      int x = 25;    // initialisé à chaque appel de a.
44
45      cout << endl << "le x local de a est " << x
46          << " après l'entrée de a" << endl;
47      ++x;
48      cout << "le x local de a est " << x
49          << " avant la sortie de a" << endl;
50   }
51
```

Figure 3.12   Exemple de portée. (1 de 2)

```
52    void b( void )
53    {
54        static int x = 50;   // Initialisation statique seulement
55                             // premier appel de b.
56        cout << endl << "le x statique local est " << x
57            << " à l'entrée de b" << endl;
58        ++x;
59        cout << "le x statique local est " << x
60            << " à la sortie de b" << endl;
61    }
62
63    void c( void )
64    {
65        cout << endl << "le x global est " << x
66            << " à l'entrée de c" << endl;
67        x *= 10;
68        cout << "le x global est " << x << " à la sortie de c" << endl;
69    }
```

```
le x local de la portée extérieure de main est 5
le x local de la portée intérieure de main est 7
le x local de la portée extérieure de main est 5

le x local de a est 25 après l'entrée de a
le x local de a est 26 avant la sortie de a

le x statique local est 50 à l'entrée de b
le x statique local est 51 à la sortie de b

le x global est 1 à l'entrée de c
le x global est 10 à la sortie de c

le x local de a est 25 après l'entrée de a
le x local de a est 26 avant la sortie de a

le x statique local est 51 à l'entrée de b
le x statique local est 52 à la sortie de b

le x global est 10 à l'entrée de c
le x global est 100 à la sortie de c
le x local de main est 5
```

Figure 3.12   Exemple de portée. (2 de 2)

La variable globale **x** est déclarée et initialisée à **1**. Cette variable globale est masquée pour tout bloc (ou fonction) dans lequel une variable portant le nom de **x** est déclarée. Dans **main**, une variable locale **x** est déclarée et initialisée à **5**. Cette variable est affichée pour illustrer que le **x** global est masqué pour **main**. Ensuite, un nouveau bloc est défini dans **main** avec une autre variable locale **x** initialisée à **7**. Cette variable est affichée pour illustrer le masque de ce **x** au bloc extérieur de **main**. La variable **x** d'une valeur de **7** est automatiquement détruite lors de la sortie du bloc. La variable locale **x** du bloc extérieur de **main** est affichée pour illustrer qu'elle n'est désormais plus masquée. Le programme définit trois fonctions qui ne prennent aucun argument et ne renvoient rien. La fonction **a** définit la variable automatique **x** et l'initialise à **25**. Lorsque **a** est appelée, cette variable est affichée, incré-mentée, puis réaffichée avant la sortie de la fonction. Chaque fois que cette fonction est appelée, la variable automatique **x** est créée à nouveau et initialisée à **25**. La fonction **b** déclare une variable **static** nommée **x** et l'initialise à **50**. Les variables locales déclarées **static** conservent leurs valeurs même si elles sont hors de portée. Lorsque la fonction **b** est appelée, la variable **x** est affichée, incrémentée et réaffichée avant la sortie de la fonction. Au prochain appel de cette fonction, la variable locale **static** nommée **x** aura encore la valeur **51**. La fonction **c** ne déclare aucune variable. Par conséquent, lorsqu'elle consulte la variable **x**, elle utilise le **x** global. Lorsque la fonction **c** est appelée, la variable globale est affichée, multipliée par **10**, puis affichée à nouveau avant la sortie de la fonction. Au prochain appel de la fonction **c**, la variable globale possède sa valeur modifiée, soit **10**. Finalement, le programme affiche la variable locale **x** de **main** une autre fois pour illustrer qu'aucun appel de fonction n'a modifié la valeur de ce **x**, puisque toutes les fonctions ont consulté des variables d'autres portées.

3.12 Récursion

Les programmes dont nous avons discutés sont généralement structurés sous forme de fonctions s'appelant les unes les autres d'une manière disciplinée et hiérarchique. Pour certains problèmes, il est pratique d'utiliser des fonctions s'appelant elles-mêmes. Une *fonction récursive* est une fonction pouvant s'appeler elle-même directement ou indirectement par le biais d'une autre fonction. La récursion est un sujet important qui est traité en détail dans les cours d'informatique de niveau supérieur et que ce manuel traite de façon approfondie. Dans cette section ainsi que dans la suivante, nous présentons des exemples simples de récursion. La figure 3.17 (à la fin de la section 3.14) résume les exemples et exercices de récursion présentés dans cet ouvrage.

Nous considérons d'abord la récursion d'une façon conceptuelle, pour ensuite examiner différents programmes contenant des fonctions récursives. Les approches pour la résolution de problèmes de récursion possèdent un nombre d'éléments en commun. Une fonction récursive est appelée pour résoudre un problème. En réalité, la fonction ne sait résoudre que le(s) cas le(s) plus simple(s), soit le(s) *cas de base*. Si la fonction est appelée par un cas de base, elle renvoie simplement un résultat. Si elle est appelée par un problème plus complexe, elle divise le problème en deux pièces conceptuelles: une pièce que la fonction sait comment traiter et une qu'elle ne sait pas comment traiter. Pour réaliser la récursion, la dernière pièce doit ressembler au problème original, mais dans une version un peu plus simple ou un peu plus petite que le problème initial. Comme ce nouveau problème ressemble à l'original, la fonction lance (appelle) une nouvelle copie d'elle-même pour travailler sur le problème plus simple; c'est ce qu'on nomme *appel récursif* ou *étape récursive*. L'étape récursive inclut également le mot-clé **return**, car son résultat sera combiné avec la portion du problème que la fonction sait comment résoudre pour former un résultat global, redirigé ensuite vers l'appelant initial (**main** peut-être).

L'étape récursive s'exécute pendant que l'appel initial de la fonction est toujours ouvert, c'est-à-dire alors que son exécution n'est pas encore terminée. L'étape récursive peut entraîner plusieurs autres appels récursifs, à mesure que la fonction continue à diviser chaque nouveau sous-problème avec lequel elle est appelée en deux nouvelles pièces conceptuelles. Afin que la récursion puisse se terminer, chaque fois que la fonction s'appelle elle-même par une version un peu plus simple du problème initial, cette séquence de problèmes de plus en plus petits doit finir par converger vers le cas de base. À ce moment, la fonction reconnaît le cas de base, renvoie un résultat à la copie précédente de la fonction et une séquence de renvois s'ensuit, remontant le processus jusqu'à ce que l'appel initial de la fonction renvoie éventuellement le résultat final vers **main**. Tout ceci peut sembler bien exotique par rapport au style conventionnel de résolution de problèmes que nous avons utilisé jusqu'à présent. Pour illustrer un exemple de ces concepts en action, écrivons un programme récursif effectuant un calcul mathématique populaire.

La *factorielle* d'un entier *n* non négatif, qui s'écrit *n!* (et se prononce «factorielle *n*»), représente le calcul du produit

$$n \cdot (n-1) \cdot (n-2) \cdot \ldots \cdot 1$$

où 1! est égal à 1 et où 0! est défini comme étant égal à 1. Par exemple, 5! est le produit $5 \cdot 4 \cdot 3 \cdot 2 \cdot 1$, qui est égal à 120.

La factorielle d'un entier, **nombre**, plus grand ou égal à 0, peut se calculer de façon *itérative* – c'est-à-dire non récursive – en utilisant **for** comme suit:

```
factorielle = 1;

for ( int compteur = nombre; compteur >= 1; compteur-- )
   factorielle *= compteur;
```

On obtient une définition récursive de la fonction factorielle en observant la relation suivante:

$$n! = n \cdot (n-1)!$$

Par exemple, il devient clair que 5! est égal à 5 * 4!, comme l'illustrent les relations suivantes:

$5! = 5 \cdot 4 \cdot 3 \cdot 2 \cdot 1$
$5! = 5 \cdot (4 \cdot 3 \cdot 2 \cdot 1)$
$5! = 5 \cdot (4!)$

L'évaluation de 5! s'exécuterait comme illustré à la figure 3.13. La figure 3.13a montre comment la succession d'appels récursifs se déroule jusqu'à ce que 1! soit évalué à une valeur de 1, ce qui termine la récursion. La figure 3.13b présente les valeurs renvoyées pour chaque appel récursif à son appelant, jusqu'à ce que la valeur finale soit calculée et renvoyée.

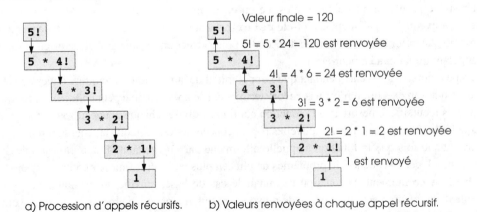

a) Procession d'appels récursifs.   b) Valeurs renvoyées à chaque appel récursif.

Figure 3.13   Évaluation récursive de 5!.

Le programme de la figure 3.14 utilise la récursion pour calculer et afficher les factorielles des entiers de 0 à 10 (le choix de type de données **unsigned long** sera expliqué un peu plus loin). La fonction récursive **factorielle** teste d'abord si une condition de terminaison est vraie, c'est-à-dire si **nombre** est plus petit ou égal à 1. Si **nombre** est vraiment inférieur ou égal à 1, **factorielle** renvoie **1**, aucune récursion supplémentaire n'est nécessaire et le programme se termine. Si **nombre** est plus élevé que **1**, l'instruction

```
return nombre * factorielle ( nombre - 1 );
```

```
1   // Figure 3.14: fig03_14.cpp
2   // Fonction factorielle récursive.
3   #include <iostream>
4
5   using std::cout;
6   using std::endl;
7
8   #include <iomanip>
9
10  using std::setw;
11
12  unsigned long factorielle ( unsigned long );
13
14  int main()
15  {
16     for ( int i = 0; i <= 10; i++ )
17        cout << setw( 2 ) << i << "! = " << factorielle ( i ) << endl;
18
19     return 0;
20  }
21
22  // Définition récursive de la fonction factorielle.
23  unsigned long factorielle ( unsigned long nombre )
24  {
25     if ( nombre <= 1 )  // cas de base.
26        return 1;
27     else                // cas récursif.
28        return nombre * factorielle ( nombre - 1 );
29  }
```

```
 0! = 1
 1! = 1
 2! = 2
 3! = 6
 4! = 24
 5! = 120
 6! = 720
 7! = 5040
 8! = 40320
 9! = 362880
10! = 3628800
```

Figure 3.14   Calcul des factorielles avec une fonction récursive.

exprime le problème comme étant le produit de **nombre** et un appel récursif de **factorielle** qui évalue la factorielle de nombre - 1. Notez que le calcul de la **factorielle(nombre - 1)** est un problème légèrement plus simple que le calcul initial de **factorielle(nombre)**.

La fonction **factorielle** est déclarée pour recevoir un paramètre de type **unsigned long** et renvoyer un résultat de type **unsigned long**. Il s'agit de la notation simplifiée pour **unsigned long int**. La spécification du langage C++ exige qu'une variable de type **unsigned long int** soit stockée dans au moins 4 octets (32 bits) et puisse ainsi contenir une valeur comprise au moins dans la plage de 0 à 4294967295. Le type de données **long int** est également stocké dans au moins 4 octets et peut contenir une valeur comprise au moins dans l'échelle ±2147483647. La figure 3.14 illustre que les valeurs factorielles augmentent rapidement. Nous avons choisi le type de données **unsigned long** afin que le programme puisse calculer des factorielles plus élevées que 7! sur des ordinateurs avec de petits entiers (par exemple de deux octets). Malheureusement, la fonction **factorielle** produit des valeurs élevées si rapidement que même le **unsigned long** n'est pas très utile pour afficher un grand nombre de valeurs factorielles avant que la taille maximale de la variable **unsigned long** ne soit dépassée.

Comme nous le verrons dans les exercices, l'utilisateur devra peut-être recourir à **double** s'il désire calculer les factorielles de nombres plus imposants. Cette situation démontre une faiblesse inhérente à la plupart des langages de programmation, à savoir qu'ils ne sont pas aisément extensibles pour supporter les besoins uniques de différentes applications. Nous verrons toutefois à la section portant sur la programmation orientée objets que le C++ est un langage extensible et qu'il permet de créer arbitrairement des entiers de grande taille.

Erreur de programmation courante 3.21

Oublier de renvoyer une valeur à partir d'une fonction récursive lorsqu'il est nécessaire de le faire amènera la plupart des compilateurs à produire un message d'avertissement.

Erreur de programmation courante 3.22

L'omission du cas de base, ou l'écriture incorrecte de l'étape récursive empêchant sa convergence vers le cas de base provoque une récursion «infinie» et, éventuellement, l'épuisement de la mémoire. Il s'agit d'un problème analogue à une boucle infinie dans une solution itérative (non récursive). La récursion infinie peut également être causée par l'apparition d'une entrée inattendue.

3.13 Exemple utilisant la récursion: les suites de Fibonacci

La suite de Fibonacci

   0, 1, 1, 2, 3, 5, 8, 13, 21,...

commence par 0 et 1 et possède la propriété que chaque nombre de Fibonacci subséquent est égal à la somme des deux nombres précédents.

Cette suite survient dans la nature et décrit, plus particulièrement, une forme de spirale. Le rapport de nombres de Fibonacci successifs converge vers une valeur constante de 1.618. Ce nombre, que l'on appelle *rapport d'or* ou *nombre d'or*, se présente également dans la nature. Le nombre d'or plaît aux humains, qui le trouvent esthétique. Les architectes conçoivent souvent des fenêtres, chambres et édifices dont le rapport longueur/largeur correspond au nombre d'or. Les cartes postales aussi sont souvent conçues selon un rapport longueur/largeur conforme au nombre d'or.

La suite de Fibonacci peut se définir récursivement de la façon suivante:

fibonacci(0) = 0
fibonacci(1) = 1
fibonacci(n) = fibonacci(n – 1) + fibonacci(n – 2)

Le programme de la figure 3.15 calcule le *ième* nombre de Fibonacci récursivement en utilisant la fonction **fibonacci**. Notez que les nombres de Fibonacci ont tendance à augmenter très rapidement. Nous avons donc choisi le type de données **unsigned long** pour le type de paramètre et le type de renvoi dans la fonction **fibonacci**. À la figure 3.15, chaque paire de lignes de sortie illustre une exécution séparée du programme.

```
1   // Figure 3.15: fig03_15.cpp
2   // Fonction Fibonacci récursive.
3   #include <iostream>
4
5   using std::cout;
6   using std::cin;
7   using std::endl;
8
9   long fibonacci( long );
10
11  int main()
12  {
13      long resultat, nombre;
14
15      cout << "Entrez un entier: ";
16      cin >> nombre;
17      resultat = fibonacci( nombre );
18      cout << "Fibonacci(" << nombre << ") = " << resultat << endl;
19      return 0;
20  }
21
22  // Définition récursive de la fonction Fibonacci.
23  long fibonacci( long n )
24  {
25    if ( n == 0 || n == 1 )   // cas de base.
26       return n;
27    else                      // cas récursif.
28       return fibonacci( n - 1 ) + fibonacci( n - 2 );
29  }
```

```
Entrez un entier: 0
Fibonacci(0) = 0
```

```
Entrez un entier: 1
Fibonacci(1) = 1
```

Figure 3.15   Production récursive des nombres de Fibonacci. (1 de 2)

```
Entrez un entier: 2
Fibonacci(2) = 1
```

```
Entrez un entier: 3
Fibonacci(3) = 2
```

```
Entrez un entier: 4
Fibonacci(4) = 3
```

```
Entrez un entier: 5
Fibonacci(5) = 5
```

```
Entrez un entier: 6
Fibonacci(6) = 8
```

```
Entrez un entier: 10
Fibonacci(10) = 55
```

```
Entrez un entier: 20
Fibonacci(20) = 6765
```

```
Entrez un entier: 30
Fibonacci(30) = 832040
```

```
Entrez un entier: 35
Fibonacci(35) = 9227465
```

Figure 3.15   Production récursive des nombres de Fibonacci. (2 de 2)

L'appel de **main** vers **fibonacci** n'est pas un appel récursif, mais tous les appels subséquents vers **fibonacci** le sont. Chaque fois que la fonction **fibonacci** est invoquée, elle teste le cas de base immédiatement: **n** égal à **0** ou **1**. Si la réponse est vraie, **n** est renvoyé. Il est intéressant de noter que, si **n** est plus élevé que 1, l'étape récursive génère *deux* appels récursifs, qui correspondent chacun à un problème légèrement plus simple que l'appel original vers **fibonacci**. La figure 3.16 illustre de quelle façon la fonction **fibonacci** évaluerait **fibonacci(3);** nous y avons abrégé **fibonacci** par **f** pour améliorer la lisibilité de la figure.

Cette figure présente des problèmes intéressants concernant l'ordre dans lequel les compilateurs de C++ évalueront les opérandes des opérateurs. Il s'agit ici d'un cas différent de l'ordre dans lequel les opérateurs sont appliqués à leurs opérandes, à savoir l'ordre dicté par les règles de la préséance des opérateurs. La figure 3.16 montre que, pendant l'évaluation de **f(3)**, deux appels récursifs seront faits, soit **f(2)** et **f(1)**. Mais dans quel ordre ces appels seront-ils effectués?

La plupart des programmeurs supposent simplement que les opérandes seront évalués de gauche à droite. Étrangement, le langage C++ ne spécifie pas l'ordre d'évaluation des opérandes de la plupart des opérateurs (incluant le **+**). Par conséquent, le programmeur ne peut établir d'hypothèse à propos de l'ordre d'exécution de ces appels. Les appels pourraient en fait exécuter **f(2)** d'abord et ensuite **f(1)**, ou s'exécuter dans l'ordre inverse, en commençant par **f(1)** puis **f(2)**. Dans ce programme et dans la plupart des autres programmes, on obtiendrait de toute façon le même résultat final. Toutefois, dans certains, l'évaluation d'un opérande peut avoir des *effets de bord* susceptibles d'affecter le résultat final de l'expression.

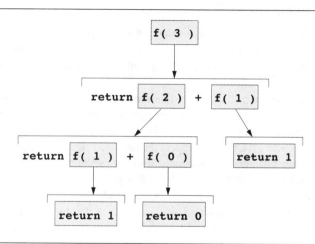

Figure 3.16   Série d'appels récursifs pour la fonction **fibonacci**.

Le langage C++ spécifie l'ordre d'évaluation des opérandes de seulement quatre opérateurs: **&&**, **||**, l'opérateur virgule (**,**) et **?:**. Les trois premiers sont des opérateurs binaires et leurs deux opérandes sont toujours évalués de gauche à droite. Le quatrième, (**?:**), est le seul opérateur ternaire en C++. L'opérande situé le plus à sa gauche est toujours évalué en premier. Si l'évaluation de l'opérande le plus à gauche diffère de zéro, l'opérande central est ensuite évalué et le dernier est ignoré; si l'opérande le plus à gauche est évalué à zéro, le troisième opérande est ensuite évalué et l'opérande central est ignoré.

Erreur de programmation courante 3.23

*L'écriture de programmes qui dépendent de l'ordre d'évaluation des opérandes d'opérateurs autres que **&&**, **||**, **?:** ou l'opérateur virgule (**,**) peut entraîner des erreurs, car les compilateurs n'évalueront pas nécessairement les opérandes dans l'ordre désiré par le programmeur.*

Astuce sur la portabilité 3.2

*Les programmes qui dépendent de l'ordre d'évaluation des opérandes d'opérateurs autres que **&&**, **||**, **?:** ou l'opérateur virgule (**,**) peuvent fonctionner différemment sur des systèmes dotés de compilateurs différents.*

Nous désirons vous mettre en garde sur les programmes récursifs comme celui que nous utilisons ici pour produire des nombres de Fibonacci. Chaque niveau de récursion de la fonction **fibonacci** implique un effet de doublage sur le nombre d'appels; le nombre d'appels récursifs exécutés pour calculer le $n^{\text{ième}}$ nombre de Fibonacci est de l'ordre de 2^n et peut rapidement devenir hors de portée. Le seul calcul du vingtième nombre de Fibonacci nécessiterait 2^{20} ou environ un million d'appels; le calcul du trentième nombre de Fibonacci nécessiterait 2^{30} ou environ un milliard d'appels, etc. Les chercheurs en informatique désignent ce phénomène par la *complexité exponentielle*. Des problèmes de cette nature peuvent «humilier» même les ordinateurs les plus puissants au monde! Les questions portant sur la complexité en général et, plus particulièrement, sur la complexité exponentielle sont traités en détail dans les cours d'informatique de niveau supérieur.

Astuce sur la performance 3.6

Évitez les programmes récursifs de style Fibonacci qui provoquent une «explosion» exponentielle des appels.

3.14 Récursion et itération

Dans les sections précédentes, nous avons étudié deux fonctions pouvant être implantées facilement de façon récursive ou de façon itérative. Dans cette section, nous comparons les deux approches et discutons des raisons pour lesquelles le programmeur doit choisir une approche plutôt qu'une autre selon la situation.

L'itération et la récursion sont basées sur une structure de contrôle. L'itération utilise une structure de répétition; la récursion utilise une structure de sélection. L'itération et la récursion impliquent toutes deux une répétition: l'itération utilise explicitement une structure de répétition; la récursion accomplit une répétition à partir d'appels de fonctions répétés. L'itération et la récursion impliquent toutes deux un test de terminaison: l'itération se termine lorsque la condition de continuation de boucle échoue; la récursion se termine lorsqu'un cas de base est reconnu. L'itération avec répétition contrôlée par compteur et la récursion s'approchent de la terminaison graduellement: l'itération continue de modifier un compteur jusqu'à ce que ce dernier atteigne une valeur faisant échouer la condition de continuation de boucle; la récursion continue la production de versions de plus en plus simples du problème initial jusqu'à ce que la cas de base soit atteint. L'itération et la récursion peuvent se produire indéfiniment: l'itération produit une boucle infinie si le test de continuation de boucle ne devient jamais faux; la récursion infinie se produit si l'étape récursive ne réduit pas chaque fois le problème de façon à converger vers le cas de base.

La récursion présente plusieurs aspects négatifs. Elle invoque sans cesse le mécanisme et, par conséquent la surcharge, des appels de fonction. Cela peut être coûteux en temps machine et en espace mémoire. Chaque appel récursif provoque la création d'une autre copie de la fonction (en réalité, seulement les variables de la fonction), ce qui peut exiger une quantité de mémoire considérable. L'itération se produit normalement à l'intérieur d'une fonction, afin d'éviter la surcharge des appels de fonctions répétés et l'affectation supplémentaire de mémoire. Alors pourquoi choisir la récursion?

Observation de génie logiciel 3.14

Tout problème pouvant être résolu de façon récursive peut aussi l'être de façon itérative (c'est-à-dire non récursivement). Une approche récursive est normalement préférable à une approche itérative lorsqu'elle reflète plus naturellement le problème et produit un programme plus facile à comprendre et à déboguer. Une autre raison de choisir une solution récursive est qu'une solution itérative peut ne pas être apparente.

Astuce sur la performance 3.7

Évitez d'utiliser la récursion dans des situations de performance. Les appels récursifs exigent du temps et une quantité supplémentaire de mémoire.

Erreur de programmation courante 3.24

Une fonction non récursive s'appelant elle-même directement ou indirectement de façon accidentelle à travers une autre fonction est une erreur de logique.

La plupart des manuels de programmation présentent la récursion beaucoup plus tard que nous l'avons fait ici. Nous croyons que la récursion est un sujet suffisamment riche et complexe pour justifier son introduction plus tôt et qu'il est préférable d'étendre les exemples tout au long du reste du manuel. La figure 3.17 résume les exemples et les exercices de récursion utilisé dans cet ouvrage.

Chapitre	Exemples et exercices sur la récursion
Chapitre 3	Fonction factorielle
	Fonction de Fibonacci
	Plus grand commun diviseur
	Somme de deux entiers
	Multiplication de deux entiers
	Élévation d'un entier à une puissance d'entier
	Tours de Hanoi
	Affichage d'entrées au clavier en commençant par la fin
	Visualisation de la récursion
Chapitre 4	Somme des éléments d'un tableau
	Afficher un tableau
	Afficher un tableau en commençant par la fin
	Afficher une chaîne en commençant par la fin
	Vérifier si une chaîne est un palindrome
	Valeur minimale d'un tableau
	Tri de sélection
	Huit reines
	Recherche linéaire
	Recherche binaire
Chapitre 5	Tri rapide
	Traversée d'un labyrinthe
	Affichage d'une entrée chaîne au clavier en commençant par la fin
Chapitre 15	Insertion d'une liste chaînée
	Suppression d'une liste chaînée
	Recherche d'une liste chaînée
	Afficher une liste chaînée en commençant par la fin
	Insertion d'un arbre binaire
	Traversée en pré-ordre d'un arbre binaire
	Traversée en ordre d'un arbre binaire
	Traversée en post-ordre d'un arbre binaire

Figure 3.17   Sommaire des exemples et des exercices de récursion du manuel.

Revoyons quelques observations que nous répétons souvent dans ce livre. Une bonne conception de logiciel est importante; une performance élevée est importante. Hélas, ces buts sont souvent opposés l'un à l'autre. Une bonne conception de logiciel est fondamentale pour faciliter le développement des logiciels plus gros et plus complexes dont nous avons besoin. Une performance élevée de ces systèmes est essentielle si nous voulons pouvoir réaliser les systèmes de l'avenir, qui imposeront de plus grandes demandes au matériel. Quelle est la place des fonctions dans tout cela?

Observation de génie logiciel 3.15

La fonctionnalisation de programmes d'une façon claire et hiérarchique favorise une bonne conception des logiciels. Mais il faut en payer le prix.

Astuce sur la performance 3.8

Un programme lourdement fonctionnalisé, comparativement à un programme monolithique (c'est-à-dire d'une seule pièce) sans fonctions, exécute une quantité importante d'appels de fonctions. Ces appels nécessitent des temps d'exécution considérables et beaucoup d'espace sur les ordinateurs; mais les programmes monolithiques sont difficiles à programmer, à tester, à maintenir et à faire évoluer.

Prenez donc l'habitude de fonctionnaliser vos programmes judicieusement, en tenant toujours compte du fragile équilibre entre la performance et la bonne conception de logiciels.

3.15 Fonctions avec listes de paramètres vides

En C++, une liste de paramètres vide est spécifiée en écrivant **void** ou rien du tout entre parenthèses. La déclaration

```
void print();
```

spécifie que la fonction **print** ne prend aucun argument et ne renvoie aucune valeur. La figure 3.18 démontre les deux façons de déclarer et d'utiliser les fonctions qui ne prennent pas d'arguments en C++.

```
1   // Figure 3.18: fig03_18.cpp
2   // Fonctions ne prenant aucun argument.
3   #include <iostream>
4
5   using std::cout;
6   using std::endl;
7
8   void fonction1();
9   void fonction2( void );
10
11  int main()
12  {
13     fonction1();
14     fonction2();
15
16     return 0;
17  }
```

Figure 3.18   Deux manières de déclarer et d'utiliser des foncitons qui ne prennent aucun argument. (1 de 2)

```
18
19    void fonction1()
20    {
21        cout << "La fonction1 ne prend aucun argument" << endl;
22    }
23
24    void fonction2( void )
25    {
26        cout << "La fonction2 ne prend aucun argument non plus" << endl;
27    }
```

```
La fonction1 ne prend aucun argument
La fonciton2 ne prend aucun argument non plus
```

Figure 3.18   Deux manières de déclarer et d'utiliser des foncitons qui ne prennent
aucun argument. (2 de 2)

Bonne pratique de programmation 3.10

Fournissez toujours des prototypes de fonctions même s'il est possible de les omettre lorsque les fonctions sont définies avant d'être utilisées. Cette pratique évite de ligoter le code à l'ordre dans lequel les fonctions sont définies, car cet ordre peut facilement changer à mesure que le programme évolue.

Astuce sur la portabilité 3.3

Une liste de paramètres de fonction vide en C++ a une signification tout à fait différente d'une telle liste en C. En C, elle signifie que la vérification des arguments est désactivée; autrement dit, l'appel de fonction peut passer les arguments qu'il veut. En C++, elle signifie que la fonction ne prend aucun argument. Les programmes en C utilisant cette caractéristique pourraient donc signaler des erreurs de syntaxe lors de leur compilation en C++.

Une liste de paramètres de fonction vide en C++ a une signification tout à fait différente d'une telle liste en C. En C, elle signifie que la vérification des arguments est désactivée; autrement dit, l'appel de fonction peut passer les arguments qu'il veut. En C++, elle signifie que la fonction ne prend aucun argument. Les programmes en C utilisant cette caractéristique pourraient donc signaler des erreurs de syntaxe lors de leur compilation en C++.

Comme nous discutons maintenant d'omissions, nous devons prendre note du fait qu'une fonction définie dans un fichier avant tout appel vers cette fonction ne nécessite pas de prototype de fonction distinct. Dans ce cas, l'en-tête de fonction agit comme prototype de la fonction.

Erreur de programmation courante 3.25

Les programmes en C++ ne se compilent pas à moins que des prototypes de fonctions soient fournis pour chaque fonction ou que chaque fonction soit définie avant d'être utilisée.

3.16 Fonctions `inline`

Mettre en œuvre un programme sous forme d'une série de fonctions est une bonne pratique du point de vue de la conception de logiciels, mais les appels de fonctions impliquent une surcharge du temps d'exécution. Le C++ offre les fonctions *inline*, qui aident à réduire la surcharge en mémoire des appels de fonction, surtout pour les petites fonctions. Le qualificatif **inline** placé avant le type de renvoi d'une fonction dans la définition de fonction «recommande» au compilateur de produire une copie du code de la fonction en place (au moment opportun) pour éviter un appel de fonction. Ce compromis permet l'insertion dans le programme de multiples copies du code de la fonction, augmentant d'autant la taille du programme, plutôt qu'une copie unique de la fonction vers laquelle on refile le contrôle chaque fois que la fonction est appelée. Le compilateur peut ignorer le qualificatif **inline**; c'est d'ailleurs ce qu'il fait habituellement pour toutes les fonctions, sauf les plus petites.

Observation de génie logiciel 3.16

*Tout changement à une fonction **inline** peut exiger une recompilation de tous les clients de cette fonction. Ceci peut être important dans certaines situations de développement et de maintenance de programmes.*

Bonne pratique de programmation 3.11

*Le qualificatif **inline** ne devrait être utilisé qu'avec de petites fonctions d'usage fréquent.*

Astuce sur la performance 3.9

*L'emploi de fonctions **inline** peut réduire le temps d'exécution, mais peut aussi augmenter la taille du programme.*

Le programme de la figure 3.19 utilise la fonction **inline** nommée **cube** pour calculer le volume d'un cube dont la longueur du côté vaut **c**. Le mot-clé **const** dans la liste de paramètres de la fonction **cube** indique au compilateur que la fonction ne modifie pas la variable **c**. Cela permet d'assurer que la valeur de **c** n'est pas changée avant la réalisation du calcul. Le mot-clé **const** est traité en détail aux chapitres 4, 5 et 7.

```
1    // Figure 3.19: fig03_19.cpp
2    // Utilisation d'une fonction inline pour calculer
3    // le volume d'un cube.
4    #include <iostream>
5
6    using std::cout;
7    using std::cin;
8    using std::endl;
9
10   inline double cube( const double c ) { return c * c * c; }
11
12   int main()
13   {
14      cout << "Entrez la longueur du côté de votre cube:  ";
15
16      double cote;
17
18      cin >> cote;
19      cout << "Le volume du cube possédant un côté de "
20           << cote << " est " << cube( cote ) << endl;
21
22      return 0;
23   }
```

```
Entrez la longueur du côté de votre cube: 3.5
Le volume du cube possédant un côté de 3.5 est 42.875
```

Figure 3.19   Utilisation d'une fonction **inline** pour calculer le volume d'un cube.

Observation de génie logiciel 3.17

Nombre de programmeurs ne se préoccupent pas de déclarer des paramètres de valeurs avec le qualificatif **const**, *même si la fonction appelée ne doit pas modifier l'argument passé. Le mot-clé* **const** *ne protège qu'une copie de l'argument initial et non l'argument initial lui-même.*

3.17 Références et paramètres de référence

L'*appel par référence* et *l'appel par valeur* sont deux façons d'invoquer des fonctions dans de nombreux langages de programmation. Lorsqu'un argument est passé par un appel par valeur, une *copie* de la valeur de l'argument est passée à la fonction appelée. Les changements appliqués à la copie n'affectent pas la valeur initiale de la variable de l'appelant. Cela permet d'éviter les *effets de bord* accidentels qui font grandement obstacle au développement de logiciels justes et fiables. Jusqu'à présent, tous les arguments passés dans les programmes de ce chapitre l'ont été par appels par valeur.

Astuce sur la performance 3.10

Un des désavantages de l'appel par valeur est que si on veut passer un gros élément de données, la copie de ces données peut prendre un temps d'exécution considérable.

Dans cette section, nous introduisons les *paramètres de référence*, le premier de deux moyens offerts par le C++ pour effectuer un appel par référence. Avec l'appel par référence, l'appelant donne à la fonction appelée la possibilité d'accéder directement aux données de l'appelant et de modifier ces données si la fonction appelée le désire.

Astuce sur la performance 3.11

L'appel par référence est performant, car il élimine la surcharge causée par les copies de grandes quantités de données.

Observation de génie logiciel 3.18

L'appel par référence peut affaiblir la sécurité car la fonction appelée peut corrompre les données de l'appelant.

Nous allons montrer comment profiter des performances de l'appel par référence tout en protégeant les données de l'appelant contre la corruption par une bonne conception.

Un paramètre de référence est un alias pour son argument correspondant. Pour indiquer qu'un paramètre de fonction est passé par référence, il faut simplement placer le caractère **&** (perluète) à la suite du type de paramètre dans le prototype de fonction. Utilisez la même convention lors de l'énumération du type de paramètre dans l'en-tête de la fonction. Par exemple, la déclaration

```
int & compteur
```

dans un en-tête de fonction peut se lire «**compteur** est une référence à un **int**». Dans l'appel de fonction, mentionnez simplement la variable par un nom et elle sera passée par référence. Ensuite, le fait de mentionner la variable par son nom de paramètre dans le corps de la fonction appelée fait référence à la variable initiale de la fonction appelante; la variable initiale peut alors être modifiée directement par la fonction appelée. Comme toujours, le prototype de fonction et l'en-tête doivent concorder.

La figure 3.20 compare l'appel par valeur et l'appel par référence avec des paramètres de référence. Le «style» des arguments des appels vers **carreParValeur** et **carrePar Reference** est identique, c'est-à-dire que les deux variables sont simplement mentionnées par leur nom. On ne peut savoir, à partir des seuls appels, si l'une de ces fonctions peut modifier ses arguments; il faut vérifier les prototypes ou les définitions de fonctions. Toutefois, les prototypes de fonctions étant obligatoires, le compilateur n'a aucune difficulté à résoudre l'ambiguïté.

```
1    // Figure 3.20: fig03_20.cpp
2    // Comparaison d'un appel par valeur et d'un appel par référence
3    // avec des références.
4    #include <iostream>
5
6    using std::cout;
7    using std::cin;
8    using std::endl;
9
10   int carreParValeur( int );
11   void carreParReference( int & );
12
13   int main()
14   {
15      int x = 2, z = 4;
16
17      cout << "x = " << x << " avant le carreParValeur\n"
18           << "Valeur renvoyée par le carreParValeur: "
19           << carreParValeur( x ) << endl
20           << "x = " << x << " après le carreParValeur\n" << endl;
21
22      cout << "z = " << z << " avant le carreParReference" << endl;
23      carreParReference( z );
24      cout << "z = " << z << " après le carreParReference" << endl;
25
26      return 0;
27   }
28
29   int carreParValeur( int a )
30   {
31      return a *= a;    // argument de l'appelant non modifié.
32   }
33
34   void carreParReference( int &cRef )
35   {
36      cRef *= cRef;     // argument de l'appelant modifié.
37   }
```

```
x = 2 avant le carreParValeur
Valeur renvoyée par le carreParValeur: 4
x = 2 après le carreParValeur
z = 4 avant le carreParReference
z = 16 après le carreParReference
```

Figure 3.20   Exemple d'appel par référence.

 ### Erreur de programmation courante 3.26

Comme les paramètres de référence ne sont mentionnés que par un nom dans le corps de la fonction appelée, le programmeur peut, par inadvertance, traiter des paramètres de référence comme des paramètres d'appels par valeur. Cette erreur pourrait provoquer des effets de bord inattendus si les copies initiales des variables sont modifiées par la fonction d'appel.

Au chapitre 5, nous discuterons des pointeurs. Nous verrons que les pointeurs permettent une forme alternative d'appel par référence, dans laquelle le style de l'appel indique clairement l'appel par référence (et la possibilité de modifier les arguments de l'appelant).

Astuce sur la performance 3.12

Pour passer de gros objets, utilisez un paramètre de référence de constante pour simuler l'apparence et la sécurité d'un appel par valeur et ainsi éviter la surcharge de passer une copie du gros objet.

Pour spécifier une référence à une constante, placer le qualificatif **const** avant la spécification du type dans la déclaration de paramètre.

Notez l'emplacement du **&** dans la liste de paramètres de la fonction **carreParReference**. Certains programmeurs de C++ préfèrent écrire **int& cRef** plutôt que **int &cRef**.

Observation de génie logiciel 3.19

Pour des raisons de clarté et de performance, nombre de programmeurs de C++ préfèrent que les arguments modifiables soient passés aux fonctions au moyen de pointeurs, que les petits arguments non modifiables soient passés par appels par valeur et que les gros arguments non modifiables soient passés au moyen de références à des constantes.

On peut aussi utiliser les références comme alias pour d'autres variables à l'intérieur d'une fonction. Par exemple, le code

```
int compteur = 1;      // déclare la variable d'entier compteur.
int &cRef = compteur;  // crée un alias de compteur appelé cRef.
++cRef                 // incrémente compteur (en utilisant son alias).
```

incrémente la variable compteur en utilisant son alias **cRef**. Les variables de référence doivent être initialisées dans leurs déclarations (voir les figures 3.21 et 3.22) et ne peuvent être réaffectées comme alias à d'autres variables. Une fois que la référence est déclarée alias d'une autre variable, toutes les opérations qu'on croit effectuées sur l'alias (c'est-à-dire la référence) sont en fait exécutées sur la variable d'origine. L'alias ne représente qu'un autre nom de la variable d'origine. Prendre l'adresse d'une référence et comparer des références ne provoquent pas d'erreurs de syntaxe; chaque opération s'effectue plutôt sur la variable pour laquelle la référence est un alias. Un argument de référence doit être une *valeur gauche* et non une constante ou expression qui renvoie une *valeur droite*.

```
1   // Figure 3.21: fig03_21.cpp
2   // Les références doivent être initialisées.
3   #include <iostream>
4
5   using std::cout;
6   using std::endl;
7
8   int main()
9   {
10     int x = 3, &y = x;   // y est maintenant l'alias de x.
11
12     cout << "x = " << x << endl << "y = " << y << endl;
13     y = 7;
14     cout << "x = " << x << endl << "y = " << y << endl;
15
16     return 0;
17  }
```

```
x = 3
y = 3
x = 7
y = 7
```

Figure 3.21   Emploi d'une référence initialisée.

Erreur de programmation courante 3.27

*Déclarer de multiples références dans une instruction tout en présumant que le **&** est distribué à travers une liste de noms de variables séparés par des virgules est une erreur. Pour déclarer les variables **x**, **y** et **z** comme étant toutes des références à un entier, utilisez la notation **int &x = a, &y = b, &z = c;** plutôt que la notation inexacte **int& x = a, y = b, z = c;** ou l'autre notation incorrecte courante, **int &x, y, z;***.

Les fonctions peuvent renvoyer des références, mais cette pratique est dangereuse. Lorsqu'elle renvoie une référence à une variable déclarée dans la fonction appelée, la variable doit toujours être déclarée **static** à l'intérieur de cette fonction. Autrement la référence renvoie à une variable automatique qui sera abandonnée à l'achèvement de la fonction. On dit alors que cette variable est «non définie», causant un comportement imprévisible du programme (certains compilateurs donnent des messages d'avertissement le cas échéant). Les références à des variables non définies sont appelées *références mal placées*.

Erreur de programmation courante 3.28

Le fait de ne pas initialiser une variable de référence lors de sa déclaration est une erreur de syntaxe.

Erreur de programmation courante 3.29

Tenter de réaffecter une référence déclarée plus tôt comme alias d'une autre variable est une erreur de logique. La valeur de l'autre variable est simplement affectée à l'emplacement pour lequel la référence est déjà un alias.

```cpp
1   // Figure 3.22: fig03_22.cpp
2   // Les références doivent être initialisées.
3   #include <iostream>
4
5   using std::cout;
6   using std::endl;
7
8   int main()
9   {
10      int x = 3, &y;     // Erreur: y doit être initialisée.
11
12      cout << "x = " << x << endl << "y = " << y << endl;
13      y = 7;
14      cout << "x = " << x << endl << "y = " << y << endl;
15
16      return 0;
17  }
```

Message d'erreur de compilation du Borland C++ en ligne de commande:

```
Error E2304 FIG03_22.CPP 10: Reference variable 'y' must be initialized
in function main()
```

Message d'erreur de compilation du Microsoft Visual C++:

```
fig03_22.cpp(10) : error C2530: 'y' : References must be initialized
```

Figure 3.22   Tentative d'utilisation d'une référence non initialisée.

Erreur de programmation courante 3.30

Le renvoi d'un pointeur ou d'une référence à une variable automatique dans une fonction appelée est une erreur de logique. Certains compilateurs afficheront un message d'avertissement lorsque cela se produit dans un programme.

3.18 Arguments par défaut

Les appels de fonction peuvent couramment passer la valeur particulière d'un argument. Le programmeur peut spécifier qu'un tel argument est un *argument par défaut* et lui attribuer une valeur par défaut. Lorsqu'un argument par défaut est omis dans un appel de fonction, la valeur par défaut de cet argument est insérée automatiquement par le compilateur et passée dans l'appel.

Les arguments par défaut doivent être les arguments les plus à droite (de suite) dans une liste de paramètres de fonction. Lors de l'appel d'une fonction avec deux arguments par défaut ou plus, si un argument omis n'est pas l'argument le plus à droite dans la liste, tous les arguments situés à sa droite doivent aussi être omis. Il est obligatoire de spécifier les arguments par défaut avec la première occurrence du nom de fonction, habituellement dans le prototype. Les valeurs par défaut peuvent être des constantes, des variables globales, ou des appels de fonctions. On peut également utiliser les arguments par défaut avec des fonctions **inline**.

La figure 3.23 illustre l'emploi d'arguments par défaut dans le calcul du volume d'une boîte. À la ligne 8, le prototype de fonction de **volumeBoite** spécifie que les trois arguments ont une valeur par défaut de **1**. Notez que les valeurs par défaut ne devraient être définies que dans le prototype de fonction. Notez également que nous avons fourni des noms de variables dans le prototype de fonction pour améliorer la lisibilité. Comme toujours, les noms des variables ne sont pas requis dans les prototypes de fonctions.

```
1   // Figure 3.23: fig03_23.cpp
2   // Utilisation d'arguments par défaut.
3   #include <iostream>
4
5   using std::cout;
6   using std::endl;
7
8   int volumeBoite( int longueur = 1, int largeur = 1, int hauteur = 1 );
9
10  int main()
11  {
12     cout << "Le volume de la boîte par défaut est de: " << volumeBoite()
13        << "\n\nLe volume d'une boîte d'une longueur de 10, d'une largeur"
14        << "de 1\n et d'une hauteur de 1 est de: " << volumeBoite( 10 )
15        << "\n\nLe volume d'une boîte d'une longueur de 10, d'une largeur"
16        << "de 5\n et d'une hauteur de 1 est de: " << volumeBoite( 10, 5 )
17        << "\n\nLe volume d'une boîte d'une longueur de 10, d'une largeur"
18        << "de 5\n et d'une hauteur de 2 est de: " << volumeBoite( 10, 5, 2 )
19        << endl;
20
21     return 0;
22  }
23
```

Figure 3.23   Utilisation d'arguments par défaut. (1 de 2)

```
24   // Calcul du volume d'une boîte.
25   int volumeBoite( int longueur, int largeur, int hauteur )
26   {
27       return longueur * largeur * hauteur;
28   }
```

```
Le volume de la boîte par défaut est de: 1

Le volume d'une boîte d'une longueur de 10, d'une largeur
de 1 et d'une hauteur de 1 est de: 10

Le volume d'une boîte d'une longueur de 10, d'une largeur
de 5 et d'une hauteur de 1 est de: 50

Le volume d'une boîte d'une longueur de 10, d'une largeur
de 5 et d'une hauteur de 2 est de: 100
```

Figure 3.23   Utilisation d'arguments par défaut. (2 de 2)

Le premier appel à la fonction **volumeBoite** (ligne 12) ne spécifie aucun argument et utilise ainsi les trois valeurs par défaut. Le deuxième appel (ligne 14) passe un argument **longueur** et utilise donc les valeurs par défaut pour les arguments **largeur** et **hauteur**. Le troisième appel (ligne 16) passe les arguments pour **longueur** et **largeur** et utilise ainsi la valeur par défaut pour l'argument **hauteur**. Le dernier appel (ligne 18) passe les arguments pour **longueur**, **largeur** et **hauteur** et n'utilise donc aucune valeur par défaut.

Bonne pratique de programmation 3.12

L'utilisation d'arguments par défaut peut simplifier l'écriture des appels de fonctions. Toutefois, certains programmeurs pensent qu'il est plus clair de spécifier tous les arguments de façon explicite.

Erreur de programmation courante 3.31

Le fait de spécifier et de tenter d'utiliser un argument par défaut qui ne soit pas un argument le plus à droite (de suite), tout en ne spécifiant pas simultanément tous les arguments les plus à droite comme défaut, est une erreur de syntaxe.

3.19 Opérateur unaire de résolution de portée

Il est possible de déclarer des variables locales et globales portant le même nom. Le C++ offre l'*opérateur unaire de résolution de portée (::)* pour accéder à une variable globale lorsqu'une variable locale de même nom demeure à portée. On ne peut pas utiliser l'opérateur unaire de résolution de portée pour accéder à une variable locale du même nom dans un bloc extérieur. On peut accéder directement à une variable globale sans l'opérateur unaire de résolution de portée si le nom de la variable globale diffère du nom de la variable locale à portée. Au chapitre 6, nous discuterons de l'emploi de l'*opérateur binaire de résolution de portée* avec les classes.

La figure 3.24 illustre l'opérateur unaire de résolution de portée avec des variables locales et des variables globales de même nom. Afin de mettre en relief la distinction entre les versions locales et globales de la variable de la constante **PI**, le programme déclare l'une des variables de type **double** et l'autre de type **float**.

Erreur de programmation courante 3.32

Tenter d'accéder à une variable non globale dans un bloc extérieur en utilisant l'opérateur unaire de résolution de portée est une erreur de syntaxe s'il n'existe aucune variable globale de même nom que la variable du bloc extérieur. C'est une erreur de logique s'il en existe une.

```
 1   // Figure 3.24: fig03_24.cpp
 2   // Utilisation de l'opérateur unaire de résolution de portée.
 3   #include <iostream>
 4
 5   using std::cout;
 6   using std::endl;
 7
 8   #include <iomanip>
 9
10   using std::setprecision;
11
12   const double PI = 3.14159265358979;
13
14   int main()
15   {
16      const float PI = static_cast< float >( ::PI );
17
18      cout << setprecision( 20 )
19          << " Valeur locale de PI, de type float = " << PI
20          << "\nValeur globale de PI, de type double = " <<::PI << endl;
21
22      return 0;
23   }
```

Sortie produite par le compilateur en ligne de commande Borland C++:

```
  Valeur locale de PI, de type float = 3.141592741012573242
Valeur globale de PI, de type double = 3.141592653589790007
```

Sortie produite par le compilateur Microsoft Visual C++:

```
  Valeur locale de PI, de type float = 3.1415927410125732
Valeur globale de PI, de type double = 3.14159265358979
```

Figure 3.24   Utilisation de l'opérateur unaire de résolution de portée.

Bonne pratique de programmation 3.13

Évitez d'utiliser des variables de même nom pour différents usages dans un programme. Même si cette pratique est permise dans certaines circonstances, elle peut prêter à confusion.

3.20 Surcharge d'une fonction

Le C++ permet de définir plusieurs fonctions du même nom pour autant que ces fonctions soient dotées de séries de paramètres différentes (au moins du point de vue de leurs types). Cette capacité s'appelle *surcharge d'une fonction*. Lorsqu'une fonction surchargée est appelée, le compilateur de C++ sélectionne la fonction appropriée en examinant le nombre, les types et l'ordre des arguments dans l'appel. On utilise couramment la surcharge d'une fonction pour créer plusieurs fonctions portant le même nom qui effectuent des tâches similaires mais sur des types de données différents.

Bonne pratique de programmation 3.14

La surcharge des fonctions qui effectuent des tâches intimement liées peut améliorer la lisibilité et la compréhension des programmes.

La figure 3.25 utilise la fonction surchargée **carre** pour calculer le carré d'un **int** et le carré d'un **double**. Au chapitre 8, nous verrons comment surcharger des opérateurs pour définir leur mode de fonctionnement sur des objets de types de données définissables par l'utilisateur. (En réalité, nous avons déjà utilisé plusieurs opérateurs surchargés jusqu'ici, notamment les opérateurs d'insertion de flux **<<** et d'extraction de flux **>>**. Nous discuterons davantage de la surcharge de **<<** et **>>** au chapitre 8.) La section 3.21 introduit des modèles de fonctions pour produire automatiquement des fonctions surchargées qui effectuent des tâches identiques sur des types de données différents. Le chapitre 12 traite en détail des modèles de fonctions et des modèles de classes.

```cpp
1   // Figure 3.25: fig03_25.cpp
2   // Utilisation de fonctions surchargées.
3   #include <iostream>
4
5   using std::cout;
6   using std::endl;
7
8   int carre( int x ) { return x * x; }
9
10  double carre( double y ) { return y * y; }
11
12  int main()
13  {
14     cout << "Le carré de 7 (de type int) vaut " << carre( 7 )
15        << "\nLe carré de 7.5 (de type double) vaut " << carre( 7.5 )
16        << endl;
17
18     return 0;
19  }
```

```
Le carré de 7 (de type int) vaut 49
Le carré de 7.5 (de type double) vaut 56.25
```

Figure 3.25   Utilisation de fonctions surchargées.

On distingue les fonctions surchargées par leurs *signatures*; une signature combine un nom de fonction et ses types de paramètres. Le compilateur code chaque identificateur de fonction avec le nombre et les types de ses paramètres (on y fait parfois référence par les locutions *mutilation de nom* ou *décoration de nom*) pour permettre le *liaison à vérification de type*. Le liaison à vérification de type permet de s'assurer que la fonction surchargée appropriée est appelée et que les arguments sont conformes aux paramètres. Le compilateur détecte et signale les erreurs de liaison (ou d'édition des liens). Le programme de la figure 3.26 a été compilé sur un compilateur de Borland C++. Plutôt que de montrer l'exécution du programme à la sortie (comme nous le ferions normalement), nous avons illustré les noms de fonctions mutilés produits en langage d'assemblage par le Borland C++. Chaque nom mutilé commence par un **@** suivi du nom de la fonction. La liste de paramètres mutilée commence par **$q**. Dans la liste de paramètres pour la fonction **rien2**, **c** représente un **char**, **i** représente un **int**, **pf** représente un **float *** et **pd** représente un **double ***. Dans la liste de paramètres pour la fonction **rien1**, **i** représente un **int**, **f** représente un **float**, **c** représente un **char** et **pi** représente un **int ***. Les deux fonctions **carre** se distinguent par leurs listes de paramètres;

l'une spécifie **d** pour **double** et l'autre, **i** pour **int**. Les types de renvois des fonctions ne sont pas spécifiés dans les noms mutilés. La mutilation de noms de fonctions est spécifique au compilateur. Les fonctions surchargées peuvent posséder des types de renvois différents, mais leurs listes de paramètres doivent différer.

Erreur de programmation courante 3.33

Créer des fonctions surchargées avec des listes de paramètres identiques et des types de renvois différents est une erreur de syntaxe.

```
1    // Figure 3.26: fi03_26.cpp
2    // Mutilation de noms.
3
4    int carre( int x ) { return x * x; }
5
6    double carre( double y ) { return y * y; }
7
8    void rien1( int a, float b, char c, int *d )
9       { } // corps de fonction vide.
10
11   char *rien2( char a, int b, float *c, double *d )
12      { return 0; }
13
14   int main()
15   {
16      return 0;
17   }
```

```
_main
@rien2$qcipfpd
@rien1$qifcpi
@carre$qd
@carre$qi
```

Figure 3.26   Mutilation de noms pour permettre une liaison à vérification de type.

Le compilateur n'utilise les listes de paramètres que pour distinguer des fonctions aux noms identiques. Les fonctions surchargées n'ont pas besoin de comporter le même nombre de paramètres. Les programmeurs doivent être prudents lorsqu'ils surchargent des fonctions avec des paramètres par défaut, car cette pratique peut causer des ambiguïtés.

Erreur de programmation courante 3.34

Donner à une fonction avec des arguments par défaut omis le même nom qu'une autre fonction surchargée est une erreur de syntaxe. Par exemple, un programme comportant à la fois une fonction ne prenant explicitement pas d'argument et une fonction de même nom ne contenant que des arguments par défaut est une erreur de syntaxe si l'on tente d'utiliser ce nom de fonction dans un appel qui ne passe pas d'arguments.

3.21 Modèles de fonctions

Les fonctions surchargées sont normalement utilisées pour effectuer des opérations similaires qui exigent une logique de programme différente sur des types de données différents. Si la logique du programme et les opérations sont identiques pour chaque type de données, on peut réaliser le même travail de façon plus compacte et plus pratique en utilisant des *modèles de fonctions*. Le programmeur écrit une seule définition de modèle de fonction. À partir des types d'arguments fournis dans les appels à cette fonction, le C++ génère automatiquement des *fonctions de modèles* distinctes pour traiter adéquatement chaque type d'appel. Donc, la définition d'un seul modèle de fonction définit toute une gamme de solutions.

Toutes les définitions de modèles de fonctions commencent par le mot-clé **template** suivi d'une liste des paramètres de type formel pour le modèle de fonction entre chevrons (**<** et **>**). Chaque paramètre de type formel est précédé soit du mot-clé **typename**, soit du mot-clé **class**. Les *paramètres de type formel* sont des types intégrés ou définis par l'utilisateur que l'on utilise pour spécifier les types des arguments vers la fonction et le type de renvoi de la fonction et pour déclarer les variables à l'intérieur du corps de la définition de fonction. La définition de la fonction suit et se définit comme toute autre fonction.

La définition de modèle de fonction ci-dessous est également utilisée à la figure 3.27.

```
template <class T>    // ou template< typename T >
T maximum( T valeur1, T valeur2, T valeur3 )
{
   T max = valeur1;

   if ( valeur2 > max )
      max = valeur2;

   if ( valeur3 > max )
      max = valeur3;

   return max;
}
```

Ce modèle de fonction déclare un paramètre de type formel **T** unique comme type de données à tester par la fonction **maximum**. Lorsque le compilateur détecte une invocation de **maximum** dans le code source du programme, le type de données passé à **maximum** est substitué pour **T** tout au long de la définition du modèle. Le C++ crée une fonction complète afin de déterminer la valeur maximale des trois valeurs du type de données spécifié. La fonction nouvellement créée est ensuite compilée. Ainsi, les modèles sont vraiment un moyen de production de code. À la figure 3.27, trois fonctions sont instanciées; la première nécessite trois valeurs **int**, la deuxième, trois valeurs **double** et la troisième, trois valeurs **char**. L'instance pour le type **int** est:

```
int maximum( int valeur1, int valeur2, int valeur3 )
{
   int max = valeur1;

   if ( valeur2 > max )
      max = valeur2;

   if ( valeur3 > max )
      max = valeur3;

   return max;
}
```

Le nom d'un paramètre de type doit être unique dans la liste de paramètres formels d'une définition de modèle particulière. La figure 3.27 illustre l'emploi de la fonction de modèle **maximum** pour déterminer la plus élevée de trois valeurs **int**, de trois valeurs **double** et de trois valeurs **char**.

```
1    // Figure 3.27: fig03_27.cpp
2    // Utilisation d'un modèle de fonction.
3    #include <iostream>
4
5    using std::cout;
6    using std::cin;
7    using std::endl;
8
9    template < class T >
10   T maximum( T valeur1, T valeur2, T valeur3 )
11   {
12      T max = valeur1;
13
14      if ( valeur2 > max )
15         max = valeur2;
16
17      if ( valeur3 > max )
18         max = valeur3;
19
20      return max;
21   }
22
23   int main()
24   {
25      int int1, int2, int3;
26
27      cout << "Entrez trois valeurs de type entier: ";
28      cin >> int1 >> int2 >> int3;
29      cout << "La valeur maximale de type entier est: "
30           << maximum( int1, int2, int3 );        // version int.
31
32      double double1, double2, double3;
33
34      cout << "\nEntrez trois valeurs de type double: ";
35      cin >> double1 >> double2 >> double3;
36      cout << "La valeur maximale de type double est: "
37           << maximum( double1, double2, double3 ); // version double.
38
39      char char1, char2, char3;
40
41      cout << "\nEntrez trois valeurs de type caractère: ";
42      cin >> char1 >> char2 >> char3;
43      cout << "La valeur maximale de type caractère est: "
44           << maximum( char1, char2, char3 )        // version char.
45           << endl;
46
47      return 0;
48   }
```

```
Entrez trois valeurs de type entier: 1 2 3
La valeur maximale de type entier est: 3
Entrez trois valeurs de type double: 3.3 2.2 1.1
La valeur maximale de type double est: 3.3
Entrez trois valeurs de type caractère: A C B
La valeur maximale de type caractère est: C
```

Figure 3.27   Utilisation d'un modèle de fonction.

Erreur de programmation courante 3.35

Omettre le mot-clé **class** *ou le mot-clé* **typename** *avant chaque paramètre de type d'un modèle de fonction est une erreur de syntaxe.*

3.22 (Étude de cas optionnelle) À propos des objets: identification des attributs d'une classe

Dans la section *À propos des objets* du chapitre 2, nous avons commencé la première phase d'une conception orientée objets pour notre simulateur d'ascenseur, à savoir l'identification des classes requises pour l'implantation du simulateur. Comme point de départ, vous avez été invité à énumérer les noms compris dans l'énoncé du problème, et vous avez créé une classe distincte pour chacune des catégories de noms qui assurent des responsabilités importantes dans la simulation. Vous avez ensuite représenté les classes et leurs relations dans un diagramme de classes en UML. Les classes ont des *attributs* et des *opérations*. Les attributs des classes sont représentés dans une implantation en C++ par des données; les opérations des classes sont représentées dans cette même implantation par des fonctions. Cette section nous donne l'occasion de déterminer les nombreux attributs des classes, nécessaires à la mise en place du simulateur d'ascenseur. Au chapitre 4, nous nous attacherons à déterminer les opérations et au chapitre 5, nous mettrons l'accent sur les interactions, que l'on désigne de *collaborations*, entre les objets du simulateur.

Prenons pour exemple les attributs d'objets de la vie réelle. Parmi les attributs d'une personne, on peut citer la taille et le poids. pour une radio, on peut préciser la station sur laquelle elle est réglée, ses réglages de volume et de gamme d'ondes (GO, PO, FM). Les attributs d'une voiture seraient, parmi d'autres, les lectures de ses indicateurs de vitesse et de régime moteur, de la jauge de son réservoir de carburant, la vitesse embrayée, et ainsi de suite. Les attributs d'un ordinateur personnel sont, entre autres, la marque de son fabricant, le type de son écran (monochrome ou couleur), la taille de sa mémoire vive en mégaoctets, la taille de son disque dur en gigaoctets, et ainsi de suite.

Les attributs décrivent une classe. Nous pouvons identifier les attributs de notre système en cherchant des mots et des phrases descriptifs dans l'énoncé du problème. Pour chaque mot ou phrase descriptif trouvé, nous créons un attribut et affectons cet attribut à une classe. Nous créons aussi des attributs pour représenter toute donnée dont une classe risque d'avoir besoin. Ainsi, la classe **Planificateur** a par exemple besoin de connaître le temps auquel il doit faire apparaître la personne suivante à chaque étage. La figure 3.28 propose un tableau de mots et de phrases trouvés dans l'énoncé du problème et qui décrivent les différentes classes.

Parmi celles-ci, les classes **Cloche** et **Batiment** n'ont aucun attribut. Au fur et à mesure de la progression de cette étude de cas, nous continuerons à ajouter, à modifier et à supprimer des informations concernant chacune des classes du système.

La figure 3.29 est un diagramme de classes qui reprend un certain nombre d'attributs que nous avons trouvés pour les classes du système. Ces attributs résultent des mots et phrases repris à la figure 3.28. Dans le diagramme de classes de l'UML, les attributs de classes se placent dans le compartiment central du rectangle qui représente une classe. Remarquez par exemple l'attribut suivant de la classe **Ascenseur**:

```
capacite : int = 1
```

qui fixerait par défaut la capacité de l'ascenseur à une seule personne.

Classe	Mots et phrases descriptifs
Ascenseur	débute la journée en attendant... à l'étage 1 du bâtiment alterne les directions: vers le haut ou vers le bas capacité de 1 prend 5 secondes pour se déplacer d'un étage à l'autre déplacement de l'ascenseur
Horloge	débute la journée au temps 0
Planificateur	[planifie le temps d'arrivée d'une personne à] un entier aléatoire compris entre 5 et 20 secondes à l'avenir à partir du temps présent (et ceci pour chaque étage)
Personne	numéro de personne (tiré de l'affichage des résultats)
Etage	capacité de 1 est (in)occupé
BoutonEtage	a été pressé
BoutonAscenseur	a été pressé
Porte	est ouverte ou fermée
Cloche	aucune information dans l'énoncé
TemoinLumineux	allumé ou éteint
Batiment	aucune information dans l'énoncé

Figure 3.28   Mots et phrases descriptifs dans l'énoncé du problème.

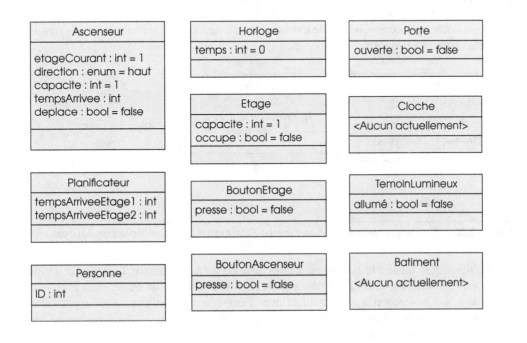

Figure 3.29   Diagramme de classes montrant les attributs.

Cette liste enferme trois éléments d'information à propos de l'attribut. Il a un *nom*, `capacite`. Il a aussi un *type*, `int`. Le type dépend du langage utilisé pour écrire le logiciel. En C++, par exemple, la valeur peut faire partie des types de données primitifs, tels que `int`, `char` ou `float`, mais ce peut être aussi un type défini par l'utilisateur, comme une classe. Nous aborderons les classes à partir du chapitre 6, et nous verrons alors que toute nouvelle classe n'est essentiellement qu'un nouveau type de donnée.

Nous pouvons enfin indiquer une valeur initiale pour chaque attribut. L'attribut `capacite` a une valeur initiale. Si un attribut donné n'a pas de valeur initiale, seuls ses nom et type apparaissent, séparés par un double point, comme indiqué. Par exemple, le `tempsArriveeEtage1` de la classe `Planificateur` est de type `int`. Ici, nous ne montrons aucune valeur initiale, puisqu'il s'agit d'une valeur aléatoire que nous ne connaissons pas encore; il sera généré seulement au moment de l'exécution. Pour l'instant, nous ne nous attardons pas plus sur les types et les valeurs initiales des attributs. Nous n'incluons en effet que les informations que nous avons glanées à partir de l'énoncé du problème.

Diagrammes d'états

Les objets d'un système peuvent prendre des *états*. Les états décrivent la condition d'un objet à un moment déterminé. Les diagrammes d'états donnent un moyen d'exprimer la manière dont les objets d'un système changent d'état et, ceci, sous quelles conditions.

La figure 3.30 propose un diagramme d'états simple qui modélise les états d'un objet de la classe `BoutonEtage` ou de la classe `BoutonAscenseur`. Chaque état d'un tel diagramme est représenté par un rectangle arrondi contenant le nom de l'état en son centre. Un cercle plein associé à une flèche pleine pointe vers l'état initial, soit vers l'état «non pressé» dans ce cas-ci. Les traits équipés de flèches pleines indiquent les *transitions* entre les différents états. Un objet suit une transition d'un état vers un autre en réponse à un *événement*. Les classes `BoutonEtage` et `BoutonAscenseur`, par exemple, passent de l'état «non pressé» à l'état «pressé» en réponse à un événement «pression bouton». Le nom de l'événement qui provoque la transition est inscrit juste à côté de la flèche qui correspond à cette transition. Nous verrons plus loin que nous pouvons inclure encore d'autres informations.

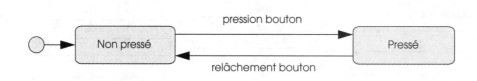

Figure 3.30   Diagramme d'états des classes `BoutonEtage` et `BoutonAscenseur`.

La figure 3.31 montre le diagramme d'états de la classe `Ascenseur`. L'ascenseur a trois états possibles: «En attente», «Service d'étage» (l'ascenseur est arrêté à un étage, mais il est occupé à réinitialiser son bouton ou à communiquer avec l'étage, etc.) et «En mouvement». L'ascenseur commence son cycle à l'état «En attente». Les événements qui déclenchent les transitions sont indiqués près des lignes de transition adéquates.

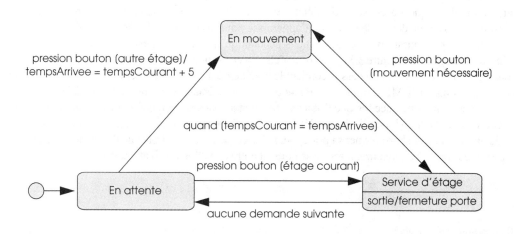

Figure 3.31   Diagramme d'états de la classe **Ascenseur**.

Examinons les événements du diagramme d'états. Le texte

pression bouton (mouvement nécessaire)

indique que l'événement «pression bouton» provoque la transition de l'ascenseur de l'état «Service d'étage» à l'état «En mouvement». La *condition de garde* mise entre crochets droits établit que la transition n'a lieu que si le mouvement de l'ascenceur est nécessaire. Le texte complet de l'événement établit que les transitions de l'ascenseur de l'état de «Service d'étage» à l'état «En mouvement» viennent en réponse à l'événement «pression bouton» seulement si l'ascenseur a besoin de se déplacer. D'une manière semblable, les transitions de l'ascenseur de l'état «En attente» vers l'état «Service d'étage» ont lieu quand un bouton est pressé à l'étage où se trouve l'ascenseur.

Le texte placé à côté de la ligne de transition qui va de l'état «En attente» à l'état «En mouvement» indique que cette transition se produit dans l'éventualité d'une pression sur un bouton, et si le bouton en question est à l'autre étage. La barre de division (/) indique qu'une *action* accompagne ce changement d'état. L'ascenseur effectue l'action de calculer et de définir le temps d'arrivée à l'autre étage[1].

Une transition d'état peut également avoir lieu dans l'éventualité du passage d'une certaine condition à l'état vrai (**true**). Le texte

quand (tempsCourant = tempsArrivee)

indique que les transitions de l'état «En mouvement» à l'état «Service d'étage» ont lieu *quand* le temps en cours de la simulation devient égal au temps planifié pour que l'ascenseur arrive à un étage.

---

1. Dans un système d'ascenseur réel, un capteur placé sur l'ascenseur peut provoquer son arrêt à un étage. Dans notre simulateur, nous savons que l'ascenseur prend cinq secondes pour se déplacer d'un étage à l'autre. Ainsi donc, l'élévaleur de notre situation programme simplement son arrivée à un étage, et l'ascenseur s'y arrête au temps planifié.

Le texte qui accompagne la ligne de transition qui va de l'état «Service d'étage» à l'état «En attente» indique que l'ascenseur, de l'état «Service d'étage», entre dans l'état «En attente» à la condition qu'aucune demande suivante n'apparaisse pour les services de l'ascenseur[2].

Un objet peut aussi effectuer des actions pendant qu'il se trouve dans un état donné (voir l'état «Service d'étage» de la figure 3.31). Nous modélisons ces actions en découpant l'état adéquat en deux sous-compartiments. Celui du dessus contient le nom de l'état, et celui du dessous contient les actions concernant l'état. L'UML définit une *étiquette d'action* spéciale, dénommée *sortie*. L'action *sortie* indique une action effectuée lorsque l'objet quitte un état. Dans notre modèle, l'ascenseur doit assurer l'action «fermer porte» lorsqu'il sort de l'état «Service d'étage». En d'autres termes, si l'ascenseur doit se déplacer, il doit d'abord fermer sa porte; ou, si l'ascenseur ne reçoit plus de demande, (donc pas de pression de bouton) à satisfaire, il ferme sa porte et entre dans l'état «En attente».

Diagrammes d'activités

Le *diagramme d'activités* est une variante du diagramme d'état. Il met l'accent sur les activités que doit effectuer un objet; en d'autres termes, le diagramme d'activités modélise ce que fait un objet au cours de sa durée de vie.

Le diagramme d'activités de la figure 3.31 ne convoie aucune information concernant l'état dans lequel l'ascenseur entre si deux personnes différentes, présentes dans le bâtiment, appuient sur le bouton au même moment et à deux étages différents. Il ne contient aucune information non plus sur la manière dont l'ascenseur décide s'il doit se déplacer. Le diagramme d'activité de la figure 3.32 ajoute aux informations présentes dans le diagramme d'états en modélisant les activités de l'ascenseur en réponse à des demandes de service.

Les activités y sont représentées sous la forme d'ovales. Le nom de l'activité est placé au centre de l'ovale. Une ligne en trait plein et munie d'une flèche relie deux activités, indiquant l'ordre dans lequel les activités s'enchaînent. Comme dans le diagramme d'états, un cercle plein indique le point de départ de la séquence des activités. La séquence des activités que modélise la figure 3.32 est exécutée lorsque l'un des bouton est pressé, c'est-à-dire lorsqu'un bouton de n'importe quel étage se trouve à ce moment dans l'état «pressé». Lorsque cette condition est vraie (`true`), l'ascenseur doit prendre une décision (représentée par un losange[3]). L'ascenseur choisit parmi plusieurs activités disponibles à ce stade en fonction de certaines conditions. Chaque ligne, ou chemin, qui quitte le losange représente une des ces différentes suites d'activités. Une condition de garde placée à côté de chaque chemin indique sous quelles circonstances ce chemin est exécuté.

Dans le diagramme, l'ascenseur effectue une parmi trois différentes suites d'activités lors d'une pression sur un bouton. Si l'ascenseur est en mouvement, en d'autres termes, s'il est à l'état «En mouvement», l'ascenseur ne peut immédiatement effectuer la moindre activité, de sorte que la séquence d'activité du chemin en cours s'achève simplement. Un cercle plein entouré d'un autre cercle (que l'on désigne parfois du terme d'œil de bœuf) indique le point final du diagramme d'activité.

---

2. Dans un système d'ascenseur réel, l'ascenseur passe probablement entre différents états après écoulement d'un certain délai. Nous voulons programmer un simulateur, mais nous ne voulons pas prendre en compte la manière dont l'ascenseur saura quand aucune demande de service n'apparaît. Par conséquent, nous disons simplement que l'ascenseur change d'état dans l'éventualité où aucune demande de service n'existe.

3. Ne confondez pas ce symbole avec le symbole de losange plus grand que nous avons utilisé dans les ordinogrammes de la section 2.21.

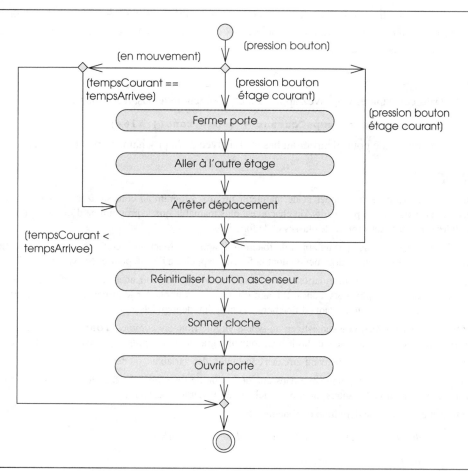

Figure 3.32   Diagramme d'activités modelant la logique de réponse de l'ascenseur
aux pressions sur les boutons.

Si on presse le bouton d'étage à l'étage où se trouve l'ascenseur, ce dernier réinitialise son bouton, fait sonner sa cloche et ouvre sa porte. Si l'étage dont le bouton reçoit la pression n'est pas celui où se trouve l'ascenseur, l'ascenseur doit d'abord fermer sa porte, se déplacer vers l'autre étage et s'arrêter à l'autre étage avant de servir l'autre étage. Remarquez que l'UML modélise la fusion de chemins de décision par un autre petit symbole de losange. Après ouverture de la porte de l'ascenseur, la séquence d'activités se termine.

Conclusion

Pour récapituler, nous avons étendu notre connaissance des classes du système (nous poursuivrons en ce sens aux chapitres suivants), et nous avons représenté cette connaissance dans un diagramme de classes. Nous avons également exploité les diagrammes d'états et d'activités pour obtenir plus d'informations sur la manière dont le système fonctionne. Même si nous n'avons pas encore analysé les détails de la programmation orientée objets en C++, nous disposons d'une quantité suffisante d'informations relatives au système. Aux sections *À propos des objets* des chapitres 4 et 5, nous déterminerons les opérations associées aux classes et la façon dont ces classes interagissent, collaborent, les unes avec les autres.

Note

1. Dans ce chapitre, vous avez appris à mettre en œuvre le hasard. L'instruction

    ```
    tempsArrivee = tempsCourant + ( 5 + rand() %16 );
    ```

    sera bien utile pour planifier au hasard l'arrivée de la prochaine personne à un étage.

RÉSUMÉ

*   La meilleure façon de développer et de maintenir un gros programme consiste à le diviser en plusieurs modules de programmes plus petits, où chacun est plus maniable que le programme d'origine. En C++, les modules sont écrits sous forme de classes et de fonctions.

*   Une fonction est invoquée par un appel de fonction. L'appel de fonction spécifie le nom de la fonction et fournit l'information (ou les arguments) dont la fonction appelée a besoin pour exécuter son travail.

*   Le rôle du masquage de l'information permet aux fonctions de n'avoir accès qu'à l'information qu'elles requièrent pour accomplir leurs tâches. Il s'agit d'une façon d'implanter le principe du moindre privilège, un des principes les plus importants d'une bonne conception de logiciels.

*   Le type de données **double** consiste en un type à virgule flottante comme **float**. Une variable de type **double** peut remiser une valeur de taille beaucoup plus grande et avec plus de précision que le type **float**.

*   Les arguments des fonctions peuvent être des constantes, des variables, ou des expressions.

*   Une variable locale n'est connue que dans une définition de fonction. Une fonction ne peut connaître les détails d'implantation des autres fonctions (incluant les variables locales).

*   Le format général d'une définition de fonction est

    type de valeur renvoyée   nom de fonction **(** *liste des paramètres* **)**
    {
        déclarations et instructions
    }

*   Le *type de valeur renvoyée* est le type de donnée du résultat retourné de la fonction vers la fonction d'appel. Le type **void** comme type de la valeur renvoyée indique qu'une fonction ne renvoie pas de valeur. Le *nom de fonction* peut être tout identificateur valide. La *liste de paramètres* est une liste séparée par virgules contenant les déclarations des paramètres reçus par la fonction lorsqu'elle est appelée. Si une fonction ne reçoit aucune valeur, la *liste de paramètres* est **void**. Le *corps de la fonction* se résume à la série des *déclarations et instructions* qui constituent la fonction.

*   Les arguments passés vers une fonction doivent concorder en nombre, en type et dans l'ordre avec les paramètres dans la définition de fonction.

*   Lorsqu'un programme rencontre une fonction, le contrôle est passé du point d'invocation jusqu'à la fonction appelée, la fonction s'exécute et le contrôle retourne à l'appelant.

*   Il existe trois façons de renvoyer le contrôle à l'endroit précis où une fonction a été invoquée. Si la fonction ne renvoie pas de résultat, le contrôle est renvoyé lorsque l'accolade droite indiquant la fin de la fonction est atteinte, ou en exécutant l'instruction

    ```
    return;
    ```

    si la fonction ne renvoie pas de résultat. L'instruction

    ```
    return expression;
    ```

    renvoie la valeur d'*expression* à l'appelant.

- Un prototype de fonction indique au compilateur le type de données renvoyées par la fonction, le nombre de paramètres que la fonction s'attend de recevoir, les types des paramètres et l'ordre dans lequel ces paramètres devraient se suivre.
- Les prototypes de fonctions permettent au compilateur de vérifier si les fonctions sont appelées correctement.
- Le compilateur ignore les noms des variables mentionnés dans le prototype de fonction.
- Chaque bibliothèque standard possède un fichier d'en-tête correspondant qui contient les prototypes de fonction pour toutes les fonctions de cette bibliothèque et les définitions de différents types de données et constantes requis par ces fonctions.
- Le programmeur peut et devrait créer et inclure ses propres fichiers d'en-tête personnalisés.
- Lorsqu'un argument est passé par un appel par valeur, une copie de la valeur de l'argument est passée à la fonction appelée. Les changements appliqués à la copie n'affectent pas la valeur initiale de la variable de l'appelant.
- La fonction **rand** génère un entier compris entre 0 et **RAND_MAX**, dont la valeur définie devrait être d'au moins 32767.
- Les prototypes de fonctions pour les fonctions **rand** et **srand** se retrouvent dans **<cstdlib>**.
- Les valeurs produites par **rand** peuvent être graduées et décalées pour produire des valeurs comprises à l'intérieur d'une échelle spécifique.
- Pour randomiser la sortie produite par rand, on utilise la fonction **srand** de la bibliothèque standard.
- L'instruction **srand** ne s'insère normalement dans un programme qu'après avoir entièrement débogué le programme. Il vaut mieux omettre **srand** durant le débogage afin d'assurer la possibilité de répétition, qui est essentielle pour vérifier si les corrections d'un programme produisant des nombres aléatoires fonctionnent adéquatement.
- Pour randomiser sans nécessiter l'entrée d'une valeur de départ chaque fois, on peut utiliser l'instruction **srand (time(0));** La fonction **time** renvoie la valeur de l'«heure courante» en secondes. Le prototype de fonction de **time** se retrouve dans **<ctime>**.
- L'équation générale pour graduer et décaler un nombre aléatoire est

        n = a + rand() % b;

où a représente la valeur de décalage (qui est égal au premier nombre de l'échelle désirée d'entiers consécutifs) et **b** représente le facteur de graduation (qui est égal à la largeur de l'échelle désirée d'entiers consécutifs).
- Une énumération, introduite par le mot-clé **enum** et suivi d'un nom de type, se résume à une série de constantes d'entiers représentées par des identificateurs.
- Les valeurs de ces constantes d'énumération commencent à **0**, à moins d'indication contraire et sont incrémentées de **1**.
- Les identificateurs de l'**enum** doivent être uniques, bien que des constantes d'énumération séparées puissent posséder la même valeur d'entier.
- Toute constante d'énumération peut être explicitement affectée d'une valeur d'entier dans la définition de l'énumération.
- Chaque identificateur d'une variable possède des attributs de classe, de portée et de liaison.
- Le C++ offre cinq spécifications de classes de stockage: **auto**, **register**, **extern**, **mutable** et **static**.
- La classe de stockage d'un identificateur détermine la période durant laquelle l'identificateur existe en mémoire.
- La portée d'un identificateur est l'endroit où on peut se référer à l'identificateur dans un programme.
- La liaison d'un identificateur détermine, pour un programme à fichiers source multiples, si l'identificateur n'est connu que dans le fichier source courant ou s'il est connu dans tout fichier source avec les déclarations appropriées.
- Les variables de classe de stockage automatiques sont créées lors de l'entrée du bloc où elles sont déclarées; elles existent pendant que le bloc demeure actif et sont détruites lors de la sortie du bloc. Les paramètres et les variables locales d'une fonction possèdent par défaut une classe de stockage automatique.

- La spécification de classe de stockage **register**, placée avant une déclaration de variable automatique, suggère au compilateur que la variable soit placée dans un des registres à haute vitesse de l'ordinateur. Le compilateur peut ignorer les déclarations **register**. Le mot-clé **register** ne peut être utilisé qu'avec des variables de classe de stockage automatique.

- Les mots-clés **extern** et **static** sont utilisés pour déclarer des identificateurs pour les variables et fonctions de la classe de stockage statique.

- Les variables de classe de stockage statique ne sont allouées et initialisées que lorsque le programme débute son exécution.

- Il existe deux types d'identificateurs à classe de stockage statique: les identificateurs et les variables locales déclarées avec la spécification de classe de stockage **static**.

- Les variables globales sont créées en plaçant les déclarations des variables en dehors de toute définition de fonction; elles conservent leurs valeurs tout au long de l'exécution du programme.

- Les variables locales déclarées **static** conservent leurs valeurs lors de la sortie de la fonction qui les contient.

- Toutes les variables numériques de la classe de stockage statique sont initialisées à zéro si elles ne sont pas initialisées explicitement par le programmeur.

- Les quatre portées d'un identificateur sont la portée de fonction, la portée de fichier, la portée de bloc et la portée de prototype de fonction.

- Les étiquettes sont les seuls identificateurs possédant une portée de fonction. On peut utiliser les étiquettes n'importe où dans la fonction dans laquelle elles apparaissent, mais elles ne peuvent être consultées en dehors du corps de la fonction.

- Un identificateur déclaré en dehors de toute fonction possède une portée de fichier. Un tel identificateur est «connu» de toutes les fonctions, du point de sa déclaration jusqu'à la fin du fichier.

- Les identificateurs déclarés à l'intérieur d'un bloc possèdent une portée de bloc. La portée de bloc débute au point de déclaration de l'identificateur et se termine à l'accolade droite de terminaison (**}**) du bloc.

- Les variables locales déclarées au début d'une fonction possèdent une portée de bloc, tout comme les paramètres de fonctions, qui représentent également des variables locales de cette fonction.

- Tout bloc peut contenir des déclarations de variables. Lorsque les blocs sont imbriqués et qu'un identificateur d'un bloc extérieur possède le même nom qu'un identificateur d'un bloc intérieur, l'identificateur du bloc extérieur est «masqué» jusqu'à ce que l'exécution du bloc intérieur soit terminée.

- Les seuls identificateurs possédant une portée de prototype de fonction sont ceux utilisés dans la liste de paramètres d'un prototype de fonction. Les identificateurs utilisés dans un prototype de fonction peuvent être réutilisés sans ambiguïtés n'importe où dans un programme.

- Une fonction récursive est une fonction pouvant s'appeler elle-même directement ou indirectement.

- Si la fonction est appelée avec un cas de base, elle renvoie simplement un résultat. Si la fonction est appelée avec un problème plus complexe, la fonction divise le problème en deux pièces conceptuelles: une pièce avec laquelle la fonction sait comment procéder et une version légèrement plus petite du problème initial. Comme ce nouveau problème ressemble au problème initial, la fonction lance une nouvelle copie d'elle-même pour travailler sur le problème plus simple.

- Afin que la récursion puisse éventuellement se terminer, chaque fois que la fonction s'appelle elle-même avec une version un peu plus simple du problème initial, cette séquence de problèmes de plus en plus petits doit éventuellement converger vers le cas de base. À ce moment, la fonction reconnaît le cas de base, renvoie un résultat à la copie précédente de la fonction et une séquence de renvois s'ensuit, remontant le processus jusqu'à ce que l'appel initial de la fonction renvoie éventuellement le résultat final.

- La norme du C++ ne spécifie pas l'ordre dans lequel les opérandes de la plupart des opérateurs sont évalués. Le langage C++ spécifie l'ordre d'évaluation des opérandes de seulement quatre opérateurs: **&&**, **||**, l'opérateur virgule (**,**) et **?:**. Les trois premiers sont des opérateurs binaires et leurs deux opérandes sont toujours évalués de gauche à droite. Le quatrième (**?:**) est le seul opérateur ternaire en C++. L'opérande situé le plus à sa gauche est toujours évalué en premier. Si son évaluation diffère de zéro, l'opérande central est ensuite évalué et le dernier est ignoré; si son évaluation est de zéro, le troisième opérande est ensuite évalué et l'opérande central est ignoré.

- L'itération et la récursion sont basées sur une structure de contrôle. L'itération utilise une structure de répétition; la récursion utilise une structure de sélection.

- L'itération et la récursion impliquent toutes deux une répétition: l'itération utilise explicitement une structure de répétition; la récursion accomplit une répétition à partir d'appels de fonctions répétés.

- L'itération et la récursion impliquent toutes deux un test de terminaison: l'itération se termine lorsque la condition de continuation de boucle échoue; la récursion se termine lorsqu'un cas de base est reconnu.

- L'itération et la récursion peuvent se produire indéfiniment: l'itération produit une boucle infinie si le test de continuation de boucle ne devient jamais faux; la récursion infinie se produit si l'étape récursive ne réduit pas chaque fois le problème de façon à converger vers le cas de base.

- La récursion invoque, de façon répétitive, le mécanisme et conséquemment la surcharge des appels de fonction. Cela peut demander beaucoup de temps pour le traitement des données et d'espace mémoire.

- Les programmes de C++ ne compilent pas à moins qu'un prototype de fonction ne soit fourni pour chaque fonction ou qu'une fonction ne soit définie avant son utilisation.

- Une fonction qui ne renvoie pas de valeur se déclare avec un type de renvoi **void**. Une tentative de renvoi d'une valeur de la fonction ou l'utilisation du résultat de l'invocation de la fonction dans la fonction appelante est une erreur de syntaxe. Une liste de paramètres vide est spécifiée avec des parenthèses vides ou en plaçant **void** entre parenthèses.

- Les fonctions **inline** éliminent la surcharge d'appels de fonctions. Le programmeur utilise le mot-clé **inline** pour aviser le compilateur de produire une copie du code de la fonction en place (lorsque cela est possible) afin de minimiser les appels de fonctions. Le compilateur peut choisir d'ignorer le qualificatif **inline**.

- Le C++ offre une forme directe d'appels en utilisant des paramètres de référence. Pour indiquer qu'un paramètre de fonction est passé par référence, il faut simplement placer le caractère **&** à la suite du type de paramètre, dans le prototype de fonction. Dans l'appel de fonction, mentionnez simplement la variable par un nom et elle sera passée par référence.

  Le fait de mentionner la variable par son nom de paramètre dans le corps de la fonction appelée fait référence à la variable initiale de la fonction appelante; la variable initiale peut alors être modifiée directement par la fonction appelée.

- On peut aussi créer des paramètres de référence d'usage local comme alias pour d'autres variables à l'intérieur d'une fonction. Les variables de référence doivent être initialisées dans leurs déclarations et ne peuvent être réaffectées comme alias à d'autres variables. Une fois que la référence est déclarée l'alias d'une autre variable, toutes les opérations qu'on croit effectuées sur l'alias sont en fait effectuées sur la variable d'origine.

- Le C++ permet au programmeur de spécifier des arguments et leurs valeurs par défaut. Lorsqu'un argument par défaut est omis dans un appel de fonction, la valeur par défaut de cet argument est utilisée. Les arguments par défaut doivent être ceux situés les plus à droite (de suite) dans une liste de paramètres de fonction. On devrait spécifier les arguments par défaut avec la première occurrence du nom de fonction, habituellement dans le prototype. Les valeurs par défaut peuvent être des constantes, des variables globales, ou des appels de fonctions.

- L'opérateur unaire de résolution de portée (**::**) permet à un programme d'accéder à une variable globale lorsqu'une variable locale de même nom demeure à portée.

- Il est possible de définir plusieurs fonctions du même nom mais de types de paramètres différents. Cette capacité s'appelle surcharge d'une fonction. Lorsqu'une fonction surchargée est appelée, le compilateur sélectionne la fonction appropriée en examinant le nombre, les types et l'ordre des arguments dans l'appel.

- Les fonctions surchargées peuvent posséder des valeurs de renvoi différentes et doivent posséder des listes de paramètres différentes. Deux fonctions ne différant que par leur type de renvoi causeront une erreur de compilation.

- Les modèles de fonctions permettent la création de fonctions effectuant les mêmes opérations sur des types de données différents; le modèle de fonction n'est défini qu'une seule fois.

TERMINOLOGIE

appel de fonction

appel par référence

appel par valeur

appel récursif

appelant

appeler une fonction

argument dans l'appel de fonction

arguments de fonction par défaut

bibliothèque standard C++

bloc

cas de base récursif

classe de stockage

classe de stockage automatique

collaboration

compilateur d'optimisation

composant

conception de logiciels

const

constante d'énumération

constante nommée

contrainte de type des arguments

copie d'une valeur

décalage

déclaration de fonction

décoration de nom

définition de fonction

diviser pour mieux régner

durée de stockage statique

effets de bord

élément de chance

enum

énumération

expression

expression à types multiples

fichier d'en-tête

fichiers d'en-tête de la bibliothèque standard

fonction

fonction appelée

fonction d'appel

fonction de modèle

fonction définie par le programmeur

fonction factorielle

fonction **inline**

fonction récursive

fonctions de la bibliothèque mathématique

génération de nombres aléatoires

graduation

hiérarchie de promotion

invoquer une fonction

itération

liaison

liaison à vérification de type

masquage de l'information

mutable, spécification de classe de stockage

mutilation de nom

opérateur unaire de résolution de portée (**::**)

paramètre dans une définition de fonction

paramètre de référence

portée

portée de bloc

portée de fichier

portée de fonction

portée de prototype de fonction

principe du moindre privilège

programme modulaire

prototype de fonction

rand

RAND_MAX

randomiser

récursion

récursion infinie

référence mal placée

return

réutilisation d'un logiciel

signature

signature de fonction

simulation

spécification de liaison

spécification de classe de stockage

spécification de classe de stockage **auto**

spécification de classe de stockage **extern**

spécification de classe de stockage **register**

spécification de classe de stockage **static**

srand

stockage automatique

suffixe «et commercial» (**&**)

surcharge

surcharge d'une fonction

template

time

type de référence

type de valeur de renvoi

typename

unsigned

variable automatique

variable de constante

variable en lecture seule

variable globale

variable locale

variable **static**

void

Terminologie de À propos des objets

action	état
action «sortie»	état initial
activité	étiquette d'action
attribut	événement
condition de garde	événement «quand»
diagramme d'activités	nom d'attribut en UML
diagramme d'états	
symbole du point de sortie, en «œil de bœuf»	symbole ovale d'un diagramme d'activité en UML
d'un diagramme d'activités en UML	symbole rectangle arrondi dans un diagramme
symbole du point de départ dans les diagrammes	d'état en UML
d'états et d'activités en UML	transition
symbole flèche en UML	type d'attribut en UML
symbole ligne de trait plein avec flèche dans les	valeur initiale d'un attribut de classe
diagrammes d'états et d'activité en UML	valeur initiale d'un attribut en UML

ERREURS DE PROGRAMMATION COURANTES

3.1 Oublier d'inclure le fichier d'en-tête mathématique lorsqu'on utilise des fonctions de la bibliothèque mathématique est une erreur de syntaxe. Un fichier d'en-tête standard doit être inclus pour chaque fonction de la bibliothèque standard utilisée dans un programme.

3.2 L'omission du type de valeur renvoyée dans la définition d'une fonction est une erreur de syntaxe.

3.3 Oublier de renvoyer une valeur à partir d'une fonction qui est sensée en retourner une est une erreur de syntaxe.

3.4 Le renvoi d'une valeur par une fonction dont le type de renvoi déclaré est **void** est une erreur de syntaxe.

3.5 Déclarer des paramètres de fonction de même type sous la forme **float x, y** plutôt que **float x, float y**. De fait, la déclaration **float x, y** provoquerait une erreur de compilation, car un type est requis pour chacun des paramètres dans la liste de paramètres.

3.6 Placer un point-virgule après la parenthèse droite qui ferme la liste des paramètres d'une définition de fonction est une erreur de syntaxe.

3.7 Le fait de définir de nouveau un paramètre de fonction comme variable locale dans la fonction est une erreur de syntaxe.

3.8 En C++, les **()** dans un appel de fonction sont en fait un opérateur qui provoque l'appel de la fonction. Oublier les **()** dans un appel de fonction qui ne requiert pas d'arguments n'est pas une erreur de syntaxe, mais la fonction n'est pas invoquée.

3.9 Définir une fonction à l'intérieur d'une autre fonction est une erreur de syntaxe.

3.10 Il y a erreur de syntaxe si le prototype, l'en-tête ou les appels de fonction ne concordent pas quant au nombre, au type et à l'ordre des arguments et des paramètres ainsi que dans le type de valeur retournée.

3.11 Oublier le point-virgule à la fin d'un prototype de fonction est une erreur de syntaxe.

3.12 Un appel de fonction qui n'est pas assorti au prototype de fonction est une erreur de syntaxe.

3.13 Il y a erreur de syntaxe si le prototype de fonction ne concorde pas avec la définition de la fonction.

3.14 La conversion d'un type de données plus élevé à un type moins élevé dans la hiérarchie de promotion peut changer la valeur des données.

3.15 Oublier un prototype de fonction lorsqu'une fonction n'est pas définie avant qu'elle ne soit d'abord invoquée est une erreur de syntaxe.

3.16 Utiliser **srand** au lieu de **rand** pour produire des nombres aléatoires est une erreur de syntaxe, car la fonction **srand** ne renvoie pas de valeur.

3.17 Affecter l'équivalent d'entier d'une constante d'énumération à une variable de type «énumération» est une erreur de syntaxe.

3.18 Une fois qu'une constante d'énumération est définie, toute tentative de lui affecter une autre valeur constitue une erreur de syntaxe.

3.19 L'emploi de multiples spécifications de classes de stockage pour un identificateur est une erreur de syntaxe. On ne peut appliquer qu'une seule spécification de classe de stockage à un identificateur. Par exemple, si vous incluez **register**, n'incluez pas **auto**.

3.20 L'emploi accidentel d'un même nom pour désigner un identificateur de bloc intérieur et un identificateur de bloc extérieur, alors que le programmeur veut en fait que l'identificateur du bloc extérieur demeure actif pendant toute la durée du bloc intérieur constitue normalement une erreur de logique.

3.21 Oublier de renvoyer une valeur à partir d'une fonction récursive lorsqu'il est nécessaire de le faire amènera la plupart des compilateurs à produire un message d'avertissement.

3.22 L'omission du cas de base, ou l'écriture incorrecte de l'étape récursive empêchant sa convergence vers le cas de base provoque une récursion «infinie» et, éventuellement, l'épuisement de la mémoire. Il s'agit d'un problème analogue à une boucle infinie dans une solution itérative (non récursive). La récursion infinie peut également être causée par l'apparition d'une entrée inattendue.

3.23 L'écriture de programmes qui dépendent de l'ordre d'évaluation des opérandes d'opérateurs autres que **&&**, **||**, **?:** ou l'opérateur virgule (**,**) peut entraîner des erreurs, car les compilateurs n'évalueront pas nécessairement les opérandes dans l'ordre désiré par le programmeur.

3.24 Une fonction non récursive s'appelant elle-même directement ou indirectement de façon accidentelle à travers une autre fonction est une erreur de logique.

3.25 Les programmes en C++ ne se compilent pas à moins que des prototypes de fonctions soient fournis pour chaque fonction ou que chaque fonction soit définie avant d'être utilisée.

3.26 Comme les paramètres de référence ne sont mentionnés que par un nom dans le corps de la fonction appelée, le programmeur peut, par inadvertance, traiter des paramètres de référence comme des paramètres d'appels par valeur. Cette erreur pourrait provoquer des effets de bord inattendus si les copies initiales des variables sont modifiées par la fonction d'appel.

3.27 Déclarer de multiples références dans une instruction tout en présumant que le **&** est distribué à travers une liste de noms de variables séparés par des virgules est une erreur. Pour déclarer les variables **x**, **y** et **z** comme étant toutes des références à un entier, utilisez la notation **int &x = a, &y = b, &z = c;** plutôt que la notation inexacte **int& x = a, y = b, z = c;** ou l'autre notation incorrecte courante, **int &x, y, z;**.

3.28 Le fait de ne pas initialiser une variable de référence lors de sa déclaration est une erreur de syntaxe.

3.29 Tenter de réaffecter une référence déclarée plus tôt comme alias d'une autre variable est une erreur de logique. La valeur de l'autre variable est simplement affectée à l'emplacement pour lequel la référence est déjà un alias.

3.30 Le renvoi d'un pointeur ou d'une référence à une variable automatique dans une fonction appelée est une erreur de logique. Certains compilateurs afficheront un message d'avertissement lorsque cela se produit dans un programme.

3.31 Le fait de spécifier et de tenter d'utiliser un argument par défaut qui ne soit pas un argument le plus à droite (de suite), tout en ne spécifiant pas simultanément tous les arguments les plus à droite comme défaut, est une erreur de syntaxe.

3.32 Tenter d'accéder à une variable non globale dans un bloc extérieur en utilisant l'opérateur unaire de résolution de portée est une erreur de syntaxe s'il n'existe aucune variable globale de même nom que la variable du bloc extérieur. C'est une erreur de logique s'il en existe une.

3.33 Créer des fonctions surchargées avec des listes de paramètres identiques et des types de renvois différents est une erreur de syntaxe.

3.34   Donner à une fonction avec des arguments par défaut omis le même nom qu'une autre fonction surchargée est une erreur de syntaxe. Par exemple, un programme comportant à la fois une fonction ne prenant explicitement pas d'argument et une fonction de même nom ne contenant que des arguments par défaut est une erreur de syntaxe si l'on tente d'utiliser ce nom de fonction dans un appel qui ne passe pas d'arguments.

3.35   Omettre le mot-clé `class` ou le mot-clé `typename` avant chaque paramètre de type d'un modèle de fonction est une erreur de syntaxe.

BONNES PRATIQUES DE PROGRAMMATION

3.1   Familiarisez-vous avec la riche collection de fonctions et de classes de la bibliothèque standard du C++.

3.2   Placez une ligne vide entre les définitions de fonctions pour les séparer les une des autres et, ainsi, augmenter la lisibilité du programme.

3.3   Même si cela n'est pas une mauvaise pratique, évitez d'utiliser les mêmes noms pour les arguments passés à une fonction et les paramètres correspondants dans la définition de la fonction. Vous pourrez ainsi prévenir toute ambiguïté.

3.4   Choisir des noms évocateurs pour les fonctions et les paramètres accroît la lisibilité des programmes et aide à éviter l'emploi excessif de commentaires.

3.5   Beaucoup de programmeurs utilisent des noms de paramètres dans les prototypes de fonctions à des fins de documentation. Le compilateur ignore ces noms.

3.6   Mettez en majuscule la première lettre d'un identificateur employé comme un nom de type défini par l'utilisateur.

3.7   N'utilisez que des lettres majuscules pour les noms des constantes d'énumération. Cette pratique permet de les faire ressortir dans un programme et rappelle au programmeur qu'il ne s'agit pas de variables.

3.8   L'emploi d'énumérations plutôt que de constantes entières peut rendre les programmes plus clairs.

3.9   Évitez les noms de variables qui masquent des noms dans les portées extérieures. Vous pouvez y parvenir en évitant d'utiliser des identificateurs dupliqués dans un programme.

3.10   Fournissez toujours des prototypes de fonctions même s'il est possible de les omettre lorsque les fonctions sont définies avant d'être utilisées. Cette pratique évite de ligoter le code à l'ordre dans lequel les fonctions sont définies, car cet ordre peut facilement changer à mesure que le programme évolue.

3.11   Le qualificatif `inline` ne devrait être utilisé qu'avec de petites fonctions d'usage fréquent.

3.12   L'utilisation d'arguments par défaut peut simplifier l'écriture des appels de fonctions. Toutefois, certains programmeurs pensent qu'il est plus clair de spécifier tous les arguments de façon explicite.

3.13   Évitez d'utiliser des variables de même nom pour différents usages dans un programme. Même si cette pratique est permise dans certaines circonstances, elle peut prêter à confusion.

3.14   La surcharge des fonctions qui effectuent des tâches intimement liées peut améliorer la lisibilité et la compréhension des programmes.

ASTUCES SUR LA PERFORMANCE

3.1   N'essayez pas de récrire des routines existantes de la bibliothèque afin de les rendre plus efficaces. Dans la plupart des cas, vous ne pourrez pas améliorer leur performance.

3.2   L'appel de la fonction `srand` n'est requis qu'une seule fois dans un programme pour obtenir l'effet de randomisation désiré. Appeler cette fonction plus d'une fois est redondant et ne peut que réduire la performance du programme.

3.3   Le stockage automatique est une façon de préserver la mémoire, car les variables à classe de stockage automatique sont créées lors de l'entrée du bloc dans lequel elles sont déclarées et détruites lors de la sortie du bloc.

3.4   La spécification de classe de stockage **register** peut se placer avant une déclaration de variable automatique pour suggérer au compilateur de conserver la variable dans l'un des registres haute vitesse du matériel de l'ordinateur plutôt qu'en mémoire. S'il est possible de conserver des variables à utilisation intensive, comme des compteurs ou des totaux, dans des registres du matériel, on peut alors éliminer la surcharge causée par le stockage répétitif des variables de la mémoire vers les registres et le chargement correspondant des résultats en mémoire.

3.5   Les déclarations **register** sont souvent facultatives. Les compilateurs à optimisation d'aujourd'hui sont capables de reconnaître les variables d'usage fréquent et de les placer dans des registres sans exiger du programmeur qu'il entre une déclaration **register**.

3.6   Évitez les programmes récursifs de style Fibonacci qui provoquent une «explosion» exponentielle des appels.

3.7   Évitez d'utiliser la récursion dans des situations de performance. Les appels récursifs exigent du temps et une quantité supplémentaire de mémoire.

3.8   Un programme lourdement fonctionnalisé, comparativement à un programme monolithique (c'est-à-dire d'une seule pièce) sans fonctions, exécute une quantité importante d'appels de fonctions. Ces appels nécessitent des temps d'exécution considérables et beaucoup d'espace sur les ordinateurs; mais les programmes monolithiques sont difficiles à programmer, à tester, à maintenir et à faire évoluer.

3.9   L'emploi de fonctions **inline** peut réduire le temps d'exécution, mais peut aussi augmenter la taille du programme.

3.10   Un des désavantages de l'appel par valeur est que si on veut passer un gros élément de données, la copie de ces données peut prendre un temps d'exécution considérable.

3.11   L'appel par référence est performant, car il élimine la surcharge causée par les copies de grandes quantités de données.

3.12   Pour passer de gros objets, utilisez un paramètre de référence de constante pour simuler l'apparence et la sécurité d'un appel par valeur et ainsi éviter la surcharge de passer une copie du gros objet.

ASTUCES SUR LA PORTABILITÉ

3.1   L'emploi des fonctions de la bibliothèque standard du C++ accroît la portabilité des programmes.

3.2   Les programmes qui dépendent de l'ordre d'évaluation des opérandes d'opérateurs autres que **&&**, **||**, **?:** ou l'opérateur virgule (**,**) peuvent fonctionner différemment sur des systèmes dotés de compilateurs différents.

3.3   Une liste de paramètres de fonction vide en C++ a une signification tout à fait différente d'une telle liste en C. En C, elle signifie que la vérification des arguments est désactivée; autrement dit, l'appel de fonction peut passer les arguments qu'il veut. En C++, elle signifie que la fonction ne prend aucun argument. Les programmes en C utilisant cette caractéristique pourraient donc signaler des erreurs de syntaxe lors de leur compilation en C++.

OBSERVATIONS DE GÉNIE LOGICIEL

3.1   N'essayez pas de réinventer la roue. Lorsque cela est possible, utilisez les fonctions de la bibliothèque standard du C++ plutôt que d'écrire de nouvelles fonctions, afin de réduire le temps de développement du programme.

3.2   Dans des programmes contenant de nombreuses fonctions, on devrait implanter **main** comme un groupe d'appels aux fonctions qui effectuent la majeure partie du travail.

3.3   Chaque fonction devrait se limiter à effectuer une tâche unique et bien définie; le nom de la fonction devrait exprimer cette tâche avec clarté. Cette pratique favorise la réutilisation du logiciel.

3.4   Si vous ne parvenez pas à choisir un nom concis pour exprimer l'utilité d'une fonction, cela peut signifier que votre fonction tente d'effectuer trop de tâches diverses. Le cas échéant, divisez cette fonction en plusieurs fonctions plus petites.

3.5   Une fonction ne devrait jamais dépasser la taille d'une fenêtre d'éditeur. Mais quelle que soit sa longueur, elle devrait toujours accomplir une tâche avec efficacité. Les fonctions de petite taille favorisent la réutilisation des logiciels.

3.6   Les programmes devraient toujours être écrits comme des collections de petites fonctions. Cette pratique rend les programmes plus faciles à lire, à déboguer, à maintenir et à modifier.

3.7   Une fonction qui exige un grand nombre de paramètres effectue probablement trop de tâches. Le cas échéant, essayez de la diviser en plusieurs fonctions plus petites qui exécutent ces tâches séparément. Dans la mesure du possible, l'en-tête de la fonction ne devrait pas dépasser une ligne.

3.8   Les prototypes de fonctions sont requis en C++. Utilisez des directives de précompilateur `#include` pour obtenir des prototypes de fonctions de la bibliothèque standard à partir des fichiers d'en-tête. Utilisez aussi `#include` pour obtenir des fichiers d'en-tête contenant des prototypes de fonctions utilisés par les membres de votre groupe et (ou) par vous-même.

3.9   Un prototype de fonction n'est pas requis si la définition de la fonction apparaît avant la première utilisation de cette fonction dans le programme. Le cas échéant, la définition de la fonction sert également de prototype de fonction.

3.10   Dans un fichier, un prototype de fonction placé en dehors de toute définition de fonction s'applique à tous les appels apparaissant après le prototype de fonction. Un prototype de fonction placé dans une fonction ne s'applique qu'aux appels faits à l'intérieur de cette fonction.

3.11   Le stockage automatique est un exemple du principe du moindre privilège. Pourquoi stocker des variables en mémoire et les rendre accessibles lorsqu'elles ne sont pas requises?

3.12   La déclaration d'une variable globale plutôt que locale produit des effets de bord involontaires lorsqu'une fonction ne devant pas accéder à cette variable la modifie accidentellement ou volontairement. En général, l'emploi de variables globales devrait se limiter à certaines situations qui exigent des performances uniques.

3.13   Les variables utilisées dans une fonction particulière doivent être déclarées variables locales dans cette fonction plutôt que variables globales.

3.14   Tout problème pouvant être résolu de façon récursive peut aussi l'être de façon itérative (c'est-à-dire non récursivement). Une approche récursive est normalement préférable à une approche itérative lorsqu'elle reflète plus naturellement le problème et produit un programme plus facile à comprendre et à déboguer. Une autre raison de choisir une solution récursive est qu'une solution itérative peut ne pas être apparente.

3.15   La fonctionnalisation de programmes d'une façon claire et hiérarchique favorise une bonne conception des logiciels. Mais il faut en payer le prix.

3.16   Tout changement à une fonction `inline` peut exiger une recompilation de tous les clients de cette fonction. Ceci peut être important dans certaines situations de développement et de maintenance de programmes.

3.17   Nombre de programmeurs ne se préoccupent pas de déclarer des paramètres de valeurs avec le qualificatif `const`, même si la fonction appelée ne doit pas modifier l'argument passé. Le mot-clé `const` ne protège qu'une copie de l'argument initial et non l'argument initial lui-même.

3.18   L'appel par référence peut affaiblir la sécurité car la fonction appelée peut corrompre les données de l'appelant.

3.19   Pour des raisons de clarté et de performance, nombre de programmeurs de C++ préfèrent que les arguments modifiables soient passés aux fonctions au moyen de pointeurs, que les petits arguments non modifiables soient passés par appels par valeur et que les gros arguments non modifiables soient passés au moyen de références à des constantes.

ASTUCES DE TESTS ET DE DÉBOGAGE

3.1   Dans une structure **switch**, fournissez un cas **default** pour saisir les erreurs même si vous êtes absolument certain qu'il n'y a pas de bogue!

EXERCICES DE RÉVISION

3.1   Complétez les phrases suivantes:

a) En C++, les composants de programmes sont appelés des _____ et des_____.

b) On invoque une fonction avec un_____.

c) Une variable connue seulement dans la fonction dans laquelle elle est définie porte le nom de_____.

d) On utilise l'instruction_____ dans une fonction appelée pour refiler la valeur d'une expression vers la fonction d'appel.

e) On utilise le mot-clé_____ dans un en-tête de fichier pour indiquer qu'une fonction ne renvoie pas de valeur ou qu'une fonction ne contient aucun paramètre.

f) La_____ d'un identificateur désigne la portion du programme dans laquelle on peut utiliser l'identificateur.

g) Les trois façons de refiler le contrôle d'une fonction appelée vers l'appelant sont:_____, _____ et _____.

h) Un _____ permet au compilateur de vérifier le nombre, les types et l'ordre des arguments passés vers une fonction.

i) La fonction _____ est utilisée pour produire des nombres aléatoires.

j) La fonction _____ est utilisée pour déterminer la valeur de départ des séries de nombres aléatoires afin de randomiser un programme.

k) Les spécifications de classes de stockage sont: **mutable**, _____, _____, _____ et _____.

l) On présume que les variables déclarées dans un bloc ou dans la liste de paramètres d'une fonction sont de classe de stockage _____ à moins d'indication contraire.

m) La spécification de classe de stockage _____ consiste en une recommandation au compilateur de remiser une variable dans l'un des registres de l'ordinateur.

n) Une variable déclarée en dehors de tout bloc ou de toute fonction porte le nom de variable _____.

o) Pour qu'une variable locale puisse conserver sa valeur entre les appels vers une fonction, on doit la déclarer avec la spécification de classe.

p) Les quatre portées possibles d'un identificateur sont: _____, _____, _____ et _____.

q) Une fonction pouvant s'appeler elle-même directement ou indirectement porte le nom de fonction _____.

r) Une fonction récursive possède habituellement deux composants: un premier qui permet à la récursion de se terminer en testant pour un cas de _____ et un deuxième qui exprime le problème en appel récursif pour un problème légèrement plus simple que l'appel d'origine.

s) En C++, il est possible d'utiliser plusieurs fonctions portant le même nom opérant sur différents types de données et (ou) nombre d'arguments. Cette caractéristique porte le nom de _____ d'une fonction.

t) L'_____ permet d'accéder à une variable globale de même nom qu'une autre variable demeurant à portée.

u) On utilise le qualificatif _____ pour déclarer des variables en lecture seule.

v) Un _____ de fonction permet la définition d'une fonction unique à effectuer une tâche pour différents types de données.

3.2   Pour le programme suivant, identifiez la portée (portée de fonction, portée de fichier, portée de bloc ou portée de prototype de fonction) pour chacun des éléments suivants:

a) Variable **x** de **main**.

b) Variable **y** de **cube**.

c) Fonction **cube**.

d) Fonction **main**.

e) Prototype de fonction de **cube**.

f) Identificateur **y** dans le prototype de fonction de **cube**.

```
1    // ex03_02.cpp
2    #include <iostream>
3
4    using std::cout;
5    using std::endl;
6
7    int cube( int y );
8
9    int main()
10   {
11      int x;
12
13      for ( x = 1; x <= 10; x++ )
14         cout << cube( x ) << endl;
15
16      return 0;
17   }
18
19   int cube( int y )
20   {
21      return y * y * y;
22   }
```

3.3   Écrivez un programme qui vérifie si les exemples d'appels de fonctions de la bibliothèque mathématique illustrés à la figure 3.2 produisent vraiment les résultats indiqués.

3.4   Définissez l'en-tête de fonction pour chacune des fonctions suivantes:

a) Fonction **hypotenuse** qui prend deux arguments à virgule flottante et de précision **double**, nommés **cote1** et **cote2** et qui renvoie un résultat à virgule flottante et de précision **double**.

b) Fonction **plusPetit** qui prend trois entiers, **x, y, z** et qui renvoie un entier.

c) Fonction **instructions** qui ne reçoit aucun argument et ne renvoie aucune valeur. (Note: de telles fonctions sont couramment utilisées pour afficher des instructions à un utilisateur).

d) Fonction **entierEnDouble** qui prend un argument d'entier, **nombre** et renvoie un résultat à virgule flottante et simple précision.

3.5   Donnez le prototype de fonction pour chacune des fonctions suivantes:

a) Fonction décrite à l'exercice 3.4a.

b) Fonction décrite à l'exercice 3.4b.

c) Fonction décrite à l'exercice 3.4c.

d) Fonction décrite à l'exercice 3.4d.

3.6   Écrivez une déclaration pour chacune des situations suivantes:

a) L'entier **compteur** doit être conservé dans un registre et initialisé à 0.

b) La variable à virgule flottante en double précision **derniereVal** doit conserver sa valeur entre les appels vers la fonction dans laquelle elle est définie.

c) L'entier extérieur **nombre** dont la portée doit se limiter au reste du fichier dans lequel il est défini.

3.7   Trouvez l'erreur dans chacun des segments de programmes suivants et expliquez comment la corriger (voir aussi l'exercice 3.53):

a)
```cpp
int g( void )
{
    cout << "g de la fonction intérieure" << endl;

    int h( void )
    {
        cout << "h de la fonction intérieure" << endl;
    }
}
```

b)
```cpp
int somme( int x, int y )
{
    int resultat;

    resultat = x + y;
}
```

c)
```cpp
int somme( int n )
{
    if ( n == 0 )
        return 0;
    else
        n + somme( n - 1 );
}
```

d)
```cpp
void f( double a );
{
    float a;

    cout << a << endl;
}
```

e)
```cpp
void produit( void )
{
    int a, b, c, resultat;
    cout << "Entrez trois entiers: ";
    cin >> a >> b >> c;
    resultat = a * b * c;
    cout << "Le résultat est " << resultat;
    return resultat;
}
```

3.8   Pour quelle raison un prototype de fonction peut-il contenir une déclaration de type de paramètre comme **double&**?

3.9   (Vrai ou faux) Tous les appels en C++ sont effectués par appels par valeur.

3.10   Écrivez un programme complet en C++ qui utilise une fonction **inline** nommée **volumeSphere** pour inviter l'utilisateur à entrer le rayon d'une sphère et qui calcule, puis affiche le volume de cette sphère en utilisant l'instruction suivante:

```cpp
volume = ( 4 / 3 ) * 3.14159 * pow( rayon, 3 )
```

RÉPONSES AUX EXERCICES DE RÉVISION

3.1   a) Fonctions et classes. b) Appel de fonction. c) Variable locale. d) **return**. e) **void** f) Portée. g) **return**; ou **return** *expression*; ou lorsque l'accolade droite fermant la fonction est atteinte. h) Prototype de fonction. i) **rand**. j) **srand**. k) **auto**, **register**, **extern**, **static**. l) **auto**. m) **register**. n) Externe, globale. o) **static**. p) Portée de fonction, portée de fichier, portée de bloc, portée de prototype de fonction. q) Récursive. r) Base. s) Surcharge. t) Opérateur unaire de résolution de portée (**::**). u) **const**. v) Modèle.

3.2   a) Portée de bloc. b) Portée de bloc. c) Portée de fichier. d) Portée de fichier.
e) Portée de fichier. f) Portée de prototype de fonction.

3.3   Voir ci-dessous.

```
1    // ex03_03.cpp
2    // Vérification des fonctions de la bibliothèque mathématique.
3    #include <iostream>
4
5    using std::cout;
6    using std::endl;
7    using std::ios;
8
9    #include <iomanip>
10
11   using std::setiosflags;
12   using std::fixed;
13   using std::setprecision;
14
15   #include <cmath>
16
17   int main()
18   {
19      cout << setiosflags( ios::fixed | ios::showpoint )
20          << setprecision( 1 )
21          << "sqrt (" << 900.0 << ") = " << sqrt( 900.0 )
22          << "\nsqrt(" << 9.0 << ") = " << sqrt ( 9.0 )
23          << "\nexp(" << 1.0 << ") = " << setprecision( 6 )
24          << exp( 1.0 ) << "\nexp(" << setprecision( 1 ) << 2.0
25          << ") = " << setprecision( 6 ) << exp( 2.0 )
26          << "\nlog(" << 2.718282 << ") = " << setprecision( 1 )
27          << log( 2.718282 ) << "\nlog(" << setprecision( 6 )
28          << 7.389056 << ") = " << setprecision( 1 )
29          << log( 7.389056 ) << endl;
30      cout << "log10(" << 1.0 << ") = " << log10( 1.0 )
31          << "\nlog10(" << 10.0 << ") = " << log10( 10.0 )
32          << "\nlog10(" << 100.0 << ") = " << log10( 100.0 )
33          << "\nfabs(" << 13.5 << ") = " << fabs( 13.5 )
34          << "\nfabs(" << 0.0 << ") = " << fabs( 0.0 )
35          << "\nfabs(" << -13.5 << ") = " << fabs( -13.5 ) << endl;
36      cout << "ceil(" << 9.2 << ") = " << ceil( 9.2 )
37          << "\nceil(" << -9.8 << ") = " << ceil( -9.8 )
38          << "\nfloor(" << 9.2 << ") = " << floor( 9.2 )
39          << "\nfloor(" << -9.8 << ") = " << floor( -9.8 ) << endl;
40      cout << "pow(" << 2.0 << ", " << 7.0 << ") = "
41          << pow( 2.0, 7.0 ) << "\npow(" << 9.0 << ", "
42          << 0.5 << ") = " << pow( 9.0, 0.5 )
43          << setprecision(3) << "\nfmod("
44          << 13.675 << ", " << 2.333 << ") = "
45          << fmod( 13.675, 2.333 ) << setprecision( 1 )
46          << "\nsin(" << 0.0 << ") = " << sin( 0.0 )
47          << "\ncos(" << 0.0 << ") = " << cos( 0.0 )
48          << "\ntan(" << 0.0 << ") = " << tan( 0.0 ) << endl;
49      return 0;
50   }
```

```
sqrt(900.0) = 30.0
sqrt(9.0) = 3.0
exp(1.0) = 2.718282
exp(2.0) = 7.389056
log(2.718282) = 1.0
log(7.389056) = 2.0
log10(1.0) = 0.0
log10(10.0) = 1.0
log10(100.0) = 2.0
fabs(13.5) = 13.5
fabs(0.0) = 0.0
fabs(-13.5) = 13.5
ceil(9.2) = 10.0
ceil(-9.8) = -9.0
floor(9.2) = 9.0
floor(-9.8) = -10.0
pow(2.0, 7.0) = 128.0
pow(9.0, 0.5) = 3.0
fmod(13.675, 2.333) = 2.010
sin(0.0) = 0.0
cos(0.0) = 1.0
tan(0.0) = 0.0
```

3.4   a) **double hypotenuse(double cote1, double cote2)**
   b) **int plusPetit(int x, int y, int z)**
   c) **void instructions(void)   // en C++ (void) peut s'écrire ()**
   d) **float entierEnDouble(int nombre)**

3.5   a) **double hypotenuse(double, double);**
   b) **int plusPetit(int, int, int);**
   c) **void instructions(void); // en C++ (void) peut s'écrire ()**
   d) **float entierEnDouble(int);**

3.6   a) **register int compteur = 0;**
   b) **static double derniereVal;**
   c) **static int nombre;**
   Note: ceci apparaîtrait en dehors de toute définition de fonction.

3.7   a) Erreur: La fonction **h** est définie dans la fonction **g**.
   Correction: Déplacer la définition de **h** en dehors de la définition de **g**.
   b) Erreur: La fonction est supposée renvoyer un entier, mais ne le fait pas.
   Correction: Supprimer la variable **resultat** et placer l'instruction ci-dessous dans la fonction:

   return x + y;

   c) Erreur: Le résultat de **n + somme(n - 1)** n'est pas renvoyé; **somme** renvoie un résultat inexact
   Correction: Récrire l'instruction dans la clause du **else** comme ci-dessous:

   return n + somme(n - 1);

   d) Erreur: Le point-virgule situé après la parenthèse droite ferme la liste de paramètres et redéfinit le paramètre **a** dans la définition de fonction.
   Correction: Supprimer le point-virgule situé après la parenthèse droite de la liste de paramètres et supprimer la déclaration **float a;**.
   e) Erreur: La fonction renvoie une valeur alors qu'elle ne le devrait pas.
   Correction: Éliminer l'instruction **return**.

3.8   Parce que le programmeur déclare un paramètre de référence de type «référence à» **double** pour avoir accès, par appel par référence, à la variable de l'argument d'origine.

3.9   Faux. En plus des pointeurs, le C++ permet des appels par référence directs, en utilisant des paramètres de référence.

3.10   Voir ci-dessous.

```cpp
1    // ex03_10.cpp
2    // Fonction inline qui calcule le volume d'une sphère.
3    #include <iostream>
4
5    using std::cout;
6    using std::cin;
7    using std::endl;
8
9    const double PI = 3.14159;
10
11   inline double volumeSphere( const double r )
12      { return 4.0 / 3.0 * PI * r * r * r; }
13
14   int main()
15   {
16      double rayon;
17
18      cout << "Entrez la longueur du rayon de la sphère: ";
19      cin >> rayon;
20      cout << "Le volume d'une sphère dont le rayon mesure " << rayon <<
21             " est " << volumeSphere( rayon ) << endl;
22      return 0;
23   }
```

EXERCICES

3.11   Illustrez la valeur de **x** après l'exécution de chacune des instructions suivantes:

a) **x = fabs(7.5)**
b) **x = floor(7.5)**
c) **x = fabs(0.0)**
d) **x = ceil(0.0)**
e) **x = fabs(-6.4)**
f) **x = ceil(-6.4)**
g) **x = ceil(-fabs(-8 + floor(-5.5)))**

3.12   Un garage demande un montant minimal de 2,00 $ pour un stationnement de trois heures ou moins. Il exige 0,50 $ supplémentaires pour chaque heure *ou portion d'heure* au-delà de trois heures. Le montant maximal payable pour toute période donnée de 24 heures est de 10,00 $. Supposez qu'aucune automobile ne peut se stationner plus de 24 heures consécutives. Écrivez un programme qui calculera et affichera les montants à payer pour les trois clients qui ont stationné leur automobile dans ce garage hier. Vous devez entrer les heures de stationnement pour chaque client. Votre programme doit afficher les résultats selon un format clair utilisant des tabulations et calculer et afficher le total des recettes d'hier. Le programme doit utiliser la fonction **calculerMontants** pour déterminer les montants à payer pour chaque client. Les sorties doivent s'afficher dans le format suivant:

Auto	Heures	Montant
1	1.5	2.00
2	4.0	2.50
3	24.0	10.00
TOTAL	29.5	14.50

3.13   Une application de la fonction **floor** consiste à arrondir une valeur à l'entier le plus près. L'instruction

```
y = floor( x + .5 );
```

arrondira le nombre **x** à l'entier le plus près et affectera le résultat à **y**. Écrivez un programme qui lit plusieurs nombres et qui utilise l'instruction précédente pour arrondir chaque nombre à l'entier le plus près. Pour chaque nombre traité, affichez le nombre initial et le nombre arrondi.

3.14   On peut utiliser la fonction **floor** pour arrondir un nombre à une position décimale spécifique. L'instruction

```
y = floor( x * 10 + .5 ) / 10;
```

arrondit x à la position des dixièmes (la première position à la droite du point décimal). L'instruction

```
y = floor( x * 100 + .5 ) / 100;
```

arrondit **x** à la position des centièmes (la deuxième position à la droite du point décimal). Écrivez un programme définissant quatre fonctions pour arrondir un nombre **x** de différentes façons:

a)   **arrondirEntier(nombre)**

b)   **arrondirDixiemes(nombre)**

c)   **arrondirCentiemes(nombre)**

d)   **arrondirMilliemes(nombre)**

Pour chaque valeur lue, votre programme doit afficher la valeur initiale, le nombre arrondi à l'entier le plus près, le nombre arrondi au dixième le plus près, le nombre arrondi au centième le plus près, ainsi que le nombre arrondi au millième le plus près.

3.15   Répondez à chacune des questions suivantes:

a)   Que signifie choisir des nombres «de façon aléatoire»?

b)   Pour quelle raison la fonction **rand** est-elle utile pour simuler des jeux de hasard?

c)   Pourquoi voudriez-vous randomiser un programme en utilisant **srand**? En quelles circonstances est-il préférable de ne pas utiliser la randomisation?

d)   Pourquoi est-il souvent nécessaire de graduer et (ou) de décaler les valeurs produites par **rand**?

e)   Pour quelle raison la technique de simulation informatique de situations du monde réel est-elle utile?

3.16   Écrivez des instructions qui affectent des entiers aléatoires à la variable **n** dans les échelles suivantes:

a) $1 \le n \le 2$

b) $1 \le n \le 100$

c) $0 \le n \le 9$

d) $1000 \le n \le 1112$

e) $-1 \le n \le 1$

f) $-3 \le n \le 11$

3.17   Pour chaque série d'entiers suivante, écrivez une instruction unique qui affichera un nombre au hasard à partir de la série.

a)   2, 4, 6, 8, 10.

b)   3, 5, 7, 9, 11.

c)   6, 10, 14, 18, 22.

3.18   Écrivez une fonction **puissanceEntier (base, exposant)** qui renvoie la valeur de

$$base^{exposant}$$

Par exemple, **puissanceEntier(3,4) = 3 * 3 * 3 * 3**. Présumez qu'**exposant** est un entier positif différent de zéro et que **base** est un entier. La fonction **puissanceEntier** doit utiliser **for** ou **while** pour contrôler le calcul. N'utilisez aucune fonction de la bibliothèque mathématique.

3.19   Définissez une fonction **hypotenuse** qui calcule la longueur de l'hypoténuse d'un triangle rectangle lorsque les longueurs des deux autres côtés sont données. Utilisez cette fonction dans un programme pour déterminer la longueur de l'hypoténuse de chacun des triangles ci-dessous. La fonction doit prendre deux arguments de type **double** et renvoyer une valeur d'hypoténuse de type **double**.

Triangle	Côté 1	Côté 2
1	3.0	4.0
2	5.0	12.0
3	8.0	15.0

3.20   Écrivez une fonction **multiple** qui détermine, pour une paire d'entiers, si le second entier est un multiple du premier. La fonction doit prendre deux entiers et renvoyer soit **true** si le second est un multiple du premier ou **false** dans l'autre cas. Utilisez cette fonction dans un programme qui reçoit comme entrées une série de paires d'entiers.

3.21   Écrivez un programme dans lequel on entre une série d'entiers; le programme refile ensuite chaque entier l'un après l'autre vers la fonction pair qui utilise l'opérateur modulo pour déterminer si l'entier est un nombre pair. La fonction doit prendre un argument d'entier et renvoyer **true** si l'entier est pair ou **false** si l'entier est impair.

3.22   Écrivez une fonction qui affiche, à la marge gauche de l'écran, un carré formé d'astérisques dont la longueur du côté est spécifiée par le paramètre d'entier **cote**. Par exemple, si **cote** vaut **4**, la fonction affiche:

```
****
****
****
****
```

3.23   Modifiez la fonction créée à l'exercice 3.22 pour afficher un carré formé du caractère contenu dans le paramètre de caractère **caractereFormant**. Ainsi, si **cote** possède une valeur de **5** et que le **caractereFormant** est « # », la fonction affiche:

```
#####
#####
#####
#####
#####
```

3.24   Utilisez des techniques similaires à celles développées aux exercices 3.22 et 3.23 pour produire un programme qui affiche toute une gamme de formes.

3.25   Écrivez des segments de programmes pour accomplir les tâches suivantes:
   a) Calculer la partie entière d'un quotient lorsque l'entier **a** est divisé par l'entier **b**.
   b) Calculer le reste d'entier lorsque l'entier **a** est divisé par l'entier **b**.
   c) Utilisez les pièces de programme développées en a) et b) pour écrire une fonction qui entre un entier compris entre **1** et **32767** et affiche le nombre en une série de chiffres, chacun d'eux séparé par deux espaces. Par exemple, l'entier **4562** s'affiche de la façon suivante:

```
4   5   6   2
```

3.26   Écrivez une fonction qui entre le temps en trois arguments d'entiers (pour les heures, les minutes et les secondes) et qui renvoie le nombre de secondes depuis la dernière fois que l'horloge a sonné midi ou minuit. Utilisez cette fonction pour calculer la quantité de temps écoulée en secondes entre deux temps donnés, lesquels sont compris à l'intérieur d'un cycle de 12 heures de l'horloge.

3.27   Implantez les fonctions d'entiers suivantes:
a) La fonction **celsius** renvoie l'équivalent en Celsius d'une température en degrés Fahrenheit.
b) La fonction **fahrenheit** renvoie l'équivalent en Fahrenheit d'une température en degrés Celsius.
c) Utilisez ces fonctions pour écrire un programme qui affiche des tableaux illustrant les équivalents en Fahrenheit de toutes les températures en Celsius de 0 à 100 degrés, ainsi que les équivalents en Celsius de toutes les températures en Fahrenheit de 32 à 212 degrés. Affichez les sorties dans un format clair utilisant des tabulations pour minimiser le nombre de lignes de sortie, tout en demeurant lisible.

3.28   Écrivez une fonction qui renvoie le plus petit de trois nombres à virgule flottante en double précision.

3.29   On dit d'un nombre entier qu'il est un *nombre parfait* si ses facteurs, incluant 1 (mais non le nombre lui-même), produisent une somme égale à ce nombre. Par exemple, 6 représente un nombre parfait car 6 = 1 + 2 + 3. Écrivez une fonction **parfait** qui détermine si le paramètre nombre représente un nombre parfait. Utilisez cette fonction dans un programme qui détermine et affiche tous les nombres parfaits compris entre 1 et 1000. Affichez les facteurs pour chaque nombre parfait afin de confirmer que le nombre représente vraiment un nombre parfait. Défiez la puissance de votre ordinateur en testant des nombres beaucoup plus élevés que 1000.

3.30   On dit d'un entier qu'il est un *nombre premier* si on ne peut le diviser que par 1 ou par lui-même. Par exemple, 2, 3, 5 et 7 sont des nombres premiers, contrairement à 4, 6, 8 ou 9.
a) Écrivez une fonction qui détermine si un entier représente un nombre premier.
b) Utilisez cette fonction dans un programme qui détermine et affiche tous les nombres premiers compris entre 1 et 10 000. Combien de nombres compris dans cette échelle de 10 000 devez-vous vraiment tester avant de pouvoir certifier que vous avez trouvé tous les nombre premiers?
c) Au départ, vous penserez que *n*/2 est la limite supérieure de test pour laquelle vous pourrez voir si un nombre est premier, mais vous n'avez besoin que d'une limite supérieure égale à la racine carrée de *n*. Pourquoi? Récrivez le programme et exécutez-le des deux façons. Évaluez l'amélioration de la performance.

3.31   Écrivez une fonction qui prend une valeur d'entier et qui renvoie le nombre avec ses chiffres inversés. Par exemple, à partir de l'entrée du nombre 7631, la fonction doit renvoyer 1367.

3.32   Le *plus grand commun diviseur (PGCD)* de deux entiers est le plus grand entier divisant exactement chacun des nombres. Écrivez une fonction **pgcd** qui renvoie le plus grand commun diviseur de deux entiers.

3.33   Écrivez une fonction **pointsQualite** qui entre la moyenne d'un étudiant et renvoie 4 si sa moyenne se situe entre 90 et 100, 3 si sa moyenne se situe entre 80 et 89, 2 si sa moyenne se situe entre 70 et 79, 1 si sa moyenne se situe entre 60 et 69 ou 0 si sa moyenne est inférieure à 60.

3.34   Écrivez un programme qui simule un jeu de pile ou face. Pour chaque lancer de la pièce de monnaie, le programme doit afficher **Pile** ou **Face**. Le programme doit lancer la pièce de monnaie 100 fois et compter le nombre de fois que chaque côté de la pièce de monnaie apparaît. Affichez les résultats. Le programme doit appeler une fonction séparée nommée **lancer** qui ne prend aucun argument et qui renvoie **0** pour face et **1** pour pile. Note: si le programme simule le jeu de pile ou face de façon réaliste, chaque côté de la pièce de monnaie devrait apparaître environ une fois sur deux.

3.35   Les ordinateurs jouent un rôle de plus en plus important dans l'éducation. Écrivez un programme qui aidera un étudiant de niveau scolaire élémentaire à apprendre la multiplication. Utilisez **rand** pour produire deux entiers positifs à un chiffre. Le programme doit ensuite afficher une question de la façon suivante:

```
Combien font 6 fois 7?
```

L'étudiant tape ensuite la réponse. Votre programme vérifie la réponse de l'étudiant. Pour une réponse exacte, affichez **"Très bien!"** et posez une nouvelle question de multiplication. Pour une réponse inexacte, affichez **"Non. Essaie de nouveau s'il-te-plaît."** et laissez l'étudiant essayer la même question jusqu'à ce qu'il donne la bonne réponse.

3.36   On désigne l'usage des ordinateurs en éducation par l'expression *enseignement assisté par ordinateur (EAO)*. Un des problèmes fréquent dans les environnements utilisant l'EAO est la fatigue des étudiants. On peut éliminer ce problème en variant le dialogue de l'ordinateur afin de stimuler l'attention des élèves. Modifiez l'exercice 3.35 afin d'afficher les différents commentaires ci-dessous pour chaque réponse correcte et chaque réponse fausse.

Messages pour une réponse exacte:

```
Très bien!
Excellent!
Bon travail!
Continue le bon travail!
```

Messages pour une réponse inexacte:

```
Non. Essaie de nouveau s'il-te-plaît.
Faux. Essaie encore.
N'abandonne pas!
Désolé. Continue d'essayer.
```

Utilisez le générateur de nombres aléatoires pour choisir un nombre de 1 à 4 afin de sélectionner un message approprié pour chaque réponse. Utilisez une structure **switch** pour afficher les messages.

3.37   Des systèmes d'enseignement assisté par ordinateur plus complexes contrôlent le rendement de l'étudiant sur une période de temps. La décision de commencer un nouveau sujet se base sur le succès de l'étudiant pour les sujets précédents. Modifiez le programme de l'exercice 3.36 pour compter le nombre de réponses exactes et inexactes tapées par l'étudiant. Une fois que l'étudiant a tapé 10 réponses, votre programme doit calculer le pourcentage de réponses exactes. Si le pourcentage est inférieur à 75%, votre programme doit afficher le message **"Demande de l'aide à ton professeur s'il-te-plaît"** et ensuite se terminer.

3.38   Écrivez un programme de jeu «Devinez le nombre» comme suit: votre programme choisit d'abord un nombre qu'il faudra deviner, en sélectionnant un entier au hasard à l'intérieur d'une échelle de 1 à 1000. Le programme affiche ensuite:

```
Je vous cache un nombre compris entre 1 et 1000.
Pouvez-vous le deviner?
S'il-vous-plaît entrez votre premier essai.
```

Le joueur entre ensuite un premier essai. Le programme répond avec l'un des messages suivants:

```
1. Excellent! Vous avez deviné le nombre!
   Désirez-vous jouer encore? (y ou n)?
2. Nombre pas assez élevé. Essayez encore.
3. Nombre trop élevé. Essayez encore.
```

Si la réponse du joueur est inexacte, votre programme doit continuer la boucle jusqu'à ce le joueur devine finalement le bon nombre. Votre programme doit continuer d'afficher le message **Nombre pas assez élevé** ou **Nombre trop élevé** pour aider le joueur à s'ajuster pour trouver la bonne réponse.

3.39   Modifiez le programme de l'exercice 3.38 pour compter le nombre d'essais entrés par le joueur. Si ce nombre est inférieur ou égal à 10, affichez **Soit vous connaissez le secret, soit vous êtes chanceux!** Si le joueur devine le nombre en 10 tentatives, affichez alors **Ah! Ah! Vous connaissez le secret!** Si le joueur a besoin de plus de 10 essais, affichez plutôt **Vous devriez être capable de faire mieux!** Pourquoi le joueur ne devrait-il pas avoir besoin de plus de 10 essais? Puisqu'à partir des informations affichées à chaque essai, le joueur devrait pouvoir éliminer la moitié des nombres. Illustrez maintenant pourquoi tout nombre compris entre 1 et 1000 peut être deviné en 10 tentatives ou moins.

3.40   Écrivez une fonction récursive **puissance (base, exposant)** qui, lorsqu'elle est invoquée, renvoie

$$base^{exposant}$$

Par exemple, **puissance (3, 4) = 3 * 3 * 3 * 3**. Supposez que **exposant** représente un entier plus grand ou égal à 1. *Indice:* l'étape récursive utilise la relation

$$base^{exposant} = base \cdot base^{exposant-1}$$

et la condition de terminaison se produit lorsque exposant est égal à 1, puisque

$$base^1 = base$$

3.41   La suite de Fibonacci

        0, 1, 1, 2, 3, 5, 8, 13, 21,…

commence par les termes 0 et 1 et se caractérise du fait chaque terme successif représente la somme des deux termes précédents. a) Écrivez une fonction *non récursive* **fibonacci (n)** qui calcule le $n^{ième}$ nombre de Fibonacci. b) Déterminez le plus grand nombre de Fibonacci pouvant être affiché sur votre système. Modifiez le programme de la partie a) en utilisant **double** au lieu de **int** pour le calcul et le renvoi des nombres de Fibonacci. Utilisez ce programme modifié pour répéter la partie b).

3.42   *(Tours de Hanoi)* Tout scientifique ou programmeur en herbe doit être en mesure d'affronter certains problèmes classiques. Le cas des tours de Hanoi (voir à la figure 3.33) figure parmi l'un des plus célèbres. Une légende raconte que dans un temple situé en Extrême-Orient, des prêtres tentent toujours de déplacer une pile de disques d'un piquet à un autre. La pile initiale se compose de 64 disques installés sur un piquet et placés selon un ordre de grandeur qui diminue du bas vers le haut. Les prêtres tentent de déplacer la pile de ce piquet vers un deuxième piquet, mais selon deux contraintes: ils ne peuvent déplacer qu'un seul disque à la fois et aucun disque de plus grande taille ne peut jamais être placé par-dessus un disque plus petit. Un troisième piquet est disponible, pour le transfert temporaire des disques. La légende dit finalement que le monde cessera d'exister au moment où les prêtres auront réussi leur tâche; ce qui d'emblée ne nous incite pas à faciliter leurs efforts.

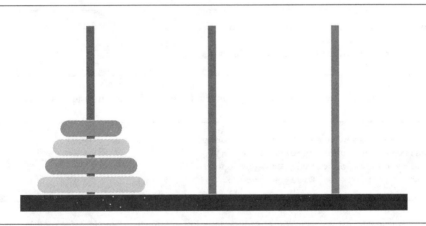

Figure 3.33   Problème des tours de Hanoi dans un cas n'utilisant que quatre disques.

Supposons que le prêtres tentent de déplacer les disques du piquet 1 au piquet 3. Nous devons développer un algorithme qui affichera la séquence précise du transport des disques d'un piquet à un autre.

Si nous tentions de résoudre ce problème à partir de méthodes conventionnelles, il nous faudrait admettre après peu de temps que nos compétences seraient désespérément dépassées par la complexité de gestion de tous ces disques. Par contre, si nous attaquons le problème en considérant la récursion, on peut alors entrevoir la solution. Le déplacement d'un nombre *n* de disques peut être imaginé en termes d'un déplacement de seulement *n* – 1 disques (d'où la récursion) de la façon suivante:

a) Déplacement de $n-1$ disques du piquet 1 au piquet 2, en utilisant le piquet 3 comme lieu de transfert temporaire.

b) Déplacement du dernier disque (le plus grand) du piquet 1 au piquet 3.

c) Déplacement de $n-1$ disques du piquet 2 au piquet 3, en utilisant le piquet 1 comme lieu de transfert temporaire.

Le processus se termine lorsque la dernière tâche implique le déplacement de $n=1$ disques, c'est-à-dire le cas de base. Le tout est accompli en déplaçant le disque sans avoir besoin d'un lieu de transfert temporaire.

Écrivez un programme pour résoudre le problème des tours de Hanoï. Utilisez une fonction récursive avec quatre paramètres:

a) Le nombre de disques à déplacer

b) Le piquet sur lequel ces disques sont initialement placés

c) Le piquet vers lequel cette pile de disques sera déplacée

d) Le piquet servant de lieu de transfert temporaire

Votre programme doit afficher les instructions précises requises pour déplacer les disques du piquet de départ vers le piquet de destination. Par exemple, pour déplacer une pile de trois disques du piquet 1 au piquet 2, votre programme doit afficher la série de déplacements suivante:

$1 \longrightarrow 3$ (c'est-à-dire le déplacement d'un disque du piquet 1 au piquet 3).

$1 \longrightarrow 2$

$3 \longrightarrow 2$

$1 \longrightarrow 3$

$2 \longrightarrow 1$

$2 \longrightarrow 3$

$1 \longrightarrow 3$

3.43   Tout programme pouvant être implanté de façon récursive peut être mis en œuvre de façon itérative, même si cela se fait parfois plus difficilement et moins clairement. Essayez d'écrire une version itérative des tours de Hanoï. Si vous réussissez, comparez votre version itérative avec la version récursive que vous avez développée à l'exercice 3.42. Comparez la performance et la clarté de ces programmes, ainsi que votre habileté à démontrer leur exactitude.

3.44   (*Visualisation de la récursion*) Il est intéressant de visualiser la récursion à l'œuvre. Modifiez la fonction **factorielle** de la figure 3.14 afin d'afficher sa variable locale et son paramètre d'appel récursif. Pour chaque appel récursif, affichez les sorties sur une ligne séparée et ajoutez un niveau d'indentation. Faites de votre mieux pour rendre les sorties claires, intéressantes et significatives. Votre but ici est de concevoir et d'implanter un format de sortie qui pourra aider une personne à mieux comprendre la récursion. Vous pourrez ajouter de telles caractéristiques d'affichage aux autres exemples et exercices de récursion que vous trouverez tout au long du manuel.

3.45   Le plus grand commun diviseur des entiers **x** et **y** est le plus grand entier divisant exactement à la fois **x** et **y**. Écrivez une fonction récursive **pgcd** qui renvoie le plus grand diviseur commun de **x** et **y**. Le **pgcd** de **x** et **y** se définit récursivement de la façon suivante: si **y** est égal à **0**, alors **pgcd(x, y)** vaut **x**, sinon **pgcd(x, y)** vaut **pgcd(y, x % y)** où **%** représente l'opérateur modulo.

3.46   Peut-on appeler **main** récursivement? Écrivez un programme contenant une fonction **main**. Utilisez une variable locale **static** nommée **compteur** initialisée à **1**. Post-incrémentez et affichez la valeur de **compteur** chaque fois que **main** est appelée. Exécutez votre programme. Que se produit-il?

3.47   Aux exercices 3.35 à 3.37, nous avons développé un programme d'enseignement assisté par ordinateur pour aider un étudiant de niveau élémentaire à apprendre la multiplication. Cet exercice suggère certaines améliorations à ce programme.

a) Modifiez le programme pour permettre à l'utilisateur d'entrer une caractéristique de niveau. Un niveau de 1 indiquera d'utiliser des nombres à un seul chiffre dans les problèmes, un niveau de 2 indiquera d'utiliser des nombres de deux chiffres ou moins, etc.

b) Modifiez le programme pour permettre à l'utilisateur de choisir le type de problème arithmétique qu'il ou elle désire apprendre. Une option de 1 indiquera l'étude de problèmes d'addition seulement, 2 indiquera l'étude de problèmes de soustraction seulement, 3 indiquera l'étude de problèmes de multiplication seulement, 4 indiquera des problèmes de division seulement, tandis que 5 indiquera un mélange aléatoire de tous ces types de problèmes.

3.48 Écrivez une fonction **distance** qui calcule la distance entre deux points *(x1, y1)* et *(x2, y2)*. Tous les nombres et toutes les valeurs de renvoi doivent posséder le type de données **double**.

3.49 Qu'est-ce qui ne va pas dans le programme suivant?

```
// ex3.49.cpp
#include <iostream>

using std::cout;
using std::cin;

int main()
{
   int c;

   if ( ( c = cin.get() ) != EOF ) {
      main();
      cout << c;
   }

   return 0;
}
```

3.50 Qu'est-ce que le programme suivant exécute?

```
// ex03_50.cpp
#include <iostream>

using std::cout;
using std::cin;
using std::endl;

int mystere( int, int );

int main()
{
   int x, y;

   cout << "Entrez deux entiers: ";
   cin >> x >> y;
   cout << "Le résultat est " << mystere( x, y ) << endl;
   return 0;
}

// Le paramètre b doit être un entier positif
// afin d'empêcher une récursion infinie.
int mystere( int a, int b )
{
   if ( b == 1 )
      return a;
   else
      return a + mystere( a, b - 1 );
}
```

3.51   Une fois que vous aurez déterminé ce qu'exécute le programme de l'exercice 3.50, modifiez-le pour qu'il puisse fonctionner adéquatement après avoir enlevé la restriction du second argument ne pouvant pas être de valeur négative.

3.52   Écrivez un programme qui teste autant de fonctions de la bibliothèque mathématique que possible, illustrées à la figure 3.2. Mettez à l'épreuve chacune de ces fonctions en permettant à votre programme d'afficher des tableaux de valeurs renvoyées pour diverses valeurs d'arguments.

3.53   Trouvez l'erreur dans chacun des segments de programmes suivants et expliquez comment la corriger.

a)
```
float cube( float );            // prototype de fonction.

double cube( float nombre )     // définition de fonction.
{
    return nombre * nombre * nombre;
}
```
b)
```
register auto int x = 7;
```
c)
```
int nombreAleatoire = srand ();
```
d)
```
float y = 123.45678;
int x;

x = y;
cout << static_cast< float>( x ) << endl;
```
e)
```
double carre( double nombre )
{
    double nombre;
    return nombre * nombre;
}
```
f)
```
int somme( int n )
{
    if ( n == 0 )
        return 0;
    else
        return n + somme( n );
}
```

3.54   Modifiez le programme du jeu de la barbotte de la figure 3.10 pour permettre le pari. Empaquetez dans une fonction la portion du programme qui exécute le jeu de la barbotte. Initialisez la variable **soldeBanque** à 1000 dollars. Invitez le joueur à entrer le montant de son pari. Utilisez une boucle **while** pour vérifier si **pari** est plus petit ou égal à **soldeBanque**, sinon invitez l'utilisateur à faire une autre entrée de pari jusqu'à ce qu'un **pari** valide soit entré. Une fois un **pari** adéquat entré, exécutez une partie du jeu de la barbotte. Si le joueur gagne, augmentez **soldeBanque** par la valeur du **pari** et affichez le nouveau **soldeBanque**. Si le joueur perd, diminuez **soldeBanque** du montant du **pari**, affichez le nouveau **soldeBanque**, vérifiez si **soldeBanque** est maintenant égal à zéro et affichez le message **"Désolé. Vous avez fait faillite!"** si c'est le cas. À mesure que la partie progresse, affichez différents messages pour créer un certain «bavardage», comme: **"HmmmÉ Vous voulez vraiment tout perdre, n'est-ce pas?"** ou **"Allez-y quoi! Tentez votre chance!"** ou **"Vous êtes en pleine montée. Le temps est venu de remporter le magot!"**.

3.55   Écrivez un programme en C++ utilisant une fonction **inline** nommée **aireCercle**, qui invite l'utilisateur à entrer le rayon d'un cercle et qui calcule et affiche l'aire de ce cercle.

3.56 Écrivez un programme complet en C++ avec les deux fonctions alternatives spécifiées ci-dessous, qui triplent la valeur de la variable **compteur** définie dans **main**. Ensuite, comparez et mettez en contraste les deux approches. Ces deux fonctions sont:

    a) La fonction **tripleAppelParValeur** passe une copie de **compteur** par appel par valeur, triple la valeur de la copie et renvoie la nouvelle valeur.

    b) La fonction **tripleAppelParReference** qui passe **compteur** par appel par référence via un paramètre de référence et triple la copie d'origine de compteur à travers son alias (c'est-à-dire le paramètre de référence).

3.57 Quelle est la fonction de l'opérateur unaire de résolution de portée?

3.58 Écrivez un programme qui utilise un modèle de fonction nommé **min** pour déterminer le plus petit de deux arguments. Testez le programme en utilisant des entiers, des caractères et des nombres à virgule flottante.

3.59 Écrivez un programme qui utilise un modèle de fonction nommé max pour déterminer le plus grand de trois arguments. Testez le programme en utilisant des entiers, des caractères et des nombres à virgule flottante.

3.60 Déterminez si les segments de programmes suivants contiennent des erreurs. Expliquez comment corriger chacune de ces erreurs. Note: certains segments pourraient ne pas contenir d'erreur.

```
a) template < class A >
   int somme( int nombre1, int nombre2, int nombre3 )
   {
       return nombre1 + nombre2 + nombre3;
   }
b) void afficherResultats( int x, int y )
   {
       cout << "La somme est " << x + y << '\n';
       return x + y;
   }
c) template < A >
   A produit( A nombre1, A nombre2, A nombre3 )
   {
       return nombre1 * nombre2 * nombre3;
   }
d) double cube( int );
   int cube( int );
```

Tableaux

Objectifs

- Présenter la structure de données des tableaux.

- Utiliser des tableaux pour stocker des listes et des tables de valeurs et y effectuer des recherches.

- Comprendre la façon de déclarer un tableau, de l'initialiser et de faire référence à ses différents éléments.

- Passer de tableaux à des fonctions.

- Comprendre les techniques de tri de base.

- Déclarer et manipuler des tableaux à indices multiples.

Aperçu

4.1 Introduction

Ce chapitre se veut une introduction au grand thème des structures de données et, notamment aux *tableaux*, qui sont des structures composées d'éléments de données connexes de même type. Au chapitre 6, nous traiterons des notions de *structures* et de *classes*, qui peuvent toutes deux conserver des éléments de données apparentés mais de types possiblement différents. Les tableaux et les structures sont des entités «statiques» en ce sens que leur taille reste fixe tout au long de l'exécution du programme et ce, même s'ils peuvent faire partie d'une classe de stockage automatique et, donc, être créés et détruits à chaque entrée et à chaque sortie des blocs dans lesquels ils ont été définis. Au chapitre 15, nous introduirons les structures de données dynamiques – listes, queues, piles et arbres –, des structures qui peuvent grandir ou rétrécir au fil de l'exécution des programmes. Le style de tableaux utilisé ici repose sur les pointeurs, une particularité importante du C (voir le chapitre 5). À la section «Surcharge des opérateurs» du chapitre 8 et au chapitre 20, *Bibliothèque de modèles standard*, nous traiterons des tableaux comme des objets à part entière avec les techniques de la programmation orientée objets. Nous y découvrirons que les tableaux orientés objets sont plus sûrs et plus polyvalents que les tableaux basés sur des pointeurs.

4.2 Tableaux

Un tableau est un groupe d'emplacements mémoire consécutifs ayant tous le même nom et le même type. Pour renvoyer à un emplacement ou à un élément particulier du tableau, nous devons spécifier le nom du tableau et le *numéro de position* de l'élément particulier.

La figure 4.1 illustre un tableau d'entiers, nommé **c**, renfermant douze *éléments*. On peut faire référence à n'importe lequel de ces éléments en spécifiant le nom du tableau suivi du numéro de position dudit élément à l'intérieur de crochets (**[ ]**). Le premier élément d'un tableau est l'*élément zéro*. Ainsi, le premier élément du tableau **c** est désigné par **c[0]**, le deuxième par **c[1]** (soit l'élément décalé de 1 par rapport au début du tableau), le septième par `c[6]` (soit l'élément décalé de 6 par rapport au début du tableau) et ainsi de suite. En général, l'élément *i* du tableau **c** porte la référence `c[i - 1]`. Les noms de tableaux suivent les mêmes conventions que les autres noms de variables.

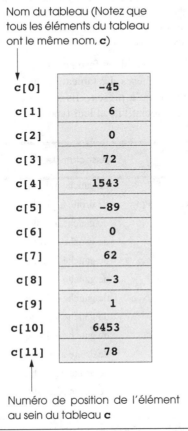

Figure 4.1   Tableau de 12 éléments.

Le numéro de position entre les crochets est mieux connu sous le nom d'*indice*. L'indice, qui doit être un entier ou une expression d'entier (de tout type d'entier), est le nombre d'éléments décalés par rapport au début du tableau. Si un programme utilise une expression comme indice, celle-ci est alors évaluée pour déterminer l'indice. Si nous supposons, par exemple, que la variable **a** vaut **5** et que la variable **b** vaut **6**, l'instruction

```
c[ a + b ] += 2;
```

ajoute alors **2** à l'élément de tableau `c[ 11 ]`. Notez qu'un nom de tableau indicé désigne une *valeur gauche* qui peut donc être utilisée du côté gauche d'une affectation.

Examinons le tableau **c** de la figure 4.1 de plus près. Le *nom* général du tableau est **c** et ses douze éléments se nomment `c[0]`, `c[1]`, `c[2]`, ..., `c[11]`. La *valeur* de `c[0]` est **–45**, celle de `c[1]` est **6**, celle de `c[2]` est **0**, celle de `c[7]` est **62** et celle de `c[11]` vaut **78**. Pour afficher la somme des valeurs contenues dans les trois premiers éléments du tableau **c**, nous écririons

```
cout << c[ 0 ] + c[ 1 ] + c[ 2 ] << endl;
```

Pour diviser la valeur du septième élément du tableau **c** par **2** et affecter le résultat à la variable **x**,

nous écririons

```
x = c[ 6 ] / 2;
```

Erreur de programmation courante 4.1

Il est important de bien noter la différence entre «le septième élément du tableau» et «l'élément 7 du tableau». Comme les indices d'un tableau commencent à 0, «le septième élément du tableau» a un indice de 6, alors que «l'élément 7 du tableau» a un indice de 7 et est, en réalité, le huitième élément du tableau. Ceci occasionne, hélas, souvent des erreurs de «décalage de 1».

Les crochets utilisés pour l'indice d'un tableau forment en réalité un opérateur du C++ et ont le même niveau de préséance que les parenthèses. Le tableau de la figure 4.2 illustre la préséance et l'associativité des opérateurs étudiés jusqu'à présent. Ils sont présentés de haut en bas en ordre décroissant de préséance et avec leur associativité et leur type.

Opérateurs	Associativité	Types d'opérateurs
() []	de gauche à droite	le plus élevé
++ -- + - ! `static_cast<`*type*`>()`	de droite à gauche	unaires
* / %	de gauche à droite	multiplicatifs
+ -	de gauche à droite	additifs
<< >>	de gauche à droite	d'insertion/extraction
< <= > >=	de gauche à droite	relationnels
== !=	de gauche à droite	d'égalité
&&	de gauche à droite	ET logique
||	de gauche à droite	OU logique
?:	de droite à gauche	conditionnel
= += -= *= /= %=	de droite à gauche	d'affectation
,	de gauche à droite	virgule

Figure 4.2   Préséance et associativité des opérateurs.

4.3 Déclaration de tableaux

Les tableaux occupent de l'espace en mémoire. Le programmeur doit spécifier le type de chacun des éléments ainsi que le nombre d'éléments requis par chaque tableau afin que le compilateur puisse réserver la quantité de mémoire appropriée. Pour indiquer au compilateur de réserver 12 éléments pour le tableau d'entiers c, on utilise la déclaration

```
int c[ 12 ];
```

On peut réserver de la mémoire pour plusieurs tableaux à l'aide d'une seule déclaration. La déclaration ci-dessous réserve 100 éléments pour le tableau d'entiers b et 27 pour le tableau d'entiers x.

```
int b[ 100 ], x[ 27 ];
```

Les tableaux peuvent également être déclarés pour contenir d'autres types de données. Par exemple, on utilise souvent un tableau de type **char** pour stocker une chaîne de caractères. Les chaînes de caractères et leur similitude avec les tableaux – une relation que le C++ a héritée du C – ainsi que la relation entre les pointeurs et les tableaux seront traitées au chapitre 5. Plus tard, après avoir présenté la programmation orientée objets, nous considérerons les chaînes de caractères comme des objets à part entière.

4.4 Exemples utilisant des tableaux

Le programme de la figure 4.3 utilise une structure de répétition **for** pour initialiser à zéro les dix éléments d'un tableau **n** d'entiers et l'afficher en format tabulaire. La première instruction de sortie affiche les en-têtes de colonnes pour les colonnes apparaissant dans la structure **for** suivante. Rappelez-vous que **setw** spécifie la largeur du champ à l'intérieur de laquelle la *prochaine* valeur sera sortie.

```
1   // Figure 4.3: fig04_03.cpp
2   // Initialisation d'un tableau.
3   #include <iostream>
4
5   using std::cout;
6   using std::endl;
7
8   #include <iomanip>
9
10  using std::setw;
11
12  int main()
13  {
14     int i, n[ 10 ];
15
16     for ( i = 0; i < 10; i++ )        // initialisation du tableau.
17        n[ i ] = 0;
18
19     cout << "Elément" << setw ( 14 ) << "Valeur" << endl;
20
21     for ( i = 0; i < 10; i++ )        // affichage du tableau.
22        cout << setw ( 7 ) << i << setw( 14 ) << n[ i ] << endl;
23
24
25     return 0;
26  }
```

```
Elément        Valeur
      0             0
      1             0
      2             0
      3             0
      4             0
      5             0
      6             0
      7             0
      8             0
      9             0
```

Figure 4.3   Initialisation à zéro des éléments d'un tableau.

On peut également initialiser les éléments d'un tableau dans la déclaration du tableau en faisant suivre cette dernière d'un signe d'égalité (=) et d'une liste d'*initialiseurs* séparés par des virgules (le tout entre accolades). Le programme de la figure 4.4 initialise un tableau d'entiers avec dix valeurs et l'affiche en format tabulaire.

Si le tableau comporte moins d'initialiseurs que d'éléments, les éléments restants sont automatiquement initialisés à zéro. Par exemple, on aurait pu initialiser à zéro les éléments du tableau **n** de la figure 4.3 avec la déclaration

```
int n[ 10 ] = { 0 };
```

qui initialise explicitement le premier élément à zéro. Les neuf autres éléments prendront donc également la valeur zéro puisque le tableau renferme moins d'initialiseurs que d'éléments. Rappelez-vous que les tableaux automatiques ne sont pas implicitement initialisés à zéro. Le programmeur doit donc au moins affecter la valeur zéro au premier élément pour permettre aux éléments restants d'être initialisés automatiquement à cette valeur. La méthode illustrée à la figure 4.3 peut être appliquée de façon répétitive au fur et à mesure de l'exécution d'un programme.

La déclaration de tableau suivante

```
int n[ 5 ] = { 32, 27, 64, 18, 95, 14 };
```

provoquerait une erreur de syntaxe, car elle compte six initialiseurs pour seulement cinq éléments de tableau.

Erreur de programmation courante 4.2

Oublier d'initialiser les éléments d'un tableau alors qu'ils devraient l'être est une erreur de logique.

Erreur de programmation courante 4.3

Fournir plus d'initialiseurs qu'il n'y a d'éléments lors de l'initialisation d'un tableau est une erreur de syntaxe.

Si on omet la taille du tableau dans une déclaration comportant une liste d'initialiseurs, le nombre d'éléments du tableau sera égal au nombre d'éléments dans la liste. Par exemple,

```
int n[] = { 1, 2, 3, 4, 5 };
```

créerait un tableau à cinq éléments.

Astuce sur la performance 4.1

Au lieu d'initialiser un tableau avec des instructions d'affectation au moment de l'exécution, utilisez plutôt une liste d'initialiseurs. La liste étant traitée lors de la compilation, votre programme s'exécutera plus rapidement.

```
1   // Figure 4.4: fig04_04.cpp
2   // Initialisation d'un tableau avec une déclaration.
3   #include <iostream>
4
5   using std::cout;
6   using std::endl;
7
8   #include <iomanip>
9
10  using std::setw;
11
12  int main()
13  {
14      int n[ 10 ] = { 32, 27, 64, 18, 95, 14, 90, 70, 60, 37 };
15
16      cout << "Elément" << setw ( 14 ) << "Valeur" << endl;
17
18      for ( int i = 0; i < 10; i++ )
19        cout << setw ( 7 ) << i << setw( 14 ) << n[ i ] << endl;
20
21      return 0;
22  }
```

```
Elément        Valeur
      0            32
      1            27
      2            64
      3            18
      4            95
      5            14
      6            90
      7            70
      8            60
      9            37
```

Figure 4.4   Initialisation des éléments d'un tableau dans la déclaration.

Le programme de la figure 4.5 initialise les dix éléments d'un tableau **s** avec les valeurs d'entiers **2**, **4**, **6**, ..., **20** et affiche le tableau en format tabulaire. On génère ces nombres en multipliant chaque valeur successive du compteur de boucle par **2** et en ajoutant **2**.

```
1   // Figure 4.5: fig04_05.cpp
2   // Initialisation du tableau s aux entiers pairs de 2 à 20.
3   #include <iostream>
4
5   using std::cout;
6   using std::endl;
7
```

Figure 4.5   Valeurs générées et placées dans les éléments d'un tableau. (1 de 2)

```
 8  #include <iomanip>
 9
10  using std::setw;
11
12  int main()
13  {
14     const int tailleTableau = 10;
15     int j, s[ tailleTableau ];
16
17     for ( j = 0; j < tailleTableau; j++ )    // ajustement des valeurs.
18        s[ j ] = 2 + 2 * j;
19
20     cout << "Elément" << setw ( 14 ) << "Valeur" << endl;
21
22     for ( j = 0; j < tailleTableau; j++ )    // affichage des valeurs.
23        cout << setw ( 7 ) << j << setw( 14 ) << s[ j ] << endl;
24
25     return 0;
26  }
```

```
Elément        Valeur
      0             2
      1             4
      2             6
      3             8
      4            10
      5            12
      6            14
      7            16
      8            18
      9            20
```

Figure 4.5   Valeurs générées et placées dans les éléments d'un tableau. (2 de 2)

La ligne 14,

        const int tailleTableau = 10;

utilise le qualificatif **const** pour déclarer **tailleTableau** comme étant une *variable constante* de valeur **10**. Les variables constantes doivent être initialisées avec une expression de constante lors de leur déclaration et ne peuvent pas être modifiées par la suite (figures 4.6 et 4.7). Les variables constantes sont aussi désignées par les termes *constantes nommées* ou *variables en lecture seule*. Notez que le terme «variable constante» est une antithèse, c'est-à-dire une expression contradictoire comme «nain de grande taille» ou «brûlure par le froid».

```
1  // Figure 4.6: fig04_06.cpp
2  // Utilisation d'une variable constante correctement initialisée.
3  #include <iostream>
4
5  using std::cout;
6  using std::endl;
7
```

Figure 4.6   Initialisation et utilisation adéquates d'une variable constante. (1 de 2)

```
8   int main()
9   {
10     const int x = 7;  // variable constante initialisée.
11
12     cout << "La valeur de la variable constante x est: "
13          << x << endl;
14
15     return 0;
16  }
```

```
La valeur de la variable constante x est: 7
```

Figure 4.6   Initialisation et utilisation adéquates d'une variable constante. (2 de 2)

```
1   // Figure 4.7: fig04_07.cpp
2   // Un objet de type const doit être initialisé.
3
4   int main()
5   {
6      const int x;  // Erreur: x doit être initialisé.
7
8      x = 7;   // Erreur: on ne peut modifier une variable de type const.
9
10     return 0;
11  }
```

Messages d'erreur du compilateur en ligne de commande Borland C++:

```
Error E2304 Fig04_07.cpp 6: Constant variable 'x' must be
   initialized in function main()
Error E2024 Fig04_07.cpp 8: Cannot modify a const object in
   funciton main()
*** 2 errors in Compile ***
```

Messages d'erreur du compilateur Microsoft Visual C++:

```
Compiling...
Fig04_07.CPP:
d:\fig04_07.cpp(6) : error C2734:
   'x' : const object must be initialised if not extern
d:\fig04_07.cpp(8) : error C2166:
   l-value specifies const Object
Error executing c1.exe.

test.exe - 2 error(s), 0 warning()
```

Figure 4.7   Un objet de type **const** doit être initialisé.

Erreur de programmation courante 4.4

Affecter une valeur à une variable constante dans une instruction exécutable est une erreur de syntaxe.

Les variables constantes peuvent se placer aux mêmes endroits que les expressions de constantes. À la figure 4.5, on utilise la variable constante **tailleTableau** pour spécifier la taille du tableau **s** dans la déclaration

```
int j, s[ tailleTableau ];
```

Erreur de programmation courante 4.5

Seules les constantes peuvent être utilisées pour déclarer des tableaux de type automatique ou statique. Ne pas utiliser de constante à cet effet est une erreur de syntaxe.

L'emploi de variables constantes pour spécifier la taille des tableaux rend les programmes plus facilement *modifiables*. À la figure 4.5, la première boucle **for** pourrait remplir un tableau de 1000 éléments si l'on changeait simplement la valeur de **tailleTableau** de 10 à **1000** dans sa déclaration. Si nous n'avions pas utilisé la variable constante **tailleTableau**, des modifications s'imposeraient à trois endroits différents du programme pour lui permettre de supporter 1000 éléments de tableau. À mesure que les programmes grossissent, cette technique devient plus utile pour écrire des programmes clairs.

Observation de génie logiciel 4.1

Définir la taille de chaque tableau sous forme de variable constante plutôt que comme constante rend les programmes plus facilement modifiables.

Bonne pratique de programmation 4.1

Définir la taille de chaque tableau sous forme de variable constante plutôt que comme constante rend les programmes plus clairs. On utilise cette technique pour se débarrasser des soi-disant nombres magiques. Par exemple, le fait de mentionner la taille 10 dans le code de traitement d'un tableau à 10 éléments donne à ce nombre une signification artificielle. Cela peut malheureusement confondre le lecteur si le programme comprend d'autres 10 qui n'ont rien à voir avec la taille du tableau.

Le programme de la figure 4.8 additionne les valeurs contenues dans le tableau d'entiers a à douze éléments. L'instruction comprise à même le corps de la boucle **for** s'occupe de l'addition. Il est important de se rappeler que les valeurs fournies comme initialiseurs du tableau **a** seraient normalement lues par le programme à partir du clavier de l'utilisateur. Par exemple, la structure **for** suivante lit une valeur à la fois à partir du clavier et la stocke dans l'élément **a[j]**.

```
for ( int j = 0; j < tailleTableau; j++ )
   cin >> a[ j ];
```

```
1   // Figure 4.8: fig04_08.cpp
2   // Calcul de la somme des éléments du tableau.
3   #include <iostream>
4
5   using std::cout;
6   using std::endl;
7
```

Figure 4.8   Calcul de la somme des éléments d'un tableau. (1 de 2)

```
8   int main()
9   {
10      const int tailleTableau = 12;
11      int a[ tailleTableau ] = { 1, 3, 5, 4, 7, 2, 99,
12                                 16, 45, 67, 89, 45 };
13      int total = 0;
14
15      for ( int i = 0; i < tailleTableau; i++ )
16         total += a[ i ];
17
18      cout << "Le total des valeurs d'éléments du tableau est "
19           << total << endl;
20      return 0;
21   }
```

```
Le total des valeurs d'éléments du tableau est 383
```

Figure 4.8   Calcul de la somme des éléments d'un tableau. (2 de 2)

Notre exemple suivant utilise des tableaux pour compiler les résultats à partir des données recueillies dans un sondage. Examinons l'énoncé du problème:

On a demandé à quarante étudiants d'évaluer la qualité de la nourriture offerte à la cafétéria sur une échelle de 1 à 10 (1 signifiant immangeable et 10, excellent). Placez les 40 réponses dans un tableau d'entiers et résumez les résultats du sondage.

Il s'agit là d'une application type de tableau (voir la figure 4.9) puisque nous désirons compiler le nombre de réponses de chaque type (soit de 1 à 10). Le tableau **reponses** possède 40 éléments correspondant aux réponses des étudiants. Nous utilisons un autre tableau, **frequence**, pour comptabiliser le nombre d'occurrences de chaque réponse. Bien que 10 types de réponses soient possibles, le tableau possède 11 éléments. En effet, nous ignorons le premier élément, **frequence[0]**, trouvant plus logique que la réponse 1 incrémente **frequence[1]** plutôt que **frequence[0]**. Cette technique nous permet d'utiliser directement chaque réponse comme indice sur le tableau **frequence**.

```
1   // Figure 4.9: fig04_09.cpp
2   // Programme de sondage étudiant.
3   #include <iostream>
4
5   using std::cout;
6   using std::endl;
7
8   #include <iomanip>
9
10  using std::setw;
11
12  int main()
13  {
14     const int tailleReponse = 40, tailleFrequence = 11;
15     int reponses[ tailleReponse ] = { 1, 2, 6, 4, 8, 5, 9, 7, 8,
16        10, 1, 6, 3, 8, 6, 10, 3, 8, 2, 7, 6, 5, 7, 6, 8, 6, 7,
17        5, 6, 6, 5, 6, 7, 5, 6, 4, 8, 6, 8, 10 };
```

Figure 4.9   Programme d'analyse d'un sondage étudiant. (1 de 2)

```
18        int frequence[ tailleFrequence ] = { 0 };
19
20        for ( int reponse = 0; reponse < tailleReponse; reponse++ )
21          ++frequence[ reponses[ reponse ] ];
22
23        cout << "Evaluation" << setw ( 17 ) << "Fréquence" << endl;
24
25        for ( int evaluation = 1; evaluation < tailleFrequence; evaluation++ )
26          cout << setw ( 10 ) << evaluation
27               << setw ( 17 ) << frequence[ evaluation ] << endl;
28        return 0;
29    }
```

Evaluation	Fréquence
1	2
2	2
3	2
4	2
5	5
6	11
7	5
8	7
9	1
10	3

Figure 4.9   Programme d'analyse d'un sondage étudiant. (2 de 2)

Bonne pratique de programmation 4.2

Efforcez-vous de garder vos programmes aussi clairs que possible. Il vaut parfois mieux sacrifier une utilisation plus efficace de la mémoire ou un temps d'exécution plus rapide en faveur d'une écriture plus claire des programmes.

Astuce sur la performance 4.2

Dans certains cas, les considérations de performance prévalent largement sur celles de clarté d'écriture.

La première boucle **for** des lignes 20 et 21 prend une à une les réponses du tableau **reponses** et incrémente un des dix compteurs (**frequence[1]** à **frequence[10]**) dans le tableau **frequence**. L'instruction clé de la boucle est:

        ++frequence[reponses[reponse]];

Cette instruction incrémente le compteur **frequence** approprié selon la valeur de **reponses [reponse]**. Par exemple, lorsque le compteur **reponse** vaut **0**, la valeur de **reponses[reponse]** est **1**. Par conséquent, l'instruction **++frequence [reponses [reponse]];** est en réalité interprétée comme

        ++frequence[1];

ce qui incrémente l'élément **1** du tableau. Lorsque **reponse** vaut **1**, la valeur de **reponses [reponse]** est **2** et l'instruction **++frequence[reponses[reponse]];** se traduit par

        ++frequence[2];

ce qui incrémente l'élément **2** du tableau. Lorsque **reponse** vaut **2**, la valeur de **reponses [reponse]** est de **6** et l'instruction **++frequence[reponses[reponse]];** est interprétée comme

```
++frequence[ 6 ];
```

ce qui incrémente l'élément **6** du tableau, et ainsi de suite. Peu importe le nombre de réponses traitées pour le sondage, seul un tableau de onze éléments (ignorant l'élément zéro) est nécessaire pour résumer les résultats. Si les données contenaient des valeurs invalides comme **13**, le programme tenterait d'ajouter **1** à **frequence[13]**, ce qui dépasserait les limites du tableau. *Le C++ ne permet pas la vérification des bornes d'un tableau pour empêcher l'ordinateur de se référer à un élément inexistant*; un programme exécutable peut donc dépasser l'une ou l'autre des limites d'un tableau sans avertissement. Le programmeur doit veiller à ce que toutes les références au tableau demeurent à l'intérieur de ses bornes. Le C++ étant un langage extensible, nous implanterons au chapitre 8 un tableau d'un type définissable par l'utilisateur au moyen d'une classe. Notre nouvelle définition de tableau nous permettra d'effectuer de nombreuses opérations non standard pour les tableaux intégrés au C++. Par exemple, nous pourrons comparer directement des tableaux, affecter un tableau à un autre, entrer et sortir des tableaux entiers avec **cin** et **cout**, initialiser automatiquement des tableaux, empêcher l'accès à des éléments de tableau hors de portée et varier la portée et, même, le type des indices de sorte que le premier élément d'un tableau puisse avoir une autre définition qu'élément 0.

Erreur de programmation courante 4.6

Faire référence à un élément situé hors des bornes d'un tableau n'est pas une erreur de syntaxe, mais est une erreur de logique à l'exécution.

Astuce de tests et de débogage 4.1

Lorsque vous utilisez une boucle pour un tableau, l'indice ne doit jamais descendre sous zéro et sa valeur doit toujours être inférieure au nombre total d'éléments dans le tableau (inférieure de un à la taille du tableau). Assurez-vous que la condition de terminaison de la boucle empêche l'accès à des éléments hors de cette échelle.

Astuce de tests et de débogage 4.2

Les programmes devraient valider l'exactitude de toutes les valeurs d'entrée pour empêcher que des informations erronées n'affectent les calculs d'un programme.

Astuce sur la portabilité 4.1

Si on réfère à des éléments situés hors des bornes d'un tableau, les effets causés (habituellement sérieux) dépendent du système utilisé.

Astuce de tests et de débogage 4.3

Quand nous étudierons les classes (à partir du chapitre 6), nous verrons comment développer un «tableau intelligent» capable, au moment de l'exécution, de vérifier automatiquement si tous les indices sont à l'intérieur de ses bornes. L'emploi de tels types de données aide à éliminer les bogues.

Notre exemple suivant (figure 4.10) lit les nombres d'un tableau et affiche les informations sous la forme d'un graphique à barres ou *histogramme*. Chaque nombre est affiché et est suivi d'une barre constituée d'une quantité d'astérisques égale à ce nombre. De fait, les barres sont tracées par la boucle **for**. Notez l'emploi de **endl** pour terminer une barre d'histogramme.

Erreur de programmation courante 4.7

*Même s'il est possible d'utiliser la même variable de compteur dans une boucle **for** et dans une seconde boucle **for** imbriquée, cette pratique constitue normalement une erreur de logique.*

Astuce de tests et de débogage 4.4

*Même s'il est possible de modifier un compteur à même le corps d'une boucle **for**, évitez cette pratique car elle provoque souvent des bogues pernicieuses.*

```
1    // Figure 4.10: fig04_10.cpp
2    // Programme affichant un histogramme.
3    #include <iostream>
4
5    using std::cout;
6    using std::endl;
7
8    #include <iomanip>
9
10   using std::setw;
11
12   int main()
13   {
14      const int tailleTableau = 10;
15      int n[ tailleTableau ] = { 19, 3, 15, 7, 11, 9, 13, 5, 17, 1 };
16
17      cout << "Elément" << setw ( 14 ) << "Valeur"
18         << setw ( 19 ) << "Histogramme" << endl;
19
20      for ( int i = 0; i < tailleTableau; i++ ) {
21         cout << setw ( 7 ) << i << setw( 14 )
22            << n[ i ] << setw ( 9 );
23
24         for ( int j = 0; j < n[ i ]; j++ )   // affichage d'une barre.
25            cout << '*';
26
27         cout << endl;
28      }
29
30      return 0;
31   }
```

Elément	Valeur	Histogramme
0	19	*******************
1	3	***
2	15	***************
3	7	*******
4	11	***********
5	9	*********
6	13	*************
7	5	*****
8	17	*****************
9	1	*

Figure 4.10   Programme affichant un histogramme.

Au chapitre 3, nous avions promis de montrer une méthode plus élégante pour écrire le programme de lancement d'un dé (figure 3.8). Le problème consistait à lancer 6 000 fois un dé à six faces pour vérifier si le générateur de nombres aléatoires produisait vraiment des nombres au hasard. Une version tableau de ce programme est illustrée à la figure 4.11.

Jusqu'à présent, nous n'avons discuté que de tableaux d'entiers. Il existe cependant des tableaux de tous types, notamment les tableaux de caractères, qui permettent de stocker des chaînes de caractères. La seule fonctionnalité de traitement des caractères que nous avons vue jusqu'ici a été la sortie d'une chaîne avec **cout** et **<<**. Une chaîne de caractères telle que **"salut"** est en réalité un tableau de caractères. Les tableaux de caractères possèdent plusieurs caractéristiques uniques.

```cpp
1   // Figure 4.11: fig04_11.cpp
2   // Lancer d'un dé à six faces 6000 fois.
3   #include <iostream>
4
5   using std::cout;
6   using std::endl;
7
8   #include <iomanip>
9
10  using std::setw;
11
12  #include <cstdlib>
13  #include <ctime>
14
15  int main()
16  {
17     const int tailleTableau = 7;
18     int face, frequence[ tailleTableau ] = { 0 };
19
20     srand ( time( 0 ) );
21
22     for ( int lancer = 1; lancer <= 6000; lancer++ )
23        ++frequence[ 1 + rand () % 6 ]; // remplace l'instruction switch
24                                        // de 20 lignes de la figure 3.8.
25
26     cout << "Face" << setw ( 13 ) << "Fréquence" << endl;
27
28     // Elément 0 ignoré dans le tableau de la fréquence.
29     for ( face = 1; face < tailleTableau; face++ )
30        cout << setw ( 4 ) << face
31             << setw ( 13 ) << frequence[ face ] << endl;
32
33     return 0;
34  }
```

Face	Fréquence
1	1037
2	987
3	1013
4	1028
5	952
6	983

Figure 4.11   Programme de lancement d'un dé utilisant des tableaux au lieu d'une structure **switch**.

On peut initialiser un tableau de caractères directement au moyen d'une chaîne littérale. Par exemple, la déclaration

```
char chaine1[] = "premier";
```

initialise les éléments du tableau **chaine1** aux caractères individuels de la chaîne littérale **"premier"**. Dans la déclaration précédente, le compilateur détermine la taille du tableau **chaine1** en fonction de la longueur de la chaîne. Il est important de noter que la chaîne **"premier"** contient sept caractères *plus* un caractère de terminaison de chaîne spécial, appelé *caractère nul*. Ainsi, le tableau **chaine1** contient en réalité huit éléments. Toutes les chaînes de caractères se terminent par la constante du caractère nul, représentée par **'\0'** (barre oblique inverse suivie de zéro). La déclaration d'un tableau de caractères correspondant à une chaîne doit toujours être assez grande pour contenir le nombre de caractères de la chaîne plus le caractère nul de terminaison.

On peut également initialiser les tableaux de caractères en employant des constantes de caractères individuelles dans une liste d'initialisation. La déclaration suivante équivaut à la précédente mais est plus fastidieuse:

```
char chaine1[] = { 'p', 'r', 'e', 'm', 'i', 'e', 'r','\0' };
```

Comme une chaîne est un tableau de caractères, nous pouvons accéder directement aux caractères individuels d'une chaîne en utilisant une notation d'indice de tableau. Par exemple, **chaine1[0]** correspond au caractère **'p'** alors que **chaine1[3]** représente le caractère **'m'**.

Nous pouvons également entrer une chaîne directement dans un tableau de caractères par le biais du clavier en utilisant **cin** et **>>**. Par exemple, la déclaration

```
char chaine2[ 20 ];
```

crée un tableau de caractères capable de stocker une chaîne de 19 caractères plus le caractère nul de terminaison. L'instruction

```
cin >> chaine2;
```

lit une chaîne à partir du clavier, la stocke dans **chaine2** et lui ajoute automatiquement le caractère nul de terminaison. Notez que seul le nom du tableau figure dans l'instruction précédente et qu'aucune information ne nous renseigne sur la taille du tableau. Il incombe au programmeur de s'assurer que le tableau dans lequel la chaîne est lue peut effectivement contenir toute chaîne tapée par l'utilisateur. L'instruction **cin** ne se soucie pas de la taille du tableau, mais lit tous les caractères jusqu'à ce qu'elle rencontre un premier espace vide. L'acquisition de données par **cin** et **>>** peut donc provoquer l'insertion de données au-delà de la limite finale du tableau (voir la section 5.12 pour savoir comment prévenir ceci dans un tableau de type **char**).

Erreur de programmation courante 4.8

*Fournir à **cin >>** un tableau de caractères trop petit pour stocker une chaîne tapée au clavier peut provoquer la perte de données dans le programme et d'autres erreurs graves lors de l'exécution.*

On peut utiliser **cout** et **<<** pour sortir un tableau de caractères constitué d'une chaîne de caractères terminée par le caractère nul. On affiche le tableau **chaine2** au moyen de l'instruction

```
cout << chaine2 << endl;
```

Notez que tout comme **cin >>**, **cout <<** ne se préoccupe pas de la taille du tableau de caractères. Les caractères de la chaîne s'afficheront jusqu'à l'occurrence d'un caractère nul de terminaison.

La figure 4.12 illustre l'initialisation d'un tableau de caractères par une chaîne littérale, la lecture et le stockage d'une chaîne dans un tableau de caractères, l'affichage d'un tableau de caractères comme une chaîne, ainsi que l'accès individuel aux différents caractères composant une chaîne.

```
1   // Figure 4_12: fig04_12.cpp
2   // Traitement des tableaux de caractères comme des chaînes.
3   #include <iostream>
4
5   using std::cout;
6   using std::cin;
7   using std::endl;
8
9   int main()
10  {
11     char chaine1[ 20 ], chaine2[] = "chaîne littérale";
12
13     cout << "Entrez une chaîne: ";
14     cin >> chaine1;
15     cout << "La chaîne1 est: " << chaine1
16        << "\nLa chaîne2 est: " << chaine2
17        << "\nLa chaîne1 avec des espaces entre les caractères est:\n";
18
19     for ( int i = 0; chaine1[ i ] != '\0'; i++ )
20        cout << chaine1[ i ] << ' ';
21     cout << endl;
22
23     cin >> chaine1;  // lecture de "Carl".
24     cout << "\nLa chaîne1 est: " << chaine1 << endl;
25
26     cout << endl;
27     return 0;
28  }
```

```
Entrez une chaîne: Bonjour
La chaîne1 est: Bonjour
La chaîne2 est: cha¯ne littÚrale
La chaîne1 avec des espaces entre les caractères est:
B o n j o u r
Carl

La chaîne1 est: Carl
```

Figure 4.12   Traitement des tableaux de caractères comme des chaînes.

La figure 4.12 utilise une structure **for** (aux lignes 19 et 20) pour la boucle du tableau **chaine1** et affiche les caractères individuels séparés par des espaces. La condition de la structure **for**, **chaine1[i] != '\0'**, reste **true** (vraie) tant et aussi longtemps que le caractère nul de terminaison n'est pas rencontré dans la chaîne.

Nous avons discuté au chapitre 3 de la spécification de classe de stockage **static**. Dans une définition de fonction, une variable locale **static** existe pour la durée complète du programme mais n'est visible que dans le corps de cette fonction.

 Astuce sur la performance 4.3

*On peut appliquer la spécification **static** à une déclaration locale de tableau pour éviter que ce tableau ne soit créé et initialisé à chaque appel de la fonction Cette mesure évite aussi la destruction du tableau à chaque sortie de la fonction et améliore la performance du programme.*

Les tableaux déclarés **static** sont initialisés lors du chargement du programme. Si le programmeur n'initialise pas explicitement un tableau de type **static**, le compilateur l'initialisera à zéro au moment de sa création.

La figure 4.13 illustre la fonction **initTableauStatic** et son tableau local déclaré **static** ainsi que la fonction **initTableauAuto** et son tableau local automatique. La fonction **initTableauStatic** est appelée deux fois. Au premier appel, le compilateur initialise le tableau local **static** à zéro. La fonction affiche le tableau, ajoute **5** à chacun des éléments et réaffiche le tableau. Au deuxième appel, le tableau **static** contient les valeurs stockées lors de la première exécution de la fonction. La fonction **initTableauAuto** est, elle aussi, appelée à deux reprises. Lors du premier appel, les éléments du tableau local automatique sont initialisés avec les valeurs **1**, **2** et **3**. La fonction affiche le tableau, ajoute **5** à chacun des éléments et réaffiche le tableau. Lors du deuxième appel, les éléments du tableau sont de nouveau initialisés aux valeurs **1**, **2** et **3**, car le tableau est doté d'une classe de stockage automatique.

```cpp
1   // Figure 4.13: fig04_13.cpp
2   // Les tableaux de type static sont initialisés à zéro.
3   #include <iostream>
4
5   using std::cout;
6   using std::cin;
7   using std::endl;
8
9   void initTableauStatic( void );
10  void initTableauAuto( void );
11
12  int main()
13  {
14     cout << "Premier appel de chaque fonction:\n";
15     initTableauStatic();
16     initTableauAuto();
17
18     cout << "\n\nSecond appel de chaque fonction:\n";
19     initTableauStatic();
20     initTableauAuto();
21     cout << endl;
22
23     return 0;
24  }
25
26  // fonction démontrant un tableau local de type static.
27  void initTableauStatic( void )
28  {
29     static int tableau1[ 3 ];
30     int i;
31
32     cout << "\nValeurs lors de l'entrée de initTableauStatic:\n";
33
34     for ( i = 0; i < 3; i++ )
35        cout << "tableau1[" << i << "] = " << tableau1[ i ] << "  ";
36
37     cout << "\nValeurs lors de la sortie de initTableauStatic:\n";
38
```

Figure 4.13   Comparaison entre l'initialisation d'un tableau **static** et l'initialisation d'un tableau automatique. (1 de 2)

```
39        for ( i = 0; i < 3; i++ )
40           cout << "tableau1[" << i << "] = "
41                << ( tableau1[ i ] += 5 ) << "  ";
42     }
43
44     // fonction démontrant un tableau local automatique.
45     void initTableauAuto( void )
46     {
47        int i, tableau2[ 3 ] = { 1, 2, 3 };
48
49        cout << "\n\nValeurs lors de l'entrée de initTableauAuto:\n";
50
51        for ( i = 0; i < 3; i++ )
52           cout << "tableau2[" << i << "] = " << tableau2[ i ] << "  ";
53
54        cout << "\nValeurs lors de la sortie de initTableauAuto:\n";
55
56        for ( i = 0; i < 3; i++ )
57           cout << "tableau2[" << i << "] = "
58                << ( tableau2[ i ] += 5 ) << "  ";
59     }
```

```
Premier appel de chaque fonction:

Valeurs lors de l'entrée de initTableauStatic:
tableau1[0] = 0  tableau1[1] = 0  tableau1[2] = 0
Valeurs lors de la sortie de initTableauStatic:
tableau1[0] = 5  tableau1[1] = 5  tableau1[2] = 5

Valeurs lors de l'entrée de initTableauAuto:
tableau2[0] = 1  tableau2[1] = 2  tableau2[2] = 3
Valeurs lors de la sortie de initTableauAuto:
tableau2[0] = 6  tableau2[1] = 7  tableau2[2] = 8

Second appel de chaque fonction:

Valeurs lors de l'entrée de initTableauStatic:
tableau1[0] = 5  tableau1[1] = 5  tableau1[2] = 5
Valeurs lors de la sortie de initTableauStatic:
tableau1[0] = 10  tableau1[1] = 10  tableau1[2] = 10

Valeurs lors de l'entrée de initTableauAuto:
tableau2[0] = 1  tableau2[1] = 2  tableau2[2] = 3
Valeurs lors de la sortie de initTableauAuto:
tableau2[0] = 6  tableau2[1] = 7  tableau2[2] = 8
```

Figure 4.13   Comparaison entre l'initialisation d'un tableau **static** et l'initialisation d'un tableau automatique. (2 de 2)

Erreur de programmation courante 4.9

*Prendre pour acquis que les éléments du tableau local de type **static** d'une fonction sont initialisés à zéro à chaque appel de la fonction peut provoquer des erreurs de logique dans un programme.*

4.5 Passer des tableaux à des fonctions

Pour passer un tableau comme argument à une fonction, il suffit de spécifier le nom du tableau sans utiliser de crochets. Par exemple, si on déclare le tableau **temperaturesHeures** sous la forme

```
int temperaturesHeures[ 24 ];
```

l'instruction d'appel de fonction

```
modifierTableau( temperaturesHeures, 24 );
```

passe le tableau **temperaturesHeures** et les détails de sa taille à la fonction **modifierTableau**. Lorsqu'on passe un tableau à une fonction, on doit aussi normalement spécifier sa taille pour permettre à la fonction de traiter le nombre spécifié d'éléments du tableau. Autrement, il faudrait inclure cette information dans la fonction appelée ou, pire encore, placer la taille du tableau dans une variable globale). Lorsque nous introduirons la classe **Array** (terme anglais pour tableau) au chapitre 8, nous intégrerons la taille du tableau dans le type défini par l'utilisateur. Chaque objet **Tableau** que nous créerons connaîtra donc sa propre taille, ce qui nous évitera, désormais, d'avoir à passer la taille du tableau comme argument lorsque nous passerons un objet **Tableau** à une fonction.

Le C++ passe automatiquement les tableaux aux fonctions en utilisant des appels par référence simulés. Les fonctions appelées peuvent ainsi modifier les valeurs des éléments dans les tableaux originels des fonctions appelantes. De fait, la valeur du nom du tableau constitue l'adresse du premier élément de ce dernier. En fournissant l'adresse de départ du tableau, la fonction appelée connaît l'emplacement de stockage exact du tableau. Lorsque la fonction appelée modifie des éléments du tableau à l'intérieur de son corps, elle modifie donc les véritables éléments du tableau dans leurs emplacements mémoire d'origine.

Astuce sur la performance 4.4

Passer des tableaux par le biais d'appels par référence simulés est une bonne pratique du point de vue de la performance. Si on passait les tableaux par valeur, le programme passerait également une copie de chaque élément. Dans le cas de tableaux volumineux, cela serait laborieux et gaspillerait beaucoup d'espace de stockage pour les copies des tableaux.

Observation de génie logiciel 4.2

Même si cela se fait rarement, on peut passer un tableau par valeur au moyen d'une méthode que nous expliquerons au chapitre 6.

Même si l'on passe des tableaux entiers par le biais d'appels par référence simulés, leurs éléments individuels sont passés par appel par valeur, comme le sont les simples variables. Des données fragmentaires aussi simples se nomment *scalaires* ou *quantités scalaires*. Pour passer un élément d'un tableau à une fonction, on doit utiliser le nom indicé de l'élément du tableau comme argument dans l'appel de fonction. Au chapitre 5, nous verrons comment simuler des appels par référence pour les scalaires (c'est-à-dire des variables individuelles et des éléments de tableaux).

Pour qu'une fonction puisse recevoir un tableau à travers un appel, la liste des paramètres de cette fonction doit spécifier la réception dudit tableau. Par exemple, l'en-tête de la fonction **modifierTableau** pourrait s'écrire

```
void modifierTableau( int b[], int tailleTableau )
```

indiquant ainsi que **modifierTableau** s'attend à recevoir un tableau d'entiers dans le paramètre **b** et le nombre d'éléments de tableau dans le paramètre **tailleTableau**. On n'est pas obligé de spécifier la taille du tableau entre les crochets, car le compilateur l'ignorera de toute façon. Comme les tableaux sont passés au moyen d'appels par référence simulés, la fonction appelée renverra en réalité au véritable tableau de l'appelant – le tableau **temperaturesHeures** de l'appel précédent – et, ce, bien qu'elle utilise le nom de tableau b. Au chapitre 5, nous introduirons d'autres notations pour signaler la réception d'un tableau par une fonction. Nous verrons alors que ces notations sont basées sur les relations intimes entre les tableaux et les pointeurs.

Notez l'apparence étrange du prototype de fonction de **modifierTableau**

```
void modifierTableau( int [], int );
```

Nous aurions pu écrire ce prototype sous la forme

```
void modifierTableau( int toutNomTableau[], int toutNomVariable )
```

mais, comme nous l'avons appris au chapitre 3, les compilateurs de C++ ignorent les noms de variables dans les prototypes.

Bonne pratique de programmation 4.3

Certains programmeurs incluent des noms de variables dans les prototypes de fonctions pour rendre les programmes plus clairs. Le compilateur ignore ces noms.

On sait que le prototype d'une fonction informe le compilateur du nombre d'arguments et de leurs types et, ce, dans l'ordre où ils devraient apparaître.

Le programme de la figure 4.14 démontre la différence entre le passage d'un tableau entier et le passage d'un élément de tableau. Le programme affiche d'abord les cinq éléments du tableau d'entiers **a**. Le tableau **a** et sa taille sont ensuite passés à la fonction **modifierTableau** où chacun des éléments de **a** est multiplié par 2. Le tableau **a** est ensuite réaffiché dans **main**. Comme l'illustre la sortie, les éléments du tableau **a** sont effectivement modifiés par **modifierTableau**. Plus bas, le programme affiche la valeur de **a[3]** et passe celle-ci à **modifierElement**. La fonction **modifierElement** multiplie son argument par 2 et sort la nouvelle valeur à l'écran. Notez que lorsque **main** réaffiche **a[3]**, aucune modification ne lui a été apportée car les éléments individuels d'un tableau sont passés par un appel par valeur.

Il peut arriver qu'une fonction ne soit autorisée à modifier les éléments d'un tableau dans vos programmes. Les tableaux étant toujours passés au moyen d'appels par référence simulés, il est difficile de contrôler la modification de leurs valeurs. Le C++ offre le qualificatif de type **const** que l'on peut utiliser pour empêcher la modification des valeurs d'un tableau dans une fonction. Lorsque le qualificatif **const** précède le paramètre d'un tableau dans la liste de paramètres d'une fonction, les éléments de ce tableau deviennent constants dans le corps de la fonction courante. Toute tentative de modifier un élément du tableau dans cette fonction produit alors une erreur de syntaxe. Cette pratique permet au programmeur de corriger un programme de sorte qu'il ne puisse modifier les éléments d'un tableau.

```
1   // Figure 4.14: fig04_14.cpp
2   // Passer des tableaux et des éléments individuels de tableaux
3   // à des fonctions.
4   #include <iostream>
5
6   using std::cout;
7   using std::endl;
8
9   #include <iomanip>
```

Figure 4.14   Passer des tableaux et des éléments individuels de tableaux à des fonctions. (1 de 3)

```
10
11   using std::setw;
12
13   void modifierTableau( int [], int );   // apparence étrange.
14   void modifierElement( int );
15
16   int main()
17   {
18      const int tailleTableau = 5;
19      int i, a[ tailleTableau ] = { 0, 1, 2, 3, 4 };
20
21      cout << "Effets du passage d'un tableau entier par appel par référence:"
22           << "\n\nLes valeurs du tableau d'origine sont:\n";
23
24      for ( i = 0; i < tailleTableau; i++ )
25         cout << setw ( 3 ) << a[ i ];
26
27      cout << endl;
28
29      // Le tableau a est passé par appel par référence.
30      modifierTableau( a, tailleTableau );
31
32      cout << "Les valeurs du tableau modifié sont:\n";
33
34      for ( i = 0; i < tailleTableau; i++ )
35         cout << setw ( 3 ) << a[ i ];
36
37      cout << "\n\n\n"
38           << "Effets du passage d'un élément de tableau par appel par valeur:"
39           << "\n\nLa valeur de a[3] est " << a[ 3 ] << '\n';
40
41      modifierElement( a[ 3 ] );
42
43      cout << "La valeur de a[3] est " << a[ 3 ] << endl;
44
45      return 0;
46   }
47
48   // Dans la fonction modifierTableau, "b" pointe vers le tableau "a"
49   // original en mémoire.
50   void modifierTableau( int b[], int tailleDuTableau )
51   {
52      for ( int j = 0; j < tailleDuTableau; j++ )
53         b[ j ] *= 2;
54   }
55
56   // Dans La fonction modifierElement, "e" est une copie locale
57   // de l'élément de tableau a[ 3 ] passé à partir de main.
58   void modifierElement( int e )
59   {
60      cout << "La valeur de la fonction modifierElement est "
61           << ( e *= 2 ) << endl;
62   }
```

Figure 4.14   Passer des tableaux et des éléments individuels de tableaux
                à des fonctions. (2 de 3)

```
Effets du passage d'un tableau entier par appel par référence:

Les valeurs du tableau d'origine sont:
  0   1   2   3   4
Les valeurs du tableau modifié sont:
  0   2   4   6   8


Effets du passage d'un élément de tableau par appel par valeur:

La valeur de a[3] est 6
La valeur de la fonction modifierElement est 12
La valeur de a[3] est 6
```

Figure 4.14   Passer des tableaux et des éléments individuels de tableaux
à des fonctions. (3 de 3)

La figure 4.15 est une démonstration du qualificatif **const**. On définit la fonction
essaiPourModifierTableau avec le paramètre **const int b[]** qui spécifie que le
tableau **b** est constant et ne peut pas être modifié. Chacune des trois tentatives de modification des
éléments du tableau par la fonction produit l'erreur de syntaxe «**Cannot modify a const
object**», laquelle signifie qu'on ne peut modifier un objet **const**). Nous reparlerons du
qualificatif **const** au chapitre 7.

```
1    // Figure 4.15: fig04_15.cpp
2    // Démonstration du qualificatif de type const.
3    #include <iostream>
4
5    using std::cout;
6    using std::endl;
7
8    void essaiPourModifierTableau( const int [] );
9
10   int main()
11   {
12      int a[] = { 10, 20, 30 };
13
14      essaiPourModifierTableau( a );
15      cout << a[ 0 ] << ' ' << a[ 1 ] << ' ' << a[ 2 ] << '\n';
16      return 0;
17   }
18
19   // Dans la fonction essaiPourModifierTableau, "b" n'est pas utilisable
20   // pour modifier la valeur originale du tableau "a" de main.
21   void essaiPourModifierTableau( const int b[] )
22   {
23      b[ 0 ] /= 2;      // erreur.
24      b[ 1 ] /= 2;      // erreur.
25      b[ 2 ] /= 2;      // erreur.
26   }
```

Figure 4.15   Démonstration du qualificatif de type **const**. (1 de 2)

Messages d'erreur du compilateur en ligne de commande Borland C++:

```
Fig04_15.cpp:
Error E2024 Fig04_15.cpp 23: Cannot modify a const object in
    function essaiPourModifierTableau(const int * const)
Error E2024 Fig04_15.cpp 24: Cannot modify a const object in
    function essaiPourModifierTableau(const int * const)
Error E2024 Fig04_15.cpp 25: Cannot modify a const object in
    function essaiPourModifierTableau(const int * const)
Warning W8057 Fig04_15.cpp 26: Parameter 'b' is never used in
    function essaiPourModifierTableau(const int * const)
*** 3 errors in Compile ***
```

Messages d'erreur du compilateur Microsoft Visual C++:

```
Compiling...
fig04_15.cpp
c:\_test\fig04_15.cpp(23) : error C2166: l-value specifies const object
c:\_test\fig04_15.cpp(24) : error C2166: l-value specifies const object
c:\_test\fig04_15.cpp(25) : error C2166: l-value specifies const object
Error executing cl.exe.

fig04_15.exe - 3 error(s), 0 warning(s)
```

Figure 4.15   Démonstration du qualificatif de type **const**. (2 de 2)

Erreur de programmation courante 4.10

Oublier que les tableaux sont passés par référence et peuvent, de ce fait, être modifiés peut provoquer une erreur de logique.

Observation de génie logiciel 4.3

*Dans une définition de fonction, on peut appliquer le qualificatif de type **const** à un paramètre de tableau pour empêcher la modification du tableau originel dans le corps de la fonction. Il s'agit d'un autre exemple du principe du moindre privilège. On ne devrait pas autoriser les fonctions à modifier un tableau, sauf en cas d'absolue nécessité.*

4.6 Trier des tableaux

Le *tri* de données (c'est-à-dire le placement des données dans un ordre particulier, tel que ascendant ou descendant) est l'une des applications informatiques les plus importantes. Pour préparer les relevés bancaires mensuels de ses clients, une institution bancaire trie tous les chèques par ordre de numéros de comptes. Les compagnies de téléphone trient leurs listes de comptes par nom de famille, puis par prénom, pour faciliter la recherche des numéros de téléphone. La plupart des organisations ont des données à trier et, souvent, en quantités énormes. Le tri des données est un problème intrigant auquel le monde de la recherche informatique a consacré de très nombreux efforts. Dans ce chapitre, nous traiterons du plus simple système de tri connu. Dans les exercices ainsi qu'au chapitre 15, nous étudierons des systèmes de tri plus complexes et plus performants.

Astuce sur la performance 4.5

Les algorithmes les plus simples sont parfois très peu performants. Leur principale qualité est qu'ils sont faciles à écrire, à tester et à déboguer. Il faut parfois des algorithmes plus complexes pour obtenir une performance optimale.

Le programme de la figure 4.16 trie en ordre ascendant les valeurs du tableau a, qui compte dix éléments. Nous utilisons ici la technique dite du *tri à bulle* ou *tri itératif*, ainsi appelée parce que les plus petites valeurs se déplacent graduellement vers le haut du tableau comme les bulles d'air dans l'eau, alors que les valeurs plus élevées se meuvent vers le bas. La technique consiste à passer plusieurs fois à travers le tableau et à comparer des paires successives d'éléments à chaque passage. Si une paire est en ordre ascendant (ou que les valeurs sont identiques), les valeurs demeurent inchangées. En revanche, si une paire est en ordre descendant, ses valeurs sont permutées dans le tableau.

```
1    // Figure 4.16: fig04_16.cpp
2    // Programme qui trie les valeurs d'un tableau
3    // en ordre ascendant.
4    #include <iostream>
5
6    using std::cout;
7    using std::endl;
8
9    #include <iomanip>
10
11   using std::setw;
12
13   int main()
14   {
15      const int tailleTableau = 10;
16      int a[ tailleTableau ] = { 2, 6, 4, 8, 10, 12, 89, 68, 45, 37 };
17      int i, stockage;
18
19      cout << "Eléments de données dans l'ordre initial\n";
20
21      for ( i = 0; i < tailleTableau; i++ )
22         cout << setw ( 4 ) << a[ i ];                    // passages.
23      for ( int passage = 0; passage < tailleTableau - 1; passage++ )
24
25         for ( i = 0; i < tailleTableau - 1; i++ ) // un passage.
26
27            if ( a[ i ] > a[ i + 1 ] ) {               // une comparaison.
28               stockage = a[ i ];                      // une permutation.
29               a[ i ] = a[ i + 1 ];
30               a[ i + 1 ] = stockage;
31            }
32
33      cout << "\nEléments de données en ordre ascendant\n";
34
35
36      for ( i = 0; i < tailleTableau; i++ )
37         cout << setw ( 4 ) << a[ i ];
38
```

Figure 4.16   Tri d'un tableau au moyen du tri à bulle. (1 de 2)

```
39
40      cout << endl;
41      return 0;
42  }
```

```
Eléments de données dans l'ordre initial
    2    6    4    8   10   12   89   68   45   37
Eléments de données en ordre ascendant
    2    4    6    8   10   12   37   45   68   89
```

Figure 4.16   Tri d'un tableau au moyen du tri à bulle. (2 de 2)

Le programme compare d'abord **a[0]** avec **a[1]**, puis **a[1]** avec **a[2]**, puis **a[2]** avec **a[3]** et ainsi de suite jusqu'à ce qu'il termine les passages en comparant **a[8]** avec **a[9]**. Bien que nous ayons dix éléments, le programme n'effectue que neuf comparaisons. D'après le mode d'exécution des comparaisons successives, une valeur élevée peut descendre de plusieurs positions en un seul passage, mais une petite valeur ne peut monter que d'une seule position. Au premier passage, la valeur la plus élevée descend assurément vers l'élément le plus bas du tableau, soit **a[9]**. Au deuxième passage, la deuxième valeur la plus élevée descend à son tour **a[8]**. De même, au neuvième passage, la neuvième valeur la plus élevée descend jusqu'à **a[1]**. La plus petite valeur se retrouve donc en **a[0]** et il n'aura fallu que neuf passages pour trier un tableau de dix éléments.

Le tri est réalisé par la boucle **for** imbriquée. Si une permutation est nécessaire, les trois instructions suivantes s'en chargeront:

```
stockage = a[ i ];
a[ i ] = a[ i + 1 ];
a[ i + 1 ] = stockage;
```

où la variable supplémentaire **stockage** conserve temporairement l'une des deux valeurs à permuter. La permutation serait impossible avec seulement ces deux instructions

```
a[ i ] = a[ i + 1 ];
a[ i + 1 ] = a[ i ];
```

Supposons, par exemple, que **a[i]** vaille **7** et que **a[i + 1]** vaille **5**. Après exécution de la première instruction, les deux valeurs vaudront **5** et la valeur **7** sera perdue. C'est pourquoi il faut utiliser la variable supplémentaire **stockage**.

La plus grande qualité du tri à bulle est sa facilité de programmation. Par contre, il s'exécute lentement - lenteur qui se manifeste clairement lors du tri de gros tableaux. Dans les exercices, nous développerons des versions plus efficaces du tri à bulle et analyserons d'autres formes de tri beaucoup plus efficaces. Des cours plus avancés étudient encore plus en détail les différentes méthodes de tri et de recherche.

4.7 Étude de cas: calcul d'une moyenne, d'une médiane et d'un mode à l'aide de tableaux

Les ordinateurs servent couramment à compiler et analyser les résultats d'études et de sondages d'opinion. Le programme de la figure 4.17 utilise le tableau **reponse**, initialisé avec les 99 réponses à un sondage (représentées par la variable constante **tailleReponse**). Chacune des réponses est un nombre de 1 à 9. Le programme calcule la moyenne, la médiane et le mode des 99 valeurs.

```
1    // Figure 4.17: fig04_17.cpp
2    // Ce programme introduit le sujet de l'analyse des données
3    // d'un sondage.
4    // Il calcule la moyenne, la médiane et le mode des données.
5    #include <iostream>
6
7    using std::cout;
8    using std::endl;
9    using std::ios;
10
11   #include <iomanip>
12
13   using std::setw;
14   using std::setiosflags;
15   using std::setprecision;
16
17   void moyenne ( const int [], int );
18   void mediane ( int [], int );
19   void mode ( int [], int [], int );
20   void triBulle( int[], int );
21   void afficherTableau( const int[], int );
22
23   int main()
24   {
25      const int tailleReponse = 99;
26      int frequence[ 10 ] = { 0 },
27          reponse[ tailleReponse ] =
28              { 6, 7, 8, 9, 8, 7, 8, 9, 8, 9,
29                7, 8, 9, 5, 9, 8, 7, 8, 7, 8,
30                6, 7, 8, 9, 3, 9, 8, 7, 8, 7,
31                7, 8, 9, 8, 9, 8, 9, 7, 8, 9,
32                6, 7, 8, 7, 8, 7, 9, 8, 9, 2,
33                7, 8, 9, 8, 9, 8, 9, 7, 5, 3,
34                5, 6, 7, 2, 5, 3, 9, 4, 6, 4,
35                7, 8, 9, 6, 8, 7, 8, 9, 7, 8,
36                7, 4, 4, 2, 5, 3, 8, 7, 5, 6,
37                4, 5, 6, 1, 6, 5, 7, 8, 7 };
38
39      moyenne ( reponse, tailleReponse );
40      mediane ( reponse, tailleReponse );
41      mode ( frequence, reponse, tailleReponse );
42
43      return 0;
44   }
45
46   void moyenne ( const int replique[], int tailleTableau )
47   {
48      int total = 0;
49
50      cout << "********\n Moyenne\n********\n";
51
52      for ( int j = 0; j < tailleTableau; j++ )
53         total += replique[ j ];
54
```

Figure 4.17   Programme d'analyse des données d'un sondage. (1 de 3)

```
55        cout << "La moyenne est la valeur moyenne des éléments\n"
56            << "de données. Elle est égale au total de tous\n"
57            << "les éléments de données divisé par le nombre\n"
58            << "d'éléments de données (" << tailleTableau
59            << "). La valeur moyenne pour\ncette exécution est de: "
60            << total << " / " << tailleTableau << " = "
61            << setiosflags( ios::fixed | ios::showpoint )
62            << setprecision( 4 ) << ( float ) total / tailleTableau
63            << "\n\n";
64    }
65
66    void mediane ( int replique[], int taille )
67    {
68        cout << "\n********\n Médiane\n********\n"
69            << "Le tableau des réponses en désordre est";
70
71        afficherTableau( replique, taille );
72        triBulle( replique, taille );
73        cout << "\n\nLe tableau des réponses en ordre est";
74        afficherTableau( replique, taille );
75        cout << "\n\nLa médiane est l'élément " << taille / 2
76            << " du\ntableau, qui possède " << taille
77            << " éléments.\nPour cette exécution, la médiane est de "
78            << replique[ taille / 2 ] << "\n\n";
79    }
80
81    void mode ( int freq[], int replique[], int taille )
82    {
83        int evaluation, plusGros = 0, valeurMode = 0;
84
85        cout << "\n********\n  Mode\n********\n";
86
87        for ( evaluation = 1; evaluation <= 9; evaluation++ )
88            freq[ evaluation ] = 0;
89
90        for ( int j = 0; j < taille; j++ )
91            ++freq[ replique[ j ] ];
92
93        cout << "Réponse"<< setw ( 11 ) << "Fréquence"
94            << setw ( 24 ) << "Histogramme\n\n" << setw( 56 )
95            << "1    1    2    2\n" << setw ( 57 )
96            << "5    0    5    0    5\n\n";
97
98        for ( evaluation = 1; evaluation <= 9; evaluation++ ) {
99            cout << setw ( 7 ) << evaluation << setw( 11 )
100               << freq[ evaluation ] << "            ";
101
102           if ( freq[ evaluation ] > plusGros ) {
103               plusGros = freq[ evaluation ];
104               valeurMode = evaluation;
105           }
```

Figure 4.17   Programme d'analyse des données d'un sondage. (2 de 3)

```
106          for ( int h = 1; h <= freq[ evaluation ]; h++ )
107             cout << '*';
108
109          cout << '\n';
110       }
111
112       cout << "Le mode est la valeur la plus fréquente.\n"
113            << "Pour cette exécution, le mode est de " << valeurMode
114            << " soit " << plusGros << " occurrences." << endl;
115   }
116
117   void triBulle( int a[], int taille )
118   {
119      int stockage;
120
121      for ( int passage = 1; passage < taille; passage++ )
122
123         for ( int j = 0; j < taille - 1; j++ )
124
125            if ( a[ j ] > a[ j + 1 ] ) {
126               stockage = a[ j ];
127               a[ j ] = a[ j + 1 ];
128               a[ j + 1 ] = stockage;
129            }
130   }
131
132   void afficherTableau( const int a[], int taille )
133   {
134      for ( int j = 0; j < taille; j++ ) {
135
136         if ( j % 20 == 0 )
137            cout << endl;
138
139         cout << setw ( 2 ) << a[ j ];
140      }
141   }
```

Figure 4.17   Programme d'analyse des données d'un sondage. (3 de 3)

La moyenne est simplement la moyenne arithmétique des 99 valeurs. La fonction **moyenne** calcule la moyenne arithmétique en faisant la somme des 99 éléments et en divisant le résultat par 99.

La médiane est la «valeur située au centre». La fonction **mediane** détermine cette valeur en appelant la fonction **triBulle** pour trier le tableau des réponses en ordre ascendant. Une fois le tableau trié, la fonction affiche la valeur de l'élément central, **replique[tailleReponse / 2]**. Notez que s'il y a un nombre pair d'éléments, la médiane est calculée comme étant la moyenne des deux éléments centraux, une possibilité que la fonction **mediane** n'offre hélas pas. Pour terminer, on appelle la fonction **afficherTableau** pour afficher le tableau **reponse**.

Le mode est la valeur qui revient le plus souvent parmi les 99 réponses. La fonction **mode** compte le nombre de réponses de chaque type, puis sélectionne la valeur ayant le décompte le plus élevé. Cette version de la fonction **mode** ne supporte pas l'égalité (voir l'exercice 4.14). La fonction **mode** produit également un histogramme qui permet de déterminer le mode sous forme graphique. Cet exemple comprend la plupart des manipulations habituellement requises dans les problèmes de tableaux, dont le passage de tableaux à des fonctions.

```
********
  Moyenne
********
La moyenne est la valeur moyenne des éléments
de données. Elle est égale au total de tous
les éléments de données divisé par le nombre
d'éléments de données (99). La valeur moyenne pour
cette exécution est de: 681 / 99 = 6.8788


********
  Médiane
********
Le tableau des réponses en désordre est
  6 7 8 9 8 7 8 9 8 9 7 8 9 5 9 8 7 8 7 8
  6 7 8 9 3 9 8 7 8 7 7 8 9 8 9 8 9 7 8 9
  6 7 8 7 8 7 9 8 9 2 7 8 9 8 9 8 9 7 5 3
  5 6 7 2 5 3 9 4 6 4 7 8 9 6 8 7 8 9 7 8
  7 4 4 2 5 3 8 7 5 6 4 5 6 1 6 5 7 8 7

Le tableau des réponses en ordre est
  1 2 2 2 3 3 3 3 4 4 4 4 5 5 5 5 5 5 5
  5 6 6 6 6 6 6 6 6 6 7 7 7 7 7 7 7 7 7
  7 7 7 7 7 7 7 7 7 7 7 7 7 8 8 8 8 8 8
  8 8 8 8 8 8 8 8 8 8 8 8 8 8 8 8 8 8 8
  9 9 9 9 9 9 9 9 9 9 9 9 9 9 9 9 9 9 9

La médiane est l'élément 49 du
tableau, qui possède 99 éléments.
Pour cette exécution, la médiane est de 7


********
  Mode
********
Réponse  Fréquence          Histogramme

                              1     1     2     2
                        5     0     5     0     5

       1         1      *
       2         3      ***
       3         4      ****
       4         5      *****
       5         8      ********
       6         9      *********
       7        23      ***********************
       8        27      ***************************
       9        19      *******************
Le mode est la valeur la plus fréquente.
Pour cette exécution, le mode est de 8 soit 27 occurrences.
```

Figure 4.18   Exemple d'exécution du programme d'analyse des données d'un sondage.

4.8 Recherches dans les tableaux: recherche linéaire et recherche binaire

Un programmeur aura souvent à travailler avec de grandes quantités de données stockées dans des tableaux et devra parfois déterminer si un tableau contient une valeur correspondant à une certaine *valeur clé*. Le processus qui permet de trouver un élément particulier dans un tableau est la *recherche*. Dans cette section, nous étudierons deux techniques de recherche: la simple *recherche linéaire* et la *recherche binaire*, plus efficace. Les exercices 4.33 et 4.34 à la fin du chapitre, vous demandent de mettre en oeuvre des versions récursives de la recherche linéaire et de la recherche binaire.

La recherche linéaire (figure 4.19) compare chaque élément d'un tableau à la *clé de recherche*. Comme le tableau ne présente aucun ordre particulier, une valeur pourra se trouver aussi bien dans le premier élément que dans le dernier. Le programme doit donc, en moyenne, comparer la clé de recherche avec la moitié des éléments du tableau pour y trouver une valeur. Pour déterminer qu'une valeur ne fait pas partie du tableau, il doit comparer la clé de recherche à chaque élément du tableau.

La méthode de recherche linéaire fonctionne bien pour de petits tableaux ou pour des tableaux non triés, mais est inefficace pour les gros tableaux. Si le tableau est trié, on peut utiliser la technique rapide de recherche binaire.

```cpp
1   // Figure 4.19: fig04_19.cpp
2   // Recherche linéaire dans un tableau.
3   #include <iostream>
4
5   using std::cout;
6   using std::cin;
7   using std::endl;
8
9   int rechercheLineaire( const int [], int, int );
10
11  int main()
12  {
13     const int tailleTableau = 100;
14     int a[ tailleTableau ], cleRecherche, element;
15
16     for ( int x = 0; x < tailleTableau; x++ )  // création de données.
17       a[ x ] = 2 * x;
18
19     cout << "Entrez la clé de recherche d'entier:" << endl;
20     cin >> cleRecherche;
21     element = rechercheLineaire( a, cleRecherche, tailleTableau );
22
23     if ( element != -1 )
24       cout << "Valeur trouvée dans l'élément " << element << endl;
25     else
26       cout << "Valeur non trouvée" << endl;
27
28     return 0;
29  }
30
```

Figure 4.19   Recherche linéaire dans un tableau. (1 de 2)

```
31   int rechercheLineaire( const int tableau[], int cle,
32                          int tailleDuTableau )
33   {
34      for ( int n = 0; n < tailleDuTableau; n++ )
35         if ( tableau [ n ] == cle )
36            return n;
37
38      return -1;
39   }
```

```
Entrez la clé de recherche d'entier:
36
Valeur trouvée dans l'élément 18
```

```
Entrez la clé de recherche d'entier:
37
Valeur non trouvée
```

Figure 4.19   Recherche linéaire dans un tableau. (2 de 2)

L'algorithme de recherche binaire élimine la moitié des éléments recherchés après chaque comparaison. Il repère l'élément central du tableau et le compare à la clé de recherche. Si leurs valeurs sont identiques, il trouve la clé de recherche et renvoie l'indice de cet élément de tableau; sinon, il ne recherche que la moitié du tableau. Si la clé de recherche est inférieure à l'élément central, l'algorithme effectue la recherche dans la première moitié du tableau; si elle est supérieure, la recherche est alors exécutée dans la seconde moitié. Si la clé de recherche n'est pas égale à l'élément central du sous-tableau spécifié – un sous-ensemble du tableau initial – l'algorithme est répété sur un quart du tableau initial. La recherche se poursuit jusqu'à ce que la clé soit égale à l'élément central d'un sous-tableau ou jusqu'à ce que le sous-tableau comporte un élément dont la valeur diffère de celle de la clé de recherche (autrement dit, que la clé de recherche n'est pas trouvée).

Dans le pire des scénarios, une recherche binaire dans un tableau de 1 024 éléments n'exige que 10 comparaisons. En effet, la division répétée de 1 024 par 2 donne les valeurs 512, 256, 128, 64, 32, 16, 8, 4, 2 et 1, puisque la moitié du tableau s'élimine après chaque comparaison. Le programme ne divise donc le nombre 1 024 (2^{10}) par 2 que dix fois pour atteindre la valeur 1. La division par 2 équivaut à une seule comparaison de l'algorithme de recherche binaire. Un tableau de 1 048 576 (2^{20}) éléments demandera un maximum de 20 comparaisons pour trouver la clé de recherche, tandis qu'un tableau d'un milliard d'éléments, en exigera 30 au plus. C'est là une énorme amélioration de la performance par rapport à la recherche linéaire, laquelle exigerait de comparer la clé de recherche avec près de la moitié des éléments du tableau. Ainsi, pour un tableau d'un milliard d'éléments, la recherche linéaire nécessiterait 500 millions de comparaisons en moyenne alors que la recherche binaire en effectuera un maximum de 30! On peut déterminer le nombre maximal de comparaisons requises par la recherche binaire dans un tableau en trouvant la première puissance de 2 supérieure au nombre d'éléments du tableau.

Astuce sur la performance 4.6

Les énormes gains en performance de la recherche binaire sur la recherche linéaire ont toutefois un prix. Le tri d'un tableau peut en effet exiger beaucoup plus de temps que la recherche d'un seul élément. La surcharge causée par le tri d'un tableau ne vaut la peine que s'il est nécessaire d'y effectuer rapidement plusieurs recherches.

La figure 4.20 présente la version itérative de la fonction **rechercheBinaire**. La fonction reçoit quatre arguments: un tableau d'entiers **b**, l'entier **cleRecherche** et les indices de tableau **bas** et **haut**. Si la clé de recherche ne correspond pas à l'élément central d'un sous-tableau, l'indice **bas** ou **haut** est ajusté pour permettre à la recherche se poursuivre dans un sous-tableau plus petit. Si cette clé est inférieure à l'élément central, l'indice **haut** est réglé à centre − 1 et la recherche se poursuit pour les éléments de bas à **centre − 1**. Si elle est supérieure à l'élément central, l'indice **bas** est réglé à **centre + 1** et la recherche se poursuit pour les éléments de **centre + 1** à **haut**. Le programme utilise un tableau de 15 éléments. La première puissance de 2 supérieure au nombre d'éléments du tableau donne 16 (soit 2^4). Conséquence: il suffit d'au plus quatre comparaisons pour trouver la clé de recherche. La fonction **afficherEntete** affiche les indices du tableau et la fonction **afficherRangee** sort chaque sous-tableau durant le processus de recherche binaire. On marque d'un astérisque (*) l'élément central de chaque sous-tableau pour indiquer l'élément auquel la clé de recherche est comparée.

```cpp
1   // Figure 4.20: fig04_20.cpp
2   // Recherche binaire dans un tableau.
3   #include <iostream>
4
5   using std::cout;
6   using std::cin;
7   using std::endl;
8
9   #include <iomanip>
10
11  using std::setw;
12
13  int rechercheBinaire( int [], int, int, int, int );
14  void afficherEntete( int );
15  void afficherRangee( int [], int, int, int, int );
16
17  int main()
18  {
19     const int tailleTableau = 15;
20     int a[ tailleTableau ], cle, resultat;
21
22     for ( int i = 0; i < tailleTableau; i++ )
23        a[ i ] = 2 * i;     // place certaines données dans le tableau.
24
25     cout << "Entrez un nombre entre 0 et 28: ";
26     cin >> cle;
27
28     afficherEntete( tailleTableau );
29     resultat = rechercheBinaire( a, cle, 0, tailleTableau − 1,
30                                  tailleTableau );
31
32     if ( resultat != -1 )
33        cout << '\n' << cle << " trouvé dans l'élément de tableau "
34             << resultat << endl;
35     else
36        cout << '\n' << cle << " non trouvé" << endl;
37
```

Figure 4.20   Recherche binaire dans un tableau trié. (1 de 3)

```
38          return 0;
39      }
40
41      // Recherche binaire.
42      int rechercheBinaire( int b[], int cleRecherche, int bas, int haut,
43                            int taille )
44      {
45          int centre;
46
47          while ( bas <= haut ) {
48              centre = ( bas + haut ) / 2;
49
50              afficherRangee( b, bas, centre, haut, taille );
51
52              if ( cleRecherche == b[ centre ] )   // valeurs assorties.
53                  return centre;
54              else if ( cleRecherche < b[ centre ] )
55                  haut = centre - 1;   // recherche, portion du bas du tableau.
56              else
57                  bas = centre + 1;    // recherche, portion du haut du tableau.
58          }
59
60          return -1;    // cleRecherche non trouvée.
61      }
62
63      // Afficher un en-tête pour la sortie.
64      void afficherEntete( int taille )
65      {
66          cout << "\nIndices:\n";
67          for ( int i = 0; i < taille; i++ )
68              cout << setw ( 3 ) << i << ' ';
69
70          cout << '\n';
71
72          for ( i = 1; i <= 4 * taille; i++ )
73              cout << '-';
74
75          cout << endl;
76      }
77
78      // Afficher une ligne de sortie illustrant la portion
79      // courante du tableau en cours de traitement.
80      void afficherRangee( int b[], int bas, int milieu, int haut, int taille )
81      {
82          for ( int i = 0; i < taille; i++ )
83              if ( i < bas || i > haut )
84                  cout << "       ";
85              else if ( i == milieu )            // marque la valeur centrale.
86                  cout << setw ( 3 ) << b[ i ] << '*';
87              else
88                  cout << setw ( 3 ) << b[ i ] << ' ';
89
90          cout << endl;
91      }
```

Figure 4.20   Recherche binaire dans un tableau trié. (2 de 3)

```
Entrez un nombre entre 0 et 28: 25

Indices:
   0    1    2    3    4    5    6    7    8    9   10   11   12   13   14
---------------------------------------------------------------------------
   0    2    4    6    8   10   12   14*  16   18   20   22   24   26   28
                                         16   18   20   22*  24   26   28
                                                            24   26*  28
                                                            24*

25 non trouvé
```

```
Entrez un nombre entre 0 et 28: 8

Indices:
   0    1    2    3    4    5    6    7    8    9   10   11   12   13   14
---------------------------------------------------------------------------
   0    2    4    6    8   10   12   14*  16   18   20   22   24   26   28
   0    2    4    6*   8   10   12
                      8   10*  12
                      8*
8 trouvé dans l'élément de tableau 4
```

```
Entrez un nombre entre 0 et 28: 6

Indices:
   0    1    2    3    4    5    6    7    8    9   10   11   12   13   14
---------------------------------------------------------------------------
   0    2    4    6    8   10   12   14*  16   18   20   22   24   26   28
   0    2    4    6*   8   10   12
6 trouvé dans l'élément de tableau 3
```

Figure 4.20   Recherche binaire dans un tableau trié. (3 de 3)

4.9 Tableaux à indices multiples

En C++, les tableaux peuvent comporter des indices multiples. Une utilisation courante des tableaux à indices multiples consiste à représenter des *tables* de valeurs composées d'informations organisées sous forme de *lignes* et de *colonnes*. Pour identifier un élément particulier d'une table, nous devons spécifier deux indices: le premier, par convention, désigne la ligne de l'élément et le second, toujours par convention, désigne la colonne de l'élément.

Les tables ou les tableaux qui exigent deux indices pour identifier un élément particulier sont appelés *tableaux à indices doubles*. Notez que les tableaux à indices multiples peuvent comporter plus de deux indices de tableaux. De fait, les compilateurs de C++ en supportent au moins 12. La figure 4.21 illustre un tableau à indices doubles: a. Le tableau comporte trois lignes et quatre colonnes. Un tableau doté de *m* lignes et *n* colonnes est habituellement appelé *tableau m par n*, soit, dans notre cas, tableau de 3 par 4.

Chacun des éléments du tableau a illustré à la   figure 4.21 correspond à un identificateur d'élément de forme **a[i][j]**; **a** est le nom du tableau, **i** et **j** désignent les indices associés de façon unique à chaque élément de **a**. Notez que les noms des éléments de la première ligne ont tous un premier indice de 0, tandis que les noms des éléments de la quatrième colonne ont tous le même deuxième indice de 3.

Erreur de programmation courante 4.11

*On ne peut pas référencer un élément de tableau à indices doubles **a[x][y]** sous la forme **a[x, y]**. De fait, **a[x, y]** est traité comme **a[y]**, car le C++ évalue l'expression (contenant un opérateur virgule) **x, y**, qui contient un opérateur virgule, simplement comme **y** (la dernière des expressions séparées par une ou des virgules).*

On peut initialiser un tableau à indices multiples dans sa déclaration sensiblement de la même façon qu'un tableau à indices simples. On pourrait, par exemple, déclarer et initialiser un tableau à indices doubles **b[2][2]** comme suit:

```
int b[ 2 ][ 2 ] = { { 1, 2 }, { 3, 4 } };
```

Les valeurs sont regroupées par lignes et entre accolades. Donc, **1** et **2** initialisent **b[0][0]** et **b[0][1]**, et 3 et 4 initialisent **b[1][0]** et **b[1][1]**. S'il n'y a pas assez d'initialiseurs pour une ligne donnée, les éléments restants du tableau sont initialisés à **0**. Ainsi, la déclaration

```
int b[ 2 ][ 2 ] = { { 1 }, { 3, 4 } };
```

initialiserait **b[0][0]** à 1, **b[0][1]** à 0, **b[1][0]** à 3 et **b[1][1]** à 4.

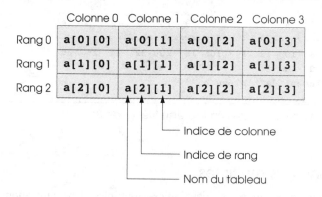

Figure 4.21   Tableau à indices doubles avec trois lignes et quatre colonnes.

La figure 4.22 démontre l'initialisation de tableaux à indices doubles à l'intérieur de déclarations. Le programme déclare trois tableaux de deux lignes et trois colonnes chacun. La déclaration de **tableau1** fournit six initialiseurs dans deux sous-listes. Le premier groupe initialise la première ligne du tableau avec les valeurs **1**, **2** et **3**, et le second initialise la deuxième sous-liste avec les valeurs **4**, **5** et **6**. Si l'on enlève les accolades entourant chaque groupe de la liste d'initialiseurs de **tableau1**, le compilateur initialise automatiquement les éléments de la première ligne, puis ceux de la seconde.

La déclaration de **tableau2** offre cinq initialiseurs. Ceux-ci sont affectés d'abord à la première ligne, puis à la seconde. Comme tout élément qui ne possède pas d'initialiseur explicite prend automatiquement la valeur zéro, **tableau2[1][2]** est, par conséquent, initialisé à 0.

```cpp
1   // Figure 4.22: fig04_22.cpp
2   // Initialisation de tableaux multidimensionnels.
3   #include <iostream>
4
5   using std::cout;
6   using std::endl;
7
8   void afficherTableau( int [][ 3 ] );
9
10  int main()
11  {
12     int tableau1[ 2 ][ 3 ] = { { 1, 2, 3 }, { 4, 5, 6 } },
13         tableau2[ 2 ][ 3 ] = { 1, 2, 3, 4, 5 },
14         tableau3[ 2 ][ 3 ] = { { 1, 2 }, { 4 } };
15
16     cout << "Les valeurs des lignes de tableau1 sont:" << endl;
17     afficherTableau( tableau1 );
18
19     cout << "Les valeurs des lignes de tableau2 sont:" << endl;
20     afficherTableau( tableau2 );
21
22     cout << "Les valeurs des lignes de tableau3 sont:" << endl;
23     afficherTableau( tableau3 );
24
25     return 0;
26  }
27
28  void afficherTableau( int a[][ 3 ] )
29  {
30     for ( int i = 0; i < 2; i++ ) {
31
32        for ( int j = 0; j < 3; j++ )
33           cout << a[ i ][ j ] << ' ';
34
35        cout << endl;
36     }
37  }
```

```
Les valeurs des lignes de tableau1 sont:
1 2 3
4 5 6
Les valeurs des lignes de tableau2 sont:
1 2 3
4 5 0
Les valeurs des lignes de tableau3 sont:
1 2 0
4 0 0
```

Figure 4.22   Initialisation de tableaux multidimensionnels.

La déclaration de **tableau3** fournit trois initialiseurs dans deux sous-listes. Le premier groupe de la première ligne initialise explicitement les deux premiers éléments aux valeurs 1 et 2. Le troisième élément est automatiquement initialisé à zéro. Le groupe de la seconde ligne donne automatiquement la valeur 4 au premier élément et les deux derniers éléments sont automatiquement initialisés à zéro.

Le programme appelle la fonction **afficherTableau** pour afficher les éléments de chacun des tableaux. Notez que la définition de fonction spécifie le paramètre de tableau avec **int a[][3]**. Lorsque nous recevons un tableau à indices simples comme argument d'une fonction, les crochets dans la liste des paramètres de la fonction sont vides. On n'est pas obligé, non plus, de spécifier la taille du premier indice d'un tableau à indices multiples mais on doit, par contre, préciser celle de chacun des indices suivants. Le compilateur utilise ces tailles pour déterminer les emplacements mémoire des éléments des tableaux à indices multiples. Tous les éléments de tableaux sont stockés de façon consécutive en mémoire, peu importe le nombre d'indices. Dans le cas d'un tableau à indices doubles, la première ligne du tableau est envoyée en mémoire d'abord, suivie de la seconde.

Le fait de fournir les valeurs des indices dans une déclaration de paramètres permet au compilateur d'indiquer à la fonction comment trouver un élément dans le tableau. Pour un tableau à indices doubles, chaque ligne est fondamentalement un tableau à indices simples. Pour repérer un élément sur une ligne particulière, la fonction doit connaître le nombre exact d'éléments de chaque ligne afin de pouvoir sauter le bon nombre d'emplacements mémoire lorsqu'elle accède au tableau. Ainsi, pour accéder à **a[1][2]**, la fonction sait qu'elle doit omettre les trois premiers éléments en mémoire de la première ligne pour rejoindre la deuxième ligne (la ligne 1). Ceci fait, la fonction accède au troisième élément de cette ligne, soit l'élément 2.

Plusieurs manipulations de tableaux courantes utilisent des structures de répétition for. La structure for suivante, par exemple, donne la valeur 0 à tous les éléments de la troisième ligne du tableau a de la figure 4.21 :

```
for ( colonne = 0; colonne < 4; colonne++ )
   a[ 2 ][ colonne ] = 0;
```

Comme nous avons spécifié la *troisième* ligne, nous savons donc que le premier indice vaut toujours 2 (0 est l'indice de la première ligne et 1 celui de la deuxième). La boucle **for** ne fait varier que le deuxième indice, c'est-à-dire celui des colonnes. La structure **for** précédente est similaire aux instructions d'affectation :

```
a[ 2 ][ 0 ] = 0;
a[ 2 ][ 1 ] = 0;
a[ 2 ][ 2 ] = 0;
a[ 2 ][ 3 ] = 0;
```

La structure imbriquée **for** suivante détermine la somme de tous les éléments du tableau **a**.

```
total = 0;

for ( ligne = 0; ligne < 3; ligne++ )
   for ( colonne = 0; colonne < 4; colonne++ )
      total += a[ ligne ][ colonne ];
```

La structure **for** calcule le total des éléments du tableau une ligne à la fois. La boucle **for** extérieure commence par donner la valeur **0** à ligne (soit l'indice des lignes) afin de permettre l'addition des éléments de la première ligne par la structure **for** intérieure. La structure **for** extérieure incrémente ensuite ligne à 1 pour permettre l'addition des éléments de la deuxième ligne, puis incrémente ligne à 2, pour pouvoir additionner ceux de la troisième ligne. Le résultat s'affiche à la fin de la structure **for** imbriquée.

Le programme de la figure 4.23 effectue plusieurs autres manipulations courantes sur le tableau 3 par 4 **notesEtudiant**. Chaque ligne du tableau représente un étudiant et chaque colonne, la note obtenue à chacun des quatre examens du semestre. Quatre fonctions réalisent les manipulations du tableau. La fonction **minimum** détermine la note la plus faible de chaque étudiant et la fonction **maximum**, la note la plus élevée. La fonction **moyenne** détermine la moyenne semestrielle de chaque étudiant. Quant à la fonction **afficherTableau**, elle affiche le tableau à indices doubles dans un format tabulaire clair.

```cpp
1   // Figure 4.23: fig04_23.cpp
2   // Exemple de tableau à indices doubles.
3   #include <iostream>
4
5   using std::cout;
6   using std::endl;
7   using std::ios;
8
9   #include <iomanip>
10
11  using std::setw;
12  using std::setiosflags;
13  using std::setprecision;
14
15  const int etudiants = 3;        // nombre d'étudiants.
16  const int examens = 4;          // nombre d'examens.
17
18  int minimum( int [][ examens ], int, int );
19  int maximum( int [][ examens ], int, int );
20  double moyenne ( int [], int );
21  void afficherTableau( int [][ examens ], int, int );
22
23  int main()
24  {
25     int notesEtudiant[ etudiants ][ examens ] =
26           { { 77, 68, 86, 73 },
27             { 96, 87, 89, 78 },
28             { 70, 90, 86, 81 } };
29
30     cout << "Le tableau est:\n";
31     afficherTableau( notesEtudiant, etudiants, examens );
32     cout << "\n\nNote la plus faible: "
33          << minimum( notesEtudiant, etudiants, examens )
34          << "\nNote la plus élevée: "
35          << maximum( notesEtudiant, etudiants, examens ) << '\n';
36
37     for ( int personne = 0; personne < etudiants; personne++ )
38        cout << "La moyenne de l'étudiant " << personne << " est de "
39             << setiosflags( ios::fixed | ios::showpoint )
40             << setprecision( 2 )
41             << moyenne ( notesEtudiant[ personne ], examens ) << endl;
42
43     return 0;
44  }
```

Figure 4.23   Exemple d'utilisation de tableaux à indices doubles. (1 de 3)

```
45
46    // Recherche de la note la plus faible.
47    int minimum( int notes[][ examens ], int eleves, int tests )
48    {
49       int noteFaible = 100;
50
51       for ( int i = 0; i < eleves; i++ )
52
53          for ( int j = 0; j < tests; j++ )
54
55             if ( notes[ i ][ j ] < noteFaible )
56                noteFaible = notes[ i ][ j ];
57
58       return noteFaible;
59    }
60
61    // Recherche de la note la plus élevée.
62    int maximum( int notes[][ examens ], int eleves, int tests )
63    {
64       int noteElevee = 0;
65
66       for ( int i = 0; i < eleves; i++ )
67
68          for ( int j = 0; j < tests; j++ )
69
70             if ( notes[ i ][ j ] > noteElevee )
71                noteElevee = notes[ i ][ j ];
72
73       return noteElevee;
74    }
75
76    // Recherche de la note moyenne d'un étudiant particulier.
77    double moyenne ( int serieDesNotes[], int tests )
78    {
79       int total = 0;
80
81       for ( int i = 0; i < tests; i++ )
82          total += serieDesNotes[ i ];
83
84       return static_cast< double >( total ) / tests;
85    }
86
87    // Affichage du tableau.
88    void afficherTableau( int notes[][ examens ], int eleves, int tests )
89    {
90       cout << "                          [0]  [1]  [2]  [3]";
91
92       for ( int i = 0; i < eleves; i++ ) {
93          cout << "\nNotes de l'étudiant[" << i << "] ";
94
95          for ( int j = 0; j < tests; j++ )
96             cout << setiosflags( ios::left ) << setw ( 5 )
97                << notes[ i ][ j ];
98       }
99    }
```

Figure 4.23   Exemple d'utilisation de tableaux à indices doubles. (2 de 3)

```
Le tableau est:
                 [0]   [1]   [2]   [3]
notesEtudiant[0] 77    68    86    73
notesEtudiant[1] 96    87    89    78
notesEtudiant[2] 70    90    86    81

Note la plus faible: 68
Note la plus élevée: 96
La moyenne de l'étudiant 0 est de 76.00
La moyenne de l'étudiant 1 est de 87.50
La moyenne de l'étudiant 2 est de 81.75
```

Figure 4.23   Exemple d'utilisation de tableaux à indices doubles. (3 de 3)

Les fonctions **minimum**, **maximum** et **afficherTableau** reçoivent chacune trois arguments: le tableau **notesEtudiant** (appelé **notes** dans chaque fonction), le nombre d'étudiants (lignes du tableau) et le nombre d'examens (colonnes du tableau). Chaque fonction effectue une boucle à travers le tableau **notes** au moyen de structures **for** imbriquées. La structure imbriquée **for** qui suit provient de la définition de la fonction **minimum**:

```
for ( i = 0; i < eleves; i++ )
   for ( j = 0; j < tests; j++ )
      if ( notes[ i ][ j ] < noteFaible )
         noteFaible = notes[ i ][ j ];
```

La structure **for** extérieure commence par fixer **i** (l'indice des lignes) à **0** afin que les éléments de la première ligne puissent être comparés à la variable **noteFaible** dans le corps de la boucle **for** intérieure. La structure **for** intérieure effectue une boucle sur les quatre notes d'une ligne particulière et compare chacune avec **noteFaible**. Si une note est inférieure à **noteFaible**, **noteFaible** est réglée sur cette note. La structure **for** extérieure incrémente ensuite l'indice des lignes à **1**, puis les éléments de la deuxième ligne sont comparés à la variable **noteFaible**. La boucle **for** extérieure incrémente ensuite l'indice des lignes à **2**. Les éléments de la troisième ligne sont à leur tour comparés à la variable **noteFaible**. Une fois terminée l'exécution de la structure imbriquée, **noteFaible** renferme la note la plus faible du tableau à indices doubles. La fonction maximum agit de la même façon que la fonction minimum.

La fonction **moyenne** prend deux arguments: le tableau à indices simples des résultats d'un étudiant particulier et le nombre de résultats d'examens dans le tableau. Lorsque la fonction **moyenne** est appelée, le premier argument **notesEtudiant[etudiants]** spécifie qu'une certaine ligne du tableau à indices doubles du tableau **notesEtudiant** doit être passée à **moyenne**. Par exemple, l'argument **notesEtudiant[1]** représente les quatre valeurs – un tableau à indices simples des notes – stockées dans la deuxième ligne du tableau à indices doubles **notesEtudiant**. On peut considérer un tableau à indices doubles comme étant un tableau comportant des éléments eux-mêmes constitués de tableaux à indices simples. La fonction **moyenne** calcule la somme des éléments du tableau, divise le total par le nombre de résultats et renvoie le résultat dans une variable à virgule flottante.

4.10   (Étude de cas optionnelle) À propos des objets: identification des comportements d'une classe

Dans les sections *À propos des objets* des chapitres 2 et 3, nous avons travaillé sur les deux premières phases d'une conception orientée objets pour notre simulateur d'ascenseur. Au chapitre 2, nous avons identifié les classes que nous devons mettre en œuvre et nous avons créé un diagramme de classes qui modélise la structure du système. Au chapitre 3, nous avons déterminé nombre des attributs des classes nous avons examiné les états possibles de la classe **Ascenseur** et les avons représentés dans un diagramme d'états, nous avons ensuite modélisé dans un diagramme d'activités la logique qu'utilise l'ascenseur pour répondre aux pressions sur les boutons.

Dans cette section, nous concentrons notre attention sur la détermination des *opérations* des classes, leurs comportements en d'autres termes, nécessaires pour mettre en place le simulateur d'ascenseur. Au chapitre 5, nous nous attacherons à déterminer les interactions entre les objets des différentes classes.

Une opération représente, dans le contexte d'une classe, un service que la classe assure auprès de ses clients (utilisateurs). Considérons les opérations des quelques classes du monde réel. L'emploi d'un poste de radio inclut sa syntonisation sur une station donnée et l'ajustement du volume (ceci est effectué par un auditeur qui ajuste les contrôles de la radio). Les comportements d'une automobile comprennent l'accélération (en appuyant sur l'accélérateur), la décélération (en enfonçant la pédale de freins), le fait de tourner ou de passer les vitesses.

Comme nous le verrons, les objets n'affichent pas leurs comportements de façon spontanée. On invoque plutôt un comportement spécifique lorsqu'un objet émetteur (souvent dénommé objet *client*) envoie un *message* à un objet récepteur (appelé un objet *serveur*), lui demandant d'effectuer une opération spécifique. Ceci se rapproche de l'appel d'une fonction membre, soit la façon dont on transmet les messages aux objets en C++. Nous allons identifier dans cette section nombre des opérations que nos classes doivent offrir à leurs clients dans le système.

Nous pouvons dériver bien des opérations de chaque classe directement de l'énoncé du problème. Pour ce faire, examinons les verbes et les phrases verbales de l'énoncé. Nous relions ensuite chaque phrase à une classe bien déterminée du système (voir figure 4.24). Ces phrases, reprises en un tableau, nous permettront de déterminer les opérations de nos classes.

Classe	Phrases verbales
Ascenseur	se déplace, arrive à un étage, réinitialise le bouton d'ascenseur, fait sonner la cloche de l'ascenseur, signale son arrivée à un étage, ouvre sa porte, ferme sa porte
Horloge	donne un tic à chaque seconde
Planificateur	planifie le temps de manière aléatoire, crée une personne, dit à une personne d'aller à un étage, vérifie que l'étage est inoccupé, retarde d'une seconde la création d'une personne
Personne	arrive à l'étage, presse le bouton d'étage, presse le bouton d'ascenseur, entre dans l'ascenseur, quitte l'ascenseur
Etage	réinitialise le bouton d'étage, éteint son témoin lumineux, allume son témoin lumineux
BoutonEtage	appelle l'ascenseur
BoutonAscenseur	signale à l'ascenseur de se déplacer

Figure 4.24   Phrases verbales pour chaque classe du simulateur. (1 de 2)

Classe	Phrases verbales
Porte	(ouverture de la porte) signale à la personne de quitter l'ascenseur, (ouverture de la porte) signale à la personne d'entrer dans l'ascenseur
Cloche	aucune dans l'énoncé du problème
TemoinLumineux	aucune dans l'énoncé du problème
Batiment	aucune dans l'énoncé du problème

Figure 4.24   Phrases verbales pour chaque classe du simulateur. (2 de 2)

Pour créer les opérations à partir de ces phrases verbales, nous examinons celles listées auprès de chaque classe. Le verbe «se déplace» lié à la classe **Ascenseur** fait référence à l'activité au cours de laquelle l'ascenseur se déplace entre les étages. «Se déplace» doit-il être une opération de la classe **Ascenseur**? Aucun message ne dit à l'ascenseur de se déplacer; il décide plutôt de se déplacer en réponse à une pression sur un bouton, à la condition expresse que la porte soit fermée. Par conséquent, «se déplace» ne correspond pas à une opération. La phrase «arrive à un étage» ne constitue pas une opération non plus car m'ascenseur décide lui-même du moment où il arrive à l'étage, en fonction de temps, en l'occurrence.

La phrase «réinitialise le bouton d'ascenseur» implique que l'ascenseur envoie un message au bouton de l'ascenseur lui disant de se réinitialiser. Par conséquent, la classe **BoutonAscenseur** a besoin d'une opération pour assurer ce service à l'ascenseur. Nous plaçons cette opération dans le compartiment du bas de la classe **BoutonAscenseur** dans le diagramme de classes de la figure 4.25. Nous représentons les noms des opérations comme des noms de fonctions et incluons des informations concernant le type de retour:

> **reinitialiseBouton() : void**

Nous écrivons en premier lieu le nom d'opération, suivi de parenthèses enfermant une liste de paramètres séparés par des virgules, dont l'opération fait usage (soit aucun dans ce cas-ci). Un double point suit la liste de paramètres, puis le type de retour de l'opération, soit **void** dans ce cas-ci. Notez que la plupart de nos opérations semblent ne prendre aucun paramètre et ont un type de retour **void**, ce qui peut changer au fur et à mesure du processus de conception et d'implantation.

De la phrase «fait sonner la cloche de l'ascenseur» reprise près de la classe **Ascenseur**, nous pouvons déduire que la classe **Cloche** doit avoir une opération qui fournisse un service, le fait de sonner. Nous plaçons **sonnerCloche** sous la liste des opérations de la classe **Cloche**.

Lorsque l'ascenseur arrive à un étage, il «signale son arrivée à un étage» et l'étage répond en se livrant à des activités diverses (c'est-à-dire réinitialiser le bouton d'étage et éteindre le témoin lumineux). Par conséquent, la classe **Etage** a besoin d'une opération qui fournisse ce service. Nous appelons cette opération **arriveeAscenseur** et plaçons le nom de l'opération dans le compartiment inférieur de la classe **Etage** à la figure 4.25.

Les deux phrases qui restent dans la liste près de la classe **Ascenseur** établissent que l'ascenseur doit ouvrir et fermer sa porte. Donc, la classe **Porte** doit assurer ces opérations. Nous plaçons les opérations **ouvrirPorte** et **fermerPorte** dans le compartiment inférieur de la classe **Porte**.

La liste associée à la classe **Horloge** contient la phrase «donne un tic à chaque seconde». Cette phrase donne un éclairage sur un point intéressant. Il est certain que le fait de «donner l'heure» est une opération assurée par l'horloge mais le tic de l'horloge constitue-t-il aussi une opération? Pour répondre à cette question, penchons-nous sur la manière dont la simulation fonctionne.

L'énoncé du problème indique que le planificateur a besoin de savoir le temps courant pour décider quand il doit créer une nouvelle personne pour la faire apparaître à un étage. L'ascenseur a besoin de connaître le temps pour décider s'il est temps d'arriver à un étage. Nous avons également décidé qu'il y va de la responsabilité du bâtiment de faire fonctionner la simulation et de passer le temps au planificateur et à l'ascenseur. Nous commençons à voir comment la simulation fonctionne. Le bâtiment répète les étapes suivantes une fois par seconde pendant toute la durée de la simulation:

1. Prendre le temps donné par l'horloge.

2. Donner le temps au planificateur pour qu'il puisse créer une nouvelle personne, si nécessaire.

3. Donner le temps à l'ascenseur pour qu'il décide d'arriver à un étage, s'il est en cours de déplacement.

Nous avons décidé que le bâtiment endosse toute la responsabilité d'exécuter les différentes parties de la simulation. Par conséquent, le bâtiment doit aussi incrémenter l'horloge et, ceci, une fois par seconde. Le temps doit ensuite parvenir au planificateur et à l'ascenseur.

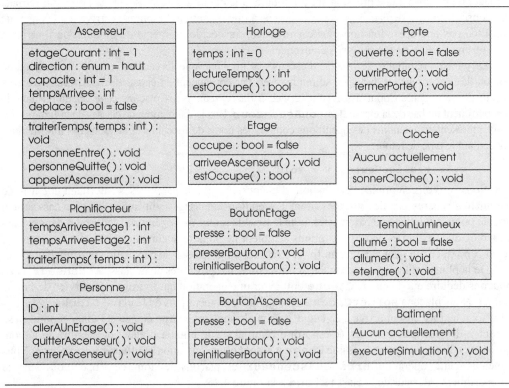

Figure 4.25   Diagramme de classes avec les attributs et les opérations.

Ceci nous conduit à créer deux opérations, **lectureTemps** et **tic**, et à les lister sous la classe **Horloge**. L'opération **lectureTemps** renvoie sous la forme d'un **int** la valeur de l'attribut du temps d'horloge. Aux points 2 et 3 précédents, nous voyons les phrases «donner le temps au planificateur» et «donner le temps à l'ascenseur». Ainsi donc, nous pouvons ajouter l'opérattion **traiterTemps** aux classes **Planificateur** et **Ascenseur**. Nous pouvons également ajouter l'opération **executerSimulation** sous la classe **Batiment**.

La classe **Planificateur** liste les locutions verbales «planifie le temps de manière aléatoire» et «retarde d'une seconde la création d'une personne». Le planificateur décide lui-même d'effectuer ces actions et ne fournit pas ces services à des clients. Par conséquent, ces deux phrases ne correspondent pas à des opérations.

La phrase «crée une personne» de la classe **Planificateur** présente un cas un peu spécial. Bien que nous puissions modéliser un objet de la classe **Planificateur** comme envoyant un message «créer», un objet de la classe **Personne** ne peut répondre à un message «créer» parce que l'objet n'existe pas encore. La création d'objet est laissée au niveau des détails d'implantation et n'est pas représentée comme une opération d'une classe. Nous analyserons la création d'objets au chapitre 7, lorsque nous étudierons la mise en place proprement dite.

La phrase «dit à une personne d'aller à un étage» de la figure 4.24 signifie que la classe **Personne** doit avoir une opération que le planificateur puisse invoquer et qui lui dise d'aller à un étage. Nous appelons cette opération **allerAUnEtage** et la reprenons sous la classe **Personne**.

La phrase «vérifie que l'étage est inoccupé» implique que la classe **Etage** propose un service qui permet aux objets du système de savoir si un étage est occupé ou inoccupé. L'opération que nous créons à cet effet doit renvoyer **true** si l'étage est occupé et **false** sinon. Nous plaçons l'opération

    estOccupe( ) : bool

dans le compartiment inférieur de la classe **Etage**.

La classe **Personne** reprend les phrases «presse le bouton d'étage» et «presse le bouton d'ascenseur». Nous plaçons par conséquent l'opération **presserBouton** sous les classes **BoutonEtage** et **BoutonAscenseur** dans le diagramme de classes en UML de la figure 4.25. Notez que nous avons déjà traité le fait qu'une personne «arrive à l'étage» lorsque nous avons analysé les phrases verbales de la classe **Planificateur**, de sorte que nous ne devons plus créer aucune opération sur base de cette phrase, listée auprès la classe **Personne**. Les phrases «entre dans l'ascenseur» et «quitte l'ascenseur» associées à la classe **Personne** suggèrent que la classe **Ascenseur** a besoin d'opérations correspondant à ces actions.[1]

La classe **Etage** reprend aussi un «réinitialise le bouton d'étage» dans la colonne des phrases verbales; nous plaçons donc une opération **reinitialiserBouton** adéquate sous la classe **BoutonEtage**. La classe **Etage** compte également un «éteint son témoin lumineux» et un «allume son témoin lumineux», que nous répercutons sous la classe **TemoinLumineux**, avec un **eteindre** et un **allumer**.

La phrase «appelle l'ascenseur» associée à la classe **BoutonEtage** implique que la classe **Ascenseur** a besoin d'une opération **appelerAscenseur**. La phrase «signale à l'ascenseur de se déplacer» associée au **BoutonAscenseur** implique que l'**Ascenseur** doit fournir un service «se déplacer». Avant que l'ascenseur puisse bouger, l'ascenseur doit toutefois d'abord fermer sa porte. Par conséquent, une opération **sePreparerAPartir**, dans laquelle l'ascenseur exécute les actions nécessaires avant tout mouvement, semble un choix plus approprié, qui se retrouve sous la classe **Ascenseur**.

Les phrases reprises dans le giron de la classe **Porte** suggèrent que la porte envoie un message à une personne pour lui dire de sortir de l'ascenseur ou d'y entrer. Nous créons deux opérations sous la classe **Personne** pour couvrir ces comportements: **quitterAscenseur** et **entrerAscenseur**.

---

1. À ce stade, nous ne pouvons encore que deviner ce que font ces opérations. Par exemple, ces opérations modélisent peut-être des ascenseurs du monde réel équipés de senseurs, détectant le moment où les passagers entrent ou sortent. Pour l'instant, nous reprenons simplement ces opérations dans la liste. Nous découvrirons les actions que ces opérations effectuent, s'il y a lieu, lorsque nous nous aborderons l'implantation du simulateur en C++.

Nous ne nous attardons pas trop pour l'instant sur les paramètres ni sur les types de retour: nous tentons seulement d'obtenir une compréhension élémentaire des opérations des différentes classes. Au fur et à mesure de la progression du processus de conception, le nombre des opérations appartenant à chaque classe peut varier: nous pouvons découvrir de nouveaux besoins d'opérations ou nous pouvons déterminer que certaines ne sont pas nécessaires.

Diagrammes de séquence

Le *diagramme de séquence* de l'UML (voir figure 4.26) est à notre disposition pour modéliser la boucle de simulation, c'est-à-dire les étapes résultant de notre étude précédente et que le bâtiment répète sur la durée de la simulation. Le diagramme de séquence concentre notre attention sur la manière dont les messages sont envoyés d'objets à objets en fonction du temps.

Chaque objet s'y représente sous la forme d'un rectangle au sommet du diagramme. Le nom de l'objet est placé dans un rectangle. Nous écrivons les noms des objets dans le diagramme de séquence à l'aide d'une convention introduite dans le diagramme d'objets de la section *À propos des objets* du chapitre 2 (voir figure 2.45). Le trait en pointillés qui descend du rectangle d'un objet est la *ligne de vie* de cet objet. La ligne de vie représente l'évolution du temps. Les actions se passent tout au long de la ligne de vie d'un objet dans un ordre chronologique de haut en bas: une action placée près du sommet d'une ligne de vie se produit avant une action plus près du bas.

Dans le diagramme de séquence, un message entre deux objets se représente par une ligne en trait plein et avec une flèche pleine qui part de l'objet qui envoie le message, vers l'objet qui reçoit ce message. Le message invoque l'opération correspondante dans l'objet qui reçoit le message. La flèche pointe vers la ligne de vie de l'objet récepteur du message. Le nom du message apparaît juste au dessus de la ligne de message et doit comprendre tout paramètre passé dans le message. L'objet de la classe **Batiment**, par exemple, envoie le message **traiterTemps** à l'objet de la classe **Ascenseur**. Le nom du message apparaît au dessus de la ligne de message, et le nom du paramètre (**tempsCourant**) est disposé entre parenthèses à droite du nom du message; chaque nom de paramètre est suivi d'un double point et de son type de paramètre.

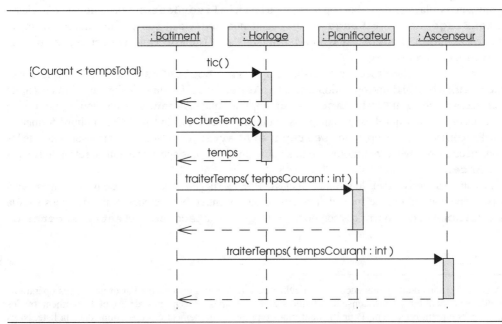

Figure 4.26   Diagramme de séquence modélisant la boucle de simulation.

Si un objet renvoie le flot de contrôle ou si un objet renvoie une valeur, alors un message de retour (représenté par une ligne en trait interrompu et munie d'une flèche) part de l'objet qui renvoie le contrôle vers l'objet à la source du message initial. Par exemple, l'objet de la classe **Horloge** renvoie un temps en réponse au message **lectureTemps** reçu de l'objet de la classe **Batiment**.

Les rectangles placés le long des lignes de vie des objets, que l'on désigne du terme d'*activations*, représentent chacun la durée d'une activité. Une activation est initialisée lorsqu'un objet reçoit un message et est figurée par un rectangle sur la ligne de vie de cet objet. La hauteur du rectangle correspond à la durée de l'activité ou des activités démarrées par ce message: plus longue est l'activité, plus long est le rectangle.

Le texte tout à fait à gauche du diagramme de la figure 4.26 indique une contrainte de temps. Tant que le temps courant est inférieur au total du temps de la simulation, (**tempsCourant<tempsTotal**), les objets continuent de s'envoyer des messages les uns aux autres selon la séquence modélisée dans le diagramme.

La figure 4.27 modélise la façon dont le planificateur gère le temps et crée de nouvelles personnes à chacun des étages. Dans le contexte de ce diagramme, nous supposons que le planificateur a généré une personne à chacun des deux étages au moment qui correspond au temps fourni par le bâtiment. Suivons le flot de messages tout au long de ce diagramme.

L'objet **batiment** envoie pour commencer un message **traiterTemps** au **planificateur**, lui transmettant le temps courant. L'objet **planificateur** doit alors décider s'il faut créer une nouvelle personne au premier étage (représenté par l'objet **etage1** de classe **Etage**). L'énoncé du problème nous indique que le planificateur doit d'abord vérifier que l'étage est inoccupé avant de créer cette personne à cet étage. L'objet **planificateur** envoie donc un message **estOccupe** à l'objet **etage1** pour accomplir sa tâche.

L'objet **etage1** renvoie soit **true**, soit **false**, représenté par la ligne de retour de message en trait pointillé et le type **bool**). À ce stade, la ligne de vie de l'objet **planificateur** s'éclate en deux lignes de vies parallèles qui représentent chaque séquence de messages possible que l'objet peut envoyer, selon la valeur retournée par l'objet **etage1**. La ligne de vie d'un objet peut ainsi s'éclater en deux ou plusieurs lignes de vie pour indiquer l'*exécution conditionnelle d'activités*. Une condition doit alors apparaître pour chaque ligne de vie. Les nouvelles lignes de vie s'exécutent en parallèle à la ligne de vie principale, et elles peuvent converger ultérieurement à un point.

Si l'objet **etage1** renvoie **true**, donc si l'étage est occupé, le planificateur appelle sa propre fonction **retarderArrivee**, lui passant un paramètre indiquant que le temps d'arrivée à l'**étage1** nécessite un réaménagement de planning. Cette fonction ne fait pas partie de la classe **Planificateur** parce qu'elle n'est pas invoquée par un autre objet. La fonction **retarderArrivee** est simplement une activité que la classe **Planificateur** exécute au sein d'une opération. Remarquez que, lorsque l'objet **planificateur** s'envoie un message à lui-même, c'est-à-dire lorsqu'il invoque une de ses propres fonctions, la barre d'activation de ce message est centrée sur le côté droit de la barre d'activation.

Si l'objet **etage1** renvoie **false**, indiquant que l'étage est inoccupé, l'objet **planificateur** crée un nouvel objet de la classe **Personne**. Dans un diagramme de séquence, lorsqu'un nouvel objet est créé, son rectangle est placé à une position verticale qui correspond au temps auquel sa création est apparue. Un objet qui en crée un autre envoie un message comportant le mot «créer» entouré de guillemets («»). La pointe de flèche du message se situe du côté du rectangle du nouvel objet. Un grand «X» à la fin de la ligne de vie d'un objet dénote la destruction de cet objet. Remarque: notre diagramme de séquence, ne modélise la destruction d'aucun objet de la classe **Personne** et, par conséquent, aucun «X» n'apparaît dans ce diagramme. La création et la destruction dynamique d'objets, à l'aide des opérateurs **new** et **delete** du C++ sera étudiée au chapitre 7.

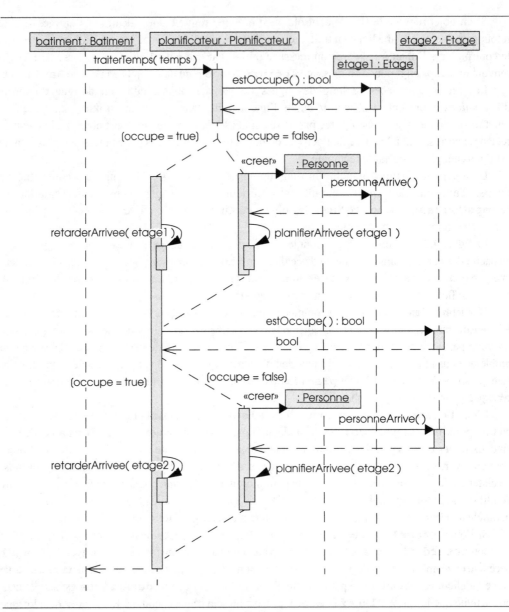

Figure 4.27   Diagramme de séquence du processus de planification.

Après la création d'un nouvel objet de la classe **Personne**, cette personne doit se présenter au premier étage. De ce fait, le nouvel objet **Personne** envoie un message **personneArrive** à l'objet **etage1**. L'objet **planificateur** invoque sa propre fonction **planifierArrivee**, et l'activation de cet appel est centré sur la droite de la barre d'activation en cours. La fonction **planifierArrivee** n'est pas une opération mais une activité que la classe **Planificateur** effectue au sein d'une opération. À ce stade, les deux lignes de vie convergent. L'objet **planificateur** traite ensuite le deuxième étage de la même manière que le premier. Lorsque le planificateur en a fini avec l'**etage2**, l'objet **planificateur** renvoie le contrôle à l'objet **batiment**.

Dans cette section, nous avons analysé les opérations des classes et introduit le diagramme de séquence en UML qui illustre ces opérations. À la section *À propos des objets* du chapitre 5, nous examinons la manière dont les objets interagissent pour accomplir une tâche spécifique, et nous commençons à mettre réellement en place le simulateur d'ascenseur en C++.

RÉSUMÉ

- Le C++ peut stocker des listes de valeurs dans des tableaux. Un tableau est un groupe d'emplacements mémoire consécutifs possédant tous le même nom et le même type. Pour se référer à un emplacement ou à un élément particulier du tableau, nous devons spécifier le nom du tableau et l'indice.

- Un indice doit être un entier ou l'expression d'un entier. Si un programme utilise une expression comme indice, elle est alors évaluée pour déterminer l'indice.

- Il est important de noter la différence entre le septième élément du tableau et l'élément 7 du tableau. Le septième élément du tableau porte un indice de **6**, alors que l'élément 7 du tableau a un indice de **7** mais est en réalité le huitième élément du tableau. Ce «décalage de 1» est une source fréquente d'erreurs.

- Les tableaux occupent de l'espace mémoire. Pour réserver 100 éléments pour le tableau d'entiers **b** et 27 éléments pour le tableau d'entiers **x**, le programmeur écrit:

```
int b[ 100 ], x[ 27 ];
```

- On peut utiliser un tableau de type **char** pour stocker une chaîne de caractères.

- Les éléments d'un tableau peuvent être initialisés par déclaration, par affectation, ou par entrée.

- Si un tableau comporte moins d'initialiseurs que d'éléments, les éléments restants sont automatiquement initialisés à zéro.

- Le C++ ne peut empêcher les références à des éléments hors des bornes d'un tableau.

- Un tableau de caractères peut être initialisé directement en utilisant une chaîne littérale.

- Toutes les chaînes de caractères se terminent par la constante de caractère nul (**'\0'**).

- On peut initialiser des tableaux de caractères en utilisant des constantes de caractères individuelles dans une liste d'initialisation.

- On peut accéder directement aux caractères individuels de la chaîne en utilisant une notation d'indice de tableau.

- Pour passer un tableau à une fonction, on passe le nom de ce tableau. Pour passer un seul élément d'un tableau à une fonction, il suffit de passer le nom du tableau suivi de l'indice (entre crochets) de cet élément particulier.

- Les tableaux sont passés aux fonctions au moyen d'appels par référence simulés; les fonctions appelées peuvent ainsi modifier les valeurs des éléments dans les tableaux d'origine des fonctions appelantes. La valeur du nom du tableau constitue l'adresse du premier élément du tableau. Comme on passe l'adresse de départ du tableau, la fonction appelée connaît l'emplacement précis réservé pour le stockage du tableau.

- Pour qu'une fonction puisse recevoir un tableau à travers un appel, la liste des paramètres de cette fonction doit spécifier la réception du tableau. La taille du tableau entre les crochets n'est pas requise.

- Le C++ offre le qualificatif de type **const** pour empêcher les programme de modifier des valeurs d'un tableau dans une fonction. Lorsque le qualificatif **const** précède le paramètre d'un tableau, les éléments de ce dernier deviennent constants dans le corps de la fonction courante. Toute tentative de modifier un élément du tableau à l'intérieur de cette fonction constitue une erreur de syntaxe.

- On peut trier un tableau en utilisant la technique du tri à bulle qui consiste à exécuter plusieurs passages à travers le tableau. À chacun des passages, des paires successives d'éléments sont comparées. Si une paire affiche un ordre ascendant (ou des valeurs identiques), ces éléments restent inchangés. En revanche, si la paire présente des éléments en ordre descendant, on permute ces éléments du tableau. Le tri à bulle est acceptable pour trier des petits tableaux, mais est inefficace pour les gros tableaux, comparativement à d'autres algorithmes de tri plus raffinés.

- La recherche linéaire compare chaque élément d'un tableau avec la clé de recherche. Si le tableau ne présente aucun ordre particulier, une valeur pourra se retrouver aussi bien dans le premier élément que dans le dernier. En moyenne, le programme doit donc comparer la clé de recherche avec la moitié des éléments du tableau pour y trouver une valeur. La recherche linéaire offre de bons résultats pour des petits tableaux ou des tableaux non triés.

- L'algorithme de recherche binaire élimine, après chaque comparaison, la moitié des éléments recherchés. L'algorithme repère l'élément central du tableau et le compare à la clé de recherche. Si leurs valeurs sont identiques, on trouve la clé de recherche et l'indice de cet élément de tableau est renvoyé. Sinon, le problème se limite à la moitié du tableau.

- Dans le pire des scénarios, une recherche binaire dans un tableau de 1024 éléments ne nécessite que 10 comparaisons.

- On peut utiliser des tableaux à indices multiples pour représenter des tables de valeurs où les informations sont organisées par lignes et par colonnes. Pour identifier un élément particulier d'une table, nous devons spécifier deux indices: le premier, par convention, désigne la ligne de l'élément alors que le second, toujours par convention, désigne la colonne de l'élément. Les tables ou les tableaux qui exigent deux indices pour identifier un élément particulier se nomment tableaux à indices doubles.

- Quand nous recevons un tableau à indices simples comme argument d'une fonction, les crochets du tableau dans liste des paramètres de la fonction sont vides. Il n'est pas non plus obligatoire de spécifier la taille du premier indice d'un tableau à indices multiples. Il faut par contre spécifier la taille de chacun des indices suivants. Le compilateur utilise ces tailles pour déterminer les emplacements mémoire des éléments des tableaux à indices multiples.

- Pour passer une ligne d'un tableau à indices doubles à une fonction recevant un tableau à indices simples, il suffit de ne passer que le nom du tableau, suivi du premier indice.

TERMINOLOGIE

`a[ i ]`	nombre magique
`a[ i ][ j ]`	numéro de position
appel par référence simulé	passage par référence
caractère nul (`'\0'`)	passage par valeur
chaîne	passe d'un tri à bulle
clé de recherche	passer des tableaux à des fonctions
constante nommée	qualificatif de type **const**
crochets **[ ]**	recherche binaire dans un tableau
déclaration d'un tableau	recherche dans un tableau
dépassement des limites d'un tableau	recherche linéaire dans un tableau
élément d'un tableau	scalaire
élément zéro	tableau
emplacement temporaire pour la permutation	tableau à indices doubles
de valeurs	tableau à indices simples
erreur par décalage de 1	tableau à indices triples
format tabulaire	tableau *m* par *n*
modification des programmes	tables de valeurs
indice	tableaux à indices multiples
indice de colonne	tri d'un tableau
indice de ligne	tri itératif
initialisation d'un tableau	tri à bulle
initialiseur	valeur d'un élément
liste d'initialisation d'un tableau	variable constante
nom d'un tableau	vérification des limites

Terminologie de À propos des objets

collaboration

comportement

diagramme de séquence

durée d'une activité

éclatement de la ligne de vie d'un objet

exécution conditionnelle des activités

flot de messages dans un diagramme
    de séquence

guillemets

ligne de vie d'un objet dans un diagramme
    de séquence

ligne en trait plein et avec une flèche pleine
    dans un diagramme de séquence

message

objet client

objet serveur

opération

service qu'un objet assure

symbole de message de retour
    dans un diagramme de séquence

symbole rectangle d'activation
    dans un diagramme de séquence

symbole rectangle d'objet dans le diagramme
    de séquence

type de retour d'une opération

verbes dans l'énoncé d'un problème

ERREURS DE PROGRAMMATION COURANTES

4.1 Il est important de bien noter la différence entre «le septième élément du tableau» et «l'élément 7 du tableau». Comme les indices d'un tableau commencent à 0, «le septième élément du tableau» a un indice de 6, alors que «l'élément 7 du tableau» a un indice de 7 et est, en réalité, le huitième élément du tableau. Ceci occasionne, hélas, souvent des erreurs de «décalage de 1».

4.2 Oublier d'initialiser les éléments d'un tableau alors qu'ils devraient l'être est une erreur de logique.

4.3 Fournir plus d'initialiseurs qu'il n'y a d'éléments lors de l'initialisation d'un tableau est une erreur de syntaxe.

4.4 Affecter une valeur à une variable constante dans une instruction exécutable est une erreur de syntaxe.

4.5 Affecter une valeur à une variable constante dans une instruction exécutable est une erreur de syntaxe.

4.6 Faire référence à un élément situé hors des bornes d'un tableau n'est pas une erreur de syntaxe, mais est une erreur de logique à l'exécution.

4.7 Même s'il est possible d'utiliser la même variable de compteur dans une boucle **for** et dans une seconde boucle **for** imbriquée, cette pratique constitue normalement une erreur de logique.

4.8 Fournir à **cin >>** un tableau de caractères trop petit pour stocker une chaîne tapée au clavier peut provoquer la perte de données dans le programme et d'autres erreurs graves lors de l'exécution.

4.9 Prendre pour acquis que les éléments du tableau local de type **static** d'une fonction sont initialisés à zéro à chaque appel de la fonction peut provoquer des erreurs de logique dans un programme.

4.10 Oublier que les tableaux sont passés par référence et peuvent, de ce fait, être modifiés peut provoquer une erreur de logique.

4.11 On ne peut pas référencer un élément de tableau à indices doubles **a[x][y]** sous la forme **a[x, y]**. De fait, **a[x, y]** est traité comme **a[y]**, car le C++ évalue l'expression (contenant un opérateur virgule) **x, y**, qui contient un opérateur virgule, simplement comme **y** (la dernière des expressions séparées par une ou des virgules).

BONNES PRATIQUES DE PROGRAMMATION

4.1 Définir la taille de chaque tableau sous forme de variable constante plutôt que comme constante rend les programmes plus clairs. On utilise cette technique pour se débarrasser des soi-disant nombres magiques. Par exemple, le fait de mentionner la taille 10 dans le code de traitement d'un tableau à 10 éléments donne à ce nombre une signification artificielle. Cela peut malheureusement confondre le lecteur si le programme comprend d'autres 10 qui n'ont rien à voir avec la taille du tableau.

4.2 Efforcez-vous de garder vos programmes aussi clairs que possible. Il vaut parfois mieux sacrifier une utilisation plus efficace de la mémoire ou un temps d'exécution plus rapide en faveur d'une écriture plus claire des programmes.

4.3   Certains programmeurs incluent des noms de variables dans les prototypes de fonctions pour rendre les programmes plus clairs. Le compilateur ignore ces noms.

ASTUCES SUR LA PERFORMANCE

4.1   Au lieu d'initialiser un tableau avec des instructions d'affectation au moment de l'exécution, utilisez plutôt une liste d'initialiseurs. La liste étant traitée lors de la compilation, votre programme s'exécutera plus rapidement.

4.2   Dans certains cas, les considérations de performance prévalent largement sur celles de clarté d'écriture.

4.3   On peut appliquer la spécification **static** à une déclaration locale de tableau pour éviter que ce tableau ne soit créé et initialisé à chaque appel de la fonction Cette mesure évite aussi la destruction du tableau à chaque sortie de la fonction et améliore la performance du programme.

4.4   Passer des tableaux par le biais d'appels par référence simulés est une bonne pratique du point de vue de la performance. Si on passait les tableaux par valeur, le programme passerait également une copie de chaque élément. Dans le cas de tableaux volumineux, cela serait laborieux et gaspillerait beaucoup d'espace de stockage pour les copies des tableaux.

4.5   Les algorithmes les plus simples sont parfois très peu performants. Leur principale qualité est qu'ils sont faciles à écrire, à tester et à déboguer. Il faut parfois des algorithmes plus complexes pour obtenir une performance optimale.

4.6   Les énormes gains en performance de la recherche binaire sur la recherche linéaire ont toutefois un prix. Le tri d'un tableau peut en effet exiger beaucoup plus de temps que la recherche d'un seul élément. La surcharge causée par le tri d'un tableau ne vaut la peine que s'il est nécessaire d'y effectuer rapidement plusieurs recherches.

ASTUCE SUR LA PORTABILITÉ

4.1   Si on réfère à des éléments situés hors des bornes d'un tableau, les effets causés (habituellement sérieux) dépendent du système utilisé.

OBSERVATIONS DE GÉNIE LOGICIEL

4.1   Définir la taille de chaque tableau sous forme de variable constante plutôt que comme constante rend les programmes plus facilement modifiables.

4.2   Même si cela se fait rarement, on peut passer un tableau par valeur au moyen d'une méthode que nous expliquerons au chapitre 6.

4.3   Dans une définition de fonction, on peut appliquer le qualificatif de type **const** à un paramètre de tableau pour empêcher la modification du tableau originel dans le corps de la fonction. Il s'agit d'un autre exemple du principe du moindre privilège. On ne devrait pas autoriser les fonctions à modifier un tableau, sauf en cas d'absolue nécessité.

ASTUCES DE TESTS ET DE DÉBOGAGE

4.1   Lorsque vous utilisez une boucle pour un tableau, l'indice ne doit jamais descendre sous zéro et sa valeur doit toujours être inférieure au nombre total d'éléments dans le tableau (inférieure de un à la taille du tableau). Assurez-vous que la condition de terminaison de la boucle empêche l'accès à des éléments hors de cette échelle.

4.2   Les programmes devraient valider l'exactitude de toutes les valeurs d'entrée pour empêcher que des informations erronées n'affectent les calculs d'un programme.

4.3   Quand nous étudierons les classes (à partir du chapitre 6), nous verrons comment développer un «tableau intelligent» capable, au moment de l'exécution, de vérifier automatiquement si tous les indices sont à l'intérieur de ses bornes. L'emploi de tels types de données aide à éliminer les bogues.

4.4   Même s'il est possible de modifier un compteur à même le corps d'une boucle **for**, évitez cette pratique car elle provoque souvent des bogues pernicieuses.

EXERCICES DE RÉVISION

4.1 Complétez les phrases suivantes:
a) Les listes et les tables sont stockées dans des _____.
b) Les éléments d'un tableau sont apparentés par le fait qu'ils possèdent tous le même _____ et le même _____.
c) Le nombre utilisé pour faire référence à un élément particulier d'un tableau s'appelle l'_____.
d) On utilise une _____ pour déclarer la taille d'un tableau, car elle permet des programmes plus modulables.
e) Le processus qui sert à placer les éléments d'un tableau en ordre s'appelle le _____.
f) Le processus qui permet de déterminer si un tableau contient une certaine valeur clé s'appelle la _____.
g) Un tableau utilisant deux indices porte aussi le nom de tableau _____.

4.2 Dites si les énoncés suivants sont vrais ou faux. Si vous répondez faux, expliquez pourquoi.
a) Un tableau peut stocker de nombreux types de valeurs différents.
b) L'indice d'un tableau devrait normalement être de type **float**.
c) Si le nombre d'initialiseurs dans une liste d'initialisation est inférieur au nombre d'éléments du tableau, les éléments en surnombre sont automatiquement initialisés à la dernière valeur placée dans la liste.
d) Une liste d'initialisation comportant plus d'initialiseurs que d'éléments de tableau est une erreur.
e) Un élément de tableau individuel, passé à une fonction et modifié à l'intérieur de celle-ci, renfermera la valeur modifiée lorsque la fonction aura terminé son exécution.

4.3 Répondez aux questions suivantes à propos d'un tableau nommé **fractions**.
a) Définissez une variable constante **tailleTableau** initialisée à 10.
b) Déclarez un tableau avec des éléments **tailleTableau** de type **double** et initialisez ces éléments à **0**.
c) Nommez le quatrième élément à partir du début du tableau.
d) Nommez l'élément 4 du tableau.
e) Affectez la valeur **1.667** à l'élément 9 du tableau.
f) Affectez la valeur **3.333** au septième élément du tableau.
g) Affichez les éléments 6 et 9 du tableau avec deux chiffres de précision à la droite du point décimal. Illustrez la sortie affichée à l'écran.
h) Affichez tous les éléments du tableau en utilisant une structure de répétition **for**. Définissez la variable d'entier **x** comme variable de contrôle pour la boucle. Illustrez la sortie affichée.

4.4 Répondez aux questions suivantes à propos d'un tableau nommé **table**.
a) Déclarez un tableau d'entiers possédant 3 lignes et 3 colonnes. Présumez que la variable constante **tailleTableau** est définie à une valeur de 3.
b) Combien d'éléments le tableau contient-il?
c) Utilisez une structure de répétition **for** pour initialiser chaque élément du tableau à la somme de ses indices. Présumez que les variables d'entiers **x** et **y** sont déclarées comme étant des variables de contrôle.
d) Écrivez un segment de programme pour afficher les valeurs de chaque élément du tableau en format tabulaire avec 3 lignes et 3 colonnes. Présumez que le tableau a été initialisé avec la déclaration

```
int table[ tailleTableau ][ tailleTableau ] =
   { { 1, 8 }, { 2, 4, 6 }, { 5 } };
```

et que les variables d'entiers **x** et **y** ont été déclarées comme variables de contrôle. Illustrez la sortie affichée.

4.5 Trouvez et corrigez l'erreur dans chacun des segments de programmes suivants.
a) `#include <iostream>;`
b) `tailleTableau = 10; // tailleTableau déclaré comme de type const.`
c) `Présumez que int b[ 10 ] = { 0 };`
```
for ( int i = 0; i <= 10; i++ )
   b[ i ] = 1;
```

d) **Présumez que int a[2][2] = { { 1, 2 }, { 3, 4 } };**
   a[1, 1] = 5;

RÉPONSES AUX EXERCICES DE RÉVISION

4.1   a) Tableaux. b) Nom, type. c) Indice. d) Variable constante. e) Tri. f) Recherche. g) À indices doubles.

4.2   a) Faux. Un tableau ne peut stocker que des variables de même type.
   b) Faux. Un indice de tableau devrait normalement se traduire par un entier ou une expression d'entier.
   c) Faux. Les éléments en surnombre sont automatiquement initialisés à zéro.
   d) Vrai.
   e) Faux. Les éléments individuels d'un tableau sont passés par appel par valeur. Si le tableau complet est passé à la fonction, toutes les modifications seront alors apportées à l'original.

4.3   a) `const int tailleTableau = 10;`
   b) `double fractions[ tailleTableau ] = { 0 };`
   c) `fractions[ 3 ]`
   d) `fractions[ 4 ]`
   e) `fractions[ 9 ] = 1.667;`
   f) `fractions[ 6 ] = 3.333;`
   g) `cout << setiosflags( ios::fixed | ios::showpoint )`
        `<< setprecision( 2 ) << fractions[ 6 ] << ' '`
        `<< fractions[ 9 ] << endl;`
   Sortie: **3.33 1.67**.
   h) `for ( int x = 0; x < tailleTableau; x++ )`
        `cout << "fractions[" << x << "] = " << fractions[ x ]`
             `<< endl;`
   Sortie:
   `fractions[ 0 ] = 0`
   `fractions[ 1 ] = 0`
   `fractions[ 2 ] = 0`
   `fractions[ 3 ] = 0`
   `fractions[ 4 ] = 0`
   `fractions[ 5 ] = 0`
   `fractions[ 6 ] = 3.333`
   `fractions[ 7 ] = 0`
   `fractions[ 8 ] = 0`
   `fractions[ 9 ] = 1.667`

4.4   a) `int table[ tailleTableau ][ tailleTableau ];`
   b) **Neuf.**
   c) `for ( x = 0; x < tailleTableau; x++ )`
        `for ( y = 0; y < tailleTableau; y++ )`
            `table[ x ][ y ] = x + y;`
   d) `cout << "    [0]  [1]  [2]" << endl;`
      `for ( int x = 0; x < tailleTableau; x++ ) {`
         `cout << '[' << x << "] ";`
         `for ( int y = 0; y < tailleTableau; y++ )`
            `cout << setw ( 3 ) << table[ x ][ y ] << "  ";`
         `cout << endl;`
   Sortie:

	[0]	[1]	[2]
[0]	1	8	0
[1]	2	4	6
[2]	5	0	0

4.5   a)   Erreur: point-virgule à la fin de la directive de précompilateur `#include`.
Correction: enlever le point-virgule.

b)   Erreur: affectation d'une valeur à une variable constante en utilisant une instruction d'affectation.
Correction: affecter la valeur à la variable constante dans une déclaration `const int tailleTableau.`

c)   Erreur: référence à un élément du tableau en dehors des limites du tableau (`b[10]`).
Correction: changer la valeur finale de la variable de contrôle à 9.

d)   Erreur: instruction d'indice de tableau incorrecte.
Correction: remplacer l'instruction par `a[ 1 ][ 1 ] = 5;`

EXERCICES

4.6   Complétez les phrases suivantes:

a)   Le C++ stocke les listes de valeurs sous forme de _____.

b)   Les éléments d'un tableau sont apparentés par le fait qu'ils _____.

c)   Dans une référence à un élément, le numéro de position contenu entre parenthèses porte le nom d'_____.

d)   Les noms des quatre éléments du tableau **p** sont _____, _____, _____ et _____.

e)   La _____ du tableau constitue le fait de le nommer, d'établir son type et de spécifier le nombre d'éléments qu'il renferme.

f)   Le processus qui permet de placer les éléments d'un tableau en ordre ascendant ou descendant porte le nom de _____.

g)   Dans un tableau à indices doubles, le premier indice (par convention) identifie la _____ d'un élément, tandis que le second indice (toujours par convention) désigne la _____ d'un élément.

h)   Un tableau de *m* par *n* contient _____ lignes, _____ colonnes et _____ éléments.

i)   Le nom de l'élément à la ligne 3, colonne 5 d'un tableau **d** est _____.

4.7   Dites si les énoncés suivants sont vrais ou faux. Si vous répondez faux, expliquez pourquoi.

a)   Pour se référer à un emplacement ou à un élément particulier d'un tableau, nous spécifions le nom du tableau et la valeur de cet élément particulier.

b)   Une déclaration d'un tableau réserve de l'espace pour celui-ci.

c)   Pour indiquer de réserver 100 emplacements de mémoire pour le tableau d'entiers **p**, le programmeur écrit la déclaration:

     `p[ 100 ];`

d)   Pour initialiser à zéro les 15 éléments d'un tableau, un programme de C++ doit contenir au moins une boucle **for**.

e)   Pour additionner les éléments d'un tableau à indices doubles, un programme de C++ doit contenir des boucles **for** imbriquées.

4.8   Écrivez des instructions en C++ pour exécuter chacune des actions suivantes:

a)   Afficher la valeur du septième élément du tableau de caractères **f**.

b)   Entrer une valeur dans l'élément 4 du tableau à virgule flottante à indices simples **b**.

c)   Initialiser chacun des 5 éléments du tableau d'entiers à indices simples **g** à 8.

d)   Additionner et afficher les 100 éléments du tableau à virgule flottante **c**.

e)   Copier le tableau **a** dans la première portion du tableau **b**. Supposer que

     `double a[ 11 ], b[ 34 ];`

f)   Déterminer et afficher les plus petite et plus grande valeurs contenues dans le tableau à virgule flottante **w**, composé de 99 éléments.

4.9   Imaginez un tableau d'entiers de 2 par 3 nommé **t**.
   a) Écrivez une déclaration pour **t**.
   b) Combien de lignes **t** a-t-il?
   c) Combien de colonnes **t** a-t-il?
   d) Combien d'éléments **t** a-t-il?
   e) Écrivez les noms de tous les éléments de la seconde ligne de **t**.
   f) Écrivez les noms de tous les éléments de la troisième colonne de **t**.
   g) Écrivez une instruction unique qui donne une valeur de zéro à l'élément de la ligne 1, colonne 2 de **t**.
   h) Écrivez une série d'instructions qui initialise chaque élément de **t** à zéro. N'utilisez pas de boucle.
   i) Écrivez une structure **for** imbriquée qui initialise chaque élément de **t** à zéro.
   j) Écrivez une instruction qui entre les valeurs des éléments de **t** en provenance du terminal.
   k) Écrivez une série d'instructions qui détermine et affiche la plus petite valeur du tableau **t**.
   l) Écrivez une instruction qui affiche les éléments de la première ligne de **t**.
   m) Écrivez une instruction qui additionne les éléments de la quatrième colonne de **t**.
   n) Écrivez une série d'instructions qui affichent le tableau **t** dans un format tabulaire clair. Listez les indices des colonnes sous forme d'en-têtes en haut de l'écran et énumérez les indices des lignes à la gauche de chaque ligne.

4.10   Utilisez un tableau à indices simples pour résoudre le problème suivant. Une entreprise rémunère ses représentants commerciaux à la commission. Ceux-ci reçoivent 200 $ par semaine plus 9 % de leurs ventes brutes hebdomadaires. Par exemple, un représentant qui totalise des ventes brutes hebdomadaires de 5 000 $ reçoit 200 $ plus 9 % de 5 000 $, soit un total de 650 $. Écrivez un programme (en utilisant un tableau de compteurs) qui déterminera combien de représentants ont perçu des émoluments situés dans chacune des échelles salariales ci-dessous (présumez que le salaire de chaque représentant est arrondi à l'entier le plus près):
   a) $200-$299
   b) $300-$399
   c) $400-$499
   d) $500-$599
   e) $600-$699
   f) $700-$799
   g) $800-$899
   h) $900-$999
   i) $1000 et plus.

4.11   Le tri à bulle, présenté à la figure 4.16, n'est pas efficace pour de gros tableaux. Effectuez les modifications suivantes pour améliorer la performance du tri à bulle.
   a) Après le premier passage, le plus grand nombre devient à coup sûr l'élément du tableau ayant l'indice le plus élevé; après le deuxième passage, les deux nombres les plus élevés sont contenus par les emplacements aux indices les plus élevés et ainsi de suite. Au lieu d'exécuter neuf comparaisons pour chaque passage, modifiez le tri à bulle pour effectuer huit comparaisons lors du deuxième passage, sept lors du troisième passage, etc.
   b) Presque toutes les données du tableau pourraient bien être déjà triées dans l'ordre approprié. Alors, pourquoi effectuer neuf passages si une quantité moindre pouvait suffire? Modifiez le tri pour vérifier, à la fin de chaque passage, si des permutations ont été faites. Si aucune permutation n'a été effectuée, cela signifie que les données sont déjà dans le bon ordre et que le programme doit se terminer. Si des permutations ont eu lieu, au moins un passage additionnel est requis.

4.12 Pour un tableau à indices simples, écrivez les instructions effectuant les opérations suivantes:
   a) Initialisez les 10 éléments du tableau d'entiers **comptes** à 0.
   b) Ajoutez 1 à chacun des 15 éléments du tableau d'entiers **bonus**.
   c) Lisez 12 valeurs en provenance du clavier pour le tableau **temperaturesMensuelles**, de type **double**.
   d) Affichez les 5 valeurs du tableau d'entiers **meilleursPointages** dans un format en colonnes.

4.13 Trouvez l'erreur (ou les erreurs) dans les instructions suivantes:
   a) Supposez que **char str[5];**
      cin >> str;   // L'utilisateur tape bonjour
   b) Supposez que **int a[3];**
      cout << a[1] << " " << a[2] << " " << a[3] << endl;
   c) **double f[3] = { 1.1, 10.01, 100.001, 1000.0001 };**
   d) Supposez que **double d[2][10];**
      d[1, 9] = 2.345;

4.14 Modifiez le programme de la figure 4.17 pour que la fonction **mode** puisse supporter un cas d'égalité pour la valeur du mode. Modifiez également la fonction **mediane** pour calculer la moyenne des deux éléments centraux d'un tableau ayant un nombre pair d'éléments.

4.15 Utilisez un tableau à indices simples pour résoudre le problème suivant. Lisez 20 nombres, compris entre 10 et 100 inclusivement. Affichez chaque nombre si ce dernier n'a jamais été lu auparavant. Assurez-vous de pouvoir traiter le «pire scénario» qui consiste en une série de 20 nombres différents. Utilisez le plus petit tableau possible pour résoudre ce problème.

4.16 Étiquetez les éléments d'un tableau de 3 par 5 à indices doubles, nommé **ventes**, pour indiquer l'ordre dans lequel ces éléments sont ajustés à zéro par le segment de programme suivant:

```
for ( ligne = 0; ligne < 3; ligne++ )
   for ( colonne = 0; colonne < 5; colonne++ )
      ventes[ ligne ][ colonne ] = 0;
```

4.17 Écrivez un programme simulant le lancer de deux dés. Le programme doit utiliser **rand** pour le lancement du premier dé, puis **rand** de nouveau pour lancer le second dé. Vous effectuerez ensuite la somme des deux valeurs. *Note:* Comme chaque dé peut rendre une valeur d'entier de 1 à 6, la somme des deux pourra varier de 2 à 12. La valeur 7 représentera la somme la plus fréquente, tandis que 2 et 12 sont les sommes les moins fréquentes. La figure 4.28 illustre les 36 combinaisons possibles pour les deux dés. Votre programme doit lancer les deux dés 36 000 fois. Utilisez un tableau à indices simples pour calculer le nombre d'occurrences de chaque somme. Affichez les résultats dans un format tabulaire. Déterminez également si les totaux sont raisonnables (puisqu'on peut obtenir le total de 7 de six façons différentes, la somme des occurrences de ce nombre devrait normalement être égale à environ un sixième du nombre total de lancers).

	1	2	3	4	5	6
1	2	3	4	5	6	7
2	3	4	5	6	7	8
3	4	5	6	7	8	9
4	5	6	7	8	9	10
5	6	7	8	9	10	11
6	7	8	9	10	11	12

Figure 4.28   Les 36 possibilités lors du lancer de deux dés.

4.18   Qu'effectue que le programme suivant?

```
1  // ex04_18.cpp
2  #include <iostream>
3
4  using std::cout;
5  using std::endl;
6
7  int queSuisJe( int [], int );
8
9  int main()
10 {
11    const int tailleTableau = 10;
12    int a[ tailleTableau ] = { 1, 2, 3, 4, 5, 6, 7, 8, 9, 10 };
13
14    int resultat = queSuisJe( a, tailleTableau );
15
16    cout << "Le résultat est " << resultat << endl;
17    return 0;
18 }
19
20 int queSuisJe( int b[], int taille )
21 {
22    if ( taille == 1 )
23       return b[ 0 ];
24    else
25       return b[ taille − 1 ] + queSuisJe( b, taille − 1 );
26 }
```

4.19   Écrivez un programme effectuant 1000 parties du jeu de la barbotte qui répond aux questions ou exigences suivantes:

   a) Le programme doit afficher le nombre de parties gagnées au premier lancer des dés, au deuxième lancer et ainsi de suite, jusqu'au vingtième lancer des dés, ainsi que pour plus de 20 lancers.

   b) Le programme doit afficher le nombre de parties ont été perdues au premier lancer des dés, au deuxième lancer et ainsi de suite, jusqu'au vingtième lancer des dés, ainsi que pour plus de 20 lancers.

   c) Quelles sont les chances de gagner au jeu de la barbotte? (*Note:* Vous devriez découvrir que le jeu de la barbotte constitue l'un des jeux de casino les plus justes. Quelle signification y voyez-vous?)

   d) Quelle est la durée moyenne d'une partie de barbotte?

   e) Est-ce que les chances de gagner augmentent à mesure que la partie se poursuit?

4.20   (*Système de réservation de billets d'avion*) Une petit transporteur aérien vient d'acheter un ordinateur pour son nouveau système automatisé de réservation de billets. On vous demande de programmer le nouveau système. Vous devrez écrire un programme affectant les sièges pour chacun des vols du seul avion de la compagnie aérienne, d'une capacité de 10 sièges.

Votre programme doit afficher le menu suivant: **S'il vous plaît appuyez sur 1 pour "première classe"**, et **S'il vous plaît, appuyez sur 2 pour "economique"**. Si la personne appuie sur le 1, votre programme doit affecter un siège dans la section de première classe (sièges 1 à 5). Si la personne appuie sur le 2, le programme affecte un siège dans la section de classe économique (sièges 6 à 10). Le programme doit imprimer une carte d'embarquement indiquant le numéro du siège de la personne et s'il s'agit de la section de première classe ou de classe économique dans l'avion.

Utilisez un tableau à indices simples pour représenter l'ensemble des sièges de l'avion. Initialisez tous les éléments du tableau à 0 pour indiquer qu'aucun siège n'est occupé. Pour chaque siège assigné, ajustez les éléments correspondants du tableau à 1 pour confirmer que le siège est réservé.

Votre programme ne peut bien sûr jamais affecter un siège déjà occupé par une personne. Lorsque toute la première classe est pleine, le programme doit demander à la personne si elle accepterait un siège en classe économique, et inversement. Si la personne accepte, procédez à l'affectation du siège approprié. Si la personne refuse, affichez le message **"Départ du prochain vol dans 3 heures."**

4.21   Qu'effectue le programme suivant?

```
1    // ex04_21.cpp
2    #include <iostream>
3
4    using std::cout;
5    using std::endl;
6
7    void fonctionQuelconque( int [], int );
8
9    int main()
10   {
11      const int tailleTableau = 10;
12      int a[ tailleTableau ] = { 32, 27, 64, 18, 95, 14, 90, 70, 60, 37 };
13
14      cout << "Les valeurs du tableau sont:" << endl;
15      fonctionQuelconque( a, tailleTableau );
16      cout << endl;
17      return 0;
18   }
19
20   void fonctionQuelconque( int b[], int taille )
21   {
22      if ( taille > 0 ) {
23         fonctionQuelconque( &b[ 1 ], taille - 1 );
24         cout << b[ 0 ] << "  ";
25      }
26   }
```

4.22   Utilisez un tableau à indices doubles pour résoudre le problème suivant. Une société engage quatre représentants (1 à 4) qui vendent cinq produits différents (1 à 5). Une fois par jour, chaque représentant remet un bordereau pour chacun des différents types de produits vendus. Chaque bordereau contient les informations suivantes:

   a) le numéro du représentant;
   b) le numéro du produit;
   c) le montant total en dollars des ventes de la journée pour chacun des produits.

Ainsi, chaque représentant remet entre 0 et 5 bordereaux de ventes par jour. Supposons que les données pour tous les bordereaux du mois dernier sont disponibles. Écrivez un programme qui pourra lire toute l'information concernant les ventes du mois dernier et qui pourra résumer des ventes totales de chaque représentant pour chacun des produits. Tous les totaux doivent être stockés dans le tableau à indices doubles **ventes**. Une fois ces informations traitées, affichez les résultats dans un format tabulaire, où chaque colonne est attribuée à un représentant en particulier et où chaque ligne est un des produits. Calculez les totaux de chaque ligne pour obtenir les ventes totales pour chacun des produits le mois dernier. Calculez les totaux de chaque colonne pour obtenir les ventes mensuelles totales de chaque représentant le mois dernier. L'écran doit afficher ces totaux à la droite des lignes et au-dessous des colonnes.

4.23   (*Tortue graphique*) Le langage Logo, particulièrement populaire auprès des utilisateurs d'ordinateurs personnels, est responsable du succès du concept de la *tortue graphique*. Imaginez une tortue mécanique qui se promène dans une pièce sous le contrôle d'un programme en C++. La tortue tient un stylo dans l'une ou l'autre de deux positions: haute ou basse. Lorsque le stylo est en position basse, la tortue dessine une forme pendant qu'elle se déplace; lorsque le stylo est en position haute, la tortue se déplace sans dessiner. On vous demande, pour ce problème, de simuler l'opération de la tortue et de créer un bloc à dessins.

Utilisez un tableau de 20 par 20 nommé **plancher** initialisant les éléments à zéro. Lisez les commandes à partir d'un tableau qui les contient. Suivez à tout moment la position de la tortue ainsi que la position haute ou basse du stylo.

Supposez que la tortue commence toujours à la position 0,0 sur le plancher avec le stylo en position haute. La liste suivante comprend la série de commandes pour la tortue que votre programme doit traiter:

Commande	Signification
1	Stylo en position haute
2	Stylo en position basse
3	Tourner à droite
4	Tourner à gauche
5,10	Avancer de 10 espaces (ou un nombre autre que 10)
6	Afficher le tableau de 20 par 20
9	Fin des données (valeur sentinelle)

Supposez que la tortue se trouve quelque part près du centre du plancher. Le programme suivant dessine et affiche un carré de 12 par 12 et termine avec le stylo en position haute:

```
2
5,12
3
5,12
3
5,12
3
5,12
1
6
9
```

À mesure que la tortue se déplace avec le stylo en position basse, affectez les éléments appropriés du tableau **plancher** à 1. Lorsque la commande **6** (afficher) est donnée, affichez un astérisque (ou un autre caractère de votre choix) pour tout élément du tableau dont la valeur est affectée d'un **1**. Affichez un caractère d'espace vide pour tout élément dont la valeur est de zéro. Écrivez un programme pour implanter les caractéristiques graphiques déjà discutées pour la tortue. Écrivez différents programmes de tortue graphique pour dessiner des formes intéressantes. Ajoutez d'autres commandes pour augmenter la puissance du langage de pilotage de la tortue graphique.

4.24 (*Parcours du cavalier*) L'une des énigmes les plus intéressantes pour les passionnés d'échecs est le problème du parcours du cavalier, initialement proposé par le mathématicien Euler. La question est la suivante: peut-on déplacer la pièce appelée cavalier sur un échiquier vide et toucher chacune des 64 cases une seule fois? Étudions maintenant ce problème en profondeur.

Le cavalier se déplace selon un mouvement en forme de L (c'est-à-dire de deux cases dans une direction et d'une case en direction perpendiculaire à la précédente ou inversement). De cette façon, à partir d'une case placée au milieu d'un échiquier vide, le cavalier peut effectuer huit déplacements différents (numérotés de 0 à 7), comme l'illustre la figure 4.29.

    a) Dessinez un échiquier de 8 par 8 sur une feuille de papier et tracez un parcours du cavalier à main levée. Inscrivez **1** dans la première case vers laquelle vous déplacez le cavalier, **2** dans la deuxième, **3** dans la troisième, etc. Avant de commencer le parcours, estimez jusqu'où vous croyez que vous irez, tout en vous rappelant qu'un parcours complet exige 64 déplacements. Jusqu'où êtes-vous allé? Était-ce conforme à votre estimation?

b) Développons maintenant un programme qui déplacera le cavalier sur l'échiquier. L'échiquier est représenté par un tableau de 8 par 8 à indices doubles appelé **echiquier**. Chacune des cases est initialisée à zéro. Nous décrivons chacun des huit déplacements possibles en termes de leurs composants horizontaux et verticaux. Par exemple, un déplacement de type 0, illustré à la figure 4.29, résulte d'un déplacement de deux cases horizontales vers la droite et d'une case verticale vers le haut. Un déplacement de type 2 résulte d'un déplacement d'une case horizontale vers la gauche puis de deux cases verticales vers le haut. Les déplacements horizontaux vers la gauche et les déplacements verticaux vers le haut sont indiqués par des nombres négatifs. On peut décrire les huit déplacements avec deux tableaux à indices simples, à savoir **horizontal** et **vertical** de la façon suivante:

```
horizontal[ 0 ] = 2
horizontal[ 1 ] = 1
horizontal[ 2 ] = -1
horizontal[ 3 ] = -2
horizontal[ 4 ] = -2
horizontal[ 5 ] = -1
horizontal[ 6 ] = 1
horizontal[ 7 ] = 2

vertical[ 0 ] = -1
vertical[ 1 ] = -2
vertical[ 2 ] = -2
vertical[ 3 ] = -1
vertical[ 4 ] = 1
vertical[ 5 ] = 2
vertical[ 6 ] = 2
vertical[ 7 ] = 1
```

Les variables **ligneCourante** et **colonneCourante** indiquent les lignes et les colonnes pour la position courante du cavalier. Pour effectuer un déplacement de type **numeroDeplacement**, où **numeroDeplacement** se situe entre 0 et 7, votre programme utilise les instructions:

```
ligneCourante += vertical[ numeroDeplacement ];
colonneCourante += horizontal[ numeroDeplacement ];
```

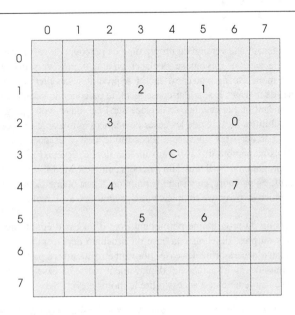

Figure 4.29   Les huit déplacements possibles du cavalier.

Gardez un compteur variant de **1** à **64**. Enregistrez le dernier décompte dans chaque case vers laquelle le cavalier se déplace. Testez chaque déplacement possible pour vérifier si le cavalier a déjà visité cette case. Enfin, testez chaque déplacement potentiel pour éviter que le cavalier ne puisse se déplacer hors de l'échiquier. Écrivez maintenant un programme pour déplacer le cavalier sur l'échiquier. Exécutez le programme. Combien de déplacements le cavalier a-t-il effectués?

c) Après avoir essayé d'écrire et d'exécuter un programme de parcours du cavalier, vous avez probablement constaté et pris en note certains éléments intéressants. Nous les utiliserons pour développer une *heuristique* (ou stratégie) pour déplacer le cavalier. Les heuristiques ne garantissent pas la réussite, mais peuvent augmenter les chances de succès de façon significative lorsqu'elles sont bien développées. Vous avez probablement observé que les cases extérieures causent plus de problèmes que les cases près du centre de l'échiquier. En réalité, les cases les plus problématiques ou inaccessibles sont celles qui sont situées aux quatre coins.

Notre intuition nous porte à croire qu'il vaut mieux déplacer le cavalier vers les cases les plus problématiques le plus tôt possible, pour laisser libres celles considérées comme plus faciles. Nos chances de succès demeureraient donc optimales à mesure que l'échiquier se congestionne.

Nous pourrions développer une «heuristique d'accessibilité» en qualifiant chacune des cases en fonction de leur niveau d'accessibilité, pour ensuite essayer de déplacer le cavalier vers la case la moins accessible (en respectant les déplacements en L du cavalier, bien entendu). Nous suggérons le tableau à indices doubles `accessibilite` dans lequel les nombres indiquent, pour chacun des emplacements de l'échiquier, de combien de cases il est accessible. Sur un échiquier vide, chaque case centrale a le niveau **8**, chaque case de coin a le niveau **2**, tandis que les autres varient entre les niveaux **3**, **4** ou **6**, de la façon suivante:

```
2   3   4   4   4   4   3   2
3   4   6   6   6   6   4   3
4   6   8   8   8   8   6   4
4   6   8   8   8   8   6   4
4   6   8   8   8   8   6   4
4   6   8   8   8   8   6   4
3   4   6   6   6   6   4   3
2   3   4   4   4   4   3   2
```

Écrivez maintenant une version du programme de parcours du cavalier en utilisant l'heuristique d'accessibilité. Le cavalier devrait se déplacer en tout temps vers une case portant le niveau d'accessibilité le moins élevé. Si un cas d'égalité se produit, le cavalier peut se déplacer vers l'une ou l'autre des cases de niveaux égaux. Par conséquent, le parcours doit commencer dans un des quatre coins. (*Note:* pendant que le cavalier se déplace sur l'échiquier, votre programme doit réduire les niveaux d'accessibilité à mesure que les cases deviennent inutilisables. De cette façon, pour chaque déplacement du parcours, les niveaux d'accessibilité des cases encore disponibles demeureront précisément égaux au nombre de cases pouvant leur donner accès). Exécutez cette version de votre programme. Le programme a-t-il réussi un parcours complet? Modifiez maintenant votre programme pour qu'il effectue 64 parcours, en variant le point de départ pour chacune des cases disponibles sur l'échiquier. Combien de parcours complets votre programme a-t-il réalisé?

d) Écrivez une version du programme permettant, lors d'un cas d'égalité du niveau d'accessibilité entre deux cases ou plus, de choisir la case du prochain déplacement. Ce choix s'effectuera en fonction du niveau d'accessibilité des cases pouvant être atteintes à partir de celles du cas d'égalité. Votre programme devra effectuer le déplacement vers la case permettant le déplacement subséquent possédant le niveau d'accessibilité le moins élevé.

4.25 (*Parcours du cavalier: méthodes par force brute*) À l'exercice 4.24, nous avons développé une solution au problème du parcours du cavalier. La méthode utilisée, appelée «heuristique d'accessibilité», produit plusieurs solutions et s'exécute de façon efficace.

Comme la puissance des ordinateurs augmente sans cesse, nous pourrons résoudre plus de problèmes à partir d'une puissance informatique pure et d'algorithmes relativement peu complexes. Cette méthode s'appelle la résolution de problèmes par «force brute».

a) Utilisez la production de nombres aléatoires pour permettre au cavalier de se déplacer au hasard à travers l'échiquier (tout en respectant bien sût la forme en L propre à ses déplacements). Votre programme doit exécuter un parcours et afficher l'échiquier final. Combien de déplacements le cavalier a-t-il effectués?

b) Il est probable que le programme précédent a produit un parcours relativement court. Modifiez maintenant votre programme pour effectuer 1000 parcours. Utilisez un tableau à indices simples pour calculer la quantité de parcours pour chaque durée (nombre de déplacements). Lorsque votre programme termine son exécution, il doit afficher cette information dans un format tabulaire clair. Quel est le meilleur résultat?

c) Il est probable que le programme précédent ait produit quelques parcours «respectables» quoique non complets. Ouvrons donc «la machine au maximum» et laissons votre programme s'exécuter jusqu'à ce qu'il produise un parcours complet. (*Mise en garde:* Cette version du programme peut continuer à s'exécuter pendant des heures, même sur un ordinateur puissant). Une fois de plus, utilisez un tableau pour calculer le nombre de parcours pour chaque durée et affichez ce tableau lorsque le premier parcours complet est terminé. Combien de parcours votre programme a-t-il exécutés avant d'effectuer un parcours complet? Pendant combien de temps votre programme s'est-il exécuté?

d) Comparez la version du problème du parcours du cavalier utilisant la méthode par force brute et la version utilisant l'heuristique d'accessibilité. Quelle est la version qui a nécessité l'étude la plus approfondie du problème? Quel algorithme a été le plus difficile à développer? Quelle est la version qui a nécessité le plus de puissance informatique? Pouvions-nous être assurés d'obtenir un parcours complet avant de commencer avec la méthode utilisant l'heuristique d'accessibilité? Pouvions-nous être assurés d'obtenir un parcours complet avant de commencer avec la méthode utilisant la force brute? Discutez des avantages et des inconvénients de la résolution de problèmes par force brute en général.

4.26 (*Huit reines*) Une autre énigme intéressante pour les passionnés d'échecs demeure le problème des huit reines. Voici le problème: est-il possible de placer huit reines sur un échiquier vide sans qu'aucune d'entre elles ne puisse en «attaquer» une autre, c'est-à-dire sans qu'aucune reine ne soit située dans la même rangée, la même ligne, ou la même diagonale? Utilisez les développements discutés à l'exercice 4.24 pour formuler une heuristique de résolution pour le problème des huit reines. Exécutez votre programme.

(*Indice*: Il est possible d'affecter une valeur pour chaque case de l'échiquier, indiquant la quantité de cases «éliminées» sur un échiquier vide, lorsqu'une reine est placée à cet endroit. Chacun des quatre coins serait affecté de la valeur 22, comme l'illustre la figure 4.30.) Une fois que ces «nombres d'élimination» sont placés dans les 64 cases, nous pourrions définir une heuristique qui placerait la prochaine reine sur la case possédant le nombre d'élimination le moins élevé. Pourquoi cette stratégie semble-t-elle intéressante d'un point de vue intuitif?

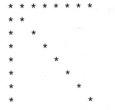

Figure 4.30   Les 22 cases éliminées lorsqu'on place une reine dans le coin supérieur gauche de l'échiquier.

4.27   (*Huit reines: méthodes par force brute*) Dans cet exercice, vous développerez différentes méthodes par force brute pour résoudre le problème des huit reines introduit à l'exercice 4.26.

    a) Résolvez l'exercice des huit reines, en utilisant la technique par force brute de production de nombres aléatoires développée à l'exercice 4.25.

    b) Utilisez une technique exhaustive, c'est-à-dire en essayant toutes les combinaisons possibles pour les huit reines sur l'échiquier.

    c) Pourquoi croyez-vous que la méthode par force brute exhaustive puisse ne pas être appropriée pour résoudre le problème du parcours du cavalier?

    d) D'une façon générale, comparez et mettez en contraste la méthode par force brute de production de nombres aléatoires et celle de la force brute exhaustive.

4.28   (*Parcours du cavalier: test du parcours fermé*) Lors de l'exercice du parcours du cavalier, un parcours complet se produit lorsque le cavalier réussit à toucher les 64 cases de l'échiquier une seule et unique fois. Un parcours fermé se produit lorsque le 64ème déplacement se termine sur une case donnant accès à la case où le cavalier a commencé son parcours. Modifiez le programme du parcours du cavalier écrit à l'exercice 4.24 pour vérifier, lorsqu'un parcours complet est accompli, s'il s'agit également d'un parcours fermé.

4.29   (*Le crible d'Ératosthène*) Un entier est premier s'il ne peut être divisé que par 1 ou par lui-même. Le crible d'Ératosthène est une méthode pour trouver les nombres premiers. En voici les détails:

    a) Créez un tableau en initialisant tous les éléments à 1 (vrai). Les éléments du tableau avec des indices premiers demeureront à 1. Tous les autres éléments du tableau seront éventuellement ajustés à zéro.

    b) En commençant avec l'indice 2 du tableau (l'indice 1 doit être premier). Chaque fois qu'un élément possédant une valeur de 1 est trouvé, effectuez une boucle pour la partie restante du tableau et affectez un zéro à chaque élément dont l'indice est un multiple de l'indice de l'élément de valeur 1. Pour l'indice 2 du tableau, tous les éléments du tableau au-delà de 2 représentant des multiples de 2 seront ajustés à zéro (indices 4, 6, 8, 10, etc.). Pour l'indice 3 du tableau, tous les éléments au-delà de 3 représentant des multiples de 3 seront ajustés à zéro (indices 6, 9, 12, 15, etc.) et ainsi de suite.

Lorsque ce processus est complété, les éléments du tableau toujours initialisés à 1 indiquent que l'indice est un nombre premier. Ces indices pourront alors être affichés. Écrivez un programme qui utilise un tableau de 1000 éléments pour déterminer et afficher les nombres premiers de 1 à 999. Ignorez l'élément 0 du tableau.

4.30   (*Tri par seaux*) Un tri par seaux commence avec un tableau à indices simples d'entiers positifs devant être triés, et un tableau d'entiers à indices doubles dont les indices de lignes varient de 0 à 9 et dont les indices de colonnes varient de 0 à $n - 1$. Ici, n est le nombre de valeurs du tableau qui doivent être triées. On appelle «seau» chaque ligne du tableau à indices doubles. Écrivez une fonction **triSeau** qui prend un tableau d'entiers et sa taille comme arguments et qui effectue les tâches suivantes:

    a) Placer chaque valeur du tableau à indices simples dans une ligne du tableau des seaux, en se basant sur le chiffre des unités de cette valeur. Par exemple, 97 se place dans la ligne 7, 3 se place dans la ligne 3, et 100 se place dans la ligne 0. C'est ce qu'on appelle un «passage par distribution».

    b) Effectuer une boucle qui traverse le tableau des seaux ligne par ligne et copier les valeurs vers le tableau d'origine. C'est ce qu'on appelle un «passage par accumulation». Le nouvel ordre des valeurs précédentes dans le tableau à indices simples devient ainsi 100, 3, puis 97.

    c) Répéter ce processus pour chaque position de chiffre subséquente (dizaines, centaines, milliers, etc.).

Au deuxième passage, 100 se place dans la ligne 0, 3 se place dans la ligne 0 (puisque 3 ne possède par de chiffre des dizaines) et 97 se place dans la ligne 9. Après le passage par accumulation, l'ordre des valeurs du tableau à indices simples devient 100, 3, puis 97. Au troisième passage, 100 se place dans la ligne 1, 3 se place dans la ligne 0 et 97 se place dans la ligne 0 (à la suite du 3). Une fois le dernier passage par accumulation terminé, le tri du tableau d'origine est complété.

Notez que le tableau des seaux à indices doubles possède une taille dix fois plus grande que le tableau d'entiers qui doit être trié. Cette technique de tri procure une meilleure performance que le tri à bulle mais exige beaucoup plus de mémoire. Le tri à bulle ne requiert d'espace que pour un seul élément additionnel de données.

Il s'agit d'un exemple de compromis entre l'espace et le temps. Le tri par seaux utilise plus de mémoire que le tri à bulle, mais sa performance demeure supérieure. Cette version du tri par seaux nécessite la copie de toutes les données vers le tableau d'origine pour chaque passage. Une autre possibilité consiste à créer un second tableau à indices doubles et à permuter les données entre les deux tableaux de seaux.

EXERCICES DE RÉCURSION

4.31   (*Tri de sélection*) Un tri de sélection recherche le plus petit élément d'un tableau qui est ensuite permuté avec son premier élément. Ce processus se poursuit pour le sous-tableau en commençant avec le second élément du tableau. Chaque passage du tableau place un nouvel élément dans son emplacement approprié. Ce tri fonctionne de façon comparable au tri à bulle; pour un tableau de n éléments, on doit effectuer un nombre de passages égal à $n - 1$. De plus, pour chaque sous-tableau, on doit effectuer une quantité de comparaisons égale à $n - 1$ pour trouver la plus petite valeur. Lorsque le sous-tableau en cours de traitement ne contient plus qu'un seul élément, le tableau est trié. Écrivez une fonction récursive `triSelection` pour effectuer cet algorithme.

4.32   (*Palindromes*) Un *palindrome* consiste en une chaîne d'épellation identique dans les deux sens. En voici des exemples: «radar», «Laval» et (en ignorant les espaces) «Esope reste ici et se repose». Écrivez une fonction récursive `testPalindrome` qui renvoie **true** si la chaîne stockée dans le tableau consiste en un palindrome, ou **false** dans les autres cas. La fonction doit ignorer les espaces et la ponctuation dans la chaîne.

4.33   (*Recherche linéaire*) Modifiez la figure 4.19 pour utiliser la fonction récursive `rechercheLineaire` pour effectuer une recherche linéaire dans le tableau. La fonction doit recevoir un tableau d'entiers et la taille de celui-ci comme arguments. Si la clé de recherche est trouvée, la valeur renvoyée doit être celle de l'indice du tableau, ou de −1 dans les autres cas.

4.34   (*Recherche binaire*) Modifiez le programme de la figure 4.20 pour utiliser la fonction récursive `rechercheBinaire` pour effectuer une recherche binaire dans le tableau. La fonction doit recevoir un tableau d'entiers, l'indice de départ et l'indice de terminaison comme arguments. Si la clé de recherche est trouvée, la valeur renvoyée doit être celle de l'indice du tableau ou de −1 dans les autres cas.

4.35   (*Huit reines*) Modifiez le programme des huit reines créé à l'exercice 4.26 pour résoudre le problème récursivement.

4.36   (*Affichage d'un tableau*) Écrivez une fonction récursive `afficherTableau` qui prend un tableau ainsi que sa taille comme arguments et qui ne renvoie aucune valeur. La fonction doit terminer le traitement et renvoyer une valeur si elle reçoit un tableau d'une taille de zéro.

4.37   (*Affichage d'une chaîne en commençant par la fin*) Écrivez une fonction récursive `chaineInverse` qui prend un tableau de caractères contenant une chaîne comme argument, affiche cette chaîne en commençant par la fin et ne renvoie aucune valeur. La fonction doit terminer le traitement et renvoyer une valeur si elle rencontre un caractère null de terminaison.

4.38   (*Recherche de la plus petite valeur dans un tableau*) Écrivez une fonction récursive `minimumRecursif` qui prend un tableau d'entiers et sa taille comme arguments et qui renvoie le plus petit élément du tableau. La fonction doit terminer le traitement et renvoyer une valeur si elle reçoit un tableau d'un seul élément.

Pointeurs
et chaînes

Objectifs

- Utiliser les pointeurs.

- Utiliser les pointeurs pour passer
  des arguments à des fonctions par appel
  par référence.

- Comprendre les relations intimes entre
  les pointeurs, les tableaux et les chaînes.

- Comprendre l'emploi des pointeurs sur
  les fonctions.

- Déclarer et utiliser des tableaux de chaînes
  de caractères.

Aperçu

5.1 Introduction

Dans le présent chapitre, nous discutons de l'une des caractéristiques les plus puissantes et les plus difficiles à maîtriser du langage de programmation C++: le pointeur. Comme nous l'avons vu au chapitre 3, nous pouvons utiliser des références pour effectuer des appels par référence. Les pointeurs permettent aux programmes de simuler ce genre d'appels et de créer et de manipuler des structures de données dynamiques ou, plus précisément, des structures de données capables de grossir et de rétrécir comme les listes chaînées, les queues, les piles et les arborescences. Dans ce chapitre, nous expliquons et analysons aussi les concepts de base des pointeurs ainsi que les relations intimes entre les tableaux, les pointeurs et les chaînes de caractères. Le tout est complété par une riche collection d'exercices sur le traitement des chaînes de caractères.

Nous verrons l'emploi des pointeurs avec les structures au chapitre 6, tandis qu'aux chapitres 9 et 10, nous apprendrons que la programmation orientée objets s'effectue au moyen de pointeurs et de références. Quant aux techniques de gestion de mémoire dynamique, nous les verrons au chapitre 15, de concert avec des exemples de création et d'utilisation des structures de données dynamiques.

La vision des tableaux et des chaînes de caractères en tant que pointeurs provient du langage C, mais on peut aussi considérer ceux-ci comme objets à part entière, comme nous le soulignerons plus loin dans cet ouvrage.

5.2 Déclarations et initialisation de variables pointeurs

Les variables pointeurs contiennent des adresses mémoire. En règle générale, une variable contient directement une valeur spécifique, tandis qu'un pointeur renferme plutôt l'adresse d'une variable qui, elle, contient une valeur spécifique. Par conséquent, un nom de variable référence *directement* une valeur, alors qu'un pointeur y fait référence *indirectement* (figure 5.1). Référencer une valeur au moyen d'un pointeur s'appelle une *indirection*.

Comme toute autre variable, on doit déclarer les pointeurs avant de pouvoir les utiliser. La ligne suivante,

```
int *comptePtr, compte;
```

déclare la variable **comptePtr** comme étant de type **int *** – soit un pointeur vers une valeur d'entier – et se lit «**comptePtr** est un pointeur vers un **int**» ou «**comptePtr** pointe vers un objet de type entier». De plus, la variable **compte** est déclarée comme un un entier et non un pointeur vers un entier. Dans la déclaration, l'opérateur * ne s'applique qu'à **comptePtr**. Un astérisque (*) doit précéder toute déclaration d'une variable de type pointeur. Par exemple, la déclaration

```
double *xPtr, *yPtr;
```

indique que **xPtr** et **yPtr** sont des pointeurs de valeurs de type **double**. Lorsqu'il est utilisé de cette façon dans une déclaration, l'opérateur * spécifie que la variable déclarée est un pointeur. On peut déclarer des pointeurs sur des objets de tous types de données.

Erreur de programmation courante 5.1

Dans une déclaration, présumer que l'opérateur * utilisé pour déclarer une variable est distribué à tous les noms de variables de pointeurs d'une liste de variables séparées par des virgules peut conduire à déclarer des pointeurs comme non-pointeurs. On doit déclarer chaque pointeur en rattachant son nom au préfixe *.

Bonne pratique de programmation 5.1

*Bien que cela ne soit pas obligatoire, l'emploi des lettres **Ptr** dans les noms de variables de pointeurs identifie clairement ces variables comme des pointeurs et rappelle qu'elles doivent être manipulées en conséquence.*

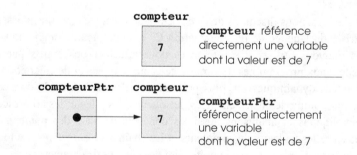

Figure 5.1   Références directes et indirectes à une variable.

On doit initialiser les pointeurs à **0**, à **NULL** ou à une adresse mémoire au moment de leur déclaration ou dans une instruction d'affectation. Un pointeur de valeur **0** ou **NULL** ne pointe vers rien. En fait, **NULL** est une constante symbolique définie dans l'en-tête de fichier **<iostream>** (et dans plusieurs fichiers d'en-têtes de la bibliothèque standard). Initialiser un pointeur à **NULL** revient au même que l'initialiser **0**, mais l'emploi de **0** est préférable en C++. Lorsqu'on affecte **0** à un pointeur, celui-ci est converti en un pointeur du type adéquat. **0** est la seule valeur entière que l'on peut affecter directement à une variable de pointeur sans être obligé de forcer d'abord le type du pointeur de l'entier. L'affectation de l'adresse d'une variable à un pointeur est analysée à la section 5.3.

Astuce de tests et de débogage 5.1

Initialisez les pointeurs pour éviter de pointer vers des zones de mémoire inconnues ou non initialisées.

5.3 Opérateurs de pointeurs

Le caractère **&** ou *opérateur d'adresse*, est un opérateur unaire qui retourne l'adresse de son opérande. Par exemple, à partir des déclarations

```
int y = 5;
int *yPtr;
```

l'instruction

```
yPtr = &y;
```

affecte l'adresse de la variable **y** à la variable pointeur **yPtr**. On dit alors que la variable **yPtr** «pointe vers» **y**. La figure 5.2 illustre une représentation schématique de la mémoire une fois l'affectation précédente exécutée. Nous illustrons les «relations de pointage» en dessinant une flèche qui va du pointeur à l'objet vers lequel il pointe.

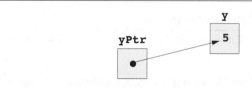

Figure 5.2   Représentation graphique d'un pointeur, pointant en direction d'une variable d'entier en mémoire.

La figure 5.3 montre la représentation du pointeur en mémoire en présumant que la variable d'entier **y** est stockée à l'emplacement **600000** et la variable pointeur **yPtr**, à l'emplacement **500000**. L'opérande de l'opérateur d'adresse doit représenter une *valeur gauche* (c'est-à-dire un élément vers lequel une valeur peut être affectée, comme un nom de variable). On ne peut pas appliquer l'opérateur d'adresse à des constantes, à des expressions dont les résultats ne sont pas des références ou à des variables déclarées avec la classe de stockage **register**.

	yptr		y
500000	600000	600000	5

Figure 5.3   Représentation de **y** et **yPtr** en mémoire.

L'*opérateur **, communément appelé *opérateur d'indirection* ou *opérateur de déréférenciation*, renvoie un synonyme, un alias ou un pseudonyme pour l'objet vers lequel son opérande, c'est-à-dire un pointeur, pointe. Par exemple, si l'on se réfère encore à la figure 5.2, l'instruction

```
cout << *yPtr << endl;
```

affiche la valeur de la variable **y**, c'est-à-dire 5, à peu près de la même façon que l'instruction

```
cout << y << endl;
```

L'emploi de l'opérateur ***** de cette façon est ce qu'on appelle la *déréférenciation d'un pointeur.* Notez qu'un pointeur déréférencé peut s'utiliser sur le côté gauche d'une instruction d'affectation, comme dans l'instruction

```
*yPtr = 9;
```

qui affecte la valeur **9** à **y** (figure 5.3). On peut également se servir du pointeur déréférencé pour recevoir une valeur d'entrée, comme dans l'instruction

```
cin >> *yPtr;
```

Le pointeur déréférencé est une *valeur gauche.*

Erreur de programmation courante 5.2

Déréférencer un pointeur qui n'a pas été initialisé correctement ou qui n'a pas été affecté pour pointer vers un emplacement de mémoire spécifique peut provoquer une erreur fatale à l'exécution. Cette situation risque, en outre, de modifier accidentellement des données importantes et de permettre au programme de s'exécuter jusqu'à sa terminaison en provoquant des résultats inexacts.

Erreur de programmation courante 5.3

Essayer de déréférencer une variable qui n'est pas un pointeur est une erreur de syntaxe.

Erreur de programmation courante 5.4

*La déréférenciation d'un pointeur **0** provoque habituellement une erreur fatale à l'exécution.*

Le programme de la figure 5.4 fait la démonstration des opérateurs de pointeurs. Dans cet exemple, les emplacements mémoire produits à la sortie par **<<** sont représentés par des entiers hexadécimaux (voir l'annexe *Systèmes de numération* pour en savoir plus à ce sujet).

Astuce sur la portabilité 5.1

Le format de sortie d'un pointeur dépend de la machine. Certains systèmes affichent les valeurs de pointeurs sous forme d'entiers hexadécimaux et d'autres plutôt comme des entiers décimaux.

```
1    // Figure 5.4: fig05_04.cpp
2    // Utilisation des opérateurs & et *.
3    #include <iostream>
4
5    using std::cout;
6    using std::endl;
7
8    int main()
9    {
10       int a;          // a comme entier.
11       int *aPtr;      // aPtr comme pointeur d'un entier.
12
13       a = 7;
14       aPtr = &a;      // aPtr ajusté à l'adresse de a.
15
16       cout << "L'adresse de a est " << &a
17           << "\nLa valeur aPtr est " << aPtr;
18
19       cout << "\n\nLa valeur a est " << a
20           << "\nLa valeur *aPtr est " << *aPtr;
21
22       cout << "\n\nIllustration que * et & s'inversent l'un "
23           << "par rapport à l'autre:\n&*aPtr = " << &*aPtr
24           << "\n*&aPtr = " << *&aPtr << endl;
25       return 0;
26   }
```

```
L'adresse de a est 0x0064FDF4
La valeur aPtr est 0x0064FDF4
La valeur a est 7
La valeur *aPtr est 7
Illustration que * et & s'inversent l'un par rapport à l'autre.
&*aPtr = 0x0064FDF4
*&aPtr = 0x0064FDF4
```

Figure 5.4   Opérateurs de pointeurs **&** et *****.

Observez que l'affichage de l'adresse de **a** et de la valeur **aPtr** sont identiques, ce qui confirme que l'adresse de **a** est effectivement affectée à la variable de pointeur **aPtr**. Les opérateurs **&** et ***** sont l'inverse l'un de l'autre; autrement dit; le même résultat apparaît lorsqu'on les applique tous deux consécutivement à **aPtr**, peu importe l'ordre. Le tableau de la figure 5.5 illustre la préséance et l'associativité des opérateurs présentés jusqu'à maintenant.

Opérateurs						Associativité	Type d'opérateurs
( )	[ ]					de gauche à droite	parenthèses, crochets
++	--	`static_cast<`*type*`>()`				de gauche à droite	postfixes
++	--	+	- !	&	*	de droite à gauche	unaires
*	/	%				de gauche à droite	multiplicatifs
+	-					de gauche à droite	additifs
<<	>>					de gauche à droite	insertion/extraction
<	<=	>	>=			de gauche à droite	relationnels
==	!=					de gauche à droite	d'égalité
&&						de gauche à droite	ET logique
||						de gauche à droite	OU logique
? :						de droite à gauche	conditionnel
=	+=	-=	*=	/=	%=	de droite à gauche	d'affectation
,						de gauche à droite	virgule

Figure 5.5   Préséance et associativité des opérateurs.

5.4 Appels de fonctions par référence

En C++, il existe trois façons de passer des arguments vers une fonction: l'*appel par valeur,* l'*appel par référence avec arguments par référence* et l'*appel par référence avec arguments pointeurs*. Au chapitre 3, nous avons comparé et mis en relief les appels par valeur et les appels par référence avec des arguments par référence. Dans ce chapitre, nous nous attardons sur les appels par référence avec des arguments pointeurs.

Au chapitre 3, nous avons examiné l'emploi de **return** pour renvoyer une valeur d'une fonction appelée vers l'appelant (ou pour redonner le contrôle à partir d'une fonction appelée sans renvoi de valeur). Nous avons également vu que les arguments peuvent être passés vers une fonction en utilisant des arguments de référence, ce qui permet à la fonction de modifier les valeurs initiales des arguments et, ainsi, de retourner plus d'une valeur ou de passer des gros objets de données vers une fonction et, ainsi, éviter une surcharge causée par le passage de ces objets par appels par valeur (qui nécessitent la production d'une copie de l'objet). Tout comme les références, l'emploi des pointeurs permet aussi de modifier une ou plusieurs variables dans la fonction d'appel ou de passer des pointeurs vers de gros objets de données, évitant ainsi la surcharge engendrée par le passage de ces objets par des appels par valeur.

En C++, les programmeurs peuvent utiliser les pointeurs et l'opérateur d'indirection pour simuler des appels par référence (de la même façon que les appels par référence dans les programmes en C). Lors de l'appel d'une fonction dont les arguments doivent être modifiés, on passe les adresses de ces derniers en appliquant l'opérateur d'adresse (**&**) au nom de la variable à modifier. Comme nous l'avons vu au chapitre 4, nous ne pouvons pas utiliser l'opérateur **&** pour passer des tableaux puisque le nom du tableau désigne l'emplacement mémoire de départ du tableau (le nom d'un tableau équivaut à **&nomTableau[0]**). Autrement dit, un nom de tableau est déjà un pointeur. Lorsque l'adresse d'une variable est passée à une fonction, on peut utiliser l'opérateur d'indirection (*) dans la fonction pour former un synonyme, un alias ou un pseudonyme du nom de la variable. Si la variable n'est pas déclarée de type **const**, on peut alors l'utiliser pour modifier la valeur à cet emplacement mémoire de la fonction d'appel.

Les programmes des figures 5.6 et 5.7 présentent deux versions d'une fonction calculant le cube d'un entier: **cubeParValeur** et **cubeParReference**. La figure 5.6 passe la variable **nombre** à la fonction **cubeParValeur** par le biais d'un appel par valeur. La fonction **cubeParValeur** calcule le cube de son argument et retourne la nouvelle valeur à **main** via l'instruction **return**. Dans **main**, la nouvelle valeur est affectée à **nombre**. Cette situation permet d'examiner le résultat de l'appel de fonction avant de modifier la valeur de la variable. Dans ce programme, par exemple, nous aurions pu stocker le résultat de **cubeParValeur** dans une autre variable, examiner sa valeur, puis affecter le résultat à **nombre** après avoir vérifié l'exactitude de cette valeur.

```
1   // Figure 5.6: fig05_06.cpp
2   // Calcul du cube d'une variable en utilisant l'appel par valeur.
3   #include <iostream>
4
5   using std::cout;
6   using std::endl;
7
8   int cubeParValeur( int );    // prototype.
9
10  int main()
11  {
12      int nombre = 5;
13
14      cout << "La valeur initiale du nombre est " << nombre;
15      nombre = cubeParValeur ( nombre );
16      cout << "\nLa nouvelle valeur du nombre est " << nombre << endl;
17      return 0;
18  }
19
20  int cubeParValeur( int n )
21  {
22      return n * n * n;    // cube de la variable locale n.
23  }
```

```
La valeur initiale du nombre est 5
La nouvelle valeur du nombre est 125
```

Figure 5.6   Calcul du cube d'une variable en utilisant l'appel par valeur.

Le programme de la figure 5.7 passe la variable **nombre** en utilisant plutôt l'appel par référence: l'adresse de **nombre** est passée à la fonction **cubeParReference**. La fonction **cubeParReference** prend comme argument **nPtr**, un pointeur vers un **int**. La fonction déréférence le pointeur et calcule le cube de la valeur pointée par **nPtr**, pour ensuite changer la valeur du **nombre** dans **main**. Les figures 5.8 et 5.9 analysent graphiquement les programmes respectifs des figures 5.6 et 5.7.

 Erreur de programmation courante 5.5

Le fait de ne pas déréférencer un pointeur lorsqu'il est nécessaire de le faire pour obtenir la valeur vers laquelle il pointe est une erreur.

```cpp
1   // Figure 5.7: fig05_07.cpp
2   // Calcul du cube d'une variable en utilisant l'appel par valeur
3   // avec un argument pointeur
4   #include <iostream>
5
6   using std::cout;
7   using std::endl;
8
9   void cubeParReference( int * );    // prototype.
10
11  int main()
12  {
13      int nombre = 5;
14
15      cout << "La valeur initiale du nombre est " << nombre;
16      cubeParReference( &nombre );
17      cout << "\nLa nouvelle valeur du nombre est " << nombre << endl;
18      return 0;
19  }
20
21  void cubeParReference( int *nPtr )
22  {
23      *nPtr = *nPtr * *nPtr * *nPtr;   // cube du nombre dans main.
24  }
```

```
La valeur initiale du nombre est 5
La nouvelle valeur du nombre est 125
```

Figure 5.7   Calcul du cube d'une variable en utilisant l'appel par référence avec un argument pointeur.

Une fonction recevant une adresse comme argument doit définir un paramètre de pointeur pour recevoir cette adresse. L'en-tête de la fonction **cubeParReference** est, par exemple:

> **void cubeParReference(int *nPtr)**

L'en-tête de cette fonction spécifie que **cubeParReference** reçoit l'adresse d'une variable d'entier (c'est-à-dire un pointeur d'entier) comme argument, enregistre localement l'adresse dans **nPtr** et ne retourne aucune valeur.

Le prototype de la fonction **cubeParReference** contient **int *** entre parenthèses. Cependant, comme pour tout autre type de variable, il n'est pas nécessaire d'inclure les noms des pointeurs dans les prototypes de fonctions. N'agissant qu'à des fins de documentation, les noms des paramètres inclus dans le prototype sont ignorés par le compilateur.

Comme dans l'en-tête et dans le prototype d'une fonction qui s'attend à recevoir un tableau à indices simples comme argument, on peut utiliser la notation de pointeur seul dans la liste de paramètres de la fonction **cubeParReference**. Le compilateur ne fait aucune différence entre une fonction acceptant un pointeur et une autre recevant un tableau à indices simples. Il faut bien entendu s'assurer que la fonction «sait» s'il s'agit d'un tableau ou d'une simple variable avant qu'elle n'effectue un appel par référence. Lorsque le compilateur lit un paramètre de fonction pour un tableau à indices simples de la forme **int b[ ]**, il convertit le paramètre en notation de pointeur **int * const b**, signifiant que «b représente un pointeur constant vers un entier». (Vous trouverez des explications sur **const** à la section 5.5.) Ces deux formes de déclarations d'un tableau à indices simples comme paramètre de fonction sont interchangeables.

Bonne pratique de programmation 5.2

Utilisez un appel par valeur pour passer des arguments vers une fonction, à moins que l'appelant exige que la fonction appelée modifie la valeur de l'argument dans l'environnement de l'appelant. Ceci est un autre exemple du principe du moindre privilège.

Avant que **main** appelle **cubeParValeur**:

```
int main()                        nombre
{
    int nombre = 5;                 5

    nombre = cubeParValeur( nombre );
}
```

```
int cubeParValeur( int n )
{
    return n * n * n;
}
                                  n
                            non défini
```

Après que **cubeParValeur** a reçu l'appel:

```
int main()                        nombre
{
    int nombre = 5;                 5

    nombre = cubeParValeur( nombre );
}
```

```
int cubeParValeur( int n )
{
    return n * n * n;
}
                                  n
                                  5
```

Après que **cubeParValeur** a élevé le paramètre **n** au cube:

```
int main()                        nombre
{
    int nombre = 5;                 5

    nombre = cubeParValeur( nombre );
}
```

```
int cubeParValeur( int n )
{                          125
    return  n * n * n;
}
                                  n
                            non défini
```

Après que **cubeParValeur** a rendu le contrôle à **main**:

```
int main()                        nombre
{
    int nombre = 5;                 5
                  125
    nombre = cubeParValeur( nombre );
}
```

```
int cubeParValeur( int n )
{
    return n * n * n;
}
                                  n
                            non défini
```

Après que **main** a complété l'affectation de **nombre**:

```
int main()                        nombre
{
    int nombre = 5;                125

    nombre = cubeParValeur( nombre );
}
```

```
int cubeParValeur( int n )
{
    return n * n * n;
}
                                  n
                            non défini
```

Figure 5.8   Analyse d'un appel par valeur type.

Avant l'appel par référence à **cubeParReference** :

```
int main()                    nombre
{
    int nombre = 5;              5

    cubeParReference( &nombre );

}
```

```
void cubeParReference( int *nPtr )
{
    *nPtr = *nPtr * *nPtr * *nPtr;
}
                                    nPtr

                                  non défini
```

Après l'appel par référence à **cubeParReference** et avant l'élévation au cube de ***nPtr** :

```
int main()                    nombre
{
    int nombre = 5;              5

    cubeParReference( &nombre );

}
```

```
void cubeParReference( int *nPtr )
{
    *nPtr = *nPtr * *nPtr * *nPtr;
}
                                    nPtr

                                     •
```

Après l'élévation au cube de ***nPtr** :

```
int main()                    nombre
{
    int nombre = 5;              125

    cubeParReference( &nombre );

}
```

```
void cubeParReference( int *nPtr )
{               125
    *nPtr = *nPtr * *nPtr * *nPtr;
}
                                    nPtr

                                     •
```

Figure 5.9   Analyse d'un appel par référence type avec un argument pointeur.

5.5 Emploi du qualificatif `const` avec les pointeurs

Le *qualificatif* **const** permet au programmeur d'informer le compilateur que la valeur d'une variable donnée ne peut pas être modifiée.

Observation de génie logiciel 5.1

On peut utiliser le qualificatif **const** *pour appliquer le principe du moindre privilège. L'emploi de ce principe pour concevoir correctement un logiciel peut considérablement diminuer le temps nécessaire au débogage et éliminer les effets de bord, tout en permettant de modifier et de maintenir le programme plus facilement.*

Astuce sur la portabilité 5.2

Bien que le qualificatif **const** *soit bien défini dans les versions ANSI du C et du C++, certains compilateurs ne l'appliquent pas correctement.*

Au cours des années, une grande partie du code hérité a été écrit dans des versions antérieures de C qui n'utilisaient pas le qualificatif **const**, celui-ci n'étant pas disponible alors. C'est pourquoi les logiciels écrits en vieux code C pourraient être considérablement améliorés. De plus, nombre de concepteurs qui utilisent couramment les versions ANSI du C et du C++ ne se servent pas de **const** dans leurs programmes, car ils ont commencé à programmer sous les premières versions du langage. Ces personnes ratent ainsi de nombreuses occasions de produire des logiciels de meilleure facture.

Six possibilités s'offrent à vous lorsqu'il s'agit d'utiliser ou de ne pas utiliser **const** avec des paramètres de fonction: deux avec passage par appel par valeur et quatre avec passage par appel par référence. Comment choisir celle qui convient? Laissez-vous guider par le principe du moindre privilège. N'accordez jamais à une fonction plus d'accès aux données reçues en paramètres que le nécessaire à l'exécution de sa tâche spécifique.

Comme nous l'avons expliqué au chapitre 3, une copie de l'argument (ou des arguments) est produite et passée vers la fonction lorsque nous appelons cette dernière au moyen d'un appel par valeur. Si la fonction modifie la copie, la valeur d'origine demeure inchangée dans l'appelant. Dans bien des cas, la valeur passée à une fonction est modifiée pour permettre à la fonction d'effectuer sa tâche. Dans certains cas, toutefois, la valeur dans la fonction appelée ne devrait pas être changée même si cette dernière ne manipule qu'une copie de l'originale.

Imaginons une fonction qui prend pour arguments un tableau à indices simples et sa taille, et qui affiche le tableau. Une telle fonction doit effectuer une boucle à travers le tableau et afficher individuellement chaque élément. La taille du tableau, utilisée dans le corps de la fonction, détermine l'indice supérieur du tableau, afin que la boucle puisse se terminer à la fin de l'affichage du tableau. Le corps de la fonction n'aura en rien modifié la taille du tableau.

Observation de génie logiciel 5.2

*Si une valeur ne change pas ou ne peut pas changer dans le corps d'une fonction vers laquelle elle est passée, il faut déclarer le paramètre avec **const** afin d'empêcher toute modification accidentelle.*

Toute tentative de modification d'une valeur **const** sera détectée par le compilateur qui, selon son type, émettra un message d'avertissement ou d'erreur.

Observation de génie logiciel 5.3

Lors d'un appel par valeur à une fonction, on ne peut modifier qu'une seule valeur, affectée à partir de la valeur de renvoi de la fonction. Pour modifier plusieurs valeurs dans une fonction d'appel, on doit passer plusieurs arguments par appel par référence.

Bonne pratique de programmation 5.3

Avant d'utiliser une fonction, vérifiez son prototype pour déterminer les paramètres qu'elle peut modifier.

Quatre méthodes permettent de passer un pointeur à une fonction: un pointeur non constant vers des données non constantes, un pointeur non constant vers des données constantes, un pointeur constant vers des données non constantes et un pointeur constant vers des données constantes. Chaque combinaison accorde un niveau différent de privilèges d'accès.

Pointant vers des données non constantes, le pointeur non constant possède l'accès le plus élevé: les données sont modifiables par le pointeur déréférencé, et lui-même peut être altéré pour pointer vers d'autres données. La déclaration de pointeurs non constants vers des données non constantes n'inclut aucun **const**. On peut utiliser ce genre de pointeur pour recevoir une chaîne de caractères dans une fonction utilisant l'arithmétique des pointeurs pour traiter et modifier éventuellement chaque caractère de la chaîne. La fonction **conversionEnMajuscule** de la figure 5.10 déclare le paramètre **sPtr** (**char *sPtr**) comme un pointeur non constant vers des données non constantes. La fonction traite la chaîne **s** caractère par caractère au moyen de l'arithmétique des pointeurs. Les caractères compris dans la plage de **'a'** à **'z'** sont convertis en lettres majuscules par la fonction **toupper** (abréviation anglaise de «*to uppercase*», qui veut dire «en majuscules»); les autres caractères demeurent inchangés.

La fonction **toupper** prend un caractère comme argument. S'il s'agit d'une lettre minuscule, la fonction retourne la lettre majuscule correspondante ou, sinon, le caractère d'origine. La fonction **toupper** fait partie de la bibliothèque de manipulation de caractères **<cctype>** (voir le chapitre 16, *Bits, caractères, chaînes de caractères et structures*).

```
1   // Figure 5.10: fig05_10.cpp
2   // Conversion de lettres minuscules en majuscules avec
3   // un pointeur non constant vers des données non constantes.
4   #include <iostream>
5
6   using std::cout;
7   using std::endl;
8
9   #include <cctype>
10
11  void conversionEnMajuscules( char * );
12
13  int main()
14  {
15     char chaine [] = "caractères et $32.98";
16
17     cout << "La chaîne avant conversion est: " << chaine;
18     conversionEnMajuscules ( chaine );
19     cout << "\nLa chaîne après conversion est: "
20         << chaine  << endl;
21     return 0;
22  }
23
24  void conversionEnMajuscules( char *sPtr )
25  {
26     while ( *sPtr != '\0' ) {
27
28        if ( *sPtr >= 'a' && *sPtr <= 'z' )
29           *sPtr = toupper( *sPtr );  // conversion en maj.
30
31        ++sPtr;       // déplace sPtr au caractère suivant.
32     }
33  }
```

```
La chaîne avant conversion est: caractères et $32.98
La chaîne après conversion est: CARACTèRES ET $32.98
```

Figure 5.10   Conversion d'une chaîne en lettres majuscules.

Un pointeur non constant vers des données constantes peut être modifié de façon à pointer vers tout élément de données de type adéquat, mais le pointeur ne peut en aucun cas changer les données pointées. Ce genre de pointeur peut s'employer pour recevoir un tableau en argument dans une fonction qui traite chaque élément du tableau sans en modifier les données. Par exemple, la fonction **afficherCaracteres** de la figure 5.11 déclare les paramètres **sPtr** comme étant de type **const char ***. Lue de droite à gauche, la déclaration pourrait s'exprimer par «**sPtr** représente un pointeur vers une constante de caractère». Une boucle **for** est utilisée dans le corps de la fonction pour afficher chaque caractère de la chaîne jusqu'à l'obtention du caractère nul. À l'affichage de chaque caractère, on incrémente le pointeur **sPtr** pour repérer le caractère suivant dans la chaîne.

```
1    // Figure 5.11: fig05_11.cpp
2    // Affichage d'une chaîne un caractère à la fois avec
3    // un pointeur non constant vers des données constantes.
4    #include <iostream>
5
6    using std::cout;
7    using std::endl;
8
9    void afficherCaracteres( const char * );
10
11   int main()
12   {
13      char chaine [] = "affichage des caractères d'une chaîne";
14
15      cout << "La chaîne est:\n";
16      afficherCaracteres( chaine );
17      cout << endl;
18      return 0;
19   }
20
21   // Dans afficherCaracteres, sPtr pointe vers une constante
22   // de caractère. Les caractères ne peuvent être modifiés
23   // avec sPtr (qui est un pointeur en "lecture seule").
24   void afficherCaracteres( const char *sPtr )
25   {
26      for (; *sPtr != '\0'; sPtr++ )   // pas d'initialisation.
27         cout << *sPtr;
28   }
```

```
La chaîne est:
affichage des caractères d'une chaîne
```

Figure 5.11   Affichage d'une chaîne un caractère à la fois en utilisant un pointeur
non constant vers des données constantes.

La figure 5.12 montre les messages d'erreurs de syntaxe produits lorsqu'on compile une
fonction recevant un pointeur non constant vers des données constantes et qu'on tente d'utiliser ce
pointeur pour modifier les données.

Nous avons vu que les tableaux sont un regroupement de données qui permet de mémoriser sous
un seul nom des données du même type. Au chapitre 6, nous discuterons d'un autre type de données
regroupées appelé *structure* (ou *enregistrement* dans certains autres langages). Une structure peut
stocker sous un même nom des données liées de types différents, telles des informations sur chaque
employé d'une entreprise). Lorsqu'on appelle une fonction dont l'argument est un tableau, ce
dernier est automatiquement passé à la fonction par un appel par référence simulé. Par contre, on
passe toujours les structures par le biais d'appels par valeur; autrement dit, une copie de la structure
entière est passée. Cette opération nécessite une surcharge en temps d'exécution pour fabriquer une
copie de chaque élément des données de la structure et pour stocker le tout dans la pile d'appels de
fonction de l'ordinateur (l'endroit où les variables locales utilisées dans l'appel sont stockées
pendant l'exécution de la fonction). Lorsqu'on doit passer des données d'une structure vers une
fonction, On peut utiliser un pointeur vers des données constantes (ou une référence vers des
données constantes) pour obtenir la performance d'un appel par référence et la protection d'un appel
par valeur. Si l'on passe un pointeur vers une structure, seule une copie de l'adresse de stockage de
la structure est nécessaire. Sur une machine dotée d'adresses de 4 octets, seule une copie de 4 octets
de mémoire est faite plutôt qu'un clone des centaines, voire des milliers d'octets de la structure.

```
1    // Figure 5.12: fig05_12.cpp
2    // Tentative de modification des données avec
3    // un pointeur non constant vers des données constantes.
4    #include <iostream>
5
6    void f( const int * );
7
8    int main()
9    {
10       int y;
11
12       f( &y );        // f tente une modification illégale.
13
14       return 0;
15   }
16
17   // Dans f, xPtr ne peut modifier la valeur de la variable
18   // vers laquelle il pointe.
19   void f( const int *xPtr )
20   {
21       *xPtr = 100;   // ne peut modifier un objet de type const.
22   }
```

Message d'erreur du compilateur en ligne de commande Borland C++

```
Error E2024 Fig05_12.cpp 20: Cannot modify a const object in
function f(const int *)
Warning W8057 Fig05_12.cpp 21: Parameter 'xPtr' is never used in
function f(const int *)
```

Message d'erreur du compilateur Microsoft Visual C++

```
c:\_test\fig05_12.cpp(21) : error C2166: l-value specifies const object
```

Figure 5.12   Tentative de modification des données avec un pointeur non constant vers des données constantes.

Astuce sur la performance 5.1

Pour profiter de la performance des appels par référence et de la sécurité des appels par valeur, passez les gros objets tels que les structures en utilisant des pointeurs ou des références vers des données constantes.

Un pointeur constant vers des données non constantes pointe toujours le même emplacement mémoire et peut modifier les données contenues à cet emplacement. Ceci est le cas par défaut pour un nom de tableau qui est en fait un pointeur constant au début du tableau. On peut accéder à toutes les données du tableau et les modifier en utilisant le nom et les indices du tableau. On peut employer un pointeur constant vers des données non constantes pour recevoir un tableau comme argument vers une fonction accédant à des éléments du tableau par le seul biais d'une notation d'indices à ce dernier. Les pointeurs déclarés **const** doivent être initialisés lors de leur déclaration (si le pointeur représente un paramètre de fonction, il est initialisé avec un pointeur passé vers la fonction).

Le programme de la figure 5.13 tente de modifier un pointeur constant. Le pointeur **ptr** y est déclaré comme étant de type **int * const**. La déclaration, qui se lit de droite à gauche, peut s'exprimer par «**ptr** est un pointeur constant vers un entier». Le pointeur est initialisé avec l'adresse de la variable d'entier **x**. Le programme tente d'affecter l'adresse **y** à **ptr**, mais ceci provoque l'affichage d'un message d'erreur. Notez qu'aucune erreur n'est produite lorsqu'on affecte la valeur **7** à ***ptr**, car la valeur pointée par **ptr** est toujours modifiable.

Erreur de programmation courante 5.6

 *Le fait de ne pas initialiser un pointeur déclaré comme étant de type **const** est une erreur de syntaxe.*

Le plus bas niveau de privilège d'accès est accordé par un pointeur constant vers des données constantes. Ce pointeur pointe toujours vers le même emplacement de mémoire et ne peut y modifier les données. C'est ainsi qu'on doit passer un tableau à une fonction qui ne fait qu'examiner le tableau en utilisant la notation d'indice et ne le modifie pas. Le programme de la figure 5.14 déclare la variable pointeur **ptr** comme étant de type **const int * const**. Cette déclaration se lit de droite à gauche comme «**ptr** est un pointeur constant vers une constante d'entier». La figure présente les messages d'erreurs produits lorsqu'on tente de modifier les données pointées par **ptr** ou qu'on essaie de changer l'adresse stockée dans la variable de pointeur. Notez qu'aucune erreur n'est émise lorsqu'on tente d'afficher la valeur pointée par **ptr**, puisque rien n'est modifié dans l'instruction de sortie.

```
1   // Figure 5.13: fig05_13.cpp
2   // Tentative de modification d'un pointeur constant
3   // vers des données non constantes.
4   #include <iostream>
5
6   int main()
7   {
8      int x, y;
9
10     int * const ptr = &x; // ptr est un pointeur constant vers un entier.
11                           // ptr peut modifier un entier,
12                           // mais il pointe toujours vers
13                           // le même emplacement de mémoire.
14     *ptr = 7;
15     ptr = &y;
16
17     return 0;
18  }
```

Message d'erreur du compilateur en ligne de commande Borland C++

```
Error E2024 Fig05_13.cpp 15: Cannot modify a const object in function
main()
```

Message d'erreur du compilateur Microsoft Visual C++

```
c:\_test\fig05_13.cpp(15) : error C2166: l-value specifies const object
```

Figure 5.13   Tentative de modification d'un pointeur constant vers des données non constantes.

```
1    // Figure 5.14: fig05_14.cpp
2    // Tentative de modification d'un pointeur constant
3    // vers des données constantes.
4    #include <iostream>
5
6    using std::cout;
7    using std::endl;
8
9    int main()
10   {
11      int x = 5, y;
12
13      const int *const ptr = &x; // ptr est un pointeur constant
14                                 // qui pointe vers une constante
15                                 // d'entier. ptr pointe toujours
16                                 // vers le même emplacement et
17                                 // son entier ne peut être modifié.
18      cout << *ptr << endl;
19      *ptr = 7;
20      ptr = &y;
21
22      return 0;
23   }
```

Message d'erreur du compilateur en ligne de commande Borland C++

```
Error E2024 Fig05_14.cpp 19: Cannot modify a const object in
function main()
Error E2024 Fig05_14.cpp 20: Cannot modify a const object in
function main()
```

Message d'erreur du compilateur Microsoft Visual C++

```
c:\_test\fig05_14.cpp(19) : error C2166: l-value specifies const object
c:\_test\fig05_14.cpp(20) : error C2166: l-value specifies const object
```

Figure 5.14   Tentative de modification d'un pointeur constant vers des données
constantes.

5.6 Tri à bulle utilisant l'appel par référence

Modifions le programme de tri à bulle de la figure 4.16 pour utiliser deux fonctions: **triBulle** et **permutation** (figure 5.15). La fonction **triBulle** trie le tableau grâce à l'appel de la fonction **permutation** pour permuter les éléments du **tableau[j]** et ceux du **tableau[j + 1]**. Comme le C++ applique le masquage de l'information entre les fonctions, **permutation** n'a pas accès aux éléments individuels du tableau de la fonction **triBulle**. Comme **triBulle** *veut* que **permutation** puisse accéder aux éléments du tableau à permuter, **triBulle** passe l'adresse explicite de chacun de ces éléments vers **permutation** par appel par référence. Même si des tableaux complets sont passés automatiquement par appel par référence, les éléments individuels d'un tableau sont scalaires et sont habituellement passés au moyen d'appels par valeur. Dans l'appel **permutation**, la fonction **triBulle** utilise donc l'opérateur d'adresse (**&**) comme suit pour chaque élément de tableau:

```
permutation( &tableau [ j ], &tableau[ j + 1 ]);
```

pour effectuer l'appel par référence. De son côté, **permutation** reçoit **&tableau [j]** dans la variable pointeur **element1Ptr**. À cause du masquage de l'information, **permutation** n'est pas autorisé à connaître le nom **tableau[j]**, mais peut cependant utiliser ***element1Ptr** comme synonyme de **tableau[j]**. Ainsi, lorsque la fonction **permutation** renvoie à ***element1Ptr**, elle référence en réalité **tableau[j]** dans **triBulle**. De même, lorsque **permutation** fait référence à ***element2Ptr**, elle renvoie en fait à **tableau[j + 1]** dans **triBulle**.

```
1   // Figure 5.15: fig05_15.cpp
2   // Ce programme place des valeurs dans un tableau, les trie
3   // en ordre ascendant et affiche le tableau résultant.
4   #include <iostream>
5
6   using std::cout;
7   using std::endl;
8
9   #include <iomanip>
10
11  using std::setw;
12
13  void triBulle( int *, const int );
14
15  int main()
16  {
17     const int tailleTableau = 10;
18     int a[ tailleTableau ] = { 2, 6, 4, 8, 10, 12, 89, 68, 45, 37 };
19     int i;
20
21     cout << "Eléments de données dans l'ordre initial\n";
22
23     for ( i = 0; i < tailleTableau; i++ )
24        cout << setw ( 4 ) << a[ i ];
25
26     triBulle( a, tailleTableau );     // tri du tableau.
27     cout << "\nEléments de données en ordre ascendant\n";
28
29     for ( i = 0; i < tailleTableau; i++ )
30        cout << setw ( 4 ) << a[ i ];
31
32     cout << endl;
33     return 0;
34  }
35
```

Figure 5.15   Tri à bulle avec appel par référence. (1 de 2)

```
36    void triBulle( int *tableau, const int taille )
37    {
38       void permutation( int * const, int * const );
39
40       for ( int passage = 0; passage < taille - 1; passage++ )
41
42          for ( int j = 0; j < taille - 1; j++ )
43
44             if ( tableau [ j ] > tableau[ j + 1 ] )
45                permutation( &tableau [ j ], &tableau[ j ] );
46    }
47
48    void permutation( int * const element1Ptr, int * const element2Ptr )
49    {
50       int maintien = *element1Ptr;
51       *element1Ptr = *element2Ptr;
52       *element2Ptr = maintien;
53    }
```

```
Éléments de données dans l'ordre initial
    2    6    4    8   10   12   89   68   45   37
Éléments de données en ordre ascendant
    2    4    6    8   10   12   37   45   68   89
```

Figure 5.15   Tri à bulle avec appel par référence. (2 de 2)

Même si **permutation** n'est pas autorisé à dire

```
maintien = tableau [ j ];
tableau[ j ] = tableau[ j + 1 ];
tableau[ j + 1 ] = maintien;
```

on obtient un effet identique en écrivant

```
maintien = *element1Ptr;
*element1Ptr = *element2Ptr;
*element2Ptr = maintien;
```

dans la fonction **permutation** de la figure 5.15.

Plusieurs caractéristiques de la fonction **triBulle** sont à noter. L'en-tête de fonction déclare **tableau** avec **int *tableau** plutôt qu'avec **int tableau[]** pour indiquer que **triBulle** reçoit comme argument un tableau à indices simples (rappelons que ces notations sont permutables). On déclare le paramètre **taille** de type **const** pour appliquer le principe du moindre privilège. Bien que le paramètre **taille** reçoive la copie d'une valeur dans **main** et qu'une modification de la copie n'altère pas la valeur dans **main**, **triBulle** n'a pas besoin de modifier **taille** pour accomplir sa tâche, car la taille du tableau demeure fixe pendant l'exécution de **triBulle**. On déclare donc taille comme étant de type **const** pour assurer qu'elle ne sera pas modifiée. Si la taille du tableau changeait pendant le processus de tri, l'algorithme de tri ne pourrait pas s'exécuter correctement.

Le prototype de la fonction **permutation** est inclus dans le corps de **triBulle**, car cette fonction est la seule à appeler **permutation**. Placer le prototype dans **triBulle** limite les appels permissibles de **permutation** à ceux faits par **triBulle**. Les autres fonctions qui tenteraient d'appeler **permutation** n'ayant pas accès à un prototype adéquat, elles provoqueraient normalement une erreur de syntaxe puisque le C++ requiert les prototypes des fonctions.

Observation de génie logiciel 5.4

Placer des prototypes de fonctions dans les définitions d'autres fonctions fait respecter le principe du moindre privilège en limitant les appels de fonction à celles qui contiennent les prototypes.

Notez que la fonction **triBulle** reçoit la taille du tableau comme paramètre puisqu'elle doit connaître la taille du tableau pour pouvoir le trier. Lorsqu'on passe un tableau à une fonction, celle-ci reçoit l'adresse mémoire du premier élément du tableau. La taille du tableau doit lui être passée séparément.

En définissant la fonction **triBulle** pour qu'elle reçoive la taille du tableau comme paramètre, on permet l'utilisation de la fonction par tout programme qui trie des tableaux d'entiers à indices simples de taille arbitraire.

Observation de génie logiciel 5.5

Quand vous passez un tableau à une fonction, passez aussi la taille du tableau (au lieu de l'inclure dans la fonction). Cette pratique aide à assurer une forme de fonction plus générale. Les fonctions générales peuvent souvent être réutilisées dans de nombreux programmes.

On aurait pu programmer la taille du tableau directement dans la fonction, mais cette pratique restreint l'usage de la fonction à un tableau de taille spécifique, ce qui diminue ses chances d'être réutilisée. En effet, seuls les programmes traitant des tableaux d'entiers à indices simples, de la taille spécifique codée dans la fonction, pourraient se servir de cette fonction.

Le C++ offre l'*opérateur unaire* **sizeof** (soit «taille de») qui détermine la taille d'un tableau (ou de tout autre type de données) en octets durant la compilation d'un programme. Appliqué au nom d'un tableau comme celui de la figure 5.16, l'opérateur **sizeof** renvoie le nombre total d'octets du tableau sous la forme d'une valeur de type **size_t** qui est habituellement de type **unsigned int**. L'ordinateur que nous avons utilisé ici stocke les variables de type **float** dans 4 octets de mémoire. Comme **tableau** est déclaré comme comptant 20 éléments, ceci signifie que **tableau** utilise 80 octets de mémoire. Lorsqu'on l'applique à un paramètre pointeur dans une fonction qui reçoit un tableau comme argument, l'opérateur **sizeof** renvoie la taille du pointeur en octets (4) et non celle du tableau.

Erreur de programmation courante 5.7

*L'emploi de l'opérateur **sizeof** dans une fonction pour trouver la taille en octets d'un paramètre de tableau renvoie la taille d'un pointeur au lieu de celle du tableau.*

```
1   // Figure 5.16: fig05_16.cpp
2   // L'utilisation de l'opérateur sizeof sur un nom
3   // de tableau renvoie la taille du tableau en octets.
4   #include <iostream>
5
```

Figure 5.16   L'opérateur **sizeof** appliqué sur un nom de tableau renvoie la taille du tableau en octets. (1 de 2)

```
 6    using std::cout;
 7    using std::endl;
 8
 9    size_t lectureTaille( double * );
10
11    int main()
12    {
13        double tableau [ 20 ];
14
15        cout << "La taille du tableau en octets est de "
16             << sizeof ( tableau )
17             << "\nLa taille renvoyée par lectureTaille est de "
18             << lectureTaille( tableau ) << endl;
19
20        return 0;
21    }
22
23    size_t lectureTaille( double *ptr )
24    {
25        return sizeof ( ptr );
26    }
```

```
La taille du tableau en octets est de 80
La taille renvoyée par lectureTaille est de 4
```

Figure 5.16   L'opérateur **sizeof** appliqué sur un nom de tableau renvoie la taille du tableau en octets. (2 de 2)

On peut également déterminer le nombre d'éléments d'un tableau en utilisant les résultats de deux opérations de **sizeof**. Par exemple, supposons la déclaration de tableau

> **double tableauDeReels[22];**

Si les variables de type **double** sont stockées dans 8 octets de mémoire, le tableau **tableauDeReels** compte un total de 176 octets. Pour déterminer le nombre d'éléments dans le tableau, on peut utiliser l'expression

> **sizeof tableauDeReels / sizeof(double)**

Cette expression détermine le nombre d'octets dans le tableau **tableauDeReels** et divise cette valeur par le nombre d'octets utilisés en mémoire pour stocker une valeur **double**.

Le programme de la figure 5.17 emploie l'opérateur **sizeof** pour calculer le nombre d'octets utilisés pour stocker chacun des types de données standard sur l'ordinateur personnel dont nous nous sommes servi.

Astuce sur la portabilité 5.3

Le nombre d'octets utilisés pour stocker un type de données particulier peut varier selon les systèmes. Lorsque vous écrivez des programmes qui dépendent des tailles des types de données et qui seront exécutés sur différentes sortes d'ordinateurs, employez **sizeof** *pour déterminer le nombre d'octets utilisés pour le stockage des types de données.*

```
1    // Figure 5.17: fig05_17.cpp
2    // Démonstration de l'opérateur sizeof.
3    #include <iostream>
4
5    using std::cout;
6    using std::endl;
7
8    #include <iomanip>
9
10   int main()
11   {
12      char c;
13      short s;
14      int i;
15      long l;
16      float f;
17      double d;
18      long double ld;
19      int tableau [ 20 ], *ptr = tableau;
20
21      cout << "Taille de c = " << sizeof c
22          << "\tTaille de (char) = " << sizeof ( char )
23          << "\nTaille de s = " << sizeof s
24          << "\tTaille de (short) = " << sizeof ( short )
25          << "\nTaille de i = " << sizeof i
26          << "\tTaille de (int) = " << sizeof ( int )
27          << "\nTaille de l = " << sizeof l
28          << "\tTaille de (long) = " << sizeof ( long )
29          << "\nTaille de f = " << sizeof f
30          << "\tTaille de (float) = " << sizeof ( float )
31          << "\nTaille de d = " << sizeof d
32          << "\tTaille de (double) = " << sizeof ( double )
33          << "\nTaille de ld = " << sizeof ld
34          << "\tTaille de (long double) = " << sizeof ( long double )
35          << "\nTaille du tableau = " << sizeof tableau
36          << "\nTaille de ptr (pointeur) = " << sizeof ptr
37          << endl;
38      return 0;
39   }
```

```
Taille de c = 1     Taille de (char) = 1
Taille de s = 2     Taille de (short) = 2
Taille de i = 4     Taille de (int) = 4
Taille de l = 4     Taille de (long) = 4
Taille de f = 4     Taille de (float) = 4
Taille de d = 8     Taille de (double) = 8
Taille de ld = 8    Taille de (long double) = 8
Taille du tableau = 80
Taille de ptr (pointeur) = 4
```

Figure 5.17   Emploi de l'opérateur `sizeof` pour déterminer les tailles des différents types de données standard.

L'opérateur **sizeof** peut s'appliquer à tout nom de variable ou de type et à n'importe quelle valeur constante. Lorsqu'on l'applique à un nom de variable (qui n'est pas un nom de tableau) ou à une valeur constante, il retourne le nombre d'octets consacrés au stockage de ce type spécifique de variable ou de constante. Notez que les parenthèses utilisées avec **sizeof** sont obligatoires lorsqu'on fournit un nom de type pour l'opérande mais ne le sont pas dans le cas d'un nom de variable. N'oubliez pas que **sizeof** est un opérateur et non une fonction.

Erreur de programmation courante 5.8

Lorsque l'opérande est un nom de type, l'omission des parenthèses dans une opération **sizeof** *est une erreur de syntaxe.*

Astuce sur la performance 5.2

sizeof est un opérateur unaire s'exécutant lors de la compilation et non une fonction à l'exécution. Son utilisation n'a donc aucun effet négatif sur la performance à l'exécution.

5.7 Expressions et arithmétique des pointeurs

Les pointeurs sont des opérandes valides dans des expressions arithmétiques, d'affectation et de comparaison. Toutefois, ils ne sont pas tous valides avec des variables pointeurs. Cette section décrit les opérateurs pouvant recevoir des pointeurs comme opérandes et explique comment les utiliser.

Les opérations arithmétiques que l'on peut effectuer sur les pointeurs sont limitées: on peut les incrémenter (**++**) ou les décrémenter (**--**), leur additionner (**+** ou **+=**) ou leur soustraire (**-** ou **-=**) un entier et leur soustraire un autre pointeur.

Supposons que le tableau **int v[5]** a été déclaré et que son premier élément se trouve à l'emplacement de mémoire **3000**. Supposons également que le pointeur **vPtr** a été initialisé de façon à pointer vers **v[0]**, autrement dit que **vPtr** vaut **3000**. La figure 5.18 illustre cette situation pour une machine comportant des entiers de 4 octets. Notez que nous pouvons initialiser **vPtr** de sorte qu'il pointe vers le tableau **v** avec l'une ou l'autre des instructions suivantes:

```
vPtr = v;
vPtr = &v[ 0 ];
```

Astuce sur la portabilité 5.4

Aujourd'hui, la plupart des ordinateurs fonctionnent avec des entiers de 2 ou de 4 octets, certains des plus récents utilisant même des entiers de 8 octets. Comme les résultats arithmétiques des pointeurs dépendent de la taille des objets vers lesquels ils pointent, l'arithmétique des pointeurs est dépendante de la machine.

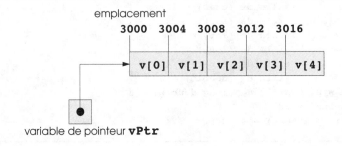

Figure 5.18   Le tableau **v** et la variable de pointeur **vptr** pointant vers **v**.

En arithmétique conventionnelle, l'addition **3000 + 2** donne **3002**, ce qui n'est habituellement pas le cas avec l'arithmétique des pointeurs. Lorsqu'un entier est additionné à un pointeur ou en est soustrait, le pointeur n'est pas simplement incrémenté ou décrémenté par cette valeur, mais plutôt par le produit de cet entier et de la taille de l'objet vers lequel il pointe. Le nombre d'octets dépend du type de données de l'objet. En supposant, par exemple, qu'un entier est stocké dans 4 octets de mémoire, l'instruction

```
vPtr += 2;
```

donnerait un résultat de **3008** (soit **3000 + 2 * 4**). Dans le tableau **v**, **vPtr** pointerait maintenant vers **v[2]** (figure 5.19). Si l'entier était stocké dans deux octets de mémoire, le calcul précédent donnerait alors l'emplacement de mémoire **3004** (**3000 + 2 * 2**). Si le tableau était d'un type de données différent, l'instruction précédente incrémenterait le pointeur par une valeur égale au double du nombre d'octets requis pour stocker un objet de ce type. Par contre, utilisée sur un tableau de caractères, l'arithmétique des pointeurs produit des résultats conformes à l'arithmétique conventionnelle, chaque caractère ayant une taille d'un octet.

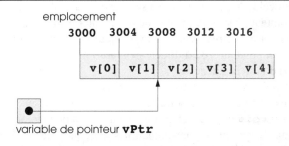

Figure 5.19   Le pointeur **vptr** après l'arithmétique des pointeurs.

Si on incrémentait **vPtr** à **3016**, qui pointe vers **v[4]**, l'instruction

```
vPtr -= 4;
```

ramènerait la valeur de **vPtr** à **3000**, soit au début du tableau. Si un pointeur doit être incrémenté ou décrémenté de un, on peut utiliser les opérateurs d'incrémentation (**++**) et de décrémentation (**--**). Chacune des instructions

```
++vPtr;
vPtr++;
```

incrémente le pointeur de façon qu'il pointe vers l'emplacement suivant dans le tableau. Chacune des instructions

```
--vPtr;
vPtr--;
```

le décrémente pour qu'il pointe vers l'élément précédent du tableau.

Des variables de pointeur qui pointent vers le même tableau peuvent se soustraire l'une de l'autre. Par exemple, si **vPtr** contient l'emplacement **3000** et que **v2Ptr** contient l'adresse **3008**, l'instruction

```
x = v2Ptr - vPtr;
```

affectera à **x** le nombre d'éléments de **vPtr** à **v2Ptr**, soit **2** dans le cas présent. À moins d'être exécutée sur un tableau, l'arithmétique des pointeurs est vide de sens, car il est en effet impossible de présumer que deux variables du même type sont stockées de façon contiguë en mémoire, sauf s'il s'agit de deux éléments adjacents d'un tableau.

Erreur de programmation courante 5.9

Utiliser l'arithmétique des pointeurs sur un pointeur qui ne réfère pas à un tableau de valeurs est habituellement une erreur de logique.

Erreur de programmation courante 5.10

Soustraire ou comparer deux pointeurs qui ne renvoient pas aux éléments d'un même tableau est normalement une erreur de logique.

Erreur de programmation courante 5.11

Le fait de dépasser l'une ou l'autre des limites d'un tableau lorsqu'on utilise l'arithmétique des pointeurs est normalement une erreur de logique.

On peut affecter un pointeur à un autre si les deux sont du même type. S'ils ne le sont pas, il faut utiliser un opérateur de transtypage pour convertir la valeur du pointeur situé à droite de l'affectation en un type identique à celui du pointeur situé à sa gauche. La seule exception est le pointeur **void** (soit **void ***), un pointeur générique capable de représenter n'importe quel type de pointeur. Tous les types de pointeurs peuvent être affectés d'un pointeur vers **void** sans transtypage. On ne peut toutefois pas affecter un pointeur **void** directement à un pointeur d'un autre type: il faut d'abord forcer le pointeur **void** au type adéquat.

On ne peut pas déréférencer un pointeur **void ***. Ainsi, le compilateur sait qu'un pointeur vers un **int** renvoie à quatre octets de mémoire sur une machine utilisant des entiers à 4 octets. Par contre, un pointeur vers **void** ne contient qu'un emplacement de mémoire pour un type de données inconnu; autrement dit, le compilateur ne connaît pas le nombre précis d'octets auquel le pointeur réfère. Pour déterminer le nombre d'octets à déréférencer pour un pointeur particulier, le compilateur doit connaître le type de données mais, dans le cas d'un pointeur vers **void**, il ne peut pas déterminer le nombre d'octets à partir du type.

Erreur de programmation courante 5.12

*Ne pas forcer le type du premier pointeur lorsqu'on affecte un pointeur d'un type à un autre de type différent (autre que **void ***) est une erreur de syntaxe.*

Erreur de programmation courante 5.13

*Le fait de déréférencer un pointeur **void *** est une erreur de syntaxe.*

On peut comparer des pointeurs en utilisant des opérateurs relationnels et d'égalité, mais ces comparaisons sont inutiles à moins que les pointeurs pointent des membres d'un même tableau. Les comparaisons de pointeurs comparent les adresses stockées dans les pointeurs. Par exemple, une comparaison de deux pointeurs vers le même tableau pourrait indiquer qu'un des pointeurs cible un élément du tableau plus élevé dans l'indice que l'autre. Une utilisation courante de comparaison de pointeurs consiste à déterminer si un pointeur est égal à 0.

5.8 Relation entre les pointeurs et les tableaux

En C++, les tableaux et les pointeurs sont intimement liés et leur utilisation est *presque* interchangeable. On peut donc se représenter un nom de tableau sous la forme d'un pointeur constant et utiliser les pointeurs pour effectuer n'importe quelle opération comportant des indices de tableau.

Bonne pratique de programmation 5.4

Lorsque vous manipulez des tableaux, utilisez la notation de tableau plutôt que celle de pointeur. Le programme sera probablement plus clair, même s'il faut plus de temps pour le compiler.

Supposons que tableau d'entiers **b[5]** et la variable pointeur d'entiers **bPtr** ont été déclarés. Comme le nom du tableau (sans indice) est un pointeur vers le premier élément du tableau, nous pouvons ajuster **bPtr** à l'adresse du premier élément du tableau **b** grâce à l'instruction:

    bPtr = b;

Ceci revient à prendre l'adresse du premier élément du tableau comme suit:

    bPtr = &b[0];

L'élément de tableau **b[3]** peut être référencé de façon alternative au moyen de l'expression de pointeur:

    *(bPtr + 3)

Dans l'expression précédente, le **3** est le *décalage* du pointeur. Lorsque ce dernier pointe vers le début d'un tableau, la valeur de décalage indique quel élément du tableau doit être référencé et est identique à l'indice du tableau.

On appelle la notation précédente la *notation pointeur/décalage*, qui nécessite des parenthèses en raison de la préséance de l'opérateur ***** sur l'opérateur **+**. Sans les parenthèses, l'expression précédente aurait ajouté **3** à la valeur de l'expression ***bPtr**. Autrement dit, l'expression aurait additionné **3** à **b[0]** en présumant que **bPtr** pointe vers le début du tableau. Tout comme on peut référencer l'élément du tableau au moyen d'une expression de pointeur, l'adresse

    &b[3]

peut s'écrire avec l'expression de pointeur

    bPtr + 3

On peut traiter le tableau comme un pointeur et l'utiliser dans l'arithmétique des pointeurs. Par exemple, l'expression

    *(b + 3)

renvoie également à l'élément de tableau **b[3]**. En général, toute expression d'un tableau comportant des indices peut s'écrire avec un pointeur et un décalage. Ici nous avons utilisé une notation pointeur/décalage avec le nom du tableau comme pointeur. Notez que l'instruction précédente ne modifie aucunement le nom du tableau; **b** pointe toujours vers le premier élément du tableau.

Les pointeurs peuvent être indicés exactement de la même façon que les tableaux. Par exemple, l'expression

    bPtr[1]

se réfère à l'élément de tableau **b[1]**. Cette expression porte le nom de *notation pointeur/indice*.

On sait qu'un nom de tableau est essentiellement un pointeur constant; il pointe toujours vers le début du tableau. L'expression

    b += 3

n'est donc pas valide puisqu'elle tente de modifier la valeur du nom du tableau par l'arithmétique des pointeurs.

Erreur de programmation courante 5.14

Même si les noms de tableaux sont des pointeurs vers le début du tableau et que les pointeurs peuvent être modifiés dans des expressions arithmétiques, les noms de tableaux ne peuvent pas l'être car ils sont des pointeurs constants.

À la figure 5.20, le programme utilise les quatre méthodes dont nous avons parlé pour faire référence à des éléments de tableau et afficher les quatre éléments du tableau d'entiers **b**, à savoir: les indices de tableau, la notation pointeur/décalage avec le nom de tableau comme pointeur, les indices de pointeur et la notation pointeur/décalage avec un pointeur.

```cpp
1   // Figure 5.20: fig05_20.cpp
2   // Utilisation des indices et des notations de pointeurs
3   // sur des tableaux.
4   #include <iostream>
5
6   using std::cout;
7   using std::endl;
8
9   int main()
10  {
11      int b[] = { 10, 20, 30, 40 };
12      int *bPtr = b;    // pour que bPtr pointe le tableau b.
13
14      cout << "Tableau b affiché avec des:\n"
15          << "Notations d'indices de tableau\n";
16
17      for ( int i = 0; i < 4; i++ )
18        cout << "b[" << i << "] = " << b[ i ] << '\n';
19
20
21      cout << "\nNotations pointeur/décalage, où\n"
22          << "le pointeur représente le nom du tableau\n";
23
24      for ( int decalage = 0; decalage < 4; decalage++ )
25        cout << "*(b + " << decalage << ") = "
26            << *( b + decalage ) << '\n';
27
28
29      cout << "\nNotations d'indices de pointeur \n";
30
31      for ( i = 0; i < 4; i++ )
32        cout << "bPtr[" << i << "] = " << bPtr[ i ] << '\n';
33
34      cout << "\nNotations pointeur/décalage\n";
35
36      for ( decalage = 0; decalage < 4; decalage++ )
37        cout << "*(bPtr + " << decalage << ") = "
38            << *( bPtr + decalage ) << '\n';
39
40      return 0;
41  }
```

Figure 5.20   Emploi des quatre méthodes pour référencer les éléments d'un tableau. (1 de 2)

```
Tableau b affiché avec des:
Notations d'indices de tableau
b[0] = 10
b[1] = 20
b[2] = 30
b[3] = 40

Notations pointeur/décalage, où
le pointeur est le nom du tableau
*(b + 0) = 10
*(b + 1) = 20
*(b + 2) = 30
*(b + 3) = 40

Notations d'indices de pointeur
BPtr[0] = 10
BPtr[1] = 20
BPtr[2] = 30
BPtr[3] = 40

Notations pointeur/décalage
*(bPtr + 0) = 10
*(bPtr + 1) = 20
*(bPtr + 2) = 30
*(bPtr + 3) = 40
```

Figure 5.20   Emploi des quatre méthodes pour référencer les éléments d'un tableau. (2 de 2)

Pour continuer d'illustrer l'interchangeabilité des tableaux et des pointeurs, examinons les deux fonctions de copie de chaînes, **copie1** et **copie2**, du programme de la figure 5.21. Les deux fonctions copient une chaîne dans un tableau de caractères. Après une comparaison des prototypes de fonction de **copie1** et **copie2**, ces fonctions paraissent identiques à cause de l'interchangeabilité des tableaux et des pointeurs. Ces fonctions réalisent la même tâche mais sont mises en œuvre différemment.

```
1    // Figure 5.21: fig05_21.cpp
2    // Copie d'une chaîne en utilisant la notation de tableau.
3    // Copie d'une chaîne en utilisant la notation de pointeur.
4    #include <iostream>
5
6    using std::cout;
7    using std::endl;
8
9    void copie1( char *, const char * );
10   void copie2( char *, const char * );
11
12   int main()
13   {
14      char chaine1[ 10 ], *chaine2 = "Bonjour",
15           chaine3[ 10 ], chaine4[] = "Au revoir";
```

Figure 5.21   Copie d'une chaîne en utilisant la notation de tableau et la notation de pointeur. (1 de 2)

```
16
17      copie1( chaine1, chaine2 );
18      cout << "Chaîne 1 = " << chaine1 << endl;
19
20      copie2( chaine3, chaine4 );
21      cout << "Chaîne 3 = " << chaine3 << endl;
22
23      return 0;
24   }
25
26   // copie s2 vers s1 en utilisant la notation de tableau.
27   void copie1( char *s1, const char *s2 )
28   {
29      for ( int i = 0; ( s1[ i ] = s2[ i ] ) != '\0'; i++ )
30         ;   // ne fait rien à l'intérieur du corps.
31   }
32
33   // copie s2 vers s1 en utilisant la notation de pointeurs.
34   void copie2( char *s1, const char *s2 )
35   {
36      for (; ( *s1 = *s2 ) != '\0'; s1++, s2++ )
37         ;   // ne fait rien à l'intérieur du corps.
38   }
```

```
Chaîne 1 = Bonjour
Chaîne 3 = Au revoir
```

Figure 5.21   Copie d'une chaîne en utilisant la notation de tableau et la notation de pointeur. (2 de 2)

La fonction **copie1** utilise la notation d'indices de tableau pour copier la chaîne **s2** dans le tableau de caractères **s1**. La fonction déclare une variable de compteur d'entier **i** pouvant s'utiliser comme indice du tableau. L'en-tête de la structure **for** effectue toute l'opération de copie (son corps étant l'instruction vide). Si l'on pousse l'analyse, on s'aperçoit que l'en-tête initialise à zéro la variable **i** et l'incrémente de un à chaque itération de la boucle. La condition à l'intériur du **for**, **(s1[i] = s2[i]) != '\0'**, effectue la copie caractère par caractère, de **s2** à **s1**. Lorsqu'on rencontre le caractère nul dans **s2**, on l'affecte à **s1** et la boucle se termine, le caractère nul étant égal à **'\0'**. Rappelez-vous que la valeur d'une instruction d'affectation correspond à la valeur affectée à l'argument de gauche.

La fonction **copie2** utilise des pointeurs et l'arithmétique des pointeurs pour copier la chaîne comprise dans **s2** vers le tableau de caractères **s1**. Là encore, l'en-tête de la structure du **for** exécute toute l'opération de copie et n'inclut aucune initialisation de variable. Comme dans la fonction **copie1**, la condition **(*s1 = *s2) != '\0'** effectue la copie. Le pointeur **s2** est déréférencé et le caractère résultant est affecté au pointeur déréférencé **s1**. Après l'affectation, les pointeurs sont incrémentés pour pointer vers l'élément suivant du tableau **s1** et le caractère suivant de la chaîne **s2**, respectivement. Lorsque le caractère *nul* est atteint dans **s2**, il est affecté au pointeur déréférencé **s1** et la boucle se termine.

Notez que le premier argument des deux fonctions **copie1** et **copie2** doit être un tableau assez gros pour contenir la chaîne présente dans le second argument, à défaut de quoi une erreur pourrait survenir lors d'une tentative d'écriture dans un emplacement mémoire dépassant les limites du tableau. Notez aussi que le second paramètre de chaque fonction est déclaré comme **const char** * (chaîne de constante). Le second argument dans chacune des deux fonctions est copié dans le premier; les caractères sont copiés un par un à partir du second argument mais ne sont jamais modifiés. Par conséquent, et pour respecter le principe du moindre privilège, on déclare le second paramètre de sorte qu'il pointe vers une valeur constante. Comme aucune des deux fonctions n'a besoin de modifier le second argument, aucune n'est pourvue de la possibilité de le faire.

5.9 Tableaux de pointeurs

Les tableaux peuvent également contenir des pointeurs. Une utilisation courante d'une telle structure de données consiste à former un *tableau de chaînes*, communément appelé tableau de chaînes de caractères. Chaque entrée dans le tableau représente une chaîne de caractères, bien qu'en C++ une chaîne soit essentiellement un pointeur vers son premier caractère. Chaque entrée d'un tableau de chaînes de caractères est donc un pointeur vers le premier caractère d'une chaîne. Examinons la déclaration d'un tableau de chaînes de caractères **couleur** qui pourrait être utile pour représenter un jeu de cartes.

```
char *couleur[ 4 ] = { "Coeur", "Carreau", "Trèfle", "Pique" };
```

La portion **couleur[4]** de la déclaration désigne un tableau de quatre éléments et la portion **char** * précise que chaque élément du tableau **couleur** est du type «pointeur vers **char**». Les quatre valeurs à placer dans le tableau sont **"Coeur"**, **"Carreau"**, **"Trèfle"** et **"Pique"**. Chacune est stockée en mémoire comme une chaîne de caractères terminée par un caractère nul, d'une longueur supérieure d'un caractère au nombre de caractères indiqué entre les guillemets. Les longueurs des quatre chaînes valent, respectivement, 6, 8, 7 et 6 caractères. Même si ces chaînes semblent être placées dans le tableau **couleur**, seuls les pointeurs y sont en réalité stockés (figure 5.22), chaque pointeur ciblant le premier caractère de sa chaîne correspondante. Donc, même si le tableau **couleur** est de taille fixe, il permet d'accéder à des chaînes de caractères de n'importe quelle longueur. Cette souplesse est un exemple des puissantes possibilités de structuration de données du C++.

Les chaînes des couleurs pourraient être placées dans un tableau à indices doubles dans lequel chaque ligne représenterait une couleur et chaque colonne, une des lettres du nom de la couleur. Une telle structure de données doit cependant posséder un nombre fixe de colonnes par ligne, aussi élevé que la chaîne la plus longue. Donc, le stockage d'une grande quantité de chaînes, pour la majorité plus courtes que la chaîne la plus longue, gaspille donc beaucoup de mémoire. À la prochaine section, nous représentons un jeu de cartes au moyen de tableaux de chaînes.

5.10 Étude de cas: simulation du brassage et de la distribution de cartes

Dans cette section, nous utilisons la production de nombres aléatoires pour développer un programme de simulation de brassage et de distribution de cartes. Ce programme peut ensuite servir à implanter d'autres programmes de jeux de cartes spécifiques. Pour révéler certains problèmes subtils de performance, nous avons intentionnellement employé des algorithmes de brassage et de distribution de faible qualité. Dans les exercices, nous en développerons d'autres plus efficaces.

Nous développons un programme pouvant mêler et distribuer 52 cartes à jouer en nous servant de l'approche de l'affinage par étapes descendant. Cette approche est particulièrement utile pour attaquer des problèmes plus gros et plus complexes que ceux que nous avons déjà vus.

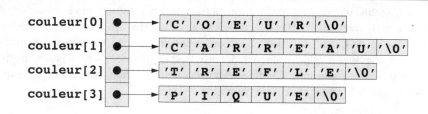

Figure 5.22   Représentation graphique du tableau **couleur**.

Un tableau à indices doubles de 4 par 13, nommé **jeu**, représente le jeu de cartes (figure 5.23) et les lignes du tableau correspondent aux couleurs: la ligne 0 désigne les cœurs; la ligne 1, les carreaux; la ligne 2, les trèfles et la ligne 3, les piques. Quant aux colonnes, elles désignent les valeurs respectives des cartes: les colonnes 0 à 9 correspondent respectivement aux 10 cartes allant de l'as au dix, et les colonnes 10 à 12 identifient respectivement le valet, la dame et le roi. Nous chargerons le tableau de chaînes **couleur** avec les chaînes de caractères représentant les quatre couleurs et le tableau de chaînes **face** avec les chaînes de caractères associées aux treize valeurs des cartes.

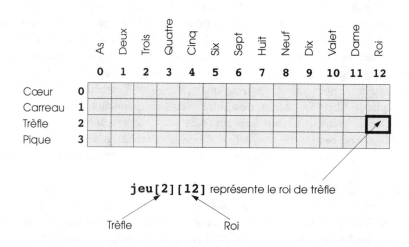

Figure 5.23   Représentation du tableau à indices doubles d'un jeu de cartes.

Ce jeu de cartes simulé peut être brassé de la façon suivante: le tableau **jeu** est d'abord initialisé par des zéros. Une **ligne** (0–3) et une **colonne** (0–12) sont ensuite choisies, chacune au hasard. Le nombre 1 est inséré dans l'élément du tableau **jeu[ligne][colonne]** pour indiquer que cette carte sera la première à être distribuée à partir du jeu de cartes brassé. Ce processus se poursuit avec les nombres 2, 3, …, 52, tour à tour insérés au hasard dans le tableau **jeu** pour signaler quelles cartes doivent être placées en deuxième, troisième, …, et cinquante-deuxième place dans le jeu brassé. À mesure que le tableau **jeu** se remplit de numéros de cartes, il peut arriver qu'une carte soit choisie deux fois, c'est-à-dire que **jeu[ligne][colonne]** diffère de zéro lorsque la carte est sélectionée. Cette sélection est tout simplement ignorée et d'autres **lignes** et **colonnes** continueront d'être choisies au hasard jusqu'à ce qu'une carte non déjà choisie soit trouvée. Les nombres de 1 à 52 finiront pas occuper les 52 espaces du tableau **jeu** et le jeu de cartes sera alors entièrement brassé.

Cet algorithme de brassage pourrait s'exécuter sur une période de temps indéfinie si les cartes déjà brassées continuaient d'être choisies au hasard de façon répétitive. Ce phénomène est connu sous le nom de *report indéfini* et sera éliminé dans le cadre des exercices, où nous présentons un meilleur algorithme de brassage.

Astuce sur la performance 5.3

Il peut arriver qu'un algorithme d'apparence «naturelle» renferme des problèmes de performance subtils, tel le report indéfini. Recherchez des algorithmes qui évitent le report indéfini.

Pour distribuer la première carte, nous explorons le tableau pour trouver l'élément **jeu[ligne][colonne]** égal à **1**. Cette recherche est réalisée avec une structure **for** imbriquée qui fait varier **ligne** de 0 à 3 et **colonne** de 0 à 12. Quelle carte correspond à cet emplacement du tableau? Le tableau **couleur** ayant été préalablement chargé avec les quatre couleurs, nous devons donc afficher la chaîne de caractères **couleur[ligne]** pour obtenir la suite. De même, nous obtenons la valeur de la carte en affichant la chaîne de caractères **face[colonne]**. Par ailleurs, si nous affichons aussi la chaîne " **de** " dans le bon ordre, cela nous permet d'afficher chaque carte sous la forme "**Roi de trèfle**", "**As de carreau**" et ainsi de suite.

Voyons maintenant l'affinage par étapes descendant. Le haut comprend simplement:

Brasser et distribuer 52 cartes

Notre premier affinage donne:

Initialiser le tableau couleur
Initialiser le tableau face
Initialiser le tableau jeu
Brasser le jeu
Distribuer 52 cartes

On peut développer «Brasser le jeu» comme suit:

Pour chacune des 52 cartes
Placer au hasard le numéro de la carte dans un espace inoccupé du jeu

On peut développer «Distribuer 52 cartes» comme suit:

Pour chacune des 52 cartes
Trouver un numéro de carte dans le tableau et afficher la valeur et la couleur de la carte

L'intégration de ces développements nous donne notre deuxième affinage complet:

Initialiser le tableau couleur
Initialiser le tableau face
Initialiser le tableau jeu

Pour chacune des 52 cartes
Placer au hasard le numéro de la carte dans un espace inoccupé du jeu

Pour chacune des 52 cartes
Trouver un numéro de carte dans le tableau et afficher la valeur et la couleur de la carte

On peut développer «Placer au hasard le numéro de la carte dans un espace inoccupé du jeu» de la façon suivante:

Sélectionner un espace du tableau jeu au hasard

Lorsqu'un emplacement du tableau jeu a déjà été sélectionné
Sélectionner un emplacement du tableau jeu au hasard

Placer le numéro de carte dans l'emplacement du tableau jeu sélectionné

On peut développer «Trouver un numéro de carte dans le tableau et afficher la valeur et la couleur de la carte» de la façon suivante:

Pour chaque emplacement du tableau jeu
      Si l'espace contient un numéro de carte
            Afficher la valeur et la couleur de la carte

En incorporant ces développements, nous obtenons notre troisième affinage:

Initialiser le tableau couleur
Initialiser le tableau face
Initialiser le tableau jeu

Pour chacune des 52 cartes
      Sélectionner un espace du tableau jeu au hasard

      Lorsqu'un emplacement du tableau jeu a déjà été sélectionné
      Sélectionner un emplacement du tableau jeu au hasard

      Placer le numéro de carte dans l'emplacement du tableau jeu sélectionné

Pour chaque emplacement du tableau jeu
      Pour chaque emplacement du tableau de cartes
            Si l'espace contient un numéro de carte
            Afficher la valeur et la couleur de la carte

Ceci termine le processus d'affinage. On retrouve le programme de brassage et de distribution de cartes à la figure 5.24 et un exemple d'exécution, à la figure 5.25. Notez le formatage de sortie utilisé dans la fonction **distribue**:

```
cout << setw ( 6 ) << resetiosflags (ios::left)
     << wFace[ colonne ] << " de "
     << setw( 7 ) << setiosflags(ios::left)
     << wCouleur[ ligne ]
     << ( carte % 2 == 0 ? '\n': '\t' );
```

L'instruction de sortie précédente a pour effet d'afficher la valeur de la carte dans un champ de six caractères cadré à droite et la couleur, dans une zone de sept caractères cadrée à gauche. La sortie apparaît sur deux colonnes. Si la carte affichée se trouve dans la première colonne, le programme produit une tabulation après cette carte pour aller à la deuxième colonne; autrement, elle génère une nouvelle ligne.

L'algorithme de brassage comporte une faiblesse. En effet, une fois qu'il trouve une carte assortie, et cela même au premier coup, les deux structures **for** intérieures continuent de chercher une correspondance dans les éléments restants de **jeu**. Nous corrigerons ce problème dans les exercices.

```
1   // Figure 5.24: fig05_24.cpp
2   // Programme de brassage et de distribution de cartes.
3   #include <iostream>
4
```

Figure 5.24   Programme de brassage et de distribution de cartes. (1 de 3)

```
 5   using std::cout;
 6   using std::ios;
 7
 8   #include <iomanip>
 9
10   using std::setw;
11   using std::setiosflags;
12
13   #include <cstdlib>
14   #include <ctime>
15
16   void brasse ( int [][ 13 ] );
17   void distribue( const int [][ 13 ], const char *[], const char *[] );
18
19   int main()
20   {
21      const char *couleur[ 4 ] =
22         { "Coeur", "Carreau", "Trèfle", "Pique" };
23      const char *face[ 13 ] =
24         { "As", "Deux", "Trois", "Quatre",
25           "Cinq", "Six", "Sept", "Huit",
26           "Neuf", "Dix", "Valet", "Dame", "Roi" };
27      int jeu[ 4 ][ 13 ] = { 0 };
28
29      srand( time( 0 ) );
30
31      brasse ( jeu );
32      distribue( jeu, face, couleur );
33
34      return 0;
35   }
36
37   void brasse ( int wJeu[][ 13 ] )
38   {
39      int ligne, colonne;
40
41      for ( int carte = 1; carte <= 52; carte++ ) {
42         do {
43            ligne = rand() % 4;
44            colonne = rand() % 13;
45         } while( wJeu[ ligne ][ colonne ] != 0 );
46
47         wJeu[ ligne ][ colonne ] = carte;
48      }
49   }
50
51   void distribue( const int wJeu[][ 13 ], const char *wFace[],
52                   const char *wCouleur[] )
53   {
54      for ( int carte = 1; carte <= 52; carte++ )
55
56         for ( int ligne = 0; ligne <= 3; ligne++ )
57
```

Figure 5.24   Programme de brassage et de distribution de cartes. (2 de 3)

```
58              for ( int colonne = 0; colonne <= 12; colonne++ )
59
60          if ( wJeu[ ligne ][ colonne ] == carte )
61            cout << setw ( 6 ) << setiosflags ( ios::left )
62                 << wFace[ colonne ] << " de "
63                 << setw ( 7 ) << setiosflags ( ios::left )
64                 << wCouleur[ ligne ]
65                 << ( carte % 2 == 0 ? '\n': '\t' );
66    }
```

Figure 5.24   Programme de brassage et de distribution de cartes. (3 de 3)

```
    Six de Trèfle            Sept de Carreau
     As de Pique              As de Carreau
     As de Coeur            Reine de Carreau
   Dame de Trèfle            Sept de Coeur
    Dix de Coeur             Deux de Trèfle
    Dix de Pique            Trois de Pique
    Dix de Carreau          Quatre de Pique
 Quatre de Carreau             Dix de Trèfle
    Six de Carreau            Six de Pique
   Huit de Coeur            Trois de Carreau
   Neuf de Coeur            Trois de Coeur
   Deux de Pique              Six de Coeur
   Cinq de Trèfle            Huit de Trèfle
   Deux de Carreau           Huit de Pique
   Cinq de Pique              Roi de Trèfle
    Roi de Carreau          Valet de Pique
   Deux de Coeur            Reine de Coeur
     As de Trèfle             Roi de Pique
  Trois de Trèfle             Roi de Coeur
   Neuf de Trèfle            Neuf de Pique
 Quatre de Coeur            Reine de Pique
   Huit de Carreau           Neuf de Carreau
  Valet de Carreau           Sept de Trèfle
   Cinq de Coeur             Cinq de Carreau
 Quatre de Trèfle           Valet de Coeur
  Valet de Trèfle            Sept de Pique
```

Figure 5.25   Exemple d'exécution du programme de brassage et de distribution de cartes.

5.11 Pointeurs de fonction

Un pointeur vers une fonction contient l'adresse de la fonction en mémoire. Au chapitre 4, nous avons vu qu'un nom de tableau est en fait l'adresse mémoire du premier élément de ce tableau. De même, un nom de fonction identifie en réalité l'adresse mémoire de départ du code qui effectue la tâche de la fonction. Les pointeurs vers des fonctions peuvent être passés ou renvoyés aux fonctions, être stockés dans des tableaux et être affectés à d'autres pointeurs de fonction.

Pour illustrer l'emploi des pointeurs vers des fonctions, nous avons modifié le programme de tri à bulle de la figure 5.15 pour former celui de la figure 5.26. Notre nouveau programme comprend

main ainsi que les fonctions **bulle**, **permutation**, **ascendant** et **descendant**. Outre un tableau d'entiers et sa taille, la fonction **triBulle** reçoit un pointeur vers l'une ou l'autre des fonctions **ascendant** ou **descendant** comme argument. Le programme invite l'utilisateur à choisir l'ordre de tri du tableau: ascendant ou descendant. S'il entre 1, le programme passera à la fonction **bulle** un pointeur vers la fonction **ascendant**, ce qui aura pour effet de trier le tableau en ordre ascendant. S'il choisit 2, le programme dirigera alors la fonction **descendant** vers la fonction **bulle**, et triera le tableau en ordre descendant. La sortie du programme est illustrée à la figure 5.27.

```cpp
1   // Figure 5.26: fig05_26.cpp
2   // Programme de tris multiples à pointeurs de fonctions.
3   #include <iostream>
4
5   using std::cout;
6   using std::cin;
7   using std::endl;
8
9   #include <iomanip>
10
11  using std::setw;
12
13  void bulle( int [], const int, bool (*)( int, int ) );
14  bool ascendant( int, int );
15  bool descendant( int, int );
16
17  int main()
18  {
19     const int tailleTableau = 10;
20     int ordre,
21         compteur,
22         a[ tailleTableau ] = { 2, 6, 4, 8, 10, 12, 89, 68, 45, 37 };
23
24     cout << "Entrez 1 pour un tri en ordre ascendant,\n"
25          << "Entrez 2 pour un tri en ordre descendant: ";
26     cin >> ordre;
27     cout << "\nEléments de données dans l'ordre initial\n";
28
29     for ( compteur = 0; compteur < tailleTableau; compteur++ )
30        cout << setw ( 4 ) << a[ compteur ];
31
32     if ( ordre == 1 ) {
33        bulle( a, tailleTableau, ascendant );
34        cout << "\nEléments de données en ordre ascendant\n";
35     }
36     else {
37        bulle( a, tailleTableau, descendant );
38        cout << "\nEléments de données en ordre descendant\n";
39     }
40
41     for ( compteur = 0; compteur < tailleTableau; compteur++ )
42        cout << setw ( 4 ) << a[ compteur ];
43
```

Figure 5.26   Programme de tris multiples utilisant des pointeurs de fonctions. (1 de 2)

```
44        cout << endl;
45        return 0;
46   }
47
48   void bulle( int travail[], const int taille,
49              bool (*comparer)( int, int ) )
50   {
51      void permutation( int * const, int * const );      //prototype
52
53      for ( int passage = 1; passage < taille; passage++ )
54
55         for ( int compte = 0; compte < taille - 1; compte++ )
56
57            if ( (*comparer)( travail[ compte ], travail[ compte + 1 ] ) )
58               permutation( &travail[ compte ], &travail[ compte + 1 ] );
59   }
60
61   void permutation( int * const element1Ptr, int * const element2Ptr )
62   {
63      int temporaire;
64      temporaire = *element1Ptr;
65      *element1Ptr = *element2Ptr;
66      *element2Ptr = temporaire;
67   }
68
69   bool ascendant( int a, int b )
70   {
71      return b < a;    // permutation si b est inférieur à a.
72   }
73
74   bool descendant( int a, int b )
75   {
76      return b > a;    // permutation si b est supérieur à a.
77   }
```

Figure 5.26   Programme de tris multiples utilisant des pointeurs de fonctions. (2 de 2)

Le paramètre suivant apparaît dans l'en-tête de la fonction **bulle**:

```
bool ( *comparer )( int, int )
```

Il informe **bulle** d'attendre un paramètre de type pointeur vers une fonction, lequel reçoit deux paramètres d'entiers et renvoie un booléen. Les parenthèses entourant ***comparer** sont obligatoires, car la préséance de l'opérateur ***** est inférieure à celle des parenthèses qui entourent les paramètres de la fonction. Sans les parenthèses, la déclaration aurait été

```
bool *comparer( int, int )
```

soit la déclaration d'une fonction recevant deux entiers en paramètres et retournant un pointeur vers un booléen.

```
Entrez 1 pour un tri en ordre ascendant,
Entrez 2 pour un tri en ordre descendant: 1

Éléments de données dans l'ordre initial
    2    6    4    8   10   12   89   68   45   37
Éléments de données en ordre ascendant
    2    4    6    8   10   12   37   45   68   89
```

```
Entrez 1 pour un tri en ordre ascendant,
Entrez 2 pour un tri en ordre descendant: 2

Éléments de données dans l'ordre initial
    2    6    4    8   10   12   89   68   45   37
Éléments de données en ordre descendant
   89   68   45   37   12   10    8    6    4    2
```

Figure 5.27   Sorties du programme de tri à bulle de la figure 5.26.

Dans le prototype de la fonction **bulle**, le paramètre correspond à

```
bool ( * )( int, int )
```

Notez que seuls les types ont été inclus, mais que, pour documenter le code, le programmeur peut ajouter des noms que le compilateur ignorera.

La fonction passée vers **bulle** dans une instruction **if** est appelée de la façon suivante:

```
if ( ( *comparer )( travail[ compte ], travail[ compte + 1 ] ) )
```

Tout comme il faut déréférencer un pointeur vers une variable pour accéder à la valeur de cette variable, il faut aussi déréférencer un pointeur vers une fonction pour exécuter la fonction. Nous aurions pu appeler la fonction sans déréférencer le pointeur, comme dans

```
if ( comparer( travail[ compte ], travail[ compte + 1 ] ) )
```

qui utilise le pointeur directement comme nom de la fonction. Nous préférons toutefois la première méthode d'appel, car elle montre explicitement que **comparer** est un pointeur vers une fonction, lequel pointeur est déréférencé pour appeler la fonction. La seconde méthode laisse croire que **comparer** est une véritable fonction, ce qui peut dérouter un utilisateur du programme qui, désirant consulter la définition de **comparer**, s'aperçoit qu'elle n'apparaît nulle part dans le fichier.

Les pointeurs de fonctions sont notamment utilisés dans les systèmes pilotés par menus. Dans ces systèmes, l'utilisateur est invité à sélectionner une option parmi les choix proposés qui correspondent, chacun, à une fonction différente. Les pointeurs vers chaque fonction sont stockés dans un tableau de pointeurs vers des fonctions. Le choix de l'utilisateur sert d'indice au tableau, tandis que le pointeur appelle la fonction.

Le programme de la figure 5.28 donne un exemple générique du mode de fonctionnement de la déclaration et de l'emploi d'un tableau de pointeurs vers des fonctions. Les trois fonctions définies, **fonction1**, **fonction2** et **fonction3**, prennent chacune un argument d'entier sans retourner de valeur. Les pointeurs vers ces fonctions sont stockés dans le tableau **f**, lequel est déclaré comme suit:

```
void ( *f[ 3 ] )( int ) = { fonction1, fonction2, fonction3 };
```

La déclaration se lit à partir des parenthèses les plus à gauche: «**f** est un tableau de trois pointeurs vers des fonctions prenant chacune un argument **int** et retournant une valeur de type **void**». Le tableau est initialisé avec les noms des trois fonctions (qui, répétons-le, sont des pointeurs). Lorsque l'utilisateur entre une valeur de 0 à 2, cette dernière sert d'indice pour le tableau des pointeurs vers les fonctions. L'appel de fonction s'effectue comme suit:

```
(*f[ choix ])( choix );
```

Dans l'appel, **f[choix]** sélectionne le pointeur à l'emplacement **choix** dans le tableau. Le pointeur est alors déréférencé pour appeler la fonction et **choix** est passé comme argument vers la fonction. Chaque fonction affiche la valeur de son argument et son nom de fonction pour indiquer qu'elle a été appelée correctement. Vous développerez un système piloté par menu dans les exercices.

```cpp
1   // Figure 5.28: fig05_28.cpp
2   // Démonstration d'un tableau de pointeurs vers des fonction.
3   #include <iostream>
4
5   using std::cout;
6   using std::cin;
7   using std::endl;
8
9   void fonction1( int );
10  void fonction2( int );
11  void fonction3( int );
12
13  int main()
14  {
15     void (*f[ 3 ])( int ) = { fonction1, fonction2, fonction3 };
16     int choix;
17
18     cout << "Entrez un nombre entre 0 et 2, ou 3 pour terminer: ";
19     cin >> choix;
20
21     while ( choix >= 0 && choix < 3 ) {
22        (*f[ choix ])( choix );
23        cout <<"Entrez un nombre entre 0 et 2, ou 3 pour terminer: ";
24        cin >> choix;
25     }
26
27     cout << "Exécution du programme complétée." << endl;
28     return 0;
29  }
30
31  void fonction1( int a )
32  {
33     cout << "Vous avez entré " << a
34          << ", la fonction 1 a donc été appelée\n\n";
35  }
36
```

Figure 5.28   Démonstration d'un tableau de pointeurs vers des fonctions. (1 de 2)

```
37   void fonction2( int b )
38   {
39      cout << "Vous avez entré " << b
40           << ", la fonction 1 a donc été appelée\n\n";
41   }
42
43   void fonction3( int c )
44   {
45      cout << "Vous avez entré " << c
46           << ", la fonction 1 a donc été appelée\n\n";
47   }
```

```
Entrez un nombre entre 0 et 2, ou 3 pour terminer: 0
Vous avez entré 0, la fonction 1 a donc été appelée

Entrez un nombre entre 0 et 2, ou 3 pour terminer: 1
Vous avez entré 1, la fonction 2 a donc été appelée

Entrez un nombre entre 0 et 2, ou 3 pour terminer: 2
Vous avez entré 2, la fonction 3 a donc été appelée

Entrez un nombre entre 0 et 2, ou 3 pour terminer: 3
Exécution du programme complétée
```

Figure 5.28   Démonstration d'un tableau de pointeurs vers des fonctions. (2 de 2)

5.12 Introduction au traitement de caractères et de chaînes

Dans cette section, nous introduisons quelques fonctions communes de la bibliothèque standard qui facilitent le traitement des chaînes de caractères. Les techniques présentées ici conviennent pour développer des éditeurs et des traitements de texte, des logiciels de mise en page, des systèmes de composition informatisés et d'autres types de logiciels de même nature. Nous utilisons ici des chaînes à base de pointeurs et inclurons plus loin dans ce manuel, un chapitre complet sur les chaînes comme objets à part entière.

5.12.1 Principes de base sur les caractères et les chaînes de caractères

Les caractères sont les blocs de construction fondamentaux des programmes en C++. Chaque programme se compose d'une suite de caractères qui, lorsque regroupés de manière évocatrice, sont interprétés par l'ordinateur comme une série d'instructions servant à accomplir une tâche. Un programme peut contenir des *constantes de caractères*. Une constante de caractère est une valeur d'entier représentée avec un caractère entre apostrophes ('). La valeur d'une constante de caractère est la valeur entière du caractère inclus dans le jeu de caractères de la machine. Par exemple, 'z' représente la valeur d'entier de z, soit 122 dans le jeu de caractères ASCII, et '\n' représente la valeur d'entier d'une nouvelle ligne, soit 10 dans le jeu de caractères ASCII.

Une chaîne est une série de caractères traitée comme une seule unité. Elle peut comprendre des lettres, des chiffres et différents *caractères spéciaux* comme +, −, *, /, $ et autres. Les *littéraux de chaînes* ou *constantes de chaînes* du C++ s'écrivent entre guillemets de la façon suivante:

```
"Jean C. Bastien"(un nom)
"9999 rue Bach"(une adresse)
"Québec (Québec)"(une ville et une province)
"(418) 555-1212"(un numéro de téléphone)
```

En C++, une chaîne est un tableau de caractères se terminant par le *caractère nul* (`'\0'`). On y accède par le biais d'un pointeur vers le premier caractère de la chaîne et sa valeur est l'adresse (constante) de son premier caractère. En C++, on peut donc affirmer qu'une *chaîne est un pointeur constant* ou, en réalité, un pointeur vers le premier caractère de la chaîne. En ce sens, les chaînes sont identiques aux tableaux puisqu'un nom de tableau est également un pointeur (constant) vers son premier élément.

Dans une déclaration, on peut affecter une chaîne à un tableau de caractères ou à une variable de type **char *** . Les déclarations

```
char couleur[] = "bleu";
const char *couleurPtr = "bleu";
```

initialisent une variable à la chaîne **"bleu"**. La première déclaration crée un tableau **couleur** de cinq éléments contenant les caractères **'b'**, **'l'**, **'e'**, **'u'** et **'\0'**. La seconde crée la variable de pointeur **couleurPtr** qui pointe la chaîne **"bleu"** quelque part en mémoire.

Astuce sur la portabilité 5.5

*Lorsqu'une variable de type **char** * est initialisée avec un littéral de chaîne, certains compilateurs peuvent placer la chaîne dans un emplacement mémoire où la chaîne ne pourra pas être modifiée. Si vous devez modifier un littéral de chaîne, vous devriez le stocker dans un tableau de caractères pour assurer qu'il pourra être modifié sur tous les systèmes.*

La déclaration **char couleur[] = { "bleu" };** pourrait également s'écrire:

```
char couleur[] = { 'b', 'l', 'e', 'u', '\0' };
```

Lorsqu'on déclare un tableau de caractères comme contenant une chaîne, il doit être assez grand pour stocker cette chaîne et son caractère nul de terminaison. La déclaration précédente détermine la taille du tableau automatiquement, selon le nombre d'initialiseurs fournis dans la liste d'initialisation.

Erreur de programmation courante 5.15

Le fait de ne pas allouer assez d'espace dans un tableau de caractères pour stocker le caractère nul terminant la chaîne est une erreur.

Erreur de programmation courante 5.16

Créer ou utiliser une «chaîne» ne contenant pas de caractère nul de terminaison est une erreur.

Bonne pratique de programmation 5.5

Quand vous stockez une chaîne de caractères dans un tableau, assurez-vous que ce dernier est assez volumineux pour contenir la plus grande chaîne à y ranger. Le C++ permet de stocker des chaînes de toutes longueurs. Si une chaîne est plus grande que le tableau de caractères où elle doit être conservée, les caractères en surnombre écraseront les données inscrites dans les emplacements de mémoire suivant le tableau.

On peut affecter directement une chaîne à un tableau en utilisant l'extraction de flux avec **cin**. Par exemple, l'instruction suivante affecte une chaîne au tableau de caractères **mot[20]**.

```
cin >> mot;
```

La chaîne entrée par l'utilisateur est stockée dans **mot**. L'instruction précédente lit les caractères jusqu'à ce qu'elle atteigne un caractère d'espace, de tabulation, de nouvelle ligne ou d'indication de fin de fichier. Notez que la chaîne ne peut pas dépasser 19 caractères afin de laisser de la place pour le caractère nul de terminaison. On peut utiliser le manipulateur de flux **setw** (voir le chapitre 2) pour assurer que la chaîne lue dans **mot** n'excède pas la taille du tableau. Par exemple, l'instruction

```
cin >> setw ( 20 ) >> mot;
```

spécifie que **cin** devrait lire un maximum de 19 caractères dans le tableau **mot** et réserver le vingtième emplacement du tableau pour le caractère nul de terminaison de la chaîne. Le manipulateur de flux **setw** ne s'applique qu'à la prochaine valeur entrée.

Il est parfois souhaitable d'entrer une ligne entière de texte dans un tableau, cas pour lequel le C++ offre la fonction **cin.getline**. Cette fonction prend trois arguments: un tableau de caractères pour stocker la ligne de texte, une longueur et un caractère délimiteur. Par exemple, le segment de programme

```
char phrase[ 80 ];
cin.getline ( phrase, 80, '\n' );
```

déclare un tableau **phrase** de 80 caractères, puis lit une ligne de texte du clavier vers le tableau. La fonction cesse de lire des caractères lorsqu'elle atteint le caractère délimiteur '**\n**', lorsque l'indicateur de fin de fichier est entré ou lorsque le nombre de caractères lus est égal à la longueur spécifiée dans le deuxième argument moins un caractère (le dernier espace du tableau étant réservé pour le caractère nul de terminaison). Si le caractère délimiteur est atteint, il est lu et ignoré. Le troisième argument de **cin.getline** reçoit par défaut la valeur '**\n**'; l'appel de fonction précédent aurait donc pu s'écrire:

```
cin.getline ( phrase, 80 );
```

Le chapitre 11, *Flux d'entrée-sortie en C++,* décrit en détail **cin.getline** et d'autres fonctions d'entrée-sortie.

Erreur de programmation courante 5.17

Traiter un caractère unique comme une chaîne peut provoquer une erreur fatale à l'exécution. Une chaîne est un pointeur, c'est-à-dire un entier souvent de taille respectable, alors qu'un caractère est un petit entier (les valeurs ASCII allant de 0 à 255). Cette pratique cause des erreurs de «violation d'accès» sur de nombreux systèmes, car les adresses de mémoire basse sont réservées pour des tâches spécifiques, comme les gestionnaires d'interruption du système d'exploitation.

Erreur de programmation courante 5.18

Passer un caractère comme argument vers une fonction qui s'attend à recevoir une chaîne peut provoquer une erreur fatale à l'exécution.

Erreur de programmation courante 5.19

Passer une chaîne comme argument vers une fonction qui s'attend à recevoir un caractère est une erreur de syntaxe.

5.12.2 Bibliothèque de manipulation de chaînes de caractères

La bibliothèque de manipulation de chaînes offre de nombreuses fonctions utiles pour manipuler, comparer et rechercher des chaînes, les séparer en jetons (ou pièces logiques) et déterminer leur longueur. Cette section présente quelques fonctions courantes (figure 5.29) de la bibliothèque de manipulation de chaînes – une entité de la bibliothèque standard.

Comme vous le verrez, plusieurs des fonctions présentées dans le tableau de la figure 5.29 contiennent des paramètres ayant le type de données **size_t**. Ce type est défini dans le fichier d'en-tête **<cstddef>** – un fichier de la bibliothèque standard compris dans plusieurs autres fichiers d'en-tête, dont **<cstring>**) – comme étant un type d'entier **unsigned int** ou **unsigned long**.

Erreur de programmation courante 5.20

*Oublier d'inclure le fichier d'en-tête **<cstring>** lorsqu'on utilise des fonctions de la bibliothèque de manipulation de chaînes est une erreur.*

Prototype de fonction	Description de la fonction
char * strcpy (char *s1, const char *s2)	
	Copie la chaîne **s2** dans le tableau de caractères **s1**. La valeur de **s1** est renvoyée.
char * strncpy (char *s1, const char *s2, size_t n)	
	Copie au plus **n** caractères de la chaîne **s2** dans le tableau de caractères **s1**. La valeur de **s1** est renvoyée.
char * strcat (char *s1, const char *s2)	
	Ajoute la chaîne **s2** à la chaîne **s1**. Le premier caractère de **s2** écrase le caractère nul de terminaison de **s1**. La valeur de **s1** est renvoyée.
char * strncat (char *s1, const char *s2, size_t n)	
	Ajoute au plus **n** caractères de la chaîne **s2** à la chaîne **s1**. Le premier caractère de **s2** remplace le caractère nul de terminaison de **s1**. La valeur de **s1** est renvoyée.
int strcmp (const char *s1, const char *s2)	
	Compare la chaîne **s1** à la chaîne **s2**. La fonction renvoie une valeur 0, inférieure à 0 ou supérieure à 0 si **s1** est respectivement égale, inférieure ou supérieure à **s2**.
int strncmp (const char *s1, const char *s2, size_t n)	
	Compare jusqu'à **n** caractères de la chaîne **s1** à la chaîne **s2**. La fonction renvoie une valeur 0, inférieure à 0 ou supérieure à 0 si **s1** est respectivement égale, inférieure ou supérieure à **s2**.
char * strtok (char *s1, const char *s2)	
	Une séquence d'appels vers **strtok** divise la chaîne **s1** en «jetons» – des pièces logiques telles que des mots dans une ligne de texte – séparés par des caractères provenant de la chaîne **s2**. Le premier appel contient **s1** comme premier argument; tous les appels suivants qui continuent à diviser la même chaîne en jetons contiennent **NULL** comme premier argument. Chaque appel renvoie un pointeur vers le jeton correspondant. S'il n'y a plus de jeton lors de l'appel de la fonction, **NULL** est renvoyé.

Figure 5.29   Fonctions de manipulation de chaînes de la bibliothèque de manipulation de chaînes. (1 de 2)

Prototype de fonction	Description de la fonction

```
size_t strlen (const char *s )
```
> Détermine la longueur de la chaîne **s**. Le nombre de caractères précédant le caractère nul de terminaison est renvoyé.

Figure 5.29   Fonctions de manipulation de chaînes de la bibliothèque de manipulation de chaînes. (2 de 2)

La fonction **strcpy** copie son second argument, une chaîne, dans son premier argument, un tableau de caractères qui doit être assez grand pour stocker la chaîne et son caractère nul de terminaison. La fonction **strncpy** équivaut à **strcpy**, à la seule différence qu'elle spécifie le nombre de caractères à copier de la chaîne au tableau. Sachez que la fonction **strncpy** ne copie pas nécessairement le caractère nul de terminaison de son deuxième argument, car ce caractère n'est introduit que si le nombre de caractères à copier dépasse la longueur de la chaîne d'au moins un caractère. Par exemple, si **"test"** est le deuxième argument, un caractère nul de terminaison n'apparaît que si le troisième argument de **strncpy** comporte au moins cinq caractères (les 4 de **"test"** plus 1 caractère nul). Si le troisième argument vaut plus que **5**, le programme ajoute des caractères nul au tableau jusqu'à ce que le nombre total de caractères spécifiés par le troisième argument soit atteint.

Erreur de programmation courante 5.21

Le fait de ne pas ajouter de caractère nul de terminaison au premier argument d'une fonction **strncpy** *lorsque le troisième est inférieur ou égal à la longueur de la chaîne du deuxième peut provoquer des erreurs fatales à l'exécution.*

Le programme de la figure 5.30 utilise **strcpy** pour copier toute la chaîne du tableau **x** vers le tableau **y** et **strncpy** pour copier les **14** premiers caractères du tableau **x** vers le tableau **z**. Un caractère nul (**'\0'**) est ajouté au tableau **z** puisque l'appel vers **strncpy** n'écrit pas de caractère nul de terminaison, le troisième argument étant inférieur à la longueur de la chaîne du deuxième argument.

```
1   // Figure 5.30: fig05_30.cpp
2   // Emploi des fonctions strcpy et strncpy.
3   #include <iostream>
4
5   using std::cout;
6   using std::endl;
7
8   #include <cstring>
9
10  int main()
11  {
12     char x[] = "Joyeux anniversaire";
13     char y[ 25 ], z[ 15 ];
14
```

Figure 5.30   Emploi des fonctions **strcpy** et **strncpy**. (1 de 2)

```
15        cout << "La chaîne du tableau x est: " << x
16            << "\nLa chaîne du tableau y est: " << strcpy ( y, x )
17            << '\n';
18        strncpy ( z, x, 6 );   // ne copie pas de caractère nul.
19        z[ 6 ] = '\0';
20        cout << "La chaîne du tableau z est: " << z << endl;
21
22        return 0;
23    }
```

```
La chaîne du tableau x est: Joyeux anniversaire
La chaîne du tableau y est: Joyeux anniversaire
La chaîne du tableau z est: Joyeux
```

Figure 5.30   Emploi des fonctions **strcpy** et **strncpy**. (2 de 2)

La fonction **strcat** ajoute son second argument, une chaîne, à son premier argument, un tableau de caractères contenant une chaîne. Le premier caractère du second paramètre remplace le caractère nul ('\0') qui termine la chaîne du premier argument. Le programmeur doit s'assurer que le tableau servant à stocker la première chaîne est assez grand pour stocker la combinaison des deux chaînes et du caractère nul de terminaison (lequel est copié de la deuxième chaîne). Quant à la fonction **strncat**, elle ajoute un nombre donné de caractères de la deuxième à la première chaîne et un caractère nul de terminaison est ajouté au résultat. Le programme de la figure 5.31 démontre les fonctions **strcat** et **strncat**.

```
1    // Figure 5.31: fig05_31.cpp
2    // Emploi des fonctions strcat et strncat.
3    #include <iostream>
4
5    using std::cout;
6    using std::endl;
7
8    #include <cstring>
9
10   int main()
11   {
12       char s1[ 20 ] = "Bonne ";
13       char s2[] = "année ";
14       char s3[ 40 ] = "";
15
16       cout << "s1 = " << s1 << "\ns2 = " << s2;
17       cout << "\nstrcat(s1, s2) = " << strcat ( s1, s2 );
18       cout << "\nstrncat(s3, s1, 6) = " << strncat ( s3, s1, 6 );
19       cout << "\nstrcat(s3, s1) = " << strcat ( s3, s1 ) << endl;
20
21       return 0;
22   }
```

Figure 5.31   Emploi des fonctions **strcat** et **strncat**. (1 de 2)

```
s1 = Bonne
s2 = année
strcat  (s1, s2) = Bonne année
strncat (s3, s1, 6) = Bonne
strcat  (s3, s1) = Bonne Bonne année
```

Figure 5.31   Emploi des fonctions **strcat** et **strncat**. (2 de 2)

La figure 5.32 compare trois chaînes utilisant **strcmp** et **strncmp**. La fonction **strcmp** compare la première chaîne à la deuxième, caractère par caractère. Elle retourne 0 si les chaînes sont égales, une valeur négative si la première est inférieure à la deuxième, ou une valeur positive si la première est supérieure à la deuxième. La fonction **strncmp** équivaut à **strcmp**, sauf qu'elle ne compare qu'un nombre donné de caractères et ne compare pas non plus les caractères qui suivent un caractère nul dans une chaîne. Le programme affiche la valeur d'entier retournée par chaque appel de fonction.

Erreur de programmation courante 5.22

*Prendre pour acquis que les fonctions **strcmp** et **strncmp** renvoient 1 lorsque leurs arguments sont égaux est une erreur de logique, car les deux fonctions renvoient 0 – la valeur fausse (**false**) en C++ – en cas d'égalité. Lorsqu'on effectue des tests d'égalité sur des chaînes, il faut donc comparer les résultats de **strcmp** ou de **strncmp** à 0 pour déterminer si ces chaînes sont égales.*

```
1   // Figure 5.32: fig05_32.cpp
2   // Emploi des fonctions strcmp et strncmp.
3   #include <iostream>
4
5   using std::cout;
6   using std::endl;
7
8   #include <iomanip>
9
10  using std::setw;
11
12  #include <cstring>
13
14  int main()
15  {
16     char *s1 = "Bonne année";
17     char *s2 = "Bonne année";
18     char *s3 = "Bonnes vacances";
19
20     cout << "s1 = " << s1 << "\ns2 = " << s2
21          << "\ns3 = " << s3 << "\n\nstrcmp(s1, s2) = "
22          << setw ( 2 ) << strcmp ( s1, s2 )
23          << "\nstrcmp(s1, s3) = " << setw ( 2 )
24          << strcmp ( s1, s3 ) << "\nstrcmp(s3, s1) = "
25          << setw ( 2 ) << strcmp ( s3, s1 );
26
```

Figure 5.32   Emploi des fonctions **strcmp** et **strncmp**. (1 de 2)

```
27          cout << "\n\nstrncmp(s1, s3, 5) = " << setw ( 2 )
28              << strncmp ( s1, s3, 5 ) << "\nstrncmp(s1, s3, 7) = "
29              << setw ( 2 ) << strncmp ( s1, s3, 7 )
30              << "\nstrncmp(s3, s1, 7) = "
31              << setw ( 2 ) << strncmp ( s3, s1, 7 ) << endl;
32      return 0;
33  }
```

```
s1 = Bonne année
s2 = Bonne annéeé
s3 = Bonnes vacances

strcmp (s1, s2) =  0
strcmp (s1, s3) = -1
strcmp (s3, s1) =  1

strncmp (s1, s3, 5) =  0
strncmp (s1, s3, 7) = -1
strncmp (s3, s1, 7) =  1
```

Figure 5.32   Emploi des fonctions **strcmp** et **strncmp**. (2 de 2)

Pour essayer de bien comprendre ce que signifie qu'une chaîne est «supérieure à» ou «inférieure à» une autre, prenons pour exemple un processus de mise en ordre alphabétique d'une série de noms de famille. Le lecteur placerait probablement le nom «Côté» avant «Tremblay» puisque la première lettre de «Côté» précède celle de «Tremblay» dans l'alphabet. Toutefois, l'alphabet n'est pas qu'une liste de 26 caractères mais, plutôt, une liste ordonnée de caractères où chaque lettre occupe une position précise dans la liste. Le «Z» n'est pas qu'une simple lettre de l'alphabet mais représente spécifiquement la vingt-sixième lettre de l'alphabet.

Comment un ordinateur peut-il savoir qu'une lettre en précède une autre? Simple: comme tous les caractères y sont représentés sous forme de codes numériques, lorsque l'ordinateur compare deux chaînes, il compare en réalité les codes numériques des caractères de ces chaînes.

Astuce sur la portabilité 5.6

Les codes numériques internes utilisés pour représenter les caractères peuvent différer d'un ordinateur à l'autre.

Astuce sur la portabilité 5.7

N'effectuez pas de test explicite sur des codes ASCII comme dans l'instruction **if (ch = = 65)**. *Utilisez plutôt la constante de caractère correspondante comme dans* **if (ch = = 'A')**.

Dans le but de normaliser les représentations de caractères, la plupart des fabricants d'ordinateurs ont conçu leurs machines de façon qu'elles utilisent l'un ou l'autre des deux *codes de caractères* (ou *jeux de caractères*) les plus populaires, soit les codes *ASCII* (*American Standard Code for Information Interchange*) ou *EBCDIC* (*Extended Binary Coded Decimal Interchange Code*).

Le traitement des chaînes et des caractères appelle en réalité la manipulation des codes numériques adéquats et non des caractères eux-mêmes, ce qui explique l'interchangeabilité des caractères et des petits entiers en C++. Comme il est significatif de dire qu'un code numérique est supérieur, inférieur ou égal à un autre, il devient possible d'apparier différents caractères ou différentes chaînes à d'autres en se référant aux codes de caractères. L'annexe D propose une liste des codes de caractères ASCII.

La fonction **strtok** sert à diviser une chaîne en une série de *jetons*. Un jeton est une suite de caractères séparés par des *caractères délimiteurs* (habituellement des espaces ou des signes de ponctuation). Dans une ligne de texte, par exemple, on peut voir chaque mot comme un jeton et les espaces qui les séparent, comme des délimiteurs.

Si l'on prend pour acquis qu'une chaîne contient plus d'un jeton, la fonction **strtok** nécessite de nombreux appels pour diviser cette chaîne en jetons. Le premier appel vers **strtok** renferme deux arguments: une chaîne à découper et une chaîne contenant les caractères servant à séparer les jetons, c'est-à-dire des délimiteurs. Dans le programme de la figure 5.33, l'instruction

```
jetonPtr = strtok ( chaine, " " );
```

affecte à **jetonPtr** un pointeur vers le premier jeton de **chaine**. Le second argument de **strtok**, " ", indique que des espaces vides séparent les jetons de **chaine**. La fonction **strtok** recherche dans **chaine** le premier caractère qui n'est pas un délimiteur (un espace) et, ainsi, commence le premier jeton. Elle trouve ensuite le caractère délimiteur suivant dans la chaîne et le remplace par un caractère nul (**'\0'**) pour terminer le jeton. La fonction **strtok** enregistre un pointeur vers le caractère suivant le jeton dans **chaine** et renvoie un pointeur vers le jeton actuel.

Les appels subséquents vers **strtok** qui continuent la division de **chaine** en jetons contiennent **NULL** comme premier argument. L'argument **NULL** indique que l'appel vers **strtok** doit poursuivre la division en jetons à partir de l'emplacement sauvegardé lors du dernier appel à **strtok** dans **chaine**. S'il ne reste plus de jeton quand **strtok** est appelée, **strtok** renvoie **NULL**. Le programme de la figure 5.33 utilise **strtok** pour diviser la chaîne "**Voici une phrase qui contient 7 jetons**".
Chaque jeton est affiché séparément. Notez que **strtok** modifie la chaîne d'entrée. Autrement dit, il faut faire une copie de la chaîne si on doit la réutiliser dans le programme après les appels vers **strtok**.

Erreur de programmation courante 5.23

*Rappelez-vous que la fonction **strtok** modifie la chaîne en cours de division en jetons. Vous ne pourrez donc pas réutiliser cette chaîne comme s'il s'agissait de la chaîne initiale avant modification.*

```
1   // Figure 5.33: fig05_33.cpp
2   // Utilisation de la fonction strtok.
3   #include <iostream>
4
5   using std::cout;
6   using std::endl;
7
8   #include <cstring>
9
10  int main()
11  {
12      char chaine [] = "Voici une phrase qui contient 7 jetons";
13      char *jetonPtr;
14
15      cout << "La chaîne à diviser en jetons est:\n" << chaine
16          << "\n\nLes jetons sont:\n";
17
```

Figure 5.33　　Emploi de la fonction **strtok**. (1 de 2)

```
18      jetonPtr = strtok ( chaine, " " );
19
20      while ( jetonPtr != NULL ) {
21         cout << jetonPtr << '\n';
22         jetonPtr = strtok ( NULL, " " );
23      }
24
25      return 0;
26   }
```

```
La chaîne à diviser en jetons est:
Voici une phrase qui contient 7 jetons

Les jetons sont:
Voici
une
phrase
qui
contient
7
jetons
```

Figure 5.33   Emploi de la fonction **strtok**. (2 de 2)

La fonction **strlen** prend une chaîne comme argument et renvoie le nombre de caractères inclus dans cette chaîne. Le caractère nul de terminaison n'est toutefois pas inclus dans la longueur. Le programme de la figure 5.34 démontre cette fonction.

```
1   // Figure 5.34: fig05_34.cpp
2   // Utilisation de la fonction strlen.
3   #include <iostream>
4
5   using std::cout;
6   using std::endl;
7
8   #include <cstring>
9
10  int main()
11  {
12     char *chaine1 = "abcdefghijklmnopqrstuvwxyz";
13     char *chaine2 = "pour";
14     char *chaine3 = "Paris";
15
16     cout << "La longueur de \"" << chaine1
17         << "\" est " << strlen ( chaine1 )
18         << "\nLa longueur de \"" << chaine2
19         << "\" est " << strlen ( chaine2 )
20         << "\nLa longueur de \"" << chaine3
21         << "\" est " << strlen ( chaine3 ) << endl;
22
23     return 0;
24  }
```

Figure 5.34   Emploi de la fonction **strlen**. (1 de 2)

```
La longueur de "abcdefghijklmnopqrstuvwxyz" est 26
La longueur de "pour" est 4
La longueur de "Paris" est 5
```

Figure 5.34   Emploi de la fonction `strlen`. (2 de 2)

5.13 (Étude de cas optionnelle) À propos des objets: collaborations entre les objets

Voici le dernier volet de notre projet de conception orientée objets avant d'aborder l'étude de la programmation orientée objets en C++. Quand nous aurons terminé l'étude des collaborations entre objets dans cette section et des techniques de la POO au chapitre 6, vous serez enfin à même d'entamer l'encodage du simulateur d'ascenseur en C++. Pour compléter ce simulateur, vous aurez besoin des techniques que nous étudierons aux chapitres 7 et 8. Nous avons incorporé à la fin de cette section une liste de ressources de l'Internet et du Web et une bibliographie de références sur l'UML.

Dans cette section, nous concentrons toute notre attention sur les collaborations, entendez les interactions, entre les objets. Lorsque deux objets communiquent dans le but d'accomplir une tâche, on dit d'eux qu'ils *collaborent*, et ils le font en envoyant et en recevant des messages. Une *collaboration* est constituée de:

1. un objet d'une classe

2. envoyant un message bien déterminé

3. à un objet d'une autre classe.

Le message envoyé par la première classe invoque une opération de la seconde classe. À la section *À propos des objets* du chapitre 4, nous avons déterminé nombre des opérations des classes de notre système et, nous nous concentrons à présent sur les messages qui invoquent ces opérations. La figure 5.35 est la table des classes et des phrases verbales extraite de la section 4.10. Nous en avons retiré toutes les phrases verbales qui ne correspondent pas à des opérations. Les phrases restantes constituent des collaborations du système. Nous associons les phrases «fournit le temps au planificateur» et «fournit le temps à l'ascenseur» à la classe **Batiment**, puisque nous avons décidé que c'est le bâtiment qui prend en charge le contrôle de la simulation. Nous associons les phrases «incrémente le temps» et «obtient le temps» avec la classe **Batiment** pour la même raison.

Classe	Phrases verbales
Ascenseur	réinitialise le bouton d'ascenseur, fait sonner la cloche de l'ascenseur, signale son arrivée à un étage, ouvre sa porte, ferme sa porte
Horloge	donne un tic à chaque seconde
Planificateur	dit à une personne d'aller à un étage, vérifie que l'étage est inoccupé
Personne	presse le bouton d'étage, presse le bouton d'ascenseur, entre dans l'ascenseur, quitte l'ascenseur
Etage	réinitialise le bouton d'étage, éteint son témoin lumineux, allume son témoin lumineux

Figure 5.35   Liste modifiée des phrases verbales pour les classes du système. (1 de 2)

Classe	Phrases verbales
BoutonEtage	appelle l'ascenseur
BoutonAscenseur	signale à l'ascenseur de se déplacer
Porte	(ouverture de la porte) signale à la personne de quitter l'ascenseur, (ouverture de la porte) signale à la personne d'entrer dans l'ascenseur
Cloche	aucune dans l'énoncé du problème
TemoinLumineux	aucune dans l'énoncé du problème
Batiment	incrémente le temps, obtient le temps, fournit le temps au planificateur, fournit le temps à l'ascenseur

Figure 5.35   Liste modifiée des phrases verbales pour les classes du système. (2 de 2)

Nous examinons la liste de verbes pour déterminer les collaborations au sein du système. Par exemple, la classe **Ascenseur** contient dans sa liste la phrase «réinitialise le bouton d'ascenseur». Pour accomplir cette tâche, un objet de la classe **Ascenseur** envoie un message **reinitialiserBouton** à un objet de la classe **BoutonAscenseur**, invoquant l'opération **reinitialiserBouton** de cette classe. La figure 5.36 reprend toutes les collaborations glanées de la table de phrases verbales.

Un objet de la classe	Envoie le message	À un objet de la classe
Ascenseur	reinitialiserBouton	BoutonAscenseur
	sonnerCloche	Cloche
	arriveeAscenseur	Etage
	ouvrirPorte	Porte
	fermerPorte	Porte
Horloge		
Planificateur	allerAUnEtage	Personne
	estOccupe	Etage
Personne	presserBouton	BoutonEtage
	presserBouton	BoutonAscenseur
	passagerEntre	Ascenseur
	passagerQuitte	Ascenseur
	personneArrive	Etage
Etage	reinitialiserBouton	BoutonEtage
	eteindre	TemoinLumineux
	allumer	TemoinLumineux
BoutonEtage	appelerAscenseur	Ascenseur
BoutonAscenseur	sePreparerAPartir	Ascenseur
Porte	quitterAscenseur	Personne
	entrerAscenseur	Personne

Figure 5.36   Collaborations dans le système de l'ascenseur. (1 de 2)

Un objet de la classe	Envoie le message	À un objet de la classe
Cloche		
TemoinLumineux		
Batiment	tic	Horloge
	lectureTemps	Horloge
	traiterTemps	Planificateur
	traiterTemps	Ascenseur

Figure 5.36   Collaborations dans le système de l'ascenseur. (2 de 2)

Diagrammes de collaborations

Considérons à présent les objets qui doivent interagir de sorte que les gens de notre simulateur puissent entrer dans l'ascenseur et le quitter lorsqu'il arrive à un étage. L'UML fournit à cet effet les *diagrammes de collaborations*, qui modélisent ces insteractions. Les diagrammes de collaborations et les diagrammes de séquence fournissent tous des informations sur la manière dont les objets interagissent, mais ces diagrammes défendent des points de vue différents: les diagrammes de séquence s'inquiètent de *quand* les interactions se produisent, tandis que les diagrammes de collaboration veulent savoir *quels objets participent* aux interactions.

La figure 5.37 montre un diagramme de collaboration qui modélise les interactions entre les objets du système lorsque des objets de la classe **Personne** entrent et sortent de l'ascenseur. La collaboration démarre lorsque l'ascenseur arrive à un étage. Tout comme dans le diagramme de séquence, un objet du diagramme de collaborations est représenté par un rectangle englobant le nom de l'objet.

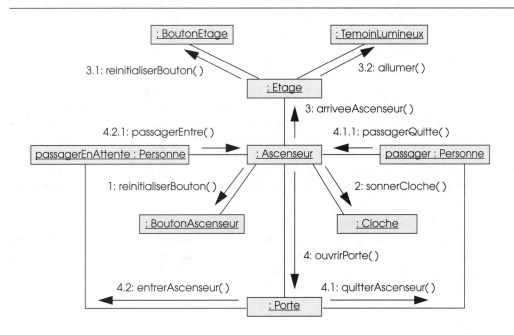

Figure 5.37   Diagramme de collaborations du chargement et du déchargement des passagers.

Les objets collaborateurs sont reliés par des lignes en trait plein, et des messages sont transmis entre les objets le long de ces lignes, dans le sens indiqué par les flèches. Le nom des messages apparaît à côté des flèches.

La séquence des messages évolue dans le diagramme de collaboration selon un ordre numérique, du plus petit au plus grand. Dans ce diagramme, la numérotation démarre au message 1. L'ascenseur envoie le message **reinitialiserBouton** au bouton de l'ascenseur pour qu'il se remette à zéro. L'ascenseur envoie ensuite le message 2, **sonnerCloche**, à la cloche. L'ascenseur notifie ensuite l'étage de son arrivée par le message 3, de sorte que l'étage puisse réinitialiser son bouton d'appel et allumer le témoin lumineux d'arrivée (par les messages 3.1 et 3.2, respectivement).

Après que l'étage a réinitialisé son bouton et allumé son témoin lumineux de présence, l'ascenseur ouvre sa porte (message 4). À ce stade, la porte envoie le message **quitterAscenseur** (message 4.1) à l'objet **passager**.[1] Celui-ci notifie à l'ascenseur son intention de le quitter par le message **passagerQuitte** (message 4.1.1).

La personne empruntant l'ascenseur l'ayant quitté, une autre personne en attente au même étage (l'objet **passagerEnAttente**) peut entrer dans la cabine. Remarquez que la porte envoie le message **entrerAscenseur** (message 4.2) à l'objet **passagerEnAttente** juste après que l'objet **passager** a envoyé le message **passagerQuitte** à l'ascenseur (message 4.1.1). Cette séquence garantit qu'une personne présente à l'étage attende que le passager présent dans l'ascenseur le quitte, avant d'entrer à son tour dans la cabine. L'objet **passagerEnAttente** entre dans l'ascenseur par le message **passagerEntre** (message 4.2.1).

Résumé

Nous avons à présent un listing dans un état d'achèvement raisonnable des classes que nous devrons implanter dans le simulateur, ainsi que des interactions parmi les objets de ces classes. Au chapitre suivant, nous entamons l'étude de la programmation orientée objets en C++ et, après la lecture du chapitre 6, nous serons prêts à rédiger une bonne partie du simulateur d'ascenseur en C++. À l'achèvement du chapitre 7, nous implanterons un simulateur complet et opérationnel de l'ascenseur. Au chapitre 9, nous verrons comment utiliser l'héritage pour exploiter les similitudes entre classes et minimiser la quantité de logiciel nécessaire à la mise en place d'un système. Résumons le processus de conception orientée objets accompli aux chapitres 2 à 5.

0. Dans la phase d'analyse, rencontrez les clients, c'est-à-dire les gens qui vous demandent d'édifier le système, et glanez auprès d'eux autant d'informations que possible relatives à ce système. À partir de ces informations, créez les cas d'utilisation qui décrivent les manières dont les utilisateurs interagissent avec le système. Dans notre étude de cas, nous ne nous sommes pas attardés sur la phase d'analyse. Les résultats de cette phase sont représentés par l'énoncé du problème et les cas d'utilisation dérivés de cet énoncé. Nous notons encore que les systèmes de la vie réelle présentent souvent de nombreux cas d'utilisation.

1. Entamez ensuite le repérage des classes du système en regroupant en une liste les noms de l'énoncé du problème. Filtrez cette liste en en éliminant les noms qui représentent clairement des attributs des classes et les autres noms qui ne font clairement pas partie du logiciel en cours de modélisation. Créez un diagramme de classes qui modélise les classes du système et leurs relations (les associations).

---

1. Dans la vie réelle, une personne empruntant un ascenseur attend que la porte s'ouvre pour quitter l'ascenseur. Nous devons modéliser ce comportement; par conséquent, nous faisons en sorte que la porte envoie un message à l'objet **passager** présent dans l'ascenseur. Ce message représente un signal visuel pour la personne présente dans l'ascenseur. Lorsque la personne reçoit le signal, elle peut quitter l'ascenseur.

2. Pratiquez l'extraction des attributs de chaque classe à partir de l'énoncé du problème en édifiant une liste des mots et des phrases qui décrivent chaque classe du système.

3. Apprenez-en plus sur la nature dynamique du système. Créez des diagrammes d'états pour étudier la manière dont les classes du système changent en fonction du temps.

4. Examinez les verbes et les phrases verbales associés à chaque classe. Utilisez ces phrases pour extraire les opérations des classes du système. Les diagrammes d'activités peuvent servir à modéliser les détails de ces opérations.

5. Examinez les collaborations entre les divers objets. Utilisez les diagrammes de séquence et de collaboration pour modéliser ces interactions. Ajoutez les attributs et opérations aux classes au fur et à mesure où le processus de design révèle leur nécessité.

6. À ce stade, le résultat de la conception, le design, compte probablement encore quelques pièces manquantes. Celles-ci apparaîtront au moment où nous implanterons notre simulateur d'ascenseur en C++, à partir du chapitre 6.

Ressources de l'internet et du Web sur l'UML

Ce suit suit constitue une collection de ressources consacrées à l'UML. Parmi ces ressources, vous trouverez les descriptions techniques de l'UML 1.3, d'autres matières de référence, des ressources générales, des didacticiels, des foires aux questions (FAQ), des articles et des logiciels.

Références

www.omg.org
Omg.org est le site officiel de l'Object Management Group (OMG), le groupe responsable de la surpervision, de l'entretien et des futures révisions de l'UML. Leur site Web contient des informations que l'UML et d'autres tehcnologies orientées objets.

www.rational.com
Rational Software Corporation est à la base du développement de l'UML. Le site Web contient des informations sur l'UML et les créateurs de l'UML: Grady Booch, James Rumbaugh et Ivan Jacobson.

www.omg.org/cgi-bin/doc?ad/99-06-09
Cet emplacement contient des versions PDF et ZIP des spécifications officielles de l'UML 1.3.

www.omg.org/techprocess/meetings/schedule/UML_1.4_RTF.html
L'OMG conserve et met à jour sur ce site des informations concernant les spécifications de l'UML 1.4, attendu pour le début août 2000.

www.rational.com/uml/resources/quick/index.jtmpl
Le guide de référence rapide de l'UML, par Rational Software Corporation.

www.holub.com/class/oo_design/uml.html
Ce site propose une fiche de référence rapide mais néanmoins détaillée à l'UML, avec quelques commentaires supplémentaires.

softdocwiz.com/UML.htm
Kendall Scott, auteur de plusieurs ressources sur l'UML, entretient un dictionnaire de l'UML sur ce site.

Ressources

www.omg.org/uml/
La page de ressources de l'OMG sur l'UML.

www.rational.com/uml/index.jtmpl
La page de ressources de Rational Software Corporation sur l'UML.

www.platinum.com/corp/uml/uml.htm
Platinum Technology, membre des UML Partners, entretient une page de ressources UML à cet emplacement.

`www.cetus-links.org/oo_uml.html`
Ce site contient des centaines de liens vers des sites consacrés à l'UML, intégrant des informations, des didacticiels et des logiciels.

`www.uml-zone.com`
Ce site contient une quantité impressionnante d'informations sur l'UML, inclut des articles et des liens vers de groupes de discussion et d'autres sites.

`home.pacbell.net/ckobryn/uml.htm`
Ce site est entretenu par Cris Kobryn, un architecte logiciel expérimenté en UML. Il contient des informations et des liens vers des sites importants du Web.

`www.methods-tools.com/cgi-bin/DiscussionUML.cgi`
Ce site contient la page de garde d'un groupe de discussion sur l'UML.

`www.pols.co.uk/usecasezone/index.htm`
Ce site fournit des ressources et des articles sur la mise en œuvre des cas d'utilisation.

`www.ics.uci.edu/pub/arch/uml/uml_books_and_tools.html`
Ce site contient des liens vers des informations sur d'autres livres consacrés à l'UML, ainsi qu'une liste d'outils compatibles avec la notation de l'UML.

`home.earthlink.net/~salhir/`
Sinan Si Alhir, auteur de l'ouvrage *UML in a nutshell*, gère un site qui inclut des liens vers de nombreuses ressources sur l'UML.

Logiciels

`www.rational.com/products/rose/index.jtmpl`
Ce site est la page d'accueil de l'outil de modélisation visuel Rational Rose™ de Rational Software Corporation. Il est possible d'en télécharger une version d'essai et de l'utiliser gratuitement pour une durée limitée.

`www.rosearchitect.com/`
Rosearchitect.com est un magazine en ligne publié par Rational Software Corporation, consacré à la modélisation en UML avec Rational Rose.

`www.advancedsw.com/`
Advanced Software Technologies est l'auteur de GDPro, un outil de modélisation visuel en UML. Une version d'essai y est téléchargeable, utilisable gratuitement pour une durée limitée.

`www.visualobject.com/`
Visual Object Modelers a créé un outil de modélisation en UML visuel. Une version de démonstration bridée est téléchargeable à partir de ce site Web et est utilisable gratuitement pour une durée limitée.

`www.microgold.com/version2/stage/product.html`
Microgold Software, Inc. a créé *With*Class, une application de conception logicielle compatible avec la notation de l'UML.

`www.lysator.liu.se/~alla/dia/dia.html`
Dia est un outil général de création de diagrammes capable de dessiner des diagrammes de classes en UML. Dia fonctionne sous Unix, mais le site Web propose aussi un lien vers une version Windows.

`dir.lycos.com/Computers/Software/Object_oriented/Methodologies/UML/Tools/`
Ce site reprend des dizaines d'outils de modélisation UML et leurs pages d'accueil.

`www.methods-tools.com/tools/modeling.html`
Ce site contient une liste de nombreux outils de modélisation d'objets, y compris ceux compatibles avec l'UML.

Articles et essais

`www.omg.org/news/pr99/UML_2001_CACM_Oct99_p29-Kobryn.pdf`
Cet article rédigé par Cris Kobryn explore le passé, le présent et l'avenir de l'UML.

www.sdmagazine.com/uml/focus.rosenberg.htm
Vous trouverez ici un article plein d'astuce sur la manière d'incorporer l'UML dans vos projets.

www.db.informatik.uni-bremen.de/umlbib/
La bibliographie de l'UML fournit les noms et les auteurs de nombreux articles liés à l'UML. La recherche est possible par auteur ou par titre.

usecasehelp.com/wp/white_papers.htm
Ce site gère une liste d'essais sur l'application de la modélisation des cas d'utilisation à l'analyse et à la conception de systèmes.

www.ration.co.uk/white.html
Vous pouvez lire sur ce site un essai sui met en évidence les grandes lignes d'un processus d'ACOO à l'aide de l'UML. L'article inclut aussi une partie d'implantation en C++.

www.tucs.fi/publications/techreports/TR234.pdf
Ce fichier contient une étude de cas d'ACOO à l'aide de l'UML d'un enregistreur de son numérique.

www.conallen.com/whitepapers/webapps/ModelingWebApplications.htm
Ce site contient une étude de cas qui modélise des applications Web à l'aide de l'UML.

www.sdmagazine.com/
Le site du Software Development Magazine Online dispose d'un répertoire de nombreux articles sur l'UML. La recherche d'articles se fait par sujets et la navigation par titres d'articles.

Didacticiels

www.qoses.com/education/
Ce site contient une banque de didacticiels créés par Kendall Scott, un auteur de l'UML, et gérée par Qoses.

www.qoses.com/education/tests/test02.html
Vous pouvez participer à un quiz en ligne sur l'UML et les résultats vous seront trnasmis par courriel.

www.rational.com/prodducts/rose/tryit/tutorial/index.jtmpl
Rational Software Corporation fournit ici un fichier de didacticiel sur Rational Rose.

Foires aux questions

www.rational.com/uml/gstart/faq.jtmpl
Ce site est celui de la FAQ sur l'UML de Rational Software Corporation.

usecasehelp.com/faq/faq.htm
Ce site contient une petite FAQ gérée par *usecasehelp.com*.

www.jguru.com/faq/
Entrez UML dans la case de recherche pour accéder à la FAQ de ce site sur l'UML.

www.uml-zone.com/umlfaq.asp
Ce site contient une petite FAQ sur l'UML, gérée par *uml-zone.com*.

Bibliographie

(Al98)   Alhir, S., *UML in a Nutshell*. Cambridge: O'Reily & Associates, Inc., 1998.

(Bo99)   Booch, G., Rumbaugh, J. et Jacobson, I., *The Unified Modeling Language User Guide*. Reading, MA: Addison-Wesley, 1999.

(Fi98)   Firesmith, D.G. et B. Henderson-Sellers. «Clarifying Specialized Forms of Association in UML and OML.» *Journal of Object-oriented Programming*, mai 1998: 47-50.

(Fo97)   Fowler M. et Scott, K., *UML distilled: Applying the Standard Object Modeling Language*. reading, MA: Addison-Wesley, 1997.

(Jo00)   Johnson, L.J., «Model Behavior,» *Enterprise Development*, mai 2000: 20-28.

(Mc98)   McLaughlin, M. et A. Moore, «Real-Time Extensions to the UML,» *Dr. Dobb's Journal*, décembre 1998: 82-93.

(Me98)   Melewski, D., «UML Gains Ground,» *Application Development Trends*, octobre 1998: 34-44.

(Me97)   Melewski, D., «UML: Ready for Prime Time?», *Application Development Trends*, novembre 1997: 30-44.

(Me99)   Melewski, D., «Wherefore ans what now, UML?», *Application Development Trends*, décembre 1999: 61-68.

(Mu97)   Muller, P., Instant UML. Birmingham, UK: Wrox Press Ltd, 1997.

(Pe99)   Perry, P., «UML Steps to the Plate,» *Application Development Trends*, mai 1999: 33-36.

(Ru99)   Rumbaugh, J., Jacobson, I. et Booch, G., *The Unified Modeling Language Reference Manual*. MA: Addison-Wasley, 1999.

(Sc99)   Schmuller, J., *Sam's Teach Yourself UML in 24 Hours*, Indianapolis: Macmillan Computer Publishing, 1999.

(UML99) *The Unified Modeling Language Specification: Version 1.3*, Framingham, MA: Object Management Group (OMG), 1999.

RÉSUMÉ

- Les pointeurs sont des variables contenant les adresses d'autres variables comme valeurs.

- La déclaration

    ```
    int *ptr;
    ```

    déclare **ptr** comme un pointeur vers un objet de type **int** et se lit «**ptr** est un pointeur vers un **int**». L'opérateur * indique que la variable déclarée est un pointeur.

- On peut utiliser trois valeurs pour initialiser un pointeur: **0**, **NULL** ou l'adresse d'un objet de même type. Initialiser un pointeur à **NULL** ou à **0** revient au même.

- La valeur **0** est la seule valeur entière que l'on peut directement affecter à une variable de pointeur.

- Le caractère **&**, ou opérateur d'adresse, renvoie l'adresse de son opérande.

- L'opérande de l'opérateur d'adresse doit être un nom de variable (ou une autre valeur gauche). On ne peut appliquer l'opérateur d'adresse ni à des constantes, ni à des expressions dont les résultats ne sont pas des valeurs gauches, ni à des variables déclarées avec la classe de stockage **register**.

- L'opérateur *, communément appelé opérateur d'indirection ou opérateur de déréférenciation, renvoie un synonyme, un alias, ou un pseudonyme de l'objet vers lequel son opérande pointe en mémoire. C'est ce qu'on appelle la déréférenciation du pointeur.

- Lorsqu'on appelle une fonction avec un argument que l'appelant désire modifier, on peut passer l'adresse de l'argument. La fonction appelée utilise ensuite l'opérateur d'indirection (*) pour modifier la valeur de l'argument dans la fonction d'appel.

- Une fonction recevant une adresse comme argument doit inclure un pointeur comme paramètre correspondant.

- Il n'est pas nécessaire d'inclure les noms des pointeurs dans les prototypes de fonctions; il ne faut inclure que les types des pointeurs. Les noms de paramètres inclus à des fins de documentation sont ignorés par le compilateur.

- Le qualificatif **const** permet au programmeur d'informer le compilateur de ce que la valeur d'une variable donnée ne peut pas être modifiée.

- Si l'on tente de modifier une valeur **const**, le compilateur le détecte et émet un message d'avertissement ou d'erreur, selon le compilateur.

- Il existe quatre façons de passer un pointeur vers une fonction: un pointeur non constant vers des données non constantes, un pointeur non constant vers des données constantes, un pointeur constant vers des données non constantes et un pointeur constant vers des données constantes.

- En utilisant des pointeurs, les tableaux sont automatiquement passés par référence puisque la valeur du nom du tableau représente l'adresse du tableau.

- Pour passer un simple élément de tableau par appel par référence en utilisant des pointeurs, on doit passer l'adresse de l'élément spécifique du tableau.

- Le C++ offre l'opérateur unaire **sizeof** qui détermine la taille d'un tableau (ou de tout autre type de données) en octets durant la compilation du programme.

- Lorsqu'il est appliqué au nom d'un tableau, l'opérateur **sizeof** renvoie le nombre total d'octets du tableau sous forme d'entier.

- L'opérateur **sizeof** peut s'appliquer pour tout nom de variable, nom de type, ou valeur constante.

- Les opérations arithmétiques pouvant être effectuées sur un pointeur sont l'incrémentation (**++**), la décrémentation (**--**), l'addition d'un entier (**+** ou **+=**), la soustraction d'un entier et (**-** ou **-=**), ou la soustraction d'un autre pointeur.

- Lorsqu'un entier est additionné à un pointeur ou soustrait de celui-ci, le pointeur est incrémenté ou décrémenté par le produit de cet entier, et la taille de l'objet vers lequel le pointeur réfère.

- Les opérations d'arithmétique des pointeurs ne devraient être effectuées que sur des portions de mémoire contiguës, comme celles d'un tableau. Tous les éléments d'un tableau sont stockés en mémoire de façon contiguë.

- Lorsqu'on utilise l'arithmétique des pointeurs sur un tableau de caractères, les résultats sont conformes à l'arithmétique conventionnelle parce que chaque caractère est stocké dans un 1 octet de mémoire.

- Un pointeur peut être affecté à un autre pointeur si ces deux derniers sont du même type. Si ce n'est pas le cas, on doit utiliser un opérateur de transtypage. L'exception à cette règle est le pointeur vers **void** qui est un pointeur générique capable de représenter n'importe quel type de pointeur. Un pointeur vers **void** ne peut être affecté directement à un pointeur d'un autre type que s'il est d'abord forcé au type approprié.

- Un pointeur **void** * ne peut être déréférencé.

- On peut comparer des pointeurs en utilisant des opérateurs relationnels et d'égalité, bien que ces comparaisons ne soient significatives que lorsque les pointeurs représentent des membres d'un même tableau.

- On peut utiliser des indices avec les pointeurs exactement de la même façon que pour les noms de tableaux.

- Un nom de tableau équivaut à un pointeur vers le premier élément du tableau.

- En notation pointeur/décalage, le décalage est identique à celui d'un indice de tableau.

- Toutes les expressions de tableaux comportant des indices peuvent s'écrire avec un pointeur et un décalage, en utilisant le nom du tableau comme pointeur ou un pointeur séparé vers le tableau.

- Un nom de tableau est un pointeur constant constamment dirigé vers le même emplacement mémoire.

- On peut définir des tableaux de pointeurs.

- Un pointeur vers une fonction est l'adresse où réside le code de cette fonction.

- Les pointeurs vers des fonctions peuvent être passés ou renvoyés à des fonctions, être stockés dans des tableaux ou être affectés à d'autres pointeurs.

- On trouve des pointeurs de fonctions dans des systèmes pilotés par menus. Ces pointeurs servent à sélectionner la fonction à appeler pour un élément particulier de menu.

- La fonction **strcpy** copie son second argument, une chaîne, vers son premier argument, un tableau de caractères. Le programmeur doit s'assurer que le tableau est d'une taille suffisante pour stocker la chaîne et son caractère nul de terminaison.

- La fonction **strncpy** est équivalente à **strcpy** sauf qu'elle spécifie le nombre de caractères à copier de la chaîne vers le tableau. Le caractère nul de terminaison n'est écrit que si le nombre de caractères à copier est supérieur d'au moins un caractère à la longueur de la chaîne.

- La fonction **strcat** ajoute son second argument, une chaîne, à son premier argument, un tableau de caractères contenant une chaîne. Le premier caractère du deuxième argument remplace le caractère nul (`'\0'`) qui termine la chaîne du premier argument. Le programmeur doit s'assurer que la taille du tableau utilisé pour stocker la première chaîne est suffisante pour stocker la combinaison des deux chaînes.

- La fonction **strncat** ajoute un nombre spécifié de caractères de la seconde chaîne à la première chaîne. Un caractère nul de terminaison est ajouté au résultat.

- La fonction **strcmp** compare son premier argument de chaîne à son second argument un caractère à la fois. La fonction renvoie 0 si les chaînes sont égales, une valeur négative si la première chaîne est inférieure à la deuxième, ou une valeur positive si la première chaîne est supérieure à la seconde.

- La fonction **strncmp** est équivalente à **strcmp** sauf que **strncmp** compare jusqu'à une quantité spécifiée de caractères. Si le nombre de caractères de l'une des chaînes est inférieur au nombre de caractères spécifié, **strncmp** compare les caractères jusqu'à ce qu'elle atteigne le caractère nul de la chaîne la plus courte.

- Une séquence d'appels vers **strtok** divise une chaîne en jetons qui sont séparés par des caractères contenus dans la chaîne de caractères du deuxième argument. Le premier appel contient une chaîne à diviser en jetons comme premier argument, tandis que les appels suivants qui continuent la division en jetons de la même chaîne contiennent **NULL** comme premier argument. Un pointeur vers le jeton courant est renvoyé par chaque appel. S'il ne reste plus de jeton lorsque la fonction **strtok** est appelée, elle renvoie **NULL**.

- La fonction **strlen** prend une chaîne comme argument et renvoie le nombre de caractères inclus dans la chaîne. Le caractère nul de terminaison n'est toutefois pas compris dans la longueur.

TERMINOLOGIE

addition d'un pointeur et d'un entier	copie de chaînes
affectation d'un pointeur	**<cstring>**
ajouter des chaînes à d'autres chaînes	décalage
appel par référence	décrémenter un pointeur
appel par référence simulé	délimiteur
appel par valeur	déréférencer un pointeur
arithmétique des pointeurs	division en jetons de chaînes
ASCII	EBCDIC
chaîne	expression de pointeur
classes, responsabilités et collaborateurs (CRC)	incrémenter un pointeur
code de caractère	indexation de pointeur
code numérique d'un caractère	indices de pointeur
comparaison de chaînes	indirection
comparaison de pointeurs	initialiser un pointeur
concaténation de chaîne	jeton
const	jeu de caractères
constante de caractère	littéral
constante de chaîne	littéral de chaîne

longueur d'une chaîne
notation pointeur/décalage
opérateur d'adresse (**&**)
notation pointeur/décalage
opérateur d'adresse (**&**)
opérateur de déréférenciation (*****)
opérateur d'indirection (*****)
pointeur
pointeur de caractère
pointeur constant
pointeur constant vers des données constantes
pointeur constant vers des données
    non constantes
pointeur de fonction
pointeur non constant vers des données
    constantes
pointeur non constant vers des données
    non constantes
pointeur **NULL**
pointeur vers une fonction
pointeur vers **void** (**void ***)

principe du moindre privilège
référencer directement une variable
référencer indirectement une variable
report indéfini
sizeof
soustraction de deux pointeurs
soustraction d'un entier et d'un pointeur
strcat
strcmp
strcpy
strlen
strncat
strncmp
strncpy
strtok
tableau de chaînes
tableau de pointeurs
traitement de chaîne
traitement de texte
types de pointeurs
void * (pointeur vers **void**)

Terminologie de À propos des objets

collaboration
diagramme de collaboration
interactions entre les objets
message
numérotation dans le diagramme
    de collaborations
objets qui participent à des interactions
quand les interactions se produisent

séquence de messages
symbole de ligne avec flèche dans
    le diagramme de collaborations en UML
symbole de ligne en trait plein dans
    le diagramme de collaborations en UML
symbole de rectangle dans le diagramme
    de collaborations en UML

ERREURS DE PROGRAMMATION COURANTES

5.1   Dans une déclaration, présumer que l'opérateur * utilisé pour déclarer une variable est distribué à tous les noms de variables de pointeurs d'une liste de variables séparées par des virgules peut conduire à déclarer des pointeurs comme non-pointeurs. On doit déclarer chaque pointeur en rattachant son nom au préfixe * .

5.2   Déréférencer un pointeur qui n'a pas été initialisé correctement ou qui n'a pas été affecté pour pointer vers un emplacement de mémoire spécifique peut provoquer une erreur fatale à l'exécution. Cette situation risque, en outre, de modifier accidentellement des données importantes et de permettre au programme de s'exécuter jusqu'à sa terminaison en provoquant des résultats inexacts.

5.3   Essayer de déréférencer une variable qui n'est pas un pointeur est une erreur de syntaxe.

5.4   La déréférenciation d'un pointeur **0** provoque habituellement une erreur fatale à l'exécution.

5.5   Le fait de ne pas déréférencer un pointeur lorsqu'il est nécessaire de le faire pour obtenir la valeur vers laquelle il pointe est une erreur.

5.6   Le fait de ne pas initialiser un pointeur déclaré comme étant de type **const** est une erreur de syntaxe.

5.7   L'emploi de l'opérateur **sizeof** dans une fonction pour trouver la taille en octets d'un paramètre de tableau renvoie la taille d'un pointeur au lieu de celle du tableau.

5.8   Lorsque l'opérande est un nom de type, l'omission des parenthèses dans une opération **sizeof** est une erreur de syntaxe.

5.9   Utiliser l'arithmétique des pointeurs sur un pointeur qui ne réfère pas à un tableau de valeurs est habituellement une erreur de logique.

5.10   Soustraire ou comparer deux pointeurs qui ne renvoient pas aux éléments d'un même tableau est normalement une erreur de logique.

5.11   Le fait de dépasser l'une ou l'autre des limites d'un tableau lorsqu'on utilise l'arithmétique des pointeurs est normalement une erreur de logique.

5.12   Ne pas forcer le type du premier pointeur lorsqu'on affecte un pointeur d'un type à un autre de type différent (autre que **void ***) est une erreur de syntaxe.

5.13   Le fait de déréférencer un pointeur **void *** est une erreur de syntaxe.

5.14   Même si les noms de tableaux sont des pointeurs vers le début du tableau et que les pointeurs peuvent être modifiés dans des expressions arithmétiques, les noms de tableaux ne peuvent pas l'être car ils sont des pointeurs constants.

5.15   Le fait de ne pas allouer assez d'espace dans un tableau de caractères pour stocker le caractère nul terminant la chaîne est une erreur.

5.16   Créer ou utiliser une «chaîne» ne contenant pas de caractère nul de terminaison est une erreur.

5.17   Traiter un caractère unique comme une chaîne peut provoquer une erreur fatale à l'exécution. Une chaîne est un pointeur, c'est-à-dire un entier souvent de taille respectable, alors qu'un caractère est un petit entier (les valeurs ASCII allant de 0 à 255). Cette pratique cause des erreurs de «violation d'accès» sur de nombreux systèmes, car les adresses de mémoire basse sont réservées pour des tâches spécifiques, comme les gestionnaires d'interruption du système d'exploitation.

5.18   Passer un caractère comme argument vers une fonction qui s'attend à recevoir une chaîne peut provoquer une erreur fatale à l'exécution.

5.19   Passer une chaîne comme argument vers une fonction qui s'attend à recevoir un caractère est une erreur de syntaxe.

5.20   Oublier d'inclure le fichier d'en-tête **<cstring>** lorsqu'on utilise des fonctions de la bibliothèque de manipulation de chaînes est une erreur.

5.21   Le fait de ne pas ajouter de caractère nul de terminaison au premier argument d'une fonction **strncpy** lorsque le troisième est inférieur ou égal à la longueur de la chaîne du deuxième peut provoquer des erreurs fatales à l'exécution.

5.22   Prendre pour acquis que les fonctions **strcmp** et **strncmp** renvoient 1 lorsque leurs arguments sont égaux est une erreur de logique, car les deux fonctions renvoient 0 – la valeur fausse (**false**) en C++ – en cas d'égalité. Lorsqu'on effectue des tests d'égalité sur des chaînes, il faut donc comparer les résultats de **strcmp** ou de **strncmp** à 0 pour déterminer si ces chaînes sont égales.

5.23   Rappelez-vous que la fonction **strtok** modifie la chaîne en cours de division en jetons. Vous ne pourrez donc pas réutiliser cette chaîne comme s'il s'agissait de la chaîne initiale avant modification.

BONNES PRATIQUES DE PROGRAMMATION

5.1   Bien que cela ne soit pas obligatoire, l'emploi des lettres **Ptr** dans les noms de variables de pointeurs identifie clairement ces variables comme des pointeurs et rappelle qu'elles doivent être manipulées en conséquence.

5.2   Utilisez un appel par valeur pour passer des arguments vers une fonction, à moins que l'appelant exige que la fonction appelée modifie la valeur de l'argument dans l'environnement de l'appelant. Ceci est un autre exemple du principe du moindre privilège.

5.3   Avant d'utiliser une fonction, vérifiez son prototype pour déterminer les paramètres qu'elle peut modifier.

5.4   Lorsque vous manipulez des tableaux, utilisez la notation de tableau plutôt que celle de pointeur. Le programme sera probablement plus clair, même s'il faut plus de temps pour le compiler.

5.5   Quand vous stockez une chaîne de caractères dans un tableau, assurez-vous que ce dernier est assez volumineux pour contenir la plus grande chaîne à y ranger. Le C++ permet de stocker des chaînes de toutes longueurs. Si une chaîne est plus grande que le tableau de caractères où elle doit être conservée, les caractères en surnombre écraseront les données inscrites dans les emplacements de mémoire suivant le tableau.

ASTUCES SUR LA PERFORMANCE

5.1   Pour profiter de la performance des appels par référence et de la sécurité des appels par valeur, passez les gros objets tels que les structures en utilisant des pointeurs ou des références vers des données constantes.

5.2   `sizeof` est un opérateur unaire s'exécutant lors de la compilation et non une fonction à l'exécution. Son utilisation n'a donc aucun effet négatif sur la performance à l'exécution.

5.3   Il peut arriver qu'un algorithme d'apparence «naturelle» renferme des problèmes de performance subtils, tel le report indéfini. Recherchez des algorithmes qui évitent le report indéfini.

ASTUCES SUR LA PORTABILITÉ

5.1   Le format de sortie d'un pointeur dépend de la machine. Certains systèmes affichent les valeurs de pointeurs sous forme d'entiers hexadécimaux et d'autres plutôt comme des entiers décimaux.

5.2   Bien que le qualificatif `const` soit bien défini dans les versions ANSI du C et du C++, certains compilateurs ne l'appliquent pas correctement.

5.3   Le nombre d'octets utilisés pour stocker un type de données particulier peut varier selon les systèmes. Lorsque vous écrivez des programmes qui dépendent des tailles des types de données et qui seront exécutés sur différentes sortes d'ordinateurs, employez `sizeof` pour déterminer le nombre d'octets utilisés pour le stockage des types de données.

5.4   Aujourd'hui, la plupart des ordinateurs fonctionnent avec des entiers de 2 ou de 4 octets, certains des plus récents utilisant même des entiers de 8 octets. Comme les résultats arithmétiques des pointeurs dépendent de la taille des objets vers lesquels ils pointent, l'arithmétique des pointeurs est dépendante de la machine.

5.5   Lorsqu'une variable de type `char *` est initialisée avec un littéral de chaîne, certains compilateurs peuvent placer la chaîne dans un emplacement mémoire où la chaîne ne pourra pas être modifiée. Si vous devez modifier un littéral de chaîne, vous devriez le stocker dans un tableau de caractères pour assurer qu'il pourra être modifié sur tous les systèmes.

5.6   Les codes numériques internes utilisés pour représenter les caractères peuvent différer d'un ordinateur à l'autre.

5.7   N'effectuez pas de test explicite sur des codes ASCII comme dans l'instruction `if ( ch == 65 )`. Utilisez plutôt la constante de caractère correspondante comme dans `if ( ch == 'A' )`.

OBSERVATIONS DE GÉNIE LOGICIEL

5.1   On peut utiliser le qualificatif `const` pour appliquer le principe du moindre privilège. L'emploi de ce principe pour concevoir correctement un logiciel peut considérablement diminuer le temps nécessaire au débogage et éliminer les effets de bord, tout en permettant de modifier et de maintenir le programme plus facilement.

5.2   Si une valeur ne change pas ou ne peut pas changer dans le corps d'une fonction vers laquelle elle est passée, il faut déclarer le paramètre avec `const` afin d'empêcher toute modification accidentelle.

5.3   Lors d'un appel par valeur à une fonction, on ne peut modifier qu'une seule valeur, affectée à partir de la valeur de renvoi de la fonction. Pour modifier plusieurs valeurs dans une fonction d'appel, on doit passer plusieurs arguments par appel par référence.

5.4   Placer des prototypes de fonctions dans les définitions d'autres fonctions fait respecter le principe du moindre privilège en limitant les appels de fonction à celles qui contiennent les prototypes.

5.5   Quand vous passez un tableau à une fonction, passez aussi la taille du tableau (au lieu de l'inclure dans la fonction). Cette pratique aide à assurer une forme de fonction plus générale. Les fonctions générales peuvent souvent être réutilisées dans de nombreux programmes.

ASTUCE DE TESTS ET DE DÉBOGAGE

5.1   Initialisez les pointeurs pour éviter de pointer vers des zones de mémoire inconnues ou non initialisées.

EXERCICES DE RÉVISION

5.1   Complétez les phrases suivantes :
   a) Un pointeur est une variable qui contient comme valeur l'_____ d'une autre variable.
   b) Les trois valeurs pouvant être utilisées pour initialiser un pointeur sont _____, _____ ou _____.
   c) Le seul entier que l'on peut affecter à un pointeur est _____.

5.2   Déterminez si les énoncés suivants sont vrais ou faux. Dans le cas de faux, expliquez pourquoi.
   a) L'opérateur d'adresse **&** ne peut s'appliquer qu'aux constantes, aux expressions et aux variables déclarées avec la classe de stockage **register**.
   b) Un pointeur déclaré **void** peut être déréférencé.
   c) Des pointeurs de différents types ne peuvent être affectés les uns aux autres sans opérateur de transtypage.

5.3   Répondez aux questions suivantes. Présumez que des nombres de précision simple à virgule flottante sont stockés dans 4 octets et que l'adresse de départ du tableau est à l'emplacement de mémoire 1002500. Chaque partie de l'exercice doit tenir compte des résultats des parties précédentes quand il le faut.
   a) Déclarez un tableau de type **double** appelé **nombres** avec 10 éléments et initialisez les éléments aux valeurs **0.0**, **1.1**, **2.2**, ..., **9.9**. Présumez que la constante symbolique **TAILLE** est définie à **10**.
   b) Déclarez un pointeur **nPtr** pointant vers un objet de type **double**.
   c) Affichez les éléments du tableau **nombres** au moyen d'une notation d'indices de tableau. Utilisez une structure **for** et présumez que la variable de contrôle d'entier **i** a été déclarée. Affichez chaque nombre avec une précision de 1 position à la droite du point décimal.
   d) Donnez deux instructions séparées pour affecter l'adresse de départ du tableau **nombres** à la variable de pointeur **nPtr**.
   e) Affichez les éléments du tableau **nombres** en utilisant une notation pointeur/décalage avec le pointeur **nPtr**.
   f) Affichez les éléments du tableau **nombres** en utilisant une notation pointeur/décalage avec le nom de tableau comme pointeur.
   g) Affichez les éléments du tableau **nombres** en utilisant des indices pour le pointeur **nPtr**.
   h) Faites référence à l'élément 4 du tableau **nombres** en utilisant une notation d'indice de tableau, une notation pointeur/décalage avec le nom de tableau comme pointeur, une notation d'indices de pointeur avec **nPtr** et une notation de pointeur/décalage avec **nPtr**.
   i) En supposant que **nPtr** pointe vers le début du tableau **nombres**, quelle est l'adresse référencée par **nPtr + 8** ? Quelle est la valeur stockée à cet emplacement ?
   j) En supposant que **nPtr** pointe vers **nombres[5]**, quelle est l'adresse référencée par **nPtr** une fois que **nPtr -= 4** est exécutée? Quelle est la valeur stockée à cet emplacement?

5.4   Pour chacune des phrases suivantes, écrivez une instruction simple qui effectue la tâche indiquée. Présumez que les variables à virgule flottante **nombre1** et **nombre2** ont été déclarées et que **nombre1** a été initialisé à **7.3**. Supposez également que la variable **ptr** et que les tableaux **s1[100]** et **s2[100]** sont de type **char**.
   a) Déclarez la variable **fPtr** comme pointeur vers un objet de type **double**.
   b) Affectez l'adresse de la variable **nombre1** à la variable de pointeur **fPtr**.
   c) Affichez la valeur l'objet pointé par **fPtr**.
   d) Affectez la valeur l'objet pointé par **fPtr** à la variable **nombre2**.
   e) Affichez la valeur **nombre2**.
   f) Affichez l'adresse de **nombre1**.
   g) Affichez l'adresse stockée dans **fPtr**. La valeur affichée est-elle identique à l'adresse de **nombre1**?
   h) Copiez la chaîne stockée dans le tableau **s2** vers le tableau **s1**.
   i) Comparez la chaîne dans **s1** à celle dans **s2**. Affichez le résultat.
   j) Ajoutez 10 caractères de la chaîne **s2** dans la chaîne **s1**.
   k) Déterminez la longueur de la chaîne dans **s1**. Affichez le résultat.
   l) Affectez **ptr** de l'emplacement du premier jeton dans **s2**. Les jetons de **s2** sont séparés par des virgules (**,**).

5.5　　Effectuez chacune des directives suivantes:

    a)　Écrivez l'en-tête de fonction pour une fonction nommée **echange** qui prend deux pointeurs vers les nombres à virgule flottante en double précision **x** et **y** comme paramètres et qui ne renvoie pas de valeur.

    b)　Écrivez le prototype de fonction pour la fonction de la partie a).

    c)　Écrivez l'en-tête de fonction pour une fonction nommée **evaluer** qui renvoie un entier et prend comme paramètres l'entier **x** et un pointeur vers la fonction **poly**. La fonction **poly** prend un paramètre d'entier et renvoie un entier.

    d)　Écrivez le prototype de fonction pour la fonction de la partie c).

    e)　Illustrez deux méthodes différentes pour initialiser le tableau de caractères **voyelle** avec la chaîne de voyelles **"AEIOU"**.

5.6　　Trouvez l'erreur dans chacun des segments de programmes suivants. Présumez que:

```
int *zPtr;    // zPtr référencie le tableau z.
int *aPtr = 0;
void *sPtr = 0;
int nombre, i;
int z[ 5 ] = { 1, 2, 3, 4, 5 };

sPtr = z;
```

    a)　`++zptr;`

    b)　`// utiliser le pointeur pour la première valeur du tableau.`
       `nombre = zPtr;`

    c)　`// affecter l'élément 2 du tableau (valeur 3) à nombre.`
       `nombre = *zPtr[ 2 ];`

    d)　`// afficher le tableau z au complet.`
       `for ( i = 0; i <= 5; i++ )`
          `cout << zPtr[ i ] << endl;`

    e)　`// affecter la valeur pointée par sPtr à nombre.`
       `nombre = *sPtr;`

    f)　`++z;`

    g)　`char s[ 10 ];`
       `cout << strncpy ( s, "bonjour", 7 ) << endl;`

    h)　`char s[ 9 ];`
       `strcpy ( s, "Bienvenue" );`

    i)　`if ( strcmp ( chaine1, chaine2 ) )`
         `cout << "Les chaînes sont égales" << endl;`

5.7　　Qu'affiche (s'il y a lieu) chacune des instructions suivantes lorsqu'elle est exécutée? Si l'instruction contient une erreur, faites-en la description et indiquez comment la corriger. Présumez les déclarations de variables suivantes:

```
char s1[ 50 ] = "jean", s2[ 50 ] = "paul", s3[ 50 ], *sptr;
```

    a)　`cout << strcpy ( s3, s2 ) << endl;`

    b)　`cout << strcat ( strcat( strcpy ( s3, s1 ), " et " ), s2 )`
        `<< endl;`

    c)　`cout << strlen ( s1 ) + strlen( s2 ) << endl;`

    d)　`cout << strlen ( s3 ) << endl;`

RÉPONSES AUX EXERCICES DE RÉVISION

5.1   a) adresse. b) **0**, **NULL**, une adresse. c) **0**.

5.2   a) Faux. L'opérateur d'adresse ne s'applique qu'aux variables. Il ne peut être appliqué aux constantes, expressions ou variables déclarées avec une classe de stockage **register**.

b) Faux. Un pointeur vers **void** ne peut être déréférencé puisqu'il n'existe aucune façon de savoir exactement combien d'octets de mémoire devront être déréférencés.

c) Faux. On peut affecter des pointeurs d'autres types à des pointeurs de type **void**. Les pointeurs de type **void** ne peuvent être affectés à des pointeurs d'autres types que si l'on utilise un opérateur de transtypage explicite.

5.3   a) `double nombres[ TAILLE ] = { 0.0, 1.1, 2.2, 3.3, 4.4, 5.5,`
`                                         6.6, 7.7, 8.8, 9.9 };`

b) `double *nPtr;`

c) `cout << setiosflags ( ios::fixed | ios::showpoint )`
`      << setprecision( 1 );`
`for ( i = 0; i < TAILLE; i++ )`
`   cout << nombres[ i ] << ' ';`

d) `nPtr = nombres;`
`nPtr = &nombres[ 0 ];`

e) `cout << setiosflags ( ios::fixed | ios::showpoint )`
`      << setprecision( 1 );`
`for ( i = 0; i < TAILLE; i++ )`
`   cout << *( nPtr + i ) << ' ';`

f) `cout << setiosflags ( ios::fixed | ios::showpoint )`
`      << setprecision( 1 );`
`for ( i = 0; i < TAILLE; i++ )`
`   cout << *( nombres + i ) << ' ';`

g) `cout << setiosflags ( ios::fixed | ios::showpoint )`
`      << setprecision( 1 );`
`for ( i = 0; i < TAILLE; i++ )`
`   cout << nPtr[ i ] << ' ';`

h) `nombres[ 4 ]`
`*( nombres + 4 )`
`nPtr[ 4 ]`
`*( nPtr + 4 )`

i) L'adresse est **1002500 + 8 * 4 = 1002532**. La valeur est **8.8**.

j) L'adresse de **nombres[5]** est **1002500 + 5 * 4 = 1002520**.
L'adresse de **nPtr -= 4** est **1002520 - 4 * 4 = 1002504**.
La valeur à cet emplacement est **1.1**.

5.4   a) `double *fPtr;`

b) `fPtr = &nombre1;`

c) `cout << "La valeur *fPtr est " << *fPtr << endl;`

d) `nombre2 = *fPtr;`

e) `cout << "La valeur nombre2 est " << nombre2 << endl;`

f) `cout << "L'adresse de nombre1 est " << &nombre1 << endl;`

g) `cout << "L'adresse stockée dans fPtr est " << fPtr << endl;`
Oui, il s'agit de la même valeur.

h) `strcpy (s1, s2);`

i) `cout << "strcmp (s1, s2) = " << strcmp( s1, s2 ) << endl;`

j) `strncat ( s1, s2, 10 );`

k) `cout << "strlen (s1) = " << strlen( s1 ) << endl;`

l) `ptr = strtok ( s2, "," );`

5.5   a) `void echange( double *x, double *y )`

b) `void echange( double *, double * );`

c) `int evaluer( int x, int (*poly)( int ) )`

d) `int evaluer( int, int (*)( int ) );`

e) `char voyelle[] = "AEIOU";`
   `char voyelle[] = { 'A', 'E', 'I', 'O', 'U', '\0' };`

5.6 a) Erreur: `zPtr` n'a pas été initialisé.
   Correction: initialiser `zPtr` avec `zPtr = z;`

b) Erreur: le pointeur n'est pas déréférencé.
   Correction: changer l'instruction à `nombre = *zPtr;`

c) Erreur: `zPtr[ 2 ]` ne représente pas un pointeur et ne doit pas être déréférencé.
   Correction: changer `*zPtr[ 2 ]` pour `zPtr[ 2 ]`.

d) Erreur: référence à un élément de tableau en dehors des limites du tableau avec les indices du pointeur.

e) Erreur: tentative de modification d'un nom de tableau avec l'arithmétique de pointeurs.

f) Correction: employer une variable de pointeur plutôt que le nom de tableau pour accomplir l'arithmétique de pointeurs, ou utiliser les indices du nom de tableau pour qu'il réfère à un élément spécifique.

g) Erreur: la fonction `strncpy` n'écrit pas de caractère nul de terminaison pour le tableau s puisque son troisième argument est égal à la longueur de la chaîne `"bonjour"`.

h) Correction: changer le troisième argument de `strncpy` pour **8** ou affecter `'\0'` à `s[ 5 ]` pour assurer que le caractère nul de terminaison est ajouté à la chaîne.

i) Erreur: le tableau de caractères `s` ne a pas une taille suffisante pour stocker le caractère nul de terminaison.

j) Correction: déclarer le tableau avec plus d'éléments.

k) Erreur: la fonction `strcmp` renvoie 0 si les chaînes sont égales; par conséquent, la condition de la structure `if` sera fausse et l'instruction de sortie ne sera pas exécutée.

l) Correction: comparer explicitement le résultat de `strcmp` avec **0** dans la condition de la structure `if`.

5.7 a) `jean`
   b) `jean et paul`
   c) `8`
   d) `13`

EXERCICES

5.8 Indiquez si les énoncés suivants sont vrais ou faux. S'ils sont faux, expliquez pourquoi.

a) Deux pointeurs vers des tableaux différents ne peuvent pas être comparés de façon significative.

b) Comme le nom d'un tableau est un pointeur vers le premier élément, les noms de tableaux peuvent être manipulés exactement de la même manière que les pointeurs.

5.9 Répondez à chacune des questions suivantes. Présumez que des entiers de type `unsigned` sont stockés dans 2 octets et que l'adresse de départ du tableau est à l'emplacement 1002500 de la mémoire.

a) Déclarez un tableau de type `unsigned int` appelé `valeurs` muni de 5 éléments et initialisez ces éléments aux entiers pairs compris entre 2 à 10. Présumez que la constante symbolique `TAILLE` est définie à **5**.

b) Déclarez un pointeur `vPtr` vers un objet de type `unsigned int`.

c) Affichez les éléments du tableau `valeurs` en utilisant une notation d'indices pour le tableau. Utilisez une structure `for` et présumez que la variable de contrôle d'entier `i` a été déclarée.

d) Donnez deux instructions séparées qui affectent l'adresse de départ du tableau `valeurs` à la variable de pointeur `vPtr`.

e) Affichez les éléments du tableau `valeurs` en utilisant une notation pointeur/décalage.

f) Affichez les éléments du tableau `valeurs` en utilisant une notation pointeur/décalage avec le nom du tableau comme pointeur.

g) Affichez les éléments du tableau `valeurs` en utilisant des indices pour le pointeur vers le tableau.

h) Référez aux 5 éléments de **valeurs** en utilisant une notation d'indices de tableau, une notation pointeur/décalage avec le nom du tableau comme pointeur, une notation d'indices pour le pointeur, ainsi qu'une notation pointeur/décalage.

i) Quelle est l'adresse référencée par **vPtr + 3**? Quelle est la valeur stockée à cet emplacement?

j) En supposant que **vPtr** pointe vers **valeurs[4]**, quelle est l'adresse référencée par **vPtr -= 4**? Quelle est la valeur stockée à cet emplacement?

5.10   Pour chacune des opérations suivantes, écrivez une instruction simple effectuant la tâche indiquée. Présumez que des variables **valeur1** et **valeur2** de type **long integer** ont été déclarées et que **valeur1** a été initialisée à **200000**.

a) Déclarez la variable **lPtr** comme pointeur vers un objet de type **long**.

b) Affectez l'adresse de la variable **valeur1** à la variable de pointeur **lPtr**.

c) Affichez la valeur de l'objet pointé par **lPtr**.

d) Affectez la valeur de l'objet pointé par **lPtr** à la variable **valeur2**.

e) Affichez la valeur **valeur2**.

f) Affichez la valeur **valeur1**.

g) Affichez l'adresse stockée dans **lPtr**. S'agit-il de la même valeur que celle de l'adresse de **valeur1**?

5.11   Effectuez chacune des directives suivantes :

a) Écrivez l'en-tête de fonction pour la fonction **zero** qui prend le paramètre de tableau de type **long integer** appelé **grosEntiers** et qui ne renvoie pas de valeur.

b) Écrivez le prototype de fonction pour la fonction décrite à la partie a).

c) Écrivez l'en-tête de fonction pour la fonction **ajouter1EtSomme** qui prend le paramètre de tableau d'entiers **unTropPetit** et renvoie un entier.

d) Écrivez le prototype de fonction pour la fonction décrite à la partie c).

Note: les exercices 5.12 à 5.15 présentent des défis relativement importants. Après avoir complété ces problèmes, vous devriez être en mesure d'implanter facilement la plupart des jeux de cartes les plus populaires.

5.12   Modifiez le programme de la figure 5.24 afin que la fonction de distribution des cartes puisse distribuer un jeu de poker à cinq cartes. Écrivez ensuite des fonctions pour exécuter chacune des instructions suivantes :

a) Déterminez si la main contient une paire.

b) Déterminez si la main contient deux paires.

c) Déterminez si la main contient trois cartes de même valeur (par exemple, trois valets).

d) Déterminez si la main contient quatre cartes de même valeur (par exemple, quatre as).

e) Déterminez si la main contient cinq cartes de même couleur (par exemple, cinq trèfles).

f) Déterminez si la main contient une suite (c'est-à-dire cinq cartes dont les valeurs se suivent).

5.13   Utilisez les fonctions développées à l'exercice 5.12 pour écrire un programme qui distribue deux mains de poker à cinq cartes, évaluez chaque main et déterminez laquelle des deux est la meilleure.

5.14   Modifiez le programme de l'exercice 5.13 pour qu'il puisse simuler le donneur. Le jeu de cinq cartes du donneur est distribué «faces contre table» afin que le joueur ne puisse le voir. Le programme doit ensuite évaluer le jeu du donneur et, selon la qualité de son jeu, le donneur doit puiser une, deux ou trois cartes pour remplacer le nombre correspondant de cartes qu'il désire changer dans le jeu initial. Le programme doit ensuite évaluer de nouveau le jeu du donneur. *Avertissement:* il s'agit d'un problème difficile!

5.15   Modifiez le programme développé à l'exercice 5.14 pour qu'il puisse s'occuper automatiquement du jeu du donneur, mais où le joueur peut décider quelles cartes il veut remplacer dans son propre jeu. Le programme doit ensuite évaluer les deux jeux et déterminer le gagnant. Ensuite, utilisez ce nouveau programme pour jouer 20 parties contre l'ordinateur. Qui remporte le plus de parties, vous ou l'ordinateur? Demandez à un de vos amis de jouer 20 parties contre l'ordinateur. Qui remporte le plus de parties? En vous basant sur les résultats de ces parties, apportez les modifications nécessaires pour améliorer votre programme de jeu de poker (il s'agit, ici aussi, d'un problème difficile). Jouez 20 autres parties. Votre programme modifié joue-t-il un meilleur jeu?

5.16 Dans le programme de brassage et de distribution de cartes de la figure 5.24, nous avons intentionnellement utilisé un algorithme de brassage peu efficace pour introduire la possibilité d'un report indéfini. Dans ce problème-ci, vous devez créer un algorithme de brassage à haute performance qui évite le report indéfini.

Modifiez la figure 5.24 comme suit. Initialisez le tableau **jeu** tel qu'illustré à la figure 5.38. Modifiez la fonction **brasse** pour créer une boucle à travers le tableau ligne par ligne et colonne par colonne, touchant chaque élément une seule fois. Chaque élément doit être permuté avec un élément choisi au hasard dans le tableau. Affichez le tableau résultant pour déterminer si le jeu est brassé adéquatement (comme à la figure 5.39, par exemple). Votre programme devra peut-être appeler la fonction **brasse** plusieurs fois pour permettre un brassage adéquat.

Notez bien que l'approche pour ce problème améliore l'algorithme de brassage, que l'algorithme de distribution exige toujours une recherche dans le tableau **jeu** pour la carte 1, puis la carte 2, puis la carte 3 et ainsi de suite. Pire encore, même lorsque l'algorithme de distribution retrouve et distribue la carte, il continue quand même sa recherche à travers le reste du jeu. Modifiez le programme de la figure 5.24 afin qu'aucune autre tentative de recherche ne se poursuive pour trouver un numéro de carte, une fois que celle-ci est distribuée. Le programme doit plutôt procéder immédiatement avec la distribution de la carte suivante.

Tableau **jeu** non trié												
	0	1	2	3	4	5	6	7	8	9	10	11	12
0	1	2	3	4	5	6	7	8	9	10	11	12	13
1	14	15	16	17	18	19	20	21	22	23	24	25	26
2	27	28	29	30	31	32	33	34	35	36	37	38	39
3	40	41	42	43	44	45	46	47	48	49	50	51	52

Figure 5.38 Tableau **jeu** non trié.

Exemple d'un tableau **jeu** trié												
	0	1	2	3	4	5	6	7	8	9	10	11	12
0	19	40	27	25	36	46	10	34	35	41	18	2	44
1	13	28	14	16	21	30	8	11	31	17	24	7	1
2	12	33	15	42	43	23	45	3	29	32	4	47	26
3	50	38	52	39	48	51	9	5	37	49	22	6	20

Figure 5.39 Exemple d'un tableau **jeu** trié.

5.17 (*Simulation: la tortue et le lièvre*) Pour ce problème, vous devez recréer la course classique entre la tortue et le lièvre. Vous devez utiliser la production de nombres aléatoires pour développer une simulation de cet événement.

Nos concurrents commencent la course à la «case 1» sur une distance de 70 cases. Chaque case représente une position possible tout au long de la course. La ligne d'arrivée se situe à la case 70. Le premier concurrent qui atteint ou dépasse la case 70 remporte un seau rempli de laitue et de carottes fraîches. La course se faufile sur la pente ascendante d'une montagne glissante; les concurrents peuvent donc occasionnellement perdre du terrain.

Une horloge fait entendre un tic-tac une fois par seconde. Pour chaque tic-tac de l'horloge, votre programme doit ajuster la position des animaux en fonction des règles suivantes:

Animal	Type de mouvement	Pourcentage du temps	Mouvement réel
Tortue	Marche pénible rapide	50 %	3 cases vers la droite
	Glissade	20 %	6 cases vers la gauche
	Marche pénible lente	30 %	1 case vers la droite
Lièvre	Sommeil	20 %	Aucun mouvement
	Grand saut	20 %	9 cases vers la droite
	Grande glissade	10 %	12 cases vers la gauche
	Petit saut	30 %	1 case vers la droite
	Petite glissade	20 %	2 cases vers la gauche

Utilisez des variables pour suivre la position respective des animaux (c'est-à-dire les numéros de position variant entre 1 et 70). Les deux animaux doivent débuter à la position 1 (c'est-à-dire à la «grille de départ»). Si un animal glisse vers la gauche avant la case 1, replacez l'animal sur la case 1.

Générez les pourcentages inscrits au tableau précédent en produisant un entier aléatoire, i, à l'intérieur de l'échelle $1 \leq i \leq 10$. Pour la tortue, effectuez une «marche pénible rapide» lorsque $1 \leq i \leq 5$, une «glissade» lorsque $6 \leq i \leq 7$, ou une « marche pénible lente » lorsque $8 \leq i \leq 10$. Utilisez une technique similaire pour les mouvements du lièvre.

Commencez la course en affichant:

```
BANG !!!!!
ILS SONT PARTIS !!!!!
```

Pour chaque tic-tac de l'horloge, (c'est-à-dire à chaque répétition de la boucle), affichez une ligne de 70 positions en illustrant la lettre **T** indiquant la position de la tortue et la lettre **L** indiquant la position du lièvre. À l'occasion, les deux concurrents sont sur la même case. À ce moment, la tortue mord le lièvre et votre programme doit afficher **AÏE!** en commençant à cette position. Toutes les positions affichées autres que le **T**, le **L**, ou le **AÏE!** (pour les cas d'égalité) doivent consister en des espaces vides.

Pour chaque affichage de la ligne, testez si l'un ou l'autre des animaux a atteint ou dépassé la case 70. Si c'est le cas, affichez le nom du gagnant et terminez la simulation. Si la tortue gagne, affichez **LA TORTUE GAGNE! HOURRA!** Si le lièvre gagne, affichez **Le lièvre gagne. Dommage**. Si les deux animaux gagnent au même tic-tac de l'horloge, vous pouvez préférer la tortue (représentant le concurrent «sous-estimé») ou encore afficher **Course nulle**. Si aucun animal n'a gagné, effectuez la boucle de nouveau pour simuler le prochain tic-tac de l'horloge. Lorsque vous êtes prêts à exécuter votre programme, rassemblez un groupe d'amis pour regarder la course. Vous serez surpris de la participation enthousiaste de l'auditoire!

SECTION SPÉCIALE: CONSTRUIRE VOTRE PROPRE ORDINATEUR

Pour les quelques problèmes suivants, nous allons nous éloigner temporairement du monde de la programmation en langage de haut niveau. Nous allons ouvrir et «éplucher» la structure interne d'un ordinateur. Nous examinerons la programmation en langage machine et écrirons quelques programmes en langage machine. Pour rendre cette expérimentation spécialement utile, nous proposons de construire un ordinateur (en utilisant la technique de *simulation* logicielle) avec lequel vous pourrez exécuter vos programmes en langage machine.

5.18 (*Programmation en langage machine*) Créons un ordinateur que nous appellerons le Simpletron. Même si son nom indique qu'il s'agit d'une machine simple, nous verrons plus loin qu'il s'agit aussi d'une machine puissante. Le Simpletron exécute des programmes écrits dans le seul langage qu'il peut comprendre directement, c'est-à-dire le Simpletron Machine Language (en français le langage machine Simpletron), ou SML.

Le Simpletron contient un *accumulateur,* un «registre spécial» dans lequel l'information est placée avant d'être utilisée dans des calculs ou examinée de différentes façons par le Simpletron. Toutes les informations dans le Simpletron sont manipulées en termes de *mots.* Un mot est un nombre décimal de quatre chiffres de type **signed**, comme **+3364, -1293, +0007, -0001**, etc. Le Simpletron est équipé d'une mémoire de 100 mots dans laquelle ils sont référencés par les numéros de leurs emplacements: **00, 01, ..., 99**.

Avant d'exécuter un programme en SML, nous devons *charger* ou placer le programme en mémoire. La première instruction de chaque programme de SML est toujours dans l'emplacement **00**. Le simulateur commencera son exécution à cet emplacement.

Chaque instruction écrite en SML occupe un mot dans la mémoire du Simpletron (les instructions consistent donc en des nombres décimaux de quatre chiffres de type **signed**). Nous présumerons que le signe d'une instruction en SML est toujours représenté par un plus, bien que le signe d'un mot de données puisse consister en un plus ou un moins. Chaque emplacement de la mémoire du Simpletron peut contenir une instruction, une valeur de donnée utilisée par un programme, ou un espace mémoire inoccupé (et par conséquent non défini). Les deux premiers chiffres de chaque instruction en SML forment le *code d'opération,* qui spécifie l'opération à effectuer. Les codes d'opération en SML sont illustrés à la figure 5.40.

Les deux derniers chiffres d'une instruction en SML sont l'*opérande*; l'adresse de l'emplacement mémoire qui contient le mot auquel s'applique l'opération.

Code d'opération	Signification
Opérations d'entrée-sortie:	
const int LECTURE = 10	Lit un mot en provenance du clavier et le dirige dans un emplacement spécifique en mémoire.
const int ECRITURE = 11;	Écrit un mot d'un emplacement spécifique en mémoire vers l'écran.
Opérations de chargement/stockage:	
const int CHARGEMENT = 20;	Charge le mot d'un emplacement spécifique de mémoire dans l'accumulateur.
const int STOCKAGE = 21;	Stocke un mot de l'accumulateur dans un emplacement spécifique de mémoire.
Opérations arithmétiques:	
const int ADDITION = 30;	Additionne le mot d'un emplacement spécifique de mémoire au mot de l'accumulateur (et laisse le résultat dans l'accumulateur).
const int SOUSTRACTION = 31;	Soustrait le mot écrit dans un emplacement spécifique de mémoire du mot écrit dans l'accumulateur (et laisse le résultat dans l'accumulateur).
const int DIVISION = 32;	Divise le mot d'un emplacement spécifique de mémoire par le mot dans l'accumulateur (et laisse le résultat dans l'accumulateur).

Figure 5.40 Codes d'opération en Simpletron Machine Language (SML). (1 de 2)

Code d'opération	Signification
`const int MULTIPLICATION = 33;`	Multiplie le mot d'un emplacement spécifique de mémoire par le mot dans l'accumulateur (et laisse le résultat dans l'accumulateur).
Opérations de transfert de contrôle:	
`const int BRANCHEMENT = 40;`	Branchement à un emplacement spécifique de mémoire
`const int BRANCHEMENTNEGATIF = 41;`	Branchement à un emplacement spécifique de mémoire si l'accumulateur est négatif.
`const int BRANCHEMENTZERO = 42;`	Branchement à un emplacement spécifique de mémoire si l'accumulateur est de zéro.
`const int HALTE = 43;`	Halte – le programme a complété sa tâche.

Figure 5.40   Codes d'opération en Simpletron Machine Language (SML). (2 de 2)

Examinons maintenant quelques programmes simples en SML. Le premier programme de SML (exemple 1) lit deux nombres en provenance du clavier, puis calcule et affiche leur somme. L'instruction **+1007** lit le premier nombre du clavier et le dirige dans l'emplacement **07** (qui a été initialisé à zéro). Ensuite, l'instruction **+1008** lit le nombre suivant provenant du clavier et le dirige dans l'emplacement **08**. L'instruction *chargement*, **+2007**, place (copie) le premier nombre dans l'accumulateur, tandis que l'instruction *addition*, **+3008**, additionne le second nombre au nombre de l'accumulateur. *Toutes les instructions arithmétiques du SML laissent leurs résultats dans l'accumulateur.* L'instruction *stockage*, **+2109**, place (copie) le résultat dans l'emplacement mémoire **09** à partir duquel l'instruction *écriture*, **+1109**, prend le nombre et l'affiche (comme nombre décimal de quatre chiffres de type **signed**). L'instruction *halte*, **+4300**, termine l'exécution.

Examinons maintenant différents programmes simples en SML. Le premier programme de SML (exemple 1) lit deux nombres en provenance du clavier, puis calcule et affiche leur somme. L'instruction **+1007** lit le premier nombre du clavier et le dirige dans l'emplacement **07** (qui a été initialisé à zéro). Ensuite, l'instruction **+1008** lit le nombre suivant provenant du clavier et le dirige dans l'emplacement **08**. L'instruction *chargement*, **+2007**, place (copie) le premier nombre dans l'accumulateur, tandis que l'instruction *addition*, **+3008**, additionne le second nombre au nombre de l'accumulateur. *Toutes les instructions arithmétiques du SML laissent leurs résultats dans l'accumulateur.* L'instruction *stockage*, **+2109**, place (copie) le résultat dans l'emplacement mémoire **09** à partir duquel l'instruction *écriture*, **+1109**, prend le nombre et l'affiche (comme nombre décimal de quatre chiffres de type **signed**). L'instruction *halte*, **+4300**, termine l'exécution.

Emplacement exemple 1	Nombre	Instruction
00	+1007	(Lit A)
01	+1008	(Lit B)
02	+2007	(Charge A)
03	+3008	(Additionne B)
04	+2109	(Stocke C)
05	+1109	(Écrit C)
06	+4300	(Halte)
07	+0000	(Variable A)
08	+0000	(Variable B)
09	+0000	(Résultat de C)

Le programme en SML de l'exemple 2 lit deux nombres en provenance du clavier, puis détermine et affiche la valeur la plus élevée. Notez l'utilisation de l'instruction **+4107** comme transfert conditionnel de contrôle, équivalant de près à l'instruction **if** en C++.

Emplacement exemple 2	Nombre	Instruction
00	+1009	(Lit A)
01	+1010	(Lit B)
02	+2009	(Charge A)
03	+3110	(Soustrait B)
04	+4107	(Branchement négatif à 07)
05	+1109	(Écrit A)
06	+4300	(Halte)
07	+1110	(Écrit B)
08	+4300	(Halte)
09	+0000	(Variable A)
10	+0000	(Variable B)

Écrivez maintenant des programmes en SML pour accomplir chacune des tâches suivantes:
  a) Utilisez une boucle contrôlée par sentinelle pour lire des nombres positifs, puis calculer et afficher leur somme. Terminez la saisie lors de l'entrée d'un nombre négatif.
  b) Utilisez une boucle contrôlée par compteur pour lire sept nombres, certains positifs et d'autres négatifs, puis calculer et afficher leur moyenne.
  c) Lisez une série de nombres pour ensuite calculer et afficher la valeur la plus élevée. Le premier nombre lu indique combien de nombres doivent être traités dans la série.

5.19 (*Simulateur d'ordinateur*) Même si cela peut paraître très inhabituel, ce problème vous permettra de construire votre propre ordinateur. Il ne s'agit pas ici de souder différents composants électroniques les uns aux autres.

Vous allez plutôt utiliser la puissante technique de *simulation logicielle* pour créer un *modèle logiciel* du Simpletron. Vous ne serez pas déçu. Votre simulateur de Simpletron transformera l'ordinateur que vous utilisez en Simpletron, ce qui vous permettra d'exécuter, tester et déboguer les programmes en SML écrits à l'exercice 5.18.

Lorsque vous mettez votre simulateur de Simpletron en marche, il doit commencer par afficher:

```
*** Bienvenue au Simpletron! ***

*** S'il vous plaît, entrez votre programme une   ***
*** instruction (ou mot de données) à la fois.    ***
*** J'afficherai le numéro de l'emplacement et ?  ***
*** Tapez ensuite le mot pour cet emplacement.    ***
*** Tapez la valeur sentinelle -99999 pour        ***
*** terminer l'entrée de votre programme.         ***
```

Simulez la mémoire du Simpletron à l'aide d'un tableau à indices simples **memoire** de 100 éléments. Présumons maintenant que le simulateur s'exécute et examinons le dialogue à mesure que nous entrons le programme 2 de l'exercice 5.18:

```
00 ? +1009
01 ? +1010
02 ? +2009
03 ? +3110
04 ? +4107
05 ? +1109
06 ? +4300
07 ? +1110
08 ? +4300
```

```
09 ? +0000
10 ? +0000
11 ? -99999
*** Chargement du programme  complété ***
*** Début de l'exécution du programme ***
```

Le programme de SML est maintenant placé (ou chargé) dans le tableau **memoire**. Le Simpletron exécute maintenant votre programme. L'exécution débute avec l'instruction dans l'emplacement **00** et continue tout comme en C++ de façon séquentielle, à moins qu'elle ne soit dirigée dans une autre partie du programme par un transfert de contrôle.

Employez la variable **accumulateur** pour représenter le registre de l'accumulateur. Utilisez la variable **compteur** pour suivre et retracer l'emplacement mémoire qui contient l'instruction en cours d'exécution. Servez vous de la **codeOperation** pour indiquer l'opération en cours d'exécution, c'est-à-dire les deux chiffres de gauche du mot d'instruction. Ayez recours à la variable **operande** pour indiquer l'emplacement mémoire sur lequel l'instruction courante opère; **operande** représente donc les deux chiffres de droite de l'instruction en cours d'exécution. N'exécutez pas d'instruction directement dans la mémoire; transférez plutôt l'instruction suivante à exécuter de la mémoire vers une variable appelée **registreInstruction**. Placez les deux chiffres de gauche dans **codeOperation** et placez les deux chiffres de droite dans **operande**. Lorsque le Simpletron commence son exécution, les registres spéciaux sont tous initialisés à 0.

Faisons maintenant une «visite guidée» de l'exécution de la première instruction de SML, **+1009** dans l'emplacement mémoire **00**. C'est ce qu'on appelle un *cycle d'exécution d'instruction.*

Le **compteur** nous indique l'emplacement de la prochaine instruction à exécuter. Nous *allons chercher* le contenu de cet emplacement dans **memoire** en utilisant l'instruction de C++:

```
registreInstruction = memoire[ compteur ];
```

Le code d'opération et l'opérande sont extraits du registre d'instruction en utilisant les instructions:

```
codeOperation = registreInstruction / 100;
operande = registreInstruction % 100;
```

Le Simpletron doit maintenant déterminer que le code d'opération consiste véritablement en une *lecture* (et non une opération d'*écriture*, de *chargement*, etc.). Une instruction **switch** s'occupe de différencier les douze différentes opérations de SML.

Dans la structure **switch**, le comportement des différentes instructions de SML est simulé de la façon suivante (nous vous laissons deviner les autres):

lecture:	`cin >> memoire[ operande ];`
chargement:	`accumulateur = memoire[ operande ];`
addition:	`accumulateur += memoire[ operande ];`
branchement:	Nous discuterons des instructions de branchement un peu plus loin.
halte:	Cette instruction affiche le message : `*** Exécution du Simpletron terminée ***`

et affiche ensuite le nom et le contenu de chaque registre ainsi que le contenu entier de la mémoire. Un tel affichage est souvent appelé *vidage*. Pour vous aider à programmer votre fonction de vidage, un exemple de format de vidage est illustré à la figure 5.41. Notez qu'un vidage effectué après l'exécution d'un programme du Simpletron illustrerait les valeurs réelles des instructions et les valeurs des données au moment où l'exécution s'est terminée.

Procédons avec l'exécution de la première exécution de notre programme : **+1009** à l'emplacement **00**. Comme nous l'avons indiqué, l'instruction **switch** fait une simulation en effectuant l'instruction en C++:

```
cin >> memoire[ operande ];
```

Un point d'interrogation (**?**) devrait être affiché à l'écran avant l'exécution de **cin** pour inviter l'utilisateur à entrer une donnée. Le Simpletron attend que l'utilisateur tape une valeur et qu'il presse ensuite la *touche Retour*. La valeur est ensuite lue et dirigée vers l'emplacement **09**.

La simulation de la première instruction est maintenant presque complétée. Il ne reste qu'à préparer le Simpletron à exécuter l'instruction suivante. Comme l'instruction précédente ne consistait pas en un transfert de contrôle, il ne nous reste qu'à incrémenter le registre du compteur d'instruction de la façon suivante:

```
++compteur;
```

```
REGISTRES:
accumulateur         +0000
compteur                00
registreInstruction  +0000
codeOperation           00
operande                00


MEMOIRE:
         0      1      2      3      4      5      6      7      8      9
 0   +0000  +0000  +0000  +0000  +0000  +0000  +0000  +0000  +0000  +0000
10   +0000  +0000  +0000  +0000  +0000  +0000  +0000  +0000  +0000  +0000
20   +0000  +0000  +0000  +0000  +0000  +0000  +0000  +0000  +0000  +0000
30   +0000  +0000  +0000  +0000  +0000  +0000  +0000  +0000  +0000  +0000
40   +0000  +0000  +0000  +0000  +0000  +0000  +0000  +0000  +0000  +0000
50   +0000  +0000  +0000  +0000  +0000  +0000  +0000  +0000  +0000  +0000
60   +0000  +0000  +0000  +0000  +0000  +0000  +0000  +0000  +0000  +0000
70   +0000  +0000  +0000  +0000  +0000  +0000  +0000  +0000  +0000  +0000
80   +0000  +0000  +0000  +0000  +0000  +0000  +0000  +0000  +0000  +0000
90   +0000  +0000  +0000  +0000  +0000  +0000  +0000  +0000  +0000  +0000
```

Figure 5.41 Exemple de vidage.

Ceci complète l'exécution simulée de la première instruction. L'ensemble du processus (c'est-à-dire le cycle d'exécution de l'instruction) recommence lorsque nous allons chercher l'instruction suivante à exécuter.

Examinons maintenant comment sont simulées les instructions de branchement ou «transferts de contrôle». Nous n'avons qu'à ajuster la valeur dans le compteur d'instruction d'une manière appropriée. Par conséquent, l'instruction de branchement inconditionnel (**40**) est simulée à l'intérieur de l'instruction **switch** comme suit:

```
compteur = operande;
```

L'instruction conditionnelle pour un «branchement si l'accumulateur est de zéro» est simulée comme suit:

```
if ( accumulateur == 0 )
   compteur = operande;
```

Vous devriez maintenant implanter votre simulateur de Simpletron et exécuter chacun des programmes en SML que vous avez écrits lors de l'exercice 5.18. Vous pourrez embellir le SML avec des caractéristiques additionnelles et en rendant ces dernières disponibles dans votre simulateur.

Votre simulateur devrait vérifier l'occurrence de différents types d'erreurs. Par exemple, lors de la phase de chargement du programme, chaque nombre tapé dans la **memoire** du Simpletron par l'utilisateur doit être compris dans l'échelle de **-9999** à **+9999**. Votre simulateur devrait utiliser une boucle **while** pour tester si chaque nombre entré est bien situé à l'intérieur de cette échelle. Dans le cas contraire, il devra inviter l'utilisateur à taper un nouveau nombre jusqu'à ce qu'une valeur appropriée soit entrée.

Durant la phase d'exécution, votre simulateur devrait vérifier l'occurrence d'erreurs sérieuses, comme des tentatives de division par zéro, des tentatives d'exécution de codes d'opération invalides, de surcharges d'accumulateur (c'est-à-dire des opérations arithmétiques provoquant des résultats plus grands que **+9999** ou plus petits que **–9999**) et ainsi de suite. De telles erreurs sérieuses sont appelées *erreurs fatales*. Lorsqu'une erreur fatale est détectée, le simulateur doit afficher un message d'erreur comme suit:

```
** Tentative de division par zéro **
** Terminaison anormale de l'exécution du Simpletron **
```

et doit ensuite afficher un vidage complet dans le format que nous avons montré précédemment. Cette pratique pourra aider l'utilisateur à identifier l'erreur dans le programme.

EXERCICES SUPPLÉMENTAIRES SUR LES POINTEURS

5.20   Modifiez le programme de brassage et de distribution de cartes de la figure 5.24 pour que les opérations de brassage et de distribution soient effectuées par la même fonction (**brasseEtDistribue**). La fonction doit contenir une structure de boucle imbriquée similaire à la fonction **brasse** de la figure 5.24.

5.21   Qu'effectue le programme suivant?

```cpp
1   // ex05_21.cpp
2   #include <iostream>
3
4   using std::cout;
5   using std::cin;
6   using std::endl;
7
8   void mystere1( char *, const char * );
9
10  int main()
11  {
12     char chaine1[ 80 ], chaine2[ 80 ];
13
14     cout << "Entrez deux chaînes: ";
15     cin >> chaine1 >> chaine2;
16     mystere1( chaine1, chaine2 );
17     cout << chaine1 << endl;
18     return 0;
19  }
20
21  void mystere1( char *s1, const char *s2 )
22  {
23     while ( *s1 != '\0' )
24        ++s1;
25
26     for ( ; *s1 = *s2; s1++, s2++ )
27        ;   // instruction vide.
28  }
```

5.22   Qu'effectue le programme suivant ?

```cpp
// ex05_22.cpp
#include <iostream>

using std::cout;
using std::cin;
using std::endl;

int mystere2( const char * );

int main()
{
   char chaine [ 80 ];

   cout << "Entrez une chaîne: ";
   cin >> chaine;
   cout << mystere2( chaine ) << endl;
   return 0;
}

int mystere2( const char *s )
{
   int x;

for ( int x = 0; *s != '\0'; s++ )
   ++x;

   return x;
}
```

5.23   Trouvez l'erreur dans chacun des segments de programmes suivants. Si l'erreur peut être corrigée, expliquez de quelle façon.

a)
```cpp
int *nombre;
cout << nombre << endl;
```

b)
```cpp
float *reelPtr;
long *entierPtr;
entierPtr = reelPtr;
```

c)
```cpp
int * x, y;
x = y;
```

d)
```cpp
char s[] = "Ceci est tableau de caractères";
for ( ; *s != '\0'; s++)
   cout << *s << ' ';
```

e)
```cpp
short *nombrePtr, resultat;
void *generiquePtr = nombrePtr;
resultat = *generiquePtr + 7;
```

f)
```cpp
double x = 19.34;
double xPtr = &x;
cout << xPtr << endl;
```

g)
```cpp
char *s;
cout << s << endl;
```

5.24 (*Tri rapide*) Aux exemples et exercices du chapitre 4, nous avons discuté des techniques de tri du tri à bulle, du tri par seaux et du tri de sélection. Nous présentons maintenant la technique récursive du tri rapide. L'algorithme de base pour un tableau de valeurs à indices simples suit ci-dessous.

a) *Étape de partitionnement:* prend le premier élément du tableau non trié et détermine son emplacement final dans le tableau trié. En d'autres termes, toutes les valeurs situées à la gauche de l'élément du tableau sont inférieures à l'élément, tandis que toutes les valeurs situées à droite de l'élément sont supérieures à l'élément. Nous obtenons ainsi un élément situé au bon endroit et deux sous-tableaux non triés.

b) *Étape récursive:* effectue l'étape a) pour chaque sous-tableau non trié.

Chaque fois que la première étape est effectuée sur un sous-tableau, un autre élément est positionné dans son emplacement final dans le tableau trié et deux sous-tableaux non triés sont créés. Lorsqu'un sous-tableau ne comprend qu'un seul élément, il doit être trié ; par conséquent, l'élément est situé dans son emplacement final.

L'algorithme de base peut sembler assez simple, mais comment déterminons-nous la position finale du premier élément de chaque sous-tableau? Examinons un exemple, constitué de la série de valeurs ci-dessous (l'élément en caractères gras représente l'élément de partitionnement; il sera situé dans son emplacement final dans le tableau trié):

     37 2 6 4 89 8 10 12 68 45

a) En commençant avec l'élément situé le plus à droite dans le tableau, comparez chaque élément à **37** jusqu'à ce qu'un élément inférieur à **37** soit identifié, puis permutez **37** avec cet élément. Le premier élément inférieur à **37** est le 12, pour une permutation du **37** avec le 12. Le nouveau tableau devient:

     12 2 6 4 89 8 10 **37** 68 45

L'élément 12 est représenté en caractères italiques pour indiquer qu'il vient d'être permuté avec **37**.

b) En commençant à la gauche du tableau mais avec l'élément situé après le 12, comparez chaque élément à **37** jusqu'à ce qu'un élément supérieur à **37** soit identifié, puis permutez **37** avec cet élément. Le premier élément supérieur à **37** est le 89, pour une permutation du **37** avec le 89. Le nouveau tableau devient:

     12 2 6 4 **37** 8 10 89 68 45

c) En commençant à la droite du tableau mais avec l'élément situé avant le 89, comparez chaque élément à **37** jusqu'à ce qu'un élément inférieur à **37** soit identifié, puis permutez **37** avec cet élément. Le premier élément inférieur à **37** est le 10, pour une permutation du **37** avec le 10. Le nouveau tableau devient:

     12 2 6 4 10 8 **37** 89 68 45

d) En commençant à la gauche du tableau mais avec l'élément situé après le 10, comparez chaque élément à **37** jusqu'à ce qu'un élément supérieur à **37** soit identifié, puis permutez **37** avec cet élément. Il n'y a plus d'éléments supérieurs à **37**; lorsque nous comparons **37** à lui-même, nous savons donc qu'il est maintenant positionné dans son emplacement final dans le tableau trié.

Une fois que la partition est appliquée sur le tableau ci-dessus, nous obtenons deux sous-tableaux non triés. Le sous-tableau comprenant les valeurs inférieures à 37 contient 12, 2, 6, 4, 10 et 8. Le sous-tableau comprenant les valeurs supérieures à 37 contient 89, 68 et 45. Le tri continue avec les deux sous-tableaux qui sont partitionnés de la même manière que le tableau initial.

En vous basant sur la discussion précédente, écrivez une fonction récursive **triRapide** pour trier un tableau d'entiers à indices simples. La fonction doit recevoir comme arguments un tableau d'entiers, un indice de départ et un indice de terminaison. La fonction partition doit être appelée par **triRapide** pour effectuer l'étape de partitionnement.

5.25 (*Traversée du labyrinthe*) La grille suivante, composée de caractères # et de points (.) est un tableau à indices doubles représentant un labyrinthe.

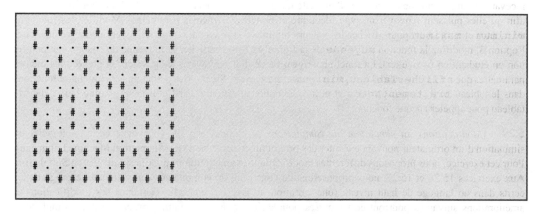

Dans le tableau à indices doubles précédent, les # représentent les murs du tableau et les points représentent les cases des chemins possibles pour traverser le labyrinthe. Les déplacements ne peuvent s'effectuer que vers un emplacement du tableau représenté par un point.

Il existe un algorithme simple permettant de parcourir un labyrinthe et de trouver la sortie à coup sûr (en présumant qu'il existe une sortie). S'il n'y a aucune issue, vous retournerez à la case de l'entrée du labyrinthe. Placez votre main droite sur le mur à votre droite et commencez à marcher vers l'avant. Gardez un contact constant entre le mur et votre main. Si le labyrinthe tourne à droite, suivez le mur vers la droite. En gardant constamment contact avec le mur de droite, vous arriverez éventuellement à la sortie du labyrinthe. Il peut exister un chemin plus court que celui que vous emprunterez, mais vous êtes assurés de trouver l'issue du labyrinthe en suivant cet algorithme.

Écrivez une fonction récursive **traverseeLabyrinthe** pour trouver l'issue du labyrinthe. La fonction doit recevoir comme arguments un tableau de caractères de 12 par 12 représentant le labyrinthe, ainsi que l'emplacement de départ du labyrinthe. À mesure que **traverseeLabyrinthe** tente de retrouver la sortie du labyrinthe, la fonction doit placer un caractère **X** dans chaque case du chemin parcouru. La fonction doit afficher le labyrinthe après chaque déplacement afin que l'utilisateur puisse suivre le déroulement de la solution du labyrinthe.

5.26 (*Générateur aléatoire de labyrinthe*) Écrivez une fonction **generateurLabyrinthe** qui prend comme argument un tableau de caractères de 12 par 12 et qui produit un labyrinthe au hasard. La fonction doit également fournir les emplacements de départ et de terminaison du labyrinthe. Essayez de résoudre différents labyrinthes produits de façon aléatoire en ayant recours à votre fonction **traverseeLabyrinthe** écrite à l'exercice 5.25.

5.27 (*Labyrinthes de toutes tailles*) Généralisez les fonctions **traverseeLabyrinthe** et **generateurLabyrinthe** des exercices 5.25 et 5.26 pour traiter des labyrinthes de n'importe quelle largeur ou hauteur.

5.28 (*Tableaux de pointeurs vers des fonctions*) Récrivez le programme de la figure 4.23 pour utiliser une interface pilotée par menu. Le programme affiche à l'utilisateur les 5 options suivantes:

```
Entrez un choix:
   0  Afficher le tableau des notes
   1  Trouver la note minimale
   2  Trouver la note maximale
   3  Afficher la moyenne de tous les tests pour chaque étudiant
   4  Terminer le programme
```

Il faut se rappeler que l'utilisation de tableaux de pointeurs vers des fonctions implique que tous les pointeurs doivent être de même type. Les pointeurs doivent pointer vers des fonctions d'un type de renvoi identique et recevant des arguments de même type. Pour cette raison, les fonctions de la figure 4.23 doivent être modifiées afin qu'elles puissent renvoyer un type identique et prendre les mêmes paramètres. Modifiez les fonctions **minimum** et **maximum** pour afficher les valeurs minimale et maximale et ne renvoyer aucune valeur. Pour l'option 3, modifiez la fonction **moyenne** de la figure 4.23 pour afficher la moyenne de chaque étudiant (et non un étudiant en particulier). La fonction **moyenne** ne doit renvoyer aucune valeur et prendre les mêmes paramètres que **afficherTableau**, **minimum** et **maximum**. Stockez les pointeurs vers les quatre fonctions dans le tableau **traitementNotes** et utilisez le choix sélectionné par l'utilisateur comme indice dans le tableau pour appeler chaque fonction.

5.29   (*Modifications au simulateur de Simpletron*) À l'exercice 5.19, vous avez écrit un logiciel de simulation d'un ordinateur pouvant exécuter des programmes écrits en SML (Simpletron Machine Language). Pour cet exercice, nous proposons différentes modifications et améliorations pour le simulateur de Simpletron. Aux exercices 15.26 et 15.27, nous proposerons de construire un compilateur convertissant de programmes écrits dans un langage de haut niveau (une variation du BASIC) en SML. Certaines des modifications et améliorations suivantes pourront être requises pour exécuter les programmes produits par le compilateur. (*Note:* certaines modifications peuvent entrer en conflit avec d'autres et seront donc appliquées séparément.)

  a) Étendez la mémoire du simulateur de Simpletron pour qu'elle contienne 1000 emplacements mémoire, pour permettre au Simpletron de supporter de plus gros programmes.

  b) Permettez au simulateur d'effectuer des calculs avec l'opérateur modulo. Il vous faudra ajouter une instruction supplémentaire en Simpletron Machine Language.

  c) Permettez au simulateur d'effectuer des calculs exponentiels. Il vous faudra ajouter une instruction supplémentaire en Simpletron Machine Language.

  d) Modifiez le simulateur pour qu'il emploie des valeurs hexadécimales au lieu de valeur décimales pour représenter les instructions en Simpletron Machine Language.

  e) Modifiez le simulateur pour permettre des sorties d'une nouvelle ligne. Il vous faudra ajouter une instruction supplémentaire en Simpletron Machine Language.

  f) Modifiez le simulateur pour qu'il puisse traiter des valeurs à virgule flottante en plus des valeurs d'entiers.

  g) Modifiez le simulateur pour qu'il supporte des entrées de chaînes. Indice : chaque mot du Simpletron peut être divisé en deux groupes, chacun d'entre eux contenant un entier à deux chiffres. Chaque entier de deux chiffres représente l'équivalent décimal ASCII d'un caractère. Ajoutez une instruction en langage machine qui pourra entrer une chaîne et la stocker en commençant à un emplacement mémoire spécifique du Simpletron. La première moitié du mot située à cet emplacement représentera un décompte du nombre de caractères dans la chaîne (c'est-à-dire la longueur de la chaîne). Chaque demi-mot successif contient un caractère ASCII exprimé avec deux chiffres décimaux. L'instruction en langage machine convertit chaque caractère en son équivalent ASCII et l'affecte à un demi-mot.

  h) Modifiez le simulateur pour qu'il supporte la sortie de chaînes stockées dans le format expliqué à la partie g). Astuce: ajoutez une instruction en langage machine qui affichera une chaîne en commençant à un emplacement mémoire spécifique du Simpletron. La première moitié du mot située à cet emplacement représentera un décompte du nombre de caractères dans la chaîne (c'est-à-dire la longueur de la chaîne). Chaque demi-mot successif contient un caractère ASCII exprimé avec deux chiffres décimaux. L'instruction en langage machine vérifie la longueur et affiche la chaîne en faisant la conversion de chaque nombre à deux chiffres en son caractère équivalent.

  i) Modifiez le simulateur pour lui inclure l'instruction **DEBOGUER_SML** qui affiche un vidage de la mémoire après chaque exécution d'une Intruction. Donnez à **DEBOGUER_SML** le code d'opération **44**. Le mot **+4401** active le mode de débogage et **+4400** l'arrête.

5.30   Qu'effectue le programme suivant?

```cpp
// ex05_30.cpp
#include <iostream>

using std::cout;
using std::cin;
using std::endl;

bool mystere3( const char *, const char * );

int main()
{
   char chaine1[ 80 ], chaine2[ 80 ];

   cout << "Entrez deux chaînes: ";
   cin >> chaine1 >> chaine2;
   cout << "Le résultat est "
        << mystere3( chaine1, chaine2 ) << endl;

   return 0;
}

bool mystere3( const char *s1, const char *s2 )
{
   for (; *s1 != '\0' && *s2 != '\0'; s1++, s2++ )

     if ( *s1 != *s2 )
        return 0;

   return 1;
}
```

EXERCICES DE MANIPULATION DE CHAÎNES

5.31   Écrivez un programme qui se sert de la fonction **strcmp** pour comparer deux chaînes entrées par l'utilisateur. Le programme doit indiquer si la première chaîne est inférieure, égale ou supérieure à la seconde chaîne.

5.32   Écrivez un programme qui emploie la fonction **strncmp** pour comparer deux chaînes entrées par l'utilisateur. Le programme doit entrer le nombre de caractères à comparer. Il doit également indiquer si la première chaîne est inférieure, égale ou supérieure à la seconde chaîne.

5.33   Écrivez un programme qui a recours à la production de nombres aléatoires pour créer des phrases. Le programme doit utiliser quatre tableaux de pointeurs vers **char** appelés **article**, **nom**, **verbe** et **preposition**. Il doit créer une phrase en sélectionnant un mot au hasard de chaque tableau selon l'ordre suivant: **article**, **nom**, **verbe**, **preposition**, **article** et **nom**. à mesure que chaque mot est choisi et il doit être concaténé aux mots précédents dans un tableau d'une taille suffisante pour contenir la phrase complète. Les mots doivent être séparés par des espaces. Lorsque la phrase finale est affichée à la sortie, elle doit commencer avec une lettre majuscule et se terminer par un point. Le programme doit générer 20 phrases selon ce modèle.

Les tableaux doivent être remplis de la façon suivante: le tableau **article** doit contenir les articles **"le"**, **"la"**, **"un"**, **"une"** et **"quelque"**; le tableau **nom** doit contenir les noms **"garçon"**, **"fille"**, **"chien"**, **"ville"** et **"automobile"**; le tableau **verbe** doit contenir les verbes **"conduisait"**, **"sautait"**, **"courait"**, **"marchait"** et **"évitait"**; le tableau **preposition** doit contenir les prépositions **"vers"**, **"de"**, **"par-dessus"**, **"en-dessous"** et **"sur"**.

Une fois que le programme précédent est écrit et fonctionne, modifiez le pour produire une courte histoire comprenant plusieurs des phrases de ce type. (Imaginez la possibilité d'un auteur écrivant des textes au hasard!).

5.34   *(Poèmes humoristiques)* On vous propose un format de poème humoristique à cinq lignes dans lequel la première et la seconde ligne riment avec la cinquième et où la troisième ligne rime avec la quatrième. En utilisant des techniques similaires à celles développées à l'exercice 5.33, écrivez un programme en C++ qui produit de tels poèmes humoristiques d'une façon aléatoire. Tenter d'améliorer ce programme pour produire de bons poèmes est tout un défi, mais le résultat vaudra bien les efforts fournis!

5.35   Écrivez un programme qui code des phrases écrites initialement en français en «latin de cuisine». Le latin de cuisine est une espèce de jargon ludique formé de mots à désinence latine. Comme les méthodes de création de phrases sont passablement diversifiées, nous vous proposons, dans le but de simplifier, d'avoir recours à l'algorithme ci-dessous.

Pour commencer, divisez la phrase en jetons (c'est-à-dire en mots) avec la fonction **strtok**. Pour traduire chaque mot français par un mot de latin de cuisine, placez d'abord la première lettre du mot français à la suite de la dernière et ajoutez ensuite les lettres «**us**». De cette façon, le mot «**bondir**» devient «**ondirbus**», le mot «**le**» devient «**elus**» et le mot «**ordinateur**» devient «**rdinateurous**». Les espaces entre les mots sont des espaces. Présumez que la phrase en français est des mots séparés par des espaces, qu'il n'existe aucun signe de ponctuation et que tous les mots sont composés d'au moins deux lettres. La fonction **afficherMotLatin** doit afficher chaque mot. Indice: à chaque fois qu'un jeton est trouvé lors d'un appel vers **strtok**, passez le pointeur du jeton vers la fonction **afficherMotLatin** et affichez le mot en latin de cuisine.

5.36   Écrivez un programme qui entre un numéro de téléphone comme une chaîne selon un format **(555) 555-5555**. Le programme doit utiliser la fonction **strtok** pour extraire l'indicatif régional en un premier jeton, les trois premiers chiffres du numéro de téléphone en un second jeton, ainsi que les quatre derniers chiffres du numéro de téléphone comme dernier jeton. Les sept chiffres du numéro de téléphone doivent être concaténés en une seule chaîne. Le programme doit faire la conversion de l'indicatif régional en **int** et convertir la chaîne du numéro de téléphone en **long**. L'indicatif régional ainsi que le numéro de téléphone doivent être affichés.

5.37   Écrivez un programme qui entre une ligne de texte, divise la ligne en jetons avec la fonction **strtok**, puis entre les jetons dans l'ordre inverse.

5.38   Utilisez les fonctions de comparaison discutées à la section 5.12.2 ainsi que les techniques de tri de tableaux développées au chapitre 4 pour écrire un programme qui place une liste de chaînes en ordre alphabétique. Employez les noms de 10 ou 15 villes de votre région comme données pour votre programme.

5.39   Écrivez deux versions pour chacune des fonctions de copie de chaînes et de concaténation de chaînes, illustrées à la figure 5.29. La première version doit utiliser des indices de tableaux tandis que la seconde version se servira des pointeurs et de l'arithmétique de pointeurs.

5.40   Écrivez deux versions pour chaque fonction de comparaison de chaînes illustrées à la figure 5.29. La première version doit utiliser des indices de tableaux, tandis que la seconde version doit utiliser des pointeurs et de l'arithmétique de pointeurs.

5.41   Écrivez deux versions pour la fonction **strlen** illustrée à la figure 5.29. La première version doit utiliser des indices de tableaux, et la seconde version doit utiliser des pointeurs et de l'arithmétique de pointeurs.

SECTION SPÉCIALE: EXERCICES AVANCÉS DE MANIPULATION DE CHAÎNES

Les exercices précédents sont axés sur le texte et conçus pour tester la compréhension du lecteur des concepts fondamentaux de la manipulation de chaînes. Cette section inclut une collection d'exercices intermédiaires et avancés sur la manipulation de chaînes. Le lecteur devrait retrouver dans chacun de ces problèmes un agréable défi. La difficulté de chacun des problèmes peut varier considérablement; L'écriture et l'implantation de certains de ces programmes requièrent une heure ou deux alors que d'autres, utiles dans des projets de laboratoire, nécessitent jusqu'à deux à trois semaines de travail. Vous trouverez également dans ces exercices de bonnes idées pour des projets de fin de session.

5.42 *(Analyse de texte)* La possibilité de travailler sur des ordinateurs supportant les caractéristiques de manipulation de chaînes a rendu possible quelques approches intéressantes pour analyser les travaux des grands auteurs. Beaucoup se sont demandé si William Shakespeare avait vraiment existé. Certains érudits ont de très sérieux arguments pour attrubuer les chefs-d'oeuvre de Shakespeare à Christopher Marlowe ou à d'autres auteurs. Souvent, ils ont utilisés des ordinateurs dans leurs études comparatives.

   a) Écrivez un programme qui lit quelques lignes de textes en provenance du clavier et qui affiche un tableau indiquant le nombre d'occurrences pour chaque lettre de l'alphabet comprise dans le texte. Par exemple, la phrase:

Être ou ne pas être, telle est la question.

contient deux « a », aucun « b », aucun « c », etc.

   b) Écrivez un programme qui lit quelques lignes de texte et qui affiche un tableau indiquant le nombre de mots d'une lettre, de deux lettres, de trois lettres, et ainsi de suite. Par exemple, la phrase:

Qui peut contrôler son destin?

contient:

Longueur du mot	Occurrences
1	0
2	0
3	2
4	1
5	0
6	1
7	0

   c) Écrivez un programme qui lit quelques lignes de texte et qui affiche un tableau indiquant le nombre d'occurrences de chaque mot différent dans le texte. La première version de votre programme doit inclure les mots du tableau dans le même ordre dans lequel ils apparaissent dans le texte. Par exemple, les lignes:

Être ou ne pas être, telle est la question.
Qui peut contrôler son destin?

contiennent le mot «être» deux fois, le mot «ou» une fois, le mot «ne» une fois, etc. Un affichage plus intéressant (et plus utile) doit être ensuite implanté, dans lequel les mots sont placés par ordre alphabétique.

5.43 *(Traitement de texte)* La *justification des caractères*, c'est-à-dire l'alignement des mots aux marges de gauche ou de droite, est une des fonctions importantes des systèmes de traitement de texte. Cette pratique vous permet de présenter des documents de façon impeccable. La justification peut s'accomplir sur les systèmes informatiques en insérant des caractères d'espace vide entre chacun des mots sur une ligne, afin que le mot situé le plus à droite soit aligné avec la marge de droite.

Écrivez un programme qui lit plusieurs lignes de texte et qui affiche/imprime ce texte dans un format utilisant la justification des caractères. Le texte doit être imprimé sur du papier d'une largeur de 8 pouces et demi avec des marges de 1 pouce sur les côtés gauche et droit de la page imprimée. Présumez que l'ordinateur doit imprimer 6 pouces et demi de texte ou 65 caractères par ligne.

5.44 *(Affichage des dates de différents formats)* Les dates sont couramment affichées en plusieurs formats différents dans les correspondances d'affaires. Parmi les formes les plus communes, on retrouve:

21/07/55 et **21 juillet 1955**

Écrivez un programme qui lit une date dans le premier format et qui affiche la date dans le second format.

5.45 (*Protection de chèques*) Les ordinateurs sont fréquemment utilisés dans des systèmes d'écriture de chèques et d'applications pour les comptes payables. On raconte plusieurs histoires étranges à propos de chèques de paie hebdomadaires imprimés par erreur avec des montants excédant 1 million de dollars. Des montants erronés sont parfois imprimés par les systèmes d'écriture de chèques à cause des erreurs humaines et/ou de défectuosités de la machine. Les concepteurs de systèmes fabriquent des contrôles intégrés à leurs systèmes pour empêcher de telles erreurs de se produiresur les chèques imprimés.

Un autre problème sérieux est l'altération intentionnelle d'un chèque par une personne désirant changer un chèque frauduleusement. Pour éviter la possibilité d'une modification du montant en dollars, la plupart des systèmes d'écriture de chèques informatisés emploient une technique appelée *protection de chèques.*

Les chèques conçus pour être imprimés par ordinateur contiennent un nombre fixe d'espaces dans lesquels l'ordinateur peut inscrire un montant. Supposons qu'un chèque de paie contienne huit espaces vides dans lesquels l'ordinateur est censé inscrire le montant d'une paie hebdomadaire. Si le montant est élevé, tous les espaces seront remplis, comme dans l'exemple suivant:

```
1,230.60    (montant du chèque)
--------
12345678    (numéros des positions)
```

D'un autre côté, si le montant est inférieur à $1000, certains espaces devraient normalement estr vides. Par exemple,

```
   99.87
--------
12345678
```

contient trois espaces vides. Si un chèque est imprimé avec des espaces vides, il est alors plus facile pour une personne d'altérer le montant du chèque. Pour empêcher une telle modification, beaucoup de systèmes d'écriture de chèques insèrent des *caractères de remplissage* pour protéger le montant de la façon suivante:

```
***99.87
--------
12345678
```

Écrivez un programme qui entre un montant en dollars à imprimer sur un chèque et qui affiche/imprime le montant dans un format utilisant la protection de chèque en insérant des caractères de remplissage au besoin. Présumez que neuf espaces sont disponibles pour chaque montant.

5.46 (*Écriture du montant d'un chèque en mots*) Pour continuer la discussion concernant l'exemple précédent, rappelons l'importance de concevoir des systèmes d'écriture de chèques qui empêchent l'altération des montants imprimés sur. Une méthode de sécurité courante requiert que le montant du chèque soit non seulement inscrit en chiffres, mais également en mots. Même si quelqu'un parvient à modifier le montant numérique sur le chèque, il lui sera extrêmement difficile de changer le montant écrit en mots.

Beaucoup de systèmes d'écriture de chèques informatisés n'impriment pas le montant du chèque en mots car la plupart des langages de haut niveau utilisés dans les applications commerciales ne ont pas les caractéristiques de manipulation de chaînes adéquates. En outre, la logique requise pour l'écriture des équivalents en mots de montants de chèques est particulièrement complexe.

Écrivez un programme en C++ qui entre un montant de chèque numérique et qui écrit l'équivalent du montant en mots. Par exemple, le montant 112.43 doit s'écrire de la façon suivante:

CENT DOUZE et 43/100

5.47 (*Code Morse*) Parmi tous les arrangements de codage, le plus célèbre est certainement le code Morse, développé par Samuel Morse en 1832, utilisé avec le système du télégraphe. Le code Morse affecte une série de points et de traits à chaque lettre de l'alphabet, à chaque chiffre et à quelques caractères spéciaux (comme le point, la virgule, le deux-points et le point-virgule). Pour les systèmes qui impliquent un moyen sonore, le point représente un son court tandis que le trait représente un son long. D'autres représentations des points et des traits sont utilisées avec des systèmes utilisant un moyen lumineux ou à drapeaux.

La séparation entre deux mots est indiquée par un espace, ou tout simplement par l'absence de point ou de trait. Dans un système utilisant un moyen sonore, un espace s'indique par une courte pause pendant laquelle aucun son n'est transmis. La version internationale du code Morse est illustrée à la figure 5.42.

Écrivez un programme qui lit une phrase écrite en français et qui code celle-ci en langage Morse. Écrivez également un programme qui lit une phrase écrite en code Morse et qui la convertit à nouveau en mots de la langue française. Insérez un espace entre chaque lettre de code Morse et trois espaces vides entre chaque mot de code Morse.

Caractère	Code	Caractère	Code
A	.-	T	-
B	-...	U	..-
C	-.-.	V	...-
D	-..	W	.--
E	.	X	-..-
F	..-.	Y	-.--
G	--.	Z	--..
H	....		
I	..	*Chiffres*	
J	.---	1	.----
K	-.-	2	..---
L	.-..	3	...--
M	--	4	....-
N	-.	5	.....
O	---	6	-....
P	.--.	7	--...
Q	--.-	8	---..
R	.-.	9	----.
S	...	10	-----

Figure 5.42   Lettres de l'alphabet exprimées en code Morse international.

5.48   (*Programme de conversion métrique*) Écrivez un programme qui assiste l'utilisateur pour les conversions dans le système métrique. Votre programme doit permettre de spécifier les noms des unités comme chaînes (c'est-à-dire les centimètres, litres, grammes et ainsi de suite pour le système métrique, ainsi que les pouces, pintes, livres et ainsi de suite pour le système anglais) et de répondre à de simples questions telles que:

```
"Combien y a-t-il de pouces dans 2 mètres?"
"Combien y a-t-il de litres dans 10 pintes?"
```

Votre programme doit reconnaître les conversions non valides. Par exemple, la question:

> **"Combien y a-t-il de pieds dans 5 kilogrammes?"**

est erronée puisque le **"pieds"** représente une unité de longueur tandis que le **"kilogrammes"** représente une unité de poids.

PROJET AVANCÉ DE MANIPULATION DE CHAÎNES

5.49   (*Générateur de mots croisés*) La plupart des gens ont déjà complété un mot croisé, mais peu ont déjà tenté d'en écrire un. Fabriquer un mot croisé représente un problème difficile. Nous vous le suggérons ici, comme projet de manipulation de chaînes qui vous demandera des efforts et un niveau de sophistication substantiels. Beaucoup de problèmes doivent être résolus par le programmeur avant même de pouvoir faire fonctionner un programme générateur de mots croisés des plus simples. Par exemple, comment peut-on représenter la grille d'un mot croisé dans un ordinateur? Doit-on utiliser une série de chaînes ou des tableaux à indices doubles? Le programmeur a aussi besoin d'une source de mots (c'est-à-dire un dictionnaire informatisé) qui pourra être référencée directement par le programme. Sous quelle forme ces mots doivent-ils être stockés pour faciliter les manipulations requises par le programme? Le lecteur vraiment ambitieux désirera écrire la portion «définitions» du mot croisé, dans laquelle les courts indices de chaque mot «horizontal» et «vertical» seront affichés pour celui qui tentera de les trouver. Le seul affichage d'une version de mot croisé vide n'a rien de simple.

Classes et abstraction
de données

Objectifs

- Comprendre les concepts du génie logiciel que sont l'encapsulation et le masquage des données.

- Comprendre les notions d'abstraction des données et des types de données abstraits (TDA).

- Créer des types de données abstraits en C++, c'est-à-dire des classes.

- Créer, utiliser et détruire des objets de classes.

- Contrôler l'accès aux membres de données et aux fonctions membres d'objets.

- Apprécier la valeur de l'orientation objets.

Aperçu

6.1 Introduction

Ce chapitre aborde l'introduction à l'orientation objet en C++. Pourquoi avons-nous différé la programmation orientée objets jusqu'au chapitre 6 ? La réponse en est que, les objets que nous y construirons étant en partie composés de morceaux de programme structurés, nous devions établir au préalable les bases de la programmation structurée.

Tout au long des sections *À propos des objets*, placées à la fin des chapitres 1 à 5, nous avons introduit les concepts de base (c'est-à-dire le «penser objet») et la terminologie (c'est-à-dire à le «parler le langage objet») de la programmation orientée objets en C++. Nous avons aussi abordé dans ces sections spéciales des techniques de *conception orientée objet* (COO). De plus, nous avons analysé un problème type nécessitant la construction d'un système (un simulateur d'ascenseur), déterminé les classes requises pour l'implanter, défini les attributs requis par les objets de ces classes, établi les comportements requis par les objets de ces classes et spécifié les interactions entre les objets, afin d'atteindre la totalité des buts d'ensemble du système.

Revoyons rapidement quelques concepts clés et la terminologie de l'orientation objet. La programmation orientée objets (POO, ou *OOP, Object-Oriented Programming*) *encapsule* les données (attributs) et les fonctions (comportements) à l'intérieur d'ensembles appelés *classes*; les données et les fonctions d'une classe sont intimement liées les unes aux autres. Une classe ressemble à un plan. Comme un ouvrier en construction peut construire une maison à partir d'un plan, un programmeur peut créer un objet à partir d'une classe. De même qu'un plan peut être utilisé à maintes reprises pour fabriquer de nombreuses maisons, une classe peut être réutilisée plusieurs fois pour la fabrication de maints objets de la même classe. Les classes offrent la propriété du *masquage des informations*, ce qui signifie que, même si des objets de classes peuvent communiquer entre eux par le biais d'*interfaces* bien définies, on ne permet normalement pas aux classes de connaître les détails d'implémentation des autres classes; ces détails d'implémentation sont masqués à l'intérieur des classes elles-mêmes. On peut en effet conduire convenablement une automobile sans pour autant connaître les détails du fonctionnement du moteur, de la transmission et du système d'échappement. Nous verrons pourquoi le masquage des informations est crucial dans une bonne conception de logiciels.

En C et dans d'autres *langages de programmation procéduraux*, la programmation tend à être *orientée action*, alors que, idéalement, la programmation en C++ demeure plutôt *orientée objets*. En C, l'unité de programmation réside dans la *fonction*, alors qu'en C++, l'unité de programmation consiste en une *classe* à partir de laquelle des objets seront éventuellement *instanciés* (c'est-à-dire créés).

Les programmeurs en C se concentrent sur l'écriture de fonctions. À l'intérieur des fonctions, ils agencent des groupes d'actions effectuant des tâches, regroupées à leur tour de façon à former des programmes. Les données sont certes importantes en C mais elles servent avant tout à supporter les actions effectuées par les fonctions. Les *verbes* d'une spécification de système aident le programmeur C à déterminer la série de fonctions qui agiront ensemble pour mettre le système en place.

Pour leur part, les programmeurs en C++ se concentrent sur la création de leurs propres *types définissables par l'utilisateur*, appelés *classes*. On évoque également les classes comme étant des *types définis par le programmeur*. Chaque classe contient des données, ainsi que la série de fonctions manipulant ces données. Les composants de données d'une classe se nomment les *membres de données* alors que les composants de fonction s'appellent les *fonctions membres* (ou *méthodes* dans certains autres langages orientés objets). De même qu'une instance de type prédéfini tel que **int** est appelée *variable,* une instance d'un type défini par l'utilisateur (en d'autres termes une classe) est désignée par un *objet* (on utilise souvent de façon interchangeable les termes *variable* et *objet* dans le milieu de la programmation en C++). Le programmeur en C++ portera son attention sur les classes plutôt que sur les fonctions, et utilisera les *noms* d'une spécification de système pour déterminer la série de classes nécessaires. Ces classes serviront à créer les objets qui travailleront de concert pour réaliser le système.

Les classes du C++ représentent une évolution naturelle de la notion que le C désigne sous le mot-clé **struct**. Avant d'aborder les particularités du développement des classes en C++, nous allons discuter des structures et construire un type défini par l'utilisateur, basé sur une structure. Les faiblesses que nous relèverons dans cette approche nous aideront à motiver la naissance de la notion de classe.

6.2 Définitions de structures

Les structures sont construites en regroupant des éléments d'autres types, y compris d'autres structures. Analysons la définition de structure suivante:

```
struct Temps {
    int heure;     // 0-23
    int minute;    // 0-59
    int seconde;   // 0-59
};
```

Le mot clé **struct** introduit une définition de structure, **Temps** représente l'*identificateur de la structure*, qui dénomme la définition de la structure, utilisée à son tour pour déclarer des variables du *type de la structure*. Dans cet exemple, le nom du nouveau type est identifié par **Temps** et les noms, déclarés entre accolades dans la définition de structure, représentent les *membres* de cette dernière. Les membres d'une même structure doivent posséder des noms uniques, bien que deux structures différentes puissent contenir des membres de même nom sans qu'il y ait de conflit. Toute définition de structure doit se terminer par un point-virgule. Nous verrons un peu plus loin que l'explication précédente demeure également valable pour les classes, puisqu'en C++, les structures et les classes montrent de nombreuses similitudes.

La définition de **Temps** contient trois membres de type **int**: **heure**, **minute** et **seconde**. Les membres d'une structure peuvent être de n'importe quel type et une structure peut contenir des membres de nombreux types différents. Toutefois, une structure ne peut contenir aucune instance d'elle-même. Par exemple, un membre de type **Temps** ne peut jamais être déclaré au sein de la définition de la structure **Temps**. Par contre, un pointeur vers une autre structure **Temps** peut y être inclus. Une structure, contenant un membre représenté par un pointeur vers le même type de structure, est désignée par le vocable de *structure autoréférentielle*. Les structures autoréférentielles s'avèrent utiles dès lors qu'il faut former des structures de données liées, telles que les listes, les queues, les piles et les arborescences, dont le chapitre 15 nous donnera un aperçu plus détaillé.

La définition qui précède ne réserve aucun espace en mémoire; elle crée plutôt un nouveau type de données utilisable pour déclarer des variables. Les variables de structure sont déclarées de la même façon que des variables d'autres types. La déclaration suivante déclare **tempsObjet** comme étant une variable de type **Temps**, **tempsTableau** comme un tableau contenant 10 éléments de type **Temps**, **tempsPtr** comme un pointeur vers un objet **Temps** et **tempsRef** comme une référence vers un objet **Temps**, initialisé avec **tempsObjet**:

```
TempstempsObjet, tempsTableau[ 10 ], *tempsPtr,
&tempsRef = tempsObjet;
```

6.3 Accès aux membres de structures

On accède aux membres d'une structure (ou d'une classe) en utilisant les *opérateurs d'accès aux membres*; l'*opérateur point* (.) et l'*opérateur flèche* (->). L'opérateur point accède à une structure ou à un membre d'une classe par le biais du nom de la variable de l'objet ou d'une référence à cet objet. Par exemple, l'instruction suivante affiche le membre **heure** de la structure **tempsObjet**:

```
cout << tempsObjet.heure;
```

L'instruction suivante affiche le membre **heure** de la structure référencée par **tempsRef**:

```
cout << tempsRef.heure;
```

L'opérateur flèche, constitué du signe moins (–) et du signe plus grand que (>), sans espace intermédiaire, permet d'accéder à un membre de structure ou à un membre d'une classe via un pointeur vers l'objet. Supposons que le pointeur **tempsPtr** ait été déclaré pour pointer vers un objet **Temps** et que l'adresse de la structure **tempsObjet** ait été reçu l'affectation de **tempsPtr**. Les instructions suivantes affichent le membre **heure** de la structure **tempsObjet** avec le pointeur **tempsPtr**:

```
tempsPtr = &tempsObjet;
cout << tempsPtr->heure;
```

L'expression **tempsPtr->heure** équivaut à **(*tempsPtr).heure**, qui déréférence le pointeur et accède au membre heure à l'aide de l'opérateur point. Dans cet exemple, les parenthèses sont nécessaires puisque l'opérateur point (**.**) prévaut sur l'opérateur pointeur (*****) de déréférence. L'opérateur flèche (**->**) et l'opérateur point, de même que les parenthèses et les crochets (**[ ]**), possèdent le deuxième niveau de préséance le plus élevé parmi les opérateurs (après l'opérateur de résolution de portée introduit au chapitre 3) et s'associent de gauche à droite.

Erreur de programmation courante 6.1

L'expression `(*tempsPtr).heure` *fait référence au membre* **heure** *de la* **struct** *pointée par* `tempsPtr`. *Le fait d'omettre les parenthèses comme dans* `*timePtr.heure` *constituerait une erreur de syntaxe puisque l'opérateur* **.** *a préséance sur l'opérateur* *****. *L'expression s'exécuterait comme si elle était écrite avec* `*(tempsPtr.heure)`; *il en résulterait une erreur de syntaxe puisque l'opérateur pointeur ne peut référencer un membre qu'à partir d'un pointeur.*

6.4 Implémentation d'un type `Temps` défini par l'utilisateur sous la forme d'une structure

La figure 6.1 crée le type de structure **Temps**, défini par l'utilisateur, dont les trois membres sont constitués d'entiers: **heure**, **minute** et **seconde**. Par la suite, le programme déclare une structure **Temps** simple appelée **tempsDiner** et utilise l'opérateur point pour initialiser ses membres avec les valeurs **18** pour **heure**, **30** pour **minute** et **0** pour **seconde**. Le programme affiche ensuite l'heure au format militaire (également appelé format international) et au format standard. Notez que les fonctions d'affichage reçoivent des références constantes aux structures **Temps**. Cette situation permet le passage par référence des structures **Temps** vers les fonctions d'affichage, éliminant la surcharge associée au passage par valeurs qui aurait nécessité des copies des structures pour les passer aux fonctions. De plus, l'utilisation de **const** empêche la modification de la structure **Temps** par les fonctions d'affichage. Au chapitre 7, nous étudierons les objets **const** et les fonctions membres **const**.

```
1   // Fig. 6.1: fig06_01.cpp
2   // Création d'une structure, ajustement de ses membres et affichage.
3   #include <iostream>
4
5   using std::cout;
6   using std::endl;
7
8   struct Temps {    // définition de structure.
9       int heure;    // 0-23
10      int minute;   // 0-59
11      int seconde;  // 0-59
12  };
13
14  void afficherMilitaire( const Temps & ); // prototype.
15  void afficherStandard( const Temps & );  // prototype.
16
17  int main()
18  {
19      Temps tempsDiner;     // variable de type Temps.
20
21      // Ajustement des membres à des valeurs valides.
22      tempsDiner.heure = 18;
23      tempsDiner.minute = 30;
24      tempsDiner.seconde = 0;
25
26      cout << "Le dîner aura lieu à ";
27      afficherMilitaire( tempsDiner );
```

Figure 6.1   Création d'une structure, ajustement de ses membres et affichage de la structure. (1 de 2)

```
28          cout << ", temps militaire,\nou à ";
29          afficherStandard( tempsDiner );
30          cout << ", temps standard.\n";
31
32          // Ajustement des membres à des valeurs non valides.
33          tempsDiner.heure = 29;
34          tempsDiner.minute = 73;
35
36          cout << "\nTemps avec des valeurs non valides: ";
37          afficherMilitaire ( tempsDiner );
38          cout << endl;
39          return 0;
40      }
41
42      // Affichage du temps en format militaire.
43      void afficherMilitaire ( const Temps &t )
44      {
45          cout << ( t.heure < 10 ? "0": "" ) << t.heure << ":"
46               << ( t.minute < 10 ? "0": "" ) << t.minute;
47      }
48
49      // Affichage du temps en format standard.
50      void afficherStandard( const Temps &t )
51      {
52          cout << ( ( t.heure == 0 || t.heure == 12 ) ?
53                    12: t.heure % 12 )
54               << ":" << ( t.minute < 10 ? "0": "" ) << t.minute
55               << ":" << ( t.seconde < 10 ? "0": "" ) << t.seconde
56               << ( t.heure < 12 ? " AM": " PM" );
57      }
```

```
Le dîner aura lieu à 18:30:00, temps militaire,
ou à 6:30:00 PM, temps standard.

Temps avec des valeurs non valides: 29:73
```

Figure 6.1   Création d'une structure, ajustement de ses membres et affichage de la structure. (2 de 2)

Astuce sur la performance 6.1

Le passage des structures s'effectue normalement par valeur. Pour éviter la surcharge engendrée par la copie d'une structure, passez plutôt la structure par référence.

Observation de génie logiciel 6.1

Pour éviter la surcharge causée par un passage par valeur, tout en protégeant les données d'origine de l'appelant contre les modifications, passez les arguments volumineux par référence **const***.*

Cette technique qui permet de créer de nouveaux types de données par l'entremise de structures présente certains inconvénients. L'initialisation n'y étant pas expressément nécessaire, il subsiste un risque de retrouver des données non initialisées, avec tous les problèmes qui en découlent. Même si les données étaient initialisées, cette méthode peut conduire à des erreurs, puisque des valeurs non valables peuvent être affectées à certains membres d'une structure (comme l'illustre la figure 6.1), le programme conservant un accès direct aux données. Aux lignes 30 et 31, le programme peut facilement affecter des valeurs erronées aux membres **heure** et **minute** de l'objet **Temps** appelé **tempsDiner**. Si on change l'implémentation de la structure (par exemple, une représentation du temps par le nombre de secondes écoulées depuis minuit), tous les programmes utilisant cette **struct** nécessitent des modifications puisque le programmeur manipule directement le type des données. Il n'existe aucune interface permettant de garantir que le programmeur utilise correctement le type de donnée et que les données conservent leur cohérence.

Observation de génie logiciel 6.2

Il est important d'écrire des programmes compréhensibles et d'entretien aisé. La facilité de modification d'un programme doit constituer la règle et non l'exception. Les programmeurs doivent impérativement anticiper la modification éventuelle de leur code. Nous verrons un peu plus loin que les classes facilitent la modification des programmes.

En C, il existe d'autres problèmes associés aux structures. Par exemple, les structures ne peuvent être affichées de façon globale; on doit plutôt mettre en forme et afficher leurs membres l'un après l'autre. Bien sûr, on pourrait écrire une fonction affichant tous les membres d'une structure selon un format approprié quelconque. Le chapitre 8, *Surcharge des opérateurs*, illustre la surcharge de l'opérateur **<<** pour permettre un affichage facile d'objets d'un type structure ou d'un type classe. De plus, on ne peut comparer des structures dans leur totalité: elles doivent être comparées membre à membre. Le chapitre 8 montre aussi comment surcharger des opérateurs d'égalité et relationnels pour comparer des objets de type structure du C++ et de type classe.

La section suivante implante de nouveau notre structure **Temps** en tant que classe du C++ et présente quelques-uns des avantages de créer ce que nous appelons également des *types de données abstraits*. Nous verrons que les classes et les structures peuvent être utilisées de façon presque identique en C++. La différence se situe au niveau de l'accessibilité par défaut associée avec les membres de chacune; nous expliquerons ceci en détails un peu plus loin.

6.5   Implémentation d'un type de données abstrait Temps sous la forme d'une classe

Les classes permettent au programmeur de modeler des objets possédant des *attributs* (représentés par des *membres de données*) et des *comportements* ou *opérations* (représentés par des *fonctions membres*). En C++, les types contenant des membres de données ou des fonctions membres se définissent grâce au mot clé **class**.

Dans certains autres langages de programmation orientés objets, les fonctions membres sont désignées parfois par le terme de *méthodes* et répondent à des *messages* transmis vers un objet. Un message correspond à un appel d'une fonction membre, transmis d'un objet vers un autre ou transmis d'une fonction vers un objet.

Une fois qu'une classe a été définie, on peut utiliser son nom pour déclarer des objets appartenant à cette classe. La figure 6.2 contient une définition simple pour la classe **Temps**.

Notre définition de la classe **Temps** débute par le mot clé **class**. Le *corps* de la définition d'une classe est délimité par les accolades de gauche et de droite (**{** et **}**) alors que le point-virgule clôture la définition. Notre définition de la classe **Temps** contient les trois membres **heure**, **minute** et **seconde**, tous constitués de nombres entiers, de la même manière que notre définition de la structure **Temps**.

Erreur de programmation courante 6.2

Le fait d'omettre le point-virgule à la fin de la définition d'une classe (ou d'une structure) produit une erreur de syntaxe.

```
1   class Temps {
2   public:
3       Temps();
4       void ajusterTemps( int, int, int );
5       void afficherMilitaire();
6       void afficherStandard();
7   private:
8       int heure;       // 0 - 23
9       int minute;      // 0 - 59
10      int seconde;     // 0 - 59
11  };
```

Figure 6.2   Définition simple d'une classe **Temps**.

Quelques nouveautés apparaissent dans la définition de cette classe, telles que les étiquettes **public**: et **private**:, appelées *identificateurs d'accès aux membres*. Déclaré à la suite de l'identificateur d'accès **public** (et avant l'identificateur d'accès suivant), tout membre de donnée ou fonction membre est accessible en tout endroit où le programme permet d'accéder à un objet de la classe **Temps**. Pour leur part, tout membre de donnée ou fonction membre déclaré après un identificateur d'accès **private** (et jusqu'à l'identificateur d'accès 0 doit toujours suivre les identificateurs d'accès à des membres, ces derniers pouvant apparaître autant de fois que nécessaire dans une définition de classe et, ce, dans n'importe quel ordre. En ce qui nous concerne, nous nous référerons à ces identificateurs d'accès par les termes **public** et **private** (sans le deux-points) pour le reste du texte. Un troisième identificateur d'accès, **protected**, sera introduit au chapitre 9, lorsque nous étudierons l'héritage et son rôle en programmation orientée objets.[1]

Bonne pratique de programmation 6.1

*Pour la clarté et la meilleure lisibilité d'un programme, n'utilisez chaque identificateur d'accès qu'une seule fois dans une définition de classe. Placez les membres **public** en premier, c'est-à-dire là où leur localisation est la plus aisée.*

À la suite de l'identificateur d'accès **public**, la définition de classe contient des prototypes pour les quatre fonctions membres suivantes: **Temps**, **ajusterTemps**, **afficherMilitaire** et **afficherStandard**. Ces derniers représentent les *fonctions membres* **public**, les *services* **public**, les *comportements* public, ou encore l'*interface* de la classe. Ces fonctions sont mises à la disposition des *clients* de la classe, c'est-à-dire des parties de programme constituant les utilisateurs, afin de manipuler les données de cette classe. Les membres de données de la classe acceptent la livraison des services que la classe fournit à ses clients par l'entremise de ses fonctions membres. Ces services permettent au code des clients d'interagir avec un objet de la classe.

Notez la présence de la fonction membre qui possède le même nom que la classe: c'est ce qu'on appelle le *constructeur* de la classe. Un constructeur d'une classe se présente sous la forme d'une fonction membre spéciale, qui initialise les membres de données d'un objet d'une classe et qui est appelée automatiquement lors de la création d'un objet de cette classe. Comme nous le verrons, il est courant de retrouver plusieurs constructeurs pour une seule classe; c'est ce que permet la surcharge des fonctions. Notez que l'on ne spécifie aucun type de renvoi pour le constructeur.

Erreur de programmation courante 6.3

Le fait de spécifier un type et (ou) une valeur de renvoi pour un constructeur constitue une erreur de syntaxe.

---

1. Les termes en français pour les mots réservés **public**, **private** et **protected** sont respectivement public, privé et protégé. Le langage C++ ne reconnaît que les mots-clés anglais.

Les trois entiers membres apparaissent à la suite de l'identificateur d'accès **private**. Ceci indique que ces membres de données ne sont accessibles qu'aux fonctions membres de cette classe et, comme nous le verrons au prochain chapitre, aux «amis» (**friend**) de cette classe. Par conséquent, on ne peut accéder à ces membres de données que par l'entremise des quatre fonctions dont les prototypes apparaissent dans la définition de classe (ou par les amis de cette classe). Au sein d'une classe, les membres de données apparaissent normalement dans la partie **private**, tandis que les fonctions membres sont habituellement regroupées dans la partie **public**. Comme nous le verrons plus loin, on peut tout de même retrouver des fonctions membres **private** et des données **public**, mais cela constitue une pratique de programmation peu commune et considérée comme médiocre.

Une fois la classe définie, elle peut intervenir dans des déclarations de la même façon que tout autre type peut intervenir dans la définition d'un objet, d'un tableau et d'un pointeur, ainsi que le montre l'exemple suivant:

```
Temps coucher,             // objet de type Temps.
      tableauTemps[ 5 ],   // tableau d'objets Temps.
      *pointeurTemps,      // pointeur vers un objet Temps.
      &tempsDiner = coucher; // référence à un objet Temps.
```

Le nom de la classe devient un nouvel identificateur de type et peut engendrer de nombreux objets, de la même manière que de nombreuses variables peuvent être bâties sur un type tel que **int**. Le programmeur peut créer à son gré autant de nouveaux types de classes, conférant au C++ sa qualité de *langage extensible*.

Analysons une utilisation de la classe **Temps** grâce à l'exemple de la figure 6.3. Le programme crée ou instancie un objet simple, appelé **t**, de la classe **Temps**. Lors de la création de l'objet, le constructeur **Temps** est appelé automatiquement et initialise explicitement à 0 chaque membre de données **private**. L'heure s'affiche ensuite aux formats international et standard pour confirmer l'initialisation adéquate de tous les membres. Ensuite, la fonction membre **ajusterTemps** change les valeurs du temps et ces valeurs sont affichées de nouveau dans les deux formes. Finalement, **ajusterTemps** tente d'ajuster les membres de données à des valeurs non valables et un dernier affichage donne le temps dans les deux formes.

```
1   // Fig. 6.3: fig06_03.cpp
2   // Classe Temps.
3   #include <iostream>
4
5   using std::cout;
6   using std::endl;
7
8   // Définition du type de données abstrait Temps.
9   class Temps {
10  public:
11     Temps();                      // constructeur.
12     void ajusterTemps( int, int, int ); // ajuste heure, minute, seconde.
13     void afficherMilitaire(); // affiche le temps, format militaire.
14     void afficherStandard();  // affiche le temps, format standard.
15  private:
16     int heure;      // 0 - 23
17     int minute;     // 0 - 59
18     int seconde;    // 0 - 59
19  };
20
```

Figure 6.3   Mise en place d'un type de données abstrait **Temps** en une classe. (1 de 3)

```
21    // Le constructeur Temps initialise chaque membre de données à zéro.
22    // Assure que tous les objets Temps démarrent avec cohérence.
23    Temps::Temps() { heure = minute = seconde = 0; }
24
25    // Ajuste une nouvelle valeur de Temps en format militaire.
26    // Vérifie la validité et ajuste les valeurs non valables à zéro.
27    void Temps::ajusterTemps( int h, int m, int s )
28    {
29        heure = ( h >= 0 && h < 24 ) ? h: 0;
30        minute = ( m >= 0 && m < 60 ) ? m: 0;
31        seconde = ( s >= 0 && s < 60 ) ? s: 0;
32    }
33
34    // Affiche Temps en format militaire.
35    void Temps::afficherMilitaire()
36    {
37        cout << ( heure < 10 ? "0": "" ) << heure << ":"
38            << ( minute < 10 ? "0": "" ) << minute;
39    }
40
41    // Affiche Temps en format standard.
42    void Temps::afficherStandard()
43    {
44        cout << ( ( heure == 0 || heure == 12 ) ? 12: heure % 12 )
45            << ":" << ( minute < 10 ? "0": "" ) << minute
46            << ":" << ( seconde < 10 ? "0": "" ) << seconde
47            << ( heure < 12 ? " AM": " PM" );
48    }
49
50    // Pilote de vérification de la classe Temps.
51    int main()
52    {
53        Temps t;  // instancie l'objet t de classe Temps.
54
55        cout << "Le temps initial militaire est ";
56        t.afficherMilitaire();
57        cout << "\nLe temps initial standard est ";
58        t.afficherStandard();
59
60        t.ajusterTemps( 13, 27, 6 );
61        cout << "\n\nLe temps militaire après ajusterTemps est ";
62        t.afficherMilitaire();
63        cout << "\nLe temps standard après ajusterTemps est ";
64        t.afficherStandard();
65
66        t.ajusterTemps( 99, 99, 99 );  // tentative d'ajustements non valides.
67        cout << "\n\nAprès tentatives d'ajustements non valides:"
68            << "\nTemps militaire: ";
69        t.afficherMilitaire();
70        cout << "\nTemps standard: ";
71        t.afficherStandard();
72        cout << endl;
73        return 0;
74    }
```

Figure 6.3   Mise en place d'un type de données abstrait **Temps** en une classe. (2 de 3)

```
Le temps initial militaire est 00:00
Le temps initial standard est 12:00:00 AM
Le temps militaire après ajusterTemps est 13:27
Le temps standard après ajusterTemps est 1:27:06 PM
Après tentatives d'ajustements non valides:
Temps militaire: 00:00
Temps standard: 12:00:00 AM
```

Figure 6.3   Mise en place d'un type de données abstrait **Temps** en une classe. (3 de 3)

Une fois de plus, notez que l'identificateur d'accès **private** précède les membres de données **heure**, **minute** et **seconde**. Dans une classe, les membres de données **private** ne sont normalement pas accessibles en dehors de la classe. Nous verrons au chapitre 7 que les amis (*friend* en anglais) d'une classe peuvent accéder aux membres **private** d'une classe. La philosophie illustrée ici est que la représentation réelle des données utilisées à l'intérieur de la classe, ne regarde absolument pas les clients de la classe. Pour la classe, il serait par exemple parfaitement possible de représenter d'une façon interne le temps en termes de secondes écoulées depuis minuit. Les clients pourraient utiliser les mêmes fonctions membres **public** et obtenir les mêmes résultats, tout en ignorant cette représentation. En ce sens, on dit que l'implémentation d'une classe se trouve *masquée* vis-à-vis de ses clients. Un tel *masquage de l'information* facilite grandement la modification des programmes et simplifie la perception d'une classe par un client.

Observation de génie logiciel 6.3

Les clients d'une classe l'utilisent sans en connaître les détails d'implémentation internes. Si l'implémentation de la classe est modifiée (pour en améliorer les performances, par exemple), en prenant pour acquis que l'interface de la classe demeure inchangée, le code source pour le client de cette classe ne nécessite aucune modification (même s'il peut s'avérer nécessaire de recompiler le client). Cette pratique facilite la modification des systèmes.

Dans ce programme, le constructeur **Temps** initialise simplement à 0 les membres de données, soit l'équivalent en temps militaire pour 12 AM, assurant un état cohérent à l'objet lors de sa création. Les membres de données d'un objet **Temps** ne peuvent stocker des valeurs non valables parce que le constructeur est automatiquement appelé lors de la création de l'objet **Temps**. La fonction **ajusterTemps** scrute toute tentative ultérieure d'un client de modifier les membres de données.

Observation de génie logiciel 6.4

Les fonctions membres sont habituellement plus courtes que les fonctions des programmes non orientés objets puisque, idéalement, les données remisées dans les membres de données ont déjà été validées par un constructeur et (ou) par des fonctions membres chargées de la mémorisation de nouvelles données. Puisque les données font partie de l'objet, les appels des fonctions membres n'ont souvent aucun argument ou, certainement, moins d'arguments que les appels de fonctions types des langages non orientés objets. Par conséquent, les appels sont plus courts, les définitions des fonctions se montrent plus succinctes, de même que les prototypes des fonctions.

Notez qu'il n'est pas permis d'initialiser les membres de données d'une classe à l'emplacement de leur déclaration, dans le corps de la classe. Ces membres de données doivent être initialisés par le constructeur de la classe ou recevoir des valeurs par l'intermédiaire des fonctions de mise à jour.

Erreur de programmation courante 6.4

À l'intérieur de la définition d'une classe, le fait de tenter d'initialiser explicitement un membre de donnée de la classe constitue une erreur de syntaxe.

La fonction de nom identique à celui de la classe mais précédé du *caractère tilde (~)* désigne le *destructeur* de cette classe. Le destructeur de la classe effectue en quelque sorte le ménage préliminaire à la disparition d'un objet de cette classe, juste avant que le système ne réclame la partie de mémoire associée à cet objet. Les destructeurs ne prennent pas d'argument et ne peuvent être surchargés. Nous étudierons les constructeurs et les destructeurs en détail un peu plus loin dans ce chapitre, ainsi qu'au chapitre 7.

Notez que l'étiquette **public** précède les fonctions fournies au monde extérieur par la classe. Les fonctions **public** implantent les comportements ou services que la classe fournit à ses clients: elles constituent ce que l'on appelle communément l'*interface* de la classe ou son *interface publique*.

Observation de génie logiciel 6.5

Les clients ont accès à l'interface d'une classe, mais ne peuvent pas accéder à l'implémentation de la classe.

La définition d'une classe regroupe les déclarations des membres de données et des fonctions membres de cette classe. Les déclarations des fonctions membres se présentent sous la forme des prototypes de fonctions que nous avons évoqués aux chapitres précédents. Les fonctions membres peuvent être définies à l'intérieur d'une classe, mais une bonne pratique de programmation consiste à les placer en dehors de la définition de la classe elle-même.

Observation de génie logiciel 6.6

La déclaration de fonctions membres (par le biais de leurs prototypes) à l'intérieur d'une définition de classe et en dehors de cette définition réalise une séparation nette entre l'interface de la classe et son implémentation. Cette pratique met en relief une bonne conception des logiciels. En effet, les clients de la classe ne peuvent voir l'implémentation des fonctions membres de cette classe, et ils n'ont pas besoin d'une recompilation si l'implémentation change.

À la figure 6,3, notez la présence, à la suite de la définition de la classe, de l'*opérateur binaire de résolution de portée* (**::**) dans chacune des définitions de fonction membre. Une fois la classe définie et ses fonctions membres déclarées, les fonctions membres doivent être définies. Chaque fonction membre de la classe peut être définie soit directement dans le corps de la classe, au lieu de n'inclure que le prototype de fonction de cette classe, soit après le corps de la classe. Lorsqu'une fonction membre est définie après la définition de sa classe, le nom de fonction doit être précédé par le nom de la classe et par l'opérateur binaire de résolution de portée (**::**). Puisque différentes classes peuvent avoir des noms de membres identiques, l'opérateur de résolution de portée relie le nom du membre au nom de sa classe, afin d'identifier de manière univoque les fonctions membres d'une classe particulière.

Erreur de programmation courante 6.5

Lors de la définition des fonctions membres d'une classe en dehors de celle-ci, l'omission du nom de classe et de l'opérateur de résolution de portée dans le nom de fonction constitue une erreur de syntaxe.

Bien qu'une fonction membre soit définie en dehors de la définition de sa classe, comme cette fonction membre est déclarée à l'intérieur de la classe, elle demeure toujours sous la *portée de cette classe*. En d'autres termes, son nom n'est connu qu'aux autres membres de la classe, à moins qu'une référence via un objet de cette classe, qu'une référence ou un pointeur vers un objet de cette classe n'en assure l'accès. Nous évoquerons un peu plus loin d'autres détails relatifs à la portée d'une classe.

Si une fonction membre est définie à l'intérieur d'une définition de classe, elle est automatiquement mise en ligne. On peut toujours mettre en ligne les fonctions membres définies en dehors d'une définition de classe par une utilisation explicite du mot clé **inline**. Cependant, rappelez-vous que le compilateur se réserve le droit de ne pas mettre en ligne n'importe quelle fonction.

Astuce sur la performance 6.2

La définition d'une petite fonction membre à l'intérieur de la définition d'une classe place automatiquement en ligne la fonction membre (si le compilateur le décide). Cette pratique peut améliorer les performances, bien qu'il ne s'agisse pas de la meilleure pratique de génie logiciel, puisque les clients de cette classe pourront voir les détails de l'implémentation de la fonction et leur code nécessite une nouvelle compilation au cas où les fonctions en ligne changent de définition.

Observation de génie logiciel 6.7

Il est préférable de ne définir dans l'en-tête de la classe que les seules fonctions membres les plus simples et les plus stables, c'est-à-dire celles dont les modifications d'implémentation sont les moins probables.

Il est intéressant de noter que les fonctions membres **afficherMilitaire** et **afficher Standard** ne prennent aucun argument. Ceci s'explique par le fait que les fonctions membres savent implicitement qu'elles afficheront les membres de données de l'objet **Temps** particulier pour lequel elles seront invoquées. Les appels de fonctions membres offrent donc une plus grande concision que les appels de fonctions conventionnels, associés à la programmation structurée.

Astuce de tests et de débogage 6.1

Le fait que les appels aux fonctions membres ne prennent généralement aucun argument ou en substance moins d'arguments que les appels de fonction conventionnels des langages non orientés objets, réduit la probabilité de passer des arguments incorrects, des types d'arguments inadéquats et (ou) un nombre incorrect d'arguments.

Observation de génie logiciel 6.8

L'approche de la programmation orientée objets simplifie souvent les appels de fonctions, en réduisant le nombre de paramètres à passer. Cet avantage de la programmation orientée objets vient du fait que l'encapsulation des membres de données et des fonctions membres à l'intérieur d'un objet permettent aux fonctions membres d'accéder directement aux membres de données.

Les classes simplifient la programmation parce que le client, l'utilisateur de l'objet de la classe, n'est concerné que par les opérations encapsulées, incorporées, dans l'objet. De telles opérations sont conçues habituellement selon une orientation vers les clients plutôt qu'une orientation vers l'implémentation. Les clients n'ont pas à se soucier de l'implémentation réelle de la classe, bien que le client désire évidemment une implémentation correcte et efficace. Les interfaces changent, certes, mais moins souvent que les implémentations. Lorsqu'une implémentation change, le code dépendant de cette implémentation doit également changer en conséquence. En occultant l'implémentation d'une classe, nous éliminons la possibilité que d'autres parties de programme dépendent des détails de l'implémentation.

Observation de génie logiciel 6.9

Un des thèmes centraux de ce manuel consiste à réutiliser, réutiliser et réutiliser. Nous prendrons soin d'envisager une quantité de techniques de polissage des classes afin de faciliter leur réutilisation. Nous porterons notre attention sur la conception de classes utiles et la création d'actifs logiciels précieux.

Les classes ne nécessitent pas souvent une création depuis le néant. Au contraire, il peut souvent s'agir de *dérivées* d'autres classes qui fournissent des attributs et des comportements que les nouvelles classes pourront exploiter. Les classes peuvent également inclure comme membres des objets d'autres classes. Une telle *réutilisation des logiciels* permet d'améliorer grandement la productivité du programmeur.

Le fait de dériver des nouvelles classes à partir de classes existantes porte le nom d'*héritage* et sera traité en détail au chapitre 9, alors que la *composition*, c'est-à-dire la possibilité d'incorporer les objets d'une classe en tant que membres d'autres classes deviendra un des sujets du chapitre 7.

Le néophyte en programmation orientée objets s'inquiète naturellement de l'aspect particulièrement volumineux que peuvent arborer les objets, puisqu'ils contiennent des données et des fonctions. Cette inquiétude est justifiée, du moins d'un point de vue logique: le programmeur peut effectivement considérer que les objets contiennent des données et des fonctions. Sur le plan physique, en fait, il n'en est rien.

Astuce sur la performance 6.3

En réalité, les objets ne contiennent que des données; ils sont donc d'une taille beaucoup plus petite que s'ils contenaient également des fonctions. L'application de l'opérateur `sizeof` *sur un nom de classe ou sur un objet de cette classe ne signalerait que la taille des données de cette classe. Le compilateur ne crée qu'une seule copie des fonctions membres de la classe, séparée de tous les objets de cette classe. Tous les objets de la classe partagent cette copie des fonctions membres. Évidemment, chaque objet a besoin de sa propre copie des données de la classe puisque celles-ci peuvent varier selon les objets. Le code des fonctions n'est pas modifiable (on dit aussi qu'il s'agit de code réentrant ou d'une procédure pure) et peut ainsi être partagé par tous les autres objets d'une même classe.*

6.6 Portée de classe et accès aux membres d'une classe

Les membres de données, c'est-à-dire les variables déclarées dans la définition d'une classe, et les fonctions membres, c'est-à-dire les fonctions déclarées dans la définition de la classe, appartiennent à la *portée* (on dit aussi *étendue*) *de cette classe*. Les fonctions non membres se définissent sous la *portée* (ou *étendue*) *du fichier*.

Sous la portée d'une classe, les membres de la classe deviennent immédiatement accessibles par toutes les fonctions membres de cette classe et peuvent être référencés par leur nom. En dehors de la portée de la classe, la référence aux membres s'effectue par le biais de l'un des identificateurs d'objet: un nom d'objet, une référence vers un objet, ou un pointeur vers un objet. Le chapitre 7 montrera que le compilateur insère un identificateur implicite pour chaque référence à un membre de donnée ou à une fonction membre d'un objet.

Les fonctions membres d'une classe peuvent être surchargées mais seulement par les autres fonctions membres de cette classe. Pour surcharger une fonction membre, il suffit de déclarer un prototype dans la définition de classe pour chaque version surchargée de la fonction et de fournir une définition de fonction séparée pour chacune des versions de la fonction.

Dans une classe, les fonctions membres possèdent une *portée de fonction*; les variables définies dans une fonction membre ne sont connues que dans cette fonction. Si une fonction membre déclare une variable de nom identique à celui d'une autre dont la portée se situe au niveau de la classe, cette dernière variable est masquée par la variable de la fonction et ce, pour toute la portée de la fonction. Il demeure cependant possible d'accéder à une telle variable masquée, en la précédant du nom de la classe, suivi de l'opérateur de résolution de portée (`::`). L'accès aux variables globales masquées s'effectue grâce à l'opérateur unaire de résolution de portée que nous avons vu au chapitre 3.

Les opérateurs utilisés pour accéder aux membres d'une classe sont identiques aux opérateurs utilisés pour accéder aux membres d'une structure. L'*opérateur point de sélection de membre* (.) se combine avec un nom d'objet ou avec une référence à un objet, afin d'accéder aux membres de l'objet. L'*opérateur flèche de sélection de membre* (->), combiné avec un pointeur vers un objet, permet l'accès aux membres de cet objet.

Le programme de la figure 6.4 utilise une classe simple nommée **Compte**, le membre de données **public** de type **int** appelé **x**, ainsi que la fonction membre **public affichage** pour illustrer l'accès à des membres d'une classe avec les opérateurs de sélection de membre.

Le programme instancie trois variables de type **Compte**: **compteur**, **compteurRef** (une référence à un objet **Compte**) et **compteurPtr** (un pointeur vers un objet **Compte**). Il définit la variable **compteurRef** pour référencer **compteur** et la variable **compteurPtr** pour pointer vers **compteur**. *Il est important de noter que le membre de données* **x**, *déclaré comme* **public**, *permet de démontrer comment on accède à des membres* **public** *en dehors de toute contrainte (c'est-à-dire par un nom, une référence ou un pointeur). Comme nous l'avons dit précédemment, les données sont habituellement déclarées comme* **private**, *comme elles le seront également dans la plupart des exemples qui suivent.* Le chapitre 9, *Héritage*, déclare parfois les données comme **protected**.

```cpp
1    // Fig. 6.4: fig06_04.cpp
2    // Démonstration des opérateurs d'accès aux membres de
3    // classes . et ->. ATTENTION: dans les exemples futurs,
4    // nous éviterons les données identifiées PUBLIC!
5    #include <iostream>
6
7    using std::cout;
8    using std::endl;
9
10   // Classe simple Compte.
11   class Compte {
12   public:
13       int x;
14       void affichage() { cout << x << endl; }
15   };
16
17   int main()
18   {
19       Compte compteur,              // crée un objet compteur.
20           *compteurPtr = &compteur,  // pointeur vers compteur.
21           &compteurRef = compteur;   // référence à compteur.
22
23       cout << "Affecte 7 à x et affiche en utilisant le nom de l'objet: ";
24       compteur.x = 7;               // affecte 7 au membre de données x.
25       compteur.affichage();         // appelle la fonction membre affichage.
26
27       cout << "Affecte 8 à x et affiche en utilisant une référence: ";
28       compteurRef.x = 8;            // affecte 8 au membre de données x.
29       compteurRef.affichage();      // appelle la fonction membre affichage.
30
31       cout << "Affecte 10 à x et affiche en utilisant un pointeur: ";
32       compteurPtr->x = 10;          // affecte 10 au membre de données x.
33       compteurPtr->affichage();     // appelle la fonction membre.
34       return 0;                     // affichage.
35   }
```

```
Affecte 7 à x et affiche en utilisant le nom de l'objet: 7
Affecte 8 à x et affiche en utilisant une référence: 8
Affecte 10 à x et affiche en utilisant un pointeur: 10
```

Figure 6.4   Accès aux membres de données d'un objet et aux fonctions membres à travers chaque type d'identificateur d'objet: avec le nom de l'objet, avec une référence et avec un pointeur vers l'objet .

6.7 Séparation entre l'interface et l'implémentation

Un des principes fondamentaux d'une bonne conception de logiciels consiste à séparer l'interface de l'implémentation pour faciliter la modification des programmes. En ce qui concerne les clients d'une classe, les changements dans l'implémentation de la classe n'affectent pas les clients aussi longtemps que l'interface fournie aux clients demeure inchangée. Ceci dit, les caractéristiques fonctionnelles de la classe peuvent être étendues au-delà de l'interface d'origine.

Observation de génie logiciel 6.10

Placez la déclaration d'une classe dans un fichier d'en-tête et incluez-le pour tout client désirant utiliser cette classe, afin de former l'interface **public** *de la classe (ce qui fournit au client les prototypes de fonctions nécessaires pour lui permettre d'appeler les fonctions membres de la classe). Placez les définitions des fonctions membres de la classe dans un fichier source, afin de former l'implémentation de la classe.*

Observation de génie logiciel 6.11

Les clients d'une classe n'ont pas besoin d'accéder à son code source pour l'utiliser. Cependant, les clients doivent pouvoir établir des liens avec le code de l'objet de cette classe, ce qui encourage les fournisseurs de logiciels indépendants à fournir ou vendre des bibliothèques de classes. Ces fournisseurs n'incluent dans leurs produits que les fichiers d'en-tête et les modules d'objets. Aucune information de fabrication n'est révélée, comme ce serait le cas si le code source était fourni. L'ensemble des utilisateurs du C++ profitent donc d'une plus grande variété de bibliothèques de classes mises sur le marché par les fournisseurs de logiciels indépendants.

La réalité est un peu plus complexe. Les fichiers d'en-tête contiennent certaines parties de l'implémentation et des indications concernant d'autres parties de celle-ci. Par exemple, les fonctions membres mises en ligne doivent faire partie du fichier d'en-tête, afin que le client puisse inclure les définitions de fonctions **inline** lorsque le compilateur compile le client. Les membres **private** sont énumérés dans la définition de classe du fichier d'en-tête, afin que ces membres soient visibles, même si les clients ne peuvent y accéder. Au chapitre 7, nous illustrerons l'utilisation d'une *classe proxy*, capable de cacher, même à ses propres clients, les données **private** de la classe.

Observation de génie logiciel 6.12

Les informations importantes de l'interface d'une classe doivent être incluses dans un fichier d'en-tête. Les informations qui ne seront utilisées que de façon interne par la classe et qui ne sont pas nécessaires à ses clients doivent être incluses dans le fichier source non public. Voici un autre exemple du principe du moindre privilège.

La figure 6.5 divise le programme de la figure 6.3 en plusieurs fichiers. Lors de la construction d'un programme en C++, chaque définition de classe est normalement placée dans un *fichier d'en-tête* et les définitions des fonctions membres de cette classe le sont dans des *fichiers de code source* portant le même nom. Les fichiers d'en-tête sont incorporés, par un #**include**, dans chaque fichier utilisant la classe, tandis que le fichier source est compilé et lié avec celui du programme principal. Consultez la documentation de votre compilateur pour déterminer comment compiler et lier des programmes formés de fichiers source multiples.

La figure 6.5 reprend le fichier d'en-tête **temps1.h** dans lequel est déclarée la classe **Temps**, le fichier **temps1.cpp** dans lequel les fonctions membres de classe **Temps** sont définies, ainsi que le fichier **fig06_05.cpp** dans lequel se trouve la fonction **main**. Ce programme effectuera le même affichage à l'écran que celui de la figure 6.3.

```
1    // Fig. 6.5: temps1.h
2    // Déclaration de la classe Temps.
3    // Les fonctions membres sont définies dans temps1.cpp
4
5    // Empêche de multiples inclusions du fichier d'en-tête.
6    #ifndef TEMPS1_H
7    #define TEMPS1_H
8
9    // Définition du type de données abstrait Temps.
10   class Temps {
11   public:
12      Temps();                        // constructeur.
13      void ajusterTemps( int, int, int );  // ajuste heure, minute, seconde.
14      void afficherMilitaire();       // affiche le temps en format militaire.
15      void afficherStandard();        // affiche le temps en format standard.
16   private:
17      int heure;      // 0 - 23
18      int minute;     // 0 - 59
19      int seconde;    // 0 - 59
20   };
21
22   #endif
```

Figure 6.5   Séparation de l'interface et de l'implémentation de la classe
Temps-temps1.h.

```
23   // Fig. 6.5: temps1.cpp
24   // Définitions des fonctions membres pour la classe Temps.
25   #include <iostream>
26
27   using std::cout;
28
29   #include "temps1.h"
30
31   // Le constructeur Temps initialise chaque membre de données à zéro.
32   // Assure que tous les objets Temps démarrent dans un état cohérent.
33   Temps::Temps() { heure = minute = seconde = 0; }
34
35   // Ajuste une nouvelle valeur de Temps en format militaire.
36   // Vérifie la validité et ajuste les valeurs non valables à zéro.
37   void Temps::ajusterTemps( int h, int m, int s )
38   {
39      heure   = ( h >= 0 && h < 24 ) ? h: 0;
40      minute  = ( m >= 0 && m < 60 ) ? m: 0;
41      seconde = ( s >= 0 && s < 60 ) ? s: 0;
42   }
43
44   // Affiche Temps en format militaire.
45   void Temps::afficherMilitaire()
46   {
47      cout << ( heure  < 10 ? "0": "" ) << heure << ":"
```

Figure 6.5   Séparation de l'interface et de l'implémentation de la classe
Temps-temps1.cpp. (1 de 2)

```
48            << ( minute < 10 ? "0": "" ) << minute;
49    }
50
51    // Affiche Temps en format standard.
52    void Temps::afficherStandard()
53    {
54       cout << ( ( heure == 0 || heure == 12 ) ? 12: heure % 12 )
55            << ":" << ( minute < 10 ? "0": "" ) << minute
56            << ":" << ( seconde < 10 ? "0": "" ) << seconde
57            << ( heure < 12 ? " AM": " PM" );
58    }
```

Figure 6.5   Séparation de l'interface et de l'implémentation de la classe
Temps-temps1.cpp. (2 de 2)

```
59    // Fig. 6.5: fig06_05.cpp
60    // Pilote pour la classe Temps1.
61    // NOTE: Compilation avec temps1.cpp.
62    #include <iostream>
63
64    using std::cout;
65    using std::endl;
66
67    #include "temps1.h"
68
69    // Pilote de vérification de la classe simple Temps.
70    int main()
71    {
72       Temps t;  // instancie l'objet t de la classe Temps.
73
74       cout << "Le temps initial militaire est ";
75       t.afficherMilitaire();
76       cout << "\nLe temps initial standard est ";
77       t.afficherStandard();
78
79       t.ajusterTemps( 13, 27, 6 );
80       cout << "\n\nLe temps militaire après ajusterTemps est ";
81       t.afficherMilitaire();
82       cout << "\nLe temps standard après ajusterTemps est ";
83       t.afficherStandard();
84
85       t.ajusterTemps( 99, 99, 99 );  // tentative d'ajustements non valides.
86       cout << "\n\nAprès tentatives d'ajustements non valides:\n"
87            << "Temps militaire: ";
88       t.afficherMilitaire();
89       cout << "\nTemps standard: ";
90       t.afficherStandard();
91       cout << endl;
92       return 0;
93    }
```

Figure 6.5   Séparation de l'interface et de l'implémentation de la classe
Temps-fig06_05.cpp. (1 de 2)

```
Le temps initial militaire est 00:00
Le temps initial standard est 12:00:00 AM
Le temps militaire après ajusterTemps est 13:27
Le temps standard après ajusterTemps est 1:27:06 PM
Après tentatives d'ajustements non valides:
Temps militaire: 00:00
Temps standard: 12:00:00 AM
```

Figure 6.5 Séparation de l'interface et de l'implémentation de la classe **Temps-fig06_05.cpp**. (2 de 2)

Notez que la déclaration de la classe est comprise dans le code de précompilation suivant:

```
// Empêche de multiples inclusions du fichier d'en-tête.
#ifndef TEMPS1_H
#define TEMPS1_H
   ...
#endif
```

Lorsque nous commencerons à élaborer de plus gros programmes, nous placerons d'autres définitions et d'autres déclarations dans les fichiers d'en-tête. Les directives de précompilation précédentes empêchent l'inclusion du code situé entre **#ifndef** («if not defined», qui signifie «si *pas* défini») et **#endif** si le nom **TEMPS1_H** est déjà défini. Si l'en-tête n'a pas été inclus auparavant dans un fichier, le nom **TEMPS1_H** est défini grâce à la directive **#define**, permettant l'ajout des instructions du fichier d'en-tête. Par contre, si l'en-tête a été inclus auparavant, **TEMPS1_H** est déjà défini et interdit une nouvelle inclusion du fichier d'en-tête. Les tentatives d'inclure plusieurs fois un fichier d'en-tête, par inadvertance, se produisent habituellement dans des programmes volumineux, contenant plusieurs fichiers d'en-tête pouvant à leur tour inclure d'autres fichiers d'en-tête. Remarque: la convention que nous utilisons pour le nom de constante symbolique dans les directives de précompilation comprend le nom du fichier d'en-tête avec un caractère de soulignement en remplacement du point.

Astuce de tests et de débogage 6.2

Utilisez les directives de précompilation **#ifndef**, **#define** *et* **#endif** *pour empêcher l'inclusion des fichiers d'en-tête plus d'une fois dans un programme.*

Bonne pratique de programmation 6.2

Utilisez le nom du fichier d'en-tête avec un caractère de soulignement en remplacement du point dans les directives de précompilation **#ifndef** *et* **#define** *d'un fichier d'en-tête.*

6.8 Contrôle de l'accès aux membres

Les identificateurs d'accès **public** et **private** (et **protected** que nous verrons au chapitre 9, *Héritage*) sont utilisés afin de contrôler l'accès aux membres de données, ainsi qu'aux fonctions membres d'une classe. Pour les classes, le mode d'accès par défaut est **private**, de sorte que tous les membres insérés entre l'en-tête de classe et le identificateur d'accès sont d'office privés. Après chaque identificateur d'accès, le mode invoqué s'applique jusqu'à l'identificateur d'accès suivant, ou jusqu'à l'accolade de terminaison (**}**) de la définition de classe. On peut répéter les identificateurs d'accès **public**, **private** et **protected** bien qu'un tel usage soit peu courant et qu'il puisse porter à confusion.

Les membres **private** d'une classe ne sont accessibles que par les fonctions membres (et par les **friend**, mot-clé signifiant «ami», que nous étudierons au chapitre 7) de cette classe. Cependant, toute fonction du programme a accès aux membres **public** d'une classe.

Le rôle principal des membres **public** consiste à présenter les différents *services* (comportements) d'une classe à ses clients. Cette série de services forme l'*interface* **public** de la classe, les clients n'ayant pas à se préoccuper de la manière dont la classe accomplit ses tâches. Tant les membres **private** d'une classe que les définitions de ses fonctions membres **public** ne sont pas accessibles aux clients de la classe. Ces composants forment l'*implémentation* de la classe.

Observation de génie logiciel 6.13

Le C++ favorise l'indépendance des programmes vis-à-vis de l'implémentation. Lorsque l'implémentation d'une classe change, alors qu'elle est utilisé par du code indépendant de l'implémentation, ce dernier n'a nul besoin de subir de modification. En revanche, si une partie de l'interface de la classe change, le code indépendant de l'implémentation doit subir une recompilation.

Erreur de programmation courante 6.6

*La tentative d'accéder à un membre **private** d'une classe par une fonction non membre de cette classe (ni **friend** de cette dernière) entraîne une erreur de syntaxe.*

La figure 6.6 montre que les membres **private** d'une classe ne sont accessibles que par son interface **public**, à l'aide des fonctions membres **public**. Lors de la compilation du programme, le compilateur génère deux erreurs stipulant que le membre **private** spécifié dans chacune de ces instructions n'est pas accessible. Le programme de la figure 6.6 inclut **temps1.h** et est compilé avec le programme **temps1.cpp** de la figure 6.5.

Bonne pratique de programmation 6.3

*Si vous choisissez d'énumérer les membres **private** dans une définition de classe, utilisez explicitement l'étiquette **private**, en dépit du fait que **private** est présumé par défaut. Cette pratique améliore la clarté du programme. Nous préférons énumérer les membres **public** d'une classe pour mettre en relief son interface.*

```
1   // Fig. 6.6: fig06_06.cpp
2   // Démonstration d'erreurs résultant de tentatives
3   // d'accéder à des membres de classe private.
4   #include <iostream>
5
6   using std::cout;
7
8   #include "temps1.h"
9
10  int main()
11  {
12     Temps t;
13
14     // Erreur: 'Temps::heure' n'est pas accessible.
15     t.heure = 7;
16
17     // Erreur: 'Temps::minute' n'est pas accessible.
18     cout << "minute = " << t.minute;
```

Figure 6.6   Tentatives erronées d'accéder à des membres **private** d'une classe. (1 de 2)

```
19
20    return 0;
21  }
```

Messages d'erreur du compilateur en ligne de commande Borland C++

```
Temps1.cpp:
Fig06_06.cpp:
Error E2247 Fig06_06.cpp 15:
   'Temps::heure' is not accessible in function main()
Error E2247 Fig06_06.cpp 18:
   'Temps::minute' is not accessible in function main()

*** 2 errors in Compile ***
```

Messages d'erreur du compilateur Microsoft Visual C++

```
Compiling...
fig06_06.cpp
c:\_test\fig06_06.cpp(15) : error C2248: 'heure' : cannot access private
member declared in class 'Temps'
c:\_test\temps1.h(17) : see declaration of 'heure'
c:\_test\fig06_06.cpp(18) : error C2248: 'minute' : cannot access private
member declared in class 'Temps'
c:\_test\temps1.h(18) : see declaration of 'minute'
temps1.cpp
Error executing cl.exe.

fig06_06.exe - 2 error(s), 0 warning(s)
```

Figure 6.6   Tentatives erronées d'accéder à des membres `private` d'une classe. (2 de 2)

Bonne pratique de programmation 6.4

*Bien que la répétition et le mélange des identificateurs d'accès **public** et **private** soient autorisées, groupez d'abord l'énumération de tous les membres **public** d'une classe et, ensuite seulement, tous les membres **private**. Cette pratique attire l'attention du client sur l'interface **public** de la classe, pour en masquer l'implémentation.*

Observation de génie logiciel 6.14

*Assurez-vous de garder **private** tous les membres d'une classe. Fournissez des fonctions membres **public** pour ajuster les valeurs des membres de données **private** et obtenir les valeurs des membres de données **private**. Cette architecture aide à masquer l'implémentation d'une classe vis à vis de ses clients, pour réduire les risques de bogues et faciliter les modifications du programme.*

Un client d'une classe peut être une fonction membre d'une autre classe ou une fonction globale, c'est-à-dire une fonction de style C, libre dans le fichier et qui n'est membre d'aucune classe.

Par défaut, le mode d'accès aux membres d'une classe est `private`. L'accès aux membres d'une classe peut être déterminé explicitement avec `public`, `protected` (ce que nous verrons au chapitre 9) ou `private`. L'accès par défaut pour les membres d'une `struct` est `public`. L'accès aux membres d'une `struct` peut également être déterminé de façon explicite avec `public`, `protected` ou `private`.

Observation de génie logiciel 6.15

*Les concepteurs de classes utilisent des membres **private**, **protected** et **public** pour faire respecter la notion de masquage de l'information et le principe du moindre privilège.*

Le seul fait que les données d'une classe soient private n'indique pas nécessairement que les clients ne pourront effectuer de modifications à ces données. Les données peuvent être modifiées par les fonctions membres ou par les amis de cette classe. Comme nous le verrons plus loin, ces fonctions doivent être conçues de façon à garantir l'intégrité des données.

L'accès aux données **private** d'une classe doit être contrôlé avec soin par l'intermédiaire de fonctions membres, appelées *fonctions d'accès*, également appelées *méthodes d'accès*. Par exemple, afin de permettre à des clients de lire les valeurs de données **private**, la classe peut offrir une fonction *get* (terme anglais pour «obtenir»). De même, pour permettre à des clients de modifier des données **private**, la classe peut offrir une fonction *set* (terme anglais pour «ajuster»). Une telle modification semble violer le caractère privé des données. Toutefois, une fonction membre *set* peut offrir des caractéristiques de validation des données (par exemple, la vérification d'étendue) afin d'assurer l'exactitude de l'ajustement de chaque valeur. Une fonction *set* peut également agir comme interprète entre la forme des données utilisées dans l'interface et celle de l'implémentation. Une fonction *get* ne peut pas exposer les données sous une forme brute; elle doit de préférence traiter ces données afin de filtrer les détails que les clients pourront en voir.

Observation de génie logiciel 6.16

Le concepteur de classes ne doit pas fournir de fonctions set *et (ou)* get *pour chaque élément de donnée* **private**, *mais seulement lorsque cela s'avère nécessaire. Si un service est utile pour le code de clients, alors seulement ce service sera fourni dans l'interface* **public** *de la classe.*

Astuce de tests et de débogage 6.3

Le fait d'identifier comme **private** *les membres de données d'une classe et comme* **public** *ses fonctions membres facilite le débogage, puisque les problèmes relatifs aux manipulations de données se restreignent aux fonctions membres ou aux amis (**friend**) de cette classe.*

6.9 Fonctions d'accès et fonctions utilitaires

Toutes les fonctions membres ne requièrent pas nécessairement une déclaration **public** pour remplir leur rôle de composant de l'interface d'une classe. Certaines fonctions demeurent **private** et servent de *fonctions utilitaires* pour les autres fonctions de la classe.

Observation de génie logiciel 6.17

Les fonctions membres tendent à se grouper en un certain nombre de catégories différentes: les fonctions lisant et retournant les valeurs de données membres **private**, *les fonctions ajustant les valeurs des données* **private**, *les fonctions implantant les caractéristiques de la classe et les fonctions effectuant différentes tâches de routine telles que l'initialisation d'objets de classe, l'affectation d'objets de classe, la conversion entre classes et types prédéfinis, la conversion entre différentes classes, ainsi que la gestion de la mémoire pour les objets de la classe.*

Les fonctions d'accès peuvent lire et afficher les données. Une autre de leurs utilisations courantes est la vérification de la véracité ou la fausseté de conditions imposées; on appelle souvent de telles fonctions des *fonctions de prédicat*. Un exemple de fonction de prédicat serait celui d'une fonction **estVide**, rendue disponible dans toute classe de conteneur, c'est-à-dire une classe pouvant conserver de nombreux objets telle qu'une liste chaînée, une pile ou une queue. Un programme pourrait alors faire appel à **estVide** avant de poursuivre la lecture d'un élément de l'objet conteneur. Une fonction de prédicat **estPleine** permettrait de tester un objet conteneur, afin de déterminer s'il n'a plus d'espace disponible. Des fonctions de prédicat utiles pour notre classe **Temps** seraient par exemple **estAM** et **estPM**, pour déterminer si l'heure correspond à la matinée ou l'après-midi, respectivement.

La figure 6.7 montre une application de la notion de *fonction utilitaire* (également appelée *fonction d'assistance*). Une fonction utilitaire ne fait pas partie de l'interface d'une classe; c'est plutôt une fonction **private** qui apporte un support aux opérations des fonctions publiques de la classe. Les fonctions utilitaires ne sont pas conçues pour être employées par les clients d'une classe.

```cpp
1   // Fig. 6.7: representant.h
2   // Définition de la classe Representant.
3   // Fonctions membres définies dans representant.cpp.
4   #ifndef REPRESENTANT_H
5   #define REPRESENTANT_H
6
7   class Representant {
8   public:
9      Representant();                        // constructeur.
10     void receptionVentes();                // entrée des ventes au clavier.
11     void ajustementVentes( int, double ); // L'utilisateur entre
12                                            // les ventes mensuelles.
13     void afficherVentesAn();
14
15  private:
16     double totalVentesAn();                // fonction utilitaire.
17     double ventes[ 12 ];                   // 12 ventes mensuelles.
18  };
19
20  #endif
```

Figure 6.7   Exemple d'utilisation d'une fonction utilitaire-**representant.h**.

```cpp
21  // Fig. 6.7: representant.cpp
22  // Fonctions membres pour la classe Representant.
23  #include <iostream>
24
25  using std::cout;
26  using std::cin;
27  using std::endl;
28
29  #include <iomanip>
30
31  using std::setprecision;
32  using std::setiosflags;
33  using std::ios;
34
35  #include "representant.h"
36
37  // La fonction constructeur initialise le tableau.
38  Representant::Representant()
39  {
40     for ( int i = 0; i < 12; i++ )
41        ventes[ i ] = 0.0;
42  }
43
```

Figure 6.7   Exemple d'utilisation d'une fonction utilitaire-**representant.cpp**. (1 de 2)

```
44    // Fonction pour obtenir 12 ventes entrées par
45    // l'utilisateur au clavier.
46    void Representant::receptionVentes()
47    {
48       double entreeVentes;
49
50       for ( int i = 0; i < 12; i++ ) {
51          cout << "Entrez le montant des ventes pour le mois "
52             << i + 1 << ": ";
53          cin >> entreeVentes;
54          ajustementVentes( i, entreeVentes );
55       }
56    }
57
58    // Fonction pour ajuster une des 12 entrées des ventes.
59    // Notez que la valeur du mois doit être entre 0 et 11.
60    void Representant::ajustementVentes( int mois, double quantite )
61    {
62       if ( mois >= 0 && mois < 12 && quantite > 0 )
63          ventes[ mois ] = quantite;
64       else
65          cout << "Mois ou montant de ventes non valide" << endl;
66    }
67
68    // Affichage des ventes annuelles totales.
69    void Representant::afficherVentesAn()
70    {
71       cout << setprecision( 2 )
72          << setiosflags( ios::fixed | ios::showpoint )
73          << "\nLes ventes annuelles totales sont de: $"
74          << totalVentesAn() << endl;
75    }
76
77    // Fonction utilitaire private pour les ventes annuelles totales.
78    double Representant::totalVentesAn()
79    {
80       double total = 0.0;
81
82       for ( int i = 0; i < 12; i++ )
83          total += ventes[ i ];
84
85       return total;
86    }
```

Figure 6.7   Exemple d'utilisation d'une fonction utilitaire–**representant.cpp**. (2 de 2)

La classe **Representant** contient un tableau de 12 montants des ventes mensuelles, initialisé à zéro par le constructeur et ajusté aux valeurs fournies par l'utilisateur avec la fonction **ajustementVentes**. La fonction membre **public** appelée **afficherVentesAn** affiche les ventes totales des 12 derniers mois. La fonction utilitaire **totalVentesAn** additionne les 12 montants des ventes mensuelles afin de rendre service à **afficherVentesAn**, alors que **afficherVentesAn** traite les montants des ventes et affiche à l'écran les montants en dollars.

```
87   // Fig. 6.7: fig06_07.cpp
88   // Démonstration d'une fonction utilitaire.
89   // Compilation avec representant.cpp.
90   #include "representant.h"
91
92   int main()
93   {
94      Representant s;         // crée l'objet Representant s.
95
96      s.receptionVentes();   // notez le code séquentiel simple.
97      s.afficherVentesAn();  // aucune structure de contrôle dans main.
98      return 0;
99   }
```

```
Entrez le montant des ventes pour le mois 1: 5314.76
Entrez le montant des ventes pour le mois 2: 4292.38
Entrez le montant des ventes pour le mois 3: 4589.83
Entrez le montant des ventes pour le mois 4: 5534.03
Entrez le montant des ventes pour le mois 5: 4376.34
Entrez le montant des ventes pour le mois 6: 5698.45
Entrez le montant des ventes pour le mois 7: 4439.22
Entrez le montant des ventes pour le mois 8: 5893.57
Entrez le montant des ventes pour le mois 9: 4909.67
Entrez le montant des ventes pour le mois 10: 5123.45
Entrez le montant des ventes pour le mois 11: 4024.97
Entrez le montant des ventes pour le mois 12: 5923.92

Les ventes annuelles totales sont de: $60120.59
```

Figure 6.7   Exemple d'utilisation d'une fonction utilitaire-`fig06_07.cpp`.

Notez que **main** n'inclut qu'une simple séquence d'appels de fonctions membres: aucune structure de contrôle n'y est nécessaire.

Observation de génie logiciel 6.18

Un des phénomènes particuliers qui régissent la programmation orientée objet est qu'à partir du moment où une classe est définie, la création et la manipulation des objets de cette classe ne nécessitent plus qu'une simple séquence d'appels de fonctions membres; les structures de contrôle sont très rarement nécessaires. Par contre, il est courant de rencontrer des structures de contrôle à l'intérieur de l'implémentation-même des fonctions membres d'une classe.

6.10 Initialisation d'objets de classes: constructeurs

Lorsqu'un objet d'une classe est créé, ses membres peuvent être initialisés par la fonction *constructeur* de cette classe. Un constructeur constitue une fonction membre d'une classe du même nom que cette dernière. Le programmeur fournit le constructeur et il est invoqué automatiquement par la suite, chaque fois qu'un objet de cette classe est créé (ou instancié). On peut surcharger les constructeurs pour fournir une variété de moyens d'initialisation des objets d'une classe. Les membres de données doivent être initialisés dans un constructeur de la classe ou déterminés plus tard dans des fonctions *set* après la création de l'objet. Il est toutefois considéré comme de bonne pratique de programmation et de bon génie logiciel de garantir qu'un objet soit totalement initialisé avant que le code client invoque les fonctions membres de l'objet. En général, vous ne devez pas vous fier au code client pour espérer qu'un objet soit initialisé de manière adéquate.

Erreur de programmation courante 6.7

Les membres de données d'une classe ne peuvent être initialisés dans la définition de la classe.

Erreur de programmation courante 6.8

La déclaration d'un type de renvoi pour un constructeur et (ou) le renvoi d'une valeur par un constructeur constitue une erreur de syntaxe.

Bonne pratique de programmation 6.5

Lorsque la situation le permet (c'est-à-dire presque toujours), fournissez un constructeur pour assurer l'initialisation appropriée de chaque objet avec des valeurs explicites. Les membres de données de type pointeurs en particulier doivent être initialisés à des valeurs adéquates ou à 0.

Astuce de tests et de débogage 6.4

*Chaque fonction membre (et **friend**), qui modifie les membres de données **private** d'un objet, doit s'assurer que les données demeurent dans un état cohérent.*

Lors de la déclaration d'un objet d'une classe, des *initialiseurs* peuvent être communiqués entre parenthèses, à la droite du nom de l'objet et avant le point-virgule. Ces initialiseurs sont passés en arguments au constructeur de la classe. Nous verrons bientôt quelques exemples d'*appels de constructeur*. Notez que, bien que le programmeur n'appelle pas explicitement un constructeur, il peut toujours passer au constructeur des données en argument.

6.11 Utilisation d'arguments par défaut avec des constructeurs

Le constructeur du programme **temps1.cpp** de la figure 6.5 initialisait **heure**, **minute** et **seconde** à **0** (c'est-à-dire minuit en temps militaire). Les constructeurs peuvent contenir des arguments par défaut. La figure 6.8 définit de nouveau la fonction constructeur **Temps** afin d'inclure des arguments par défaut. Ils définissent à zéro chacune des variables. La fourniture d'arguments par défaut au constructeur garantit l'initialisation de l'objet en un état cohérent, même si aucune valeur n'est fournie dans l'appel. Un constructeur, fourni par le programmeur, qui impose une valeur par défaut à tous ses arguments, ou encore qui ne requiert explicitement aucun argument, constitue aussi un *constructeur par défaut*, c'est-à-dire un constructeur dont l'appel peut être effectué sans argument. Dans une classe, il ne peut y avoir qu'un seul constructeur par défaut.

Dans ce programme, le constructeur appelle la fonction membre **ajusterTemps** avec les valeurs passées, ou celles par défaut, pour garantir que la donnée fournie à **heure** se situe à l'intérieur de l'échelle 0 à 23 et que les valeurs pour **minute** et **seconde** sont toutes deux dans la plage comprise entre 0 et 59.

Si une valeur déborde de son échelle, **ajusterTemps** la réajuste à zéro, donnant ainsi un parfait exemple de garantie qu'un membre de donnée demeure dans un état cohérent.

Notez que le constructeur **Temps** pourrait être écrit de façon à inclure les mêmes instructions que la fonction membre **ajusterTemps** dans le but d'une efficacité légèrement meilleure, puisqu'on pourrait éliminer l'appel supplémentaire à **ajusterTemps**. Toutefois, le fait d'utiliser le même code pour le constructeur **Temps** et la fonction membre **ajusterTemps** engendrerait une maintenance plus difficile du programme. Si l'implémentation de la fonction membre **ajusterTemps** change, l'implémentation du constructeur **Temps** doit alors changer en conséquence. Le fait que le constructeur **Temps** puisse appeler directement **ajusterTemps** implique que tout changement ne serait nécessaire qu'une seule fois dans l'implémentation de **ajusterTemps**. Cette situation réduit les risques d'erreurs de programmation lors d'une modification de l'implémentation. De plus, on peut améliorer les performances du constructeur **Temps** en déclarant explicitement le constructeur comme étant en ligne (**inline**) ou en définissant celui-ci dans la définition de la classe, ce qui a pour effet implicite de déclarer la fonction comme **inline**.

```
1   // Fig. 6.8: temps2.h
2   // Déclaration de la classe Temps.
3   // Les fonctions membres sont définies dans temps2.cpp.
4
5   // Directives de précompilation qui empêchent
6   // de multiples inclusions du fichier d'en-tête.
7   #ifndef TEMPS2_H
8   #define TEMPS2_H
9
10  // Définition du type de données abstrait Temps.
11  class Temps {
12  public:
13     Temps( int = 0, int = 0, int = 0 ); // constructeur par défaut.
14     void ajusterTemps( int, int, int ); // ajuste heure, minute,
15                                          // seconde.
16     void afficherMilitaire(); // affiche le temps en format militaire.
17     void afficherStandard();  // affiche le temps en format standard.
18  private:
19     int heure;      // 0 - 23
20     int minute;     // 0 - 59
21     int seconde;    // 0 - 59
22  };
23  #endif
```

Figure 6.8   Utilisation d'un constructeur avec des arguments par défaut-**temps2.h**.

```
24  // Fig. 6.8: temps2.cpp
25  // Définitions des fonctions membres pour la classe Temps.
26  #include <iostream>
27
28  using std::cout;
29
30  #include "temps2.h"
31
32  // Le constructeur Temps initialise chaque membre de données à zéro.
33  // Assure que tous les objets Temps démarrent dans un état cohérent.
34  Temps::Temps( int hr, int min, int sec )
35     { ajusterTemps( hr, min, sec ); }
36
37  // Ajuste une nouvelle valeur de Temps en format militaire.
38  // Vérifie la validité et ajuste les valeurs non valables à zéro.
39  void Temps::ajusterTemps( int h, int m, int s )
40  {
41     heure   = ( h >= 0 && h < 24 ) ? h: 0;
42     minute  = ( m >= 0 && m < 60 ) ? m: 0;
43     seconde = ( s >= 0 && s < 60 ) ? s: 0;
44  }
45
```

Figure 6.8   Utilisation d'un constructeur avec des arguments par
              défaut-**temps2.cpp**. (1 de 2)

```
1   // Affiche Temps en format militaire.
2   void Temps::afficherMilitaire()
3   {
4       cout << ( heure  < 10 ? "0": "" ) << heure << ":"
5            << ( minute < 10 ? "0": "" ) << minute;
6   }
7
8   // Affiche Temps en format standard.
9   void Temps::afficherStandard()
10  {
11      cout << ( ( heure == 0 || heure == 12 ) ? 12: heure % 12 )
12           << ":" << ( minute < 10 ? "0": "" ) << minute
13           << ":" << ( seconde < 10 ? "0": "" ) << seconde
14           << ( heure < 12 ? " AM": " PM" );
15  }
```

Figure 6.8   Utilisation d'un constructeur avec des arguments par défaut-**temps2.cpp**. (2 de 2)

```
16  // Fig. 6.8: fig06_08.cpp
17  // Démonstration d'une fonction de constructeur
18  // par défaut pour la classe Temps.
19  #include <iostream>
20
21  using std::cout;
22  using std::endl;
23
24  #include "temps2.h"
25
26  int main()
27  {
28      Temps t1,              // tous les arguments par défaut.
29            t2(2),           // minute et seconde par défaut.
30            t3(21, 34),      // seconde par défaut.
31            t4(12, 25, 42),  // valeurs valables spécifiées.
32            t5(27, 74, 99);  // valeurs non valables spécifiées.
33
34      cout << "Construction avec:\n"
35           << "tous les arguments par défaut:\n    ";
36      t1.afficherMilitaire();
37      cout << "\n    ";
38      t1.afficherStandard();
39
40      cout << "\nheure spécifiée; minute et seconde par défaut:"
41           << "\n    ";
42      t2.afficherMilitaire();
43      cout << "\n    ";
44      t2.afficherStandard();
45
46      cout << "\nheure et minute spécifiées; seconde par défaut:"
47           << "\n    ";
48      t3.afficherMilitaire();
```

Figure 6.8   Utilisation d'un constructeur avec des arguments par défaut-**fig06_08.cpp**. (1 de 2)

```
49        cout << "\n   ";
50        t3.afficherStandard();
51
52        cout << "\nheure, minute et seconde spécifiées:"
53             << "\n   ";
54        t4.afficherMilitaire();
55        cout << "\n   ";
56        t4.afficherStandard();
57
58        cout << "\nvaleurs non valables spécifiées:"
59             << "\n   ";
60        t5.afficherMilitaire();
61        cout << "\n   ";
62        t5.afficherStandard();
63        cout << endl;
64
65        return 0;
66   }
```

```
Construction avec:
tous les arguments par défaut:
   00:00
   12:00:00 AM
heure spécifiée; minute et seconde par défaut:
   02:00
   2:00:00 AM
heure et minute spécifiées; seconde par défaut:
   21:34
   9:34:00 PM
heure, minute et seconde spécifiées:
   12:25
   12:25:42 PM
valeurs non valables spécifiées:
   00:00
   12:00:00 AM
```

Figure 6.8   Utilisation d'un constructeur avec des arguments par
défaut-**fig06_08.cpp**. (2 de 2)

Observation de génie logiciel 6.19

Si une fonction membre d'une classe fournit déjà toutes (ou une partie des) fonctionnalités requises par le constructeur (ou par une autre fonction membre) d'une classe, appelez cette fonction par le constructeur (ou par cette autre fonction membre). Cette pratique simplifie l'entretien du code et réduit les risques d'erreur si l'implémentation du code doit être modifiée. En règle générale, évitez toute répétition de code.

Bonne pratique de programmation 6.6

Déclarez les valeurs par défaut des arguments des fonctions uniquement dans le prototype des fonctions, au sein de la définition de classe du fichier d'en-tête.

Erreur de programmation courante 6.9

Le fait de spécifier des initialiseurs par défaut pour la même fonction membre à la fois dans un en-tête de fichier et dans la définition de la fonction membre.

Note: toute modification aux arguments par défaut d'une méthode requiert une compilation nouvelle du code client. S'il est probable que les valeurs des arguments par défaut changent, utilisez plutôt des fonctions surchargées. En effet, si l'implémentation d'une fonction membre change, le code client ne nécessite pas de nouvelle compilation.

Le programme de la figure 6.8 initialise cinq objets **Temps**: le premier avec ses trois arguments par défaut dans l'appel du constructeur, le deuxième avec un seul argument spécifié, le troisième avec deux arguments spécifiés, le quatrième avec trois arguments spécifiés et le dernier avec trois arguments spécifiés, non valables. Après la création de l'instance et l'initialisation, le contenu des données de chaque objet est affiché.

Si aucun constructeur n'est défini pour la classe, le compilateur crée un constructeur par défaut. Un tel constructeur n'effectue aucune initialisation à la création d'un objet et rien ne peut garantir la cohérence de son état.

Observation de génie logiciel 6.20

Une classe peut ne pas posséder de constructeur par défaut.

6.12 Utilisation de destructeurs

Un *destructeur* est une fonction spéciale, membre d'une classe, dont le nom consiste en un caractère *tilde* (~), suivi du nom de la classe. Cette convention de nom présente un attrait intuitif puisque, comme nous le verrons au prochain chapitre, l'opérateur tilde est l'opérateur binaire inverse et, de ce fait, le destructeur représente en quelque sorte le complément du constructeur.

Le destructeur d'une classe est appelé à la destruction d'un objet de la classe, c'est-à-dire lorsque l'exécution du programme quitte la portée dans laquelle un objet de cette classe a été instancié. En réalité, le destructeur ne détruit pas l'objet; il effectue un *nettoyage de terminaison* avant que le système ne réclame la mémoire correspondant à l'objet, afin de libérer la mémoire pour de nouveaux objets.

Un destructeur ne reçoit aucun paramètre et ne retourne aucune valeur. Une classe ne pouvant posséder qu'un seul destructeur, sa surcharge n'est pas permise.

Erreur de programmation courante 6.10

*Une erreur de syntaxe est produite lors de toute tentative de passer des arguments vers un destructeur, de spécifier un type de renvoi pour un destructeur (même avec **void**), de renvoyer des valeurs par un destructeur ou de surcharger un destructeur.*

Notez qu'aucun destructeur n'a été fourni pour les classes présentées jusqu'ici. Nous verrons un peu plus loin quelques exemples de classes munies de destructeurs utiles. Au chapitre 8, nous verrons que les destructeurs se révèlent particulièrement appropriés pour les classes dont les objets contiennent de la mémoire allouée dynamiquement (par exemple, pour des tableaux et des chaînes), alors qu'au chapitre 7, nous verrons la manière d'allouer et de libérer dynamiquement la mémoire.

Observation de génie logiciel 6.21

Bien qu'il vous soit pour l'instant impossible d'en prendre pleinement conscience après une si brève introduction, nous verrons tout au long de la suite du manuel que les constructeurs et les destructeurs sont d'une très grande importance en C++ et en programmation orientée objets.

6.13 À quel moment les constructeurs et les destructeurs sont-ils appelés?

Les constructeurs et les destructeurs sont appelés automatiquement. L'ordre de ces appels dépend de l'ordre dans lequel l'exécution entre et quitte la portée sous laquelle les objets sont instanciés. Généralement, les appels de destructeurs s'effectuent dans l'ordre inverse des appels de constructeurs.

Toutefois, comme nous le verrons à la figure 6.9, la classe de stockage des objets peut perturber l'ordre d'appel des destructeurs.

Pour des objets définis sous la portée globale, les constructeurs sont appelés avant que toute autre fonction (y compris **main**) ne commence son exécution dans le fichier, bien que ceci ne garantisse pas l'ordre d'exécution des constructeurs d'objets globaux parmi les fichiers. Les destructeurs correspondants entrent en jeu lorsque **main** s'achève ou par un appel à la fonction **exit** (voir le chapitre 18 pour de plus amples informations sur cette fonction). Les destructeurs ne sont pas appelés pour des objets globaux si le programme s'achève sur un appel à la fonction **abort** (voir aussi le chapitre 18 pour les détails de cette fonction).

Pour des objets locaux automatiques, les constructeurs sont demandés lorsque l'exécution atteint le point précis de définition des objets. Lorsqu'ils quittent la portée, c'est-à-dire lorsque le flot de contrôle sort du bloc dans lequel ils sont définis, les destructeurs s'activent. Les constructeurs et les destructeurs d'objets automatiques sont appelés chaque fois que ces objets entrent ou quittent la portée. Les destructeurs ne sont pas appelés pour des objets automatiques si le programme s'achève sur un appel de l'une des fonctions **exit** ou **abort**.

Pour les objets locaux de genre **static**, on ne réquisitionne les constructeurs qu'une seule fois, soit, en pratique, lorsque l'exécution atteint l'emplacement précis de leur définition. Dans leur cas, les destructeurs correspondants s'éveillent à la terminaison de **main** ou à l'appel de la fonction **exit**. Les destructeurs ne sont pas appelés pour des objets statiques si le programme s'achève sur un appel de la fonction **abort**.

Le programme de la figure 6.9 illustre l'ordre d'appel des constructeurs et des destructeurs pour des objets de type **CreationEtDestruction**, pour différentes portées. Le programme définit **premier** avec une portée globale. Son constructeur est appelé lorsque le programme commence son exécution et son destructeur lorsque le programme se termine, une fois que tous les autres objets sont détruits.

La fonction **main** déclare trois objets: **deuxieme** et **quatrieme** représentent des objets locaux automatiques, alors que **troisieme** est un objet local **static**. On appelle les constructeurs de ces objets lorsque l'exécution atteint le point précis de déclaration de chacun. Les destructeurs des objets **quatrieme** et **deuxieme** sont appelés dans cet ordre lorsque **main** se termine. Puisque l'objet **troisieme** est du type **static**, il existe jusqu'à l'achèvement du programme.

```
1   // Fig. 6.9: creation.h
2   // Définition de la classe CreationEtDestruction.
3   // Les fonctions membres sont définies dans creation.cpp.
4   #ifndef CREATION_H
5   #define CREATION_H
6
7   class CreationEtDestruction {
8   public:
9      CreationEtDestruction( int );  // constructeur.
10     ~CreationEtDestruction();       // destructeur.
11  private:
12        int donnees;
13  };
14
15  #endif
```

Figure 6.9 Démonstration de l'ordre d'appel des constructeurs et des destructeurs-**creation.h**.

```
16   // Fig. 6.9: creation.cpp
17   // Définitions des fonctions membres pour la classe CreationEtDestruction.
18   #include <iostream>
19
20   using std::cout;
21   using std::endl;
22
23   #include "creation.h"
24
25   CreationEtDestruction::CreationEtDestruction( int valeur )
26   {
27      donnees = valeur;
28      cout << "Objet " << donnees << "    constructeur";
29   }
30
31   CreationEtDestruction::~CreationEtDestruction()
32      { cout << "Objet " << donnees << "    destructeur " << endl; }
```

Figure 6.9   Démonstration de l'ordre d'appel des constructeurs et des destructeurs-**creation.cpp**.

```
33   // Fig. 6.9: fig06_09.cpp
34   // Démonstration de l'ordre d'appel des constructeurs
35   // et des destructeurs.
36   #include <iostream>
37
38   using std::cout;
39   using std::endl;
40
41   #include "creation.h"
42
43   void creation( void );                          // prototype.
44
45   CreationEtDestruction premier( 1 );             // objet global.
46
47   int main()
48   {
49      cout << "    (global créé avant main)" << endl;
50
51      CreationEtDestruction deuxieme ( 2 );        // objet local.
52      cout << "    (local automatique dans main)" << endl;
53
54      static CreationEtDestruction troisieme( 3 ); // objet local.
55      cout << "    (local static dans main)" << endl;
56
57      creation();  // appelle la fonction pour créer des objets.
58
59      CreationEtDestruction quatrieme( 4 );        // objet local.
60      cout << "    (local automatique dans main)" << endl;
61      return 0;
62   }
63
```

Figure 6.9   Démonstration de l'ordre d'appel des constructeurs et des destructeurs-**fig06_09.cpp**. (1 de 2)

```
64   // Fonction pour créer des objets.
65   void creation( void )
66   {
67      CreationEtDestruction cinquieme( 5 );
68      cout << "   (local automatique dans creation)" << endl;
69
70      static CreationEtDestruction sixieme( 6 );
71      cout << "   (local static dans creation)" << endl;
72
73      CreationEtDestruction septieme( 7 );
74      cout << "   (local automatique dans creation)" << endl;
75   }
```

```
Objet 1    constructeur   (global créé avant main)
Objet 2    constructeur   (local automatique dans main)
Objet 3    constructeur   (local static dans main)
Objet 5    constructeur   (local automatique dans creation)
Objet 6    constructeur   (local static dans creation)
Objet 7    constructeur   (local automatique dans creation)
Objet 7    destructeur
Objet 5    destructeur
Objet 4    constructeur   (local automatique dans main)
Objet 4    destructeur
Objet 2    destructeur
Objet 6    destructeur
Objet 3    destructeur
Objet 1    destructeur
```

Figure 6.9   Démonstration de l'ordre d'appel des constructeurs et des destructeurs–**fig06_09.cpp**. (2 de 2)

Le destructeur de l'objet **troisieme** est actionné avant celui de **premier**, mais après que tous les autres objets ont été détruits.

La fonction **creation** déclare trois objets: **cinquieme** et **septieme** représentent des objets locaux automatiques, tandis que sixieme est plutôt un objet local **static**. Les destructeurs des objets **septieme** et **cinquieme** sont appelés dans cet ordre lorsque creation termine son exécution. Puisque **sixieme** est un objet de type **static**, il demeure actif jusqu'à l'achèvement du programme. Le destructeur de sixieme est appelé avant les destructeurs de **troisieme** et de **premier**, mais après que tous les autres objets ont été détruits.

6.14 Utilisation de membres de données et de fonctions membres

Les membres de données **private** d'une classe ne peuvent être manipulés que par les fonctions membres (et amies, **friend**) de la classe. Le type de manipulation classique consiste à ajuster le solde du compte bancaire d'un client (par exemple, un membre de données **private** d'une classe **compteBanque**) par une fonction membre **calculInteret**.

Les classes offrent souvent des fonctions membres **public** pour permettre à leurs clients d'écrire (avec une fonction *set*) ou de lire (avec une fonction *get*) les valeurs des données privées. Ces fonctions n'ont pas toujours besoin d'être nommées spécifiquement par les noms *set* et *get*, bien que ce soit souvent le cas. Une fonction membre écrivant dans la donnée **tauxInteret** pourrait s'appeler **ecrireTauxInteret**, tandis qu'une autre lisant le **tauxInteret** pourrait se dénommer **lireTauxInteret**. Les fonctions de lecture *get* sont aussi communément appelées des fonctions de requête.

On pourrait croire que le fait de fournir des possibilités d'écriture ou d'ajustement (*set*) et de lecture (*get*) ressemble beaucoup à l'identification **public** des données. Il s'agit d'une autre subtilité du C++ qui rend ce langage si attrayant aux yeux des concepteurs de logiciels. Si un membre de données est déclaré **public**, il peut alors être lu ou ajusté à volonté par toute fonction du programme. Si un membre de données arbore l'étiquette **private**, une fonction *get* **public** pourrait certainement permettre à d'autres fonctions de lire les données à volonté, bien qu'elle puisse en même temps en contrôler la forme et l'affichage. Une fonction *set* **public** pourrait certainement scruter avec précision toute tentative de modification de la donnée pour garantir que la nouvelle valeur soit appropriée. Par exemple, une tentative de fixer à 37 le jour du mois pourrait être rejetée, une tentative d'ajuster le poids d'une personne à une valeur négative pourrait être refusée, de même que la tentative d'assigner une quantité numérique à une valeur alphabétique, de fixer à 185 une note d'examen alors que l'échelle est comprise entre 0 et 100, et ainsi de suite.

Observation de génie logiciel 6.22

*L'identification comme **private** des membres de données et le contrôle d'accès à ces membres (surtout en écriture) par le biais des fonctions **public** aident à assurer l'intégrité des données.*

Astuce de tests et de débogage 6.5

*Les avantages de l'intégrité des données ne découlent pas automatiquement du simple fait que les membres de données soient déclarés comme **private**; le programmeur doit également fournir un certain contrôle de validation. Toutefois, le C++ offre un environnement de travail par le biais duquel les programmeurs peuvent concevoir de meilleurs programmes, en toute convivialité.*

Bonne pratique de programmation 6.7

*Les membres de fonctions ajustant les valeurs des données **private** doivent vérifier l'exactitude des nouvelles valeurs. Si elles ne sont pas exactes, ces fonctions doivent alors restituer aux données **private** un état cohérent approprié.*

Le client d'une classe doit être averti lors d'une tentative d'affectation d'une valeur non valable à un membre de données. Les fonctions d'écriture ou d'ajustement (*set*) d'une classe sont souvent ainsi écrites qu'elles renvoient une valeur indiquant qu'une tentative d'affectation de donnée non valable a eu lieu sur un objet. Cette pratique permet aux clients de vérifier les valeurs de renvoi des fonctions *set* et de déterminer si l'objet manipulé est valable et, sinon, de prendre les mesures adéquates.

La figure 6.10 étend la classe **Temps** afin d'inclure des fonctions *get* et *set* pour les membres de données **private** appelés **heure**, **minute** et **seconde**. Les fonctions d'écriture effectuent un contrôle strict des modifications de données. Toute tentative d'affecter à une donnée une valeur non valable provoque une remise à zéro de cette dernière, laissant le membre de donnée dans un état cohérent. Chaque fonction de lecture (*get*) renvoie simplement la valeur appropriée du membre de données. Le programme utilise d'abord les fonctions d'écriture pour affecter les données **private** de l'objet **Temps**, appelé **t**, à des valeurs acceptables, pour ensuite utiliser les fonctions de lecture (*get*) et récupérer les valeurs pour la sortie. Par la suite, les fonctions d'écriture tentent d'ajuster à des valeurs non valables les membres **heure** et **seconde** et le membre **minute** à une valeur admissible, alors que les fonctions de lecture les récupèrent pour l'affichage. La fonction en charge de la sortie confirme que des valeurs non valables impliquent l'ajustement à zéro des membres de données. Finalement, le programme ajuste **Temps** à **11:58:00** et incrémente la valeur de **minute** de 3, par l'appel de la fonction **incrementerMinute**, une fonction non membre utilisant les fonctions de lecture et d'écriture pour incrémenter **minute** de manière adéquate. Même si ce processus fonctionne, il impose le fardeau peu performant d'émettre de multiples appels à des fonctions. Au prochain chapitre, nous discuterons de la notion de fonctions **friend** (amies) comme moyen d'éliminer ce fardeau.

Erreur de programmation courante 6.11

Un constructeur peut appeler d'autres fonctions membres de la classe, dont des fonctions d'écriture (set) ou de lecture (get), mais les membres de données ne peuvent obtenir un état cohérent avant que le constructeur n'ait initialisé l'objet. L'utilisation de membres de données avant leur initialisation adéquate peut provoquer des erreurs de logique.

```
1   // Fig. 6.10: temps3.h
2   // Déclaration de la classe Temps.
3   // Les fonctions membres sont définies dans temps3.cpp.
4
5   // Directives de précompilation qui empêchent
6   // de multiples inclusions du fichier d'en-tête.
7   #ifndef TEMPS3_H
8   #define TEMPS3_H
9
10  class Temps {
11  public:
12      Temps( int = 0, int = 0, int = 0 );  // constructeur.
13
14      // fonctions d'écriture/ajustement (set).
15      void ajusterTemps( int, int, int );  // ajuste heure, minute, seconde.
16      void ajusterHeure( int );            // ajustement de heure.
17      void ajusterMinute( int );           // ajustement de minute.
18      void ajusterSeconde( int );          // ajustement de seconde.
19
20      // fonctions de lecture (get).
21      int lectureHeure();                  // renvoie heure.
22      int lectureMinute();                 // renvoie minute.
23      int lectureSeconde();                // renvoie seconde.
24
25      void afficherMilitaire();            // sortie, temps militaire.
26      void afficherStandard();             // sortie, temps standard.
27
28  private:
29      int heure;              // 0 - 23
30      int minute;             // 0 - 59
31      int seconde;            // 0 - 59
32  };
33
34  #endif
```

Figure 6.10   Utilisation des fonctions d'écriture (set) et de lecture (get)-**temps3.h**.

```
35  // Fig. 6.10: temps3.cpp
36  // Définitions des fonctions membres pour la classe Temps.
37  #include <iostream>
38
39  using std::cout;
```

Figure 6.10   Utilisation des fonctions d'écriture (set) et de lecture (get)-**temps3.cpp**.
(1 de 2)

```
40
41  #include "temps3.h"
42
43  // Fonction constructeur initialisant les données private.
44  // Appelle la fonction membre ajusterTemps pour ajuster
45  // les variables. Les valeurs par défaut sont de 0.
46  Temps::Temps( int hr, int min, int sec )
47     { ajusterTemps( hr, min, sec ); }
48
49  // Ajuste les valeurs de heure, minute et seconde.
50  void Temps::ajusterTemps( int h, int m, int s )
51  {
52     ajusterHeure( h );
53     ajusterMinute( m );
54     ajusterSeconde( s );
55  }
56
57  // Ajuste la valeur de heure.
58  void Temps::ajusterHeure( int h )
59     { heure = ( h >= 0 && h < 24 ) ? h: 0; }
60
61  // Ajuste la valeur de minute.
62  void Temps::ajusterMinute( int m )
63     { minute = ( m >= 0 && m < 60 ) ? m: 0; }
64
65  // Ajuste la valeur de seconde.
66  void Temps::ajusterSeconde( int s )
67     { seconde = ( s >= 0 && s < 60 ) ? s: 0; }
68
69  // Lit la valeur de heure.
70  int Temps::lectureHeure() { return heure; }
71
72  // Lit la valeur de minute.
73  int Temps::lectureMinute() { return minute; }
74
75  // Lit la valeur de seconde.
76  int Temps::lectureSeconde() { return seconde; }
77
78  // Affiche le temps en format militaire.
79  void Temps::afficherMilitaire()
80  {
81     cout << ( heure < 10 ? "0": "" ) << heure << ":"
82          << ( minute < 10 ? "0": "" ) << minute;
83  }
84
85  // Affiche le temps en format standard.
86  void Temps::afficherStandard()
87  {
88     cout << ( ( heure == 0 || heure == 12 ) ? 12: heure % 12 )
89          << ":" << ( minute < 10 ? "0": "" ) << minute
90          << ":" << ( seconde < 10 ? "0": "" ) << seconde
91          << ( heure < 12 ? " AM": " PM" );
92  }
```

Figure 6.10   Utilisation des fonctions d'écriture (set) et de lecture (get)-**temps3.cpp**. (2 de 2)

```
93   // Fig. 6.10: fig06_10.cpp
94   // Démonstration des fonctions set & get de la classe Temps.
95   #include <iostream>
96
97   using std::cout;
98   using std::endl;
99
100  #include "temps3.h"
101
102  void incrementerMinute( Temps &, const int );
103
104  int main()
105  {
106     Temps t;
107
108     t.ajusterHeure( 17 );
109     t.ajusterMinute( 34 );
110     t.ajusterSeconde( 25 );
111
112     cout << "Résultat d'un ajustement avec des valeurs valides:\n"
113          << "  Heure: " << t.lectureHeure()
114          << "  Minute: " << t.lectureMinute()
115          << "  Seconde: " << t.lectureSeconde();
116
117     t.ajusterHeure( 234 );     // heure non valide, ajustée à 0.
118     t.ajusterMinute( 43 );
119     t.ajusterSeconde( 6373 ); // seconde non valide, ajustée à 0.
120
121     cout << "\n\nRésultat avec des valeurs non valables pour"
122          << " heure et seconde:\n  Heure: " << t.lectureHeure()
123          << "  Minute: " << t.lectureMinute()
124          << "  Seconde: " << t.lectureSeconde() << "\n\n";
125
126     t.ajusterTemps( 11, 58, 0 );
127     incrementerMinute( t, 3 );
128
129     return 0;
130  }
131
132  void incrementerMinute(Temps &tt, const int compteur)
133  {
134     cout << "Incrémentation de minute " << compteur
135          << " fois:\nTemps de départ: ";
136     tt.afficherStandard();
137     for ( int i = 0; i < compteur; i++ ) {
138        tt.ajusterMinute( ( tt.lectureMinute() + 1 ) % 60);
139
140        if ( tt.lectureMinute() == 0 )
141           tt.ajusterHeure( ( tt.lectureHeure() + 1 ) % 24);
142
143        cout << "\nminute + 1: ";
144        tt.afficherStandard();
```

Figure 6.10   Utilisation des fonctions d'écriture (set) et de lecture (get)-**fig06_10.cpp**.
             (1 de 2)

```
145    }
146
147    cout << endl;
148 }
```

```
Résultat d'un ajustement avec des valeurs valides:
  Heure: 17  Minute: 34  Seconde: 25
Résultat avec des valeurs non valables pour heure et seconde:
  Heure: 0  Minute: 43  Seconde: 0
Incrémentation de minute 3 fois:
Temps de départ: 11:58:00 AM
minute + 1: 11:59:00 AM
minute + 1: 12:00:00 PM
minute + 1: 12:01:00 PM
```

Figure 6.10   Utilisation des fonctions d'écriture (set) et de lecture (get)-**fig06_10.cpp**. (2 de 2)

L'utilisation de fonctions d'écriture (*set*) est certainement importante sur le plan du génie logiciel, puisque ces fonctions peuvent assurer un contrôle de validation. Les fonctions d'écriture et de lecture présentent un autre avantage important pour la conception de logiciels.

Observation de génie logiciel 6.23

*En plus de protéger les membres de données contre la réception de données non valables, l'accès à des données **private** par le biais de fonctions membres d'écriture* (set) *ou de lecture* (get) *isole également les clients de la classe par rapport à la représentation des membres de données. Par conséquent, si, pour quelque raison que ce soit, la représentation des données doit changer (de manière typique pour réduire la quantité de mémoire requise ou pour améliorer la performance), seules les fonctions membres devront être changées. Les clients ne nécessiteront pas de modification aussi longtemps que l'interface fournie par les fonctions membres demeure inchangée. Toutefois, les clients auront peut être besoin d'une nouvelle compilation.*

6.15   Piège subtil: renvoi d'une référence vers un membre de donnée `private`

Une référence vers un objet constitue un alias pour le *nom* de l'objet référencé et peut donc se retrouver du côté gauche d'une instruction d'affectation. Dans ce contexte, la référence représente une *valeur gauche* parfaitement acceptable, pouvant recevoir une valeur. Une des façons d'employer cette possibilité (malheureusement!) est de demander à une fonction membre **public** d'une classe de renvoyer une référence non **const** vers un membre de données **private** de cette classe.

La figure 6.11 utilise une classe **Temps** simplifiée pour démontrer le retour d'un membre de données **private**. En réalité, un tel renvoi transforme un appel vers la fonction **mauvaiseHeure** en un alias pour le membre de données **private** appelé **heure**! L'appel de fonction peut se faire de toutes les façons qui permettent d'utiliser le membre de données **private**, même comme *valeur gauche* dans une instruction d'affectation!

Bonne pratique de programmation 6.8

*Ne demandez jamais à une fonction membre **public** de renvoyer une référence (ou un pointeur) non **const** vers un membre de donnée **private**. Le renvoi d'une telle référence transgresse l'encapsulation de la classe. En fait, le renvoi d'''une référence ou d'un pointeur vers une donnée privée rend le code client encore dépendant de la représentation des données de la classe. Et c'est pour cela qu'il faut éviter le retour de pointeurs ou de références vers des données privées.*

```
1    // Fig. 6.11: temps4.h
2    // Déclaration de la classe Temps.
3    // Les fonctions membres sont définies dans temps4.cpp.
4
5    // Directives de précompilation qui empêchent
6    // de multiples inclusions du fichier d'en-tête.
7    #ifndef TEMPS4_H
8    #define TEMPS4_H
9
10   class Temps {
11   public:
12      Temps( int = 0, int = 0, int = 0 );
13      void ajusterTemps( int, int, int );
14      int lectureHeure();
15      int &mauvaiseHeure( int );     // DANGER: renvoi de référence.
16   private:
17      int heure;
18      int minute;
19      int seconde;
20   };
21
22   #endif
```

Figure 6.11   Renvoi d'une référence vers un membre de données **private-temps4.h**.

```
23   // Fig. 6.11: temps4.cpp
24   // Définition des fonctions membres pour la classe Temps.
25   #include "temps4.h"
26
27   // Fonction constructeur initialisant les données private.
28   // Appelle la fonction membre ajusterTemps pour ajuster les
29   // variables. Les valeurs par défaut sont de 0.
30   Temps::Temps( int hr, int min, int sec )
31      { ajusterTemps( hr, min, sec ); }
32
33   // Ajuste les valeurs de heure, minute et seconde.
34   void Temps::ajusterTemps( int h, int m, int s )
35   {
36      heure   = ( h >= 0 && h < 24 ) ? h: 0;
37      minute  = ( m >= 0 && m < 60 ) ? m: 0;
38      seconde = ( s >= 0 && s < 60 ) ? s: 0;
39   }
40
41   // Lecture de la valeur de heure.
42   int Temps::lectureHeure() { return heure; }
43
44   // MAUVAISE PRATIQUE DE PROGRAMMATION:
45   // Renvoi d'une référence vers un membre de données private.
46   int &Temps::mauvaiseHeure( int hh )
47   {
48      heure = ( hh >= 0 && hh < 24 ) ? hh: 0;
```

Figure 6.11   Renvoi d'une référence vers un membre de données
                private-temps4.cpp. (1 de 2)

```
49
50        return heure;   // DANGER: renvoi de référence.
51    }
```

Figure 6.11   Renvoi d'une référence vers un membre de données
`private-temps4.cpp`. (2 de 2)

```
52    // Fig. 6.11: fig06_11.cpp
53    // Démonstration d'une fonction membre public qui renvoie
54    // une référence vers un membre de données private.
55    // La classe Temps a été simplifiée pour cet exemple.
56    #include <iostream>
57
58    using std::cout;
59    using std::endl;
60
61    #include "temps4.h"
62
63    int main()
64    {
65        Temps t;
66        int &heureRef = t.mauvaiseHeure( 20 );
67
68        cout << "Heure avant modification: " << heureRef;
69        heureRef = 30;     // modification avec une valeur non valable
70        cout << "\nHeure après modification: " << t.lectureHeure();
71
72        // DANGER: Appel de fonction qui renvoie une référence
73        // pouvant être utilisée comme valeur gauche!
74        t.mauvaiseHeure(12) = 74;
75        cout << "\n\n*************************************\n"
76            << "MAUVAISE PRATIQUE DE PROGRAMMATION !!!\n"
77            << "mauvaiseHeure devient valeur gauche, Heure: "
78            << t.lectureHeure()
79            << "\n*************************************" << endl;
80
81        return 0;
82    }
```

```
Heure avant modification: 20
Heure après modification: 30
*************************************
MAUVAISE PRATIQUE DE PROGRAMMATION !!!
mauvaiseHeure devient valeur gauche, Heure: 74
*************************************
```

Figure 6.11   Renvoi d'une référence vers un membre de données
`private-fig06_11.cpp`.

Le programme débute par la déclaration de l'objet **Temps**, nommé **t**, et de la référence **heureRef** qui reçoit la référence retournée par l'appel **t.mauvaiseHeure(20)**. Le programme affiche la valeur de l'alias **heureRef**. Ensuite, l'alias définit à 30 la valeur de **heure** (une valeur non valable) qui est affichée de nouveau. Finalement, l'appel est utilisé lui-même comme *valeur gauche*, reçoit la valeur 74 (une autre valeur inacceptable) et la valeur finale est affichée.

6.16 Affectation à l'aide de la copie par défaut au niveau des membres

L'opérateur d'affectation (=) peut servir à affecter un objet à un autre objet de même type. Par défaut, une telle affectation se fait par *copie de membre à membre*; chaque membre d'un objet est copié (affecté) individuellement dans le membre correspondant d'un autre objet (voir figure 6.12). Remarque: la copie de membre à membre peut engendrer de sérieux problèmes si on l'utilise avec une classe dont les membres de données contiennent de la mémoire allouée de manière dynamique. Le chapitre 8, *Surcharge des opérateurs*, expose ces problèmes et illustre une manière de les contourner.

Les objets peuvent être passés en arguments de fonctions et peuvent être retournés par celles-ci. De tels passages et retours s'effectuent, par défaut, par valeur; une copie de l'objet est passée ou retournée. Nous en présentons plusieurs exemples au chapitre 8, *Surcharge des opérateurs*.

Astuce sur la performance 6.4

Le passage d'un objet par valeur est sécuritaire puisque la fonction appelée n'a aucun accès à l'objet d'origine, bien que cette forme d'appel puisse réduire les performances lors de copies d'objets volumineux. Un objet peut être transmis par référence en passant un pointeur ou une référence vers l'objet. Le passage par référence offre de bonnes performances, bien que le niveau de sécurité soit inférieur, du fait que la fonction appelée peut accéder à l'objet d'origine. Le passage par référence **const** *représente une alternative sécurisée et de performance accrue.*

```
1    // Fig. 6.12: fig06_12.cpp
2    // Démonstration que les objets d'une classe peuvent être
3    // affectés ensemble avec une copie au membre par défaut.
4    #include <iostream>
5
6    using std::cout;
7    using std::endl;
8
9    // Classe simple Date.
10   class Date {
11   public:
12      Date( int = 1, int = 1, int = 1990 ); // constructeur par défaut.
13      void afficher();
14   private:
15      int jour;
16      int mois;
17      int annee;
18   };
19
20   // Constructeur Date simple sans contrôle de l'échelle.
21   Date::Date( int j, int m, int a )
22   {
23      jour = j;
24      mois = m;
25      annee = a;
26   }
27
```

Figure 6.12   Affectation d'un objet à un autre avec une copie au membre par défaut. (1 de 2)

```
28    // Affiche Date selon le format jour-mois-année.
29    void Date::afficher()
30       { cout << jour << '-' << mois << '-' << annee; }
31
32    int main()
33    {
34       Date date1( 4, 7, 1993 ), date2;  // d2 ajuste par défaut à 1/1/90.
35
36       cout << "date1 = ";
37       date1.afficher();
38       cout << "\ndate2 = ";
39       date2.afficher();
40
41       date2 = date1;   // affectation par copie au membre par défaut.
42       cout << "\n\nAprès copie au membre par défaut, date2 = ";
43       date2.afficher();
44       cout << endl;
45
46       return 0;
47    }
```

```
date1 = 4-7-1993
date2 = 1-1-1990
Après copie au membre par défaut, date2 = 4-7-1993
```

Figure 6.12   Affectation d'un objet à un autre avec une copie au membre par défaut.
(2 de 2)

6.17 Réutilisation de logiciels

Les personnes qui concoctent des programmes orientés objets se concentrent essentiellement sur l'implémentation de classes utiles. Une belle occasion se présente de collectionner et cataloguer les classes, afin qu'elles soient accessibles pour la plus grande partie de la communauté des programmeurs. Nombre de *bibliothèques de classes* existent, tandis que certaines d'entre elles sont développées au niveau mondial. Des efforts sont développés pour rendre ces bibliothèques disponibles à très grande échelle. Les logiciels sont conçus de plus en plus souvent à partir de composants existants bien définis, vérifiés avec soin, bien documentés, portables et disponibles à grande échelle. Cette réutilisation des logiciels accélère le développement d'autres logiciels puissants et de qualité supérieure. Le *développement rapide d'applications* (*Rapid Applications Developpement* ou *RAD* en anglais) par le biais des mécanismes des composants réutilisables est devenu un champ d'activité important.

Toutefois, avant d'assimiler pleinement le potentiel de la réutilisation des logiciels, des problèmes significatifs doivent être résolus. Nous avons besoin de plans et d'idées pour les licences et le catalogage, de mécanismes de protection pour garantir que les copies maîtres des classes ne puissent être corrompues, de plans descriptifs pour que les concepteurs puissent déterminer les objets pouvant satisfaire leurs besoins, de mécanismes de listage pour déterminer les classes disponibles et la manière dont elles peuvent satisfaire les besoins des concepteurs et ainsi de suite. Des recherches intéressantes et des problèmes de développement attendent des réponses. La motivation est grande de résoudre ces problèmes, puisque la valeur potentielle de leurs solutions est gigantesque.

6.18 (Étude de cas optionnelle) À propos des objets: programmation des classes pour le simulateur d'ascenseur

Dans les sections *À propos des objets* des chapitres 1 à 5, nous avons introduit les principes de base de l'orientation objets et avons effectué toute la démarche associée à la conception orientée objets d'un simulateur d'ascenseur. Nous avons discuté tout au long du chapitre 6 des détails de programmation et de l'utilisation des classes en C++. Nous entamons à présent l'implémentation en C++ de notre conception orientée objets. Dans cette section, nous allons utiliser notre diagramme de classes UML pour mettre en évidence les fichiers d'en-tête C++ qui définissent nos classes.

Implémentation: visibilité

Dans le corps de ce même chapitre, nous avons introduit les identificateurs d'accès **public** et **private**. Avant de créer les fichiers d'en-têtes de classes, repérons d'abord les éléments du diagramme de classes que nous devrions définir comme publics et ceux qui devraient être plutôt privés.

Observation de génie logiciel 6.24

Chaque élément d'une classe aura de préférence une visibilité privée jusqu'à preuve que cet élément doive réellement porter une visibilité publique.

Au cours de ce chapitre, nous avons évoqué le fait que les membres de données sont généralement privés, mais qu'en est-il des fonctions membres? Les opérations d'une classe sont généralement des fonctions membres. Ces opérations sont invoquées par les clients de cette classe et, par conséquent, les fonctions membres doivent être publiques. En UML, la visibilité **public** est indiquée par un signe plus (+) devant un élément déterminé (une fonction membre ou une donnée membre), tandis que le signe moins (–) indique la visibilité **private**. La figure 6.13 montre le diagramme de classe affublé des signes de visibilité. Notez que nous y avons ajouté l'opération **personneArrive** à la classe **Etage** par rapport au diagramme de classes de la figure 4.25, cette opération provenant du diagramme de séquence de la figure 4.27. En écrivant les fichiers d'en-tête en C++ pour les classes du système, nous plaçons automatiquement les éléments désignés d'un «+» dans les sections **public** et les éléments marqués d'un «-» dans les sections **private** des déclarations des classes.

Implémentation: les identificateurs

Pour permettre à un objet d'une classe A de communiquer avec un objet d'une classe B, l'objet de la classe A doit disposer de ce que l'on appelle un *identificateur* sur l'objet de la classe B. Ceci signifie que, soit l'objet de classe A doit connaître le nom de l'objet de classe B, soit l'objet de classe A doit maintenir une référence (voir section 3.17) ou encore un pointeur (chapitre 5) vers l'objet de classe B.[2] La figure 5.36 contenait une liste de collaborations entre objets du système. Les classes de la colonne de gauche du tableau ont besoin d'un identificateur sur chacune des classes de la colonne de droite du tableau pour pouvoir envoyer des messages à ces classes. La figure 6.14 liste les identificateurs de chaque classe, selon les informations affichées dans le tableau de la figure 5.36.

Dans le corps du chapitre 6, nous avons analysé la mise en place des identificateurs en C++ sous la forme de références et de pointeurs vers des classes (et, une fois encore, nous préférons de loin les références aux pointeurs, lorsque c'est possible). Ces références deviennent ensuite des attributs, des données, de la classe. Jusqu'à ce que nous étudiions la composition au chapitre 7, nous ne pouvons encore représenter chaque élément de la figure 6.14 dans nos fichiers d'en-tête de classes. Nous étudierons ces cas particuliers sous peu.

---

2. Dans la situation où le nom de l'objet de classe B n'est pas disponible pour l'objet de classe A, nous préférons des références au lieu de pointeurs (si la siuation s'y prête), parce que les références sont, de façon intrinsèque, plus sûres que les pointeurs.

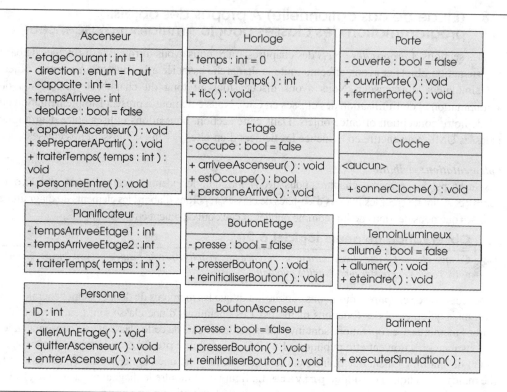

Figure 6.13   Diagramme de classes complet avec les notes de visibilité.

Classe	Identificateurs
Ascenseur	BoutonAscenseur, Cloche, Etage, Porte
Horloge	
Planificateur	Personne, Etage
Personne	BoutonEtage, BoutonAscenseur, Ascenseur, Etage
Etage	BoutonEtage, TemoinLumineux
BoutonEtage	Ascenseur
BoutonAscenseur	Ascenseur
Porte	Personne
Cloche	
TemoinLumineux	
Batiment	Horloge, Planificateur, Ascenseur

Figure 6.14   Liste des identificateurs de chaque classe.

Implémentation: fichiers d'en-tête de classes

Les notions de la programmation des classes en C++ étant maintenant assimilées, nous sommes prêts à entamer l'écriture de code pour le simulateur d'ascenseur. Dans cette section, nous examinons les fichiers d'en-tête de classes pour le système. À la section *À propos des objets* du chapitre 7, nous présenterons le code en C++ complet et fonctionnel du simulateur et au chapitre 9, nous modifierons ce code pour y incorporer l'héritage.

Pour montrer l'ordre dans lequel les constructeurs et les destructeurs s'enchaînent, nous créerons un constructeur et un destructeur pour chacune de ces classes qui affichent de simples messages indiquant qu'ils s'exécutent. Nous incluons le prototype de ces constructeurs et destructeurs dans les fichiers d'en-tête et plaçons leur implémentation dans les fichiers **.cpp** présentés au chapitre 7.

La figure 6.15 liste le contenu du fichier d'en-tête de la classe **Cloche**. Au départ du diagramme de classes de la figure 6.13, nous déclarons un constructeur, un destructeur (lignes 8 et 9) et la fonction membre **sonnerCloche** (ligne 10). Toutes ces fonctions membres ont une visibilité publique. Nous n'avons identifié aucun autre élément **public** ni **private** pour cette classe, de sorte que nous pouvons considérer ce fichier d'en-tête comme complet.

La figure 6.16 reprend le contenu du fichier d'en-tête de la classe **Horloge**. Nous lui donnons un constructeur et un destructeur (lignes 8 et 9) et les fonctions membres **public tic()**, **lectureTemps()** (lignes 10 et 11) prises dans la figure 6.13. Nous implantons l'attribut **temps** dans le fichier d'en-tête de classe en déclarant un membre de donnée **private** nommé **temps** et de type **int** (ligne 13). Une fois par seconde de la simulation, un objet de la classe **Batiment** invoque la fonction membre **lectureTemps** d'un objet de la classe **Horloge** pour connaître la valeur du **temps** et invoque aussi la fonction membre **tic** pour incrémenter **temps**.

```
1    // cloche.h
2    // Definition de la classe Cloche.
3    #ifndef BELL_H
4    #define BELL_H
5
6    class Cloche {
7    public:
8       Cloche();                    // constructeur.
9       ~Cloche();                   // destructeur.
10      void sonnerCloche();         // sonner la cloche.
11   };
12
13   #endif // CLOCHE_H
```

Figure 6.15   En-tête de la classe **Cloche**.

```
1    // horloge.h
2    // Definition de la classe Horloge.
3    #ifndef HORLOGE_H
4    #define HORLOGE_H
5
6    class Horloge {
7    public:
8       Horloge();                   // constructeur.
9       ~Horloge();                  // destructeur.
10      void tic();                  // incrémenter horloge d'une seconde.
```

Figure 6.16   En-tête de la classe **Horloge**. (1 de 2)

```
11       int lectureTemps();          // retourne le temps courant de l'horloge.
12   private:
13       int temps;                    // temps horloge.
14   };
15
16   #endif // HORLOGE_H
```

Figure 6.16   En-tête de la classe **Horloge**. (2 de 2)

La figure 6.17 montre le contenu du fichier d'en-tête de la classe **Personne**. Nous déclarons l'attribut **ID** à la ligne 16 et, aux lignes 12 à 14, les opérations respectivement de **allerAUnEtage**, **entrerAscenseur** et **quitterAscenseur**, déduites du diagramme de classes de la figure 6.13. Nous déclarons également une fonction membre publique **lectureID** à la ligne 10 qui retourne le numéro d'identification (ID) de la personne. Nous utilisons cette opération pour conserver une trace des gens présents dans la simulation.

Les objets de la classe **Personne** ne sont pas créés au début de la simulation: ils sont créés de manière aléatoire et dynamique au fur et à mesure de la simulation. C'est la raison pour laquelle nous devons implanter défféremment les objets de classe **Personne** des objets des autres classes du système. Après l'étude de la création dynamique d'objets au chapitre 7, nous ajouterons des éléments essentiels à cet en-tête de la classe **Personne**.

La figure 6.18 reprend la liste du fichier d'en-tête de la classe **Porte**. Nous y déclarons un constructeur et un destructeur aux lignes 8 et 9 et les fonctions membres publiques **ouvrirPorte** et **fermerPorte** aux lignes 11 et 12. Nous déclarons aussi la donnée membre privée **ouverte** à la ligne 14. Le tableau de la figure 6.14 établit que la classe **Porte** a besoin d'un identificateur sur la classe **Personne**. Cependant, comme les objets de la classe **Personne** sont créés dynamiquement dans le système, nous ne sommes pas certains, à ce stade, de la manière dont il faut implanter les identificateurs vers des objets de la classe **Personne**. Après l'étude de la création dynamique d'objets au chapitre 7, nous aurons une meilleure idée de la manière de mettre en place de tels identificateurs vers la classe **Personne**.

```
1    // personne.h
2    // Définition de la classe Personne.
3    #ifndef PERSON_H
4    #define PERSON_H
5
6    class Personne {
7    public:
8       Personne( int );            // constructeur.
9       ~Personne();                 // destructeur.
10      int lectureID();             // retourne l'ID de la personne.
11
12      void allerAUnEtage();
13      void entrerAscenseur();
14      void quitterAscenseur() const;
15   private:
16      int ID;                      // ID unique de personne.
17   };
18
19   #endif // PERSONNE_H
```

Figure 6.17   En-tête de la classe **Personne**.

```
1   // porte.h
2   // Definition de la classe Porte.
3   #ifndef PORTE_H
4   #define PORTE_H
5
6   class Porte {
7   public:
8      Porte();                    // constructeur.
9      ~Porte();                   // destructeur.
10
11     void ouvrirPorte();
12     void fermerPorte();
13  private:
14     bool ouverte;               // ouverte ou fermée.
15  };
16
17  #endif // PORTE_H
```

Figure 6.18   En-tête de la classe **Porte**.

```
1   // temoinLumineux.h
2   // Definition de la classe TemoinLumineux.
3   #ifndef TEMOINLUMINEUX_H
4   #define TEMOINLUMINEUX_H
5
6   class TemoinLumineux {
7   public:
8      TemoinLumineux( char * );  // constructeur.
9      ~TemoinLumineux();         // destructeur.
10     void allumer();            // allumer le témoin lumineux.
11     void eteindre();           // éteindre le témoin lumineux.
12  private:
13     bool allume;               // true si allumé; false si éteint.
14     char *nom;                 // étage où le témoin lumineux est allumé.
15  };
16
17  #endif // TEMOINLUMINEUX_H
```

Figure 6.19   En-tête de la classe **TemoinLumineux**.

La liste du contenu du fichier d'en-tête de la classe **TemoinLumineux** est reprise à la figure 6.19. Le diagramme de classes de la figure 6.13 nous amène à déclarer les fonctions membres publiques **allumer** et **eteindre**, ainsi que la donnée membre privée **allume** (prononcez «allumé») de type **bool**. Dans ce fichier d'en-tête, nous introduisons aussi une nouveauté dans l'implémentation: la nécessité de distinguer différents objets d'une même classe dans le système. Nous savons que la simulation contient deux objets de classe **TemoinLumineux**: l'un appartient au premier étage et l'autre au second. Nous voulons une distinction entre ces deux objets à des fins d'affichage, donc nous devons donner un nom à ces deux objets. C'est la raison pour laquelle nous avons ajouté la ligne 14,

```
    char *nom;             // étage où le témoin lumineux est allumé.
```

dans la section **private** de la déclaration de la classe. Nous avons aussi ajouté un paramètre **char** * au constructeur de la ligne 8, de façon que nous puissions initialiser le nom de chaque objet de la classe **TemoinLumineux**.

```
1    // batiment.h
2    // Definition de la classe Batiment.
3    #ifndef BATIMENT_H
4    #define BATIMENT_H
5
6    class Batiment {
7    public:
8       Batiment();                          // constructeur.
9       ~Batiment();                         // destructeur.
10
11      // lancer la simulation pour une duree donnee.
12      void executerSimulation( int );
13   private:
14      // Au chapitre 7, nous montrons comment inclure:
15      // deux objets de la classe Etage,
16      // un objet de la classe Ascenseur,
17      // un objet de la classe Horloge,
18      // un objet de la classe Planificateur.
19   };
20
21   #endif // BATIMENT_H
```

Figure 6.20   En-tête de la classe **Batiment**.

La figure 6.20 liste le contenu du fichier d'en-tête de la classe **Batiment**. La section **public** de la déclaration de cette classe inclut un constructeur, un destructeur, et la fonction membre **executerSimulation**, déduite de la figure 6.13. Lorsque nous avons identifié l'opération **executerSimulation** au chapitre 4, nous ne savions pas quel objet invoquerait la fonction pour lancer la simulation. Maintenant que nous avons étudié les classes en C++, nous savons qu'il faut déclarer un objet de la classe **Batiment** dans **main** et que c'est **main** qui invoque **executerSimulation**. Le code du programme principal est le suivant:

```
Batiment batiment;                    // créer l'objet batiment.
batiment.executerSimulation();        // appeler executerSimulation.
```

Nous avons aussi choisi d'inclure un paramètre de type **int** dans la déclaration de **executerSimulation**. L'objet **batiment** exécutera la simulation de l'ascenseur pour un nombre déterminé de secondes, indiquant la durée de la simulation. Le tableau de la figure 6.14 indique que la classe **Batiment** nécessite des identificateurs vers les objets qui le composent. Nous ne pouvons implanter ces identificateurs pour l'instant parce que nous n'avons pas encore vu la composition. Par conséquent, nous retardons jusqu'au chapitre 7 l'implémentation des objets qui composent la classe **Batiment** (voir les commentaires des lignes 14 à 18 de la figure 6.20).

La figure 6.21 liste le contenu du ffichier d'en-tête de la classe **BoutonAscenseur**. Nous déclarons l'attribut **presse**, les fonctions membres **presserBouton** et **reinitialiserBouton**, collectés dans le diagramme de classes de la figure 6.13, le constructeur et le destructeur. La figure 6.14 établit que la classe **BoutonAscenseur** nécessite un identificateur vers l'ascenseur. À la ligne 19,

```
Ascenseur &refAscenseur;
```

nous incluons ce identificateur que, notez-le, nous avons choisi de représenter sous la forme d'une référence. Nous verrons au chapitre 7 comment envoyer des messages à l'ascenseur par le biais de cette référence.

```
1   // boutonAscenseur.h
2   // Definition de la classe BoutonAscenseur.
3   #ifndef BOUTONASCENSEUR_H
4   #define BOUTONASCENSEUR_H
5
6   class Ascenseur;                        // déclaration préliminaire.
7
8   class BoutonAscenseur {
9   public:
10      BoutonAscenseur( Ascenseur & );     // constructeur.
11      ~BoutonAscenseur();                 // destructeur.
12
13      void presserBouton();               // presser le bouton.
14      void reinitialiserBouton();         // réinitialiser le bouton.
15   private:
16      bool presse;                        // état du bouton.
17
18      // référence à l'ascenseur du bouton.
19      Ascenseur &refAscenseur;
20   };
21
22   #endif // BOUTONASCENSEUR_H
```

Figure 6.21   En-tête de la classe **BoutonAscenseur**.

Il est obligatoire d'initialiser une référence lors de sa déclaration, mais il ne nous est pas permis d'affecter une valeur au membre de donnée de la classe dans le fichier d'en-tête. Par conséquent, une référence doit être initialisée dans le constructeur qui contient la déclaration de la référence, et nous passons au constructeur une référence à l'**Ascenseur** sous la forme d'un paramètre à la ligne 10.

La ligne 6,

```
class Ascenseur;    // déclaration préliminaire.
```

constitue une *déclaration préliminaire* de la classe **Ascenseur**. La déclaration préliminaire permet de déclarer une référence à un objet de la classe **Ascenseur** sans devoir inclure le fichier d'en-tête de la classe **Ascenseur** dans celui de la classe **BoutonAscenseur**.[3]

La figure 6.22 propose la liste du fichier d'en-tête de la classe **BoutonEtage**. Ce fichier d'en-tête est identique à celui de la classe **BoutonAscenseur**, à l'exception de la déclaration d'un membre de donnée privé nommé **numeroEtage**, de type **int**. Les objets de classe **BoutonEtage** doivent savoir à quel étage ils appartiennent pour des raisons d'affichage au cours de la simulation. Le numéro d'étage est passé en argument du constructeur à la ligne 10, à des fins d'initialisation.

La figure 6.23 liste le contenu du fichier d'en-tête de la classe **Planificateur**. Aux lignes 22 et 23,

```
int tempsArriveeEtage1;
int tempsArriveeEtage1;
```

Nous déclarons les membres de données privés de la classe **Planificateur** qui correspondent aux attributs identifiés pour cette classe à la figure 6.13. À la ligne 12, nous déclarons la fonction membre publique **traiterTemps** qui correspond à l'opération identifiée à la section *À propos des objets* du chapitre 4.

---

3. L'utilisation d'une déclaration préliminaire, si elle est possible, au lieu d'inclure la totalité du fichier d'en-tête permet d'éviter tout problème de précompilation du genre des inclusions circulaires. Nous étudions ce phénomène plus en détail au chapitre 7.

```
1    // boutonEtage.h
2    // Definition de la classe BoutonEtage.
3    #ifndef BOUTONETAGE_H
4    #define BOUTONETAGE_H
5
6    class Ascenseur;                         // déclaration préliminaire.
7
8    class BoutonEtage {
9    public:
10      BoutonEtage( int, Ascenseur & );     // constructeur.
11      ~BoutonEtage();                      // destructeur.
12
13      void presserBouton();                // presser le bouton.
14      void reinitialiserBouton();          // réinitialiser le bouton.
15
16   private:
17      const int numeroEtage;               // Numéro de l'étage du bouton.
18      bool presse;                         // état du bouton.
19
20      // référence à l'étage du bouton.
21      Ascenseur &refAscenseur;
22   };
23
24   #endif // BOUTONETAGE_H
```

Figure 6.22   En-tête de la classe **BoutonEtage**.

```
1    // planificateur.h
2    // Definition de la classe Planificateur.
3    #ifndef PLANIFICATEUR_H
4    #define PLANIFICATEUR_H
5
6    class Etage;                            // déclaration préliminaire.
7
8    class Planificateur {
9    public:
10      Planificateur( Etage &, Etage & );   // constructeur.
11      ~Planificateur();                    // destructeur.
12      void traiterTemps( int );            // définir le temps du planificateur.
13   private:
14      // Planifier l'arrivée à un étage.
15      void planifierArrivee( Etage & );
16
17      // Retarder l'arrivée à un étage.
18      void retarderArrivee( Etage & );
19
20      Etage &refEtage1;
21      Etage &refEtage2;
22      int tempsArriveeEtage1;
23      int tempsArriveeEtage2;
24   };
25
26   #endif // PLANIFICATEUR_H
```

Figure 6.23   En-tête de la classe **Planificateur**.

Aux lignes 14 à 18, nous déclarons les fonctions que nous avons identifiées dans le diagramme de séquence de la figure 4.27. Ces fonctions prennent en paramètre une référence à un objet de la classe **Etage**. Notez que nous n'avons pas repris ces fonctions dans la liste des opérations (c'est-à-dire dans la liste des fonctions membres publiques), parce que ces méthodes ne sont pas appelées par des objets clients. Au lieu de ceci, ces méthodes sont utilisées par la seule classe **Planificateur** pour effectuer ses propres actions internes. Par conséquent, nous plaçons ces méthodes dans la section **private** de la déclaration de la classe.

Aux lignes 20 et 21, nous déclarons les identificateurs identifiés à la figure 6.14 et, à nouveau, nous implantons ces identificateurs comme des références à un objet de la classe **Etage**. La classe **Planificateur** a besoin de ces identificateurs pour envoyer le message **estOccupe** aux deux étages de la simulation comme l'indiquait le diagramme de la figure 4.27. Nous devons aussi placer une déclaration préliminaire pour la classe **Etage** à la ligne 6, de façon à pouvoir déclarer les références.

La figure 6.24 contient le fichier d'en-tête de la classe **Etage**. Nous déclarons les fonctions membres publiques **arriveeAscenseur**, **estOccupe** et **personneArrive** déduites de la figure 6.13. Nous déclarons également la fonction membre publique **ascenseurEnPartance** en ligne 26. Nous ajoutons cette fonction membre de manière à permettre à l'ascenseur d'indiquer à l'étage quand il se prépare à partir. L'ascenseur invoque l'opération **ascenseurEnPartance** et l'étage réagit en éteignant son témoin lumineux.

```cpp
// etage.h
// Definition de la classe Etage.
#ifndef ETAGE_H
#define ETAGE_H

class Ascenseur;                        // déclaration préliminaire.

class Etage {
public:
   Etage( int, Ascenseur & );          // constructeur.
   ~Etage();                           // destructeur.

   // Renvoie true si étage occupé.
   bool estOccupe();

   // Retourne le numéro d'étage.
   int lectureNumero();

   // Passer un identificateur à la nouvelle personne arrivant à l'étage.
   void personneArrive();

   // Notifier étage que l'ascenseur est arrivé.
   void arriveeAscenseur();

   // Notifier étage que l'ascenseur vient de partir.
   void ascenseurEnPartance();

   // Déclaration du composant BoutonEtage: voir chapitre 7.

private:
   int numeroEtage;                    // le numéro d'étage.
   Ascenseur &refAscenseur;            // pointeur vers l'ascenseur.
   // Déclaration du composant témoin lumineux: voir chapitre 7.
};

#endif // ETAGE_H
```

Figure 6.24   En-tête de la classe **Etage**.

À la ligne 31, nous avons ajouté un membre de donnée privé **numeroEtage** à la classe. Cette valeur a pour but l'affichage, comme nous l'avons fait pour le membre de donnée **numeroEtage** et la classe **BoutonEtage**. Nous avons ajouté un paramètre de type **int** au constructeur pour que le constructeur puisse initialiser ce membre de donnée. Nous avons également déclaré un identificateur vers la classe **Ascenseur**, identifié à la figure 6.14. Nous différons jusqu'au chapitre 7 la déclaration des membres qui composent la classe et qui proviennent de la classe **Etage** et de la classe **TemoinLumineux** (voir lignes 28 et 33).

Vient enfin le fichier d'en-tête de la classe **Ascenseur**, dont la figure 6.25 liste le contenu. Dans la section publique de la classe, nous déclarons les opérations **appelerAscenseur**, **sePreparerAPartir** et **traiterTemps**, déduites de la figure 6.13. Pour différencier les gens présents aux étages des gens présents dans l'ascenseur, nous renommons les deux dernières opérations listées sous la classe **Ascenseur**; nous les baptisons **passagerEntre** et **passagerQuitte**, et les déclarons dans la section publique du fichier d'en-tête. Nous déclarons aussi une référence à chacun des deux étages aux lignes 37 et 38; le constructeur de la ligne 10 initialisera ces références.

```
1   // ascenseur.h
2   // Definition de la classe Ascenseur.
3   #ifndef ASCENSEUR_H
4   #define ASCENSEUR_H
5
6   class Etage;                            // déclaration préliminaire.
7
8   class Ascenseur {
9   public:
10     Ascenseur( Etage &, Etage & );      // constructeur.
11     ~Ascenseur();                       // destructeur.
12
13     // Demander à l'ascenseur de servir un étage déterminé.
14     void appelerAscenseur( int );
15
16     // Preparer l'ascenseur à partir.
17     void sePreparerAPartir( bool );
18
19     // Donner le temps à l'ascenseur.
20     void traiterTemps( int );
21
22     // Notifier l'ascenseur de ce qu'un passager y embarque.
23     void passagerEntre( Personne * const );
24
25     // Notifier l'ascenseur de ce que le passager le quitte.
26     void passagerQuitte();
27
28     // Déclaration du composant BoutonAscenseur: voir chapitre 7.
29
30  private:
31     bool deplace;                       // état ascenseur.
32     int direction;                      // direction en cours.
33     int etageCourant;                   // emplacement actuel.
34
35     int tempsArrivee;                   // temps pour arriver à un étage.
36
```

Figure 6.25   En-tête de la classe **Ascenseur**. (1 de 2)

```
37    Etage &refEtage1;                    // référence à l'étage 1.
38    Etage &refEtage2;                    // référence à l'étage 2.
39
40    // Déclaration du composant Porte: voir chapitre 7.
41    // Déclaration du composant Cloche: voir chapitre 7.
42  };
43
44  #endif // ETAGE_H
```

Figure 6.25   En-tête de la classe **Ascenseur**. (2 de 2)

Dans la section **private** de la déclaration, nous insérons les attributs **deplace**, **direction**, **etageCourant** et **tempsArrivee** tirés de la figure 6.13. Nous n'avons pas besoin de déclarer l'attribut **capacite** car, au lieu de celui-ci, nous rédigerons le code pour garantir qu'une seule personne peut se trouver au même moment dans la cabine de l'ascenseur.

Conclusion

Dans la section suivante de *À propos des objets*, nous proposerons le code complet de la simulation d'ascenseur. Nous utiliserons les concepts présentés au chapitre suivant pour mettre en place des relations de composition, la création dynamique d'objets de la classe **Personne** et les fonctions et données membres **static** et **const**. La section *À propos des objets* du chapitre 9 exploitera l'héritage pour encore améliorer un peu plus la conception et l'implémentation de notre simulateur d'ascenseur orienté objets.

RÉSUMÉ

- Les structures sont construites sur le regroupement d'éléments d'autres types.

- Le mot clé **struct** introduit une définition de structure. Le corps de la structure est énoncé entre des accolades (**{** et **}**). Chaque définition de structure doit se terminer par un point-virgule.

- On peut utiliser un identificateur de structure pour déclarer des variables d'un type de structure.

- Les définitions de structure ne réservent pas d'espace mémoire; elles créent de nouveaux types de données qui sont utilisés pour déclarer des variables.

- On accède aux membres d'une structure ou d'une classe en utilisant les opérateurs d'accès à des membres: l'opérateur point (**.**) et l'opérateur flèche (**->**). L'opérateur point accède à une structure ou à un membre d'une classe par le biais du nom de la variable de l'objet ou via une référence à cet objet. L'opérateur flèche accède à un membre de structure ou à un membre d'une classe, via un pointeur vers l'objet.

- Les désavantages relatifs à la création de nouveaux types de données avec des **struct** sont: possibilité d'obtenir des données mal ou non initialisées; si l'implémentation de **struct** change, tous les programmes utilisant cette **struct** doivent être changés; aucune protection n'est assurée qui garantisse que les données conservent leur cohérence et des valeurs correctes.

- Les classes permettent au programmeur de modeler des objets possédant des attributs et des comportements. En C++, des types de classes peuvent être définis en utilisant les mots-clés **class** et **struct**, et le mot clé **class** est normalement le plus couramment utilisé.

- Le nom de la classe peut être utilisé pour déclarer les objets de cette classe.

- Les définitions des classes commencent avec le mot clé **class**. Le corps de la définition de classe est compris entre les accolades gauche et droite (**{** et **}**). La définition de classe est clôturée par un point-virgule.

- Tout membre de donnée ou fonction membre déclaré(e) à la suite d'un identificateur d'accès **public:** dans une classe est visible pour toutes les fonctions et peut accéder à un objet de la classe.

- Tout membre de donnée ou fonction membre, déclaré après un identificateur d'accès **private:**, n'est visible que pour les **friend** (amis) ou les autres membres de la classe.

- Les identificateurs d'accès à des membres sont toujours suivis par un deux-points (**:**), peuvent apparaître dans une définition de classe autant de fois que nécessaire et ceci dans n'importe quel ordre.
- Les données **private** ne sont pas accessibles en dehors de la classe.
- L'implémentation d'une classe doit toujours être masquée de ses clients.
- Un constructeur consiste en une fonction membre spéciale qui initialise les membres de données d'un objet d'une classe. Un constructeur de classe est appelé automatiquement lorsqu'un objet de cette classe est instancié.
- Une fonction de nom identique à celui de la classe mais précédé d'un caractère tilde (~) est appelé le destructeur de cette classe.
- La série des fonctions membres **public** d'une classe est appelée l'interface de la classe ou son interface **public**.
- Lorsqu'une fonction membre est définie après la définition de sa classe correspondante, le nom de fonction est précédé par le nom de la classe et par l'opérateur binaire de résolution de portée (**::**).
- Les fonctions membres déclarées par le biais de l'opérateur de résolution de portée demeurent au sein de l'étendue (ou de la portée) de cette classe.
- Les fonctions membres, définies au sein même d'une définition de classe, sont automatiquement mises en ligne. Le compilateur se réserve le droit de ne pas mettre en ligne n'importe quelle fonction, si cela s'avère nécessaire.
- Les appels de fonctions membres offrent une plus grande concision que les appels de fonction conventionnels de la programmation structurée car la plus grande partie des données utilisées par la fonction membre est directement accessible dans l'objet.
- À l'intérieur de l'étendue d'une classe, les membres de la classe peuvent être référencés simplement par leur nom. En dehors de l'étendue de la classe, les membres de la classe sont référencés par le biais d'un nom d'objet, d'une référence vers un objet ou d'un pointeur vers un objet.
- Les opérateurs **.** et **->** de sélection de membres permettent d'accéder aux membres d'une classe.
- Un des principes fondamentaux de bonne conception de logiciels consiste à séparer l'interface de l'implémentation.
- Les définitions de classes sont normalement placées dans un fichier d'en-tête et les définitions des fonctions membres sont placées dans des fichiers de code source portant le même nom de base.
- Le mode d'accès par défaut pour les classes est **private**; par conséquent, tous les membres placés après l'en-tête de classe et avant la première étiquette sont d'office déclarés comme **private**.
- Les membres **public** présentent aux clients d'une classe les différents services offerts par cette classe.
- L'accès aux données **private** d'une classe peut être contrôlé avec soin par l'utilisation de fonctions membres, appelées fonctions d'accès. Afin de permettre à des clients de lire les valeurs de données **private**, la classe peut offrir une fonction *get* (lecture). Pour permettre à des clients de modifier des données **private**, la classe peut offrir une fonction *set* (ajustement).
- Les membres de données d'une classe sont normalement déclarés comme **private**, tandis que les fonctions membres d'une classe sont normalement déclarées **public**. Certaines fonctions membres demeurent **private** et servent de fonctions utilitaires pour les autres fonctions de la classe.
- Les membres de données d'une classe ne peuvent être initialisés dans une définition de classe. Ils doivent être initialisés dans un constructeur de la classe ou leurs valeurs peuvent être déterminées plus tard, après la création de l'objet.
- Il est permis de surcharger les constructeurs.
- Une fois que l'objet d'une classe est initialisé de manière adéquate, toutes les fonctions membres manipulant cet objet doivent s'assurer que ce dernier demeure dans un état cohérent.
- Lorsqu'un objet d'une classe est déclaré, des initialiseurs peuvent être fournis. Ces initialiseurs sont passés vers le constructeur de la classe.
- Les constructeurs peuvent spécifier des arguments par défaut.

- Les constructeurs ne peuvent ni spécifier des types de retour, ni retourner de valeur.

- Si aucun constructeur n'est défini pour une classe, le compilateur crée un constructeur par défaut. Un tel constructeur n'effectue aucune initialisation; lors de la création d'un objet, rien ne peut garantir la cohérence de son état.

- Le destructeur d'un objet automatique est appelé lorsque le flot de contrôle quitte la portée de l'objet. En réalité, le destructeur ne détruit pas l'objet; il effectue le ménage de terminaison avant que le système réclame la mémoire correspondant à l'objet.

- Un destructeur ne reçoit aucun paramètre et ne retourne aucune valeur. Une classe ne peut posséder qu'un seul destructeur; la surcharge d'un destructeur n'est pas autorisée.

- L'opérateur d'affectation (**=**) est utilisé pour affecter un objet à un autre objet de même type. Une telle affectation est normalement effectuée par la copie membre à membre par défaut. La copie membre à membre n'est pas idéale pour toutes les classes.

TERMINOLOGIE

attribut
caractère tilde (~) dans le nom du destructeur
class
classe proxy
client d'une classe
code réutilisable
comportement
constructeur
constructeur par défaut
contrôle de l'accès à un membre
copie de membre à membre
définition de classe
destructeur
développement rapide d'applications
encapsulation
état cohérent d'un membre de données
extensibilité
fichier de code source
fichier d'en-tête
fonction d'accès
fonction d'assistance
fonction de prédicat
fonction de requête
fonction *get* (lecture)
fonction membre
fonction membre **inline**
fonction non membre
fonction *set* (écriture)
fonction utilitaire
identificateurs d'accès à un membre
implémentation d'une classe
initialisation d'un objet d'une classe
initialiseur de membre
instance d'une classe

instancier un objet d'une classe
interface d'une classe
interface **public** d'une classe
masquage de l'information
membre de données
message
objet
objet global
objet local non **static**
objet local **static**
opérateur binaire de résolution de portée (**::**)
opérateur de référence **&**
opérateur de résolution de portée (**::**)
opérateur flèche de sélection de membre (**->**)
opérateur point de sélection de membre (**.**)
opérateur point de sélection de membre
    de classe (**.**)
opérateurs de sélection de membre (**.** et **->**)
portée de classe
portée de fichier
principe du moindre privilège
private
programmation orientée objets
programmation procédurale
protected
public
réutilisation de logiciel
services d'une classe
structure
structure autoréférentielle
type de donnée
type de donnée abstrait
type défini par le programmeur
type défini par l'utilisateur

Terminologie de À propos des objets

«+», symbole de visibilité **public**
«-», symbole de visibilité **private**
déclaration préliminaire
identificateur
private, visibilité privée

problème des inclusions circulaires
public, visibilité publique
références comparées aux pointeurs
visibilité

ERREURS DE PROGRAMMATION COURANTES

6.1   L'expression **(*tempsPtr).heure** fait référence au membre **heure** de la **struct** pointée par **tempsPtr**. Le fait d'omettre les parenthèses comme dans ***timePtr.heure** constituerait une erreur de syntaxe puisque l'opérateur **.** a préséance sur l'opérateur *****. L'expression s'exécuterait comme si elle était écrite avec ***(tempsPtr.heure)**; il en résulterait une erreur de syntaxe puisque l'opérateur pointeur ne peut référencer un membre qu'à partir d'un pointeur.

6.2   Le fait d'omettre le point-virgule à la fin de la définition d'une classe (ou d'une structure) produit une erreur de syntaxe.

6.3   Le fait de spécifier un type et (ou) une valeur de renvoi pour un constructeur constitue une erreur de syntaxe.

6.4   À l'intérieur de la définition d'une classe, le fait de tenter d'initialiser explicitement un membre de donnée de la classe constitue une erreur de syntaxe.

6.5   Lors de la définition des fonctions membres d'une classe en dehors de celle-ci, l'omission du nom de classe et de l'opérateur de résolution de portée dans le nom de fonction constitue une erreur de syntaxe..

6.6   La tentative d'accéder à un membre **private** d'une classe par une fonction non membre de cette classe (ni **friend** de cette dernière) entraîne une erreur de syntaxe.

6.7   Les membres de données d'une classe ne peuvent être initialisés dans la définition de la classe.

6.8   La déclaration d'un type de renvoi pour un constructeur et (ou) le renvoi d'une valeur par un constructeur constitue une erreur de syntaxe.

6.9   Le fait de spécifier des initialiseurs par défaut pour la même fonction membre à la fois dans un en-tête de fichier et dans la définition de la fonction membre.

6.10   Une erreur de syntaxe est produite lors de toute tentative de passer des arguments vers un destructeur, de spécifier un type de renvoi pour un destructeur (même avec **void**), de renvoyer des valeurs par un destructeur ou de surcharger un destructeur.

6.11   Un constructeur peut appeler d'autres fonctions membres de la classe, dont des fonctions d'écriture (set) ou de lecture (get), mais les membres de données ne peuvent obtenir un état cohérent avant que le constructeur n'ait initialisé l'objet. L'utilisation de membres de données avant leur initialisation adéquate peut provoquer des erreurs de logique.

BONNES PRATIQUES DE PROGRAMMATION

6.1   Pour la clarté et la meilleure lisibilité d'un programme, n'utilisez chaque identificateur d'accès qu'une seule fois dans une définition de classe. Placez les membres **public** en premier, c'est-à-dire là où leur localisation est la plus aisée.

6.2   Utilisez le nom du fichier d'en-tête avec un caractère de soulignement en remplacement du point dans les directives de précompilation **#ifndef** et **#define** d'un fichier d'en-tête.

6.3   Si vous choisissez d'énumérer les membres **private** dans une définition de classe, utilisez explicitement l'étiquette **private**, en dépit du fait que **private** est présumé par défaut. Cette pratique améliore la clarté du programme. Nous préférons énumérer les membres **public** d'une classe pour mettre en relief son interface.

6.4   Bien que la répétition et le mélange des identificateurs d'accès **public** et **private** soient autorisées, groupez d'abord l'énumération de tous les membres **public** d'une classe et, ensuite seulement, tous les membres **private**. Cette pratique attire l'attention du client sur l'interface **public** de la classe, pour en masquer l'implémentation.

6.5   Lorsque la situation le permet (c'est-à-dire presque toujours), fournissez un constructeur pour assurer l'initialisation appropriée de chaque objet avec des valeurs explicites. Les membres de données de type pointeurs en particulier doivent être initialisés à des valeurs adéquates ou à 0.

6.6   Déclarez les valeurs par défaut des arguments des fonctions uniquement dans le prototype des fonctions, au sein de la définition de classe du fichier d'en-tête.

6.7   Les membres de fonctions ajustant les valeurs des données **private** doivent vérifier l'exactitude des nouvelles valeurs. Si elles ne sont pas exactes, ces fonctions doivent alors restituer aux données **private** un état cohérent approprié.

6.8   Ne demandez jamais à une fonction membre **public** de renvoyer une référence (ou un pointeur) non **const** vers un membre de donnée **private**. Le renvoi d'une telle référence transgresse l'encapsulation de la classe. En fait, le renvoi d''une référence ou d'un pointeur vers une donnée privée rend le code client encore dépendant de la représentation des données de la classe. Et c'est pour cela qu'il faut éviter le retour de pointeurs ou de références vers des données privées.

ASTUCES SUR LA PERFORMANCE

6.1   Le passage des structures s'effectue normalement par valeur. Pour éviter la surcharge engendrée par la copie d'une structure, passez plutôt la structure par référence.

6.2   La définition d'une petite fonction membre à l'intérieur de la définition d'une classe place automatiquement en ligne la fonction membre (si le compilateur le décide). Cette pratique peut améliorer les performances, bien qu'il ne s'agisse pas de la meilleure pratique de génie logiciel, puisque les clients de cette classe pourront voir les détails de l'implémentation de la fonction et leur code nécessite une nouvelle compilation au cas où les fonctions en ligne changent de définition.

6.3   En réalité, les objets ne contiennent que des données; ils sont donc d'une taille beaucoup plus petite que s'ils contenaient également des fonctions. L'application de l'opérateur **sizeof** sur un nom de classe ou sur un objet de cette classe ne signalerait que la taille des données de cette classe. Le compilateur ne crée qu'une seule copie des fonctions membres de la classe, séparée de tous les objets de cette classe. Tous les objets de la classe partagent cette copie des fonctions membres. Évidemment, chaque objet a besoin de sa propre copie des données de la classe puisque celles-ci peuvent varier selon les objets. Le code des fonctions n'est pas modifiable (on dit aussi qu'il s'agit de code réentrant ou d'une procédure pure) et peut ainsi être partagé par tous les autres objets d'une même classe.

6.4   Le passage d'un objet par valeur est sécuritaire puisque la fonction appelée n'a aucun accès à l'objet d'origine, bien que cette forme d'appel puisse réduire les performances lors de copies d'objets volumineux. Un objet peut être transmis par référence en passant un pointeur ou une référence vers l'objet. Le passage par référence offre de bonnes performances, bien que le niveau de sécurité soit inférieur, du fait que la fonction appelée peut accéder à l'objet d'origine. Le passage par référence **const** représente une alternative sécurisée et de performance accrue.

OBSERVATIONS DE GÉNIE LOGICIEL

6.1   Pour éviter la surcharge causée par un passage par valeur, tout en protégeant les données d'origine de l'appelant contre les modifications, passez les arguments volumineux par référence **const**.

6.2   Il est important d'écrire des programmes compréhensibles et d'entretien aisé. La facilité de modification d'un programme doit constituer la règle et non l'exception. Les programmeurs doivent impérativement anticiper la modification éventuelle de leur code. Nous verrons un peu plus loin que les classes facilitent la modification des programmes.

6.3   Les clients d'une classe l'utilisent sans en connaître les détails d'implémentation internes. Si l'implantation de la classe est modifiée (pour en améliorer les performances, par exemple), en prenant pour acquis que l'interface de la classe demeure inchangée, le code source pour le client de cette classe ne nécessite aucune modification (même s'il peut s'avérer nécessaire de recompiler le client). Cette pratique facilite la modification des systèmes.

6.4   Les fonctions membres sont habituellement plus courtes que les fonctions des programmes non orientés objets puisque, idéalement, les données remisées dans les membres de données ont déjà été validées par un constructeur et (ou) par des fonctions membres chargées de la mémorisation de nouvelles données. Puisque les données font partie de l'objet, les appels des fonctions membres n'ont souvent aucun argument ou, certainement, moins d'arguments que les appels de fonctions types des langages non orientés objets. Par conséquent, les appels sont plus courts, les définitions des fonctions se montrent plus succinctes, de même que les prototypes des fonctions.

6.5   Les clients ont accès à l'interface d'une classe, mais ne peuvent pas accéder à l'implémentation de la classe.

6.6   La déclaration de fonctions membres (par le biais de leurs prototypes) à l'intérieur d'une définition de classe et en dehors de cette définition réalise une séparation nette entre l'interface de la classe et son implémentation. Cette pratique met en relief une bonne conception des logiciels. En effet, les clients de la classe ne peuvent voir l'implémentation des fonctions membres de cette classe, et ils n'ont pas besoin d'une recompilation si l'implémentation change.

6.7   Il est préférable de ne définir dans l'en-tête de la classe que les seules fonctions membres les plus simples et les plus stables, c'est-à-dire celles dont les modifications d'implémentation sont les moins probables.

6.8   L'approche de la programmation orientée objets simplifie souvent les appels de fonctions, en réduisant le nombre de paramètres à passer. Cet avantage de la programmation orientée objets vient du fait que l'encapsulation des membres de données et des fonctions membres à l'intérieur d'un objet permettent aux fonctions membres d'accéder directement aux membres de données.

6.9   Un des thèmes centraux de ce manuel consiste à réutiliser, réutiliser et réutiliser. Nous prendrons soin d'envisager une quantité de techniques de polissage des classes afin de faciliter leur réutilisation. Nous porterons notre attention sur la conception de classes utiles et la création d'actifs logiciels précieux.

6.10   Placez la déclaration d'une classe dans un fichier d'en-tête et incluez-le pour tout client désirant utiliser cette classe, afin de former l'interface **public** de la classe (ce qui fournit au client les prototypes de fonctions nécessaires pour lui permettre d'appeler les fonctions membres de la classe). Placez les définitions des fonctions membres de la classe dans un fichier source, afin de former l'implémentation de la classe.

6.11   Les clients d'une classe n'ont pas besoin d'accéder à son code source pour l'utiliser. Cependant, les clients doivent pouvoir établir des liens avec le code de l'objet de cette classe, ce qui encourage les fournisseurs de logiciels indépendants à fournir ou vendre des bibliothèques de classes. Ces fournisseurs n'incluent dans leurs produits que les fichiers d'en-tête et les modules d'objets. Aucune information de fabrication n'est révélée, comme ce serait le cas si le code source était fourni. L'ensemble des utilisateurs du C++ profitent donc d'une plus grande variété de bibliothèques de classes mises sur le marché par les fournisseurs de logiciels indépendants.

6.12   Les informations importantes de l'interface d'une classe doivent être incluses dans un fichier d'en-tête. Les informations qui ne seront utilisées que de façon interne par la classe et qui ne sont pas nécessaires à ses clients doivent être incluses dans le fichier source non public. Voici un autre exemple du principe du moindre privilège.

6.13 Le C++ favorise l'indépendance des programmes vis-à-vis de l'implémentation. Lorsque l'implémentation d'une classe change, alors qu'elle est utilisé par du code indépendant de l'implémentation, ce dernier n'a nul besoin de subir de modification. En revanche, si une partie de l'interface de la classe change, le code indépendant de l'implémentation doit subir une recompilation.

6.14 Assurez-vous de garder `private` tous les membres d'une classe. Fournissez des fonctions membres `public` pour ajuster les valeurs des membres de données `private` et obtenir les valeurs des membres de données `private`. Cette architecture aide à masquer l'implémentation d'une classe vis à vis de ses clients, pour réduire les risques de bogues et faciliter les modifications du programme.

6.15 Les concepteurs de classes utilisent des membres `private`, `protected` et `public` pour faire respecter la notion de masquage de l'information et le principe du moindre privilège.

6.16 Le concepteur de classes ne doit pas fournir de fonctions set et (ou) get pour chaque élément de donnée `private`, mais seulement lorsque cela s'avère nécessaire. Si un service est utile pour le code de clients, alors seulement ce service sera fourni dans l'interface `public` de la classe.

6.17 Les fonctions membres tendent à se grouper en un certain nombre de catégories différentes: les fonctions lisant et retournant les valeurs de données membres `private`, les fonctions ajustant les valeurs des données `private`, les fonctions implantant les caractéristiques de la classe et les fonctions effectuant différentes tâches de routine telles que l'initialisation d'objets de classe, l'affectation d'objets de classe, la conversion entre classes et types prédéfinis, la conversion entre différentes classes, ainsi que la gestion de la mémoire pour les objets de la classe.

6.18 Un des phénomènes particuliers qui régissent la programmation orientée objet est qu'à partir du moment où une classe est définie, la création et la manipulation des objets de cette classe ne nécessitent plus qu'une simple séquence d'appels de fonctions membres; les structures de contrôle sont très rarement nécessaires. Par contre, il est courant de rencontrer des structures de contrôle à l'intérieur de l'implémentation-même des fonctions membres d'une classe.

6.19 Si une fonction membre d'une classe fournit déjà toutes (ou une partie des) fonctionnalités requises par le constructeur (ou par une autre fonction membre) d'une classe, appelez cette fonction par le constructeur (ou par cette autre fonction membre). Cette pratique simplifie l'entretien du code et réduit les risques d'erreur si l'implémentation du code doit être modifiée. En règle générale, évitez toute répétition de code.

6.20 Une classe peut ne pas posséder de constructeur par défaut.

6.21 Bien qu'il vous soit pour l'instant impossible d'en prendre pleinement conscience après une si brève introduction, nous verrons tout au long de la suite du manuel que les constructeurs et les destructeurs sont d'une très grande importance en C++ et en programmation orientée objets.

6.22 L'identification comme `private` des membres de données et le contrôle d'accès à ces membres (surtout en écriture) par le biais des fonctions `public` aident à assurer l'intégrité des données.

6.23 En plus de protéger les membres de données contre la réception de données non valables, l'accès à des données `private` par le biais de fonctions membres d'écriture (set) ou de lecture (get) isole également les clients de la classe par rapport à la représentation des membres de données. Par conséquent, si, pour quelque raison que ce soit, la représentation des données doit changer (de manière typique pour réduire la quantité de mémoire requise ou pour améliorer la performance), seules les fonctions membres devront être changées. Les clients ne nécessiteront pas de modification aussi longtemps que l'interface fournie par les fonctions membres demeure inchangée. Toutefois, les clients auront peut être besoin d'une nouvelle compilation.

6.24 Chaque élément d'une classe aura de préférence une visibilité privée jusqu'à preuve que cet élément doive réellement porter une visibilité publique.

ASTUCES DE TESTS ET DE DÉBOGAGE

6.1   Le fait que les appels aux fonctions membres ne prennent généralement aucun argument ou en substance moins d'arguments que les appels de fonction conventionnels des langages non orientés objets, réduit la probabilité de passer des arguments incorrects, des types d'arguments inadéquats et (ou) un nombre incorrect d'arguments.

6.2   Utilisez les directives de précompilation **#ifndef**, **#define** et **#endif** pour empêcher l'inclusion des fichiers d'en-tête plus d'une fois dans un programme.

6.3   Le fait d'identifier comme **private** les membres de données d'une classe et comme **public** ses fonctions membres facilite le débogage, puisque les problèmes relatifs aux manipulations de données se restreignent aux fonctions membres ou aux amis (**friend**) de cette classe.

6.4   Chaque fonction membre (et **friend**), qui modifie les membres de données **private** d'un objet, doit s'assurer que les données demeurent dans un état cohérent.

6.5   Les avantages de l'intégrité des données ne découlent pas automatiquement du simple fait que les membres de données soient déclarés comme **private**; le programmeur doit également fournir un certain contrôle de validation. Toutefois, le C++ offre un environnement de travail par le biais duquel les programmeurs peuvent concevoir de meilleurs programmes, en toute convivialité.

EXERCICES DE RÉVISION

6.1   Complétez chacune des phrases suivantes:

a) Le mot clé _____ introduit une définition de structure.

b) On accède aux membres d'une classe par le biais de l'opérateur _____, en conjonction avec le nom d'un objet de la classe, ou via l'opérateur _____, en conjonction avec un pointeur vers un objet de cette classe.

c) Les membres d'une classe déclarés comme _____ ne sont accessibles qu'aux fonctions membres et aux amis (**friend**) de cette classe.

d) Un _____ consiste en une fonction membre spéciale utilisée pour initialiser les membres de données d'une classe.

e) L'accès par défaut pour les membres d'une classe est _____.

f) Une fonction _____ est utilisée pour affecter des valeurs aux membres de données **private** d'une classe.

g) On peut utiliser _____ pour affecter un objet d'une classe à un autre objet de la même classe.

h) Les fonctions membres d'une classe sont normalement déclarées comme _____ tandis que les membres de données d'une classe sont normalement déclarés _____.

i) Une fonction _____ est utilisé pour récupérer les valeurs de données **private** d'une classe.

j) La série de fonctions membres **public** d'une classe est communément appelée l' _____ de cette classe.

k) La technique du masquage de l'implémentation d'une classe par rapport à ses clients se nomme _____.

l) Les mots-clés _____ et _____ peuvent être utilisés pour introduire une définition de classe.

m) Les membres d'une classe déclarés _____ sont accessibles partout sous la portée, l'étendue, d'un objet de cette classe.

6.2   Trouvez l'(ou les) erreur(s) dans chacun des énoncés suivants et expliquez comment corriger la situation.

a) Supposons que le prototype suivant soit déclaré dans la classe **Temps**:
```
void ~Temps( int );
```

b) L'énoncé suivant constitue une définition partielle de la classe **Temps**:
```
class Temps {
public:
   // prototypes de fonctions
private:
   int heure = 0;
   int minute = 0;
   int seconde = 0;
};
```

c) Supposez que le prototype suivant soit déclaré dans la classe **Employe**:
```
int Employe( const char *, const char * );
```

RÉPONSES AUX EXERCICES DE RÉVISION

6.1   a) **struct**. b) point (**.**), flèche (**->**). c) **private**. d) constructeur. e) **private**.

f) *set* (d'écriture/ajustement). g) une copie de membre à membre (l'opérateur d'affectation).

h) **public**, **private**. i) *get* (de lecture). j) interface. k) encapsulation.

l) **class**, **struct**. m) **public**.

6.2   a) Erreur: les destructeurs ne peuvent ni renvoyer de valeur ni prendre d'argument.
Correction: enlever le type de retour **void** et le paramètre **int** dans la déclaration.

b) Erreur: les membres ne peuvent être explicitement initialisés dans la définition d'une classe.
Correction: enlever l'initialisation explicite de la définition de classe et initialiser les membres de données dans un constructeur.

c) Erreur: les constructeurs ne peuvent pas renvoyer de valeur.
Correction: enlever le type de retour **int** de la déclaration.

EXERCICES

6.3   Quel est le rôle de l'opérateur de résolution de portée?

6.4   Comparez les notions de **struct** et de **class** en C++ et soulignez-en les contrastes.

6.5   Fournissez un constructeur capable d'utiliser l'heure courante à partir de la fonction **time()**, déclarée dans l'en-tête de la bibliothèque standard **time.h** du C, pour initialiser un objet de la classe **Temps**.

6.6   Créez une classe appelée **Complexe** capable d'effectuer des opérations arithmétiques avec des nombres complexes. Écrivez un programme pilote pour tester cette classe.

Les nombres complexes possèdent la forme suivante:

   partieReelle + partieImaginaire * _i_

où *i* représente:

$$\sqrt{-1}$$

Utilisez des variables **double** pour représenter les données **private** de la classe. Fournissez une fonction constructeur qui permet l'initialisation d'un objet de cette classe lors de sa déclaration. Le constructeur doit contenir des valeurs par défaut, dans le cas où aucun initialiseur ne serait fourni. Fournissez des fonctions membres **public** pour chacune des opérations suivantes:

a) Addition de deux nombres **Complexe**: les parties réelles sont additionnées ensemble et les parties imaginaires sont additionnées ensemble.

b) Soustraction de deux nombres **Complexe**: la partie réelle de l'opérande de droite est soustraite de la partie réelle de l'opérande de gauche, tandis que la partie imaginaire de l'opérande de droite est soustraite de la partie imaginaire de l'opérande de gauche.

c) Affichage des nombres **Complexe** selon la forme **(a, b)** où **a** représente la partie réelle et où **b** représente la partie imaginaire.

6.7   Créez une classe appelée **Rationnel** pour effectuer des opérations arithmétiques avec des fractions. Écrivez un programme pilote pour tester cette classe.

Utilisez des variables entières pour représenter les données **private** de la classe: le numérateur et le dénominateur. Fournissez une fonction constructeur qui permette l'initialisation d'un objet de cette classe lors de sa déclaration. Le constructeur doit contenir des valeurs par défaut dans le cas où aucun initialiseur ne serait fourni; il doit aussi stocker la fraction selon une forme réduite. La fraction suivante, par exemple,

$$\frac{2}{4}$$

doit être mémorisée dans l'objet avec 1 pour le numérateur et 2 pour le dénominateur.

Fournissez des fonctions membres **public** pour chacune des opérations suivantes:

a) Addition de deux nombres **Rationnel**. Le résultat doit être stocké sous une forme réduite.

b) Soustraction de deux nombres **Rationnel**. Le résultat doit être enregistré sous une forme réduite.

c) Multiplication de deux nombres **Rationnel**. Le résultat doit être mémorisé sous une forme réduite.

d) Division de deux nombres **Rationnel**. Le résultat doit être conservé sous une forme réduite.

e) Affichage des nombres **Rationnel** selon la forme **a/b** où **a** représente le numérateur et où **b** représente le dénominateur.

f) Affichage des nombres **Rationnel** selon un format à virgule flottante.

6.8   Modifiez la classe **Temps** de la figure 6.10 afin de lui inclure une fonction membre **tic** qui incrémente d'une seconde le temps stocké dans un objet **Temps**. L'objet **Temps** doit toujours demeurer dans un état cohérent. Écrivez un programme pilote pour tester la fonction membre **tic** dans une boucle qui affiche le temps en format standard durant chaque itération de la boucle, afin d'illustrer que la fonction membre **tic** fonctionne convenablement. Assurez-vous de tester les cas suivants:

a) L'incrémentation provoque le passage à la minute suivante.

b) L'incrémentation provoque le passage à l'heure suivante.

c) L'incrémentation provoque le passage au jour suivant (c'est-à-dire que 11:59:59 PM devient 12:00:00 AM).

6.9   Modifiez la classe **Date** de la figure 6.12 pour effectuer un contrôle d'erreur sur les valeurs d'initialisation des membres de données **jour**, **mois** et **annee**. Fournissez également une fonction membre **jourSuivant** pour incrémenter le jour d'une unité.

L'objet **Date** doit toujours demeurer dans un état cohérent. Écrivez un programme pilote qui teste la fonction **jourSuivant** dans une boucle qui affiche la date durant chaque itération de la boucle, afin d'illustrer que la fonction **jourSuivant** fonctionne convenablement. Assurez-vous de tester les cas suivants:

a) L'incrémentation provoque le passage au mois suivant.

b) L'incrémentation provoque le passage à l'année suivante.

6.10   Combinez la classe **Temps** modifiée de l'exercice 6.8 et la classe **Date** modifiée de l'exercice 6.9 en une classe appelée **DateEtTemps**. Au chapitre 9, nous discuterons de l'héritage qui nous permet d'accomplir cette tâche rapidement sans modifier les définitions des classes existantes. Modifiez la fonction tic pour qu'elle appelle la fonction **jourSuivant** si l'incrémentation du temps provoque le passage au jour suivant. Modifiez les fonctions **afficherStandard** et **afficherMilitaire** pour qu'elles affichent la date ainsi que le temps. Écrivez un programme pilote pour tester la nouvelle classe **DateEtTemps**. Testez spécifiquement l'incrémentation du temps provoquant le passage au jour suivant.

6.11   Modifiez les fonctions d'ajustement *set* du programme de la figure 6.10 pour qu'elles retournent des valeurs d'erreurs appropriées, lors d'une tentative d'ajustement d'un des membres de donnée d'un objet de la classe **Temps** avec une valeur non valable.

6.12   Créez une classe **Rectangle**. La classe possède les attributs **longueur** et **largeur**, dont les valeurs par défaut sont de 1. Cette classe doit proposer des fonctions membres qui calculent le **perimetre** et l'**aire** du rectangle. La classe doit offrir également des fonctions *set* et *get* pour **longueur** et **largeur**. Les fonctions *set* doivent vérifier si **longueur** et **largeur** sont des nombres à virgule flottante supérieurs à 0.0 et inférieurs à 20.0.

6.13   Créez une classe **Rectangle** plus sophistiquée que celle de l'exercice 6.12. Cette classe ne doit mémoriser que les coordonnées cartésiennes des quatre coins du rectangle. Le constructeur appelle une fonction *set* qui accepte une série de quatre coordonnées et qui vérifie que chacune d'elles est située dans le premier quadrant, tout en s'assurant qu'aucun des x ou des y ne dépasse 20.0. La fonction d'écriture *set* doit aussi vérifier que les coordonnées fournies forment bel et bien un rectangle. Les fonctions membres calculent les **longueur**, **largeur**, **perimetre** et **aire**. La longueur représente la plus grande des deux dimensions. Ajoutez une fonction de prédicat **carre** qui détermine si le rectangle forme un carré.

6.14   Modifiez la classe **Rectangle** de l'exercice 6.13 pour y inclure une fonction **dessin** qui affiche le rectangle à l'intérieur d'une zone de 25 par 25, renfermant la portion du premier quadrant dans lequel le rectangle réside. Incluez une fonction **caractereRemplissage** qui spécifie le caractère avec lequel le corps du rectangle sera dessiné. Incluez une fonction **caracterePerimetre** qui spécifie le caractère avec lequel le contour du rectangle sera dessiné. Si vous êtes ambitieux, vous pourrez inclure des fonctions pour faire varier la taille du rectangle, le faire pivoter ou le déplacer à l'intérieur de la partie désignée du premier quadrant.

6.15   Créez une classe **EnormeEntier** qui utilise un tableau de chiffres de 40 éléments pour stocker des entiers d'une taille allant jusqu'à 40 chiffres. Fournissez les fonctions membres **entreeEnormeEntier**, **sortieEnormeEntier**, **additionEnormesEntiers** et **soustractionEnormesEntiers**. Pour comparer des objets **EnormeEntier**, fournissez les fonctions **egalA**, **differentDe**, **plusGrandQue**, **plusPetitQue**, **plusGrandOuEgalA** et **plusPetitOuEgalA**, chacune d'elles constituant une fonction de prédicat qui renvoie simplement **true** si la relation entre les deux énormes entiers est vraie ou **false** si la relation est fausse. Fournissez une autre fonction de prédicat **egalAZero**. Si vous êtes ambitieux, vous pouvez fournir des fonctions membres **multiplicationEnormesEntiers**, **divisionEnormes Entiers** et **moduloEnormesEntiers**.

6.16   Créez une classe **TicTacToe** qui vous permettra d'écrire un programme complet pour jouer au jeu de *tic-tac-toe*. La classe contient, comme données **private**, un tableau à deux dimensions d'entiers de 3 lignes et 3 colonnes. Le constructeur doit initialiser le tableau vide avec des zéros. Le programme doit être conçu pour permettre à deux personnes de jouer. Peu importe où le premier joueur se positionne, placez un 1 dans la case correspondante; placez un 2 à l'endroit où le second joueur se positionne. Chaque nouveau positionnement doit s'effectuer dans un carré vide. Après chaque positionnement, déterminez s'il y a vainqueur ou s'il s'agit d'une partie nulle. Si vous êtes ambitieux, modifiez le programme pour permettre à votre ordinateur de prendre la place d'un des joueurs et effectuer automatiquement ses positionnements. Également, permettez au joueur de spécifier s'il (ou si elle) veut jouer en premier ou en second. Si vous êtes exceptionnellement ambitieux, développez un programme pour jouer au tic-tac-toe en trois dimensions sur un jeu de 4 par 4 par 4. Quatre cases doivent y être alignées pour gagner. Mise en garde: il s'agit là d'un projet extrêmement audacieux pouvant nécessiter des semaines d'efforts!

7

Classes: deuxième partie

Objectifs

- Créer et détruire dynamiquement des objets.
- Spécifier des objets **const** (constants) et des fonctions membres **const**.
- Comprendre l'utilité des fonctions **friend** et des classes **friend**.
- Utiliser des membres de données et des fonctions membres **static**.
- Comprendre le concept de classe de conteneur.
- Comprendre la notion de classe d'itérateur, parcourant les éléments d'une classe de conteneur.

Aperçu

7.1 Introduction

Dans ce chapitre, nous continuons notre étude des classes et de l'abstraction de données. Nous discutons de beaucoup d'autres notions avancées et exposons les préliminaires des classes et de la surcharge d'opérateurs, qui seront approfondies au chapitre 8. La matière étudiée aux chapitres 6 à 8 encourage les programmeurs à utiliser les objets, ce que nous appelons la programmation basée sur les objets. Par la suite, aux chapitres 9 et 10, nous ferons l'introduction de l'héritage et du polymorphisme, les véritables techniques de cette programmation orientée objets. Pour ce chapitre, ainsi que pour les quelques suivants, nous utilisons les chaînes de caractères propres au C, initiale-ment introduites au chapitre 5. Cette pratique vise à aider le lecteur à maîtriser le sujet complexe des pointeurs et à le préparer pour le marché du travail, dans lequel le code écrit en C demeure omniprésent, du fait d'une utilisation constante depuis les vingt dernières années. Au chapitre 19, *Classe `string` et gestion de flux de chaînes de caractères*, nous étudierons un nouveau style de chaînes de caractères, à savoir les chaînes considérées comme des objets de classes à part entière. De cette façon, le lecteur pourra se familiariser avec deux des méthodes les plus répandues de création et de manipulation des chaînes en langage C++.

7.2 Objets `const` (constants) et fonctions membres `const`

Nous avons déjà souligné l'importance du *principe du moindre privilège* comme étant l'un des plus fondamentaux d'une bonne conception de logiciels. Examinons maintenant comment ce principe peut s'appliquer aux objets.

    Certains objets doivent demeurer modifiables, et d'autres pas. Le programmeur dispose du mot-clé **`const`** pour spécifier qu'un objet ne peut être modifié et pour s'assurer que toute tentative de modification sur cet objet provoque une erreur de syntaxe. Par exemple,

```
const Temps midi( 12, 0, 0 );
```

déclare un objet **const** de la classe **Temps** appelé **midi** et l'initialise à 12 heures (midi).

Observation de génie logiciel 7.1

La déclaration d'un objet comme **const** *aide à respecter le principe du moindre privilège. Les tentatives de modification sur l'objet seront interceptées au moment de la compilation au lieu de provoquer des erreurs à l'exécution.*

Observation de génie logiciel 7.2

L'utilisation de **const** *demeure cruciale pour une conception adéquate des classes, du code et des programmes.*

Astuce sur la performance 7.1

La déclaration comme **const** *des variables et des objets constitue non seulement une pratique efficace pour la conception de logiciels, mais permet également une amélioration de la performance. En effet, les compilateurs sophistiqués d'aujourd'hui peuvent effectuer certaines opérations d'optimisation sur les constantes qui sont impossibles sur les variables.*

Les compilateurs C++ empêchent tout appel des fonctions membres vers des objets **const**, à moins que ces dernières elles-mêmes ne soient également déclarées **const**. Cette situation demeure vraie même pour les fonctions membres *get* (de lecture) qui ne modifient aucunement l'objet. Les fonctions membres déclarées **const** ne peuvent modifier l'objet; car le compilateur les en empêche.

On spécifie une fonction **const** à la fois dans son prototype et dans sa définition, en insérant le mot-clé **const** à la suite de la liste de paramètres de la fonction et, dans le cas de la définition de fonction, avant l'accolade gauche qui marque le début du corps de la fonction. Par exemple, la fonction membre suivante de la classe **A**,

```
int A::lectureValeur() const { return membreDonneesPrivate };
```

renvoie simplement la valeur de l'un des membres de données de l'objet; sa déclaration **const** est donc appropriée.

Erreur de programmation courante 7.1

Le fait de définir comme **const** *une fonction membre modifiant une donnée d'un objet constitue une erreur de syntaxe.*

Erreur de programmation courante 7.2

Pour la même instance d'une classe, le fait de définir comme **const** *une fonction membre qui appelle une autre fonction non* **const** *constitue une erreur de syntaxe.*

Erreur de programmation courante 7.3

Le fait d'invoquer une fonction membre non **const** *sur un objet* **const** *constitue une erreur de syntaxe.*

Observation de génie logiciel 7.3

Une fonction membre **const** *peut être surchargée par une version non* **const***. Le compilateur choisit automatiquement la fonction membre surchargée utilisée, en fonction du type* **const** *ou non* **const** *de l'objet.*

Un problème intéressant se présente ici pour les constructeurs et les destructeurs, qui doivent souvent tous deux modifier des objets. La déclaration **const** n'est pas requise pour les constructeurs et les destructeurs d'objets **const** puisqu'un constructeur doit pouvoir modifier un objet afin que ce dernier soit initialisé adéquatement. Pour sa part, un destructeur se doit d'exécuter ses routines de terminaison avant de détruire un objet.

Erreur de programmation courante 7.4

La déclaration d'un constructeur ou d'un destructeur comme **const** *constitue une erreur de syntaxe.*

Le programme de la figure 7.1 instancie deux objets **Temps**: un objet non **const** et un objet **const**. Le programme tente de modifier l'objet **const**, appelé **midi**, avec les fonctions membres non **const** nommées **ajusterHeure** (ligne 102) et **afficherStandard** (ligne 108). Le programme illustre également les trois autres combinaisons d'appels de fonctions membres sur des objets: une fonction non const sur un objet non **const** (ligne 100), une fonction **const** sur un objet non **const** (ligne 104) et une dernière **const** sur un objet **const** (lignes 106 et 107). Pour des fonctions membres non **const**, appelées sur un objet **const**, les messages générés par deux compilateurs populaires sont illustrés dans la fenêtre de sortie.

Bonne pratique de programmation 7.1

Déclarez **const** *toutes les fonctions membres qui n'ont pas besoin de modifier l'objet courant pour les utiliser au besoin sur un objet* **const**.

Notez que, même si un constructeur doit être une fonction membre non **const**, on peut toujours l'appeler comme un objet **const**. La définition du constructeur **Temps** aux lignes 42 et 43

```
Temps::Temps( int hr, int min, int sec )
   { ajusterTemps( hr, min, sec ); }
```

illustre que le constructeur **Temps** appelle une autre fonction membre non **const**, **ajusterTemps**, pour effectuer l'initialisation d'un objet **Temps**. À partir de l'appel du constructeur, l'invocation d'une fonction membre non **const** est permise pour un objet **const**. La constance d'un objet est renforcée à partir du moment où le constructeur achève l'initialisation de l'objet et jusqu'au moment de l'appel du destructeur de cet objet.

Observation de génie logiciel 7.4

Un objet **const** *ne peut se modifier par affectation; il doit donc être initialisé. Lorsqu'on déclare* **const** *un membre de données d'une classe, un initialiseur de membre doit fournir au constructeur sa valeur initiale pour un objet de la classe.*

Notez également que la ligne 108 (ligne 20 du fichier source),

```
midi.afficherStandard();  // non const          const
```

génère une erreur de compilation, même si la fonction membre **afficherStandard** de la classe **Temps** n'altère aucunement l'objet pour lequel elle est invoquée. Le fait de ne pas modifier un objet ne suffit pas pour indiquer qu'une méthode soit **const**. Il faut aussi déclarer la méthode comme **const**, de manière explicite.

```
1   // Fig. 7.1: temps5.h
2   // Déclaration de la classe Temps.
3   // Fonctions membres définies dans temps5.cpp.
4   #ifndef TEMPS5_H
5   #define TEMPS5_H
6
```

Figure 7.1   Utilisation d'une classe **Temps** avec des objets **const** et des fonctions membres **const-temps5.h**. (1 de 2)

```
 7   class Temps {
 8   public:
 9      Temps( int = 0, int = 0, int = 0 ); // constructeur par défaut.
10
11      // fonctions d'écriture/ajustement (set).
12      void ajusterTemps( int, int, int ); // ajuste le temps.
13      void ajusterHeure( int );           // ajuste l'heure.
14      void ajusterMinute( int );          // ajuste la minute.
15      void ajusterSeconde( int );         // ajuste la seconde.
16
17      // fonctions de lecture (get) (normalement déclarées const).
18      int lectureHeure() const;           // renvoie l'heure.
19      int lectureMinute() const;          // renvoie la minute.
20      int lectureSeconde() const;         // renvoie la seconde.
21
22      // fonctions d'affichage (normalement déclarées const).
23      void afficherMilitaire() const;     // affiche temps militaire.
24      void afficherStandard();            // affiche temps standard.
25   private:
26      int heure;            // 0 - 23
27      int minute;           // 0 - 59
28      int seconde;          // 0 - 59
29   };
30
31   #endif
```

Figure 7.1   Utilisation d'une classe **Temps** avec des objets **const** et des fonctions
membres **const-temps5.h**. (2 de 2)

```
32   // Fig. 7.1: temps5.cpp
33   // Définitions des fonctions membres pour la classe Temps.
34   #include <iostream>
35
36   using std::cout;
37
38   #include "temps5.h"
39
40   // Fonction constructeur initialisant les données private.
41   // Les valeurs par défaut sont de 0.
42   Temps::Temps( int hr, int min, int sec )
43      { ajusterTemps( hr, min, sec ); }
44
45   // Ajuste les valeurs d'heure, de minute et de seconde.
46   void Temps::ajusterTemps( int h, int m, int s )
47   {
48      ajusterHeure( h );
49      ajusterMinute( m );
50      ajusterSeconde( s );
51   }
52
```

Figure 7.1   Utilisation d'une classe **Temps** avec des objets **const** et des fonctions
membres **const-temps5.cpp**. (1 de 2)

```
53   // Ajuste la valeur de l'heure.
54   void Temps::ajusterHeure( int h )
55      { heure = ( h >= 0 && h < 24 ) ? h: 0; }
56
57   // Ajuste la valeur de la minute.
58   void Temps::ajusterMinute( int m )
59      { minute = ( m >= 0 && m < 60 ) ? m: 0; }
60
61   // Ajuste la valeur de la seconde.
62   void Temps::ajusterSeconde( int s )
63      { seconde = ( s >= 0 && s < 60 ) ? s: 0; }
64
65   // Lit la valeur de l'heure.
66   int Temps::lectureHeure() const { return heure; }
67
68   // Lit la valeur de la minute.
69   int Temps::lectureMinute() const { return minute; }
70
71   // Lit la valeur de la seconde.
72   int Temps::lectureSeconde() const { return seconde; }
73
74   // Affiche le temps en format militaire: HH:MM:SS.
75   void Temps::afficherMilitaire() const
76   {
77      cout << ( heure < 10 ? "0": "" ) << heure << ":"
78           << ( minute < 10 ? "0": "" ) << minute
79           << ( seconde < 10 ? "0": "" ) << seconde;
80   }
81   // Affiche le temps en format standard: HH:MM:SS AM (ou PM).
82   void Temps::afficherStandard()
83   {
84      cout << ( ( heure == 12 ) ? 12: heure % 12 ) << ":"
85           << ( minute < 10 ? "0": "" ) << minute << ":"
86           << ( seconde < 10 ? "0": "" ) << seconde
87           << ( heure < 12 ? " AM": " PM" );
88   }
```

Figure 7.1   Utilisation d'une classe **Temps** avec des objets **const** et des fonctions membres **const-temps5.cpp**. (2 de 2)

```
89   // Fig. 7.1: fig07_01.cpp
90   // Tentative d'accéder à un objet const
91   // avec des fonctions membres non const.
92   #include "temps5.h"
93
94   int main()
95   {
96      Temps lever( 6, 45, 0 );        // objet non constant.
97      const Temps midi( 12, 0, 0 );   // objet constant.
98
```

Figure 7.1   Utilisation d'une classe **Temps** avec des objets **const** et des fonctions membres **const-fig07_01.cpp**. (1 de 2)

```
99                                              // FONCTION MEMBRE    OBJET.
100        lever.ajusterHeure( 18 );            // non const         non const.
101
102        midi.ajusterHeure( 12 );             // non const         const.
103
104        lever.lectureHeure();                // const             non const.
105
106        midi.lectureMinute();                // const             const.
107        midi.afficherMilitaire();            // const             const.
108        midi.afficherStandard();             // non const         const.
109        return 0;
110   }
```

Messages d'erreur du compilateur en ligne de commande Borland C++

```
Fig07_01.cpp
Warning W8037 Fig07_01.cpp 14: Non-const funtion Temps::ajusterHeure(int)
   called for const object in function main()
Warning W8037 Fig07_01.cpp 20: Non-const funtion Temps::afficherStandard()
   called for const object in function main()
Turbo Incremental Link 5.00 Copyright (c) 1997, 2000 Borland
```

Messages d'erreur du compilateur Microsoft Visual C++

```
Compiling...
fig07_01.cpp
d:\fig07_01.cpp(14) : error C2662: 'ajusterHeure' : cannot convert 'this'
pointer from 'const class Temps' to 'class Temps &'
Conversion loses qualifiers
d:\fig07_01.cpp(20) : error C2662: 'afficherStandard' : cannot convert 'this'
pointer from 'const class Temps' to 'class Temps &'
Conversion loses qualifiers
Error executing cl.exe.

fig07_01.exe - 2 error(s), 0 Warning(s)
```

Figure 7.1   Utilisation d'une classe **Temps** avec des objets **const** et des fonctions
membres **const—fig07_01.cpp**. (2 de 2)

La figure 7.2 démontre l'utilisation d'un initialiseur sur un membre de donnée **const**, appelé
increment, de la classe **Increment**. On modifie le constructeur de **Increment** de la façon
suivante:

```
Increment::Increment( int c, int i )
   : increment( i )
{ compteur = c; }
```

La notation : **increment(i)** initialise **increment** à la valeur **i**. Si de multiples
initialiseurs de membres sont requis, incluez-les simplement dans une liste d'éléments séparés par
des virgules après le deux-points. On peut initialiser par cette syntaxe tous les membres de données,

mais les membres **const**, ainsi que les références doivent être initialisés de cette façon. Plus loin dans ce chapitre, nous verrons qu'on peut également employer cette façon d'initialiser pour les objets des membres et, lorsque nous étudierons l'héritage au chapitre 9, nous apprendrons que cette méthode s'applique également aux portions de classes de base provenant de classes dérivées.

```cpp
1    // Fig. 7.2: fig07_02.cpp
2    // Utilisation d'un initialiseur membre pour initialiser
3    // une constante d'un type de données prédéfini.
4    #include <iostream>
5
6    using std::cout;
7    using std::endl;
8
9    class Increment {
10   public:
11      Increment( int c = 0, int i = 1 );
12      void ajouterIncrement() { compteur += increment; }
13      void afficher() const;
14
15   private:
16      int compteur;
17      const int increment;       // membre de données const.
18   };
19
20   // Constructeur pour la classe Increment.
21   Increment::Increment( int c, int i )
22      : increment( i )            // initialiseur pour membre const.
23   { compteur = c; }
24
25   // Affiche les données.
26   void Increment::afficher() const
27   {
28      cout << "compteur = " << compteur
29          << ", increment = " << increment << endl;
30   }
31
32   int main()
33   {
34      Increment valeur( 10, 5 );
35
36      cout << "Avant incrémentation: ";
37      valeur.afficher();
38
39      for ( int j = 0; j < 3; j++ ) {
40         valeur.ajouterIncrement();
41         cout << "Après incrément " << j << ": ";
42         valeur.afficher();
43      }
44
45      return 0;
46   }
```

Figure 7.2   Utilisation d'un initialiseur de membre pour initialiser une constante d'un type de données prédéfini. (1 de 2)

```
Figure 7.2Avant incrémentation: compteur = 10, increment = 5
Figure 7.3Après incrément 1: compteur = 15, increment = 5
Figure 7.4Après incrément 2: compteur = 20, increment = 5
Figure 7.5Après incrément 3: compteur = 25, increment = 5
```

Figure 7.2   Utilisation d'un initialiseur de membre pour initialiser une constante d'un type de données prédéfini. (2 de 2)

Astuce de tests et de débogage 7.1

Si elles ne modifient pas l'objet, déclarez toujours les fonctions membres **const**. *Cette pratique permet d'éliminer de nombreux bogues.*

La figure 7.3 illustre les erreurs de compilation émises par deux compilateurs C++ populaires pour un programme tentant d'initialiser **increment** avec une instruction d'affectation plutôt qu'avec un initialiseur de membre.

```cpp
1   // Fig. 7.3: fig07_03.cpp
2   // Tentative d'initialisation d'une constante d'un type
3   // de donnée intégré par affectation.
4   #include <iostream>
5
6   using std::cout;
7   using std::endl;
8
9   class Increment {
10  public:
11     Increment( int c = 0, int i = 1 );
12     void ajouterIncrement() { compteur += increment; }
13     void afficher() const;
14  private:
15     int compteur;
16     const int increment;      // membre de données const.
17  };
18
19  // Constructeur pour la classe Increment.
20  Increment::Increment( int c, int i )
21  {                   // Le membre const 'increment' n'est pas initialisé.
22     compteur = c;
23     increment = i;           // ERREUR: ne peut modifier un objet const.
24  }
25
26  // Affiche les données.
27  void Increment::afficher() const
28  {
29     cout << "compteur = " << compteur
30         << ", increment = " << increment << endl;
31  }
32
```

Figure 7.3   Tentative erronée d'initialiser une constante d'un type de données intégré par affectation. (1 de 2)

```
33   int main()
34   {
35      Increment valeur( 10, 5 );
36
37      cout << "Avant incrémentation: ";
38      valeur.afficher();
39
40      for ( int j = 0; j < 3; j++ ) {
41         valeur.ajouterIncrement();
42         cout << "Après incrément " << j << ": ";
43         valeur.afficher();
44      }
45
46      return 0;
47   }
```

Messages d'erreur du compilateur en ligne de commande Borland C++

```
Fig07_03.cpp:
Warning W8038 Fig07_03.cpp 21: Constant member 'Increment::increment'
   is not initialized in function Increment::Increment(int,int)
Error E2024 Fig07_03.cpp 23: Cannot modify a const object in function
   Increment::Increment(int,int)
Warning W8057 Fig07_03.cpp 24: Parameter 'i' is never used in function
   Increment::Increment(int,int)
*** 1 errors in Compile ***
```

Messages d'erreur du compilateur Microsoft Visual C++

```
Compiling...
Fig07_03.cpp
D:\Fig07_03.cpp(21) : error C2758: 'increment': must be initialized in
constructor base/member initializer list
D:\Fig07_03.cpp(16) : see declaration of 'increment'
D:\Fig07_03.cpp(21) : error C2166: l-value specifies const object
Error executing cl.exe.

fig07_03.exe - 2 error(s), 0 Warning(s)
```

Figure 7.3   Tentative erronée d'initialiser une constante d'un type de données intégré par affectation. (2 de 2)

Erreur de programmation courante 7.5

*L'absence d'initialiseur de membre pour un membre de données **const** constitue une erreur de syntaxe.*

Observation de génie logiciel 7.5

*Les membres de classe constants (objets **const** et «variables» **const**) doivent être initialisés avec une syntaxe d'initialiseurs de membres, les affectations n'étant pas permises.*

Notez que la fonction **afficher**, à la ligne 27, est déclarée **const**. Quoique étrange, il est raisonnable d'étiqueter cette fonction **const** puisque nous n'aurons probablement jamais d'objet **Increment** de type **const**.

Observation de génie logiciel 7.6

Une bonne pratique consiste à déclarer comme **const** *toutes les fonctions membres d'une classe ne modifiant pas l'objet dans lequel elles opèrent. Toutefois, cette pratique peut occasionnellement provoquer des anomalies si vous n'avez pas l'intention de créer d'objets* **const** *de cette classe. Par contre, la déclaration de telles fonctions offre un avantage: si vous modifiez l'objet de cette fonction membre par inadvertance, le compilateur émet un message d'erreur de syntaxe.*

Astuce de tests et de débogage 7.2

Les langages comme le C++ étant en constante évolution, il est probable que de nouveaux mots-clés s'ajouteront au langage. Évitez d'utiliser des mots insidieux comme «object» à des fins d'identification. Même si le mot «object» ne constitue pas encore un mot-clé en C++, il pourrait un jour le devenir et par conséquent corrompre le code existant lors de futures compilations par les prochains compilateurs.

Le C++ offre un mot-clé appelé **mutable** qui influence le traitement des objets **const** dans un programme. Nous discuterons du mot-clé **mutable** au chapitre 21.

7.3 Composition: objets comme membres de classes

Un objet de classe **ReveilleMatin** a besoin de déterminer quand son alarme doit sonner; pourquoi alors ne pas inclure un objet **Temps** comme membre de l'objet **ReveilleMatin**? On appelle *composition* une telle possibilité qui permet à une classe de posséder des membres provenant d'autres classes.

Observation de génie logiciel 7.7

Une des formes de réutilisation de logiciels est la composition par laquelle une classe possède comme membres des objets d'autres classes.

Le constructeur étant appelé automatiquement lors de la création d'un objet, nous devons donc spécifier comment passer les arguments aux constructeurs des objets membres. Les objets membres se construisent selon l'ordre dans lequel ils sont déclarés (et non dans l'ordre de leur énumération dans la liste d'initialisation des membres du constructeur) et avant que les objets de la classe qui les renferme (parfois appelés *objets hôtes*) ne soient construits.

Pour montrer des objets membres d'autres objets, la figure 7.4 utilise les classes **Employe** et **Date**. La classe **Employe** contient les membres de données **private** appelés **prenom**, **nomFamille**, **dateNaissance** et **dateEmbauche**. Les membres **dateNaissance** et **dateEmbauche** représentent des objets **const** de la classe **Date**, qui englobe les membres de données **private** appelés **jour**, **mois** et **annee**. Le programme instancie un objet **Employe**, puis initialise et affiche ses membres de données. Notez la syntaxe utilisée pour l'en-tête de fonction dans la définition du constructeur **Employe**:

```
Employe::Employe( char *pnom, char *nomf,
                  int journ, int moisn, int anneen,
                  int joure, int moise, int anneee )
   : dateNaissance( journ, moisn, anneen ),
     dateEmbauche( joure, moise, anneee )
```

Le constructeur accepte huit arguments (**pnom**, **nomf**, **journ**, **moisn**, **anneen**, **joure**, **moise** et **anneee**). Le deux-points (**:**) de l'en-tête sépare de la liste de paramètres les initialiseurs des membres, qui spécifient les arguments **Employe** passés aux constructeurs des objets membres. Les arguments **journ**, **moisn** et **anneen** sont passés au constructeur **dateNaissance**, tandis que les arguments **joure**, **moise** et **anneee** sont donnés au constructeur **dateEmbauche**. On sépare par des virgules les multiples initialiseurs des membres.

```
1    // Fig. 7.4: date1.h
2    // Déclaration de la classe Date.
3    // Fonctions membres définies dans date1.cpp.
4    #ifndef DATE1_H
5    #define DATE1_H
6
7    class Date {
8    public:
9       Date( int = 1, int = 1, int = 1900 ); // constructeur par défaut.
10      void affichage() const; // affiche la date en un format jour/mois/année.
11      ~Date();      // fourni pour confirmer l'ordre de destruction.
12   private:
13      int jour;     // 1-31 selon le mois
14      int mois;     // 1-12
15      int annee;    // toute année
16
17   // fonction utilitaire pour tester le nombre de jours,
18   // selon le mois et l'année.
19      int verifierJour( int );
20   };
21
22   #endif
```

Figure 7.4   Utilisation d'initialiseurs pour des objets membres—**date1.h**.

```
23   // Fig. 7.4: date1.cpp
24   // Définitions des fonctions membres pour la classe Date.
25   #include <iostream>
26
27   using std::cout;
28   using std::endl;
29
30   #include "date1.h"
31
32   // Constructeur: confirme l'exactitude de la valeur du mois;
33   // appelle la fonction utilitaire verifierJour pour
34   // confirmer la bonne valeur de jour.
35   Date::Date( int jr, int ms, int an )
36   {
37      if ( ms > 0 && ms <= 12 )       // valide le mois.
38         mois = ms;
39      else {
40         mois = 1;
41         cout << "Mois "<< ms <<" non valide. Ajustement au mois 1.\n";
42      }
43
44      annee = an;                     // valide l'année.
45      jour = verifierJour( jr );      // valide le jour.
46
47      cout << "Constructeur de l'objet Date pour la date ";
48      affichage();                    // affichage sans argument.
49      cout << endl;
50   }
```

Figure 7.4   Utilisation d'initialiseurs pour des objets membres—**date1.cpp**. (1 de 2)

```
51
52    // Affiche l'objet Date sous la forme jour/mois/année.
53    void Date::affichage() const
54       { cout << jour << '/' << mois << '/' << annee; }
55
56    // Destructeur: fourni pour confirmer l'ordre de destruction.
57    Date::~Date()
58    {
59       cout << "Destructeur de l'objet Date pour la date ";
60       affichage();
61       cout << endl;
62    }
63
64    // Fonction utilitaire confirmant l'exactitude de la valeur
65    // du jour selon le mois et l'année.
66    // Est-ce que l'an 2000 est bissextile?
67    int Date::verifierJour( int testJour )
68    {
69       static const int joursParMois[ 13 ] =
70          {0, 31, 28, 31, 30, 31, 30, 31, 31, 30, 31, 30, 31};
71
72       if ( testJour > 0 && testJour <= joursParMois[ mois ] )
73          return testJour;
74
75       if ( mois == 2 &&    // Février: vérification pour année bissextile.
76            testJour == 29 &&
77            ( annee % 400 == 0 ||                       // an 2000?
78            ( annee % 4 == 0 && annee % 100 != 0 ) ) ) // an 2000?
79          return testJour;
80
81       cout << "Jour " << testJour << " non valide. Ajustement au jour 1.\n";
82
83       return 1;  // laisse l'objet dans un état cohérent si valeur non valide.
84    }
```

Figure 7.4   Utilisation d'initialiseurs pour des objets membres-**date1.cpp**. (2 de 2)

```
85    // Fig. 7.4: employ1.h
86    // Déclaration de la classe Employe.
87    // Fonctions membres définies dans employ1.cpp
88    #ifndef EMPLOY1_H
89    #define EMPLOY1_H
90
91    #include "date1.h"
92
93    class Employe {
94    public:
95       Employe( char *, char *, int, int, int, int, int, int );
96       void affichage() const;
97       ~Employe();  // fourni pour confirmer l'ordre de destruction.
```

Figure 7.4   Utilisation d'initialiseurs pour des objets membres-**employ1.h**. (1 de 2)

```
 98   private:
 99      char prenom[ 25 ];
100      char nomFamille[ 25 ];
101      const Date dateNaissance;
102      const Date dateEmbauche;
103   };
104
105   #endif
```

Figure 7.4   Utilisation d'initialiseurs pour des objets membres-**employ1.h**. (2 de 2)

```
106   // Fig. 7.4: employ1.cpp
107   // Définitions des fonctions membres pour la classe Employe.
108   #include <iostream>
109
110   using std::cout;
111   using std::endl;
112
113   #include <cstring>
114   #include "employ1.h"
115   #include "date1.h"
116
117   Employe::Employe( char *pnom, char *nomf,
118                     int moisn, int journ, int anneen,
119                     int moise, int joure, int anneee )
120     : dateNaissance( moisn, journ, anneen ),
121       dateEmbauche( moise, joure, anneee )
122   {
123      // copie pnom dans prenom et vérifie la longueur.
124      int longueur = strlen( pnom );
125      longueur = ( longueur < 25 ? longueur: 24 );
126      strncpy( prenom, pnom, longueur );
127      prenom[ longueur ] = '\0';
128
129      // copie nomf dans nomFamille et vérifie la longueur.
130      longueur = strlen( nomf );
131      longueur = ( longueur < 25 ? longueur: 24 );
132      strncpy( nomFamille, nomf, longueur );
133      nomFamille[ longueur ] = '\0';
134
135      cout << "Constructeur de l'objet Employe: "
136           << prenom << ' ' << nomFamille << endl;
137   }
138
139   void Employe::affichage() const
140   {
141      cout << nomFamille << ", " << prenom << "\nEmbauché: ";
142      dateEmbauche.affichage();
143      cout << "  Date de naissance: ";
144      dateNaissance.affichage();
145      cout << endl;
146   }
```

Figure 7.4   Utilisation d'initialiseurs pour des objets membres-**employ1.cpp**. (1 de 2)

```
147
148   // Destructeur: fourni pour confirmer l'ordre de destruction.
149   Employe::~Employe()
150   {
151      cout << "Destructeur de l'objet Employe: "
152          << nomFamille << ", " << prenom << endl;
153   }
```

Figure 7.4   Utilisation d'initialiseurs pour des objets membres–**employ1.cpp**. (2 de 2)

```
154   // Fig. 7.4: fig07_04.cpp
155   // Démonstration d'une composition: objet avec des objets membres.
156   #include <iostream>
157
158   using std::cout;
159   using std::endl;
160
161   #include "employ1.h"
162
163   int main()
164   {
165      Employe e( "Bob", "Binet", 24, 7, 1949, 12, 3, 1988 );
166
167      cout << '\n';
168      e.affichage();
169
170      cout << "\nTest du constructeur Date avec valeurs non valides:\n";
171      Date d( 35, 14, 1994 );   // valeurs de Date non valides.
172      cout << endl;
173      return 0;
174   }
```

```
Constructeur de l'objet Date pour la date 24/7/1949
Constructeur de l'objet Date pour la date 12/3/1988
Constructeur de l'objet Employe: Bob Binet

Binet, Bob
Embauché: 12/3/1988  Date de naissance: 24/7/1949

Test du constructeur Date avec valeurs non valides:
Mois 14 non valide. Ajustement au mois 1.
Jour 35 non valide. Ajustement au jour 1.
Constructeur de l'objet Date pour la date 1/1/1994

Destructeur de l'objet Date pour la date 1/1/1994
Destructeur de l'objet Employe: Binet, Bob
Destructeur de l'objet Date pour la date 12/3/1988
Destructeur de l'objet Date pour la date 24/7/1949
```

Figure 7.4   Utilisation d'initialiseurs pour des objets membres–**fig07_04.cpp**.

Rappelez-vous qu'on initialise également les membres et références **const** dans la liste d'initialisation (au chapitre 9, nous apprendrons que les parties de classes de base provenant de classes dérivées s'initialisent également de cette façon). La classe **Date** et la classe **Employe** incluent toutes deux une fonction destructeur qui affiche un message lorsqu'un objet **Date** ou un objet **Employe** est détruit, respectivement. À la sortie du programme, cette pratique permet de confirmer que les objets sont construits à l'envers et détruits dans l'ordre inverse de leur construction (c'est-à-dire que les objets membres **Date** sont détruits après l'objet **Employe** qui les contient).

Un objet membre n'a pas besoin d'une initialisation explicite par le biais d'un initialiseur de membre. Si on ne fournit pas d'initialiseur de membre, le constructeur par défaut de l'objet membre sera appelé de façon implicite. S'il en existe, les fonctions *set* (d'écriture-ajustement) prévalent sur les valeurs établies par le constructeur par défaut. Toutefois, dans le cas d'initialisations complexes, cette approche peut nécessiter des quantités substantielles de travail et de temps d'exécution supplémentaires.

Erreur de programmation courante 7.6

L'absence de constructeur par défaut pour la classe d'un objet membre, lorsqu'aucun initialiseur de membre n'est fourni pour cet objet membre, constitue une erreur de syntaxe.

Astuce sur la performance 7.2

Initialisez les objets membres explicitement par le biais d'initialiseurs de membres. Cette pratique élimine la surcharge créée par la «double initialisation» des objets membres: une fois lors de l'appel du constructeur par défaut de l'objet membre et une autre fois lorsque les fonctions set *(d'écriture-ajustement) sont utilisées pour initialiser cet objet membre.*

Observation de génie logiciel 7.8

Si une classe possède comme membre un objet appartenant à une autre classe, le fait d'identifier cet objet **public** *ne viole pas l'encapsulation, c'est-à-dire le masquage des membres* **private** *de cet objet membre.*

Notez l'aspect particulier de l'appel vers la fonction membre **Date** nommée **affichage** à la ligne 53. Beaucoup de fonctions membres des classes du C++ ne nécessitent pas d'arguments, puisqu'elles contiennent un identificateur implicite (représenté par un pointeur) vers l'objet sur lequel elles opèrent. Nous discuterons du pointeur implicite, appelé **this**, à la section 7.5.

Pour cette première version de notre classe **Employe** (afin de faciliter la programmation), nous utilisons deux tableaux de 25 caractères pour représenter le prénom et le nom de famille de l'**Employe**. Ces tableaux peuvent constituer un gaspillage d'espace pour des noms plus courts que 24 caractères (rappelez-vous qu'un des caractères de chaque tableau doit être réservé pour le caractère nul, **'\0'**, de terminaison de la chaîne). De plus, les noms plus longs que 24 caractères doivent être tronqués pour prendre place dans ces tableaux de caractères.

Plus tard dans ce chapitre, nous présenterons une autre version de la classe **Employe** qui créera dynamiquement la quantité d'espace exacte requise pour contenir les prénoms et noms de famille. Nous pourrions également utiliser deux objets **string** (chaînes) pour représenter ces noms. La classe **string** de la bibliothèque standard est présentée en détail au chapitre 19.

7.4 Fonctions `friend` (amies) et classes `friend`

Une *fonction* **friend** *(amie)* d'une classe se définit en dehors de la portée de cette classe, bien qu'elle puisse accéder aux membres **private** (et aussi, comme nous le verrons au chapitre 9, aux membres protégés, **protected**) de la classe. Une fonction ou une classe entière peut être déclarée comme **friend** d'une autre classe.

L'utilisation de fonctions **friend** améliore les performances. Un exemple mécanique est ici illustré pour expliquer comment agit une fonction **friend**, mais plus loin dans ce manuel, nous utiliserons les fonctions **friend** pour surcharger les opérateurs, afin de combiner leurs opérations avec des objets de classes et ainsi créer des classes d'itérateurs. Les objets d'une classe d'itérateurs sont pratiques pour sélectionner des éléments de façon successive ou pour effectuer une opération sur les éléments d'un objet d'une classe de conteneur (voir à la section 7.9), capables de stocker des éléments. L'emploi des fonctions **friend** est souvent approprié lorsqu'une fonction membre ne peut être utilisée pour certaines opérations, comme nous le verrons au chapitre 8, *Surcharge des opérateurs*.

Pour déclarer une fonction comme **friend** (amie) d'une classe, faites précéder le prototype de fonction par le mot-clé **friend** dans la définition de classe. Pour déclarer la classe **ClasseDeux** amie de la classe **ClasseUn**, placez une déclaration de la forme

```
friend class ClasseDeux;
```

dans la définition de **ClasseUn**.

Observation de génie logiciel 7.9

*En dépit du fait que les prototypes de fonctions **friend** apparaissent dans la définition de la classe, les fonctions **friend** ne constituent pas des fonctions membres.*

Observation de génie logiciel 7.10

*Les notions d'accès aux membres **private**, **protected** et **public** ne s'appliquent pas aux déclarations d'amitié (**friend**); ces dernières peuvent donc être placées n'importe où dans la définition de la classe.*

Bonne pratique de programmation 7.2

Placez toutes les déclarations de relations d'amitié en premier dans la classe, immédiatement après l'en-tête de cette dernière. Ne les faites précéder d'aucun identificateur d'accès aux membres.

La déclaration d'amitié est accordée et non réclamée. Par exemple, pour qu'une classe **B** devienne **friend** (amie) d'une classe **A**, cette dernière doit explicitement déclarer que la classe **B** est son amie (**friend**). De plus, l'amitié n'est ni symétrique ni transitive, c'est-à-dire que si on déclare la classe **A** **friend** de la classe **B** et qu'à son tour, on définit la classe **B** **friend** de la classe **C**, on ne peut en déduire que la classe **B** est **friend** de la classe **A** (l'amitié n'étant pas symétrique), que la classe **C** est **friend** de la classe **B** ni que la classe **A** est amie de la classe **C**, l'amitié n'étant pas transitive.

Observation de génie logiciel 7.11

*Certains concepteurs en programmation orientée objets sont convaincus que les déclarations d'amitié (**friend**) nuisent au masquage de l'information et qu'elles diminuent la valeur de l'approche de la conception orientée objets.*

La figure 7.5 montre la déclaration et l'utilisation de la fonction **friend** appelée **ajusterX**, qui ajuste le membre de données **private** appelé **x** de la classe **Compte**. Notez que, par convention, la déclaration **friend** apparaît en premier dans la définition de la classe, avant même les déclarations des fonctions membres **public**. Le programme de la figure 7.6 montre les messages produits par le compilateur lorsqu'on demande la fonction non **friend** appelée **nePeutAjusterX** pour modifier le membre de données **private** nommé **x**. Les figures 7.5 et 7.6 introduisent le mécanisme de l'utilisation des fonctions **friend**; des exemples pratiques d'utilisation des fonctions **friend** apparaissent tout au long des chapitres suivants.

```
1   // Fig. 7.5: fig07_05.cpp
2   // Une fonction friend (amie) peut accéder aux membres private
3   // d'une classe.
4   #include <iostream>
5
6   using std::cout;
7   using std::endl;
8
```

Figure 7.5   Une fonction **friend** (amie) peut accéder aux membres **private** d'une classe. (1 de 2)

```
 9    // Classe Compte modifiée.
10    class Compte {
11       friend void ajusterX( Compte &, int ); // déclaration d'amitié.
12    public:
13       Compte() { x = 0; }                    // constructeur.
14       void affichage() const { cout << x << endl; }  // sortie.
15    private:
16       int x;                                 // membre de données.
17    };
18
19    // Peut modifier les données private de Compte puisque
20    // ajusterX est déclarée comme fonction friend de Compte.
21    void ajusterX( Compte &c, int val )
22    {
23       c.x = val;  // légal: ajusterX est friend (amie) de Compte.
24    }
25
26    int main()
27    {
28       Compte compteur;
29
30       cout << "compteur.x après instanciation: ";
31       compteur.affichage();
32       cout << "compteur.x après appel vers la fonction friend ajusterX: ";
33       ajusterX( compteur, 8 );  // ajuste x avec la fonction friend.
34       compteur.affichage();
35       return 0;
36    }
```

```
compteur.x après instanciation: 0
compteur.x après appel vers la fonction friend ajusterX: 8
```

Figure 7.5   Une fonction **friend** (amie) peut accéder aux membres **private** d'une classe. (2 de 2)

Notez que la fonction **ajusterX** de la ligne 21 représente une fonction autonome de style C; il ne s'agit pas d'une fonction membre de la classe **Compte**. Pour cette raison, lorsque la fonction **ajusterX** est invoquée pour l'objet **compteur**, nous utilisons l'instruction de la ligne 33,

```
ajusterX( compteur, 8 );  // ajuste x avec la fonction friend.
```

qui prend **compteur** comme argument plutôt que d'utiliser un identificateur, tel que le nom de l'objet par exemple, pour appeler la fonction, comme dans l'instruction suivante:

```
compteur.ajusterX( 8 );
```

Comme nous l'avons évoqué, la figure 7.5 est un exemple purement mécanique de construction friend. Il serait noramlement adéquat de définir la fonction ajusterX comme une fonction membre de la classe **Compte**.

Observation de génie logiciel 7.12

Puisque le C++ constitue un langage hybride, il est fréquent de rencontrer un mélange de deux types d'appels de fonctions dans un même programme et souvent dos à dos: des appels de type C passant des données ou des objets primitifs à des fonctions et des appels de C++ qui passent des fonctions (ou des messages) à des objets.

```
1   // Fig. 7.6: fig07_06.cpp
2   // Des fonctions non friend/non membres ne peuvent accéder
3   // aux données private d'une classe.
4   #include <iostream>
5
6   using std::cout;
7   using std::endl;
8
9   // Classe Compte modifiée.
10  class Compte {
11  public:
12     Compte() { x = 0; }                       // constructeur.
13     void affichage() const { cout << x << endl; } // sortie.
14  private:
15     int x;                                     // membre de données.
16  };
17
18  // Fonction tente de modifier les données private de Compte
19  // sans réussir puisqu'elle n'est pas friend (amie).
20  void nePeutAjusterX( Compte &c, int val )
21  {
22     c.x = val;  // ERREUR: 'Compte::x' n'est pas accessible.
23  }
24
25  int main()
26  {
27     Compte compteur;
28
29     nePeutAjusterX( compteur, 3 ); // nePeutAjusterX n'est pas une amie.
30     return 0;
31  }
```

Messages d'erreur du compilateur en ligne de commande Borland C++

```
Borland C++ 5.5 for Win32 Copyright (c) 1993, 2000 Borland
Fig07_06.cpp:
Error E2247 Fig07_06.cpp 22: 'Compte::x' is not accessible in
   fnction nePeutAjusterX(Compte &,int)
*** 1 errors in Compile ***
```

Messages d'erreur du compilateur Microsoft Visual C++

```
Compiling...
D:\fig07_06.cpp(22) : error C2248: 'x' : cannot access private member declared
   in class 'Compte'
D:\fig07_06.cpp(15) : see declaration of 'x'
Error executing cl.exe.

fig07_06.exe - 1 error(s), 0 Warning(s)
```

Figure 7.6   Des fonctions non **friend** ou non membres ne peuvent accéder aux membres **private** d'une classe.

Il est possible de spécifier des fonctions surchargées comme **friend** d'une classe. Chaque fonction surchargée requise comme **friend** doit être déclarée explicitement dans la définition de classe comme **friend** de cette classe.

7.5 Utilisation du pointeur `this`

Chaque objet a accès à sa propre adresse par le biais d'un pointeur appelé **this**. Le pointeur **this** d'un objet ne fait pas partie de l'objet en tant que tel; en d'autres termes, le pointeur **this** n'est pas réfléchi dans le résultat d'une opération **sizeof** sur cet objet, mais plutôt passé dans l'objet (par le compilateur) comme un premier argument implicite sur chaque appel de fonction non **static** vers l'objet (nous discuterons des membres **static** à la section 7.7).

On utilise implicitement le pointeur **this** pour référencer à la fois les données et les fonctions membres d'un objet; il peut également intervenir explicitement. Le type du pointeur **this** dépend du type de l'objet et de la déclaration **const** ou non de la fonction dans laquelle il est utilisé. Pour une fonction membre non **const** de la classe **Employe**, le pointeur **this** possède le type **Employe * const**, c'est-à-dire de pointeur constant vers un objet **Employe**. Dans une fonction membre **const** de la classe **Employe**, le pointeur **this** possède le type **const Employe * const**, c'est-à-dire un pointeur constant vers un objet **Employe** constant.

Pour l'instant, nous illustrons un exemple simple d'une utilisation explicite du pointeur **this**. Nous illustrerons plus tard dans ce chapitre et au chapitre 8 quelques exemples substantiels plus subtils de l'utilisation de **this**. Chaque fonction membre non **static** a accès au pointeur **this** vers l'objet pour lequel le membre est invoqué.

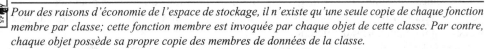

Astuce sur la performance 7.3

Pour des raisons d'économie de l'espace de stockage, il n'existe qu'une seule copie de chaque fonction membre par classe; cette fonction membre est invoquée par chaque objet de cette classe. Par contre, chaque objet possède sa propre copie des membres de données de la classe.

La figure 7.7 montre l'utilisation explicite du pointeur **this**, afin de permettre à une fonction membre de la classe **Test** d'afficher les données **private** appelées **x** d'un objet **Test**.

```
1   // Fig. 7.7: fig07_07.cpp
2   // Utilisation du pointeur this pour référer aux membres d'un objet.
3   #include <iostream>
4
5   using std::cout;
6   using std::endl;
7
8   class Test {
9   public:
10      Test( int = 0 );            // constructeur par défaut.
11      void affichage() const;
12   private:
13      int x;
14  };
15
16  Test::Test( int a ) { x = a; }  // constructeur.
```

Figure 7.7   Utilisation du pointeur **this**. (1 de 2)

```
17
18    void Test::affichage() const    // () autour de *this requises.
19    {
20       cout << "         x = " << x
21            << "\n  this->x = " << this->x
22            << "\n(*this).x = " << ( *this ).x << endl;
23    }
24
25    int main()
26    {
27       Test testObjet( 12 );
28
29       testObjet.affichage();
30
31       return 0;
32    }
```

```
 x = 12
   this->x = 12
(*this).x = 12
```

Figure 7.7   Utilisation du pointeur **this**. (2 de 2)

À des fins de démonstration, la fonction membre **affichage** de la figure 7.7 affiche d'abord **x** directement. Ensuite, **affichage** emploie deux notations différentes pour accéder **à x** via le pointeur **this**: l'opérateur pointeur (**->**) combiné au pointeur **this** et l'opérateur po**int** (**.**) associé au pointeur **this** déréférencé.

Notez les parenthèses entourant ***this** lorsqu'on emploie l'opérateur po**int** de sélection de membre (**.**). Les parenthèses sont obligatoires, puisque l'opérateur po**int** prime sur l'opérateur *****. Sans les parenthèses, l'expression

    *this.x

serait évaluée comme si on avait placé les parenthèses de la façon suivante:

    *(this.x)

Ceci constitue une erreur de syntaxe, puisque l'opérateur po**int** ne peut être utilisé avec un pointeur.

Erreur de programmation courante 7.7

L'utilisation de l'opérateur de sélection de membre (.) avec un pointeur vers un objet constitue une erreur de syntaxe. L'opérateur point de sélection de membre ne peut intervenir qu'avec un objet ou une référence vers un objet.

Une utilisation intéressante du pointeur **this** consiste à empêcher l'affectation d'un objet à lui-même. Comme nous le verrons au chapitre 8, Surcharge des opérateurs, l'auto-affectation peut provoquer des erreurs graves lorsque les objets contiennent des pointeurs vers des données allouées dynamiquement.

Une autre utilisation du pointeur **this** est de permettre des appels en cascade de fonctions membres. La figure 7.8 illustre le renvoi d'une référence vers un objet **Temps** pour permettre la mise en cascade d'appels de fonctions membres de la classe **Temps**. Toutes les fonctions membres **ajusterTemps**, **ajusterHeure**, **ajusterMinute** et **ajusterSeconde** renvoient ***this** avec le type de renvoi **Temps &**.

```
1    // Fig. 7.8: temps6.h
2    // Appels de fonctions membres en cascade.
3
4    // Déclaration de la classe Temps.
5    // Fonctions membres définies dans temps6.cpp.
6    #ifndef TEMPS6_H
7    #define TEMPS6_H
8
9    class Temps {
10   public:
11      Temps( int = 0, int = 0, int = 0 );  // constructeur par défaut.
12
13      // fonctions d'ajustement (set).
14      Temps &ajusterTemps( int, int, int ); // ajuste heure, minute, seconde.
15      Temps &ajusterHeure( int );      // ajuste heure.
16      Temps &ajusterMinute( int );     // ajuste minute.
17      Temps &ajusterSeconde( int );    // ajuste seconde.
18
19      // fonctions de lecture (get) (normalement déclarées const).
20      int lectureHeure() const;        // renvoie heure.
21      int lectureMinute() const;       // renvoie minute.
22      int lectureSeconde() const;      // renvoie seconde.
23
24      // fonctions d'affichage (normalement déclarées const).
25      void afficherMilitaire() const; // affiche temps militaire.
26      void afficherStandard() const;  // affiche temps standard.
27   private:
28      int heure;                       // 0 - 23
29      int minute;                      // 0 - 59
30      int seconde;                     // 0 - 59
31   };
32
33   #endif
```

Figure 7.8   Appels en cascade de fonctions membres-**temps6.h**.

```
34   // Fig. 7.8: temps6.cpp
35   // Définitions des fonctions membres pour la classe Temps.
36   #include <iostream>
37
38   using std::cout;
39
40   #include "temps6.h"
41
42   // Fonction constructeur initialisant les données private.
43   // Appelle la fonction membre ajusterTemps pour ajuster
44   // les variables. Les valeurs par défaut sont de 0.
45   Temps::Temps( int hr, int min, int sec )
46      { ajusterTemps( hr, min, sec ); }
```

Figure 7.8   Appels en cascade de fonctions membres-**temps6.cpp**. (1 de 3)

```cpp
47   // Ajuste les valeurs de heure, de minute et de seconde.
48   Temps &Temps::ajusterTemps( int h, int m, int s )
49   {
50      ajusterHeure( h );
51      ajusterMinute( m );
52      ajusterSeconde( s );
53      return *this;   // permet les appels en cascade.
54   }
55
56   // Ajuste la valeur de l'heure.
57   Temps &Temps::ajusterHeure( int h )
58   {
59      heure = ( h >= 0 && h < 24 ) ? h: 0;
60
61      return *this;   // permet les appels en cascade.
62   }
63
64   // Ajuste la valeur de la minute.
65   Temps &Temps::ajusterMinute( int m )
66   {
67      minute = ( m >= 0 && m < 60 ) ? m: 0;
68
69      return *this;   // permet les appels en cascade.
70   }
71
72   // Ajuste la valeur de la seconde.
73   Temps &Temps::ajusterSeconde( int s )
74   {
75      seconde = ( s >= 0 && s < 60 ) ? s: 0;
76
77      return *this;   // permet les appels en cascade.
78   }
79
80   // Lit la valeur de l'heure.
81   int Temps::lectureHeure() const { return heure; }
82
83   // Lit la valeur de la minute.
84   int Temps::lectureMinute() const { return minute; }
85
86   // Lit la valeur de la seconde.
87   int Temps::lectureSeconde() const { return seconde; }
88
89   // Affiche le temps en format militaire: HH:MM:SS.
90   void Temps::afficherMilitaire() const
91   {
92      cout << ( heure < 10 ? "0": "" ) << heure << ":"
93          << ( minute < 10 ? "0": "" ) << minute
94                << ":" << ( seconde < 10 ? "0": "" ) << seconde;
95   }
96
97   // Affiche le temps en format standard: HH:MM:SS AM (ou PM).
98   void Temps::afficherStandard() const
99   {
```

Figure 7.8   Appels en cascade de fonctions membres-**temps6.cpp**. (2 de 3)

```
100      cout << ( ( heure == 0 || heure == 12 ) ? 12: heure % 12 )
101          << ":" << ( minute < 10 ? "0": "" ) << minute
102          << ":" << ( seconde < 10 ? "0": "" ) << seconde
103          << ( heure < 12 ? " AM": " PM" );
104  }
```

Figure 7.8   Appels en cascade de fonctions membres-**temps6.cpp**. (3 de 3)

```
105  // Fig. 7.8: fig07_08.cpp
106  // Appels en cascade des fonctions membres mis ensemble
107  // avec le pointeur this.
108  #include <iostream>
109
110  using std::cout;
111  using std::endl;
112
113  #include "temps6.h"
114
115  int main()
116  {
117     Temps t;
118
119     t.ajusterHeure( 18 ).ajusterMinute( 30 ).ajusterSeconde( 22 );
120     cout << "Temps militaire: ";
121     t.afficherMilitaire();
122     cout << "\nTemps standard: ";
123     t.afficherStandard();
124
125     cout << "\n\nNouveau temps standard: ";
126     t.ajusterTemps( 20, 20, 20 ).afficherStandard();
127     cout << endl;
128
129     return 0;
130  }
```

```
Temps militaire: 18:30:22
Temps standard: 6:30:22 PM

Nouveau temps standard: 8:20:20 PM
```

Figure 7.8   Appels en cascade de fonctions membres-**fig07_08.cpp**.

Pourquoi utiliser cette technique de renvoi de ***this** comme travail de référence ? L'opérateur point (**.**) est associatif de gauche à droite donc l'expression suivante évalue d'abord **t.ajusterHeure(18)** puis renvoie une référence vers l'objet **t** comme valeur pour cet appel de fonction:

        t.ajusterHeure(18).ajusterMinute(30).ajusterSeconde(22);

L'expression restante est ensuite interprétée comme:

        t.ajusterMinute(30).ajusterSeconde(22);

L'appel de **t.ajusterMinute(30)** s'exécute et renvoie l'équivalent de **t**. L'expression restante est interprétée comme:

```
t.ajusterSeconde( 22 );
```

Notez que les appels suivants utilisent également la caractéristique de cascade:

```
t.ajusterTemps( 20, 20, 20 ).afficherStandard();
```

Dans cette expression, les appels doivent apparaître dans cet ordre, puisque la définition particulière de **afficherStandard** dans la classe ne renvoie pas de référence vers **t**. Le fait de placer l'appel à **afficherStandard** dans l'instruction précédente, avant l'appel à **ajusterTemps**, provoquerait une erreur de syntaxe.

7.6 Allocation dynamique de mémoire avec les opérateurs new et delete

Les opérateurs **new** (nouveau) et **delete** (supprimer) fournissent un moyen plus commode d'effectuer les tâches d'allocation dynamique de la mémoire (pour tout type intégré ou défini par l'utilisateur) que les appels de fonctions **malloc** et **free** du langage C. Examinons le code suivant:

```
NomType *nomTypePtr;
```

En utilisant la version ANSI du C, nous aurions écrit ce qui suit pour créer dynamiquement un objet de type **NomType**:

```
nomTypePtr = malloc ( sizeof ( NomType ) );
```

Ce code nécessite un appel de fonction vers **malloc** et l'utilisation explicite de l'opérateur **sizeof**. Avec les versions de C antérieures à la norme ANSI, nous aurions dû recourir au transtypage sur le pointeur renvoyé par **malloc** avec **(NomType *)**. La fonction **malloc** ne fournit aucune méthode d'initialisation pour le bloc de mémoire allouée. En C++, l'instruction suivante suffit:

```
nomTypePtr = new NomType;
```

L'opérateur **new** crée automatiquement un objet de taille appropriée, appelle le constructeur de l'objet et retourne un pointeur de type correspondant. Si **new** ne peut trouver d'espace, il renvoie un pointeur **0** (dans les versions de C++ antérieures à la norme ANSI/ISO). Note: au chapitre 13, nous montrerons comment gérer les échecs de **new** dans le contexte de la norme ANSI/ISO du C++. Nous expliquerons en particulier comment l'opérateur **new** «lance une exception» et comment «capturer cette exception» afin de la traiter. Pour libérer l'espace occupé par cet objet en C++, vous devez utiliser l'opérateur **delete** de la façon suivante:

```
delete nomTypePtr;
```

Le C++ permet de fournir un initialiseur pour un objet nouvellement créé, comme dans l'expression suivante, qui initialise un nouvel objet **double** à **3.14159**:

```
double *objetPtr = new float ( 3.14159 );
```

Un tableau d'entiers à 10 éléments peut être créé et affecté à **tableauPtr** de la façon suivante:

```
int *tableauPtr = new int[ 10 ];
```

Ce tableau peut ensuite être supprimé avec l'instruction:

```
delete [] tableauPtr;
```

Comme nous le verrons plus loin, l'utilisation de **new** et **delete** en remplacement de **malloc** et **free** offre d'autres avantages. Ces avantages principaux sont que **new** invoque automatiquement le constructeur, alors que **delete** invoque automatiquement le destructeur de la classe.

Erreur de programmation courante 7.8

*Le mélange des allocations dynamiques de mémoire de style **new** et **delete** avec celles du genre **malloc** et **free** est une erreur de logique: l'espace créé par **malloc** ne peut être libéré par **delete** et les objets créés par **new** ne peuvent être supprimés par **free**.*

Erreur de programmation courante 7.9

*L'utilisation de **delete** au lieu de **delete []** pour des tableaux peut provoquer des erreurs de logique à l'exécution. Pour éviter ces problèmes, l'espace créé pour un tableau doit être supprimé avec l'opérateur **delete []** et l'espace créé pour un élément individuel doit être supprimé avec l'opérateur **delete**.*

Bonne pratique de programmation 7.3

*Puisque le C++ inclut le C, les programmes de C++ peuvent contenir tant de l'espace de stockage créé par **malloc** et supprimé par **free**, que des objets créés par **new** et supprimés par **delete**. Il est toutefois préférable de n'utiliser que **new** et **delete**.*

7.7 Membres de classes `static`

Tout objet d'une classe possède sa propre copie de tous les membres de données de la classe. Il peut arriver, mais seulement dans certains cas, qu'une seule copie de variable doive être partagée par tous les objets d'une classe. Dans ce cas et aussi pour certaines autres raisons, on peut utiliser une variable de classe **static** représentant des informations liées à la classe elle-même, mais il s'agit alors d'une propriété de la classe et non un objet spécifique de la classe. La déclaration d'un membre **static** commence par le mot-clé **static**.

Examinons l'utilisation de données au niveau d'une classe **static** avec un exemple de jeu vidéo. Supposons que nous ayons un jeu vidéo avec des Martiens et d'autres créatures extraterrestres. Chaque **Martien** demeure brave et désireux d'attaquer les autres créatures extraterrestres aussi longtemps que ce **Martien** sait qu'il y a au moins 5 **Martien** présents. Si le nombre de **Martien** présents est inférieur à 5, chaque **Martien** devient lâche. Chacun doit donc connaître la valeur de **compteMartien**. Nous pourrions munir la classe **Martien** de **compteMartien** comme donnée membre; de cette façon, chaque **Martien** posséde une copie séparée du membre de donnée. Chaque fois que nous créons un nouveau **Martien**, nous devons mettre à jour la donnée membre **compteMartien** de chaque **Martien**. Cette pratique implique une perte d'espace à cause de la redondance des copies, ainsi qu'une perte de temps engendrée par la mise à jour de toutes ces copies séparées. Une autre stratégie consiste à déclarer **compteMartien** comme étant **static**, afin que **compteMartien** soit disponible au niveau de la classe elle-même. Chaque **Martien** peut alors voir le **compteMartien** comme s'il s'agissait d'une données membre du **Martien**, bien qu'une seule copie du **compteMartien** de type **static** soit entretenue par le C++. Il en résulte un gain d'espace de stockage. Nous épargnons également du temps d'exécution, puisque le constructeur **Martien** s'occupe d'incrémenter le **compteMartien** de type **static**. Puisqu'il n'existe qu'une seule copie, nous n'avons plus à incrémenter des copies séparées de **compteMartien** pour chaque objet **Martien**.

Astuce sur la performance 7.4

*Utilisez des membres de données **static** pour économiser la mémoire lorsqu'une seule copie des données peut suffire.*

Bien que les membres de données **static** puissent ressembler aux variables globales, les membres de données **static** possèdent une portée de classe. Les membres **static** peuvent être déclarés comme **public**, **private** ou **protected** et doivent être initialisés une seule fois dans la portée du fichier. L'accès aux membres de données **static**, déclarés comme **public**, d'une classe s'effectue par le nom de la classe, suivi de l'opérateur binaire de résolution de portée. L'accès aux membres de données **static**, identifiés **private** et **protected**, d'une classe doit passer obligatoirement par le biais de fonctions membres **public** ou **friend** de cette classe.

Les membres **static** d'une classe existent même s'il n'y a encore aucun objet de cette classe. Pour accéder à un membre de classe **static** identifié **public** lorsqu'aucun objet n'existe dans cette classe, placez en préfixe du nom du membre de données le nom de classe et l'opérateur binaire de résolution de portée (**::**). Pour accéder à un membre de classe **static**, déclaré comme **private** ou **protected**, lorsqu'aucun objet n'existe de cette classe, une fonction membre **static public** doit être fournie et elle doit être appelée en préfixant son nom du nom de la classe et de l'opérateur binaire de résolution de portée.

Le programme de la figure 7.9 montre l'utilisation d'une donnée membre **static private** et d'une fonction membre **static public**. Le membre de données **compte** est initialisé à zéro dans la portée de fichier avec l'instruction:

```
int Employe::compte = 0;
```

Le membre **compte** met à jour le décompte du nombre d'objets de la classe **Employe** qui ont été instanciés. Lorsqu'on retrouve des objets de la classe **Employe**, le membre **compte** peut être référencé par le biais de toute fonction membre d'un objet **Employe**. Dans cet exemple, **compte** est référencé à la fois par le constructeur et le destructeur.

Erreur de programmation courante 7.10

*Le mot-clé **static**, inclus dans la définition d'une variable de classe **static** dans la portée du fichier, constitue une erreur de syntaxe.*

```
1    // Fig. 7.9: employ1.h
2    // Une classe Employe.
3    #ifndef EMPLOY1_H
4    #define EMPLOY1_H
5
6    class Employe {
7    public:
8       Employe( const char*, const char* );   // constructeur.
9       ~Employe();                            // destructeur.
10      const char *lecturePrenom() const;     // renvoie le prénom.
11      const char *lectureNomFamille() const; // renvoie le nom de famille.
12
13      // fonction membre static.
14      static int lectureCompte();  // renvoie le nombre d'objets instanciés.
15
16   private:
17      char *prenom;
18      char *nomFamille;
19
20      // membre de données static.
21      static int compte;           // nombre d'objets instanciés.
22   };
23
24   #endif
```

Figure 7.9   Utilisation d'un membre de données **static** pour entretenir une mise à jour du décompte du nombre d'objets d'une classe-**employ1.h**.

```
25   // Fig. 7.9: employ1.cpp
26   // Définitions des fonctions membres pour la classe Employe.
27   #include <iostream>
28
29   using std::cout;
30   using std::endl;
31
32   #include <cstring>
33   #include <cassert>
34   #include "employ1.h"
35
36   // Initialise le membre de données static.
37   int Employe::compte = 0;
38
39   // Définit la fonction membre static qui renvoie le nombre
40   // d'objets Employe instanciés.
41   int Employe::lectureCompte() { return compte; }
42
43   // Constructeur allouant de l'espace dynamiquement pour le
44   // prénom et le nom de famille et utilisant strcpy pour
45   // copier le prénom et le nom de famille dans l'objet.
46   Employe::Employe( const char *premier, const char *dernier )
47   {
48      prenom = new char[ strlen( premier ) + 1 ];
49      assert( prenom != 0 );        // assure la mémoire allouée.
50      strcpy( prenom, premier );
51
52      nomFamille = new char[ strlen( dernier ) + 1 ];
53      assert( nomFamille != 0 ); // assure la mémoire allouée.
54      strcpy( nomFamille, dernier );
55
56      ++compte;   // incrémente le compteur static des employés.
57      cout << "Constructeur Employe pour " << prenom
58           << ' ' << nomFamille << " appelé." << endl;
59   }
60
61   // Destructeur libère la mémoire allouée dynamiquement.
62   Employe::~Employe()
63   {
64      cout << "~Employe() appelé pour " << prenom
65           << ' ' << nomFamille << endl;
66      delete prenom;              // reprend la mémoire.
67      delete nomFamille;          // reprend la mémoire.
68      --compte; // décrémente le compteur static des employés.
69   }
70
71   // Renvoie le prénom de l'employé.
72   const char *Employe::lecturePrenom() const
73   {
74      // const avant le type de renvoi empêche la modification
75      // des données private par le client, qui doit copier
76      // la chaine renvoyée avant que le destructeur ne libère
77      // la mémoire pour empêcher un pointeur non défini.
```

Figure 7.9   Utilisation d'un membre de données **static** pour entretenir une mise à jour du décompte du nombre d'objets d'une classe-**employ1.cpp**. (1 de 2)

```
78       return prenom;
79    }
80
81    // Renvoie le nom de famille de l'employé.
82    const char *Employe::lectureNomFamille() const
83    {
84       // const avant le type de renvoi empêche la modification
85       // des données private par le client, qui doit copier
86       // la chaîne renvoyée avant que le destructeur ne libère
87       // la mémoire pour empêcher un pointeur non défini.
88       return nomFamille;
89    }
```

Figure 7.9   Utilisation d'un membre de données **static** pour entretenir une mise à jour du décompte du nombre d'objets d'une classe-**employ1.cpp**. (2 de 2)

```
90    // Fig. 7.9: fig07_09.cpp
91    // Pilote pour tester la classe Employe.
92    #include <iostream>
93
94    using std::cout;
95    using std::endl;
96
97    #include "employ1.h"
98
99    int main()
100   {
101      cout << "Nombre d'employés avant l'instanciation: "
102          << Employe::lectureCompte() << endl; // utilise le nom de classe.
103
104      Employe *e1Ptr = new Employe( "Suzanne", "Bédard" );
105      Employe *e2Ptr = new Employe( "Robert", "Binet" );
106
107      cout << " Nombre d'employés après l'instanciation: "
108          << e1Ptr->lectureCompte();
109
110      cout << "\n\nEmployé 1: "
111          << e1Ptr->lecturePrenom()
112          << " " << e1Ptr->lectureNomFamille()
113          << "\nEmployé 2: "
114          << e2Ptr->lecturePrenom()
115          << " " << e2Ptr->lectureNomFamille() << "\n\n";
116
117      delete e1Ptr;    // reprend la mémoire.
118      e1Ptr = 0;
119      delete e2Ptr;    // reprend la mémoire.
120      e2Ptr = 0;
121
122      cout << "Nombre d'employés après la suppression: "
123          << Employe::lectureCompte() << endl;
124
125      return 0;
126   }
```

Figure 7.9   Utilisation d'un membre de données **static** pour entretenir une mise à jour du décompte du nombre d'objets d'une classe-**fig07_09.cpp**. (1 de 2)

```
Nombre d'employés avant l'instanciation: 0
Constructeur Employe pour Suzanne Bédard appelé.
Constructeur Employe pour Robert Binet appelé.
Nombre d'employés après l'instanciation: 2

Employé 1: Suzanne Bédard
Employé 2: Robert Binet

~Employe()appelé pour Suzanne Bédard
~Employe()appelé pour Robert Binet
Nombre d'employés après la suppression: 0
```

Figure 7.9   Utilisation d'un membre de données **static** pour entretenir une mise à jour du décompte du nombre d'objets d'une classe–**fig07_09.cpp**. (2 de 2)

Lorsqu'il n'existe aucun objet de la classe **Employe**, le membre **compte** peut toujours être référencé, mais seulement par le biais d'un appel à la fonction membre **static** nommée **lectureCompte**, de la façon suivante:

```
Employe::lectureCompte()
```

Dans cet exemple, on emploie la fonction **lectureCompte** pour déterminer le nombre d'objets **Employe** en cours d'instanciation. Notez que, lorsqu'il n'existe aucun objet instancié dans le programme, l'appel de fonction **Employe::lectureCompte()** est émis. Toutefois, lorsqu'il existe des objets instanciés, la fonction **lectureCompte** peut être appelée par l'un des objets, comme l'illustrent les instructions des lignes 107 et 108:

```
cout << " Nombre d'employés après l'instanciation: "
     << e1Ptr->lectureCompte();
```

Note: les appels **e2Ptr->lectureCompte()** et **Employe::lectureCompte()** produiraient le même résultat que l'instruction précédente.

Observation de génie logiciel 7.13

*Certaines organisations utilisent des standards dans leurs conceptions de logiciels pour s'assurer que tous les appels vers des fonctions membres **static** soient effectués en conjonction avec le nom de la classe et non en conjonction avec les identificateurs des objets.*

Une fonction membre peut être déclarée **static** si elle n'accède pas aux membres de données et aux fonctions membres non **static**. Contrairement aux fonctions membres non **static**, une fonction membre **static** ne possède aucun pointeur **this** puisque les membres de données et fonctions membres **static** existent indépendamment de tout objet d'une classe.

Erreur de programmation courante 7.11

*Toute référence au pointeur **this** à l'intérieur d'une fonction membre **static** constitue une erreur de syntaxe.*

Erreur de programmation courante 7.12

*La déclaration comme **const** d'une fonction membre **static** constitue une erreur de syntaxe.*

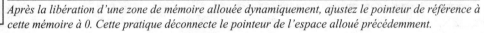

Observation de génie logiciel 7.14

*Les membres de données et fonctions membres **static** d'une classe existent et peuvent être utilisés, même si aucun objet de cette classe n'a été instancié.*

Les lignes 104 et 105 utilisent l'opérateur **new** pour allouer dynamiquement deux objets **Employe**. Ainsi, le constructeur est appelé après l'allocation de chaque objet **Employe**. De même, lorsque **delete** aux lignes 117 et 119 libèrent les deux objets **Employe**, leurs destructeurs sont appelés.

Bonne pratique de programmation 7.4

Après la libération d'une zone de mémoire allouée dynamiquement, ajustez le pointeur de référence à cette mémoire à 0. Cette pratique déconnecte le pointeur de l'espace alloué précédemment.

Notez la présence **d'assert** (affirmer) dans la fonction constructeur **Employe**. La «macro» **assert**, définie dans le fichier d'en-tête **assert.h**, teste la valeur d'une condition. Si la valeur de l'expression est **false**, **assert** émet un message d'erreur et demande la fonction **abort**, du fichier d'en-tête des utilitaires généraux **<cstdlib>**, afin de terminer l'exécution du programme. Il s'agit d'un outil de débogage pratique, qui vérifie si une variable possède une valeur appropriée. Dans ce programme, **assert** détermine si l'opérateur **new** est capable de satisfaire la requête d'allocation dynamique de mémoire. Par exemple, dans la fonction constructeur **Employe**, la ligne suivante (également appelée assertion) teste le pointeur **prenom** afin de déterminer s'il diffère de **0**:

```
assert( prenom != 0 );
```

Si la condition de l'assertion précédente est **true**, le programme continue, sans interruption. Par contre, si la condition est **false**, un message d'erreur contenant le numéro de la ligne, la condition en cours de test ainsi que le nom du fichier dans lequel l'assertion apparaît s'affiche et le programme termine son exécution. Le programmeur peut alors se concentrer sur cette partie du code afin de déterminer la source de l'erreur. Au chapitre 13, *Traitement des exceptions*, nous fournirons une meilleure méthode afin de transiger avec les erreurs à l'exécution.

Une fois le débogage terminé, rien n'oblige le retrait des assertions d'un programme. Lorsque les assertions ne sont plus requises à des fins de débogage dans un programme, l'insertion de la ligne

```
#define NDEBUG
```

au début du fichier programme indique au précompilateur d'ignorer toutes les assertions; le programmeur n'a donc pas besoin de supprimer manuellement chacune des insertions. Par ailleurs, le compilateur offre habituellement parmi ses propres options la possibilité de désactiver les assertions.

Pour le client de la classe, notez que les fonctions **lecturePrenom** et **lectureNomFamille** retournent des pointeurs sur des caractères constants. Dans cette implémentation, s'il désire conserver une copie du prénom et du nom de famille, le client devient responsable de la copie de la mémoire allouée dynamiquement à l'objet **Employe**, après avoir obtenu le pointeur de l'objet. Notez qu'il est également possible d'implanter **lecturePrenom** et **lectureNomFamille** pour forcer le client à passer un tableau de caractères et sa taille à chaque fonction. Par la suite, les fonctions peuvent copier le prénom et le nom de famille dans le tableau de caractères fourni par le client. Une fois encore, la classe **string** dont nous parlerons au chapitre 19 permettrait ici de renvoyer un objet **string** à l'appelant.

7.8 Abstraction de données et masquage de l'information

Les classes masquent normalement les détails de leur implémentation par rapport aux clients des classes; c'est ce qu'on appelle le masquage de l'information. Comme exemple du masquage des informations, examinons une structure de données appelée *pile*.

Imaginez une pile d'assiettes placées les unes par-dessus les autres. Lorsqu'on ajoute une assiette à la pile, elle se trouve toujours placée sur le dessus, d'où l'expression de référence *insérer sur une pile* ou *empiler* (*push*); lorsqu'on retire une assiette de la pile, elle est toujours retirée du dessus, d'où l'expression de référence *enlever de la pile* ou *dépiler* (*pop*). Les piles représentent des structures de données du type dernier entré, premier sorti (ou LIFO pour la locution anglaise *last in, first out*): le dernier élément entré, empilé sur la pile devient le premier élément sorti, dépilé, de la pile.

Le programmeur peut créer une classe de pile et masquer la manière dont elle est mise en place aux clients de la classe. Les piles peuvent facilement être implantées sous la forme de tableaux (ou des listes chaînées, comme l'indique le chapitre 15, *Structures de données*. Un client d'une classe de pile n'a aucun besoin de connaître les détails de son implémentation. Le client requiert simplement que, lorsque des données sont placées dans la pile, elles soient rappelées dans l'ordre du dernier entré, premier sorti. La description des qualités fonctionnelles d'une classe indépendante de son implémentation se nomme *abstraction de données*; le C++ définit ces classes comme étant des *types de données abstraits*. Bien qu'ils puissent connaître les détails sur la façon dont la classe est implantée, les utilisateurs ne peuvent pas écrire de code dépendant de ces détails. Cela signifie que l'implémentation d'une classe particulière, telle celle qui met en place une pile et ses opérations d'entrées-sorties, peut être altérée ou remplacée sans affecter le reste du système, aussi longtemps que l'interface **public** de cette classe ne change pas.

Le rôle d'un langage de haut niveau consiste à créer une perspective pratique d'utilisation pour les programmeurs. Il n'existe aucune perspective standard universellement acceptée; c'est l'une des raisons qui expliquent pourquoi on retrouve autant de langages de programmation. La programmation orientée objets du C++ présente une autre perspective.

La plupart des langages de programmations insistent sur les actions. Dans ces langages, les données existent pour supporter les actions remplies par les programmes; ainsi, on perçoit les données comme moins intéressantes et plus primitives que les actions. Il n'existe que quelques types de données intégrés et il est difficile pour les programmeurs de créer de nouveaux types de données personnalisés.

Cette perspective change avec le C++ et le style de programmation orientée objets. Le C++ élève l'importance des données; son activité principale consiste en la création de nouveaux types de données, c'est-à-dire des classes, et l'expression des interactions entre les objets de ces types de données.

Pour évoluer dans cette direction, la communauté des langages de programmation a dû formaliser certaines notions concernant les données. La formalisation que nous considérons ici est la notion de types de données abstraits. Aujourd'hui, on porte autant d'attention aux types de données abstraits qu'on en portait à la programmation structurée durant les vingt dernières années. Les types de données abstraits ne remplacent pas la programmation structurée mais fournissent plutôt une formalisation supplémentaire, améliorant en substance le processus de développement des programmes.

Qu'est-ce qu'un type de données abstrait? Examinons le type intégré **int**. Nous pensons tout de suite à la notion mathématique d'entier, bien que le type **int** sur un ordinateur ne constitue pas exactement ce qu'un entier peut représenter en mathématique. La taille des entiers **int** utilisés dans les ordinateurs est particulièrement limitée. Par exemple, un entier **int** sur une machine de 32 octets doit approximativement se contenir dans une plage variant de –2 milliards à +2 milliards. Si le résultat du calcul tombe en dehors de cette plage, une erreur de débordement se produit et l'ordinateur réagit d'une manière quelconque, dépendante de la machine, incluant la possibilité de production discrète d'un résultat inexact. Les entiers mathématiques ne présentent pas ces problèmes. La notion **int** informatique ne constitue donc qu'une approximation de la notion d'entier du monde réel et le même phénomène se produit pour le type **double**.

Même le type **char** ne représente qu'une approximation. Les valeurs **char** constituent normalement des combinaisons de huit octets formées de 1 et de 0. Ces combinaisons ne ressemblent en rien aux caractères qu'ils représentent, comme une lettre **Z** majuscule, une lettre z minuscule, un signe de dollar (**$**), un chiffre (**5**) et ainsi de suite. Dans la plupart des ordinateurs, les valeurs de type **char** sont strictement limitées, comparées à la plage des caractères du monde réel.

Le jeu de caractères ASCII de sept octets fournit 128 valeurs de caractères différentes. Ce système est totalement inadéquat lorsqu'il s'agit de couvrir des langages tels que le japonais ou le chinois, qui comptent des milliers de caractères.

Il devient donc important de souligner que même les types de données intégrés fournis par les langages de programmation comme le C++ ne représentent que de moindres approximations ou modèles des concepts et des comportements du monde réel. Tout au long des chapitres précédents, nous avions pris **int** pour acquis; nous devons maintenant considérer une nouvelle perspective. Des types comme **int**, **double**, **char** et plusieurs autres sont autant d'exemples de types de données abstraits qui constituent essentiellement des véhicules pour représenter avec un niveau satisfaisant de précision les notions du monde réel à l'intérieur d'un système informatique.

En réalité, un type de données abstrait prend en charge deux notions: une représentation de données et les opérations permises sur ces données. Par exemple, la notion **int** définit les opérations d'addition, de soustraction, de multiplication, de division et de modulo du C++, bien que la division par zéro ne soit pas définie. Toutes ces opérations permises s'effectuent d'une manière qui dépend des paramètres de la machine, comme la taille fixe des mots du système informatique sous-jacent. Un autre exemple consiste en la notion d'entiers négatifs, où les opérations et les représentations sont claires, mais où l'opération effectuant la racine carrée d'un entier négatif n'est pas définie. En C++, le programmeur utilise des classes pour implanter avec la plus grande précision possible des types de données abstraits et leurs services. Au chapitre 12, *Modèles*, nous créerons notre propre classe de pile et nous étudierons la classe **stack** de la bibliothèque standard du C++ au chapitre 20, *La bibliothèque de modèles standard (STL)*.

7.8.1 Exemple: type de données abstrait de tableau

Au chapitre 4, nous avons étudié la notion de tableau; un tableau n'étant constitué en fait que d'un pointeur et d'un certain espace mémoire. Pour un programmeur prudent et peu exigeant, cette caractéristique primitive est acceptable et permet d'effectuer toutes les opérations sur un tableau. Il existe une foule d'opérations qu'il serait intéressant d'exécuter avec des tableaux, mais elles ne sont pas intégrées au C++. À partir des classes du C++, le programmeur peut développer un type de données abstrait de tableau, préférable aux tableaux bruts conventionnels. Une classe tableau peut fournir plusieurs nouvelles possibilités utiles, telles que:

- La vérification de la plage des indices.
- Une plage d'indices arbitraire au lieu de devoir commencer par 0.
- L'affectation de tableaux.
- La comparaison de tableaux.
- Des entrées-sorties pour les tableaux.
- Des tableaux connaissant leur taille.
- Des tableaux qui croissent dynamiquement en taille pour accepter plus d'éléments.

Au chapitre 8, *Surcharge des opérateurs*, nous créerons notre propre classe de tableaux et nous étudierons au chapitre 20 la classe **vector** de la bibliothèque de modèles standard.

Le C++ possède une petite série de types intégrés. Les classes étendent le langage de programmation de base.

Observation de génie logiciel 7.15

Le programmeur peut créer de nouveaux types par le biais du mécanisme des classes. Ces nouveaux types peuvent être conçus pour une utilisation aussi pratique que les types intégrés. Par conséquent, le C++ constitue un langage extensible. Par contre, bien que le langage puisse être aisément étendu avec ces nouveaux types, le langage de base lui-même demeure immuable.

Les nouvelles classes créées pour les environnements C++ peuvent être brevetées et appartenir à une personne, à de petits groupes ou à des sociétés, alors qu'on peut mettre à la disponibilité de tous d'autres classes par une distribution sur une grande échelle. Tout cela ne favorise pas nécessairement les standards, bien que des normes de facto émergent et s'imposent. La pleine valeur du C++ ne sera réalisée que lorsque des bibliothèques standard de classes substantielles seront disponibles et, surtout, utilisées sur une vaste échelle. L'ANSI (American National Standards Institute) et l'ISO (International Standards Organization) ont développé une version standard du C++ qui intègre une bibliothèque de classes standard. Le lecteur apprenant le C++ et la programmation orientée objets sera prêt à exploiter les avantages des nouveaux genres de développement de logiciels par composants rapides, rendus possibles par une abondance toujours croissante de bibliothèques de plus en plus riches.

7.8.2 Exemple: type de données abstrait de chaîne

Le C++ est un langage intentionnellement épars, ne fournissant aux programmeurs que les possibilités brutes requises pour construire une vaste gamme de systèmes et on peut le considérer comme un outil pour créer de nouveaux outils. Langage conçu pour réduire les contraintes des performances, le C++ est approprié pour la programmation d'applications et de systèmes; cette dernière implique d'ailleurs des exigences de performances extraordinaires pour des programmes. Il aurait été certes possible d'inclure un type de données de chaînes parmi les types intégrés du C++. Toutefois, on a conçu le langage pour inclure des mécanismes de création et d'implémentation de types de données abstraits de chaînes par le biais des classes. Nous développerons notre propre type abstrait de donnée de chaîne de caractères au chapitre 8, alors qu'au chapitre 19, nous discuterons en détail du standard ANSI/ISO qui inclut une classe **string**.

7.8.3 Exemple: type de données abstrait de queue

Nous devons tous faire la file de temps à autre. Nous attendons en faisant la file pour passer à la caisse d'un supermarché, pour faire le plein d'essence, pour prendre place à bord d'un autobus, pour payer le passage sur une autoroute à péage. Les étudiants connaissent trop bien les files d'attente pour l'inscription afin de choisir les cours qu'ils désirent. Une file d'attente s'appelle également une queue. Les systèmes informatiques utilisent de façon interne plusieurs files d'attente; nous devons donc écrire des programmes qui simulent ce que les queues représentent et ce qu'elles font.

La queue constitue un bel exemple de type de données abstrait et offre un comportement facile à comprendre pour ses clients. Les clients placent un élément à la fois dans une queue via une opération (enfiler, de mise) *enqueue* et peuvent ensuite recouvrer ces éléments un à la fois sur demande, par le biais d'une opération *dequeue*.(défiler) D'un point de vue conceptuel, une queue peut être de longueur infinie, bien que sa taille réelle soit d'une longueur finie. Les éléments sont renvoyés selon un ordre premier entré, premier sorti ou FIFO, pour la locution anglaise *first in, first out*: le premier élément inséré dans la queue est systématiquement le premier élément enlevé.

Le type de donnée abstrait queue masque une représentation des données interne qui, en quelque sorte, assure le suivi des éléments courants dans la file d'attente et offre une série d'opérations à ses clients, à savoir enqueue et dequeue. Les clients ne se soucient pas de l'implémentation de la queue; ils se contentent simplement de savoir que le fonctionnement agit comme prévu. Lorsqu'un client place un nouvel élément dans la queue, celle-ci doit l'accepter et le placer en interne selon une certaine structure de données du type premier entré, premier sorti. Lorsque le client demande l'élément suivant de la tête (l'avant) de la queue, celle-ci doit retirer l'élément de sa représentation interne et l'expédier vers le monde extérieur, en l'occurrence au client de la queue.

Cette opération se déroule dans l'ordre du premier entré, premier sorti; en d'autres termes, l'élément ayant demeuré le plus longtemps dans la queue doit devenir le prochain élément retourné lors de la prochaine opération dequeue.

Le type de données abstrait de queue garantit l'intégrité de sa structure de données interne. Les clients ne peuvent manipuler directement cette structure de données et seul le type de données abstrait de queue a le loisir d'accéder à ses données internes. Les clients se contentent d'effectuer les opérations permises sur la représentation des données. Les opérations non proposées par l'interface **public** du type de données abstrait sont rejetées, de façon appropriée, avec, par exemple, l'émission d'un message d'erreur, la terminaison de l'exécution ou le simple rejet de la requête d'opération.

Au chapitre 15, *Structures de données*, nous créerons notre propre classe **queue** et nous étudierons la classe **queue** de la bibliothèque standard au chapitre 20.

7.9 Classes de conteneurs et itérateurs

On retrouve, parmi les types de classes les plus populaires, les *classes de conteneurs* (également appelées *classes de collections*), c'est-à-dire les classes conçues pour maintenir des collections d'objets. Les classes de conteneurs fournissent communément des services, tels que l'insertion, la suppression, la recherche, le tri, le test d'appartenance d'un élément à la classe et ainsi de suite. Les tableaux, les piles, les queues, les arbres et les listes chaînées représentent des exemples de classes de conteneurs. Nous avons étudié les tableaux au chapitre 4 et nous approfondirons chacune de ces autres structures de données aux chapitres 15 et 20.

Il est courant d'associer les *objets d'itérateurs*, ou plus simplement les *itérateurs*, aux classes de conteneurs. Un itérateur consiste en un objet qui renvoie l'élément suivant d'une collection ou qui effectue une action quelconque sur cet élément. Une fois l'itérateur écrit, l'obtention du prochain élément de la classe s'exprime simplement. Tout comme un livre partagé par plusieurs personnes peut comporter différents signets, une classe de conteneurs peut englober plusieurs itérateurs opérant simultanément, chacun conservant la trace de sa propre position. Nous discuterons en détail des conteneurs et des itérateurs au chapitre 20, *La bibliothèque de modèles standard (STL)*.

7.10 Classes proxy

Il est préférable de masquer les détails d'implémentation d'une classe afin d'empêcher l'accès aux informations de propriété (incluant les données **private**) et à la logique brevetée du programme dans une classe. Le fait de fournir à vos clients une *classe proxy*, ne connaissant que l'interface **public** de votre classe, leur permet d'utiliser vos services sans leur donner accès aux détails d'implémentation.

La mise en place d'une classe proxy nécessite plusieurs étapes (voir figure 7.10). Premièrement, nous créons la définition de la classe et ses fichiers d'implémentation dont les données **private** doivent être masquées. La classe décrite dans notre exemple, appelée **Implantation**, est illustrée aux lignes 1 à 12 de la figure 7.10; la classe proxy **Interface** se retrouve aux lignes 13 à 41 de la figure 7.10; le programme de test et la sortie sont proposés aux lignes 42 à 61 de la même figure.

```
1   // Fig. 7.10: implantation.h
2   // Fichier d'en-tête pour la classe Implantation.
3
4   class Implantation {
5      public:
6         Implantation( int v ) { valeur = v; }
7         void ajusterValeur( int v ) { valeur = v; }
8         int lectureValeur() const { return valeur; }
9
10     private:
11        int valeur;
12  };
```

Figure 7.10   Implémentation d'une classe proxy-**implantation.h**.

```
13    // Fig. 7.10: interface.h
14    // Fichier d'en-tête pour interface.cpp.
15    class Implantation;           // déclaration anticipée de classe.
16
17    class Interface {
18      public:
19        Interface( int );
20        void ajusterValeur( int );   // même interface public
21        int lectureValeur() const;   // que la classe Implantation.
22        ~Interface();
23      private:
24        Implantation *ptr;           // nécessite la déclaration
25                                     // précédente.
26    };
```

Figure 7.10 Implémentation d'une classe proxy-**interface.h**.

```
27    // Fig. 7.10: interface.cpp
28    // Définition de la classe Interface.
29    #include "interface.h"
30    #include "implantation.h"
31
32    Interface::Interface( int v )
33      : ptr ( new Implantation( v ) ) { }
34
35    // appelle la fonction ajusterValeur de Implantation.
36    void Interface::ajusterValeur( int v ) { ptr->ajusterValeur( v ); }
37
38    // appelle la fonction lectureValeur de Implantation.
39    int Interface::lectureValeur() const { return ptr->lectureValeur(); }
40
41    Interface::~Interface() { delete ptr; }
```

Figure 7.10 Implémentation d'une classe proxy-**interface.cpp**.

```
42    // Fig. 7.10: fig07_10.cpp
43    // Masquage des données private d'une classe avec une classe proxy.
44    #include <iostream>
45
46    using std::cout;
47    using std::endl;
48
49    #include "interface.h"
50
51    int main()
52    {
53        Interface i( 5 );
54
55        cout << "L'interface contient: " << i.lectureValeur()
56             << " avant ajusterValeur" << endl;
```

Figure 7.10 Implémentation d'une classe proxy-**fig07_10.cpp**. (1 de 2)

```
57        i.ajusterValeur( 10 );
58        cout << "L'interface contient: " << i.lectureValeur()
59             << " après ajusterValeur" << endl;
60        return 0;
61    }
62
```

```
L'interface contient: 5 avant ajusterValeur
L'interface contient: 10 après ajusterValeur
```

Figure 7.10   Implémentation d'une classe proxy-**fig07_10.cpp**. (2 de 2)

La classe **Implantation** fournit une donnée membre unique **private** nommée **valeur** et que nous désirons masquer au client, un constructeur pour initialiser **valeur**, ainsi que les fonctions **ajusterValeur** et **lectureValeur**.

Nous créons une définition de classe proxy avec une interface **public** identique à celle de la classe **Implantation**. Le seul membre **private** de la classe proxy consiste en un pointeur vers un objet de la classe **Implantation**. L'utilisation d'un pointeur de cette manière nous permet de masquer au client les détails de l'implémentation de la classe **Implantation**.

À la deuxième partie de la figure 7.10, on définit la classe **Interface**, classe proxy de la classe **Implantation**. Notez qu'à l'intérieur de **Interface**, la seule mention de la classe propriétaire **Implantation** se retrouve dans la déclaration du pointeur (ligne 24). Lorsqu'une définition de classe (comme celle de **Interface**) n'utilise qu'un pointeur vers une autre classe (comme avec **Implantation**), le fichier d'en-tête pour cette autre classe (qui révélerait normalement les données **private** de celle-ci) n'a pas besoin d'être inclus par le mot clé **#include**. Vous pouvez simplement déclarer cette autre classe comme type de donnée, sans plus, grâce à une déclaration anticipée de classe (ligne 15) avant l'utilisation du type dans le fichier.

Seul le fichier d'implémentation contenant les fonctions membres de la classe proxy **Interface** (troisième partie de la figure 7.10) inclut le fichier d'en-tête **implementation.h** de la classe **Implantation**. Le fichier **interface.cpp** (troisième partie de la figure 7.10) est fourni au client comme fichier d'objet précompilé, avec celui d'en-tête **interface.h** englobant les prototypes de fonctions des services fournis par la classe proxy. Puisque le fichier **interface.cpp** n'est mis à la disponibilité du client que sous la forme de code d'objet compilé, le client ne peut voir les interactions entre les classes proxy et propriétaire.

Le programme de la quatrième partie de la figure 7.10 teste la classe **Interface**. Notez que **main** inclut seulement le fichier d'en-tête pour la classe **Interface**; et ne mentionne aucunement l'existence de la classe séparée **Implantation**. Par conséquent, le client ne voit jamais les données **private** de la classe **Implantation**.

7.11 (Étude de cas optionnelle) À propos des objets: programmation des classes du simulateur d'ascenseur

Aux chapitres 2 à 5, vous avez conçu votre simulateur d'ascenseur et commencé sa programmation en C++ au chapitre 6. Nous avons ensuite discuté, tout au long du chapitre 7, des autres techniques dont vous aurez besoin pour implanter un simulateur d'ascenseur complet et fonctionnel. Nous avons étudié en particulier des techniques de gestion dynamique des objets qui vous permettront d'utiliser les opérateurs **new** et **delete** afin de créer et de détruire des objets au besoin, à mesure que votre simulateur s'exécute. Nous avons également traité de composition, une caractéristique permettant de créer des classes possédant des objets d'autres classes comme membres. La composition permet de créer une classe **Batiment** qui contient un objet **Planificateur**, un objet **Horloge**, un objet **Ascenseur** et deux objets **Etage**; une classe **Ascenseur** contenant un objet des différentes classes **BoutonAscenseur**, **Porte** et **Cloche**; et une classe **Etage** englobant des objets **BoutonEtage** et **TemoinLumineux**. Au cours de ce chapitre, nous avons vu comment utiliser les membres de classe statiques (**static**) et constants (**const**), ainsi que la syntaxe d'initialisation des membres dans les constructeurs. Dans cette section, nous poursuivons l'implémentation du simulateur d'ascenseur en C++ en exploitant ces techniques. À la fin de cette section, nous présentons un programme complet de quelques mille lignes de code pour le simulateur d'ascenseur en C++ et un parcours détaillé de ce code. À la section *À propos des objets* du chapitre 9, nous complèterons l'étude de cas du simulateur en lui intégrant l'héritage et nous ne présenterons plus à ce stade ultime que le code C++ supplémentaire nécessaire à cette intégration.

Vue d'ensemble de l'implémentation du simulateur d'ascenseur

La simulation d'ascenseur est contrôlée par un objet de la classe **Batiment**, contenant deux objets de la classe **Etage** et un objet des classes **Ascenseur**, **Horloge** et **Planificateur**. Cette relation composite nous a été suggérée par le diagramme de classes UML de la figure 2.44. L'horloge garde simplement trace du temps courant en secondes et est incrémentée une fois par secode par le bâtiment. Le planificateur est responsable de la planification de l'arrivée des gens à chaque étage.

À chaque tic (impulsion) d'horloge, le bâtiment met à jour le planificateur avec le temps courant, par l'entremise de la fonction membre **traiterTemps** de la classe **Planificateur**. Le planificateur compare ce temps et l'arrivée prévue de la prochaine personne à chaque étage. Si une personne est prévue pour arriver à un étage à ce moment, le planificateur vérifie que l'étage est inoccupé en appelant la fonction membre **estOccupe** de la classe **Etage**. Si cet appel retourne **true**, une personne se trouve déjà à l'étage et le **Planificateur** invoque la fonction **retarderArrivee** pour retarder d'une seconde l'arrivée de la prochaine personne à cet étage.

Si l'étage est libre, en d'autres termes si l'appel à **estOccupe** renvoie **false**, le planificateur crée un nouvel objet de classe **Personne** et cette personne se présente à l'étage adéquat. La personne invoque alors la fonction membre **presserBouton** de la classe **BoutonEtage** et le bouton d'appel appelle à son tour la méthode **appelerAscenseur** de la classe **Ascenseur**.

Le bâtiment met également à jour l'ascenseur en lui fournissant le temps courant en secondes après chaque tic d'horloge. À la réception du temps courant, l'ascenseur vérifie d'abord son état actuel, soit en déplacement soit en attente. S'il est en déplacement entre les étages, mais si son arrivée n'est pas prévue pour ce moment précis, l'ascenseur affiche simplement la direction de son déplacement à l'écran. Si l'ascenseur se déplace et si le temps présent est celui prévu pour son arrivée, alors l'ascenseur s'arrête, réinitialise son bouton, fait sonner sa cloche et notifie l'étage de son arrivée par un appel à la fonction membre **arriveeAscenseur** de la classe **Etage**. En réponse, l'étage réinitialise son bouton d'appel et allume le témoin lumineux de présence de l'ascenseur à l'étage. L'ascenseur enchaîne en ouvrant sa porte, ce qui permet à la personne présente dans la cabine de sortir et à la personne en attente à l'étage d'entrer dans la cabine. L'ascenseur ferme sa porte et détermine si l'autre étage a besoin de ses services. Si c'est le cas, l'ascenseur entame un déplacement vers cet étage.

S'il ne se déplace pas lorsqu'il reçoit le temps mis à jour par le bâtiment, l'ascenseur détermine l'étage qui a besoin de ses services. Si c'est l'étage où il se trouve en ce moment qui a demandé le service, parce qu'une personne à cet étage a pressé le bouton d'appel à l'étage en cours, l'ascenseur fait sonner sa cloche, notifie l'étage qu'il est arrivé et ouvre sa porte. La personne à cet étage entre dans l'ascenseur et presse le bouton d'ascenseur pour entamer le déplacement de l'ascenseur vers l'autre étage. Si c'est l'autre étage qui demande les services de l'ascenseur, parce qu'une personne a pressé le bouton d'appel à l'autre étage, l'ascenseur part vers l'autre étage.

L'implémentation de la simulation d'ascenseur

Lors de la précédente section *À propos des objets*, nous avons glané de nombreuses informations au sujet du système. Nous avons eu besoin de ces informations pour la conception orientée objets de la simulation d'ascenseur et nous avons représenté cette conception en UML. Nous disposons maintenant de toutes les techniques de programmation orientée objets en C++ nécessaires pour implanter une simulation opérationnelle. Le reste de cette section expose notre implémentation en C++ et le parcours détaillé de ce code.

La figure 7.11 présente le programme pilote que nous avons créé; celui-ci invite l'utilisateur à entrer la durée d'exécution de la simulation aux lignes 15 et 16. L'appel à **cin.ignore** de la ligne 17 indique au flux **cin** d'ignorer le caractère de retour à la ligne que l'utilisateur tape après l'entier au moment de l'exécution. Ceci écarte le caractère de retour à la ligne du flux d'entrée. Le pilote crée ensuite l'objet **batiment** à la ligne 19 et invoque sa fonction membre **executerSimulation**, en lui passant en paramètre la durée spécifiée par l'utilisateur (ligne 23). Le pilote affiche aussi quelques messages signalant à l'utilisateur le moment où la simulation démarre (ligne 21) et le moment où elle se termine (ligne 24).

```cpp
1    // simulationAscenseur.cpp
2    // Pilote de la simulation.
3    #include <iostream>
4
5    using std::cout;
6    using std::cin;
7    using std::endl;
8
9    #include "batiment.h"
10
11   int main()
12   {
13      int duree;            // longueur de simulation en secondes.
14
15      cout << "Entrez la durée d'exécution: ";
16      cin >> duree;
17      cin.ignore();         // ignorer le caractère de retour ligne.
18
19      Batiment batiment;  // créer le bâtiment.
20
21      cout << endl << "*** LA SIMULATION D'ASCENSEUR COMMENCE ***"
22         << endl << endl;
23      batiment.executerSimulation( duree );   // démarrer la simulation.
24      cout << "*** FIN DE LA SIMULATION D'ASCENSEUR ***" << endl;
25
26      return 0;
27   }
```

Figure 7.11   Pilote de la simulation d'ascenseur.

Selon notre diagramme de classes de la figure 2.44, la classe **Batiment** est composée d'objets de plusieurs autres classes. Le fichier d'en-tête de **Batiment** de la figure 7.12 reflète cette composition (lignes 46-50). La classe **Batiment** est en effet composée de deux objets **Etage** (nommés **etage1** et **etage2**), d'un objet **Ascenseur** (**ascenseur**), d'un objet **Horloge** (**horloge**) et d'un objet **Planificateur** (**planificateur**).

La figure 7.13 montre ensuite le fichier d'implémentation de la classe **Batiment**. Le constructeur se trouve aux lignes 64 à 69. Dans la liste d'initialisation des membres des lignes 65 à 68, les constructeurs des nombreux objets qui composent la classe **Batiment** sont appelés avec les arguments appropriés. Les constantes **ETAGE1** et **ETAGE2** mentionnées aux lignes 65 et 66 sont définies dans la classe **Etage** (lignes 821 et 822).

```
28   // batiment.h
29   // Définition de la classe Batiment.
30   #ifndef BATIMENT_H
31   #define BATIMENT_H
32
33   #include "ascenseur.h"
34   #include "etage.h"
35   #include "horloge.h"
36   #include "planificateur.h"
37
38   class Batiment {
39
40   public:
41       Batiment();                         // constructeur.
42       ~Batiment();                        // destructeur.
43       void executerSimulation( int );  // lancer la simulation
44                                           // pour une durée donnée.
45   private:
46       Etage etage1;                       // objet etage1.
47       Etage etage2;                       // objet etage2.
48       Ascenseur ascenseur;                // objet ascenseur.
49       Horloge horloge;                    // objet horloge.
50       Planificateur planificateur;        // objet planificateur.
51   };
52
53   #endif // BATIMENT_H
```

Figure 7.12   En-tête de la classe **Batiment**.

```
54   // batiment.cpp
55   // Définition des fonctions membres de la classe Batiment.
56   #include <iostream>
57
58   using std::cout;
59   using std::cin;
60   using std::endl;
61
62   #include "batiment.h"
63
```

Figure 7.13   Fichier d'implémentation de la classe **Batiment**. (1 de 2)

```
64   Batiment::Batiment()                    // constructeur.
65      : etage1( Etage::ETAGE1, ascenseur ),
66        etage2( Etage::ETAGE2, ascenseur ),
67        ascenseur( etage1, etage2 ),
68        planificateur( etage1, etage2 )
69   { cout << "bâtiment créé" << endl; }
70
71   Batiment::~Batiment()                    // destructeur.
72   { cout << "bâtiment détruit" << endl; }
73
74   // Contrôler la simulation.
75   void Batiment::executerSimulation( int tempsTotal )
76   {
77      int tempsCourant = 0;
78
79      while ( tempsCourant < tempsTotal ) {
80         horloge.tic();
81         tempsCourant = horloge.lectureTemps();
82         cout << "TEMPS: " << tempsCourant << endl;
83         planificateur.traiterTemps( tempsCourant );
84         ascenseur.traiterTemps( tempsCourant );
85         cin.get(); // arrêter à chaque seconde pour visu des sorties.
86      }
87   }
```

Figure 7.13   Fichier d'implémentation de la classe **Batiment**. (2 de 2)

La principale fonctionnalité de la classe **Batiment** réside dans sa fonction membre **executerSimulation** (lignes 74 à 87), qui boucle tant que la quantité de temps spécifiée n'est pas passée. À chaque itération, le **batiment** indique à l'**horloge** d'incrémenter son temps d'une seconde en lui envoyant le message **tic** (ligne 80). Ensuite, le **batiment** récupère le temps de l'**horloge** en appelant la fonction membre **lectureTemps** (ligne 81). Le temps courant est ensuite envoyé via les messages **traiterTemps** au **planificateur** et à l'**ascenseur**, respectivement aux lignes 83 et 84.

Enfin, nous ajoutons un appel à **cin.get** (ligne 85) pour permettre à l'utilisateur d'arrêter un instant le défilement de l'écran et voir la sortie pour la prochaine seconde de la simulation; la touche *Entrée* lui permet de reprendre le défilement de l'affichage.

Horloge est une classe simple composée d'aucun autre objet, comme en témoignent le fichier d'en-tête de la figure 7.14 et le fichier d'implémentation de la figure 7.15. Un objet de la classe **Horloge** reçoit des messages d'incrémentation du **temps** par le biais de la fonction membre **tic**, dont le prototype est à la ligne 98 et l'implémentation aux lignes 122 et 123. Le temps courant est mis à la disposition des autres objets grâce à la fonction membre **lectureTemps** des lignes 99, 125 et 126. Remarquez que **lectureTemps** est définie comme constante (**const**).

```
88   // horloge.h
89   // Definition de la classe Horloge.
90   #ifndef HORLOGE_H
91   #define HORLOGE_H
92
```

Figure 7.14   En-tête de la classe **Horloge**. (1 de 2)

```
93    class Horloge {
94
95    public:
96        Horloge();              // constructeur.
97        ~Horloge();             // destructeur.
98        void tic();             // incrémenter horloge d'une seconde.
99        int lectureTemps() const;  // retourne le temps courant de l'horloge.
100
101   private:
102       int temps;              // temps horloge.
103   };
104
105   #endif // HORLOGE_H
```

Figure 7.14   En-tête de la classe **Horloge**. (2 de 2)

```
106   // horloge.cpp
107   // Définition des fonctions membres de la classe Horloge.
108   #include <iostream>
109
110   using std::cout;
111   using std::endl;
112
113   #include "horloge.h"
114
115   Horloge::Horloge()          // constructeur.
116      : temps( 0 )
117   { cout << "horloge créée" << endl; }
118
119   Horloge::~Horloge()         // destructeur.
120   { cout << "horloge détruite" << endl; }
121
122   void Horloge::tic()         // incrementer temps de 1.
123   { temps++; }
124
125   int Horloge::lectureTemps() const    // retourner temps courant.
126   { return temps; }
```

Figure 7.15   Fichier d'implémentation de la classe **Horloge**.

La classe **Planificateur** (figure 7.16) est responsable de la création d'objets de la classe **Personne** à des temps générés de manière aléatoire et du placement de ces objets aux étages appropriés. L'interface **public** reprend notamment la fonction membre **traiterTemps**, qui prend en argument le temps courant (ligne 139). Le fichier d'en-tête mentionne aussi plusieurs fonctions d'utilitaires privées dont nous parlerons dans un instant et qui assurent les tâches requises par la fonction membre **traiterTemps**.

La figure 7.17 montre l'implémentation de la classe **Planificateur**. La fonction membre **traiterTemps** (lignes 222 à 232) délègue la majeure partie de ses responsabilités à des fonctions utilitaires plus petites au sein de la classe. Le constructeur de la classe **Planificateur** (lignes 178 à 189) nourrit le générateur de nombre pseudo-aléatoire avec un nombre basé sur le temps mondial réel et actuel (ligne 183). Ceci provoque la production de séries de nombres différentes par le générateur de nombres pseudo-aléatoires à chaque lancement du programme. La classe **Planificateur** appelle ensuite la fonction utilitaire **planifierArrivee** des lignes 194 à 207, une fois pour chaque étage (lignes 187 et 188). cette fonction membre calcule un temps d'arrivée pseudo-aléatoire (dans ce cas-ci, un nombre aléatoire de la plage comprise entre 5 et 20 inclus) pour le premier objet de classe **Personne** à chaque étage.

```
127  // planificateur.h
128  // Définition de la classe Planificateur.
129  #ifndef PLANIFICATEUR_H
130  #define PLANIFICATEUR_H
131
132  class Etage;                          // déclaration préliminaire.
133
134  class Planificateur {
135
136  public:
137     Planificateur( Etage &, Etage & ); // constructeur.
138     ~Planificateur();                  // destructeur.
139     void traiterTemps( int );          // définir le temps du planificateur.
140
141  private:
142     // Planifier l'arrivée à un étage.
143     void planifierArrivee( const Etage & );
144
145     // Retarder l'arrivée à un étage.
146     void retarderArrivee( const Etage & );
147
148     // créer une nouvelle personne; la placer à un étage.
149     void creerNouvellePersonne( Etage & );
150
151     // Gérer l'arrivée d'une personne à un étage.
152     void traiterArrivees( Etage &, int );
153
154     int tempsCourantHorloge;
155
156     Etage &refEtage1;
157     Etage &refEtage2;
158
159     int tempsArriveeEtage1;
160     int tempsArriveeEtage2;
161  };
162
163  #endif // PLANIFICATEUR_H
```

Figure 7.16   En-tête de la classe **Planificateur**.

```
164  // planificateur.cpp
165  // Définition des fonctions membres de la classe Planificateur.
166  #include <iostream>
167
168  using std::cout;
169  using std::endl;
170
```

Figure 7.17   Fichier d'implémentation de la classe **Planificateur**. (1 de 3)

```
171   #include <cstdlib>
172   #include <ctime>
173
174   #include "planificateur.h"
175   #include "etage.h"
176   #include "personne.h"
177
178   // Constructeur.
179   Planificateur::Planificateur( Etage &premierEtage, Etage &deuxiemeEtage )
180      : tempsCourantHorloge( 0 ), refEtage1( premierEtage ),
181        refEtage2( deuxiemeEtage )
182   {
183      srand( time( 0 ) ); // initialiser le générateur de nombres aléatoires.
184      cout << "planificateur créé" << endl;
185
186      // planifier premières arrivées aux étages 1 et 2.
187      planifierArrivee( refEtage1 );
188      planifierArrivee( refEtage2 );
189   }
190
191   Planificateur::~Planificateur() // destructeur.
192   { cout << "planificateur détruit" << endl; }
193
194   // Planifier l'arrivée à un étage.
195   void Planificateur::planifierArrivee( const Etage &etage )
196   {
197      int numeroEtage = etage.lectureNumero();
198      int tempsArrivee = tempsCourantHorloge + ( 5 + rand() % 16 );
199
200      numeroEtage == Etage::ETAGE1 ?
201         tempsArriveeEtage1 = tempsArrivee :
202         tempsArriveeEtage2 = tempsArrivee;
203
204      cout << "(le planificateur prévoit la personne suivante à l'étage "
205           << numeroEtage << " au temps " << tempsArrivee << ')'
206           << endl;
207   }
208
209   // Planifier de nouveau une arrivée à un étage.
210   void Planificateur::retarderArrivee( const Etage &etage )
211   {
212      int numeroEtage = etage.lectureNumero();
213
214      int tempsArrivee = ( numeroEtage == Etage::ETAGE1 ) ?
215         ++tempsArriveeEtage1 : ++tempsArriveeEtage2;
216
217      cout << "(le planificateur retarde la personne suivante à l'étage "
218           << numeroEtage << " jusqu'au temps " << tempsArrivee << ')'
219           << endl;
220   }
221
```

Figure 7.17   Fichier d'implémentation de la classe **Planificateur**. (2 de 3)

```
222   // Donner le temps au planificateur.
223   void Planificateur::traiterTemps( int temps )
224   {
225      tempsCourantHorloge = temps;    // mémoriser le temps.
226
227      // Traiter les arrivées à l'étage 1.
228      traiterArrivees( refEtage1, tempsCourantHorloge );
229
230      // Traiter les arrivées à l'étage 2.
231      traiterArrivees( refEtage2, tempsCourantHorloge );
232   }
233
234   // Créer une nouvelle personne et la placer à un étage donné.
235   void Planificateur::creerNouvellePersonne( Etage &etage )
236   {
237      int etageDestination =
238         etage.lectureNumero() == Etage::ETAGE1 ?
239            Etage::ETAGE2 : Etage::ETAGE1;
240
241      // Créer une nouvelle personne.
242      Personne *nouvellePersonnePtr = new Personne( etageDestination );
243
244      cout << "le planificateur crée la personne "
245         << nouvellePersonnePtr->lectureID() << endl;
246
247      // Placer la personne à l'étage adéquat.
248      nouvellePersonnePtr->allerAUnEtage( etage );
249
250      planifierArrivee( etage ); // planifier arrivée suivante.
251   }
252
253   // Traiter arrivées à un étage donné.
254   void Planificateur::traiterArrivees( Etage &etage, int temps )
255   {
256      int numeroEtage = etage.lectureNumero();
257
258      int tempsArrivee = ( numeroEtage == Etage::ETAGE1 ) ?
259         tempsArriveeEtage1 : tempsArriveeEtage2;
260
261      if ( tempsArrivee == temps ) {
262
263         if ( etage.estOccupe() ) // voir si l'étage est occupé.
264            retarderArrivee( etage );
265         else
266            creerNouvellePersonne( etage );
267      }
268   }
```

Figure 7.17   Fichier d'implémentation de la classe **Planificateur**.(3 de 3)

Dans cette simulation, le **batiment** met à jour le **planificateur** chaque seconde avec le temps courant via la fonction membre **traiterTemps** du **planificateur** (lignes 222 à 232). Le diagramme de séquence de la figure 4.27 a modélisé la séquence d'activités qui se produit en réponse à ce message, et l'implémentation reflète ce modèle. Lorsque la fonction **traiterTemps** est invoquée, le **planificateur** appelle la fonction utilitaire **traiterArrivees** pour chaque étage (lignes 228 et 231). Cette fonction utilitaire compare le **temps** courant (fourni par le **batiment**) au prochain temps d'arrivée prévu à l'étage donné (ligne 261). S'ils correspondent, et si l'étage est occupé actuellement (ligne 263), alors le **planificateur** appelle la fonction utilitaire **retarderArrivee** pour retarder d'une seconde la prochaine arrivée prévue (ligne 264). Si l'étage est inoccupé, le **planificateur** invoque la fonction utilitaire **creerNouvellePersonne** (ligne 266) qui crée un nouvel objet de la classe **Personne** grâce à l'opérateur **new** (ligne 242). Le **planificateur** envoie ensuite le message **allerAUnEtage** à ce nouvel objet de classe **Personne** (ligne 248). Dès que la personne se présente à l'étage, le **planificateur** calcule le prochain temps d'arrivée d'une personne à cet étage en appelant la fonction utilitaire **planifierArrivee** (ligne 250).

Nous avons examiné l'implémentation de toutes les classes qui composent la partie de contrôle de la simulation. Il reste à examiner de près les classes qui correspondent à la partie du monde de la simulation. La classe **Cloche**, comme la classe **Horloge**, n'est composée d'aucun autre objet. L'interface **public** de la classe **Cloche**, telle qu'elle est définie dans le fichier d'en-tête de la figure 7.18, est constituée d'un constructeur, d'un destructeur et de la fonction membre **sonnerCloche**. L'implémentation de ces fonctions (respectivement aux lignes 292 et 293, 295 et 296, et 298 et 299 de la figure 7.19) affichent simplement des messages à l'écran.

```
269  // cloche.h
270  // Definition de la classe Cloche.
271  #ifndef CLOCHE_H
272  #define CLOCHE_H
273
274  class Cloche {
275
276  public:
277     Cloche();                    // constructeur.
278     ~Cloche();                   // destructeur.
279     void sonnerCloche() const;   // sonner la cloche.
280  };
281
282  #endif // CLOCHE_H
```

Figure 7.18   En-tête de la classe **Cloche**.

```
283  // cloche.cpp
284  // Définition des fonctions membres de la classe Cloche.
285  #include <iostream>
286
287  using std::cout;
288  using std::endl;
289
290  #include "cloche.h"
291
292  Cloche::Cloche()                        // constructeur.
293  { cout << "cloche créée" << endl; }
294
```

Figure 7.19   Fichier d'implémentation de la classe **Cloche**. (1 de 2)

```
295   Cloche::~Cloche()                        // destructeur.
296   { cout << "cloche détruite" << endl; }
297
298   void Cloche::sonnerCloche() const // sonner la cloche.
299   { cout << "l'ascenseur fait sonner sa cloche" << endl; }
```

Figure 7.19   Fichier d'implémentation de la classe **Cloche**. (2 de 2)

La classe **TemoinLumineux** (figures 7.20 et 7.21) expose deux fonctions membres dans son interface publique, en plus de son constructeur et de son destructeur. La fonction membre **allumer**, comme son nom l'indique, allume simplement le témoin en mettant à **true** le membre de donnée **allume** (lignes 335 à 339). La fonction membre **eteindre** (lignes 341 à 345) fait l'inverse: elle met à **false** le membre de donnée **allume**.

```
300   // temoinLumineux.h
301   // Definition de la classe TemoinLumineux.
302   #ifndef TEMOINLUMINEUX_H
303   #define TEMOINLUMINEUX_H
304
305   class TemoinLumineux {
306
307   public:
308      TemoinLumineux( const char * );  // constructeur.
309      ~TemoinLumineux();               // destructeur.
310      void allumer();                  // allumer le témoin lumineux.
311      void eteindre();                 // éteindre le témoin lumineux.
312
313   private:
314      bool allume;                     // true si allumé; false si éteint.
315      const char *nom;                 // étage où le témoin lumineux est allumé.
316   };
317
318   #endif // TEMOINLUMINEUX_H
```

Figure 7.20   En-tête de la classe **TemoinLumineux**.

```
319   // temoinLumineux.cpp
320   // Définition des fonctions membres de la classe TemoinLumineux.
321   #include <iostream>
322
323   using std::cout;
324   using std::endl;
325
326   #include "temoinLumineux.h"
327
328   TemoinLumineux::TemoinLumineux( const char *string ) // constructeur.
329      : allume( false ), nom( string )
330   { cout << "le temoin lumineux de l'" << nom << " est créé" << endl; }
331
```

Figure 7.21   Fichier d'implémentation de la classe **TemoinLumineux**. (1 de 2)

```
332   TemoinLumineux::~TemoinLumineux() // destructeur.
333   { cout << "le temoin lumineux de l'" << nom << " est détruit" << endl; }
334
335   void TemoinLumineux::allumer() // allumer le témoin lumineux.
336   {
337      allume = true;
338      cout << "l'" << nom << " allume son témoin lumineux" << endl;
339   }
340
341   void TemoinLumineux::eteindre() // éteindre le témoin lumineux.
342   {
343      allume = false;
344      cout << "l'" << nom << " éteint son témoin lumineux" << endl;
345   }
```

Figure 7.21   Fichier d'implémentation de la classe **TemoinLumineux**. (2 de 2)

La classe **Porte** (figure 7.22 et 7.23) joue un rôle important dans la simulation puisque c'est un objet **porte** qui signale au passager de l'ascenseur qu'il peut quitter la cabine; la **porte** signale aussi à la personne en attente à un étage qu'elle peut entrer dans l'**ascenseur**. Ces actions sont accomplies par la fonction membre **ouvrirPorte** de la classe **Porte**. Vous noterez que la fonction membre **ouvrirPorte** attend quatre arguments (lignes 361 à 362 et 390 à 392). Le premier est un pointeur vers l'objet de classe **Personne** qui occupe l'ascenseur; le deuxième est un pointeur vers l'objet de classe **Personne** qui attend à l'étage; les deux derniers arguments font respectivement référence à l'objet adéquat de classe **Etage** et à l'objet **ascenseur**.

```
346   // porte.h
347   // Definition de la classe Porte.
348   #ifndef PORTE_H
349   #define PORTE_H
350
351   class Personne;            // déclaration préliminaire.
352   class Etage;               // déclaration préliminaire.
353   class Ascenseur;           // déclaration préliminaire.
354
355   class Porte {
356
357   public:
358      Porte();                // constructeur.
359      ~Porte();               // destructeur.
360
361      void ouvrirPorte( Personne * const, Personne * const,
362                        Etage &, Ascenseur & );
363      void fermerPorte( const Etage & );
364
365   private:
366      bool ouverte;           // ouverte ou fermée.
367   };
368
369   #endif // PORTE_H
```

Figure 7.22   En-tête de la classe **Porte**.

La classe **Porte** fait partie des objets qui composent la classe **Ascenseur**. Pour mettre en place cette composition, le fichier d'en-tête de la classe **Ascenseur** doit contenir la ligne:

```
#include "porte.h"
```

La classe **Porte** utilise également une référence à un objet de la classe **Ascenseur** (ligne 362). Pour déclarer la classe **Ascenseur** et permettre à la classe **Porte** d'utiliser cette référence, nous pourrions placer la ligne suivante dans le fichier d'en-tête de la classe **Porte**:

```
#include "ascenseur.h"
```

Ainsi, le fichier d'en-tête de la classe **Ascenseur** inclurait le fichier d'en-tête de la classe **Porte** et vice versa! Le précompilateur serait incapable de résoudre ce genre de directive **#include** et produirait à coup sûr une erreur fatale, du fait de ce *problème d'inclusion circulaire*.

Pour éviter ce problème, nous plaçons une déclaration anticipée de la classe **Ascenseur** dans le fichier d'en-tête de la classe **Porte** (ligne 355). Cette déclaration préliminaire indique au préprocesseur que nous voulons faire référence à des objets de la classe **Ascenseur** dans notre fichier, mais que la définition de cette classe réside en dehors du fichier. Relevez au passage que nous effectuons de telles déclarations anticipées également pour les classes **Personne** et **Etage** (lignes 351 et 352), de sorte que nous pourrons utiliser ces classes dans le prototype de la fonction membre **ouvrirPorte**.

La figure 7.23 liste le fichier d'implémentation de la classe **Porte**. Aux lignes 378 à 380, nous incluons les fichiers d'en-tête des classes **Personne**, **Etage** et **Ascenseur**. Ces directives **#include** correspondent aux déclarations préliminaires du fichier d'en-tête et les fichiers d'en-tête à inclure contiennent les prototypes de fonctions dont nous avons obligatoirement besoin pour invoquer les fonctions membres adéquates de ces classes.

Lorsque la fonction membre **ouvrirPorte** (lignes 389 à 409) est appelée, elle vérifie d'abord que la **porte** n'est pas déjà ouverte. Elle vérifie que le pointeur vers la personne présente dans l'**ascenseur** (**passagerPtr**) ne vaut pas zéro (ligne 400). Si ce pointeur est différent de zéro, une personne se trouve dans l'ascenseur et il faut l'en faire sortir. La personne reçoit pour ce faire le message **quitterAscenseur** (ligne 401). La **porte** supprime tout de suite l'objet de classe **Personne** qui est sorti de l'**ascenseur**, avec l'opérateur **delete** (ligne 402).

```
370  // porte.cpp
371  // Définition des fonctions membres de la classe Porte.
372  #include <iostream>
373
374  using std::cout;
375  using std::endl;
376
377  #include "porte.h"
378  #include "personne.h"
379  #include "etage.h"
380  #include "ascenseur.h"
381
```

Figure 7.23   Fichier d'implémentation de la classe **Porte**. (1 de 2)

```
382  Porte::Porte()                    // constructeur.
383     : ouverte( false )
384  { cout << "porte créée" << endl; }
385
386  Porte::~Porte()                   // destructeur.
387  { cout << "porte détruite" << endl; }
388
389  // Ouvrir la porte.
390  void Porte::ouvrirPorte( Personne * const passagerPtr,
391                    Personne * const passagerSuivantPtr,
392                    Etage &etageCourant, Ascenseur &ascenseur )
393  {
394     if ( !ouverte ) {
395        ouverte = true;
396
397        cout << "l'ascenseur ouvre sa porte à l'étage "
398           << etageCourant.lectureNumero() << endl;
399
400        if ( passagerPtr != 0 ) {
401           passagerPtr->quitterAscenseur( etageCourant, ascenseur );
402           delete passagerPtr; // le passager quitte la simulation.
403        }
404
405        if ( passagerSuivantPtr != 0 )
406           passagerSuivantPtr->entrerAscenseur(
407              ascenseur, etageCourant );
408     }
409  }
410
411  // Fermer la porte.
412  void Porte::fermerPorte( const Etage &etageCourant )
413  {
414     if ( ouverte ) {
415        ouverte = false;
416        cout << "l'ascenseur ferme sa porte à l'étage "
417           << etageCourant.lectureNumero() << endl;
418     }
419  }
```

Figure 7.23   Fichier d'implémentation de la classe **Porte**. (2 de 2)

Une fois que le passager a quitté l'**ascenseur**, la porte vérifie que le pointeur vers la personne en attente à l'étage (**passagerSuivantPtr**) ne vaut pas zéro (ligne 405). Si le pointeur est différent de zéro ou, en d'autres termes, si une personne attend d'entrer dans l'**ascenseur**, cette personne est autorisée à y entrer par la fonction membre **entrerAscenseur** de la classe **Personne** (lignes 406 et 407). La fonction membre **fermerPorte** de la classe **Porte** (lignes 411 à 419) vérifie simplement que la **porte** est bien ouverte et, si c'est le cas, la ferme.

Les gens présents dans le système utilisent un objet de la classe **BoutonAscenseur** (figures 7.24 et 7.25) pour démarrer le déplacement de l'ascenseur vers l'autre étage. La fonction membre **presserBouton** (lignes 460 à 466) met en premier lieu l'attribut **presse** du bouton de l'ascenseur à **true**, puis envoie le message **sePreparerAPartir** à l'**ascenseur**. La fonction membre **reinitialiserBouton** met simplement l'attribut **presse** à **false**.

```
420   // boutonAscenseur.h
421   // Definition de la classe boutonAscenseur.
422   #ifndef BOUTONASCENSEUR_H
423   #define BOUTONASCENSEUR_H
424
425   class Ascenseur;                           // déclaration préliminaire.
426
427   class BoutonAscenseur {
428
429   public:
430      BoutonAscenseur( Ascenseur & );         // constructeur.
431      ~BoutonAscenseur();                      // destructeur.
432
433      void presserBouton();                    // presser le bouton.
434      void reinitialiserBouton();              // réinitialiser le bouton.
435
436   private:
437      bool presse;                             // état du bouton.
438      Ascenseur &refAscenseur;        // référence à l'ascenseur du bouton.
439   };
440
441   #endif // BOUTONASCENSEUR_H
```

Figure 7.24   En-tête de la classe **BoutonAscenseur**.

```
442   // boutonAscenseur.cpp:
443   // Définition des fonctions membres de la classe BoutonAscenseur.
444   #include <iostream>
445
446   using std::cout;
447   using std::endl;
448
449   #include "boutonAscenseur.h"
450   #include "ascenseur.h"
451
452   // Constructeur.
453   BoutonAscenseur::BoutonAscenseur( Ascenseur &identificateurAscenseur )
454      : presse( false ), refAscenseur( identificateurAscenseur )
455   { cout << "bouton de l'ascenseur créé" << endl; }
456
457   BoutonAscenseur::~BoutonAscenseur()              // destructeur.
458   { cout << "bouton de l'ascenseur détruit" << endl; }
459
460   void BoutonAscenseur::presserBouton()            // presser le bouton.
461   {
462      presse = true;
463      cout << "le bouton d'ascenseur dit à l'ascenseur de se preparer à partir"
464          << endl;
465      refAscenseur.sePreparerAPartir( true );
466   }
467
468   void BoutonAscenseur::reinitialiserBouton()    // réinitialiser le bouton.
469   { presse = false; }
```

Figure 7.25   Fichier d'implémentation de la classe **BoutonAscenseur**.

La classe **BoutonEtage** (figures 7.26 et 7.27) expose les mêmes fonctions membres que la classe **BoutonAscenseur** par le biais de son interface publique. La fonction membre publique **presserBouton** appelle l'**ascenseur** par l'entremise du message **appelerAscenseur**. Le bouton d'étage est réinitialisé par un appel à la fonction membre **reinitialiserBouton**.

```
470  // boutonEtage.h
471  // Definition de la classe BoutonEtage.
472  #ifndef BOUTONETAGE_H
473  #define BOUTONETAGE_H
474
475  class Ascenseur;                        // déclaration préliminaire.
476
477  class BoutonEtage {
478
479  public:
480      BoutonEtage( const int, Ascenseur & ); // constructeur.
481      ~BoutonEtage();                     // destructeur.
482
483      void presserBouton();               // presser le bouton.
484      void reinitialiserBouton();         // réinitialiser le bouton.
485
486  private:
487      const int numeroEtage;              // Numéro de l'étage du bouton.
488      bool presse;                        // état du bouton.
489
490      // référence à l'étage du bouton.
491      Ascenseur &refAscenseur;
492  };
493
494  #endif // BOUTONETAGE_H
```

Figure 7.26   En-tête de la classe **BoutonEtage**.

```
495  // boutonEtage.cpp
496  // Définition des fonctions membres de la classe BoutonEtage.
497  #include <iostream>
498
499  using std::cout;
500  using std::endl;
501
```

Figure 7.27   Fichier d'implémentation de la classe **BoutonEtage**. (1 de 2)

```
502   #include "boutonEtage.h"
503   #include "ascenseur.h"
504
505   // Constructeur.
506   BoutonEtage::BoutonEtage( const int numero,
507                             Ascenseur &identificateurAscenseur )
508     : numeroEtage( numero ), presse( false ),
509       refAscenseur( identificateurAscenseur )
510   {
511     cout << "bouton de l'étage " << numeroEtage << " créé"
512          << endl;
513   }
514
515   BoutonEtage::~BoutonEtage()                  // destructeur.
516   {
517     cout << "bouton de l'étage " << numeroEtage << " détruit"
518          << endl;
519   }
520
521   // Presser le bouton.
522   void BoutonEtage::presserBouton()
523   {
524     presse = true;
525     cout << "le bouton d'appel de l'étage " << numeroEtage
526          << " appelle l'ascenseur" << endl;
527     refAscenseur.appelerAscenseur( numeroEtage );
528   }
529
530   // Réinitialiser le bouton.
531   void BoutonEtage::reinitialiserBouton()
532   { presse = false; }
```

Figure 7.27   Fichier d'implémentation de la classe **BoutonEtage**. (2 de 2)

Le fichier d'en-tête de la classe **Ascenseur** (figure 7.28) est le plus complexe de toute la simulation. La classe **Ascenseur** expose cinq fonctions membres dans son interface publique en plus de ses constructeur et destructeur. La fonction membre **traiterTemps** permet au bâtiment d'envoyer le **temps** mis à jour de l'horloge à l'**ascenseur**. La fonction membre **appelerAscenseur** permet à un objet de classe **Personne** d'envoyer un message à l'ascenseur pour réclamer ses services. Les fonctions membres **passagerEntre** et **passagerQuitte** donnent au passager la possibilité d'entrer dans l'ascenseur et d'en sortir, tandis que la fonction membre **sePreparerAPartir** assure toutes les tâches nécessaires avant d'entamer le déplacement de l'ascenseur vers l'autre étage. Nous déclarons l'objet **boutonAscenseur** comme **public** pour permettre à un objet de la classe **Personne** d'accéder directement à un tel bouton. En principe, aucune personne n'a besoin d'une interface ni avec la cloche, ni avec la porte, sauf s'il s'agit d'un technicien de maintenance, mais ceci sort du cadre de la simulation, de sorte que nous déclarons les objets **cloche** et **porte** dans la section **private** de la définition de la classe.

Des fonctions utilitaires apparaissent aux lignes 558 à 561. La classe **Ascenseur** définit également une série de valeurs **private static const** (lignes 564 à 566). Ces valeurs sont statiques parce qu'elles contiennent des informations utilisées par tous les objets de la classe **Ascenseur**, et elles ne peuvent en principe jamais varier, donc elles sont déclarées comme constantes.

```
533  // ascenseur.h
534  // Definition de la classe Ascenseur.
535  #ifndef ASCENSEUR_H
536  #define ASCENSEUR_H
537
538  #include "boutonAscenseur.h"
539  #include "porte.h"
540  #include "cloche.h"
541
542  class Etage;                        // déclaration préliminaire.
543  class Personne;                     // déclaration préliminaire.
544
545  class Ascenseur {
546
547  public:
548     Ascenseur( Etage &, Etage & );   // constructeur.
549     ~Ascenseur();                    // destructeur.
550     void appelerAscenseur( int );    // demande de service à un étage.
551     void sePreparerAPartir( bool );  // se préparer à partir.
552     void traiterTemps( int );        // donner le temps à l'ascenseur.
553     void passagerEntre( Personne * const ); // embarquer un passager.
554     void passagerQuitte();           // sortir un passager.
555     BoutonAscenseur boutonAscenseur; // noter cet objet public.
556
557  private:
558     void traiterArriveePossible();
559     void traiterDepartPossible();
560     void arriverAUnEtage( Etage & );
561     void seDeplacer();
562
563     // Temps nécessaire au déplacement de l'ascenseur entre étages.
564     static const int TEMPS_VOYAGE_ASCENSEUR;
565     static const int HAUT;           // direction vers le haut.
566     static const int BAS;            // direction vers le bas.
567
568     int tempsCourantHorlogeBatiment; // temps courant.
569     bool deplace;                    // état ascenseur.
570     int direction;                   // direction en cours.
571     int etageCourant;                // emplacement actuel.
572     int tempsArrivee;                // temps pour arriver à un étage.
573     bool etage1DemandeService;       // drapeau de service à l'étage 1.
574     bool etage2DemandeService;       // drapeau de service à l'étage 2.
575
576     Etage &refEtage1;                // référence à l'étage 1.
577     Etage &refEtage2;                // référence à l'étage 2.
578     Personne *passagerPtr;           // pointeur vers passager courant.
579
580     Porte porte;                     // objet porte.
581     Cloche cloche;                   // objet cloche.
582  };
583
584  #endif // ASCENSEUR_H
```

Figure 7.28   En-tête de la classe **Ascenseur**.

Les lignes 517 à 581 du fichier d'en-tête de la classe **Ascenseur** contiennent des membres de données privés supplémentaires. Notez les identificateurs de références fournis pour chacun des objets de classe **Etage** (lignes 576 et 577), alors que c'est un pointeur qui sert pour l'objet **passager** (ligne 578). Nous utilisons un tel pointeur parce que cet identificateur devra changer chaque fois qu'un objet de la classe **Personne** entre dans l'ascenseur ou le quitte; tandis que nous préférons des identificateurs de type référence pour les objets de classe **Etage**.

L'UML nous a servi à modéliser nombre des activités et collaborations associées à la classe **Ascenseur** (voir figures 3.31, 3.32 et 5.37); le code de la classe **Ascenseur** (figure 7.29) implante les informations contenues dans ces modèles. Le constructeur de l'**ascenseur** reçoit une liste exhaustive d'initialiseurs de membres (lignes 602 à 607). Nous nous rappelons que, dans la définition de la classe **BoutonAscenseur** (figure 7.24), un objet de cette classe requiert un identificateur d'un objet de classe **Ascenseur** comme argument de son constructeur. Nous fournissons cet identificateur dans la liste d'initialisation du membre, en déréférençant le pointeur **this** de l'ascenseur (ligne 602). Certains compilateurs génèrent un avertissement pour cette ligne, parce que l'objet **Ascenseur** n'a pas encore été complètement initialisé à ce stade.

```
585  // ascenseur.cpp
586  // Définition des fonctions membres de la classe Ascenseur.
587  #include <iostream>
588
589  using std::cout;
590  using std::endl;
591
592  #include "ascenseur.h"
593  #include "personne.h"
594  #include "etage.h"
595
596  const int Ascenseur::TEMPS_VOYAGE_ASCENSEUR = 5;
597  const int Ascenseur::HAUT = 0;
598  const int Ascenseur::BAS = 1;
599
600  // Constructeur.
601  Ascenseur::Ascenseur( Etage &premierEtage, Etage &deuxiemeEtage )
602     : boutonAscenseur( *this ), tempsCourantHorlogeBatiment( 0 ),
603       deplace( false ), direction( HAUT ),
604       etageCourant( Etage::ETAGE1 ), tempsArrivee( 0 ),
605       etage1DemandeService( false ), etage2DemandeService( false ),
606       refEtage1( premierEtage ), refEtage2( deuxiemeEtage ),
607       passagerPtr( 0 )
608  { cout << "ascenseur créé" << endl; }
609
610  Ascenseur::~Ascenseur()                    // destructeur.
611  { cout << "ascenseur détruit" << endl; }
612
613  // Donner le temps à l'ascenseur.
614  void Ascenseur::traiterTemps( int temps )
615  {
616     tempsCourantHorlogeBatiment = temps;
617
618     if ( deplace )
619        traiterArriveePossible();
```

Figure 7.29   Fichier d'implémentation de la classe **Ascenseur**. (1 de 4)

```
620        else
621           traiterDepartPossible();
622
623        if ( !deplace )
624           cout << "l'ascenseur est au repos à l'étage "
625                << etageCourant << endl;
626   }
627
628   // Lorsque l'ascenseur se deplace, déterminer ss'il doit s'arrêter.
629   void Ascenseur::traiterArriveePossible()
630   {
631        // Si l'ascenseur arrive à l'étage de destination.
632        if ( tempsCourantHorlogeBatiment == tempsArrivee ) {
633
634           etageCourant =    // mettre à jour l'étage courant.
635              ( etageCourant == Etage::ETAGE1 ?
636                Etage::ETAGE2 : Etage::ETAGE1 );
637
638           direction =       // mettre à jour la direction.
639              ( etageCourant == Etage::ETAGE1 ? HAUT : BAS );
640
641           cout << "l'ascenseur arrive à l'étage "
642                << etageCourant << endl;
643
644           arriverAUnEtage( etageCourant == Etage::ETAGE1 ?
645                 refEtage1 : refEtage2 );
646
647           return;
648        }
649
650        // L'ascenseur se deplace.
651        cout << "l'ascenseur "
652             << ( direction == HAUT ? "monte" : "descend" ) << endl;
653   }
654
655   // Déterminer si l'ascenseur doit se déplacer.
656   void Ascenseur::traiterDepartPossible()
657   {
658        // Cet étage requiert-il le service?
659        bool etageCourantDemandeService =
660           etageCourant == Etage::ETAGE1 ?
661              etage1DemandeService : etage2DemandeService;
662
663       // L'autre étage requiert-il le service?
664        bool autreEtageDemandeService =
665           etageCourant == Etage::ETAGE1 ?
666              etage2DemandeService : etage1DemandeService;
667
668        // Servir cet étage (si nécessaire).
669        if ( etageCourantDemandeService ) {
670           arriverAUnEtage( etageCourant == Etage::ETAGE1 ?
671              refEtage1 : refEtage2 );
672
```

Figure 7.29   Fichier d'implémentation de la classe **Ascenseur**. (2 de 4)

```
673            return;
674        }
675
676        // Servir l'autre étage (si nécessaire).
677        else sePreparerAPartir( autreEtageDemandeService );
678    }
679
680    // Arriver à un étage donné.
681    void Ascenseur::arriverAUnEtage( Etage& etageDArrivee )
682    {
683        deplace = false;   // réinitialiser état.
684
685        cout << "l'ascenseur réinitialise son bouton" << endl;
686        boutonAscenseur.reinitialiserBouton();
687
688        cloche.sonnerCloche();
689
690        // Notifier l'étage que l'ascenseur est arrivé.
691        Personne *personneEtagePtr = etageDArrivee.arriveeAscenseur();
692
693        porte.ouvrirPorte( passagerPtr, personneEtagePtr,
694                           etageDArrivee, *this );
695
696        // Cet étage requiert-il le service?
697        bool etageCourantDemandeService =
698           etageCourant == Etage::ETAGE1 ?
699              etage1DemandeService : etage2DemandeService;
700
701        // L'autre étage requiert-il le service?
702        bool autreEtageDemandeService =
703           etageCourant == Etage::ETAGE1 ?
704              etage2DemandeService : etage1DemandeService;
705
706        // Si cet étage ne requiert pas le service,
707        // alors se préparer à partir vers l'autre étage.
708        if ( !etageCourantDemandeService )
709           sePreparerAPartir( autreEtageDemandeService );
710        else  // sinon, réinitialiser le drapeau de service.
711           etageCourant == Etage::ETAGE1 ?
712              etage1DemandeService = false: etage2DemandeService = false;
713    }
714
715    // Demander le service de l'ascenseur.
716    void Ascenseur::appelerAscenseur( int etage )
717    {
718        // Activer le drapeau de service approprié.
719        etage == Etage::ETAGE1 ?
720           etage1DemandeService = true : etage2DemandeService = true;
721    }
722
723    // Accueillir un passager.
724    void Ascenseur::passagerEntre( Personne * const personnePtr )
725    {
```

Figure 7.29   Fichier d'implémentation de la classe **Ascenseur**. (3 de 4)

```
726    // Embarquer le passager.
727    passagerPtr = personnePtr;
728
729    cout << "la personne " << passagerPtr->lectureID()
730         << " entre dans l'ascenseur à l'étage "
731         << etageCourant << endl;
732 }
733
734 // Notifier l'ascenseur que le passager sort.
735 void Ascenseur::passagerQuitte() { passagerPtr = 0; }
736
737 // Se préparer à quitter un étage.
738 void Ascenseur::sePreparerAPartir( bool enPartance )
739 {
740    Etage &cetEtage =
741       etageCourant == Etage::ETAGE1 ? refEtage1 : refEtage2;
742
743    // Notifier l'étage que l'ascenseur est peut-être en partance.
744    cetEtage.ascenseurEnPartance();
745
746    porte.fermerPorte( cetEtage );
747
748    if ( enPartance )  // partir si nécessaire.
749       seDeplacer();
750 }
751
752 void Ascenseur::seDeplacer() // aller à un étage donné.
753 {
754    deplace = true;  // changer d'état.
755
756    // Planifier le temps d'arrivée.
757    tempsArrivee = tempsCourantHorlogeBatiment +
758       TEMPS_VOYAGE_ASCENSEUR;
759
760    cout << "l'ascenseur commence à "
761         << ( direction == BAS ? "descendre " : "monter ")
762         << "à l'étage "
763         << ( direction == BAS ? '1' : '2' )
764         << " (arrivée au temps " << tempsArrivee << ')'
765         << endl;
766 }
```

Figure 7.29   Fichier d'implémentation de la classe **Ascenseur**. (4 de 4)

Le **batiment** invoque la fonction membre **traiterTemps** (lignes 613 à 626) de la classe **Ascenseur** et lui passe le temps actuel de la simulation. Cette fonction membre met à jour le membre de donnée **tempsCourantHorlogeBatiment** (ligne 616), puis vérifie la valeur du membre de donnée **deplace** (ligne 618). Si l'**ascenseur** se déplace effectivement, alors il invoque sa fonction utilitaire **traiterArriveePossible** en ligne 619. Si l'ascenseur ne se déplace pas, il invoque sa fonction utilitaire **traiterDepartPossible** en ligne 621. Si l'ascenseur ne se déplace toujours pas après avoir déterminé s'il doit arriver à l'étage en cours ou partir pour l'autre étage, l'**ascenseur** affiche un message à l'écran indiquant qu'il est au repos à l'**etageCourant** (lignes 623 à 625).

La fonction **traiterArriveePossible** détermine si l'**ascenseur** doit s'arrêter de bouger en comparant le **tempsCourantHorlogeBatiment** au **tempsArrivee** (ligne 652). S'il est temps pour lui d'arriver à un étage donné, l'**ascenseur** met à jour l'**etageCourant** (lignes 634 à 636) et la direction (lignes 638 et 639). L'**ascenseur** appelle ensuite sa fonction utilitaire **arriverAUnEtage** pour exécuter les tâches nécessaires à son arrivée.

La fonction utilitaire **traiterDepartPossible** détermine si l'ascenseur doit ou non démarrer un déplacement pour servir un autre étage. Le code détermine si c'est l'étage courant ou l'autre étage qui nécessite les services de l'ascenseur (lignes 658 à 666). Si c'est l'étage en cours, l'ascenseur appelle sa fonction utilitaire **arriverAUnEtage** pour l'étage courant (lignes 670 et 671). Sinon, il appelle sa fonction utilitaire **sePreparerAPartir** (ligne 677) et se déplace pour atteindre l'autre étage, si cet étage requiert ses services.

La fonction utilitaire **arriverAUnEtage** assure les tâches nécessaires à l'ascenseur pour arriver à un étage particulier. Cette fonction utilitaire arrête d'abord l'ascenseur en mettant la variable membre **deplace** à **false** (ligne 683), puis réinitialise le **boutonAscenseur** (ligne 686) et fait sonner la **cloche** (ligne 688). Un pointeur temporaire vers un objet de la classe **Personne** est ensuite déclaré pour mémoriser l'identificateur d'un objet de classe **Personne** qui peut éventuellement se trouver en attente à l'étage. Ce pointeur reçoit la valeur de renvoi de l'appel à la fonction membre **arriveeAscenseur** de l'étage.

L'ascenseur ouvre sa porte en appelant la fonction membre **ouvrirPorte** de la classe **Porte** et en lui passant en paramètre un identificateur du passager en cours, un identificateur de la personne en attente à l'étage, un identificateur de l'étage où l'ascenseur vient d'arriver et un identificateur de l'**ascenseur** lui-même (lignes 693 et 694). L'ascenseur détermine aussi si l'autre étage a besoin de ses services (lignes 696 à 704). Si l'étage en cours n'a pas besoin des services de l'ascenseur, ce dernier se prépare à rejoindre l'autre étage (ligne 709) et ne se déplace réellement que si l'autre étage demande ses services. Sinon, l'ascenseur réinitialise le drapeau de service à l'étage en cours (lignes 711 et 712).

La fonction membre **appelerAscenseur** permet aux autres objets de demander les services de l'ascenseur. Lorsqu'elle est invoquée, elle prend en argument le numéro d'un étage et met le drapeau de service de l'étage approprié à **true** (lignes 719 et 720).

La fonction membre **passagerEntre** prend en son seul argument un pointeur vers un objet de la classe **Personne** (ligne 724) et met à jour l'identificateur **passagerPtr** de l'**ascenseur** de manière à ce qu'il pointe vers le nouveau passager (ligne 727). La fonction membre **passagerQuitte** met simplement l'identificateur **passagerPtr** à zéro, ce qui indique que le passager a quitté l'**ascenseur** (ligne 735).

La fonction membre **sePreparerAPartir** prend un argument de type **bool** qui indique si l'**ascenseur** doit quitter l'étage en cours (ligne 738). L'**ascenseur** notifie l'étage courant qu'il le quitte en envoyant à l'étage un message **ascenseurEnPartance** (ligne 744) et il ferme ensuite sa **porte** (ligne 746). Enfin, l'**ascenseur** vérifie s'il doit quitter l'étage (ligne 748) et, si c'est le cas, commence à bouger en appelant la fonction utilitaire **seDeplacer** (ligne 749), qui met le membre de donnée **deplace** à **true** (ligne 754), calcule ensuite le temps d'arrivée de l'**ascenseur** à sa destination en utilisant la valeur **static const TEMPS_VOYAGE_ASCENSEUR** (lignes 757 et 758). Elle affiche finalement la **direction** dans laquelle l'ascenseur voyage, l'étage de destination et le **tempsArrivee** prévu (lignes 760 à 765).

Notre définition de la classe **Etage** (figure 7.30) contient tout un mélange de manières d'associer des objets d'autres classes avec des objets de classe **Etage**. D'abord, nous utilisons une référence comme identificateur de l'**ascenseur** (ligne 804), adéquate ici puisque cet identificateur reflète toujours le même **ascenseur**. Nous avons aussi un pointeur qui identifie un objet de classe

Personne (ligne 805), identificateur destiné à changer chaque fois qu'une personne arrive à l'étage ou quitte l'étage pour entrer dans l'ascenseur. Enfin, nous avons des objets de composition, dont un objet **public boutonEtage** (ligne 799) et un objet **private temoinLumineux** (ligne 806). Nous déclarons le **boutonEtage** comme **public** pour permettre à des objets de classe **Personne** d'accéder directement à l'objet **boutonEtage**.[1] La définition de la classe **Etage** contient aussi les membres de données **static const ETAGE1** et **ETAGE2** (lignes 798 et 799) dont nous nous servons à la place des numéros d'étages et nous initialisons ces membres de données **const** dans le fichier d'implémentation, aux lignes 821 et 822. Normalement, les membres de données **const** d'une classe s'initialisent à partir du constructeur de la classe, dans une liste d'initialisation de membres, mais dans le cas un peu spécial des membres de données **static const**, ils sont initialisés dans la portée du fichier.

```
767   // etage.h
768   // Definition de la classe Etage.
769   #ifndef ETAGE_H
770   #define ETAGE_H
771
772   #include "boutonEtage.h"
773   #include "temoinLumineux.h"
774   #include "porte.h"
775
776   class Ascenseur;                        // déclaration préliminaire.
777   class Personne;                         // déclaration préliminaire.
778
779   class Etage {
780   public:
781       Etage( int, Ascenseur & );          // constructeur.
782       ~Etage();                           // destructeur.
783       bool estOccupe() const;             // renvoie true si étage occupé.
784       int lectureNumero() const;          // retourne le numéro d'étage.
785
786       // Passer un identificateur à la nouvelle personne arrivant à l'étage.
787       void personneArrive( Personne * const );
788
789       // Notifier étage que l'ascenseur est arrivé.
790       Personne *arriveeAscenseur();
791
792       // Notifier étage que l'ascenseur vient de partir.
793       void ascenseurEnPartance();
794
795       // Notifier l'étage que la personne quitte l'étage.
796       void personneEmbarqueAscenseur();
797
798       static const int ETAGE1;
799       static const int ETAGE2;
```

Figure 7.30   En-tête de la classe **Etage**. (1 de 2)

---

1. Une personne n'a en principe pas l'autorisation d'agir directement sur le témoin lumineux d'un étage, à moins qu'il s'agisse d'un technicien de maintenance. Par conséquent, l'objet **temoinLumineux** est déclaré dans la section **private** de la définition de classe.

```
800       BoutonEtage boutonEtage;           // objet boutonEtage.
801
802  private:
803       const int numeroEtage;             // le numéro d'étage.
804       Ascenseur &refAscenseur;           // pointeur vers l'ascenseur.
805       Personne *occupantPtr;             // pointeur vers la personne à l'étage.
806       TemoinLumineux temoinLumineux;     // objet témoin lumineux.
807  };
808
809  #endif // ETAGE_H
```

Figure 7.30   En-tête de la classe **Etage**. (2 de 2)

La figure 7.31 contient le fichier d'implémentation de la classe **Etage**. La fonction membre **estOccupe** de la classe **Etage** (lignes 836 à 838) retourne une valeur de type **bool** indiquant si une personne attend à l'étage. Pour déterminer si une personne est en attente, nous vérifions si le pointeur **occupantPtr** est différent de zéro (ligne 838). Si **occupantPtr** est à zéro, aucune personne n'attend à l'étage. La fonction membre **lectureNumero** renvoie la valeur de la variable membre **numeroEtage** (ligne 841). La fonction membre **personneArrive** reçoit un pointeur vers l'objet de classe **Personne** qui attend à l'étage. Ce pointeur se voit affecter du membre de donnée **private occupantPtr**.

```
810  // etage.cpp
811  // Définition des fonctions membres de la classe Etage.
812  #include <iostream>
813
814  using std::cout;
815  using std::endl;
816
817  #include "etage.h"
818  #include "personne.h"
819  #include "ascenseur.h"
820
821  const int Etage::ETAGE1 = 1;
822  const int Etage::ETAGE2 = 2;
823
824  // Constructeur.
825  Etage::Etage(int numero, Ascenseur &identificateurAscenseur )
826      : boutonEtage( numero, identificateurAscenseur ),
827        numeroEtage( numero ), refAscenseur( identificateurAscenseur ),
828        occupantPtr ( 0 ),
829        temoinLumineux( numeroEtage == 1 ? "étage 1" : "étage 2" )
830  { cout << "étage " << numeroEtage << " créé" << endl; }
831
832  // Destructeur.
833  Etage::~Etage()
834  { cout << "étage " << numeroEtage << " détruit" << endl; }
835
836  // Déterminer si l'étage est occupé.
837  bool Etage::estOccupe() const
838  { return ( occupantPtr != 0 ); }
```

Figure 7.31   Fichier d'implémentation de la classe **Etage**. (1 de 2)

```
839
840   // Retourner le numéro de cet étage.
841   int Etage::lectureNumero() const { return numeroEtage; }
842
843   // Passer la personne à l'étage.
844   void Etage::personneArrive( Personne * const personnePtr )
845   { occupantPtr = personnePtr; }
846
847   // Notifier l'étage de l'arrivée de l'ascenseur.
848   Personne *Etage::arriveeAscenseur()
849   {
850       // Réinitialiser le bouton à l'étage, si nécessaire.
851       cout << "l'étage " << numeroEtage
852           << " réinitialise son bouton" << endl;
853       boutonEtage.reinitialiserBouton();
854
855       temoinLumineux.allumer();
856
857       return occupantPtr;
858   }
859
860   // Dire à l'étage que l'ascenseur est en partance.
861   void Etage::ascenseurEnPartance() { temoinLumineux.eteindre(); }
862
863   // Notifier l'étage que la personne est en partance.
864   void Etage::personneEmbarqueAscenseur() { occupantPtr = 0; }
```

Figure 7.31   Fichier d'implémentation de la classe **Etage**. (2 de 2)

La fonction membre **arriveeAscenseur** (lignes 847 à 858) réinitialise l'objet **boutonEtage** de l'**etage**, allume le **temoinLumineux** et renvoie l'identificateur **occupantPtr** (ligne 857). La fonction membre **ascenseurEnPartance** éteint le **temoinLumineux** (ligne 861). Enfin, la fonction membre **personneEmbarqueAscenseur** définit l'**occupantPtr** comme valant zéro, ce qui indique que la personne a quitté l'étage (ligne 864).

Les éléments du fichier d'en-tête de la classe **Personne** (figure 7.32) devraient vous paraître familiers à ce stade. La fonction membre **lectureID** renvoie l'identificateur numérique unique (**ID**) de l'objet de classe **Personne**. Les fonctions membres **allerAUnEtage**, **entrerAscenseur** et **quitterAscenseur** forment le reste de l'interface publique de la **Personne**. Nous utilisons une variable de classe **private static**, nommée **compteurPersonne** pour conserver la trace du nombre d'objets de classe **Personne** qui ont été créés. Nous déclarons également les attributs **ID** et **etageDestination** comme membres de données **private const**.

```
865   // personne.h
866   // Definition de la classe Personne.
867   #ifndef PERSONNE_H
868   #define PERSONNE_H
869
870   class Etage;                              // déclaration préliminaire.
871   class Ascenseur;                          // déclaration préliminaire.
872
```

Figure 7.32   En-tête de la classe **Personne**. (1 de 2)

```
873  class Personne {
874
875  public:
876     Personne( const int );          // constructeur.
877     ~Personne();                    // destructeur.
878     int lectureID() const;              // retourne l'ID de la personne.
879
880     void allerAUnEtage( Etage & );
881     void entrerAscenseur( Ascenseur &, Etage & );
882     void quitterAscenseur( const Etage &, Ascenseur & ) const;
883
884  private:
885     static int compteurPersonne;    // nombre total de personnes.
886     const int ID;                   // ID unique de personne.
887     const int etageDestination;     // numéro d'étage de destination.
888  };
889
890  #endif // PERSONNE_H
```

Figure 7.32   En-tête de la classe **Personne**. (2 de 2)

L'implémentation de la classe **Personne** (figure 7.33) commence avec le constructeur (lignes 905 à 907), qui prend un seul argument **const int**. Il représente l'étage de destination de l'objet de classe **Personne**. Nous utilisons cette valeur à des fins d'affichage au cours de la simulation. Le destructeur (lignes 909 à 914) affiche un message signalant qu'une personne a quitté l'**ascenseur**.

```
891  // personne.cpp
892  // Définition des fonctions membres de la classe Personne.
893  #include <iostream>
894
895  using std::cout;
896  using std::endl;
897
898  #include "personne.h"
899  #include "etage.h"
900  #include "ascenseur.h"
901
902  // Initialiser le membre static compteurPersonne.
903  int Personne::compteurPersonne = 0;
904
905  Personne::Personne( const int etageDest ) // constructeur.
906     : ID( ++compteurPersonne ), etageDestination( etageDest )
907  {}
908
909  Personne::~Personne()                         // destructeur.
910  {
911     cout << "la personne " << ID << " quitte la simulation à l'étage "
912          << etageDestination << " (destructeur de personne invoqué)"
913          << endl;
914  }
915
916  int Personne::lectureID() const { return ID; } // obtenir l'ID.
```

Figure 7.33   Fichier d'implémentation de la classe **Personne**. (1 de 2)

```
917
918   // La personne entre dans l'ascenseur.
919   void Personne::entrerAscenseur( Ascenseur &ascenseur, Etage &etage )
920   {
921       etage.personneEmbarqueAscenseur();       // la personne quitte l'étage.
922
923       ascenseur.passagerEntre( this ); // la personne entre dans l'ascenseur.
924
925       // Presser le bouton de l'ascenseur.
926       cout << "la personne " << ID
927           << " presse le bouton de l'ascenseur" << endl;
928       ascenseur.boutonAscenseur.presserBouton();
929   }
930
931   // La personne quitte l'ascenseur.
932   void Personne::quitterAscenseur(
933       const Etage &etage, Ascenseur &ascenseur ) const
934   {
935       cout << "la personne " << ID << " quitte l'ascenseur à l'étage "
936           << etage.lectureNumero() << endl;
937       ascenseur.passagerQuitte();
938   }
939   {
940       etage.personneEmbarqueAscenseur();       // la personne quitte l'étage.
941
942       ascenseur.passagerEntre( this ); // la personne entre dans l'ascenseur.
943
944       // Presser le bouton de l'ascenseur.
945       cout << "la personne " << ID
946           << " presse le bouton de l'ascenseur" << endl;
947       ascenseur.boutonAscenseur.presserBouton();
948   }
949
950   // La personne quitte l'ascenseur.
951   void Personne::quitterAscenseur(
952       const Etage &etage, Ascenseur &ascenseur ) const
953   {
954       cout << "la personne " << ID << " quitte l'ascenseur à l'étage "
955           << etage.lectureNumero() << endl;
956       ascenseur.passagerQuitte();
957   }
```

Figure 7.33   Fichier d'implémentation de la classe **Personne**. (2 de 2)

La fonction membre **allerAUnEtage** (lignes 867 à 880) notifie d'abord l'étage de l'arrivée de la personne, en envoyant un message **personneArrive** à l'étage (ligne 873). La personne appelle alors la méthode **presserBouton** du **boutonEtage** (ligne 879) qui appelle à son tour l'**ascenseur**.

La fonction membre **entrerAscenseur** notifie l'étage de ce que la personne embarque dans l'**ascenseur** en lui envoyant un message **personneEmbarqueAscenseur** (ligne 921). La personne envoie le message **passagerEntre** pour avertir l'**ascenseur** de ce que la personne entre (ligne 923). La personne envoie ensuite le message **presserBouton** à l'objet **boutonAscenseur**, de manière à démarrer le déplacement de l'**ascenseur** vers l'autre étage (ligne 928). La fonction membre **quitterAscenseur** affiche un message indiquant que la personne sort de l'ascenseur, puis envoie le message **passagerQuitte** à l'**ascenseur**.

Nous avons complété là l'implémentation fonctionnelle de la simulation d'ascenseur que nous avons présentée au chapitre 2. Le chapitre 8 ne contient pas de section *À propos des objets* et, au chapitre 9, nous étudierons l'héritage en C++ et son application à notre simulateur.

RÉSUMÉ

- Le mot-clé **const** spécifie qu'un objet ne peut pas être modifié.
- Les compilateurs C++ empêchent tout appel des fonctions membres non **const** sur des objets **const**.
- Toute tentative par une fonction membre **const** de modifier un objet de cette classe provoque une erreur de syntaxe.
- Une fonction est spécifiée comme **const** à la fois dans sa déclaration et dans sa définition.
- Une fonction membre **const** peut être surchargée par une version non **const**. Le compilateur choisit parmi les différentes fonctions membres, tout dépendant si l'objet a été déclaré **const** ou non.
- Un objet **const** doit être initialisé; on doit fournir des initialiseurs de membres dans le constructeur d'une classe lorsque cette dernière contient des membres de données **const**.
- Les classes peuvent être composées d'objets d'autres classes.
- Les objets membres sont construits dans l'ordre de leur énumération dans la définition de la classe et avant que les objets de la classe qui les renferme ne soient construits.
- Si un initialiseur de membre n'est pas fourni pour un objet membre, le constructeur par défaut de l'objet membre est appelé.
- Une fonction **friend** (amie) d'une classe est définie en dehors de celle dernière et peut accéder à tous les membres de la classe.
- Les déclarations d'amitié peuvent être placées n'importe où dans la définition de la classe.
- Le pointeur **this** est utilisé implicitement pour référencer à la fois les données membres non statiques et les fonctions membres non statiques d'un objet.
- Chaque objet non statique a accès à sa propre adresse par l'intermédiaire du mot-clé **this**.
- Le pointeur **this** peut être utilisé de façon explicite.
- L'opérateur **new** crée automatiquement un objet de taille appropriée, appelle le constructeur pour l'objet et renvoie un pointeur de type correspondant. Afin de libérer l'espace pour cet objet, utilisez l'opérateur **delete**.
- Un tableau d'objets peut être alloué dynamiquement en utilisant **new** de la façon suivante:

```
int *ptr = new int[100];
```

qui alloue un tableau de 100 entiers et affecte l'emplacement de départ du tableau à **ptr**. Le tableau d'entiers précédent peut être supprimé avec l'instruction:

```
delete [] ptr;
```

- Un membre de données **static** représente une information au niveau de la classe, c'est-à-dire une propriété de la classe, et non un objet créé à partir de cette classe. La déclaration d'un membre **static** débute par le mot-clé **static**.
- Les membres de données **static** possèdent une portée de classe.
- On peut accéder aux membres **static** d'une classe avec un objet de cette classe ou avec le nom de la classe, en utilisant l'opérateur binaire de résolution de portée (si le membre est déclaré comme **public**).
- Une fonction membre peut être déclarée **static** si elle n'accède pas aux membres de données et aux fonctions membres non **static**. Contrairement aux fonctions membres non **static**, une fonction membre **static** ne possède aucun pointeur **this** puisque les membres de données et fonctions membres **static** existent indépendamment de tout objet d'une classe.
- Les classes masquent normalement les détails de leur implémentation vis-à-vis des clients de ces classes; c'est ce qu'on appelle le masquage des informations.

- Les piles représentent des structures de données du type dernier entré, premier sorti (ou LIFO, de la locution anglaise last-in, first-out): le dernier élément entré (empilé, inséré) dans la pile est le premier élément sorti (dépilé) de la pile.

- La description des qualités fonctionnelles d'une classe indépendante de son implémentation est appelée abstraction de données; le C++ définit ces classes comme étant des types de données abstraits.

- Le C++ élève l'importance des données; l'activité principale du C++ consiste en la création de nouveaux types de données (c'est-à-dire des classes) et l'expression des interactions entre les objets de ces types de données.

- Les types de données abstraits constituent essentiellement des véhicules pour représenter les notions du monde réel avec un niveau satisfaisant de précision, au sein d'un système informatique.

- Un type de données abstrait saisit deux notions: une représentation de données et les opérations permises sur ces données.

- Le C++ constitue un langage extensible. Par contre, bien que le langage puisse être aisément étendu avec ces nouveaux types, le langage de base lui-même demeure immuable.

- Le C++ consiste en un langage intentionnellement épars qui ne fournit aux programmeurs que les possibilités brutes requises pour construire une vaste gamme de systèmes. Le langage est conçu pour alléger le fardeau des performances.

- Les éléments sont renvoyés à partir d'une queue selon l'ordre du premier entré, premier sorti (ou FIFO pour la locution anglaise *first-in, first-out*): le premier élément inséré dans la queue est le premier élément enlevé de la queue.

- Les classes de conteneurs, également appelées classes de collection, sont conçues pour maintenir des collections d'objets. Les classes de conteneurs fournissent communément des services tels que l'insertion, la suppression, la recherche, le tri, le test d'appartenance d'un élément de la classe et ainsi de suite.

- Il est courant d'associer les objets d'itérateurs, ou plus simplement les itérateurs, aux classes de conteneurs. Un itérateur est un objet qui renvoie l'élément suivant d'une collection ou qui effectue une action quelconque sur l'élément suivant d'une collection.

- Le fait de fournir aux clients d'une classe une classe proxy, qui ne connaît que l'interface **public** de la classe, leur permet d'utiliser les services de la classe sans leur donner accès aux détails d'implémentation de cette classe.

- Le seul membre **private** de la classe proxy est un pointeur vers un objet de la classe dont les données privées doivent être masquées.

- Lorsqu'une définition de classe n'utilise qu'un pointeur vers une autre classe, le fichier d'en-tête de la classe pour cette autre classe, qui révélerait normalement les données **private** de celle-ci, n'a pas besoin d'être inclus avec **#include**. Vous pouvez simplement déclarer cette autre classe comme type de données avec une déclaration anticipée de classe avant l'utilisation du type dans le fichier.

- Le fichier d'implémentation, contenant les fonctions membres de la classe proxy, constitue le seul fichier qui inclut le fichier d'en-tête pour la classe dont les données **private** doivent être masquées.

- Le fichier d'implémentation est fourni au client sous la forme d'un fichier objet précompilé, avec le fichier d'en-tête qui inclut les prototypes de fonctions des services fournis par la classe proxy.

TERMINOLOGIE

appels de fonctions membres en cascade	dernier entré, premier sorti (LIFO, ou *Last-In First-Out*)
classe **friend**	
classe proxy	destructeur
composition	destructeur par défaut
constructeur	enqueue (*enfiler*, opération sur file d'attente)
constructeur d'objet membre	fonction **friend**
constructeur par défaut	fonction membre **const**
conteneur	fonction membre **static**
déclaration anticipée de classe	identificateur d'accès à un membre
dequeue (*défiler*, opération sur file d'attente)	initialiseur de membre

itérateur

langage extensible

membre de données **static**

objet **const**

objet hôte

objet membre

objets dynamiques

opérateur binaire de résolution de portée (**::**)

opérateur **delete**

opérateur **delete []**

opérateur **new**

opérateur **new[]**

opérateur point de sélection de membre (**.**)

opérateur pointeur de sélection de membre (**->**)

opérations pour un type de données abstrait

pointeur **this**

pop (*dépiler*)

portée de classe

premier entré, premier sorti (FIFO,
    ou *First-In First-Out*)

principe du moindre privilège

programmation orientée objets

push (*empiler*)

représentation des données

type de données abstrait

type de données abstrait de pile

type de données abstrait de queue

Terminologie de À propos des objets

problème de l'inclusion circulaire

déclaration anticipée ou préliminaire

ERREURS DE PROGRAMMATION COURANTES

7.1   Le fait de définir comme **const** une fonction membre modifiant une donnée d'un objet constitue une erreur de syntaxe.

7.2   Pour la même instance d'une classe, le fait de définir comme **const** une fonction membre qui appelle une autre fonction non **const** constitue une erreur de syntaxe.

7.3   Le fait d'invoquer une fonction membre non **const** sur un objet **const** constitue une erreur de syntaxe.

7.4   La déclaration d'un constructeur ou d'un destructeur comme **const** constitue une erreur de syntaxe.

7.5   L'absence d'initialiseur de membre pour un membre de données **const** constitue une erreur de syntaxe.

7.6   L'absence de constructeur par défaut pour la classe d'un objet membre, lorsqu'aucun initialiseur de membre n'est fourni pour cet objet membre, constitue une erreur de syntaxe.

7.7   L'utilisation de l'opérateur de sélection de membre (**.**) avec un pointeur vers un objet constitue une erreur de syntaxe. L'opérateur point de sélection de membre ne peut intervenir qu'avec un objet ou une référence vers un objet.

7.8   Le mélange des allocations dynamiques de mémoire de style **new** et **delete** avec celles du genre **malloc** et **free** est une erreur de logique: l'espace créé par **malloc** ne peut être libéré par **delete** et les objets créés par **new** ne peuvent être supprimés par **free**.

7.9   L'utilisation de **delete** au lieu de **delete []** pour des tableaux peut provoquer des erreurs de logique à l'exécution. Pour éviter ces problèmes, l'espace créé pour un tableau doit être supprimé avec l'opérateur **delete []** et l'espace créé pour un élément individuel doit être supprimé avec l'opérateur **delete**.

7.10   Le mot-clé **static**, inclus dans la définition d'une variable de classe **static** dans la portée du fichier, constitue une erreur de syntaxe.

7.11   Toute référence au pointeur **this** à l'intérieur d'une fonction membre **static** constitue une erreur de syntaxe.

7.12   La déclaration comme **const** d'une fonction membre **static** constitue une erreur de syntaxe.

BONNES PRATIQUES DE PROGRAMMATION

7.1   Déclarez **const** toutes les fonctions membres qui n'ont pas besoin de modifier l'objet courant pour les utiliser au besoin sur un objet **const**.

7.2   Placez toutes les déclarations de relations d'amitié en premier dans la classe, immédiatement après l'en-tête de cette dernière. Ne les faites précéder d'aucun identificateur d'accès aux membres.

7.3   Puisque le C++ inclut le C, les programmes de C++ peuvent contenir tant de l'espace de stockage créé par **malloc** et supprimé par **free**, que des objets créés par **new** et supprimés par **delete**. Il est toutefois préférable de n'utiliser que **new** et **delete**.

7.4   Après la libération d'une zone de mémoire allouée dynamiquement, ajustez le pointeur de référence à cette mémoire à 0. Cette pratique déconnecte le pointeur de l'espace alloué précédemment.

ASTUCES SUR LA PERFORMANCE

7.1   La déclaration comme **const** des variables et des objets constitue non seulement une pratique efficace pour la conception de logiciels, mais permet également une amélioration de la performance. En effet, les compilateurs sophistiqués d'aujourd'hui peuvent effectuer certaines opérations d'optimisation sur les constantes qui sont impossibles sur les variables.

7.2   Initialisez les objets membres explicitement par le biais d'initialiseurs de membres. Cette pratique élimine la surcharge créée par la «double initialisation» des objets membres: une fois lors de l'appel du constructeur par défaut de l'objet membre et une autre fois lorsque les fonctions set (d'écriture-ajustement) sont utilisées pour initialiser cet objet membre.

7.3   Pour des raisons d'économie de l'espace de stockage, il n'existe qu'une seule copie de chaque fonction membre par classe; cette fonction membre est invoquée par chaque objet de cette classe. Par contre, chaque objet possède sa propre copie des membres de données de la classe.

7.4   Utilisez des membres de données **static** pour économiser la mémoire lorsqu'une seule copie des données peut suffire.

OBSERVATIONS DE GÉNIE LOGICIEL

7.1   La déclaration d'un objet comme **const** aide à respecter le principe du moindre privilège. Les tentatives de modification sur l'objet seront interceptées au moment de la compilation au lieu de provoquer des erreurs à l'exécution.

7.2   L'utilisation de **const** demeure cruciale pour une conception adéquate des classes, du code et des programmes.

7.3   Une fonction membre **const** peut être surchargée par une version non **const**. Le compilateur choisit automatiquement la fonction membre surchargée utilisée, en fonction du type **const** ou non **const** de l'objet.

7.4   Un objet **const** ne peut se modifier par affectation; il doit donc être initialisé. Lorsqu'on déclare **const** un membre de données d'une classe, un initialiseur de membre doit fournir au constructeur sa valeur initiale pour un objet de la classe.

7.5   Les membres de classe constants (objets **const** et «variables» **const**) doivent être initialisés avec une syntaxe d'initialiseurs de membres, les affectations n'étant pas permises.

7.6   Une bonne pratique consiste à déclarer comme **const** toutes les fonctions membres d'une classe ne modifiant pas l'objet dans lequel elles opèrent. Toutefois, cette pratique peut occasionnellement provoquer des anomalies si vous n'avez pas l'intention de créer d'objets **const** de cette classe. Par contre, la déclaration de telles fonctions offre un avantage: si vous modifiez l'objet de cette fonction membre par inadvertance, le compilateur émet un message d'erreur de syntaxe.

7.7   Une des formes de réutilisation de logiciels est la composition par laquelle une classe possède comme membres des objets d'autres classes.

7.8   Si une classe possède comme membre un objet appartenant à une autre classe, le fait d'identifier cet objet **public** ne viole pas l'encapsulation, c'est-à-dire le masquage des membres **private** de cet objet membre.

7.9   En dépit du fait que les prototypes de fonctions **friend** apparaissent dans la définition de la classe, les fonctions **friend** ne constituent pas des fonctions membres.

7.10   Les notions d'accès aux membres **private**, **protected** et **public** ne s'appliquent pas aux déclarations d'amitié (**friend**); ces dernières peuvent donc être placées n'importe où dans la définition de la classe.

7.11   Certains concepteurs en programmation orientée objets sont convaincus que les déclarations d'amitié (**friend**) nuisent au masquage de l'information et qu'elles diminuent la valeur de l'approche de la conception orientée objets.

7.12   Puisque le C++ constitue un langage hybride, il est fréquent de rencontrer un mélange de deux types d'appels de fonctions dans un même programme et souvent dos à dos: des appels de type C passant des données ou des objets primitifs à des fonctions et des appels de C++ qui passent des fonctions (ou des messages) à des objets.

7.13   Certaines organisations utilisent des standards dans leurs conceptions de logiciels pour s'assurer que tous les appels vers des fonctions membres **static** soient effectués en conjonction avec le nom de la classe et non en conjonction avec les identificateurs des objets.

7.14   Les membres de données et fonctions membres **static** d'une classe existent et peuvent être utilisés, même si aucun objet de cette classe n'a été instancié.

7.15   Le programmeur peut créer de nouveaux types par le biais du mécanisme des classes. Ces nouveaux types peuvent être conçus pour une utilisation aussi pratique que les types intégrés. Par conséquent, le C++ constitue un langage extensible. Par contre, bien que le langage puisse être aisément étendu avec ces nouveaux types, le langage de base lui-même demeure immuable.

ASTUCES DE TESTS ET DE DÉBOGAGE

7.1   Si elles ne modifient pas l'objet, déclarez toujours les fonctions membres **const**. Cette pratique permet d'éliminer de nombreux bogues.

7.2   Les langages comme le C++ étant en constante évolution, il est probable que de nouveaux mots-clés s'ajouteront au langage. Évitez d'utiliser des mots insidieux comme «object» à des fins d'identification. Même si le mot «object» ne constitue pas encore un mot-clé en C++, il pourrait un jour le devenir et par conséquent corrompre le code existant lors de futures compilations par les prochains compilateurs.

EXERCICES DE RÉVISION

7.1   Inscrivez les mots manquants dans chacune des phrases suivantes:
   a) On utilise la syntaxe de l'_____ pour initialiser les membres constants d'une classe.
   b) Une fonction non membre doit être déclarée comme _____ d'une classe pour avoir accès aux membres de données **private** de cette classe.
   c) L'opérateur _____ alloue de la mémoire dynamiquement pour un objet de type spécifié et renvoie un _____ vers ce type.
   d) Un objet constant doit être _____; il ne peut subir de modification après avoir sa création.
   e) Un membre de données _____ représente une information disponible pour toute la classe.
   f) Les fonctions membres d'un objet ont accès à un «auto-pointeur» vers l'objet appelé le pointeur _____.
   g) Le mot-clé _____ spécifie qu'un objet ou une variable ne peut être modifié après avoir été initialisé.
   h) Si l'on ne fournit pas un initialiseur de membre pour un objet membre d'une classe, le _____ est appelé.
   i) Une fonction membre peut être déclarée **static** si elle n'accède pas aux membres _____ de la classe.
   j) Les objets membres sont construits _____ l'objet de la classe qui les renferme.
   k) L'opérateur _____ libère la mémoire allouée précédemment par l'opérateur **new**.

7.2   Trouvez l'erreur (ou les erreurs) dans chacune des instructions suivantes et expliquez comment la (les) corriger.

```
a) class Exemple {
   public:
       Exemple( int y = 10 ) { donnees = y; }
       int lectureDonneesIncrementees() const { return ++donnees; }
       static int lectureCompte()
       {
           cout << "Les données sont " << donnees << endl;
           return compte;
       }
   private:
       int donnees;
       static int compte;
   };
b) char *chaine;
   chaine = new char[ 20 ];
   free ( chaine );
```

RÉPONSES AUX EXERCICES DE RÉVISION

7.1   a) initialiseur de membre. b) **friend**. c) **new**, pointeur. d) initialisé. e) **static**.
f) **this**. g) **const**. h) constructeur par défaut. i) non **static**. j) avant. k) **delete**.

7.2   a) Erreur: il y a deux erreurs dans la définition de la classe pour **Exemple**. La première se produit dans la fonction **lectureDonneesIncrementees**. La fonction est déclarée **const**, mais modifie l'objet.

Correction: enlever le mot-clé **const** de la définition de **lectureDonneesIncrementees**.
Erreur: la seconde erreur se produit dans la fonction **lectureCompte**. Cette fonction est déclarée **static**; elle ne peut donc accéder aux membres non **static** de la classe.
Correction: enlever la ligne d'affichage dans la définition de **lectureCompte**.
b) Erreur: suppression de mémoire allouée dynamiquement par **new** avec la fonction **free** de la bibliothèque standard du C.

Correction: utiliser l'opérateur **delete** du C++ pour récupérer la mémoire. Il est interdit de mélanger l'allocation dynamique de mémoire de style C avec les opérateurs **new** et **delete** du C++.

EXERCICES

7.3   Comparez et mettez en contraste l'allocation dynamique de mémoire avec les opérateurs **new** et **delete** du C++ et celle utilisant les fonctions **malloc** et **free** de la bibliothèque standard du langage C.

7.4   Expliquez la notion d'amitié (**friend**) en C++ et les aspects négatifs de ces relations d'amitié, tels que nous les avons décrits dans le texte.

7.5   Une définition de classe **Temps** correcte peut-elle inclure les deux constructeurs suivants? Si non, expliquez pourquoi.

```
Temps ( int h = 0, int m = 0, int s = 0 );
Temps();
```

7.6   Que se passe-t-il lorsqu'on spécifie un type de retour, incluant **void**, pour un constructeur ou un destructeur?

7.7   Créez une classe **Date** possédant les caractéristiques suivantes:

a) Produisez la date à la sortie selon des formats multiples, tels que:

```
JJJ AAAA
JJ/MM/AA
14 juin 1992
```

b) Utilisez des constructeurs surchargés pour créer des objets **Date** initialisés avec des dates de formats identiques à ceux de la partie a).

c) Créez un constructeur **Date** qui lit la date du système en utilisant les fonctions de la bibliothèque standard incluses dans le fichier d'en-tête **<ctime>** et qui ajuste les membres **Date**.

Au chapitre 8, nous pourrons créer des opérateurs pour tester l'égalité de deux dates, ou pour les comparer afin de déterminer si l'une précède ou vient après l'autre.

7.8   Créez une classe **CompteEpargne** qui contienne dans un membre de données **static** le **tauxInteretAnnuel** pour chacun des épargnants. Chaque membre de la classe contient un membre de données **private** appelé **soldeEpargne** indiquant le montant à jour épargné dans chacun des comptes. Fournissez une fonction membre **calculInteretMensuel** calculant l'intérêt mensuel en multipliant le **solde** par **tauxInteretAnnuel** divisé par 12; cet intérêt doit être ajouté à **soldeEpargne**. Fournissez une fonction membre **static** appelée **modifierTauxInteret** qui ajuste le **tauxInteretAnnuel** identifié **static** à une nouvelle valeur. Écrivez un programme pilote pour tester la classe **CompteEpargne**. Instanciez deux objets **compteEpargne** différents, **epargne1** et **epargne2**, avec des soldes respectifs de 2000.00 $ et de 3000.00 $. Ajustez **tauxInteretAnnuel** à 3%, calculez l'intérêt mensuel et affichez les nouveaux soldes pour chacun des comptes d'épargne. Ensuite, ajustez le **tauxInteretAnnuel** à 4%, calculez l'intérêt du mois suivant et affichez les nouveaux soldes pour chacun des comptes d'épargne.

7.9   Créez une classe appelée **SerieEntiers** où chacun de ses objets peut contenir des entiers compris entre 0 et 100. Une série est représentée de façon interne par un tableau, constitué par des 1 et des 0. L'élément de tableau **a[i]** vaut 1 si l'entier i est compris dans la série. L'élément de tableau **a[j]** vaut 0 si l'entier j n'est pas compris dans la série. Le constructeur par défaut initialise une série à ce qu'on appelle une «série vide», c'est-à-dire une série représentée par un tableau qui ne contient que des zéros.

Fournissez des fonctions membres pour les opérations communes d'ajustement. Par exemple, fournissez une fonction membre **unionDeSeriesEntiers** créant une troisième série qui représente l'union théorique de deux séries existantes: un élément de la troisième série est ajusté à 1 si cet élément vaut 1 dans l'une ou l'autre des deux séries existantes, ou les deux; un élément de la troisième série est ajusté à 0 si cet élément vaut 0 simultanément dans les deux séries existantes.

Fournissez une fonction membre **intersectionDeSeriesEntiers** qui crée une troisième série représentant l'intersection théorique des deux séries existantes: un élément de la troisième série est ajusté à 0 si cet élément vaut 0 dans l'une ou l'autre des deux séries existantes, ou les deux; un élément de la troisième série est ajusté à 1 si cet élément vaut 1 simultanément dans les deux séries existantes.

Fournissez une fonction membre **insertionElement** qui insère un nouvel entier k dans une série, en ajustant **a[k]** à 1. Fournissez une fonction membre **suppressionElement** qui supprime un entier m, en ajustant **a[m]** à 0.

Fournissez une fonction membre **ajusterAffichage** qui affiche une série telle une liste de nombres séparés par des espaces. N'affichez que les éléments présents de cette série, c'est-à-dire ceux dont la position dans le tableau possèdent une valeur de 1. Affichez **---** pour une série vide.

Fournissez une fonction membre **estEgalA** qui détermine si deux séries sont égales.

Fournissez un constructeur additionnel qui prenne cinq arguments entiers, utilisables afin d'initialiser un objet d'une série. Si vous désirez fournir moins de cinq éléments dans la série, utilisez des arguments par défaut de −1 pour les autres.

Écrivez maintenant un programme pilote qui teste votre classe **SerieEntiers**. Instanciez divers objets **SerieEntiers**. Vérifiez si toutes vos fonctions membres fonctionnent correctement.

7.10   Il serait tout à fait raisonnable d'utiliser la classe **Temps** de la figure 7.8 afin de représenter le temps de façon interne par le nombre de secondes écoulées depuis minuit, plutôt qu'avec les trois valeurs d'entiers **heure**, **minute** et **seconde**. Les clients pourraient utiliser les mêmes méthodes **public** et lire les mêmes résultats. Modifiez la classe **Temps** de la figure 7.8 pour y implanter le **Temps** comme étant le nombre de secondes écoulées depuis minuit et montrez qu'il n'y a aucun changement visible dans les qualités fonctionnelles pour les clients de la classe.

8

Surcharge
des opérateurs

Objectifs

- Redéfinir (surcharger) des opérateurs pour travailler avec de nouveaux types.

- Convertir des objets d'une classe à une autre.

- Apprendre quand surcharger et ne pas surcharger des opérateurs.

- Étudier plusieurs classes intéressantes utilisant des opérateurs surchargés.

- Créer des classes **Tableau**, **Chaine** et **Date**.

8.1 Introduction

Aux chapitres 6 et 7, nous avons introduit les principes de base des classes du C++ et la notion de types de données abstraits. Les manipulations d'objets de classes (c'est-à-dire des instances de types de données abstraits) ont été accomplies en transmettant des messages aux objets sous la forme d'appels de fonctions membres. Cette notation d'appel de fonction devient encombrante pour certaines catégories de classes, surtout les classes mathématiques, pour lesquelles il serait commode d'utiliser la riche série d'opérateurs prédéfinis, afin de spécifier les manipulations d'objets. Dans ce chapitre, nous étudierons comment permettre aux opérateurs du C++ de travailler avec des objets de classes. Ce processus, appelé *surcharge des opérateurs*, permet une extension simple et naturelle du C++ grâce à ces nouvelles possibilités. Toutefois, il faut l'employer avec un soin méticuleux, puisqu'une mauvaise utilisation de la surcharge peut compliquer la compréhension d'un programme.

En C++, l'opérateur **<<** a plusieurs usages: c'est l'opérateur d'insertion de flux et l'opérateur binaire de décalage à gauche; voici un exemple de surcharge d'opérateur. De la même façon, l'opérateur **>>** est également surchargé et il peut être employé comme opérateur d'extraction de flux et comme opérateur binaire de décalage à droite. Le chapitre 16 étudie en détail les opérateurs de décalage à droite et de décalage à gauche. Dans la bibliothèque de classes du C++, ces deux opérateurs sont surchargés, tout comme les opérateurs **+** et **–**, qui remplissent différentes fonctions dans le contexte de l'arithmétique entière, de nombres à virgule flottante ou de pointeurs.

Le C++ permet au programmeur de surcharger la plupart des opérateurs, qui deviennent sensibles au contexte dans lequel on les emploie. Le compilateur génère le code approprié, en fonction de la manière d'utiliser l'opérateur. Certains opérateurs sont surchargés fréquemment, comme l'opérateur d'affectation et différents opérateurs arithmétiques tels que **+** et **–**. Il est également possible d'effectuer le même travail que les opérateurs surchargés par des appels de fonctions explicites, bien que la notation des opérateurs soit souvent plus claire.

Nous verrons à quel moment il faut surcharger des opérateurs et, aussi, quand il ne faut pas les surcharger. Nous montrerons comment surcharger des opérateurs et présenterons plusieurs programmes complets utilisant des opérateurs surchargés.

8.2 Fondements de la surcharge des opérateurs

La programmation en C++ est un processus sensible aux types et concentré sur les types. Les programmeurs peuvent exploiter les types intégrés et définir de nouveaux types. Les types définis peuvent être utilisés avec la riche collection des opérateurs du C++, qui offrent aux programmeurs une notation concise pour exprimer les manipulations d'objets de types prédéfinis.

Les programmeurs peuvent également se servir des opérateurs avec des types définis par l'utilisateur. Bien que le C++ ne permette pas la création de nouveaux opérateurs, il permet la surcharge de la plupart des opérateurs existants afin qu'ils puissent avoir une signification appropriée aux nouveaux types lors de leur utilisation avec des objets de classes. Il s'agit d'une des caractéristiques les plus puissantes du C++.

Observation de génie logiciel 8.1

La surcharge des opérateurs contribue à l'extensibilité du C++, l'une des caractéristiques les plus attrayantes de ce langage.

Bonne pratique de programmation 8.1

Surchargez les opérateurs lorsque ce processus clarifie le programme par rapport à l'accomplissement des opérations équivalentes par des appels de fonctions explicites.

Bonne pratique de programmation 8.2

Évitez l'utilisation abusive ou contradictoire de la surcharge des opérateurs qui pourrait rendre la lecture d'un programme obscure et difficile.

Bien que la surcharge des opérateurs puisse paraître une caractéristique exotique, la plupart des programmeurs exploitent régulièrement ce processus de façon implicite. Par exemple, l'opérateur d'addition (**+**) agit d'une façon tout à fait différente, selon que les nombres auxquels il est appliqué sont de type **int**, **float** ou **double**. Malgré tout, l'addition fonctionne bien avec des variables de type **int**, **float**, **double** et une foule d'autres types intégrés puisque l'opérateur d'addition (**+**) est surchargé dans le langage C++ lui-même.

La surcharge d'un opérateur se présente sous la forme d'une définition classique de fonction, donc avec un en-tête et un corps, avec cette petite différence que l'on baptise la fonction du mot-clé **operator**, suivi du symbole de l'opérateur surchargé. Par exemple, le nom de fonction **operator+** surchargerait l'opérateur d'addition (**+**).

Pour utiliser un opérateur sur les objets d'une classe, on doit surcharger cet opérateur, mais il existe deux exceptions à cette règle. Premièrement, l'opérateur d'affectation (**=**)est disponible pour toute classe, sans surcharge explicite. Le comportement par défaut de l'opérateur d'affectation consiste en une affectation membre à membre pour les données membres de la classe. Nous verrons plus loin qu'une telle affectation par défaut des membres est dangereuse pour les classes qui contiennent des membres pointeurs et nous utiliserons pour de telles classes une surcharge explicite de l'opérateur d'affectation. Deuxièmement, l'opérateur d'adresse (**&**) peut aussi être employé sans surcharge avec des objets de toute classe: il renvoie simplement l'adresse de l'objet en mémoire. L'opérateur d'adresse peut également être surchargé.

La surcharge se montre particulièrement appropriée pour les classes mathématiques. Ces dernières nécessitent souvent la surcharge d'une série substantielle d'opérateurs pour assurer une manipulation cohérente dans le monde réel.

Pour un nombre complexe par exemple, il serait insolite de ne surcharger que l'addition, puisque les autres opérateurs arithmétiques sur ces nombres sont également d'un usage fréquent.

Le C++ est un langage riche en opérateurs. Les programmeurs C++ qui comprennent la signification et le contexte de chaque opérateur ont de meilleures chances d'effectuer des choix raisonnables lorsqu'il s'agit de surcharger des opérateurs pour de nouvelles classes.

La surcharge des opérateurs consiste en fait à fournir les mêmes expressions concises pour des types définis par l'utilisateur que celles offertes par la riche collection d'opérateurs du C++ pour les types prédéfinis. Toutefois, la surcharge des opérateurs n'est pas automatique; le programmeur doit écrire des fonctions de surcharge pour effectuer les opérations désirées. Parfois, il sera mieux d'en faire des fonctions membres ou, dans d'autres circonstances, des fonctions **friend**; à l'occasion, il sera préférable d'en faire des fonctions non membres et non **friend**.

Un mauvais usage de la surcharge est possible, l'excès également. Par exemple, la surcharge de l'opérateur **+** pour qu'il effectue des opérations du genre de la soustraction ou la surcharge de l'opérateur **/**, pour effectuer des opérations de multiplication, pourraient rendre un programme extrêmement difficile à comprendre.

Bonne pratique de programmation 8.3

Surchargez les opérateurs pour effectuer une fonction identique ou similaire sur des objets de classes, comme celles effectuées par les opérateurs sur des objets des types prédéfinis. Rendez intuitive l'utilisation des opérateurs.

Bonne pratique de programmation 8.4

Avant d'écrire des programmes C++ avec des opérateurs surchargés, consultez les manuels de votre compilateur pour connaître les restrictions et les exigences particulières à certains opérateurs.

8.3 Restrictions de la surcharge des opérateurs

La plupart des opérateurs du C++ sont susceptibles de recevoir une surcharge. Ils sont illustrés à la figure 8.1, tandis que ceux dont la surcharge n'est pas permise sont repris à la figure 8.2.

Erreur de programmation courante 8.1

Toute tentative de surcharge d'un opérateur ne pouvant être surchargé constitue une erreur de syntaxe.

La surcharge d'un opérateur ne modifie pas sapréséance. Ceci peut conduire à des situations embarrassantes, lorsqu'on surcharge un opérateur de telle façon que sa préséance prévue initialement n'est plus appropriée. Les parenthèses permettent toutefois de forcer l'ordre d'évaluation des opérateurs surchargés dans une expression.

Opérateurs pouvant être surchargés							
+	–	*	/	%	^	&	|
~	!	=	<	>	+=	-=	*=
/=	%=	^=	&=	|=	<<	>>	>>=
<<=	==	!=	<=	>=	&&	||	++
--	-<*	,	->	[]	()	new	delete
new[]	delete[]						

Figure 8.1   Opérateurs pouvant être surchargés.

Opérateurs qui ne peuvent pas être surchargés				
.	.*	::	?:	`sizeof`

Figure 8.2   Opérateurs qui ne peuvent pas être surchargés.

La surcharge d'un opérateur ne modifie pas son associativité.

De plus, il est impossible de changer le nombre d'opérandes qu'accepte un opérateur. Les Opérateurs unaires surchargés demeurent des opérateurs unaires; les opérateurs binaires surchargés demeurent des opérateurs binaires et l'unique opérateur ternaire du C++, (**? :**), ne peut être surchargé (figure 8.2). Les opérateurs **&**, *****, **+** et **–** possèdent tous des versions unaires et binaires qui peuvent recevoir une surcharge distincte.

Il n'est pas possible de créer de nouveaux opérateurs; seuls ceux qui existent peuvent être surchargés. Ce fait interdit au programmeur d'utiliser des notations populaires, comme l'opérateur d'élévation à une puissance ****** des langages FORTRAN et BASIC.

Erreur de programmation courante 8.2

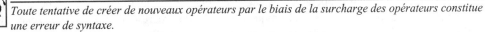

Toute tentative de créer de nouveaux opérateurs par le biais de la surcharge des opérateurs constitue une erreur de syntaxe.

La surcharge d'un opérateur ne peut modifier la manière dont il agit sur les objets des types prédéfinis. Le programmeur ne peut, par exemple, changer la signification de la façon dont l'opérateur **+** additionne deux entiers. La surcharge des opérateurs ne fonctionne qu'avec des objets de types définis par l'utilisateur ou avec le mélange d'un objet de type défini par l'utilisateur et un objet de type prédéfini.

Erreur de programmation courante 8.3

Toute tentative de modifier la façon dont un opérateur travaille avec les objets des types prédéfinis constitue une erreur de syntaxe.

Observation de génie logiciel 8.2

Une fonction d'opérateur doit comporter au moins un argument représentant un objet d'une classe ou une référence à un objet d'une classe. Cette pratique empêche les programmeurs de changer la façon dont les opérateurs travaillent sur des types prédéfinis.

La surcharge d'un opérateur d'affectation et d'un opérateur d'addition, permettant des instructions telles que:

```
objet2 = objet2 + objet1;
```

n'implique pas que l'opérateur **+=** soit également surchargé pour permettre des instructions comme:

```
objet2 += objet1;
```

Un tel comportement n'est possible qu'en surchargeant explicitement l'opérateur **+=** pour cette classe.

Erreur de programmation courante 8.4

Il est erroné de supposer que la surcharge d'un opérateur tel que + surcharge automatiquement les opérateurs apparentés comme += ou que la surcharge de == surcharge automatiquement un opérateur apparenté tel que !=. Les opérateurs ne peuvent être surchargés qu'explicitement; la surcharge implicite n'est pas possible.

Erreur de programmation courante 8.5

Toute tentative de changer le nombre d'opérandes qu'accepte un opérateur par le biais d'une surcharge d'opérateur constitue une erreur de syntaxe.

Bonne pratique de programmation 8.5

Pour assurer la cohérence entre les opérateurs apparentés, utilisez-en un pour implanter les autres; en d'autres termes, utilisez un opérateur + surchargé pour implanter un opérateur += surchargé.

8.4 Fonctions des opérateurs comme membres de classe et comme fonctions `friend` (amies)

Les fonctions d'opérateurs peuvent être des fonctions membres ou non membres; des fonctions non membres sont souvent déclarées amies (**friend**) pour des raisons liées aux performances. Les fonctions membres utilisent implicitement le pointeur **this** pour obtenir un objet de leur propre classe en argument (l'argument de gauche dans le cas des opérateurs binaires). Les deux arguments de classe doivent être énumérés explicitement dans un appel à une fonction non membre.

Lors de la surcharge des opérateurs **()**, **[]**, **->** ou de tout autre opérateur d'affectation, la fonction de surcharge d'opérateur doit être déclarée comme membre de la classe. Pour les autres opérateurs, les fonctions de surcharge d'opérateur peuvent consister en des fonctions non membres.

Que l'on implante la fonction d'opérateur comme une fonction membre ou non membre, l'opérateur sert toujours de la même façon dans les expressions. Alors, quelle en est la meilleure implantation?

Lorsqu'une fonction d'opérateur est mise en place sous la forme d'une fonction membre, l'opérande situé le plus à gauche (ou l'unique opérande) doit représenter un objet de la classe ou une référence à un objet de la classe associée à l'opérateur. Si l'opérande gauche doit représenter un objet d'une classe différente ou d'un type prédéfini, cette fonction d'opérateur doit être mise en place sous la forme d'une fonction non membre (nous verrons à la section 8.5 le cas de la surcharge de **<<** et **>>**, respectivement comme opérateurs d'insertion de flux et d'extraction de flux). Une fonction d'opérateur non membre est déclarée **friend** si cette fonction doit accéder directement à des membres **private** ou **protected** de cette classe.

L'opérateur **<<** surchargé doit posséder un opérande gauche de type **ostream&** (c'est le cas de **cout** dans l'expression **cout << objetClasse**); l'opérateur doit donc être une fonction non membre. De la même façon, l'opérateur **>>** surchargé doit posséder un opérande gauche de type **istream&** (comme **cin** dans l'expression **cin >> objetClasse**); l'opérateur doit donc prendre la forme d'une fonction non membre lui aussi. De plus, chacune de ces fonctions d'opérateurs surchargés peut nécessiter un accès aux membres de données **private** de l'objet de la classe en sortie ou en entrée; ces fonctions d'opérateurs surchargés sont alors parfois déclarées amies (**friend**) de la classe pour des raisons liées aux performances.

Astuce sur la performance 8.1

*Il est possible de surcharger un opérateur par une fonction non membre, non **friend**, bien que, comme une telle fonction a besoin d'accéder à des données **private** ou **protected** de la classe, elle nécessite un accès aux fonctions d'écriture (set) et de lecture (get) fournies dans l'interface **public** de cette classe. La surcharge causée par les appels à ces fonctions pourrait engendrer des performances médiocres; la mise en ligne (avec **inline**) de ces fonctions permettra d'améliorer les performances.*

Les fonctions membres d'opérateurs d'une classe spécifique ne sont appelées que lorsque l'opérande de gauche d'un opérateur binaire représente spécifiquement un objet de cette classe ou lorsque le seul opérande d'un opérateur unaire représente un objet de cette classe.

Une autre raison de choisir une fonction non membre dans le contexte de la surcharge d'un opérateur est de permettre à cet opérateur de devenir commutatif. Supposons par exemple que nous ayons un objet **nombre** de type **long int** et un objet **grosEntier1** de classe **EnormeEntier**, cette classe offrant des entiers volumineux, au lieu de ceux limités par la taille des mots machine du matériel sous-jacent (les exercices de ce chapitre développent la classe **EnormeEntier**). L'opérateur d'addition (**+**) produit un objet **EnormeEntier** temporaire, représentant la somme d'un **EnormeEntier** et d'un **long int** (comme dans l'expression **grosEntier1 + nombre**) ou la somme d'un **long int** et d'un **EnormeEntier** (comme dans l'expression **nombre + grosEntier1**). Par conséquent, nous avons besoin d'un opérateur d'addition commutatif, exactement comme il l'est naturellement. Le problème vient du fait que l'objet de la classe doit apparaître à la gauche de l'opérateur d'addition si cet opérateur doit être surchargé comme fonction membre. Nous surchargeons alors l'opérateur comme fonction **friend** non membre, afin de permettre à l'**EnormeEntier** d'apparaître à la droite de l'addition. La fonction **operator+** qui traite un **EnormeEntier** à sa gauche peut toujours constituer une fonction membre, elle. Rappelez-vous qu'une fonction non membre n'a pas nécessairement besoin d'être déclarée comme **friend**, si les fonctions d'écriture (*set*) et de lecture (*get*) appropriées existent dans l'interface **public** de la classe, surtout si ces dernières sont mises en ligne.

8.5 Surcharge d'opérateurs d'insertion de flux et d'extraction de flux

Le C++ permet les manipulations d'entrée et de sortie des types de données prédéfinis en utilisant l'opérateur d'extraction de flux **>>** et l'opérateur d'insertion de flux **<<**. Ces opérateurs sont surchargés dans les bibliothèques de classes fournies avec les compilateurs C++, afin de traiter chaque type de données intégré, y compris les chaînes de caractères et les pointeurs **char *** du type C. Les opérateurs d'insertion et d'extraction de flux peuvent également être surchargés afin d'effectuer des entrées et des sorties pour des types définis par l'utilisateur.

```
1   // Figure 8.3: fig08_03.cpp
2   // Surcharge des opérateurs d'insertion de flux
3   // et d'extraction de flux.
4   #include <iostream>
5
6   using std::cout;
7   using std::cin;
8   using std::endl;
9   using std::ostream;
10  using std::istream;
11
12  #include <iomanip>
13
14  using std::setw;
15
16  class NumeroTelephone {
17     friend ostream &operator<< ( ostream&, const NumeroTelephone & );
18     friend istream &operator>> ( istream&, NumeroTelephone & );
19
20  private:
21     char indicRegion[ 4 ];    // indicatif régional à 3 chiffres et nul.
22     char echange[ 4 ];        // échange à 3 chiffres et nul.
23     char ligne[ 5 ];          // ligne à 4 chiffres et nul.
24  };
25
26  // Opérateur d'insertion de flux surchargé (ne peut être
27  // une fonction membre si nous voulons l'invoquer avec
28  // cout << numeroQuelconque;).
29  ostream &operator<< ( ostream &sortie, const NumeroTelephone &num )
30  {
31     sortie << "(" << num.indicRegion << ") "
32           << num.echange << "-" << num.ligne;
```

Figure 8.3   Opérateurs d'insertion de flux et d'extraction de flux définis par l'utilisateur.
                 (1 de 2)

```
33        return sortie;                     // permet cout << a << b << c;
34   }
35
36   istream &operator>> ( istream &entree, NumeroTelephone &num )
37   {
38       entree.ignore ();                      // élude la (.
39       entree >> setw ( 4 ) >> num.indicRegion; // entre l'indicatif régional.
40       entree.ignore ( 2 );                   // omet ) et l'espace.
41       entree >> setw ( 4 ) >> num.echange;   // entre l'échange.
42       entree.ignore ();                      // élude le trait (-).
43       entree >> setw ( 5 ) >> num.ligne;     // entre la ligne.
44       return entree;                         // permet cin >> a >> b >> c;
45   }
46
47   int main()
48   {
49       NumeroTelephone telephone;     // crée l'objet telephone.
50
51       cout << "Entrez le numéro de téléphone sous la forme (123) 456-7890:\n";
52
53       // cin >> telephone invoque la fonction operator>>
54       // en effectuant l'appel operator>>( cin, telephone ).
55       cin >> telephone;
56
57       // cout << telephone invoque la fonction operator<<
58       // en effectuant l'appel operator<<( cout, telephone ).
59       cout << "Le numéro de téléphone entré était: " << telephone << endl;
60       return 0;
61   }
```

```
Entrez le numéro de téléphone sous la forme (123) 456-7890:
(800) 555-1212
Le numéro de téléphone entré était: (800) 555-1212
```

Figure 8.3   Opérateurs d'insertion de flux et d'extraction de flux définis par l'utilisateur. (2 de 2)

La figure 8.3 montre la surcharge des opérateurs d'extraction et d'insertion de flux, afin de manipuler les données d'une classe définie par l'utilisateur appelée **NumeroTelephone**. Ce programme présume que les numéros de téléphone sont entrés correctement; une version munie d'une détection des erreurs est proposée à titre d'exercice.

La fonction de l'opérateur d'extraction de flux **operator>>** de la ligne 36 prend comme arguments une référence **istream** nommée **entree** et une référence **NumeroTelephone** appelée **num** pour retourner une référence **istream**. La fonction d'opérateur **operator>>** sert ici à entrer des numéros de téléphone de la forme suivante,

        (800) 555-1212

dans des objets de la classe **NumeroTelephone**. Lorsque le compilateur voit l'expression

        cin >> telephone

dans **main**, il génère l'appel de fonction:

        operator>>(cin, telephone);

Lorsque l'appel est effectué, le paramètre de référence **entree** devient un alias de **cin**, tandis que le paramètre **num** devient un alias de **telephone**. La fonction d'opérateur lit, sous la forme de chaînes de caractères, les trois parties du numéro de téléphone dans les membres **indicRegion**, **echange** et **ligne** de l'objet **NumeroTelephone**, référencé par les variables **num** dans la fonction d'opérateur et **telephone** dans **main**. Le manipulateur de flux **setw** assure la lecture d'un nombre approprié de caractères dans chaque tableau de caractères. Rappelez-vous que, lorsqu'on emploie **setw** avec **cin**, il limite le nombre total de caractères lus à l'argument passé moins 1. Ainsi, **setw(4)** permet la lecture de trois caractères et garde une position pour le caractère nul de terminaison. Les parenthèses, les traits et les caractères d'espace sont omis à l'appel de la fonction membre **ignore** de **istream**, qui abandonne le nombre de caractères spécifié dans le flux d'entrée, soit un caractère par défaut. La fonction **operator>>** renvoie la référence **entree** de type **istream** (c'est-à-dire **cin**), pour permettre la mise en cascade des opérations d'entrée sur les objets **NumeroTelephone** avec celles d'autres objets **NumeroTelephone** ou d'autres types de données. Par exemple, deux objets **NumeroTelephone** peuvent être entrés de la façon suivante:

```
cin >> telephone1 >> telephone2;
```

Premièrement, l'expression **cin >> telephone1** s'exécute en effectuant l'appel:

```
operator>> ( cin, telephone1 );
```

Cet appel retourne ensuite une référence vers **cin**, représentant la valeur de **cin >> telephone1**, afin que la portion restante de l'expression soit simplement interprétée comme étant **cin >> telephone2**. L'exécution se poursuit ensuite par l'appel:

```
operator>> ( cin, telephone2 );
```

L'opérateur d'insertion de flux prend comme arguments une référence à un **ostream** (**sortie**) et une autre (**num**) à un type défini par l'utilisateur (**NumeroTelephone**) pour retourner une référence **ostream**. La fonction **operator<<** affiche ici des objets de type **NumeroTelephone**. Lorsque le compilateur voit l'expression

```
cout << telephone
```

dans **main**, il génère l'appel de fonction non membre

```
operator<< ( cout, telephone );
```

La fonction **operator<<** affiche les parties du numéro de téléphone comme des chaînes de caractères puisqu'elles sont stockées sous cette forme.

Notez que les fonctions **operator>>** et **operator<<** sont déclarées dans **class NumeroTelephone** comme des fonctions **friend** nonmembres. Ces opérateurs doivent être non membres, puisque l'objet de la classe **NumeroTelephone** apparaît dans chaque cas comme opérande droit de l'opérateur; l'opérande de la classe doit apparaître à la gauche afin de surcharger l'opérateur comme fonction membre. Les opérateurs d'entrée et de sortie surchargés se déclarent comme **friend** s'ils nécessitent d'accéder directement à des membres de classe non **public** pour des raisons liées aux performances. Notez également que la référence **NumeroTelephone** dans la liste de paramètres d'**operator<<** est **const**, puisque le **NumeroTelephone** sera simplement dirigé vers la sortie; remarquez ensuite que la référence **NumeroTelephone** dans la liste de paramètres d'**operator>>** est non **const**, puisque l'objet **NumeroTelephone** doit être modifié pour stocker le numéro de téléphone entré dans l'objet.

Observation de génie logiciel 8.3

*De nouvelles caractéristiques d'entrée-sortie pour des types définis par l'utilisateur peuvent être ajoutées au C++ sans modifier les déclarations ni les membres de données **private**, que ce soit pour la classe **ostream** ou pour la classe **istream**. Il s'agit d'un autre exemple de l'extensibilité du langage de programmation C++.*

8.6 Surcharge d'opérateurs unaires

Un opérateur unaire d'une classe peut être surchargé par une fonction membre non **static** sans argument ou par une fonction non membre avec un argument, ce dernier devant alors représenter un objet de la classe ou une référence à un tel objet. Les fonctions membres qui implantent des opérateurs surchargés doivent être non **static** afin de pouvoir accéder aux données non **static** de la classe. Rappelez-vous que les fonctions membres **static** ne peuvent accéder qu'aux membres de données **static** de la classe.

Plus loin dans ce chapitre, nous surchargerons l'opérateur unaire **!** pour vérifier si un objet de notre classe **Chaine** est vide et retourner un résultat de type **bool**. Lors de la surcharge d'un opérateur unaire tel que **!** par une fonction membre non statique et sans argument, si **s** représente un objet de la classe **Chaine** ou une référence à un objet de la classe **Chaine**, le compilateur génère l'appel **s.operator!()** lorsque ce dernier voit l'expression **!s**. L'opérande **s** constitue l'objet de la classe pour lequel la fonction **operator!** de la classe **Chaine** est invoquée. Dans la définition de la classe, on déclare la fonction de la façon suivante:

```
class Chaine {
public:
   bool operator!() const;
   ...
};
```

On peut surcharger de deux façons différentes un opérateur unaire tel que **!** à l'aide d'une fonction non membre recevant un argument: soit avec un argument représentant un objet, ce qui nécessite une copie de cet objet afin que les effets de bord de la fonction ne soient pas appliqués à l'objet d'origine, soit avec un argument représentant une référence à un objet; dans ce dernier cas, aucune copie de l'objet d'origine n'est réalisée et tous les effets de bord de cette fonction sont alors appliqués à l'objet d'origine. Si **s** représente un objet de la classe **Chaine** ou une référence à un objet de la classe **Chaine**, alors **!s** est traité comme si on avait écrit l'appel **operator!(s)** en invoquant la fonction **friend** non membre de la classe **Chaine** déclarée comme suit:

```
class Chaine {
   friend bool operator!( const Chaine & );
   ...
};
```

Bonne pratique de programmation 8.6

*Lors de la surcharge d'opérateurs unaires, il est préférable de faire des fonctions d'opérateurs des membres de la classe plutôt que des fonctions **friend** non membres. Évitez d'utiliser les fonctions et les classes **friend** à moins d'une nécessité absolue, puisque celles-ci violent l'encapsulation d'une classe.*

8.7 Surcharge d'opérateurs binaires

Un opérateur binaire peut être surchargé par une fonction membre non **static** avec un argument ou par une fonction non membre avec deux arguments (un de ces arguments doit être un objet de la classe ou une référence à un objet de la classe).

Plus loin dans ce chapitre, nous surchargerons l'opérateur **+=** pour indiquer la concaténation de deux objets de chaîne. Lors de la surcharge d'un opérateur binaire+= comme fonction membre non **static** d'une classe **Chaine** avec un argument, si **y** et **z** représentent des objets de la classe **Chaine**, alors **y += z** est dès lors traité comme si l'on avait écrit **y.operator+= (z)** en invoquant la fonction membre **operator+=** déclarée ci-dessous:

```
class Chaine {
public:
   const Chaine &operator+= ( const Chaine & );
   ...
};
```

Si on surcharge comme fonction non membre l'opérateur binaire **+=**, il doit prendre deux arguments, dont l'un d'eux doit représenter un objet de la classe ou une référence à un tel objet. Si **y** et **z** représentent des objets de la classe **Chaine** ou des références à des objets de cette classe, alors **y += z** est traité comme si on avait écrit l'appel **operator+= (y, z)** dans le programme en invoquant la fonction **friend** non membre **operator+=** déclarée ci-dessous:

```
class Chaine {
   friend const Chaine &operator+= ( Chaine &, const Chaine & );
   ...
};
```

8.8 Étude de cas: classe `Tableau`

En C++, la notation de tableau ne représente qu'une alternative à celle des pointeurs; les tableaux sont plus susceptibles de génération d'erreurs. Par exemple, un programme peut facilement «dépasser» l'une ou l'autre des limites d'un tableau puisque le C++ ne vérifie pas si les indices aboutissent en dehors de la plage du tableau. Les tableaux de taille *n* doivent numéroter leurs éléments 0, ..., *n – 1*; les alternatives de plages d'indices ne sont pas permises. On ne peut manipuler un tableau entier vers l'entrée ou la sortie d'un seul coup; chaque élément du tableau doit être lu ou écrit individuellement. On ne peut comparer deux tableaux de façon significative avec des opérateurs d'égalité ou des opérateurs relationnels, puisque les noms des tableaux ne sont que des pointeurs vers les emplacements de mémoire où les tableaux débutent. Lorsqu'un tableau est transmis à une fonction d'usage général, conçue pour manipuler des tableaux de toute taille, la taille de ce dernier doit être passée en argument supplémentaire. Un tableau ne peut être affecté à un autre avec les opérateurs d'affectation, puisque les noms de tableaux constituent des pointeurs **const** et qu'un pointeur constant ne peut intervenir à la gauche d'un opérateur d'affectation. Ces caractéristiques, ainsi que d'autres, semblent à coup sûr «naturelles» dans les négociations impliquant des tableaux, mais le C++ n'offre pas de telles possibilités. Toutefois, il permet de mettre en place de telles caractéristiques pour les tableaux par le biais des mécanismes de la surcharge des opérateurs.

Dans cet exemple, nous développons une classe **Tableau** effectuant la vérification des limitesdu tableau, pour nous assurer du maintien des indices à l'intérieur des limites. La classe permet l'affectation d'un objet tableau à un autre grâce à l'opérateur d'affectation.

Les objets de cette classe **Tableau** connaissent automatiquement leur taille, évitant ainsi l'obligation de fournir séparément la taille du tableau lors du passage d'un tableau en argument d'une fonction. Des tableaux entiers peuvent être dirigés vers l'entrée ou la sortie, respectivement grâce aux opérateurs d'extraction et d'insertion de flux. Des comparaisons de tableaux peuvent être effectuées avec les opérateurs d'égalité == et !=. Notre classe **Tableau** utilise un membre **static** pour suivre les progrès du nombre d'objets du tableau instanciés dans le programme.

Cet exemple aiguisera votre appréciation de l'abstraction des données et vous suggérerez probablement bien des améliorations à cette classe **Tableau**. Le développement d'une classe constitue une activité intéressante, créative et stimulante intellectuellement, toujours avec le but de concevoir des classes utiles, réutilisables.

Le programme de la figure 8.4 présente la classe **Tableau** et ses opérateurs surchargés. Nous parcourerons d'abord le programme pilote dans **main**, pour prendre ensuite en considération la définition de la classe et chacune des fonctions membres de cette classe, de même que les définitions des fonctions **friend**.

```cpp
1    // Figure 8.4: tableau1.h
2    // Classe simple Tableau (pour entiers).
3    #ifndef TABLEAU1_H
4    #define TABLEAU1_H
5
6    #include <iostream>
7
8    using std::ostream;
9    using std::istream;
10
11   class Tableau {
12      friend ostream &operator<< ( ostream &, const Tableau & );
13      friend istream &operator>> ( istream &, Tableau & );
14   public:
15      Tableau( int = 10 );                          // constructeur par défaut.
16      Tableau( const Tableau & );                   // constructeur de copie.
17      ~Tableau();                                   // destructeur.
18      int lectureTaille() const;                    // renvoie la taille.
19      const Tableau &operator= ( const Tableau & ); // affecte les tableaux.
20      bool operator== ( const Tableau & ) const;    // compare l'égalité.
21
22      // Détermine si deux tableaux sont différents et
23      // renvoie true, sinon false (utilise operator==).
24      bool operator!= ( const Tableau &droite ) const
25         { return ! ( *this == droite ); }
26
27      int &operator[] ( int );                      // opérateur d'indice.
28      const int &operator[] ( int ) const;          // opérateur d'indice.
29      static int lectureCompteTableau();            // Renvoie le compteur
30                                                    // des tableaux instanciés.
31   private:
32      int taille;              // taille du tableau.
33      int *ptr;                // pointeur vers le premier élément du tableau.
34      static int compteTableau; // nombre de tableaux instanciés.
35   };
36
37   #endif
```

Figure 8.4   Démonstration d'une classe **Tableau** avec des opérateurs surchargés-**tableau1.h**.

```cpp
38   // Fig 8.4: tableau1.cpp
39   // Définitions des fonctions membres pour la classe Tableau.
40   #include <iostream>
41
42   using std::cout;
43   using std::cin;
44   using std::endl;
```

Figure 8.5   Démonstration d'une classe **Tableau** avec des opérateurs surchargés-**tableau1.cpp**. (1 de 4)

```
45
46    #include <iomanip>
47
48    using std::setw;
49
50    #include <cstdlib>
51    #include <cassert>
52    #include "tableau1.h"
53
54    // Initialise le membre de données static à portée de fichier.
55    int Tableau::compteTableau = 0;    // pas d'objet jusqu'ici.
56
57    // Constructeur par défaut pour la classe Tableau (taille par défaut = 10).
58    Tableau::Tableau( int tailleTableau )
59    {
60       taille = ( tailleTableau > 0 ? tailleTableau: 10 );
61       ptr = new int[ taille ];        // crée l'espace pour le tableau.
62       assert ( ptr != 0 );            // termine si mémoire non allouée.
63       ++compteTableau;                // compte un objet de plus.
64
65       for ( int i = 0; i < taille; i++ )
66          ptr[ i ] = 0;                // initialise le tableau.
67    }
68
69    // Le constructeur de copie de la classe Tableau doit
70    // recevoir une référence pour éviter la récursion infinie.
71    Tableau::Tableau( const Tableau &init ): taille( init.taille )
72    {
73       ptr = new int[ taille ];        // crée l'espace pour le tableau.
74       assert ( ptr != 0 );            // termine si mémoire non allouée.
75       ++compteTableau;                // compte un objet de plus.
76
77       for ( int i = 0; i < taille; i++ )
78          ptr[ i ] = init.ptr[ i ];    // copie init dans l'objet.
79    }
80
81    // Destructeur pour la classe Tableau.
82    Tableau::~Tableau()
83    {
84       delete [] ptr;                  // récupère l'espace pour le tableau.
85       --compteTableau;                // un objet de moins.
86    }
87
88    // Lit la taille du tableau.
89    int Tableau::lectureTaille() const { return taille; }
90
91    // Opérateur d'affectation surchargé.
92    // const return évite: ( a1 = a2 ) = a3.
93    const Tableau &Tableau::operator= ( const Tableau &droite )
94    {
95       if ( &droite != this ) {        // vérifie pour auto-affectation.
96
```

Figure 8.6   Démonstration d'une classe **Tableau** avec des opérateurs surchargés-**tableau1.cpp**. (2 de 4)

```
97          // Pour des tableaux de taille différente,
98          // désalloue le tableau d'origine du côté gauche,
99          // puis alloue un nouveau tableau du côté gauche.
100         if ( taille != droite.taille ) {
101            delete [] ptr;              // récupère l'espace.
102            taille = droite.taille;   // redimensionne l'objet.
103            ptr = new int[ taille ]; // crée l'espace pour la copie du tableau.
104            assert ( ptr != 0 );       // termine si non allouée.
105         }
106
107         for ( int i = 0; i < taille; i++ )
108            ptr[ i ] = droite.ptr[ i ]; // copie le tableau dans l'objet.
109      }
110
111      return *this;                     // permet x = y = z;
112   }
113
114   // Détermine si deux tableaux sont égaux et
115   // renvoie true, sinon false.
116   bool Tableau:: operator== ( const Tableau &droite ) const
117   {
118      if ( taille != droite.taille )
119         return false;        // tableaux de taille différente.
120
121      for ( int i = 0; i < taille; i++ )
122         if ( ptr[ i ] != droite.ptr[ i ] )
123            return false;    // les tableaux ne sont pas égaux.
124
125      return true;            // les tableaux sont égaux.
126   }
127
128   // Opérateur d'indice surchargé pour Tableaux non const
129   // le renvoi d'une référence crée une valeur gauche.
130   int &Tableau::operator[] ( int indice )
131   {
132      // vérifie pour une erreur d'indice hors de la plage.
133      assert ( 0 <= indice && indice < taille );
134
135      return ptr[ indice ]; // renvoie une référence.
136   }
137
138   // Opérateur d'indice surchargé pour Tableaux const.
139   // Le renvoi d'une référence const crée une valeur droite.
140   const int &Tableau::operator[] ( int indice ) const
141   {
142      // vérifie pour une erreur d'indice hors de la plage.
143      assert ( 0 <= indice && indice < taille );
144
145      return ptr[ indice ]; // renvoie une référence const.
146   }
147
148   // Renvoie le nombre d'objets Tableau instanciés
149   // les fonctions static ne peuvent être const.
150   int Tableau::lectureCompteTableau() { return compteTableau; }
```

Figure 8.6   Démonstration d'une classe **Tableau** avec des opérateurs
surchargés-**tableau1.cpp**. (3 de 4)

```
151
152   // Opérateur d'entrée surchargé pour la classe Tableau,
153   // cette fonction entre les valeurs pour le tableau entier.
154   istream &operator>> ( istream &entree, Tableau &a )
155   {
156      for ( int i = 0; i < a.taille; i++ )
157         entree >> a.ptr[ i ];
158
159      return entree;                // permet cin >> x >> y;
160   }
161
162   // Opérateur de sortie surchargé pour la classe Tableau.
163   ostream &operator<< ( ostream &sortie, const Tableau &a )
164   {
165      int i;
166
167      for ( i = 0; i < a.taille; i++ ) {
168         sortie << setw ( 12 ) << a.ptr[ i ];
169
170         if ( ( i + 1 ) % 4 == 0 ) // 4 nombres par ligne de sortie.
171            sortie << endl;
172      }
173
174      if ( i % 4 != 0 )
175         sortie << endl;
176
177      return sortie;                // permet cout << x << y;
178   }
```

Figure 8.6   Démonstration d'une classe **Tableau** avec des opérateurs surchargés-**tableau1.cpp**. (4 de 4)

```
179   // Figure 8.4: fig08_04.cpp
180   // Pilote pour la classe simple Tableau.
181   #include <iostream>
182
183   using std::cout;
184   using std::cin;
185   using std::endl;
186
187   #include "tableau1.h"
188
189   int main()
190   {
191      // Pas d'objet jusqu'ici.
192      cout << "Nombre de tableaux instanciés = "
193           << Tableau::lectureCompteTableau() << '\n';
194
195      // Crée deux tableaux et affiche le compteur de Tableau.
196      Tableau entiers1( 7 ), entiers2;
197      cout << "Nombre de tableaux instanciés = "
198           << Tableau::lectureCompteTableau() << "\n\n";
199
200
```

Figure 8.4   Démonstration d'une classe **Tableau** avec des opérateurs surchargés-**fig08_04.cpp**. (1 de 3)

```
201        // Affiche la taille et le contenu d'entiers1.
202        cout << "La taille du tableau entiers1 est "
203             << entiers1.lectureTaille()
204             << "\nTableau après initialisation:\n"
205             << entiers1 << '\n';
206
207     // Affiche la taille et le contenu d'entiers2.
208        cout << "La taille du tableau entiers2 est "
209             << entiers2.lectureTaille()
210             << "\nTableau après initialisation:\n"
211             << entiers2 << '\n';
212
213        // Entre et affiche entiers1 et entiers2.
214        cout << "Entrez 17 entiers:\n";
215        cin >> entiers1 >> entiers2;
216        cout << "Après les entrées, les tableaux contiennent:\n"
217             << "entiers1:\n" << entiers1
218             << "entiers2:\n" << entiers2 << '\n';
219
220        // Utilise l'opérateur d'inégalité surchargé.
221        cout << "Evaluation: entiers1 != entiers2\n";
222        if ( entiers1 != entiers2 )
223           cout << "Ils ne sont pas égaux\n";
224
225        // Crée la tableau entiers3 en utilisant entiers1 comme
226        // initialiseur; affiche la taille et le contenu.
227        Tableau entiers3( entiers1 );
228
229        cout << "\nLa taille du tableau entiers3 est "
230             << entiers3.lectureTaille()
231             << "\nTableau après initialisation:\n"
232             << entiers3 << '\n';
233
234        // Utilise l'opérateur d'affectation surchargé (=).
235        cout << "Affectation d'entiers2 à entiers1:\n";
236        entiers1 = entiers2;
237        cout << "entiers1:\n" << entiers1
238             << "entiers2:\n" << entiers2 << '\n';
239
240        // Utilise l'opérateur d'égalité surchargé (==).
241        cout << "Evaluation: entiers1 == entiers2\n";
242        if ( entiers1 == entiers2 )
243           cout << "Ils sont égaux\n\n";
244
245        // utilise l'opérateur d'indice surchargé pour créer une valeur droite.
246        cout << "entiers1[5] est " << entiers1[5] << '\n';
247
248        // Utilise l'opérateur d'indice surchargé pour créer une valeur gauche.
249        cout << "Affectation de 1000 à entiers1[5]\n";
250        entiers1[5] = 1000;
251        cout << "entiers1:\n" << entiers1 << '\n';
252
253        // Tentative d'utiliser un indice hors de la plage.
254        cout << "Tentative d'affectation de 1000 à entiers1[15]" << endl;
255        entiers1[15] = 1000;   // ERREUR: en dehors de la plage.
256
257        return 0;
258  }
```

Figure 8.4   Démonstration d'une classe **Tableau** avec des opérateurs surchargés-**fig08_04.cpp**. (2 de 3)

```
La taille du tableau entiers2 est 10
Tableau après initialisation:
            0           0           0           0
            0           0           0           0
            0           0

Entrez 17 entiers:
1 2 3 4 5 6 7 8 9 10 11 12 13 14 15 16 17
Après les entrées, les tableaux contiennent:
entiers1:
            1           2           3           4
            5           6           7
entiers2:
            8           9          10          11
           12          13          14          15
           16          17

Évaluation: entiers1 != entiers2
Ils ne sont pas égaux

La taille du tableau entiers3 est 7
Tableau après initialisation:
            1           2           3           4
            5           6           7

Affectation d"entiers2 à entiers1:
entiers1:
            8           9          10          11
           12          13          14          15
           16          17
entiers2:
            8           9          10          11
           12          13          14          15
           16          17

Évaluation: entiers1 == entiers2
Ils sont  égaux

entiers1[5] est 13
Affectation de 1000 à entiers1[5]
entiers1:
            8           9          10          11
           12        1000          14          15
           16          17

Tentative d"affectation de 1000 à entiers1[15]
Assertion failed: 0 <= indice && indice < taille, file Tableau1.cpp,
line 96 abnormal program termination
```

Figure 8.4   Démonstration d'une classe **Tableau** avec des opérateurs surchargés-**fig08_04.cpp**. (3 de 3)

La variable **static** nommée **compteTableau** de la classe **Tableau** contient le nombre d'objets **Tableau** instanciés durant l'exécution du programme. Le programme commence par utiliser la fonction membre **static** nommée **lectureCompteTableau** à la ligne 193 pour déterminer le nombre de tableaux instanciés jusqu'alors et instancie ensuite deux objets de la classe **Tableau** à la ligne 196: **entiers1** avec sept éléments et **entiers2** avec une taille par défaut de dix éléments, soit la valeur par défaut spécifiée par le constructeur par défaut du **Tableau**. La ligne 198 appelle une fois de plus la fonction **lectureCompteTableau** pour connaître la valeur de la variable de classe **compteTableau**. Les lignes 200 à 205 emploient la fonction membre **lectureTaille** afin de déterminer la taille du tableau **entiers1** et produire la sortie d'**entiers1**, par le biais de l'opérateur d'insertion de flux surchargé de **Tableau**, pour confirmer que les éléments du tableau ont été correctement initialisés par le constructeur. par la suite, les lignes 201 à 211 produisent la sortie du tableau **entiers2** et de sa taille en utilisant l'opérateur d'insertion de fluc surchargés de **Tableau**.

L'utilisateur est ensuite invité à entrer 17 entiers. L'opérateur d'extraction de flux surchargé de **Tableau** saisit ces valeurs et les dépose dans les deux tableaux, à la ligne 215:

```
cin >> entiers1 = entiers2;
```

Les sept premières valeurs sont stockées dans **entiers1** tandis que les dix valeurs suivantes se retrouvent dans **entiers2**. Les lignes 216 à 218 effectuent la sortie des deux tableaux avec l'opérateur d'insertion de flux de **Tableau** pour confirmer que la saisie s'est correctement déroulée.

La ligne 222 teste l'opérateur d'inégalité surchargé en évaluant la condition suivante:

```
entiers1!= entiers2
```

Le programme signale que les deux tableaux ne sont effectivement pas égaux.

La ligne 227 instancie un troisième tableau, **entiers3**, et l'initialise avec le tableau **entiers1**. Cette instruction invoque le *constructeur de copie* de **Tableau** pour cloner les éléments d'**entiers1** dans **entiers3**. Nous discuterons des détails du constructeur de copie un peu plus loin.

Les lignes 229 à 232 produisent la sortie d'**entiers3** et de sa taille en exploitant l'opérateur d'insertion de flux surchargé de **Tableau**, ce qui permet de confirmer que les éléments du tableau ont été correctement initialisés par le constructeur.

Par la suite, la ligne 236 teste l'opérateur d'affectation surchargé (**=**) avec l'instruction:

```
entiers1 = entiers2;
```

Les deux tableaux sont affichés aux lignes 237 et 238 pour confirmer que l'affectation est réussie. Il est intéressant de noter que la taille d'**entiers1**, contenant initialement sept entiers, a dû être redimensionnée afin de contenir une copie des dix éléments d'**entiers2**. Comme nous le verrons plus loin, l'opérateur d'affectation surchargé effectue ce redimensionnement de façon transparente pour l'utilisateur de l'opérateur.

La ligne 242 utilise ensuite l'opérateur d'égalité surchargé (**==**)pour confirmer que les objets **entiers1** et **entiers2** sont effectivement identiques après l'affectation.

La ligne 246 demande l'opérateur surchargé d'indiçage pour faire référence à **entiers1[5]**, un élément compris à l'intérieur de la plage des valeurs admissibles d'**entiers1**. Ce nom indicé intervient comme valeur droite afin d'afficher la valeur dans **entiers1[5]** alors que la ligne 250 prend plutôt **entiers1[5]** comme valeur gauche, c'est-à-dire sur le côté gauche d'une instruction d'affectation, pour affecter la nouvelle valeur 1000 à l'élément 5 d'**entiers1**. Notez que **operator[]** renvoie la référence, afin qu'elle soit utilisée comme valeur gauche, une fois qu'il est établi que 5 est bien à l'intérieur de la plage des valeurs possibles d'**entiers1**.

La ligne 255 tente d'affecter la valeur 1000 à **entiers1[15]**, un élément hors de portée. L'opérateur **[ ]** surchargé de **Tableau** intercepte cette erreur et termine anormalement l'exécution.

Il est interessant de constater que l'opérateur d'indice du tableau **[ ]**n'est pas restreint à une utilisation exclusive avec des tableaux. Il peut agir pour sélectionner des éléments d'autres sortes de classes ordonnées de conteneurs telles que des listes chaînées, des chaînes de caractères, des dictionnaires, et ainsi de suite. De même, les indices n'ont Plus l'obligation d'être entiers: on pourrait également utiliser des caractères, des chaînes, des nombres à virgule flottante ou même des objets de classes définies par l'utilisateur.

Maintenant que nous avons examiné le fonctionnement de ce programme, parcourons l'en-tête de la classe, ainsi que les définitions des fonctions membres. Les lignes 32 à 34 représentent les données membres **private** de la classe:

```
int taille;            // taille du tableau.
int *ptr;              // pointeur vers le premier élément du tableau.
static int compteTableau; // nombre de tableaux instanciés.
```

Le tableau est constitué d'un membre **taille** indiquant le nombre d'éléments dans le tableau, un pointeur **int** appelé **ptr**, pointant vers le tableau d'entiers alloué dynamiquement, lui-même stocké dans un objet **Tableau**, ainsi que du membre **static** appelé **compteTableau** indiquant le nombre d'objets instanciés de **Tableau**.

Les lignes 12 et 13 déclarent l'opérateur d'insertion de flux surchargé et l'opérateur d'extraction de flux surchargé comme étant des **friend** de la classe **Tableau**:

```
friend ostream &operator<< ( ostream &, const Tableau & );
friend istream &operator>> ( istream &, Tableau & );
```

Lorsque le compilateur lit une expression telle que

```
cout << objetTableau
```

il invoque la fonction **operator<< (ostream &, const Tableau &)** en générant l'appel

```
operator<< ( cout, objetTableau )
```

Lorsque le compilateur lit une expression comme

```
cin >> objetTableau
```

il invoque la fonction **operator>> (istream &, Tableau &)** en générant l'appel

```
operator>> ( cin, objetTableau )
```

Une fois de plus, nous pouvons noter que ces fonctions d'opérateurs d'insertion et d'extraction de flux ne peuvent être membres de la classe **Tableau** puisque l'objet **Tableau** est toujours mentionné dans ce type d'appel à la droite de l'opérateur d'insertion ou d'extraction de flux. Si ces fonctions d'opérateurs étaient membres de la classe **Tableau**, nous aurions à utiliser les instructions suivantes, peu commodes et peu intuitives, afin de permettre la sortie et l'entrée d'un **Tableau**:

```
objetTableau << cout;
objetTableau >> cin;
```

La fonction **operator<<**, définie à la ligne 163, affiche le nombre d'éléments indiqués par la **taille** du tableau stocké dans **ptr**. La fonction **operator>>**, définie à la ligne 154, entre directement dans le tableau pointé par **ptr**. Chacune de ces fonctions d'opérateurs retourne une référence appropriée pour permettre respectivement des instructions de sortie et d'entrée en cascade.

La ligne

```
Tableau( int = 10 );            // constructeur par défaut
```

déclare le constructeur par défaut pour la classe et spécifie que la taille par défaut du tableau est de dix éléments. Lorsque le compilateur lit une expression telle que

```
Tableau entiers1( 7 );
```

ou de la forme équivalente

```
Tableau entiers1 = 7;
```

il invoque le constructeur par défaut. Rappelez-vous que le constructeur par défaut de cet exemple reçoit en réalité un simple argument **int** d'une valeur par défaut de **10**. Le constructeur par défaut, défini à la ligne 58, valide et affecte l'argument au membre de données **taille**, fait usage de **new** afin d'obtenir l'espace pour contenir la représentation interne de ce tableau, tout en affectant le pointeur renvoyé par **new** au membre de données **ptr**, emploie **assert** pour vérifier que le **new** a bien fonctionné, incrémente **compteTableau**, pour finalement initialiser à zéro tous les éléments du tableau via une boucle **for**. Il est possible d'employer une classe **Tableau** qui n'initialise pas ses membres si, par exemple, ces derniers doivent être lus ultérieurement; cette pratique de programmation est toutefois considérée comme malpropre. Les tableaux, ainsi que les objets en général, doivent être constamment maintenus dans un état d'initialisation approprié et conserver un état cohérent en tout temps.

La ligne 13,

```
Tableau( const Tableau & );     // constructeur de copie.
```

déclare un constructeur de copie, défini à la ligne 71, initialisant un **Tableau** par la fabrication d'une copie d'un objet **Tableau** existant. Une telle copie doit être effectuée avec soin pour éviter le piège classique qui conduit deux objets **Tableau** à pointer vers le même espace de stockage alloué dynamiquement, soit exactement le même problème qui se produirait avec une copie de membre à membre par défaut. Les constructeurs de copie sont invoqués à tout endroit où l'on requiert la copie d'un objet, comme dans un appel par valeur, lors du renvoi d'un objet par valeur à partir d'une fonction appelée ou lors de l'initialisation d'un objet par une copie d'un autre objet de la même classe. Dans la définition, le constructeur par copie est appelé lorsqu'un objet de la classe **Tableau** est instancié et initialisé avec un autre objet de cette même classe, comme dans la déclaration suivante:

```
Tableau entiers3( entiers1 );
```

ou encore la déclaration équivalente:

```
Tableau entiers3 = entiers1;
```

Erreur de programmation courante 8.6

Notez que le constructeur de copie doit utiliser l'appel par référence et non l'appel par valeur. S'il en était autrement, l'appel du constructeur de copie résulterait en une récursion infinie, c'est-à-dire une erreur de logique fatale, puisque l'appel par valeur requiert le passage d'une copie de l'objet vers le constructeur de copie, provoquant les appels récursifs vers ce dernier.

Le constructeur de copie de **Tableau** emploie un initialiseur de membre pour copier la **taille** du tableau utilisée pour l'initialisation dans la donnée membre **taille**, fait usage de **new** afin d'obtenir l'espace nécessaire pour contenir la représentation interne de ce tableau, tout en affectant le pointeur renvoyé par **new** au membre de donnée **ptr**, emploie **assert** pour vérifier que **new** a bien fonctionné, incrémente **compteTableau**, pour finalement copier tous les éléments du tableau initialiseur via une boucle **for**.

Erreur de programmation courante 8.7

*Si le constructeur de copie se limite à copier le pointeur de l'objet source dans le pointeur de l'objet cible, les deux objets pointent alors vers le même espace de stockage alloué dynamiquement. Le premier des deux destructeurs qui s'exécuterait supprimerait alors l'espace de stockage alloué dynamiquement, laissant un **ptr** d'objet non défini; cette situation, qualifiée de «pointeur mal placé», est susceptible de provoquer une erreur grave à l'exécution.*

Observation de génie logiciel 8.4

Un constructeur, un destructeur, un opérateur d'affectation surchargé et un constructeur de copie sont habituellement fournis en un seul groupe pour toute classe utilisant une allocation dynamique de mémoire.

La ligne 17,

```
~Tableau();                    // destructeur.
```

déclare le destructeur de la classe, défini à la ligne 82. Le destructeur est invoqué automatiquement lorsque la vie d'un objet de la classe **Tableau** s'achève.

Le destructeur fait appel à **delete []** pour récupérer l'espace de stockage dynamique alloué par **new** dans le constructeur, et décrémenter ensuite **compteTableau**.

La ligne 18,

```
int lectureTaille() const;     // renvoie la taille.
```

déclare une fonction qui lit la taille du tableau.

La ligne 19,

```
const Tableau &operator= ( const Tableau & ); // affecte les tableaux.
```

déclare la fonction d'opérateur d'affectation surchargé pour la classe. Lorsque le compilateur lit une expression comme:

```
entiers1 = entiers2;
```

il invoque la fonction **operator=** en générant l'appel

```
entiers1.operator= ( entiers2 )
```

La fonction membre **operator=**, définie à la ligne 93, teste les cas d'auto-affectation. Si cette fonction détecte une tentative d'auto-affectation, c'est-à-dire si l'objet se représente déjà lui-même, elle est alors omise. Nous verrons un peu plus loin pourquoi l'auto-affectation est dangereuse. S'il ne s'agit pas d'un cas d'auto-affectation, la fonction membre détermine alors si les tailles des deux tableaux sont identiques. Si c'est le cas, le tableau d'entiers originel placé à la gauche de l'objet **Tableau** n'est pas alloué dans le tableau. dans le cas contraire, **operator=** utilise **delete** afin de récupérer l'espace initialement alloué dans le tableau cible, copie la **taille** du tableau source dans la **taille** du tableau cible, alloue la quantité d'espace pour le tableau cible, grâce à **new**, en plaçant le pointeur renvoyé par **new** dans le membre **ptr** du tableau, et utilise enfin **assert** afin de vérifier si **new** a bien fonctionné. Par la suite, **operator=** emploie une boucle **for** pour copier les éléments du tableau source vers le tableau cible. Qu'il s'agisse ou non d'un cas d'auto-affectation, la fonction membre retourne ensuite l'objet courant, c'est-à-dire ***this**, comme référence constante, permettant ainsi des affectations de **Tableau** en cascade telles que **x=y=z**.

Erreur de programmation courante 8.8

Le fait de ne pas fournir d'opérateur d'affectation surchargé ni de constructeur de copie pour une classe lorsque des objets de cette classe contiennent des pointeurs vers des espaces de stockage alloués dynamiquement constitue une erreur de logique.

Observation de génie logiciel 8.5

*Il est possible d'empêcher l'affectation d'un objet d'une classe à un autre; il suffit de déclarer l'opérateur d'affectation comme membre **private** de la classe.*

Observation de génie logiciel 8.6

*Il est possible d'empêcher la copie d'objets d'une classe; il s'agit simplement d'y déclarer comme **private** l'opérateur d'affectation surchargé et le constructeur de copie.*

La ligne 20,

```
bool operator== ( const Tableau & ) const; // compare l'égalité.
```

déclare l'opérateur d'égalité surchargé (**==**) pour la classe. Lorsque le compilateur lit l'expression

```
entiers1 == entiers2
```

dans **main**, il appelle la fonction membre **operator==** en générant l'appel

```
entiers1.operator== ( entiers2 )
```

La fonction membre **operator==**, définie à la ligne 116, renvoie immédiatement **false** si les membres **taille** des tableaux diffèrent; sinon, la fonction membre compare chaque paire d'éléments. Si elles sont toutes identiques, la fonction retourne la valeur **true**. La première paire d'éléments qui diffère provoque un renvoi immédiat de **false**.

Les lignes 24 et 25,

```
bool operator!= ( const Tableau &droite ) const
    { return ! ( *this == droite ); }
```

définissent l'opérateur d'inégalité surchargé (**!=**) pour la classe. La fonction membre **operator!=** est définie en termes d'opérateur d'égalité surchargé. La définition de la fonction utilise la fonction surchargée **operator==** afin de déterminer si un **Tableau** égale un autre pour ensuite retourner le contraire de ce résultat. Le fait d'écrire ainsi la fonction **operator!=** permet au programmeur de réutiliser cette fonction et de réduire la quantité de code à écrire dans la classe. Notez également que toute la définition de la fonction **operator!=** est contenue dans le fichier d'en-tête de **Tableau**, ce qui permet au compilateur de mettre en ligne (**inline**) la définition d'**operator!=** et d'éliminer la surcharge causée par l'appel de fonctions supplémentaires.

Les lignes 27 et 28,

```
int &operator[] ( int );          // opérateur d'indice.
const int &operator[]( int ) const;  // opérateur d'indice.
```

déclarent deux opérateurs d'indiçage surchargés pour la classe, définis respectivement aux lignes 130 et 140. Lorsque le compilateur lit l'expression

```
entiers1[ 5 ]
```

dans **main**, il invoque la fonction membre surchargée **operator[]** appropriée, en générant l'appel

```
entiers1.operator[] ( 5 )
```

Le compilateur crée un appel vers la version **const** d'**operator[]**, lorsque l'opérateur d'indiçage est appliqué à un objet **const** de **Tableau**. Chaque définition d'**operator[]** vérifie si l'indice est compris à l'intérieur de la plage; si ce n'est le cas, le programme se termine anormalement. Si c'est le cas, on retourne comme référence l'élément approprié du tableau, afin de pouvoir l'utiliser soit comme valeur gauche, par exemple sur le côté gauche d'une instruction d'affectation dans le cas de la version non **const** d'**operator[]**, soit comme valeur droite dans le cas de la version **const** d'**operator[]**.

La ligne 29,

```
static int lectureCompteTableau();   // renvoie le compteur
                                     // des tableaux instanciés.
```

déclare la fonction **static** nommée **lectureCompteTableau** qui retourne la valeur du membre de données **static** appelé **compteTableau**, même si aucun objet de la classe **Tableau** n'existe.

8.9 Conversion entre types

La plupart des programmes traitent les informations d'une variété de types. Parfois, toutes les opérations demeurent en quelque sorte à l'intérieur d'un même type. Par exemple, l'addition d'un entier à un autre donne en résultat un entier, aussi longtemps que le résultat ne devient pas trop volumineux et est encore représentable par un entier. Toutefois, il est souvent nécessaire de convertir les données d'un type de données en un autre. Ceci peut se produire lors d'affectations, de calculs, du passage de valeurs vers des fonctions, ainsi que du renvoi de valeurs depuis des fonctions. Le compilateur sait comment effectuer certaines conversions parmi des types prédéfinis et le programmeur peut forcer ces conversions entre des types intégrés grâce au transtypage.

Mais qu'en est-il des types définis par l'utilisateur? Le compilateur ne peut savoir automatiquement comment effectuer une conversion entre des types définis par l'utilisateur et des types prédéfinis; le programmeur doit alors indiquer comment se produiront de telles conversions. Celles-ci peuvent s'effectuer avec des constructeurs de conversion, c'est-à-dire des constructeurs à un seul argument qui transforment les objets d'autres types, y compris les types définis par l'utilisateur, en des objets d'une classe particulière. Plus loin dans ce chapitre, nous utiliserons un constructeur de conversion pour transformer des chaînes char * ordinaires en des objets d'une classe **Chaine**.

Un *opérateur de conversion*, également appelé *opérateur de transtypage*, peut intervenir et convertir un objet d'une classe en un objet d'une autre classe ou en un objet de type prédéterminé. Un tel opérateur de conversion doit représenter une fonction membre non **static**; il ne peut constituer une fonction **friend**.

Le prototype de fonction

```
A::operator char *() const;
```

déclare une fonction d'opérateur de transtypage surchargé de façon à créer un objet **char *** temporaire à partir d'un objet **A** de type défini par l'utilisateur. Une fonction d'opérateur de transtypage surchargé ne spécifie pas de type de renvoi; celui-ci devient le type en lequel l'objet est converti. Si **s** représente un objet d'une classe, le compilateur génère alors l'appel **s.operator char *()** lorsqu'il lit l'expression **(char *) s**. L'opérande **s** représente l'objet de classe **s** pour lequel on invoque la fonction membre **operator char ***.

Les fonctions d'opérateurs de transtypage surchargés peuvent être définies afin de convertir des objets de types définis par l'utilisateur en des objets d'autres types définis par l'utilisateur. Les prototypes

```
A::operator int() const;
A::operator autreClasse() const;
```

déclarent des fonctions d'opérateurs de transtypage surchargés pour convertir un objet **A** de type défini par l'utilisateur en un objet **autreClasse** de type défini par l'utilisateur.

Une des caractéristiques commodes des opérateurs de transtypage et des constructeurs de conversion est que le compilateur peut appeler ces fonctions automatiquement pour créer des objets temporaires lorsque cela est nécessaire. Par exemple, si objet **s** d'une classe **Chaine** définie par l'utilisateur apparaît dans un programme à un emplacement où on s'attend à recevoir un **char *** ordinaire, comme

```
cout << s;
```

le compilateur appelle la fonction d'opérateur de transtypage surchargé **operator char *** afin de convertir l'objet en un **char *** et utilise le **char *** résultant dans l'expression. Avec cet opérateur de transtypage fourni pour notre classe **Chaine**, nous n'avons plus besoin de surcharger l'opérateur d'insertion de flux pour produire la sortie d'une **Chaine** via **cout**.

8.10 Étude de cas: classe **Chaine**

À titre d'exercice de synthèse pour notre étude sur la surcharge, nous allons maintenant construire une classe supportant la création et la manipulation de chaînes de caractères (voir figure 8.5). La classe **string** (terme anglais pour **chaine**) fait maintenant partie des bibliothèques standard du C++; nous étudierons celle-ci en détail au chapitre 19. Pour l'instant, nous ferons un usage étendu de la surcharge des opérateurs pour concevoir notre propre classe **Chaine**.

Nous présentons d'abord l'en-tête de la classe **Chaine**. Nous discutons des données **private** représentant les objets **Chaine** et examinons ensuite l'interface **public** de la classe avec chacun des services qu'elle fournit.

Par la suite, nous analyserons le programme pilote de **main**. Nous discuterons du style de code auquel nous aspirons, c'est-à-dire ce style d'écriture comportant des types d'expressions concis et utilisant beaucoup d'opérateurs avec des objets de notre nouvelle classe **Chaine** et avec la collection d'opérateurs surchargés de cette classe.

```
1    // Figure 8.5: chaine1.h
2    // Définition d'une classe Chaine.
3    #ifndef CHAINE1_H
4    #define CHAINE1_H
5
6    #include <iostream>
7
8    using std::ostream;
9    using std::istream;
10
11   class Chaine {
12      friend ostream &operator<< ( ostream &, const Chaine & );
13      friend istream &operator>> ( istream &, Chaine & );
14
15   public:
16      Chaine( const char * = "" ); // constr. de conversion et par défaut.
17      Chaine( const Chaine & );     // constructeur de copie.
18      ~Chaine();                    // destructeur.
19      const Chaine &operator= ( const Chaine & );  // affectation.
20      const Chaine &operator+= ( const Chaine & ); // concaténation.
21      bool operator!()const;        // Chaine est-elle vide?
22      bool operator== ( const Chaine & ) const;    // teste s1 == s2.
23      bool operator< ( const Chaine & ) const;     // teste s1 < s2.
24
25      // Teste s1 != s2.
26      bool operator!= ( const Chaine & droite ) const
27         { return !( *this == droite ); }
28
29      // Teste s1 > s2.
30      bool operator> ( const Chaine &droite ) const
31         { return droite < *this; }
32
33      // Teste s1 <= s2.
34      bool operator<= ( const Chaine &droite ) const
35         { return !( droite < *this ); }
36
37      // Teste s1 >= s2.
38      bool operator>= ( const Chaine &droite ) const
39         { return !( *this < droite ); }
40
41      char &operator[] ( int );                // opérateur d'indice.
42      const char &operator[] ( int ) const; // opérateur d'indice.
43      Chaine &operator() ( int, int );        // renvoie une sous-chaîne.
44      int lectureLongueur() const;            // renvoie la longueur de la chaîne.
45
46   private:
47      int longueur;       // longueur de la chaîne.
48      char *sPtr;         // pointeur vers le début de la chaîne.
49
50      void ajusterChaine( const char * ); // fonction utilitaire.
51   };
52
53   #endif
```

Figure 8.5   Définition d'une classe **Chaine** de base-**chaine1.h**.

Nous étudierons ensuite les définitions des fonctions membres de la classe **Chaine**. Nous illustrerons, pour chacun des opérateurs surchargés, le code du programme pilote qui invoque la fonction de l'opérateur surchargé et nous expliquerons le fonctionnement de cette dernière.

```
54  // Figure 8.5: chaine1.cpp
55  // Définitions des fonctions membres pour la classe Chaine.
56  #include <iostream>
57
58  using std::cout;
59  using std::endl;
60
61  #include <iomanip>
62
63  using std::setw;
64
65  #include <cstring>
66  #include <cassert>
67  #include "chaine1.h"
68
69  // Constructeur de conversion: convertit char * en Chaine.
70  Chaine::Chaine( const char *s ): longueur( strlen( s ) )
71  {
72     cout << "Constructeur de conversion: " << s << '\n';
73     ajusterChaine( s );    // appelle la fonction utilitaire.
74  }
75
76  // Constructeur de copie.
77  Chaine::Chaine( const Chaine &copie ): longueur( copie.longueur )
78  {
79     cout << "Constructeur de copie: " << copie.sPtr << '\n';
80     ajusterChaine( copie.sPtr );   // appelle la fonction utilitaire.
81  }
82
83  // Destructeur.
84  Chaine::~Chaine()
85  {
86     cout << "Destructeur: " << sPtr << '\n';
87     delete [] sPtr;                 // récupère la chaîne.
88  }
89
90  // Surcharge operator=; évite l'auto-affectation.
91  const Chaine &Chaine:: operator= ( const Chaine &droite )
92  {
93     cout << "operator= appelé\n";
94
95     if ( &droite != this ) {        // évite l'auto-affectation
96        delete [] sPtr;              // empêche une fuite de mémoire.
97        longueur = droite.longueur;  // nouvelle longueur de Chaine.
98        ajusterChaine( droite.sPtr ); // appelle la fonction utilitaire.
99     }
```

Figure 8.5   Définition d'une classe **Chaine** de base-**chaine1.cpp**. (1 de 3)

```
100      else
101          cout << "Tentative d'affectation d'une chaîne à elle-même\n";
102
103      return *this;    // permet des affectations en cascade.
104  }
105
106  // Concaténation de l'opérande de droite à l'objet this
107  // et remisage dans l'objet this.
108  const Chaine &Chaine:: operator+= ( const Chaine &droite )
109  {
110      char *tempPtr = sPtr;              // maintient pour supprimer.
111      longueur += droite.longueur;      // nouvelle longueur de Chaine.
112      sPtr = new char[ longueur + 1 ];  // crée de l'espace.
113      assert ( sPtr != 0 );             // termine si mémoire non allouée.
114      strcpy ( sPtr, tempPtr );         // partie gauche de la nouvelle Chaine.
115      strcat ( sPtr, droite.sPtr );     // partie droite de la nouvelle Chaine.
116      delete [] tempPtr;                // récupère l'ancien espace.
117      return *this;                     // permet des appels en cascade.
118  }
119
120  // Cette Chaine est-elle vide?
121  bool Chaine::operator!() const { return longueur == 0; }
122
123  // Cette Chaine est-elle égale à Chaine droite?
124  bool Chaine:: operator== ( const Chaine &droite ) const
125      { return strcmp( sPtr, droite.sPtr ) == 0; }
126
127  // Cette Chaine est-elle inférieure à Chaine droite?
128  bool Chaine:: operator< ( const Chaine &droite ) const
129      { return strcmp( sPtr, droite.sPtr ) < 0; }
130
131  // Renvoie une référence à un caractère dans une Chaine
132  // comme valeur gauche.
133  char &Chaine::operator[] ( int indice )
134  {
135      // Premier test pour indice hors de portée.
136      assert ( indice >= 0 && indice < longueur );
137
138      return sPtr[ indice ];    // crée une valeur gauche.
139  }
140
141  // Renvoie une référence à un caractère dans une Chaine
142  // comme valeur droite.
143  const char &Chaine::operator[] ( int indice ) const
144  {
145      // Premier test pour indice hors de portée.
146      assert ( indice >= 0 && indice < longueur );
147
148      return sPtr[ indice ];    // crée une valeur droite.
149  }
150
151  // Renvoie une sous-chaîne commençant à index et d'une
152  // longueur sousLongueur comme référence à un objet Chaine.
153  Chaine &Chaine:: operator() ( int index, int sousLongueur )
154  {
```

Figure 8.5   Définition d'une classe **Chaine** de base-**chaine1.cpp**. (2 de 3)

```
155       // Assure qu'index est dans la plage
156       // et que la longueur de sous-chaîne >= 0.
157       assert ( index >= 0 && index < longueur && sousLongueur >= 0 );
158
159       // Déterminer la longueur de la sous-chaîne.
160       int lng;
161
162       if ( ( sousLongueur == 0 ) || ( index + sousLongueur > longueur ) )
163          lng = longueur - index;
164       else
165          lng = sousLongueur;
166
167       // Allouer un tableau temporaire pour la sous-chaine et le caractère nul
168       // de terminaison.
169       char *tempPtr = new char[ lng + 1 ];
170       assert( tempPtr != 0 ); // vérifier que l'espace est Bien alloué.
171
172       // Copier sous-chaîne dans le tableau de caractères et compléter chaîne.
173       strncpy( tempPtr, &sPtr[ index ], lng );
174       tempPtr[ lng ] = '\0';
175
176       // Créer un objet de Chaine temporaire contenant la sous-chaîne.
177       Chaine tempChaine( tempPtr );
178       delete tempPtr;         // supprimer le tableau temporaire.
179
180       return tempChaine;      // renvoie une copie de la Chaine temporaire.
181  }
182
183  // Renvoie la longueur de la chaîne.
184  int Chaine::lectureLongueur() const { return longueur; }
185
186  // Fonction utilitaire appelée par les constructeurs et
187  // par l'opérateur d'affectation.
188  void Chaine::ajusterChaine( const char *chaine2 )
189  {
190     sPtr = new char[ longueur + 1 ]; // alloue la mémoire.
191     assert ( sPtr != 0 );           // termine si mémoire non allouée.
192     strcpy ( sPtr, chaine2 );        // copie le littéral dans l'objet.
193  }
194
195  // Opérateur de sortie surchargé.
196  ostream &operator<< ( ostream &sortie, const Chaine &s )
197  {
198     sortie << s.sPtr;
199     return sortie;    // permet la mise en cascade.
200  }
201
202  // Opérateur d'entrée surchargé.
203  istream &operator>> ( istream &entree, Chaine &s )
204  {
205     char temp[ 100 ]; // tampon pour remiser entree.
206
207     entree >> setw ( 100 ) >> temp;
208     s = temp;             // utilise l'opérateur d'affectation de classe Chaine.
209     return entree;    // permet la mise en cascade.
210  }
```

Figure 8.5   Définition d'une classe **Chaine** de base-**chaine1.cpp**. (3 de 3)

```
211    // Figure 8.5: fig08_05.cpp
212    // Pilote pour la classe Chaine.
213    #include <iostream>
214
215    using std::cout;
216    using std::endl;
217
218    #include "chaine1.h"
219
220    int main()
221    {
222       Chaine s1( "bon" ), s2( " anniversaire" ), s3;
223
224       // Teste les opérateurs d'égalité et relationnel surchargés.
225       cout << "s1 est \"" << s1 << "\"; s2 est \"" << s2
226            << "\"; s3 est \"" << s3 << '\"'
227            << "\nRésultats de comparaison entre s2 et s1:"
228            << "\ns2 == s1 donne "
229            << ( s2 == s1 ? "vrai": "faux" )
230            << "\ns2 != s1 donne "
231            << ( s2 != s1 ? "vrai": "faux" )
232            << "\ns2 >  s1 donne "
233            << ( s2 > s1 ? "vrai": "faux" )
234            << "\ns2 <  s1 donne "
235            << ( s2 < s1 ? "vrai": "faux" )
236            << "\ns2 >= s1 donne "
237            << ( s2 >= s1 ? "vrai": "faux" )
238            << "\ns2 <= s1 donne "
239            << ( s2 <= s1 ? "vrai": "faux" );
240
241       // Teste l'opérateur de Chaine vide (!) surchargé.
242       cout << "\n\nTest de !s3:\n";
243       if ( !s3 ) {
244          cout << "s3 est vide; affectation de s1 à s3;\n";
245          s3 = s1;                // teste l'affectation surchargée.
246          cout << "s3 est \"" << s3 << "\"";
247       }
248
249       // Teste l'opérateur de concaténation de Chaine surchargé.
250       cout << "\n\ns1 += s2 donne s1 = ";
251       s1 += s2;                // teste la concaténation surchargée.
252       cout << s1;
253
254       // Teste le constructeur de conversion.
255       cout << "\n\ns1 += \" à toi\" donne\n";
256       s1 += " à toi";       // teste le constructeur de conversion.
257       cout << "s1 = " << s1 << "\n\n";
258
```

Figure 8.5   Définition d'une classe **Chaine** de base-**fig08_05.cpp**. (1 de 3)

```
259     // Teste l'opérateur d'appel de fonction surchargé
260     // pour la sous-chaîne.
261     cout << "La sous-chaîne de s1 débutant à\n"
262         << "l'emplacement 0 pour 16 caractères, s1(0, 16), est:\n"
263         << s1( 0, 16 ) << "\n\n";
264
265     // Teste l'option "à-la-fin-de-Chaine" de la sous-chaîne.
266     cout << "La sous-chaîne de s1 débutant à\n"
267         << "l'emplacement 15, s1(15, 0), est: "
268         << s1( 15, 0 ) << "\n\n";  // 0 est "à la fin de chaîne".
269
270     // Teste le constructeur de copie.
271     Chaine *s4Ptr = new Chaine(s1);
272     cout << "*s4Ptr = " << *s4Ptr << "\n\n";
273
274     // Teste l'opérateur d'affectation (=) avec l'auto-affectation.
275     cout << "Affectation de *s4Ptr à *s4Ptr\n";
276     *s4Ptr = *s4Ptr;        // teste l'affectation surchargée.
277     cout << "*s4Ptr = " << *s4Ptr << '\n';
278
279     // Teste le destructeur.
280     delete s4Ptr;
281
282     // Teste l'opérateur d'indice pour créer une valeur gauche.
283     s1[ 0 ] = 'B';
284     s1[ 4 ] = 'A';
285     cout << "\ns1 après s1[0] = 'B' et s1[4] = 'A' est: "
286         << s1 << "\n\n";
287     // Test pour indice hors de portée.
288     cout << "La tentative d'affectation de 'd' à s1[30] donne:"
289         << endl;
290     s1[ 30 ] = 'd';         // ERREUR: indice hors de portée.
291
292     return 0;
293 }
```

```
Constructeur de conversion: Bon
Constructeur de conversion:  anniversaire
Constructeur de conversion:
s1 est "bon"; s2 est " anniversaire"; s3 est ""
Résultats de comparaison entre s2 et s1:
s2 == s1 donne faux
s2 != s1 donne vrai
s2 >  s1 donne faux
s2 <  s1 donne vrai
s2 >= s1 donne faux
s2 <= s1 donne vrai

Test de !s3:
s3 est vide; affectation de s1 à s3;
operator= appelé
s3 est "bon"
```

Figure 8.5   Définition d'une classe **Chaine** de base-**fig08_05.cpp**. (2 de 3)

```
s1 += s2 donne s1 = bon anniversaire

s1 += " à toi" donne
Constructeur de conversion:  à toi
Destructeur:  à toi
s1 = bon anniversaire à toi

Constructeur de conversion: bon anniversaire
Constructeur de copie: bon anniversaire
Destructeur: bon anniversaire
La sous-chaîne de s1 débutant à
l'emplacement 0 pour 16 caractères, s1(0, 16), est:
bon anniversaire

Destructeur: bon anniversaire
Constructeur de conversion:  à toi
constructeur de copie; à toi
Destructeur:  à toi
La sous-chaîne de s1 débutant à
l'emplacement 16, s1(16, 0), est: à toi

Destructeur:  à toi
Constructeur de copie: bon anniversaire à toi
*s4Ptr = bon anniversaire à toi

Affectation de *s4Ptr à *s4Ptr
operator= appelé
Tentative d'affectation d'une chaîne à elle-même
*s4Ptr = bon anniversaire à toi
Destructeur: bon anniversaire à toi

s1 après s1[0] = 'H' et s1[6] = 'B' est: Bon Anniversaire à toi

La tentative d'affectation de 'd' à s1[30] donne:
Assertion failed: indice >= 0 && indice < longueur, file Chaine1.cpp,
line 83

abnormal program termination
```

Figure 8.5   Définition d'une classe **Chaine** de base-**fig08_05.cpp**. (3 de 3)

Nous commençons avec la représentation interne d'une **Chaine**. Les lignes 47 et 48,

```
int longueur;       // longueur de la chaîne.
char *sPtr;         // pointeur vers le début de la chaîne.
```

déclarent les membres de données **private** de la classe. Notre implantation d'un objet **Chaine** possède un champ **longueur** représentant le nombre de caractères de la chaîne, à l'exclusion du caractère nul de fin de chaîne. Cette version possède également un pointeur **sPtr** vers son espace de stockage alloué dynamiquement qui identifie la chaîne de caractères.

Examinons maintenant le fichier d'en-tête de la classe **Chaine** à la figure 8.5. Les lignes 12 et 13,

```
friend ostream &operator<< ( ostream &, const Chaine & );
friend istream &operator>> ( istream &, Chaine & );
```

déclarent la fonction d'opérateur d'insertion de flux surchargé **operator<<** (définie à la ligne 196) et la fonction d'opérateur d'extraction de flux surchargé **operator>>** (définie à la ligne 203) comme amies de la classe. La mise en place de ces fonctions est simple.

La ligne 16,

```
Chaine( const char * = "" ); // constructeur de conversion par défaut.
```

déclare un *constructeur de conversion*. Ce constructeur, défini à la ligne 60, prend un argument **const char *** dont la valeur par défaut correspond à la chaîne vide, et instancie un objet **Chaine** incluant cette même chaîne de caractères. Tout *constructeur à argument unique* peut être imaginé comme un constructeur de conversion. Nous verrons que de tels constructeurs s'avèrent utiles pour effectuer toute opération de **Chaine** associée à des arguments **char ***. Le constructeur de conversion convertit la chaîne **char *** en un objet **Chaine** qui est à son tour affecté à l'objet **Chaine** cible. La disponibilité de ce constructeur de conversion signifie qu'il n'est pas nécessaire de fournir un opérateur d'affectation surchargé afin d'assigner spécifiquement des chaînes de caractères aux objets **Chaine**. Le compilateur invoque automatiquement le constructeur de conversion pour créer un objet **Chaine** temporaire contenant la chaîne de caractères. L'opérateur d'affectation surchargé est ensuite invoqué pour affecter l'objet **Chaine** temporaire à un autre objet **Chaine**.

Observation de génie logiciel 8.7

Lorsqu'un constructeur de conversion est utilisé pour effectuer une conversion implicite, le C++ ne peut effectuer qu'un seul appel de constructeur implicite pour tenter de satisfaire les besoins d'un autre opérateur surchargé. Il est impossible de satisfaire les requêtes d'un opérateur surchargé en effectuant une série de conversions implicites définies par l'utilisateur.

Nous aurions pu invoquer le constructeur de conversion de **Chaine** dans une déclaration telle que **Chaine s1("bon")**. Le constructeur de conversion calcule la longueur de la chaîne de caractères, l'affecte à **longueur**, donnée **private** nommée dans la liste d'initialiseurs et appelle ensuite la fonction utilitaire **ajusterChaine**, également **private**. Cette dernière, définie à la ligne 188, fait appel à **new** pour associer une quantité suffisante d'espace à **sPtr**, membre de données **private**, et ensuite vérifier grâce à **assert** si **new** a bien fonctionné. Si c'est le cas, la fonction fait alors usage de **strcpy** pour copier la chaîne de caractères dans l'objet.

La ligne 17,

```
Chaine( const Chaine & );     // constructeur de copie.
```

constitue un constructeur de copie, défini à la ligne 77, qui initialise un objet **Chaine** en fabriquant une copie d'un objet **Chaine** existant. Beaucoup de soin dans une telle copie pemet d'éviter le piège des deux objets **Chaine** qui pointent vers le même emplacement mémoire, soit exactement le même problème qui se produirait avec la *copie de membre à membre par défaut*. Le constructeur de copie fonctionne de façon semblable au constructeur de conversion, sauf qu'il ne copie simplement que le membre **longueur** de l'objet **Chaine** source vers l'objet **Chaine** cible. Notez que le constructeur de copie crée un nouvel espace pour la chaîne de caractères interne de l'objet cible. Si celui-ci n'avait copié que le **sPtr** de la source vers le **sPtr** de la cible, les deux objets pointeraient alors vers le même espace de stockage alloué dynamiquement. Le premier destructeur exécuté supprimerait ensuite cet espace mémoire, laissant un **sPtr** non défini pour l'autre objet, en conséquence, **sPtr** deviendrait un pointeur mal placé, situation susceptible de provoquer une erreur grave à l'exécution.

La ligne 18,

```
~Chaine();                  // destructeur.
```

déclare le destructeur (défini à la ligne 84) pour la classe **Chaine**. Le destructeur utilise **delete** pour récupérer l'espace de mémoire dynamique obtenu par **new** afin de libérer l'espace occupé par la chaîne de caractères.

La ligne 19,

```
const Chaine &operator= ( const Chaine & );  // affectation.
```

déclare la fonction de surcharge de l'opérateur d'affectation **operator=**, définie à la ligne 91. Lorsque le compilateur lit une expression telle que **chaine1 = chaine2**, il génère l'appel de fonction:

```
chaine1.operator= ( chaine2 );
```

La fonction de surcharge de l'opérateur d'affectation, **operator=**, teste la possibilité d'une auto-affectation. S'il s'agit bien d'une auto-affectation, la fonction renvoie simplement le contrôle puisque l'objet se représente déjà lui-même. Si cette vérification était omise, la fonction supprimerait immédiatement l'espace dans l'objet cible, ce qui provoquerait la perte de la chaîne, soit un exemple classique de fuite de mémoire. S'il ne s'agit pas d'un cas d'auto-affectation, la fonction supprime l'espace, copie le champ **longueur** de l'objet source dans l'objet cible tout en appelant **ajusterChaine**, de la ligne 188, afin de créer un nouvel espace pour l'objet cible. Ensuite, elle détermine si **new** a bien fonctionné, pour finalement copier la chaîne de caractères de la source vers la cible par l'entremise de **strcpy**. Qu'il s'agisse ou non d'un cas d'auto-affectation, ***this** est retourné pour permettre des affectations en cascade.

La ligne 20,

```
const Chaine &operator+= ( const Chaine & );   // concaténation.
```

déclare l'opérateur de concaténation de chaîne surchargé, défini à la ligne 108. Lorsque le compilateur voit dans **main** l'expression **s1 += s2**, il génère l'appel de fonction **s1.operator+=(s2)**. La fonction **operator+=** crée d'abord un pointeur temporaire pour contenir la chaîne de caractères de l'objet courant jusqu'à ce que la mémoire associée puisse être supprimée. Elle calcule ensuite la longueur combinée de la chaîne concaténée, emploie **new** afin de réserver de l'espace pour la chaîne, vérifie si **new** a bien fonctionné via **assert** et copie la chaîne d'origine dans l'espace nouvellement alloué grâce à **strcpy**.

Finalement, la fonction utilise **strcat** afin de concaténer la chaîne de caractères de l'objet source dans le nouvel emplacement mémoire, se sert de **delete** pour récupérer l'espace occupé par la chaîne d'origine et retourne finalement ***this** comme élément **Chaine &** pour permettre la mise en cascade d'opérateurs **+=**.

Avons-nous besoin d'un second opérateur de concaténation surchargé afin de permettre la concaténation d'une **Chaine** et d'un **char ***? Non. Le constructeur de conversion **const char *** convertit une chaîne conventionnelle en un objet **Chaine** temporaire, qui correspond alors à l'opérateur de concaténation surchargé existant. Une fois de plus, le C++ peut effectuer de telles conversions d'un seul niveau de profondeur pour faciliter une correspondance. Il peut aussi, avant la conversion entre un type prédéfini et une classe, effectuer une conversion implicite, définie par le compilateur, entre des types intégrés. Notez que, lors de la création d'un objet **Chaine** temporaire, le constructeur de conversion et le destructeur sont appelés (voir la sortie résultant de **s1 += " à toi"** à la figure 8.5). Voici un exemple de surcharge causé par un appel de fonction masqué au client de la classe, alors que des objets de classe temporaires sont créés et détruits durant des conversions implicites. On génère une surcharge semblable par des constructeurs de copie, dans le cas du passage de paramètres par valeur ou du renvoi d'objets de classe par valeur.

Astuce sur la performance 8.2

*Le fait d'utiliser l'opérateur de concaténation **+=** surchargé prenant un seul argument de type **const char** * permet une exécution plus efficace que d'effectuer en premier lieu la conversion implicite, puis d'enchaîner avec la concaténation. Les conversions implicites nécessitent moins de code et provoquent moins d'erreurs.*

La ligne 21,

```
bool operator!()const;        // Chaine est-elle vide?
```

déclare l'opérateur de négation surchargé (défini à la ligne 121). Cet opérateur est couramment utilisé avec des classes de chaînes pour vérifier si une chaîne est vide. Par exemple, lorsque le compilateur lit l'expression **!chaine1**, il génère l'appel de fonction:

```
chaine1.operator!()
```

Cette fonction renvoie simplement le résultat du test de **longueur** équivalant à zéro.

Les lignes

```
bool operator== ( const Chaine & ) const;    // teste s1 == s2.
bool operator< ( const Chaine & ) const;     // teste s1 < s2.
```

déclarent l'opérateur d'égalité surchargé, défini à la ligne 124, et l'opérateur inférieur à surchargé, défini à la ligne 128, pour la classe **Chaine**. Ces derniers étant tous semblables; discutons donc d'un exemple, à savoir la surcharge de l'opérateur **==**. Lorsque le compilateur lit l'expression **chaine1 == chaine2**, il génère l'appel de fonction

```
chaine1.operator== ( chaine2 )
```

qui retourne la valeur **true** si **chaine1** égale **chaine2**. Chacun de ces opérateurs utilise **strcmp** afin de comparer les chaînes de caractères des objets **Chaine**. Notez que nous employons la fonction **strcmp** du fichier d'en-tête **<cstring>**. Nombre de programmeurs C++ préconisent l'utilisation de quelques fonctions d'opérateurs surchargés pour en implanter d'autres. Ainsi, les opérateurs **!=**, **>**, **<=** et **>=** sont mis en place aux lignes 26 à 39, sur base de l'**operator==** et de l'**operator<**. La ligne 38 du fichier d'en-tête implante par exemple la surcharge de la fonction d'opérateur **operator>=** de la façon suivante:

```
bool Chaine::operator>= ( const Chaine &droite ) const
    { return !( *this < droite ); }
```

La définition d'**operator>=** requiert l'opérateur **<** surchargé afin de déterminer si un objet **Chaine** est plus grand ou égal à un autre. Notez que les fonctions d'opérateurs pour **!=**, **>**, **<=** et **>=** sont définies dans le fichier d'en-tête. Le compilateur met ces définitions en ligne (**inline**), afin d'éliminer la surcharge causée par des appels de fonctions supplémentaires.

Observation de génie logiciel 8.8

En implantant des fonctions membres à partir de fonctions membres préalablement définies, le programmeur réutilise le code. Cette pratique permet de réduire la quantité de code à écrire.

Les lignes 41 et 42,

```
char &operator[] ( int );             // opérateur d'indice.
const char &operator[]( int ) const;  // opérateur d'indice.
```

déclarent deux opérateurs d'indices surchargés, définis aux lignes 122 et 131: un pour les chaînes non **const** et un pour les chaînes **const**. Lorsque le compilateur lit une expression telle que **chaine1[0]**, il génère l'appel **chaine1.operator[] (0)**, en utilisant la version appropriée d'**operator[]**, selon que la chaîne est **const** ou non. La fonction **operator[]** emploie premièrement un **assert** pour vérifier l'indice par rapport à la plage admise; si l'indice est hors de la portée, le programme affiche un message d'erreur et se termine anormalement. Si l'indice est à l'intérieur de la plage, la version non **const** de l'**operator[]** retourne un **char &** au caractère approprié de l'objet **Chaine**; ce **char &** peut agir à titre de valeur gauche pour modifier le caractère désigné de l'objet **Chaine**. La version **const** de l'**operator[]** renvoie un **const char &** au caractère approprié de l'objet **Chaine**; ce **char &** peut être utilisé comme valeur droite pour lire la valeur du caractère.

Astuce de tests et de débogage 8.1

*Renvoyer une référence **char** à partir d'un opérateur d'indice surchargé dans une classe **Chaine** constitue une pratique dangereuse. Par exemple, le client pourrait utiliser cette référence pour insérer un caractère nul ('\0') n'importe où dans la chaîne.*

La ligne 43,

```
Chaine &operator() ( int, int ); // renvoie une sous-chaîne.
```

déclare l'*opérateur d'appel de fonction surchargé*, défini à la ligne 153. Dans les classes de chaînes, il est courant de surcharger cet opérateur afin de sélectionner une sous-chaîne à partir d'un objet **Chaine**. Les deux paramètres entiers spécifient l'emplacement de départ ainsi que la longueur de la sous-chaîne sélectionnée à même **Chaine**. Si l'emplacement de départ se trouve hors de portée ou si la longueur de la sous-chaîne est négative, un message d'erreur est généré. Par convention, pour une longueur de 0, la sous-chaîne est sélectionnée au complet, jusqu'à la fin de l'objet **Chaine**. Supposons par exemple que **chaine1** représente un objet de **Chaine** contenant la chaîne de caractères **"AEIOU"**. Lorsque le compilateur lit l'expression **chaine1(2, 2)**, il génère l'appel **chaine1.operator() (2, 2)**. Lors de l'exécution de cet appel, le compilateur produit un nouvel objet **Chaine**, alloué dynamiquement, contenant la chaîne **"IO"**.

La surcharge de l'opérateur d'appel de fonction **( )** est efficace puisque les fonctions peuvent alors prendre des listes de paramètres arbitraires à la fois longues et complexes. Nous pouvons donc employer cette caractéristique pour nombre d'applications intéressantes. Une telle utilisation de l'opérateur d'appel de fonction correspond à une notation d'indice de tableau alternative: au lieu de la notation à crochets doubles, peu commode pour les tableaux doubles comme **a[b][c]**, certains programmeurs préfèrent surcharger l'opérateur d'appel de fonction, autorisant ainsi la notation **a(b, c)**. L'opérateur d'appel de fonction surchargé ne peut représenter qu'une fonction membre non **static**. Cet opérateur ne s'emploie que lorsque le «nom de fonction» constitue un objet de la classe **Chaine**.

La ligne 44,

```
int lectureLongueur() const;  // renvoie la longueur de la chaîne.
```

déclare une fonction qui retourne la longueur de l'objet **Chaine**. Notez que cette fonction, définie à la ligne 184, obtient la longueur en renvoyant la valeur d'une donnée **private** de la classe **Chaine**.

Le lecteur est invité maintenant à analyser en détail le code de **main**, examiner la fenêtre de sortie et vérifier chaque utilisation des opérateurs surchargés.

8.11 Surcharge des opérateurs ++ et --

On peut surcharger tous les opérateurs d'incrémentation et de décrémentation, que ce soit l'opérateur de pré-incrémentation, de post-incrémentation, de pré-décrémentation ou de post-décrémentation. Nous verrons comment le compilateur établit la distinction entre les versions à préfixe et à postfixe de ces opérateurs.

Pour surcharger un opérateur d'incrémentation de façon à permettre l'usage simultané de la pré-incrémentation et de la post-incrémentation, chaque fonction d'opérateur surchargé doit avoir une signature distincte, afin que le compilateur détermine la version d'opérateur **++** proposée. Les versions à préfixe sont surchargées exactement de la même façon que les autres opérateurs unaires à préfixe.

Par exemple, supposons que nous désirons additionner la valeur 1 au jour de l'objet **d1** de classe **Date**. Lorsque le compilateur lit l'expression de pré-incrémentation

```
++d1
```

il génère l'appel de fonction membre

```
d1.operator++()
```

dont le prototype est représenté par

```
Date &operator++();
```

Si la pré-incrémentation est implémentée comme une fonction non membre, lors de la lecture de l'expression

```
++d1
```

le compilateur génère alors l'appel de fonction

```
operator++( d1 )
```

dont le prototype est déclaré dans la classe **Date** avec

```
friend Date &operator++( Date & );
```

La surcharge de l'opérateur de post-incrémentation présente un certain défi, car le compilateur doit être en mesure de distinguer entre les signatures des fonctions de l'opérateur de pré-incrémentation surchargé et de l'opérateur de post-incrémentation surchargé. La convention adoptée en C++ stipule que, lorsque le compilateur lit l'expression de post-incrémentation

```
d1++
```

ce dernier génère l'appel de fonction membre

```
d1.operator++( 0 )
```

dont le prototype est représenté par

```
Date operator++( int )
```

Le **0** ne constitue qu'une «valeur fictive», employée pour marquer la distinction entre la liste d'arguments d'**operator++** de post-incrémentation et la liste d'arguments d'**operator++** de pré-incrémentation.

Si la post-incrémentation est implémentée en tant que fonction non membre, lors de la lecture de l'expression

```
d1++
```

le compilateur génère l'appel de fonction

```
operator++(d1, 0)
```

dont le prototype est représenté par

```
friend Date operator++( Date &, int );
```

Une fois de plus, l'argument **0** n'est employé par le compilateur que dans le but de marquer la distinction entre la liste d'arguments d'**operator++** de post-incrémentation et la liste d'arguments pour la pré-incrémentation.

À propos de la surcharge des opérateurs de pré-incrémentation et de post-incrémentation, tout ce que nous avons énoncé dans cette section vaut également pour la surcharge des opérateurs de pré-décrémentation et de post-décrémentation. Nous allons maintenant examiner une classe **Date** avec des opérateurs surchargés de pré-incrémentation et de post-incrémentation.

8.12 Étude de cas: classe `Date`

La figure 8.6 illustre une classe **Date**, utilisant des opérateurs surchargés de pré-incrémentation et de post-incrémentation afin d'additionner 1 au jour dans un objet **Date** et d'effectuer, au besoin, des incrémentations au mois et à l'année.

```
1   // Figure 8.6: date1.h
2   // Définition de la classe Date.
3   #ifndef DATE1_H
4   #define DATE1_H
5   #include <iostream>
6
7   using std::ostream;
8
9   class Date {
10     friend ostream & operator<< ( ostream &, const Date & );
11
12  public:
13     Date( int j = 1, int m = 1, int a = 1900 ); // constructeur.
14     void ajusterDate( int, int, int );          // ajuste la date.
15     Date & operator++ ();                // opérateur pré-incrémentation.
16     Date operator++ ( int );             // opérateur post-incrémentation.
17     const Date & operator+= ( int );// additionne les jours, modifie l'objet.
18     bool anneeBissextile( int );     // est-ce une année bissextile?
19     bool finDeMois( int );           // est-ce la fin de mois?
20
21  private:
22     int jour;
23     int mois;
24     int annee;
25
26     static const int jours[];        // tableau des jours par mois.
27     void aideIncrementation();       // fonction utilitaire.
28  };
29
30  #endif
```

Figure 8.6 Classe **Date** avec opérateurs d'incrémentation surchargés-`date1.h`.

```
31  // Figure 8.6: date1.cpp
32  // Définitions des fonctions membres pour la classe Date.
33  #include <iostream>
34  #include "date1.h"
35
36  // Initialise un membre static à portée de fichier,
37  // une copie à portée de classe.
38  const int Date::jours[] = { 0, 31, 28, 31, 30, 31, 30,
39                              31, 31, 30, 31, 30, 31 };
40
41  // Constructeur de Date.
42  Date::Date( int j, int m, int a ) { ajusterDate( j, m, a ); }
43
44  // Ajuste la date.
45  void Date::ajusterDate( int jj, int mm, int aa )
46  {
47      mois = ( mm >= 1 && mm <= 12 ) ? mm: 1;
48      annee = ( aa >= 1900 && aa <= 2100 ) ? aa: 1900;
49
50      // Test pour une année bissextile.
51      if ( mois == 2 && anneeBissextile ( annee ) )
52          jour = ( jj >= 1 && jj <= 29 ) ? jj: 1;
53      else
54          jour = ( jj >= 1 && jj <= jours[ mois ] ) ? jj: 1;
55  }
56
57  // Opérateur de pré-incrémentation surchargé comme fonction membre.
58  Date &Date::operator++ ()
59  {
60      aideIncrementation();
61      return *this;    // renvoi d'une référence pour créer une valeur gauche.
62  }
63
64  // Opérateur de post-incrémentation surchargé comme fonction membre.
65  // Notez que le paramètre d'entier fictif ne possède pas
66  // de nom de paramètre.
67  Date Date::operator++ ( int )
68  {
69      Date temp = *this;
70      aideIncrementation();
71
72      // Renvoie un objet non incrémenté, remisé et temporaire.
73      return temp;     // renvoi de valeur et non de référence.
74  }
75
76  // Additionne un nombre de jours spécifique à une date.
77  const Date &Date:: operator+= ( int joursAdditionnels )
78  {
79      for ( int i = 0; i < joursAdditionnels; i++ )
80          aideIncrementation();
81
82      return *this;    // permet la mise en cascade.
83  }
```

Figure 8.6   Classe **Date** avec opérateurs d'incrémentation surchargés-**date1.cpp**.
(1 de 2)

```
84
85    // Si l'année est bissextile, renvoie true, sinon false.
86    bool Date::anneeBissextile( int a )
87    {
88       if ( a % 400 == 0 || ( a % 100 != 0 && a % 4 == 0 ) )
89          return true;   // année bissextile.
90       else
91          return false; // année non bissextile.
92    }
93
94    // Détermine si le jour représente la fin du mois.
95    bool Date::finDeMois( int j )
96    {
97       if ( mois == 2 && anneeBissextile( annee ) )
98          return j == 29; // dernier jour de février pour une année bissextile.
99       else
100          return j == jours[ mois ];
101   }
102
103   // Fonction d'aide pour incrémenter la date.
104   void Date::aideIncrementation()
105   {
106      if ( finDeMois( jour ) && mois == 12 ) {  // fin d'année.
107         jour = 1;
108         mois = 1;
109         ++annee;
110      }
111      else if ( finDeMois( jour ) ) {            // fin de mois.
112         jour = 1;
113         ++mois;
114      }
115      else     // pas une fin de mois ni d'année; incrémente le jour.
116         ++jour;
117   }
118
119   // Opérateur de sortie surchargé.
120   ostream & operator<< ( ostream &sortie, const Date &j )
121   {
122      static char *nomMois[ 13 ] = { "", "janvier",
123         "février", "mars", "avril", "mai", "juin",
124         "juillet", "août", "septembre", "octobre",
125         "novembre", "décembre" };
126
127      sortie << nomMois[ j.mois ] << ' '
128            << j.jour << " " << j.annee;
129
130      return sortie;   // permet la mise en cascade.
131   }
```

Figure 8.6   Classe **Date** avec opérateurs d'incrémentation surchargés–**date1.cpp**.
(2 de 2)

L'interface **public** de **Date** inclut un opérateur d'insertion de flux surchargé, un constructeur par défaut, une fonction **ajusterDate**, un opérateur surchargé de pré-incrémentation, un opérateur surchargé de post-incrémentation, un opérateur surchargé d'affectation d'addition (**+=**), une fonction de test des années bissextiles ainsi qu'une fonction déterminant s'il s'agit du dernier jour du mois.

Le programme pilote de **main** crée trois objets **Date**: **j1**, initialisé par défaut au 1er janvier 1900, **j2**, initialisé au 27 décembre 1992 ainsi que **j3**, que le programme tente d'initialiser à une date non valable. Le constructeur de **Date** appelle **ajusterDate** pour valider le jour, le mois et l'année spécifiés. Si le mois représente une donnée non valable, il est ajusté à 1. Une entrée non valable pour l'année provoque un ajustement à l'an 1900; l'entrée d'un jour non valable est ajustée à 1.

Le programme pilote affiche chacun des objets **Date** construits en se servant de l'opérateur surchargé d'insertion de flux; l'opérateur surchargé **+=** est employé pour ajouter 7 jours à **j2**. La fonction **ajusterDate** ajuste ensuite **j3** au 28 février 1992. Par la suite, un nouvel objet **Date**, **j4**, est réglé au 18 mars 1969, puis **d4** est incrémenté de 1 à l'aide de l'opérateur surchargé de pré-incrémentation. La date s'affiche avant et après la pré-incrémentation, confirmant le bon fonctionnement de l'ensemble. Finalement, **j4** est incrémenté à partir de l'opérateur surchargé de post-incrémentation. On affiche la date avant et après la post-incrémentation pour confirmer son fonctionnement adéquat.

```
132   // Figure 8.6: fig08_06.cpp
133   // Pilote pour la classe Date.
134   #include <iostream>
135
136   using std::cout;
137   using std::endl;
138
139   #include "date1.h"
140
141   int main()
142   {
143      Date j1, j2( 27, 12, 1992 ), j3( 99, 0, 8045 );
144      cout << "j1 est " << j1
145          << "\nj2 est " << j2
146          << "\nj3 est " << j3 << "\n\n";
147
148      cout << "j2 += 7 est " << ( j2 += 7 ) << "\n\n";
149
150      j3.ajusterDate( 28, 2, 1992 );
151      cout << "  j3 est " << j3;
152      cout << "\n++j3 est " << ++j3 << "\n\n";
153
154      Date j4( 18, 3, 1969 );
155
156      cout << "Test de l'opérateur de pré-incrémentation:\n"
157          << "  j4 est " << j4 << '\n';
158      cout << "++j4 est " << ++j4 << '\n';
159      cout << "  j4 est " << j4 << "\n\n";
160
161      cout << "Test de l'opérateur de post-incrémentation:\n"
162          << "  j4 est " << j4 << '\n';
163      cout << "j4++ est " << j4++ << '\n';
164      cout << "  j4 est " << j4 << endl;
165
166      return 0;
167   }
```

Figure 8.6   Classe **Date** avec opérateurs d'incrémentation surchargés–**fig08_06.cpp**. (1 de 2)

```
j1 est 1 janvier 1900
j2 est 27 décembre 1992
j3 est 1 janvier 1900

j2 += 7 est 3 janvier 1993

  j3 est 28 février 1992
++j3 est 29 février 1992

Test de l'opérateur de pré-incrémentation:
  j4 est 18 mars 1969
++j4 est 19 mars 1969
  j4 est 19 mars 1969

Test de l'opérateur de post-incrémentation:
  j4 est 19 mars 1969
j4++ est 19 mars 1969
  j4 est 20 mars 1969
```

Figure 8.6   Classe **Date** avec opérateurs d'incrémentation
surchargés-**fig08_06.cpp**. (2 de 2)

La surcharge de l'opérateur de pré-incrémentation est simple. Ce dernier appelle la fonction utilitaire **private** nommée **aideIncrementation** afin d'incrémenter la date. Cette fonction négocie avec les «renouements» ou «reports» qui se produisent lors de l'incrémentation du dernier jour du mois, puisque ceux-ci nécessitent l'incrémentation du mois. Si le mois équivaut déjà à 12, l'année doit également être incrémentée. La fonction **aideIncrementation** utilise les fonctions **anneeBissextile** et **finDeMois** afin d'incrémenter le jour correctement.

L'opérateur surchargé de pré-incrémentation retourne une référence vers l'objet **Date** courant, c'est-à-dire celui venant tout juste d'être incrémenté, puisque l'objet courant ***this** est renvoyé comme **Date &**.

La surcharge de l'opérateur de post-incrémentation est un peu plus délicate. Afin d'émuler l'effet de la post-incrémentation, nous devons renvoyer une copie de l'objet **Date**. Nous sauvons l'objet courant (***this**) dans **temp**, lors de l'entrée d'**operator++**, pour appeler ensuite **aideIncrementation** afin d'incrémenter l'objet courant **Date**. Par la suite, nous retournons la copie non incrémentée de l'objet, stockée précédemment dans **temp**. Notez que cette fonction ne peut renvoyer de référence vers l'objet **Date** local **temp** puisque les variables locales sont détruites lors de la sortie de la fonction où elles sont déclarées. Par conséquent, une déclaration de renvoi du type de **Date &** retournerait pour cette fonction une référence à un objet qui n'existe plus. Le renvoi d'une référence vers une variable locale constitue une erreur courante pour laquelle certains compilateurs émettront un message d'avertissement.

RÉSUMÉ

- L'opérateur **<<** est utilisé à des fins diverses et multiples en C++: comme opérateur d'insertion de flux et comme opérateur binaire de décalage à gauche; voici un exemple de surcharge d'opérateur. De la même façon, l'opérateur **>>** est également surchargé: il est utilisé à la fois comme opérateur d'extraction de flux et comme opérateur binaire de décalage à droite.
- Le C++ permet au programmeur de surcharger la plupart des opérateurs, pour qu'ils deviennent sensibles au contexte dans lequel ils sont utilisés. Le compilateur génère le code approprié, en fonction de la manière dont on utilise l'opérateur.
- La surcharge des opérateurs contribue à l'extensibilité du C++.

- Les opérateurs sont surchargés par l'écriture d'une définition de fonction; le nom de la fonction doit être remplacé par le mot-clé **operator**, suivi du symbole de l'opérateur surchargé.

- Avant d'utiliser un opérateur sur les objets d'une classe, il est obligatoire de surcharger cet opérateur. Il existe toutefois deux exceptions à cette règle. Premièrement, on peut utiliser l'opérateur d'affectation (**=**) avec deux objets de la même classe, pour effectuer une copie de membre à membre par défaut, sans surcharge. Deuxièmement, l'opérateur d'adresse (**&**) peut aussi être utilisé avec des objets de toute classe sans surcharge; il renvoie simplement l'adresse de l'objet en mémoire.

- La surcharge des opérateurs propose les mêmes expressions concises pour des types définis par l'utilisateur, que celles qu'offre le C++ avec sa riche collection d'opérateurs pour des types prédéfinis.

- La surcharge d'un opérateur ne peut changer ni sa préséance ni son associativité.

- Il est impossible de changer le nombre d'opérandes qu'un opérateur prend. Les opérateurs unaires surchargés demeurent des opérateurs unaires; les opérateurs binaires surchargés demeurent des opérateurs binaires. L'unique opérateur ternaire du C++, **?:**, ne peut être surchargé.

- Il n'est pas possible de créer de nouveaux opérateurs; seuls les opérateurs existants peuvent être surchargés.

- La surcharge des opérateurs ne peut changer la signification de la manière dont ils travaillent sur les objets des types prédéfinis.

- Lors de la surcharge des opérateurs **()**, **[]**, **->** ou de tout autre opérateur d'affectation, la fonction de surcharge d'opérateur doit être déclarée comme membre de la classe.

- Les fonctions d'opérateurs peuvent être implémentées comme fonctions membres ou comme fonctions non membres.

- Lorsqu'une fonction d'opérateur est implémentée comme fonction membre, l'opérateur situé le plus à gauche doit représenter un objet de la classe ou une référence à un objet de la classe pour laquelle l'opérateur est mis en place.

- Si l'opérande gauche doit représenter un objet d'une classe différente, cette fonction d'opérateur doit être implémentée comme fonction non membre.

- Les fonctions membres d'opérateurs d'une classe spécifique ne sont appelées que lorsque l'opérande de gauche d'un opérateur binaire représente spécifiquement un objet de cette classe ou lorsque le seul opérande d'un opérateur unaire représente un objet de cette classe.

- Une autre raison de choisir une fonction non membre afin de surcharger un opérateur est de permettre à cet opérateur de devenir commutatif, c'est-à-dire que l'argument de gauche d'un opérateur peut représenter un objet d'un autre type de donnée, avec des définitions d'opérateurs surchargés appropriées.

- On peut surcharger un opérateur unaire pour une classe par une fonction membre non **static** sans argument ou par une fonction non membre avec un argument; cet argument doit alors représenter un objet de type défini par l'utilisateur ou une référence à un objet de type défini par l'utilisateur.

- Un opérateur binaire peut être surchargé par une fonction membre non **static** avec un argument ou par une fonction non membre avec deux arguments; un de ces arguments doit être un objet de la classe ou une référence à un objet de la classe.

- L'opérateur d'indice du tableau **[]** n'est pas restreint à une utilisation exclusive avec des tableaux; on peut l'utiliser pour sélectionner des éléments d'autres sortes de classes de conteneurs ordonnées telles que des listes chaînées, des chaînes de caractères, des dictionnaires et ainsi de suite. De plus, les indices ne doivent plus nécessairement représenter des entiers; on pourrait, par exemple, utiliser des caractères ou des chaînes de caractères.

- Le constructeur de copie initialise un objet à l'aide d'un autre objet de la même classe. Les constructeurs de copie sont également invoqués à tout endroit où l'on requiert la copie d'un objet, comme dans un passage par valeur ou lors du renvoi d'un objet par valeur à partir d'une fonction appelée. Dans un constructeur de copie, l'objet copié doit être passé par référence.

- Le compilateur ne peut savoir automatiquement comment effectuer une conversion entre des types définis par l'utilisateur et des types prédéfinis. Le programmeur doit spécifier comment se produiront de telles conversions. Celles-ci peuvent s'effectuer avec des constructeurs de conversion, c'est-à-dire des constructeurs à un seul argument qui transforment les objets d'autres types en des objets d'une classe particulière.

- Un opérateur de conversion, également appelé opérateur de transtypage, peut être utilisé pour convertir un objet d'une classe en un objet d'une autre classe ou en un objet de type prédéfini. Un tel opérateur de conversion doit représenter une fonction membre non **static**; il ne peut constituer une fonction **friend**.

- Un constructeur de conversion est un constructeur à un seul argument, utilisé pour convertir l'argument en un objet de la classe du constructeur. Le compilateur peut appeler un tel constructeur de façon implicite.
- L'opérateur d'affectation est l'opérateur le plus fréquemment surchargé. Il est normalement utilisé pour affecter un objet à un autre objet de la même classe, bien qu'on puisse aussi en faire usage pour des affectations entre différentes classes en conjonction avec les constructeurs de conversion.
- Si un opérateur d'affectation surchargé n'est pas défini, l'affectation demeure permise mais sa valeur par défaut sera celle d'une copie membre à membre de chaque donnée membre. Cette situation est acceptable dans certains cas. Pour des objets contenant des pointeurs vers des allocations d'espace dynamiques, la copie membre à membre entraîne que deux objets différents pointent vers le même espace de mémoire dynamique. Lorsque le destructeur est appelé pour l'un ou l'autre de ces objets, l'espace de stockage alloué dynamiquement est libéré. Si l'autre objet se réfère ensuite à cet espace de mémoire, le résultat est imprévisible.
- Pour surcharger un opérateur d'incrémentation de façon à permettre l'usage simultané de la pré-incrémentation et de la post-incrémentation, chaque fonction d'opérateur surchargé doit posséder une signature distincte afin que le compilateur puisse déterminer la version d'opérateur **++** attendue. Les versions à préfixe sont surchargées exactement de la même façon que les autres opérateurs unaires à préfixe. On peut fournir une signature unique à une fonction d'opérateur de post-incrémentation en lui fournissant un second argument de type **int**. En réalité, l'utilisateur ne fournit pas une valeur pour cet argument d'entier spécial; il n'existe que pour aider le compilateur à faire la distinction entre les versions à préfixe et à postfixe des opérateurs d'incrémentation et de décrémentation.

TERMINOLOGIE

auto-affectation
classe **Chaine**
classe **Date**
classe **EnormeEntier**
classe **NumeroTelephone**
classe **Tableau**
concaténation de chaîne
constructeur à un seul argument
constructeur de conversion
constructeur de copie
conversion définie par l'utilisateur
conversions explicites de types
conversions implicites de types
   (avec transtypage)
conversions entre types de base et classes
conversions entre classes
copie de membre à membre par défaut
fonction de conversion
fonction d'opérateur de transtypage
fonction d'opérateur surchargée **friend**
fuite de mémoire
mot-clé **operator**
opérateur -- surchargé
opérateur != surchargé
opérateur [ ] surchargé
operator[]
operator+
operator++
operator++(int)
operator+=
operator<
operator<<
operator<=
operator=
operator==
operator>

opérateur + surchargé
opérateur ++ surchargé
opérateur += surchargé
opérateur < surchargé
opérateur << surchargé
opérateur <= surchargé
opérateur = d'affectation surchargé
opérateur = surchargé
opérateur == surchargé
opérateur > surchargé
opérateur >= surchargé
opérateur >> surchargé
opérateur d'appel de fonction
opérateur de transtypage
opérateur surchargé de fonction membre
opérateurs implémentés comme fonctions
opérateurs ne pouvant être surchargés
opérateurs pouvant être surchargés
opérateurs surchargés en cascade
operator--
operator char *
operator int
operator!
operator!=
operator()
operator>=
operator>>
pointeur mal placé
sous-chaîne
surcharge
surcharge des opérateurs
surcharge d'un opérateur binaire
surcharge d'un opérateur unaire
surcharge d'un opérateur unaire à postfixe
surcharge d'un opérateur unaire à préfixe
type défini par l'utilisateur

ERREURS DE PROGRAMMATION COURANTES

8.1   Toute tentative de surcharge d'un opérateur ne pouvant être surchargé constitue une erreur de syntaxe.

8.2   Toute tentative de créer de nouveaux opérateurs par le biais de la surcharge des opérateurs constitue une erreur de syntaxe.

8.3   Toute tentative de modifier la façon dont un opérateur travaille avec les objets des types prédéfinis constitue une erreur de syntaxe.

8.4   Il est erroné de supposer que la surcharge d'un opérateur tel que + surcharge automatiquement les opérateurs apparentés comme += ou que la surcharge de == surcharge automatiquement un opérateur apparenté tel que !=. Les opérateurs ne peuvent être surchargés qu'explicitement; la surcharge implicite n'est pas possible.

8.5   Toute tentative de changer le nombre d'opérandes qu'accepte un opérateur par le biais d'une surcharge d'opérateur constitue une erreur de syntaxe.

8.6   Notez que le constructeur de copie doit utiliser l'appel par référence et non l'appel par valeur. S'il en était autrement, l'appel du constructeur de copie résulterait en une récursion infinie, c'est-à-dire une erreur de logique fatale, puisque l'appel par valeur requiert le passage d'une copie de l'objet vers le constructeur de copie, provoquant les appels récursifs vers ce dernier.

8.7   Si le constructeur de copie se limite à copier le pointeur de l'objet source dans le pointeur de l'objet cible, les deux objets pointent alors vers le même espace de stockage alloué dynamiquement. Le premier des deux destructeurs qui s'exécuterait supprimerait alors l'espace de stockage alloué dynamiquement, laissant un **ptr** d'objet non défini; cette situation, qualifiée de «pointeur mal placé», est susceptible de provoquer une erreur grave à l'exécution.

8.8   Le fait de ne pas fournir d'opérateur d'affectation surchargé ni de constructeur de copie pour une classe lorsque des objets de cette classe contiennent des pointeurs vers des espaces de stockage alloués dynamiquement constitue une erreur de logique.

BONNES PRATIQUES DE PROGRAMMATION

8.1   Surchargez les opérateurs lorsque ce processus clarifie le programme par rapport à l'accomplissement des opérations équivalentes par des appels de fonctions explicites.

8.2   Évitez l'utilisation abusive ou contradictoire de la surcharge des opérateurs qui pourrait rendre la lecture d'un programme obscure et difficile.

8.3   Surchargez les opérateurs pour effectuer une fonction identique ou similaire sur des objets de classes, comme celles effectuées par les opérateurs sur des objets des types prédéfinis. Rendez intuitive l'utilisation des opérateurs.

8.4   Avant d'écrire des programmes C++ avec des opérateurs surchargés, consultez les manuels de votre compilateur pour connaître les restrictions et les exigences particulières à certains opérateurs.

8.5   Pour assurer la cohérence entre les opérateurs apparentés, utilisez-en un pour implanter les autres; en d'autres termes, utilisez un opérateur + surchargé pour implanter un opérateur += surchargé.

8.6   Lors de la surcharge d'opérateurs unaires, il est préférable de faire des fonctions d'opérateurs des membres de la classe plutôt que des fonctions **friend** non membres. Évitez d'utiliser les fonctions et les classes **friend** à moins d'une nécessité absolue, puisque celles-ci violent l'encapsulation d'une classe.

ASTUCES SUR LA PERFORMANCE

8.1   Il est possible de surcharger un opérateur par une fonction non membre, non **friend**, bien que, comme une telle fonction a besoin d'accéder à des données **private** ou **protected** de la classe, elle nécessite un accès aux fonctions d'écriture (*set*) et de lecture (*get*) fournies dans l'interface **public** de cette classe. La surcharge causée par les appels à ces fonctions pourrait engendrer des performances médiocres; la mise en ligne (avec **inline**) de ces fonctions permettra d'améliorer les performances.

8.2   Le fait d'utiliser l'opérateur de concaténation **+=** surchargé prenant un seul argument de type **const char *** permet une exécution plus efficace que d'effectuer en premier lieu la conversion implicite, puis d'enchaîner avec la concaténation. Les conversions implicites nécessitent moins de code et provoquent moins d'erreurs.

OBSERVATIONS DE GÉNIE LOGICIEL

8.1   La surcharge des opérateurs contribue à l'extensibilité du C++, l'une des caractéristiques les plus attrayantes de ce langage.

8.2   Une fonction d'opérateur doit comporter au moins un argument représentant un objet d'une classe ou une référence à un objet d'une classe. Cette pratique empêche les programmeurs de changer la façon dont les opérateurs travaillent sur des types prédéfinis.

8.3   De nouvelles caractéristiques d'entrée-sortie pour des types définis par l'utilisateur peuvent être ajoutées au C++ sans modifier les déclarations ni les membres de données **private**, que ce soit pour la classe **ostream** ou pour la classe **istream**. Il s'agit d'un autre exemple de l'extensibilité du langage de programmation C++.

8.4   Un constructeur, un destructeur, un opérateur d'affectation surchargé et un constructeur de copie sont habituellement fournis en un seul groupe pour toute classe utilisant une allocation dynamique de mémoire.

8.5   Il est possible d'empêcher l'affectation d'un objet d'une classe à un autre; il suffit de déclarer l'opérateur d'affectation comme membre **private** de la classe.

8.6   Il est possible d'empêcher la copie d'objets d'une classe; il s'agit simplement d'y déclarer comme **private** l'opérateur d'affectation surchargé et le constructeur de copie.

8.7   Lorsqu'un constructeur de conversion est utilisé pour effectuer une conversion implicite, le C++ ne peut effectuer qu'un seul appel de constructeur implicite pour tenter de satisfaire les besoins d'un autre opérateur surchargé. Il est impossible de satisfaire les requêtes d'un opérateur surchargé en effectuant une série de conversions implicites définies par l'utilisateur.

8.8   En implantant des fonctions membres à partir de fonctions membres préalablement définies, le programmeur réutilise le code. Cette pratique permet de réduire la quantité de code à écrire.

ASTUCE DE TESTS ET DE DÉBOGAGE

8.1   Renvoyer une référence **char** à partir d'un opérateur d'indice surchargé dans une classe **Chaine** constitue une pratique dangereuse. Par exemple, le client pourrait utiliser cette référence pour insérer un caractère nul (**'\0'**) n'importe où dans la chaîne.

EXERCICES DE RÉVISION

8.1   Inscrivez les mots manquants dans chacune des phrases suivantes:
   a) Supposons que **a** et **b** représentent des variables entières et que nous formions la somme **a + b**. Supposons également que **c** et **d** constituent des variables à virgule flottante et que nous formions la somme **c + d**. Il est clair que les deux opérateurs **+** sont ici employés pour des fonctions différentes; il s'agit là d'un exemple de _____.
   b) Le mot-clé _____ introduit une définition de fonction d'opérateur surchargé.
   c) Les opérateurs doivent être surchargés afin d'être utilisés sur des objets d'une classe, à l'exception des opérateurs _____ et _____.
   d) La surcharge d'un opérateur ne change ni sa _____, ni son _____ ni son _____.

8.2   Expliquez les multiples significations des opérateurs **<<** et **>>** en langage C++.

8.3 Dans quel contexte peut-on employer le nom **operator/** en C++?

8.4 (Vrai ou Faux) En C++, seuls les opérateurs existants peuvent être surchargés.

8.5 Comparez la préséance d'un opérateur de C++ surchargé et celle de l'opérateur d'origine.

RÉPONSES AUX EXERCICES DE RÉVISION

8.1 a) surcharge des opérateurs. b) **operator**. c) d'affectation (**=**), d'adresse (**&**).
d) préséance, associativité, nombre d'opérandes.

8.2 L'opérateur **>>** représente à la fois l'opérateur de décalage à droite et l'opérateur d'extraction de flux, selon son contexte. L'opérateur **<<** représente à la fois l'opérateur de décalage à gauche et l'opérateur d'insertion de flux, tout dépendant de son contexte.

8.3 Pour la surcharge d'opérateurs: il constituerait le nom d'une fonction fournissant une version surchargée de l'opérateur **/**.

8.4 Vrai.

8.5 Elles sont identiques.

EXERCICES

8.6 Donnez autant d'exemples que possible de surcharges implicites pour un opérateur du C++. Donnez un exemple acceptable d'une situation dans laquelle vous voudriez utiliser une surcharge explicite d'un opérateur du C++.

8.7 Les opérateurs de C++ ne pouvant pas être surchargés sont: _____ , _____ , _____ , _____ et _____ .

8.8 La concaténation de chaînes de caractères nécessite deux opérandes: les deux chaînes devant être concaténées. Nous avons illustré dans ce chapitre comment implanter un opérateur de concaténation surchargé sur un second objet **Chaine** situé à la droite d'un premier objet **Chaine**, modifiant ainsi celui-ci. Dans certaines applications, il est souhaitable de produire un objet **Chaine** concaténé sans modifier les arguments **Chaine**. Implantez **operator+** afin de permettre des opérations telles que:

```
chaine1 = chaine2 + chaine3;
```

8.9 (*Exercice ultime de surcharge des opérateurs*) Afin de bien comprendre l'importance de bien choisir les opérateurs pour une surcharge, énumérez chacun des opérateurs du C++ pouvant être surchargé et identifiez, pour chacun d'eux, une ou plusieurs significations appropriés pour les classes étudiées dans ce cours. Nous vous suggérons d'essayer les classes:
   a) Tableau
   b) Pile
   c) Chaine

Par la suite, faites des observations afin de désigner quels sont les opérateurs semblant posséder une signification pour une vaste variété de classes. Quels opérateurs semblent avoir une valeur peu significative pour la surcharge? Quels opérateurs paraissent ambigus?

8.10 Effectuons maintenant le processus décrit au problème précédent, mais en sens inverse. Énumérez chacun des opérateurs du C++ pouvant être surchargé. Pour chacun d'entre eux, énumérez ce que vous croyez être l'«opération absolue» que l'opérateur pourrait effectuer. S'il existe plusieurs excellentes opérations, faites-en l'énumération complète.

8.11 (Projet) Le C++ est un langage en pleine évolution; de nouveaux langages sont toujours en cours de développement. Selon vous, quels seraient les opérateurs à ajouter au C++ ou à un autre futur langage comparable, pouvant supporter autant la programmation procédurale que la programmation orientée objets? Justifiez vos choix avec beaucoup d'attention: vous pourriez peut-être songer à soumettre vos suggestions au comité ANSI et (ou) ISO du C++ ou sur le groupe de discussion **comp.std.c++**.

8.12   Un autre exemple commode de surcharge de l'opérateur d'appel de fonction **( )** est de permettre la forme plus courante d'indiçage de tableau double. Au lieu d'écrire

```
echiquier[ ligne ][ colonne ]
```

pour un tableau d'objets, surchargez l'opérateur d'appel de fonction afin de permettre la forme alternative:

```
echiquier ( ligne, colonne )
```

8.13   Créez une classe **TableauIndicesDoubles** avec des caractéristiques similaires à la classe **Tableau** de la figure 8.4. Au moment de sa construction, la classe doit créer un tableau pouvant comporter tout nombre de lignes ou de colonnes. La classe doit fournir l'**operator()** pour effectuer les opérations à indices doubles. Par exemple, dans un **TableauIndicesDoubles** de 3 par 5 appelé **a**, l'utilisateur pourra écrire **a(1, 3)** afin d'accéder à l'élément situé à la ligne 1, colonne 3. Rappelez-vous qu'**operator()** peut recevoir n'importe quel nombre d'arguments (voir la classe **Chaine** de la figure 18.5 pour un exemple d'**operator()**). La représentation sous-jacente du tableau à indices doubles doit être celle d'un tableau d'entiers à indices simples avec un nombre d'éléments *lignes * colonnes*. La fonction **operator()** doit effectuer l'arithmétique appropriée de pointeurs afin d'accéder à chaque élément du tableau. On doit retrouver deux versions d'**operator()**: une première qui renvoie **int &** afin de pouvoir utiliser un élément de **TableauIndicesDoubles** comme *valeur gauche*, et une deuxième qui retourne **const int &** afin de pouvoir utiliser un élément **TableauIndicesDoubles** de type **const** comme *valeur droite*. La classe doit également fournir les opérateurs suivants: **==**, **!=**, **=**, **<<** (pour la sortie du tableau dans la forme lignes et colonnes), ainsi que **>>** (pour l'entrée du contenu entier du tableau).

8.14   Surchargez l'opérateur d'indice afin de renvoyer le plus gros élément d'une collection, le second plus gros élément, le troisième plus gros élément et ainsi de suite.

8.15   Examinez la classe **Complexe** illustrée à la figure 8.7. La classe permet des opérations sur des *nombres complexes*. Ces nombres sont représentés sous la forme **partieReelle + partieImaginaire * i**, où *i* a une valeur égale à

$$\sqrt{-1}$$

a) Modifiez la classe afin de permettre des entrées et des sorties de nombres complexes, en utilisant respectivement les opérateurs **>>** et **<<** surchargés. Vous devrez enlever la fonction d'affichage de la classe.

b) Surchargez l'opérateur de multiplication pour permettre la multiplication de deux nombres complexes, comme en algèbre.

c) Surchargez les opérateurs **==** et **!=** pour permettre des comparaisons de nombres complexes.

```
1   // Figure 8.7: complexe1.h
2   // Définition de la classe Complexe.
3   #ifndef COMPLEXE1_H
4   #define COMPLEXE1_H
5
6   class Complexe {
7   public:
8      Complexe( double = 0.0, double = 0.0 );        // constructeur.
9      Complexe operator+ ( const Complexe & ) const; // addition.
10     Complexe operator-( const Complexe & ) const;  // soustraction.
11     const Complexe &operator= ( const Complexe & ); // affectation.
12     void afficher() const;                          // sortie.
```

Figure 8.7   Démonstration de la classe **Complexe-complexe1.h**. (1 de 2)

```
13   private:
14      double reel;            // partie réelle.
15      double imaginaire;     // partie imaginaire.
16   };
17
18   #endif
```

Figure 8.7   Démonstration de la classe **Complexe-complexe1.h**. (2 de 2)

```
19   // Figure 8.7: complexe1.cpp
20   // Définitions des fonctions membres de la classe Complexe.
21   #include <iostream>
22
23   using std::cout;
24
25   #include "complexe1.h"
26
27   // Constructeur.
28   Complexe::Complexe( double r, double i )
29      : reel( r ), imaginaire( i ) { }
30
31   // Opérateur d'addition surchargé.
32   Complexe Complexe::operator+ ( const Complexe &operande2 ) const
33   {
34      return Complexe( reel + operande2.reel,
35                       imaginaire + operande2.imaginaire );
36   }
37
38   // Opérateur de soustraction surchargé.
39   Complexe Complexe::operator-( const Complexe &operande2 ) const
40   {
41      return Complexe( reel - operande2.reel,
42                       imaginaire - operande2.imaginaire );
43   }
44
45   // Surcharge opérateur =
46   const Complexe& Complexe::operator= ( const Complexe &droite )
47   {
48      reel = droite.reel;
49      imaginaire = droite.imaginaire;
50      return *this;    // permet la mise en cascade.
51   }
52
53   // Affiche un objet Complexe sous la forme: (a, b).
54   void Complexe::afficher() const
55      { cout << '(' << reel << ", " << imaginaire << ')'; }
```

Figure 8.7   Démonstration de la classe **Complexe-complexe1.cpp**.

```
56   // Figure 8.7: fig08_07.cpp
57   // Pilote pour la classe Complexe.
```

Figure 8.7   Démonstration de la classe **Complexe-fig08_07.cpp**. (1 de 2)

```
58  #include <iostream>
59
60  using std::cout;
61  using std::endl;
62
63  #include "complexe1.h"
64
65  int main()
66  {
67     Complexe x, y( 4.3, 8.2 ), z( 3.3, 1.1 );
68
69     cout << "x: ";
70     x.afficher();
71     cout << "\ny: ";
72     y.afficher();
73     cout << "\nz: ";
74     z.afficher();
75
76     x = y + z;
77     cout << "\n\nx = y + z:\n";
78     x.afficher();
79     cout << " = ";
80     y.afficher();
81     cout << " + ";
82     z.afficher();
83
84     x = y - z;
85     cout << "\n\nx = y - z:\n";
86     x.afficher();
87     cout << " = ";
88     y.afficher();
89     cout << " - ";
90     z.afficher();
91     cout << endl;
92
93     return 0;
94  }
```

```
x: (0, 0)
y: (4.3, 8.2)
z: (3.3, 1.1)

x = y + z:
(7.6, 9.3) = (4.3, 8.2) + (3.3, 1.1)

x = y - z:
(1, 7.1) = (4.3, 8.2) - (3.3, 1.1)
```

Figure 8.7   Démonstration de la classe **Complexe-fig08_07.cpp**. (2 de 2)

8.16   Une machine avec des entiers de 32 octets peut représenter des entiers compris dans une échelle d'environ −2 milliards à +2 milliards. Cette restriction à taille fixe engendre rarement des problèmes, bien qu'il existe certaines applications dans lesquelles il serait préférable d'utiliser une échelle d'entiers beaucoup plus large.

C'est l'une des raisons pour laquelle le C++ fut construit, à savoir la création de nouveaux types de données d'une grande efficacité. Examinez maintenant la classe **EnormeEntier** de la figure 8.8. Étudiez le cas avec attention, puis:

    a)   Faites une description précise du fonctionnement de la classe.

    b)   Quelles sont les restrictions relatives à cette classe?

    c)   Surchargez l'opérateur de multiplication *****.

    d)   Surchargez l'opérateur de division **/**.

    e)   Surchargez tous les opérateurs relationnels et tous les opérateurs d'égalité.

```
1   // Fig. 8.8: enormeEntier1.h
2   // Définition de la classe EnormeEntier.
3   #ifndef ENORMEENTIER1_H
4   #define ENORMEENTIER1_H
5
6   #include <iostream>
7
8   using std::ostream;
9
10  class EnormeEntier {
11     friend ostream &operator<< ( ostream &, EnormeEntier & );
12  public:
13     EnormeEntier( long = 0 );              // constr. conversion/par défaut.
14     EnormeEntier( const char * );          // constructeur de conversion.
15     EnormeEntier operator+ ( EnormeEntier & ); // additionne à un autre
16                                            // EnormeEntier.
17     EnormeEntier operator+ ( int );        // additionne un entier.
18     EnormeEntier operator+ ( const char * );// additionne un entier
19                                            // dans un char *.
20  private:
21     short entier[30];
22  };
23
24  #endif
```

Figure 8.8   Classe d'entiers énormes définie par l'utilisateur-**enormeEntier1.h**.

```
25  // Figure 8.8: EnormeEntier1.cpp
26  // Définitions des fonctions membres et friend de la classe EnormeEntier.
27  #include <cstring>
28  #include "enormeEntier1.h"
29
30  // Constructeur de conversion.
31  EnormeEntier::EnormeEntier( long val )
32  {
33     int i;
34
35     for ( i = 0; i <= 29; i++ )
36        entier[ i ] = 0;    // initialise le tableau à zéro.
37
38     for ( i = 29; val != 0 && i >= 0; i-- ) {
39        entier[ i ] = val % 10;
40        val /= 10;
41     }
42  }
```

Figure 8.8   Classe d'entiers énormes définie par l'utilisateur-**enormeEntier1.cpp**.
                (1 de 2)

```
43
44    EnormeEntier::EnormeEntier( const char *chaine )
45    {
46       int i, j;
47
48       for ( i = 0; i <= 29; i++ )
49          entier[ i ] = 0;
50
51       for ( i = 30 - strlen( chaine ), j = 0; i <= 29; i++, j++ )
52          entier[ i ] = chaine [ j ] - '0';
53    }
54
55    // Addition.
56    EnormeEntier EnormeEntier::operator+ ( EnormeEntier &op2 )
57    {
58       EnormeEntier temp;
59       int transport = 0;
60
61       for ( int i = 29; i >= 0; i-- ) {
62          temp.entier[ i ] = entier[ i ] +
63                             op2.entier[ i ] + transport;
64
65          if ( temp.entier[ i ] > 9 ) {
66             temp.entier[ i ] %= 10;
67             transport = 1;
68          }
69          else
70             transport = 0;
71       }
72
73       return temp;
74    }
75
76    // Addition.
77    EnormeEntier EnormeEntier:: operator+ ( int op2 )
78       { return *this + EnormeEntier( op2 ); }
79
80    // Addition.
81    EnormeEntier EnormeEntier::operator+ ( const char *op2 )
82       { return *this + EnormeEntier( op2 ); }
83
84    ostream& operator<< ( ostream &sortie, EnormeEntier &num )
85    {
86       int i;
87
88       for ( i = 0; ( num.entier[ i ] == 0 ) && ( i <= 29 ); i++ )
89          ; // omet les premiers zéros.
90
91       if ( i == 30 )
92          sortie << 0;
93       else
94          for (; i <= 29; i++ )
95             sortie << num.entier[ i ];
96
97       return sortie;
98    }
```

Figure 8.8   Classe d'entiers énormes définie par l'utilisateur-**enormeEntier1.cpp**. (2 de 2)

```
99    // Figure 8.8: fig08_08.cpp
100   // Pilote pour la classe EnormeEntier.
101   #include <iostream>
102
103   using std::cout;
104   using std::endl;
105
106   #include "enormeEntier1.h"
107
108   int main()
109   {
110      EnormeEntier n1( 7654321 ), n2( 7891234 ),
111            n3( "99999999999999999999999999999" ),
112            n4( "1" ), n5;
113
114      cout << "n1 est " << n1 << "\nn2 est " << n2
115           << "\nn3 est " << n3 << "\nn4 est " << n4
116           << "\nn5 est " << n5 << "\n\n";
117
118      n5 = n1 + n2;
119
120      cout << n1 << " + " << n2 << " = " << n5 << "\n\n";
121
122      cout << n3 << " + " << n4 << "\n= " << ( n3 + n4 )
123           << "\n\n";
124
125      n5 = n1 + 9;
126      cout << n1 << " + " << 9 << " = " << n5 << "\n\n";
127
128      n5 = n2 + "10000";
129      cout << n2 << " + " << "10000" << " = " << n5 << endl;
130
131      return 0;
132   }
```

```
n1 est 7654321
n2 est 7891234
n3 est 99999999999999999999999999999
n4 est 1
n5 est 0

7654321 + 7891234 = 15545555

99999999999999999999999999999 + 1
= 100000000000000000000000000000

7654321 + 9 = 7654330

7891234 + 10000 = 7901234
```

Figure 8.8   Classe d'entiers énormes définie par l'utilisateur-**fig08_08.cpp**.

8.17   Créez une classe **NombreRationnel** (fractions) avec les caractéristiques suivantes:

    a) Créez un constructeur qui empêche d'utiliser un 0 comme dénominateur dans une fraction, qui réduise ou simplifie les fractions qui ne sont pas sous une forme réduite et qui empêche l'utilisation de dénominateurs négatifs.

    b) Surchargez les opérateurs d'addition, de soustraction, de multiplication et de division pour cette classe.

    c) Surchargez les opérateurs relationnels et les opérateurs d'égalité pour cette classe.

8.18   Étudiez les fonctions de la bibliothèque de manipulations de chaînes de caractères du C et implantez chacune des fonctions pour qu'elle puisse faire partie de la classe **Chaine**. Utilisez ensuite ces fonctions pour effectuer des manipulations de texte.

8.19   Développez une classe **Polynome**. La représentation interne d'un **Polynome** est celle d'un tableau de termes. Chaque terme contient un coefficient et un exposant. Le terme

$$2x^4$$

possède un coefficient de 2 et un exposant de 4. Développez une classe entière contenant des fonctions de constructeur et de destructeur appropriées, ainsi que des fonctions d'écriture (*set*) et de lecture (*get*). La classe doit également fournir les caractéristiques d'opérateurs surchargés suivantes:

    a) Surchargez l'opérateur d'addition (**+**) pour additionner deux **Polynome**.

    b) Surchargez l'opérateur de soustraction (**-**) afin de soustraire deux **Polynome**.

    c) Surchargez l'opérateur d'affectation pour affecter un **Polynome** à un autre.

    d) Surchargez l'opérateur de multiplication (*****) afin de multiplier deux **Polynome**.

    e) Surchargez l'opérateur d'affectation d'addition (**+=**), l'opérateur d'affectation de soustraction (**-=**) ainsi que l'opérateur d'affectation de multiplication (***=**).

8.20   Le programme de la figure 8.3 contient le commentaire suivant:

```
// Opérateur d'insertion de flux surchargé (ne peut être
// une fonction membre si nous voulons l'invoquer avec
// cout << numeroQuelconque;).
```

En réalité, l'opérateur ne peut être une fonction membre de la classe **ostream**, mais il peut représenter une fonction membre de la classe **NumeroTelephone** si nous désirons l'invoquer de l'une des façons suivantes:

```
numeroQuelconque. operator<< ( cout );
```

ou

```
numeroQuelconque << cout;
```

Récrivez le programme de la figure 8.3 avec l'opérateur d'insertion de flux surchargé **operator<<** comme fonction membre et essayez les deux instructions précédentes dans le programme afin de prouver qu'elles fonctionnent.

Héritage

Objectifs

- Créer de nouvelles classes en héritant de classes existantes.

- Comprendre comment l'héritage favorise la réutilisation des logiciels.

- Comprendre les notions des classes de base et des classes dérivées.

- Utiliser l'héritage multiple pour dériver une classe à partir de plusieurs classes de base.

Aperçu

9.1 Introduction[1]

Nous discuterons dans ce chapitre et au suivant de deux des plus importantes caractéristiques fournies par la programmation orientée objets: l'*héritage* et le *polymorphisme*. L'héritage représente une forme de réutilisation de logiciel dans laquelle de nouvelles classes sont créées à partir de classes existantes, en absorbant leurs attributs et leurs comportements et en les substituant ou en les embellissant avec les caractéristiques requises par les nouvelles classes. La réutilisation des logiciels épargne un temps considérable dans le développement de programmes, favorisant cette pratique avec des logiciels de haute qualité, éprouvés et débogués, pour ainsi réduire les problèmes une fois qu'un système est devenu fonctionnel. Il s'agit là d'une pratique aux possibilités passionnantes. Le polymorphisme permet d'écrire des programmes d'une manière générale afin de supporter une vaste gamme de classes existantes et de classes apparentées encore à spécifier. L'héritage et le polymorphisme constituent des techniques efficaces dans le traitement de la complexité de logiciels.

---

1. Note: plusieurs techniques discutées dans ce chapitre et au chapitre 10 changeront à mesure que la communauté du C++ poursuivra l'adoption graduelle des nouvelles techniques spécifiées dans la norme du C++. Nous discuterons de ces nouvelles techniques, comme l'identification de type à l'exécution (*RTTI run-time type identification*), au chapitre 21.

Au lieu d'écrire des fonctions et des données membres complètement nouvelles, le programmeur peut spécifier que, lors de la création d'une nouvelle classe, cette dernière *hérite* des membres de données et des fonctions membres d'une *classe de base* définie antérieurement. On fait alors référence à cette nouvelle classe par la locution *classe dérivée*. Chaque classe dérivée devient elle-même candidate pour constituer une classe de base d'une future classe dérivée. Avec l'*héritage simple*, une classe est dérivée d'une seule classe de base alors qu'avec l'h*éritage multiple*, une classe dérivée hérite de multiples classes de base (non nécessairement apparentées). L'héritage simple est sans détour et nous en illustrerons plusieurs exemples qui devraient permettre au lecteur d'acquérir rapidement une certaine compétence dans ce domaine. L'héritage multiple, plus complexe, donne prise aux erreurs; nous n'en illustrerons qu'un simple exemple et émettrons une mise en garde ferme en conseillant au lecteur de poursuivre davantage l'étude de cette puissante caractéristique avant de s'en servir.

Une classe dérivée peut ajouter des membres de données et des fonctions membres qui lui sont propres; elle peut donc être de plus grande taille que la classe de base. Une classe dérivée est plus spécifique que sa classe de base et représente un groupe d'objets plus petit. Avec l'héritage simple, la classe dérivée débute essentiellement de la même façon que la classe originale. La véritable force de l'héritage provient de l'habileté à définir dans la classe dérivée des additions, des substitutions ou des améliorations aux caractéristiques héritées de la classe de base.

Le C++ offre trois sortes d'héritage: **public**, **protected** et **private**. Dans ce chapitre, nous porterons notre attention sur l'héritage public (**public**) et expliquerons brièvement les autres variantes; au chapitre 15, nous illustrerons comment utiliser l'héritage privé (**private**) comme forme de composition alternative. La troisième forme, l'héritage protégé (**protected**), constitue une addition relativement récente au C++, ce qui fait qu'on l'emploie rarement. Avec l'héritage **public**, on peut imaginer chaque objet d'une classe dérivée comme un objet de la classe de base. Toutefois, la réciproque n'est pas vraie: les objets d'une classe de base ne constituent pas des objets des dérivées de cette dernière. Nous pourrons profiter de cette relation, «l'objet d'une classe dérivée est un objet d'une classe de base», pour effectuer certaines manipulations intéressantes. Grâce à l'héritage nous pouvons par exemple faufiler une vaste gamme d'objets différents dans une liste chaînée d'objets d'une classe de base pour permettre le traitement d'une variété d'objets d'une manière générale. Comme nous le verrons au chapitre suivant, cette caractéristique, appelée polymorphisme, demeure une innovation clé de la programmation orientée objets.

Dans ce chapitre, nous ajouterons une nouvelle forme de contrôle d'accès aux membres, à savoir l'accès protégé (**protected**). Les classes dérivées et leurs amis (**friend**) peuvent accéder aux membres **protected** d'une classe de base, alors que les fonctions membres non **friend** et les fonctions membres d'une classe non **friend** ne peuvent le faire.

L'expérience relative à la construction de systèmes logiciels indique que des portions significatives de code traitent de cas spéciaux intimement liés. Dans de tels systèmes, il devient difficile de capter l'image d'ensemble puisque les préoccupations du concepteur et du programmeur demeurent concentrées sur les cas spéciaux. La programmation orientée objets offre plusieurs façons de «voir la forêt à travers les arbres» avec le procédé nommé *abstraction*.

Si on charge un programme qui comporte des cas spéciaux intimement liés, il est alors courant de voir des instructions **switch** établissant les distinctions entre les cas spéciaux et fournissant la logique de traitement qui négocie individuellement chacun d'eux. Au chapitre 10, nous illustrerons comment utiliser l'héritage et le polymorphisme pour remplacer cette logique **switch** par une logique plus simple.

Nous faisons une distinction entre les *relations «est un»* eet les *relations «possède un»*. Dans une relation représentant l'héritage, de style «est un», un objet d'un type de classe dérivée peut également être traité comme un objet d'un type de classe de base. Dans une relation représentant la composition de style «possède un» (voir figure 7.4), un objet d'une classe *possède* un ou plusieurs objets d'autres classes comme membres.

Une classe dérivée ne peut accéder aux membres **private** de sa classe de base; cela violerait l'encapsulation de cette classe s'il en était autrement. Toutefois, une classe dérivée peut accéder aux membres **public** et **protected** de sa classe de base.

Dans la classe de base, on déclare **private** ses membres qui ne peuvent pas être accessibles à une classe dérivée par le biais de l'héritage. Une classe dérivée ne peut accéder aux membres **private** qu'à travers les fonctions d'accès fournies dans les interfaces **public** et **protected** de la classe de base.

Un des problèmes de l'héritage est qu'une classe dérivée peut hériter d'implémentations de fonctions membres **public** dont elle n'a pas besoin ou qu'elle n'est pas supposée avoir. Lorsque l'implémentation d'un membre d'une classe de base ne convient pas à une classe dérivée, on peut substituer ce membre dans la classe dérivée avec une implémentation appropriée. Dans certains cas, l'héritage **public** ne convient tout simplement pas.

Dans un contexte plus intéressant, citons la notion impliquant que les nouvelles classes peuvent hériter de bibliothèques de classes existantes. Des organisations développent leurs propres bibliothèques de classes et profitent d'autres bibliothèques disponibles dans le monde entier. Éventuellement, les logiciels seront construits de façon prédominante à partir de *composants standards réutilisables*, tout comme l'est souvent le matériel aujourd'hui. Ceci aidera à relever les défis que présente le développement de logiciels plus puissants dont nous aurons besoin dans un proche avenir.

9.2 Héritage: classes de base et classes dérivées

Dans bien des cas, un objet d'une classe constitue également un objet d'une autre classe. Un rectangle est à coup sûr un quadrilatère (comme le carré, le parallélogramme ou le trapèze). Par conséquent, on peut dire que la classe **Rectangle** *hérite* de la classe **Quadrilatere**. Dans ce contexte, on appelle *classe de base* la classe **Quadrilatere** alors que la classe **Rectangle** est nommée *classe dérivée*. Un rectangle est un type spécifique de quadrilatère; par contre, il est inexact d'affirmer qu'un quadrilatère est un rectangle; le quadrilatère pourrait parfaitement être un parallélogramme. La figure 9.1 illustre plusieurs exemples d'héritage simple.

D'autres langages de programmation orientée objets, comme Smalltalk et Java, utilisent une terminologie différente: pour l'héritage, la classe de base est appelée *superclasse*, représentant un super-ensemble d'objets, et la classe dérivée est appelée *sous-classe*, représentant un sous-ensemble d'objets.

Comme l'héritage produit normalement des classes dérivées avec plus de caractéristiques que leur classe d'origine, les termes superclasse et sous-classe peuvent porter à confusion; nous éviterons donc de les employer. Puisqu'on peut imaginer les objets de classes dérivées comme des objets de leur classe de base, il apparaît que plus d'objets s'associent avec les classes de base qu'avec les classes dérivées. Il est donc raisonnable de désigner les classes de base par le terme de superclasse et les classes dérivées par le terme sous-classes.

Classe de base	Classes dérivées
Forme	Cercle
	Triangle
	Rectangle
Pret	PretAuto
	PretRenovations
	PretHypothecaire
Employe	MembreDeFaculte
	MembreDuPersonnel
Compte	CompteCheques
	CompteEpargne

Figure 9.1   Exemples d'héritage simples.

L'héritage forme des structures hiérarchiques arborescentes. Une classe de base existe selon une relation hiérarchique avec ses classes dérivées et peut certes exister toute seule. Ce n'est que lorsqu'on utilise une classe par le mécanisme de l'héritage, que cette classe devient soit une classe de base fournissant des attributs et des comportements à d'autres classes, soit une classe dérivée héritant d'attributs et de comportements.

Développons une hiérarchie d'héritage simple. Une communauté universitaire type comprend des milliers de personnes en tant que membres, elle est constituée d'employés, d'étudiants et d'anciens étudiants. Les employés sont soit des membres de la faculté, soit des membres du personnel. Les membres de la faculté sont les administrateurs (doyens et présidents de départements) ou les enseignants de la faculté. La figure 9.2 illustre cette hiérarchie d'héritage. Notez que certains administrateurs peuvent également enseigner; nous employons donc l'héritage multiple pour former la classe **AdministrateurEnseignant**. Puisque les étudiants travaillent souvent à leur université et que les employés peuvent suivre des cours, il serait également équitable d'utiliser l'héritage multiple pour créer une classe appelée **EmployeEtudiant**.

Un autre exemple important de la hiérarchie d'héritage est la hiérarchie **Forme** de la figure 9.3. Une observation commune parmi les étudiants apprenant la programmation orientée objets est qu'il existe une abondance d'exemples de hiérarchies dans le monde réel. Les étudiants ne sont simplement pas accoutumés à classer le monde réel en catégories de cette manière; ils doivent donc procéder à certains ajustements dans leur façon de penser.

Examinons la syntaxe qui permet d'exprimer l'héritage. Pour spécifier que le classe **TravailleurCommission** est dérivée de la classe **Employe**, nous devrions définir la classe **TravailleurCommission** de la façon suivante:

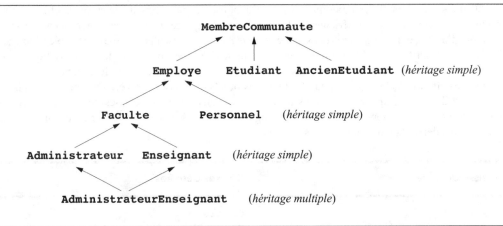

Figure 9.2   Hiérarchie d'héritage pour les membres d'une communauté universitaire.

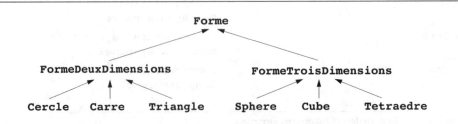

Figure 9.3   Portion d'une hiérarchie d'une classe **Forme**.

```
class TravailleurCommission: public Employe {
   ...
};
```

C'est ce qu'on appelle l'*héritage* **public**, le type d'héritage le plus couramment utilisé. Nous discuterons également de l'*héritage privé* (**private**) et de l'*héritage protégé* (**protected**). En utilisant l'héritage **public**, les membres **public** et **protected** de la classe de base sont hérités respectivement comme membres **public** et **protected** de la classe dérivée. Rappelez-vous que les membres **private** d'une classe de base ne sont pas accessibles à partir des classes dérivées de celle-ci. Notez également que les fonctions **friend** ne sont pas héritées.

Il est possible de traiter d'une façon similaire les objets d'une classe de base et ceux d'une classe dérivée; cet usage commun s'exprime dans les attributs et les comportements de la classe de base. Les objets de toute classe dérivée d'une classe de base commune avec l'héritage **public** peuvent tous être traités comme objets de cette classe de base. Nous examinerons de nombreux exemples dans lesquels nous profiterons de cette relation, qui permet une facilité de programmation que l'on ne retrouve pas dans les langages de programmation non orientée objets, comme le langage C.

9.3 Membres protégés (`protected`)

On accède aux membres **public** d'une classe de base par toutes les fonctions du programme. Les membres **private** d'une classe de base ne sont accessibles que par les fonctions membres et les amis (**friend**) de la classe de base.

Nous avons introduit l'accès **protected** comme un niveau de protection intermédiaire entre les accès **public** et **private**. Les membres **protected** d'une classe de base ne sont accessibles que par les membres et amis (**friend**) de la classe de base et par les membres et amis des classes dérivées. Les membres des classes dérivées peuvent référencer des membres **public** et **protected** de la classe de base en utilisant simplement les noms des membres. Notez que les données **protected** lézardent l'encapsulation: des modifications apportées aux membres protégés d'une classe de base peuvent nécessiter la modification de toutes les classes dérivées.

Observation de génie logiciel 9.1

*En général, déclarez **private** les membres de données d'une classe et n'utilisez **protected** qu'en dernier recours, lorsque des systèmes nécessitent d'être ajustés pour satisfaire des besoins de performance uniques.*

9.4   Transtypage de pointeurs d'une classe de base en pointeurs de classes dérivées

Un objet d'une classe dérivée d'un type **public** peut être traité comme un objet de sa classe de base correspondante. Cette pratique permet certaines manipulations intéressantes. Par exemple, en dépit du fait que les objets d'une variété de classes dérivées d'une classe de base particulière peuvent différer sensiblement les uns des autres, nous pouvons tout de même créer une liste chaînée de ces objets, aussi longtemps que nous les traitons comme des objets de la classe de base. L'inverse ne peut cependant pas s'appliquer: un objet d'une classe de base ne constitue pas automatiquement un objet d'une classe dérivée.

Erreur de programmation courante 9.1

Le fait de traiter un objet d'une classe de base comme un objet d'une classe dérivée peut causer des erreurs.

Le programmeur peut toutefois employer un transtypage explicite pour convertir un pointeur de classe de base en un pointeur de classe dérivée. L'anglais désigne cette opération de *downcasting*, où l'on rétrograde un type de classe de base en un autre de classe dérivée. La plus grande prudence est de rigueur avec cette technique: si un tel pointeur doit être déréférencé, le programmeur doit s'assurer que le type de pointeur est assorti au type de l'objet vers lequel il pointe. Dans cette section, notre traitement emploie des techniques largement disponibles dans la plupart des compilateurs. Au chapitre 21, nous examinerons à nouveau ces sujets dans le contexte des compilateurs les plus modernes, conformes aux caractéristiques les plus récentes de la norme du C++, telles que l'idendification de type à l'exécution (*RTTI, run-time type identification*), ainsi que le transtypage dynamique ou **dynamic_cast**, et le **typeid**.

Erreur de programmation courante 9.2

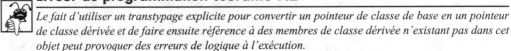

Le fait d'utiliser un transtypage explicite pour convertir un pointeur de classe de base en un pointeur de classe dérivée et de faire ensuite référence à des membres de classe dérivée n'existant pas dans cet objet peut provoquer des erreurs de logique à l'exécution.

Notre premier exemple se retrouve à la figure 9.4. Les lignes 1 à 43 illustrent la définition de la classe **Point** de même que les définitions des fonctions membres **Point**. Les lignes 44 à 106 traitent de la définition de la classe **Cercle** et des définitions des fonctions membres **Cercle**. Les lignes 107 à 153 détaillent un programme pilote dans lequel nous montrons l'affectation de pointeurs de classes dérivées à des pointeurs de classe de base (l'anglais appelle ceci l'*upcasting* du pointeur), de même que le transtypage de pointeurs de classe de base en pointeurs de classes dérivées (*downcasting*).

```
1   // Figure 9.4: point.h
2   // Définition de la classe Point.
3   #ifndef POINT_H
4   #define POINT_H
5
6   #include <iostream>
7
8   using std::ostream;
9
10  class Point {
11     friend ostream &operator<< ( ostream &, const Point & );
12  public:
13     Point( int = 0, int = 0 );          // constructeur par défaut.
14     void ajusterPoint( int, int );      // coordonnées d'ajustement.
15     int lectureX() const { return x; }  // lit la coordonnée x.
16     int lectureY() const { return y; }  // lit la coordonnée y.
17  protected:          // accessible par les classes dérivées.
18     int x, y;        // coordonnées x et y du Point.
19  };
20
21  #endif
```

Figure 9.4   Transtypage de pointeurs de classe de base en pointeurs de classes dérivées-**point.h**.

```
22  // Figure 9.4: point.cpp
23  // Fonctions membres pour la classe Point.
24  #include <iostream>
25  #include "point.h"
26
27  // Constructeur de la classe Point.
28  Point::Point( int a, int b ) { ajusterPoint( a, b ); }
29
```

Figure 9.4   Transtypage de pointeurs de classe de base en pointeurs de classes dérivées-**point.cpp**. (1 de 2)

```
30   // Ajuste les coordonnées x et y de Point.
31   void Point::ajusterPoint( int a, int b )
32   {
33      x = a;
34      y = b;
35   }
36
37   // Sortie de Point (avec l'opérateur d'insertion de flux surchargé).
38   ostream &operator<< ( ostream &sortie, const Point &p )
39   {
40      sortie << '[' << p.x << ", " << p.y << ']';
41
42      return sortie;   // permet les appels en cascade.
43   }
```

Figure 9.4   Transtypage de pointeurs de classe de base en pointeurs de classes
dérivées-**point.cpp**. (2 de 2)

```
44   // Figure 9.4: cercle.h
45   // Définition de la classe Cercle.
46   #ifndef CERCLE_H
47   #define CERCLE_H
48
49   #include <iostream>
50
51   using std::ostream;
52
53   #include <iomanip>
54
55   using std::ios;
56   using std::setiosflags;
57   using std::setprecision;
58
59   #include "point.h"
60
61   class Cercle: public Point {        // Cercle hérite de Point.
62      friend ostream &operator<< ( ostream &, const Cercle & );
63   public:
64      // Constructeur par défaut.
65      Cercle( double r = 0.0, int x = 0, int y = 0 );
66
67      void ajusterRayon( double );   // ajuste le rayon.
68      double lectureRayon() const;   // renvoie le rayon.
69      double aire() const;           // calcule l'aire.
70   protected:
71      double rayon;
72   };
73
74   #endif
```

Figure 9.4   Transtypage de pointeurs de classe de base en pointeurs
de classes dérivées-**cercle.h**.

```
75   // Figure 9.4: cercle.cpp
76   // Définitions des fonctions membres pour la classe Cercle.
77   #include "cercle.h"
78
79   // Le constructeur pour Cercle appelle le constructeur pour
80   // Point avec un initialiseur, puis initialise le rayon.
81   Cercle::Cercle( double r, int a, int b )
82      : Point( a, b )  // appelle le constructeur de la classe de base.
83   { ajusterRayon( r ); }
84
85   // Ajuste le rayon de Cercle.
86   void Cercle::ajusterRayon( double r )
87      { rayon = ( r >= 0 ? r: 0 ); }
88
89   // Lit le rayon de Cercle.
90   double Cercle::lectureRayon() const { return rayon; }
91
92   // Calcule l'aire de Cercle.
93   double Cercle::aire() const
94      { return 3.14159 * rayon * rayon; }
95
96   // Sortie d'un Cercle sous la forme:
97   // Centre = [x, y]; Rayon = #.##
98   ostream &operator<< ( ostream &sortie, const Cercle &c )
99   {
100     sortie << "Centre = " << static_cast< Point >( c )
101            << "; Rayon = "
102            << setiosflags( ios::fixed | ios::showpoint )
103            << setprecision( 2 ) << c.rayon;
104
105     return sortie;    // permet les appels en cascade.
106  }
```

Figure 9.4   Transtypage de pointeurs de classe de base en pointeurs
de classes dérivées–**cercle.cpp**

```
107  // Figure 9.4: fig09_04.cpp
108  // Transtypage de pointeurs de classe de base en pointeurs
109  // de classes dérivées.
110  #include <iostream>
111
112  using std::cout;
113  using std::endl;
114
115  #include <iomanip>
116
117  #include "point.h"
118  #include "cercle.h"
119
120  int main()
121  {
122     Point *pointPtr = 0, p( 30, 50 );
123     Cercle *cerclePtr = 0, c( 2.7, 120, 89 );
```

Figure 9.4   Transtypage de pointeurs de classe de base en pointeurs
de classes dérivées–**fig09_04.cpp**. (1 de 2)

```
124
125        cout << "Point p: " << p << "\nCercle c: " << c << '\n';
126
127        // Traite Cercle comme un Point (ne voit que la partie de la classe
128        // de base).
129        pointPtr = &c; // affecte l'adresse de Cercle à pointPtr.
130        cout << "\nCercle c (via *pointPtr): "
131            << *pointPtr << '\n';
132
133        // Traite Cercle comme un Cercle (avec transtypage).
134        pointPtr = &c; // affecte l'adresse de Cercle à pointPtr.
135
136        // Transtypage de pointeurs de classe de base en pointeur
137        // de classe dérivée.
138        cerclePtr = static_cast< Cercle * >( pointPtr );
139        cout << "\nCercle c (via *cerclePtr):\n" << *cerclePtr
140            << "\nAire de c (via cerclePtr): "
141            << cerclePtr->aire() << '\n';
142
143        // DANGER: Traite Point comme un Cercle.
144        pointPtr = &p;  // affecte l'adresse de Point à pointPtr.
145
146        // Transtypage de pointeurs de classe de base en pointeur
147        // de classe dérivée.
148        cerclePtr = static_cast< Cercle * >( pointPtr );
149        cout << "\nPoint p (via *cerclePtr):\n" << *cerclePtr
150            << "\nL'aire de l'objet cerclePtr pointe vers: "
151            << cerclePtr->aire() << endl;
152        return 0;
153 }
```

```
Point p: [30, 50]
Cercle c: Centre = [120, 89]; Rayon = 2.70

Cercle c (via *pointPtr): [120, 89]

Cercle c (via *cerclePtr):
Centre = [120, 89]; Rayon = 2.70
Aire de c (via cerclePtr): 22.90

Point p (via *cerclePtr):
Centre = [30, 50]; Rayon = 0.00
L'aire de l'objet cerclePtr pointe vers: 0.00
```

Figure 9.4   Transtypage de pointeurs de classe de base en pointeurs de classes dérivées-`fig09_04.cpp`. (2 de 2)

Examinons d'abord la définition de la classe **Point**. L'interface **public** vers **Point** inclut les fonctions membres **ajusterPoint**, **lectureX** et **lectureY**. Les membres de données **x** et **y** de **Point** sont spécifiées **protected**. Cette situation empêche les clients des objets **Point** d'accéder directement aux données mais permet aux classes dérivées de **Point** de rejoindre directement les membres de données hérités. Si les données étaient **private**, nous devrions utiliser les fonctions membres **public** de **Point** afin d'accéder aux données, même pour les classes dérivées. Notez que la fonction d'opérateur surchargé d'insertion de flux de **Point** peut référencer directement les variables **x** et **y**, cette fonction étant amie (**friend**) de la classe **Point**. Notez également la nécessité de référencer **x** et **y** par le biais d'objets, comme dans **p.x** et **p.y**, puisque la fonction d'opérateur surchargé d'insertion de flux ne constitue pas une fonction membre de la classe **Point**. Nous devons donc employer un identificateur explicite afin que le compilateur puisse savoir à quel objet nous faisons référence. Notez que cette classe offre les fonctions membres **public** mises en ligne (**inline**) **lectureX** et **lectureY**, afin d'éviter de devoir déclarer **operator<<** comme **friend** pour obtenir de bonnes performances. Les fonctions membres **public** nécessaires ne peuvent toutefois pas être fournies dans l'interface **public** de chaque classe; les déclarations d'amitié (**friend**) sont donc souvent appropriées.

La classe **Cercle** hérite de la classe **Point** par héritage **public**. On retrouve cette spécification dans la première ligne de la définition de classe:

```
class Cercle: public Point {  // Cercle hérite de Point.
```

Le deux-points (**:**) dans l'en-tête de la définition de classe indique l'héritage. Le mot-clé **public** indique, quant à lui, le type d'héritage. Nous discuterons à la section 9.7 des héritages **protected** et **private**. Tous les membres **public** et **protected** de la classe **Point** sont hérités respectivement comme membres **public** et **protected** dans la classe **Cercle**. Cela signifie que l'interface **public** de **Cercle** inclut à la fois les membres **public** de **Point** de même que les membres **public** de **Cercle** nommés **aire**, **ajusterRayon** et **lectureRayon**.

Le constructeur de **Cercle** doit invoquer le constructeur de **Point** afin d'initialiser la portion de classe de base **Point** d'un objet **Cercle**. Cette tâche est accomplie à l'aide d'un initialiseurmembre, introduit au chapitre 7, de la façon suivante (lignes 81 et 82):

```
Cercle::Cercle( double r, int a, int b )
   : Point( a, b )  // appelle le constructeur de la classe de base.
```

La seconde ligne de l'en-tête de fonction du constructeur invoque par son nom le constructeur de **Point**. Les valeurs **a** et **b** sont passées du constructeur de **Cercle** au constructeur de **Point** afin d'initialiser les membres **x** et **y** de la classe de base. Si le constructeur de **Cercle** n'invoque pas explicitement le constructeur de **Point**, son constructeur par défaut est invoqué implicitement avec les valeurs par défaut pour **x** et **y**, c'est-à-dire **0** et **0**. Dans ce cas, si la classe **Point** ne fournit pas de constructeur par défaut, le compilateur émet un message d'erreur. Notez que la fonction de l'**operator<<** surchargé de **Cercle** peut produire la sortie de la partie **Point** de **Cercle** en forçant le type de la référence **c** de **Cercle** pour le convertir en un **Point**. Cette situation produit un appel à l'**operator<<** de **Point** et produit la sortie des coordonnées **x** et **y** en utilisant la forme du **Point** appropriée.

Le programme pilote crée **pointPtr**, un pointeur vers un objet **Point**, instancie l'objet **Point** nommé **p**, crée ensuite **cerclePtr**, un pointeur vers un objet **Cercle**, et instancie l'objet **c** de type **Cercle**. L'affichage des objets **p** et **c** est effectué à l'aide de leurs opérateurs d'insertion de flux surchargés, ce qui permet d'illustrer qu'ils ont été initialisés correctement. Le pilote affecte ensuite un pointeur de classe dérivée, en l'occurrence l'adresse de l'objet **c**, au pointeur **pointPtr** de la classe de base et produit la sortie de l'objet **c** de type **Cercle** en employant l'**operator<<** de **Point** et le pointeur déréférencé ***pointPtr**. Notez que seule la portion **Point** de l'objet **c** de type **Cercle** est affichée. En utilisant l'héritage **public**, l'affectation d'un pointeur de classe dérivée en un pointeur de classe de base demeure valable, puisqu'un objet de classe dérivée *est un* objet de classe de base. Le pointeur de la classe de base ne voit que la partie de la classe de base de l'objet de classe dérivée. Le compilateur effectue une conversion implicite du pointeur de classe dérivée en pointeur de classe de base.

Le programme montre ensuite le transtypage de **pointPtr** à l'inverse en un **Cercle *****. Le résultat de cette opération de transtypage est affecté à **cerclePtr**. La sortie de l'objet **c**, de type **Cercle**, est effectuée par l'entremise de l'opérateur d'insertion de flux surchargé de **Cercle** et le pointeur déréférencé ***cerclePtr**. L'aire de l'objet **c** de type **Cercle** est dirigée vers la sortie par le biais de **cerclePtr**, produisant une valeur d'aire correcte puisque les pointeurs sont constamment dirigés vers un objet **Cercle**.

On ne peut affecter directement un pointeur de classe de base à un pointeur de classe dérivée. Il s'agit d'une affectation fondamentalement dangereuse, les pointeurs de classes dérivées s'attendant à pointer vers des objets de classes dérivées. Dans ce cas, le compilateur n'effectue pas de conversion implicite. L'utilisation d'un transtypage explicite informe le compilateur que le programmeur est au courant des dangers inhérents à ce type de conversion de pointeurs. Le programmeur supporte la responsabilité de l'emploi adéquat du pointeur, de sorte que le compilateur est disposé à permettre la conversion dangereuse.

Le pilote affecte ensuite un pointeur de classe de base, l'adresse de l'objet **p**, au pointeur de classe de base **pointPtr** et force le type de **pointPtr** à nouveau en **Cercle *****. Le résultat de cette opération de transtypage est affecté à **cerclePtr**. La sortie de l'objet **Point** appelé **p** se produit grâce à l'**operator<<** de **Cercle** et du pointeur déréférencé ***cerclePtr**. Notez la valeur de sortie de zéro pour le membre **rayon**, qui n'existe pas puisque **cerclePtr** pointe en réalité vers un objet **Point**. La sortie d'un **Point** en un **Cercle** produit une valeur non définie, une valeur de zéro dans le cas présent, pour **rayon** puisque les pointeurs sont constamment dirigés vers un objet **Point**. Un objet **Point** ne possède pas de membre **rayon**; par conséquent, le programme produit la sortie, quelle que soit sa valeur, de l'espace mémoire que **cerclePtr** croit être la donnée membre **rayon**. L'aire de l'objet pointé par **cerclePtr**, l'objet **p** de type **Point**, est également dirigée à la sortie par le biais de **cerclePtr**. Notez que la valeur de l'aire est de **0.00** puisque ce calcul est basé sur la valeur, non définie, de **rayon**. Il est évidemment dangereux d'accéder à des membres de données qui n'existent pas. Le fait d'appeler des fonctions membres inexistantes peut rendre non opérationnel un programme.

Dans cette section, nous avons illustré le mécanisme des conversions depointeurs. Cette matière établit les fondements dont nous aurons besoin pour notre traitement plus en profondeur de la programmation orientée objets: le polymorphisme que nous verrons au prochain chapitre.

9.5 Utilisation des fonctions membres

Les fonctions membres d'une classe dérivée doivent parfois accéder à certains membres de données et fonctions membres de la classe de base.

Observation de génie logiciel 9.2

Une classe dérivée ne peut accéder directement aux membres **private** *de sa classe de base.*

Il s'agit d'un aspect décisif de la conception de logiciels en C++. Si une classe dérivée pouvait accéder aux membres **private** de la classe de base, l'encapsulation de cette dernière serait alors transgressée. Le masquage des membres **private** constitue une aide colossale dans les tests, le débogage et la modification adéquate de systèmes. Si une classe dérivée pouvait accéder aux membres **private** de sa classe de base, les classes dérivées de cette dernière dérivée pourraient également accéder à ses données. Cette situation propagerait l'accès à de soi-disant données **private** et les bénéfices de l'encapsulation s'en trouveraient perdus à travers la hiérarchie de la classe.

9.6 Substitution des membres d'une classe de base dans une classe dérivée

Une classe dérivée peut substituer une fonction membre d'une classe de base en fournissant une nouvelle version de cette fonction avec la même signature. Si la signature était différente, il s'agirait en effet d'une surcharge de fonction et non d'une substitution de fonction. Lorsqu'on mentionne cette fonction par son nom dans la classe dérivée, la version de la classe dérivée est choisie automatiquement. On peut utiliser l'opérateur de résolution de portée pour accéder à la version de la classe de base à partir de la classe dérivée.

Erreur de programmation courante 9.3

Lorsqu'une fonction membre d'une classe de base est substituée dans une classe dérivée, il est courant de rencontrer le cas où la version de la classe dérivée appelle la version de la classe de base en plus d'effectuer certains travaux additionnels. Le fait de ne pas utiliser l'opérateur de résolution de portée pour référencer la fonction membre de la classe de base produit une récursion infinie puisque, en réalité, la fonction membre de la classe dérivée s'appelle elle-même. Cette situation finit par épuiser la mémoire du système, produisant une erreur fatale à l'exécution.

Examinons le cas d'une classe **Employe** simplifiée, mémorisant le **prenom** et le **nomFamille** d'un employé. Ces informations sont communes à tous les employés et, se retrouvent dans les classes dérivées de la classe **Employe**. De la classe **Employe** dérivent les classes **EmployeHoraire**, **EmployePiece**, **Patron** et **EmployeCommission**. On paie un **EmployeHoraire** avec un tarif horaire de 150 pour-cent les heures supplémentaires, excédant 40 heures par semaine. Un **EmployePiece** est payé selon un taux fixe par article produit. Pour simplifier, présumons que cette personne ne fabrique qu'un seul type d'article, alors que les membres de données **private** représentent le nombre d'articles produits et le taux par article. Le **Patron** encaisse un salaire hebdomadaire fixe alors qu'un **EmployeCommission** reçoit un faible revenu hebdomadaire fixe, en plus d'un pourcentage sur ses ventes brutes de la semaine. Afin de bien comprendre, nous n'étudierons que la classe **Employe** et la dérivée **EmployeHoraire**.

Notre exemple suivant est illustré à la figure 9.5. Les lignes 1 à 50 représentent.la définition de la classe **Employe** et la définition des fonctions membres de **Employe**; les lignes 51 à 106 montrent la définition de la classe **EmployeHoraire** et de ses fonctions membres. Les lignes 107 à 117 forment un programme pilote pour la hiérarchie d'héritage d'**Employe/EmployeHoraire** qui instancie un objet **EmployeHoraire**, l'initialise et appelle la fonction membre **affichage** d'**EmployeHoraire**, afin de réaliser la sortie des données de l'objet.

```
1   // Figure 9.5: employe.h
2   // Définition de la classe Employe.
3   #ifndef EMPLOYE_H
4   #define EMPLOYE_H
5
6   class Employe {
7   public:
8      Employe( const char *, const char * );  // constructeur.
9      void affichage() const;   // affiche prénom et nom de famille.
10     ~Employe();               // destructeur.
11  private:
12     char *prenom;             // chaîne allouée dynamiquement.
13     char *nomFamille;         // chaîne allouée dynamiquement.
14  };
15
16  #endif
```

Figure 9.5   Substitution d'une fonction membre d'une classe de base dans une classe dérivée-**employe.h**.

```
17    // Figure 9.5: employe.cpp
18    // Définitions des fonctions membres pour la classe Employe.
19    #include <iostream>
20
21    using std::cout;
22
23    #include <cstring>
24    #include <assert.h>
25    #include "employe.h"
26
27    // Le constructeur alloue l'espace dynamique pour le prénom
28    // et le nom de famille et utilise strcpy pour copier le
29    // prénom et le nom de famille dans l'objet.
30    Employe::Employe( const char *premier, const char *dernier )
31    {
32       prenom = new char[ strlen( premier ) + 1 ];
33       assert( prenom != 0 );        // termine si mémoire non allouée.
34       strcpy( prenom, premier );
35
36       nomFamille = new char[ strlen( dernier ) + 1 ];
37       assert( nomFamille != 0 );    // termine si mémoire non allouée.
38       strcpy( nomFamille, dernier );
39    }
40
41    // Affiche le nom de l'employé.
42    void Employe::affichage() const
43       { cout << prenom << ' ' << nomFamille; }
44
45    // Le destructeur récupère la mémoire allouée dynamiquement.
46    Employe::~Employe()
47    {
48       delete [] prenom;            // récupère la mémoire dynamique.
49       delete [] nomFamille;        // récupère la mémoire dynamique.
50    }
```

Figure 9.5   Substitution d'une fonction membre d'une classe de base dans une classe dérivée-**employe.cpp**.

```
51    // Figure 9.5: horaire.h
52    // Définition de la classe EmployeHoraire.
53    #ifndef HORAIRE_H
54    #define HORAIRE_H
55
56    #include "employe.h"
57
58    class EmployeHoraire: public Employe {
59    public:
60       EmployeHoraire( const char*, const char*, double, double );
61       double lecturePaie() const; // calcule et renvoie le salaire.
62       void affichage() const;      // substitue l'affichage de classe de base.
63    private:
64       double salaire;    // salaire horaire.
65       double heures;     // heures travaillées pour la semaine.
66    };
67
68    #endif
```

Figure 9.5   Substitution d'une fonction membre d'une classe de base dans une classe dérivée-**horaire.h**.

```
69   // Figure 9.5: horaire.cpp
70   // Définitions des fonctions membres pour la classe EmployeHoraire.
71   #include <iostream>
72
73   using std::cout;
74   using std::endl;
75
76   #include <iomanip>
77
78   using std::ios;
79   using std::setiosflags;
80   using std::setprecision;
81
82   #include "horaire.h"
83
84   // Constructeur de la classe EmployeHoraire.
85   EmployeHoraire::EmployeHoraire( const char *premier,
86                                   const char *dernier,
87                                   double initHeures, double initSalaire )
88      : Employe( premier, dernier ) // appelle constructeur de classe de base.
89   {
90      heures = initHeures;            // validation.
91      salaire = initSalaire;          // validation.
92   }
93
94   // Lit la paie de l'EmployeHoraire.
95   double EmployeHoraire::lecturePaie() const { return salaire * heures; }
96
97   // Affiche le nom et la paie d'EmployeHoraire.
98   void EmployeHoraire::affichage() const
99   {
100     cout << "Exécution de EmployeHoraire::affichage()\n\n";
101     Employe::affichage(); // appelle fonction d'affichage - classe de base.
102
103     cout << " est un employé horaire avec une paie de $"
104          << setiosflags( ios::fixed | ios::showpoint )
105          << setprecision( 2 ) << lecturePaie() << endl;
106  }
```

Figure 9.5   Substitution d'une fonction membre d'une classe de base dans une classe dérivée-**horaire.cpp**.

```
107  // Figure 9.5: fig.09_05.cpp
108  // Substitution d'une fonction membre de la classe de base.
109  // dans une classe dérivée.
110  #include "horaire.h"
111
112  int main()
113  {
114     EmployeHoraire h( "Bob", "Binet", 40.0, 10.00 );
115     h.affichage();
116     return 0;
117  }
```

```
Exécution de EmployeHoraire::affichage()
Bob Binet est un employé horaire avec une paie de $400.00
```

Figure 9.5   Substitution d'une fonction membre d'une classe de base dans une classe dérivée-**fig09_05.cpp**.

La définition de la classe **Employe** comprend deux membres de données **private char ***, appelés **prenom** et **nomFamille**, ainsi que trois fonctions membres: un constructeur, un destructeur et **affichage**. La fonction de constructeur reçoit deux chaînes et alloue de la mémoire dynamique pour des tableaux de caractères afin de remiser les chaînes. Notez l'utilisation de la macro **assert** (détaillée au chapitre 18) qui détermine si la mémoire est allouée pour **prenom** et **nomFamille**. Si aucune mémoire ne leur est allouée, le programme se termine avec un message d'erreur indiquant la condition testée, le numéro de ligne sur laquelle la condition apparaît et le fichier dans lequel se retrouve cette condition. Dans le contexte de la norme du C++, il faut noter une fois de plus que **new** lance une exception si la mémoire disponible est insuffisante; nous en discuterons au chapitre 13. Puisque les données d'**Employe** sont **private**, l'unique accès aux données s'effectue par le biais de la fonction membre **affichage** qui produit simplement la sortie du prénom et du nom de famille de l'employé. La fonction de destructeur renvoie l'espace dynamique de mémoire au système, afin d'éviter une fuite de mémoire.

La classe **EmployeHoraire** hérite de la classe **Employe** par un héritage **public**. Une fois de plus, on spécifie cette condition dans la première ligne de la définition de classe en employant la notation deux-points (**:**) de la façon suivante:

```
class EmployeHoraire: public Employe
```

L'interface **public** vers **EmployeHoraire** comprend la fonction **affichage** de **Employe** et les fonctions membres **lecturePaie** et **affichage** de **EmployeHoraire**. Notez que la classe **EmployeHoraire** définit sa propre fonction **affichage** avec le même prototype qu'**Employe::affichage()**; il s'agit ici d'un exemple de substitution de fonction. Par conséquent, la classe **EmployeHoraire** a accès aux deux fonctions **affichage**. La classe **EmployeHoraire** comprend également les membres de données **private**, **salaire** et **heures**, qui calculent la rémunération hebdomadaire de l'employé.

Le constructeur d'**EmployeHoraire** utilise une syntaxe d'initialiseur de membre pour passer les chaînes **premier** et **dernier** au constructeur d'**Employe**, afin d'initialiser les membres de la classe de base et ensuite les membres **heures** et **salaire**. La fonction membre **lecturePaie** calcule le salaire de l'**EmployeHoraire**.

La fonction **affichage** de **EmployeHoraire** substitue la fonction membre **affichage** de **Employe**. Dans une classe dérivée, les fonctions de la classe de base sont souvent substituées pour fournir de meilleures qualités fonctionnelles. Les fonctions substituées appellent parfois la version de la classe de base pour effectuer une partie de la nouvelle tâche. Dans cet exemple, la fonction **affichage** de la classe dérivée appelle son homonyme de la classe de base pour produire la sortie du nom de l'employé. En effet, la fonction **affichage** de la classe de base est la seule ayant accès aux données **private** de la classe de base. La fonction **affichage** de la classe dérivée produit aussi la sortie de la paie de l'employé. Remarquez de quelle façon on réussit l'appel de la version de la classe de base:

```
Employe::affichage();
```

Puisque la fonction de la classe de base et celle de la classe dérivée possèdent des noms et des signatures identiques, il faut faire précéder la fonction de la classe de base de son nom de classe ainsi que de l'opérateur de résolution de portée. S'il en était autrement, la version dérivée de la fonction serait appelée, provoquant une récursion infinie, c'est-à-dire que la fonction **EmployeHoraire affichage** s'appellerait elle-même.

9.7 Héritage `public`, `protected` et `private`

Lorsqu'on dérive une classe à partir d'une classe de base, l'héritage de cette dernière peut être **public**, **protected** ou **private**. L'emploi de l'héritage **protected** ou **private** demeure rare et ne devrait intervenir qu'avec de nombreuses précautions. Normalement, nous préférons dans ce manuel l'héritage **public**; le chapitre 15 présente l'héritage **private** comme forme alternative de la composition. La figure 9.6 résume l'accessibilité des membres de classe de base dans une classe dérivée pour chaque type d'héritage. La première colonne contient les spécificateurs d'accès aux membres de la classe de base.

Lorsqu'une classe est dérivée d'une classe de base **public**, les membres **public** de la classe de base deviennent membres **public** de la classe dérivée, tandis que les membres **protected** de la classe de base deviennent membres **protected** de la classe dérivée. Les membres **private** d'une classe de base ne sont jamais accessibles directement à partir d'une classe dérivée mais demeurent visibles par le biais d'appels vers les fonctions membres **public** et **protected** de la classe de base.

Spécificateur d'accès aux membres de la classe de base	Type d'héritage		
	Héritage **public**	Héritage **protected**	Héritage **private**
public	**public** dans la classe dérivée. Accessible directement à partir de toute fonction membre non **static**, fonction **friend** ou fonction non membre.	**protected** dans la classe dérivée. Accessible directement à partir de toute fonction membre non **static**, ou fonction **friend**.	**private** dans la classe dérivée. Accessible directement à partir de toute fonction membre non **static**, ou fonction **friend**.
protected	**public** dans la classe dérivée. Accessible directement à partir de toute fonction membre non **static**, ou fonction **friend**.	**protected** dans la classe dérivée. Accessible directement à partir de toute fonction membre non **static**, ou fonction **friend**.	**private** dans la classe dérivée. Accessible directement à partir de toute fonction membre non **static**, ou fonction **friend**.
private	Masqué dans la classe dérivée. Accessible directement à partir de toute fonction membre non **static**, ou fonction **friend** par le biais des fonctions membres **public** ou **protected** de la classe de base.	Masqué dans la classe dérivée. Accessible directement à partir de toute fonction membre non **static**, ou fonction **friend** par le biais des fonctions membres **public** ou **protected** de la classe de base.	Masqué dans la classe dérivée. Accessible directement à partir de toute fonction membre non **static**, ou fonction **friend** par le biais des fonctions membres **public** ou **protected** de la classe de base.

Figure 9.6   Résumé de l'accessibilité des membres de classe de base dans une classe dérivée.

Dérivés à partir d'une classe de base **protected**, les membres **public** et **protected** de la classe de base deviennent membres **protected** de la classe dérivée. Lorsqu'ils sont dérivés d'une classe **private**, les membres **public** et **protected** de la classe de base deviennent membres **private** de la classe dérivée; en d'autres termes les fonctions deviennent des fonctions utilitaires. Les héritages **private** et **protected** ne constituent pas des relations «est un».

9.8 Classes de base directes et classes de base indirectes

Une classe de base peut constituer une *classe de base directe* ou une *classe de base indirecte* d'une classe dérivée. On énumère explicitement une classe de base directe dans l'en-tête de la classe dérivée avec la notation de deux-points (**:**) lors de sa déclaration. Une classe de base indirecte n'est pas énumérée explicitement dans l'en-tête de la classe dérivée; elle est plutôt héritée à partir de deux niveaux ou plus de la hiérarchie de classes.

9.9 Emploi de constructeurs et de destructeurs dans des classes dérivées

Puisqu'une classe dérivée hérite des membres de sa classe de base, on doit appeler son constructeur pour initialiser les membres de classe de base de l'objet de classe dérivée lorsqu'un objet d'une classe dérivée est instancié. Un *initialiseur de classe de base*, utilisant la syntaxe d'initialiseur de membre que nous avons vue, peut être fourni dans le constructeur de la classe dérivée pour appeler explicitement le constructeur de la classe de base; sinon, le constructeur de la classe dérivée appellera implicitement le constructeur par défaut de la classe de base.

Les classes dérivées n'héritent pas des constructeurs et des opérateurs d'affectation de la classe de base. Toutefois, les constructeurs et les opérateurs d'affectation des classes dérivées peuvent appeler les constructeurs et les opérateurs d'affectation de la classe de base.

Un constructeur de classe dérivée appelle toujours en premier le constructeur de sa classe de base afin d'initialiser les membres de base de la classe dérivée. Si l'on omet le constructeur de classe dérivée, le constructeur par défaut de la classe dérivée appelle le constructeur par défaut de la classe de base. Les destructeurs sont appelés dans l'ordre inverse de celui des constructeurs; un destructeur de classe dérivée est donc appelé avant son destructeur de classe de base.

Observation de génie logiciel 9.3

Supposons que nous créions un objet d'une classe dérivée où la classe de base et la classe dérivée contiennent toutes deux des objets d'autres classes. Lorsqu'un objet de cette classe dérivée est créé, le constructeur des objets membres de la classe de base s'exécute en premier, suivi du constructeur des objets membres de la classe dérivée, puis du constructeur de la classe dérivée. Les destructeurs sont appelés dans l'ordre inverse de celui de leurs constructeurs correspondants.

Observation de génie logiciel 9.4

L'ordre de construction des objets membres est le même que celui dans lequel ces objets sont déclarés à l'intérieur de la définition de classe. L'ordre d'énumération des initialiseurs de membres n'affecte pas l'ordre de construction.

Observation de génie logiciel 9.5

Dans l'héritage, l'ordre d'appel des constructeurs de la classe de base s'effectue selon l'héritage spécifié dans la définition de la classe dérivée. L'ordre de spécification des constructeurs de la classe de base, dans la liste des initialiseurs membres de la classe dérivée, n'affecte pas l'ordre de construction.

Le programme de la figure 9.7 montre l'ordre d'appel des constructeurs et des destructeurs de la classe de base et des classes dérivées. Le programme comprend cinq parties: les lignes 1 à 39 illustrent une classe **Point** simple contenant un constructeur, un destructeur et les membres de données **protected** appelés **x** et **y**. Le constructeur et le destructeur affichent tous les deux l'objet **Point** pour lequel ils sont invoqués.

```cpp
1   // Figure 9.7: point2.h
2   // Définition de la classe Point.
3   #ifndef POINT2_H
4   #define POINT2_H
5
6   class Point {
7   public:
8     Point( int = 0, int = 0 );    // constructeur par défaut.
9     ~Point();                      // destructeur.
10  protected:                       // accessible par les classes dérivées.
11    int x, y;                      // coordonnées x et y de Point.
12  };
13
14  #endif
```

Figure 9.7   Ordre d'appel des constructeurs et des destructeurs de la classe de base et des classes dérivées-**point2.h**.

```cpp
15  // Figure 9.7: point2.cpp
16  // Définitions des fonctions membres pour la classe Point.
17  #include <iostream>
18
19  using std::cout;
20  using std::endl;
21
22  #include "point2.h"
23
24  // Constructeur pour la classe Point.
25  Point::Point( int a, int b )
26  {
27    x = a;
28    y = b;
29
30    cout << "Constructeur de Point: "
31        << '[' << x << ", " << y << ']' << endl;
32  }
33
34  // Destructeur pour la classe Point.
35  Point::~Point()
36  {
37    cout << "Destructeur de Point:  "
38        << '[' << x << ", " << y << ']' << endl;
39  }
```

Figure 9.7   Ordre d'appel des constructeurs et des destructeurs de la classe de base et des classes dérivées-**point2.cpp**.

```
40  // Figure 9.7: cercle2.h
41  // Définition de la classe Cercle.
42  #ifndef CERCLE2_H
43  #define CERCLE2_H
44
45  #include "point2.h"
46
47  class Cercle: public Point {
48  public:
49     // constructeur par défaut.
50     Cercle( double r = 0.0, int x = 0, int y = 0 );
51
52     ~Cercle();
53  private:
54     double rayon;
55  };
56
57  #endif
```

Figure 9.7   Ordre d'appel des constructeurs et des destructeurs de la classe de base et des classes dérivées–`cercle2.h`.

```
58  // Figure 9.7: cercle2.cpp
59  // Définitions des fonctions membres pour la classe Cercle.
60  #include <iostream>
61
62  using std::cout;
63  using std::endl;
64
65  #include "cercle2.h"
66
67  // Le constructeur de Cercle appelle le constructeur de Point.
68  Cercle::Cercle( double r, int a, int b )
69     : Point( a, b )  // appelle le constructeur de la classe de base.
70  {
71     rayon = r;       // validation.
72     cout << "Constructeur de Cercle: le rayon est "
73         << rayon << " [" << x << ", " << y << ']' << endl;
74  }
75
76  // Destructeur pour la classe Cercle.
77  Cercle::~Cercle()
78  {
79     cout << "Destructeur de Cercle: le rayon est "
80         << rayon << " [" << x << ", " << y << ']' << endl;
81  }
```

Figure 9.7   Ordre d'appel des constructeurs et des destructeurs de la classe de base et des classes dérivées–`cercle2.cpp`.

Les lignes 40 à 81 montrent une classe **Cercle** simple dérivée de **Point** avec un héritage **public**. La classe **Cercle** fournit un constructeur, un destructeur et un membre de données **private** nommé **rayon**. Le constructeur et le destructeur affichent tous les deux l'objet **Cercle** pour lequel ils sont invoqués. Le constructeur de **Cercle** invoque également le constructeur de **Point** en employant une syntaxe d'initialiseur de membre et passe les valeurs **a** et **b** afin de permettre l'initialisation des membres de données **x** et **y** de la classe de base.

```
82   // Figure 9.7: fig09_07.cpp
83   // Démontre lorsque les constructeurs et les destructeurs
84   // de la classe de base et des classes dérivées sont appelés.
85   #include <iostream>
86
87   using std::cout;
88   using std::endl;
89
90   #include "point2.h"
91   #include "cercle2.h"
92
93   int main()
94   {
95      // Illustre les appels de constructeur et de destructeur pour Point.
96      {
97         Point p( 11, 22 );
98      }
99
100     cout << endl;
101     Cercle cercle1( 4.5, 72, 29 );
102     cout << endl;
103     Cercle cercle2( 10, 5, 5 );
104     cout << endl;
105     return 0;
106  }
```

```
Constructeur de Point: [11, 22]
Destructeur de Point:  [11, 22]

Constructeur de Point: [72, 29]
Constructeur de Cercle: le rayon est 4.5 [72, 29]

Constructeur de Point: [5, 5]
Constructeur de Cercle: le rayon est 10 [5, 5]

Destructeur de Cercle: le rayon est 10 [5, 5]
Destructeur de Point:  [5, 5]
Destructeur de Cercle: le rayon est 4.5 [72, 29]
Destructeur de Point:  [72, 29]
```

Figure 9.7   Ordre d'appel des constructeurs et des destructeurs de la classe de base et des classes dérivées-**fig09_07.cpp**.

Les lignes 82 à 106 forment un programme pilote pour cette hiérarchie **Point – Cercle**. Le programme débute dans **main** en instanciant un objet **Point** à l'intérieur de sa propre portée. L'objet passe immédiatement hors de portée, provoquant l'appel du constructeur et du destructeur de **Point**. Le programme instancie ensuite l'objet **cercle1** de type **Cercle**. Le constructeur de **Point** est alors invoqué afin de produire une sortie avec des valeurs passées en provenance du constructeur de **Cercle**, puis effectue la sortie spécifiée dans le constructeur de **Cercle**. Par la suite, l'objet **Cercle** nommé **cercle2** est instancié, provoquant de nouveau l'appel des constructeurs de **Point** et de **Cercle**. Notez que le corps du constructeur de **Point** se trouve avant le corps du constructeur de **Cercle**. À la fin de **main**, les destructeurs des objets **cercle1** et **cercle2** sont appelés, dans l'ordre inverse de leurs constructeurs correspondants. Par conséquent, les destructeurs de **Cercle** et de **Point** sont appelés dans cet ordre pour l'objet **cercle2**, de même que pour l'objet **cercle1**.

9.10 Conversion implicite d'un objet de classe dérivée en objet de classe de base

En dépit du fait qu'un objet de classe dérivée constitue un objet de sa classe de base, le type de la classe dérivée et de la classe de base sont différents. Avec l'héritage **public**, on peut traiter des objets de classe dérivée comme des objets de classe de base, la classe dérivée possédant des membres correspondant à chacun des membres de la classe de base; rappelez-vous que la classe dérivée peut posséder plus de membres que la classe de base. L'affectation dans la direction opposée est interdite puisque l'affectation d'un objet de classe de base à un objet de classe dérivée laisserait les membres additionnels sans définition. Bien qu'une telle affectation ne soit pas permise par nature, on peut l'effectuer légitimement en utilisant un opérateur d'affectation surchargé approprié et (ou) un constructeur de conversion (voir le chapitre 8). Remarquez que notre discussion concernant les pointeurs, dans le reste de cette section, vaut également pour les références.

Erreur de programmation courante 9.4

Le fait d'affecter un objet d'une classe dérivée à un objet de classe de base et de tenter, par la suite, de référencer les seuls membres de la classe dérivée dans le nouvel objet de la classe de base constitue une erreur de syntaxe.

Avec l'héritage **public**, un pointeur vers un objet de classe dérivée peut être converti implicitement en un pointeur vers un objet de la classe de base puisqu'un objet de classe dérivée est un objet de la classe de base.

Quatre façons permettent de mélanger et d'assortir des pointeurs de la classe de base et de classes dérivées avec des objets de classes de base et de classes dérivées:

1. La référence d'un objet de la classe de base par un pointeur de la classe de base constitue un procédé simple.

2. La référence d'un objet de la classe dérivée par un pointeur de la classe dérivée constitue un procédé simple.

3. La référence d'un objet de la classe dérivée par un pointeur de la classe de base constitue un procédé sûr, puisque l'objet de classe dérivée est également un objet de sa classe de base. Un tel code ne peut que référencer des membres de la classe de base. Si ce code se réfère aux seuls membres de la classe dérivée par le biais du pointeur de classe de base, le compilateur signalera une erreur de syntaxe.

4. La référence d'un objet de la classe de base par un pointeur de la classe dérivée constitue une erreur de syntaxe. On doit d'abord forcer le type du pointeur de classe dérivée en un pointeur de classe de base.

Erreur de programmation courante 9.5

Le fait de forcer le type d'un pointeur de classe de base en un pointeur de classe dérivée peut produire des erreurs si ce dernier est ensuite utilisé pour référencer un objet de classe de base ne possédant pas les membres de classe dérivée désirés.

Même si le traitement d'objets de classes dérivées comme objets de classe de base, manipulés avec des pointeurs de classe de base, s'avère des plus pratiques, il pose un problème. Dans un système de paie, par exemple, il serait intéressant de pouvoir consulter une liste chaînée d'employés et de calculer la paie hebdomadaire de chaque personne. Pourtant, l'emploi de pointeurs de classe de base permet au programme de n'appeler que le sous-programme de calcul de paie de la classe de base, en supposant, bien entendu, qu'il existe vraiment un tel sous-programme dans la classe de base. À partir d'une simple utilisation du pointeur de classe de base, nous aurions besoin de trouver une façon d'invoquer pour chaque objet le sous-programme approprié de calcul de paie, qu'il s'agisse d'un objet de classe de base ou d'un objet de classe dérivée. La solution consiste à se servir de fonctions virtuelles et du polymorphisme, comme nous le verrons au chapitre 10.

9.11 Conception de logiciels avec héritage

Nous pouvons utiliser l'héritage afin de personnaliser un logiciel existant. Nous héritons des attributs et des comportements d'une classe existante et ajoutons ensuite les attributs et les comportements ou en substituons aux comportements de la classe de base, pour la personnaliser selon nos besoins. En C++, cette pratique peut s'effectuer sans que la classe dérivée ait accès au code source de la classe de base, bien que la classe dérivée doive être en mesure de faire les liens avec le code objet de la classe de base. Cette puissante caractéristique demeure intéressante pour les fournisseurs de logiciels indépendants; ces derniers ont le loisir de développer des classes propriétaires pour la vente ou la licence et de rendre ces classes disponibles aux utilisateurs sous la forme de code objet. Les utilisateurs peuvent ensuite dériver rapidement de nouvelles classes à partir de ces classes de bibliothèques, sans accéder au code source propriétaire des fournisseurs de logiciels indépendants. En plus du code objet, tout ce que ces derniers doivent fournir sont les fichiers d'en-tête.

Observation de génie logiciel 9.6

Théoriquement, les utilisateurs n'ont pas besoin de voir le code source des classes à partir desquelles ils héritent. En réalité, les gens fabriquant les licences de classes nous disent que les clients réclament souvent le code source. Les programmeurs sont toujours hésitants à incorporer du code dans leurs programmes lorsque celui-ci est écrit par d'autres personnes.

Astuce sur la performance 9.1

Lorsque les performances deviennent une préoccupation majeure, il arrive que les programmeurs désirent connaître le code des classes dont ils héritent pour l'ajuster et satisfaire leurs besoins en performances.

Pour des étudiants, il est souvent difficile de comprendre les problèmes auxquels sont confrontés les concepteurs et les ingénieurs impliqués dans des projets de logiciels à grande échelle. Les personnes ayant expérimenté de tels projets s'accordent pour dire que l'une des clés de l'amélioration du processus de développement de logiciels demeure la réutilisation des logiciels existants. Cette pratique est certes exploitée en programmation orientée objets en général et plus particulièrement en C++.

La disponibilité de bibliothèques de classes considérables et pratiques demeure la source la plus avantageuse de réutilisation de logiciels par le biais de l'héritage. À mesure que l'intérêt grandit pour le langage C++, l'intérêt pour les bibliothèques de classes croît de façon exponentielle. Les logiciels archivés produits par les fournisseurs de logiciels indépendants ont créé une industrie d'une croissance explosive avec l'avènement de l'ordinateur personnel et il en va de même pour la création et la vente de bibliothèques de classes. Les concepteurs d'applications construisent maintenant leurs applications avec ces bibliothèques et les concepteurs de bibliothèques se sentent récompensés lorsqu'on incorpore leurs produits dans des applications. Actuellement, les bibliothèques distribuées avec les compilateurs C++ ont tendance à être plutôt d'usage général et limitées dans leur envergure. L'avenir laisse prévoir un engagement mondial énorme dans le développement de bibliothèques de classes pour une immense variété de champs d'applications.

Observation de génie logiciel 9.7

La création d'une classe dérivée n'affecte en rien le code source ni le code objet de sa classe de base; l'héritage préserve l'intégrité d'une classe de base.

Une classe de base spécifie une généralisation: toutes les classes dérivées d'une classe de base héritent des caractéristiques de celle-ci. Dans le processus de conception orientée objet, le concepteur recherche la généralisation et en «retranche les facteurs» afin de former des classes de base attrayantes. Des classes dérivées sont ensuite personnalisées au-delà des caractéristiques héritées de la classe de base.

Observation de génie logiciel 9.8

Dans un système orienté objets, les classes sont souvent liées intimement. Effectuez la «mise en facteurs» des attributs et des comportements communs et placez-les dans une classe de base. Utilisez ensuite l'héritage pour former des classes dérivées.

Tout comme le concepteur de systèmes non orientés objets cherche à éviter une prolifération inutile de fonctions, le concepteur de systèmes orientés objets doit éviter la prolifération inutile de classes. Une telle multiplication de classes engendre des problèmes de gestion pouvant constituer un obstacle à la réutilisation du logiciel, par le simple fait qu'il est plus difficile pour un réutilisateur potentiel d'une classe de repérer cette dernière dans une immense collection. Le compromis consiste à créer moins de classes, chacune d'elles fournissant des fonctions supplémentaires essentielles. Certains réutilisateurs pourront trouver ces classes trop riches; ils pourront masquer leurs qualités fonctionnelles excessives afin de les «atténuer» et à satisfaire leurs besoins.

Astuce sur la performance 9.2

Si les classes produites par héritage sont plus grandes qu'elles ne le devraient, on peut gaspiller les ressources de mémoire et de traitement. Effectuez l'héritage à partir de la classe «se rapprochant le plus» de vos besoins.

Notez que le fait de lire une série de déclarations de classes dérivées peut porter à confusion puisque les membres hérités ne sont pas affichés; malgré tout, ils demeurent présents dans les classes dérivées. Un problème semblable peut exister dans la documentation des classes dérivées.

Observation de génie logiciel 9.9

Une classe dérivée contient les attributs et les comportements de sa classe de base. Elle peut également contenir des attributs et des comportements additionnels. Avec l'héritage, on peut compiler la classe de base indépendamment de la classe dérivée. Seuls les attributs et les comportements différentiels de la classe dérivée doivent être compilés, de façon à combiner ceux-ci avec la classe de base pour former la classe dérivée.

Observation de génie logiciel 9.10

*Des modifications apportées à une classe de base n'impliquent pas de changement au niveau des classes dérivées aussi longtemps que les interfaces **public** et **protected** de la classe de base demeurent inchangées. Toutefois, les classes dérivées peuvent nécessiter une nouvelle compilation.*

9.12 Composition et héritage

Nous avons discuté des relations *est un*, supportées dans l'héritage **public** et des relations *possède un*, et nous en avons vu des exemples aux chapitres précédents, où une classe peut posséder d'autres classes comme membres. De telles relations créent de nouvelles classes par la *composition* à partir de classes existantes. Par exemple, avec des classes appelées **Employe**, **DateNaissance** et **NumeroTelephone**, il est inexact d'affirmer qu'un **Employe** *est une* **DateNaissance** ou qu'un **Employe** *est un* **NumeroTelephone**. Par contre, il est certainement approprié d'affirmer qu'un **Employe** *possède une* **DateNaissance** et qu'un **Employe** *possède un* **NumeroTelephone**.

Observation de génie logiciel 9.11

*Des modifications de programme à une classe qui est membre d'une autre classe n'impliquent pas de changement au niveau de la classe qui les renferme aussi longtemps que l'interface **public** vers la classe membre demeure inchangée. Toutefois, notez que la classe composite peut nécessiter une nouvelle compilation.*

9.13 Relations «utilise un» et «connaît un»

L'héritage et la composition favorisent la création de nouvelles classes partageant maints points communs avec les classes existantes. Il existe d'autres façons d'utiliser les services de classes. Bien qu'un objet de personne ne représente pas une automobile et ne contient pas d'automobile, il peut certainement *utiliser une* automobile. Une fonction utilise un objet par la simple émission d'un appel de fonction vers une fonction membre non **private** de cet objet, par le biais d'un pointeur, d'une référence ou du nom de l'objet lui-même.

Un objet peut *avoir connaissance* d'un autre objet. On rencontre fréquemment de telles relations dans des réseaux de connaissances. Un objet peut contenir un identificateur de pointeur ou de référence vers un autre objet, ayant connaissance de cet objet. Dans ce cas, on dit que l'objet possède une relation *connaît un* avec l'autre objet; on dénomme parfois cette condition une *association*.

9.14 Étude de cas: Point, Cercle, Cylindre

Examinons maintenant l'exercice principal de ce chapitre, soit la hiérarchie: point, cercle et cylindre. Nous développons et utilisons d'abord la classe **Point** (figure 9.8) et présentons ensuite un exemple dans lequel nous dérivons la classe **Cercle** à partir de la classe **Point** (figure 9.9). Finalement, nous introduisons un exemple dans lequel nous dérivons la classe **Cylindre** à partir de la classe **Cercle** (figure 9.10).

La figure 9.8 illustre la classe **Point**. Les lignes 1 à 42 forment le fichier d'en-tête, puis le fichier d'implémentation de la classe **Point**; notez que ses membres de données sont **protected**. Par conséquent, lorsque nous dérivons la classe **Cercle** de la classe **Point**, les fonctions membres de la classe **Cercle** peuvent référencer directement les coordonnées **x** et **y** au lieu d'utiliser des fonctions d'accès. Ce procédé pourra donner de meilleures performances.

Les lignes 43 à 64 forment le programme pilote de la classe **Point**. Notez que **main** doit passer par les fonctions d'accès **lectureX** et **lectureY** pour lire les valeurs des membres de données protégés **x** et **y**. Rappelons que les membres protégés ne sont accessibles qu'aux membres et aux amis de leur classe et de leurs classes dérivées.

```
1   // Figure 9.8: point2.h
2   // Définition de la classe Point.
3   #ifndef POINT2_H
4   #define POINT2_H
5
6   #include <iostream>
7
8   using std::ostream;
9
10  class Point {
11    friend ostream &operator<< ( ostream &, const Point & );
12  public:
13     Point( int = 0, int = 0 );          // constructeur par défaut.
14     void ajusterPoint( int, int );      // ajuste les coordonnées.
15     int lectureX() const { return x; } // lit la coordonnée x.
16     int lectureY() const { return y; } // lit la coordonnée y.
17  protected:        // accessible aux classes dérivées.
18     int x, y;      // coordonnées du point.
19  };
20
21  #endif
```

Figure 9.8   Démonstration de la classe **Point-point2.h**.

```
22    // Figure 9.8: point2.cpp
23    // Fonctions membres pour la classe Point.
24    #include "point2.h"
25
26    // Constructeur pour la classe Point.
27    Point::Point( int a, int b ) { ajusterPoint( a, b ); }
28
29    // Ajuste les coordonnées x et y.
30    void Point::ajusterPoint( int a, int b )
31    {
32       x = a;
33       y = b;
34    }
35
36    // Produit la sortie du Point.
37    ostream &operator<< ( ostream &sortie, const Point &p )
38    {
39       sortie << '[' << p.x << ", " << p.y << ']';
40
41       return sortie;           // permet la mise en cascade.
42    }
```

Figure 9.8   Démonstration de la classe **Point-point2.cpp**.

```
43    // Figure 9.8: fig09_08.cpp
44    // Pilote pour la classe Point.
45    #include <iostream>
46
47    using std::cout;
48    using std::endl;
49
50    #include "point2.h"
51
52    int main()
53    {
54       Point p( 72, 115 );  // instancie l'objet Point appelé p.
55
56       // Données protected de Point inaccessibles pour main.
57       cout << "La coordonnée X est " << p.lectureX()
58            << "\nLa coordonnée Y est " << p.lectureY();
59
60       p.ajusterPoint( 10, 10 );
61       cout << "\n\nLe nouvel emplacement de p est " << p << endl;
62
63       return 0;
64    }
```

```
La coordonnée X est 72

La coordonnée Y est 115

Le nouvel emplacement de p est [10, 10]
```

Figure 9.8   Démonstration de la classe **Point-fig09_08.cpp**.

La figure 9.9 présente notre exemple suivant. La définition de la classe **Point**, de même que les définitions des fonctions membres de la figure 9.8, sont ici réutilisées. Les lignes 1 à 62 montrent la définition de la classe **Cercle** et des fonctions membres de **Cercle**. Les lignes 63 à 90 forment le programme pilote et en proposent les résultats de sortie. Notez que la classe **Cercle** hérite de la classe **Point** par un héritage **public**. Cela signifie que l'interface **public** de **Cercle** comprend les fonctions membres de **Point**, de même que les fonctions membres de **Cercle** appelées **ajusterRayon**, **lectureRayon** et **aire**.

```
1    // Figure 9.9: cercle2.h
2    // Définition de la classe Cercle.
3    #ifndef CERCLE2_H
4    #define CERCLE2_H
5
6    #include <iostream>
7
8    using std::ostream;
9
10   #include "point2.h"
11
12   class Cercle: public Point {
13       friend ostream &operator<< ( ostream &, const Cercle & );
14   public:
15       // Constructeur par défaut.
16       Cercle( double r = 0.0, int x = 0, int y = 0 );
17       void ajusterRayon( double );    // ajuste le rayon.
18       double lectureRayon() const;    // renvoie le rayon.
19       double aire() const;            // calcule l'aire.
20   protected:           // accessible aux classes dérivées.
21       double rayon;     // rayon du Cercle.
22   };
23
24   #endif
```

Figure 9.9   Démonstration de la classe **Cercle-cercle2.h**.

```
25   // Figure 9.9: cercle2.cpp
26   // Définitions des fonctions membres pour la classe Cercle.
27   #include <iomanip>
28
29   using std::ios;
30   using std::setiosflags;
31   using std::setprecision;
32
33   #include "cercle2.h"
34
35   // Constructeur de Cercle appelle le constructeur de Point
36   // avec un initialiseur membre et initialise rayon.
37   Cercle::Cercle( double r, int a, int b )
38     : Point( a, b )  // appelle le constructeur de la classe de base.
39   { ajusterRayon( r ); }
```

Figure 9.9   Démonstration de la classe **Cercle-cercle2.cpp**. (1 de 2)

```
40
41    // Ajuste le rayon.
42    void Cercle::ajusterRayon( double r )
43       { rayon = ( r >= 0 ? r: 0 ); }
44
45    // Lit le rayon.
46    double Cercle::lectureRayon() const { return rayon; }
47
48    // Calcule l'aire du Cercle.
49    double Cercle::aire() const
50       { return 3.14159 * rayon * rayon; }
51
52    // Produit la sortie d'un cercle selon la forme:
53    // Centre = [x, y]; Rayon = #.##
54    ostream & operator<< ( ostream &sortie, const Cercle &c )
55    {
56       sortie << "Centre = " << static_cast< Point > ( c )
57              << "; Rayon = "
58              << setiosflags( ios::fixed | ios::showpoint )
59              << setprecision( 2 ) << c.rayon;
60
61       return sortie;    // permet les appels en cascade.
62    }
```

Figure 9.9   Démonstration de la classe **Cercle-cercle2.cpp**. (2 de 2)

```
63    // Figure 9.9: fig09_09.cpp
64    // Pilote pour la classe Cercle.
65    #include <iostream>
66
67    using std::cout;
68    using std::endl;
69
70    #include "point2.h"
71    #include "cercle2.h"
72
73    int main()
74    {
75       Cercle c( 2.5, 37, 43 );
76
77       cout << "La coordonnée X est " << c.lectureX()
78            << "\nLa coordonnée Y est " << c.lectureY()
79            << "\nLe rayon vaut " << c.lectureRayon();
80
81       c.ajusterRayon( 4.25 );
82       c.ajusterPoint( 2, 2 );
83       cout << "\n\nLe nouvel emplacement et le rayon de c sont\n"
84            << c << "\nAire " << c.aire() << '\n';
85
86       Point &pRef = c;
87       cout << "\nLe Cercle affiché comme un Point est: " << pRef << endl;
88
89       return 0;
90    }
```

Figure 9.9   Démonstration de la classe **Cercle-fig09_09.cpp**. (1 de 2)

```
La coordonnée X est 37
La coordonnée Y est 43
Le rayon vaut 2.5

Le nouvel emplacement et le rayon de c sont
Centre = [2, 2]; Rayon = 4.25
Aire 56.74

Le Cercle affiché comme un Point est: [2, 2]
```

Figure 9.9   Démonstration de la classe `Cercle-fig09_09.cpp`. (2 de 2)

Notez que la fonction d'**operator<<** surchargée de **Cercle**, amie (**friend**) de la classe **Cercle**, peut produire la sortie de la partie **Point** du **Cercle** en forçant le type de la référence de **c**, de type **Cercle**, pour le convertir en un **Point**. Ce procédé provoque un appel vers **operator<<** pour **Point**, produisant la sortie des coordonnées **x** et **y** en utilisant le formatage **Point** approprié.

Le programme pilote instancie un objet de la classe **Cercle** puis emploie des fonctions de lecture pour obtenir l'information à propos de l'objet **Cercle**. Une fois de plus, **main** n'est ni fonction membre ni **friend** de la classe **Cercle** et ne peut donc pas référencer directement les données **protected** de la classe **Cercle**. Par la suite, le programme pilote se sert des fonctions d'écriture **ajusterRayon** et **ajusterPoint** pour replacer le rayon et les coordonnées au centre du cercle. Finalement, le pilote initialise la variable de référence **pRef**, de type «référence à l'objet **Point**» (**Point &**), à l'objet **Cercle** nommé **c**. Le pilote affiche ensuite **pRef** qui, en dépit de son initialisation avec un objet **Cercle**, «croit» qu'il est un objet **Point** et l'objet **Cercle** s'affiche en réalité comme un objet **Point**.

Notre dernier exemple est illustré à la figure 9.10. On y réutilise les définitions des classes **Point** et **Cercle** de même que celles de leurs fonctions membres (figures 9.8 et 9.9). Les lignes 1 à 65 montrent la définition de la classe **Cylindre** et de ses fonctions membres; les lignes 66 à 109 forment un programme pilote; les résultats produits en sortie viennent ensuite. Notez que la classe **Cylindre** hérite de la classe **Cercle** avec un héritage **public**; l'interface **public** vers **Cylindre** comprend donc les fonctions membres de **Cercle** et de **Point**, de même que les fonctions membres de **Cylindre** appelées **ajusterHauteur**, **lectureHauteur**, **aire** (substituée à partir de **Cercle**) et **volume**. Notez également que le constructeur de **Cylindre** est requis afin d'invoquer le constructeur pour sa classe de base directe **Cercle**, mais non pour sa classe de base indirecte **Point**. Chaque constructeur de classe dérivée n'est responsable que des appels de constructeurs de la classe de base immédiate de cette classe ou de ces classes, dans le cas d'un héritage multiple. Notez également que la fonction d'**operator<<** surchargée de **Cylindre**, amie de la classe **Cylindre**, peut produire la sortie de la partie **Cercle** du **Cylindre** en forçant le type de la référence **c** de **Cylindre** pour le convertir en un **Cercle**. Cette situation provoque l'appel d'**operator<<** pour **Cercle** et produit la sortie des coordonnées **x** et **y** de même que le **rayon**, en utilisant la forme **Cercle** appropriée.

Le programme pilote instancie un objet de la classe **Cylindre** et utilise par la suite des fonctions *get* pour obtenir les informations relatives à l'objet **Cylindre**. Une fois de plus, **main** n'est ni fonction membre ni **friend** de la classe **Cylindre** et ne peut donc pas référencer directement aux données **protected** de la classe **Cylindre**. Par la suite, le programme pilote utilise les fonctions *set* **ajusterHauteur**, **ajusterRayon** et **ajusterPoint** pour initialiser à zéro la **hauteur**, le **rayon** et les coordonnées du cylindre. Finalement, le pilote initialise la variable de référence **pRef**, de type «référence à un objet **Point**» (**Point &**), à l'objet **Cylindre** appelé **cyl**. Le pilote affiche ensuite **pRef** qui, en dépit de son initialisation avec un objet **Cylindre**, «croit» qu'il est un objet **Point** et l'objet **Cylindre** s'affiche en réalité comme un objet **Point**.

Par la suite, le pilote initialise la variable de référence **cercleRef**, de type référence à un objet **Cercle** (**Cercle &**), à l'objet **Cylindre** appelé **cyl**. Le programme pilote affiche ensuite **cercleRef** qui, en dépit de son initialisation avec un objet **Cylindre**, «croit» qu'il est un objet **Cercle** et l'objet **Cylindre** s'affiche en pratique comme un objet **Cercle**. La sortie de l'aire du **Cercle** est également produite.

Cet exemple démontre avec justesse l'héritage **public** de même que la façon de définir et de référencer des membres de données **protected**. Le lecteur devrait maintenant se sentir confiant dans l'utilisation des principes de base de l'héritage. Au prochain chapitre, nous illustrerons comment programmer avec des hiérarchies d'héritage d'une manière générale en employant le polymorphisme. L'abstraction des données, l'héritage et le polymorphisme constituent les éléments essentiels de la programmation orientée objets.

```cpp
1   // Figure 9.10: cylindre2.h
2   // Définition de la classe Cylindre.
3   #ifndef CYLINDRE2_H
4   #define CYLINDRE2_H
5
6   #include <iostream>
7
8   using std::ostream;
9
10  #include "cercle2.h"
11
12  class Cylindre: public Cercle {
13      friend ostream &operator<< ( ostream &, const Cylindre & );
14
15  public:
16      // Constructeur par défaut.
17      Cylindre( double h = 0.0, double r = 0.0,
18              int x = 0, int y = 0 );
19
20      void ajusterHauteur( double ); // ajuste la hauteur.
21      double lectureHauteur() const; // renvoie la hauteur.
22      double aire() const;           // calcule et renvoie l'aire.
23      double volume() const;         // calcule et renvoie le volume.
24
25  protected:
26      double hauteur;                // hauteur du Cylindre.
27  };
28
29  #endif
```

Figure 9.10   Démonstration de la classe **Cylindre-cylindre2.h**.

```
30    // Figure 9.10: cylindre2.cpp
31    // Définitions des fonctions membres et amies (friends)
32    // pour la classe Cylindre.
33    #include "cylindre2.h"
34
35    // Le constructeur de Cylindre appelle le constructeur de Cercle.
36    Cylindre::Cylindre( double h, double r, int x, int y )
37      : Cercle( r, x, y )   // appelle le constructeur de la classe de base.
38    { ajusterHauteur( h ); }
39
40    // Ajuste la hauteur du Cylindre.
41    void Cylindre::ajusterHauteur( double h )
42       { hauteur = ( h >= 0 ? h: 0 ); }
43
44    // Lit la hauteur du Cylindre.
45    double Cylindre::lectureHauteur() const { return hauteur; }
46
47    // Calcule l'aire du Cylindre (i.e. l'aire de la surface).
48    double Cylindre::aire() const
49    {
50       return 2 * Cercle::aire() +
51            2 * 3.14159 * rayon * hauteur;
52    }
53
54    // Calcule le volume du Cylindre.
55    double Cylindre::volume() const
56       { return Cercle::aire() * hauteur; }
57
58    // Produit la sortie des dimensions du Cylindre.
59    ostream &operator<< ( ostream &sortie, const Cylindre &c )
60    {
61       sortie << static_cast< Cercle >( c )
62            << "; Hauteur = " << c.hauteur;
63
64       return sortie;    // permet les appels en cascade.
65    }
```

Figure 9.10   Démonstration de la classe **Cylindre-cylindre2.cpp**.

```
66    // Figure 9.10: fig09_10.cpp
67    // Pilote pour la classe Cylindre.
68    #include <iostream>
69
70    using std::cout;
71    using std::endl;
72
73    #include "point2.h"
74    #include "cercle2.h"
75    #include "cylindre2.h"
76
77    int main()
78    {
```

Figure 9.10   Démonstration de la classe **Cylindre-fig09_10.cpp**. (1 de 2)

```
79      // Crée un objet Cylindre.
80      Cylindre cyl( 5.7, 2.5, 12, 23 );
81
82      // Utilise des fonctions get pour afficher le Cylindre.
83      cout << "La coordonnée X est " << cyl.lectureX()
84          << "\nLa coordonnée Y est " << cyl.lectureY()
85          << "\nLe rayon vaut " << cyl.lectureRayon()
86          << "\nLa hauteur vaut " << cyl.lectureHauteur() << "\n\n";
87
88      // Utilise des fonctions set pour changer les attributs de Cylindre.
89      cyl.ajusterHauteur( 10 );
90      cyl.ajusterRayon( 4.25 );
91      cyl.ajusterPoint( 2, 2 );
92      cout << "Le nouvel emplacement, le rayon et la hauteur de cyl sont:\n"
93          << cyl << '\n';
94
95      cout << "L'aire de cyl vaut: "
96          << cyl.aire() << '\n';
97
98      // Affiche le Cylindre comme un Point.
99      Point &pRef = cyl;    // pRef "croît" qu'il est un Point.
100     cout << "\nLe Cylindre affiché comme un Point est: "
101         << pRef << "\n\n";
102
103     // Affiche le Cylindre comme un Cercle.
104     Cercle &cercleRef = cyl;  // cercleRef croît qu'il est un Cercle.
105     cout << "Le Cylindre affiché comme un Cercle est:\n" << cercleRef
106         << "\nAire: " << cercleRef.aire() << endl;
107
108     return 0;
109  }
```

```
La coordonnée X est 12
La coordonnée Y est 23
Le rayon vaut 2.5
La hauteur vayt 5.7

Le nouvel emplacement, le rayon et la hauteur de cyl sont:
Centre = [2, 2]; Rayon = 4.25; Hauteur = 10.00
L'aire de cyl vaut: 380.53

Le Cylindre affiché comme un Point est: [2, 2]

Le Cylindre affiché comme un Cercle est:
Centre = [2, 2]; Rayon = 4.25
Aire: 56.74
```

Figure 9.10   Démonstration de la classe `Cylindre-fig09_10.cpp`. (2 de 2)

9.15 Héritage multiple

Jusqu'ici, nous avons discuté d'héritage simple, dans lequel chaque classe est dérivée à partir d'une seule classe de base. Nous pouvons dériver une classe à partir de plus d'une seule classe de base; ce procédé s'appelle l'*héritage multiple*. Un héritage multiple signifie qu'une classe dérivée hérite des membres de plusieurs classes de base. Cette caractéristique imposante favorise des formes intéressantes de réutilisation de logiciels, bien qu'elle puisse également engendrer une pléiade de problèmes ambigus.

Bonne pratique de programmation 9.1

L'héritage multiple constitue une puissante caractéristique lorsqu'elle est utilisée convenablement. L'héritage multiple devrait être utilisé lorsqu'une relation «est un» existe entre un nouveau type et deux (ou plus de deux) types existants (c'est-à-dire lorsqu'un A «est un» type B et qu'un type A «est un» type C).

Examinons l'exemple d'héritage multiple de la figure 9.11. La classe **Base1** contient un membre de données **protected** de type **int** appelé **valeur**. La **Base1** contient un constructeur qui ajuste **valeur** et la fonction membre publique **lectureDonnees** qui renvoie **valeur**.

La classe **Base2** est similaire à la classe **Base1** à l'exception près que son membre de données **protected**, de type **char**, s'appelle **lettre**. La **Base2** possède également une fonction membre publique **lectureDonnees**, mais cette dernière renvoie la valeur **lettre**, de type **char**.

La classe **Derivee** est hérité à partir des classes **Base1** et **Base2** par un héritage multiple. **Derivee** possède le membre de données **private** de type **double** appelé **reel** et la fonction membre **public** appelée **lectureReel** qui lit la valeur **reel** de type **double**.

```
1   // Figure 9.11: base1.h
2   // Définition de la classe Base1.
3   #ifndef BASE1_H
4   #define BASE1_H
5
6   class Base1 {
7   public:
8      Base1( int x ) { valeur = x; }
9      int lectureDonnees() const { return valeur; }
10  protected:       // accessible aux classes dérivées.
11     int valeur;   // hérité par classe dérivée.
12  };
13
14  #endif
```

Figure 9.11   Démonstration d'héritage multiple-**base1.h**.

```
15  // Figure 9.11: base2.h
16  // Définition de la classe Base2.
17  #ifndef BASE2_H
18  #define BASE2_H
19
20  class Base2 {
21  public:
22     Base2( char c ) { lettre = c; }
23     char lectureDonnees() const { return lettre; }
24  protected:       // accessible aux classes dérivées.
25     char lettre;  // hérité par classe dérivée.
26  };
27
28  #endif
```

Figure 9.11   Démonstration d'héritage multiple-**base2.h**.

```
29   // Figure 9.11: derivee.h
30   // Définition de la classe Derivee qui hérite de
31   // multiples classes de base (Base1 et Base2).
32   #ifndef DERIVEE_H
33   #define DERIVEE_H
34
35   #include <iostream>
36
37   using std::ostream;
38
39   #include "base1.h"
40   #include "base2.h"
41
42   // Héritage multiple.
43   class Derivee: public Base1, public Base2 {
44      friend ostream &operator<< ( ostream &, const Derivee & );
45
46   public:
47      Derivee( int, char, double );
48      double lectureReel() const;
49
50   private:
51      double reel;    // données private de la classe dérivée.
52   };
53
54   #endif
```

Figure 9.11   Démonstration d'héritage multiple-**derivee.h**.

```
55   // Figure 9.11: derivee.cpp
56   // Définitions des fonctions membres pour la classe Derivee.
57   #include "derivee.h"
58
59   // Le constructeur de Derivee appelle les constructeurs de la classe Base1
60   // et de la classe Base2. Utilise des initialiseurs membres pour appeler
61   // les constructeurs des classes de base.
62   Derivee::Derivee( int i, char c, double f )
63     : Base1( i ), Base2( c ), reel ( f ) { }
64
65   // Renvoie la valeur de reel.
66   double Derivee::lectureReel() const { return reel; }
67
68   // Affiche tous les membres de données de Derivee.
69   ostream &operator<< ( ostream &sortie, const Derivee &d )
70   {
71      sortie << "     Entier: " << d.valeur
72             << "\n  Caractère: " << d.lettre
73             << "\nNombre réel: " << d.reel;
74
75      return sortie;    // permet les appels en cascade.
76   }
```

Figure 9.11   Démonstration d'héritage multiple-**derivee.cpp**.

```
77    // Figure 9.11: fig09_11.cpp
78    // Pilote pour l'exemple d'héritage multiple.
79    #include <iostream>
80
81    using std::cout;
82    using std::endl;
83
84    #include "base1.h"
85    #include "base2.h"
86    #include "derivee.h"
87
88    int main()
89    {
90       Base1 b1( 10 ), *base1Ptr = 0;  // crée un objet Base1.
91       Base2 b2( 'Z' ), *base2Ptr = 0; // crée un objet Base2.
92       Derivee d( 7, 'A', 3.5 );       // crée un objet Derivee.
93
94       // Affiche les membres de données des objets de la classe de base.
95       cout << "L'objet b1 contient l'entier " << b1.lectureDonnees()
96            << "\nL'objet b2 contient le caractère " << b2.lectureDonnees()
97            << "\nL'objet d contient:\n" << d << "\n\n";
98
99       // Affiche les membres de données de l'objet de la classe dérivée.
100      // L'opérateur de résolution de portée résout l'ambiguité
101      // de lectureDonnees.
102      cout << "On peut accéder aux membres de données de"
103           << " Derivee individuellement:"
104           << "\n      Entier: " << d.Base1::lectureDonnees()
105           << "\n   Caractère: " << d.Base2::lectureDonnees()
106           << "\nNombre réel: " << d.lectureReel() << "\n\n";
107
108      cout << "On peut traiter Derivee comme un objet "
109           << "de l'une ou l'autre des classes de base:\n";
110
111      // Traite Derivee comme un objet de Base1.
112      base1Ptr = &d;
113      cout << "base1Ptr->lectureDonnees() donne "
114           << base1Ptr->lectureDonnees() << '\n';
115
116      // Traite Derivee comme un objet de Base2.
117      base2Ptr = &d;
118      cout << "base2Ptr->lectureDonnees() donne "
119           << base2Ptr->lectureDonnees() << endl;
120
121      return 0;
122   }
```

```
L'objet b1 contient l'entier 10
L'objet b2 contient le caractère Z
L'objet d contient:
     Entier: 7
  Caractère: A
Nombre réel: 3.5
```

Figure 9.11   Démonstration d'héritage multiple-**fig09_11.cpp**. (1 de 2)

```
On peut accéder aux membres de données de Derivee individuellement:
    Entier: 7
  Caractère: A
Nombre réel: 3.5


On peut traiter Derivee comme un objet de l'une ou l'autre
des classes de base:
base1Ptr->lectureDonnees() donne 7
base2Ptr->lectureDonnees() donne A
```

Figure 9.11   Démonstration d'héritage multiple-**fig09_11.cpp**. (2 de 2)

Remarquez avec quelle simplicité nous pouvons indiquer un héritage multiple; il suffit de placer le deux-points (**:**) après **class Derivee**, suivi de la liste des classes de base séparées par des virgules. Notez également que le constructeur de **Derivee** appelle explicitement les constructeurs de ses deux classes de base, **Base1** et **Base2**, grâce à une syntaxe d'initialiseurs de membres. Une fois de plus, les constructeurs des classes de base sont appelés dans l'ordre d'héritage spécifié et non dans l'ordre de mention de leurs constructeurs. Si les constructeurs des classes de base ne sont pas explicitement appelés dans la liste des initialiseurs membres, leurs constructeurs par défaut sont alors appelés implicitement.

L'opérateur surchargé d'insertion de flux de la classe **Derivee** emploie une notation de points à partir de l'objet dérivé **d** pour afficher **valeur**, **lettre** et **reel**. Cette fonction d'opérateur étant une amie (**friend**) de **Derivee**; l'**operator<<** peut donc accéder directement au membre de donnée **private** de **Derivee**, **reel**. De plus, puisque cet opérateur s'avère **friend** d'une classe dérivée, il peut accéder aux membres **protected** nommés **valeur** et **lettre**, respectivement de **Base1** et de **Base2**.

Examinons maintenant le programme pilote **main**. Nous y créons l'objet **b1** de la classe **Base1** et l'initialisons à une valeur **int** de **10**. Nous créons l'objet **b2** de la classe **Base2** et l'initialisons à une valeur **char**, à savoir '**Z**'. Nous créons ensuite l'objet **d** de la classe **Derivee** et l'initialisons afin de contenir la valeur **int** de **7**, la valeur **char** de '**A**' et la valeur **double** de **3.5**.

Le contenu de chacun des objets des classes de base est affiché en appelant la fonction membre **lectureDonnees** pour chaque objet. Bien qu'il existe deux fonctions **lectureDonnees**, les appels ne provoquent pas d'ambiguïté puisqu'ils se réfèrent directement à la version **b1** d'objet de **lectureDonnees** et à la version **b2** d'objet de **lectureDonnees**.

Nous affichons ensuite le contenu de l'objet **Derivee** appelé **d** avec une liaison statique. Nous avons pourtant un problème d'ambiguïté car cet objet contient deux fonctions **lectureDonnees**, l'une héritée de **Base1** et l'autre héritée de **Base2**. Ce problème est facile à résoudre; il suffit d'utiliser l'opérateur de résolution de portée, comme dans **d.Base1::lectureDonnees()**, afin d'afficher le contenu **int** de **valeur** ainsi qu'avec **d.Base2::lectureDonnees()** pour effectuer la sortie du contenu **char** de **lettre**. La valeur **double** de **reel** s'imprime à l'écran sans ambiguïté par l'appel **d.lectureReel()**. Nous démontrons ensuite que les relations *est un* de l'héritage simple s'appliquent également dans le cadre d'héritages multiples. Nous affectons l'adresse de l'objet dérivé **d** au pointeur de classe de base **base1Ptr** et affichons le contenu **int** de **valeur** en invoquant la fonction membre de **Base1** nommée **lecturedonnees** à partir de **base1Ptr**. Ensuite, nous affectons l'adresse de l'objet dérivé **d** au pointeur de classe de base **base2Ptr** et affichons le contenu **char** de **lettre**, en invoquant la fonction membre de **Base2**, appelée **lectureDonnees**, à partir de **base2Ptr**.

Cet exemple simple illustre le mécanisme de l'héritage multiple et introduit un problème d'ambiguïté simple. L'héritage multiple demeure un sujet complexe, traité plus en détail dans des ouvrages avancés consacrés au C++.

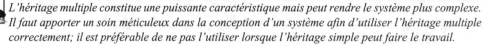

Observation de génie logiciel 9.12

L'héritage multiple constitue une puissante caractéristique mais peut rendre le système plus complexe. Il faut apporter un soin méticuleux dans la conception d'un système afin d'utiliser l'héritage multiple correctement; il est préférable de ne pas l'utiliser lorsque l'héritage simple peut faire le travail.

9.16   (Étude de cas optionnelle) À propos des objets: intégrer l'héritage au simulateur d'ascenseur

Ce chapitre sur l'héritage nous donne l'occasion de revisiter le design de notre simulation pour voir si elle pourrait tirer des bénéfices de l'héritage. Aux chapitres précédents, nous avons traité les **BoutonAscenseur** et **BoutonEtage** comme des classes distinctes. En fait, ces classes ont de nombreux traits communs, puisque chacune d'elles est *une sorte de* bouton. Pour appliquer l'héritage, nous devons d'abord examiner ce que ces classes ont en commun, nous devons ensuite placer les éléments communs éventuels dans une nouvelle classe **Bouton** et dériver enfin les classes **BoutonAscenseur** et **BoutonEtage** de cette classe **Bouton** toute fraîche.

Étudions à présent les similitudes des classes **BoutonAscenseur** et **BoutonEtage**. La figure 9.12 montre les attributs et opérations des deux classes, tels que déclarés au chapitre 7 dans leurs fichiers d'en-têtes (voir figures 7.24 et 7.26, respectivement). Ces classes ont en commun un attribut (**presse**) et deux opérations (**presserBouton** et **reinitialiserBouton**). Nous plaçons donc ces trois éléments dans la classe de base **Bouton**, et les classes **BoutonAscenseur** et **BoutonEtage** héritent des attributs et des opérations de **Bouton**. Dans l'implémentation précédente, le **BoutonAscenseur** et le **BoutonEtage** déclarent aussi une référence à un objet de la classe **Ascenseur**, donc la classe **Bouton** peut aussi contenir cette référence.

La figure 9.13 modélise la conception de notre nouveau simulateur d'ascenseur qui incorpore l'héritage. Notez que la classe **Etage** est composée d'un objet de la classe **BoutonEtage** et d'un objet de la classe **TemoinLumineux**; la classe **Ascenseur** est composée d'un objet de classe **BoutonAscenseur**, d'un objet de la classe **Porte** et d'un objet de classe **Cloche**. Une ligne en trait plein avec une flèche évidée part de chaque classe dérivée vers la classe de base. Cette ligne indique que les classes **BoutonEtage** et **BoutonAscenseur** héritent de la classe **Bouton**.

Une question persiste: les classes dérivées ont-elles besoin d'écraser toutes les fonctions membres de la classe de base? Si nous comparons les fonctions membres publiques des classes impliquées (figures 7.25 et 7.27), nous constatons que la fonction membre **reinitialiserBouton** est identique dans les deux classes; cette fonction ne nécessite par conséquent aucun écrasement. La fonction membre **presserBouton** diffère par contre dans les deux classes. La classe **BoutonAscenseur** contient le code suivant pour la fonction **presserBouton**:

```
presse = true;
cout << "le bouton d'ascenseur dit à l'ascenseur de se preparer à partir"
    << endl;
refAscenseur.sePreparerAPartir( true );
```

La classe **BoutonEtage** contient le code suivant pour **presserBouton**:

```
presse = true;
cout << "le bouton d'appel de l'étage " << numeroEtage
    << " appelle l'ascenseur" << endl;
refAscenseur.appelerAscenseur( numeroEtage );
```

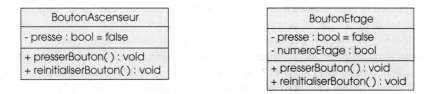

Figure 9.12   Attributs et opérations des classes **BoutonAscenseur**
                   et **BoutonEtage**.

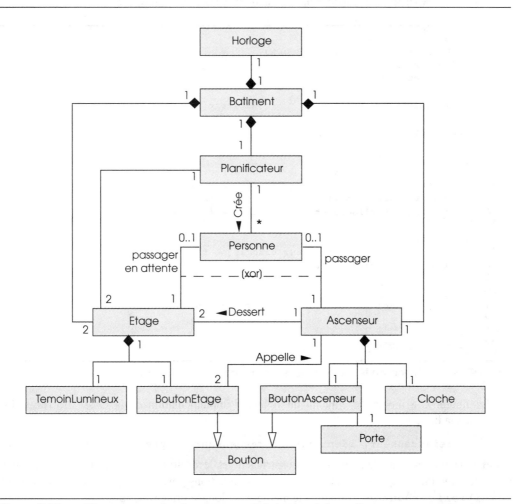

Figure 9.13   Diagramme de classes complet du simulateur d'ascenseur montrant
                   l'héritage de la classe **Bouton**.

Nous constatons que ces deux blocs de code sont identiques, mais que les sections restantes des
deux blocs diffèrent. Par conséquent, ces deux classes dérivées doivent écraser la fonction membre
presserBouton de la classe **Bouton**.

La figure 9.14 liste le contenu du fichier d'en-tête de la classe de base **Bouton**.[2] Nous déclarons publiques les fonctions membres **presserBouton** et **reinitialiserBouton**, et privé le membre de donnée **presse** de type **bool**. Remarquez la déclaration de la référence à la classe **Ascenseur** de la ligne 18 et le paramètre correspondant du constructeur de la ligne 11. Nous montrerons comment initialiser la référence lors de l'analyse du code des classes dérivées.

Les classes dérivées prennent en charge deux actions différentes. La classe **BoutonAscenseur** invoque la fonction membre **sePreparerAPartir** de la classe **Ascenseur**; la classe **BoutonEtage** invoque la fonction membre **appelerAscenseur**. Ainsi, les deux classes ont besoin d'un accès au membre de donnée **refAscenseur** de la classe de base; cependant, ce membre de donnée ne peut pas être accessible aux objets qui ne sont pas des **Bouton**. Par conséquent, nous plaçons le membre de donnée **refAscenseur** dans la section protected de **Bouton**. Le membre de donnée **presse** est déclaré comme **private**, parce qu'il n'est manipulé que par l'entremise des fonctions membres de la classe, et les classes dérivées n'ont donc pas besoin d'un accès direct à **presse**.

```
1   // bouton.h
2   // Définition de la classe Bouton.
3   #ifndef BOUTON_H
4   #define BOUTON_H
5
6   class Ascenseur;             // déclaration préliminaire.
7
8   class Bouton {
9
10  public:
11     Bouton( Ascenseur & );    // constructeur.
12     ~Bouton();                // destructeur.
13     void presserBouton();     // active le bouton.
14     void reinitialiserBouton(); // désactive le bouton.
15
16  protected:
17     // Référence à l'ascensseur associé au bouton.
18     Ascenseur &refAscenseur;
19
20  private:
21     bool presse;              // état du bouton.
22  };
23
24  #endif // BOUTON_H
```

Figure 9.14   Fichier d'en-tête de la classe **Bouton**.

La figure 9.15 montre le contenu du fichier d'implémentation de la classe **Bouton**. En particulier, la ligne 12,

```
: refAscenseur( identificateurAscenseur ), presse( false )
```

initialise la référence à l'ascenseur. Le constructeur et le destructeur affichent simplement des messages indiquant qu'ils fonctionnent et les fonctions membres **presserBouton** et **reinitialiserBouton** manipulent le membre de donnée privé **presse**.

---

2. La beauté de l'encapsulation réside dans le fait qu'aucune modification n'est nécessaire aux autres fichiers de la simulation d'ascenseur. Nous substituons simplement les fichiers **.h** et **.cpp** des nouveaux **boutonAscenseur** et **boutonEtage** aux anciens et ajoutons les fichiers de la classe **Bouton**. Nous compilons ensuite les nouveaux fichiers **.cpp** et lions les fichiers objets résultants à ceux qui existent déjà.

```
1    // bouton.cpp
2    // Définition des fonctions membres de la classe Bouton.
3    #include <iostream>
4
5    using std::cout;
6    using std::endl;
7
8    #include "bouton.h"
9
10   // Constructeur.
11   Bouton::Bouton( Ascenseur &identificateurAscenseur )
12      : refAscenseur( identificateurAscenseur ), presse( false )
13   { cout << "bouton créé" << endl; }
14
15   // Destructeur.
16   Bouton::~Bouton()
17   { cout << "bouton détruit" << endl; }
18
19   void Bouton::presserBouton() // presser le bouton.
20   { presse = true; }
21
22   void Bouton::reinitialiserBouton() // réinitialiser le bouton.
23   { presse = false; }
```

Figure 9.15   Fichier d'implémentation de la classe **Bouton**.

La figure 9.16 contient le fichier l'en-tête de la classe **BoutonAscenseur**. Nous héritons de la classe **Bouton** en ligne 10. Cet héritage signifie que la classe **BoutonAscenseur** contient le membre de donnée protégé **refAscenseur** et les fonctions membres publiques **presserBouton** et **reinitialiserBouton** de la classe de base. À la ligne 15, nous fournissons un prototype de fonction pour **presserBouton**, signalant ainsi notre intention d'écraser cette fonction membre dans le fichier .**cpp**. Nous étudierons sous peu l'implémentation de **presserBouton**.

```
1    // boutonAscenseur.h
2    // Définition de la classe boutonAscenseur.
3    #ifndef BOUTONASCENSEUR_H
4    #define BOUTONASCENSEUR_H
5
6    #include "bouton.h"
7
8    class Ascenseur;                          // déclaration préliminaire.
9
10   class BoutonAscenseur : public Bouton {
11
12   public:
13      BoutonAscenseur( Ascenseur & );        // constructeur.
14      ~BoutonAscenseur();                    // destructeur.
15      void presserBouton();                  // presser le bouton.
16   };
17
18   #endif // BOUTONASCENSEUR_H
```

Figure 9.16   Fichier d'en-tête de la classe **BoutonAscenseur**.

Le constructeur prend en argument une référence à la classe **Ascenseur** (ligne 13). Nous discuterons de la nécessité de ce paramètre lorsque nous étudierons le fichier d'implémentation de cette classe. Remarquez toutefois que nous devons encore placer une déclaration précoce de la classe **Ascenseur** en ligne 8, pour pouvoir inclure le paramètre dans la déclaration du constructeur.

Le fichier d'implémentation de la classe **BoutonAscenseur** est repris en figure 9.17. Les constructeurs et les destructeurs de cette classe affichent des messages qui indiquent que ces fonctions s'exécutent. La ligne 14,

```
    : Bouton( identificateurAscenseur )
```

passe la référence **Ascenseur** au constructeur de la classe de base.

```
1   // boutonAscenseur.cpp:
2   // Définition des fonctions membres de la classe BoutonAscenseur.
3   #include <iostream>
4
5   using std::cout;
6   using std::endl;
7
8   #include "boutonAscenseur.h"
9   #include "ascenseur.h"
10
11  // Constructeur.
12  BoutonAscenseur::BoutonAscenseur(
13     Ascenseur &identificateurAscenseur )
14     : Bouton( identificateurAscenseur )
15  { cout << "bouton de l'ascenseur créé" << endl; }
16
17  // Destructeur.
18  BoutonAscenseur::~BoutonAscenseur()
19  { cout << "bouton de l'ascenseur détruit" << endl; }
20
21  // Presser le bouton.
22  void BoutonAscenseur::presserBouton()
23  {
24     Bouton::presserBouton();
25     cout << "le bouton d'ascenseur dit à l'ascenseur de se préparer à partir"
26         << endl;
27     refAscenseur.sePreparerAPartir( true );
28  }
```

Figure 9.17   Fichier d'implémentation de la classe **BoutonAscenseur**.

La fonction membre **presserBouton** qui écrase celle de la classe de base appelle en premier lieu la fonction membre **presserBouton** de la classe de base (ligne 24), qui définit l'attribut **presse** de la classe **Bouton** à **true**. À la ligne 27, nous invoquons la fonction membre **sePreparerAPartir** de l'**ascenseur** avec un argument **true** pour indiquer que l'ascenseur doit se déplacer vers l'autre étage.

La figure 9.18 liste le contenu du fichier d'en-tête de la classe **BoutonEtage**. La seule différence entre ce fichier et celui de la classe **BoutonAscenseur** réside dans l'ajout en ligne 19 du membre de donnée **numeroEtage**. Celui-ci nous permet de différencier les étages dans les messages d'affichage de la simulation. Nous incluons un paramètre de type **int** dans la déclaration du constructeur en ligne 13, de façon à initialiser le **numeroEtage**.

```
1   // boutonEtage.h
2   // Definition de la classe BoutonEtage.
3   #ifndef BOUTONETAGE_H
4   #define BOUTONETAGE_H
5
6   #include "bouton.h"
7
8   class Ascenseur;                          // déclaration préliminaire.
9
10  class BoutonEtage : public Bouton{
11
12  public:
13     BoutonEtage( int, Ascenseur & );       // constructeur.
14     ~BoutonEtage();                         // destructeur.
15
16     void presserBouton();                   // presser le bouton.
17
18  private:
19     const int numeroEtage;                  // Numéro de l'étage du bouton.
20  };
21
22  #endif // BOUTONETAGE_H
```

Figure 9.18   Fichier d'en-tête de la classe **BoutonEtage**.

La figure 9.19 contient le fichier d'implémentation de la classe **BoutonEtage**. À la ligne 14, nous passons la référence **Ascenseur** au constructeur de la classe de base **Bouton** et initialisons le membre de donnée **numeroEtage**. Le constructeur et le destructeur affichent des messages adéquats, en exploitant le membre de donnée **numeroEtage**. La fonction membre **presserBouton** (lignes 27 à 34) qui écrase celle de la classe de base commence par appeler le **presserBouton** de la classe de base, et invoque ensuite la fonction membre **appelerAscenseur** de l'ascenseur, en lui passant le **numeroEtage** pour indiquer l'étage qui appelle l'ascenseur.

```
1   // boutonEtage.cpp
2   // Définition des fonctions membres de la classe BoutonEtage.
3   #include <iostream>
4
5   using std::cout;
6   using std::endl;
7
8   #include "boutonEtage.h"
9   #include "ascenseur.h"
10
11  // Constructeur.
12  BoutonEtage::BoutonEtage( int numero,
13                            Ascenseur &identificateurAscenseur )
14     : Bouton( identificateurAscenseur ), numeroEtage( numero )
15  {
16     cout << "bouton de l'étage " << numeroEtage << " créé"
17         << endl;
18  }
```

Figure 9.19   Fichier d'implémentation de la classe **BoutonEtage**. (1 de 2)

```
19
20    // Destructeur.
21    BoutonEtage::~BoutonEtage()
22    {
23        cout << "bouton de l'étage " << numeroEtage << " détruit"
24            << endl;
25    }
26
27    // Presser le bouton.
28    void BoutonEtage::presserBouton()
29    {
30        Bouton::presserBouton();
31        cout << "le bouton d'appel de l'étage " << numeroEtage
32            << " appelle l'ascenseur" << endl;
33        refAscenseur.appelerAscenseur( numeroEtage );
34    }
```

Figure 9.19   Fichier d'implémentation de la classe **BoutonEtage**. (2 de 2)

Nous avons à présent achevé l'implémentation complète de l'étude de cas du simulateur d'ascenseur entamée au chapitre 2. Une opportunité de grand intérêt architectural subsiste. Vous avez peut-être remarqué que les classes **Bouton**, **Porte** et **TemoinLumineux** ont de nombreuses choses en commun. Ces classes contiennent toutes un attribut d'état et des opérations voisines d'activation et de désactivation. La classe **Cloche** accuse également certaines similitudes avec ces autres classes. La pensée orientée objets indique que nous devrions placer les points communs de ces classes en une classe (ou plus), à partir de laquelle (desquelles) nous devrions hériter pour former les classes dérivées appropriées. Nous laissons au lecteur le soin de la réalisation de cet héritage à fin d'exercice. Nous vous suggérons de commencer à modifier d'abord le diagramme de classes de la figure 9.13. Astuces: les classes **Bouton**, **Porte** et **TemoinLumineux** sont essentiellement des classes «en-hors», c'est-à-dire qu'elles ont des capacités d'«état», d'«activation» et de «désactivation»; la classe **Cloche** est une classe plus légère, avec une seule opération et sans état.

Nous espérons sincèrement que cette étude de cas du simulateur d'ascenseur a eu pour vous cet effet de défi et forme une expérience significative. Nous avons employé un procédé progressif, développé avec soin, pour produire une conception en UML du simulateur d'ascenseur. À partir de ce design, nous avons produit une implémentation substantielle en C++, opérationnelle, tout en exploitant les notions clés de la programmation, parmi lesquelles les classes, les objets, l'encapsulation, la visibilité, la composition et l'héritage. Dans les chapitres suivants du livre, nous présentons de nombreuses technologies clés du C++. Nous vous serions particulièrement reconnaissant de prendre un instant pour nous envoyer vos commentaires, critiques et suggestions qui nous permettraient d'améliorer encore cette étude de cas à **deitel@deitel.com**.

RÉSUMÉ

- L'une des clés de la puissance de la programmation orientée objets consiste à promouvoir la réutilisation de logiciels en exploitant l'héritage.

- Le programmeur peut spécifier qu'une nouvelle classe héritera des membres de données et des fonctions membres d'une classe de base définie antérieurement. Dans ce cas, la nouvelle classe est appelée une classe dérivée.

- Avec l'héritage simple, une classe est dérivée d'une seule classe de base. Avec l'héritage multiple, une classe dérivée hérite de multiples classes de base et pas nécessairement apparentées.

- Une classe dérivée peut ajouter des membres de données et des fonctions membres qui lui sont propres; elle peut donc être de plus grande taille que sa classe de base. Une classe dérivée est plus spécifique que sa classe de base et représente un groupe d'objets plus restreint.

- Une classe dérivée ne peut accéder aux membres **private** de sa classe de base; s'il en était autrement, cela violerait l'encapsulation de cette classe de base. Toutefois, une classe dérivée peut accéder aux membres **public** et **protected** de sa classe de base.

- Le constructeur d'une classe dérivée appelle toujours le constructeur de sa classe de base en premier afin de créer et d'initialiser les membres de données de base de la classe dérivée.

- Les destructeurs sont appelés dans l'ordre inverse de celui des constructeurs; un destructeur de classe dérivée est donc appelé avant son destructeur de classe de base.

- L'héritage permet la réutilisation des logiciels, qui épargne un temps considérable dans le développement de programmes, favorisant l'utilisation de logiciels de haute qualité, éprouvés et débogués.

- L'héritage peut être accompli à partir de bibliothèques de classes existantes.

- Éventuellement, les logiciels seront construits de façon prédominante à partir de composants réutilisables standard, tout comme l'est aujourd'hui la plus grande partie du matériel.

- Le concepteur d'une classe dérivée n'a pas besoin d'accéder au code source d'une classe de base, mais requiert l'interface vers cette classe de base et le code objet de celle-ci.

- Un objet d'une classe dérivée d'un type **public** peut être traité comme un objet de sa classe de base correspondante; l'inverse ne peut cependant pas s'appliquer.

- Une classe de base existe selon une relation hiérarchique par rapport à ses classes dérivées séparées.

- Une classe peut certes exister toute seule. Par contre, lorsqu'on utilise une classe avec le mécanisme de l'héritage, celle-ci devient soit une classe de base fournissant des attributs et des comportements à d'autres classes, soit une classe dérivée héritant d'attributs et de comportements.

- Une hiérarchie d'héritage peut posséder une profondeur arbitraire à l'intérieur des limites physiques d'un système particulier.

- Les hiérarchies constituent des outils pratiques pour comprendre et traiter la complexité. Avec des logiciels devenant de plus en plus complexes, le C++ offre des mécanismes de support pour des structures hiérarchiques, avec l'utilisation de l'héritage et du polymorphisme.

- On peut utiliser le transtypage explicite pour convertir un pointeur de classe de base en un pointeur de classe dérivée. Un tel pointeur ne devrait pas être déréférencé, à moins qu'il pointe effectivement vers un objet du type de la classe dérivée.

- L'accès **protected** sert de niveau de protection intermédiaire entre l'accès **public** et l'accès **private**. Les membres **protected** d'une classe de base ne sont accessibles que par les membres et amis (**friend**) de la classe de base et par les membres et amis des classes dérivées; aucune autre fonction ne peut accéder aux membres **protected** d'une classe de base.

- Les membres **protected** sont utilisés pour accorder des privilèges aux classes dérivées tout en privant de ces privilèges les fonctions non amies ou de classes différentes.

- L'héritage multiple est indiqué en plaçant un deux-points (**:**) après le nom de la classe dérivée, suivi de la liste des classes de base séparées par des virgules. La syntaxe d'initialiseur de membre est utilisée dans le constructeur de la classe dérivée pour appeler les constructeurs de classes de base.

- Lorsqu'une classe est dérivée d'une classe de base, cette dernière peut être déclarée **public**, **protected** ou **private**.

- Lorsqu'une classe est dérivée d'une classe de base **public**, les membres **public** de la classe de base deviennent membres **public** de la classe dérivée, tandis que les membres **protected** de la classe de base deviennent membres **protected** de la classe dérivée.

- Lorsqu'ils sont dérivés d'une classe de base **protected**, les membres **public** et **protected** de la classe de base deviennent membres **protected** de la classe dérivée.

- Lorsqu'ils sont dérivés d'une classe de base **private**, les membres **public** et **protected** de la classe de base deviennent membres **private** de la classe dérivée.

- Une classe de base peut constituer une classe de base directe ou une classe de base indirecte d'une classe dérivée. Une classe de base directe est énumérée explicitement dans la déclaration de la classe dérivée. Une classe de base indirecte n'est pas énumérée explicitement; elle est plutôt héritée à partir de deux niveaux ou plus de l'arbre hiérarchique des classes.

- Lorsqu'un membre d'une classe de base ne convient pas à une classe dérivée, nous pouvons simplement redéfinir ce membre dans la classe dérivée.

- Il est important de faire la distinction entre les relations «est un» et les relations «possède un». Dans une relation «possède un», un objet d'une classe possède un objet d'une autre classe comme membre. Dans une relation «est un», un objet d'un type de classes dérivée peut également être traité comme un objet du type de la classe de base. Une relation «est un» représente l'héritage; une relation «possède un» représente la composition.

- Un objet d'une classe dérivée peut être affecté à un objet d'une classe de base puisque la classe dérivée possède des membres qui correspondent à chacun des membres de la classe de base.

- Un pointeur vers un objet de classe dérivée peut être converti implicitement en un pointeur vers un objet de classe de base.

- Il est possible de convertir un pointeur vers un objet de classe de base en un pointeur vers un objet de classe dérivée en utilisant le transtypage explicite, en autant que l'objet cible soit un objet de la classe dérivée.

- Une classe de base spécifie une généralisation; toutes les classes dérivées d'une classe de base héritent des caractéristiques de celle-ci. Dans le procédé de conception orienté objets, le concepteur recherche la généralisation et «en retranche les facteurs» afin de former des classes de base attrayantes. Des classes dérivées sont ensuite personnalisées au-delà des caractéristiques héritées de la classe de base.

- Le fait de lire une série de déclarations de classes dérivées peut porter à confusion puisque les membres de la classe dérivée ne sont pas tous présents dans ces déclarations. En effet, les membres hérités ne sont pas énumérés dans les déclarations des classes dérivées; malgré tout, ils demeurent présents dans ces dernières.

- Les relations «possèdent un» constituent des exemples de création de nouvelles classes par composition de classes existantes.

- Les relations «connaît un» représentent des exemples d'objets contenant des pointeurs ou des références vers d'autres objets pour que ceux-ci puissent avoir connaissance de ces objets.

- Les constructeurs d'objets membres sont appelés dans l'ordre de déclaration des objets. Dans l'héritage, les constructeurs de la classe de base sont appelés dans l'ordre de spécification de l'héritage et avant le constructeur de la classe dérivée.

- Pour un objet de classe dérivée, le constructeur de la classe de base est appelé en premier, suivi du constructeur de la classe dérivée, qui peut appeler à son tour les constructeurs des objets membres.

- Lorsque l'objet de la classe dérivée est détruit, les destructeurs sont appelés dans l'ordre inverse des constructeurs, c'est-à-dire le destructeur de la classe dérivée en premier, suivi du constructeur de la classe de base.

- On peut dériver une classe à partir de plus d'une classe de base; un tel procédé s'appelle l'héritage multiple.

- L'héritage multiple est indiqué en plaçant une liste des classes de base séparées par des virgules après l'indicateur d'héritage, à savoir le deux-points (**:**).

- Le constructeur de la classe dérivée appelle le constructeur de chacune de ses classes de base en utilisant une syntaxe d'initialiseurs de membres. Les constructeurs de classes de base sont appelés dans l'ordre de déclaration des classes de base durant l'héritage.

TERMINOLOGIE

abstraction
adaptation de logiciels
ambiguïté de l'héritage multiple
ami (**friend**) d'une classe de base
ami (**friend**) d'une classe dérivée
association
bibliothèques de classes
classe de base
classe de base directe
classe de base indirecte
classe de base **private**
classe de base **protected**
classe de base **public**
classe dérivée
classe membre
client d'une classe
composants de logiciels standard
composition
constructeur de classe de base
constructeur de classe dérivée
constructeur par défaut de classe de base
contrôle de l'accès aux membres
destructeur de classe de base
destructeur de classe dérivée
erreur de récursion infinie
substituer une fonction membre de classe
   de base

héritage
héritage multiple
héritage **private**
héritage **protected**
héritage **public**
héritage simple
hiérarchie de classes
initialiseur de classe de base
membre de classe **protected**
mot-clé **protected**
objet membre
personnaliser un logiciel
pointeur de classe de base
pointeur de classe dérivée
pointeur vers un objet de classe de base
pointeur vers un objet de classe dérivée
programmation orientée objets
relation *connaît un*
relation *est un*
relation hiérarchique
relation *possède un*
relation *utilise un*
réutilisation de logiciels
sous-classe
substitution d'une fonction
superclasse

ERREURS DE PROGRAMMATION COURANTES

9.1 Le fait de traiter un objet d'une classe de base comme un objet d'une classe dérivée peut causer des erreurs.

9.2 Le fait d'utiliser un transtypage explicite pour convertir un pointeur de classe de base en un pointeur de classe dérivée et de faire ensuite référence à des membres de classe dérivée n'existant pas dans cet objet peut provoquer des erreurs de logique à l'exécution.

9.3 Lorsqu'une fonction membre d'une classe de base est substituée dans une classe dérivée, il est courant de rencontrer le cas où la version de la classe dérivée appelle la version de la classe de base en plus d'effectuer certains travaux additionnels. Le fait de ne pas utiliser l'opérateur de résolution de portée pour référencer la fonction membre de la classe de base produit une récursion infinie puisque, en réalité, la fonction membre de la classe dérivée s'appelle elle-même. Cette situation finit par épuiser la mémoire du système, produisant une erreur fatale à l'exécution.

9.4 Le fait d'affecter un objet d'une classe dérivée à un objet de classe de base et de tenter, par la suite, de référencer les seuls membres de la classe dérivée dans le nouvel objet de la classe de base constitue une erreur de syntaxe.

9.5 Le fait de forcer le type d'un pointeur de classe de base en un pointeur de classe dérivée peut produire des erreurs si ce dernier est ensuite utilisé pour référencer un objet de classe de base ne possédant pas les membres de classe dérivée désirés.

BONNE PRATIQUE DE PROGRAMMATION

9.1   L'héritage multiple constitue une puissante caractéristique lorsqu'elle est utilisée convenablement. L'héritage multiple devrait être utilisé lorsqu'une relation «est un» existe entre un nouveau type et deux (ou plus de deux) types existants (c'est-à-dire lorsqu'un A «est un» type B et qu'un type A «est un» type C).

ASTUCES SUR LA PERFORMANCE

9.1   Lorsque les performances deviennent une préoccupation majeure, il arrive que les programmeurs désirent connaître le code des classes dont ils héritent pour l'ajuster et satisfaire leurs besoins en performances.

9.2   Si les classes produites par héritage sont plus grandes qu'elles ne le devraient, on peut gaspiller les ressources de mémoire et de traitement. Effectuez l'héritage à partir de la classe «se rapprochant le plus» de vos besoins.

OBSERVATIONS DE GÉNIE LOGICIEL

9.1   En général, déclarez **private** les membres de données d'une classe et n'utilisez **protected** qu'en dernier recours, lorsque des systèmes nécessitent d'être ajustés pour satisfaire des besoins de performance uniques.

9.2   Une classe dérivée ne peut accéder directement aux membres **private** de sa classe de base.

9.3   Supposons que nous créions un objet d'une classe dérivée où la classe de base et la classe dérivée contiennent toutes deux des objets d'autres classes. Lorsqu'un objet de cette classe dérivée est créé, le constructeur des objets membres de la classe de base s'exécute en premier, suivi du constructeur des objets membres de la classe dérivée, puis du constructeur de la classe dérivée. Les destructeurs sont appelés dans l'ordre inverse de celui de leurs constructeurs correspondants.

9.4   L'ordre de construction des objets membres est le même que celui dans lequel ces objets sont déclarés à l'intérieur de la définition de classe. L'ordre d'énumération des initialiseurs de membres n'affecte pas l'ordre de construction.

9.5   Dans l'héritage, l'ordre d'appel des constructeurs de la classe de base s'effectue selon l'héritage spécifié dans la définition de la classe dérivée. L'ordre de spécification des constructeurs de la classe de base, dans la liste des initialiseurs membres de la classe dérivée, n'affecte pas l'ordre de construction.

9.6   Théoriquement, les utilisateurs n'ont pas besoin de voir le code source des classes à partir desquelles ils héritent. En réalité, les gens fabriquant les licences de classes nous disent que les clients réclament souvent le code source. Les programmeurs sont toujours hésitants à incorporer du code dans leurs programmes lorsque celui-ci est écrit par d'autres personnes.

9.7   La création d'une classe dérivée n'affecte en rien le code source ni le code objet de sa classe de base; l'héritage préserve l'intégrité d'une classe de base.

9.8   Dans un système orienté objets, les classes sont souvent liées intimement. Effectuez la «mise en facteurs» des attributs et des comportements communs et placez-les dans une classe de base. Utilisez ensuite l'héritage pour former des classes dérivées.

9.9   Une classe dérivée contient les attributs et les comportements de sa classe de base. Elle peut également contenir des attributs et des comportements additionnels. Avec l'héritage, on peut compiler la classe de base indépendamment de la classe dérivée. Seuls les attributs et les comportements différentiels de la classe dérivée doivent être compilés, de façon à combiner ceux-ci avec la classe de base pour former la classe dérivée.

9.10 Des modifications apportées à une classe de base n'impliquent pas de changement au niveau des classes dérivées aussi longtemps que les interfaces **public** et **protected** de la classe de base demeurent inchangées. Toutefois, les classes dérivées peuvent nécessiter une nouvelle compilation.

9.11 Des modifications de programme à une classe qui est membre d'une autre classe n'impliquent pas de changement au niveau de la classe qui les renferme aussi longtemps que l'interface **public** vers la classe membre demeure inchangée. Toutefois, notez que la classe composite peut nécessiter une nouvelle compilation.

9.12 L'héritage multiple constitue une puissante caractéristique mais peut rendre le système plus complexe. Il faut apporter un soin méticuleux dans la conception d'un système afin d'utiliser l'héritage multiple correctement; il est préférable de ne pas l'utiliser lorsque l'héritage simple peut faire le travail.

EXERCICES DE RÉVISION

9.1 Complétez chacune des phrases suivantes:
a) Si la classe **Alpha** hérite de la classe **Beta**, la classe **Alpha** est appelée la classe _____ et la classe **Beta** est appelée la classe _____.
b) Le C++ offre l'_____ permettant à une classe dérivée d'hériter de plusieurs classes de base, même si celles-ci ne sont pas apparentées.
c) L'héritage permet la _____, qui épargne un temps considérable dans le développement et encourage l'utilisation de logiciels éprouvés et de haute qualité.
d) Un objet d'une classe _____ peut être traité comme un objet de sa classe _____ correspondante.
e) Afin de convertir un pointeur de classe de base en pointeur de classe dérivée, on doit utiliser le _____, car le compilateur considère cette opération comme dangereuse.
f) Les trois spécificateurs d'accès aux membres sont _____, _____ et _____.
g) Lorsqu'on dérive une classe à partir d'une classe de base avec un héritage **public**, les membres **public** de cette dernière deviennent membres _____ de la classe dérivée, tandis que les membres **protected** de la classe de base deviennent membres _____ de la classe dérivée.
h) Lorsqu'on dérive une classe à partir d'une classe de base avec un héritage **protected**, les membres **public** de cette dernière deviennent membres _____ de la classe dérivée, tandis que les membres **protected** de la classe de base deviennent membres _____ de la classe dérivée.
i) Une relation «possède un» entre classes représente _____ et une relation «est un» entre classes représente _____.

RÉPONSES AUX EXERCICES DE RÉVISION

9.1 a) dérivée, de base. b) héritage multiple. c) réutilisation des logiciels. d) dérivée, de base. e) transtypage. f) **public**, **protected**, **private**. g) **public**, **protected**. h) **protected**, **protected**. i) la composition, l'héritage.

EXERCICES

9.2 Considérez la classe **Bicyclette** et en vous basant sur vos connaissances de certains composants courants des bicyclettes, illustrez une hiérarchie de classes dans laquelle la classe **Bicyclette** hérite d'autres classes qui, à leur tour, héritent également de d'autres. Étudiez l'instanciation de différents objets de la classe **Bicyclette**. Envisagez d'héritage à partir de la classe **Bicyclette** pour d'autres classes dérivées intimement liées.

9.3 Définissez brièvement les termes suivants: héritage, héritage multiple, classe de base et classe dérivée.

9.4 Expliquez pourquoi la conversion d'un pointeur de classe de base en pointeur de classe dérivée est considérée comme dangereuse par le compilateur.

9.5　　Expliquez la distinction entre l'héritage simple et l'héritage multiple.

9.6　　(Vrai ou Faux) Une classe dérivée est souvent désignée par le terme sous-classe puisqu'elle représente un sous-ensemble de sa classe de base, c'est-à-dire qu'une classe dérivée est généralement plus petite que sa classe de base.

9.7　　(Vrai ou Faux) Un objet d'une classe dérivée constitue également un objet de la classe de base de cette classe dérivée.

9.8　　Certains programmeurs préfèrent ne pas utiliser l'accès **protected** parce qu'il transgresse l'encapsulation de la classe de base. Énoncez et expliquez les mérites de l'emploi de l'accès **protected**, comparé à l'insistance d'utilisation de l'accès **private** dans les classes de base.

9.9　　On pourrait résoudre de nombreux programmes bâtis autour de l'héritage en utilisant plutôt la composition et vice versa. Expliquez les mérites relatifs de ces approches dans le contexte hiérarchique des classes **Point**, **Cercle** et **Cylindre**, abordées dans ce chapitre. Récrivez le programme de la figure 9.10 (ainsi que les classes de soutien) afin d'utiliser la composition au lieu de l'héritage. Évaluez de nouveau les mérites relatifs aux deux approches une fois le programme modifié, tant pour le problème spécifique **Point**, **Cercle**, **Cylindre**, que pour les programmes orientés objets en général.

9.10　　Récrivez le programme **Point**, **Cercle**, **Cylindre** de la figure 9.10 pour réaliser un programme **Point**, **Carre**, **Cube**. Faites-le de deux façons: avec l'héritage d'une part et avec la composition d'autre part.

9.11　　Nous avons stipulé, dans ce chapitre, que «Lorsqu'un membre d'une classe de base ne convient pas à une classe dérivée, ce membre peut être remplacé dans la classe dérivée par une implémentation appropriée». Si nous appliquons ce procédé, la relation «classe dérivée est un objet de la classe de base» est-elle toujours d'actualité? Expliquez votre réponse.

9.12　　Étudiez la hiérarchie d'héritage de la figure 9.2. Indiquez, pour chaque classe, quelques attributs et comportements communs, cohérents avec la hiérarchie. Ajoutez quelques autres classes (telles que **EtudiantSansDiplome**, **EtudiantAvecDiplome**, **EtudiantPremiereAnnee**, **Etudiant DeuxiemeAnnee**, **EtudiantTroisiemeAnnee**, **EtudiantDerniereAnnee** et ainsi de suite) pour enrichir la hiérarchie.

9.13　　Écrivez une hiérarchie d'héritage pour les classes **Quadrilatere**, **Trapeze**, **Parallelogramme**, **Rectangle** et **Carre**. Utilisez **Quadrilatere** comme classe de base de la hiérarchie. Développez une hiérarchie aussi profonde que possible, c'est-à-dire avec le plus grand nombre de niveaux possible. Les données **private** de **Quadrilatere** doivent représenter les paires de coordonnées (x, y) pour les quatre points formant le **Quadrilatere**. Écrivez un programme pilote qui instancie et affiche les objets de chacune de ces classes.

9.14　　Énumérez toutes les formes que vous pouvez imaginer, qu'elles soient à deux ou à trois dimensions, puis développez ces formes selon une hiérarchie de formes. Cette hiérarchie doit comprendre la classe de base **Forme** à partir de laquelle sont dérivées les classes **FormeDeuxDimensions** et **FormeTroisDimensions**. Une fois votre hiérarchie développée, définissez chacune des classes qui la composent. Dans les exercices du chapitre 10 nous utiliserons cette hiérarchie pour le traitement de toutes ces formes comme étant des objets de la classe de base **Forme**. Cette technique porte le nom de polymorphisme.

10

Fonctions virtuelles
et polymorphisme

Objectifs

- Comprendre la notion de polymorphisme.

- Déclarer et utiliser des fonctions virtuelles
  (**virtual**) pour amener le polymorphisme.

- Comprendre la différence entre les classes
  abstraites et les classes concrètes.

- Déclarer des fonctions virtuelles pures pour
  créer des classes abstraites.

- Apprécier la manière dont le polymorphisme
  favorise l'extensibilité et la maitenance
  des systèmes.

- Comprendre comment le C++ implante
  les fonctions virtuelles et la liaison
  dynamique « sous le capot ».

Introduction à la
**CONCEPTION
ORIENTÉE OBJETS**
avec l' **UML**™

Ms. Kilo

10.1 Introduction

Les *fonctions virtuelles* et le *polymorphisme* permettent de concevoir et d'implanter des systèmes plus facilement *extensibles*. On peut écrire des programmes capables de traiter les objets de toutes les classes présentes dans une hiérarchie de façon générique – c'est-à-dire comme des objets de classe de base. Une fois le programme terminé, on peut lui ajouter des classes avec peu ou pas de modifications à sa portion générique, à condition, bien sûr, que ces classes fassent partie de la hiérarchie en cours de traitement. Les seules parties à modifier dans le programme sont celles qui exigent une connaissance directe de la classe ajoutée à la hiérarchie.

10.2 Champs de type et instructions `switch`

L'une des façons d'aborder les objets de différents types consiste à utiliser une instruction `switch` qui exécute une action appropriée au type de chaque objet traité. Par exemple, dans une hiérarchie de formes où chaque forme spécifie son type comme membre de donnée, une structure `switch` pourrait déterminer quelle fonction `affichage` appeler selon le type d'objet.

L'emploi de la logique de commutation `switch` ne va pas sans problème. Le programmeur peut ainsi oublier de tester un type particulier alors que ce test est impératif. Il peut aussi oublier de tester tous les cas possibles dans une instruction `switch` ou, encore, oublier d'insérer les nouveaux cas dans toutes les instructions `switch` existantes après avoir ajouté de nouveaux types à un système orienté `switch`. Tout ajout ou suppression d'une classe dans l,e but de traiter de nouveaux types exige de modifier toutes les instructions `switch` dans le système. Les repérer toutes peut prendre un temps considérable et peut occasionner des erreurs.

Comme nous le verrons, les fonctions virtuelles et la programmation polymorphique peuvent éliminer le recours à la logique `switch`. Le programmeur peut utiliser le mécanisme de fonction virtuelle pour effectuer automatiquement la logique équivalente, évitant du même coup les erreurs habituellement associées à la logique de commutation.

Observation de génie logiciel 10.1

*Les fonctions virtuelles (**virtual**) et le polymorphisme ont l'avantage de simplifier l'apparence des programmes. Ceux-ci contiennent moins de logique de branchement au profit d'un code séquentiel plus simple. Ceci facilite les tests, la mise au point et la maintenance des programmes et réduit les risques de bogues.*

10.3 Fonctions virtuelles (`virtual`)

Imaginons une série de classes de formes telles que **Cercle**, **Triangle**, **Rectangle** et **Carre**, toutes dérivées de la classe de base **Forme**. En programmation orientée objets, toutes ces classes peuvent être dotées de la possibilité de se dessiner elles-mêmes. Bien que chacune possède sa propre fonction **dessin**, celle-ci diffère entièrement pour chaque forme. Lorsque nous dessinons l'une quelconque de ces formes, il serait commode de pouvoir les traiter génériquement comme des objets de la classe de base **Forme**, car cela nous permettrait de simplement appeler la fonction **dessin** de la classe de base **Forme**, puis de laisser le programme déterminer *dynamiquement* – c'est-à-dire à l'exécution – quelle fonction **dessin** de classe dérivée employer.

Pour permettre ce comportement, nous déclarons **dessin** comme une *fonction virtuelle* (**virtual**) dans la classe de base et *substituons* **dessin** dans chacune des classes dérivées pour dessiner la forme adéquate. Une fonction virtuelle se déclare en faisant précéder le prototype de fonction du mot-clé **virtual** dans la classe de base. Par exemple,

```
virtual void dessin() const;
```

peut apparaître dans la classe de base **Forme**. Ce prototype déclare que la fonction **dessin** est une fonction constante ne prenant aucun argument, ne renvoyant rien et constituant une fonction **virtual**.

Observation de génie logiciel 10.2

*Dès qu'une fonction est déclarée **virtual**, elle reste virtuelle à tous les niveaux de la hiérarchie d'héritage, même si elle n'est pas déclarée **virtual** lorsqu'elle est remplacée par une autre classe.*

Bonne pratique de programmation 10.1

*Même si certaines fonctions sont implicitement virtuelles à cause d'une déclaration faite plus haut dans la hiérarchie de classes, déclarez explicitement ces fonctions comme **virtual** à chaque niveau hiérarchique, pour favoriser la clarté du programme.*

Observation de génie logiciel 10.3

*Si une classe dérivée choisit de ne pas définir de fonction **virtual**, cette classe dérivée hérite simplement de la définition de fonction virtuelle de sa classe de base immédiate.*

Si la fonction **dessin** de la classe de base a été déclarée **virtual** et que nous utilisons par la suite une référence ou un pointeur de classe de base pour viser l'objet de classe dérivée et invoquons la fonction **dessin** par l'entremise de ce pointeur – par exemple, **formePtr->dessin()** – ou de cette référence, le programme choisira dynamiquement, au moment de l'exécution, la fonction **dessin** appropriée à la classe dérivée, en ffonction du type d'objet et non du type du pointeur ni de la référence. Ce *liage dynamique* est illustré dans les études de cas des sections 10.6 et 10.9.

Lorsque nous appelons une fonction **virtual** en référençant un objet spécifique par son nom et en utilisant l'opérateur point de sélection de membre, comme dans **objetCarre.dessin()**, la référence est résolue lors de la compilation (une méthode appelée *liage statique*) et la fonction **virtual** appelée est la fonction définie pour la classe de cet objet particulier ou héritée par elle.

10.4 Classes de base abstraites et classes concrètes

Lorsque nous imaginons une classe comme un type, nous présumons que les objets de ce type seront instanciés. Dans certains cas, toutefois, il est utile de définir des classes – dites *classes abstraites* – pour lesquelles le programmeur ne compte jamais instancier d'objet. Comme nous les employons comme classes de base dans des situations d'héritage, nous les désignons habituellement par l'expression *classes de base abstraites*. Aucun objet de classe de base abstraite ne peut être instancié.

Une classe abstraite a pour seul rôle de fournir une classe de base adéquate dont d'autres classes pourront hériter de l'interface et (ou) de l'implémentation. Les classes qui permettent l'instanciation d'objets sont, pour leur part, appelées des *classes concrètes*.

Nous pourrions avoir une classe de base abstraite nommée **FormeDeuxDimensions** et dériver des classes concrètes comme **Carre**, **Cercle**, **Triangle** et autres. Nous pourrions aussi avoir une classe de base abstraite appelée **FormeTroisDimensions** et en dériver des classes concrètes telles que **Cube**, **Sphere**, **Cylindre**, et autres. Les classes de base abstraites étant trop génériques pour définir des objets réels, nous devons être plus spécifiques avant de penser à instancier des objets. C'est là qu'interviennent les classes concrètes: elles fournissent les faits précis qui permettent d'instancier des objets.

On crée une classe abstraite en déclarant «pure» une ou plusieurs de ses fonctions virtuelles. Une *fonction virtuelle pure* renferme un *initialiseur* **= 0** dans sa déclaration, comme dans

```
virtual float gains() const = 0; // fonction virtuelle pure.
```

Observation de génie logiciel 10.4

Si une classe est dérivée d'une classe dotée d'une fonction virtuelle pure et qu'aucune définition n'est fournie pour cette fonction dans la classe dérivée, cette fonction **virtual** *reste alors pure dans la classe dérivée qui devient, à son tour, une classe abstraite.*

Erreur de programmation courante 10.1

Toute tentative d'instancier un objet d'une classe abstraite, c'est-à-dire d'une classe contenant une ou plusieurs fonctions **virtual** *pures, est une erreur de syntaxe.*

Même si une hiérarchie n'a pas besoin de contenir de classes abstraites, nous verrons que beaucoup de bons systèmes orientés objets possèdent des hiérarchies de classes menées par une classe de base abstraite. Dans certains cas, les classes abstraites constituent même les quelques niveaux supérieurs de la hiérarchie. Un bon exemple de cette pratique est, justement, une hiérarchie de formes qui pourrait être dirigée par une classe de base abstraite appelée **Forme**. Au niveau inférieur suivant, nous pourrions trouver deux autres classes de base abstraites nommées **FormeDeuxDimensions** et **FormeTroisDimensions**. Le niveau inférieur suivant pourrait regrouper les premières classes concrètes pour les formes bidimensionnelles, tels les cercles et les carrés, et celles pour les formes tridimensionnelles, comme les sphères et les cubes.

10.5 Polymorphisme

Le C++ permet le polymorphisme. Plus précisément, il permet à des objets de classes différentes liées par héritage de répondre de façon distincte à un appel de fonction membre. Le même message, transmis à de nombreux types d'objets différents, revêt diverses formes, d'où le terme *polymorphisme*. Si, par exemple, on dérive la classe **Rectangle** de la classe **Quadrilatere**, un objet **Rectangle** *est* alors une version plus spécifique d'un objet **Quadrilatere**. Une opération – comme le calcul du périmètre ou de l'aire – que l'on peut effectuer sur un objet **Quadrilatere** peut également se faire sur un objet **Rectangle**.

On implante le polymorphisme au moyen de fonctions virtuelles. Lorsqu'une requête d'utilisation d'une fonction **virtual** est faite à travers un pointeur ou une référence, de classe de base, le C++ choisit la bonne fonction substituée dans la classe dérivée associée à l'objet.

Il arrive qu'une fonction membre non **virtual** soit définie dans une classe de base et substituée dans une classe dérivée. Si on appelle cette fonction par un pointeur de classe de base vers l'objet de classe dérivée, la version de classe de base est alors utilisée. Par contre, si on appelle la fonction au moyen d'un pointeur de classe dérivée, la version utilisée est alors celle de la classe dérivée. C'est là un comportement non polymorphique.

Examinons l'exemple suivant qui utilise la classe de base **Employe** et la classe dérivée **EmployeHoraire** de la figure 9.5:

```
Employe e, *ePtr = &e;
EmployeHoraire h, *hPtr = &h;
ePtr->affichage();  // appelle la fonction affichage de classe de base
hPtr->affichage();  // appelle la fonction affichage de classe dérivée
ePtr = &h;          // conversion implicite permissible
ePtr->affichage();  // appelle toujours l'affichage de classe de base
```

La classe de base **Employe** et la classe dérivée **EmployeHoraire** possèdent toutes deux leurs propres fonctions **affichage**. Comme ces fonctions n'ont pas été déclarées **virtual** et ont la même signature, appeler la fonction **affichage** par un pointeur **Employe** donne **Employe::affichage()** – que **Employe** pointe un objet **Employe** de classe de base ou un objet **EmployeHoraire** de classe dérivée – alors que l'appeler par un pointeur **Employe Horaire** génère l'appel **EmployeHoraire::affichage()**. La fonction **affichage** de la classe de base est également disponible pour la classe dérivée. Toutefois, pour appeler **affichage** de la classe de base avec un pointeur vers un objet de classe dérivée, par exemple, la fonction doit être invoquée explicitement comme suit:

```
hPtr->Employe::affichage();  // appelle la fonction affichage
                             // de la classe de base
```

Les fonctions **virtual** et le polymorphisme permettent à un appel de fonction membre d'exécuter différentes actions selon le type de l'objet qui reçoit l'appel (nous verrons qu'une légère surcharge à l'exécution est requise). Cette pratique offre d'immenses possibilités d'expression au programmeur. Nous verrons des exemples de la puissance du polymorphisme et des fonctions virtuelles dans les sections suivantes.

Observation de génie logiciel 10.5

Les fonctions virtuelles et le polymorphisme permettent au programmeur de traiter les généralités et de laisser l'environnement d'exécution s'occuper lui-même des spécificités. Le programmeur peut ordonner à une vaste gamme d'objets d'adopter des comportements appropriés à ces objets sans même connaître leurs types.

Observation de génie logiciel 10.6

Le polymorphisme favorise l'extensibilité, car les logiciels écrits pour invoquer un comportement polymorphique sont écrits indépendamment des types d'objets auxquels les messages sont envoyés. On peut donc ajouter de nouveaux types d'objets capables de répondre aux messages existants sans modifier le système de base. Il n'est pas nécessaire de recompiler les programmes sauf pour le code client qui instancie les nouveaux objets.

Observation de génie logiciel 10.7

Une classe abstraite définit une interface pour les différents membres d'une hiérarchie de classes. La classe abstraite contient des fonctions virtuelles pures qui seront définies dans les classes dérivées. Toutes les fonctions de la hiérarchie peuvent utiliser la même interface par le biais du polymorphisme.

Même si nous ne pouvons pas instancier des objets de classes de base abstraites, nous *pouvons* quand même déclarer des pointeurs et des références vers ces classes. Nous pouvons ensuite nous servir de ces pointeurs et références pour manipuler des objets de classes dérivées de façon polymorphique lorsque ces objets sont instanciés à partir de classes concrètes.

Examinons des applications de polymorphisme et de fonctions virtuelles. Un gestionnaire d'écran doit afficher une variété d'objets de différentes classes, y compris les nouveaux types d'objets qui seront ajoutés au système après son écriture. Ce gestionnaire devra peut-être afficher différentes formes, toutes dérivées de la classe de base **Forme**, comme des carrés, des cercles, des triangles, des rectangles, des points, des lignes et autres et, pour ce faire, utilise des pointeurs ou des références de classe de base vers **Forme**. Pour dessiner l'un ou l'autre de ces objets, le système emploie un pointeur ou une référence de classe de base vers l'objet voulu et lui transmet simplement un message **dessin**, quelle que soit sa position dans la hiérarchie d'héritage. La fonction **dessin** a été déclarée comme virtuelle pure dans la classe de base **Forme** et a été substituée dans chacune des classes dérivées. Chacun des objets **Forme** sachant comment se dessiner lui-même, le gestionnaire d'écran n'a pas à se préoccuper du type de chaque objet et n'a pas besoin de savoir s'il en a déjà vu un de ce type. Il indique simplement à chaque objet de se dessiner par lui-même.

Le polymorphisme est particulièrement efficace pour l'implémentation de logiciels en couches. Par exemple, dans les systèmes d'exploitation où chaque type de périphérique physique peut fonctionner différemment des autres, il est malgré tout possible d'obtenir une certaine uniformité dans les commandes de *lecture* ou d'*écriture* de données. Le message d'*écriture* transmis à un objet «pilote de périphérique» doit être interprété dans le contexte propre à ce pilote et selon la façon dont ce dernier gère les périphériques d'un type donné. En revanche, cet appel ne diffère pas vraiment d'un appel d'*écriture* à tout autre périphérique du système: il ne fait que déplacer un nombre d'octets de la mémoire vers ce périphérique. Un système d'exploitation orienté objets pourrait employer une classe de base abstraite pour fournir une interface appropriée à tous les pilotes de périphérique; puis, grâce à l'héritage de cette classe, former des classes dérivées fonctionnant toutes de façon analogue. Les possibilités – c'est-à-dire l'interface **public** – offertes par les pilotes de périphériques sont assurées sous forme de fonctions virtuelles dans les classes de base abstraites. Les implémentations de ces fonctions sont fournies dans les classes dérivées correspondant aux types spécifiques de pilotes.

La programmation polymorphique peut permettre à un programme de traverser un conteneur, tel qu'un tableau, de pointeurs vers des objets à partir de différents niveaux d'une hiérarchie de classes. Les pointeurs d'un tel tableau seraient tous des pointeurs de classe de base vers des objets de classes dérivées. Ainsi, un tableau d'objets de la classe **FormeDeuxDimensions** pourrait contenir des pointeurs **FormeDeuxDimensions *** vers des objets des classes dérivées **Carre**, **Cercle**, **Triangle**, **Rectangle**, **Ligne**, et autres. Grâce au polymorphisme, la transmission d'un message pour dessiner chaque objet du tableau afficherait l'image exacte à l'écran.

10.6 Étude de cas: système de paie utilisant le polymorphisme

Nous allons utiliser ici des fonctions virtuelles et le polymorphisme pour effectuer des calculs de paie en fonction du type d'employé (figure 10.1). Nous nous servirons d'une classe de base nommée **Employe** et de ses classes dérivées suivantes: **Patron**, qui reçoit un salaire hebdomadaire fixe peu importe le nombre d'heures travaillées; **EmployeCommission**, qui reçoit un salaire de base invariable et un pourcentage des ventes; **EmployePiece**, qui est rémunéré en fonction du nombre d'articles produits; et **EmployeHoraire**, qui est payé à l'heure et pour le temps supplémentaire.

Un appel vers la fonction **gains** s'applique génériquement à tous les employés. Par contre, la rémunération totale de chaque employé est calculée selon sa classe qui, elle, est dérivée de la classe de base **Employe**. La fonction **gains** est donc déclarée virtuelle pure dans la classe de base **Employe** et des implémentations adéquates de **gains** sont fournies pour chacune des classes dérivées. Ensuite, pour calculer la paie de l'un quelconque des employés, le programme utilise simplement un pointeur de classe de base ou une référence vers l'objet de cet employé et invoque la fonction **gains**. Dans un véritable système de paie, les différents objets **Employe** peuvent être pointés par des éléments individuels d'un tableau ou d'une liste de pointeurs de type **Employe***. Le programme traverserait alors le tableau élément par élément en utilisant les pointeurs **Employe*** pour appeler la fonction **gains** de chaque objet.

```
1    // Figure 10.1: employe2.h
2    // Classe de base abstraite Employe.
3    #ifndef EMPLOYE2_H
4    #define EMPLOYE2_H
5
6    class Employe {
7    public:
8       Employe( const char *, const char * );
9       ~Employe();    // destructeur réclamant de la mémoire.
10      const char *lecturePrenom() const;
11      const char *lectureNomFamille() const;
12
13   // Fonction virtuelle pure produisant la classe de base abstraite Employe.
14      virtual double gains() const = 0;    // virtuelle pure.
15      virtual void affichage() const;      // virtuelle.
16   private:
17      char *prenom;
18      char *nomFamille;
19   };
20
21   #endif
```

Figure 10.1   Démonstration de polymorphisme avec la hiérarchie de la classe **Employe-employe2.h**.

```
22   // Fig. 10.1: employe2.cpp
23   // Définitions des fonctions membres
24   // pour la classe de base abstraite Employe.
25   // Note: aucune définition de fonction virtuelle pure.
```

Figure 10.1   Démonstration de polymorphisme avec la hiérarchie de la classe **Employe-employe2.cpp**. (1 de 2)

```
26  #include <iostream>
27
28  using std::cout;
29
30  #include <cstring>
31  #include <cassert>
32  #include "employe2.h"
33
34  // Le constructeur alloue de l'espace dynamique pour les
35  // prénoms et noms de famille et utilise strcpy pour copier
36  // les prénoms et noms de famille dans l'objet.
37  Employe::Employe( const char *premier, const char *dernier )
38  {
39     prenom = new char[ strlen( premier ) + 1 ];
40     assert( prenom != 0 );          // teste si new a fonctionné.
41     strcpy( prenom, premier );
42
43     nomFamille = new char[ strlen( dernier ) + 1 ];
44     assert( nomFamille != 0 );      // teste si new a fonctionné.
45     strcpy( nomFamille, dernier );
46  }
47
48  // Le destructeur désalloue la mémoire dynamique.
49  Employe::~Employe()
50  {
51     delete [] prenom;
52     delete [] nomFamille;
53  }
54
55  // Renvoie un pointeur vers le prénom. Un renvoi de type const empêche
56  // l'appelant de modifier les données private. L'appelant doit copier
57  // la chaîne renvoyée avant que le destructeur ne supprime la mémoire
58  // dynamique pour empêcher la formation d'un pointeur non défini.
59  const char *Employe::lecturePrenom() const
60  {
61     return prenom;    // l'appelant doit supprimer la mémoire.
62  }
63
64  // Renvoie un pointeur vers le nom de famille. Un type de renvoi const
65  // empêche l'appelant de modifier les données private. L'appelant doit
66  // copier la chaîne renvoyée avant que le destructeur ne supprime la
67  // mémoire dynamique pour empêcher la formation d'un pointeur non défini.
68  const char *Employe::lectureNomFamille() const
69  {
70     return nomFamille; // l'appelant doit supprimer la mémoire.
71  }
72
73  // Affiche le nom de l'Employe.
74  void Employe::affichage() const
75     { cout << prenom << ' ' << nomFamille; }
```

Figure 10.1   Démonstration de polymorphisme avec la hiérarchie de la classe **Employe-employe2.cpp**. (2 de 2)

```
76   // Figure 10.1: patron1.h
77   // Classe Patron, dérivée de la classe Employe.
78   #ifndef PATRON1_H
79   #define PATRON1_H
80   #include "employe2.h"
81
82   class Patron: public Employe {
83   public:
84      Patron( const char *, const char *, double = 0.0 );
85      void ajusterSalaireHebdo( double );
86      virtual double gains() const;
87      virtual void affichage() const;
88   private:
89      double salaireHebdo;
90   };
91
92   #endif
```

Figure 10.1   Démonstration de polymorphisme avec la hiérarchie de la classe
Employe-patron1.h.

```
93    // Figure 10.1: patron1.cpp
94    // Définitions des fonctions membres pour la classe Patron.
95    #include <iostream>
96
97    using std::cout;
98
99    #include "patron1.h"
100
101   // Fonction constructeur pour la classe Patron.
102   Patron::Patron( const char *premier, const char *dernier, double s )
103      : Employe( premier, dernier ) // appelle constructeur de classe de base.
104   { ajusterSalaireHebdo( s ); }
105
106   // Ajuste le salaire du Patron.
107   void Patron::ajusterSalaireHebdo( double s )
108      { salaireHebdo = s > 0 ? s: 0; }
109
110   // Lit la paie du Patron.
111   double Patron::gains() const { return salaireHebdo; }
112
113   // Affiche le nom du Patron.
114   void Patron::affichage() const
115   {
116      cout << "\n                    Patron: ";
117      Employe::affichage();
118   }
```

Figure 10.1   Démonstration de polymorphisme avec la hiérarchie de la classe
Employe -patron1.cpp.

```
119  // Figure 10.1: commis1.h
120  // Classe EmployeCommission, dérivée de la classe Employe.
121  #ifndef COMMIS1_H
122  #define COMMIS1_H
123  #include "employe2.h"
124
125  class EmployeCommission: public Employe {
126  public:
127     EmployeCommission( const char *, const char *,
128                        double = 0.0, double = 0.0,
129                        int = 0 );
130     void ajusterSalaire( double );
131     void ajusterCommission( double );
132     void ajusterQuantite( int );
133     virtual double gains() const;
134     virtual void affichage() const;
135  private:
136     double salaire;       // salaire hebdomadaire de base.
137     double commission;    // montant par article vendu.
138     int quantite;         // total d'articles vendus pour la semaine.
139  };
140
141  #endif
```

Figure 10.1 Démonstration de polymorphisme avec la hiérarchie de la classe
Employe-commis1.h.

```
142  // Figure 10.1: commis1.cpp
143  // Définitions des fonctions membres pour la classe EmployeCommission.
144  #include <iostream>
145
146  using std::cout;
147
148  #include "commis1.h"
149
150  // Constructeur pour la classe EmployeCommission.
151  EmployeCommission::EmployeCommission( const char *premier,
152        const char *dernier, double s, double c, int q )
153    : Employe( premier, dernier ) // appelle constructeur de classe de base.
154  {
155     ajusterSalaire( s );
156     ajusterCommission( c );
157     ajusterQuantite( q );
158  }
159
160  // Ajuste le salaire de base hebdo de l'EmployeCommission.
161  void EmployeCommission::ajusterSalaire( double s )
162     { salaire = s > 0 ? s: 0; }
163
```

Figure 10.1 Démonstration de polymorphisme avec la hiérarchie de la classe
Employe –commis1.cpp. (1 de 2)

```
164   // Ajuste la commission de l'EmployeCommission.
165   void EmployeCommission::ajusterCommission( double c )
166      { commission = c > 0 ? c: 0; }
167
168   // Ajuste la quantité vendue de l'EmployeCommission.
169   void EmployeCommission::ajusterQuantite( int q )
170      { quantite = q > 0 ? q: 0; }
171
172   // Détermine les gains de l'EmployeCommission.
173   double EmployeCommission::gains() const
174      { return salaire + commission * quantite; }
175
176   // Affiche le nom de l'EmployeCommission.
177   void EmployeCommission::affichage() const
178   {
179      cout << "\n   Employé à commission: ";
180      Employe::affichage();
181   }
```

Figure 10.1   Démonstration de polymorphisme avec la hiérarchie de la classe
Employe –commis1.cpp. (2 de 2)

```
182   // Figure 10.1: piece1.h
183   // Classe EmployePiece, dérivée de la classe Employe.
184   #ifndef PIECE1_H
185   #define PIECE1_H
186   #include "employe2.h"
187
188   class EmployePiece: public Employe {
189   public:
190      EmployePiece( const char *, const char *,
191                    double = 0.0, int = 0);
192      void ajusterPaie( double );
193      void ajusterQuantite( int );
194      virtual double gains() const;
195      virtual void affichage() const;
196   private:
197      double tauxParPiece; // taux pour chaque pièce produite.
198      int quantite;        // quantité produite pour la semaine.
199   };
200
201   #endif
```

Figure 10.1   Démonstration de polymorphisme avec la hiérarchie de la classe
Employe-piece1.h.

```
202   // Figure 10.1: piece1.cpp
203   // Définitions des fonctions membres pour la classe EmployePiece.
204   #include <iostream>
205
```

Figure 10.1   Démonstration de polymorphisme avec la hiérarchie de la classe
Employe-piece1.cpp. (1 de 2)

```
206  using std::cout;
207
208  #include "piece1.h"
209
210  // Constructeur pour la classe EmployePiece.
211  EmployePiece::EmployePiece( const char *premier, const char *dernier,
212                              double w, int q )
213    : Employe( premier, dernier ) // appelle constructeur de classe de base.
214  {
215     ajusterPaie( w );
216     ajusterQuantite( q );
217  }
218
219  // Ajuste la paie.
220  void EmployePiece::ajusterPaie( double w )
221     { tauxParPiece = w > 0 ? w: 0; }
222
223  // Ajuste le nombre d'articles produits.
224  void EmployePiece::ajusterQuantite( int q )
225     { quantite = q > 0 ? q: 0; }
226
227  // Détermine les gains de l'EmployePiece.
228  double EmployePiece::gains() const
229     { return quantite * tauxParPiece; }
230
231  // Affiche le nom de l'EmployePiece.
232  void EmployePiece::affichage() const
233  {
234     cout << "\n      Employé payé à la pièce: ";
235     Employe::affichage();
236  }
```

Figure 10.1   Démonstration de polymorphisme avec la hiérarchie de la classe
Employe-piece1.cpp. (2 de 2)

```
237  // Figure 10.1: horaire1.h
238  // Définition de la classe EmployeHoraire.
239  #ifndef HORAIRE1_H
240  #define HORAIRE1_H
241  #include "employe2.h"
242
243  class EmployeHoraire: public Employe {
244  public:
245     EmployeHoraire( const char *, const char *,
246                     double = 0.0, double = 0.0);
247     void ajusterPaie( double );
248     void ajusterHeures( double );
249     virtual double gains() const;
250     virtual void affichage() const;
```

Figure 10.1   Démonstration de polymorphisme avec la hiérarchie de la classe
Employe-horaire1.h. (1 de 2)

```
251  private:
252     double tauxHoraire; // taux horaire.
253     double heures;      // heures travaillées pour la semaine.
254  };
255
256  #endif
```

Figure 10.1   Démonstration de polymorphisme avec la hiérarchie de la classe
Employe-horaire1.h. (2 de 2)

```
257  // Figure 10.1: horaire1.cpp
258  // Définitions des fonctions membres pour la classe EmployeHoraire.
259  #include <iostream>
260
261  using std::cout;
262
263  #include "horaire1.h"
264
265  // Constructeur pour la classe EmployeHoraire.
266  EmployeHoraire::EmployeHoraire( const char *premier,
267                                  const char *dernier,
268                                  double w, double h )
269    : Employe( premier, dernier ) // appelle constructeur de classe de base.
270  {
271     ajusterPaie( w );
272     ajusterHeures( h );
273  }
274
275  // Ajuste le taux horaire.
276  void EmployeHoraire::ajusterPaie( double w )
277     { tauxHoraire = w > 0 ? w: 0; }
278
279  // Ajuste les heures travaillées.
280  void EmployeHoraire::ajusterHeures( double h )
281     { heures = h >= 0 && h < 168 ? h: 0; }
282
283  // Lit la paie de l'EmployeHoraire.
284  double EmployeHoraire::gains() const
285  {
286     if ( heures <= 40 ) // pas de temps supplémentaire.
287        return tauxHoraire * heures;
288     else                // temps supplémentaire = temps et demi.
289        return 40 * tauxHoraire + ( heures - 40 ) * tauxHoraire * 1.5;
290  }
291
292  // Affiche le nom de l'EmployeHoraire.
293  void EmployeHoraire::affichage() const
294  {
295     cout << "\n        Employé horaire: ";
296     Employe::affichage();
297  }
```

Figure 10.1   Démonstration de polymorphisme avec la hiérarchie de la classe
Employe-horaire1.cpp.

```
298   // Figure 10.1: fig10_01.cpp
299   // Pilote pour la hiérarchie de la classe Employe.
300   #include <iostream>
301
302   using std::cout;
303   using std::endl;
304
305   #include <iomanip>
306
307   using std::ios;
308   using std::setiosflags;
309   using std::setprecision;
310
311   #include "employe2.h"
312   #include "patron1.h"
313   #include "commis1.h"
314   #include "piece1.h"
315   #include "horaire1.h"
316
317   void virtuelViaPointeur( const Employe * );
318   void virtuelViaReference( const Employe & );
319
320   int main()
321   {
322      // Ajuste le formatage de sortie.
323      cout << setiosflags( ios::fixed | ios::showpoint )
324         << setprecision( 2 );
325
326      Patron b( "Jean", "Soucy", 800.00 );
327      b.affichage();                           // liage statique.
328      cout << " a gagné $" << b.gains();       // liage statique.
329      virtuelViaPointeur( &b );  // utilise le liage dynamique.
330      virtuelViaReference( b );  // utilise le liage dynamique.
331
332      EmployeCommission c( "Lise", "Jobin", 200.0, 3.0, 150 );
333      c.affichage();                           // liage statique.
334      cout << " a gagné $" << c.gains();       // liage statique.
335      virtuelViaPointeur( &c );  // utilise le liage dynamique.
336      virtuelViaReference( c );  // utilise le liage dynamique.
337
338      EmployePiece p( "Benoit", "Cyr", 2.5, 200 );
339      p.affichage();                           // liage statique.
340      cout << " a gagné $" << p.gains();       // liage statique.
341      virtuelViaPointeur( &p );  // utilise le liage dynamique.
342      virtuelViaReference( p );  // utilise le liage dynamique.
343
344      EmployeHoraire h( "Karine", "Roy", 13.75, 40 );
345      h.affichage();                           // liage statique.
346      cout << " a gagné $" << h.gains();       // liage statique.
347      virtuelViaPointeur( &h );  // utilise le liage dynamique.
348      virtuelViaReference( h );  // utilise le liage dynamique.
349      cout << endl;
```

Figure 10.1   Démonstration de polymorphisme avec la hiérarchie de la classe
Employe-fig10_01.cpp. (1 de 2)

```
350     return 0;
351  }
352
353  // Permet à la fonction virtuelle d'appeler un pointeur
354  // de la classe de base en utilisant le liage dynamique.
355  void virtuelViaPointeur( const Employe *classeBasePtr )
356  {
357     classeBasePtr->affichage();
358     cout << " a gagné $" << classeBasePtr->gains();
359  }
360
361  // Permet à la fonction virtuelle d'appeler une référence
362  // de la classe de base en utilisant le liage dynamique.
363  void virtuelViaReference( const Employe &classeBaseRef )
364  {
365     classeBaseRef.affichage();
366     cout << " a gagné $" << classeBaseRef.gains();
367  }
```

```
Patron: Jean Soucy a gagné $800.00
              Patron: Jean Soucy a gagné $800.00
              Patron: Jean Soucy a gagné $800.00
Employé à commission: Lise Jobin a gagné $650.00
   Employé à commission: Lise Jobin a gagné $650.00
   Employé à commission: Lise Jobin a gagné $650.00
Employé payé à la pièce: Benoit Cyr a gagné $500.00
Employé payé à la pièce: Benoit Cyr a gagné $500.00
Employé payé à la pièce: Benoit Cyr a gagné $500.00
        Employé horaire: Karine Roy a gagné $550.00
        Employé horaire: Karine Roy a gagné $550.00
        Employé horaire: Karine Roy a gagné $550.00
```

Figure 10.1 Démonstration de polymorphisme avec la hiérarchie de la classe **Employe-fig10_01.cpp**. (2 de 2)

Examinons la classe **Employe** (figure 10.1, lignes 1 à 75). Les fonctions membres **public** contiennent un constructeur prenant comme arguments le prénom et le nom de famille, un destructeur qui récupère la mémoire allouée dynamiquement, une fonction de *lecture* (*get*) retournant le prénom et une autre qui renvoie le nom de famille, une fonction virtuelle pure nommée **gains** et une fonction virtuelle appelée **affichage**. Pourquoi déclarer la fonction **gains** comme virtuelle pure? Parce qu'il ne servirait à rien de fournir une implémentation de cette fonction dans la classe **Employe**. Nous ne pouvons en effet pas calculer les gains d'un employé générique sans d'abord savoir de quel type d'employé il s'agit. En déclarant cette fonction comme virtuelle pure, nous indiquons que nous fournirons une implémentation de cette fonction dans chaque classe dérivée mais pas dans la classe de base proprement dite. Le programmeur ne compte jamais appeler cette fonction virtuelle pure dans la classe de base abstraite **Employe**; toutes les classes dérivées substitueront la fonction **gains** par des implémentations appropriées à ces classes.

La classe **Patron** (figure 10.1, lignes 76 à 118) est dérivée de la classe **Employe** avec un héritage **public**. Les fonctions membres publiques comprennent un constructeur prenant comme arguments un prénom, un nom de famille et un salaire hebdomadaire, puis passent le prénom et le nom de famille au constructeur d'**Employe** pour initialiser les membres **prenom** et **nomFamille** de la partie de classe de base de l'objet de classe dérivée. Les fonctions membres comprennent aussi une fonction de lecture pour affecter une nouvelle valeur au membre de donnée privé **salaireHebdo**, une fonction virtuelle **gains** pour définir la façon de calculer les gains d'un **Patron**, ainsi qu'une fonction virtuelle **affichage** produisant la sortie du type d'employé et demandant à **Employe::affichage()** d'afficher le nom de l'employé.

La classe **EmployeCommission** (figure 10.1, lignes 119 à 181) est dérivée de la classe **Employe** avec un héritage **public**. Les fonctions membres publiques comprennent un constructeur qui prend comme arguments un prénom, un nom de famille, un salaire, une commission et une quantité d'articles vendus, puis passent le prénom et le nom de famille au constructeur d'**Employe**. Elles comprennent également des fonctions de réglage pour affecter de nouvelles valeurs aux membres de données privés **salaire**, **commission** et **quantite**, une fonction virtuelle **gains** qui définit la façon de calculer les gains d'un **EmployeCommission** et une fonction virtuelle **affichage** qui produit la sortie du type de l'employé et qui appelle **Employe::affichage()** pour afficher le nom de l'employé.

La classe **EmployePiece** (figure 10.1, lignes 182 à 236) est dérivée de la classe **Employe** avec un héritage **public**. Les fonctions membres publiques comprennent un constructeur prenant comme arguments un prénom, un nom de famille, un taux par pièce et une quantité d'articles produits pour ensuite passer le prénom et le nom de famille au constructeur d'**Employe**. Ces fonctions membres comprennent aussi des fonctions de réglage pour affecter de nouvelles valeurs aux membres de données privés **tauxParPiece** et **quantite**, une fonction virtuelle **gains** qui définit comment calculer les gains d'un **EmployePiece** ainsi qu'une fonction virtuelle **affichage** produisant la sortie du type de l'employé et qui appelle **Employe::affichage()** pour afficher le nom de l'employé.

La classe **EmployeHoraire** (figure 10.1, lignes 237 à 297) est dérivée d'**Employe** avec un héritage **public**. Les fonctions membres **public** incluent un constructeur qui prend comme arguments un prénom, un nom de famille, un taux horaire et un nombre d'heures travaillées pour ensuite passer le prénom et le nom de famille au constructeur d'**Employe** pour initialiser les membres **prenom** et **nomFamille** de la partie de classe de base de l'objet de classe dérivée. Ces fonctions membres comprennent aussi des fonctions d'ajustement pour affecter de nouvelles valeurs aux membres de données **private** appelés **tauxHoraire** et **heures**, une fonction virtuelle **gains** qui définit comment calculer les gains d'un **EmployeHoraire** et une fonction virtuelle **affichage** produisant la sortie du type de l'employé et qui appelle **Employe::affichage()** pour afficher le nom de l'employé.

Le programme pilote est présenté aux lignes 298 à 367 de la figure 10.1. Chacun des quatre segments de code de **main** étant similaires; nous ne discuterons donc que du premier, qui traite un objet **Patron**.

La ligne 326,

```
Patron b( "Jean", "Soucy", 800.00 );
```

instancie l'objet de classe dérivée **b** de la classe **Patron** et fournit les arguments du constructeur, dont le prénom, le nom de famille et le salaire hebdomadaire fixe.

La ligne 327,

```
b.affichage();          // liage statique.
```

invoque explicitement la version **Patron** de la fonction membre **affichage** par le biais de l'opérateur point de sélection de membre à partir de l'objet **Patron** spécifique **b**. Il s'agit d'un exemple de liage statique, car le type de l'objet pour lequel on appelle la fonction est connu lors de la compilation. Cet appel est destiné à des fins de comparaison pour illustrer que la fonction **affichage** appropriée est invoquée au moyen du liage dynamique.

La ligne 328,

```
cout << " a gagné $" << b.gains();    // liage statique.
```

appelle explicitement la version **Patron** de la fonction membre **gains** en utilisant l'opérateur point de sélection de membre à partir de l'objet **Patron** spécifique **b**. C'est là encore un exemple de liage statique. Cet appel est aussi destiné à des fins de comparaison, cette fois pour illustrer qu'on invoque la fonction **gains** appropriée par le biais du liage dynamique.

La ligne 329,

```
virtuelViaPointeur( &b );   // utilise le liage dynamique.
```

invoque la fonction **virtuelViaPointeur** (ligne 355) avec l'adresse de l'objet de classe dérivée **b**. La fonction reçoit cette adresse dans son paramètre **classeBasePtr**, déclaré comme **const Employe ***. Il s'agit d'un exemple illustrant précisément comment réaliser un comportement polymorphique.

La ligne 357,

```
classeBasePtr->affichage();
```

appelle la fonction membre **affichage** de l'objet pointé par **classeBasePtr**. Comme **affichage** est déclarée virtuelle dans la classe de base, le système invoque la fonction **affichage** de l'objet de classe dérivée, c'est-à-dire un comportement polymorphique précis. Cet appel de fonction est un exemple de liage dynamique; on invoque la fonction **virtual** avec un pointeur de classe de base et la décision quant à savoir quelle fonction sera employée est reportée au moment de l'exécution.

La ligne 358,

```
cout << " a gagné $" << classeBasePtr->gains();
```

invoque la fonction membre **gains** de l'objet pointé par **classeBasePtr**. Comme **gains** est déclarée fonction **virtual** dans la classe de base, le système demande la fonction **gains** de l'objet de classe dérivée. Il s'agit, une fois de plus, d'un liage dynamique.

La ligne 330,

```
virtuelViaReference( b );   // utilise le liage dynamique.
```

appelle la fonction **virtuelViaReference** (ligne 363) pour démontrer que le polymorphisme peut également être réalisé avec des fonctions virtuelles invoquées à partir de références de classe de base. La fonction reçoit l'objet **b** dans le paramètre **classeBaseRef**, déclaré comme **const Employe &**. Il s'agit d'un exemple illustrant précisément comment réaliser un comportement polymorphique avec des références.

La ligne 365,

```
classeBaseRef.affichage();
```

invoque la fonction membre **affichage** de l'objet référencé par **classeBaseRef**. Comme **affichage** est déclarée comme fonction virtuelle dans la classe de base, le système appelle la fonction **affichage** de l'objet de classe dérivée. Cet appel de fonction est aussi un exemple de liage dynamique; la fonction est invoquée avec une référence de classe de base et la décision quant à la fonction à employer est reportée au moment de l'exécution.

La ligne 366,

```
cout << " a gagné $" << classeBaseRef.gains();
```

appelle la fonction membre **gains** de l'objet référencé par **classeBaseRef**. Comme **gains** est déclarée fonction virtuelle dans la classe de base, le système invoque la fonction **gains** de l'objet de classe dérivée. Il s'agit d'un autre exemple de liage dynamique.

10.7 Nouvelles classes et liage dynamique

Le polymorphisme et les fonctions virtuelles fonctionnent bien si toutes les classes possibles ne sont pas connues au préalable. Ils fonctionnent aussi lorsqu'on ajoute de nouvelles sortes de classes aux systèmes, classes qui sont accommodées par liage dynamique, ou *liage retardé*. Il n'est pas non plus nécessaire de connaître le type d'un objet au moment de la compilation pour qu'un appel de fonction virtuelle soit compilé, car cet appel est assorti avec la fonction membre appropriée à l'objet appelé.

Un programme de gestionnaire d'écran peut maintenant afficher de nouveaux types d'objets sans avoir à être recompilé à chaque ajout d'objets au système. L'appel de fonction **dessin** reste identique, car les nouveaux objets contiennent eux-mêmes les véritables caractéristiques de dessin. Il devient alors facile d'ajouter de nouvelles fonctionnalités aux systèmes avec un minimum de répercussions. De plus, cela permet de favoriser la réutilisation des logiciels .

Le liage dynamique permet aux fournisseurs de logiciels indépendants (FLI) de distribuer des programmes sans dévoiler leurs secrets. Certaines distributions de logiciels ne contiennent parfois que des fichiers d'en-têtes et des fichiers d'objets pour lesquels il est alors inutile de révéler le code source. Les concepteurs peuvent alors utiliser l'héritage pour dériver de nouvelles classes à partir de celles offertes par les fournisseurs. Un logiciel capable de fonctionner avec les classes offertes par les FLI continuera de fonctionner avec les classes dérivées et utilisera, par le biais du liage dynamique, les fonctions virtuelles substituées fournies dans ces classes.

Nous présentons à la section 10.9 une autre étude de cas de polymorphisme complet. À la section 10.10, nous expliquerons en profondeur le mode d'implémentation du polymorphisme, des fonctions virtuelles et du liage dynamique en C++.

10.8 Destructeurs virtuels

Un problème peut survenir lorsqu'on utilise le polymorphisme pour traiter des objets d'une hiérarchie de classes alloués dynamiquement. Si un objet affublé du destructeur non vvirtuel est détruit explicitement par l'application de l'opérateur **delete** sur un pointeur de classe de base vers l'objet, la fonction de destructeur de classe de base correspondant au type du pointeur est appelée sur l'objet. Cette situation survient indépendamment du type d'objet pointé par le pointeur de classe de base et indépendamment du fait que le destructeur de chaque classe possède un nom différent.

On peut résoudre ce problème facilement en déclarant **virtual** un destructeur de classe de base. Cette pratique rend automatiquement virtuels les destructeurs de toutes les classes dérivées, même s'ils n'ont pas le même nom que celui du destructeur de la classe de base. Dès lors, si un objet de la hiérarchie est détruit explicitement par l'application de l'opérateur **delete** sur un pointeur de classe de base vers l'objet de classe dérivée, le destructeur de la classe appropriée est appelé. Rappelez-vous que, lorsqu'un objet de classe dérivée est détruit, la partie classe de base de cet objet est également détruite, car le destructeur de classe de base s'exécute automatiquement après le destructeur de classe dérivée.

Bonne pratique de programmation 10.2

Si une classe possède des fonctions virtuelles, fournissez-lui un destructeur virtuel même si ce dernier n'est pas obligatoire pour cette classe. Les classes dérivées de cette classe peuvent en effet contenir des destructeurs qui doivent être appelés correctement.

Erreur de programmation courante 10.2

*Les constructeurs ne peuvent pas être virtuels. Déclarer un constructeur comme fonction **virtual** est donc une erreur de syntaxe.*

10.9 Étude de cas: interface et implémentation d'héritage

L'exemple suivant (figure 10.2) reprend la hiérarchie **Point**, **Cercle**, **Cylindre** du chapitre précédent, sauf que la hiérarchie y est maintenant dirigée par la classe de base abstraite **Forme**. Comme **Forme** possède deux fonctions virtuelles pures – **afficherNomForme** et **affichage** – elle est donc une classe de base abstraite. **Forme** contient également deux autres fonctions virtuelles – **aire** et **volume** – dont l'implémentation par défaut retourne une valeur de zéro. **Point** hérite de ces implémentations depuis la classe **Forme**. Comme l'aire et le volume d'un point valent zéro, ceci est logique. **Cercle** hérite de la fonction **volume** de **Point** mais fournit sa propre implémentation pour la fonction **aire**. Quant à **Cylindre**, elle fournit ses propres implémentations pour les fonctions **aire** et **volume**.

Notez que même si **Forme** est une classe de base abstraite, elle contient toujours les implémentations de certaines fonctions membres et que ces implémentations peuvent être héritées. La classe **Forme** fournit une interface héritable sous la forme de quatre fonctions virtuelles qui seront intégrées à tous les membres de la hiérarchie et fournit également des implémentations qui seront employées par les classes dérivées des premiers niveaux de la hiérarchie.

Observation de génie logiciel 10.8

Une classe peut hériter d'une interface et (ou) d'une implémentation de classe de base. Les hiérarchies conçues pour un héritage d'implémentation ont tendance à posséder des fonctionnalités plus élevées dans la hiérarchie. Autrement dit, chaque nouvelle classe dérivée hérite d'une ou plusieurs des fonctions membres initialement définies dans une classe de base et la nouvelle classe dérivée utilise les définitions de cette classe de base. Les hiérarchies conçues pour un héritage d'interface *tendent à avoir des fonctionnalités moins élevées dans la hiérarchie; une classe de base spécifie une ou plusieurs fonctions qui doivent être définies, à appeler de façon identique – c'est-à-dire, avec la même signature pour chaque objet de la hiérarchie – bien que les classes dérivées individuelles fournissent leurs propres implémentations de la (ou des) fonction(s).*

La classe de base **Forme** (figure 10.2, lignes 1 à 16) est constituée de quatre fonctions **virtual public** et ne contient aucune donnée. Les fonctions **afficherNomForme** et **affichage** sont de type virtuel pur; elles sont donc substituées dans chacune des classes dérivées. Les fonctions **aire** et **volume**, définies pour renvoyer **0.0**, sont substituées dans les classes dérivées lorsqu'elles nécessitent un calcul différent pour **aire** et (ou) pour **volume**. Notez que **Forme** est une classe abstraite et qu'elle englobe quelques fonctions virtuelles «impures» (**aire** et **volume**). Les classes abstraites peuvent également inclure des fonctions et des données non virtuelles qui seront héritées par les classes dérivées.

La classe **Point** (figure 10.2, lignes 17 à 54) est dérivée de **Forme** avec un héritage **public**. Un **Point** possède une aire de **0.0** et un volume de **0.0**; les fonctions membres de classe de base **aire** et **volume** ne sont donc pas substituées mais plutôt héritées, tel que défini dans **Forme**. Les fonctions **afficherNomForme** et **affichage** sont des implémentations de fonctions virtuelles initialement définies comme **virtual** pures dans la classe de base. Si nous n'avions pas substitué ces fonctions dans la classe **Point**, cette dernière serait devenue une classe abstraite et nous n'aurions pas pu instancier des objets Point. D'autres fonctions membres comprennent une fonction d'*ajustement* pour affecter de nouvelles coordonnées **x** et **y** à un **Point** et des fonctions de *lecture* pour renvoyer les coordonnées **x** et **y** d'un **Point**.

La classe **Cercle** (figure 10.2, lignes 55 à 99) est dérivée de **Point** avec un héritage **public**. Un **Cercle** possède un volume de **0.0**; la fonction membre de classe de base **volume** n'est donc pas substituée mais plutôt héritée de **Point**, qui a elle-même précédemment hérité de **volume** à partir de **Forme**. Un **Cercle** possède une aire différente de zéro; la fonction **aire** est donc substituée dans cette classe. Les fonctions **afficherNomForme** et **affichage** sont des implémentations de fonctions virtuelles initialement définies comme étant **virtual** pures dans la classe **Forme**. Si nous n'avions pas substitué ces fonctions, les versions **Point** de celles-ci seraient alors héritées. D'autres fonctions membres comprennent une fonction d'*ajustement* pour affecter un nouveau **rayon** à un **Cercle** et une fonction de *lecture* pour renvoyer le **rayon** d'un **Cercle**.

```
1   // Figure 10.2: forme.h
2   // Définition de la classe de base abstraite Forme.
3   #ifndef FORME_H
4   #define FORME_H
5
6   class Forme {
7   public:
8      virtual double aire() const { return 0.0; }
9      virtual double volume() const { return 0.0; }
10
11     // Fonctions virtual pures substituées dans les classes dérivées.
12     virtual void afficherNomForme() const = 0;
13     virtual void affichage() const = 0;
14  };
15
16  #endif
```

Figure 10.2   Démonstration de l'héritage d'une interface par la hiérarchie de la classe **Forme-forme.h**.

```
17  // Figure 10.2: point1.h
18  // Définition de la classe Point.
19  #ifndef POINT1_H
20  #define POINT1_H
21
22  #include <iostream>
23
24  using std::cout;
25
26  #include "forme.h"
27
28  class Point: public Forme {
29  public:
30  Point( int = 0, int = 0 );   // constructeur par défaut.
31     void ajusterPoint( int, int );
32     int lectureX() const { return x; }
33     int lectureY() const { return y; }
34     virtual void afficherNomForme() const { cout << "Point: "; }
35     virtual void affichage() const;
36  private:
37     int x, y;    // coordonnées x et y de Point.
38  };
39
40  #endif
```

Figure 10.2   Démonstration de l'héritage d'une interface par la hiérarchie de la classe **Forme-Point1.h**.

On dérive la classe **Cylindre** (figure 10.2, lignes 100 à 154) à partir de **Cercle** avec un héritage **public**. Un **Cylindre** a une aire et un volume différents de ceux de **Cercle**; les fonctions **aire** et **volume** sont donc substituées dans cette classe. Les fonctions **afficher NomForme** et **affichage** sont des implémentations de fonctions virtuelles initialement définies comme **virtual** pures dans la classe **Forme**. Si nous n'avions pas substitué ces fonctions, les versions **Cercle** de celles-ci seraient alors héritées. La classe comprend d'autres fonctions membres d'*ajustement* et d'*écriture* pour respectivement affecter une nouvelle **hauteur** et renvoyer la **hauteur** d'un **Cylindre**.

```
41  // Figure 10.2: point1.cpp
42  // Définitions des fonctions membres pour la classe Point.
43  #include "point1.h"
44
45  Point::Point( int a, int b ) { ajusterPoint( a, b ); }
46
47  void Point::ajusterPoint( int a, int b )
48  {
49     x = a;
50     y = b;
51  }
52
53  void Point::affichage() const
54     { cout << '[' << x << ", " << y << ']'; }
```

Figure 10.2   Démonstration de l'héritage d'une interface par la hiérarchie de la classe **Forme-point1.cpp**.

```
55  // Figure 10.2: cercle1.h
56  // Définition de la classe Cercle.
57  #ifndef CERCLE1_H
58  #define CERCLE1_H
59  #include "point1.h"
60
61  class Cercle: public Point {
62  public:
63     // Constructeur par défaut.
64     Cercle( double r = 0.0, int x = 0, int y = 0 );
65
66     void ajusterRayon( double );
67     double lectureRayon() const;
68     virtual double aire() const;
69     virtual void afficherNomForme() const { cout << "Cercle: "; }
70     virtual void affichage() const;
71  private:
72     double rayon;    // rayon du Cercle.
73  };
74
75  #endif
```

Figure 10.2   Démonstration de l'héritage d'une interface par la hiérarchie de la classe **Forme-cercle1.h**.

```
76   // Figure 10.2: cercle1.cpp
77   // Définitions des fonctions membres pour la classe Cercle.
78   #include <iostream>
79
80   using std::cout;
81
82   #include "cercle1.h"
83
84   Cercle::Cercle( double r, int a, int b )
85     : Point( a, b ) // appelle le constructeur de la classe de base.
86   { ajusterRayon( r ); }
87
88   void Cercle::ajusterRayon( double r ) { rayon = r > 0 ? r : 0; }
89
90   double Cercle::lectureRayon() const { return rayon; }
91
92   double Cercle::aire() const
93      { return 3.14159 * rayon * rayon; }
94
95   void Cercle::affichage() const
96   {
97      Point::affichage();
98      cout << "; Rayon = " << rayon;
99   }
```

Figure 10.2   Démonstration de l'héritage d'une interface par la hiérarchie de la classe
               Forme-cercle1.cpp.

```
100  // Figure 10.2: cylindre1.h
101  // Définition de la classe Cylindre.
102  #ifndef CYLINDRE1_H
103  #define CYLINDRE1_H
104  #include "cercle1.h"
105
106  class Cylindre: public Cercle {
107  public:
108     // Constructeur par défaut.
109     Cylindre( double h = 0.0, double r = 0.0,
110              int x = 0, int y = 0 );
111
112     void ajusterHauteur( double );
113     double lectureHauteur();
114     virtual double aire() const;
115     virtual double volume() const;
116     virtual void afficherNomForme() const {cout << "Cylindre: ";}
117     virtual void affichage() const;
118  private:
119     double hauteur;   // hauteur du Cylindre.
120  };
121
122  #endif
```

Figure 10.2   Démonstration de l'héritage d'une interface par la hiérarchie de la classe
               Forme-cylindre1.h.

```
123   // Figure 10.2: cylindre1.cpp
124   // Définitions des fonctions membres et friend de la classe Cylindre.
125   #include <iostream>
126
127   using std::cout;
128
129   #include "cylindre1.h"
130
131   Cylindre::Cylindre( double h, double r, int x, int y )
132     : Cercle( r, x, y )  // appelle le constructeur de la classe de base.
133   { ajusterHauteur( h ); }
134
135   void Cylindre::ajusterHauteur( double h )
136     { hauteur = h > 0 ? h: 0; }
137
138   double Cylindre::lectureHauteur() { return hauteur; }
139
140   double Cylindre::aire() const
141   {
142      // Aire en surface du Cylindre.
143      return 2 * Cercle::aire() +
144             2 * 3.14159 * lectureRayon() * hauteur;
145   }
146
147   double Cylindre::volume() const
148     { return Cercle::aire() * hauteur; }
149
150   void Cylindre::affichage() const
151   {
152      Cercle::affichage();
153      cout << "; Hauteur = " << hauteur;
154   }
```

Figure 10.2　　Démonstration de l'héritage d'une interface par la hiérarchie de la classe **Forme-cylindre1.cpp**.

```
155   // Figure 10.2: fig10_02.cpp
156   // Pilote pour la hiérarchie Forme point, cercle et cylindre.
157   #include <iostream>
158
159   using std::cout;
160   using std::endl;
161
162   #include <iomanip>
163
164   using std::ios;
165   using std::setiosflags;
166   using std::setprecision;
167
168   #include "forme.h"
169   #include "point1.h"
```

Figure 10.2　　Démonstration de l'héritage d'une interface par la hiérarchie de la classe **Forme-fig10_02.cpp**. (1 de 3)

```
170   #include "cercle1.h"
171   #include "cylindre1.h"
172
173   void virtuelViaPointeur( const Forme * );
174   void virtuelViaReference( const Forme & );
175
176   int main()
177   {
178      cout << setiosflags( ios::fixed | ios::showpoint )
179         << setprecision( 2 );
180
181      Point point( 7, 11 );                    // crée un Point.
182      Cercle cercle( 3.5, 22, 8 );             // crée un Cercle.
183      Cylindre cylindre( 10, 3.3, 10, 10 );    // crée un Cylindre.
184
185      point.afficherNomForme();                // liage statique.
186      point.affichage();                       // liage statique.
187      cout << '\n';
188
189      cercle.afficherNomForme();               // liage statique.
190      cercle.affichage();                      // liage statique.
191      cout << '\n';
192
193      cylindre.afficherNomForme();             // liage statique.
194      cylindre.affichage();                    // liage statique.
195      cout << "\n\n";
196
197      Forme *tableauFormes[ 3 ];   // tableau de pointeurs de classe de base.
198
199      // Pointe tableauFormes[0] à l'objet Point de classe dérivée.
200      tableauFormes[ 0 ] = &point;
201
202      // Pointe tableauFormes[1] à l'objet Cercle de classe dérivée.
203      tableauFormes[ 1 ] = &cercle;
204
205      // Pointe tableauFormes[2] à l'objet Cylindre de classe dérivée.
206      tableauFormes[ 2 ] = &cylindre;
207
208      // Boucle tableauFormes et appelle virtuelViaPointeur
209      // pour afficher le nom de forme, les attributs, l'aire
210      // et le volume de chaque objet avec le liage dynamique.
211      cout << "Appels de fonctions virtuelles à partir de "
212         << "pointeurs de classe de base\n";
213
214      for ( int i = 0; i < 3; i++ )
215         virtuelViaPointeur( tableauFormes[ i ] );
216
217   // Boucle sur tableauFormes et appelle virtuelViaReference
218      // pour afficher le nom de forme, les attributs, l'aire
219      // et le volume de chaque objet avec le liage dynamique.
220      cout << "Appels de fonctions virtuelles à partir de "
221         << "références de classe de base\n";
```

Figure 10.2   Démonstration de l'héritage d'une interface par la hiérarchie de la classe
Forme-fig10_02.cpp. (2 de 3)

```
222
223     for ( int j = 0; j < 3; j++ )
224         virtuelViaReference( *tableauFormes[ j ] );
225
226     return 0;
227  }
228
229  // Effectue des appels de fonctions virtual à partir d'un
230  // pointeur de classe de base avec liage dynamique.
231  void virtuelViaPointeur( const Forme *classeBasePtr )
232  {
233     classeBasePtr->afficherNomForme();
234     classeBasePtr->affichage();
235     cout << "\nAire = " << classeBasePtr->aire()
236         << "\nVolume = " << classeBasePtr->volume() << "\n\n";
237  }
238
239  // Effectue des appels de fonctions virtual à partir d'une
240  // référence de classe de base avec liage dynamique.
241  void virtuelViaReference( const Forme &classeBaseRef )
242  {
243     classeBaseRef.afficherNomForme();
244     classeBaseRef.affichage();
245     cout << "\nAire = " << classeBaseRef.aire()
246         << "\nVolume = " << classeBaseRef.volume() << "\n\n";
247  }
```

```
Point: [7, 11]
Cercle: [22, 8]; Rayon = 3.50
Cylindre: [10, 10]; Rayon = 3.30; Hauteur = 10.00

Appels de fonctions virtuelles à partir de pointeurs de classe de base
Point: [7, 11]
Aire = 0.00
Volume = 0.00

Cercle: [22, 8]; Rayon = 3.50
Aire = 38.48
Volume = 0.00

Cylindre: [10, 10]; Rayon = 3.30; Hauteur = 10.00
Aire = 275.77
Volume = 342.12

Appels de fonctions virtuelles à partir de références de classe de base
Point: [7, 11]
Aire = 0.00
Volume = 0.00

Cercle: [22, 8]; Rayon = 3.50
Aire = 38.48
Volume = 0.00

Cylindre: [10, 10]; Rayon = 3.30; Hauteur = 10.00
Aire = 275.77
Volume = 342.12
```

Figure 10.2   Démonstration de l'héritage d'une interface par la hiérarchie de la classe
Forme-fig10_02.cpp. (3 de 3)

Le programme pilote (figure 10.2, lignes 155 à 247) commence par instancier l'objet **Point** nommé **point**, l'objet **Cercle** appelé **cercle** et l'objet **Cylindre** dénommé **cylindre**. Une invocation des fonctions **afficherNomForme** et **affichage** pour chaque objet affiche le nom de l'objet et montre que ces objets sont correctement initialisés. Aux lignes 185 à 194, chaque appel vers **afficherNomForme** et **affichage** emploie le liage statique: le compilateur connaît le type de chaque objet pour lesquels **afficherNomForme** et **affichage** sont appelés au moment de la compilation.

On déclare ensuite le tableau **tableauFormes** dont tous les éléments sont de type **Forme ***. Ce tableau de pointeurs de classe de base sert à pointer vers chaque objet des classes dérivées. L'adresse de l'objet **point** est affectée à **tableauFormes[0]** (ligne 200), celle de l'objet **cercle** à **tableauFormes[1]** (ligne 203) et celle de l'objet **cylindre** à **tableauFormes[2]** (ligne 206).

Ensuite, une structure **for** (ligne 214) traverse **tableauFormes** et invoque la fonction **virtuelViaPointeur** (ligne 215)

```
virtuelViaPointeur( tableauFormes[ i ] );
```

pour chaque élément du tableau. La fonction **virtuelViaPointeur** reçoit l'adresse stockée dans un élément de **tableauFormes** dans le paramètre **classeBasePtr** (de type **const Forme ***). Pour chaque exécution de **virtuelViaPointeur**, on effectue les quatre appels de fonctions **virtual** suivants:

```
classeBasePtr->afficherNomForme()
classeBasePtr->affichage()
classeBasePtr->aire()
classeBasePtr->volume()
```

Chacun de ces appels invoque une fonction virtuelle sur l'objet pointé par **classeBasePtr** au moment de l'exécution, c'est-à-dire un objet dont le type ne peut être déterminé au moment de la compilation. La sortie illustre que les fonctions appropriées de chaque classe ont été appelées. La chaîne **"Point**: " et les coordonnées de l'objet **point** s'affichent en premier; l'aire et le volume valent tous deux **0.00**. Ensuite, la chaîne **"Cercle**: ", les coordonnées du centre de l'objet **cercle** et son rayon s'affichent à l'écran; on calcule l'aire de **cercle** et le volume est retourné avec une valeur de **0.00**. Finalement, la chaîne **"Cylindre**: ", les coordonnées du centre de la base de l'objet **cylindre**, ainsi que son rayon et sa hauteur s'affichent; les calculs de l'aire et du volume de **cylindre** sont effectués. Tous les appels de fonctions virtuelles vers **afficherNomForme**, **affichage**, **aire** et **volume** sont résolus au moment de l'exécution avec le liage dynamique.

Pour terminer, une structure **for** (ligne 223) parcourt **tableauFormes** et invoque la fonction **virtuelViaReference** (ligne 224)

```
virtuelViaReference( *tableauFormes[ j ] );
```

pour chaque élément du tableau. La fonction **virtuelViaReference** reçoit, dans son paramètre **classeBaseRef** (de type **const Forme &**), une référence formée par déréférenciation de l'adresse stockée dans un élément du tableau. Pour chaque appel vers **virtuelViaReference**, les appels de fonctions **virtual** suivants sont effectués:

```
classeBaseRef.afficherNomForme()
classeBaseRef.affichage()
classeBaseRef.aire()
classeBaseRef.volume()
```

Chacun des appels précédents invoque ces fonctions sur l'objet référencé par **classeBaseRef**. La sortie produite à l'aide des références de classe de base est identique à celle produite au moyen des pointeurs de classe de base.

10.10 Polymorphisme, fonctions virtuelles (`virtual`) et liage dynamique «sous le capot»

Le C++ facilite la programmation du polymorphisme. Il est certes possible de programmer du polymorphisme dans des langages non orientés objets comme le C, mais cette méthode nécessite alors des manipulations de pointeurs complexes et potentiellement risquées. Dans cette section, nous expliquons comment le C++ implante intérieurement le polymorphisme, les fonctions virtuelles et le liage dynamique. Cela vous permettra de vraiment bien comprendre le fonctionnement de ces caractéristiques et, surtout, de bien saisir la surcharge engendrée par le polymorphisme en termes de consommation de mémoire et de temps d'exécution. Ces explications vous aideront à déterminer quand utiliser le polymorphisme et quand l'éviter. Comme nous le verrons au chapitre 20, *La bibliothèque de modèles standard*, les composants de la bibliothèque de modèles standard ont été implantés sans polymorphisme ni fonction virtuelle afin d'éviter la surcharge à l'exécution et obtenir des performances optimales.

Nous expliquerons d'abord les structures de données que le compilateur C++ construit pour supporter le polymorphisme lors de l'exécution. Nous verrons ensuite comment un programme exécutable utilise ces structures pour exécuter les fonctions virtuelles et réaliser le liage dynamique associé au polymorphisme.

Lorsque que le C++ compile une classe possédant une ou plusieurs fonctions virtuelles, il construit une *table de fonctions* `virtual` (*vtable*) pour cette classe. Le programme exécutable se sert de la *vtable* pour sélectionner les implémentations de fonctions appropriées chaque fois qu'une fonction virtuelle de cette classe doit être exécutée. La figure 10.3 illustre les tables de fonctions `virtual` pour les classes `Forme`, `Point`, `Cercle` et `Cylindre`.

Dans la *vtable* de la classe `Forme`, le pointeur de la première fonction pointe l'implémentation de la fonction `aire` de cette classe, à savoir une fonction qui renvoie une aire de `0.0`. Le pointeur de la deuxième fonction pointe vers la fonction `volume`, qui renvoie également `0.0`. Les fonctions `afficherNomForme` et `affichage` sont toutes les deux virtuelles pures; elles sont dénuées d'implémentation afin que les pointeurs de leurs fonctions soient réglés à `0`. Toute classe dotée d'un ou plusieurs pointeurs `0` dans sa *vtable* est une classe abstraite alors que celles qui n'en possèdent pas, comme `Point`, `Cercle` et `Cylindre`, sont des classes concrètes.

La classe `Point` hérite des fonctions `aire` et `volume` de la classe `Forme`. Le compilateur règle simplement ces deux pointeurs dans la *vtable* de la classe `Point` de façon qu'ils soient des copies des pointeurs `aire` et `volume` dans la classe `Forme`. La classe `Point` substitue la fonction `afficherNomForme` pour afficher `"Point`: " afin que le pointeur de fonctionpointe vers la fonction `afficherNomForme` de la classe `Point`. `Point` écrase également `affichage` de sorte que le pointeur de fonction correspondant pointe vers la fonction de la classe `Point` qui affiche `[x, y]`.

Dans la *vtable* de la classe `Cercle`, le pointeur de la fonction `aire` de `Cercle` pointe vers la fonction `aire` de `Cercle` qui retourne πr^2. Le pointeur de la fonction `volume`, qui a été précédemment copié dans `Point` à partir de `Forme`, est simplement copié à partir de la classe `Point`. Le pointeur de fonction `afficherNomForme` pointe vers la version `Cercle` de la fonction qui affiche `"Cercle`: ". Le pointeur de la fonction affichage pointe vers la fonction `affichage` de `Cercle` qui affiche `[ x, y ] r`.

Le pointeur de la fonction `aire` de `Cylindre`, dans la *vtable* de la classe `Cylindre`, pointe vers la fonction `aire` de `Cylindre` qui calcule l'aire en surface du `Cylindre`, à savoir $2\pi r^2 + 2\pi rh$. Le pointeur de la fonction `volume` de `Cylindre` pointe vers une fonction `volume` qui renvoie $\pi r^2 h$. Le pointeur de la fonction `afficherNomForme` de `Cylindre` pointe vers une fonction qui affiche `"Cylindre`: ". Le pointeur de la fonction `affichage` de `Cylindre` pointe vers sa fonction qui affiche `[ x, y ] r h`.

Le polymorphisme est accompli par l'entremise d'une structure de données complexe impliquant trois niveaux de pointeurs. Nous n'avons encore analysé qu'un seul niveau, à savoir les pointeurs de fonctions dans la *vtable*. Ces pointeurs pointent vers les véritables fonctions à exécuter lors de l'invocation d'une fonction virtuelle.

Examinons maintenant le deuxième niveau de pointeurs. Chaque fois qu'un objet d'une classe dotée de fonctions virtuelles est instancié, le compilateur relie un pointeur vers la *vtable* de cette classe sur la façade de l'objet. Notez que ce pointeur est normalement sur la façade de cet objet, même s'il n'est pas obligatoire de l'implanter de cette façon.

Le troisième niveau de pointeurs est simplement l'identificateur – ou la référence – de l'objet recevant l'appel de fonction virtuelle.

Voyons maintenant comment un appel de fonction virtuelle type s'exécute. Examinons l'appel suivant dans la fonction **virtuelViaPointeur**:

```
classeBasePtr->afficherNomForme()
```

Supposons, pour la discussion qui suit, que **classeBasePtr** contient l'adresse dans **tableauFormes[1]** (c'est-à-dire l'adresse de l'objet **cercle**). Lorsque le compilateur traite cette instruction, il détermine que l'appel provient effectivement d'un pointeur de classe de base et que **afficherNomForme** est une fonction virtuelle.

Le compilateur détermine ensuite que **afficherNomForme** est la troisième entrée dans chacune des *vtables*. Pour localiser cette entrée, le compilateur note qu'il devra sauter les deux premières entrées. Il compile donc un *décalage* ou *déplacement* de 8 octets (4 octets par pointeur sur la plupart des machines 32 bits actuelles) dans le code objet de langage machine qui exécutera l'appel de fonction **virtual**.

Le compilateur génère ensuite le code qui accomplira les tâches suivantes. (Note: les numéros dans la liste ci-dessous correspondent aux numéros encerclés de la figure 10.3):

1. Sélectionne la i^{ème} entrée de **tableauFormes** (dans le cas présent, l'adresse de l'objet **cercle**) et la passe à **virtuelViaPointeur** pour ajuster **classeBasePtr** de façon qu'il pointe vers **cercle**.

2. Déréférence ce pointeur pour atteindre l'objet **cercle**. Rappelons qu'il commence par un pointeur vers la *vtable* de **Cercle**.

3. Déréférence le pointeur de *vtable* de **cercle** pour atteindre la *vtable* de **Cercle**.

4. Saute le décalage de 8 octets pour recueillir le pointeur de la fonction **afficherNomForme**.

5. Déréférence le pointeur de la fonction **afficherNomForme** pour former le nom de la véritable fonction à exécuter et utilise l'opérateur d'appel de fonction **( )** pour exécuter la fonction **afficherNomForme** appropriée et afficher la chaîne de caractères **"Cercle: "**.

Les structures de données de la figure 10.3 peuvent sembler complexes, mais la plus grande partie de cette complexité est traitée par le compilateur et reste invisible pour le programmeur. Ceci facilite donc la programmation polymorphiqueen C++.

Les opérations de déréférenciation de pointeurs et d'accès à la mémoire qui se produisent à chaque appel de fonction **virtual**, exigent un temps d'exécution supplémentaire. Les *vtables* et les pointeurs de *vtables* ajoutés aux objets requièrent plus de mémoire.

Nous espérons que vous en savez maintenant assez sur les fonctions virtuelles pour déterminer s'il convient ou non de les utiliser dans les applications que vous étudiez.

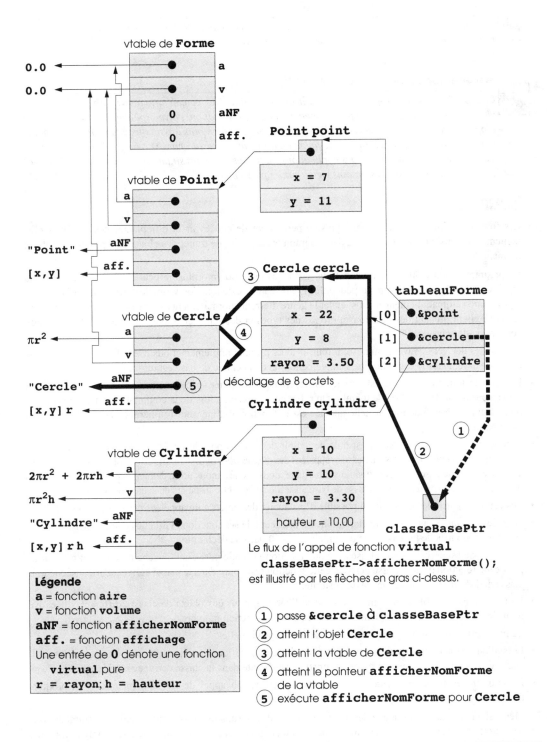

Le flux de l'appel de fonction **virtual**
classeBasePtr->afficherNomForme();
est illustré par les flèches en gras ci-dessus.

Légende
a = fonction **aire**
v = fonction **volume**
aNF = fonction **afficherNomForme**
aff. = fonction **affichage**
Une entrée de **0** dénote une fonction
   virtual pure
r = **rayon**; **h** = **hauteur**

(1) passe **&cercle** à **classeBasePtr**
(2) atteint l'objet **Cercle**
(3) atteint la vtable de **Cercle**
(4) atteint le pointeur **afficherNomForme**
   de la vtable
(5) exécute **afficherNomForme** pour **Cercle**

Figure 10.3   Flux de contrôle d'un appel de fonction **virtual**.

Astuce sur la performance 10.1

Implanté avec des fonctions virtuelles et le liage dynamique, le polymorphisme est efficace. Les programmeurs peuvent utiliser ces caractéristiques avec un impact nominal sur la performance d'un système.

Astuce sur la performance 10.2

*Contrairement à la programmation utilisant la logique de commutation **switch**, les fonctions virtuelles et le liage dynamique permettent la programmation polymorphique. Les compilateurs d'optimisation du C++ génèrent habituellement un code au moins aussi efficace que le code manuel fondé sur la logique **switch**. D'une façon ou d'une autre, la surcharge créée par le polymorphisme est acceptable pour la plupart des applications, sauf dans certaines situations, comme des applications en temps réel axées sur des besoins rigoureux en performance.*

RÉSUMÉ

- Les fonctions virtuelles et le polymorphisme permettent de concevoir et d'implanter des systèmes plus facilement extensibles. On peut écrire des programmes capables de traiter des objets de types inexistants au moment du développement.

- La programmation employant les fonctions virtuelles et le polymorphisme peut éliminer l'emploi de la logique **switch**. Le programmeur peut utiliser le mécanisme de fonction virtuelle pour effectuer la logique équivalente automatiquement et, ainsi éviter le genre d'erreurs normalement associées à la logique **switch**. Un code client prenant des décisions à propos des types et des représentations d'objets dénote une piètre conception des classes.

- Les classes dérivées peuvent, au besoin, fournir leurs propres implémentations d'une fonction virtuelle de classe de base. Dans le cas contraire, l'implémentation de la classe de base est utilisée.

- Lorsqu'une fonction virtuelle est appelée en référençant un objet spécifique par son nom et en utilisant l'opérateur point de sélection de membre, la référence est résolue lors de la compilation (méthode appelée liage statique) et la fonction virtuelle appelée est la fonction définie pour (ou héritée par) la classe de cet objet particulier.

- Dans de nombreuses situations, il est utile de définir des classes pour lesquelles le programmeur ne compte instancier aucun objet. De telles classes sont appelées des *classes abstraites*. Comme ces dernières sont employées comme classes de base dans des situations d'héritage, nous les désignons normalement par l'expression classes de base abstraites. Aucun objet de classe de base abstraite ne peut être instancié dans un programme.

- Les classes à partir desquelles il est possible d'instancier des objets sont appelées des classes concrètes.

- On crée une classe abstraite en déclarant une ou plusieurs de ses fonctions virtuelles comme étant «pures». Une fonction virtuelle pure possède un initialiseur **= 0** dans sa déclaration.

- Si une classe est dérivée d'une classe avec une fonction virtuelle pure et qu'aucune définition n'est fournie pour cette fonction dans la classe dérivée, cette fonction reste pure dans la classe dérivée. Par conséquent, la classe dérivée devient aussi une classe abstraite.

- Le C++ permet le polymorphisme, c'est-à-dire l'habilité, pour des objets de classes différentes liées par héritage, de répondre différemment à un même appel de fonction membre.

- Le polymorphisme est implanté par le biais de fonctions virtuelles.

- Lorsqu'une requête d'utilisation d'une fonction virtuelle est effectuée via un pointeur ou une référence de classe de base, le C++ choisit la fonction substituée adéquate dans la classe dérivée associée à l'objet.

- En utilisant les fonctions virtuelles et le polymorphisme, un appel de fonction membre peut produire différentes actions, selon le type de l'objet recevant l'appel.

- Même si on ne peut pas instancier des objets de classes de base abstraites, on peut déclarer des pointeurs vers des classes de base abstraites, puis utiliser ces pointeurs pour permettre des manipulations polymorphiques d'objets de classes dérivées lorsque ces objets sont instanciés à partir de classes concrètes.

- De nouvelles sortes de classes sont régulièrement ajoutées à des systèmes. Les nouvelles classes sont accommodées par liage dynamique (également appelé liage retardé). Il n'est pas nécessaire de connaître un type d'objet au moment de la compilation pour qu'un appel de fonction **virtual** soit compilé. Lors de l'exécution, l'appel de fonction virtuelle est assorti à la fonction membre appropriée de l'objet recevant l'appel.

- Le liage dynamique permet aux fournisseurs de logiciels indépendants de distribuer des logiciels sans avoir à en révéler les secrets. Certaines distributions de logiciels ne contiennent parfois que des fichiers d'en-têtes et des fichiers d'objets pour lesquels il est inutile de dévoiler le code source. Les concepteurs de logiciels peuvent alors utiliser l'héritage pour dériver de nouvelles classes à partir de celles offertes par les fournisseurs. Un logiciel capable de fonctionner avec les classes offertes par les fournisseurs en fera autant avec les classes dérivées et utilisera (par le biais du liage dynamique) les fonctions virtuelles substituées fournies dans ces classes.

- Au moment de l'exécution, le liage dynamique requiert que l'appel vers une fonction membre **virtual** soit acheminé à la version de fonction virtuelle appropriée pour la classe. Une table de fonctions virtuelles est implantée comme un tableau contenant des pointeurs de fonctions. Chaque classe contenant des fonctions virtuelles possède une *vtable*. La *vtable* renferme, pour chacune des fonctions virtuelles de la classe, une entrée contenant un pointeur de fonction vers la version de la fonction virtuelle à utiliser pour un objet de cette classe. La fonction virtuelle à utiliser pour une classe particulière peut être la fonction définie dans cette classe ou une fonction héritée directement ou indirectement d'une classe de base située à un niveau hiérarchique supérieur.

- Lorsqu'une classe de base fournit une fonction membre **virtual**, des classes dérivées peuvent remplacer la fonction virtuelle, mais cela n'est pas impératif. Une classe dérivée peut donc utiliser une version de classe de base d'une fonction membre virtuelle; cette situation est alors indiquée dans la *vtable*.

- Chaque objet d'une classe dotée de fonctions virtuelles contient un pointeur vers la *vtable* de cette classe. Le pointeur de fonction approprié de la *vtable* est obtenu et déréférencé pour compléter l'appel au moment de l'exécution. Ce procédé, jumelant la recherche dans la *vtable* et la déréférenciation du pointeur, exige une surcharge nominale lors de l'exécution, habituellement moindre que celle relative au meilleur code client possible.

- Déclarez le destructeur de classe de base **virtual** si la classe contient des fonctions virtuelles. Cette pratique permet d'obtenir automatiquement des destructeurs virtuels pour toutes les classes dérivées, même si leur nom diffère de celui du destructeur de la classe de base. Si un objet de la hiérarchie est détruit explicitement en appliquant l'opérateur **delete** sur un pointeur de classe de base vers l'objet de classe dérivée, le destructeur de la classe appropriée est appelé.

- Toute classe possédant un ou plusieurs pointeurs **0** dans sa *vtable* est une classe abstraite alors que celles qui n'en ont pas, comme **Point**, **Cercle** et **Cylindre**, sont des classes concrètes.

TERMINOLOGIE

classe abstraite
classe concrète
classe de base abstraite
classe de base directe
classe de base indirecte
classe dérivée
constructeur de classe dérivée
conversion de pointeur explicite
convertir un pointeur de classe dérivée
   en pointeur de classe de base
décalage dans une *vtable*
déplacement dans une *vtable*
destructeur **virtual**
élimination des instructions **switch**
extensibilité
fonction **virtual**
fonction **virtual** pure (**=0**)
fonction **virtual** de classe de base
fournisseur de logiciel indépendant
héritage
héritage d'implémentation
héritage d'interface

hiérarchie de classes
liage dynamique
liage en avance
liage statique
liage retardé
logique de commutation **switch**
pointeur de *vtable*
pointeur vers une classe abstraite
pointeur vers une classe de base
pointeur vers une classe dérivée
polymorphisme
programmer les généralités
programmer les spécificités
référence à une classe abstraite
référence à une classe de base
référence à une classe dérivée
réutilisation des logiciels
substituer une fonction **virtual**
substituer une fonction **virtual** pure
table de fonctions **virtual** (*vtable*)
vtable

ERREURS DE PROGRAMMATION COURANTES

10.1 Toute tentative d'instancier un objet d'une classe abstraite, c'est-à-dire d'une classe contenant une ou plusieurs fonctions **virtual** pures, est une erreur de syntaxe.

10.2 Les constructeurs ne peuvent pas être virtuels. Déclarer un constructeur comme fonction **virtual** est donc une erreur de syntaxe.

BONNES PRATIQUES DE PROGRAMMATION

10.1 Même si certaines fonctions sont implicitement virtuelles à cause d'une déclaration faite plus haut dans la hiérarchie de classes, déclarez explicitement ces fonctions comme **virtual** à chaque niveau hiérarchique, pour favoriser la clarté du programme.

10.2 Si une classe possède des fonctions virtuelles, fournissez-lui un destructeur virtuel même si ce dernier n'est pas obligatoire pour cette classe. Les classes dérivées de cette classe peuvent en effet contenir des destructeurs qui doivent être appelés correctement.

ASTUCES SUR LA PERFORMANCE

10.1 Implanté avec des fonctions virtuelles et le liage dynamique, le polymorphisme est efficace. Les programmeurs peuvent utiliser ces caractéristiques avec un impact nominal sur la performance d'un système.

10.2 Contrairement à la programmation utilisant la logique de commutation **switch**, les fonctions virtuelles et le liage dynamique permettent la programmation polymorphique. Les compilateurs d'optimisation du C++ génèrent habituellement un code au moins aussi efficace que le code manuel fondé sur la logique **switch**. D'une façon ou d'une autre, la surcharge créée par le polymorphisme est acceptable pour la plupart des applications, sauf dans certaines situations, comme des applications en temps réel axées sur des besoins rigoureux en performance.

OBSERVATIONS DE GÉNIE LOGICIEL

10.1 Les fonctions virtuelles (**virtual**) et le polymorphisme ont l'avantage de simplifier l'apparence des programmes. Ceux-ci contiennent moins de logique de branchement au profit d'un code séquentiel plus simple. Ceci facilite les tests, la mise au point et la maintenance des programmes et réduit les risques de bogues.

10.2 Dès qu'une fonction est déclarée **virtual**, elle reste virtuelle à tous les niveaux de la hiérarchie d'héritage, même si elle n'est pas déclarée **virtual** lorsqu'elle est remplacée par une autre classe.

10.3 Si une classe dérivée choisit de ne pas définir de fonction **virtual**, cette classe dérivée hérite simplement de la définition de fonction virtuelle de sa classe de base immédiate.

10.4 Si une classe est dérivée d'une classe dotée d'une fonction virtuelle pure et qu'aucune définition n'est fournie pour cette fonction dans la classe dérivée, cette fonction **virtual** reste alors pure dans la classe dérivée qui devient, à son tour, une classe abstraite.

10.5 Les fonctions virtuelles et le polymorphisme permettent au programmeur de traiter les généralités et de laisser l'environnement d'exécution s'occuper lui-même des spécificités. Le programmeur peut ordonner à une vaste gamme d'objets d'adopter des comportements appropriés à ces objets sans même connaître leurs types.

10.6 Le polymorphisme favorise l'extensibilité, car les logiciels écrits pour invoquer un comportement polymorphique sont écrits indépendamment des types d'objets auxquels les messages sont envoyés. On peut donc ajouter de nouveaux types d'objets capables de répondre aux messages existants sans modifier le système de base. Il n'est pas nécessaire de recompiler les programmes sauf pour le code client qui instancie les nouveaux objets.

10.7   Une classe abstraite définit une interface pour les différents membres d'une hiérarchie de classes. La classe abstraite contient des fonctions virtuelles pures qui seront définies dans les classes dérivées. Toutes les fonctions de la hiérarchie peuvent utiliser la même interface par le biais du polymorphisme.

10.8   Une classe peut hériter d'une interface et (ou) d'une implémentation de classe de base. Les hiérarchies conçues pour un héritage d'implémentation ont tendance à posséder des fonctionnalités plus élevées dans la hiérarchie. Autrement dit, chaque nouvelle classe dérivée hérite d'une ou plusieurs des fonctions membres initialement définies dans une classe de base et la nouvelle classe dérivée utilise les définitions de cette classe de base. Les hiérarchies conçues pour un héritage d'interface tendent à avoir des fonctionnalités moins élevées dans la hiérarchie; une classe de base spécifie une ou plusieurs fonctions qui doivent être définies, à appeler de façon identique – c'est-à-dire, avec la même signature pour chaque objet de la hiérarchie – bien que les classes dérivées individuelles fournissent leurs propres implémentations de la (ou des) fonction(s).

EXERCICE DE RÉVISION

10.1   Complétez chacune des phrases suivantes:
a) L'utilisation de l'héritage et du polymorphisme aide à éliminer la logique _____ .
b) Une fonction virtuelle pure est spécifiée en plaçant _____ à la fin de son prototype dans la définition de classe.
c) Si une classe contient une ou plusieurs fonctions **virtual**, cette classe est une _____ .
d) Un appel de fonction résolu au moment de la compilation est un liage _____ .
e) Un appel de fonction résolu au moment de l'exécution est un liage _____ .

RÉPONSES À L'EXERCICE DE RÉVISION

10.1   a) **switch**. b) **= 0**. c) classe de base abstraite. d) statique. e) dynamique.

EXERCICES

10.2   Qu'entend-on par fonctions virtuelles (**virtual**)? Décrivez une circonstance pour laquelle les fonctions virtuelles conviendraient.

10.3   Comme les constructeurs ne peuvent être déclarés **virtual**, définissez un plan expliquant la façon d'obtenir un effet semblable.

10.4   Comment le polymorphisme permet-il de programmer les généralités plutôt que les spécificités? Expliquez les principaux avantages de la programmation des généralités.

10.5   Discutez des problèmes reliés à la programmation utilisant la logique de commutation **switch**. Expliquez pourquoi le polymorphisme est une alternative efficace à la logique **switch**.

10.6   Expliquez la différence entre le liage statique et le liage dynamique. Expliquez l'emploi des fonctions virtuelles et des *vtables* avec le liage dynamique.

10.7   Expliquez les distinctions entre l'héritage d'interface et l'héritage d'implémentation. En quoi diffèrent les hiérarchies conçues pour l'héritage d'interface de celles conçues pour l'héritage d'implémentation?

10.8   Expliquez la différence entre les fonctions virtuelles et les fonctions virtuelles pures.

10.9   (Vrai ou Faux) Toutes les fonctions virtuelles d'une classe de base abstraite doivent être déclarées comme fonctions virtuelles pures.

10.10   Proposez un ou plusieurs niveaux des classes de base abstraites pour la hiérarchie **Forme** discutée dans ce chapitre (le premier niveau est **Forme** et le second niveau comporte les classes **FormeDeuxDimensions** et **FormeTroisDimensions**).

10.11 Comment le polymorphisme favorise-t-il l'extensibilité?

10.12 On vous demande de développer un simulateur de vol doté de sorties graphiques élaborées. Expliquez pourquoi la programmation polymorphique serait particulièrement efficace pour un problème de cette nature.

10.13 Développez un progiciel graphique de base. Utilisez la hiérarchie d'héritage de la classe **Forme** du chapitre 9 et limitez-vous à des formes bidimensionnelles comme des carrés, des rectangles, des triangles et des cercles. Établissez les interactions avec l'utilisateur: laissez-lui spécifier la position, la taille, la forme et les caractères de remplissage qui seront utilisés dans le dessin de chaque forme. L'utilisateur doit pouvoir spécifier plusieurs articles de forme identique. Pour la création de chaque forme, placez un pointeur **Forme *** vers chacun des nouveaux objets **Forme** dans un tableau. Chaque classe possédant sa propre fonction membre **dessin**, créez un gestionnaire d'écran polymorphique capable de parcourir le tableau (de préférence en utilisant un itérateur) en transmettant des messages **dessin** à chaque objet du tableau dans le but de former une image à l'écran. Redessinez l'image de l'écran chaque fois que l'utilisateur spécifie une forme supplémentaire.

10.14 Modifiez le système de paie de la figure 10.1 pour ajouter les membres de données **private** appelés **dateNaissance** (un objet de **Date**) et **codeDepartement** (de type **int**) à la classe **Employe**. Présumez que la paie est traitée une fois par mois. Ensuite, alors que votre programme calcule la rémunération pour chaque **Employe** (en utilisant le polymorphisme), ajoutez une prime de 100.00 $ au montant de la paie de la personne si le mois correspond à celui de l'anniversaire de naissance de l'**Employe**.

10.15 À l'exercice 9.14, vous avez développé une hiérarchie pour la classe **Forme** et défini les classes de cette hiérarchie. Modifiez la hiérarchie pour que la classe **Forme** devienne une classe de base abstraite contenant l'interface vers la hiérarchie. Dérivez **FormeDeuxDimensions** et **FormeTroisDimensions** de la classe **Forme**; ces classes doivent également être abstraites. Utilisez une fonction **affichage** virtuelle pour produire la sortie du type et des dimensions de chaque classe. Ajoutez également des fonctions virtuelles appelées **aire** et **volume** afin que ces calculs s'effectuent pour des objets de chaque classe concrète dans la hiérarchie. Écrivez un programme pilote qui teste la hiérarchie de la classe **Forme**.

Flux d'entrée-sortie
en C++

Objectifs

- Comprendre l'emploi des flux d'entrée-sortie orientés objets en C++.

- Formater des entrées et des sorties.

- Comprendre la hiérarchie de classes des flux d'entrée-sortie.

- Produire des entrées et des sorties d'objets de types définis par l'utilisateur.

- Créer des manipulateurs de flux définis par l'utilisateur.

- Déterminer les succès et les échecs des opérations d'entrée-sortie.

- Synchroniser les flux de sortie aux flux d'entrée.

Aperçu

Résumé • Terminologie • Erreurs de programmation courantes • Bonnes pratiques de programmation • Astuce sur la performance • Astuce sur la portabilité • Observations de génie logiciel • Exercices de révision • Réponses aux exercices de révision • Exercices

11.1 Introduction

Les bibliothèques standard du C++ offrent un vaste assortiment de capacités d'entrée-sortie. Dans ce chapitre, nous en examinerons une gamme suffisante pour réaliser la plupart des opérations d'entrée-sortie courantes et présenterons une vue d'ensemble des autres. Certaines de ces fonctionnalités ont déjà été analysées auparavant dans le manuel, mais sont ici examinées plus en détail sous l'angle des capacités d'entrée-sortie du C++.

Nombre des fonctions d'entrée-sortie étudiées ici sont orientées objets. Leur mise en œuvre devrait donc beaucoup intéresser le lecteur. Ce style d'entrée-sortie fait appel à d'autres caractéristiques du C++ comme les références, la surcharge des fonctions et la surcharge des opérateurs.

Nous verrons que le C++ emploie des entrées-sorties à type vérifié. Chaque opération s'effectue automatiquement en fonction du type de données. Si une fonction d'entrée-sortie a été définie correctement pour gérer un type de donnée particulier, elle est alors automatiquement appelée à traiter ce type. Si le type de donnée dirigé vers une fonction ne concorde pas avec le type défini pour cette fonction, le compilateur génère une indication d'erreur. Des données incorrectes ne peuvent donc pas s'immiscer dans le système, comme cela peut se produire en C.

Outre les types standard, les programmeurs peuvent aussi spécifier des entrées-sorties de types définis par l'utilisateur. Cette extensibilité est l'une des particularités les plus précieuses du C++.

Bonne pratique de programmation 11.1

Même si le format d'entrée-sortie de style C est disponible aux programmeurs de C++, utilisez exclusivement les formes d'entrée-sortie du C++ dans les programmes en C++.

Observation de génie logiciel 11.1

Les entrées-sorties de style C++ sont de type vérifié.

Observation de génie logiciel 11.2

Le C++ permet de traiter ensemble des entrées-sorties de types prédéfinis et de types définis par l'utilisateur. Cette forme de communauté facilite le développement des logiciels en général et, plus particulièrement, la réutilisation des logiciels.

11.2 Flux

En C++, les entrées-sorties se produisent en flux d'octets. Un flux est simplement une séquence d'octets. Dans les opérations d'entrée, les octets circulent d'un périphérique (un clavier, un lecteur de disque, une connexion réseau, et ainsi de suite) vers la mémoire principale. Dans les opérations de sortie, les octets circulent de la mémoire principale vers un périphérique (un écran, une imprimante, un lecteur de disque, une connexion réseau et ainsi de suite).

L'application associe une signification aux octets. Ces derniers peuvent représenter des caractères ASCII, des données brutes de format interne, des images graphiques, de la voix numérisée, des images vidéo numérisées ou toute autre sorte d'information requise par l'application.

Le travail des mécanismes d'entrée-sortie du système consiste à déplacer les octets des périphériques vers la mémoire et inversement de manière cohérente et fiable. De tels transferts impliquent souvent des mouvements mécaniques, comme la rotation d'un disque ou d'une bande magnétique ou encore des frappes au clavier. Les délais imposés par ces transferts sont habituellement immenses comparativement au temps requis par le processeur pour manipuler les données intérieurement. La performance des opérations d'entrée-sortie dépend donc d'une planification et d'une mise au point soigneuses.

Le C++ offre à la fois des capacités d'entrée-sortie de bas niveau et de haut niveau. Les capacités de bas niveau, c'est-à-dire les E/S non formatées, spécifient typiquement qu'un certain nombre d'octets doit être déplacé du périphérique à la mémoire ou de la mémoire au périphérique. L'élément d'intérêt dans ces transferts est l'octet individuel. Ces capacités de bas niveau assurent des transferts rapides et volumineux mais ne sont pas très pratiques pour les utilisateurs.

Les gens préfèrent une perspective des entrées-sorties de niveau plus élevé, à savoir les E/S formatées, dans lesquelles les octets sont regroupés en unités significatives telles que des entiers, des nombres à virgule flottante, des caractères, des chaînes et des types définis par l'utilisateur. Ces capacités orientées vers le type conviennent à la plupart des entrées-sorties autres que les traitements de fichiers à grand volume.

Astuce sur la performance 11.1

Utilisez des entrées-sorties non formatées pour assurer une meilleure performance du traitement de fichiers à grand volume.

11.2.1 Fichiers d'en-tête de la bibliothèque de flux d'entrée-sortie

La bibliothèque **iostream** du C++ fournit des centaines de possibilités d'entrée-sortie. Plusieurs fichiers d'en-tête contiennent des portions de l'interface de la bibliothèque.

La plupart des programmes en C++ comprennent le fichier d'en-tête **<iostream>** qui renferme les informations de base pour toutes les opérations de flux d'entrée-sortie. Ce fichier d'en-tête contient les objets **cin**, **cout**, **cerr** et **clog** correspondant respectivement aux flux d'entrée standard, de sortie standard, d'erreur standard sans tampon et d'erreur standard via tampon. Les capacités d'entrée-sortie non formatées et formatées sont toutes deux fournies.

Le fichier d'en-tête **<iomanip>** contient des informations utiles pour effectuer des entrées-sorties formatées avec ce qu'on appelle des manipulateurs de flux paramétrés. Le fichier d'en-tête **<fstream>** contient des informations importantes pour les opérations de traitement de fichiers contrôlées par l'utilisateur. Nous utiliserons cet en-tête avec les programmes de traitement de fichiers au chapitre 14.

Chaque implantation de C++ contient généralement d'autres bibliothèques connexes aux entrées-sorties et qui procurent des capacités spécifiques au système, comme le contrôle de périphériques spécialisés pour les entrées-sorties audio et vidéo.

11.2.2 Classes et objets de flux d'entrée-sortie

La bibliothèque **iostream** renferme de nombreuses classes permettant d'effectuer toutes sortes d'opérations d'entrée-sortie. La classe **istream** supporte les opérations du flux d'entrée alors que la classe **ostream** s'occupe des opérations de flux de sortie. La classe **iostream** prend en charge à la fois les opérations de flux d'entrée et celles de sortie.

Les classes **istream** et **ostream** dérivent toutes deux de la classe de base **ios** par le biais d'un héritage simple. La classe **iostream** est dérivée de la classe **istream** et de la classe **ostream** par l'entremise d'un héritage multiple. La figure 11.1 résume ces relations d'héritage.

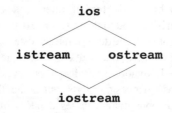

Figure 11.1   Portion de la hiérarchie de la classe des flux d'entrée-sortie.

La surcharge des opérateurs offre une notation pratique pour effectuer les entrées-sorties. L'opérateur de décalage à gauche (**<<**), que l'on appelle communément *opérateur d'insertion de flux*, est surchargé pour désigner le flux de sortie. L'opérateur de décalage à droite (**>>**) ou *opérateur d'extraction de flux*, est surchargé pour désigner le flux d'entrée. Ces opérateurs s'utilisent avec les objets de flux standard **cin**, **cout**, **cerr** et **clog** ainsi qu'avec des objets définis par l'utilisateur.

L'objet prédéfini **cin** est une instance de la classe **istream** et est attaché, ou connecté, au périphérique d'entrée standard soit, normalement, le clavier. Tel qu'utilisé dans l'expression suivante, l'opérateur d'extraction de flux produit l'entrée d'une valeur pour la variable entière **note** (si **note** a été déclarée **int**) à partir de **cin** vers la mémoire :

```
cin >> note;    // la donnée afflue dans la direction de la flèche,
                // vers la droite.
```

Notez que l'opérateur d'extraction de flux est assez intelligent pour reconnaître le type de données. Si la variable **note** a été déclarée correctement comme une variable de type **int**, aucune information supplémentaire de type n'est nécessaire avec l'opérateur d'extraction de flux, ce qui, incidemment, est le cas des entrées-sorties de style C.

L'objet prédéfini **cout** est une instance de la classe **ostream** et est attaché au périphérique de sortie standard, soit normalement, l'écran. Tel qu'employé dans l'expression suivante, l'opérateur d'insertion de flux sort la valeur de la variable entière **note** de la mémoire vers le périphérique de sortie standard :

```
cout << note;    // la donnée afflue dans la direction de la flèche,
                 // vers la gauche.
```

Notez que l'opérateur d'insertion de flux est assez intelligent pour reconnaître le type de **note**. Si celui-ci a été correctement déclaré, aucune autre information de type n'est nécessaire avec l'opérateur d'insertion de flux.

L'objet prédéfini **cerr** est une instance de la classe **ostream** et est attaché au périphérique d'erreur standard. Les sorties vers un objet **cerr** ne sont pas mises en tampon. Autrement dit, chaque insertion de flux vers **cerr** apparaît immédiatement à sa sortie, ce qui convient pour aviser rapidement un utilisateur de l'occurrence d'erreurs.

L'objet prédéfini **clog** est une instance de la classe **ostream** qui est, lui aussi, attaché au périphérique d'erreur standard. Les sorties vers l'objet **clog** sont par contre mises en tampon. Chaque insertion de flux vers **clog** peut dont provoquer la mise en suspens de sa sortie dans un tampon, jusqu'à ce que ce dernier soit plein ou vidé.

En C++, le traitement des fichiers emploie les classes **ifstream** pour les opérations d'entrée de fichiers, **ofstream** pour les opérations de sortie de fichiers et **fstream** pour les opérations d'entrée-sortie de fichiers. La classe **ifstream** hérite de **istream**, la classe **ofstream**, de **ostream** et la classe **fstream**, de **iostream**. La figure 11.2 résume les différentes relations d'héritage des classes liées aux entrées-sorties. La hiérarchie complète des classes de flux d'entrée-sortie comporte beaucoup d'autres classes compatibles avec la majorité des installations, mais celles présentées ici fournissent presque toutes les capacités requises par la plupart des programmeurs. Pour en savoir plus sur le traitement des fichiers, consultez la référence de la bibliothèque de classes pertinente à votre système C++.

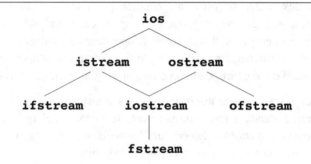

Figure 11.2   Portion de la hiérarchie de la classe des flux d'entrée-sortie avec les classes de traitement de fichiers.

11.3 Flux de sortie

La classe **ostream** du C++ permet de produire une sortie formatée ou non. Les capacités de sortie comprennent: la sortie de types de données standard avec l'opérateur d'insertion de flux, la sortie de caractères avec la fonction membre **put**, la sortie non formatée avec la fonction membre **write** (voir section 11.5), la sortie d'entiers en format décimal, octal ou hexadécimal (voir section 11.6.1), la sortie de valeurs à virgule flottante avec différentes précisions (section 11.6.2), avec des points décimaux forcés (section 11.7.2), en notation scientifique et en notation fixe (section 11.7.6), la sortie de données justifiées dans des champs, avec des largeurs de champ désignées (section 11.7.3) ou des champs remplis de caractères donnés (section 11.7.4), ainsi que la sortie de lettres majuscules en notations scientifique et hexadécimale (section 11.7.7).

11.3.1 Opérateur d'insertion de flux

On peut réaliser un flux de sortie avec l'opérateur d'insertion de flux, à savoir l'opérateur **<<** surchargé. Ce dernier est surchargé pour sortir des éléments de données de types intégrés, de chaînes de sortie et de valeurs de pointeurs. Nous verrons à la section 11.9 comment surcharger l'opérateur **<<** pour sortir des éléments de données de types définis par l'utilisateur. La figure 11.3 illustre la sortie d'une chaîne au moyen d'une instruction d'insertion de flux simple. On peut également employer des instructions d'insertion multiples, tel que le montre la figure 11.4. Lorsque ce programme s'exécute, il produit la même sortie que le code précédent.

```
1    // Figure 11.3: fig11_03.cpp
2    // Sortie d'une chaîne en utilisant l'insertion de flux.
3    #include <iostream>
4
5    using std::cout;
6
7    int main()
8    {
9        cout << "Bienvenue au C++!\n";
10
11       return 0;
12   }
```

```
Bienvenue au C++!
```

Figure 11.3   Sortie d'une chaîne en utilisant l'insertion de flux.

```
1    // Figure 11.4: fig11_04.cpp
2    // Sortie d'une chaîne en utilisant deux insertions de flux.
3    #include <iostream>
4
5    using std::cout;
6
7    int main()
8    {
9       cout << " Bienvenue au ";
10      cout << "C++!\n";
11
12      return 0;
13   }
```

```
Bienvenue au C++!
```

Figure 11.4   Sortie d'une chaîne en utilisant deux insertions de flux.

Comme l'illustre la figure 11.5, on peut aussi produire l'effet de la séquence de changement de code **\n** (nouvelle ligne) avec le manipulateur de flux **endl** (fin de ligne). Ce manipulateur émet un caractère de nouvelle ligne et, de plus, vide le tampon de sortie en le transmettant immédiatement en sortie même s'il n'est pas plein. On peut aussi vider le tampon de sortie en écrivant:

```
cout << flush;
```

Les manipulateurs de flux sont étudiés en détail à la section 11.6.

```
1    // Figure 11.5: fig11_05.cpp
2    // Utilisation du manipulateur de flux endl.
3    #include <iostream>
4
5    using std::cout;
6    using std::endl;
7
8    int main()
9    {
10      cout << "Bienvenue au ";
11      cout << "C++!";
12      cout << endl;   // manipulateur de flux de fin de ligne.
13
14      return 0;
15   }
```

```
Bienvenue au C++!
```

Figure 11.5   Utilisation du manipulateur de flux **endl**.

La figure 11.6 montre comment produire la sortie d'expressions.

 Bonne pratique de programmation 11.2

Lorsque vous voulez sortir des expressions, placez-les entre parenthèses afin de prévenir d'éventuels problèmes de préséance entre les opérateurs faisant partie de l'expression et l'opérateur **<<***.*

```
1   // Figure 11.6: fig11_06.cpp
2   // Sortie des valeurs d'une expression.
3   #include <iostream>
4
5   using std::cout;
6   using std::endl;
7
8   int main()
9   {
10     cout << "47 plus 53 donne ";
11
12     // Parenthèses facultatives, utilisées pour expliciter.
13     cout << ( 47 + 53 );      // expression.
14     cout << endl;
15
16     return 0;
17  }
```

```
47 plus 53 donne 100
```

Figure 11.6   Sortie des valeurs d'une expression.

11.3.2 Mise en cascade d'opérateurs d'insertion et d'extraction de flux

On peut employer les opérateurs surchargés **<<** et **>>** en cascade, comme l'illustre la figure 11.7. Les insertions de flux multiples de cette figure sont exécutées comme si elles avaient été écrites comme ceci:

   (((cout << "47 plus 53 donne ") << (47 + 53)) << endl);

où **<<** est associatif de gauche à droite. Ce genre de mise en cascade d'opérateurs d'insertion de flux est permis parce que l'opérateur surchargé **<<** retourne une référence à son objet d'opérande de gauche, soit **cout**.

```
1   // Figure 11.7: fig11_07.cpp
2   // Mise en cascade de l'opérateur << surchargé.
3   #include <iostream>
4
5   using std::cout;
6   using std::endl;
7
8   int main()
9   {
10     cout << "47 plus 53 donne " << ( 47 + 53 ) << endl;
11
12     return 0;
13  }
```

```
47 plus 53 donne 100
```

Figure 11.7   Mise en cascade de l'opérateur << surchargé.

L'expression entre parenthèses la plus à gauche, soit:

```
( cout << "47 plus 53 donne " )
```

produit donc la sortie de la chaîne de caractères spécifiée et renvoie une référence à **cout**. Ceci permet d'évaluer l'expression centrale entre parenthèses comme suit:

```
( cout << ( 47 + 53 ) )
```

Cette évaluation sort la valeur d'entier **100** et renvoie une référence vers **cout**. L'expression entre parenthèses située à l'extrême droite est ensuite évaluée à:

```
cout << endl
```

qui sort d'une nouvelle ligne, vide **cout** et renvoie une référence à **cout**. Ce dernier renvoi n'est pas utilisé.

11.3.3 Sortie de variables `char *`

Dans les entrées-sorties de style C, le programmeur doit fournir l'information relative au type, alors que le C++ détermine ces types automatiquement. Cette amélioration peut néanmoins être encombrante parfois. Supposons, par exemple que nous sachions qu'une chaîne donnée de caractères est de type **char** * et que nous voulions afficher la valeur de ce pointeur, c'est-à-dire l'adresse mémoire du premier caractère de cette chaîne. Cependant, l'opérateur **<<** a été surchargé en vue d'afficher les données de type **char** * comme une chaîne terminée par un caractère nul. La solution consiste à forcer en **void** * le type du pointeur. (Notez que cette pratique devrait être appliquée pour toute sortie d'une variable de pointeur en format d'adresse). La figure 11.8 montre l'affichage d'une variable **char** * en format de chaîne et en format d'adresse. Remarquez que l'adresse apparaît sous forme de nombre hexadécimal (en base 16). Nous discuterons plus en détail du contrôle des bases de nombres aux sections 11.6.1, 11.7.4, 11.7.5 et 11.7.7. Note: l'aspect des sorties du programme de la figure 11.8 peut différer selon les compilateurs.

```
1   // Figure 11.8: fig11_08.cpp
2   // Affichage de l'adresse de stockage d'une variable char*.
3   #include <iostream>
4
5   using std::cout;
6   using std::endl;
7
8   int main()
9   {
10      char *chaine = "test";
11
12      cout << "La valeur de la chaîne est: " << chaine
13          << "\nLa valeur de static_cast< void *>( chaine ) est: "
14          << static_cast< void *>( chaine ) << endl;
15      return 0;
16  }
```

```
La valeur de la chaîne est: test
La valeur de static_cast< void *>( chaine ) est: 0046C070
```

Figure 11.8   Affichage de l'adresse de stockage d'une variable **char** *.

11.3.4 Sortie de caractères avec la fonction membre `put`; mise en cascade de fonctions `put`

La fonction membre **put** produit la sortie d'un caractère. Ainsi,

```
cout.put ( 'A' );
```

affiche un **A** à l'écran. On peut également mettre les appels vers **put** en cascade. Par exemple,

```
cout.put ( 'A' ).put( '\n' );
```

affiche la lettre **A** suivie d'un caractère de nouvelle ligne. Tout comme l'opérateur **<<**, l'instruction précédente s'exécute de cette façon parce que l'opérateur point (**.**) est associatif de gauche à droite et que la fonction membre **put** retourne une référence vers l'objet **ostream** qui a reçu le message **put**, en d'autres termes, l'appel à la fonction. On peut aussi appeler la fonction **put** avec une expression de valeurs ASCII, comme dans **cout.put(65)**, qui affiche également la lettre **A**.

11.4 Flux d'entrée

Examinons maintenant le flux d'entrée, qui peut se faire grâce à l'opérateur d'extraction de flux, c'est-à-dire l'opérateur surchargé **>>**. Normalement, cet opérateur saute les caractères d'espace blanc (espace vide, tabulation et nouvelle ligne) dans le flux d'entrée, mais nous verrons comment changer ce comportement un peu plus loin. L'opérateur d'extraction de flux renvoie zéro (ou faux) lorsqu'il atteint un caractère de fin de fichier dans un flux; sinon, il retourne une référence vers l'objet qui a reçu le message d'extraction, soit par exemple **cin** dans l'expression **cin>>note**. Chaque flux contient une série de bits d'état qui servent à contrôler l'état du flux, c'est-à-dire le formatage, l'ajustement des états d'erreurs et autres. L'extraction du flux provoque le réglage du **failbit** du flux si les données entrées sont d'un type erroné et provoque celui du **badbit** du flux si l'opération échoue. Nous verrons bientôt comment tester ces bits après une opération d'entrée-sortie. Les sections 11.7 et 11.8 traitent en détail des bits d'état du flux.

11.4.1 Opérateur d'extraction de flux

Pour lire deux entiers, on peut utiliser l'objet **cin** et l'opérateur surchargé d'extraction de flux **>>** comme l'illustre la figure 11.9. Notez qu'on peut également mettre en cascade les opérations d'extraction de flux.

```
1   // Figure 11.9: fig11_09.cpp
2   // Calcul de la somme de deux entiers entrés au clavier
3   // avec cin et l'opérateur d'extraction de flux.
4   #include <iostream>
5
6   using std::cout;
7   using std::cin;
8   using std::endl;
9
10  int main()
11  {
12      int x, y;
13
```

Figure 11.9   Calcul de la somme de deux entiers entrés au clavier avec **cin** et l'opérateur d'extraction de flux. (1 de 2)

```
14      cout << "Entrez deux entiers: ";
15      cin >> x >> y;
16      cout << "La somme de " << x << " et de " << y << " vaut: "
17          << ( x + y ) << endl;
18
19      return 0;
20  }
```

```
Entrez deux entiers: 30 92
La somme de 30 et de 92 vaut: 122
```

Figure 11.9   Calcul de la somme de deux entiers entrés au clavier avec **cin**
et l'opérateur d'extraction de flux. (2 de 2)

La préséance relativement élevée des opérateurs **>>** et **<<** peut causer des problèmes. Par exemple, le programme de la figure 11.10 ne se compilera pas correctement sans les parenthèses autour de l'expression conditionnelle, d'où l'importance de vérifier leur présence.

```
1   // Figure 11.10: fig11_10.cpp
2   // Évitement d'un problème de préséance entre l'opérateur
3   // d'insertion de flux et l'opérateur conditionnel. Les parenthèses
4   // sont requises autour de l'expression conditionnelle.
5   #include <iostream>
6
7   using std::cout;
8   using std::cin;
9   using std::endl;
10
11  int main()
12  {
13      int x, y;
14
15      cout << "Entrez deux entiers: ";
16      cin >> x >> y;
17      cout << x << ( x == y ? " est": " n'est pas" )
18          << " égal à " << y << endl;
19
20      return 0;
21  }
```

```
Entrez deux entiers: 7 5
7 n'est pas égal à 5
```

```
Entrez deux entiers: 8 8
8 est égal à 8
```

Figure 11.10   Évitement d'un problème de préséance entre l'opérateur d'insertion
de flux et l'opérateur conditionnel.

Erreur de programmation courante 11.1

Tenter de lire à partir de **ostream** *(ou de tout autre flux de sortie exclusive) est une erreur.*

Erreur de programmation courante 11.2

Tenter d'écrire en utilisant **istream** *(ou tout autre flux d'entrée exclusive) est une erreur.*

Erreur de programmation courante 11.3

Oublier les parenthèses pour forcer la préséance adéquate lorsqu'on utilise l'opérateur d'insertion **<<** *ou d'extraction de flux* **>>** *de niveau de préséance relativement élevé est une erreur.*

Une méthode populaire pour entrer une série de valeurs consiste à employer une opération d'extraction de flux dans une condition de continuation de boucle **while**. L'extraction renvoie **false** (0) lorsque la fin du fichier est atteinte. Examinons le programme de la figure 11.11 qui détermine la note la plus élevée d'un examen. Présumez que le nombre de notes n'est pas connu d'avance et que l'utilisateur tapera un caractère de fin de fichier pour signaler que toutes les notes ont été saisies. La condition **while (cin >> note)** devient 0 (interprétée comme **false**) lorsque l'utilisateur entre la fin de fichier.

```cpp
1   // Figure 11.11: fig11_11.cpp
2   // Opérateur d'extraction de flux renvoyant false sur la fin de fichier.
3   #include <iostream>
4
5   using std::cout;
6   using std::cin;
7   using std::endl;
8
9   int main()
10  {
11      int note, notePlusElevee = -1;
12
13      cout << "Entrez la note (ou fin de fichier pour terminer): ";
14      while ( cin >> note) {
15         if ( note > notePlusElevee)
16            notePlusElevee = note;
17
18         cout << "Entrez la note (ou fin de fichier pour terminer): ";
19      }
20
21      cout << "\n\nLa note la plus élevée est: " << notePlusElevee << endl;
22      return 0;
23  }
```

```
Entrez la note (ou fin de fichier pour terminer): 67
Entrez la note (ou fin de fichier pour terminer): 87
Entrez la note (ou fin de fichier pour terminer): 73
Entrez la note (ou fin de fichier pour terminer): 95
Entrez la note (ou fin de fichier pour terminer): 34
Entrez la note (ou fin de fichier pour terminer): 99
Entrez la note (ou fin de fichier pour terminer): ^Z
La note la plus élevée est: 99
```

Figure 11.11 Opérateur d'extraction de flux renvoyant **false** sur la fin de fichier.

Astuce sur la portabilité 11.1

Lorsque vous invitez l'utilisateur à terminer ses entrées au clavier, demandez-lui d'entrer un caractère de fin de fichier pour terminer plutôt que d'appuyer sur <ctrl>-d (UNIX et Macintosh) ou <ctrl>-z (PC et VAX).

À la figure 11.11, on peut employer **cin >> note** comme condition, car la classe de base **ios** à partir de laquelle **istream** est hérité fournit un opérateur surchargé de forçage de type qui convertit un flux en pointeur de type **void ***. La valeur du pointeur est de 0 (équivalent à **false**) si une erreur se produit lors d'une tentative de lecture d'une valeur ou si on atteint l'indicateur de fin de fichier. Le compilateur peut implicitement utiliser l'opérateur de forçage de type **void ***.

11.4.2 Fonctions membres get et getline

Sans argument, la fonction membre **get** saisit un caractère en provenance du flux désigné (même s'il s'agit d'un caractère d'espace blanc) et le retourne comme valeur d'appel de fonction. Cette version de **get** renvoie **EOF** lorsque l'indicateur de fin de fichier est rencontré dans le flux.

La figure 11.12 illustre l'emploi des fonctions membres **eof** et **get** sur le flux d'entrée **cin** et la fonction membre **put** sur le flux de sortie **cout**. Le programme affiche d'abord la valeur de **cin.eof()**, c'est-à-dire **false** (0 à la sortie) pour illustrer que la fin de fichier ne s'est pas produite dans **cin**. L'utilisateur saisit une ligne de texte, appuie sur la touche *Entrée*, suivie d'une indication de fin de fichier (*<ctrl>-z* sur les PC compatibles IBM, ou *<ctrl>-d* sur les machines UNIX ou Macintosh). Le programme lit chaque caractère et produit leur sortie vers **cout** avec la fonction membre **put**. Lorsque la fin de fichier est atteinte, le **while** se termine et **cin.eof()**, qui est maintenant en condition **true**, s'affiche de nouveau (**1** à la sortie) pour montrer que la fin de fichier s'est produite dans **cin**. Notez que ce programme emploie la version de la fonction membre **istream** dénommée **get**, ne prenant aucun argument et retournant le caractère dirigé à l'entrée.

```
1   // Figure 11.12: fig11_12.cpp
2   // Utilisation des fonctions membres get, put et eof de cin.
3   #include <iostream>
4
5   using std::cout;
6   using std::cin;
7   using std::endl;
8
9   int main()
10  {
11     char c;
12
13     cout << "Avant l'entrée, cin.eof()est " << cin.eof()
14         << "\nEntrez une phrase, suivie de EOF:\n";
15
16     while ( ( c = cin.get () ) != EOF)
17        cout.put ( c );
18
19     cout << "\nEOF de ce système est: " << c;
20     cout << "\nAprès l'entrée, cin.eof()est " << cin.eof()<< endl;
21     return 0;
22  }
```

Figure 11.12   Utilisation des fonctions membres **get**, **put** et **eof**. (1 de 2)

```
Avant l'entrée, cin.eof()est 0
Entrez une phrase, suivie de EOF:
Test des fonctions membres get et put^Z
Test des fonctions membres get et put
EOF de ce système est: -1
Après l'entrée, cin.eof()est 1
```

Figure 11.12   Utilisation des fonctions membres **get**, **put** et **eof**. (2 de 2)

Avec un caractère comme argument, la fonction membre **get** saisit le caractère suivant en provenance du flux d'entrée (même s'il s'agit d'un caractère d'espace blanc) et le stocke dans l'argument. Cette version de **get** renvoie 0 lorsque la fin de fichier est atteinte; sinon, elle retourne une référence à l'objet **istream** pour lequel la fonction membre **get** est invoquée.

Une troisième version de la fonction membre **get** prend trois arguments: un tableau de caractères, une limite de taille et un délimiteur (avec **'\n'** comme valeur par défaut). Cette version lit les caractères provenant du flux d'entrée . Elle lit une quantité de caractères égale au maximum spécifié moins 1 et se termine, ou encore se termine aussitôt qu'elle rencontre le délimiteur. Un caractère nul est inséré pour terminer la chaîne d'entrée dans le tableau de caractères que le programme emploie comme tampon. Le délimiteur n'est pas inséré dans le tableau de caractères, quoiqu'il reste dans le flux d'entrée (le délimiteur sera le prochain caractère lu). Le résultat d'une seconde fonction **get** consécutive est donc une ligne vide, sauf si le caractère délimiteur a été vidé du flux d'entrée. La figure 11.13 compare l'entrée utilisant **cin** avec l'extraction de flux – qui lit les caractères jusqu'à ce qu'un caractère d'espace blanc soit atteint – et l'entrée avec **cin.get**. Remarquez que l'appel vers **cin.get** ne spécifie pas de caractère délimiteur; le **'\n'** par défaut est donc utilisé.

```
1   // Figure 11.13: fig11_13.cpp
2   // Contraste entre une entrée de chaîne avec cin et avec cin.get.
3   #include <iostream>
4
5   using std::cout;
6   using std::cin;
7   using std::endl;
8
9   int main()
10  {
11     const int TAILLE = 80;
12     char tampon1[ TAILLE ], tampon2[ TAILLE ];
13
14     cout << "Entrez une phrase:\n";
15     cin >> tampon1;
16     cout << "\nLa chaîne lue avec cin est:\n"
17          << tampon1 << "\n\n";
18
19     cin.get ( tampon2, TAILLE );
20     cout << "La chaîne lue avec cin.get est:\n"
21          << tampon2 << endl;
22
23     return 0;
24  }
```

Figure 11.13   Contraste entre une entrée de chaîne utilisant **cin** avec l'extraction de flux et une entrée avec **cin.get**. (1 de 2)

```
Entrez une phrase:
Utilisation de la fonction membre getline


La phrase entrée est:
Utilisation de la fonction membre getline
```

Figure 11.13   Contraste entre une entrée de chaîne utilisant `cin` avec l'extraction de flux et une entrée avec `cin.get`. (2 de 2)

La fonction membre **getline** opère comme la troisième version de la fonction membre **get** et insère un caractère nul après la ligne dans le tableau de caractères. La fonction **getline** enlève le délimiteur du flux – c'est-à-dire, lit le caractère et l'abandonne – et ne le stocke pas dans le tableau de caractères. Le programme de la figure 11.14 illustre l'emploi de la fonction membre **getline** pour entrer une ligne de texte.

```cpp
1   // Figure 11.14: fig11_14.cpp
2   // Entrée de caractères avec la fonction membre getline.
3   #include <iostream>
4
5   using std::cout;
6   using std::cin;
7   using std::endl;
8
9   int main()
10  {
11      const TAILLE = 80;
12      char tampon[ TAILLE ];
13
14      cout << "Entrez une phrase:\n";
15      cin.getline( tampon, TAILLE );
16
17      cout << "\nLa phrase entrée est:\n" << tampon << endl;
18      return 0;
19  }
```

```
Entrez une phrase:
Contraste entre une entrée de chaîne avec cin et avec cin.get

La chaîne lue avec cin est:
Contraste

La chaîne lue avec cin.get est:
 entre une entrée de chaîne avec cin et avec cin.get
```

Figure 11.14   Entrée de caractères avec la fonction membre **getline**.

11.4.3 Fonctions membres `istream` (`peek`, `putback` et `ignore`)

La fonction membre **ignore** saute un nombre spécifié de caractères – un par défaut – ou se termine lorsqu'elle atteint un délimiteur donné. Le délimiteur par défaut, **EOF**, informe **ignore** de sauter à la fin du fichier lors de la lecture d'un fichier.

La fonction membre **putback** prend le caractère précédent obtenu par une fonction **get** sur un flux d'entrée et replace ce caractère dans le flux. Cette fonction est pratique pour des applications qui scrutent un flux d'entrée pour y trouver un champ commençant par un caractère spécifique. Lorsqu'on entre ce caractère, l'application le replace dans le flux afin de l'inclure dans les données sur le point d'être sorties.

La fonction membre **peek** retourne le caractère suivant d'un flux d'entrée, mais sans le supprimer du flux.

11.4.4 Entrées-sorties à type vérifié

Le C++ offre des entrées-sorties à type vérifié, les opérateurs **<<** et **>>** étant surchargés pour accepter des données de types spécifiques. Si des données imprévues sont traitées, différents drapeaux d'erreur que l'utilisateur peut tester pour déterminer le succès ou l'échec d'une opération d'entrée-sortie sont activés. De cette manière, le programme reste sous contrôle. Nous discuterons de ces drapeaux d'erreurs à la section 11.8.

11.5 Entrées-sorties non formatées avec `read`, `gcount` et `write`

Les *entrées-sorties non formatées* sont réalisées au moyen des fonctions membres **read** et **write**. Chacune d'elles produit l'entrée ou la sortie d'un certain nombre d'octets vers ou en provenance d'un tableau de caractères en mémoire. Ces octets ne sont formatés d'aucune façon mais sont simplement entrés ou sortis comme des octets bruts. Par exemple, l'appel

```
char tampon[] = "JOYEUX ANNIVERSAIRE";
cout.write ( tampon, 10 );
```

sort les 10 premiers octets de **tampon**, y compris les caractères nul qui provoqueraient la fin d'une sortie avec **cout** et **<<**. Comme un tableau de caractères s'évalue avec l'adresse de son premier caractère, l'appel

```
cout.write ( "ABCDEFGHIJKLMNOPQRSTUVWXYZ", 10 );
```

affiche les 10 premiers caractères de l'alphabet.

La fonction membre **read** entre un nombre de caractères spécifié dans un tableau de caractères. Si le programme lit un nombre de caractères inférieur au nombre indiqué, **failbit** est activé. Nous verrons à la section 11.8 comment déterminer si **failbit** a été activé ou non. La fonction membre **gcount** signale le nombre de caractères lus lors de la dernière opération d'entrée.

La figure 11.15 illustre le fonctionnement des fonctions membres **read** et **gcount** de **istream** et de la fonction membre **write** de **ostream**. Avec la fonction **read**, le programme entre 20 caractères (à partir d'une séquence d'entrée plus longue) dans le tableau de caractères **tampon**, détermine le nombre de caractères entrés avec **gcount** et sort ces caractères dans **tampon** avec la fonction **write**.

```
1    // Figure 11.15: fig11_15.cpp
2    // Entrées-sorties non formatées avec read, gcount et write.
3    #include <iostream>
4
5    using std::cout;
6    using std::cin;
7    using std::endl;
8
9    int main()
10   {
11       const int TAILLE = 80;
12       char tampon[ TAILLE ];
13
14       cout << "Entrez une phrase:\n";
15       cin.read( tampon, 20 );
16       cout << "\nLa phrase entrée est:\n";
17       cout.write ( tampon, cin.gcount() );
18       cout << endl;
19       return 0;
20   }
```

```
Entrez une phrase:
Utilisation des fonctions membres read, write et gcount
La phrase entrée est:
Utilisation des fonc
```

Figure 11.15   Entrées-sorties non formatées avec les fonctions membres **read**, **gcount** et **write**.

11.6 Manipulateurs de flux

Le C++ offre différents manipulateurs de flux pour effectuer des tâches de formatage. Ces manipulateurs permettent de régler les largeurs de champ et les précisions, d'ajuster et remettre à zéro des drapeaux de format, de définir le caractère de remplissage dans les champs, de vider des flux, d'insérer une nouvelle ligne dans le flux de sortie et vider le flux, d'insérer un caractère nul dans le flux de sortie et de sauter les caractères blancs dans le flux d'entrée. Ces fonctionnalités sont décrites dans les sections suivantes.

11.6.1 Base du flux d'entiers (dec, oct, hex et setbase)

Les entiers sont normalement interprétés comme des valeurs décimales, c'est-à-dire en base 10. Pour changer la base d'interprétation des entiers dans un flux, il suffit d'insérer le manipulateur **hex** pour définir une base hexadécimale (base 16) ou **oct**, pour une base octale (base 8). Insérez le manipulateur de flux **dec** pour rétablir le flux en base décimale.

On peut également modifier la base d'un fluxau moyen du manipulateur de flux **setbase** qui prend un argument d'entier de **10**, **8** ou **16** pour définir la base. Comme **setbase** prend un argument, on l'appelle *manipulateur de flux paramétré*. L'emploi de **setbase** ou de tout autre manipulateur paramétré nécessite l'inclusion du fichier d'en-tête **<iomanip>**. La base du flux reste identique jusqu'à ce qu'elle soit changée explicitement. La figure 11.16 illustre l'emploi des manipulateurs de flux **hex**, **oct**, **dec** et **setbase**.

```
1    // Figure 11.16: fig11_16.cpp
2    // Utilisation des manipulateurs de flux hex, oct, dec et setbase.
3    #include <iostream>
4
5    using std::cout;
6    using std::cin;
7    using std::endl;
8
9    #include <iomanip>
10
11   using std::hex;
12   using std::dec;
13   using std::oct;
14   using std::setbase;
15
16   int main()
17   {
18      int n;
19
20      cout << "Entrez un nombre décimal: ";
21      cin >> n;
22
23      cout << n << " en base hexadécimale donne: "
24           << hex << n << '\n'
25           << dec << n << " en base octale donne: "
26           << oct << n << '\n'
27           << setbase( 10 ) << n << " en base décimale donne: "
28           << n << endl;
29
30      return 0;
31   }
```

```
Entrez un nombre décimal: 20
20 en base hexadécimale donne: 14
20 en base octale donne: 24
20 en base décimale donne: 20
```

Figure 11.16   Utilisation des manipulateurs de flux **hex**, **oct**, **dec** et **setbase**.

11.6.2 Précision de virgule flottante (precision, setprecision)

On peut contrôler la *précision* des nombres à virgule flottante, c'est-à-dire le nombre de chiffres à la droite du point décimal, grâce au manipulateur de flux **setprecision** ou à la fonction membre **precision**. Un appel vers l'un ou l'autre de ces éléments règle la précision pour toutes les opérations de sortie subséquentes, jusqu'au prochain appel d'ajustement de précision. Sans argument, la fonction membre **precision** retourne l'ajustement de précision courant. Le programme de la figure 11.17 utilise la fonction membre **precision** et le manipulateur **setprecision** pour afficher une table montrant la racine carrée de **2**, avec des précisions de **0** à **9**.

```cpp
1   // Figure 11.17: fig11_17.cpp
2   // Contrôle de précision de valeurs à virgule flottante.
3   #include <iostream>
4
5   using std::cout;
6   using std::cin;
7   using std::endl;
8
9   #include <iomanip>
10
11  using std::ios;
12  using std::setiosflags;
13  using std::setprecision;
14
15  #include <cmath>
16
17  int main()
18  {
19     double racine2 = sqrt( 2.0 );
20     int place;
21
22     cout << setiosflags ( ios::fixed)
23        << "Racine carrée de 2 avec des précisions de 0 à 9.\n"
24        << "Ajustement de précision avec la "
25        << "fonction membre precision:" << endl;
26
27     for ( place = 0; place <= 9; place++ ) {
28        cout.precision ( place );
29        cout << racine2 << '\n';
30     }
31
32     cout << "\nAjustement de précision avec le "
33        << "manipulateur setprecision:\n";
34
35     for ( place = 0; place <= 9; place++ )
36        cout << setprecision ( place ) << racine2 << '\n';
37
38     return 0;
39  }
```

```
Racine carrée de 2 avec des précisions de 0 à 9.
Ajustement de précision avec la fonction membre precision:
1
1.4
1.41
1.414
1.4142
1.41421
1.414214
1.4142136
1.41421356
1.414213562
```

(suite à la page suivante)

Figure 11.17   Contrôle de précision de valeurs à virgule flottante. (1 de 2)

```
Ajustement de précision avec le manipulateur setprecision:
1
1.4
1.41
1.414
1.4142
1.41421
1.414214
1.4142136
1.41421356
1.414213562
```

Figure 11.17   Contrôle de précision de valeurs à virgule flottante. (2 de 2)

11.6.3 Largeur de champ (`setw`, `width`)

La fonction membre d'**ios** dénommée **width** règle la largeur de champ, c'est-à-dire le nombre de positions de caractères de sortie d'une valeur ou le nombre de caractères à entrer, et renvoie la largeur précédente. Si les valeurs traitées sont plus petites que la largeur de champ, des caractères de remplissage sont insérés. Une valeur supérieure à la largeur spécifiée n'est pas tronquée; le nombre est affiché au complet.

Erreur de programmation courante 11.4

*Le réglage de la largeur ne s'applique qu'à la prochaine insertion ou extraction. Cette largeur est ensuite établie implicitement à **0**; autrement dit, les valeurs de sortie auront simplement la largeur nécessaire. La fonction **width** sans argument renvoie le réglage courant. Présumer que l'ajustement de largeur s'applique à toutes les sorties subséquentes est une erreur de logique.*

Erreur de programmation courante 11.5

Si on ne définit pas un champ assez large pour les sorties, leur largeur sera alors aussi grande que nécessaire, ce qui peut les rendre difficiles à lire.

La figure 11.18 illustre l'emploi de la fonction membre **width** à l'entrée et à la sortie. Pour l'entrée dans un tableau de **char**, notez que le programme lira un maximum de caractères égal à la largeur moins 1, car un espace est réservé pour le caractère nul à placer dans la chaîne d'entrée. Rappelez-vous que l'extraction de flux se termine à la rencontre d'un caractère d'espace blanc non situé en début de flux. On peut aussi employer le manipulateur de flux **setw** pour ajuster la largeur de champ. Note: lorsque l'utilisateur est invité à saisir des données, il doit entrer une ligne de texte et appuyer sur la touche *Entrée*, suivie par une indication de fin de fichier (*<ctrl>-z* pour PC compatibles IBM ou *<ctrl>-d* pour les machines UNIX et Macintosh). Note: lors de l'entrée de n'importe quoi d'autre qu'un tableau de **char**, **width** et **setw** sont ignorés.

```
1    // Figure 11.18: fig11_18.cpp
2    // Démonstration de la fonction membre width.
3    #include <iostream>
4
5    using std::cout;
6    using std::cin;
7    using std::endl;
```

Figure 11.18   Démonstration de la fonction membre **width**. (1 de 2)

```
8
9    int main()
10   {
11      int w = 4;
12      char chaine[ 10 ];
13
14      cout << "Entrez une phrase:\n";
15      cin.width ( 5 );
16
17      while ( cin >> chaine ) {
18         cout.width ( w++ );
19         cout << chaine << endl;
20         cin.width ( 5 );
21      }
22
23      return 0;
24   }
```

```
Entrez une phrase:
Test de la fonction membre width
Test
   de
    la
   fonc
    tion
     memb
        re
      widt
          h
```

Figure 11.18   Démonstration de la fonction membre **width**. (2 de 2)

11.6.4 Manipulateurs définis par l'utilisateur

Les utilisateurs peuvent créer leurs propres manipulateurs de flux. La figure 11.19 illustre la création et l'emploi des nouveaux manipulateurs de flux **cloche**, **ret** (retour de chariot), **tab** et **finLigne**. Ils peuvent aussi créer leurs propres manipulateurs de flux paramétrés. (Consultez vos manuels d'installation pour connaître les instructions à ce sujet.)

```
1    // Figure 11.19: fig11_19.cpp
2    // Création et test de manipulateurs de flux non
3    // paramétrés, définis par l'utilisateur.
4    #include <iostream>
5
6    using std::cout;
7    using std::cin;
8    using std::flush;
```

Figure 11.19   Création et test de manipulateurs de flux non paramétrés, définis par l'utilisateur. (1 de 2)

```
9
10    // Manipulateur cloche (avec séquence de changement de code \a).
11    ostream& cloche ( ostream& sortie ) { return sortie << '\a'; }
12
13    // Manipulateur ret (avec séquence de changement de code \r).
14    ostream& ret ( ostream& sortie ) { return sortie << '\r'; }
15
16    // Manipulateur tab (avec séquence de changement de code \t).
17    ostream& tab ( ostream& sortie ) { return sortie << '\t'; }
18
19    // Manipulateur finLigne (avec séquence de changement de
20    // code \n et utilisant la fonction membre flush).
21    ostream& finLigne ( ostream& sortie )
22    {
23       return sortie << '\n' << flush;
24    }
25
26    int main()
27    {
28       cout << "Test du manipulateur tab:" << finLigne
29            << 'a' << tab << 'b' << tab << 'c' << finLigne
30            << "Test des manipulateurs ret et cloche:"
31            << finLigne << "..........";
32       cout << cloche;
33       cout << ret << "-----" << finLigne;
34       return 0;
35    }
```

```
Test du manipulateur tab:
a       b       c
Test des manipulateurs ret et cloche:
-----.....
```

Figure 11.19   Création et test de manipulateurs de flux non paramétrés,
                   définis par l'utilisateur. (2 de 2)

11.7 États du format de flux

Divers drapeaux de format spécifient les types de formatage à effectuer durant les opérations de flux d'entrée-sortie. Les fonctions membres **setf**, **unsetf** et **flags** contrôlent les paramètres de ces drapeaux.

11.7.1 Drapeaux d'état du format

Tous les *drapeaux d'état du format* présentés à la figure 11.20 (et d'autres qui n'y sont pas illustrés) sont définis comme une énumération dans la classe **ios** et sont expliqués dans les sections qui suivent.

On peut contrôler ces drapeaux au moyen des fonctions membres **flags**, **setf** et **unsetf**, mais nombre de personnes préfèrent toutefois se servir des manipulateurs de flux (voir section 11.7.8). Le programmeur peut utiliser l'opération OU binaire, |, pour combiner différentes options en une seule valeur **long** (figure 11.23). L'appel de la fonction membre **flags** pour un flux et la spécification de ces options OU règlent les paramètres de ce flux et retournent une valeur **long** renfermant les options précédentes. Cette valeur est souvent sauvegardée pour appeler utlérieurement **flags** avec cette valeur de manière à rétablir les options de flux antérieures.

Drapeau d'état du format	Description
`ios::left`	Cadre la sortie à gauche dans un champ. S'il y a lieu, des caractères de remplissage apparaissent à la droite.
`ios::right`	Cadre la sortie à droite dans un champ. S'il y a lieu, des caractères de remplissage apparaissent à la gauche.
`ios::internal`	Indique que le signe d'un nombre doit être cadré à gauche dans un champ et que la grandeur (l'amplitude) d'un nombre doit être cadrée à droite dans ce même champ (autrement dit, les caractères de remplissage apparaissent entre le signe et le nombre).
`ios::dec`	Spécifie que les entiers doivent être traités comme des valeurs décimales (base 10).
`ios::oct`	Spécifie que les entiers doivent être traités comme des valeurs octales (base 8).
`ios::hex`	Spécifie que les entiers doivent être traités comme des valeurs hexadécimales (base 16).
`ios::showbase`	Spécifie que la base d'un nombre doit être acheminée à la sortie avant le nombre (un **0** de tête pour les valeurs octales; un **0x** ou un **0X** de tête pour les valeurs hexadécimales).
`ios::showpoint`	Spécifie que les nombres à virgule flottante doivent être acheminés à la sortie avec un point décimal. Ce drapeau est normalement utilisé avec `ios::fixed` pour garantir un certain nombre de chiffres à la droite du point décimal.
`ios::uppercase`	Spécifie qu'un **X** majuscule doit être utilisé dans le **0X** avant un entier hexadécimal et qu'un **E** majuscule doit être utilisé pour représenter une valeur à virgule flottante en notation scientifique.
`ios::showpos`	Spécifie que les nombres positifs et négatifs doivent être respectivement précédés par un signe **+** ou un signe **–**.
`ios::scientific`	Spécifie la sortie d'une valeur à virgule flottante en notation scientifique.
`ios::fixed`	Spécifie la sortie d'une valeur à virgule flottante en notation à virgule fixe, avec un nombre précis de chiffres à la droite du point décimal.

Figure 11.20   Drapeaux d'état du format.

La fonction **flags** doit spécifier une valeur représentant les paramètres de tous les drapeaux. D'autre part, la fonction **setf** à un argument spécifie un ou plusieurs drapeaux assujettis à des OU et les soumet aux paramètres de drapeaux existants pour former un nouvel état de format.

Le manipulateur de flux paramétré **setiosflags** effectue les mêmes fonctions que la fonction membre **setf** et le manipulateur de flux **resetiosflags** fait le même travail que la fonction membre **unsetf**. Pour utiliser l'un ou l'autre de ces manipulateurs, n'oubliez pas d'inclure **<iomanip>**.

Le drapeau **skipws** indique que **>>** doit sauter les caractères d'espace blanc dans un flux d'entrée. Par défaut, **>>** omet ces caractères. Pour le changer, utilisez l'appel **unsetf(ios::skipws)**. Vous pouvez aussi employer le manipulateur de flux **ws** pour spécifier de sauter les caractères d'espace blanc.

11.7.2 Zéros de suite et points décimaux (`ios::showpoint`)

Le drapeau **showpoint** s'emploie pour forcer la sortie d'un nombre à virgule flottante avec son point décimal et des zéros de suite. Une valeur à virgule flottante de **79.0** s'affichera sous la forme **79** si **showpoint** n'est pas réglé, et sous la forme **79.000000** (ou avec autant de zéros de suite que spécifié par la précision courante) si **showpoint** est défini.

Le programme de la figure 11.21 illustre l'usage de la fonction membre **setf** pour régler le drapeau **showpoint**, afin de contrôler les zéros de suite et l'affichage du point décimal pour les valeurs à virgule flottante.

11.7.3 Justification (`ios::left`, `ios::right`, `ios::internal`)

Le drapeau **left** permet de cadrer des champs à gauche avec des caractères de remplissage à droite, alors que le drapeau **right** les cadre à droite avec des caractères de remplissage à gauche. On spécifie le caractère de remplissage avec la fonction membre **fill** ou avec le manipulateur de flux paramétré **setfill** (voir section 11.7.4). La figure 11.22 illustre l'emploi des manipulateurs **setw**, **setiosflags** et **resetiosflags** et des fonctions membres **setf** et **unsetf** pour contrôler la justification de données d'entiers dans un champ.

```
1   // Figure 11.21: fig11_21.cpp
2   // Contrôle de l'affichage des zéros de suite et des points
3   // décimaux pour des valeurs à virgule flottante.
4   #include <iostream>
5
6   using std::cout;
7   using std::endl;
8
9   #include <iomanip>
10
11  using std::ios;
12
13  #include <cmath>
14
15  int main()
16  {
17     cout << "Avant l'ajustement du drapeau ios::showpoint\n"
18        << "9.9900 s'affiche comme: " << 9.9900
19       << "\n9.9000 s'affiche comme: " << 9.9000
20        << "\n9.0000 s'affiche comme: " << 9.0000
21        << "\n\nAprès l'ajustement du drapeau ios::showpoint\n";
22     cout.setf ( ios::showpoint );
23     cout << "9.9900 s'affiche comme: " << 9.9900
24        << "\n9.9000 s'affiche comme: " << 9.9000
25        << "\n9.0000 s'affiche comme: " << 9.0000 << endl;
26     return 0;
27  }
```

```
Avant l'ajustement du drapeau ios::showpoint
9.9900 s'affiche comme: 9.99
9.9000 s'affiche comme: 9.9
9.0000 s'affiche comme: 9

Après l'ajustement du drapeau ios::showpoint
9.9900 s'affiche comme: 9.99000
9.9000 s'affiche comme: 9.90000
9.0000 s'affiche comme: 9.00000
```

Figure 11.21 Contrôle de l'affichage des zéros de suite et des points décimaux avec des valeurs à virgule flottante.

```
1    // Figure 11.22: fig11_22.cpp
2    // Cadrage à gauche et cadrage à droite.
3    #include <iostream>
4
5    using std::cout;
6    using std::endl;
7
8    #include <iomanip>
9
10   using std::ios;
11   using std::setiosflags;
12   using std::setprecision;
13   using std::resetiosflags;
14
15   int main()
16   {
17       int x = 12345;
18
19       cout << "La valeur par défaut est une cadrage à droite:\n"
20            << setw (10) << x << "\n\nEMPLOI DE FONCTIONS MEMBRES"
21            << "\nEmploi de setf pour ajuster ios::left:\n" << setw (10);
22
23       cout.setf ( ios::left, ios:: adjustfield );
24       cout << x << "\nEmploi de unsetf pour rétablir la valeur par défaut:\n";
25       cout.unsetf( ios::left );
26       cout << setw ( 10 ) << x
27            << "\n\nEMPLOI DE MANIPULATEURS DE FLUX PARAMÉTRÉS"
28            << "\nEmploi de setiosflags pour ajuster ios::left:\n"
29            << setw ( 10 ) << setiosflags ( ios::left ) << x
30            << "\nEmploi de resetiosflags pour rétablir la valeur par défaut:\n"
31            << setw ( 10 ) << resetiosflags( ios::left )
32            << x << endl;
33       return 0;
34   }
```

```
La valeur par défaut est une cadrage à droite:
     12345

EMPLOI DE FONCTIONS MEMBRES
Emploi de setf pour ajuster ios::left:
12345
Emploi de unsetf pour rétablir la valeur par défaut:
     12345

EMPLOI DE MANIPULATEURS DE FLUX PARAMÉTRÉS
Emploi de setiosflags pour ajuster ios::left:
12345
Emploi de resetiosflags pour rétablir la valeur par défaut:
     12345
```

Figure 11.22   Cadrage à gauche et cadrage à droite.

Le drapeau **internal** indique que le signe d'un nombre – ou sa base, si on emploie le drapeau **ios::showbase** – doit être cadré à gauche dans un champ, que la grandeur de ce nombre doit être cadrée à droite et que les espaces interposés doivent être remplacés par des caractères de remplissage. Les drapeaux **left**, **right** et **internal** sont compris dans le membre de données statique **ios::adjustfield**. Un **ios::adjustfield** doit être fourni à **setf** comme second argument lors du réglage des drapeaux de justification **left**, **right** ou **internal**. Cette pratique permet à **setf** d'assurer qu'un seul des trois drapeaux de justification est paramétré, car ceux-ci s'excluent mutuellement. La figure 11.23 illustre l'emploi des manipulateurs de flux **setiosflags** et **setw** pour spécifier l'espacement interne. Notez l'utilisation du drapeau **ios::showpos** pour forcer l'affichage du signe plus.

```
1   // Figure 11.23: fig11_23.cpp
2   // Affichage d'un entier avec espacement interne
3   // et forçage du signe plus.
4   #include <iostream>
5
6   using std::cout;
7   using std::endl;
8
9   #include <iomanip>
10
11  using std::ios;
12  using std::setiosflags;
13  using std::setw;
14
15  int main()
16  {
17      cout << setiosflags ( ios::internal | ios::showpos )
18          << setw ( 10 ) << 123 << endl;
19      return 0;
20  }
```

```
+       123
```

Figure 11.23   Affichage d'un entier avec espacement interne et forçage du signe plus.

11.7.4 Remplissage (**fill**, **setfill**)

La *fonction membre* **fill** spécifie le caractère de remplissage à employer avec les champs ajustés; si aucune valeur n'est indiquée, le remplissage sera constitué d'espaces. La fonction **fill** retourne le caractère de remplissage antérieur. Le manipulateur **setfill** règle également le caractère de remplissage. La figure 11.24 montre l'utilisation de la fonction membre **fill** et du manipulateur **setfill** pour contrôler l'ajustement et la remise à l'état initial du caractère de remplissage.

```
1   // Figure 11.24: fig11_24.cpp
2   // Utilisation de la fonction membre fill et du manipulateur
3   // setfill pour changer le caractère de remplissage
4   // des champs plus grands que les valeurs affichées.
```

Figure 11.24   Utilisation de la fonction membre **fill** et du manipulateur **setfill** pour changer le caractère de remplissage dans les champs plus grands que les valeurs affichées. (1 de 2)

```
 5    #include <iostream>
 6
 7    using std::cout;
 8    using std::endl;
 9
10    #include <iomanip>
11
12    using std::ios;
13    using std::setw;
14    using std::hex;
15    using std::dec;
16    using std::setfill;
17
18    int main()
19    {
20       int x = 10000;
21
22       cout << x << " affiché comme valeur int, cadré à droite et à gauche\n"
23            << "et comme valeur hex avec justification interne.\n"
24            << "Emploi du caractère de remplissage par défaut (espace):\n";
25       cout.setf ( ios::showbase );
26       cout << setw ( 10 ) << x << '\n';
27       cout.setf ( ios::left, ios:: adjustfield );
28       cout << setw ( 10 ) << x << '\n';
29       cout.setf ( ios::internal, ios::adjustfield);
30       cout << setw ( 10 ) << hex << x;
31
32       cout << "\n\nEmploi de différents caractères de remplissage:\n";
33       cout.setf ( ios::right, ios::adjustfield );
34       cout.fill( '*' );
35       cout << setw ( 10 ) << dec << x << '\n';
36       cout.setf ( ios::left, ios::adjustfield );
37       cout << setw ( 10 ) << setfill( '%' ) << x << '\n';
38       cout.setf ( ios::internal, ios::adjustfield );
39       cout << setw ( 10 ) << setfill( '^' ) << hex << x << endl;
40       return 0;
41    }
```

```
10000 affiché comme valeur int, cadré à droite et à gauche
et comme valeur hex avec justification interne.
Emploi du caractère de remplissage par défaut (espace):
     10000
10000
0x    2710

Emploi de différents caractères de remplissage:
*****10000
10000%%%%%
0x^^^^2710
```

Figure 11.24 Utilisation de la fonction membre `fill` et du manipulateur `setfill` pour changer le caractère de remplissage dans les champs plus grands que les valeurs affichées. (2 de 2)

11.7.5 Base du flux d'entiers
(ios::dec, ios::oct, ios::hex, ios::showbase)

Le *membre statique* **ios::basefield** – utilisé de façon analogue à **ios::adjustfield** avec **setf** – comprend les bits de drapeau **ios::oct**, **ios::hex** et **ios::dec** pour spécifier que les entiers doivent être traités comme des valeurs octales, hexadécimales et décimales, respectivement. Les valeurs d'insertion de flux deviennent décimales par défaut si aucun de ces bits n'est utilisé. Le défaut pour les extractions de flux consiste à traiter les données sous la forme dans laquelle elles sont fournies. Autrement dit, les entiers commençant par un **0** sont traités comme des valeurs octales; ceux commençant par **0x** ou **0X** le sont comme des valeurs hexadécimales; et tous les autres entiers sont gérés comme des valeurs décimales. Une fois la base d'un flux spécifiée, tous les entiers de ce flux sont traités avec cette base, jusqu'à indication d'une nouvelle base ou jusqu'à la fin du programme.

Utilisez le drapeau **showbase** pour forcer la base d'une valeur d'entier à expédier vers la sortie. Les nombres décimaux sont sortis de façon normale, les nombres octaux avec un **0** de tête et les nombres hexadécimaux avec un **0x** ou un **0X** de tête. L'option choisie est déterminée par le drapeau **uppercase** (voir section 11.7.7).

La figure 11.25 illustre l'emploi du drapeau **showbase** pour forcer l'affichage d'un entier en format décimal, octal et hexadécimal.

```
1    // Figure 11.25: fig11_25.cpp
2    // Utilisation du drapeau ios::showbase.
3    #include <iostream>
4
5    using std::cout;
6    using std::endl;
7
8    #include <iomanip>
9
10   using std::ios;
11   using std::setiosflags;
12   using std::oct;
13   using std::hex;
14
15   int main()
16   {
17       int x = 100;
18
19       cout << setiosflags ( ios::showbase )
20            << "Affichage d'entiers précédés de leur base:\n"
21            << x << '\n'
22            << oct << x << '\n'
23            << hex << x << endl;
24       return 0;
25   }
```

```
Affichage d'entiers précédés de leur base:
100
0144
0x64
```

Figure 11.25   Utilisation du drapeau **ios::showbase**.

11.7.6 Nombres à virgule flottante avec notation scientifique (`ios::scientific, ios::fixed`)

Les drapeaux **ios::scientific** et **ios::fixed** sont inclus dans le *membre de données statique* **ios::floatfield**, lequel s'emploie de façon analogue à **ios::adjustfield** et **ios::basefield** dans **setf**). On utilise ces drapeaux pour contrôler le format de sortie des nombres à virgule flottante: le drapeau **scientific** sert à forcer la sortie d'un nombre à virgule flottante en format scientifique et le drapeau **fixed**, à forcer la sortie d'un nombre à virgule flottante avec une quantité précise de chiffres (spécifiée par la fonction membre **precision**) à la droite du point décimal. Si aucun de ces drapeaux n'est utilisé, le format de sortie est alors déterminé par la valeur du nombre à virgule flottante.

L'appel **cout.setf (0, ios::floatfield)** rétablit le format par défaut du système pour la sortie des nombres à virgule flottante. La figure 11.26 illustre l'affichage de nombres à virgule flottante en format fixe et en format scientifique au moyen de la fonction **setf** à deux arguments avec **ios::floatfield**.

```cpp
1   // Figure 11.26: fig11_26.cpp
2   // Affichage de valeurs à virgule flottante avec le format.
3   // par défaut du système, en formats scientifique et fixe.
4   #include <iostream>
5
6   using std::cout;
7   using std::endl;
8   using std::ios;
9
10  int main()
11  {
12      double x = .001234567, y = 1.946e9;
13
14      cout << "Affichage avec le format par défaut:\n"
15           << x << '\t' << y << '\n';
16      cout.setf ( ios::scientific, ios::floatfield );
17      cout << "Affichage en format scientifique:\n"
18           << x << '\t' << y << '\n';
19      cout.unsetf( ios::scientific );
20      cout << "Affichage avec le format par défaut après unsetf:\n"
21           << x << '\t' << y << '\n';
22      cout.setf ( ios::fixed, ios::floatfield );
23      cout << "Affichage en format fixe:\n"
24           << x << '\t' << y << endl;
25      return 0;
26  }
```

```
Affichage avec le format par défaut:
0.00123457      1.946e+009
Affichage en format scientifique:
1.234567e-003    1.946000e+009
Affichage avec le format par défaut après unsetf:
0.00123457      1.946e+009
Affichage en format fixe:
0.001235        1946000000.000000
```

Figure 11.26 Affichage de valeurs à virgule flottante avec le format par défaut du système, en format scientifique et en format fixe.

11.7.7 Contrôle des majuscules et minuscules (`ios::uppercase`)

On règle le drapeau **`ios::uppercase`** pour forcer la sortie d'un **X** majuscule avec des entiers hexadécimaux ou pour forcer la sortie d'un **E** majuscule avec des valeurs à virgule flottante en notation scientifique (figure 11.27). Lorsqu'il est paramétré, le drapeau **`ios::uppercase`** capitalise toutes les lettres présentes dans une valeur hexadécimale.

11.7.8 Réglage et réinitialisation des drapeaux de format (`flags`, `setiosflags`, `resetiosflags`)

Sans argument, la fonction membre **`flags`** retourne simplement les paramètres actuels des drapeaux de format sous forme de valeur **`long`**. Nantie d'un argument **`long`**, la fonction membre **`flags`** règle les drapeaux de format tels que spécifiés par l'argument et retourne leurs paramètres antérieurs. Tout drapeau de format non spécifié dans l'argument vers **`flags`** est réinitialisé. Notez que les paramètres initiaux des drapeaux peuvent différer sur chaque système. Le programme de la figure 11.28 illustre l'emploi de la fonction membre **`flags`** pour paramétrer un nouvel état de format, sauvegarder l'état de format précédent, puis réinitialiser les paramètres de format.

```
1   // Figure 11.27: fig11_27.cpp
2   // Utilisation du drapeau ios::uppercase.
3   #include <iostream>
4
5   using std::cout;
6   using std::endl;
7
8   #include <iomanip>
9
10  using std::setiosflags;
11  using std::ios;
12  using std::hex;
13
14  int main()
15
16  {
17      cout << setiosflags (ios::uppercase)
18          << "Affichage en majuscules des exposants en\n"
19          << "notation scientifique et des valeurs hexadécimales:\n"
20          << 4.345e10 << '\n' << hex << 123456789 << endl;
21      return 0;
22  }
```

```
Affichage en majuscules des exposants en
notation scientifique et des valeurs hexadécimales:
4.345E+010
75BCD15
```

Figure 11.27   Utilisation du drapeau **`ios::uppercase`**.

```
1   // Figure 11.28: fig11_28.cpp
2   // Démonstration de la fonction membre flags.
3   #include <iostream>
4
5   using std::cout;
6   using std::endl;
7   using std::ios;
8
9   int main()
10  {
11      int i = 1000;
12      double d = 0.0947628;
13
14      cout << "La valeur de la variable flags est: "
15           << cout.flags()
16           << "\nAffichage de valeurs int et double avec le format d'origine:\n"
17           << i << '\t' << d << "\n\n";
18      long formatOrigine =
19              cout.flags( ios::oct | ios::scientific );
20      cout << "La valeur de la variable flags est: "
21           << cout.flags()
22           << "\nAffichage de valeurs int et double avec un nouveau format\n"
23           << "spécifié avec la fonction membre flags:\n"
24           << i << '\t' << d << "\n\n";
25      cout.flags( formatOrigine );
26      cout << "La valeur de la variable flags est: "
27           << cout.flags()
28           << "\nAffichage des valeurs de nouveau avec le format d'origine:\n"
29           << i << '\t' << d << endl;
30      return 0;
31  }
```

```
La valeur de la variable flags est: 0
Affichage de valeurs int et double avec le format d'origine:
1000    0.0947628

La valeur de la variable flags est: 4040
Affichage de valeurs int et double avec un nouveau format
spécifié avec la fonction membre flags:
1750    9.476280e-002

La valeur de la variable flags est: 0
Affichage des valeurs de nouveau avec le format d'origine:
1000    0.0947628
```

Figure 11.28 Démonstration de la fonction membre **flags**.

La fonction membre **setf** ajuste les drapeaux de format fournis dans son argument et renvoie les paramètres antérieurs des drapeaux comme valeur **long**, comme dans l'expression

```
long parametresAnterieursDrapeaux =
        cout.setf (ios::showpoint | ios::showpos);
```

La fonction membre **setf** avec deux arguments **long** suivante

```
cout.setf ( ios::left, ios:: adjustfield );
```

réinitialise d'abord les bits de **ios::adjustfield**, puis ajuste le drapeau **ios::left**.

Cette version de **setf** est employée avec les champs de bits associés à **ios::basefield** (représentés par **ios::dec**, **ios::oct** et **ios::hex**), **ios::floatfield** (représentés par **ios::scientific** et **ios::fixed**), et **ios::adjustfield** (représentés par **ios::left**, **ios::right** et **ios::internal**).

La fonction membre **unsetf** réinitialise les drapeaux désignés et renvoie la valeur qu'ils avaient avant réinitilialisation.

11.8 États d'erreurs de flux

On peut tester l'état d'un flux à partir des bits de la classe **ios**, qui constitue la classe de base des classes **istream**, **ostream** et **iostream** utilisées pour les entrées-sorties.

Le **eofbit** est automatiquement réglé pour un flux d'entrée quand une indication de fin de fichier est rencontrée. Un programme peut se servir de la fonction membre **eof** pour déterminer si la fin de fichier a été atteinte dans un flux juste après une tentative d'extraire une donnée au-delà de la fin du flux. L'appel

```
cin. eof()
```

renvoie **true** (vrai) si la fin de fichier a été atteinte dans **cin** ou **false** (faux) sinon.

Pour le flux, le **failbit** est activé en cas d'erreur de format. Une erreur de format se produit par exemple lorsqu'un programme entre des entiers et qu'un caractère différent d'un chiffre apparaît dans le flux d'entrée. Lorsqu'une telle erreur se produit, les caractères ne se perdent pas. La fonction membre **fail** détermine si l'opération de flux a échoué. Ce genre d'erreurs est habituellement récupérable.

Le **badbit** est défini pour un flux lorsqu'une erreur produit une perte de données. La fonction membre **bad** détermine si l'opération de flux a échoué. Ce genre d'erreur est grave et, en général, irrécupérable.

Le **goodbit** est activé si aucun des bits **eofbit**, **failbit** ou **badbit** n'a été réglé pour ce flux.

La fonction membre **good** retourne **true** (vrai) si les fonctions **bad**, **fail** et **eof** renvoient simultanément **false** (faux). Les opérations d'entrées-sorties ne devraient s'effectuer que sur de bons flux.

La fonction membre **rdstate** renvoie l'état d'erreur du flux. Par exemple, un appel vers **cout.rdstate** retournerait l'état du flux qui pourrait ensuite être testé par une instruction **switch** examinant **ios::eofbit**, **ios::badbit**, **ios::failbit** et **ios::goodbit**. Les fonctions membres **eof**, **bad**, **fail** et **good** sont le meilleur moyen de tester l'état d'un flux, car le programmeur n'a pas besoin d'être familier avec des bits d'état particuliers pour se servir de ces fonctions.

On utilise normalement la fonction membre **clear** pour rétablir le bon état d'un flux et, ainsi, permettre l'exécution des entrées-sorties sur ce flux. L'argument par défaut pour **clear** est **ios::goodbit**, de sorte que l'instruction

```
cin.clear ();
```

réinitialise **cin** et règle le **goodbit** pour le flux. Le **failbit**, quant à lui, est activé par l'instruction

```
cin.clear (ios::failbit)
```

L'utilisateur pourra recourir à cette pratique lorsqu'il effectue des entrées sur **cin** avec un type défini par l'utilisateur et rencontre un problème. Le nom **clear** semble inadéquat dans ce contexte, mais il est correct.

Le programme de la figure 11.29 illustre l'emploi des fonctions membres **rdstate**, **eof**, **fail**, **bad**, **good** et **clear**. Note: les valeurs réelles en sortie peuvent varier d'un compilateur à l'autre.

La fonction membre **operator!** renvoie **true** si le **badbit**, le **failbit** ou les deux sont levés. La fonction membre **operator void*** retourne **false** si le **badbit**, le **failbit** ou les deux sont réglés. Ces fonctions sont utiles dans le traitement de fichiers lorsqu'une condition **true/false** (vrai ou faux) est testée dans une condition de structure de sélection ou de structure de répétition.

```cpp
1   // Figure 11.29: fig11_29.cpp
2   // Tests d'états d'erreurs.
3   #include <iostream>
4
5   using std::cout;
6   using std::endl;
7   using std::cin;
8
9   int main()
10  {
11     int x;
12     cout << "Avant une mauvaise opération d'entrée:"
13         << "\ncin.rdstate(): " << cin.rdstate()
14         << "\n    cin.eof(): " << cin.eof()
15         << "\n   cin.fail(): " << cin.fail()
16         << "\n    cin.bad(): " << cin.bad()
17         << "\n   cin.good(): " << cin.good()
18         << "\n\nS'attend à un entier, mais entre un caractère: ";
19     cin >> x;
20
21     cout << "\nAprès une mauvaise opération d'entrée:"
22         << "\ncin.rdstate(): " << cin.rdstate()
23         << "\n    cin.eof(): " << cin.eof()
24         << "\n   cin.fail(): " << cin.fail()
25         << "\n    cin.bad(): " << cin.bad()
26         << "\n   cin.good(): " << cin.good() << "\n\n";
27
28     cin.clear ();
29
30     cout << "Après cin.clear ()"
31         << "\ncin.fail(): " << cin.fail()
32         << "\ncin.good(): " << cin.good() << endl;
33     return 0;
34  }
```

Figure 11.29 Tests d'états d'erreurs. (1 de 2)

```
Avant une mauvaise opération d'entrée:
            cin.rdstate():0
            cin.eof():0
            cin.fail():0
            cin.bad():0
            cin.good():1

S'attend à un entier, mais entre un caractère: A

Après une mauvaise opération d'entrée:
            cin.rdstate():2
            cin.eof():0
            cin.fail():2
            cin.bad():0
            cin.good():0

Après cin.clear ()
            cin.fail():0
            cin. good():1
```

Figure 11.29   Tests d'états d'erreurs. (2 de 2)

11.9 Synchronisation d'un flux de sortie à un flux d'entrée

Les applications interactives impliquent généralement un **istream** pour l'entrée et un **ostream** pour la sortie. Lorsqu'une invite apparaît à l'écran, l'utilisateur répond en entrant les données appropriées. Il est évident que l'invite doit s'afficher avant l'exécution des opérations d'entrée. Avec la mise en tampon de la sortie, les sorties n'apparaissent que lorsque le tampon est plein ou quand le programme les vide soit explicitement, soit automatiquement à la fin du programme. Le C++ offre la fonction membre **tie** pour synchroniser, c'est-à-dire lier, les opérations d'un **istream** et d'un **ostream** et, ainsi, assurer que les sorties s'affichent avant les entrées suivantes. L'appel

```
cin.tie ( &cout );
```

synchronise **cout** (un **ostream**) à **cin** (un **istream**). En réalité, cet appel particulier est redondant, car le C++ effectue cette opération automatiquement pour créer un environnement d'entrées-sorties standard pour l'utilisateur. Toutefois, l'utilisateur pourra synchroniser explicitement d'autres paires **istream**/**ostream**. Pour détacher un flux d'entrée, **fluxEntree**, d'un flux de sortie, utilisez l'appel

```
fluxEntree.tie ( 0 );
```

RÉSUMÉ

- Chaque opération d'entrée-sortie est effectuée en fonction du type de données.
- En C++, les entrées-sorties se produisent en flux d'octets. Un flux n'est rien d'autre qu'une séquence d'octets.
- Les mécanismes d'entrée-sortie du système déplacent les octets des périphériques vers la mémoire et inversement d'une manière cohérente et fiable.
- Le C++ offre à la fois des capacités d'entrée-sortie de bas niveau et de haut niveau. Les fonctionnalité de bas niveau spécifient typiquement que le même nombre d'octets doit être déplacé du périphérique vers la mémoire ou de la mémoire vers le périphérique. Les capacités de haut niveau sont effectuées avec des octets regroupés en unités significatives tels les entiers, les nombres à virgule flottante, les caractères, les chaînes et les types définis par l'utilisateur.

- Le C++ offre des opérations d'entrée-sortie formatées et non formatées. Les déplacements d'entrées-sorties non formatées sont rapides mais traitent des données brutes, difficiles à utiliser. Les E/S formatées traitent des octets regroupés en unités significatives, mais nécessitent un temps de compilation supplémentaire qui peut avoir des répercussions négatives sur les transferts de données de fort volume.

- La plupart des programmes de C++ comprennent le fichier d'en-tête **<iostream>** qui contient l'information de base pour toutes les opérations de flux d'entrée-sortie.

- Le fichier d'en-tête **<iomanip>** contient l'information nécessaire pour effectuer des entrées-sorties formatées avec des manipulateurs de flux paramétrés.

- Le fichier d'en-tête **<fstream>** contient l'information nécessaire pour les opérations de traitement de fichiers.

- La classe **istream** prend en charge les opérations du flux d'entrée.

- La classe **ostream** prend en charge les opérations de flux de sortie.

- La classe **iostream** supporte à la fois les opérations de flux d'entrée et les opérations de flux de sortie.

- Les classes **istream** et **ostream** sont toutes deux dérivées de la classe de base **ios** par le biais d'un héritage simple.

- La classe **iostream** est dérivée des classes **istream** et **ostream** par l'entremise d'un héritage multiple.

- L'opérateur de décalage à gauche (**<<**) est surchargé pour désigner le flux de sortie; on l'appelle communément «opérateur d'insertion de flux».

- L'opérateur de décalage à droite (**>>**) est surchargé pour désigner le flux d'entrée; on l'appelle communément «opérateur d'extraction de flux».

- L'objet **cin** de la classe **istream** est attaché au périphérique d'entrée standard soit, normalement, le clavier.

- L'objet **cout** de la classe **ostream** est attaché au périphérique de sortie standard soit, normalement, l'écran.

- L'objet **cerr** de la classe **ostream** est attaché au périphérique d'erreur standard. Les sorties vers **cerr** sont sans tampon; chaque insertion de flux vers **cerr** apparaît immédiatement.

- Le manipulateur de flux **endl** émet un caractère de nouvelle ligne, tout en vidant le tampon de sortie.

- Le compilateur de C++ détermine automatiquement les types de données pour les entrées et les sorties.

- Par défaut, les adresses sont affichées en format hexadécimal.

- Pour afficher l'adresse d'une variable de pointeur, forcer le type du pointeur en **void***.

- La fonction membre **put** produit la sortie d'un caractère. On peut mettre des appels vers **put** en cascade.

- Le flux d'entrée est effectué au moyen de l'opérateur d'extraction de flux **>>**. Cet opérateur saute automatiquement par-dessus les caractères d'espace blanc dans le flux d'entrée.

- L'opérateur **>>** renvoie **false** (faux) lorsque la fin de fichier est atteinte dans un flux.

- L'extraction du flux provoque le réglage du **failbit** du flux si les données entrées sont d'un type erroné; il provoque le réglage du **badbit** du flux si l'opération échoue.

- On peut entrer une série de valeurs en utilisant l'opérateur d'extraction de flux dans un en-tête de boucle **while**. L'extraction renvoie 0 lorsque l'indication de fin de fichier est atteinte.

- La fonction membre **get** sans arguments entre un caractère et le renvoie; **EOF** est également renvoyé lorsque la fin de fichier est atteinte dans le flux.

- La fonction membre **get**, avec un argument de caractère, entre un caractère. Cette version de **get** renvoie 0 lorsque la fin de fichier est atteinte; **EOF** est renvoyé lorsque la fin de fichier est atteinte; sinon, la fonction renvoie l'objet **istream** pour lequel la fonction membre **get** est invoquée.

- La fonction membre **get** avec trois arguments – un tableau de caractères, une limite de taille et un délimiteur (par défaut, un caractère de nouvelle ligne) – lit, depuis le flux d'entrée, un nombre de caractères ne dépassant pas le maximum spécifié moins 1, puis se termine, ou se termine dès qu'il lit le délimiteur. La chaîne d'entrée est terminée par un caractère nul. Le délimiteur n'est pas placé dans le tableau de caractères mais reste dans le flux d'entrée.

- La fonction membre **getline** opère comme la fonction membre **get** à trois arguments. La fonction **getline** enlève le délimiteur du flux mais ne le stocke pas dans le tableau de caractères.

- La fonction membre **ignore** saute un nombre de caractères spécifié (par défaut, un caractère) dans le flux d'entrée; elle se termine lorsqu'un délimiteur spécifié (par défaut, **EOF**) est atteint.

- La fonction membre **putback** prend le caractère précédent obtenu par une fonction **get** sur un flux d'entrée et replace ce caractère dans le flux.

- La fonction membre **peek** renvoie le caractère suivant d'un flux d'entrée, mais ne le supprime pas du flux.

- Le C++ offre des entrées-sorties à type vérifié. Si des données imprévues sont traitées par les opérateurs **<<** et **>>**, différents drapeaux d'erreurs sont activés pour permettre à l'utilisateur de tester et déterminer si une opération d'entrée-sortie a réussi ou échoué.

- Les entrées-sorties non formatées sont effectuées avec les fonctions membres **read** et **write**. Chacune d'elles produit l'entrée ou la sortie d'un certain nombre d'octets vers ou à partir de la mémoire, à partir d'une adresse mémoire spécifiée. Ils sont entrés ou sortis comme des octets bruts, sans formatage.

- La fonction membre **gcount** renvoie le nombre de caractères entré lors de la dernière opération **read** sur ce flux.

- La fonction membre **read** entre un nombre de caractères spécifié dans un tableau de caractères. Si un nombre de caractères inférieur au nombre spécifié est lu, **failbit** est réglé.

- Pour changer la base dans laquelle les entiers sont produits à la sortie, utilisez le manipulateur **hex** pour fixer une base hexadécimale (base 16) ou **oct**, pour une base octale (base 8). Employez le manipulateur **dec** pour rétablir le flux à une base décimale. La base du flux reste identique jusqu'à ce qu'elle soit changée explicitement.

- On peut également modifier la base d'un flux avec le manipulateur de flux **setbase**. Ce manipulateur prend un argument d'entier de **10**, **8** ou **16** pour régler la base.

- On peut contrôler la précision des nombres à virgule flottante au moyen du manipulateur de flux **setprecision** ou de la fonction membre **precision**. Un appel vers l'un ou l'autre de ces éléments fixe la précision pour toutes les opérations de sortie subséquentes, jusqu'au prochain appel d'ajustement de précision. La fonction membre **precision** sans argument renvoie l'ajustement de précision courant.

- L'emploi des manipulateurs paramétrés nécessite l'inclusion du fichier d'en-tête **<iomanip>**.

- La fonction membre **width** ajuste la largeur de champ et renvoie la largeur précédente. Si les valeurs traitées sont plus petites que la largeur de champ, le programme insère des caractères de remplissage. Le réglage de la valeur du champ ne s'applique qu'à la prochaine insertion ou à la prochaine extraction; la largeur du champ est fixée implicitement à **0** par la suite (les valeurs subséquentes de sortie seront aussi grandes que nécessaire). Une valeur plus large que la largeur spécifiée est affichée au complet. La fonction **width** sans argument renvoie le paramètre de largeur en cours. On peut également définir la largeur avec le manipulateur .

- Pour l'entrée, le manipulateur de flux **setw** établit une taille de chaîne maximale; si une chaîne de plus grande taille est entrée, la ligne plus grande est coupée en pièces ne dépassant pas la taille désignée.

- Les utilisateurs peuvent créer leurs propres manipulateurs de flux.

- Les fonctions membres **setf**, **unsetf** et **flags** contrôlent les paramètres des drapeaux.

- Le drapeau **skipws** indique que **>>** doit omettre les caractères d'espace blanc dans un flux d'entrée. Le manipulateur de flux **ws** passe également par-dessus l'espace blanc du début d'un flux d'entrée.

- Les drapeaux de format sont définis sous la forme d'une énumération dans la classe **ios**.

- Les drapeaux de format sont contrôlés par les fonctions membres **flags** et **setf**, mais beaucoup de programmeurs de C++ préfèrent employer des manipulateurs de flux. On peut utiliser l'opération OU binaire, **|**, pour combiner différentes options en une seule valeur **long**. L'appel de la fonction membre **flags** pour un flux et la spécification de ces options OU ajustent les paramètres de ce flux et renvoient une valeur **long** contenant les options précédentes. Cette valeur est souvent sauvegardée, afin que **flags** puisse être appelée avec celle-ci pour rétablir les options de flux antérieures.

- La fonction **flags** doit spécifier une valeur représentant les paramètres de tous les drapeaux. D'autre part, la fonction **setf** à un argument spécifie un ou plusieurs drapeaux assujettis à des OU et les soumet aux paramètres de drapeaux existants pour former un nouvel état du format.

- Le drapeau **showpoint** est employé pour forcer la sortie d'un nombre à virgule flottante avec son point décimal et une quantité de chiffres significatifs spécifiée par la précision.

- Le drapeau **left** permet le cadrage à gauche de champs avec des caractères de remplissage à droite; le drapeau **right** permet le cadrage à droite de champs avec des caractères de remplissage à gauche.

- Le drapeau **internal** indique que le signe d'un nombre – ou sa base si le drapeau **ios::showbase** est activé – doit être cadré à gauche dans un champ, que la grandeur de ce nombre doit être cadrée à droite et que les espaces interposés doivent être remplacés par des caractères de remplissage.

- **ios::adjustfield** comprend les drapeaux **left**, **right** et **internal**.

- La fonction membre **fill** spécifie le caractère de remplissage (par défaut, l'espace) qui sera utilisé avec les champs réglés à **left**, **right** et **internal**. La fonction renvoie le caractère de remplissage antérieur. Le manipulateur **setfill** ajuste également le caractère de remplissage.

- Le membre statique **ios::basefield** comprend les bits **oct**, **hex** et **dec** pour spécifier que les entiers doivent être traités comme valeurs octales, hexadécimales et décimales, respectivement. Les valeurs par défaut des entiers à la sortie sont décimales si aucun de ces bits n'est utilisé. Les extractions de flux traitent les données sous la forme dans laquelle elles sont fournies.

- Utilisez le drapeau **showbase** pour forcer la base d'une valeur d'entier à sortir.

- Le membre de données statique **ios::floatfield** contient les drapeaux **scientific** et **fixed**. Le drapeau **scientific** sert à forcer la sortie d'un nombre à virgule flottante en format scientifique. Le drapeau **fixed** force l'affichage d'un nombre à virgule flottante avec une précision spécifiée par la fonction membre **precision**.

- L'appel **cout.setf(0, ios::floatfield)** rétablit le format par défaut du système pour l'affichage des nombres à virgule flottante.

- Le drapeau **ios::uppercase** sert à forcer la sortie d'un **X** majuscule avec des entiers hexadécimaux ou la sortie d'un **E** majuscule avec des valeurs à virgule flottante en notation scientifique. Lorsqu'il est employé, le drapeau **ios::uppercase** met en majuscules toutes les lettres d'une valeur hexadécimale.

- La fonction membre **flags** sans argument renvoie la valeur **long** des paramètres courants des drapeaux du format. La fonction membre **flags** avec un argument **long** ajuste les drapeaux du format tel que spécifié par l'argument et renvoie les paramètres antérieurs des drapeaux.

- La fonction membre **setf** ajuste les drapeaux du format fournis dans son argument et renvoie les paramètres antérieurs des drapeaux comme valeur **long**.

- La fonction membre **setf(long ajusterBits, long reinitialiserBits)** réinitialise les bits de **reinitialiserBits**, puis règle le bit de **ajusterBits**.

- La fonction membre **unsetf** réinitialise les drapeaux désignés et renvoie la valeur des drapeaux antérieure à leur réinitialisation.

- Le manipulateur de flux paramétré **setiosflags** effectue les mêmes fonctions que la fonction membre **flags**.

- Le manipulateur de flux paramétré **resetiosflags** effectue les mêmes fonctions que la fonction membre **unsetf**.

- On peut tester l'état d'un flux à l'aide des bits de la classe **ios**.

- Le **eofbit** est levé pour un flux d'entrée lorsqu'une indication de fin de fichier est atteinte. On peut se servir de la fonction membre **eof** pour déterminer si le **eofbit** a été réglé.

- Le **failbit** est activé pour un flux en cas d'erreur de format sans perte de caractères dans ce flux.. La fonction membre **fail** détermine si l'opération de flux a échoué. Ce type d'erreurs est normalement récupérable.

- Le **badbit** est activé pour un flux lorsqu'une erreur entraîne une perte de données. La fonction membre **bad** détermine si l'opération de flux a échoué. Ces défaillances sont graves et sont normalement irrécupérables.

- La fonction membre **good** renvoie **true** (vrai) si les fonctions **bad**, **fail** et **eof** renvoient simultanément **false** (faux). Les opérations d'entrées-sorties ne devraient s'effectuer que sur de bons flux.

- La fonction membre **rdstate** renvoie l'état d'erreur du flux.

- La fonction membre **clear** est normalement employée pour rétablir le bon état d'un flux et permettre l'exécution des entrées-sorties sur ce flux.

- Le C++ offre la fonction membre **tie** pour synchroniser les opérations d'un **istream** et d'un **ostream** et, ainsi, assurer que les sorties apparaissent avant leurs entrées subséquentes.

TERMINOLOGIE

0 comme premier caractère (octal)
0x ou **0X** comme premiers caractères
 (hexadécimal)
badbit
bibliothèques de classes de flux
cadré à droite
cadré à gauche
caractère de remplissage
caractère de remplissage par défaut
caractères d'espace blanc
cerr
cin
classe **fstream**
classe **ifstream**
classe **ios**
classe **iostream**
classe **istream**
classe **ofstream**
classe **ostream**
clog
cout
drapeaux du format
endl
entrées-sorties à type vérifié
entrées-sorties formatées
entrées-sorties non formatées
eofbit
états du format
extensibilité
failbit
fichier d'en-tête standard **<iomanip>**
fin de fichier
flux de sortie
flux définis par l'utilisateur
flux d'entrée
flux prédéfinis
fonction membre **bad**
fonction membre **clear**
fonction membre **eof**
fonction membre **fail**
manipulateur de flux paramétré
manipulateur de flux **resetiosflags**
manipulateur de flux **setbase**
manipulateur de flux **setfill**
manipulateur de flux **setiosflags**
manipulateur de flux **setprecision**

fonction membre **fill**
fonction membre **flags**
fonction membre **flush**
fonction membre **gcount**
fonction membre **get**
fonction membre **getline**
fonction membre **good**
fonction membre **ignore**
fonction membre **operator void***
fonction membre **operator!**
fonction membre **peek**
fonction membre **precision**
fonction membre **put**
fonction membre **putback**
fonction membre **rdstate**
fonction membre **read**
fonction membre **setf**
fonction membre **tie**
fonction membre **unsetf**
fonction membre **write**
fonction membre **ws**
formatage directement en mémoire
formatage en mémoire
ios::adjustfield
ios::basefield
ios::fixed
ios::floatfield
ios::internal
ios::scientific
ios::showbase
ios::showpoint
ios::showpos
largeur
largeur de champ
majuscule
manipulateur de flux
manipulateur de flux **dec**
manipulateur de flux **flush**
manipulateur de flux **hex**
manipulateur de flux **oct**
manipulateur de flux **setw**
opérateur d'extraction de flux (**>>**)
opérateur d'insertion de flux (**<<**)
précision par défaut
remplissage
skipws

ERREURS DE PROGRAMMATION COURANTES

11.1   Tenter de lire à partir de **ostream** (ou de tout autre flux de sortie exclusive) est une erreur.

11.2   Tenter d'écrire en utilisant **istream** (ou tout autre flux d'entrée exclusive) est une erreur.

11.3   Oublier les parenthèses pour forcer la préséance adéquate lorsqu'on utilise l'opérateur d'insertion **<<** ou d'extraction de flux **>>** de niveau de préséance relativement élevé est une erreur.

11.4   Le réglage de la largeur ne s'applique qu'à la prochaine insertion ou extraction. Cette largeur est ensuite établie implicitement à **0**; autrement dit, les valeurs de sortie auront simplement la largeur nécessaire. La fonction **width** sans argument renvoie le réglage courant. Présumer que l'ajustement de largeur s'applique à toutes les sorties subséquentes est une erreur de logique.

11.5   Si on ne définit pas un champ assez large pour les sorties, leur largeur sera alors aussi grande que nécessaire, ce qui peut les rendre difficiles à lire.

BONNES PRATIQUES DE PROGRAMMATION

11.1   Même si le format d'entrée-sortie de style C est disponible aux programmeurs de C++, utilisez exclusivement les formes d'entrée-sortie du C++ dans les programmes en C++.

11.2   Lorsque vous voulez sortir des expressions, placez-les entre parenthèses afin de prévenir d'éventuels problèmes de préséance entre les opérateurs faisant partie de l'expression et l'opérateur **<<**.

ASTUCE SUR LA PERFORMANCE

11.1   Utilisez des entrées-sorties non formatées pour assurer une meilleure performance du traitement de fichiers à grand volume.

ASTUCE SUR LA PORTABILITÉ

11.1   Lorsque vous invitez l'utilisateur à terminer ses entrées au clavier, demandez-lui d'entrer un caractère de fin de fichier pour terminer plutôt que d'appuyer sur <ctrl>-d (UNIX et Macintosh) ou <ctrl>-z (PC et VAX).

OBSERVATIONS DE GÉNIE LOGICIEL

11.1   Les entrées-sorties de style C++ sont de type vérifié.

11.2   Le C++ permet de traiter ensemble des entrées-sorties de types prédéfinis et de types définis par l'utilisateur. Cette forme de communauté facilite le développement des logiciels en général et, plus particulièrement, la réutilisation des logiciels.

EXERCICES DE RÉVISION

11.1   Complétez chacune des phrases suivantes:
   a) Les opérateurs de flux surchargés sont souvent définis comme fonctions _____ d'une classe.
   b) Les bits de justification du format pouvant être ajustés incluent _____, _____ et _____.
   c) En C++, les entrées-sorties se produisent en _____ d'octets.
   d) On peut utiliser les manipulateurs de flux paramétrés _____ et _____ pour régler et réinitialiser les drapeaux d'états du format.
   e) La plupart des programmes de C++ doivent inclure le fichier d'en-tête _____ qui contient l'information de base nécessaire pour toutes les opérations de flux d'entrée-sortie.
   f) On utilise les fonctions membres _____ et _____ pour régler et réinitialiser les drapeaux d'états du format.
   g) Le fichier d'en-tête _____ contient l'information nécessaire pour effectuer un formatage « en mémoire ».

h) On doit inclure le fichier d'en-tête _____ lorsqu'on utilise des manipulateurs paramétrés.

i) Le fichier d'en-tête _____ contient l'information pour le traitement de fichiers contrôlé par l'utilisateur.

j) Le manipulateur de flux _____ insère un caractère de nouvelle ligne dans le flux de sortie et vide le flux de sortie.

k) Le fichier d'en-tête _____ est utilisé dans des programmes mélangeant des entrées-sorties de style C et de style C++.

l) On utilise la fonction membre **ostream** _____ pour produire une sortie non formatée.

m) Les opérations d'entrée sont supportées par la classe _____.

n) Les sorties vers le flux d'erreur standard sont dirigées vers les objets de flux _____ ou _____.

o) Les opérations de sortie sont supportées par la classe _____.

p) Le symbole de l'opérateur d'insertion de flux est _____.

q) Les quatre objets correspondant aux périphériques standard du système sont _____, _____, _____ et _____.

r) Le symbole de l'opérateur d'extraction de flux est _____.

s) Les manipulateurs de flux _____, _____ et _____ servent à spécifier l'affichage d'entiers sous un format octal, hexadécimal ou décimal.

t) La précision par défaut pour afficher des valeurs à virgule flottante est de _____.

u) Lorsqu'il est réglé, le drapeau _____ affiche les nombres positifs avec un signe plus.

11.2   Déterminez si les énoncés suivants sont vrais ou faux. S'ils sont faux, expliquez pourquoi.

a) Avec un argument **long**, la fonction membre de flux **flags()** ajuste la variable d'état **flags** à son argument et renvoie sa valeur antérieure.

b) L'opérateur d'insertion de flux **<<** et l'opérateur d'extraction de flux >> sont surchargés pour supporter tous les types de données standard, incluant les chaînes et les adresses mémoire (dans le cas d'insertion de flux seulement), ainsi que tous les types de données définis par l'utilisateur.

c) Sans argument, la fonction membre de flux **flags()** réinitialise tous les bits des drapeaux dans la variable d'état **flags**.

d) On peut surcharger l'opérateur d'extraction de flux >> avec une fonction d'opérateur qui prend comme arguments une référence **istream** et une référence vers un type défini par l'utilisateur, tout en renvoyant une référence **istream**.

e) Dans un flux d'entrée, le manipulateur de flux **ws** saute l'espace blanc du début.

f) On peut surcharger l'opérateur d'insertion de flux **<<** avec une fonction d'opérateur qui prend comme arguments une référence **istream** et une référence vers un type défini par l'utilisateur, tout en renvoyant une référence **istream**.

g) Une entrée avec l'opérateur d'extraction de flux **>>** omet toujours les caractères d'espace blanc au début du flux d'entrée.

h) Les capacités d'entrée-sortie sont fournies comme faisant partie du C++.

i) La fonction membre de flux **rdstate()** renvoie l'état du flux courant.

j) Le flux **cout** est normalement relié à l'écran d'affichage.

k) La fonction membre de flux **good()** retourne **true** si les toutes les fonctions membres **bad()**, **fail()** et **eof()** renvoient false.

l) Le flux **cin** est normalement relié à l'écran d'affichage.

m) Si une erreur irrécupérable se produit pendant une opération de flux, la fonction membre **bad** retourne **true**.

n) La sortie vers **cerr** est sans tampon alors que la sortie vers **clog** est réalisée via un tampon.

o) Lorsque le drapeau **ios::showpoint** est levé, on force l'affichage des valeurs à virgule flottante avec la précision par défaut de six chiffres, à condition que la valeur de précision n'ait pas été changée. Le cas échéant, les valeurs à virgule flottante s'affichent alors avec la précision spécifiée.

p) La fonction membre **put** de **ostream** produit la sortie d'un nombre donné de caractères.

q) Les manipulateurs de flux **dec**, **oct** et **hex** n'affectent que la prochaine opération de sortie d'entiers.

r) Lorsqu'elles sont dirigées à la sortie, les adresses mémoire sont affichées par défaut comme des entiers **long**.

11.3 Écrivez une instruction simple effectuant chacune des tâches suivantes.

a) Produisez la sortie de la chaîne **"Entrez votre nom: "**.

b) Utilisez un drapeau pour produire l'affichage en majuscules des exposants en notation scientifique et des lettres des valeurs hexadécimales.

c) Produisez la sortie de l'adresse de la variable **chaine** de type **char ***.

d) Employez un drapeau pour que les valeurs à virgule flottante s'affichent en notation scientifique.

e) Produisez la sortie de l'adresse de la variable **entierPtr** de type **int ***.

f) Utilisez un drapeau pour produire la sortie de valeurs d'entiers conjointement avec l'affichage des bases d'entiers des valeurs octales et hexadécimales.

g) Produisez la sortie de la valeur pointée par **floatPtr** de type **float ***.

h) Utilisez une fonction membre de flux pour ajuster le caractère de remplissage à **'*'** pour un affichage dans des champs plus larges que les valeurs produites à la sortie. Écrivez une instruction séparée pour effectuer cette tâche avec un manipulateur de flux.

i) Produisez la sortie des caractères **'O'** et **'K'** avec une instruction utilisant la fonction membre **put** de **ostream**.

j) Déterminez le caractère suivant dans un flux d'entrée, sans l'extraire de ce flux.

k) Entrez un seul caractère dans la variable **c** de type **char** en utilisant la fonction membre **get** de **istream** de deux façons différentes.

l) Entrez puis supprimez les six prochains caractères dans le flux d'entrée.

m) Utilisez la fonction membre **read** de **istream** pour entrer 50 caractères dans le tableau **ligne** de type **char**.

n) Lisez 10 caractères du tableau de caractères **nom**. Cessez la lecture des caractères si le délimiteur '.' est atteint. Ne supprimez pas le délimiteur du flux d'entrée. Écrivez une autre instruction effectuant cette tâche et supprimant le délimiteur de l'entrée.

o) Utilisez la fonction membre **gcount** de **istream** pour déterminer le nombre de caractères entrés dans le tableau de caractères **ligne** lors du dernier appel vers la fonction membre **read** de **istream**, et produisez la sortie de ce nombre de caractères en utilisant la fonction membre **write** de **ostream**.

p) Écrivez des instructions séparées pour vider le flux de sortie en utilisant une fonction membre et un manipulateur de flux.

q) Produisez la sortie des valeurs suivantes: **124**, **18.376**, **'Z'**, **1000000** et **"Chaîne"**.

r) Affichez l'ajustement de précision en cours en utilisant une fonction membre.

s) Entrez une valeur d'entier dans la variable **int** appelée **mois** et une valeur à virgule flottante dans la variable **float** appelée **pourcentageDuTaux**.

t) Affichez **1.92**, **1.925** et **1.9258** avec 3 chiffres de précision en utilisant un manipulateur.

u) Affichez l'entier **100** en valeur octale, hexadécimale et décimale en employant des manipulateurs de flux.

v) Affichez l'entier **100** en valeur octale, hexadécimale et décimale avec un seul manipulateur de flux pour changer la base.

w) Affichez **1234** avec un cadrage à droite dans un champ de **10** chiffres.

x) Lisez des caractères du tableau de caractères **ligne** jusqu'à ce que le caractère **'z'** soit atteint, en respectant une limite de **20** caractères (incluant un caractère nul de terminaison). N'extrayez pas le caractère délimiteur du flux.

y) Utilisez les variables d'entiers **x** et **y** pour spécifier la largeur de champ et la précision employée pour afficher la valeur **87.4573** de type **double** et affichez cette valeur.

11.4 Identifiez l'erreur dans chacune des instructions suivantes et expliquez comment la corriger.

a) **cout << "La valeur de x <= y est: " << x <= y;**

b) L'instruction suivante doit afficher la valeur d'entier de **'c'**.
cout << 'c';

c) **cout << ""Une chaîne entre guillemets"";**

11.5   Illustrez la sortie pour chacune des instructions suivantes.

```
a)  cout << "12345" << endl;
    cout.width ( 5 );
    cout.fill( '*' );
    cout << 123 << endl << 123;
b)  cout << setw ( 10 ) << setfill( '$' ) << 10000;
c)  cout << setw ( 8 ) << setprecision ( 3 ) << 1024.987654;
d)  cout << setiosflags ( ios::showbase ) << oct << 99
         << endl << hex << 99;
e)  cout << 100000 << endl
         << setiosflags ( ios::showpos ) << 100000;
f)  cout << setw ( 10 ) << setprecision ( 2 ) <<
         << setiosflags ( ios::scientific ) << 444.93738;
```

RÉPONSES AUX EXERCICES DE RÉVISION

11.1   a) **friend** b) **ios::left**, **ios::right** et **ios::internal**. c) **flux**.
d) **setiosflags**, **resetiosflags**. e) **iostream**. f) **setf**, **unsetf**.
g) **strstream**. h) **iomanip**. i) **fstream**. j) **endl**. k) **stdiostream**.
l) **write**. m) **istream**. n) **cerr** ou **clog**. o) **ostream**. p) **<<**.
q) **cin**, **cout**, **cerr** et **clog**. r) **>>**. s) **oct**, **hex**, **dec**. t) six chiffres de précision.
u) **ios::showpos**.

11.2   a) Vrai.
b) Faux. Les opérateurs d'insertion et d'extraction de flux ne sont pas surchargés pour tous les types définis par l'utilisateur. Le programmeur d'une classe doit spécifiquement fournir les fonctions d'opérateurs surchargés pour surcharger les opérateurs de flux à utiliser avec chaque type défini par l'utilisateur.
c) Faux. La fonction membre de flux **flags()** sans argument renvoie simplement la valeur courante de la variable d'état **flags**.
d) Vrai.
e) Vrai.
f) Faux. Pour surcharger l'opérateur d'insertion de flux **<<**, la fonction d'opérateur surchargé doit prendre comme arguments une référence **ostream** et une référence vers un type défini par l'utilisateur. Elle renvoie une référence **ostream**.
g) Vrai, sauf si **ios::skipws** est désactivé.
h) Faux. Les caractéristiques d'entrée-sortie du C++ sont fournies comme partie intégrante de la bibliothèque standard C++. Le C++ ne contient aucune capacité pour la gestion des entrées, des sorties ou des fichiers.
i) Vrai.
j) Vrai.
k) Vrai.
l) Faux. Le flux **cin** est connecté à l'entrée standard de l'ordinateur (le clavier, normalement).
m) Vrai.
n) Vrai.
o) Vrai.
p) Faux. La fonction membre **put** de **ostream** produit la sortie de son argument à caractère unique.
q) Faux. Les manipulateurs de flux **dec**, **oct** et **hex** règlent l'état du format de sortie pour les entiers à une base spécifiée, jusqu'à ce que cette base soit changée de nouveau ou jusqu'au moment où le programme se termine.
r) Faux. Les adresses mémoire sont affichées par défaut en format hexadécimal. Pour afficher les adresses comme des entiers **long**, leur type doit être forcé à une valeur **long**.

11.3 a) `cout << "Entrez votre nom: ";`

b) `cout.setf (ios::uppercase);`

c) `cout << (void *) chaine;`

d) `cout.setf (ios::scientific, ios::floatfield);`

e) `cout << entierPtr;`

f) `cout << setiosflags (ios::showbase);`

g) `cout << *floatPtr;`

h) `cout.fill( '*' );`
   `cout << setfill( '*' );`

i) `cout.put ( 'O' ).put( 'K' );`

j) `cin.peek();`

k) `c = cin.get ();`
   `cin.get( c );`

l) `cin.ignore ( 6 );`

m) `cin.read( ligne, 50 );`

n) `cin.get ( nom, 10, '.' );`
   `cin.getline ( nom, 10, '.' );`

o) `cout.write ( ligne, cin.gcount() );`

p) `cout.flush ();`
   `cout << flush;`

q) `cout << 124 << 18.376 << 'Z' << 1000000 << "Chaîne";`

r) `cout << cout.precision ();`

s) `cin >> mois >> pourcentageDuTaux;`

t) `cout << setprecision ( 3 ) << 1.92 << '\t'`
   `<< 1.925 << '\t' << 1.9258;`

u) `cout << oct << 100 << hex << 100 << dec << 100;`

v) `cout << 100 << setbase( 8 ) << 100 << setbase( 16 ) << 100;`

w) `cout << setw ( 10 ) << 1234;`

x) `cin.get ( ligne, 20, 'z' );`

y) `cout << setw ( x ) << setprecision ( y ) << 87.4573;`

11.4 a) Erreur: la préséance de l'opérateur `<<` prévaut sur celle de `<=`, causant une évaluation inexacte de l'instruction et provoquant une erreur de compilation.

Correction: pour corriger l'instruction, ajouter des parenthèses autour de l'expression **x <= y**. Ce problème survient avec toute expression employant des opérateurs de préséance moins élevée que l'opérateur `<<` si l'expression n'est pas placée entre parenthèses.

b) Erreur: contrairement au C, le C++ ne traite pas les caractères comme de petits entiers.

Correction: pour afficher la valeur numérique d'un caractère du jeu de caractères de l'ordinateur, on doit forcer le type de ce caractère en une valeur d'entier, comme dans l'instruction suivante:
`cout << int('c');`

c) Erreur: les caractères de guillemets ne peuvent être affichés dans une chaîne, à moins d'utiliser une séquence de changement de code.

Correction: afficher la chaîne de l'une des deux façons suivantes:
`cout << '"' << "Une chaîne entre guillemets" << '"';`
`cout << "\"Une chaîne entre guillemets\"";`

11.5 a) `12345`
`**123`
`123`

b) `$$$$10000`

c) `1024.988`

d) `0143`
`0x63`

e) `100000`
`+100000`

f)   `4.45e+02`

EXERCICES

11.6   Écrivez une instruction effectuant chacune des tâches suivantes:
a) Afficher l'entier **40000** avec un cadrage à gauche dans un champ de **15** chiffres.
b) Lire une chaîne dans la variable de tableau de caractères **etat**.
c) Afficher **200** avec signe et sans signe.
d) Afficher la valeur décimale **100** en format hexadécimal précédé de **0x**.
e) Lire des caractères du tableau **s** jusqu'à ce que le caractère **'p'** soit atteint en respectant une limite de 10 caractères (incluant le caractère nul de terminaison). Extraire le délimiteur du flux d'entrée.
f) Afficher **1.234** dans un champ de **9** chiffres avec des zéros placés devant.
g) Lire une chaîne de la forme **"caractères"** à partir de l'entrée standard. Stocker la chaîne dans le tableau de caractères **s**. Éliminer les guillemets du flux d'entrée. Lire un maximum de 50 caractères (incluant le caractère nul de terminaison).

11.7   Écrivez un programme pour tester l'entrée de valeurs d'entiers en format décimal, octal et hexadécimal. Expédiez chaque entier lu par le programme vers la sortie dans les trois formats. Testez le programme avec les données d'entrée suivantes: 10, 010, 0x10.

11.8   Écrivez un programme capable d'afficher les valeurs de pointeurs en utilisant des forçages de type sur tous les types de données d'entiers. Lesquels affichent des valeurs étranges? Lesquels provoquent des erreurs?

11.9   Écrivez un programme pour tester les résultats de l'affichage de la valeur d'entier **12345** et de la valeur à virgule flottante **1.2345** avec différentes largeurs de champ. Que se passe-t-il lorsque les valeurs sont affichées dans des champs contenant moins de chiffres que les valeurs?

11.10   Écrivez un programme capable d'afficher la valeur **100.453627** arrondie à l'unité, au dixième, au centième, au millième et au dix-millième.

11.11   Écrivez un programme capable d'entrer une chaîne à partir du clavier et de déterminer sa longueur. Affichez la chaîne en utilisant le double de la largeur du champ.

11.12   Écrivez un programme pour convertir les températures Fahrenheit d'entiers de **0** à **212** degrés en températures Celsius à virgule flottante avec 3 chiffres de précision. Pour effectuer le calcul, utilisez la formule

```
celsius = 5.0 / 9.0 * ( fahrenheit - 32 );
```

La sortie doit s'afficher dans deux colonnes cadrées à droite et les températures en Celsius soivent être précédées d'un signe pour les valeurs positives et les valeurs négatives.

11.13   Dans certains langages de programmation, les chaînes entrées sont entourées d'apostrophes ou de guillemets. Écrivez un programme qui lit les trois chaînes **suzanne**, **"suzanne"** et **'suzanne'**. Les apostrophes et les guillemets sont-ils ignorés ou lus comme faisant partie de la chaîne?

11.14   À la figure 8.3, les opérateurs d'extraction et d'insertion de flux sont surchargés pour les entrées et les sorties d'objets de la classe **NumeroTelephone**. Définissez différemment l'opérateur d'extraction de flux pour qu'il effectue les vérifications d'erreurs suivantes sur les entrées. Le code de la fonction **operator>>** devra être entièrement redéfini.
a) Entrez le numéro de téléphone complet dans un tableau. Testez si une quantité adéquate de caractères est entrée. Le total doit être de 14 caractères pour un numéro de téléphone, selon la forme **(800) 555-1212**. Utilisez la fonction membre de flux **clear** pour ajuster **ios::failbit** lors d'entrées inexactes.
b) L'indicatif régional et l'échange ne doivent commencer ni par **0** ni par **1**. Testez le premier chiffre de l'indicatif régional et de l'échange pour éviter qu'ils ne débutent par **0** ou par **1**. Utilisez la fonction membre de flux **clear** pour ajuster **ios::failbit** lors d'entrées incorrectes.
c) Jusqu'à tout récement, le chiffre central d'un indicatif régional était toujours **0** ou **1**. Vérifiez si le chiffre central a une valeur de **0** ou **1**. Utilisez la fonction membre de flux **clear** pour ajuster **ios::failbit** lors d'une entrée inexacte. Si aucune des opérations ci-dessus ne provoque le

réglage de **ios::failbit** pour une entrée incorrecte, copiez les trois parties du numéro de téléphone dans les membres **indicatifRegional**, **echange** et **ligne** de l'objet **Numero Telephone**. Si **ios::failbit** est ajusté sur les entrées dans le programme principal, affichez un message d'erreur et terminez le programme au lieu d'afficher le numéro de téléphone.

11.15 Écrivez un programme accomplissant chacune des tâches suivantes:

a) Créer la classe **Point** définie par l'utilisateur contenant les membres de données **private** d'entiers **coordonneeX** et **coordonneeY** et déclarer des fonctions d'opérateurs surchargés d'insertion de flux et d'extraction de flux comme étant **friend** de la classe.

b) Définir les fonctions d'opérateurs d'insertion de flux et d'extraction de flux. La fonction d'opérateur d'extraction de flux doit déterminer si les données entrées sont valides; sinon, il doit régler **ios::failbit** pour indiquer une entrée inexacte. L'opérateur d'insertion de flux doit afficher le point après l'occurrence d'une erreur à l'entrée.

c) Écrire une fonction **main** qui test les entrées et sorties de la classe **Point** définie par l'utilisateur au moyen des opérateurs d'insertion de flux et d'extraction de flux surchargés.

11.16 Écrivez un programme accomplissant chacune des tâches suivantes:

a) Créer la classe **Complexe** définie par l'utilisateur contenant les membres de données **private** d'entiers **reel** et **imaginaire** et déclarer des fonctions d'opérateurs d'insertion de flux et d'extraction de flux surchargés comme étant **friend** de la classe.

b) Définir les fonctions d'opérateurs d'insertion de flux et d'extraction de flux. La fonction d'opérateur d'extraction de flux doit déterminer si les données entrées sont valides; sinon, il doit régler **ios::failbit** pour indiquer une entrée inexacte. L'entrée doit avoir la forme

    3 + 8i

c) Les valeurs peuvent être négatives ou positives et il est possible qu'une des deux valeurs ne soit pas fournie. Si une valeur n'est pas fournie, le membre de données approprié doit être réglé à 0. L'opérateur d'insertion de flux ne doit pas être en mesure d'afficher le point en cas d'erreur d'entrée. Le format de sortie doit être identique à celui de l'entrée illustré ci-dessus. Pour les valeurs imaginaires négatives, un signe moins doit être affiché au lieu d'un signe plus.

d) Écrire une fonction **main** qui teste les entrées et les sorties de la classe **Complexe** définie par l'utilisateur au moyen des opérateurs d'insertion de flux et d'extraction de flux surchargés.

11.17 Écrivez un programme utilisant une structure **for** pour afficher une table de valeurs ASCII pour les caractères dans le jeu de caractères ASCII de **33** à **126**. Le programme doit afficher la valeur décimale, la valeur octale, la valeur hexadécimale et la valeur de caractère pour chacun des caractères. Utilisez les manipulateurs de flux **dec**, **oct** et **hex** pour afficher les valeurs d'entiers.

11.18 Écrivez un programme pour illustrer que la fonction membre **getline** et la fonction membre **istream get** à trois arguments terminent toutes les deux une chaîne d'entrée avec un caractère nul de terminaison. Ce programme devra également montrer que **get** laisse le caractère délimiteur dans le flux d'entrée alors que **getline** extrait ce caractère puis le supprime. Qu'arrive-t-il aux caractères qui n'ont pas été lus dans le flux?

11.19 Écrivez un programme créant le manipulateur défini par l'utilisateur **omissionBlanc** pour sauter par-dessus les caractères d'espace blanc situés au début du flux d'entrée. Le manipulateur doit employer la fonction **isspace** de la bibliothèque **<cctype>** pour vérifier s'il s'agit d'un caractère d'espace blanc. Chaque entrée de caractère doit se faire à partir de la fonction membre **get** de **istream**. Lorsqu'un caractère différent d'un caractère d'espace blanc est atteint, le manipulateur **omissionBlanc** termine sa tâche en replaçant le caractère dans le flux d'entrée et en renvoyant une référence **istream**.

Testez le manipulateur en créant une fonction **main** dans laquelle le drapeau **ios::skipws** est réinitialisé afin que l'opérateur d'extraction de flux ne puisse omettre automatiquement les caractères d'espace blanc. Testez ensuite le manipulateur du flux d'entrée en entrant un caractère précédé par un espace blanc. Affichez le caractère entré pour confirmer qu'il ne s'agit pas d'une entrée de caractère d'espace blanc.

12

Modèles

Objectifs

- Utiliser des modèles de fonctions pour créer un groupe de fonctions connexes (surchargées).

- Distinguer les modèles de fonction des fonctions de modèle.

- Utiliser des modèles de classe pour créer un groupe de types correspondants.

- Distinguer les modèles de classes des classes de modèle.

- Comprendre comment surcharger des fonctions de modèle.

- Comprendre les relations entre modèles, amis, héritage et membres statiques.

Aperçu

12.1 Introduction

Nous étudions dans ce chapitre une des caractéristiques les plus puissantes du C++, à savoir les modèles. Les modèles permettent de spécifier, à l'aide d'un seul segment de code, toute une série de fonctions connexes (surchargées) qu'on appelle les *fonctions de modèle*, ou toute une série de classes connexes qu'on appelle les *classes de modèle*.

Nous pourrions écrire un seul *modèle de fonction* pour une fonction de *tri de tableau* et laisser le C++ générer des fonctions de modèle distinctes qui trieraient, l'une un tableau d'**int**, une autre un tableau de **float**, une autre encore un tableau de chaînes de caractères, et ainsi de suite.

Nous avons étudié les modèles de fonctions au chapitre 3. À l'intention des lecteurs qui auraient négligé ce thème, nous proposons une étude et un exemple supplémentaires dans ce chapitre.

Nous pourrions écrire un *modèle de classe* pour une *classe de pile*, puis laisser le C++ générer automatiquement des classes de modèle distinctes telles qu'une classe de pile d'**int**, une classe de pile de **float**, une classe de pile de chaînes de caractères, et ainsi de suite.

Notez la distinction entre les modèles de fonction et les fonctions de modèles: les modèles de fonction et les modèles de classe sont comme le pochoir grâce auquel nous pouvons tracer des formes; les fonctions de modèle et les classes de modèle sont des dessins distincts qui ont la même forme mais qui peuvent, par exemple, être imprimés en différentes couleurs.

Observation de génie logiciel 12.1

Les modèles participent aux caractéristiques de réutilisation de logiciels du C++.

Ce chapitre présente des exemples d'un modèle de fonction et d'un modèle de classe. Il aborde également les relations existant entre les modèles et les autres caractéristiques du C++, soit la surcharge, l'héritage, les amis (**friend**) et les membres statiques (**static**).

La conception et les détails des mécanismes de modélisation étudiés ici reposent sur les travaux de Bjarne Stroustrup, tels qu'il les a présentés dans son article *Parameterized Types for C++*, publié lors de la conférence *Proceedings of the USENIX C++*, tenue en octobre 1988 à Denver, dans le Colorado.

Ce chapitre a pour seul but de servir de brève introduction au concept riche et complexe des modèles. Le chapitre 20, *Bibliothèque de modèles standard (STL)*, traite en profondeur des classes de modèles de conteneurs, des itérateurs et des algorithmes de la bibliothèque de modèles standard. Il contient également des dizaines d'exemples de code réel basé sur les modèles, illustrant des techniques beaucoup plus sophistiquées de programmation par modèle que celles présentées dans ce chapitre.

12.2 Modèles de fonction

Les fonctions surchargées sont normalement utilisées pour effectuer des opérations *similaires* sur des types de données différents. Si les opérations sont *identiques* sur chaque type, elles peuvent être réalisées de manière plus compacte et plus conviviale à l'aide de *modèles de fonction*. Le programmeur écrit une seule définition de modèle de fonction. Selon les types d'arguments fournis lors des appels à cette fonction, le compilateur génère automatiquement des fonctions de codes objet distincts pour traiter adéquatement chacun des types d'appels. En C, ce travail peut être effectué au moyen de *macros* créées par l'intermédiaire de la directive de précompilation **#define** (voir le chapitre 17, *Le précompilateur*). Cependant, les macros affichent un risque de graves effets de bord et ne permettent pas au compilateur d'effectuer de vérification de type. Les modèles de fonction proposent une solution tout aussi compacte que les macros mais autorisent une vérification complète des types.

Astuce de tests et de débogage 12.1

Les modèles de fonction, tout comme les macros, permettent la réutilisation de logiciels mais offrent en plus la possibilité d'éliminer de nombreux types d'erreurs, grâce à l'examen minutieux qu'apporte la vérification complète de type du C++.

Toutes les définitions de modèles de fonctions commencent par le mot-clé **template** suivi d'une liste des paramètres formels du modèle, entourés par des *chevrons (< et >)*. Chacun des paramètres formels réprésentant un type doit être précédé du mot-clé **class**, comme ceci:

```
template< class T >
```

ou

```
template< class TypeÉlément >
```

ou

```
template< class TypeBordure, class TypeRemplissage >
```

Comme ce serait le cas avec des arguments de type prédéfini ou défini par l'utilisateur, les paramètres formels d'une définition de modèle sont utilisés pour spécifier les *types* des arguments de la fonction, pour spécifier le type de la valeur de retour de la fonction et pour déclarer des variables au sein de la fonction. La définition de la fonction suit et est rédigée comme pour n'importe quelle autre fonction. Notez que le mot-clé **class**, utilisé pour spécifier les paramètres de type du modèle de fonction, signifie en fait «n'importe quel type prédéfini ou défini par l'utilisateur».

Erreur de programmation courante 12.1

*L'absence de **class** (ou du nouveau mot-clé **typename**) avant chaque paramètre de type formel dans un modèle de fonction.*

Examinons le modèle de fonction **afficheTableau** de la figure 12.1. Ce modèle est utilisé dans le programme complet illustré à la figure 12.2.

```
1   template< class T >
2   void afficheTableau( const T *tableau, const int compte )
3   {
4      for ( int i = 0; i < compte; i++ )
5         cout << tableau[ i ] << " ";
6
7      cout << endl;
8   }
```

Figure 12.1   Un modèle de fonction.

Le modèle de fonction **afficheTableau** déclare un seul paramètre formel, **T** (qui peut être n'importe quel identificateur autorisé), pour le type du tableau à afficher avec la fonction **afficheTableau; T** est dénommé *paramètre de type*. Lorsque le compilateur détecte une évocation de la fonction **afficheTableau** dans le code source du programme, le type du premier argument de **afficheTableau** est substitué à **T** tout au long de la définition du modèle et C++ crée une fonction de modèle complète, en vue de l'affichage d'un tableau du type de donnée spécifié. La fonction nouvellement créée est ensuite compilée. À la figure 12.2, trois fonctions **afficheTableau** sont instanciées: une attend un tableau d'**int**, une autre un tableau de **double** et une autre encore nécessite un tableau de type **char**. L'instantiation pour le type **int** donne, par exemple:

```
void afficheTableau( const int *tableau, const int compte )
{
   for ( int i = 0; i < compte; i++ )
      cout << tableau[ i ] << " ";

   cout << endl;
}
```

Chaque paramètre formel dans une définition de modèle de fonction doit normalement apparaître au moins une fois dans la liste des paramètres formels. Le nom du paramètre formel ne peut être utilisé qu'une seule fois dans la liste de paramètres d'un en-tête de modèle. Cependant, les noms des paramètres formels repris dans des fonctions différentes ne doivent pas nécessairement être uniques.

La figure 12.2 illustre l'utilisation du modèle de fonction **afficheTableau**. Le programme commence par instancier le tableau d'**int a**, le tableau de **double b** et le tableau de **char c**, respectivement de tailles 5, 7 et 8. Chaque tableau est ensuite affiché, une première fois avec un premier argument **a** de type **int ***, une deuxième fois avec un premier argument **b** de type **double *** et une troisième fois avec un argument **c** de type **char ***. L'appel

```
afficheTableau( a, aCompte );
```

par exemple, provoque l'inférence par le compilateur que **T** est un **int** et l'instanciation d'une fonction de modèle **afficheTableau** pour laquelle le paramètre de type **T** est **int**. L'appel

```
afficheTableau( b, bCompte );
```

provoque l'inférence par le compilateur que **T** est un **double** et l'instanciation d'une deuxième fonction de modèle **afficheTableau** pour laquelle le paramètre de type **T** est **double**. L'appel

```
afficheTableau( c, cCompte );
```

provoque l'inférence par le compilateur que **T** est un **char** et l'instanciation d'une troisième fonction de modèle **afficheTableau** pour laquelle le paramètre de type **T** est **char**.

```cpp
1   // Figure 12.2: fig12_02.cpp
2   // Utilisation de fonctions de modèle.
3   #include <iostream>
4
5   using std::cout;
6   using std::endl;
7
8   template< class T >
9   void afficheTableau( const T *tableau, const int compte )
10  {
11     for ( int i = 0; i < compte; i++ )
12        cout << tableau[ i ] << " ";
13
14     cout << endl;
15  }
16
17  int main()
18  {
19     const int aCompte = 5, bCompte = 7, cCompte = 8;
20     int a[ aCompte ] = { 1, 2, 3, 4, 5 };
21     double b[ bCompte ] = { 1.1, 2.2, 3.3, 4.4, 5.5, 6.6, 7.7 };
22     char c[ cCompte ] = "BONJOUR";    // 8e position pour le null.
23
24     cout << "Le tableau a contient:" << endl;
25     afficheTableau( a, aCompte );     // Fonction de modèle entière.
26
27     cout << "Le tableau b contient:" << endl;
28     afficheTableau( b, bCompte );     // Fonction de modèle double.
29
30     cout << "Le tableau c contient:" << endl;
31     afficheTableau( c, cCompte );     // Fonction de modèle caractère.
32
33     return 0;
34  }
```

```
Le tableau a contient:
1 2 3 4 5
Le tableau b contient:
1.1 2.2 3.3 4.4 5.5 6.6 7.7
Le tableau c contient:
B O N J O U R
```

Figure 12.2   Utilisation de fonctions de modèle.

Dans cet exemple, le mécanisme de modélisation évite au programmeur de devoir écrire trois fonctions distinctes, surchargées et basées sur les prototypes suivants:

```cpp
void afficheTableau( const int *, const int );
void afficheTableau( const double *, const int );
void afficheTableau( const char *, const int );
```

qui, toutes; utilisent le même code, sauf pour le type qui se substitue à **T**.

Astuce sur la performance 12.1

Les modèles offrent certainement l'avantage de la réutilisation de logiciels. Gardez cependant à l'esprit que les fonctions de modèle et les classes de modèle sont toujours instanciées, même si le modèle n'est écrit qu'une seule fois. Ces copies multiples consomment une quantité de mémoire considérable.

12.3 Surcharger des fonctions de modèle

Les fonctions de modèle et la surcharge sont intimement liées. Les fonctions correspondantes, générées depuis un modèle de fonction, ont toutes le même nom, de sorte que le compilateur assure la résolution de surcharge et appelle la fonction adéquate.

Un modèle de fonction en lui-même peut être surchargé de différentes façons. Nous pouvons créer d'autres modèles de fonction qui portent le même nom de fonction mais qui utilisent des paramètres différents. Par exemple, le modèle de fonction **afficheTableau** de la figure 12.2 pourrait être surchargé par un autre modèle de fonction **afficheTableau** qui accepte les paramètres supplémentaires **indiceInf** et **indiceSup**, destinés à indiquer la portion du tableau à afficher (voir l'exercice 12.4).

Un modèle de fonction peut également être surchargé en créant d'autres fonctions qui ne sont pas basées sur le modèle du même nom, mais qui utilisent des arguments de fonction différents. Par exemple, le modèle de fonction **afficheTableau** de la figure 12.2 pourrait être surchargé par une version qui ne respecte pas le modèle et qui imprime spécifiquement un tableau de chaînes de caractères sous forme de belles colonnes tabulaires (voir l'exercice 12.5).

Erreur de programmation courante 12.2

Si un modèle est appelé avec un type de classe défini par l'utilisateur et si ce modèle utilise des opérateurs (comme ==, +, <=, etc.) avec des objets de ce type de classe, alors ces opérateurs doivent également être surchargés! Oublier de surcharger ces opérateurs provoque des erreurs parce que le compilateur, bien sûr, génère des appels aux fonctions d'opérateurs surchargées appropriées, en dépit du fait que ces fonctions n'existent pas.

Le compilateur suit un processus de comparaison pour déterminer quelle fonction appeler lorsqu'une fonction est invoquée. Il essaie tout d'abord de trouver et d'utiliser un nom de fonction et des types d'arguments correspondant exactement, selon l'appel de fonction. S'il échoue, le compilateur vérifie si un modèle de fonction est disponible pour générer une fonction de modèle avec une correspondance précise de nom de fonction et des types d'arguments. S'il parvient à trouver le modèle de fonction adéquat, le compilateur génère et utilise la fonction de modèle appropriée.

Erreur de programmation courante 12.3

Le compilateur exécute un processus de correspondance pour déterminer quelle fonction appeler lorsqu'une fonction est invoquée. Si aucune correspondance exacte n'est possible, ou si le processus trouve des correspondances multiples, une erreur de compilation est générée.

12.4 Modèles de classe

Il est possible de comprendre ce qu'est une pile: c'est une structure de données dans laquelle on peut insérer des éléments dans un ordre et les récupérer ensuite dans l'ordre du dernier entré, premier sorti, et elle est indépendante du type des éléments placés dans la pile, bien que, lorsqu'il s'agit d'instancier réellement une pile, il faille indiquer le type de données. Ceci crée une opportunité formidable de réutilisation de logiciels. Nous avons en fait besoin des moyens de décrire la notion d'une pile de façon générique et d'instancier des classes qui soient les versions spécifiques au type de cette classe générique. Cette possibilité est offerte par les *modèles de classes* du C++.

Observation de génie logiciel 12.2

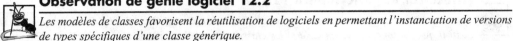

Les modèles de classes favorisent la réutilisation de logiciels en permettant l'instanciation de versions de types spécifiques d'une classe générique.

Les modèles de classes sont appelés *types paramétrés* car ils nécessitent un ou plusieurs paramètres de type pour indiquer comment adapter un modèle de «classe générique» pour former une classe de modèle bien déterminée.

Le programmeur qui souhaite produire une variété de classes de modèle écrit simplement une définition de modèle de classe. Chaque fois qu'il a besoin d'une nouvelle instanciation spécifique pour un type, il utilise une notation simple et concise, et le compilateur crée le code source nécessaire pour la classe de modèle. Un modèle de classe **Pile**, par exemple, peut ainsi devenir la base de la création de nombreuses classes **Pile** (telles que «**Pile** de **double**», «**Pile** de **char**», «**Pile** d'**Employe**», et ainsi de suite), utilisables dans un programme.

Examinez la définition du modèle de classe **Pile** de la figure 12.3. Elle ressemble à la définition conventionnelle d'une classe, sauf qu'elle est précédée, à la ligne 6, de l'en-tête:

```
template< class T >
```

qui spécifie qu'il s'agit d'une définition de modèle de classe dont le paramètre de type **T** indique le type de classe **Pile** à créer. Le programmeur n'est pas obligé d'utiliser l'identifiant de type **T** car tout identifiant peut être utilisé. Le type d'élément à stocker dans cette **Pile** n'est mentionné que de manière générique sous la lettre **T** tout au long des définitions de l'en-tête de classe **Pile** et de ses fonctions membres. Nous allons montrer sous peu comment associer **T** avec un type spécifique, tel que **double** ou **int**. Deux contraintes s'appliquent aux types de données non primitifs utilisés avec cette **Pile**: ils doivent avoir un constructeur par défaut et ils doivent accepter l'opérateur d'affectation. Si un objet de la classe employé avec cette **Pile** contient de la mémoire allouée de façon dynamique, l'opérateur d'affectation doit subir une surcharge pour ce type, de la manière indiquée au chapitre 8.

```
1   // Figure 12.3: tPile1.h
2   // Modèle de classe Pile.
3   #ifndef TPILE1_H
4   #define TPILE1_H
5
6   template< class T >
7   class Pile {
8   public:
9      Pile( int = 10 );       // Constructeur par défaut (pile de taille 10).
10     ~Pile() { delete [] PtrPile; } // Destructeur.
11     bool pousse( const T& );   // Pousse un élément dans la pile.
12     bool retire( T& );         // Retire un élément hors de la pile.
13   private:
14     int taille;              // Nombre d'éléments dans la pile.
15     int sommet;              // Emplacement de l'élément du sommet.
16     T *PtrPile;              // Pointeur vers la pile.
17
18     bool estVide() const { return sommet == -1; }        // Fonctions
19     bool estPleine() const { return sommet == taille - 1; } // utilitaire.
20   };
```

Figure 12.3   Démonstration du modèle de classe **Pile-tPile1.h**. (1 de 2)

```
21
22   // Constructeur de taille 10 par défaut.
23   template< class T >
24   Pile< T >::Pile( int s )
25   {
26      taille = s > 0? s: 10;
27      sommet = -1;                    // La pile est initialement vide.
28      PtrPile = new T[ taille ]; // Allouer de l'espace pour des éléments.
29   }
30
31   // Pousse un élément dans la pile.
32   // Retourne 1 si succès, 0 sinon.
33   template< class T >
34   bool Pile< T >::pousse( const T &pousseValeur )
35   {
36      if ( !estPleine() ) {
37         PtrPile[ ++sommet ] = pousseValeur; // Placer l'élément dans la pile.
38         return true;                 // Pousse = succès.
39      }
40      return false;                   // Pousse = échec.
41   }
42
43   // Retire un élément hors de la pile.
44   template< class T >
45   bool Pile< T >::retire( T &retireValeur )
46   {
47      if ( !estVide() ) {
48         retireValeur = PtrPile[ sommet-- ]; // Retire un élément de la pile.
49         return true;                 // retire = succès.
50      }
51      return false;                   // retire = échec.
52   }
53
54   #endif
```

Figure 12.3   Démonstration du modèle de classe **Pile-tPile1.h**. (2 de 2)

```
55   // Figure 12.3: fig12_03.cpp
56   // Pilote de test pour le modèle Pile.
57   #include <iostream>
58
59   using std::cout;
60   using std::cin;
61   using std::endl;
62
63   #include "tPile1.h"
64
65   int main()
66   {
67      Pile< double > doublePile( 5 );
68      double f = 1.1;
69      cout << "Pousser des éléments dans doublePile\n";
```

Figure 12.3   Démonstration du modèle de classe **Pile-fig12_03.cpp** . (1 de 2)

```
70
71        while ( doublePile.pousse( f ) ) {      // Succès si vrai retourné.
72           cout << f << ' ';
73           f += 1.1;
74        }
75
76        cout << "\nLa pile est pleine. Impossible de pousser " << f
77              << "\n\nRetrait d'éléments de doublePile\n";
78
79        while ( doublePile.retire( f ) )         // Succès si vrai retourné.
80           cout << f << ' ';
81
82        cout << "\nLa pile est vide. Retrait impossible\n";
83
84        Pile< int > intPile;
85        int i = 1;
86        cout << "\nPousser des éléments dans intPile\n";
87
88        while ( intPile.pousse( i ) ) {          // Succès si vrai retourné.
89           cout << i << ' ';
90           ++i;
91        }
92
93        cout << "\nLa pile est pleine. Impossible de pousser " << i
94              << "\n\nRetrait d'éléments de intPile\n";
95
96        while ( intPile.retire( i ) )            // Succès si vrai retourné.
97           cout << i << ' ';
98
99        cout << "\nLa pile est vide. Retrait impossible\n";
100       return 0;
101   }
```

```
Pousser des éléments dans doublePile
1.1 2.2 3.3 4.4 5.5
La pile est pleine. Impossible de pousser 6.6

Retrait d'éléments de doublePile
5.5 4.4 3.3 2.2 1.1
La pile est vide. Retrait impossible.

Pousser des éléments dans intPile
1 2 3 4 5 6 7 8 9 10
La pile est pleine. Impossible de pousser 11

Retrait d'éléments de intPile
10 9 8 7 6 5 4 3 2 1
La pile est vide. Retrait impossible.
```

Figure 12.3   Démonstration du modèle de classe **Pile-fig12_03.cpp** . (2 de 2)

Considérons maintenant le pilote (la fonction **main**) qui teste le modèle de classe **Pile** (voir le résultat de la sortie à la figure 12.3). Le pilote commence par instancier l'objet **doublePile** de taille 5. Cet objet est déclaré comme étant de classe **Pile< double >** (prononcez «**Pile** de **double**»). Le compilateur associe le type **double** au paramètre de type **T** du modèle, pour produire le code source d'une classe **Pile** de type **double**. Bien que le programme ne voie pas ce code source, il est inclus dans le code source, puis compilé.

Le pilote **pousse** successivement les valeurs **double** 1.1, 2.2, 3.3, 4.4 et 5.5 dans **doublePile**. La boucle **pousse** se termine lorsque le pilote tente de **pousser** une sixième valeur dans **doublePile** (alors qu'elle est déjà pleine, puisqu'elle a été conçue pour ne contenir que 5 éléments).

Le pilote **retire** ensuite les cinq valeurs hors de la pile (notez à la figure 12.3 que les valeurs se **retirent** dans l'ordre du dernier entré, premier sorti). Le pilote tenre de retirer une sixième valeur mais, comme la **doublePile** est vide, la boucle **retire** s'arrête.

Ensuite, le pilote instancie la pile **intPile** de type entier avec la déclaration

```
Pile< int > intPile;
```

(prononcez «**intPile** est une **Pile** de **int**»). Parce qu'aucune taille n'est spécifiée, la taille prend la valeur prédéfinie de 10, comme spécifié dans le constructeur par défaut (de la ligne 24). Une fois encore, le pilote boucle en **poussant** des valeurs sur **intPile** jusqu'à ce qu'elle soit pleine, puis boucle en retirant progressivement les valeurs de **intPile** jusqu'à ce qu'elle soit vide. Les valeurs se retirent encore dans l'ordre du dernier entré, premier sorti.

Les définitions de fonctions membres en dehors du modèle de classe commencent toutes par l'en-tête (ligne 23)

```
template< class T >
```

Chaque définition ressemble ensuite à la définition conventionnelle d'une fonction, sauf que le type de l'élément **Pile** est systématiquement indiqué de manière générique en tant que paramètre de type **T**. L'opérateur binaire de résolution de portée (**::**) est utilisé en conjonction avec le nom de modèle de classe **Pile< T >** pour lier la définition de chaque fonction membre à l'étendue du modèle de classe. Dans ce cas-ci, le nom de classe est **Pile< T >**. Lorsque **doublePile** est instancié en un type **Pile< double >**, le constructeur de **Pile** utilise **new** pour créer un tableau d'éléments de type **double**, afin de représenter la pile (ligne 28). L'instruction

```
PtrPile = new T[ taille ];
```

de la définition du modèle de classe **Pile** est générée par le compilateur en une classe de modèle **Pile< double >** par:

```
PtrPile = new double[ taille ];
```

Notez que le code de la fonction **main** de la figure 12.3 est presque identique pour les manipulations de **doublePile** dans la première moitié de **main** et pour les manipulations de **intPile** dans la seconde moitié de **main**. Ceci nous donne une autre bonne raison d'utiliser un modèle de fonction. Le programme de la figure 12.4 utilise le modèle de fonction **testPile** pour effectuer les mêmes tâches que **main** dans la figure 12.3, c'est-à-dire **pousser** une série de valeurs sur une **Pile< T >** et retirer ces valeurs hors de la **Pile< T >**. Le modèle de fonction **testPile** utilise le paramètre formel **T** pour représenter le type de données stockées dans la **Pile< T >**. Le modèle de fonction accepte quatre arguments (une référence à un objet de type **Pile< T >**, une valeur de type **T** qui sera la première valeur poussée dans la **Pile< T >**, une valeur de type **T** utilisée pour incrémenter les valeurs poussées dans la **Pile< T >** et une chaîne de caractères de type **const char *** qui représente le nom de l'objet **Pile< T >** aux fins de sortie.

La fonction **main** instancie cette fois un objet de type **Pile< double >**, nommé **doublePile**, et un objet de type **Pile< int >**, nommé **intPile**, puis utilise ces objets aux lignes 42 et 43.

```
testPile( doublePile, 1.1, 1.1, "doublePile " );
testPile( intPile, 1, 1, "intPile" );
```

Notez que le résultat en sortie de la figure 12.4 correspond exactement à la sortie de la figure 12.3.

```
1    // Figure 12.4: fig12_04.cpp
2    // Pilote de test pour le modèle Pile.
3    // La fonction main utilise un modèle de fonction pour manipuler
4    // des objets de type Pile< T >.
5    #include <iostream>
6
7    using std::cout;
8    using std::cin;
9    using std::endl;
10
11   #include "tPile1.h"
12
13   // Modèle de fonction pour la manipulation de Pile< T >.
14   template< class T >
15   void testPile(
16      Pile< T > &laPile,            // Référence à Pile< T >.
17      T valeur,                     // Valeur initiale à pousser.
18      T increment,                  // Incrément pour les valeurs suivantes.
19      const char *NomPile )         // Nom de l'objet Pile< T >.
20   {
21      cout << "\nPousser des éléments dans " << NomPile << '\n';
22
23      while ( laPile.pousse( valeur ) ) {// Succès si vrai retourné.
24         cout << valeur << ' ';
25         valeur += increment;
26      }
27
28      cout << "\nLa pile est pleine. Impossible de pousser " << valeur
29         << "\n\nRetrait d'éléments de " << NomPile << '\n';
30
31      while ( laPile.retire( valeur ) )  // Succès si vrai retourné.
32         cout << valeur << ' ';
33
34      cout << "\nLa pile est vide. Retrait impossible\n";
35   }
36
37   int main()
38   {
39      Pile< double > doublePile( 5 );
40      Pile< int > intPile;
41
42      testPile( doublePile, 1.1, 1.1, "doublePile" );
43      testPile( intPile, 1, 1, "intPile" );
44
45      return 0;
46   }
```

Figure 12.4   Passage d'un objet de modèle **Pile** à un modèle de fonction. (1 de 2)

```
Pousser des éléments dans doublePile
1.1 2.2 3.3 4.4 5.5
La pile est pleine. Impossible de pousser 6.6

Retrait d'éléments de doublePile
5.5 4.4 3.3 2.2 1.1
La Pile est vide. Retrait impossible

Pousser des éléments dans intPile
1 2 3 4 5 6 7 8 9 10
La pile est pleine. Impossible de pousser 11

Retrait d'éléments de intPile
10 9 8 7 6 5 4 3 2 1
La Pile est vide. Retrait impossible
```

Figure 12.4   Passage d'un objet de modèle **Pile** à un modèle de fonction. (2 de 2)

12.5 Modèles de classe et paramètres non typés

Le modèle de classe **Pile** de la section précédente utilisait des paramètres de type uniquement dans l'en-tête de modèle. Il est cependant également possible d'utiliser un *paramètre non typé*; un paramètre non typé (dont le type est figé, non paramétré) peut avoir un argument par défaut et est traité comme un **const**. Par exemple, l'en-tête de modèle pourrait être modifié pour accepter un paramètre **int element** comme suit:

```
template< class T, int element >   // Notez le paramètre non typé.
```

Ensuite, une déclaration telle que

```
Pile< double, 100 > chiffresDeVenteLesPlusRecents;
```

instancierait (cette fois au moment de la compilation) une classe de modèle **Pile** de 100 éléments nommée **chiffresDeVenteLesPlusRecents**, constituée de valeurs **double**; cette classe de modèle serait de type **Pile< double, 100 >**. L'en-tête de classe pourrait alors contenir un membre de donnée **private** avec une déclaration de tableau du genre:

```
T contenuPile [ elements ];        // Tableau destiné à recevoir
                                   // le contenu de la pile.
```

Astuce sur la performance 12.2

Lorsque cela est possible, on peut spécifier la taille d'une classe de conteneur (telle qu'une classe de tableau ou de pile) au moment de la compilation, en imposant par exemple un paramètre non typé de taille du modèle. Cela élimine la surcharge de temps d'exécution induite par la création dynamique de l'espace de stockage par **new**.

Observation de génie logiciel 12.3

Lorsqu'elle est possible, la spécification de la taille d'un conteneur au moment de la compilation (par exemple en imposant un paramètre non typé de taille de modèle) évite les risques d'erreur fatale de protection générale si **new** *est incapable d'obtenir la mémoire nécessaire.*

Dans les exercices, il vous sera demandé d'utiliser un paramètre non typé pour créer un modèle de la classe **Tableau** développée au chapitre 8, *Surcharge des opérateurs*. Ce modèle permettra d'instancier les objets **Tableau** avec un nombre spécifié d'éléments (d'un type donné) au moment de la compilation, plutôt que de créer dynamiquement l'espace nécessaire pour contenir les objets **Tableau** au moment de l'exécution.

Une classe d'un type déterminé ne correspondant pas à un modèle de classe commun peut être fournie pour écraser le modèle de classe pour ce type. Par exemple, on peut utiliser un modèle de classe **Tableau** pour instancier un tableau de n'importe quel type. Le programmeur peut décider de prendre le contrôle de l'instanciation d'un **Tableau** d'un type bien déterminé, comme celui de **Martien**, simplement en formant la nouvelle classe avec **Tableau<Martien>** comme nom de classe.

12.6 Modèles et héritage

L'héritage s'applique aux modèles de plusieurs façons:

- Un modèle de classe peut dériver d'une classe de modèle.
- Un modèle de classe peut dériver d'une classe non modèle.
- Une classe de modèle peut dériver d'un modèle de classe.
- Une classe non modèle peut dériver d'un modèle de classe.

12.7 Modèles et amis

Nous avons vu que des fonctions et des classes complètes peuvent être déclarées comme étant *amies* (**friend**) de classes non modèles. Les modèles de classe autorisent la déclaration des arrangements d'amitié des genres les plus évidents. L'amitié peut être établie entre un modèle de classe et une fonction globale, une fonction membre d'une autre classe (éventuellement une classe de modèle) ou, même, une classe toute entière (éventuellement une classe de modèle). Les notations nécessaires pour établir ces relations d'amitié peuvent être lourdes.

À l'intérieur d'un modèle de classe pour la classe **X**, qui a été déclaré par

```
template< class T > class X
```

une déclaration d'amitié de la forme

```
friend void f1();
```

fait de la fonction **f1** une amie de toute classe de modèle instanciée du modèle de classe précédent.

À l'intérieur d'un modèle de classe pour la classe **X**, qui a été déclaré par

```
template< class T > class X
```

une déclaration d'amitié de la forme

```
friend void f2( X< T > & );
```

pour un type **T** particulier tel que **float** fait de la fonction **f2(X< float > &)** une amie de **X< float >** seulement.

À l'intérieur d'un modèle de classe, vous pouvez déclarer qu'une fonction membre d'une autre classe est une amie de toute classe de modèle générée depuis le modèle de classe. Nommez simplement la fonction membre de l'autre classe, du nom de la première classe et de l'opérateur binaire de résolution de portée (**::**). Par exemple, dans un modèle de classe pour la classe **X**, qui a été déclaré par

```
template< class T > class X
```

une déclaration d'amitié de la forme

```
friend void A::f4();
```

fait de la fonction membre **f4** de la classe **A** une amie de toute classe de modèle instanciée depuis le modèle de classe précédent.

À l'intérieur d'un modèle de classe pour la classe **X** qui a été déclaré par

```
template< class T > class X
```

une déclaration d'amitié de la forme

```
friend void C< T >::f5( X< T > & );
```

pour un type **T** particulier, tel que **float**, fait de la fonction membre

```
C< float >::f5( X< float > & )
```

une fonction amie de la *seule* classe de modèle **X< float >**.

Au sein d'un modèle de classe pour la classe **X**, qui a été déclaré par

```
template< class T > class X
```

une seconde classe **Y** peut être déclarée par

```
friend class Y;
```

rendant toute fonction membre de la classe **Y** amie de toute classe de modèle produite à l'aide du modèle de classe de **X**.

Au sein d'un modèle de classe pour la classe **X**, qui a été déclaré par

```
template< class T > class X
```

une seconde classe **Z** peut être déclarée par

```
friend class Z< T >;
```

ensuite, lorsqu'une classe de modèle est instanciée avec un type particulier de **T** tel que **float**, tous les membres de la **class Z< float >** deviennent amis de la classe de modèle **X< float >**.

12.8 Modèles et membres statiques

Qu'en est-il des membres de données **static**? Rappelez-vous qu'avec une classe non modèle, une copie d'un membre de donnée **static** est partagée parmi tous les objets de la classe, et le membre de donnée **static** doit être initialisé sous la portée du fichier.

Chaque classe de modèle instanciée depuis un modèle de classe a sa propre copie de chaque membre de donnée **static** du modèle de classe; tous les objets bâtis sur cette classe de modèle partagent ce même membre de donnée statique. Comme pour les membres de donnée **static** des classes qui n'ont pas été bâties sur un modèle, les membres de donnée **static** des classes de modèle doivent être initialisés sous la portée du fichier. Chaque classe de modèle reçoit sa propre copie des fonctions membres **static** du modèle de classe.

RÉSUMÉ

- Les modèles permettent de spécifier une panoplie de fonctions connexes (surchargées), appelées «fonctions de modèle», ou une panoplie de classes liées, appelées «classes de modèle».

- Pour utiliser des modèles de fonctions, le programmeur écrit une définition unique de modèle de fonction. Sur la base des types d'arguments demandés lors des appels à ces fonctions, le C++ génère automatiquement des fonctions séparées capables de traiter chacun des appels adéquatement. Ce sont ces fonctions qui sont compilées avec le reste du code source d'un programme.

- Toutes les définitions des modèles de fonction débutent par le mot-clé **template**, suivi des paramètres formels du modèle de fonction, entourés de chevrons (**<** et **>**). Chaque paramètre formel doit être précédé du mot-clé **class** (ou du mot-clé **typename**). Le mot-clé **class** (ou **typename**) utilisé pour spécifier les paramètres de type du modèle de fonction signifie «tout type prédéfini ou type défini par l'utilisateur».

- Les paramètres formels d'une définition de modèle sont employés pour spécifier les types des arguments de la fonction, le type de retour de la fonction et pour déclarer des variables dans la fonction.

- Le nom d'un paramètre formel ne peut être utilisé qu'une seule fois dans la liste de paramètres de l'en-tête d'un modèle. Cependant les noms des paramètres formels ne doivent pas nécessairement être uniques d'une fonction de modèle à l'autre.

- Un modèle de fonction peut être lui-même surchargé de plusieurs manières. Vous pouvez créer d'autres modèles de fonction qui portent le même nom de fonction mais qui utilise des paramètres différents. Un modèle de fonction peut aussi être surchargé en ajoutant d'autres fonctions qui ne sont pas basées sur le modèle, qui portent le même nom de fonction mais avec des paramètres de fonction différents.

- Les modèles de classe fournissent les moyens de décrire une classe de manière générique et d'instancier des classes comme les versions liées à des types spécifiques de la classe générique.

- Les modèles de classe sont appelés types paramétrés; ils requièrent des paramètres de type pour indiquer comment adapter un modèle de classe générique pour former une classe de modèle spécifique.

- Le programmeur qui souhaite mettre en œuvre des classes de modèle n'écrit qu'un seul modèle de classe. Lorsqu'il veut créer une classe d'un type spécifique nouveau, le programmeur utilise une notation concise et le compilateur écrit le code source pour la classe de modèle.

- Une définition de modèle de classe ressemble à la définition d'une classe conventionnelle, à l'exception du fait qu'elle est précédée de **template< class T >** (ou **template< typename T >**), pour indiquer que c'est une définition de modèle de classe dont le paramètre de type **T** indique le type de la classe à créer. Le type **T** est mentionné tout au long de l'en-tête de classe et des définitions des fonctions membres comme étant un nom de type générique.

- Les définitions de fonctions membres extérieures à l'en-tête du modèle de classe commencent chacune par l'en-tête **template< class T >** (ou **template< typename T >**). Ensuite, chacune des définitions de fonctions ressemble à la définition d'une fonction conventionnelle, à l'exception du fait que les données génériques dans la classe sont toujours listées sous la forme de paramètres de type **T**. L'opérateur binaire de résolution de portée, associé au nom du modèle de classe, lie la définition de chaque fonction membre à la portée du modèle de classe, comme dans **NomClasse< T >**.

- Dans l'en-tête d'un modèle de classe, il est possible d'employer des paramètres non typés, c'est-à-dire des paramètres qui n'indiquent pas de remplacement de type.

- Une classe définie pour un type spécifique peut écraser le modèle de classe pour ce type.

- Un modèle de classe peut être dérivé d'une classe de modèle ou d'une classe qui n'est pas bâtie sur un modèle. Une classe de modèle peut dériver d'un modèle de classe. Une classe qui n'est pas bâtie sur un modèle peut également dériver d'un modèle de classe.

- Des fonctions et des classes complètes peuvent être déclarées comme amies (**friend**) de classes qui ne sont pas bâties sur un modèle. Les modèles de classe autorisent la déclaration des arrangements d'amitié des genres triviaux. L'amitié peut être établie entre un modèle de classe et une fonction globale, une fonction membre d'une autre classe (éventuellement une classe de modèle) ou même une classe (éventuellement une classe de modèle) dans sa totalité.

- Chaque classe de modèle, instanciée d'un modèle de classe, dispose de sa propre copie de chaque membre de donnée **static** du modèle de classe; tous les objets de cette classe de modèle partagent ce même et unique membre de donnée **static**. Et comme pour les membres de donnée **static** des classes qui ne sont pas bâties sur des modèles, les membres de donnée **static** des classes de modèle doivent être initialisés sous la portée du fichier.

- Chaque classe de modèle obtient une copie des fonctions membres **static** du modèle de classe.

TERMINOLOGIE

ami d'un modèle	mot-clé **class** dans un paramètre de type de modèle
argument de modèle	
chevrons (**<** et **>**)	mot-clé **template**
classe de modèle	nom de modèle
déclaration de modèle de fonction	nom de modèle de classe
définition de modèle de fonction	paramètre de modèle
fonction de modèle	paramètre de type dans un en-tête de modèle
fonction membre de classe de modèle	paramètre formel dans un en-tête de modèle
fonction membre **static** d'un modèle de classe	paramètre non typé dans un en-tête de modèle
fonction membre **static** d'une classe de modèle	surcharge d'une fonction de modèle
membre de donnée **static** d'un modèle de classe	**template< class T >**
membre de donnée **static** d'une classe de modèle	type paramétré
modèle de classe	**typename**
modèle de fonction	

ERREURS DE PROGRAMMATION COURANTES

12.1   L'absence de **class** (ou du nouveau mot-clé **typename**) avant chaque paramètre de type formel dans un modèle de fonction.

12.2   Si un modèle est appelé avec un type de classe défini par l'utilisateur et si ce modèle utilise des opérateurs (comme **==**, **+**, **<=**, etc.) avec des objets de ce type de classe, alors ces opérateurs doivent également être surchargés! Oublier de surcharger ces opérateurs provoque des erreurs parce que le compilateur, bien sûr, génère des appels aux fonctions d'opérateurs surchargées appropriées, en dépit du fait que ces fonctions n'existent pas.

12.3   Le compilateur exécute un processus de correspondance pour déterminer quelle fonction appeler lorsqu'une fonction est invoquée. Si aucune correspondance exacte n'est possible, ou si le processus trouve des correspondances multiples, une erreur de compilation est générée.

ASTUCES SUR LA PERFORMANCE

12.1   Les modèles offrent certainement l'avantage de la réutilisation de logiciels. Gardez cependant à l'esprit que les fonctions de modèle et les classes de modèle sont toujours instanciées, même si le modèle n'est écrit qu'une seule fois. Ces copies multiples consomment une quantité de mémoire considérable.

12.2   Lorsque cela est possible, on peut spécifier la taille d'une classe de conteneur (telle qu'une classe de tableau ou de pile) au moment de la compilation, en imposant par exemple un paramètre non typé de taille du modèle. Cela élimine la surcharge de temps d'exécution induite par la création dynamique de l'espace de stockage par **new**.

OBSERVATIONS DE GÉNIE LOGICIEL

12.1   Les modèles participent aux caractéristiques de réutilisation de logiciels du C++.

12.2   Les modèles de classes favorisent la réutilisation de logiciels en permettant l'instanciation de versions de types spécifiques d'une classe générique.

12.3   Lorsqu'elle est possible, la spécification de la taille d'un conteneur au moment de la compilation (par exemple en imposant un paramètre non typé de taille de modèle) évite les risques d'erreur fatale de protection générale si **new** est incapable d'obtenir la mémoire nécessaire.

ASTUCE DE TESTS ET DE DÉBOGAGE

12.1   Les modèles de fonction, tout comme les macros, permettent la réutilisation de logiciels mais offrent en plus la possibilité d'éliminer de nombreux types d'erreurs, grâce à l'examen minutieux qu'apporte la vérification complète de type du C++.

EXERCICES DE RÉVISION

12.1   Répondez à chacune des questions suivantes par vrai ou faux. Pour celles auxquelles vous répondez faux, expliquez pourquoi.

a)   Une fonction amie d'un modèle de fonction doit être une fonction de modèle.

b)   Si plusieurs classes de modèle sont générées à partir d'un modèle de classe unique avec un membre de donnée **static** unique, chacune des classes de modèle partagent une seule copie du membre de donnée **static** du modèle de classe.

c)   Une fonction de modèle peut être surchargée par une autre fonction de modèle portant le même nom de fonction.

d)   Le nom d'un paramètre formel peut être utilisé une seule fois dans la liste de paramètres formels de la définition du modèle. Les noms des paramètres formels parmi les définitions de modèles doivent être uniques.

e)   Les mots-clés **class** et **typename**, lorsqu'utilisés avec un paramètre de type de modèle, signifient spécifiquement «toute classe définie par l'utilisateur».

12.2   Complétez les phrases suivantes:

a)   Les modèles permettent de spécifier, en un seul segment de code, une série complète de fonctions liées, appelées _____, ou une série complète de classes liées, appelées _____.

b)   Toutes les définitions de modèles de fonction débutent par le mot-clé _____, suivi d'une liste de paramètres formels du modèle de fonction entourés par des _____.

c)   Les fonctions liées, générées au départ d'un modèle de fonction, ont toutes le même nom, de sorte que le compilateur utilise la résolution de _____ pour invoquer la fonction adéquate.

d)   Les modèles de classe sont également appelés types _____.

e)   L'opérateur _____ est utilisé avec un nom de classe de modèle pour lier chaque définition de fonction membre à la portée du modèle de classe.

f)   Comme pour les membres de donnée **static** des classes qui ne sont pas bâties sur un modèle, les membres de donnée **static** des classes de modèle doivent être initialisés sous la portée du _____.

RÉPONSES AUX EXERCICES DE RÉVISION

12.1 a) Faux. Ce pourrait être une fonction de modèle. b) Faux. Chaque classe de modèle aura une copie du membre de donnée **static**. c) Vrai. d) Faux. Les noms des paramètres formels ne doivent pas être nécessairement uniques d'une fonction de modèle à une autre. e) Faux. Les mots-clés **class** et **typename** dans ce contexte permettent aussi l'usage d'un paramètre de type d'un type prédéfini.

12.2 a) fonctions de modèles, classes de modèle. b) **template**, chevrons (**<** et **>**). c) surcharge. d) paramétrés. e) binaire de résolution de portée. f) fichier.

EXERCICES

12.3 Écrivez un modèle de fonction **triBulle** basé sur le programme de tri de la figure 5.15. Écrivez un programme pilote qui saisit, trie et sort un tableau d'**int** et un tableau de **float**.

12.4 Surchargez le modèle de fonction **afficheTableau** de la figure 12.2, de sorte qu'il accepte deux arguments entiers supplémentaires, nommés **int indiceInf** et **int indiceSup**. Un appel à cette fonction imprime la seule portion de tableau désignée. Validez **indiceInf** et **indiceSup**: si l'un d'eux est hors limites ou si **indiceSup** est inférieur ou égal à **indiceInf**, la fonction surchargée **afficheTableau** doit retourner 0; sinon, **afficheTableau** doit retourner le nombre d'éléments imprimés. Modifiez ensuite **main** pour appliquer les deux versions de **afficheTableau** aux tableaux **a**, **b** et **c**. Assurez-vous de tester toutes les possibilités des deux versions de **afficheTableau**.

12.5 Surchargez le modèle de fonction **afficheTableau** de la figure 12.2 par une version qui n'est pas bâtie sur un modèle et qui imprime spécifiquement un tableau de chaînes de caractères dans une jolie forme tabulaire, sous forme de colonnes.

12.6 Écrivez un modèle de fonction simple de la fonction de test **estEgaleA** qui compare ses deux arguments à l'aide de l'opérateur d'égalité (**==**) et retourne 1 s'ils sont égaux, ou 0 s'ils ne le sont pas. Utilisez ce modèle de fonction dans un programme qui appelle **estEgaleA** seulement avec des types prédéfinis variés. Écrivez ensuite une version distincte de ce programme, qui appelle **estEgaleA** avec un type de classe défini par l'utilisateur, mais qui ne surcharge pas l'opérateur d'égalité. Que se passe-t-il lorsque vous tentez d'exécuter ce programme? Surchargez ensuite l'opérateur d'égalité (en créant une fonction d'opérateur **operator==**). Que se passe-t-il lorsque vous exécutez ce programme?

12.7 Utilisez un paramètre non typé **nombreElements** et un paramètre de type **typeElement** pour faciliter la création d'un modèle de la classe **Tableau** que nous avons développée au chapitre 8, *Surcharge des opérateurs*. Ce modèle permettra d'instancier les objets **Tableau** avec un nombre déterminé d'éléments (d'un type spécifié) au moment de la compilation.

12.8 Écrivez un programme utilisant le modèle de classe **Tableau**. Le modèle peut instancier un **Tableau** de n'importe quel type d'élément. Surchargez le modèle par une définition particulière destinée à un **Tableau** d'éléments **float** (**class Tableau< float >**). Le pilote doit présenter l'instanciation d'un **Tableau** d'**int** via le modèle et doit montrer qu'une tentative d'instanciation d'un **Tableau** de **float** utilise la définition fournie dans **class Tableau< float >**.

12.9 Expliquez la distinction entre les termes «modèle de fonction» et «fonction de modèle».

12.10 Lequel peut-on considérer comme un pochoir: le modèle de classe ou la classe de modèle? Développez votre réponse.

12.11 Quelle est la relation entre modèles de fonction et surcharge?

12.12 Pourquoi choisiriez-vous d'utiliser un modèle de fonction plutôt qu'une macro?

12.13 Quel problème de performance peut résulter de l'utilisation de modèles de fonction et de modèles de classe?

12.14 Le compilateur effectue un processus de comparaison pour déterminer quelle fonction de modèle appeler lorsqu'une fonction est invoquée. Dans quelles circonstances une telle tentative d'adéquation peut-elle provoquer une erreur de compilation?

12.15 Pourquoi est-il approprié d'appeler un modèle de classe un «*type paramétré*»?

12.16 Expliquez pourquoi vous pourriez utiliser l'instruction suivante dans un programme en C++:

```
Tableau< Employe > listeOuvrier( 100 );
```

12.17 Révisez votre réponse à l'exercice 12.16. Maintenant, pourquoi pourriez-vous utiliser l'instruction suivante dans un programme en C++?

```
Tableau< Employe > listeOuvrier;
```

12.18 Expliquez l'usage de la notation suivante dans un programme en C++:

```
template< class T > Tableau< T >::Tableau( int s )
```

12.19 Pourquoi, et pour quel cas typique, utiliseriez-vous un paramètre non typé dans un modèle de classe pour un conteneur tel qu'un tableau ou une pile?

12.20 Expliquez comment fournir une classe d'un type déterminé pour écraser le modèle de classe pour ce type.

12.21 Décrivez la relation entre modèles de classe et héritage.

12.22 Supposez qu'un modèle de classe présente l'en-tête:

```
template< class T1 > class C1
```

Décrivez les relations d'amitié établies en plaçant chacune des déclarations d'amitié suivantes dans cet en-tête de modèle de classe. Les identifiants débutant par «**f**» sont des fonctions, ceux commençant par «**C**» sont des classes et ceux qui commencent par «**T**» peuvent représenter n'importe quel type (c'est-à-dire des types prédéfinis ou des types de classe).

    a) **friend void f1();**
    b) **friend void f2(C1< T1 > &);**
    c) **friend void C2::f4();**
    d) **friend void C3< T1 >::f5(C1< T1 > &);**
    e) **friend class C5;**
    f) **friend class C6< T1 >;**

12.23 Supposez que le modèle de classe **Employe** comporte un membre de donnée **static compte**. Supposez que trois classes de modèle sont instanciées à partir du modèle de classe. Combien de copies du membre de donnée **static** pourrons-nous retrouver? Quelles seront les contraintes d'usage de chacune d'elles, si contrainte il y a, bien entendu?

13

Traitement
des exceptions

Objectifs

- Utiliser **try**, **throw** et **catch** pour surveiller, indiquer et traiter les exceptions, respectivement.

- Traiter les exceptions non capturées et inattendues.

- Gérer les défaillances de l'opérateur **new**.

- Utiliser **auto_ptr** pour éviter les pertes de mémoire.

- Comprendre la hiérarchie standard d'exceptions.

Introduction à la
**CONCEPTION
ORIENTÉE OBJETS**
avec l' **UML**™

Ms. Kilo

Aperçu

13.1 Introduction

Ce chapitre introduit le *traitement d'exceptions*. L'extensibilité du C++ peut accroître considérablement le nombre et les genres d'erreurs qui peuvent se produire. Les caractéristiques présentées ici permettent aux programmeurs d'écrire des programmes plus clairs, plus robustes et plus tolérants aux pannes. Les systèmes récents, développés avec ces techniques et (ou) des techniques semblables, ont démontré des résultats positifs. Ce chapitre mentionne également les cas où le traitement d'exceptions ne peut pas être mis en œuvre.

Le style et les détails du traitement des exceptions proposés dans ce chapitre sont basés sur les travaux d'Andrew Koenig et de Bjarne Stroustrup tels qu'ils les ont présentés dans leur article, *Exception Handling for C++*, publié lors de la conférence «Proceedings of the USENIX C++», qui s'est déroulée en avril 1990 à San Francisco.

Le code de traitement des erreurs varie en nature et en volume selon les logiciels, en fonction de l'application et du fait que le logiciel soit prévu ou non pour la vente, les produits commerciaux ayant tendance à contenir beaucoup plus de code de traitement des erreurs qu'un logiciel «occasionnel».

Des moyens très populaires permettent de gérer les erreurs. Le plus souvent, le code de traitement des erreurs est dispersé et imbriqué tout au long du code du système. Les erreurs sont gérées là où ces erreurs sont le plus susceptibles de se produire. Le grand avantage de cette approche est qu'un programmeur qui lit le code peut voir le traitement d'erreur dans le voisinage immédiat du code et déterminer si une vérification adéquate des erreurs a été mise en place.

Le problème de ce schéma est que le code est en quelque sorte «pollué» par le traitement d'erreurs. Le programmeur concerné par l'application elle-même éprouve beaucoup de difficulté à lire le code et à vérifier que ce dernier fonctionne correctement. Ceci rend en fait le code plus difficile à comprendre et à maintenir.

Parmi les exemples communs d'exceptions, citons la défaillance qu'essuie **new** à obtenir la quantité de mémoire demandée, un dépassement de limite que tente un indice de tableau, un dépassement de capacité, la division par zéro et des paramètres de fonction non valables.

Les caractéristiques de traitement des exceptions du C++ permettent au programmeur de retirer le code de traitement des erreurs du «flot principal» d'exécution d'un programme. Ceci améliore la lisibilité et le caractère modifiable des programmes. Le style de traitement des exceptions du C++ permet de capturer toutes les exceptions, toutes celles d'un type donné ou toutes celles d'un type connexe à un type. Ceci rend les programmes plus robustes, en réduisant la probabilité qu'ils puissent «rater» les erreurs. Le traitement des exceptions est mis à disposition des programmes pour leur permettre de capturer les erreurs et de les traiter, au lieu de les laisser se produire et d'en subir les conséquences. Si le programmeur ne fournit pas le moyen de traiter une erreur fatale, au moins le programme s'arrête.

Le traitement des exceptions est conçu pour traiter les *erreurs synchrones* telles qu'une tentative de division par zéro (un cas qui peut survenir lorsqu'un programme exécute l'instruction de division). Dans le cadre du traitement des exceptions, avant que le programme n'exécute la division, il vérifie le dénominateur et «lance» (*throw* en anglais), «lève» ou émet une exception si le dénominateur vaut zéro.

Le traitement d'exceptions n'est pas conçu pour gérer les situations asynchrones, telles que l'achèvement d'une opération d'entrée-sortie sur disque, les arrivées de message réseau, les clics sur un bouton de souris ni quoi que ce soit de ce genre, ces événements étant mieux gérés par d'autres moyens, comme le traitement d'interruptions.

Le traitement des exceptions est utilisé dans des situations où le système peut restaurer son état fonctionnel à partir de l'erreur qui a provoqué l'exception. La procédure de récupération est appelée *gestionnaire d'exceptions* («*exception handler*» en anglais).

Le traitement des exceptions est habituellement utilisé dans les cas où l'erreur est traitée par une autre partie du programme, c'est-à-dire à un autre niveau, que celle qui l'a détectée. Un programme chargé du dialogue interactif avec un utilisateur ne devrait pas utiliser les exceptions pour traiter des erreurs de saisie.

Le traitement des exceptions est tout particulièrement adapté aux situations où le programme ne pourra pas recouvrer un état stable et a besoin d'un nettoyage en bon ordre avant de s'arrêter «gracieusement».

Bonne pratique de programmation 13.1

Utilisez les exceptions pour les erreurs qui doivent être traitées à un niveau différent de celui où elles se produisent. Employez par contre d'autres méthodes de gestion des erreurs s'il faut les traiter dans la même portée que celle où elles se produisent.

Bonne pratique de programmation 13.2

Évitez de faire appel au traitement d'exceptions à des fins autres que celle du traitement des erreurs, car cela peut réduire la clarté des programmes.

Une autre raison plaide contre l'utilisation des techniques de traitement des exceptions dans le pilotage conventionnel des programmes: le traitement des exceptions est conçu pour la gestion des erreurs, activité peu fréquente qui se produit essentiellement lorsqu'un programme est sur le point de s'arrêter. Ceci étant dit, les concepteurs de compilateur C++ ne sont pas obligés de mettre en œuvre un traitement d'exceptions pour le genre de performances optimales que l'on peut attendre d'un code d'application normal.

Astuce sur la performance 13.1

Même s'il est possible d'utiliser le traitement des exceptions à des fins autres que la gestion des erreurs, cela réduit les performances des programmes.

Astuce sur la performance 13.2

Le traitement des exceptions est généralement mis en œuvre dans les compilateurs de telle manière que, lorsqu'une exception ne se produit pas, peu de charge supplémentaire est imposée par la présence du code de traitement d'exceptions, voire aucune. Lorsque des exceptions se produisent, elles entraînent une augmentation du temps d'exécution. La présence de code de traitement des exceptions induit cependant de façon certaine une surconsommation de mémoire de la part du programme.

Observation de génie logiciel 13.1

Le contrôle de flux à l'aide des structures conventionnelles de pilotage est généralement plus clair et plus efficace qu'avec les exceptions.

Erreur de programmation courante 13.1

Une autre raison qui fait que les exceptions peuvent être dangereuses lorsqu'elles se substituent au flot de contrôle normal est que la pile est sollicitée et que les ressources allouées avant l'apparition de l'exception risquent de ne pas être libérées. Une programmation soignée évite ce genre de problème.

Le traitement d'exceptions améliore la tolérance des programmes aux pannes. L'écriture de code de traitement des erreurs devient plus agréable, de sorte que les programmeurs sont de plus en plus enclins à en fournir. Il devient ainsi possible de capturer des exceptions selon des moyens variés, tels que par type ou, même, de spécifier la capture des exceptions de tous types.

La plupart des programmes écrits à ce jour ne prennent en charge qu'un seul fil (ou *thread*) d'exécution. Le traitement multithread est le sujet de beaucoup d'attention dans les systèmes d'exploitation récents, tels que Windows NT, OS/2 et les diverses versions de UNIX. Les techniques présentées dans ce chapitre s'appliquent tout autant aux programmes multithreads, bien que nous ne traitions pas de manière explicite de ces derniers.

Nous verrons comment traiter les exceptions non interceptées et les exceptions inattendues. Nous montrerons comment les exceptions peuvent être représentées par des classes d'exceptions dérivées d'une classe d'exceptions de base commune.

Les caractéristiques de traitement des exceptions du C++ sont de plus en plus largement utilisées, en conséquence de l'effort de normalisation du C++. La normalisation est tout particulièrement importante dans de grands projets où des dizaines, voire des centaines de personnes travaillent sur les composants séparés d'un système, où ces composants doivent interagir afin que le système global fonctionne correctement.

Observation de génie logiciel 13.2

Le traitement des exceptions est très bien adapté aux systèmes construits sur la base de composants développés de manière distincte, car il facilite la combinaison de ces composants. Chaque composant effectue sa propre détection d'exceptions, distincte du traitement de ces exceptions sous une autre portée.

On peut voir le traitement des exceptions comme une autre façon de rendre le contrôle en retour d'une fonction ou de quitter un bloc de code existant. Normalement, lorsqu'une exception survient, elle est traitée par l'appelant de la fonction dans laquelle elle se produit, par un appelant de cet appelant, et ainsi de suite, aussi loin qu'il faille remonter dans la chaîne des appels pour trouver un gestionnaire de cette exception.

13.2 Quand utiliser le traitement d'exceptions

Le traitement des exceptions n'est destiné à gérer que des situations exceptionnelles, en dépit du fait que rien n'empêche le programmeur d'utiliser les exceptions comme alternative au contrôle de programme; à traiter les exceptions pour le compte de composants de programme qui ne sont pas impliqués dans la résolution directe de ces exceptions; à gérer les exceptions en provenance de composants logiciels tels que des fonctions, des bibliothèques, des classes, fréquemment utilisées et qu'il serait peu commode de charger du traitement de leurs propres exceptions; à gérer le traitement des erreurs dans de grands projets, d'une manière uniforme, aménagée sur la totalité du projet.

Bonne pratique de programmation 13.3

Utilisez les techniques conventionnelles de traitement des erreurs plutôt que le traitement d'exceptions, afin d'assurer un traitement direct, local, des erreurs dans tout programme où il est aisé de traiter ses propres erreurs.

Observation de génie logiciel 13.3

Lorsqu'il s'agit de bibliothèques, l'appelant d'une fonction de bibliothèque envisage très probablement le traitement d'un seul type d'erreur pour une exception générée dans la fonction de bibliothèque. Il est très improbable qu'une fonction de bibliothèque puisse proposer un traitement d'erreur qui satisfasse tous les utilisateurs de cette fonction. De ce fait, les exceptions constituent une méthode appropriée de gestion des erreurs dont les fonctions de bibliothèque sont la source.

13.3 Autres techniques de traitement des erreurs

Nous avons présenté des méthodes variées de traitement des situations exceptionnelles avant ce chapitre. Voici un résumé de ces techniques, ainsi que d'autres, très utiles:

* Utiliser **assert** (affirmer) pour tester le codage et la conception des erreurs. Si une affirmation est fausse, le programme se termine et le code doit être corrigé. Ceci est très utile au moment du débogage.

* Ignorer tout simplement les exceptions. Ceci serait dévastateur pour des produits logiciels destinés au grand public ou dans le cas de logiciels à usage très spécifique, dont le rôle serait d'assurer des missions cruciales; mais pour tout logiciel développé pour votre propre usage, il est plus sage d'ignorer toutes les sortes d'erreurs, sauf les plus probables.

* Interrompre le programme. Ceci évite que le programme continue à s'exécuter jusqu'à l'achèvement et qu'il produise des résultats erronés. Cette stratégie est réellement bonne pour de nombreux types d'erreurs, surtout dans le cas des erreurs non fatales qui permettent au programme de s'exécuter au complet, mais laissent peut-être croire au programmeur que le programme a fonctionné correctement. Ici aussi, une telle stratégie n'est pas appropriée aux applications cruciales. Les aspects ressources sont également très importants dans ce contexte. Si un programme obtient une ressource, il doit normalement restituer cette ressource avant son achèvement.

Erreur de programmation courante 13.2

Arrêter un programme brutalement peut laisser une ressource dans un état qui ne permette à aucun autre programme d'y accéder, entraînant ce que l'on appelle une «fuite de ressources».

* Activer un quelconque indicateur d'erreur. Le problème vient du fait que le programme risque de ne pas vérifier les indicateurs d'erreur à tous les points d'articulation où des erreurs peuvent générer des problèmes.

* Tester la condition d'erreur, émettre un message d'erreur et appeler **exit** pour transmettre un code d'erreur adéquat à l'environnement du programme.

* **setjump** et **longjump**. Ces possibilités, disponibles par l'entremise de **<csetjmp>**, permettent au programmeur de spécifier un saut immédiat en dehors d'une structure d'appels de fonctions

imbriqués vers un gestionnaire d'erreurs. Sans **setjump** et **longjump**, un programme doit exécuter plusieurs retours pour sortir de la structure d'appels. Ces deux fonctions permettent, certes, de sauter vers un quelconque gestionnaire d'erreurs, mais elles sont dangereuses en C++ car elles dépilent la pile sans pour autant appeler les destructeurs des objets automatiques, avec pour conséquence de sérieux problèmes en perspective.

- Certains types d'erreurs bien spécifiques proposent des possibilités de les traiter. Par exemple, lorsque **new** échoue dans une tentative d'allocation mémoire, il peut conduire à l'exécution d'une fonction **new handler** pour traiter l'erreur. Cette fonction peut varier légèrement si on fournit le nom d'une fonction comme argument à **set new handler**. Nous étudierons en détail la fonction **set_new_handler** à la section 13.14.

13.4 Bases du traitement des exceptions en C++: `try`, `throw`, `catch`

Le traitement d'exceptions de C++ entre en action dans les situations où la fonction qui détecte une erreur est incapable de la traiter. Une telle fonction *lance une exception*. Il n'existe aucune garantie qu'il y aura quoi que ce soit à l'arrivée, à savoir: un *gestionnaire d'exceptions* spécialement prévu pour traiter ce genre d'exception. Si un tel gestionnaire existe, l'exception est *capturée* et *traitée*; sinon, le programme se termine immédiatement.

Le programmeur enferme dans un *bloc* **try** le code qui peut générer une erreur produisant une exception. Le bloc **try** est suivi d'un ou plusieurs *blocs* **catch**. Chaque bloc **catch** spécifie le type d'exception qu'il peut intercepter et traiter et contient un gestionnaire d'exception(s). Si l'exception correspond au type de paramètre d'un des blocs **catch**, le code de ce bloc **catch** est exécuté. Sinon, le mécanisme d'exception recherche un gestionnaire dans tout bloc **try** qui renferme ce bloc. Si aucun gestionnaire n'est trouvé, la fonction **terminate** qui, par défaut, appelle la fonction **abort** («avorter»), est appelée.

Le contrôle du programme sur une exception lancée quitte le bloc **try** et recherche, dans l'ordre, un gestionnaire adéquat dans les blocs **catch** (nous expliquerons bientôt ce qui rend un gestionnaire «adéquat»). Si aucune exception n'est lancée dans le bloc **try**, les gestionnaires d'exceptions de ce bloc sont éludés et le programme reprend son exécution à la suite du dernier bloc **catch**.

On peut définir les exceptions qu'une fonction lance. En option, il est aussi possible d'indiquer qu'une fonction ne lancera pas d'exception du tout.

L'exception est lancée dans un bloc **try** de la fonction ou depuis une fonction appelée directement ou indirectement depuis le bloc **try**. Le point à partir duquel le **throw** est exécuté se nomme *point de lancement*. Ce terme s'utilise également pour décrire l'expression de lancement. Une fois qu'une exception est lancée, l'exécution ne peut plus reprendre au point de lancement.

Lorsqu'une exception se produit, il est possible de communiquer des informations au gestionnaire d'exceptions depuis le point de lancement. Ces informations sont soit le type de l'objet lancé lui-même, soit les informations placées dans l'objet lancé.

L'objet lancé est habituellement une chaîne de caractères (un message d'erreur par exemple) ou un objet de classe. L'objet lancé convoie les informations au gestionnaire qui traitera cette exception.

Observation de génie logiciel 13.4

Une des clés du traitement des exceptions est que la portion d'un programme ou d'un système qui traite l'exception peut être totalement différente ou très distante de la portion du programme qui détecte et génère la situation exceptionnelle.

13.5 Exemple simple de traitement d'exceptions: la division par zéro

Considérons maintenant un exemple simple de traitement d'exceptions. Le programme de la figure 13.1 utilise **try**, **throw** et **catch** pour détecter une division par zéro, signaler une exception de division par zéro et la traiter.

```
1    // Figure 13.1: fig13_01.cpp
2    // Un exemple simple de traitement d'exception.
3    // Vérification d'une exception de division par zéro.
4    #include <iostream>
5
6    using std::cout;
7    using std::cin;
8    using std::endl;
9
10   // Classe ExceptionDivisionParZero à utiliser dans la gestion d'exception
11   // pour le lancement d'une exception lors d'une division par zéro.
12   class ExceptionDivisionParZero {
13   public:
14      ExceptionDivisionParZero()
15        : message( "tentative de division par zéro" ) { }
16      const char *quoi() const { return message; }
17   private:
18      const char *message;
19   };
20
21   // Définition de la fonction quotient. Ceci montre le lancement d'une
22   // exception lorsqu'une exception division par zéro est rencontrée.
23   double quotient( int numerateur, int denominateur )
24   {
25      if ( denominateur == 0 )
26         throw ExceptionDivisionParZero();
27
28      return static_cast< double > ( numerateur ) / denominateur;
29   }
30
31   // Programme de pilotage.
32   int main()
33   {
34      int nombre1, nombre2;
35      double resultat;
36
37      cout << "Entrez deux entiers (fin de fichier pour terminer): ";
38
39      while ( cin >> nombre1 >> nombre2 ) {
40
41         // Le bloc try contient le code susceptible de lancer
42         // une exception et le code qui ne doit pas être exécuté
43         // si une exception se produit.
44         try {
45            resultat = quotient( nombre1, nombre2 );
46            cout << "Le quotient vaut: "<< resultat << endl;
47         }
48         catch ( ExceptionDivisionParZero ex ) { // Gestionnaire d'exceptions.
49            cout << "Exception rencontrée: "<< ex.quoi() << '\n';
50         }
51
52         cout << "\nEntrez deux entiers (fin de fichier pour terminer): ";
53      }
54
55      cout << endl;
56      return 0;       // achèvement normal.
57   }
```

Figure 13.1   Un exemple simple de traitement d'exceptions portant sur la division
par zéro. (1 de 2)

```
Entrez deux entiers (fin de fichier pour terminer): 100 7
Le quotient vaut: 14.2857

Entrez deux entiers (fin de fichier pour terminer): 100 0
Exception rencontrée: tentative de division par zéro

Entrez deux entiers (fin de fichier pour terminer): 33 9
Le quotient vaut: 3.66667

Entrez deux entiers (fin de fichier pour terminer):
```

Figure 13.1   Un exemple simple de traitement d'exceptions portant sur la division par zéro. (2 de 2)

Considérons maintenant le programme de pilotage de **main**. Remarquez la déclaration «localisée» de **nombre1** et **nombre2**.

Le programme procède ensuite à un bloc **try** (ligne 44) qui couvre le code capable de lancer une exception. Remarquez que la division réelle qui peut causer l'erreur n'est pas explicitement reprise dans le bloc **try**. Au lieu de cela, l'appel à la fonction **quotient** reprend le code qui tente la véritable division. La fonction **quotient** définie aux lignes 23 à 29 lance effectivement l'objet exception de division par zéro que nous allons voir un peu plus loin. En général, les erreurs surgissent d'un code mentionné de façon explicite dans le bloc **try**, via des appels à une fonction ou, même, via des appels profondément imbriqués de fonctions, initialisés par le code contenu dans le bloc **try**.

Le bloc **try** est immédiatement suivi par un bloc **catch** contenant le gestionnaire d'exceptions pour l'erreur de division par zéro. En général, lorsqu'une exception est lancée au sein d'un bloc **try**, l'exception est interceptée par un bloc **catch**, qui spécifie le type approprié correspondant à l'exception lancée. À la figure 13.1, le bloc **catch** spécifie qu'il intercepte des objets exception du type **ExceptionDivisionParZero**; ce type correspond au type de l'objet lancé dans la fonction **quotient**. Le corps de ce gestionnaire d'exceptions affiche un message d'erreur renvoyé par un appel à la fonction **quoi**. Les gestionnaires d'exceptions sont généralement bien plus élaborés que cela.

Si, à l'exécution, le code du bloc **try** ne lance pas d'exception, alors tous les gestionnaires **catch** qui suivent immédiatement le bloc **try** sont éludés et l'exécution reprend à la première ligne de code suivant les gestionnaires **catch**; à la figure 13.1, une instruction **return**, retournant 0, est exécutée pour signifier l'achèvement normal du programme.

Examinons maintenant les définitions de la classe **ExceptionDivisionParZero** et de la fonction **quotient**. Lorsque l'instruction **if** dans la fonction **quotient** détermine que le dénominateur vaut zéro, le corps de l'instruction **if** produit une instruction de lancement qui spécifie le nom du constructeur de l'objet exception. Ceci entraîne la création d'un objet de la classe **ExceptionDivisionParZero**. Cet objet sera intercepté par l'instruction **catch** (qui porte sur le type **ExceptionDivisionParZero**) située après le bloc **try**. Le constructeur de la classe **ExceptionDivisionParZero** fait simplement en sorte que le membre de donnée **message** pointe vers la chaîne de caractères **"tentative de division par zéro"**. L'objet lancé est reçu dans le paramètre indiqué dans le gestionnaire **catch** (le paramètre **ex** dans ce cas-ci) et le message est affiché par l'intermédiaire d'un appel à la fonction **quoi** d'accès **public**.

Bonne pratique de programmation 13.4

Associer chaque type d'erreur d'exécution à un objet nommé de manière convenable améliore la clarté des programmes.

13.6 Lancement d'une exception

Le mot-clé **throw** est utilisé pour indiquer qu'une exception a eu lieu. On parle alors du *lancement d'une exception*. Le lancement spécifie normalement un opérande (un cas spécial dont nous traiterons plus loin n'en spécifie aucun). L'opérande d'un **throw** peut être de n'importe quel type. Si l'opérande est un objet, on l'appelle *objet exception*. Une expression conditionnelle peut être lancée à la place d'un objet. On peut également lancer des objets qui ne sont pas destinés au traitement d'erreurs.

Quand une exception est-elle interceptée? Au moment du lancement, l'exception est capturée par le plus proche gestionnaire d'exceptions (par rapport au bloc **try** à partir duquel l'exception a été lancée) qui spécifie un type approprié. Les gestionnaires d'exceptions associés à un bloc **try** sont repris à la suite immédiate du bloc **try**.

Dans le cadre du lancement d'une exception, une copie temporaire de l'opérande de **throw** est créée et initialisée. Cet objet temporaire initialise ensuite le paramètre du gestionnaire de l'exception. Cet objet temporaire est détruit lorsque le gestionnaire d'exceptions achève son exécution et rend la main.

Observation de génie logiciel 13.5

*S'il est nécessaire de transmettre des informations relatives à l'erreur responsable de l'exception, ces informations peuvent être placées dans l'objet lancé. Le gestionnaire **catch** doit alors contenir le nom d'un paramètre qui permet de référencer ces informations.*

Observation de génie logiciel 13.6

Un objet peut être lancé sans qu'aucune information ne transite. Dans ce cas, le simple fait de savoir qu'une exception d'un type donné a été lancée peut fournir une information suffisante pour que le gestionnaire puisse effectuer son travail correctement.

Lorsqu'une exception est lancée, le contrôle quitte le bloc **try** en cours pour exécuter un gestionnaire **catch** approprié (s'il en existe un) placé à la suite du bloc **try**. Il est possible que le point de lancement soit situé profondément dans une portée très imbriquée au sein d'un bloc **try**; le contrôle exécute néanmoins le gestionnaire **catch**. Il est également possible que le point de lancement se trouve dans un appel de fonction profondément imbriqué; quoi qu'il en soit, le contrôle exécute le gestionnaire **catch**.

Un bloc **try** peut sembler démuni d'un contrôle d'erreur et n'inclure aucune instruction **throw**; pourtant, le code référencé dans le bloc **try** peut très bien provoquer l'exécution d'un code de contrôle d'erreur placé dans des constructeurs. Le code d'un bloc **try** peut effectuer un indiçage sur un objet de classe tableau, dont la fonction membre **operator[]** pourrait être surchargée, de manière à lancer une exception lorsqu'une erreur de dépassement d'indice se produit. Tout appel de fonction peut invoquer du code capable de provoquer le lancement d'une exception ou d'appeler une autre fonction qui lance une exception.

Bien qu'une exception puisse provoquer l'arrêt de l'exécution du programme, ceci n'est pas obligatoire. Cependant, une exception provoque la sortie du bloc dans lequel l'exception s'est produite.

Erreur de programmation courante 13.3

*Les exceptions ne peuvent être lancées que de l'intérieur de blocs **try**. Une exception lancée de l'extérieur d'un bloc **try** provoque un appel à **terminate** (fin du programme).*

Erreur de programmation courante 13.4

*Il est possible de lancer une expression conditionnelle, mais soyez prudent lors de son utilisation, car les règles de promotion peuvent avoir pour conséquence que la valeur retournée par l'expression conditionnelle soit d'un type différent de celui que vous attendiez. Par exemple, si vous lancez un **int** ou un **double** depuis la même expression conditionnelle, cette dernière convertit l'**int** en un **double**. Dès lors, le résultat sera toujours intercepté par un **catch** avec un argument **double** au lieu d'intercepter tantôt un **double** (pour un véritable double), tantôt un **int**.*

13.7 Capture d'une exception

Les gestionnaires d'exceptions sont contenus dans des blocs **catch**. Chaque bloc **catch** débute par le mot clé **catch**, suivi, entre parenthèses, d'un type (indiquant le type de l'exception que le bloc **catch** gère) et, en option, du nom d'un paramètre. Viennent ensuite des accolades qui permettent de délimiter le code de gestion de l'exception. Lorsqu'une exception est interceptée, le code de ce bloc **catch** est exécuté.

Le gestionnaire **catch** définit sa propre portée. Un **catch** spécifie entre parenthèses le type de l'objet à intercepter. Le paramètre d'un gestionnaire **catch** peut porter ou ne pas porter de nom. S'il porte un nom, il est référencé dans le gestionnaire. S'il n'est pas nommé, c'est-à-dire que seul un type est indiqué à des fins de correspondance avec le type de l'objet lancé, alors aucune information n'est convoyée du point de lancementau gestionnaire. Pour nombre d'exceptions, ceci est tout à fait acceptable.

Erreur de programmation courante 13.5

La spécification d'une liste d'arguments de capture séparés par des virgules est une erreur de syntaxe.

Une exception dont le type d'objet lancé correspond au type de l'argument d'un en-tête **catch**provoque l'exécution du bloc **catch**, c'est-à-dire du gestionnaire d'exceptions de ce type.

Le gestionnaire de capture qui intercepte une exception est le premier de la liste des blocs **catch** placés après le bloc **try** actif qui correspond exactement au type de l'objet lancé. Les règles de correspondance exacte seront traitées un peu plus loin.

Une exception qui n'est pas interceptée provoque un appel à **terminate** qui, par défaut, quitte le programme par un appel à **abort**. Il est possible de spécifier un comportement plus adapté en désignant une autre fonction à exécuter: il suffit de fournir le nom de cette fonction comme argument d'un appel à la fonction **set_terminate**.

Un **catch**, suivi de parenthèses entourant trois petits points, indique qu'il capture toutes les exceptions:

```
catch( ... )
```

Erreur de programmation courante 13.6

*Placer le **catch(...)** avant d'autres blocs **catch** empêche l'exécution de ces blocs. Par conséquent, il faut toujours mettre **catch(...)** à la fin de la liste des gestionnaires qui suivent un bloc **try**.*

Observation de génie logiciel 13.7

*Une faiblesse de la capture d'exceptions par **catch(...)** est que vous ne pouvez normalement jamais être certain du type de l'exception lancée. Une autre faiblesse provient du fait que, sans paramètre nommé, il est impossible de référencer l'objet exception au sein du gestionnaire d'exceptions.*

Il est possible qu'aucun gestionnaire ne corresponde exactement à un objet lancé particulier. Ceci provoque la recherche d'une correspondance exacte dans le bloc **try** suivant qui englobe celui en cours. Si ce processus se poursuit, il se peut qu'aucun gestionnaire dans le programme ne concorde avec l'objet lancé. Dans ce cas, la fonction **terminate** qui, par défaut, appelle la fonction **abort** est appelée

Les gestionnaires d'exceptions sont parcourus de façon à retrouver une correspondance exacte. Le premier gestionnaire qui propose une correspondance exacte est exécuté. À la fin de son exécution, le contrôle revient à la première instruction qui suit la fin du dernier bloc **catch** ou, en d'autres termes, à la première instruction placée après le dernier bloc **catch** associé à ce bloc **try**.

Il se peut que plusieurs gestionnaires d'exceptions fournissent une correspondance acceptable au type de l'exception lancée. Dans ce cas, le premier gestionnaire d'exceptions qui concorde avec le type d'exception lancé est exécuté. Si plusieurs gestionnaires correspondent et si chacun d'eux gère l'exception de manière différente, alors l'ordre des gestionnaires définit la manière dont l'exception est traitée.

Le fait que plusieurs gestionnaires contiennent un type de classe correspondant au type d'un objet lancé particulier peut se produire et ceci pour plusieurs raisons. D'abord, un gestionnaire **catch(...)** interceptant toutes les exceptions peut être présent. Ensuite, du fait des hiérarchies d'héritage, il est possible qu'un objet dérivé d'une classe soit capturé par un gestionnaire spécifiant le type dérivé ou par des gestionnaires spécifiant le type de n'importe quelle classe de base de cette classe dérivée.

Erreur de programmation courante 13.7

*Placer un **catch** qui capture un objet de classe de base avant un **catch** qui capture un objet d'une classe dérivée de cette classe de base est une erreur de logique. Le **catch** de la classe de base capture en effet tous les objets des classes dérivées de cette classe de base, de sorte que le **catch** de la classe dérivée ne pourrait jamais être exécuté.*

Astuce de tests et de débogage 13.1

*Le programmeur détermine l'ordre dans lequel les gestionnaires d'exceptions sont listés. Cet ordre peut affecter la manière dont les exceptions originaires d'un bloc **try** sont gérées. Si vous obtenez un comportement inattendu de votre programme lorsqu'il gère les exceptions, assurez-vous qu'un bloc **catch** antérieur n'intercepte ni ne gère les exceptions avant qu'elles atteignent le gestionnaire de capture prévu.*

Un programme peut parfois traiter de nombreux types d'exceptions connexes. Au lieu de fournir des classes d'exceptions séparées et des gestionnaires **catch** pour chacune d'elles, le programmeur peut créer une seule classe d'exceptions et un gestionnaire **catch** pour un groupe d'exceptions. Lorsque chaque exception se produit, l'objet exception peut être créé avec des données privées différentes. Le gestionnaire **catch** peut alors examiner ces données privées du paramètre qu'il reçoit, pour distinguer le type de l'exception.

Quand une concordance exacte se produit-elle? Le type du paramètre du gestionnaire **catch** correspond exactement au type de l'objet lancé si:

- ils sont effectivement du même type;
- le type du paramètre du gestionnaire **catch** est une classe de base publique de la classe de l'objet lancé;
- le paramètre du gestionnaire est un type de référence ou de pointeur d'une classe de base et l'objet lancé est une référence ou un pointeur d'une classe dérivée de cette classe de base;
- le gestionnaire **catch** est de la forme **catch(...)**.

Erreur de programmation courante 13.8

*Placer un gestionnaire d'exceptions avec un type d'argument **void** * avant les gestionnaires d'exceptions utilisant d'autres types de pointeurs provoque une erreur de logique. En effet, le gestionnaire **void** * intercepterait toutes les exceptions de type pointeur, de sorte que les autres gestionnaires ne pourraient jamais être exécutés. Seul un **catch(...)** peut suivre un **catch(void *)**.*

La correspondance exacte de type est nécessaire. Aucune promotion ni conversion n'est effectuée lors de la recherche d'un gestionnaire, à l'exception des conversions de classe dérivée en classe de base.

Il est possible de lancer des objets **const**. Dans ce cas, le type de l'argument du gestionnaire **catch** doit également être déclaré comme **const**.

Par défaut, si aucun gestionnaire n'est trouvé pour une exception, le programme se termine brutalement. Bien que ceci puisse sembler une bonne chose, ce n'est pas nécessairement ce que les programmeurs ont l'habitude de faire. Au lieu de ceci, il arrive souvent que des erreurs se produisent simplement et que l'exécution du programme se poursuivre, parfois de façon «boiteuse».

Un bloc **try** suivi de plusieurs captures ressemble à une instruction **switch**. Il n'est pas nécessaire d'utiliser **break** pour sortir d'un gestionnaire d'exceptions d'une manière qui élude le reste des gestionnaires présents. Chaque bloc **catch** définit une portée distincte du reste, tandis que tous les **case** d'une instruction **switch** sont contenus dans la portée globale du **switch**.

Erreur de programmation courante 13.9

*Placer un point-virgule après un bloc **try** ou après n'importe quel gestionnaire **catch** (autre que le dernier bloc **catch**) à la suite du bloc **try** est une erreur de syntaxe.*

Un gestionnaire d'exceptions ne peut accéder à des objets automatiques définis au sein de son bloc **try** parce que, lorsque l'exception se produit, le bloc **try** est quitté et tous les objets automatiques définis dans ce bloc sont détruits avant que le gestionnaire commence son exécution.

Que se passe-t-il lorsqu'une exception se produit dans un gestionnaire d'exceptions? L'exception qui a été capturée à l'origine est officiellement gérée lorsque le gestionnaire d'exceptions commence son exécution. Ainsi, si des exceptions se produisent dans un gestionnaire d'exceptions, elles doivent être traitées en dehors du bloc **try** où la première exception a été lancée.

Les gestionnaires d'exceptions peuvent être écrits de différentes façons. Ils peuvent ausculter précisément une erreur et décider d'appeler **terminate**. Ils peuvent *relancer* une exception (voir section 13.8) ou convertir un type d'exceptions en un autre en lançant une exception différente. Ils peuvent également effectuer toute restauration utile et reprendre l'exécution après le dernier gestionnaire d'exceptions, étudier la situation ayant causé l'erreur, retirer la cause de l'erreur et tenter un nouvel appel à la fonction d'où émanait l'exception (ce qui ne provoquerait pas de récursion infinie). Ils peuvent encore retourner une éventuelle valeur d'état à leur environnement, et ainsi de suite.

Observation de génie logiciel 13.8

Il est préférable d'incorporer votre stratégie de gestion des exceptions dans un système dès le processus de conception. Il est en effet difficile d'ajouter un traitement d'exceptions une fois le système mis en place.

Lorsqu'un bloc **try** ne lance aucune exception et qu'il achève son exécution normale, le contrôle est transmis à la première instruction située après le dernier gestionnaire **catch** qui suit le bloc **try**.

Il est impossible de retourner au point de lancement en plaçant une instruction **return** dans un gestionnaire **catch**. Un tel **return** provoque le retour à la fonction qui a appelé la fonction contenant le bloc **catch**.

Erreur de programmation courante 13.10

*Supposer que le contrôle revient à la première instruction suivant le **throw** lorsqu'une exception a été traitée est une erreur de logique.*

Observation de génie logiciel 13.9

*Une autre raison d'éviter les exceptions dans un flot de contrôle est que ces exceptions «supplémentaires» peuvent interférer avec des exceptions authentiques du type erreur. Le programmeur éprouvera plus de difficultés à maîtriser les nombreux cas d'exceptions. Par exemple, lorsqu'un programme traite une trop grande variété d'exceptions, est-il toujours possible de savoir ce que **catch(...)** interceptera? Les situations exceptionnelles doivent demeurer rares et ne pas devenir une habitude.*

Lors de la capture d'une exception, il se peut que des ressources qui avaient été allouées n'aient pas encore été relâchées dans le bloc **try**. Le gestionnaire **catch** doit, si possible, les libérer. Ainsi, le gestionnaire **catch** doit supprimer l'espace alloué par **new** et fermer tout fichier ouvert dans le bloc **try** qui a lancé l'exception.

Un bloc **catch** peut traiter l'erreur d'une façon qui permette au programme de continuer correctement son exécution; sinon, le bloc peut arrêter le programme.

Un gestionnaire **catch** peut lui-même découvrir une erreur et lancer une exception. Une telle exception ne sera pas traitée par les gestionnaires d'exceptions associés au même bloc **try** que le gestionnaire qui a lancé l'exception mais, si possible, par un gestionnaire **catch** associé au prochain bloc **try** qui englobe celui en cours.

Erreur de programmation courante 13.11

*Supposer qu'une exception lancée dans un bloc **catch** sera traitée par ce gestionnaire ou par tout autre gestionnaire associé au bloc **try** qui a lancé l'exception et provoqué le traitement par le gestionnaire **catch** originel est une erreur de logique.*

13.8 Relancement d'une exception

Le gestionnaire qui intercepte une exception peut décider qu'il ne peut la traiter ou peut simplement vouloir libérer les ressources avant de laisser le traitement à autre chose. Dans ce cas, le gestionnaire peut sans autre forme de procès relancer l'exception à l'aide de l'instruction

```
throw;
```

Un tel **throw** sans argument relance la même exception. Si aucune exception disponible au moment du **throw** n'a été lancée, le relancement provoque alors un appel à **terminate**.

Erreur de programmation courante 13.12

*Placer une instruction **throw** vide en dehors d'un gestionnaire **catch** provoque, à l'exécution, un appel à **terminate**.*

Même si un gestionnaire peut traiter une exception, qu'il y effectue ou non des traitements, il peut toujours relancer l'exception en vue d'un traitement ultérieur hors du gestionnaire.

Une exception relancée est détectée par le bloc **try** le plus proche qui englobe le gestionnaire en cours et est traitée par le gestionnaire d'exceptions listé par ce block **try** périphérique.

Observation de génie logiciel 13.10

*Utilisez **catch(...)** pour effectuer une restauration indépendante du type de l'exception, comme la libération des ressources communes. L'exception peut ensuite être relancée pour alerter des blocs **catch** périphériques plus spécifiques.*

Le programme de la figure 13.2 présente le relancement d'une exception. La ligne 31 du bloc **try** de **main** appelle la fonction **lancerException**. L'instruction **throw** de la ligne 17, dans le bloc **try** de la fonction **lancerException**, lance une instance de la classe **exception** de la bibliothèque de modèles standard (définie dans le fichier d'en-tête **<exception>**). La capture de cette exception est effectuée immédiatement dans le gestionnaire **catch** de la ligne 19, qui affiche un message d'erreur, puis relance l'exception. Ceci termine la fonction **lancerException** et restitue le contrôle au bloc **try/catch** de **main**. Les exceptions sont de nouveau interceptées à la ligne 34 et un message d'erreur est alors affiché.

```
1    // Figure 13.2: fig13_02.cpp
2    // Démonstration du relancement d'une exception.
3    #include <iostream>
4
5    using std::cout;
6    using std::endl;
7
8    #include <exception>
9
10   using std::exception;
11
12   void lancerException()
13   {
14      // Lancer une exception et l'intercepter immédiatement.
15      try {
16         cout << "Fonction lancerException\n";
17         throw exception();   // Générer l'exception.
18      }
19      catch( exception e )
20      {
21         cout << "Exception gérée dans la fonction lancerException.\n";
22         throw;   // relancer l'exception pour traitement ultérieur.
23      }
24
25      cout << "Ceci ne devrait pas s'afficher non plus.\n";
26   }
27
28   int main()
29   {
30      try {
31         lancerException();
32         cout << "Ceci ne devrait pas s'afficher.\n";
33      }
34      catch ( exception e )
35      {
36         cout << "Exception gérée dans main.\n";
37      }
38
39      cout << "Le contrôle du programme continue après capture dans main."
40         << endl;
41      return 0;
42   }
```

```
Fonction lancerException
Exception gérée dans la fonction lancerException.
Exception gérée dans main.
Le contrôle du programme continue après capture dans main.
```

Figure 13.2   Relancement d'une exception.

13.9 Spécifications d'exceptions

Une *spécification d'exceptions* active une liste d'exceptions qu'une fonction, à spécifier, peut lancer.

```
int g( double h ) throw ( a, b, c )
{
    // Corps de la fonction.
}
```

Il est possible de restreindre les types d'exceptions lancés par une fonction. Ces types sont indiqués de manière explicite dans la déclaration de la fonction sous la forme d'une *spécification d'exceptions* (également désignée par *liste de lancement* ou *liste de* **throw**). La liste des spécifications d'exceptions répertorie les exceptions qui peuvent être lancées. Une fonction peut lancer les exceptions indiquées ou des types dérivés. En dépit de cette garantie supposée qu'aucun autre type d'exceptions ne sera lancé, il demeure possible d'en lancer d'autres. Si une exception qui ne fait pas partie de la liste est lancée, un appel à la fonction **unexpected** (pour «inattendu») est effectué.

Le placement de **throw( )**, c'est-à-dire avec une *spécification d'exceptions vide*, après la liste de paramètres d'une fonction, établit que la fonction ne lancera aucune exception. En fait, une telle fonction peut lancer une exception mais, dans ce cas, un appel à la fonction **unexpected** sera effectué de manière systématique.

Erreur de programmation courante 13.13

Le lancement d'une exception absente de la liste de spécification d'exceptions de la fonction provoque un appel à **unexpected**.

Une fonction sans spécification d'exceptions peut lancer n'importe quelle exception:

```
void g( );       // Cette fonction peut lancer toute exception.
```

La signification de la fonction **unexpected** peut être redéfinie par un appel à la fonction **set_unexpected** (pour «définir inattendu»).

Une facette intéressante du traitement des exceptions est que le compilateur ne considère pas comme une erreur de syntaxe le fait qu'une fonction contienne une expression **throw** pour une exception qui n'est pas listée dans les spécifications d'exceptions d'une fonction. La fonction doit réellement effectuer le lancement d'exceptions lors de l'exécution pour que l'erreur se produise.

Si une fonction lance une exception d'un type de classe particulier, elle peut également lancer des exceptions de toutes les classes dérivées de cette classe par héritage public.

13.10 Traitement d'exceptions inattendues

La fonction **unexpected** appelle la fonction spécifiée par la fonction **set_unexpected**. Si aucune fonction n'a été indiquée par ce biais, c'est la fonction **terminate** qui est appelée, par défaut.

Si une exception lancée ne peut être interceptée, par suite de dommages à la pile pendant le traitement d'une exception, la fonction **terminate** peut être appelée de manière explicite, puisque c'est l'action prédéfinie lors d'un appel à **unexpected**. Durant le dépilage provoqué par une exception, la tentative d'un destructeur de lancer une exception provoque un appel à **terminate**.

La fonction **set_terminate** permet d'indiquer la fonction visée lors d'un appel à **terminate**. En l'absence d'une telle indication, **terminate** appelle **abort**.

Les prototypes des fonctions **set_terminat**e et **set_unexpected** se trouvent respectivement dans le fichier d'en-tête **<exception>**.

Les fonctions **set_terminate** et **set_unexpected** retournent chacune un pointeur vers la dernière fonction appelée par **terminate** et **unexpected**, ce qui permet au programmeur d'enregistrer le pointeur de fonction de façon à pouvoir le récupérer plus tard.

Les fonctions **set_terminate** et **set_unexpected** reçoivent en argument des pointeurs vers des fonctions. Chaque argument doit pointer vers une fonction qui retourne un type **void** et ne prend aucun argument.

Si la dernière action d'une fonction définie par l'utilisateur n'est pas de quitter le programme, la fonction **abort** est appelée automatiquement pour arrêter l'exécution du programme, après l'exécution de toutes les fonctions de clôture définies par l'utilisateur.

13.11 Dépilage d'une pile

Lorsqu'une exception est lancée mais pas capturée dans une portée particulière, la pile d'appels de fonctions est dépilée et la capture de l'exception est tentée dans le bloc **try - catch** extérieur le plus proche. Le dépilage des appels de fonctions signifie que la fonction dans laquelle l'exception n'a pas été interceptée est clôturée, que toutes les variables locales de la fonction sont détruites et que le contrôle revient au point où la fonction a été appelée. Si ce point du programme se trouve dans un bloc **try**, la capture dans un bloc **catch** associé est tentée. Si ce point du programme n'est pas dans un bloc **try** ou si l'exception n'y est pas interceptée, le dépilage des appels de fonctions est effectué une fois encore. Comme le mentionne la section précédente, si l'exception n'est pas interceptée dans le programme, la fonction **terminate** est appelée pour le clôturer et l'arrêter. Le programme de la figure 13.3 montre comment se passe un dépilage.

```cpp
1   // Figure 13.3: fig13_03.cpp
2   // Démonstration du dépilage d'une pile.
3   #include <iostream>
4
5   using std::cout;
6   using std::endl;
7
8   #include <stdexcept>
9
10  using std::runtime_error;
11
12  void fonction3() throw ( runtime_error )
13  {
14      throw runtime_error( "erreur à l'exécution de la fonction3." );
15  }
16
17  void fonction2() throw ( runtime_error )
18  {
19      fonction3();
20  }
21
22  void fonction1() throw ( runtime_error )
23  {
24      fonction2();
25  }
26
```

Figure 13.3   Démonstration du dépilage d'une pile. (1 de 2)

```
27    int main()
28    {
29       try {
30          fonction1();
31       }
32       catch ( runtime_error e )
33       {
34          cout << "Exception rencontrée: "<< e.what() << endl;
35       }
36
37       return 0;
38    }
```

```
Exception rencontrée: erreur à l'exécution de la fonction3
```

Figure 13.3   Démonstration du dépilage d'une pile. (2 de 2)

À la ligne 30 de **main**, le bloc **try** appelle **fonction1**. La **fonction1**, définie à la ligne 22, appelle ensuite la **fonction2**. La **fonction2**, définie à la ligne 17, appelle à son tour la **fonction3**. À la ligne 14, la **fonction3** lance un objet **exception**. Comme la ligne 14 n'est pas dans un bloc **try**, un dépilage se produit. La **fonction3** se termine en ligne 14 et le contrôle revient à la ligne 19 de **fonction2**. Puisque la ligne 19 n'est pas non plus dans un bloc **try**, le dépilage se produit de nouveau: la **fonction2** se termine et rend le contrôle à la ligne 24 de **fonction1**. Comme la **fonction1** n'a pas de bloc **try**, un nouveau dépilage se produit: la **fonction1** est quittée et rend le contrôle à la ligne 30 de **main**. Comme la ligne 30 est dans un bloc **try**, l'exception peut être interceptée et traitée dans le premier gestionnaire **catch** (ligne 32), dont le type correspond exactement à l'exception levée et qui suit le bloc **try**.

13.12 Constructeurs, destructeurs et traitement d'exceptions

Parlons tout d'abord d'un concept que nous avons déjà abordé sans toutefois le résoudre de manière satisfaisante: que se passe-t-il lorsqu'une erreur est détectée dans un constructeur? Par exemple, comment un constructeur de **String** («chaîne de caractères») doit-il répondre lorsque le **new** échoue et indique qu'il a été incapable d'obtenir l'espace nécessaire pour contenir la représentation interne d'une **String**? Le problème vient de ce qu'un constructeur ne peut retourner de valeur, alors comment faire savoir au monde extérieur que l'objet n'a pas été proprement construit? Une approche serait de retourner simplement l'objet mal construit et d'espérer que quiconque utilise cet objet effectue les tests adéquats qui permettent de déterminer que l'objet est effectivement impropre. Une autre approche serait de définir une variable en dehors du constructeur, signalant le succès ou l'échec. L'exception levée transmet au monde extérieur d'une part l'information de la faillite du constructeur et, d'autre part, la responsabilité de s'occuper de cet échec.

Pour intercepter une exception, le gestionnaire d'exceptions doit avoir accès à un constructeur de copie de l'objet lancé (la copie au niveau des membres, disponible par défaut, est aussi valable).

Les destructeurs sont appelés pour tous les objets automatiques construits dans un bloc **try** avant le lancement d'une exception. Une exception est traitée au moment où le gestionnaire commence à s'exécuter; l'achèvement de l'opération de dépilage est garanti à ce point. Si un destructeur appelé en conséquence du dépilage lance lui-même une exception, la fonction **terminate** est alors appelée.

Si un objet possède des objets membres et si une exception est lancée avant que l'objet contenant soit totalement construit, les destructeurs sont alors exécutés pour chacun des objets membres construits avant l'apparition de l'exception.

Si, par exemple, un tableau d'objets a été partiellement construit lorsque l'exception survient, seuls les destructeurs des éléments du tableau déjà construits sont appelés.

Une exception pourrait exclure les opérations du code qui devrait normalement libérer une ressource, entraînant ainsi une *fuite de ressources*. Une technique permet de résoudre ce problème, qui consiste à initialiser un objet local lorsque la ressource est acquise. Lorsque l'exception se produit, le destructeur de l'objet, factice en quelque sorte, est appelé automatiquement et ce destructeur libère réellement la ressource.

Il est possible de capturer des exceptions lancées à partir de destructeurs en enfermant la fonction qui appelle le destructeur dans un bloc **try**, et en créant un gestionnaire **catch** de type adéquat. Le destructeur de l'objet lancé rs'exécute après que le gestionnaire de l'exception a achevé son exécution.

13.13 Exceptions et héritage

Diverses classes d'exceptions peuvent être dérivées d'une classe de base commune. Si un **catch** intercepte un pointeur ou une référence à un objet d'exception du type de la classe de base, il peut aussi intercepter le pointeur ou la référence de tout objet dont la classe est dérivée de la classe de base attendue. Ceci permet le traitement polymorphe d'erreurs associées.

Astuce de tests et de débogage 13.2

L'emploi de l'héritage dans le cadre des exceptions permet à un gestionnaire d'exceptions de capturer des erreurs apparentées au moyen d'une notation assez concise. Il demeure possible d'intercepter individuellement chacun des pointeurs ou références à des objets exception de classes dérivées, mais il est plus concis de n'intercepter que les pointeurs ou références des objets exception de la classe de base. De plus, la capture individuelle des pointeurs ou références de chacun des objets exception de classes dérivées risque d'entraîner des erreurs si le programmeur oublie de tester explicitement le pointeur ou la référence de l'un ou l'autre des types de classes dérivées.

13.14 Traitement des défaillances de new

Plusieurs méthodes permettent de gérer les défaillances de **new**. Jusqu'ici, nous avons utilisé la macro **assert** pour tester la valeur retournée par **new**. Si cette valeur vaut 0, la macro **assert** clôture le programme. Ceci n'est pas vraiment un mécanisme robuste de traitement des défaillances de **new**, car il ne permet en aucune façon de restaurer la situation à partir de la défaillance. La norme du C++ spécifie que, lorsque **new** échoue, il doit lancer une exception **bad_alloc** (définie dans l'en-tête **<new>**). Cependant, de nombreux compilateurs ne sont pas encore à jour par rapport à la norme et utilisent encore la version de **new** qui retourne 0 lors d'échecs. Cette section présente trois exemples d'échecs de **new**. Le premier exemple retourne 0 en cas d'échec. Les deuxième et troisième exemples utilisent la version de **new** qui lance une exception **bad_alloc** s'il échoue.

La figure 13.4 montre un **new** qui retourne 0 lors de l'échec d'allocation de la quantité de mémoire demandée. La structure **for** de la ligne 12 est conçue pour boucler 50 fois et allouer un tableau de 5 000 000 de valeurs **double** (c'est-à-dire 40 000 000 d'octets, puisqu'un **double** nécessite habituellement 8 octets) à chaque passage dans la boucle. La structure **if** de la ligne 15 teste le résultat de chaque opération **new** pour déterminer si la mémoire a été allouée. Si **new** échoue et retourne 0, le message «**L'allocation de mémoire a échoué**» est affiché et la boucle se termine.

La sortie montre que seulement deux itérations de la boucle ont été effectuées avant que **new** échoue et que la boucle se termine. La sortie sur votre propre machine peut différer légèrement, selon la taille de la mémoire physique, de l'espace disque disponible pour la mémoire virtuelle et du compilateur utilisé pour compiler le programme.

```
1   // Figure 13.4: fig13_04.cpp
2   // Démonstration de new retournant 0
3   // lorsque la mémoire n'est pas allouée.
4   #include <iostream>
5
6   using std::cout;
7
8   int main()
9   {
10     double *ptr[ 50 ];
11
12     for ( int i = 0; i < 50; i++ ) {
13        ptr[ i ] = new double[ 5000000 ];
14
15        if ( ptr[ i ] == 0 ) { // new échoue dans l'allocation mémoire.
16           cout << "L'allocation mémoire a échoué pour ptr[ "
17                << i << "]\n";
18           break;
19        }
20        else
21           cout << "5000000 doubles alloués à ptr[ "
22                << i << "]\n";
23     }
24
25     return 0;
26  }
```

```
5000000 doubles alloués à ptr[ 0 ]
5000000 doubles alloués à ptr[ 1 ]
5000000 doubles alloués à ptr[ 2 ]
5000000 doubles alloués à ptr[ 3 ]
L'allocation mémoire a échoué pour ptr[ 4 ]
```

Figure 13.4   Démonstration de **new** retournant 0 à l'échec.

La figure 13.5 montre **new** lançant un **bad_alloc** lorsqu'il échoue dans l'allocation de la mémoire nécessaire. La structure **for** de la ligne 18 à l'intérieur du bloc **try** est supposée boucler 50 fois et allouer, dans chacune des passes, un tableau de 5 000 000 de valeurs **double**, soit 40 000 000 d'octets, puisqu'un **double** occupe normalement 8 octets. Si **new** échoue et lance l'exception **bad_alloc**, la boucle se termine et le programme poursuit sa route dans le flot de contrôle du traitement de l'exception, à la ligne 24. Là, l'exception est interceptée et traitée. Le message «**Exception produite:**» est affiché, suivi de **exception.what()** qui retourne une chaîne de caractères avec un message spécifique à l'exception («**Allocation failure**», ce qui signifie «Échec à l'allocation» dans le cas de **bad_alloc**). La sortie montre que seules quatre itérations de la boucle ont été effectuées avant que **new** échoue et lance l'exception **bad_alloc**. Votre sortie peut différer, selon la mémoire physique, l'espace disque dont vous disposez pour la mémoire virtuelle de votre système et le compilateur utilisé pour le programme.

```
1    // Figure 13.5: fig13_05.cpp
2    // Démonstration de new lançant un bad_alloc
3    // lorsque de la mémoire n'est pas allouée.
4    #include <iostream>
5
6    using std::cout;
7    using std::endl;
8
9    #include <new>
10
11   using std::bad_alloc;
12
13   int main()
14   {
15      double *ptr[ 10 ];
16
17    try {
18        for ( int i = 0; i < 10; i++ ) {
19            ptr[ i ] = new double[ 5000000 ];
20            cout << "5000000 doubles alloués à ptr[ "
21                << i << "]\n";
22        }
23      }
24      catch ( bad_alloc exception ) {
25         cout << "Exception produite: "
26             << exception.what() << endl;
27      }
28
29      return 0;
30   }
```

```
5000000 doubles alloués à ptr[ 0 ]
5000000 doubles alloués à ptr[ 1 ]
5000000 doubles alloués à ptr[ 2 ]
Exception occurred: Allocation Failure
```

Figure 13.5   Démonstration de **new** lançant un **bad_alloc** à l'échec.

Les compilateurs diffèrent dans la manière dont ils prennent en charge la gestion des échecs de **new**. Nombre de compilateurs retournent **0** par défaut lorsque **new** échoue. Certains prennent en charge le lancement d'exceptions par **new** si le fichier d'en-tête **<new>** (ou **<new.h>**) est inclus. D'autres compilateurs lancent un **bad_alloc** par défaut, que vous incluiez ou non le fichier d'entête **<new>**. Lisez la documentation de votre compilateur pour déterminer la manière dont il prend le traitement des échecs de **new** en charge.

La norme du C++ spécifie que les compilateurs normalisés peuvent toujours utiliser une version de **new** qui retourne **0** en cas d'échec. À cette fin, le fichier d'en-tête **<new>** définit le type **nothrow** («pas de lancement») ou le type **nothrow_t**, qui peut être utilisé comme suit:

```
double *ptr = new( nothrow ) double[ 5000000 ];
```

Cette instruction indique que la version de **new** qui ne lance pas d'exception **bad_alloc** (c'est-à-dire **nothrow**) doit être utilisée pour allouer de la mémoire à un tableau de 5 000 000 de valeurs **double**.

Observation de génie logiciel 13.11

*La norme du C++ recommande que, pour rendre les programmes plus robustes, les programmeurs utilisent la version de **new** qui lance des exceptions **bad_alloc** en cas d'échec.*

Une caractéristique supplémentaire peut être utilisée pour gérer les échecs de **new**. La fonction **set_new_handler**(dont le prototype se trouve dans les fichiers d'en-tête **<new>** prend comme argument un pointeur vers une fonction qui, à son tour, ne prend aucun argument et retourne un **void**. Le pointeur de fonction est alors enregistré comme étant la fonction à appeler lorsque le **new** échoue. Ceci fournit au programmeur une méthode homogène de traitement de tous les échecs de **new**, sans qu'intervienne l'endroit où l'échec s'est produit dans le programme. Une fois qu'un *gestionnaire de* **new** a été enregistré par **set_new_handler**, **new** ne lance plus de **bad_alloc** en cas d'échec.

L'opérateur **new** est en fait une boucle qui tente d'acquérir de la mémoire. Si la mémoire demandée est allouée, alors **new** retourne un pointeur vers cette mémoire. Si **new** échoue dans cette allocation, et si aucune fonction de gestion de **new**n'a été enregistrée par **set_new_handler**, alors il lance une exception **bad_alloc**. Si **new** échoue à l'allocation et si une fonction de gestion de **new** a été enregistrée, alors la fonction de gestion est appelée. La norme du C++ spécifie que la fonction de gestion de **new** doit effectuer une des tâches suivantes:

1. Rendre plus de mémoire disponible en supprimant une autre quantité de mémoire allouée dynamiquement et retourner à la boucle de l'opérateur **new**, de façon à tenter de nouveau d'allouer de la mémoire.

2. Lancer une exception de type **bad_alloc**.

3. Appeler une des fonctions **abort** ou **exit** (qui se trouvent tous deux dans le fichier d'en-tête **<csdtlib>**) pour terminer le programme.

Le programme de la figure 13.6 illustre **set_new_handler**. La fonction **monGestionnaireNew** affiche simplement un message d'erreur et termine le programme par un appel à **abort**. La sortie montre que seulement trois itérations de la boucle sont effectuées avant l'échec de **new** et le lancement conséquent de l'exception **bad_alloc**. La sortie produite par votre système peut, ici aussi différer légèrement, selon l'espace mémoire physique, l'espace ddisque et le compilateur disponibles.

```
1   // Figure 13.6: fig13_06.cpp
2   // Démonstration de set_new_handler.
3   #include <iostream>
4
5   using std::cout;
6   using std::cerr;
7
8   #include <new>
9   #include <cstdlib>
10
11  using std::set_new_handler;
12
13  void monGestionnaireNew ()
14  {
15     cerr << "monGestionnaireNew a été appelé.";
16     abort();
17  }
```

Figure 13.6   Démonstration de **set_new_handler**. (1 de 2)

```
18
19   int main()
20   {
21      double *ptr[ 50 ];
22      set_new_handler( monGestionnaireNew );
23
24      for ( int i = 0; i < 50; i++ ) {
25         ptr[ i ] = new double[ 5000000 ];
26
27         cout << "5000000 doubles alloués à ptr[ "
28            << i << "]\n";
29      }
30
31      return 0;
32   }
```

```
5000000 doubles alloués à ptr[ 0 ]
5000000 doubles alloués à ptr[ 1 ]
5000000 doubles alloués à ptr[ 2 ]
5000000 doubles alloués à ptr[ 3 ]
monGestionnaireNew a été appelé.
```

Figure 13.6   Démonstration de **set_new_handler**. (2 de 2)

13.15 Classe **auto_ptr** et allocation dynamique de la mémoire

Une pratique courante en programmation consiste à allouer de la mémoire dynamique (représentant éventuellement un objet) hors de l'espace de stockage, à affecter l'adresse de cette mémoire à un pointeur, à utiliser ce pointeur pour manipuler la mémoire, puis à libérer la mémoire allouée par un **delete** lorsqu'elle n'est plus nécessaire. Si une exception se produit après que la mémoire a été allouée et avant que l'instruction **delete** n'ait été exécutée, une fuite de mémoire peut avoir lieu. La norme du C++ fournit le modèle de classe **auto_ptr**, placé dans le fichier d'en-tête **<memory>**, pour gérer cette situation.

Un objet de la classe **auto_ptr** tient à jour un pointeur vers de la mémoire allouée de manière dynamique. Lorsqu'un objet **auto_ptr** quitte sa portée, il effectue une opération de suppression sur son membre de donnée pointeur. Le modèle de classe **auto_ptr** propose les opérateurs ***** et **->**, de sorte qu'un objet **auto_ptr** peut être utilisé comme une variable pointeur normale. La figure 13.7 montre un objet **auto_ptr** qui pointe vers un objet de classe **Entier**, cette dernière étant définie aux lignes 12 à 22.

```
1    // Figure 13.7: fig13_07.cpp
2    // Démonstration de l'auto_ptr.
3    #include <iostream>
4
5    using std::cout;
6    using std::endl;
7
8    #include <memory>
9
10   using std::auto_ptr;
```

Figure 13.7   Démonstration de l'**auto_ptr**. (1 de 2)

```
11
12   class Entier {
13   public:
14      Entier( int i = 0 ): valeur( i )
15         { cout << "Constructeur de l'Entier "<< valeur << endl; }
16      ~Entier()
17         { cout << "Destructeur de l'Entier "<< valeur << endl; }
18      void ajusterEntier( int i ) { valeur = i; }
19      int lectureEntier() const { return valeur; }
20   private:
21      int valeur;
22   };
23
24   int main()
25   {
26      cout << "Création d'un objet auto_ptr qui pointe "
27           << "vers un Entier.\n";
28
29      auto_ptr< Entier > ptrVersEntier( new Entier( 7 ) );
30
31      cout << "Utilisation de l'auto_ptr pour manipuler l'Entier.\n";
32      ptrVersEntier->ajusterEntier( 99 );
33      cout << "L'Entier après ajusterEntier: "
34           << ( *ptrVersEntier ).lectureEntier()
35           << "\nFin du programme." << endl;
36
37      return 0;
38   }
```

```
Création d'un objet auto_ptr qui pointe vers un Entier.
Constructeur de l'Entier 7
Utilisation de l'auto_ptr pour manipuler l'Entier.
L'Entier après ajusterEntier: 99
Fin du programme.
Destructeur de l'Entier 99
```

Figure 13.7   Démonstration de l'**auto_ptr**. (2 de 2)

La ligne 29,

```
auto_ptr< Entier > ptrVersEntier( new Entier( 7 ) );
```

crée un objet **auto_ptr**, nommé **ptrVersEntier** et l'initialise avec un pointeur vers un objet **Entier** alloué dynamiquement et qui contient la valeur **7**.

La ligne 32,

```
ptrVersEntier->ajusterEntier( 99 );
```

utilise l'opérateur surchargé **->** de **auto_ptr**, ainsi que l'opérateur **()** d'appel de fonction, pour appeler la fonction **ajusterEntier** sur l'objet **Entier** pointé par **ptrVersEntier**.

L'appel

```
( *ptrVersEntier ).lectureEntier()
```

de la ligne 34 utilise l'opérateur surchargé ***** d'**auto_ptr** pour déréférencer **ptrVersEntier**, puis utilise l'opérateur point (**.**) et l'opérateur d'appel de fonction **()** pour appeler la fonction **lectureEntier** sur l'objet **Entier** pointé par **ptrVersEntier**.

Comme **ptrVersEntier** est une variable locale automatique de **main**, **ptrVersEntier** est détruit lorsque **main** s'achève. Ceci impose la suppression de l'objet **Entier** pointé par **ptrVersEntier** qui, bien entendu, impose à son tour un appel au destructeur de la classe **Entier**. L'avantage le plus important de cette technique est qu'elle évite les fuites de mémoire.

13.16 Hiérarchie d'exceptions de la bibliothèque standard

L'expérience montre que les exceptions peuvent être rassemblées, avec un certain bonheur, en un nombre limité de catégories. La norme du C++ inclut une hiérarchie de classes d'exceptions (définie dans le fichier d'en-tête **<exception>**), offrant le service **what()** («quoi?»), écrasé dans toute classe dérivée, pour émettre un message d'erreur approprié.

De l'exception de la classe de base dérivent notamment les classes dérivées immédiates **runtime_error** et **logic_error**, définies toutes deux dans l'en-tête **<stdexcept>** et qui, chacune, donne naissance à plusieurs classes dérivées.

De **exception** sont également dérivées les exceptions lancées par les caractéristiques du langage C++; par exemple, **new** lance un **bad_alloc** (voir la section 13.14), **dynamic_cast** lance un **bad_cast** (voir le chapitre 21) et **typeid** lance un **bad_typeid** (voir le chapitre 21). En incluant **std::bad_exception** dans la liste de lancement d'une fonction, si une exception inattendue se produit, **unexpected()** lance un **bad_exception** au lieu de terminer brutalement le programme (par défaut) ou d'appeler une autre fonction spécifiée par **set_unexpected**.

La classe **logic_error** est la classe de base de plusieurs classes d'exceptions standard qui indiquent des erreurs de logique de programme qui peuvent normalement être évitées en écrivant du code convenable. La description de quelques-unes de ces classes vous sera proposée ci-après. La classe **invalid_argument** indique qu'un argument non valable a été passé à une fonction (un encodage adéquat peut, bien entendu, éviter que des arguments non valables n'atteignent une fonction). La classe **length_error** signale qu'une longueur plus grande que la taille maximale allouée à un objet manipulé a été utilisée pour cet objet (nous lancerons des **length_error** au chapitre 19 lorsque nous traiterons des chaînes de caractères). La classe **out_of_range** indique qu'une valeur telle que l'indice d'un tableau ou d'une chaîne de caractères a dépassé les limites du tableau ou de la chaîne de caractères.

La classe **runtime_error** est la classe de base de plusieurs autres classes d'exceptions standard. Dans un programme, elle indique des erreurs qui sont détectables à l'exécution seulement. La classe **overflow_error** signale qu'une erreur de dépassement arithmétique s'est produite. La classe **underflow_error** signale qu'une erreur de sous-capacité arithmétique s'est produite.

Observation de génie logiciel 13.12

La hiérarchie d'exceptions standard est conçue pour servir de point de départ. Les utilisateurs peuvent lancer des exceptions standard ou lancer leurs propres exceptions, c'est-à-dire qui ne dérivent pas des exceptions standard.

Erreur de programmation courante 13.14

*Les classes d'exceptions définies par l'utilisateur ne doivent pas nécessairement dériver de la classe **exception**. Ainsi, l'écriture de **catch(exception e)** ne garantit pas la capture de toutes les exceptions qu'un programme peut rencontrer.*

Astuce de tests et de débogage 13.3

*Pour capturer toutes les exceptions qui peuvent être lancées dans un bloc **try**, utilisez plutôt **catch(...)**.*

RÉSUMÉ

- Parmi les exemples habituels d'exceptions, citons un indice de tableau en dehors des limites du tableau, le dépassement arithmétique, la division par zéro, les paramètres de fonction non valables et la détermination de l'insuffisance de mémoire pour satisfaire une allocation demandée par **new**.

- Le souci qui anime le traitement des exceptions est de permettre aux programmes d'intercepter et de traiter les erreurs plutôt que de leur permettre d'apparaître et d'en laisser traîner les conséquences. Dans le cadre du traitement des exceptions, si le programmeur ne fournit pas clairement un moyen de gérer une erreur fatale, le programme se termine; les erreurs non fatales permettent normalement à un programme de continuer son exécution mais en produisant des résultats incorrects.

- Le traitement des exceptions est conçu pour traiter les erreurs synchrones, c'est-à-dire les erreurs qui se produisent en conséquence de l'exécution du programme lui-même.

- Le traitement des exceptions n'est pas conçu pour traiter les situations asynchrones telles que l'arrivée de messages en provenance du réseau, l'achèvement d'opération d'E/S sur disque, des clics de la souris ou n'importe quoi du même genre. Ces situations sont beaucoup mieux gérées par d'autres voies, telles que le traitement d'interruption.

- Le traitement des exceptions est surtout utilisé dans des situations où l'erreur est traitée par une partie distincte du programme (on dit alors «sous une portée différente») de celle qui a détecté l'erreur.

- Les exceptions ne doivent pas être utilisées comme un mécanisme alternatif d'écriture du flot de contrôle. Le flot de contrôle doté de structures de contrôle conventionnelles est généralement plus clair et plus efficace qu'avec les exceptions.

- Le traitement des exceptions montre sa pleine mesure dans le traitement des exceptions qui apparaissent dans des composants d'un programme alors que ces composants ne sont pas équipés pour traiter directement ces exceptions.

- Le traitement des exceptions doit être utilisé pour gérer les exceptions de composants logiciels tels que des fonctions, des bibliothèques et des classes, susceptibles d'un usage étendu et fréquent, mais qu'il serait insensé d'alourdir d'une gestion propre de leurs exceptions.

- Le traitement des exceptions est idéal dans le cadre de grands projets, pour gérer le traitement des erreurs d'une manière uniforme, sur l'ensemble du projet.

- Le traitement des exceptions en C++ est intimement lié aux situations où la fonction qui détecte une erreur est incapable de s'en occuper. Une telle fonction lance (**throw**) une exception. Si le type de l'exception correspond exactement au type du paramètre d'un des blocs **catch**, le code de bloc est exécuté. Sinon, la fonction **terminate** est appelée qui, par défaut, appelle à son tour la fonction **abort**.

- Le programmeur enferme dans un bloc **try** le code qui peut générer une erreur susceptible de générer une exception. Le bloc **try** est immédiatement suivi d'un ou de plusieurs blocs **catch** qui, chacun, définissent le type de l'exception qu'ils interceptent et gèrent. Chaque bloc **catch** contient un gestionnaire d'exception(s).

- Le contrôle du programme, lors du lancement d'une exception, quitte le bloc **try** et recherche parmi les blocs **catch** le gestionnaire approprié. Si aucune exception n'est lancée dans le bloc **try**, les blocs **catch** de ce bloc sont tout simplement éludés et le programme poursuit son exécution à la première instruction qui suit le tout dernier bloc **catch**.

- Les exceptions sont lancées dans un bloc **try** présent dans une fonction ou depuis une fonction appelée directement ou indirectement à partir du bloc **try**.

- Une fois l'exception lancée, le contrôle ne peut plus revenir directement au point de lancement.

- Il est possible de communiquer des informations au gestionnaire d'exceptions depuis le point de lancement de l'exception. Ces informations sont constituées soit du type de l'objet lancé, soit d'informations placées dans l'objet lancé.

- Un type d'exception populaire est **char ***. Il est habituel d'inclure simplement un message d'erreur comme opérande du **throw**.

- Les exceptions lancées par une fonction déterminée peuvent être déclarées dans une spécification d'exceptions. Une spécification d'exceptions vide établit que la fonction ne lancera aucune exception.

- Les exceptions sont interceptées par le gestionnaire d'exceptions le plus proche (du bloc **try** à partir duquel l'exception a été lancée) qui attend le type adéquat.

- Au cours du lancement d'une exception, une copie temporaire de l'opérande de **throw** est créée et initialisée. L'objet temporaire initialise ensuite la variable appropriée dans le gestionnaire d'exceptions. L'objet temporaire est détruit lorsque le gestionnaire d'exceptions est achevé.

- Les erreurs ne sont pas toujours vérifiées explicitement. Par exemple, un bloc **try** peut sembler ne contenir aucune vérification d'erreur et n'inclure aucune instruction **throw**, alors que le code référencé dans le bloc **try** peut très bien provoquer l'exécution d'un code de vérification d'erreurs dans les constructeurs.

- Une exception quitte d'office le bloc dans lequel l'exception s'est produite.

- Les gestionnaires d'exceptions sont contenus dans des blocs **catch**. Chacun de ces blocs démarre par le mot clé **catch**, suivi entre parenthèses d'un type et d'un nom optionnel de paramètre. Ces parenthèses sont suivies d'accolades délimitant le code de gestion de l'exception. Lorsqu'une exception est interceptée, le code du bloc **catch** est exécuté.

- Le gestionnaire **catch** définit sa propre portée.

- Le paramètre d'un gestionnaire **catch** peut être ou non nommé. Si le paramètre est nommé, il peut être référencé dans le gestionnaire. S'il n'est pas nommé, c'est-à-dire que seul un type est listé dans le but unique d'assurer une correspondance exacte avec l'objet lancé ou trois petits points de suspension, alors le gestionnaire ignore l'objet lancé. Le gestionnaire peut relancer l'objet à destination d'un bloc **try** extérieur.

- Il est possible d'imposer un comportement sur mesure, pour remplacer la fonction **terminate**, en désignant une autre fonction à exécuter; ceci s'effectue en introduisant le nom de cette fonction comme argument dans un appel à la fonction **set_terminate**.

- L'expression **catch(...)** signifie la capture de toutes les exceptions.

- Il est possible qu'aucun gestionnaire ne corresponde à un objet lancé particulier. En conséquence, la recherche d'une correspondance continue dans un bloc **try** extérieur.

- Les gestionnaires d'exceptions sont parcourus dans la phase de recherche d'une correspondance exacte, dans un ordre bien précis. Le premier gestionnaire qui offre une correspondance exacte est exécuté. Lorsque le gestionnaire achève son exécution, le contrôle reprend à la première instruction qui suit le dernier bloc **catch**.

- L'ordre d'écriture des gestionnaires d'exceptions influence la manière dont une exception est gérée.

- Un objet de classe dérivée peut être capturé soit par un gestionnaire qui porte le type de la classe dérivée en question, soit par un gestionnaire qui spécifie toute classe de base qui a servi à dériver la classe.

- Parfois, un programme peut traiter de nombreux types d'exceptions proches, apparentés. Au lieu de fournir les classes d'exceptions distinctes et un gestionnaire **catch** séparé pour chacun d'eux, le programmeur peut ne définir qu'une seule classe d'exception et un gestionnaire **catch** pour tout un groupe d'exceptions. Lorsque chacune de ces exceptions se produit, l'objet exception peut être créé avec des données privées différentes. Le gestionnaire **catch** examine alors ces données privées pour distinguer le type de l'exception.

- Même si une correspondance exacte est disponible, il est possible qu'une correspondance nécessitant des conversions standard soit effectuée, et que, parce que tel gestionnaire apparaît avant celui qui donnerait la correspondance la plus précise, ce soit lui qui capture l'exception.

- Par défaut, si aucun gestionnaire n'est trouvé pour une exception, le programme est terminé immédiatement.

- Un gestionnaire d'exceptions ne peut directement accéder aux variables de la portée de son bloc **try**. Les informations dont le gestionnaire a besoin sont normalement passées dans l'objet lancé.

- Les gestionnaires d'exceptions peuvent examiner de plus près une erreur pour décider ensuite d'appeler **terminate**. Ils peuvent relancer une exception, convertir un type d'exception en un autre en lançant une exception différente, effectuer une certaine restauration et reprendre l'exécution après le dernier gestionnaire d'exceptions, examiner la situation à l'origine de l'erreur, ôter la cause de l'erreur et tenter d'appeler à nouveau la fonction qui a provoqué l'exception (sans pour autant créer de récursion infinie). Ils peuvent simplement retourner une valeur d'état quelconque à leur environnement, et ainsi de suite.

- Un gestionnaire qui capture un objet d'une classe dérivée doit être placé avant un gestionnaire qui intercepte l'objet d'une classe de base du premier objet. Si le gestionnaire de classe de base était placé en premier, il capturerait les objets tant de classe de base que de classe dérivée de cette classe de base.

- Lorsqu'une exception est interceptée, des ressources ont peut-être été allouées et n'ont peut-être pas encore été libérées dans le bloc **try**. Le gestionnaire **catch** doit libérer ces ressources.

- Le gestionnaire qui capture une exception peut décider de ne pas traiter une exception. Dans ce cas, il peut simplement relancer l'exception. Un **throw** sans argument relance l'exception en cours. Si aucune exception n'a été lancée au moment du relancement, alors ce dernier provoque un appel à **terminate**.

- Même si un gestionnaire est capable de traiter une exception, qu'il ait ou non appliqué le moindre traitement à cette exception, il peut relancer l'exception en vue d'un traitement avancé à l'extérieur de ce gestionnaire. L'exception relancée est détectée par le block **try** suivant le plus proche, englobant celui en cours, et est traitée par un des gestionnaires d'exceptions placés à la suite de ce bloc **try** extérieur.

- Une fonction qui ne porte aucune spécification d'exceptions peut lancer n'importe quelle exception.

- La fonction **unexpected** appelle la fonction spécifiée par la fonction **set_unexpected**. Si aucune fonction n'a été spécifiée de cette manière, c'est **terminate** qui est appelée, par défaut.

- La fonction **terminate** peut être appelée de différentes manières: de manière explicite, si une exception lancée ne peut être traitée, si la pile est endommagée à la suite d'un traitement d'exceptions, comme l'action par défaut d'un appel à **unexpected** ou si, au dépilage initié par une exception, la tentative d'un destructeur de lancer une exception provoque un appel à **terminate**.

- Les prototypes des fonctions **set_terminate** et **set_unexpected** se trouvent dans les fichiers d'entête **<exception>**.

- Les fonctions **set_terminate** et **set_unexpected** retournent un pointeur à la dernière fonction appelée par **terminate** et **unexpected**, ce qui permet au programmeur d'enregistrer le pointeur de fonction de sorte qu'il puisse le retrouver plus tard.

- Les fonctions **set_terminate** et **set_unexpected** prennent comme arguments des pointeurs vers des fonctions. Chacun des arguments doit pointer vers une fonction qui ne prend aucun argument et retourne un type **void**.

- Si la dernière action d'une fonction de terminaison n'est pas de quitter le programme, la fonction **abort** est automatiquement appelée pour arrêter l'exécution du programme après l'exécution des autres instructions de la fonction de terminaison définie par l'utilisateur.

- Une exception lancée à l'extérieur d'un bloc **try** provoque la fin du programme.

- Si un gestionnaire ne peut être trouvé après un bloc **try**, le dépilage continue jusqu'à ce qu'un gestionnaire approprié soit trouvé. Si aucun gestionnaire n'est trouvé, alors **terminate** est appelée, provoquant par défaut un arrêt du programme par **abort**.

- La spécification d'exceptions liste les exceptions qui peuvent être lancées à partir d'une fonction. Une fonction peut lancer les exceptions indiquées mais également les types dérivés. Si une exception qui n'est pas reprise dans la spécification d'exceptions est lancée, **unexpected** est appelée.

- Si une fonction lance une exception d'un type de classe particulier, la fonction peut lancer également des exceptions de toutes les classes dérivées de cette classe par héritage public.

- Pour capturer une exception, le gestionnaire d'exceptions doit avoir accès à un constructeur de copie de l'objet lancé.

- Les exceptions lancées par des constructeurs provoquent l'appel des destructeurs de tous les objets de classe de base et des objets membres de l'objet en cours, dont la construction a été achevée avant le lancement de l'exception.

- Si un tableau d'objets a été partiellement construit lorsqu'une exception se produit, seuls les destructeurs des éléments déjà construits sont appelés.

- Les exceptions lancées depuis les destructeurs peuvent être capturées en enfermant la fonction qui appelle le destructeur dans un bloc **try** et en fournissant un bloc **catch** du type approprié.

- Une raison majeure de la mise à profit de l'héritage dans le cadre des exceptions réside dans la possibilité qu'il apporte d'intercepter une variété d'erreurs apparentées avec facilité et à l'aide d'une notation concise. La capture individuelle de chacun des types d'objets exception de classes dérivées demeure possible, mais il est bien plus concis de ne capturer que l'objet de la classe d'exception de base.

- La norme du C++ spécifie que, lorsque **new** échoue, il lance une exception **bad_alloc** (**bad_alloc** est définie dans le fichier d'en-tête **<new>**).

- De nombreux compilateurs ne suivent pas encore la norme du C++ et utilisent encore la version de **new** qui retourne **0** lorsqu'il échoue.

- La fonction **set_new_handler** (dont le prototype se trouve dans les fichiers d'en-tête **<new>**) prend comme argument le pointeur vers une fonction qui ne prend aucun argument et retourne un **void**. Le pointeur de fonction est enregistré comme étant la fonction à appeler lorsque **new** échoue. Une fois le gestionnaire de **new** enregistré avec **set_new_handler**, **new** ne lance plus de **bad_alloc** lors de son échec.

- Un objet de la classe **auto_ptr** conserve un pointeur vers de la mémoire allouée dynamiquement. Lorsqu'un objet **auto_ptr** sort de sa portée, il effectue automatiquement une opération de suppression sur son membre de donnée pointeur. Le modèle de classe **auto_ptr** propose les opérateurs ***** et **->**, de sorte que l'objet **auto_ptr** peut être utilisé comme une variable de pointeur normale.

- La norme du C++ contient une hiérarchie de classes d'exceptions avec, à sa tête, une classe de base **exception** (définie dans le fichier d'en-tête **<exception>**) qui offre le service **what()**, écrasé par chaque classe dérivée, de façon à produire un message d'erreur approprié.

- En incluant **std::bad_exception** dans la liste de **throw** de la définition d'une fonction, si une exception inattendue se produit, **unexpected()** lance une **bad_exception** au lieu d'arrêter le programme (par défaut) ou d'appeler l'autre fonction déclarée par **set_unexpected**.

TERMINOLOGIE

abort( )
application à mission cruciale
assert, macro
exception
auto_ptr
bad_alloc
bad_cast
bad_typeid
bloc **try** externe ou englobant
capturer un groupe d' exceptions
capturer une exception
catch, le bloc
catch, son argument
catch(...)
condition d'exception
dépilage d'une pile
dynamic_cast
exception, déclaration
<exception>, fichier d'en-tête
exception, la liste
exception, l'objet
exception non capturée
exit()
fonction sans spécification d'exceptions
gestionnaire d'exceptions
gestionnaires d'exception imbriqués
gestionnaire d'une classe de base
gestionnaire d'une classe dérivée
invalid_argument
lancer une exception
lancer une exception inattendue

length_error
logic_error
<memory>, fichier d'en-tête
new_handler
<new>, fichier d'en-tête
nothrow
out_of_range
overflow_error
relancer une exception
robustesse
runtime_error
set_new_handler()
set_terminate()
set_unexpected()
spécification d'exceptions
spécification d'exceptions vide
spécification **throw** vide
std::bad_exception
<stdexcept>, fichier d'en-tête
terminate()
throw, expression
throw, liste de
throw: point de lancement
throw sans argument
throw()
tolérance de panne
traiter une exception
try, le bloc
underflow_error
unexpected()

ERREURS DE PROGRAMMATION COURANTES

13.1 Une autre raison qui fait que les exceptions peuvent être dangereuses lorsqu'elles se substituent au flot de contrôle normal est que la pile est sollicitée et que les ressources allouées avant l'apparition de l'exception risquent de ne pas être libérées. Une programmation soignée évite ce genre de problème.

13.2 Arrêter un programme brutalement peut laisser une ressource dans un état qui ne permette à aucun autre programme d'y accéder, entraînant ce que l'on appelle une «fuite de ressources».

13.3 Les exceptions ne peuvent être lancées que de l'intérieur de blocs **try**. Une exception lancée de l'extérieur d'un bloc **try** provoque un appel à **terminate** (fin du programme).

13.4 Il est possible de lancer une expression conditionnelle, mais soyez prudent lors de son utilisation, car les règles de promotion peuvent avoir pour conséquence que la valeur retournée par l'expression conditionnelle soit d'un type différent de celui que vous attendiez. Par exemple, si vous lancez un **int** ou un **double** depuis la même expression conditionnelle, cette dernière convertit l'**int** en un **double**. Dès lors, le résultat sera toujours intercepté par un **catch** avec un argument **double** au lieu d'intercepter tantôt un **double** (pour un véritable double), tantôt un **int**.

13.5 La spécification d'une liste d'arguments de capture séparés par des virgules est une erreur de syntaxe.

13.6 Placer le **catch(...)** avant d'autres blocs **catch** empêche l'exécution de ces blocs. Par conséquent, il faut toujours mettre **catch(...)** à la fin de la liste des gestionnaires qui suivent un bloc **try**.

13.7 Placer un **catch** qui capture un objet de classe de base avant un **catch** qui capture un objet d'une classe dérivée de cette classe de base est une erreur de logique. Le **catch** de la classe de base capture en effet tous les objets des classes dérivées de cette classe de base, de sorte que le **catch** de la classe dérivée ne pourrait jamais être exécuté.

13.8 Placer un gestionnaire d'exceptions avec un type d'argument **void** * avant les gestionnaires d'exceptions utilisant d'autres types de pointeurs provoque une erreur de logique. En effet, le gestionnaire **void** * intercepterait toutes les exceptions de type pointeur, de sorte que les autres gestionnaires ne pourraient jamais être exécutés. Seul un **catch(...)** peut suivre un **catch(void *)**.

13.9 Placer un point-virgule après un bloc **try** ou après n'importe quel gestionnaire **catch** (autre que le dernier bloc **catch**) à la suite du bloc **try** est une erreur de syntaxe.

13.10 Supposer que le contrôle revient à la première instruction suivant le **throw** lorsqu'une exception a été traitée est une erreur de logique.

13.11 Supposer qu'une exception lancée dans un bloc **catch** sera traitée par ce gestionnaire ou par tout autre gestionnaire associé au bloc **try** qui a lancé l'exception et provoqué le traitement par le gestionnaire **catch** originel est une erreur de logique.

13.12 Placer une instruction **throw** vide en dehors d'un gestionnaire **catch** provoque, à l'exécution, un appel à **terminate**.

13.13 Le lancement d'une exception absente de la liste de spécification d'exceptions de la fonction provoque un appel à **unexpected**.

13.14 Les classes d'exceptions définies par l'utilisateur ne doivent pas nécessairement dériver de la classe **exception**. Ainsi, l'écriture de **catch(exception e)** ne garantit pas la capture de toutes les exceptions qu'un programme peut rencontrer.

BONNES PRATIQUES DE PROGRAMMATION

13.1   Utilisez les exceptions pour les erreurs qui doivent être traitées à un niveau différent de celui où elles se produisent. Employez par contre d'autres méthodes de gestion des erreurs s'il faut les traiter dans la même portée que celle où elles se produisent.

13.2   Évitez de faire appel au traitement d'exceptions à des fins autres que celle du traitement des erreurs, car cela peut réduire la clarté des programmes.

13.3   Utilisez les techniques conventionnelles de traitement des erreurs plutôt que le traitement d'exceptions, afin d'assurer un traitement direct, local, des erreurs dans tout programme où il est aisé de traiter ses propres erreurs.

13.4   Associer chaque type d'erreur d'exécution à un objet nommé de manière convenable améliore la clarté des programmes.

ASTUCES SUR LA PERFORMANCE

13.1   Même s'il est possible d'utiliser le traitement des exceptions à des fins autres que la gestion des erreurs, cela réduit les performances des programmes.

13.2   Le traitement des exceptions est généralement mis en œuvre dans les compilateurs de telle manière que, lorsqu'une exception ne se produit pas, peu de charge supplémentaire est imposée par la présence du code de traitement d'exceptions, voire aucune. Lorsque des exceptions se produisent, elles entraînent une augmentation du temps d'exécution. La présence de code de traitement des exceptions induit cependant de façon certaine une surconsommation de mémoire de la part du programme.

OBSERVATIONS DE GÉNIE LOGICIEL

13.1   Le contrôle de flux à l'aide des structures conventionnelles de pilotage est généralement plus clair et plus efficace qu'avec les exceptions.

13.2   Le traitement des exceptions est très bien adapté aux systèmes construits sur la base de composants développés de manière distincte, car il facilite la combinaison de ces composants. Chaque composant effectue sa propre détection d'exceptions, distincte du traitement de ces exceptions sous une autre portée.

13.3   Lorsqu'il s'agit de bibliothèques, l'appelant d'une fonction de bibliothèque envisage très probablement le traitement d'un seul type d'erreur pour une exception générée dans la fonction de bibliothèque. Il est très improbable qu'une fonction de bibliothèque puisse proposer un traitement d'erreur qui satisfasse tous les utilisateurs de cette fonction. De ce fait, les exceptions constituent une méthode appropriée de gestion des erreurs dont les fonctions de bibliothèque sont la source.

13.4   Une des clés du traitement des exceptions est que la portion d'un programme ou d'un système qui traite l'exception peut être totalement différente ou très distante de la portion du programme qui détecte et génère la situation exceptionnelle.

13.5   S'il est nécessaire de transmettre des informations relatives à l'erreur responsable de l'exception, ces informations peuvent être placées dans l'objet lancé. Le gestionnaire `catch` doit alors contenir le nom d'un paramètre qui permet de référencer ces informations.

13.6   Un objet peut être lancé sans qu'aucune information ne transite. Dans ce cas, le simple fait de savoir qu'une exception d'un type donné a été lancée peut fournir une information suffisante pour que le gestionnaire puisse effectuer son travail correctement.

13.7 Une faiblesse de la capture d'exceptions par `catch(...)` est que vous ne pouvez normalement jamais être certain du type de l'exception lancée. Une autre faiblesse provient du fait que, sans paramètre nommé, il est impossible de référencer l'objet exception au sein du gestionnaire d'exceptions.

13.8 Il est préférable d'incorporer votre stratégie de gestion des exceptions dans un système dès le processus de conception. Il est en effet difficile d'ajouter un traitement d'exceptions une fois le système mis en place.

13.9 Une autre raison d'éviter les exceptions dans un flot de contrôle est que ces exceptions «supplémentaires» peuvent interférer avec des exceptions authentiques du type erreur. Le programmeur éprouvera plus de difficultés à maîtriser les nombreux cas d'exceptions. Par exemple, lorsqu'un programme traite une trop grande variété d'exceptions, est-il toujours possible de savoir ce que `catch(...)` interceptera? Les situations exceptionnelles doivent demeurer rares et ne pas devenir une habitude.

13.10 Utilisez `catch(...)` pour effectuer une restauration indépendante du type de l'exception, comme la libération des ressources communes. L'exception peut ensuite être relancée pour alerter des blocs `catch` périphériques plus spécifiques.

13.11 La norme du C++ recommande que, pour rendre les programmes plus robustes, les programmeurs utilisent la version de **new** qui lance des exceptions **bad_alloc** en cas d'échec.

13.12 La hiérarchie d'exceptions standard est conçue pour servir de point de départ. Les utilisateurs peuvent lancer des exceptions standard ou lancer leurs propres exceptions, c'est-à-dire qui ne dérivent pas des exceptions standard.

ASTUCES DE TESTS ET DE DÉBOGAGE

13.1 Le programmeur détermine l'ordre dans lequel les gestionnaires d'exceptions sont listés. Cet ordre peut affecter la manière dont les exceptions originaires d'un bloc **try** sont gérées. Si vous obtenez un comportement inattendu de votre programme lorsqu'il gère les exceptions, assurez-vous qu'un bloc **catch** antérieur n'intercepte ni ne gère les exceptions avant qu'elles atteignent le gestionnaire de capture prévu.

13.2 L'emploi de l'héritage dans le cadre des exceptions permet à un gestionnaire d'exceptions de capturer des erreurs apparentées au moyen d'une notation assez concise. Il demeure possible d'intercepter individuellement chacun des pointeurs ou références à des objets exception de classes dérivées, mais il est plus concis de n'intercepter que les pointeurs ou références des objets exception de la classe de base. De plus, la capture individuelle des pointeurs ou références de chacun des objets exception de classes dérivées risque d'entraîner des erreurs si le programmeur oublie de tester explicitement le pointeur ou la référence de l'un ou l'autre des types de classes dérivées.

13.3 Pour capturer toutes les exceptions qui peuvent être lancées dans un bloc **try**, utilisez plutôt `catch(...)`.

EXERCICES DE RÉVISION

13.1 Donnez cinq exemples communs d'exceptions.

13.2 Donnez plusieurs raisons qui suggèrent de ne pas utiliser les techniques de traitement des exceptions dans le cadre du contrôle de programme conventionnel.

13.3 Pourquoi les exceptions sont-elles appropriées à la gestion des erreurs produites par les fonctions d'une bibliothèque?

13.4 Qu'est-ce que la «fuite de ressources» ?

13.5 Si aucune exception n'est lancée dans un bloc **try**, où le contrôle du programme reprend-t-il après avoir terminé l'exécution du bloc **try**?

13.6   Que se passe-t-il si une exception est lancée en dehors d'un bloc **try**?

13.7   Citez un avantage et un inconvénient clés de l'utilisation de **catch(...)**.

13.8   Que se passe-t-il si aucun gestionnaire **catch** ne correspond au type de l'objet lancé?

13.9   Que se passe-t-il si plusieurs gestionnaires **catch** correspondent au type d'un objet lancé?

13.10   Pourquoi un programmeur doit-il de préférence spécifier un type de classe de base comme type d'un gestionnaire **catch** et lancer des objets de types de classes dérivées?

13.11   Comment un gestionnaire **catch** peut-il être écrit pour traiter des types d'erreurs apparentés, sans faire appel à de l'héritage parmi des classes d'exceptions?

13.12   Quel type de pointeur utiliseriez-vous dans un gestionnaire **catch** pour capturer n'importe quelle exception de n'importe quel type de pointeur?

13.13   Supposez qu'un gestionnaire **catch** avec une correspondance précise à un type d'objet exception soit disponible. Dans quelles circonstances un gestionnaire différent peut-il être exécuté pour des objets exception de ce type?

13.14   Le lancement d'une exception provoque-t-il la fin d'un programme?

13.15   Que se passe-t-il lorsqu'un gestionnaire **catch** lance une exception?

13.16   Que fait l'instruction **throw;**?

13.17   Comment le programmeur restreint-il les types d'exceptions qu'une fonction peut lancer?

13.18   Que se passe-t-il lorsqu'une fonction lance une exception d'un type non autorisé par la spécification d'exceptions de cette fonction?

13.19   Qu'arrive-t-il aux objets automatiques construits dans un bloc **try** lorsque ce bloc lance une exception?

RÉPONSES AUX EXERCICES DE RÉVISION

13.1   Une mémoire insuffisante pour satisfaire la requête **new**, le dépassement des limites d'indices d'un tableau, le dépassement arithmétique, la division par zéro et des paramètres de fonction non valables.

13.2   (a) Le traitement des exceptions est conçu pour gérer des situations peu fréquentes qui résultent souvent en un arrêt brutal du programme, de sorte que les éditeurs de compilateurs ne sont pas obligés de mettre en place un traitement d'exceptions optimal. (b) Le flot de contrôle par des structures de contrôle conventionnelles est généralement plus clair et plus efficace qu'avec des exceptions. (c) Des problèmes peuvent apparaître parce que la pile est dépilée lorsqu'une exception se produit et les ressources allouées avant l'apparition de l'exception risquent de ne pas être libérées. (d) Les exceptions «supplémentaires» peuvent se trouver dans le chemin des exceptions originales de type erreur. Il devient difficile pour le programmeur de conserver une trace de cas d'exceptions de plus en plus nombreux. En effet, que capture alors **catch(...)** en définitive?

13.3   Il est peu vraisemblable qu'une fonction de bibliothèque effectue un traitement d'erreur qui rencontre les besoins uniques de tous les utilisateurs.

13.4   Un programme qui s'arrête brutalement pourrait laisser une ressource dans un état qui empêche tout autre programme de l'acquérir ensuite.

13.5   Les gestionnaires d'exceptions (dans les blocs **catch**) pour ce bloc **try** sont éludés et le programme poursuit son exécution après le dernier bloc **catch**.

13.6   Une exception lancée en dehors d'un bloc **try** provoque un appel à **terminate**.

13.7   La forme **catch(...)** intercepte tout type d'erreur lancée dans un bloc **try**. On tire avantage du fait qu'aucune erreur lancée ne peut y échapper. Par contre, le **catch** n'a pas de paramètre, de sorte qu'il ne peut référencer d'information dans l'objet lancé et, dès lors, ne peut connaître la cause de l'erreur.

13.8 Ceci provoque la poursuite de la recherche d'une correspondance dans le prochain bloc **try** extérieur. Alors que le processus continue, il se peut qu'il ne se trouve aucun gestionnaire dans le programme qui corresponde au type de l'objet lancé. Dans ce cas, **terminate** est appelée qui, par défaut, appelle **abort**. Une alternative à la fonction **terminate** peut être fournie en argument de **set_terminate**.

13.9 Le premier gestionnaire d'exceptions correspondant placé après le bloc **try** est exécuté.

13.10 Parce qu'il s'agit d'une belle façon de capturer des types d'exceptions apparentés.

13.11 Ne fournissez qu'une seule classe d'exception et un gestionnaire **catch** pour un groupe d'exceptions. Lorsqu'une exception se produit, créez l'objet exception avec des données privées différentes pour chacune des exceptions. Le gestionnaire **catch** peut alors examiner la donnée privée pour distinguer le type de l'exception.

13.12 **void ***.

13.13 Un gestionnaire nécessitant des conversions standard peut apparaître avant une correspondance exacte.

13.14 Non, mais cela termine le bloc dans lequel l'exception a été lancée.

13.15 L'exception est traitée par un gestionnaire **catch** (s'il existe), associé au bloc **try** (s'il existe) enfermant le gestionnaire **catch** qui a provoqué l'exception.

13.16 Elle relance l'exception.

13.17 Il lui suffit de fournir une spécification d'exceptions qui reprend les types des exceptions que la fonction peut lancer.

13.18 La fonction **unexpected** est appelée.

13.19 Par l'intermédiaire du dépilage, les destructeurs sont appelés pour chacun de ces objets.

EXERCICES

13.20 Citez les conditions exceptionnelles variées qui se sont produites dans les programmes de ce chapitre. Citez autant de conditions exceptionnelles que vous pouvez. Pour chacune d'elles, décrivez brièvement comment un programme doit typiquement gérer l'exception par l'intermédiaire des techniques de traitement d'exceptions étudiées dans ce chapitre. Quelques-unes des exceptions types sont la division par zéro, le dépassement arithmétique, le dépassement de limites d'indices de tableau, l'épuisement de l'espace libre de stockage, et ainsi de suite.

13.21 Dans quelles circonstances le programmeur ne fournit-il pas de nom de paramètre lorsqu'il définit le type de l'objet qui sera intercepté par un gestionnaire?

13.22 Un programme contient l'instruction:

```
throw;
```

Où devez-vous généralement vous attendre à rencontrer ce genre d'instruction? Que se passerait-il si cette instruction apparaissait dans une partie différente d'un programme?

13.23 Dans quelles circonstances utiliseriez-vous l'instruction suivante?

```
catch(...) { throw; }
```

13.24 Comparez et distinguez le traitement d'exceptions avec les autres schémas de traitement d'erreurs étudiés dans ce chapitre.

13.25 Citez les bénéfices qu'apporte le traitement des exceptions par rapport aux autres traitements d'erreurs.

13.26 Fournissez des raisons qui font que les exceptions ne doivent pas être utilisées comme alternative au contrôle de programme.

13.27 Décrivez les techniques de gestion d'exceptions apparentées.

13.28 Jusqu'à ce chapitre, nous avons trouvé la gestion des erreurs détectées par des constructeurs quelque peu disgrâcieuse. Le traitement des exceptions offre un moyen bien meilleur de traiter ce genre d'erreurs. Considérez un constructeur pour la classe **String**. Le constructeur utilise **new** pour obtenir de la mémoire en provenance de l'espace de stockage libre. Supposez que **new** échoue. Montrez comment vous géreriez ceci sans traitement d'exceptions. Étudiez les points clés, montrez comment vous géreriez une telle diminution de la mémoire par le biais du traitement d'exceptions. Expliquez pourquoi la méthode du traitement des exceptions est supérieure.

13.29 Supposez qu'un programme lance une exception et que le gestionnaire d'exceptions commence à s'exécuter. Maintenant, supposez que le gestionnaire d'exceptions lui-même lance la même exception. Ceci produit-il une récursion infinie? Écrivez un programme C++ qui vérifie votre observation.

13.30 Utilisez l'héritage pour créer une classe d'exceptions de base et des classes dérivées d'exceptions variées. Montrez ensuite qu'un gestionnaire **catch** spécifiant la classe de base peut capturer les exceptions des classes dérivées.

13.31 Montrez une expression conditionnelle qui retourne soit un **double**, soit un **int**. Fournissez un gestionnaire **catch** sur un **int** et un gestionnaire **catch** sur un **double**. Montrez que seul le gestionnaire **catch** sur un **double** s'exécute, sans tenir compte que ce soit un **int** ou un **double** qui est retourné.

13.32 Écrivez un programme en C++ conçu pour générer et gérer une erreur de diminution excessive de mémoire. Ce programme doit boucler sur une requête pour créer un stockage dynamique via l'opérateur **new**.

13.33 Écrivez un programme en C++ qui montre que tous les destructeurs de tous les objets construits dans un bloc sont appelés avant qu'une exception soit lancée au départ de ce bloc.

13.34 Écrivez un programme en C++ qui montre que les destructeurs d'objets membres sont appelés seulement pour les objets membres qui ont été construits avant que l'exception se produise.

13.35 Écrivez un programme en C++ qui montre comment n'importe quelle exception est interceptée avec **catch(...)**.

13.36 Écrivez un programme en C++ qui montre l'importance de l'ordre des gestionnaires d'exceptions. Le premier gestionnaire correspondant est celui qui s'exécute. Compilez et exécutez votre programme de deux manières différentes pour montrer que deux gestionnaires différents s'exécutent avec deux effets différents.

13.37 Écrivez un programme en C++ montrant un constructeur qui passe des informations à propos d'un échec de constructeur à un gestionnaire d'exceptions placé après un bloc **try**.

13.38 Écrivez un programme en C++ qui utilise une hiérarchie multiple de classes d'exceptions pour créer une situation où l'ordre des gestionnaires d'exceptions importe.

13.39 Avec l'aide de **setjmp** et **longjmp**, un programme peut transférer le contrôle immédiat à une routine de contrôle depuis une invocation de fonction profondément imbriquée. Malheureusement, si la pile est dépilée, les destructeurs des objets automatiques, créés pendant la séquence des appels de fonctions imbriqués, ne sont pas appelés. Écrivez un programme en C++ qui démontre que, de fait, ces destructeurs ne sont pas appelés.

13.40 Écrivez un programme en C++ qui illustre le relancement d'une exception.

13.41 Écrivez un programme en C++ qui a recours à **set_unexpected** pour activer une fonction définie par l'utilisateur à la place de **unexpected**, qui utilise de nouveau **set_unexpected** et qui réinitialise enfin **unexpected** à sa fonction précédente. Écrivez un programme similaire pour tester **set_terminate** et **terminate**.

13.42 Écrivez un programme en C++ qui montre qu'une fonction disposant de son propre bloc **try** n'a pas besoin d'intercepter n'importe quelle erreur possible, générée au sein du **try**. Quelques exceptions peuvent s'en échapper pour être traitées dans les portées extérieures.

13.43 Écrivez un programme en C++ qui lance une erreur au départ d'une fonction profondément imbriquée et qui montre que le gestionnaire **catch** suivant le bloc **try** qui enferme toute la chaîne d'appel intercepte néanmoins encore l'exception.

14

Gestion de fichiers

Objectifs

- Créer, lire, écrire et mettre à jour des fichiers.

- Se familiariser avec le traitement de fichiers à accès séquentiel.

- Se familiariser avec le traitement de fichiers à accès direct.

- Spécifier des opérations d'E/S non formatées à hautes performances.

- Comprendre les différences entre le traitement des fichiers de données formatées et brutes.

- Construire un programme de gestion de transactions avec le traitement de fichiers à accès aléatoire.

Introduction à la
CONCEPTION
ORIENTÉE OBJETS
avec l'UML™

Aperçu

14.1 Introduction

Le stockage de données dans des tableaux et variables est temporaire. Les *fichiers* retiennent de manière permanente de grandes quantités de données. Les ordinateurs conservent les fichiers sur des *périphériques de stockage secondaires* tels que disques magnétiques, disques optiques et bandes. Ce chapitre explique comment les fichiers de données sont créés, mis à jour et gérés par les programmes en C++. Il considère tant les fichiers à accès séquentiel que les fichiers à accès direct. Il compare le traitement des fichiers de données formatées et celui des fichiers de données brutes ou en vrac. Nous examinerons au chapitre 19 des techniques d'entrée et de sortie de données en provenance de, et vers des chaînes de caractères au lieu de fichiers.

14.2 Hiérarchie des données

En fin de compte, tous les éléments de données traités par les ordinateurs numériques se réduisent à des combinaisons de zéros et de uns. La raison de ceci est qu'il est simple et économique de construire des appareils électroniques pouvant prendre deux états stables: l'un représente **0** et l'autre représente **1**. Il est remarquable de voir que les fonctions impressionnantes réalisées par les ordinateurs n'impliquent que les manipulations les plus fondamentales de **0** et de **1**.

L'élément de donnée le plus petit dans un ordinateur peut prendre les valeurs de **0** et de **1**. Un tel élément de donnée est appelé un *bit* (le raccourci de «*binary dig*it» c'est-à-dire «chiffre binaire» – un chiffre qui peut prendre une valeur parmi deux). Les circuits de l'ordinateur effectuent des manipulations de bits simples et variées, telles que l'examen de la valeur d'un bit, la définition de sa valeur ou son inversion (de **1** à **0** ou de **0** à **1**).

Il est fastidieux pour les programmeurs de travailler avec des données dans la forme de bas niveau qu'est celle des bits. Ils préfèrent travailler avec des données dans des formes telles que les *chiffres décimaux* (soit 0, 1, 2, 3, 4, 5, 6, 7, 8 et 9), les *lettres* (soit de A à Z et de a à z) et les *symboles spéciaux*, comme $, @, %, &, *, (,), -, +, «,;,?, / et bien d'autres encore. Les chiffres, lettres et autres symboles spéciaux sont appelés des *caractères*. L'ensemble de tous les caractères utilisés pour écrire des programmes et représenter des éléments de données sur un ordinateur déterminé est appelé le *jeu de caractères*. Comme les ordinateurs ne peuvent traiter que des **0** et des **1**, chaque du jeu de caractères d'un ordinateur est représenté par une séquence de **1** et de **0** (appelé *octet*, ou *byte* en anglais). Les octets sont composés de huit bits. Les programmeurs créent des programmes et des données à l'aide de caractères; les ordinateurs manipulent et traitent ces caractères comme des *motifs de bits*.

Tout comme les caractères sont composés de bits, les *champs* (*field* en anglais) sont composés de caractères et donc d'octets. Un champ est un groupe de caractères qui convoient une signification. Par exemple, on peut utiliser un champ composé uniquement de lettres en haut ou bas de casse (majuscules et minuscules, respectivement) pour représenter le nom d'une personne.

Les éléments de données traités par l'ordinateur forment une *hiérarchie de données* dans laquelle les éléments de données deviennent de plus en plus volumineux et complexes du point de vue structure, à mesure que l'on progresse du bit aux caractères, des caractères aux champs et ainsi de suite.

Un *enregistrement* (correspondant à **struct** ou à **class** en C++) est composé de plusieurs champs (les *membres*, en C++). Dans un système de paie, l'enregistrement d'un employé déterminé peut contenir les champs suivants:

1. Le numéro d'identification de l'employé
2. Le nom
3. L'adresse
4. Le taux horaire du salaire
5. Le nombre de jours d'absence
6. Le salaire annuel
7. Le montant des charges sociales ou fiscales attenantes, etc.

Ainsi, un enregistrement est un groupe de champs liés. Dans cet exemple, chacun des champs appartient au même employé. Bien entendu, une société peut avoir de nombreux employés et un enregistrement de paie pour chacun d'eux. Un *fichier* est un groupe d'enregistrements apparentés. Le fichier de paie d'une société contient normalement un enregistrement pour chacun des employés. Dès lors, le fichier de paie d'une petite entreprise peut ne contenir que 22 enregistrements alors que celui d'une grande société peut en contenir 100 000. Il n'est pas rare qu'une société ait de nombreux de fichiers, chacun contenant des millions de caractères d'informations. La figure 14.1 illustre la *hiérarchie des données*.

Pour faciliter la recherche d'enregistrements spécifiques dans un fichier, au moins un champ de chaque enregistrement est choisi comme *clé d'enregistrement*. La clé d'enregistrement identifie un enregistrement comme appartenant à une personne ou a une entité particulière, qui est unique parmi tous les autres enregistrements du fichier. Dans l'enregistrement de paie décrit plus haut, le numéro d'identification de l'employé sera normalement utilisé comme clé d'enregistrement.

On peut organiser les enregistrements dans un fichier de multiples façons. Le type d'organisation le plus courant est le *fichier séquentiel*, où les enregistrements sont stockés dans un ordre imposé par le champ de clé. Dans le fichier de paie, les enregistrements sont placés dans l'ordre des numéros d'identification des employés. Le premier enregistrement dans le fichier contient le plus petit numéro d'identification d'employé et les enregistrements suivants portent des numéros croissants.

La majorité des entreprises utilisent de nombreux fichiers différents pour stocker des données. Par exemple, une société peut avoir des fichiers de paie, de comptes clients (listant l'argent reçu des clients), de comptes fournisseurs (listant l'argent dû aux fournisseurs), d'inventaire (reprenant les mouvements des articles gérés par l'entreprise), et bien d'autres types de fichiers. Un groupe de fichiers apparentés est souvent appelé *base de données*. La série de programmes conçus pour créer et administrer les bases de données est appelée *système de gestion de base de données* (en abrégé SGBD; l'appellation anglaise est également fréquente: *database management system* ou DBMS).

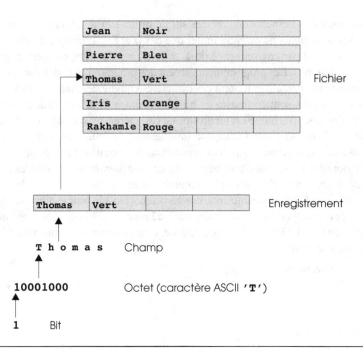

Figure 14.1   La hiérarchie des données.

14.3 Fichiers et flux

Le C++ visualise chaque fichier simplement comme une séquence d'octets (voir figure 14.2). Chaque fichier se termine soit par une *marque de fin de fichier*, soit à un numéro d'octet spécifique enregistré dans une structure de données administrative gérée par le système. Lorsqu'un fichier est *ouvert*, un objet est créé et un flux (en anglais *stream*) est associé à l'objet. Au chapitre 11, nous avons vu que quatre objets de ce genre sont créés automatiquement pour nous: **cin**, **cout**, **cerr** et **clog**. Les flux associés à ces objets fournissent des canaux de communication entre un programme et un fichier ou un périphérique donnés. Par exemple, l'objet **cin** (l'objet de flux d'entrée standard) permet au programme d'entrer des données depuis le clavier, l'objet **cout** (l'objet de flux de sortie standard) lui permet de «sortir» des données à l'écran, les objets **cerr** et **clog** (les objets de flux d'erreur standard) permettent d'afficher des messages d'erreur.

Pour réaliser une gestion de fichiers en C++, les fichiers d'en-tête **<iostream>** et **<fstream>** doivent être inclus. L'en-tête **<fstream>** contient les définitions des classes de flux **ifstream** (pour l'entrée depuis un fichier), **ofstream** (pour la sortie vers un fichier) et **fstream** (pour l'entrée et la sortie de et vers un fichier).

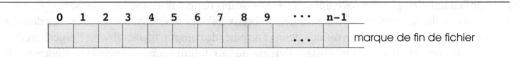

Figure 14.2   La vue par C++ d'un fichier de n octets.

L'ouverture des fichiers s'effectue en créant des objets de ces classes de flux, classes qui sont dérivées – en d'autres termes, qui héritent des fonctionnalités – des classes **istream**, **ostream** et

iostream, respectivement. Ainsi, les fonctions membres, les opérateurs et les manipulateurs décrits au chapitre 11, *Flux d'entrée-sortie en C++*, peuvent être également appliqués aux flux de fichiers. Les relations d'héritage des classes d'entrées-sorties envisagées jusqu'ici sont résumées à la figure 14.3.

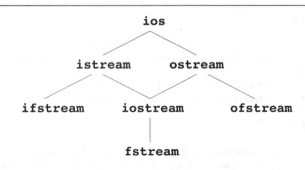

Figure 14.3   Une portion de la hiérarchie de classes de flux d'E/S.

14.4 Créer un fichier à accès séquentiel

Le C++ n'impose aucune structure à un fichier. Ainsi, des notions telles que les «enregistrements» n'existent pas dans ses fichiers. En conséquence, le programmeur doit structurer ses fichiers pour se conformer aux besoins des applications. L'exemple suivant montre comment le programmeur peut imposer une structure d'enregistrement simple sur un fichier. Présentons d'abord le programme; nous en analyserons les détails ensuite.

La figure 14.4 crée un fichier à accès séquentiel simple qui pourrait être utilisé dans un fichier de comptes clients pour permettre à une société de gérer plus facilement l'argent que ses clients lui doivent. Pour chaque client, le programme définit un numéro de compte, un nom et un solde (c'est-à-dire le montant que le client doit encore à l'entreprise pour les biens et services qu'il a reçus dans le passé). Les données obtenues pour chaque client constituent un enregistrement pour ce client. Le numéro de compte est utilisé comme clé d'enregistrement dans cette application; autrement dit, le fichier est créé et tenu à jour dans l'ordre des numéros de compte. Le programme suppose que l'utilisateur introduise les enregistrements dans l'ordre des numéros de compte. Dans un système de comptes clients complet, un tri automatique doit être proposé à l'utilisateur de sorte qu'il puisse introduire les enregistrements dans n'importe quel ordre: les enregistrements sont alors triés et écrits dans le fichier.

```
1   // Figure 14.4: fig14_04.cpp
2   // Création d'un fichier séquentiel.
3   #include <iostream>
4
5   using std::cout;
6   using std::cin;
7   using std::ios;
8   using std::cerr;
9   using std::endl;
10
```

Figure 14.4   Création d'un fichier séquentiel. (1 de 2)

```
11    #include <fstream>
12
13    using std::ofstream;
14
15    #include <cstdlib>
16
17    int main()
18    {
19       // Le constructeur de la classe ofstream ouvre le fichier.
20       ofstream sortieFichierClient( "clients.dat", ios::out );
21
22       if ( !sortieFichierClient ) {   // Opérateur ! surchargé.
23          cerr << "Ouverture du fichier impossible" << endl;
24          exit( 1 );                    // Prototype dans cstdlib.
25       }
26
27       cout << "Introduisez le compte, le nom et le solde.\n"
28            << "Introduisez fin de fichier pour terminer l'entrée.\n? ";
29
30       int compte;
31       char nom[ 30 ];
32       double solde;
33
34       while ( cin >> compte >> nom >> solde ) {
35          sortieFichierClient << compte << ' ' << nom
36                      << ' ' << solde << '\n';
37          cout << "? ";
38       }
39
40       return 0;  // Le destructeur de la classe ofstream ferme le fichier.
41    }
```

```
Introduisez le compte, le nom et le solde.
Introduisez fin de fichier pour terminer l'entrée.
? 100 Dupond 24.98
? 200 Dupont 345.67
? 300 Dupuis 0.00
? 400 Deitel -42.16
? 500 Breton 224.62
? ^Z
```

Figure 14.4   Création d'un fichier séquentiel. (2 de 2)

Maintenant, analysons le programme. Comme nous l'avons indiqué précédemment, les fichiers sont ouverts en créant des objets de classes de flux **ifstream**, **ofstream** ou **fstream**. À la figure 14.4, le fichier doit être ouvert en sortie, de sorte que c'est un objet de type **ofstream** que nous devons créer. Deux arguments sont transmis au constructeur de l'objet: le *nom de fichier* (*filename*) et le *mode d'ouverture du fichier* (*file open mode*). Pour un objet **ofstream**, le mode d'ouverture du fichier peut prendre une des valeurs **ios::out** pour sortir des données vers un fichier ou **ios::app** pour ajouter des données à la fin du fichier (sans modifier aucune des données déjà présentes). Les fichiers existants, ouverts avec le mode **ios::out** sont *tronqués*, c'est-à-dire que toutes les données du fichier sont éliminées. Si le fichier spécifié n'existe pas encore, il est alors créé avec ce nom de fichier. La déclaration:

ofstream sortieFichierClient("clients.dat", ios::out);

de la ligne 20 crée un objet **ofstream** nommé **sortieFichierClient**, associé au fichier **clients.dat**, ouvert en sortie. Les arguments **"clients.dat"** et **ios::out** sont transmis au constructeur de **ofstream** qui ouvre ensuite le fichier. Ceci établit un «canal de communication» avec le fichier. Les arguments sont passés à la fonction constructeur de **ofstream** qui ouvre le fichier. Par défaut, les objets **ofstream** sont ouverts en sortie, de sorte que l'instruction suivante aurait pu suffire pour ouvrir **clients.dat** en sortie:

```
ofstream sortieFichierClient( "clients.dat" );
```

Le tableau de la figure 14.5 répertorie les modes d'ouverture des fichiers.

Erreur de programmation courante 14.1

*Ouvrir un fichier existant en sortie (**ios::out**) lorsqu'en fait, l'utilisateur veut préserver le fichier, provoque l'élimination du contenu du fichier, sans aucun avertissement.*

Erreur de programmation courante 14.2

*L'utilisation d'un objet **ofstream** incorrect pour faire référence à un fichier.*

On peut créer un objet **ofstream** sans ouvrir de fichier spécifique. On peut en effet relier un fichier plus tard à l'objet. La déclaration suivante, par exemple, crée un objet **ofstream** nommé **sortieFichierClient**.

```
ofstream sortieFichierClient;
```

La fonction membre **open** de **ofstream** ouvre un fichier et le relie à un objet **ofstream** de la manière suivante:

```
sortieFichierClient.open( "clients.dat", ios::out );
```

Erreur de programmation courante 14.3

Oublier d'ouvrir un fichier avant de le référencer dans un programme.

Mode	Description
ios::app	Écrire toutes les sorties à la fin du fichier.
ios::ate	Ouvrir un fichier en sortie et se positionner à la fin du fichier (utilisé normalement pour ajouter des données au fichier). Les données peuvent être écrites n'importe où dans le fichier.
ios::in	Ouvrir un fichier en entrée.
ios::out	Ouvrir un fichier en sortie.
ios::trunc	Éliminer le contenu du fichier s'il y en a (c'est l'action par défaut de **ios::out**).
ios::binary	Ouvrir un fichier en entrée ou sortie pour des données binaires, qui ne se présentent pas sous forme de texte, en d'autres termes.

Figure 14.5   Les modes d'ouverture de fichier.

Après avoir créé un objet **ofstream** et tenté de l'ouvrir, le programme vérifie si l'opération d'ouverture a réussi. La condition de la structure **if** des lignes 22 à 25 fait appel à la fonction membre de l'opérateur **operator!** de **ios** pour déterminer si l'opération d'ouverture a été réussie:

```
if ( !sortieFichierClient ) {
cerr << "Ouverture du fichier impossible." << endl;
    exit ( 1 );
}
```

La condition retourne une valeur différente de zéro (vrai) si le **failbit** (bit d'échec), ou le **badbit** (mauvais bit) sont activés pour l'opération **open** sur le flux. Des erreurs fréquentes sont: la tentative d'ouvrir en lecture un fichier inexistant; celle d'ouvrir un fichier sans permission et ouvrir un fichier en écriture alors que l'espace disque disponible est insuffisant.

Lorsque la condition indique que la tentative d'ouverture a échoué, le message d'erreur «**Ouverture du fichier impossible.**» est affiché et un appel à la fonction **exit** est effectué afin d'arrêter le programme. L'argument de **exit** est retourné à l'environnement à partir duquel le programme a été appelé. Un argument de **0** indique que le programme s'est achevé normalement; toute autre valeur indique que le programme s'est arrêté par suite d'une erreur. L'environnement appelant, soit le système d'exploitation probablement, utilise la valeur renvoyée par **exit** pour réagir de manière appropriée à l'erreur.

Une autre fonction membre d'opérateur d'**ios**, **operator void***, convertit le flux en un pointeur, de sorte qu'il peut être testé par rapport à **0** (le pointeur nul) ou par rapport à une valeur différente de zéro (toute autre valeur de pointeur). Si le **failbit** ou le **badbit** (voir chapitre 11) ont été activés pour le flux, la valeur **0** (faux) est retournée. La condition de l'en-tête du **while** (ligne 34) qui suit appelle automatiquement la fonction membre **operator void***:

```
while (cin >> compte >> nom >> solde )
```

La condition demeurera vraie tant que ni le **failbit** ni le **badbit** ne seront activés pour **cin**. L'introduction de l'indicateur de fin de fichier active le **failbit** pour **cin**. La fonction **operator void *** peut être utilisée pour tester l'objet entré par rapport à la marque de fin de fichier (*end-of-file* ou *eof* en anglais) ou pour appeler explicitement la fonction membre **eof** sur l'objet d'entrée.

Si le fichier est ouvert avec succès, le programme commence à saisir les données. L'instruction suivante, aux lignes 27 et 28, invite l'utilisateur à introduire les valeurs des champs de chaque enregistrement ou la fin de fichier lorsque la saisie est achevée:

```
cout << "Introduisez le compte, le nom et le solde.\n"
        << "Introduisez fin de fichier pour terminer l'entrée.\n? ";
```

La figure 14.6 liste les combinaisons de touches de clavier pour la saisie de la marque de fin de fichier sur différents systèmes informatiques.

Système informatique	Combinaison de touches
Systèmes UNIX	*\<ctrl> d* (sur une ligne vierge)
PC IBM et compatibles	*\<ctrl> z* (suivi éventuellement d'une pression sur *Entrée*)
Macintosh	*\<ctrl> d*
VAX (VMS)	*\<ctrl> z*

Figure 14.6   Les combinaisons de touches correspondant à la marque de fin de fichier, sur différents systèmes informatiques populaires.

La ligne 34 saisit chaque jeu de données et détermine si la fin de fichier a été introduite:

```
while ( cin >> compte >> nom >> solde )
```

Lorsqu'une fin de fichier ou une donnée incorrecte est saisie, l'opération **>>** d'extraction de flux sur **cin** renvoie **0** (alors que normalement, **operator void** ***** renvoie **cin**) et la structure **while** se termine. L'utilisateur entre une marque de fin de fichier pour informer le programme qu'il n'y a plus de donnée à traiter. L'indicateur de fin de fichier est activé lorsque la combinaison de touches de fin de fichier est introduite par l'utilisateur. La structure **while** continue à boucler tant que l'indicateur de fin de fichier n'est pas saisi.

Les lignes 35 et 36 écrivent un jeu de données sur le fichier **"clients.dat"** par l'intermédiaire de l'opérateur d'insertion de flux **<<** et de l'objet **sortieFichierClient** associé au fichier au début du programme:

```
sortieFichierClient << compte << ' ' << nom
                    << ' ' << solde << '\n';
```

Les données peuvent être retrouvées par un programme conçu pour lire le fichier (voir section 14.5). Remarquez que le fichier créé à la figure 14.4 est un fichier texte. Il peut donc être relu par n'importe quel éditeur de texte.

Lorsque l'indicateur de fin de fichier est entré, **main** s'achève. Ceci provoque la destruction de l'objet **sortieFichierClient**: l'appel à sa fonction destructeur ferme le fichier **clients.dat**. Un objet **ofstream** peut être fermé de manière explicite par le programmeur lorsqu'il fait appel à la fonction membre **close** comme suit:

```
sortieFichierClient.close();
```

Astuce sur la performance 14.1

Fermez explicitement chaque fichier dès que vous avez acquis la certitude que le programme n'y fera plus référence. Ceci peut réduire l'utilisation des ressources dans un programme qui continuera de s'exécuter alors qu'il n'a plus besoin d'un fichier particulier. Cette pratique améliore également la clarté du programme.

Dans l'exemple d'exécution du programme de la figure 14.4, l'utilisateur introduit les informations relatives à cinq comptes et signale ensuite que l'entrée des données est terminée en tapant une marque de fin de fichier (**^Z** apparaît sur les écrans des PC compatibles IBM). Cette fenêtre de dialogue ne montre pas comment les enregistrements de données apparaissent réellement dans le fichier. Pour vérifier si le fichier a été créé correctement, nous allons créer à la section suivante un programme qui lit le fichier et en affiche le contenu.

14.5 Lire des données d'un fichier à accès séquentiel

Les données sont stockées dans des fichiers d'où elles peuvent être extraites pour être traitées. La section précédente a montré comment créer un fichier en accès séquentiel. Cette section-ci étudie les moyens de lire des données de façon séquentielle à partir d'un fichier.

La figure 14.7 lit les enregistrements du fichier **clients.dat** créé par le programme de la figure 14.4 et affiche le contenu des enregistrements. Un fichier s'ouvre en entrée en créant un objet de classe **ifstream**. Deux arguments sont transmis à l'objet: le nom de fichier et le mode d'ouverture du fichier. La déclaration de la ligne 29 crée un objet **ifstream** nommé **entreeFichierClient** et lui associe le fichier **clients.dat**, ouvert en entrée:

```
ifstream entreeFichierClient( "clients.dat", ios::in);
```

Les arguments entre parenthèses sont transmis à la fonction constructeur de **ifstream**, qui ouvre le fichier et qui établit avec lui un «canal de communication».

```
1   // Figure 14.7: fig14_07.cpp
2   // Lecture et affichage du contenu d'un fichier séquentiel.
3   #include <iostream>
4
5   using std::cout;
6   using std::cin;
7   using std::ios;
8   using std::cerr;
9   using std::endl;
10
11  #include <fstream>
12
13  using std::ifstream;
14
15  #include <iomanip>
16
17  using std::setiosflags;
18  using std::resetiosflags;
19  using std::setw;
20  using std::setprecision;
21
22  #include <cstdlib>
23
24  void sortieLigne( int, const char *, double );
25
26  int main()
27  {
28     // Le constructeur de ifstream ouvre le fichier.
29     ifstream entreeFichierClient( "clients.dat", ios::in );
30
31     if ( !entreeFichierClient ) {
32        cerr << "Ouverture du fichier impossible.\n";
33        exit( 1 );
34     }
35
36     int compte;
37     char nom[ 30 ];
38     double solde;
39
40     cout << setiosflags( ios::left ) << setw( 10 ) << "Compte"
41          << setw( 13 ) << "Nom" << "Solde\n"
42          << setiosflags( ios::fixed | ios::showpoint );
43
44     while ( entreeFichierClient >> compte >> nom >> solde )
45        sortieLigne( compte, nom, solde );
46
47     return 0;  // Le destructeur de ifstream ferme le fichier.
48  }
49
```

Figure 14.7   Lecture et affichage du contenu d'un fichier séquentiel. (1 de 2)

```
50   void sortieLigne( int cpt, const char *nom, double sld )
51   {
52      cout << setiosflags( ios::left ) << setw( 10 ) << cpt
53           << setw( 13 ) << nom << setw( 7 ) << setprecision( 2 )
54           << resetiosflags( ios::left )
55           << sld << '\n';
56   }
```

```
Compte    Nom       Solde
100       Dupond    24.98
200       Dupont    345.67
300       Deitel    0.00
400       Dupuis    -42.16
500       Breton    224.62
```

Figure 14.7   Lecture et affichage du contenu d'un fichier séquentiel. (2 de 2)

Les objets de la classe **ifstream** sont ouverts en lecture par défaut, de sorte que l'instruction suivante aurait suffi pour ouvrir le fichier **clients.dat** en entrée:

```
ifstream entreeFichierClient( "clients.dat" );
```

Tout comme pour un objet **ofstream**, un objet **ifstream** peut être créé sans ouvrir un fichier spécifique, le fichier pouvant lui être relié plus tard.

Bonne pratique de programmation 14.1

*N'ouvrez un fichier qu'en entrée seule (à l'aide de **ios::in**) si son contenu ne doit pas être modifié. Ceci évite les modifications non intentionnelles du contenu du fichier. Ceci est un exemple du principe du moindre privilège.*

Le programme utilise la condition **!entreeFichierClient** pour déterminer si le fichier a été ouvert avec succès, avant de tenter la récupération des données depuis le fichier. La ligne 27 lit un jeu de données (un enregistrement, en d'autres termes) depuis le fichier:

```
while ( entreeFichierClient >> compte >> nom >> solde )
```

Cette ligne étant exécutée une première fois, la variable **compte** reçoit la valeur **100**, **nom** a la valeur **"Dupond"**, **solde** a la valeur **24.98**. Chaque fois que la ligne est exécutée, un autre enregistrement est lu depuis le fichier dans les variables **compte**, **nom** et **solde**. Les enregistrements sont affichés à l'aide de la fonction **sortieLigne** qui utilise des manipulateurs de flux paramétrés pour mettre en forme les données à afficher. Lorsque la marque de fin de fichier est atteinte, l'appel implicite à **operator void *** de la structure **while** renvoie **0** (alors que **operator void *** renvoie normalement **true**), le fichier est fermé par la fonction de destructeur de **ifstream** et le programme se termine.

Pour récupérer séquentiellement les données d'un fichier, un programme commence normalement la lecture depuis le début du fichier et lit ensuite toutes les données consécutives, jusqu'à ce qu'il trouve les données souhaitées. Il peut être nécessaire de traiter le fichier en séquence plusieurs fois (depuis le début du fichier) pendant l'exécution du programme. Les classes **istream** et **ostream** fournissent toutes deux des fonctions membres destinées à placer le *pointeur de position du fichier* (qui désigne la position, en octets, de l'octet suivant à lire ou à écrire dans le fichier).

Ces fonctions membres sont **seekg** (lisez «*seek get*» pour «rechercher et obtenir») pour la classe **istream** et **seekp** (lisez «*seek put*» pour «rechercher et déposer») dans le cas de la classe **ostream**. Chaque objet **istream** a un «pointeur *get*» qui indique le numéro d'octet dans le fichier à partir duquel la prochaine entrée aura lieu et chaque objet **ostream** a un «pointeur *put*» qui indique le numéro de l'octet du fichier dans lequel la prochaine sortie prendra place. L'instruction suivante place le pointeur de position du fichier au début (emplacement **0**) du fichier relié à **entreeFichierClient**:

```
entreeFichierClient.seekg( 0 );
```

L'argument de **seekg** est habituellement un entier **long**. Un second argument peut indiquer le *sens de recherche*. Le sens de recherche peut être la valeur par défaut **ios::beg** («*beg*» pour «*begining*», soit le début), pour une position relative au début d'un flux, **ios::cur** pour un positionnement relatif à la position courante dans le flux et **ios::end** pour un positionnement relatif à la fin du flux. Le pointeur de position du fichier est une valeur entière qui spécifie l'emplacement dans le fichier comme étant un nombre d'octets depuis l'emplacement de départ dans le fichier (on appelle souvent cela le *décalage* ou l'*offset* par rapport au début du fichier). Voici quelques exemples d'utilisation du pointeur de position «*get*» d'un fichier:

```
// Positionner au nième octet de l'objetFichier.
// Supposons ios::beg
objetFichier.seekg( n );

// Positionner à n octets en avant dans l'objetFichier.
objetFichier.seekg( n, ios::cur );

// Positionner à y octets à reculons depuis la fin de l'objetFichier.
objetFichier.seekg( y, ios::end );

// Positionner à la fin de l'objetFichier.
objetFichier.seekg( 0, ios::end );
```

Les mêmes opérations sont applicables à la fonction membre **seekp** de **ostream**. Les fonctions membres **tellg** et **tellp** retournent les emplacements courants des pointeurs «*get*» et «*put*», respectivement. L'instruction suivante affecte la valeur du pointeur de position de fichier «*get*» à la variable **emplacement**, de type **long**:

```
emplacement = filObject.tellg();
```

Le programme illustré à la figure 14.8 permet à un responsable des crédits à afficher les informations du compte des clients dont le solde est égal à zéro (c'est-à-dire des clients qui ne doivent plus d'argent à l'entreprise), les soldes créditeurs (des clients à qui l'entreprise doit de l'argent) et les soldes débiteurs (des clients qui doivent de l'argent à la société pour des biens et services reçus par le passé). Le programme affiche un menu qui permet au responsable des crédits d'entrer une option parmi quatre pour obtenir des informations de crédit. L'option 1 produit une liste des comptes dont le solde est à zéro; l'option 2 affiche une liste des comptes dont les soldes sont créditeurs; l'option 3 donne une liste des comptes dont les soldes sont débiteurs. L'option 4 termine l'exécution du programme. L'introduction d'une option incorrecte affiche simplement l'invite à entrer un autre choix. Un exemple de sortie est montré à la figure 14.9.

```
1    // Figure 14.8: fig14_08.cpp
2    // Programme d'interrogation de crédit.
3    #include <iostream>
4
5    using std::cout;
6    using std::cin;
7    using std::ios;
8    using std::cerr;
9    using std::endl;
10
11   #include <fstream>
12
13   using std::ifstream;
14
15   #include <iomanip>
16
17   using std::setiosflags;
18   using std::resetiosflags;
19   using std::setw;
20   using std::setprecision;
21
22   #include <cstdlib>
23
24   enum TypeRequete { SOLDE_ZERO = 1, SOLDE_CREDIT,
25                      SOLDE_DEBIT, FIN };
26   int donneRequete();
27   bool devraitAfficher( int, double );
28   void sortieLigne( int, const char *, double );
29
30   int main()
31   {
32      // Le constructeur de ifstream ouvre le fichier.
33      ifstream entreeFichierClient( "clients.dat", ios::in );
34
35      if ( !entreeFichierClient ) {
36         cerr << "Ouverture du fichier impossible." << endl;
37         exit( 1 );
38      }
39
40      int choix, compte;
41      char nom[ 30 ];
42      double solde;
43
44      cout << "Entrez votre choix\n"
45           << "1 - Lister les comptes dont le solde vaut zéro.\n"
46           << "2 - Lister les comptes dont le solde est créditeur.\n"
47           << "3 - Lister les comptes dont le solde est débiteur.\n"
48           << "4 - Fin de l'exécution."
49           << setiosflags( ios::fixed | ios::showpoint );
50      choix = donneRequete();
51
52      while ( choix != FIN ) {
53
```

Figure 14.8   Programme d'interrogation de crédit. (1 de 3)

```
54          switch ( choix ) {
55             case SOLDE_ZERO:
56                cout << "\nComptes dont le solde vaut zéro:\n";
57                break;
58             case SOLDE_CREDIT:
59                cout << "\nComptes dont le solde est créditeur:\n";
60                break;
61             case SOLDE_DEBIT:
62                cout << "\nComptes dont le solde est débiteur:\n";
63                break;
64          }
65
66          entreeFichierClient >> compte >> nom >> solde;
67
68          while ( !entreeFichierClient.eof() ) {
69             if ( devraitAfficher( choix, solde ) )
70                sortieLigne( compte, nom, solde );
71
72             entreeFichierClient >> compte >> nom >> solde;
73          }
74
75          entreeFichierClient.clear();      // réinitialiser eof pour
76                                            // entrée suivante.
77          entreeFichierClient.seekg( 0 ); // déplacer au début du fichier.
78          choix = donneRequete();
79       }
80
81       cout << "Fin de l'exécution." << endl;
82
83       return 0;    // Le destructeur de ifstream ferme le fichier.
84    }
85
86    int donneRequete()
87    {
88       int choix;
89
90       do {
91          cout << "\n? ";
92          cin >> choix;
93       } while( choix < SOLDE_ZERO || choix > FIN );
94
95       return choix;
96    }
97
98    bool devraitAfficher( int type, double solde )
99    {
100      if ( type == SOLDE_CREDIT && solde < 0 )
101         return true;
102
103      if ( type == SOLDE_DEBIT && solde > 0 )
104         return true;
105
106      if ( type == SOLDE_ZERO && solde == 0 )
107         return true;
108
109      return false;
110   }
111
```

Figure 14.8   Programme d'interrogation de crédit. (2 de 3)

```
112   void sortieLigne( int cpt, const char * const nom, double sld )
113   {
114      cout << setiosflags( ios::left ) << setw( 10 ) << cpt
115           << setw( 13 ) << nom << setw( 7 ) << setprecision( 2 )
116           << resetiosflags( ios::left )
117           << sld << '\n';
118   }
```

Figure 14.8   Programme d'interrogation de crédit. (3 de 3)

```
Entrer choix
 1 - Lister les comptes dont le solde vaut zéro.
 2 - Lister les comptes dont le solde est créditeur.
 3 - Lister les comptes dont le solde est débiteur.
 4 - Fin de l'exécution.
? 1

Comptes dont le solde vaut zéro:
300      Deitel         0.00
? 2

Comptes dont le solde est créditeur:
400      Dupuis        -42.16
? 3

Comptes dont le solde est débiteur:
100      Dupond         24.98
200      Dupont        345.67
500      Breton        224.62


? 4
Fin de l'exécution.
```

Figure 14.9   Exemple de sortie du programme d'interrogation de crédit de la figure 14.8.

14.6 Mettre à jour des fichiers à accès séquentiel

Les données mises en forme et écrites dans un fichier à accès séquentiel, comme à la section 14.4, ne peuvent être modifiées sans risquer de détruire les autres données du fichier. Par exemple, s'il fallait changer le nom «**Deitel**» en «**Deitelskymovitch**», on ne pourrait pas simplement écraser l'ancien nom. En effet, l'enregistrement initial a été écrit sur disque sous la forme:

300 Deitel 0.00

Si l'enregistrement est réécrit à partir du même emplacement dans le fichier, avec le nom plus long il devient:

300 Deitelskymovitch 0.00

Le nouvel enregistrement contient dix caractères de plus que l'enregistrement original. Dès lors, les caractères au-delà du « **o** » de «**Deitelskymovitch**» écraseraient le début de l'enregistrement séquentiel suivant du fichier. Le problème ici est que, dans le modèle d'entrée-sortie mise en forme à l'aide de l'opérateur d'insertion **<<** et de l'opérateur d'extraction **>>**, la taille des champs, et donc des enregistrements, peut varier. Par exemple, 7, 14, –117, 2074 et 27383 sont tous des **int** et chacun d'eux est stocké en interne dans le même nombre d'octets de données brutes, mais lorsque ces entiers sont extraits en tant que texte mis en forme à l'écran (sous forme de séquence de caractères) ou dans un fichier sur disque, ils deviennent des champs de tailles différentes. En conséquence, le modèle d'entrée-sortie mise en forme n'est habituellement pas utilisé pour mettre à jour des enregistrements déjà en place.

De telles mises à jour peuvent être réalisées, certes, mais le procédé est assez lourd. Par exemple, pour effectuer la modification de nom précédente, on pourrait copier dans un nouveau fichier les enregistrements qui précèdent **300 Deitel 0.00** dans le fichier à accès séquentiel, écrire l'enregistrement modifié sur le nouveau fichier, puis copier les enregistrements suivant **300 Deitel 0.00** à la fin du nouveau fichier. Cette méthode exige de traiter tous les enregistrements pour en modifier un seul. Si de nombreux enregistrements doivent être mis ainsi à jour en une seule passe, cette méthode peut alors être acceptable.

14.7 Fichiers à accès aléatoire

Jusqu'ici, nous avons vu comment créer des fichiers à accès séquentiel et y rechercher des informations particulières. Les fichiers à accès séquentiel sont inadaptés à ce qu'on appelle les *applications «à accès instantané»*, où un enregistrement d'informations particulier doit être localisé immédiatement. Parmi les applications à accès instantané les plus populaires, citons les systèmes de réservation de billets d'avion, les systèmes bancaires, les terminaux de points de vente, les guichets bancaires automatiques et autres *systèmes de traitement de transactions* qui requièrent un accès rapide à des données spécifiques. La banque dans laquelle vous avez un compte peut avoir des centaines de milliers, voire des millions de clients, mais lorsque vous utilisez un guichet bancaire automatique, le solde de votre compte est vérifié par rapport aux fonds demandés en quelques secondes. Ce genre d'accès instantané est possible à l'aide de *fichiers à accès aléatoire*, que l'on appelle aussi *fichiers à accès direct*. Les enregistrements individuels d'un fichier à accès aléatoire sont accessibles directement, rapidement, sans avoir à chercher parmi d'autres enregistrements.

Comme nous l'avons dit, le C++ n'impose pas de structure sur un fichier, de sorte que l'application qui souhaite utiliser des fichiers à accès direct doit littéralement les créer. Une série de techniques permettent de créer des fichiers à accès aléatoire. La plus simple, probablement, consiste à imposer à tous les enregistrements du fichier la même longueur fixe. L'emploi d'enregistrements de longueur fixe permet au programme de calculer facilement (en fonction de la taille et de la clé de l'enregistrement) la position exacte de n'importe quel enregistrement par rapport au début du fichier. Nous verrons bientôt comment ceci facilite l'accès immédiat à des enregistrements spécifiques, même dans le cas de gros fichiers.

La figure 14.10 illustre la vue en C++ d'un fichier à accès aléatoire composé d'enregistrements de taille fixe (d'une longueur de 100 octets chacun). Un fichier à accès direct est comme un train de marchandises équipé de nombreux wagons, certains vides et d'autres plus ou moins pleins.

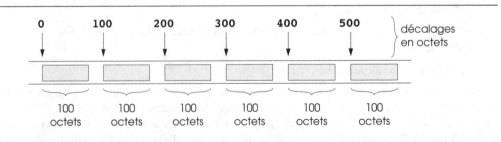

Figure 14.10   Un fichier à accès aléatoire, selon le C++.

Les données peuvent être insérées dans un fichier à accès aléatoire sans détruire les autres données du fichier. Les données stockées précédemment peuvent également être mises à jour et supprimées, sans devoir pour autant réécrire la totalité du fichier. Dans les sections suivantes, nous expliquons comment créer un fichier à accès direct, y déposer des données, les lire séquentiellement et de façon aléatoire, comment les modifier et comment supprimer les données devenues inutiles.

14.8　Créer un fichier à accès aléatoire

La fonction membre **write** de **ostream** sort un nombre fixe d'octets commençant à un emplacement spécifique en mémoire, dans le flux indiqué. Lorsque le flux est associé à un fichier, les données sont écrites à partir de l'emplacement du fichier spécifié par le pointeur «*put*» de position du fichier. La fonction membre **read** de **istream** entre un nombre fixe d'octets, en provenance du flux spécifié dans la zone de mémoire qui commence à une adresse donnée. Si le flux est associé à un fichier, les octets sont entrés à partir de l'emplacement spécifié par le pointeur «*get*» de position du fichier.

Maintenant, lors de l'écriture d'un **nombre** entier dans un fichier, au lieu d'utiliser

```
sortieFichier << nombre;
```

qui pourrait écrire, pour un entier de 4 octets, aussi bien un seul chiffre que 11 chiffres (10 chiffres plus un signe, chacun nécessitant 1 octet de stockage), nous pouvons employer

```
sortieFichier.write(  reinterpret_cast <const char *>( &nombre ),
                      sizeof( nombre ) );
```

qui écrit toujours 4 octets (dans une machine traitant les entiers sur 4 octets). La fonction **write** attend un premier argument de type **const char ***, malgré le fait que nous avons utilisé l'opérateur de transtypage **reinterpret_cast<const char *>** pour convertir l'adresse de **nombre** en un pointeur **const char ***. Le second argument de **write** est un entier de type **size_t** qui indique le nombre d'octets à écrire. Comme nous allons le voir, la fonction **read** de **istream** peut être utilisée ensuite pour lire les 4 octets en retour et les déposer dans la variable **nombre**.

Si un programme doit relire des données non formattées (écrites par write), il ddoit obligatoirement subir une compilation et s'exécuter sur un système compatible avec le programme qui a écrit les données.

Les programmes de gestion de fichiers à accès direct écrivent rarement un seul champ dans un fichier. Normalement, ils écrivent tout un objet **struct** ou **class** à la fois. Voyez à ce sujet les exemples qui suivent.

Examinez le problème suivant:

> *Créer un programme de gestion de crédit capable de stocker jusqu'à 100 enregistrements de longueur fixe pour une société qui peut avoir un maximum de 100 clients. Chaque enregistrement doit contenir un numéro de compte, qui sera utilisé comme clé d'enregistrement, un nom de famille, un prénom et un solde. Le programme doit être capable de mettre un compte à jour, d'en insérer un nouveau, d'en supprimer un et de lister tous les comptes sous la forme d'un texte mis en forme en vue de l'affichage.*

Les quelques sections qui suivent introduisent les techniques nécessaires pour créer ce programme de gestion de crédit. La figure 14.11 illustre l'ouverture d'un fichier à accès aléatoire, en définissant le format d'enregistrement basé sur une **struct** (définie dans l'en-tête de fichier **donClien.h**) et en écrivant les données sur disque sous forme binaire (le mode binaire est imposé à la ligne 32). Le programme initialise les 100 enregistrements du fichier **credit.dat** avec des **struct** vides et à l'aide de la fonction **write**. Chaque **struct** vide contient **0** pour le numéro de compte, la chaîne de caractères nulle (représentée par des guillemets vides) pour le nom, la chaîne de caractères nulle pour le prénom et **0.0** pour le solde. Le fichier est initialisé avec le nombre adéquat d'espaces vides dans lesquels les données du compte seront stockées, ce qui permet aux programmes subséquents de déterminer si chaque enregistrement est vide ou s'il contient des données.

```
1   // Figure 14.11: donClien.h
2   // Définition de la struct donneesClient, utilisée dans
3   // les figures 14.11, 14.12, 14.14 and 14.15.
4   #ifndef DONCLIEN_H
5   #define DONCLIEN_H
6
7   struct donneesClient {
8      int numeroCompte;
9      char nomFamille[ 15 ];
10     char prenom[ 10 ];
11     double solde;
12  };
13
14  #endif
```

Figure 14.11 Création séquentielle d'un fichier à accès direct-**donClien.h**.

```
15  // Figure 14.11: fig14_11.cpp
16  // Création séquentielle d'un fichier à accès aléatoire.
17  #include <iostream>
18
19  using std::cerr;
20  using std::ios;
21  using std::endl;
22
23  #include <fstream>
24
25  using std::ofstream;
26
27  #include <cstdlib>
28  #include "donClien.h"
29
30  int main()
31  {
32     ofstream sortieCredit( "credit.dat", ios::binary );
33
34     if ( !sortieCredit ) {
35        cerr << "Ouverture du fichier impossible." << endl;
36        exit( 1 );
37     }
38
39     donneesClient clientVide = { 0, "", "", 0.0 };
40
41     for ( int i = 0; i < 100; i++ )
42     sortieCredit.write(
43        reinterpret_cast<const char *>( &clientVide ),
44        sizeof ( donneesClient ) );
45     return 0;
46  }
```

Figure 14.11 Création séquentielle d'un fichier à accès direct-**fig14_11.cpp**.

À la figure 14.11, les instructions des lignes 42 à 44 provoquent l'écriture de la structure **clientVide** de taille **sizeof(donneesClient)** dans le fichier **credit.dat** associé à l'objet **sortieCredit** de classe **ofstream**:

```
sortieCredit.write(
    reinterpret_cast<const char *>( &clientVide ),
    sizeof( donneesClient ) );
```

Retenez que l'opérateur **sizeof** retourne la taille en octets de l'objet contenu entre parenthèses (voir chapitre 5). Remarquez que le premier argument de la fonction **write** à la ligne 42 doit être de type **const char ***. Cependant, le type de donnée de **&clientVide** est **donneesClient ***. Pour convertir **&clientVide** en un type de pointeur approprié, l'expression

```
reinterpret_cast <const char *>( &clientVide )
```

utilise l'opérateur de transtypage **reinterpret_cast** qui convertit l'adresse de **client Vide** en un **const char ***, de sorte que l'appel à **write** se compile sans provoquer d'erreur de syntaxe.

14.9   Écrire aléatoirement des données dans un fichier à accès aléatoire

Le programme de la figure 14.12 écrit des données dans le fichier **"credit.dat"**. Il utilise la combinaison des fonctions **seekp** et **write** de **ostream** pour stocker des données aux emplacements exacts dans le fichier. La fonction **seekp** définit le pointeur de position du fichier «*put*» à une position spécifique du fichier, puis **write** sort les données. Un exemple d'exécution apparaît à la figure 14.13. Notez que le programme de la figure 14.12 inclut le fichier d'en-tête **donClien.h** défini à la figure 14.11.

```
1   // Figure 14.12: fig14_12.cpp
2   // Écriture dans un fichier à accès aléatoire.
3   #include <iostream>
4
5   using std::cerr;
6   using std::endl;
7   using std::cout;
8   using std::cin;
9   using std::ios;
10
11  #include <fstream>
12
13  using std::ofstream;
14
15  #include <cstdlib>
16  #include "donClien.h"
17
18  int main()
19  {
20      ofstream sortieCredit( "credit.dat", ios::binary);
21
22      if ( !sortieCredit ) {
23          cerr << "Ouverture du fichier impossible." << endl;
24          exit( 1 );
25      }
```

Figure 14.12 Écriture aléatoire dans un fichier à accès direct. (1 de 2)

```
26
27        cout << "Entrez le numéro de compte "
28            << "(de 1 à 100, 0 pour terminer la saisie)\n? ";
29
30        donneesClient client;
31        cin >> client.numeroCompte;
32
33        while ( client.numeroCompte > 0 &&
34                client.numeroCompte <= 100 ) {
35            cout << "Entrez les nomFamille, prénom, solde\n? ";
36            cin >> client.nomFamille >> client.prenom
37                >> client.solde;
38
39            sortieCredit.seekp( ( client.numeroCompte - 1 ) *
40                                sizeof( donneesClient ) );
41            sortieCredit.write(
42                reinterpret_cast<const char *>( &client ),
43                sizeof( donneesClient ) );
44
45            cout << "Entrez le numéro de compte\n? ";
46            cin >> client.numeroCompte;
47        }
48
49        return 0;
50    }
```

Figure 14.12   Écriture aléatoire dans un fichier à accès direct. (2 de 2)

```
Entrez le numéro de compte (de 1 à 100, 0 pour terminer la saisie)
? 37
Entrez les nomFamille, prénom, solde
? Pitron Pol 0.00
Entrez le numéro de compte
? 29
Entrez les nomFamille, prénom, solde
? Tsuno Yoko -24.54
Entrez le numéro de compte
? 96
Entrez les nomFamille, prénom, solde
? Sedlex Alex 34.98
Entrez le numéro de compte
? 88
Entrez les nomFamille, prénom, solde
? Dupond Jean 258.34
Entrez le numéro de compte
? 33
Entrez les nomFamille, prénom, solde
? Dupont Luc 314.33
Entrez le numéro de compte
? 0
```

Figure 14.13   Exemple d'exécution du programme de la figure 14.12.

Les lignes 39 et 40,

```
sortieCredit.seekp( ( client.numeroCompte - 1 ) *
                    sizeof( donneesClient ) );
```

positionnent le pointeur de position de fichier « *put* » pour l'objet **sortieCredit** à l'emplacement en octets, calculé par la formule **(client.numeroCompte-1)* sizeof(donneesClient)**. Comme le numéro de compte est compris entre 1 et 100, 1 est soustrait du numéro de compte lors du calcul en octets de l'emplacement de l'enregistrement. Ainsi, pour l'enregistrement 1, le pointeur de position du fichier est déposé à l'octet 0 du fichier. Notez que l'objet **sortieCredit** de type **ofstream** est ouvert avec le mode d'ouverture de fichier **ios::binary**.

14.10 Lire séquentiellement des données d'un fichier à accès aléatoire

Les sections précédentes créent un fichier à accès aléatoire et y écrivent des données. Cette section développe un programme qui lit séquentiellement le fichier et n'affiche que les enregistrements qui contiennent des données. Tous ces programmes apportent un avantage supplémentaire. Voyez si vous pouvez déterminer de quoi il s'agit. Nous vous en révélons la teneur à la fin de la section.

La fonction **read** de **istream** entre un nombre spécifié d'octets depuis la position courante dans le flux spécifié et les dépose dans un objet. Par exemple, les lignes 43 et 44

```
entreeCredit.read( reinterpret_cast <char *>( &client ),
                   sizeof( donneesClient ) );
```

de la figure 14.14 lisent le nombre d'octets spécifié par **sizeof(donneesClient)** à partir du fichier associé à l'objet **entreeCredit** de **ifstream** et stockent les données dans la structure **client**. Remarquez que la fonction **read** nécessite un premier argument de type **char ***. Comme **&client** est de type **donneesClient ***, **&client** doit être forcé au type **char *** par l'opérateur de transtypage **reinterpret_cast**. Notez également que le programme de la figure 14.14 inclut le fichier d'en-tête **donClien.h** défini à la figure 14.11.

Le programme de la figure 14.14 lit séquentiellement chacun des enregistrements du fichier **"credit.dat"**, vérifie si chaque enregistrement contient des données et affiche les sorties mises en forme pour les seuls enregistrements qui contiennent des données. La condition de la ligne 46 utilise la fonction **eof** de **ios** pour détecter la fin du fichier et entraîner la fin de l'exécution de la boucle **while**:

```
while ( entreeCredit && !entreeCredit.eof() ) {
```

Dans le même ordre d'idée, si une erreur se produit à la lecture du fichier, la boucle se termine parce que **entreeCredit** est évalué à faux. Les données entrées au départ du fichier sont affichées par **sortieLigne** qui prend deux arguments: un objet **ostream** et la structure **donneesClient** dont il faut afficher le contenu. Le type du paramètre **ostream** est intéressant parce que tout objet **ostream**, y compris **cout**, ou n'importe quel objet d'une classe dérivée de **ostream**, y compris un objet de type **ofstream**, peut être introduit en argument. Ceci signifie que la même fonction peut être utilisée, par exemple, pour effectuer une sortie sur le flux de sortie standard, sans devoir écrire une fonction distincte.

Qu'en est-il, à présent, du bénéfice que nous vous avions promis? Si vous examinez la fenêtre de sortie, vous constatez que les enregistrements sont listés dans l'ordre des numéros de compte! C'est une simple conséquence de la manière dont nous avons stocké les enregistrements dans le fichier, en faisant appel aux techniques de l'accès direct. Comparé au tri à bulle que nous avons vu au chapitre 4, le tri par des techniques d'accès direct est extraordinairement rapide. La vitesse est obtenue en créant un fichier d'une taille suffisante pour contenir tous les enregistrements qu'il est possible de créer. Ceci signifie, bien entendu, que le fichier pourrait n'être que partiellement occupé la plupart du temps, ce qui entraîne une perte d'espace de stockage. Nous avons donc un autre exemple du compromis espace-temps: en utilisant de grandes quantités d'espace, nous pouvons développer des algorithmes de tri beaucoup plus rapides.

```cpp
1   // Figure 14.14: fig14_14.cpp
2   // Lecture séquentielle d'un fichier à accès aléatoire.
3   #include <iostream>
4
5   using std::cout;
6   using std::endl;
7   using std::ios;
8   using std::cerr;
9
10  #include <iomanip>
11
12  using std::setprecision;
13  using std::setiosflags;
14  using std::resetiosflags;
15  using std::setw;
16
17  #include <fstream>
18
19  using std::ifstream;
20  using std::ostream;
21
22  #include <cstdlib>
23  #include "donClien.h"
24
25  void sortieLigne( ostream&, const donneesClient & );
26
27  int main()
28  {
29     ifstream entreeCredit( "credit.dat", ios::in );
30
31     if ( !entreeCredit ) {
32        cerr << "Ouverture du fichier impossible." << endl;
33        exit( 1 );
34     }
35
36     cout << setiosflags (ios::left) << setw ( 10 ) << "Compte"
37         << setw( 16 ) << "Nom" << setw( 11 )
38         << "Prénom" << resetiosflags ( ios::left )
39         << setw( 10 ) << "Solde" << endl;
40
41     donneesClient client;
42
43     entreeCredit.read( reinterpret_cast<char *>( &client ),
44                        sizeof( donneesClient ) );
45
```

Figure 14.14   Lecture séquentielle d'un fichier à accès aléatoire. (1 de 2)

```
46        while ( entreeCredit && !entreeCredit.eof()) {
47
48          if ( client.numeroCompte != 0 )
49             sortieLigne( cout, client );
50
51          entreeCredit.read( reinterpret_cast<char *>( &client ),
52                       sizeof ( donneesClient ) );
53       }
54
55       return 0;
56    }
57
58    void sortieLigne(ostream &sortie, const donneesClient &c )
59    {
60       sortie << setiosflags( ios::left ) << setw( 10 )
61              << c.numeroCompte << setw( 16 ) << c.nomFamille
62              << setw( 11 ) << c.prenom << setw( 10 )
63              << setprecision ( 2 ) << resetiosflags( ios::left )
64              << setiosflags( ios::fixed | ios::showpoint)
65              << c.solde << '\n';
66    }
```

Compte	Nom	Prénom	Solde
29	Tsuno	Yoko	-24.54
33	Dupont	Luc	314.33
37	Pitron	Pol	0.00
88	Dupond	Jean	258.34
96	Sedlex	Alex	34.98

Figure 14.14　　Lecture séquentielle d'un fichier à accès aléatoire. (2 de 2)

14.11 Exemple: un programme de gestion de transactions

Nous vous proposons maintenant à la figure 14.15 un programme de gestion de transactions substantiel ayant recours à un fichier à accès direct pour réaliser un traitement à accès instantané. Le programme gère les informations de comptes bancaires. Il met à jour les comptes existants, en ajoute de nouveaux, en supprime et enregistre une liste formatée de tous les comptes courants dans un fichier texte en vue de l'impression. Nous supposons ici que le programme de la figure 14.11 a été exécuté, qu'il a créé le fichier **credit.dat** et que le programme de la figure 14.12 a été exécuté pour insérer les données initiales.

Le programme propose cinq options dont la cinquième termine le programme. L'option 1 appelle la fonction **fichierTexte** pour stocker une liste mise en forme de toutes les informations sur les comptes dans un fichier texte nommé **impress.txt**, en vue de son impression ultérieure. La fonction **fichierTexte** prend en argument un objet **fstream** qui sera employé pour entrer les données à partir du fichier **credit.dat**. La fonction **fichierTexte** utilise la fonction membre **read** de **istream**, ainsi que les techniques des fichiers à accès séquentiel de la figure 14.14, pour entrer des données en provenance du fichier **credit.dat**. La fonction **sortieLigne**, étudiée à la section 14.10, est appelée pour extraire les données et les enregistrer dans le fichier **impress.txt**. Remarquez que **fichierTexte** appelle la fonction membre **seekg** de **istream** pour s'assurer que le pointeur de position du fichier est au début du fichier. Après le choix de l'option 1, le fichier **impress.txt** contient:

```
Compte         Nom           Prénom        Solde
29             Tsuno         Yoko          -24.54
33             Dupont        Luc           314.33
37             Pitron        Pol             0.00
88             Dupond        Jean          258.34
96             Sedlex        Alex           34.98
```

L'option 2 appelle la fonction **majEnregistrement** pour mettre à jour (en abrégé «maj») un compte. La fonction ne peut mettre à jour qu'un enregistrement existant, de sorte que la fonction détermine si l'enregistrement spécifié est vide. L'enregistrement est lu dans la structure **client** par la fonction membre **read** de **istream**, ensuite **client.numeroCompte** est comparé à zéro pour déterminer si l'enregistrement contient des informations. Si **client.numeroCompte** vaut zéro, un message s'affiche qui indique que l'enregistrement est vide et les choix du menu sont affichés. Si l'enregistrement contient des informations, la fonction **majEnregistrement** affiche l'enregistrement à l'écran, à l'aide de la fonction **sortieLigne**, saisit le montant de la transaction, calcule le nouveau solde et réécrit l'enregistrement dans le fichier. Un affichage type pour l'option 2 serait:

```
Entrez le compte à mettre à jour (de 1 à 100):   37
37          Pitron         Pol                 0.00
Entrez dépôt (+) ou retrait (-): +87.99
37          Pitron         Pol                87.99
```

L'option 3 appelle la fonction **nouvelEnregistrement** pour ajouter un nouveau compte au fichier. Si l'utilisateur entre le numéro d'un compte existant, **nouvelEnregistrement** affiche un message indiquant que le compte existe et affiche les choix du menu. La fonction ajoute un nouveau compte de la même manière que le programme de la figure 14.12. Une sortie type de l'option 3 serait:

```
Entrez le numéro du nouveau compte (de 1 à 100):   22
Entrez les nomFamille, prénom, solde
? Video Vic 247.45
```

L'option 4 appelle la fonction **supprimerEnregistrement** pour supprimer un enregistrement du fichier. L'utilisateur est invité à introduire le numéro du compte. Seul un compte existant peut être supprimé, de sorte que, si le compte introduit est vide, un message d'erreur est affiché. Si le compte existe, le programme le réinitialise en copiant un enregistrement vide (**clientVide**) dans le fichier. Un message s'affiche pour informer l'utilisateur de la suppression effective de l'enregistrement. Un affichage type pour l'option 4 serait:

```
Entrez le compte à supprimer (1 - 100):   29
Le compte n° 29 est supprimé.
```

Le fichier **"credit.dat"** est ouvert en créant un objet **fstream** en lecture et en écriture à l'aide des modes **ios::in** et **ios::out**, conjugués par un «ou».

```
1    // Figure 14.15: fig14_15.cpp
2    // Ce programme lit séquentiellement un fichier à accès direct,
3    // met à jour des données déjà écrites dans le fichier, crée
4    // de nouvelles données à placer dans le fichier et supprime
5    // des données qui existent déjà dans le fichier.
6    #include <iostream>
7
8    using std::cout;
9    using std::cerr;
10   using std::cin;
11   using std::endl;
12   using std::ios;
13
14   #include <fstream>
15
16   using std::ofstream;
17   using std::ostream;
18   using std::fstream;
19
20   #include <iomanip>
21
22   using std::setiosflags;
23   using std::resetiosflags;
24   using std::setw;
25   using std::setprecision;
26
27   #include <cstdlib>
28   #include "donClien.h"
29
30   int entrerChoix();
31   void fichierTexte( fstream& );
32   void majEnregistrement( fstream& );
33   void nouvelEnregistrement( fstream& );
34   void supprimerEnregistrement( fstream& );
35   void sortieLigne( ostream&, const donneesClient & );
36   int obtenirCompte( const char * const );
37
38   enum Choix { FICHIERTEXTE = 1, UPDATE, NEW, DELETE, FIN };
39
40   int main()
41   {
42      fstream entreeSortieCredit( "credit.dat", ios::in | ios::out );
43
44      if ( !entreeSortieCredit ) {
45         cerr << "Ouverture du fichier impossible." << endl;
46         exit ( 1 );
47      }
48
49      int choix;
50
```

Figure 14.15 Programme de gestion de comptes bancaires. (1 de 5)

```
51        while ( ( choix = entrerChoix() ) != FIN ) {
52
53           switch ( choix ) {
54              case FICHIERTEXTE:
55                 fichierTexte( entreeSortieCredit );
56                 break;
57              case UPDATE:
58                 majEnregistrement( entreeSortieCredit );
59                 break;
60              case NEW:
61                 nouvelEnregistrement( entreeSortieCredit );
62                 break;
63              case DELETE:
64                 supprimerEnregistrement( entreeSortieCredit );
65                 break;
66              default:
67                 cerr << "Choix incorrect\n";
68                 break;
69           }
70
71           entreeSortieCredit. clear();          // Réinitialiser indicateur
72                                                  //     de fin de fichier.
73        }
74
75        return 0;
76     }
77
78     // Inviter à l'entrée d'un choix de menu.
79     int entrerChoix()
80     {
81        cout << "\nEntrez votre choix" << endl
82            << "1 - enregistrer un fichier texte mise en forme des comptes\n"
83            << "    nommé \"impress.txt\" à fins d'impression.\n"
84            << "2 - mettre à jour un compte.\n"
85            << "3 - ajouter un nouveau compte.\n"
86            << "4 - supprimer un compte.\n"
87            << "5 - terminer le programme.\n? ";
88
89        int choixMenu;
90        cin >> choixMenu;
91        return choixMenu;
92     }
93
94     // Créer un fichier texte en vue de l'impression.
95     void fichierTexte( fstream &fichierDeLecture )
96     {
97      ofstream fichierImpression( "impress.txt", ios::out );
98
99        if ( !fichierImpression ) {
100          cerr << "Ouverture du fichier impossible." << endl;
101          exit( 1 );
102       }
103
```

Figure 14.15   Programme de gestion de comptes bancaires. (2 de 5)

```
104        fichierImpression << setiosflags (ios::left) << setw ( 10 )
105           << "Compte" << setw( 16 ) << "Nom" << setw( 11 )
106           << "Prénom" << resetiosflags ( ios::left )
107           << setw( 10 ) << "Solde" << endl;
108        fichierDeLecture.seekg( 0 );
109
110        donneesClient client;
111        fichierDeLecture.read( reinterpret_cast<char *>( &client ),
112                            sizeof ( donneesClient ) );
113
114        while ( !fichierDeLecture.eof() ) {
115           if ( client.numeroCompte != 0 )
116              sortieLigne( fichierImpression, client );
117
118           fichierDeLecture.read( reinterpret_cast<char *>( &client ),
119                            sizeof( donneesClient ) );
120        }
121    }
122
123    // Mettre le solde d'un compte à jour.
124    void majEnregistrement( fstream &fichierDeMaj )
125    {
126        int compte = obtenirCompte( "Entrez le compte à mettre à jour" );
127
128        fichierDeMaj.seekg( ( compte - 1 ) * sizeof( donneesClient ) );
129
130        donneesClient client;
131        fichierDeMaj.read( reinterpret_cast<char *>( &client ),
132                      sizeof( donneesClient ) );
133
134        if ( client.numeroCompte != 0 ) {
135           sortieLigne( cout, client );
136           cout << "\nEntrez dépôt (+) ou retrait (-):  ";
137
138           double transaction;     // Dépôt ou retrait.
139           cin >> transaction;     // Devrait être validé.
140           client.solde += transaction;
141           sortieLigne( cout, client );
142           fichierDeMaj.seekp( ( compte-1 ) * sizeof( donneesClient ) );
143           fichierDeMaj.write(
144              reinterpret_cast<const char *>( &client ),
145              sizeof( donneesClient ) );
146        }
147        else
148           cerr << "Le compte n° "<< compte
149               << "n'a aucune information." << endl;
150    }
151
152    // Créer et insérer un nouvel enregistrement.
153    void nouvelEnregistrement( fstream &fichierAjoute )
154    {
155        int compte = obtenirCompte( "Entrez le numéro du nouveau compte" );
```

Figure 14.15 Programme de gestion de comptes bancaires. (3 de 5)

```
156
157       fichierAjoute.seekg( ( compte-1 ) * sizeof( donneesClient ) );
158
159       donneesClient client;
160       fichierAjoute.read( reinterpret_cast<char *>( &client ),
161                           sizeof( donneesClient ) );
162
163       if ( client.numeroCompte == 0 ) {
164          cout << "Entrez les nomFamille, prénom, solde\n? ";
165          cin >> client.nomFamille >> client.prenom
166             >> client.solde;
167          client.numeroCompte = compte;
168          fichierAjoute.seekp( ( compte - 1 ) *
169                              sizeof( donneesClient ) );
170          fichierAjoute.write(
171             reinterpret_cast<const char *>( &client ),
172             sizeof( donneesClient ) );
173       }
174       else
175          cerr << "Le compte n° "<< compte
176             << "contient déjà des informations." << endl;
177    }
178
179    // Supprimer un enregistrement existant.
180    void supprimerEnregistrement( fstream &FichierDeSuppression )
181    {
182       int compte = obtenirCompte( "Entrez le compte à supprimer" );
183
184       FichierDeSuppression.seekg( (compte-1) * sizeof( donneesClient ) );
185
186       donneesClient client;
187       FichierDeSuppression.read( reinterpret_cast<char *>( &client ),
188                                  sizeof( donneesClient ) );
189
190       if ( client.numeroCompte != 0 ) {
191          donneesClient clientVide = { 0, "", "", 0.0 };
192
193          FichierDeSuppression.seekp( ( compte - 1) *
194                                     sizeof( donneesClient ) );
195          FichierDeSuppression.write(
196             reinterpret_cast<const char *>( &clientVide ),
197             sizeof( donneesClient ) );
198          cout << "Le compte n° "<< compte << " est supprimé." << endl;
199       }
200       else
201          cerr << "Le compte n° "<< compte << "est vide." << endl;
202    }
203
204    // Sortir une ligne d'informations d'un client.
205    void sortieLigne(ostream &sortie, const donneesClient &c )
206    {
207       sortie << setiosflags (ios::left) << setw ( 10 )
208          << c.numeroCompte << setw( 16 ) << c.nomFamille
```

Figure 14.15 Programme de gestion de comptes bancaires. (4 de 5)

```
209                    << setw( 11 ) << c.prenom << setw( 10 )
210                    << setprecision ( 2 ) << resetiosflags ( ios::left )
211                    << setiosflags(ios::fixed | ios::showpoint)
212                    << c.solde << '\n';
213 }
214
215 // Saisir un numéro de compte au clavier.
216 int obtenirCompte( const char * const invite )
217 {
218    int compte;
219
220    do {
221       cout << invite << "(1 - 100):   ";
222       cin >> compte;
223    } while ( compte < 1 || compte > 100 );
224
225    return compte;
226 }
```

Figure 14.15   Programme de gestion de comptes bancaires. (5 de 5)

14.12 Entrée-sortie d'objets

Dans ce chapitre, ainsi qu'au chapitre 11, nous avons parlé du style orienté objet des entrées-sorties en C++. Nos exemples se sont concentrés sur les E/S de types de données traditionnels plutôt que sur les objets de classes définies par l'utilisateur. Le chapitre 8 montrait comment entrer et sortir des objets de classe à l'aide de la surcharge des opérateurs. Nous avons réalisé des entrées d'objets en surchargeant l'opérateur d'extraction de flux **>>** pour les classes **istream** adéquates. Nous avons réalisé des sorties d'objets en surchargeant l'opérateur d'insertion de flux **<<** pour les classes **ostream** appropriées. Dans les deux cas, seuls les membres d'un objet étaient entrés ou sortis et dans une forme significative pour les objets du type de donnée abstrait déterminé. Les fonctions membres d'un objet sont disponibles de manière interne dans l'ordinateur et se combinent aux valeurs de données, à mesure que ces données sont entrées via l'opérateur surchargé d'insertion de flux.

Lorsque les membres de données sont transférés dans un fichier sur disque, dans un certain sens, nous perdons les informations sur le type de l'objet. Il ne reste que des données et plus aucune trace d'une quelconque information de type, en tout cas sur le disque dur. Si le programme qui doit lire ces données pouvait savoir à quel type d'objet elles correspondent, alors il pourrait simplement lire ces données et les déposer dans des objets de ce type.

Un problème intéressant se présente lorsqu'on stocke des objets de types différents dans le même fichier. Comment reconnaître et distinguer ces types d'objets (ou leurs collections de membres de données), pendant qu'on les lit dans un programme? Le problème, bien sûr, réside dans le fait que, d'ordinaire, les objets n'ont pas de champ de type (voir le chapitre 10, *Fonctions virtuelles et polymorphisme*, pour une étude détaillée de ce sujet).

Une approche serait d'obliger chaque opérateur de sortie à écrire un code de type avant chaque collection de membres de données représentant un objet. L'entrée des objets commencerait alors toujours par la lecture du champ de code de type et l'utilisation d'une instruction **switch** qui appelle la fonction surchargée appropriée. Bien que cette solution n'ait pas l'élégance de la programmation polymorphe, elle offre néanmoins un mécanisme pour enregistrer des objets dans des fichiers et, au besoin, pour les en extraire ultérieurement.

RÉSUMÉ

- Tous les éléments de donnée traités par un ordinateur se réduisent à des combinaisons de zéros et de uns.

- Le plus petit élément de donnée qu'un ordinateur puisse gérer peut prendre la valeur **0** ou la valeur **1**. Un tel élément de donnée est appelé bit.

- Les chiffres, les lettres et les symboles spéciaux sont considérés comme des caractères. L'ensemble des caractères que l'on peut utiliser pour écrire des programmes et représenter des éléments de données dans un ordinateur donné s'appelle «jeu de caractères». Chaque caractère du jeu de caractères d'un ordinateur est représenté par un motif de huit 1 et 0. Ce motif s'appelle un octet (ou *byte*).

- Un champ est un groupe de caractères (ou octets) qui convoient une signification.

- Un enregistrement est un groupe de champs apparentés.

- Au moins un champ d'un enregistrement est choisi pour devenir la clé de l'enregistrement, qui identifie l'enregistrement comme appartenant à une personne ou une entité bien déterminée, unique parmi tous les autres enregistrements du fichier.

- L'accès séquentiel est la méthode la plus populaire d'accès aux données d'un fichier.

- La série des programmes conçus pour créer et administrer des bases de données s'appelle un système de gestion de base de données (SGBD).

- Le C++ visualise chaque fichier en un flux séquentiel d'octets.

- Chaque fichier se termine par une marque de fin de fichier dépendante de la machine.

- Les flux fournissent des canaux de communication entre fichiers et programmes.

- Les fichiers d'en-tête **<iostream>** et **<fstream>** doivent être inclus dans le programme en C++ qui doit effectuer des E/S avec des fichiers. Le fichier d'en-tête **<fstream>** contient les définitions des classes de flux **ifstream**, **ofstream** et **fstream**.

- Les fichiers sont ouverts par l'instanciation d'objets des classes de flux **ifstream**, **ofstream** et **fstream**.

- Le C++ n'impose aucune structure sur un fichier. Dès lors, des notions telles que «enregistrement» n'existent pas en C++. Le programmeur doit structurer un fichier pour respecter les nécessités d'une application déterminée.

- On ouvre des fichiers en sortie en créant un objet de classe **ofstream**. L'objet attend deux arguments: le nom de fichier et le mode d'ouverture du fichier. Dans le cas d'un objet **ofstream**, le mode d'ouverture du fichier peut être soit **ios::out** pour sortir des données, soit **ios::app** pour ajouter des données à la fin du fichier. Les fichiers existants, ouverts sous le mode **ios::out** sont tronqués. Les fichiers inexistants sont créés.

- La fonction membre opérateur **operator!** d'**ios** retourne une valeur différente de zéro (vrai) si le **failbit** ou le **badbit** ont été activés dans un flux, lors de l'opération d'ouverture (**open**).

- La fonction membre d'opérateur **operator void*** de ios convertit le flux en un pointeur, en vue de la comparaison avec **0** (le pointeur nul). Si **failbit** ou **badbit** ont été activés pour le flux, **0** (faux) est renvoyé.

- Les programmes peuvent ne traiter aucun fichier, un fichier ou plusieurs fichiers. Chaque fichier porte un nom unique et est associé à l'objet de flux de fichier approprié. Toutes les fonctions de gestion de fichier doivent se référer à un fichier par l'intermédiaire de l'objet approprié.

- Le pointeur «*get*» indique la position dans le fichier à partir de laquelle la prochaine entrée aura lieu; un pointeur «*put*» indique la position à partir de laquelle la prochaine sortie sera placée. Les classes **istream** et **ostream** fournissent toutes deux les fonctions membres de repositionnement du pointeur de position de fichier. Ces fonctions sont **seekg** (lisez «*seek get*» pour «rechercher et obtenir») pour la classe **istream** et **seekp** (lisez «*seek put*», «rechercher et déposer») pour la classe **ostream**.

- Les fonctions membres **tellp** et **tellg** retournent respectivement les positions courantes des pointeurs «*put*» et «*get*».

- Une manière conviviale de mettre en place des fichiers à accès aléatoire (ou direct) est de n'utiliser que des enregistrements de longueur fixe. Grâce à cette technique, un programme peut rapidement calculer la position exacte d'un enregistrement par rapport au début d'un fichier.

- Les données peuvent s'insérer dans un fichier à accès aléatoire, sans pour autant détruire les autres données du fichier. Les données peuvent être mises à jour ou supprimées sans devoir réécrire la totalité du fichier.
- La fonction membre **write** de **ostream** «sort» dans un flux spécifié un nombre quelconque d'octets, commençant à un emplacement défini en mémoire. Lorsque le flux est associé à un fichier, les données sont écrites à l'emplacement spécifié par le pointeur «*put*» de position dans le fichier.
- La fonction membre **read** de **istream** «entre» un nombre donné d'octets, depuis le flux spécifié vers une zone en mémoire, commençant à une adresse désignée. Les octets sont obtenus en commençant à l'emplacement spécifié par le pointeur «*get*» de position dans le fichier. La fonction read nécessite un premier argument de type **char***.
- La fonction **write** attend un premier argument de type **const char***, de sorte que cet argument doit voir son type forcé en un **const char*** s'il est d'un quelconque autre type de pointeur. Le second argument est un entier qui spécifie le nombre d'octets à écrire.
- Lors de la compilation, l'opérateur unaire **sizeof** retourne la taille en octets de l'objet contenu entre les parenthèses; **sizeof** renvoie un entier non signé.
- La fonction membre **read** de **istream** entre un nombre déterminé d'octets depuis le flux désigné vers un objet; **read** requiert un premier argument de type **char***.
- La fonction membre **eof** de **ios** détermine si l'indicateur de fin de fichier a été atteint pour le flux désigné. La fin de fichier est considérée comme atteinte après qu'une tentative de lecture a échoué.

TERMINOLOGIE

aléatoire, fichier à accès

alphabétique, champ

base de données (*database*)

binaire, chiffre

Bit

octet (*byte*)

cerr (erreur standard, sans tampon)

caractère, champ

caractères, jeu

Champ

cin (entrée standard)

clog (erreur standard, avec tampon)

close, fonction membre

cout (sortie standard)

database management system (*DBMS*)

décimal, chiffre

données, hiérarchie

ends, manipulateur de flux

Enregistrement

enregistrement, clé de

entrée, flux

E/S en mémoire

fermer un fichier

Fichier

fichier, nom de

fin de fichier

fin de fichier, marque de pointeur

    de position dans un fichier

fstream, classe

<fstream>, fichier d'en-tête

flux

ifstream, classe

ios::app, mode d'ouverture de fichier

ios::ate, mode d'ouverture de fichier

ios::beg, recherche point de départ

ios::binary, mode d'ouverture de fichier

ios::cur, positionnement par rapport au début du flux

ios::end, positionnement par rapport à la fin du flux

ios::in, mode d'ouverture de fichier

ios::out, mode d'ouverture de fichier

ios::trunc, mode d'ouverture de fichier

istream, classe

numérique, champ

ofstream, classe

open, fonction membre

operator!, fonction membre

operator void*, fonction membre

ostream, classe

ouvrir un fichier

seekg, fonction membre de **istream**

seekp, fonction membre de **ostream**

séquentiel, fichier en acces

sortie, flux

symbole spécial

système de gestion de base de données (SGBD)

tellg, fonction membre de **istream**

tellp, fonction membre de **ostream**

tronquer un fichier existant

ERREURS DE PROGRAMMATION COURANTES

14.1   Ouvrir un fichier existant en sortie (**ios::out**) lorsqu'en fait, l'utilisateur veut préserver le fichier, provoque l'élimination du contenu du fichier, sans aucun avertissement.

14.2   L'utilisation d'un objet **ofstream** incorrect pour faire référence à un fichier.

14.3   Oublier d'ouvrir un fichier avant de le référencer dans un programme.

BONNE PRATIQUE DE PROGRAMMATION

14.1   N'ouvrez un fichier qu'en entrée seule (à l'aide de **ios::in**) si son contenu ne doit pas être modifié. Ceci évite les modifications non intentionnelles du contenu du fichier. Ceci est un exemple du principe du moindre privilège.

ASTUCE SUR LA PERFORMANCE

14.1   Fermez explicitement chaque fichier dès que vous avez acquis la certitude que le programme n'y fera plus référence. Ceci peut réduire l'utilisation des ressources dans un programme qui continuera de s'exécuter alors qu'il n'a plus besoin d'un fichier particulier. Cette pratique améliore également la clarté du programme.

EXERCICES DE RÉVISION

14.1   Complétez chacune des phrases suivantes:

a) En fin de compte, tous les éléments de données traités par un ordinateur se réduisent à des combinaisons de _____ et de _____.

b) Le plus petit élément de donnée qu'un ordinateur peut gérer s'appelle un _____.

c) Un _____ est un groupe d'enregistrements apparentés.

d) Chiffres, lettres et symboles spéciaux sont désignés par le terme de _____.

e) Un groupe de fichiers apparentés est appelé une _____.

f) La fonction membre _____ des classes de flux de fichier **fstream**, **ifstream** et **ofstream** ferme un fichier.

g) La fonction membre _____ de **istream** lit un caractère depuis le flux spécifié.

h) Les fonctions membres _____ et _____ de **istream** lisent une ligne depuis le flux spécifié.

i) La fonction membre _____ des classes de flux de fichier **fstream**, **ifstream** et **ofstream** ouvre un fichier.

j) La fonction membre _____ de **istream** est normalement utilisée pour lire des données d'un fichier dans des applications à accès direct.

k) Les fonctions membres _____ et _____ des classes **istream** et **ostream** placent le pointeur de position approprié à un emplacement spécifique dans un flux d'entrée ou de sortie, respectivement.

14.2   Indiquez lesquelles des affirmations suivantes sont vraies et lesquelles sont fausses. Pour celles qui sont fausses, expliquez pourquoi:

a) La fonction membre **read** ne peut être utilisée pour lire des données de l'objet d'entrée **cin**.

b) Le programmeur doit créer explicitement les objets **cin**, **cout**, **cerr** et **clog**.

c) Un programme doit appeler explicitement la fonction **close** pour fermer le fichier associé à un objet **ifstream**, **ofstream** ou **fstream**.

d) Si, dans un fichier séquentiel, le pointeur de position d'un fichier pointe vers un emplacement autre que le début du fichier, ce fichier devra être fermé et réouvert pour pouvoir être lu à partir du début.

e) La fonction membre **write** de **ostream** peut écrire dans le flux de sortie standard **cout**.

f) Les données dans les fichiers à accès séquentiel sont toujours mises à jour sans écrasement des données voisines.

g) Il n'est pas nécessaire de rechercher parmi les enregistrements d'un fichier à accès aléatoire pour trouver un enregistrement spécifique.

h) Les enregistrements d'un fichier à accès direct doivent être de longueurs identiques.

i) Les fonctions membres **seekp** et **seekg** doivent effectuer leur recherche depuis le début d'un fichier.

14.3 Supposez que chacune des affirmations suivantes s'appliquent au même programme:

a) Écrivez une instruction qui ouvre le fichier **"ancmaitre.dat"** en entrée et qui utilise l'objet **entreeAncMaitre** de type **ifstream**.

b) Écrivez une instruction qui ouvre le fichier **"trans.dat"** en entrée et qui utilise l'objet **entreeTransaction** de type **ifstream**.

c) Écrivez une instruction qui ouvre le fichier **"nouvmait.dat"** en sortie (et en création); employez l'objet **sortieNouvMaitre** de type **ofstream**.

d) Écrivez une instruction qui lise un enregistrement depuis le fichier **"ancmaitre.dat"**. L'enregistrement consiste en l'entier **numCompte**, la chaîne de caractères **nom** et la variable à virgule flottante **soldeCourant**; et utilise l'objet **entreeAncMaitre** de type **ifstream**.

e) Écrivez une instruction qui lise un enregistrement depuis le fichier **"trans.dat"**. L'enregistrement consiste en l'entier **numCompte** et la virgule flottante **montantDevise**; servez-vous de l'objet **entreeTransaction** de classe **ifstream**.

f) Écrivez une instruction qui écrive un enregistrement dans le fichier **"nouvmait.dat"**. L'enregistrement consiste en un entier **numCompte**, une chaîne de caractères **nom** et une variable en virgule flottante **soldeCourant**; utilisez l'objet **sortieNouvMaitre** de classe **ofstream**.

14.4 Trouvez l'erreur et expliquez comment la corriger, dans chacune des propositions suivantes:

a) Le fichier **"payables.dat"** référencé par l'objet **sortiePayable** de classe **ofstream** n'a pas été ouvert.

```
sortiePayable << compte << societe << montant << endl;
```

b) L'instruction suivante doit lire un enregistrement du fichier **"payables.dat"**. L'objet **entreePayable** de classe **ifstream** fait référence à ce fichier et l'objet **entreeRecevable** de classe **istream** fait référence au fichier **"recevables.dat"**.

```
entreeRecevable >> compte >> societe >> montant;
```

c) Le fichier **"outils.dat"** doit être ouvert en vue d'y ajouter des données, sans écraser les données qu'il contient.

```
ofstream sortieOutils( "outils.dat", ios::out );
```

RÉPONSES AUX EXERCICES DE RÉVISION

14.1 a) 1, 0. b) bit. c) fichier. d) caractères. e) base de données. f) **close**. g) **get**. h) **get**, **getline**. i) **open**. j) **read**. k) **seekg**, **seekp**.

14.2 a) Faux. La fonction **read** peut être utilisée pour lire depuis n'importe quel objet de flux d'entrée, dérivé de **istream**.

b) Faux. Ces quatre flux sont créés automatiquement pour le programmeur. Le fichier d'en-tête **<iostream>** doit être inclus dans un programme pour qu'il puisse les utiliser. Cet en-tête contient les déclarations pour chacun de ces objets de flux.

c) Faux. Les fichiers seront fermés lorsque les destructeurs des objets **ifstream**, **ofstream** ou **fstream** seront exécutés, c'est-à-dire lorsque les objets de flux sortiront de leur portée ou avant que le programme se termine. Une bonne pratique de programmation consiste, cependant, à les fermer explicitement à l'aide de **close** dès qu'ils ne sont plus nécessaires.

d) Faux. On peut utiliser les fonctions membres **seekp** ou **seekg** pour déplacer le pointeur de position *put* ou *get* dans le fichier au début de ce dernier.

e) Vrai.

f) Faux. Dans la majorité des cas, les enregistrements d'un fichier séquentiel ne sont pas de longueur uniforme. La mise à jour d'un enregistrement peut donc provoquer l'écrasement d'autres données.

g) Vrai.

h) Faux. Les enregistrements d'un fichier à accès aléatoire sont normalement de longueur uniforme.

i) Faux. Il est possible d'effectuer une recherche à partir du début du fichier, de la fin du fichier et de la position courante dans le fichier.

14.3   a)   **`ifstream entreeAncMaitre( "ancmaitre.dat", ios::in );`**

        b)   **`ifstream entreeTransaction( "trans.dat", ios::in );`**

        c)   **`ofstream sortieNouvMaitre( "nouvmait.dat", ios::out );`**

        d)   **`entreeAncMaitre >> numCompte >> nom >> soldeCourant;`**

        e)   **`entreeTransaction >> numCompte >> montantDevise;`**

        f)   **`sortieNouvMaitre << numCompte << nom << soldeCourant;`**

14.4   a)   Erreur: le fichier **`"payables.dat"`** n'a pas été ouvert avant la tentative d'écrire des données dans le flux.

             Correction: utiliser la fonction **open** de **ostream** pour ouvrir **`"payables.dat"`** en sortie.

        b)   Erreur: l'objet **istream**, utilisé pour lire un enregistrement depuis le fichier **`"payables.dat"`**, est incorrect.

             Correction: utilisez l'objet **entreePayable** de classe **istream** pour faire référence à **`"payables.dat"`**.

        c)   Erreur: le contenu du fichier est écrasé parce que le fichier est ouvert en sortie (**ios::out**). Correction: pour ajouter des données à ce fichier, vous devez soit ouvrir le fichier en mise à jour (**ios::ate**), soit l'ouvrir en ajout en fin de fichier (**ios::app**).

EXERCICES

14.5   Complétez chacune des phrases suivantes:

a) Les ordinateurs stockent de grands volumes de données sur les périphériques de stockage secondaires sous la forme de _____.

b) Un _____ est constitué de plusieurs champs.

c) Un champ qui peut ne contenir que des chiffres, des lettres et des blancs est appelé un champ _____.

d) Pour faciliter la récupération d'enregistrements déterminés dans un fichier, un champ de chaque enregistrement est désigné comme étant la _____.

e) La grande majorité des informations stockées dans un ordinateur le sont dans des fichiers _____.

f) Un groupe de caractères apparentés qui convoient une signification est appelé _____.

g) Les objets de flux standard déclarés par le fichier d'en-tête **<iostream>** sont: _____, _____, _____ et _____.

h) La fonction membre _____ de **ostream** sort un caractère dans le flux spécifié.

i) La fonction membre _____ de **ostream** est généralement utilisée pour écrire des données dans un fichier à accès aléatoire.

j) La fonction membre _____ de **istream** positionne le pointeur de position d'un fichier à l'endroit souhaité dans le fichier.

14.6   Indiquez lesquelles des affirmations suivantes sont vraies et lesquelles sont fausses. Pour celles qui sont fausses, expliquez pourquoi:

a) Les fonctions impressionnantes qu'assurent les ordinateurs n'impliquent essentiellement que la manipulation de zéros et de uns.

b) Les gens préfèrent manipuler des bits plutôt que des caractères et des champs parce que les bits sont plus compacts.

c) Les gens spécifient les éléments de programmes et de données sous la forme de caractères; les ordinateurs manipulent et gèrent ensuite ces caractères comme des groupes de zéros et de uns.

d) Le code postal à (quatre, cinq ou six) chiffres est un exemple de champ numérique.

e) L'adresse d'une personne est considérée généralement comme étant un champ alphabétique dans les applications informatiques.

f) Les éléments de données représentés dans les ordinateurs forment une hiérarchie de données dans laquelle ils deviennent de plus en plus gros et de plus en plus complexes à mesure que l'on progresse dess champs vers les caractères, puis vers les bits et ainsi de suite.

g) Une clé d'enregistrement identifie un enregistrement comme appartenant à un champ déterminé.

h) La plupart des organisations stockent leurs informations dans un fichier unique pour en faciliter le traitement informatique.

i) Chaque instruction dans un programme en C++ qui gère un fichier fait référence à ce fichier par son nom.

j) Lorsqu'un programme crée un fichier, celui-ci est gardé automatiquement en mémoire pour que l'ordinateur puisse s'y référer par la suite.

14.7 L'exercice 14.3 demandait d'écrire une série d'instructions uniques. Ces instructions forment en réalité le cœur d'un type important de programmes de gestion de fichiers ou, plus précisément, un programme de couplage de fichiers. En gestion de données commerciales, chaque système comporte habituellement plusieurs fichiers. Un système de gestion d'effets à recevoir, par exemple, comporte généralement un fichier principal contenant des informations détaillées sur chacun des clients, c'est-à-dire le nom, l'adresse, le numéro de téléphone, le solde restant, la marge de crédit, les termes de l'escompte, les modalités du contrat et, éventuellement, un historique condensé des achats récents et des paiements en liquide.

Lorsque des transactions ont lieu (c'est-à-dire qu'une vente est faite ou que des paiements arrivent par la poste), elles sont introduites dans un fichier. À la fin de la période comptable (du mois pour les grandes sociétés, de la semaine pour d'autres entreprises, voire du jour dans certains cas), le fichier des transactions (appelé **"trans.dat"** à l'exercice 14.3), est appliqué au fichier principal (nommé **"ancmaitre.dat"** à l'exercice 14.3), ce qui permet de mettre à jour l'enregistrement de chaque compte avec les achats et paiements. Durant le processus de mise à jour, le fichier maître est réécrit dans un nouveau fichier (**"nouvmait.dat"**), qui est utilisé à la fin de la prochaine période comptable, dans un nouveau processus de mise à jour.

Les programmes de couplage de fichiers doivent tenir compte de certains problèmes qui n'existent pas dans le contexte des programmes à fichier unique. Par exemple, la correspondance n'est pas toujours effective. Un client du fichier principal peut ne pas avoir fait d'achat ni de paiement dans la période comptable en cours et, donc, aucun enregistrement pour ce client n'apparaîtra dans le fichier de transactions. De même, un client qui a effectué des achats ou des paiements est peut-être nouveau dans la région, de sorte que la société n'a peut-être pas encore créé d'enregistrement principal pour ce client.

Basez-vous sur les instructions écrites à l'exercice 14.3 pour écrire un programme de gestion des comptes clients à couplage de fichiers. Utilisez le numéro de compte de chacun des fichiers comme clé d'enregistrement aux fins de comparaisons. Supposez que chaque fichier est séquentiel et que les enregistrements sont stockés dans l'ordre des numéros de comptes croissants.

Lorsqu'une correspondance est rencontrée (en d'autres termes, les enregistrements de mêmes numéros de compte apparaissent tant du côté du fichier principal que de celui des transactions), ajoutez le montant du fichier de transactions au solde courant du fichier principal, puis écrivez l'enregistrement dans **"nouvmait.dat"**. Partez de l'hypothèse que les achats sont signalés par un montant positif et les paiements par un montant négatif dans le fichier de transactions. Lorsqu'un enregistrement maître (donc dans le fichier principal) existe pour un numéro de compte particulier, qui ne correspond cependant à aucun enregistrement de transaction, recopiez simplement l'enregistrement maître dans **"nouvmait.dat"**. Lorsqu'un enregistrement de transaction existe, sans enregistrement maître correspondant, affichez le message «**Enregistrement de transaction sans correspondance pour le compte ...**» (indiquez le numéro de compte présent dans l'enregistrement de transaction à la place des trois petits points).

14.8   Après avoir écrit le programme de l'exercice 14.7, écrivez un programme simple qui crée quelques données de test que vous utiliserez pour tester le programme de l'exercice 14.7. Créez les exemples de données de comptes suivants:

Numéro de compte du fichier principal	Nom	Solde
100	Alain Tension	348.17
300	Marie Talmant	27.19
500	Luc Hiblondo	0.00
700	Marius Octave	−14.22

Numéro de compte du fichier de transaction	Montant de la transaction
100	27.14
300	62.11
400	100.56
900	82.17

14.9   Lancez l'exécution du programme de l'exercice 14.7, en l'appliquant aux fichiers de données de test créés à l'exercice 14.8. Affichez le nouveau fichier principal. Vérifiez que les comptes ont été correctement mis à jour.

14.10   Il est possible (et commun) de trouver plusieurs enregistrements de transaction portant la même clé d'enregistrement. Ceci se produit parce qu'un client donné peut effectuer plusieurs achats et(ou) paiements pendant une période comptable. Réécrivez le programme de gestion des comptes clients à couplage de fichiers de l'exercice 14.7, pour donner la possibilité de gérer plusieurs enregistrements de transaction pour la même clé d'enregistrement. Modifiez les données de test de l'exercice 14.8 pour inclure les enregistrements de transaction supplémentaires suivants:

Numéro de compte	Montant de la transaction
300	83.89
700	80.78
700	1.53

14.11   Supposez définie la structure suivante et supposez que le fichier à accès direct nécessaire a été ouvert correctement:

```
struct personne {
    char nomFamille[15];
    char prenom[15];
    char age[2];
};
```

Écrivez une série d'instructions qui accomplissent chacune des opérations suivantes:

a) Initialiser le fichier `"nomage.dat"` avec 100 enregistrements qui contiennent:
   `nomFamille ="non assigné"`, `prenom = ""` et `age = "0"`.
b) Introduire 10 noms de famille, prénoms et âges, pour les écrire dans le fichier.

c) Mettre à jour un enregistrement qui contient des informations et s'il n'y en a pas, afficher à l'utilisateur: «Pas d'info».

d) Supprimer un enregistrement qui contient des informations en réinitialisant cet enregistrement précis.

14.12 Le propriétaire d'une quincaillerie souhaite conserver un inventaire qui lui permette de savoir quels sont les différents outils qu'il a en inventaire, combien il en a et le prix de chacun. Écrivez un programme qui initialise le fichier à accès direct **"materiel.dat"** à cent enregistrements vides, qui permette de saisir les données de chacun des outils et d'en faire une liste, de supprimer l'enregistrement d'un outil qui n'existe plus et de mettre à jour *n'importe quelle information* du fichier. Le numéro d'identification de l'outil est son numéro d'enregistrement. Utilisez les informations suivantes pour initialiser le fichier:

N° d'enregistrement	Nom d'outil	Quantité	Prix
3	Ponceuse électrique	7	57.98
17	Marteau	76	11.99
24	Scie	21	11.00
39	Tondeuse à gazon	3	79.50
56	Scie sauteuse	18	99.99
68	Tournevis	106	6.99
77	Masse	11	21.50
83	Clé plate	34	7.50

14.13 Modifiez le programme de génération de mots à partir d'un numéro de téléphone que vous avez rédigé au chapitre 4, de sorte qu'il écrive ses résultats dans un fichier. Ceci vous permettra de relire le fichier à votre convenance. Si vous disposez d'un dictionnaire électronique, modifiez le programme pour qu'il fouille dans les centaines de mots de sept lettres présents dans le dictionnaire. Certaines des combinaisons de lettres créées par ce programme sont intéressantes, surtout lorsqu'elles forment deux ou trois mots. Par exemple, le numéro de téléphone 2442677 donne «BIGBOSS». Modifiez votre programme pour qu'il utilise le dictionnaire électronique et vérifie chacun des mots de sept lettres, pour voir si c'est un mot valable d'une lettre suivi d'un mot valable de six lettres, un mot valable de deux lettres suivi d'un mot valable de cinq lettres, et ainsi de suite.

14.14 Écrivez un programme qui utilise l'opérateur **sizeof** pour déterminer la taille en octets des différents types de données disponibles sur votre ordinateur. Écrivez les résultats dans le fichier **"tailldon.dat"**, pour que vous puissiez en imprimer la liste plus tard. Les résultats dans le fichier doivent prendre la forme suivante:

Type de donnée	Taille (octets)
`char`	1
`unsigned char`	1
`short int`	2
`unsigned short int`	2
`int`	4
`unsigned int`	4
`long int`	4
`unsigned long int`	4
`float`	4
`double`	8
`long double`	16

Remarque: les tailles des types de données prédéfinis de votre ordinateur peuvent différer de celles citées ci-dessus.

Structures
de données

Objectifs

- Former des structures de données liées
  à l'aide de pointeurs, de classes
  autoréférentielles et de la récursivité.

- Créer et manipuler les structures de données
  dynamiques telles que les listes chaînées,
  les queues, les piles et les arbres binaires.

- Comprendre diverses grandes applications
  des structures de données liées.

- Créer des structures de données
  réutilisables sur la base des modèles
  de classes, l'héritage et la composition.

15.1 Introduction

Nous avons étudié précédemment les *structures de données* de taille fixe, telles que les tableaux à indice unique, les tableaux à double indice et les **struct**. Ce chapitre introduit les *structures de données dynamiques* qui croissent et rétrécissent pendant l'exécution. Les *listes chaînées* (*linked list*) sont des collections de données alignées, dans lesquelles insertions et suppressions s'effectuent n'importe où dans la liste. Les *piles* (*stack*) jouent un rôle très important dans les compilateurs et les systèmes d'exploitation; les insertions et les suppressions ne se font qu'à une extrémité d'une *pile*: son *sommet*. Les *queues* représentent des files d'attente; les insertions ne sont réalisables qu'à l'arrière, ou *fin*, de la queue et les suppressions ne se font qu'à l'avant, ou *tête*, de la queue. Les *arbres binaires* (*binary tree*) facilitent la recherche et le tri rapides de données, l'élimination efficace de données redondantes, la représentation des répertoires d'un système de fichiers et la compilation d'expressions en langage machine. Ces structures de données ont de nombreuses autres applications très intéressantes.

Nous étudierons les principaux types de structures de données et mettrons en place les programmes qui créent et manipulent ces structures. Nous utiliserons les classes, les modèles de classes, l'héritage et la composition pour créer et empaqueter ces structures de données afin d'en assurer la réutilisation et la maintenance.

L'étude de ce chapitre est une sérieuse préparation au chapitre 20, *La bibliothèque de modèles standard (STL)*. La STL est la plus grosse partie de la bibliothèque standard du C++. Elle fournit des conteneurs, des itérateurs pour traverser ces conteneurs et des algorithmes pour traiter les éléments de ces conteneurs. Vous verrez que la STL englobe chacune des structures de données que nous verrons dans le présent chapitre et les emballe sous forme de classes modélisées. Le code de la STL est écrit avec soin, de façon à être portable, efficace et extensible. Quand vous aurez compris les principes et la construction des structures de données présentées dans ce chapitre, vous serez à même de tirer le meilleur parti des structures de données, des itérateurs et des algorithmes préemballés de la STL. Cette dernière constitue de loin la plus importante innovation apportée au C++ par la norme du langage. Il s'agit d'un jeu de composants de classe internationale, aidant à la réalisation du concept: réutiliser, réutiliser et réutiliser!

Les exemples de ce chapitre sont des programmes concrets dont vous pourrez vous servir dans des cours plus avancés et dans la réalisation d'applications. Ces programmes sont particulièrement chargés en manipulations de pointeurs. Les exercices proposent une collection très riche d'applications utiles.

Nous vous encourageons à vous mesurer au projet principal, décrit dans la section spéciale intitulée «Bâtir votre propre compilateur». Vous utilisez habituellement un compilateur pour traduire vos programmes C++, de manière à pouvoir les exécuter sur votre ordinateur. Dans ce projet, vous allez de fait bâtir votre propre compilateur, qui pourra lire un fichier d'instructions écrites dans un langage de haut niveau, simple mais puissant, semblable aux anciennes versions du langage BASIC, pour le convertir en un fichiers d'instructions SML (langage machine Simpletron ou *Simpletron Machine Language* en anglais). Le SML est ce langage que vous avez étudié à la section spéciale «Construire votre propre ordinateur» du chapitre 5. Le programme de simulation du Simpletron pourra alors exécuter le programme SML produit par votre compilateur. La réalisation de ce projet, basée sur une approche fortement orientée objets, vous donne une merveilleuse occasion de mettre en pratique les principales notions étudiées dans ce cours. La section spéciale vous guide pas à pas parmi les spécifications d'un langage de haut niveau et décrit les algorithmes dont vous aurez besoin pour convertir chacune des instructions d'un langage de haut niveau en instructions de langage machine. Si vous aimez les défis, vous pourrez même tenter d'améliorer le compilateur et le simulateur Simpletron, grâce aux exercices.

15.2 Classes autoréférentielles

Une *classe autoréférentielle* contient un pointeur membre qui pointe vers un objet du même type de classe. Par exemple, la classe suivante définit un type **Noeud** qui possède deux membres de données privées, le membre entier **donnee** et un pointeur membre **ptrSuivant**:

```
class Noeud {
public:
   Noeud( int );
   void definirDonnee( int );
   int obtenirDonnee() const;
   void definirPtrSuivant( const Noeud * );
   const Noeud *obtenirPtrSuivant() const;
private:
   int donnee;
   Noeud *ptrSuivant;
};
```

Le membre **ptrSuivant** pointe vers un objet de type **Noeud**, c'est-à-dire un objet de même type que celui déclaré ici, d'où le terme de « classe autoréférentielle ». Le pointeur membre **ptrSuivant** est désigné comme étant un *lien*; autrement dit, il peut être utilisé pour lier un objet de type **Noeud** à un autre objet du même type. Le type **Noeud** a également cinq fonctions membres: un constructeur qui reçoit un entier pour initialiser le membre **donnee**, une fonction **definirDonnee** pour imposer la valeur du membre **donnee**, une fonction **obtenirDonnee** qui renvoie la valeur du membre **donnee**, une fonction **definirPtrSuivant** qui impose la valeur du membre **ptrSuivant** et la fonction **obtenirPtrSuivant** qui retourne la valeur du membre **ptrSuivant**.

Les objets de classe autoréférentielle sont liés entre eux pour former des structures de données utiles, telles que les listes, les queues, les piles et les arbres. La figure 15.1 montre deux objets de classe autoréférentielle liés entre eux pour former une liste. Notez qu'une barre de division, représentant un pointeur nul (**0**), est placé dans le membre de liaison du second objet de classe autoréférentielle, pour indiquer que le lien ne pointe vers aucun autre objet. La barre de division ne sert ici que d'illustration et ne correspond pas au caractère de barre oblique inverse du C++. Un pointeur nul indique normalement la fin de la structure de données, tout comme le caractère nul (**'\0'**) désigne la fin d'une chaîne de caractères.

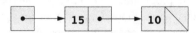

Figure 15.1   Deux objets de classe autoréférentielle liés l'un à l'autre.

Erreur de programmation courante 15.1

Oublier de régler à nul (0) le lien du dernier nœud d'une liste est une erreur.

15.3 Allocation dynamique de mémoire

La création et la maintenance des structures de données dynamiques requiert l'*allocation dynamique de mémoire*, c'est-à-dire la capacité d'un programme d'obtenir plus d'espace mémoire au moment de l'exécution pour contenir de nouveaux nœuds et pour libérer l'espace désormais inutile. La limite de l'allocation dynamique de mémoire peut atteindre la totalité de la mémoire physique disponible ou, dans le cas d'un système à mémoire virtuelle, la quantité de mémoire virtuelle disponible. Toutefois, la mémoire devant être partagées entre plusieurs utilisateurs, ces limites sont souvent bien plus réduites.

Les opérateurs **new** et **delete** sont essentiels à l'allocation dynamique de mémoire. L'opérateur **new** prend en argument le type de l'objet en cours d'allocation dynamique et restitue un pointeur vers un objet de ce type. Par exemple, l'instruction suivante alloue **sizeof(Noeud)** octets et stocke un pointeur vers cette mémoire dans **ptrNouveau**:

```
Noeud *ptrNouveau = new Noeud( 10 );
```

Si aucune mémoire n'est disponible, **new** provoque la levée d'une exception **bad_alloc**. La valeur de 10 indiquée correspond à la donnée de l'objet **Noeud**.

L'opérateur **delete** provoque l'exécution du destructeur du **Noeud** et libère la mémoire allouée par **new**. Autrement dit, la mémoire est restituée au système de façon à pouvoir être réallouée par la suite. Pour libérer de la mémoire allouée dynamiquement par un **new** préalable, il suffit d'utiliser l'instruction:

```
delete ptrNouveau;
```

Remarquez que **ptrNouveau** lui-même n'est pas supprimé; seul l'espace qui était alloué et pointé par **ptrNouveau** est libéré. Si **ptrNouveau** a la valeur **0** (indiquant un pointeur vers rien), l'instruction précédente n'a aucun effet.

Les sections suivantes traitent des listes, des piles, des queues et des arborescences. Ces structures de données sont créées et maintenues par l'allocation dynamique de mémoire et par des classes autoréférentielles.

Astuce sur la portabilité 15.1

*La taille d'un objet de classe n'égale pas nécessairement la somme des tailles de ses membres de données. Ceci est dû aux différentes contraintes d'alignement des limites imposées par les machines (voir chapitre 16) et à d'autres raisons. Utilisez l'opérateur **sizeof** pour déterminer la taille d'un objet.*

Erreur de programmation courante 15.2

Présumer que la taille d'un objet de classe est simplement égale à la somme des tailles de ses membres de données est une erreur.

Erreur de programmation courante 15.3

Négliger de libérer de la mémoire allouée de manière dynamique quand elle n'est plus nécessaire peut causer une saturation prématurée de la mémoire du système. On appelle ce phénomène la «fuite de mémoire».

Bonne pratique de programmation 15.1

*Lorsque la mémoire allouée dynamiquement par **new** n'est plus nécessaire, utilisez **delete** pour restituer immédiatement cette mémoire au système.*

Erreur de programmation courante 15.4

*Supprimer de la mémoire avec **delete** alors qu'elle n'a pas été allouée de manière dynamique par **new** est une erreur.*

Erreur de programmation courante 15.5

Utiliser une référence à de la mémoire qui a été supprimée est une erreur.

Erreur de programmation courante 15.6

Tenter de supprimer de la mémoire qui a déjà été libérée peut avoir des effets imprévisibles au moment de l'exécution.

15.4 Listes chaînées

Une *liste chaînée* est une collection linéaire d'objets de classe autoréférentielle, appelés *nœuds*, reliés par des pointeurs de *lien*. Le terme de liste «chaînée» trouve son origine dans le fait que les différents nœuds d'une telle liste forment une chaîne que l'on peut suivre, jeton par jeton, nœud par nœud. On accède à une liste chaînée par l'intermédiaire d'un pointeur au premier nœud de la liste. Les nœuds suivants sont accessibles par le membre pointeur de lien stocké dans chacun des nœuds. Par convention, le pointeur de liaison du dernier nœud d'une liste reçoit la valeur nulle (zéro) afin d'indiquer la fin de la liste. Les données sont stockées de manière dynamique dans une liste chaînée: chaque nœud est créé dès que nécessaire. Un nœud peut contenir des données de n'importe quel type, y compris des objets d'autres classes. Si les nœuds contiennent des pointeurs de classe de base ou des références à des classes de base, référençant des classes de base et des objets de classe dérivée liés par héritage, on obtient une liste chaînée de tels nœuds et il est possible d'utiliser des fonctions virtuelles pour traiter ces objets de façon polymorphe. Les piles et les queues sont également des structures linéaires et, comme nous le verrons, sont en fait des versions des listes chaînées. Par contre, les arbres sont des structures de données non linéaires.

Les listes de données peuvent être stockées sous forme de tableaux, mais les listes chaînées offrent plusieurs avantages. Une liste chaînée est appropriée lorsque le nombre d'éléments à représenter dans la structure de données n'est pas immédiatement prévisible. Les listes chaînées sont dynamiques, de sorte que la longueur d'une liste peut croître ou décroître en fonction des nécessités. La taille d'un tableau conventionnel en C++ ne peut varier, parce que cette taille est définie et figée au moment de la compilation. Les tableaux conventionnels peuvent arriver à saturation, tandis que les listes chaînées ne sont saturées que lorsque le système n'a plus assez de mémoire pour satisfaire les demandes d'allocation de stockage dynamique.

Astuce sur la performance 15.1

Un tableau peut être déclaré comme contenant plus d'éléments que le nombre d'articles attendus mais ceci gâche inutilement de la mémoire. Les listes chaînées conduisent à une utilisation plus efficace de la mémoire dans de telles situations et permettent également aux programmes de s'adapter au moment de l'exécution.

Les listes chaînées peuvent être gérées selon un ordre donné simplement en insérant chaque nouvel élément à l'endroit adéquat de la liste. Les éléments existants de la liste ne nécessitent alors aucun déplacement.

Astuce sur la performance 15.2

L'insertion et la suppression dans un tableau trié peut prendre beaucoup de temps, car tous les éléments qui suivent l'élément inséré ou supprimé doivent être déplacés comme il faut.

Astuce sur la performance 15.3

Les éléments d'un tableau sont stockés en mémoire de façon contiguë, ce qui permet un accès immédiat à n'importe quel élément du tableau, puisque l'adresse de tout élément peut être calculée directement sur la base de sa position relative par rapport au début du tableau. Les listes chaînées, par contre, ne permettent pas un tel accès direct et immédiat à leurs éléments.

Les nœuds d'une liste chaînée ne sont normalement pas stockés en mémoire de façon contiguë. Du point de vue purement logique, par contre, ils apparaissent comme contigus. La figure 15.2 illustre le concept d'une liste chaînée avec plusieurs nœuds.

Astuce sur la performance 15.4

Utiliser l'allocation dynamique de mémoire au lieu de tableaux pour les structures de données qui croissent et décroissent à l'exécution épargne de la mémoire. Retenez cependant que les pointeurs occupent de la place et que l'allocation dynamique de mémoire encourt l'inconvénient d'une charge supplémentaire due à des appels de fonction.

Le programme de la figure 15.3 (dont les résultats sont présentés à la figure 15.4) utilise le modèle de classe (voir le chapitre 12, *Modèles*) **Liste** pour manipuler une liste de valeurs entières et une liste de valeurs en virgule flottante. Le programme de pilotage (**fig15_03.cpp**) propose cinq options:
1. Insérer ue valeur au début de la liste (fonction **insererEnTete**);
2. Insérer une valeur à la fin de la liste (fonction **insererEnQueue**);
3. Supprimer une valeur du début de la liste (fonction **retirerDeTete**);
4. Supprimer une valeur de la fin de la liste (fonction **retirerDeQueue**);
5. Terminer le traitement de la liste.

L'étude détaillée du programme suit. L'exercice 15.20 vous demandera de mettre en place une fonction récursive qui affiche à rebours le contenu d'une liste chaînée, et l'exercice 15.21 vous demandera de concevoir une fonction récursive qui recherche une donnée déterminée dans une liste chaînée.

La figure 15.3 est constituée de deux modèles de classes: **NoeudDeListe** et **Liste**. Une liste chaînée d'objets **NoeudDeListe** est encapsulée dans chaque objet de **Liste**. Le modèle de classe **NoeudDeListe** est composé de deux membres privés: **donnee** et **ptrSuivant**. Le membre **donnee** de **NoeudDeListe** stocke une valeur de type **TYPENOEUD**, le paramètre de type qui est transmis au modèle de classe. Le membre **ptrSuivant** de **NoeudDeListe** stocke un pointeur vers l'objet **NoeudDeListe** suivant dans la liste chaînée.

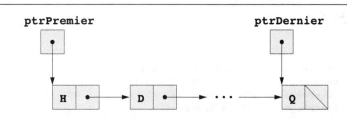

Figure 15.2   Une représentation graphique d'une liste.

```
 1    // Figure 15.3: listnd.h
 2    // Définition du modèle NoeudDeListe.
 3    #ifndef LISTND_H
 4    #define LISTND_H
 5
 6    template< class TYPENOEUD > class Liste;    // Déclaration précoce.
 7
 8    template< class TYPENOEUD >
 9    class NoeudDeListe {
10       friend class Liste< TYPENOEUD >;         // Faire de Liste un ami.
11    public:
12       NoeudDeListe( const TYPENOEUD & );       // Constructeur.
13       TYPENOEUD obtenirDonnee() const;         // Retourner donnée au noeud.
```

Figure 15.3   Manipulation d'une liste chaînée-**listnd.h**. (1 de 2)

```
14    private:
15       TYPENOEUD donnee;                        // Donnée.
16       NoeudDeListe< TYPENOEUD > *ptrSuivant; // Noeud suivant dans la liste.
17    };
18
19    // Constructeur.
20    template< class TYPENOEUD >
21    NoeudDeListe< TYPENOEUD >::NoeudDeListe( const TYPENOEUD &info )
22       : donnee( info ), ptrSuivant( 0 ) { }
23
24    // Retour d'une copie de la donnée du noeud.
25    template< class TYPENOEUD >
26    TYPENOEUD NoeudDeListe< TYPENOEUD >::obtenirDonnee() const {return donnee; }
27
28    #endif
```

Figure 15.3   Manipulation d'une liste chaînée-**listnd.h**. (2 de 2)

```
29    // Figure 15.3: liste.h
30    // Définition du modèle de classe Liste.
31    #ifndef LISTE_H
32    #define LISTE_H
33
34    #include <iostream>
35    #include <cassert>
36    #include "listnd.h"
37
38    using std::cout;
39
40    template< class TYPENOEUD >
41    class Liste {
42    public:
43       Liste();                                 // Constructeur.
44       ~Liste();                                // Destructeur.
45       void insererEnTete( const TYPENOEUD & );
46       void insererEnQueue( const TYPENOEUD & );
47       bool retirerDeTete( TYPENOEUD & );
48       bool retirerDeQueue( TYPENOEUD & );
49       bool estVide() const;
50       void afficher() const;
51    private:
52       NoeudDeListe< TYPENOEUD > *ptrPremier; // Pointeur vers premier noeud.
53       NoeudDeListe< TYPENOEUD > *ptrDernier; // Pointeur vers dernier noeud.
54
55       // Fonction utilitaire d'allocation d'un nouveau noeud.
56       NoeudDeListe< TYPENOEUD > *obtenirNouveauNoeud( const TYPENOEUD & );
57    };
58
59    // Constructeur par défaut.
60    template< class TYPENOEUD >
61    Liste< TYPENOEUD >::Liste(): ptrPremier( 0 ), ptrDernier( 0 ) { }
62
```

Figure 15.3   Manipulation d'une liste chaînée-**Liste.h**. (1 de 4)

```
63   // Destructeur.
64   template< class TYPENOEUD >
65   Liste< TYPENOEUD >::~Liste()
66   {
67      if ( !estVide() ) {                        // La liste n'est pas vide.
68         cout << "Destruction des noeuds ...\n";
69
70         NoeudDeListe< TYPENOEUD > *ptrCourant = ptrPremier, *ptrTemp;
71
72         while ( ptrCourant != 0 ) {             // Détruire les noeuds restants.
73            ptrTemp = ptrCourant;
74            cout << ptrTemp->donnee << '\n';
75            ptrCourant = ptrCourant->ptrSuivant;
76            delete ptrTemp;
77         }
78      }
79
80      cout << "Tous les noeuds sont détruits.\n\n";
81   }
82
83   // Insérer un noeud en tête de la liste.
84   template< class TYPENOEUD >
85   void Liste< TYPENOEUD >::insererEnTete( const TYPENOEUD &valeur )
86   {
87      NoeudDeListe< TYPENOEUD > *ptrNouveau = obtenirNouveauNoeud( valeur );
88
89      if ( estVide() )                           // La liste est vide.
90         ptrPremier = ptrDernier = ptrNouveau;
91      else {                                     // La liste n'est pas vide.
92         ptrNouveau->ptrSuivant = ptrPremier;
93         ptrPremier = ptrNouveau;
94      }
95   }
96
97   // Insérer un noeud à la queue de la Liste.
98   template< class TYPENOEUD >
99   void Liste< TYPENOEUD >::insererEnQueue( const TYPENOEUD &valeur )
100  {
101     NoeudDeListe< TYPENOEUD > *ptrNouveau = obtenirNouveauNoeud( valeur );
102
103     if ( estVide() )                           // La liste est vide.
104        ptrPremier = ptrDernier = ptrNouveau;
105     else {                                     // La liste n'est pas vide.
106        ptrDernier->ptrSuivant = ptrNouveau;
107        ptrDernier = ptrNouveau;
108     }
109  }
110
111  // Supprimer un noeud de la tête de la liste.
112  template< class TYPENOEUD >
113  bool Liste< TYPENOEUD >::retirerDeTete( TYPENOEUD &valeur )
114  {
```

Figure 15.3   Manipulation d'une liste chaînée-**Liste.h**. (2 de 4)

```
115    if ( estVide() )                         // La liste est vide.
116        return false;                        // Échec de la suppression.
117    else {
118        NoeudDeListe< TYPENOEUD > *ptrTemp = ptrPremier;
119
120        if ( ptrPremier == ptrDernier )
121            ptrPremier = ptrDernier = 0;
122        else
123            ptrPremier = ptrPremier->ptrSuivant;
124
125        valeur = ptrTemp->donnee;            // Donnée en cours de suppression.
126        delete ptrTemp;
127        return true;                         // Réussite de la suppression.
128    }
129 }
130
131 // Supprimer un noeud de la queue de la liste.
132 template< class TYPENOEUD >
133 bool Liste< TYPENOEUD >::retirerDeQueue( TYPENOEUD &valeur )
134 {
135    if ( estVide() )
136        return false;                        // Échec de la suppression.
137    else {
138        NoeudDeListe< TYPENOEUD > *ptrTemp = ptrDernier;
139
140        if ( ptrPremier == ptrDernier )
141            ptrPremier = ptrDernier = 0;
142        else {
143            NoeudDeListe< TYPENOEUD > *ptrCourant = ptrPremier;
144
145          while ( ptrCourant->ptrSuivant != ptrDernier )
146              ptrCourant = ptrCourant->ptrSuivant;
147
148            ptrDernier = ptrCourant;
149            ptrCourant->ptrSuivant = 0;
150        }
151
152        valeur = ptrTemp->donnee;
153        delete ptrTemp;
154        return true;                         // Réussite de la suppression.
155    }
156 }
157
158 // La liste est-elle vide ?
159 template< class TYPENOEUD >
160 bool Liste< TYPENOEUD >::estVide() const
161    { return ptrPremier == 0; }
162
163 // Retourner un pointeur vers un noeud nouvellement alloué.
164 template< class TYPENOEUD >
165 NoeudDeListe< TYPENOEUD > *Liste< TYPENOEUD >::obtenirNouveauNoeud(
166                                        const TYPENOEUD &valeur )
167 {
```

Figure 15.3   Manipulation d'une liste chaînée-**Liste.h**. (3 de 4)

```
168       NoeudDeListe< TYPENOEUD > *ptr =
169          new NoeudDeListe< TYPENOEUD >( valeur );
170       assert( ptr != 0 );
171       return ptr;
172   }
173
174   // Afficher le contenu de la liste.
175   template< class TYPENOEUD >
176   void Liste< TYPENOEUD >::afficher() const
177   {
178      if ( estVide() ) {
179         cout << "La liste est vide.\n\n";
180         return;
181      }
182
183      NoeudDeListe< TYPENOEUD > *ptrCourant = ptrPremier;
184
185      cout << "La liste contient:  ";
186
187      while ( ptrCourant != 0 ) {
188         cout << ptrCourant->donnee << ' ';
189         ptrCourant = ptrCourant->ptrSuivant;
190      }
191
192      cout << "\n\n";
193   }
194
195   #endif
```

Figure 15.3   Manipulation d'une liste chaînée-**Liste.h**. (4 de 4)

```
196   // Figure 15.3: fig15_03.cpp
197   // Test de la classe Liste.
198   #include <iostream>
199   #include "liste.h"
200
201   using std::cin;
202   using std::endl;
203
204   // Fonction de test d'une liste d'entiers.
205   template< class T >
206   void testListe( Liste< T > &objetListe, const char *type )
207   {
208      cout << "Test d'une liste de valeurs " << type << ".\n";
209
210      instructions();
211      int choix;
212      T valeur;
213
214      do {
215         cout << "? ";
216         cin >> choix;
```

Figure 15.3   Manipulation d'une liste chaînée-**fig15_03.cpp**. (1 de 2)

```
217
218        switch ( choix ) {
219           case 1:
220              cout << "Entrez un " << type << ": ";
221              cin >> valeur;
222              objetListe.insererEnTete( valeur );
223              objetListe.afficher();
224              break;
225           case 2:
226              cout << "Entrez un " << type << ": ";
227              cin >> valeur;
228              objetListe.insererEnQueue( valeur );
229              objetListe.afficher();
230              break;
231           case 3:
232              if ( objetListe.retirerDeTete( valeur ) )
233                 cout << valeur << " retiré de la liste.\n";
234
235              objetListe.afficher();
236              break;
237           case 4:
238              if ( objetListe.retirerDeQueue( valeur ) )
239                 cout << valeur << " retiré de la liste.\n";
240
241              objetListe.afficher();
242              break;
243        }
244     } while ( choix != 5 );
245
246     cout << "Fin du test de la liste.\n\n";
247  }
248
249  void instructions()
250  {
251     cout << "Entrez une option parmi les suivantes:\n"
252          << "  1 pour insérer en tête de liste.\n"
253          << "  2 pour insérer en queue de liste.\n"
254          << "  3 pour retirer de la tête de liste.\n"
255          << "  4 pour retirer de la queue de liste.\n"
256          << "  5 pour terminer le traitement de liste.\n";
257  }
258
259  int main()
260  {
261     Liste< int > listeEntiers;
262     testListe( listeEntiers, "entier" ); // Test listeEntiers.
263
264     Liste< double > listeFlottant;
265     testListe( listeFlottant, "double" );// Test listeFlottant.
266
267     return 0;
268  }
```

Figure 15.3   Manipulation d'une liste chaînée-**fig15_03.cpp**. (2 de 2)

```
Test d'une liste de valeurs entières.
Entrez une option parmi les suivantes:
   1 pour insérer en tête de liste.
   2 pour insérer en queue de liste.
   3 pour retirer de la tête de liste.
   4 pour retirer de la queue de liste.
   5 pour terminer le traitement de liste.
? 1
Entrez un entier: 1
La liste contient:  1

? 1
Entrez un entier: 2
La liste contient:  2 1

? 2
Entrez un entier: 3
La liste contient:  2 1 3

? 2
Entrez un entier: 4
La liste contient:  2 1 3 4

? 3
2 retiré de la liste.
La liste contient:  1 3 4

? 3
1 retiré de la liste.
La liste contient:  3 4

? 4
4 retiré de la liste.
La liste contient:  3

? 4
3 retiré de la liste.
La liste est vide.

? 5
Fin du test de la liste.

Test d'une liste de valeurs double.
Entrez une option parmi les suivantes:
   1 pour insérer en tête de liste.
   2 pour insérer en queue de liste.
   3 pour retirer de la tête de liste.
   4 pour retirer de la queue de liste.
   5 pour terminer le traitement de liste.
```

Figure 15.4   Exemple de résultat produit par le programme de la figure 15.3. (1 de 2)

```
? 1

Entrez un double: 1.1
La liste contient:  1.1

? 1
Entrez un double: 2.2
La liste contient:  2.2 1.1

? 2
Entrez un double: 3.3
La liste contient:  2.2 1.1 3.3

? 2
Entrez un double: 4.4
La liste contient:  2.2 1.1 3.3 4.4

? 3
2.2 retiré de la liste.
La liste contient:  1.1 3.3 4.4

? 3
1.1 retiré de la liste.
La liste contient:  3.3 4.4

? 4
4.4 retiré de la liste.
La liste contient:  3.3

? 4
3.3 retiré de la liste.
La liste est vide.

? 5
Fin du test de la liste.

Tous les noeuds sont détruits.

Tous les noeuds sont détruits.
```

Figure 15.4   Exemple de résultat produit par le programme de la figure 15.3. (2 de 2)

Le modèle de classe **Liste** contient les membres privés **ptrPremier** (un pointeur vers le premier **NoeudDeListe** dans l'objet **Liste**) et **ptrDernier** (un pointeur vers le dernier **NoeudDeListe** dans l'objet **Liste**). Le constructeur par défaut initialise les deux pointeurs à 0 (nul). Le destructeur s'assure que tous les objets **NoeudDeListe** dans l'objet **Liste** sont détruits lors de la destruction de l'objet **Liste** lui-même. Les fonctions principales du modèle de classe **Liste** sont **insererEnTete**, **insererEnQueue**, **retirerDeTete** et **retirerDeQueue**.

La fonction **estVide** est appelée *fonction de prédicat*; elle n'altère pas **Liste** mais détermine plutôt si la liste est vide (autrement dit, si le pointeur vers le premier nœud de la liste est nul). Si la liste est vide, le programme retourne **true**; sinon, il renvoie **false**. La fonction **afficher** affiche le contenu de la **Liste**.

Bonne pratique de programmation 15.2

Assignez nul (zéro) au membre de liaison d'un nouveau nœud. Les pointeurs doivent être initialisés avant d'être utilisés.

Dans les pages qui suivent, nous étudierons en détail chacune des fonctions membres de la classe **Liste**. La fonction **insererEnTete** de la figure 15.5 place un nouveau nœud en tête de la liste. La fonction est constituée de plusieurs étapes:

1. Appel de la fonction **obtenirNouveauNoeud** en lui passant une **valeur** qui est une référence constante à la valeur du nœud à insérer.

2. La fonction **obtenirNouveauNoeud** utilise l'opérateur **new** pour créer un nouveau **noeud** de **Liste** et renvoyer un pointeur à ce nœud de la liste. Si ce pointeur est différent de zéro, **obtenirNouveauNoeud** retourne un pointeur vers ce **noeud** nouvellement alloué à **ptrNouveau** dans **insererEnTete**.

3. Si la liste est vide, alors **ptrPremier** et **ptrDernier** sont tous deux mis à **ptrNouveau**.

4. Si la liste n'est pas vide, le nœud pointé par **ptrNouveau** est alors enfilé dans la liste en copiant **ptrPremier** dans **ptrNouveau->ptrSuivant**, de sorte que le nouveau nœud pointe vers le nœud qui était auparavant le premier nœud de la liste, et en copiant **ptrNouveau** dans **ptrPremier**, de sorte que **ptrPremier** pointe maintenant vers le nouveau premier nœud de la liste.

La figure 15.5 illustre la fonction **insererEnTete**. La partie a de la figure montre la liste et le nouveau nœud avant l'action de **insererEnTete**. Les flèches en pointillés de la partie b illustrent les étapes 2 et 3 des opérations de **insererEnTete** qui permettent au nœud qui contient **12** de devenir la nouvelle tête de liste.

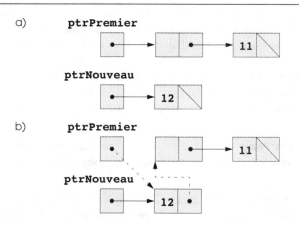

Figure 15.5   L'opération **insererEnTete**.

La fonction **insererEnQueue** (figure 15.6) place un nouveau nœud à la fin de la liste. La fonction passe par les étapes suivantes:

1. Appel de la fonction **obtenirNouveauNoeud** en lui passant la **valeur** qui est une référence constante à la valeur du nœud à insérer.

2. La fonction **obtenirNouveauNoeud** utilise l'opérateur **new** pour créer un nouveau nœud de liste et retourne un pointeur au nœud de cette liste. Si le pointeur est différent de zéro, **obtenirNouveauNoeud** retourne un pointeur à ce nœud nouvellement alloué à **ptrNouveau** dans **insererEnQueue**.

3. Si la liste est vide, alors **ptrPremier** et **ptrDernier** sont tous deux mis à **ptrNouveau**.

4. Si la liste n'est pas vide, alors le noeud pointé par **ptrNouveau** est enfilé dans la liste en copiant **ptrNouveau** dans **ptrDernier->ptrSuivant**, de sorte que le nouveau noeud est pointé par l'ancien dernier noeud de la liste, et en copiant **ptrNouveau** dans **ptrDernier**, de sorte que **ptrDernier** pointe maintenant vers le dernier noeud de la liste.

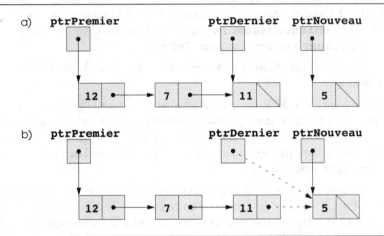

Figure 15.6   Représentation graphique de l'action de **insererEnQueue**.

La figure 15.6 illustre les actions de **insererEnQueue**. La partie a de la figure montre la liste et le nouveau noeud avant l'opération. Les flèches en pointillés de la partie b montrent les étapes de la fonction **insererEnQueue** qui permettent d'ajouter un nouveau noeud à la fin de la liste lorsque celle-ci n'est pas vide.

La fonction **retirerDeTete** (figure 15.7) retire le noeud de tête de la liste et copie la valeur de ce noeud dans le paramètre de référence. La fonction renvoie **false** si l'on tente de retirer un noeud d'une liste vide et retourne **true** si le retrait se solde par un succès. La fonction passe par les étapes suivantes:

1. Instanciation de **ptrTemp** comme étant une copie de **ptrPremier**. Par la suite, **ptrTemp** sera utilisé pour supprimer l'espace mémoire alloué au noeud en cours de suppression.

2. Si **ptrPremier** est égal à **ptrDernier**, c'est-à-dire si la liste n'a qu'un seul élément avant la tentative de retrait, il faut alors mettre **ptrPremier** et **ptrDernier** à zéro pour «désenfiler» ce noeud de la liste (ce qui la vide).

3. Si la liste a plus d'un noeud avant le retrait, alors laisser **ptrDernier** tel quel et mettre simplement **ptrPremier** à **ptrPremier->ptrSuivant**, c'est-à-dire modifier **ptrPremier** afin qu'il pointe ce qui était le deuxième noeud avant le retrait, de sorte que cet élément devienne le nouveau premier noeud.

4. Après achèvement de toutes ces manipulations de pointeurs, copier dans le paramètre de référence **valeur** le membre **donnee** du noeud en cours de suppression.

5. Ensuite, libérer (**delete**) l'espace mémoire alloué au noeud pointé par **ptrTemp**.

6. Enfin, retourner **true** pour indiquer que le retrait a réussi.

La figure 15.7 illustre le fonctionnement de **retirerDeTete**. La partie a montre la liste avant l'opération de retrait. La partie b montre les manipulations réelles de pointeurs.

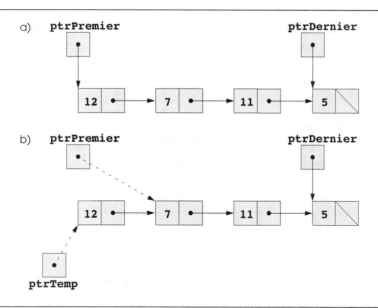

Figure 15.7   Représentation graphique de l'action de **retirerDeTete**.

La fonction **retirerDeQueue** (voir figure 15.8) retire de la liste le nœud de queue de la liste et copie la valeur du nœud dans le paramètre de référence. La fonction retourne **false** lorsqu'on tente de retirer un nœud hors d'une liste vide et renvoie **true** si le retrait se solde par un succès. La fonction suit les étapes suivantes:

1. Instanciation de **ptrTemp** comme étant une copie de **ptrDernier**. Par la suite, **ptrTemp** sera utilisé pour supprimer l'espace mémoire alloué au nœud en cours de suppression.

2. Si **ptrPremier** est égal à **ptrDernier**, c'est-à-dire si la liste n'a qu'un seul élément avant la tentative de retrait, alors il faut mettre **ptrPremier** et **ptrDernier** à zéro pour «désenfiler» ce nœud de la liste (ce qui la vide).

3. Si la liste a plus d'un nœud avant le retrait, alors instancier **ptrCourant** comme étant une copie de **ptrPremier**.

4. Parcourir la liste à l'aide de **ptrCourant** jusqu'à ce qu'il pointe vers le nœud avant le dernier nœud. Ceci s'effectue grâce à une boucle while qui remplace **ptrCourant** au fur et à mesure par **ptrCourant->ptrSuivant**, tant que **ptrCourant->ptrSuivant** n'est pas **ptrDernier**.

5. Affecter à **ptrDernier** l'adresse vers laquelle pointe **ptrCourant**, pour retirer le nœud de queue de la liste.

6. Mettre **ptrCourant->ptrSuivant** à zéro dans le dernier nœud de la liste.

7. Après l'achèvement de toutes ces manipulations de pointeurs, copier dans le paramètre de référence **valeur** le membre **donnee** du nœud à supprimer.

8. Ensuite, libérer (**delete**) l'espace mémoire alloué au nœud pointé par **ptrTemp**.

9. Enfin, retourner **true** pour indiquer que le retrait a réussi.

La figure 15.8 illustre le fonctionnement de la fonction **retirerDeTete**. La partie a de la figure montre l'état de la liste avant l'opération de retrait, tandis que la partie b montre les manipulations réelles des pointeurs.

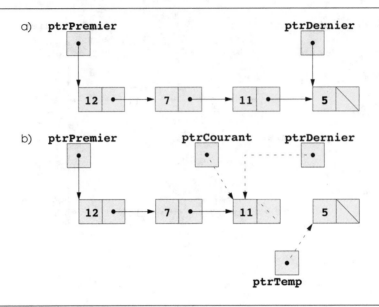

Figure 15.8   Représentation graphique de l'action de `retirerDeQueue`.

La fonction **afficher** détermine avant toute chose si la liste est vide. Si tel est le cas, **afficher** imprime "**La liste est vide**" avant de se terminer; sinon, elle affiche les données de la liste. La fonction initialise **ptrCourant** comme étant une copie de **ptrPremier** et affiche ensuite "**La liste contient:** ". Tant que **ptrCourant** n'est pas nul, la fonction affiche le contenu de **ptrCourant->donnee** et assigne la valeur de **ptrCourant->ptrSuivant** à **ptrCourant**. Remarquez que si le lien du dernier nœud de la liste n'est pas nul, l'algorithme d'affichage affichera, faussement, ce qui se trouve au-delà de la fin de la liste. L'algorithme d'affichage est identique pour les listes chaînées, les piles et les queues.

Le genre de liste chaînée que nous venons d'étudier est celui d'une *liste simplement chaînée*: la liste débute par un pointeur vers le premier nœud et chacun des nœuds contient un pointeur vers son nœud successeur dans la séquence; la liste se termine par un nœud dont le pointeur membre vaut **0**. La liste simplement chaînée ne peut être parcourue que dans un seul sens.

Une *liste circulaire simplement chaînée* débute par un pointeur vers le premier nœud et chacun des nœuds contient un pointeur vers le nœud suivant. Le « dernier nœud », c'est-à-dire le nœud situé à la fin de la queue, ne contient cependant pas de pointeur nul mais pointe en fait vers le premier nœud, ce qui referme le « cercle ».

Une *liste doublement chaînée* peut être parcourue dans les deux sens. Ce genre de liste est souvent implanté avec deux pointeurs de départ: un qui pointe vers le premier élément de la liste pour permettre de la parcourir de la tête à la queue, et l'autre qui pointe vers le dernier élément de la liste pour pouvoir la parcourir de la queue vers la tête. Chacun des nœuds possède deux pointeurs. L'un, le « pointeur aller », pointe vers le nœud suivant dans le sens de l'aller et l'autre, le « pointeur retour », pointe vers le nœud suivant dans le sens du retour. Si une liste contient, par exemple, un annuaire trié par ordre alphabétique, la recherche du numéro de téléphone d'une personne dont le nom commence par une lettre proche du début de la liste, pourra s'effectuer à partir de la tête de la liste, tandis que la recherche du numéro de téléphone d'une personne dont le nom commence par une lettre classée près de la fin de la liste téléphonique, pourra être réalisée à partir de la queue de la liste.

Dans une *liste circulaire doublement chaînée*, le pointeur aller du dernier nœud pointe vers le premier nœud et le pointeur retour du premier nœud pointe vers le dernier nœud, ce qui ferme le « cercle ».

15.5 Piles

Au chapitre 12, *Modèles*, nous avons expliqué la notion de modèle de classe de piles au moyen d'une implantation de tableau sous-jacente. Dans cette section, nous utilisons une implantation de liste chaînée basée sur les pointeurs. Nous étudierons encore les piles au chapitre 20, *La bibliothèque de modèles standard (STL)*.

La *pile* (*stack*) est une version contrainte de liste chaînée, en ce sens qu'on ne peut y ajouter des nœuds qu'au seul sommet de la pile. C'est pourquoi on désigne souvent les piles comme étant des structures de données « *dernier entré, premier sorti* » (*last-in, first-out* ou *LIFO*). Le membre de lien dans le dernier nœud de la pile est nul (c'est-à-dire mis à zéro), pour indiquer le bas de la pile.

Erreur de programmation courante 15.7

Oublier de mettre à zéro le nœud situé au pied d'une pile est une erreur.

Les principales fonctions membres utilisées pour manipuler une pile sont **pousser** et **retirer** (la bibliothèque de modèles standard utilise, respectivement, les termes anglais *push* et *pop* au chapitre 20). La fonction **pousser** ajoute un nouveau nœud au sommet de la pile. La fonction **retirer** enlève un nœud au sommet de la pile, stocke la valeur retirée dans une variable de référence qui est transmise à la fonction appelante pour finalement retourner **true** si l'opération **retirer** s'est bien déroulée (ou **false** dans le cas contraire).

Les piles ont de très nombreuses applications intéressantes. Par exemple, lorsqu'un appel de fonction est effectué, la fonction appelée doit savoir comment rendre la main à son appelant, de sorte que l'adresse de retour est déposée (« poussée ») sur une pile. Si toute une série d'appels de fonctions se produisent, les valeurs de retour successives sont déposées tour à tour sur la pile, dans l'ordre du dernier entré, premier sorti; ainsi, chacune des fonctions peut rendre le contrôle à son appelant. Les piles permettent de prendre en charge tant les appels de fonctions récursifs que les appels non récursifs classiques.

Les piles contiennent de l'espace de remisage, réservé pour chacune des variables automatiques créées à chaque invocation d'une fonction. Ainsi, lorsqu'une fonction restitue le contrôle à son appelant ou lève une exception, le destructeur de chaque objet local est appelé, l'espace de stockage pour les variables automatiques de cette fonction est retiré de la pile et ces variables ne sont plus connues par le programme.

Les piles sont largement exploitées par les compilateurs, notamment pendant le processus d'évaluation des expressions et la génération de code en langage machine. Les exercices de ce chapitre explorent plusieurs applications des piles, notamment leur utilisation dans le développement d'un compilateur complètement opérationnel.

Nous allons profiter de l'avantage de la relation très étroite existant entre les listes et les piles pour mettre en place une classe de pile, en réutilisant d'abord une classe de liste. Nous exploiterons deux formes différentes de réutilisation. Nous implanterons d'abord la classe de pile par héritage privé de la classe de liste. Nous mettrons ensuite en place une classe de pile remplissant les mêmes fonctions, par la voie de la composition qui comprend l'inclusion de la classe de liste comme un membre privé d'une classe de pile. Bien entendu, toutes les structures de données que nous voyons dans ce chapitre, y compris les deux classes de pile, sont mises en place par l'entremise de modèles (voir le chapitre 12, *Modèles*), pour encourager leur réutilisation ultérieure.

Le programme de la figure 15.9, dont les résultats sont présentés à la figure 15.10, crée un modèle de classe **Pile** principalement par héritage privé du modèle de la classe **Liste** de la figure 15.3. Nous souhaitons que la pile dispose des fonctions membres **pousser**, **retirer**, **pileEstVide** et **afficherPile**. Remarquez que ces fonctions sont, par essence, les fonctions **insererEnTete**, **retirerDeTete**, **estVide** et **afficher** du modèle de classe **Liste**. Bien entendu, le modèle de classe **Liste** compte d'autres fonctions membres (dont

insererEnQueue et **retirerDeQueue**) que nous ne souhaitons pas rendre accessibles par l'interface publique de la classe de pile. Ainsi, lorsque nous indiquons que le modèle de classe **Pile** doit hériter du modèle de classe **Liste**, nous sous-entendons un héritage privé. Ceci privatise toutes les fonctions membres du modèle de classe **Liste** dans le modèle de classe **Pile**. Lorsque nous implanterons les fonctions membres de la pile, nous n'aurons plus qu'à faire en sorte que chacune des fonctions de la classe **Pile** appelle la fonction membre appropriée de la classe **Liste**: **pousser** appelle **insererEnTete**, **retirer** appelle **retirerDeTete**, **pileEstVide** appelle **estVide** et, enfin, **afficherPile** appelle **afficher**.

```
1    // Figure 15.9: pile.h
2    // Définition du modèle de classe Pile,
3    // dérivé de la classe Liste.
4    #ifndef PILE_H
5    #define PILE_H
6
7    #include "liste.h"
8
9    template< class TYPEPILE >
10   class Pile: private Liste< TYPEPILE > {
11   public:
12      void pousser( const TYPEPILE &d ) { insererEnTete( d ); }
13      bool retirer( TYPEPILE &d ) { return retirerDeTete( d ); }
14      bool pileEstVide() const { return estVide(); }
15      void afficherPile() const { afficher(); }
16   };
17
18   #endif
```

Figure 15.9   Un programme simple de gestion de pile-`pile.h`.

```
19   // Figure 15.9: fig15_09.cpp
20   // Pilote de test du modèle de classe Pile.
21   #include <iostream>
22   #include "pile.h"
23
24   using std::cout;
25   using std::endl;
26
27   int main()
28   {
29      Pile< int > intPile;
30      int retirerEntier;
31      cout << "Gestion d'une pile d'entiers." << endl;
32
33      for ( int i = 0; i < 4; i++ ) {
34         intPile.pousser( i );
35         intPile.afficherPile();
36      }
37
38      while ( !intPile.pileEstVide() ) {
39         intPile.retirer( retirerEntier );
40         cout << retirerEntier << " retiré de la pile" << endl;
41         intPile.afficherPile();
42      }
43
44      Pile< double > doublePile;
45      double val = 1.1, retirerdouble;
46      cout << "Gestion d'une pile de double." << endl;
```

Figure 15.9   Un programme simple de gestion de pile-`fig15_09.cpp`. (1 de 2)

```
47
48     for ( i = 0; i < 4; i++ ) {
49        doublePile.pousser( val );
50        doublePile.afficherPile();
51        val += 1.1;
52     }
53
54     while ( !doublePile.pileEstVide() ) {
55        doublePile.retirer( retirerdouble );
56        cout << retirerdouble << " retiré de la pile" << endl;
57        doublePile.afficherPile();
58     }
59     return 0;
60  }
```

Figure 15.9   Un programme simple de gestion de pile-**fig15_09.cpp**. (2 de 2)

```
Gestion d'une pile d'entiers.
La liste contient:  0

La liste contient:  1 0

La liste contient:  2 1 0

La liste contient:  3 2 1 0

3 retiré de la pile
La liste contient:  2 1 0

2 retiré de la pile
La liste contient:  1 0

1 retiré de la pile
La liste contient:  0

0 retiré de la pile
La liste est vide.

Gestion d'une pile de double.
La liste contient:  1.1

La liste contient:  2.2 1.1

La liste contient:  3.3 2.2 1.1

La liste contient:  4.4 3.3 2.2 1.1

4.4 retiré de la pile
La liste contient:  3.3 2.2 1.1
```

Figure 15.10   Exemple de résultat produit par le programme de la figure 15.9. (1 de 2)

```
3.3 retiré de la pile
La liste contient:  2.2 1.1

2.2 retiré de la pile
La liste contient:  1.1

1.1 retiré de la pile
La liste est vide.

Tous les noeuds sont détruits.

Tous les noeuds sont détruits.
```

Figure 15.10   Exemple de résultat produit par le programme de la figure 15.9. (2 de 2)

Le modèle de classe de pile est utilisé dans **main** pour instancier une pile d'entiers **intPile** de type **Pile< int >**. Les entiers 0 à 3 sont déposés dans **intPile** et retirés ensuite de **intPile**. Le modèle de classe de pile est utilisé ensuite pour instancier une pile de valeurs en virgule flottante **doublePile** de type **Pile< double >**. Les valeurs 1.1, 2.2, 3.3 et 4.4 sont déposées sur la **doublePile** pour être ensuite retirées de **doublePile**.

Une autre manière d'implanter un modèle de classe **Pile** serait de réutiliser le modèle de la classe **Liste** par composition. Le programme de la figure 15.11 utilise les fichiers **liste.h** et **listnd.h** du programme de liste. Il utilise également le même pilote de test que le programme de pile précédent, à l'exception du fait que le nouveau fichier d'en-tête **pile_c.h** est inclus à la place de **pile.h**. Les résultats produits sont identiques. La définition du modèle de classe de **piles** inclut maintenant un objet membre **s** de type **Liste< TYPEPILE >**.

```
1    // Figure 15.11: pile_c.h
2    // Définition de la classe Pile composée sur base de l'objet Liste.
3    #ifndef PILE_C
4    #define PILE_C
5    #include "liste.h"
6
7    template< class TYPEPILE >
8    class Pile {
9    public:
10       // Pas de constructeur; le constructeur de Liste initialise le tout.
11       void pousser( const TYPEPILE &d ) { s.insererEnTete( d ); }
12       bool retirer( TYPEPILE &d ) { return s.retirerDeTete( d ); }
13       bool pileEstVide() const { return s.estVide(); }
14       void afficherPile() const { s.afficher(); }
15    private:
16       Liste< TYPEPILE > s;
17    };
18
19    #endif
```

Figure 15.11   Un programme de pile simple utilisant la composition.

15.6 Queues

Une *queue* est semblable à la file d'attente à une caisse d'un supermarché. La première personne en ligne est servie en premier et les autres clients qui entrent à la fin de la queue attendent d'être servis à leur tour. Les nœuds sont retirés uniquement du *début* de la *queue* et insérés à la *fin*. C'est pourquoi l'on désigne souvent la queue comme étant une structure de données «*premier entré, premier sorti*» (*first-in, first-out* ou *FIFO*). Les opérations d'insertion et de suppression sont respectivement désignées par les termes anglais **enqueue** et **dequeue**. Retenez: mise «en-queue» et retrait «de-queue».

Les queues ont d'innombrables applications dans les systèmes informatiques. La plupart des ordinateurs n'ont qu'un seul processeur, de sorte qu'un seul utilisateur (en l'occurrence, une instruction) de ce processeur peut être servi à la fois. Les entrées des autres utilisateurs doivent être placées dans une queue. Chacune des entrées avance progressivement vers le début de la queue, à mesure que les utilisateurs sont servis. L'entrée qui se présente à l'avant de la queue est celle qui est sur le point d'obtenir le service.

Les queues interviennent également dans le tampon d'impression. Un environnement de travail multi-utilisateur peut ne disposer que d'une seule imprimante, mais de nombreux utilisateurs peuvent y envoyer des travaux d'impression. Si l'imprimante est occupée, les autres sorties peuvent toujours être générées. Elles sont mises en tampon d'impression sur disque (tout comme un fil est enroulé sur une bobine) où elles attendent sagement dans une queue jusqu'à ce que l'imprimante se libère.

Dans les réseaux d'ordinateurs, les paquets de données attendent aussi dans des queues. Chaque fois qu'un paquet arrive dans un nœud de réseau, il doit être routé vers le nœud suivant le long du chemin du réseau, jusqu'à sa destination finale. Le routeur convoie un paquet à la fois, de sorte que les paquets supplémentaires sont mis en queue jusqu'à ce que le routeur soit de nouveau libre.

Un serveur de fichiers dans un réseau informatique gère les requêtes d'accès fichiers de nombreux clients. La capacité des serveurs de répondre à ces requêtes est limitée. Lorsqu'elle est dépassée, les requêtes des clients sont maintenues dans des queues.

Erreur de programmation courante 15.8

Le fait de ne pas mettre le lien du dernier nœud à nul (zéro) est une erreur.

Le programme de la figure 15.12 (dont les résultats sont proposés par la figure 15.13) crée un modèle de classe **Queue** principalement par héritage privé du modèle de classe **Liste** de la figure 15.3. Nous voulons que le modèle de classe possède les fonctions membres **enqueue**, **dequeue**, **laQueueEstVide** et **afficherQueue**. Or nous constatons que ce sont quasiment les fonctions **insererEnQueue**, **retirerDeTete**, **estVide** et **afficher** du modèle de classe **Liste**. Bien entendu, le modèle de classe **Liste** contient d'autres fonctions membres (comme **insererEnTete** et **retirerDeQueue**) que nous ne souhaitons pas rendre accessibles par l'intermédiaire de l'interface publique de la classe **Queue**. Ainsi, lorsque nous indiquerons que le modèle de classe **Queue** hérite du modèle de classe **Liste**, nous spécifierons que c'est par héritage privé. Ceci rend toutes les fonctions membres du modèle de classe **Liste** privées dans le modèle de classe **Queue**. Lorsque nous implanterons les fonctions membres de **Queue**, nous n'aurons qu'à faire en sorte qu'elles appellent les fonctions membres de la classe **Liste**: **enqueue** appelle **insererEnQueue**, **dequeue** appelle **retirerDeTete**, **laQueueEstVide** appelle **estVide** et **afficherQueue** appelle **afficher**.

```
1   // Figure 15.12: queue.h
2   // Définition du modèle de classe Queue,
3   // dérivé de la classe Liste.
4   #ifndef QUEUE_H
5   #define QUEUE_H
6
```

Figure 15.12   Gestion d'une queue-**queue.h**. (1 de 2)

```
 7   #include "liste.h"
 8
 9   template< class QUEUETYPE >
10   class Queue: private Liste< QUEUETYPE > {
11   public:
12      void enqueue( const QUEUETYPE &d ) { insererEnQueue( d ); }
13      bool dequeue( QUEUETYPE &d )
14         { return retirerDeTete( d ); }
15      bool laQueueEstVide() const { return estVide(); }
16      void afficherQueue() const { afficher(); }
17   };
18
19   #endif
```

Figure 15.12   Gestion d'une queue-**queue.h**. (2 de 2)

```
20   // Figure 15.12: fig15_12.cpp
21   // Pilote de test du modèle de classe Queue.
22   #include <iostream>
23   #include "queue.h"
24
25   using std::cout;
26   using std::endl;
27   int main()
28   {
29      Queue< int > queueEntier;
30      int dequeueInteger;
31      cout << "Gestion d'une queue d'entiers." << endl;
32
33      for ( int i = 0; i < 4; i++ ) {
34         queueEntier.enqueue( i );
35         queueEntier.afficherQueue();
36      }
37
38      while ( !queueEntier.laQueueEstVide() ) {
39         queueEntier.dequeue( dequeueInteger );
40         cout << dequeueInteger << " retiré de la queue." << endl;
41         queueEntier.afficherQueue();
42      }
43
44      Queue< double > queueDouble;
45      double val = 1.1, dequeueDouble;
46
47      cout << "Gestion d'une queue de doubles." << endl;
48
49      for ( i = 0; i < 4; i++ ) {
50         queueDouble.enqueue( val );
51         queueDouble.afficherQueue();
52         val += 1.1;
53      }
54
```

Figure 15.12   Gestion d'une queue-**fig15_12.cpp**. (1 de 2)

```
55      while ( !queueDouble.laQueueEstVide() ) {
56          queueDouble.dequeue( dequeueDouble );
57          cout << dequeueDouble << " retiré de la queue." << endl;
58          queueDouble.afficherQueue();
59      }
60
61      return 0;
62  }
```

Figure 15.12 Gestion d'une queue-**fig15_12.cpp**. (2 de 2)

```
Gestion d'une queue d'entiers.
La liste contient:  0

La liste contient:  0 1

La liste contient:  0 1 2

La liste contient:  0 1 2 3

0 retiré de la queue.
La liste contient:  1 2 3

1 retiré de la queue.
La liste contient:  2 3

2 retiré de la queue.
La liste contient:  3

3 retiré de la queue.
La liste est vide.

Gestion d'une queue de doubles.
La liste contient:  1.1

La liste contient:  1.1 2.2

La liste contient:  1.1 2.2 3.3

La liste contient:  1.1 2.2 3.3 4.4

1.1 retiré de la queue.
La liste contient:  2.2 3.3 4.4

2.2 retiré de la queue.
La liste contient:  3.3 4.4

3.3 retiré de la queue.
La liste contient:  4.4
```

Figure 15.13 Exemple de résultat produit par le programme de la figure 15.12. (1 de 2)

```
4.4 retiré de la queue.
La liste est vide.

Tous les noeuds sont détruits.

Tous les noeuds sont détruits.
```

Figure 15.13   Exemple de résultat produit par le programme de la figure 15.12. (2 de 2)

Le modèle de classe **Queue** est utilisé dans **main** pour instancier la queue d'entiers **queueEntier** de type **Queue< int >**. Les entiers de 0 à 3 sont mis en queue dans **queueEntier**, puis sont retirés de la queue **queueEntier** dans l'ordre premier entré, premier sorti. Le modèle de classe **Queue** est employé ensuite pour instancier une queue de valeurs doubles **queueDouble** de type **Queue< double >**. Les valeurs 1.1, 2.2, 3.3 et 4.4 sont placées dans la queue **queueDouble** pour être retirées ultérieurement de la queue dans l'ordre de la première entrée, première sortie.

15.7 Arbres

Les listes chaînées, les piles et les queues sont des *structures de données linéaires.* Un arbre est une structure bidimensionnelle non linéaire disposant de propriétés particulières. Les nœuds des arbres contiennent deux liens ou plus. Cette section étudie les *arbres binaires* (figure 15.14), c'est-à-dire les arbres dans lesquels les nœuds contiennent tous deux liens (dont aucun, l'un ou les deux peuvent être nuls). Le *nœud racine* est le premier nœud d'un arbre. Chacun des liens dans le nœud racine fait référence à un *enfant.* L'*enfant gauche* est le nœud racine du *sous-arbre gauche* et l'*enfant droit* est celui du *sous-arbre droit.* Les enfants d'un nœud sont appelés *frères.* Un nœud sans enfant est appelé *nœud feuille.* Les informaticiens dessinent habituellement les arbres de haut en bas, depuis le nœud racine vers les feuilles, exactement à l'inverse des arbres de la nature.

Cette section crée un arbre binaire très spécial, appelé *arbre binaire de recherche.* Cet arbre, démuni de possibilités de dédoublement des valeurs des nœuds, est caractérisé par des valeurs du sous-arbre gauche inférieures à celle du nœud parent et des valeurs du sous-arbre droit qui lui sont supérieures. La figure 15.15 illustre un exemple d'arbre binaire de recherche à 12 valeurs. Notez que la forme de l'arbre binaire de recherche qui correspond à un ensemble de données peut varier, selon l'ordre dans lequel les valeurs sont insérées dans l'arbre.

Erreur de programmation courante 15.9

Oublier de mettre à nul (zéro) les liens d'un nœud feuille d'un arbre est une erreur.

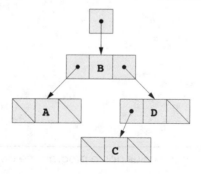

Figure 15.14   Une représentation graphique d'un arbre binaire.

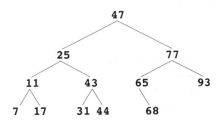

Figure 15.15 Un arbre binaire de recherche.

Le programme de la figure 15.16 (dont les résultats sont présentés à la figure 15.17) crée un arbre binaire de recherche et le traverse (c'est-à-dire en parcourt tous les nœuds) de trois manières: en utilisant les *traversées en ordre, en préordre* et *en postordre* récursives.

```
1   // Figure 15.16: ArbrNeud.h
2   // Définition de la classe NoeudArbre.
3   #ifndef ARBRENOEUD_H
4   #define ARBRENOEUD_H
5
6   template< class TYPENOEUD > class Arbre; // Déclaration précoce.
7
8   template< class TYPENOEUD >
9   class NoeudArbre {
10      friend class Arbre< TYPENOEUD >;
11  public:
12      NoeudArbre( const TYPENOEUD &d )
13        : ptrGauche( 0 ), donnee( d ), ptrDroit( 0 ) { }
14      TYPENOEUD obtenirDonnee() const { return donnee; }
15  private:
16      NoeudArbre< TYPENOEUD > *ptrGauche;    // Pointeur sous-arbre gauche.
17      TYPENOEUD donnee;
18      NoeudArbre< TYPENOEUD > *ptrDroit;     // Pointeur sous-arbre droit.
19  };
20
21  #endif
```

Figure 15.16 Création et traversée d'un arbre binaire-**ArbrNeud.h**.

```
22  // Figure 15.16: arbre.h
23  // Définition du modèle de classe Arbre.
24  #ifndef ARBRE_H
25  #define ARBRE_H
26
27  #include <iostream>
28  #include <cassert>
29  #include "ArbrNeud.h"
30
31  using std::cout;
32  using std::endl;
```

Figure 15.16 Création et traversée d'un arbre binaire-**arbre.h**. (1 de 3)

```
33   template< class TYPENOEUD >
34   class Arbre {
35   public:
36      Arbre();
37      void insereNoeud( const TYPENOEUD & );
38      void traverseePreOrdre() const;
39      void traverseeEnOrdre() const;
40      void traverseePostOrdre() const;
41   private:
42      NoeudArbre< TYPENOEUD > *ptrRacine;
43
44      // Fonctions utilitaires.
45      void insereNoeudAidant(
46              NoeudArbre< TYPENOEUD > **, const TYPENOEUD & );
47      void AidantPreOrdre( NoeudArbre< TYPENOEUD > * ) const;
48      void AidantEnOrdre( NoeudArbre< TYPENOEUD > * ) const;
49      void AidantPostOrdre( NoeudArbre< TYPENOEUD > * ) const;
50   };
51
52   template< class TYPENOEUD >
53   Arbre< TYPENOEUD >::Arbre() { ptrRacine = 0; }
54
55   template< class TYPENOEUD >
56   void Arbre< TYPENOEUD >::insereNoeud( const TYPENOEUD &valeur )
57      { insereNoeudAidant( &ptrRacine, valeur ); }
58
59   // Cette fonction reçoit un pointeur vers un pointeur,
60   // de sorte que le pointeur peut être modifié.
61   template< class TYPENOEUD >
62   void Arbre< TYPENOEUD >::insereNoeudAidant(
63           NoeudArbre< TYPENOEUD > **ptr, const TYPENOEUD &valeur )
64   {
65      if ( *ptr == 0 ) {                        // L'arbre est vide.
66         *ptr = new NoeudArbre< TYPENOEUD >( valeur );
67         assert( *ptr != 0 );
68      }
69      else                                      // L'arbre n'est pas vide.
70         if ( valeur < ( *ptr )->donnee )
71            insereNoeudAidant( &( ( *ptr )->ptrGauche ), valeur );
72         else
73            if ( valeur > ( *ptr )->donnee )
74               insereNoeudAidant( &( ( *ptr )->ptrDroit ), valeur );
75            else
76               cout << valeur << " dup" << endl;
77   }
78
79   template< class TYPENOEUD >
80   void Arbre< TYPENOEUD >::traverseePreOrdre() const
81      { AidantPreOrdre( ptrRacine ); }
82
83   template< class TYPENOEUD >
84   void Arbre< TYPENOEUD >::AidantPreOrdre(
85                              NoeudArbre< TYPENOEUD > *ptr ) const
```

Figure 15.16   Création et traversée d'un arbre binaire-**arbre.h**. (2 de 3)

```
 86  {
 87      if ( ptr != 0 ) {
 88         cout << ptr->donnee << ' ';
 89         AidantPreOrdre( ptr->ptrGauche );
 90         AidantPreOrdre( ptr->ptrDroit );
 91      }
 92  }
 93
 94  template< class TYPENOEUD >
 95  void Arbre< TYPENOEUD >::traverseeEnOrdre() const
 96      { AidantEnOrdre( ptrRacine ); }
 97
 98  template< class TYPENOEUD >
 99  void Arbre< TYPENOEUD >::AidantEnOrdre(
100                     NoeudArbre< TYPENOEUD > *ptr ) const
101  {
102      if ( ptr != 0 ) {
103         AidantEnOrdre( ptr->ptrGauche );
104         cout << ptr->donnee << ' ';
105         AidantEnOrdre( ptr->ptrDroit );
106      }
107  }
108
109  template< class TYPENOEUD >
110  void Arbre< TYPENOEUD >::traverseePostOrdre() const
111      { AidantPostOrdre( ptrRacine ); }
112
113  template< class TYPENOEUD >
114  void Arbre< TYPENOEUD >::AidantPostOrdre(
115                     NoeudArbre< TYPENOEUD > *ptr ) const
116  {
117      if ( ptr != 0 ) {
118         AidantPostOrdre( ptr->ptrGauche );
119         AidantPostOrdre( ptr->ptrDroit );
120         cout << ptr->donnee << ' ';
121      }
122  }
123
124  #endif
```

Figure 15.16   Création et traversée d'un arbre binaire-**arbre.h**. (3 de 3)

```
125  // Figure 15.16: fig15_16.cpp
126  // Pilote de test de la classe Arbre.
127  #include <iostream>
128  #include <iomanip>
129  #include "arbre.h"
130
131  using std::cout;
132  using std::cin;
133  using std::setiosflags;
134  using std::ios;
```

Figure 15.16   Création et traversée d'un arbre binaire-**fig15_16.cpp**. (1 de 2)

```
135  using std::setprecision;
136
137  int main()
138  {
139      Arbre< int > arbreEntier;
140      int intVal;
141
142      cout << "Entrez 10 valeurs entières:  \n";
143      for( int i = 0; i < 10; i++ ) {
144          cin >> intVal;
145          arbreEntier.insereNoeud( intVal );
146      }
147
148      cout << "\nTraversée en préordre.\n";
149      arbreEntier.traverseePreOrdre();
150
151      cout << "\nTraversée en ordre.\n";
152      arbreEntier.traverseeEnOrdre();
153
154      cout << "\nTraversée en postordre.\n";
155      arbreEntier.traverseePostOrdre();
156
157      Arbre< double > arbreDouble;
158      double doubleVal;
159
160      cout << "\n\n\nEntrez 10 valeurs double:  \n"
161          << setiosflags( ios::fixed | ios::showpoint )
162          << setprecision( 1 );
163      for ( i = 0; i < 10; i++ ) {
164          cin >> doubleVal;
165          arbreDouble.insereNoeud( doubleVal );
166      }
167
168      cout << "\nTraversée en préordre.\n";
169      arbreDouble.traverseePreOrdre();
170
171      cout << "\nTraversée en ordre.\n";
172      arbreDouble.traverseeEnOrdre();
173
174      cout << "\nTraversée en postordre.\n";
175      arbreDouble.traverseePostOrdre();
176
177      return 0;
178  }
```

Figure 15.16   Création et traversée d'un arbre binaire–**fig15_16.cpp**. (2 de 2)

La fonction **main** commence par l'instanciation d'un arbre d'entiers **arbreEntier** de type **Arbre<int>**. Le programme invite à introduire 10 entiers, chacun étant inséré dans l'arbre binaire par un appel à **insereNoeud**. Le programme effectue ensuite les traversées en ordre, en préordre et en postordre (nous allons les expliquer bientôt) de **arbreEntier**, puis il instancie l'arbre de valeurs en virgule flottante **arbreDouble** de type **Arbre<double>**. Il invite l'utilisateur à entrer 10 valeurs doubles, chacune étant insérée dans l'arbre binaire par un nouvel appel à **insereNoeud**. Pour terminer, il effectue les traversées en ordre, en préordre et en postordre de **arbreDouble**.

```
Entrez 10 valeurs entières:
50 25 75 12 33 67 88 6 13 68

Traversée en préordre.
50 25 12 6 13 33 75 67 68 88
Traversée en ordre.
6 12 13 25 33 50 67 68 75 88
Traversée en postordre.
6 13 12 33 25 68 67 88 75 50


Entrez 10 valeurs double:
39.2 16.5 82.7 3.3 65.2 90.8 1.1 4.4 89.5 92.5

Traversée en préordre.
39.2 16.5 3.3 1.1 4.4 82.7 65.2 90.8 89.5 92.5
Traversée en ordre.
1.1 3.3 4.4 16.5 39.2 65.2 82.7 89.5 90.8 92.5
Traversée en postordre.
1.1 4.4 3.3 16.5 65.2 89.5 92.5 90.8 82.7 39.2
```

Figure 15.17 Exemple de résultat produit par le programme de la figure 15.16.

Étudions à présent les définitions des modèles de classes. Le modèle de classe **NoeudArbre**, pour commencer, déclare comme ami le modèle de classe **Arbre**. La classe **NoeudArbre** a comme données privées la valeur **donnee** du nœud, ainsi que les pointeurs **ptrGauche** (vers le sous-arbre gauche du nœud) et **ptrDroit** (vers le sous-arbre droit du nœud). Le constructeur donne à **donnee** la valeur fournie en argument du constructeur et définit les pointeurs **ptrGauche** et **ptrDroit** à zéro (ce qui initialise le nœud comme un nœud feuille). La fonction membre **obtenirDonnee** retourne la valeur de la donnee.

La classe **Arbre** a comme donnée privée **ptrRacine**, un pointeur vers le nœud racine de l'arbre. La classe a les fonctions membres publiques **insereNoeud** (qui insère un nouveau nœud dans l'arbre), ainsi que **traverseePreOrdre**, **traverseeEnOrdre** et **traverseePostOrdre** qui, chacune, parcourent l'arbre de la façon désignée. Chaque fonction membre appelle sa propre fonction utilitaire récursive distincte pour effectuer les opérations sur la représentation interne de l'arbre. Le constructeur de **Arbre** initialise **ptrRacine** à zéro pour indiquer que l'arbre est vide au départ. La fonction utilitaire **insereNoeudAidant** de la classe **Arbre** insère un nœud de façon récursive dans l'arbre. *Un nœud ne peut être inséré dans un arbre binaire de recherche que comme une feuille.* Si l'arbre est vide, un nouveau nœud est créé, initialisé et inséré dans l'arbre.

Si l'arbre n'est pas vide, le programme compare la valeur à insérer avec la valeur de la **donnee** du nœud racine. Si la valeur à insérer est plus petite, le programme appelle récursivement **insereNoeudAidant** pour insérer la valeur dans le sous-arbre de gauche. Si la valeur est plus grande, le programme appelle de manière récursive **insereNoeudAidant** pour insérer la valeur dans le sous-arbre droit. Si la valeur est identique à celle du nœud racine, le programme affiche le message " **dup**" et rend la main sans insérer la valeur dans l'arbre.

Chacune des fonctions membres **traverseeEnOrdre**, **traverseePreOrdre** et **traverseePostOrdre** parcourt l'arbre (figure 15.18) et affiche les valeurs des nœuds.

La **traverseeEnOrdre** doit suivre ces étapes:

1. Parcourir le sous-arbre gauche par une **traverseeEnOrdre**.

2. Traiter la valeur dans le nœud (c'est-à-dire afficher la valeur du nœud).

3. Parcourir le sous-arbre droit par une **traverseeEnOrdre**.

La valeur d'un nœud n'est pas gérée tant que les valeurs de son sous-arbre gauche sont en cours de traitement. La **traverseeEnOrdre** de l'arbre de la figure 15.18 donne:

        6 13 17 27 33 42 48

Remarquez que la **traverseeEnOrdre** d'un arbre binaire de recherche affiche les valeurs des nœuds dans l'ordre croissant. Le processus de création d'un arbre binaire de recherche trie littéralement les données, ce qui explique pourquoi on l'appelle *tri par arbre binaire*.

La **traverseePreOrdre** suit ces étapes:

1. Traiter la valeur dans le nœud.

2. Parcourir le sous-arbre gauche par une **traverseePreOrdre**.

3. Parcourir le sous-arbre droit par une **traverseePreOrdre**.

La valeur dans chaque nœud est traitée pendant la visite du nœud. Une fois la valeur d'un nœud traitée, le processus passe au sous-arbre gauche pour y traiter les valeurs, puis traite les valeurs du sous-arbre droit. La **traverseePreOrdre** de l'arbre de la figure 15.18 donne:

        27 13 6 17 42 33 48

La **traverseePostOrdre** suit ces étapes:

1. Parcourir le sous-arbre gauche par une traverseePostOrdre.

2. Parcourir le sous-arbre droit par une traverseePostOrdre.

3. Traiter la valeur du nœud.

La valeur dans chaque nœud n'est pas affichée tant que les valeurs de ses enfants ne sont pas elles-mêmes affichées. La **traverseePostOrdre** de l'arbre de la figure 15.18 donne:

        6 17 13 33 48 42 27

L'arbre binaire de recherche facilite l'*élimination des doublons*. À la création de l'arbre, toute tentative d'insertion d'une valeur dupliquée est très rapidement détectée, car un doublon, lors des comparaisons, suit les mêmes décisions «prendre à gauche» ou «prendre à droite» que la valeur originale. Ainsi, le doublon finit toujours par être comparé à un nœud contenant la même valeur. Il suffit alors d'éluder la valeur en double.

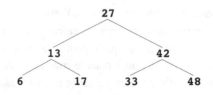

Figure 15.18   Un arbre binaire de recherche.

La recherche au sein d'un arbre binaire de recherche d'une valeur correspondant à la valeur d'une clé est également très rapide. Si l'arbre est bien compacté, chaque niveau contient presque systématiquement deux fois plus d'éléments que le niveau précédent. Ainsi, un arbre binaire de recherche de n éléments a, au plus, $\log_2 n$ niveaux et, donc, un maximum de $\log_2 n$ comparaisons sont nécessaires, soit pour trouver une correspondance, soit pour déterminer qu'aucune correspondance n'existe. Ceci signifie, par exemple, que la recherche de 1 000 éléments dans un arbre binaire de recherche compacté avec soin nécessite au plus 10 comparaisons car $2^{10} > 1\,000$. Dans le cas de la recherche d'un élément dans un arbre binaire de recherche (soigneusement compacté) de 1 000 000 d'éléments, il faudra tout au plus 20 comparaisons, car $2^{20} > 1\,000\,000$.

Les exercices présentent les algorithmes de plusieurs autres opérations sur des arbres binaires, telles que la suppression d'un élément d'un arbre binaire, l'affichage d'un arbre binaire sous la forme d'un arbre bidimensionnel, ainsi que la traversée par ordre de niveau d'un arbre binaire. La traversée par ordre de niveau visite les nœuds de l'arbre rangée par rangée à partir du niveau du nœud racine; à chaque niveau de l'arbre, les nœuds sont visités de gauche à droite. Les autres exercices sur les arbres binaires mettent en relief la permission donnée à un arbre de contenir des doublons, l'insertion de chaînes de caractères dans un arbre binaire et la détermination du nombre de niveaux contenus dans un tel arbre.

RÉSUMÉ

- Les classes autoréférentielles contiennent des membres appelés liens, qui pointent vers des objets de même type de classes.
- Les classes autoréférentielles permettent de relier les uns aux autres de nombreux objets de classe dans des piles, des queues, des listes et des arbres.
- L'allocation dynamique de mémoire réserve un bloc d'octets en mémoire, destiné à contenir un objet pendant l'exécution d'un programme.
- La liste chaînée est une collection linéaire d'objets de classe autoréférentielle.
- La liste chaînée est une structure de données dynamique: la longueur de la liste peut croître ou décroître selon les besoins.
- Les listes chaînées peuvent grossir tant que de la mémoire est disponible.
- Les listes chaînées proposent un mécanisme d'insertion et de suppression de données par simple manipulation de pointeurs.
- Une liste simplement chaînée commence par un pointeur vers le premier nœud et chaque nœud contient, en séquence, un pointeur vers le nœud suivant. La liste se termine par le nœud dont le pointeur membre contient 0. La liste simplement chaînée ne peut être parcourue que dans une seule direction.
- Une liste circulaire simplement chaînée commence par un pointeur vers le premier nœud et chaque nœud possède un pointeur vers le nœud suivant. Le pointeur du dernier nœud pointe en retour vers le premier nœud, ce qui ferme le «cercle».
- Une liste doublement chaînée permet les parcours tant à l'aller qu'au retour. Chaque nœud, pour ce faire, possède un pointeur aller vers le nœud suivant de la liste, dans le sens de l'aller, et un pointeur retour vers le pointeur suivant de la liste, dans le sens du retour.
- Dans une liste circulaire doublement chaînée, le pointeur aller du dernier nœud pointe vers le premier nœud et le pointeur retour du premier nœud pointe vers le dernier nœud, ce qui ferme le «cercle».
- Les piles et les queues sont des versions des listes chaînées.
- Les nouveaux nœuds d'une pile ne sont ajoutés et retirés de la pile qu'au sommet de la pile. Pour cette raison, lorsqu'on évoque les piles, on parle de structure de données «premier entré, dernier sorti» (LIFO).
- Le membre de liaison du dernier nœud d'une pile est obligatoirement nul (zéro), pour indiquer que c'est le pied de la pile.

- Les deux principales opérations intervenant dans la manipulation d'une pile sont **pousser** et **retirer**. L'opération **pousser** (*push*) crée un nouveau nœud et le place au sommet de la pile. L'opération **retirer** (*pop*) retire le nœud du sommet de la pile, supprime la mémoire allouée pour ce nœud et restitue la valeur du nœud retiré.

- Dans la structure de données de type queue, les nœuds sont retirés de la tête et ajoutés à la fin. C'est pourquoi on dit que la queue est une structure de données du type «premier entré, premier sorti» (FIFO). Les opérations d'ajout et de retrait sont désignées par **enqueue** et **dequeue**.

- Les arbres sont des structures de données bidimensionnelles requérant deux liens ou plus par nœud.

- Les arbres binaires contiennent deux liens par nœud.

- Le nœud racine est le premier nœud d'un arbre.

- Chacun des pointeurs du nœud racine fait référence à un enfant. L'enfant gauche est le premier nœud du sous-arbre gauche et l'enfant droit est le premier nœud du sous-arbre droit. Les enfants d'un nœud sont appelés frères. Tout nœud qui ne possède aucun enfant est appelé (nœud) feuille.

- L'arbre binaire de recherche a comme caractéristiques que la valeur dans l'enfant gauche d'un nœud est plus petite que la valeur de ce nœud, tandis que la valeur dans l'enfant droit d'un nœud est plus grande ou égale à celle de ce nœud. Si aucune valeur n'existe en double dans l'arbre, la valeur de l'enfant droit d'un nœud est simplement plus grande que celle du nœud.

- La traversée en ordre d'un arbre binaire parcourt le sous-arbre gauche en ordre, traite la valeur du nœud racine, puis traverse le sous-arbre droit en ordre. La valeur dans un nœud n'est traitée que lorsque les valeurs dans le sous-arbre gauche ont été traitées.

- La traversée en préordre traite la valeur du nœud racine, traverse le sous-arbre gauche en préordre, puis parcourt le sous-arbre droit en préordre. La valeur de chaque nœud est traitée dès que le nœud est rencontré.

- La traversée en postordre parcourt le sous-arbre gauche en postordre, parcourt le sous-arbre droit en postordre, puis traite la valeur du nœud racine. La valeur de chaque nœud n'est traitée que lorsque les valeurs des deux sous-arbres ont été traitées.

TERMINOLOGIE

allocation dynamique de mémoire
arbre
arbre binaire
arbre binaire de recherche
dequeue
double indirection
élimination de doubles
enfant droit
enfant gauche
enfants
enqueue
FIFO (premier entré, premier sorti)
fonction de prédicat
frères
insertion d'un nœud
LIFO (dernier entré, premier sorti)
liste chaînée
liste doublement chaînée
liste doublement chaînée circulaire
liste simplement chaînée
liste simplement chaînée circulaire
nœud
nœud enfant
nœud feuille
nœud parent
nœud racine

pile
pointeur nul
pointeur vers un pointeur
pousser (*push*)
queue
queue d'une queue
retirer (*pop*)
sizeof
sommet
sous-arbre
sous-arbre droit
sous-arbre gauche
structure autoréférentielle
structure de données linéaire
structure de données non linéaire
structures de données dynamiques
suppression d'un noeud
tête d'une file d'attente
traversée
traversée en ordre d'un arbre binaire
traversée en postordre d'un arbre binaire
traversée en préordre d'un arbre binaire
traversée par ordre de niveau d'un arbre binaire
tri par arbre binaire
visiter un nœud

ERREURS DE PROGRAMMATION COURANTES

15.1   Oublier de régler à nul (0) le lien du dernier nœud d'une liste est une erreur.

15.2   Présumer que la taille d'un objet de classe est simplement égale à la somme des tailles de ses membres de données est une erreur.

15.3   Négliger de libérer de la mémoire allouée de manière dynamique quand elle n'est plus nécessaire peut causer une saturation prématurée de la mémoire du système. On appelle ce phénomène la «fuite de mémoire».

15.4   Supprimer de la mémoire avec **delete** alors qu'elle n'a pas été allouée de manière dynamique par **new** est une erreur.

15.5   Utiliser une référence à de la mémoire qui a été supprimée est une erreur.

15.6   Tenter de supprimer de la mémoire qui a déjà été libérée peut avoir des effets imprévisibles au moment de l'exécution.

15.7   Oublier de mettre à zéro le nœud situé au pied d'une pile est une erreur.

15.8   Le fait de ne pas mettre le lien du dernier nœud à nul (zéro) est une erreur.

15.9   Oublier de mettre à nul (zéro) les liens d'un nœud feuille d'un arbre est une erreur.

BONNES PRATIQUES DE PROGRAMMATION

15.1   Lorsque la mémoire allouée dynamiquement par **new** n'est plus nécessaire, utilisez **delete** pour restituer immédiatement cette mémoire au système.

15.2   Assignez nul (zéro) au membre de liaison d'un nouveau nœud. Les pointeurs doivent être initialisés avant d'être utilisés.

ASTUCES SUR LA PERFORMANCE

15.1   Un tableau peut être déclaré comme contenant plus d'éléments que le nombre d'articles attendus mais ceci gâche inutilement de la mémoire. Les listes chaînées conduisent à une utilisation plus efficace de la mémoire dans de telles situations et permettent également aux programmes de s'adapter au moment de l'exécution.

15.2   L'insertion et la suppression dans un tableau trié peut prendre beaucoup de temps, car tous les éléments qui suivent l'élément inséré ou supprimé doivent être déplacés comme il faut.

15.3   Les éléments d'un tableau sont stockés en mémoire de façon contiguë, ce qui permet un accès immédiat à n'importe quel élément du tableau, puisque l'adresse de tout élément peut être calculée directement sur la base de sa position relative par rapport au début du tableau. Les listes chaînées, par contre, ne permettent pas un tel accès direct et immédiat à leurs éléments.

15.4   Utiliser l'allocation dynamique de mémoire au lieu de tableaux pour les structures de données qui croissent et décroissent à l'exécution épargne de la mémoire. Retenez cependant que les pointeurs occupent de la place et que l'allocation dynamique de mémoire encourt l'inconvénient d'une charge supplémentaire due à des appels de fonction.

ASTUCE SUR LA PORTABILITÉ

15.1   La taille d'un objet de classe n'égale pas nécessairement la somme des tailles de ses membres de données. Ceci est dû aux différentes contraintes d'alignement des limites imposées par les machines (voir chapitre 16) et à d'autres raisons. Utilisez l'opérateur **sizeof** pour déterminer la taille d'un objet.

EXERCICES DE RÉVISION

15.1   Complétez chacune des propositions suivantes:

    a)   Une classe _____ est utilisée pour former des structures de données dynamiques dont la taille peut croître ou décroître lors de l'exécution.

    b)   L'opérateur _____ permet d'allouer dynamiquement de la mémoire; cet opérateur retourne un pointeur vers la zone de mémoire allouée.

c) La _____ est une version plus contrainte de la liste chaînée où les nœuds ne peuvent être insérés et retirés qu'au début de la liste; cette structure de données retourne la valeur des nœuds dans l'ordre du dernier entré, premier sorti.

d) Une fonction qui n'altère pas une liste chaînée mais qui lit simplement la liste pour déterminer si elle est vide est désignée comme une fonction de _____.

e) Une queue est qualifiée de structure de données _____ parce que les premiers nœuds insérés sont les premiers nœuds retirés.

f) Le pointeur vers le nœud suivant dans une liste chaînée est un _____.

g) L'opérateur _____ est utilisé pour réclamer de la mémoire allouée dynamiquement.

h) La _____ est une version plus contrainte de la liste chaînée où les nœuds ne peuvent être ajoutés qu'à la fin de la liste et ne peuvent être supprimés qu'à la tête de la liste.

i) Un _____ est une structure de données bidimensionnelle non linéaire qui contient des nœuds avec deux ou plusieurs liens.

j) La pile est qualifiée de structure de données de type _____ parce que le dernier nœud entré est le premier retiré.

k) Les nœuds d'un arbre _____ contiennent deux membres de lien.

l) Le premier nœud d'un arbre est le nœud _____.

m) Chaque lien du nœud d'un arbre pointe vers un _____ ou un _____ de ce nœud.

n) Un nœud d'arbre qui n'a aucun enfant est dénommé nœud _____.

o) Les quatre algorithmes de traversée que nous avons mentionnés dans le cadre des arbres de recherche binaires sont: _____, _____, _____ et _____.

15.2   Quelles différences y a-t-il entre une liste chaînée et une pile?

15.3   Quelles différences y a-t-il entre une pile et une queue?

15.4   Ce chapitre aurait peut-être dû s'intituler «Les structures de données réutilisables». Expliquez la manière dont chacune des entités suivantes contribue à la réutilisation des structures de données:

a) les classes;
b) les classes de modèles;
c) l'héritage;
d) l'héritage privé;
e) la composition.

15.5   Montrez manuellement le cheminement des traversées en ordre, en préordre et en postordre de l'arbre binaire de recherche de la figure 15.19.

RÉPONSES AUX EXERCICES DE RÉVISION

15.1   a) autoréférentielle. b) **new**. c) pile. d) fonctions de prédicat. e) premier entré, premier sorti (FIFO). f) lien. g) **delete**. h) queue. i) arbre. j) dernier entré, premier sorti (LIFO). k) binaire. l) racine. m) enfant ou sous-arbre. n) feuille. o) en ordre, en préordre et en postordre.

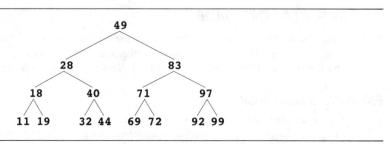

Figure 15.19   Un arbre binaire de recherche de 15 nœuds.

15.2   Il est possible d'insérer un nœud n'importe où dans une liste chaînée et de retirer un nœud n'importe où dans une liste chaînée. Les nœuds d'une pile ne peuvent être insérés ou retirés qu'au sommet de la pile.

15.3   Une queue a des pointeurs tant vers son début que vers sa fin, de sorte que des nœuds peuvent être insérés à la fin et retirés du début. La pile n'a qu'un seul pointeur vers son sommet où, tant les insertions que les retraits, peuvent être effectués.

15.4   a) Les classes permettent d'instancier autant d'objets de structures de données d'un certain type que nécessaire.

b) Les modèles de classe permettent d'instancier des classes apparentées, toutes basées sur des paramètres de types différents; on peut donc générer autant d'objets de chaque classe de modèles que nécessaire.

c) L'héritage permet de réutiliser du code d'une classe de base dans une classe dérivée, de sorte que la structure de données de la classe dérivée est également une structure de données de classe de base (c'est-à-dire grâce à l'héritage public).

d) L'héritage privé permet de réutiliser des parties du code d'une classe de base pour former une structure de données de classe dérivée et, du fait que l'héritage est privé, toutes les fonctions membres publiques de la classe de base deviennent privées. Ceci permet d'interdire aux clients de la structure de données de classe dérivée d'accéder aux fonctions membres de la classe de base qui ne s'appliquent pas à la classe dérivée.

e) La composition réutilise du code aussi mais en faisant de la structure de données de la classe de base un membre privé de la classe composée. Si un objet d'une classe est placé de telle sorte qu'il devient un membre privé d'une classe composée, alors les fonctions membres publiques de l'objet de cette classe ne sont pas accessibles par l'interface de l'objet composé.

15.5   La traversée en ordre donne:

```
11 18 19 28 32 40 44 49 69 71 72 83 92 97 99
```

La traversée en préordre donne:

```
49 28 18 11 19 40 32 44 83 71 69 72 97 92 99
```

La traversée en postordre donne:

```
11 19 18 32 44 40 28 69 72 71 92 99 97 83 49
```

EXERCICES

15.6   Écrivez un programme qui concatène deux objets de liste chaînée de caractères. Le programme doit proposer la fonction **concatener** qui prend en argument des références aux deux objets de liste et concatène la seconde liste à la première.

15.7   Écrivez un programme qui fusionne deux objets de liste ordonnée d'entiers en un seul objet de liste ordonnée d'entiers. La fonction **fusion** doit recevoir les références à chacun des objets de liste à fusionner et doit retourner une référence à l'objet de liste fusionné.

15.8   Écrivez un programme qui insère 25 entiers aléatoires de 0 à 100, ordonnés dans un objet de liste chaînée. Le programme doit calculer la somme des éléments et la moyenne, en virgule flottante, de ces éléments.

15.9   Écrivez un programme qui crée un objet de liste chaînée de 10 caractères, puis crée un deuxième objet de liste contenant une copie de la première liste, dans l'ordre inverse cette fois.

15.10   Écrivez un programme qui saisit une ligne de texte et utilise un objet de pile pour afficher les caractères de la ligne en ordre inverse.

15.11   Écrivez un programme qui utilise un objet de pile pour déterminer si une chaîne de caractères est un palindrome (c'est-à-dire une chaîne qui s'épelle de la même manière dans un sens comme dans l'autre). Le programme doit ignorer espaces et ponctuation.

15.12 Les piles sont utilisées par les compilateurs pour aider au processus d'évaluation des expressions et de génération du code en langage machine. Dans cet exercice et le suivant, nous allons explorer la manière dont les compilateurs évaluent les expressions constituées seulement de constantes, d'opérateurs et de parenthèses.

Les êtres humains écrivent généralement des expressions telles que **3 + 4** et **7 / 9** dans lesquelles l'opérateur (**+** ou **/** ici) est écrit entre ses opérandes selon une notation appelée *notation infixe*. Les ordinateurs «préfèrent» la *notation postfixe* , selon laquelle l'opérateur est écrit à la droite de ses deux opérandes. En notation postfixée, les expressions en notation infixée précédentes apparaîtraient sous la forme **3 4 +** et **7 9 /**, respectivement.

Pour évaluer une expression infixe complexe, un compilateur doit d'abord convertir l'expression en notation postfixe, puis évaluer la version en postfixe de l'expression. Chacun de ces algorithmes n'exige qu'une seule passe d'inspection, de gauche à droite. Chaque algorithme utilise un objet pile en support de ses opérations et, dans chacun des algorithmes, la pile est utilisée à des fins diverses.

Dans cet exercice, vous devez écrire une version en C++ de l'*algorithme de conversion d'infixe en postfixe*. Dans l'exercice suivant, vous devrez écrire une version en C++ de l'algorithme d'évaluation d'expressions postfixes. Plus loin dans ce chapitre, vous découvrirez que le code issu de cet exercice vous aidera dans l'implantation d'un compilateur complètement fonctionnel.

Écrivez un programme qui convertit une expression arithmétique infixe ordinaire (supposez qu'une expression valable est entrée) avec des entiers à un seul chiffre telles que la suivante, en une expression postfixe:

```
(6 + 2) * 5 - 8 / 4
```

La version postfixe de l'expression infixe précédente est la suivante:

```
6 2 + 5 * 8 4 / -
```

Le programme doit saisir l'expression dans le tableau de caractères **infix** et utiliser les versions modifiées des fonctions de pile mises en place dans ce chapitre, pour permettre la création de l'expression postfixe dans le tableau de caractères **postfix**. L'algorithme de création d'une expression postfixe est le suivant:

1) Pousser une parenthèse gauche **'('** sur la pile.
2) Ajouter une parenthèse droite **')'** à la fin de **infix**.
3) Tant que la pile n'est pas vide, lire **infix** de gauche à droite et effectuer ce qui suit:

Si le caractère en cours dans **infix** est un chiffre,
  alors le copier dans l'élément suivant de **postfix**.

Si le caractère en cours dans **infix** est une parenthèse gauche,
  alors la déposer sur la pile.

Si le caractère en cours dans **infix** est un opérateur,
  Retirer les opérateurs (s'il y en a) au sommet de la pile, tant qu'ils ont une préséance
    égale ou supérieure à l'opérateur en cours, et insérer les opérateurs retirés
    dans **postfix**.
  Pousser le caractère courant de **infix** dans la pile.

Si le caractère en cours dans **infix** est une parenthèse droite,
  alors:
  Retirer les opérateurs hors du sommet de la pile, et les insérer dans **postfix**,
    tant qu'une parenthèse gauche est au sommet de la pile.
  Retirer (et éliminer) la parenthèse gauche de la pile.

Les opérations arithmétiques suivantes sont autorisées dans une expression:

+ addition
– soustraction
* multiplication
/ division
^ exponentielle
% modulo

La pile doit être maintenue avec des nœuds de pile contenant chacun un membre de donnée et un pointeur au nœud suivant de la pile.

Vous pouvez imaginer de fournir certaines des capacités fonctionnelles suivantes:

a) La fonction **convertirEnPostix** qui convertit l'expression infixe en notation postfixe.

b) La fonction **estUnOperateur** qui détermine si **c** est un opérateur.

c) La fonction **preseance** détermine si la préséance de l'**operateur1** est inférieure, égale ou supérieure à la préséance de l'**operateur2**. La fonction renvoie **-1**, **0** et **1**, respectivement.

d) La fonction **pousser** qui pousse une valeur sur la pile.

e) La fonction **retirer** qui retire une valeur hors de la pile.

f) La fonction **sommetPile** qui retourne la valeur présente au sommet de la pile, sans pour autant l'en retirer.

g) La fonction **estVide** qui détermine si la pile est vide.

h) La fonction **afficherPile** qui affiche le contenu de la pile.

15.13 Écrivez un programme qui évalue une expression postfixe (supposez qu'elle est valable) telle que:

    6 2 + 5 * 8 4 / -

Le programme doit lire, dans un tableau de caractères, une expression postfixe composée de chiffres et d'opérateurs. En faisant appel à des versions modifiées des fonctions de pile mises en œuvre plus avant dans ce chapitre, le programme doit balayer l'expression et l'évaluer. L'algorithme est:

1) Ajouter le caractère nul (**'\0'**) à l'extrémité de l'expression postfixe. Lorsque le caractère nul est rencontré, aucun traitement supplémentaire n'est nécessaire.

2) Tant que **'\0'** n'est pas rencontré, lire l'expression de gauche à droite.

    Si le caractère en cours est un chiffre,

        alors:

    Déposer sa valeur entière sur la pile (la valeur entière d'un caractère numérique est sa valeur dans le jeu de caractère de l'ordinateur moins la valeur de **'0'** dans le jeu de caractères de l'ordinateur).

    Sinon, si le caractère en cours est un *opérateur*,

        alors:

    Retirer les deux éléments du sommet de la pile dans deux variables **x** et **y**.

    Calculer **y** *opérateur* **x**.

    Pousser le résultat du calcul dans la pile.

3) Lorsque le caractère nul est rencontré dans l'expression, retirer la valeur présente au sommet de la pile. C'est le résultat de l'expression postfixée.

Remarque: au point 2 ci-dessus, si l'opérateur est **'/'**, le sommet de la pile est **2** et l'élément suivant de la pile est **8**, retirer **2** pour le déposer dans **x**, retirer **8** et le placer dans **y**, calculer **8 / 2** et en déposer de nouveau le résultat, **4**, sur la pile. Cette remarque s'applique également à l'opérateur **'-'**. Les opérations arithmétiques permises dans une expression sont:

    +   addition

    -   soustraction

    *   multiplication

    /   division

    ^   exponentielle

    %   modulo

La pile doit être maintenue avec des nœuds de pile contenant un membre de donnée **int** et un pointeur vers le nœud suivant dans la pile. Vous pourriez imaginer de fournir les capacités fonctionnelles suivantes:

a) La fonction **evaluerExpressionPostfix** qui évalue l'expression postfixe.

b) La fonction **calculer** qui évalue l'expression **op1 operateur op2**.

c) La fonction **pousser** qui dépose une valeur dans la pile.

d) La fonction **retirer** qui retire une valeur hors de la pile

e) La fonction **estVide** qui détermine si la pile est vide.

f) La fonction **afficherPile** qui affiche le contenu de la pile.

15.14 Modifiez le programme évaluateur postfixe de l'exercice 15.13, de sorte qu'il traite également des opérandes plus grands que 9.

15.15 (*Simulation de supermarché*) Écrivez un programme qui simule une caisse de supermarché. La file est un objet queue. Les clients (comprenez les objets de type client) arrivent à des intervalles aléatoires compris entre 1 et 4 minutes. Chaque client est également servi dans un intervalle allant de 1 à 4 minutes. Bien entendu, les taux doivent être équilibrés. Si le taux d'arrivée moyen est supérieur au taux de service moyen, la file croît indéfiniment. Même avec des taux «équilibrés», le hasard peut très bien provoquer de longues files d'attente. Exécutez le simulateur de supermarché sur un intervalle de 12 heures (720 minutes), en vous basant sur l'algorithme suivant:

1) Choisir un entier aléatoire compris entre 1 et 4 pour déterminer la minute à laquelle le premier client arrive.

2) Au moment de l'arrivée du premier client:
   Déterminer la durée du service du client (nombre aléatoire compris entre 1 et 4);
   Commencer à servir le client;
   Planifier le moment d'arrivée du client suivant (nombre aléatoire compris entre 1 et 4, ajouté à l'heure présente).

3) Pour chaque minute du jour:
   Si le client suivant arrive, alors:
      L'indiquer;
      Mettre (enqueue) le client dans la queue;
      Planifier l'heure d'arrivée du client suivant;
   Si le service du dernier client est terminé, alors:
      L'indiquer;
      Extraire de la queue (dequeue) le client suivant à servir;
      Déterminer la durée d'achèvement du service du client (nombre aléatoire compris entre 1 et 4, ajouté à l'heure courante).

À présent, lancez l'exécution de votre simulation pour une durée de 720 minutes et répondez aux questions suivantes:

a) Quel est le nombre maximal de clients dans la queue, à tout moment?

b) Quel est le temps d'attente maximal auquel un client doit faire face?

c) Que se passe-t-il si l'intervalle d'arrivée entre 1 et 4 minutes est changé pour un intervalle de 1 à 3 minutes?

15.16 Modifiez le programme de la figure 15.16 de façon à permettre aux objets de l'arbre binaire de contenir des doublons de valeurs.

15.17 Écrivez un programme basé sur le programme de la figure 15.16 qui saisit une ligne de texte, découpe la phrase en mots séparés (tirez parti de la fonction de bibliothèque **strtok**), insère les mots dans un arbre binaire de recherche et affiche les traversées en ordre, en préordre et en postordre de l'arbre. Utilisez l'approche de la programmation orientée objets.

15.18 Dans ce chapitre, nous avons vu que l'élimination des doublons est immédiate lors de la création d'un arbre binaire de recherche. Décrivez comment vous effectueriez une élimination de doublons, en utilisant uniquement un tableau à un seul indice. Comparez les performances de l'élimination des doublons à partir du tableau et d'un arbre binaire de recherche.

15.19 Écrivez une fonction **profondeur** qui reçoive un arbre binaire et en détermine le nombre de niveaux.

15.20 (*Affichage récursif et à rebours d'une liste*) Écrivez une fonction membre **afficherListe ARebours** qui sorte tour à tour et de manière récursive les éléments d'un objet de liste chaînée dans l'ordre inverse. Écrivez un programme de test qui crée une liste triée d'entiers et qui affiche la liste dans l'ordre inverse.

15.21 (*Recherche récursive dans une liste*) Écrivez une fonction membre **rechercheListe** qui recherche de façon récursive une valeur spécifiée dans un objet de liste chaînée. La fonction doit renvoyer un pointeur vers la valeur si elle est trouvée ou, sinon, un pointeur nul. Utilisez cette fonction dans un programme de test qui crée une liste d'entiers. Le programme doit inviter l'utilisateur à introduire une valeur à localiser dans la liste.

15.22 (*Suppression dans un arbre binaire*) Cet exercice demande de supprimer des éléments d'un arbre binaire de recherche. L'algorithme de suppression n'est pas aussi évident que l'algorithme d'insertion. Trois cas peuvent se présenter lors de la suppression d'un élément: l'élément est un nœud feuille (et n'a donc aucun enfant), l'élément est contenu dans un nœud qui a un enfant ou l'élément est dans un nœud qui possède deux enfants.

Si l'élément à supprimer est dans un nœud feuille, le nœud est supprimé et le pointeur de son nœud parent est mis à zéro.

Si l'élément à supprimer est contenu dans un nœud qui n'a qu'un enfant, le pointeur du nœud parent est corrigé de façon à ce qu'il pointe vers le nœud enfant du nœud qui contient la donnée à supprimer. Ceci entraîne que le nœud enfant prend la place du nœud supprimé dans l'arbre.

Le dernier cas est le plus délicat. Lorsqu'un nœud disposant de deux enfants est supprimé, un autre nœud de l'arbre doit prendre sa place. Cependant, le pointeur du nœud parent ne peut pas simplement recevoir un pointeur vers un des enfants du nœud à supprimer. Dans la majorité des cas, l'arbre de recherche résultant n'adhère plus à la caractéristique suivante des arbres de recherche binaires (sans doublon): *les valeurs de n'importe quel sous-arbre gauche sont strictement inférieures à la valeur du nœud parent et les valeurs de n'importe quel sous-arbre droit sont strictement supérieures à la valeur du nœud parent.*

Lequel des nœuds faut-il utiliser en *nœud de remplacement* pour conserver cette caractéristique ? Soit le nœud contenant la plus grande valeur inférieure à la valeur du nœud en cours de suppression, soit le nœud contenant la plus petite valeur dans l'arbre qui soit supérieure à la valeur du nœud en cours de suppression. Considérons le nœud avec la plus petite valeur. Dans un arbre binaire de recherche, la plus grande valeur inférieure à celle du parent est située dans le sous-arbre gauche du nœud parent et il est certain qu'elle est contenue dans le nœud le plus à droite du sous-arbre. Ce nœud est localisé en parcourant le sous-arbre gauche, sur sa droite, jusqu'à ce que le pointeur vers l'enfant droit du nœud courant soit nul. Nous pointons alors vers le nœud de remplacement, qui est soit une feuille, soit un nœud avec un enfant sur sa gauche. Si le nœud de remplacement est une feuille, les étapes à suivre pour la suppression sont les suivantes:

1) Stocker le pointeur vers le nœud à supprimer dans une variable de pointeur temporaire (ce pointeur sera utilisé lors de la suppression de la mémoire allouée dynamiquement).
2) Dans le nœud parent du nœud en cours de suppression, modifier le pointeur pour qu'il pointe vers le nœud de remplacement.
3) Mettre le pointeur du nœud parent du nœud de remplacement à zéro.
4) Dans le nœud de remplacement, modifier le pointeur du sous-arbre droit pour qu'il pointe vers le sous-arbre droit du nœud à supprimer.
5) Supprimer le nœud à supprimer vers lequel la variable de pointeur temporaire pointe.

Les étapes de la suppression d'un nœud de remplacement disposant d'un enfant gauche sont semblables à celles d'un nœud de remplacement sans enfant, mais l'algorithme doit aussi déplacer l'enfant du nœud de remplacement de façon à lui donner la position adéquate dans l'arbre. Si le nœud de remplacement a un enfant gauche, les étapes à suivre en vue de la suppression sont les suivantes:

1) Stocker le pointeur du nœud à supprimer dans une variable de pointeur temporaire.
2) Dans le nœud parent du nœud en cours de suppression, modifier le pointeur pour qu'il pointe vers le nœud de remplacement.
3) Dans le parent actuel du nœud de remplacement, modifier le pointeur qui pointe vers le nœud de remplacement pour qu'il pointe vers l'enfant gauche du nœud de remplacement.
4) Dans le nœud de remplacement, modifier le pointeur du sous-arbre droit pour qu'il pointe vers le sous-arbre droit du nœud à supprimer.
5) Supprimer le nœud vers lequel la variable de pointeur temporaire pointe.

Écrivez une fonction membre **supprimerNoeud** qui prenne en argument un pointeur vers le nœud racine de l'objet arbre et la valeur à supprimer. La fonction doit localiser dans l'arbre le nœud qui contient la valeur à supprimer et utilisez l'algorithme proposé ici pour supprimer le nœud. Pour prévoir le cas où la valeur ne se trouve pas dans l'arbre, la fonction doit afficher un message indiquant que la valeur a été ou non supprimée. Modifiez le programme de la figure 15.16 pour qu'il utilise cette fonction. Après suppression d'un élément, appelez les fonctions de traversée **enOrdre**, **preOrdre** et **postOrdre** pour confirmer que l'opération de suppression a réussi.

15.23 (*Recherche par arbre binaire*) Écrivez une fonction membre **rechercheParArbreBinaire** qui tente de localiser une valeur déterminée dans un objet arbre binaire de recherche. La fonction attend comme arguments un pointeur vers le nœud racine de l'arbre de recherche et une clé de recherche à localiser. Si le nœud qui contient la clé est trouvé, la fonction doit retourner un pointeur vers ce nœud, sinon la fonction retourne un pointeur nul.

15.24 (*Traversée d'un arbre binaire par ordre de niveau*) Le programme de la figure 15.16 illustre trois méthodes de traversée d'un arbre binaire: en ordre, en préordre et en postordre. Cet exercice-ci présente la *traversée par ordre de niveau* d'un arbre binaire, où les valeurs des nœuds sont affichées niveau par niveau à partir du nœud racine. Les nœuds de chaque niveau sont affichés de gauche à droite. La traversée par ordre de niveau n'est pas un algorithme récursif mais utilise un objet queue pour contrôler la sortie des nœuds. L'algorithme est le suivant:

    1) Insérer le nœud racine dans la queue.

    2) Tant qu'il y a des nœuds dans la queue,

            Prendre le nœud suivant dans la queue;

            Afficher la valeur du nœud;

            Si le pointeur de l'enfant gauche du nœud n'est pas nul, alors:

                Insérer le nœud de l'enfant gauche dans la queue.

            Si le pointeur vers l'enfant droit n'est pas nul, alors:

                Insérer le nœud de l'enfant droit dans la queue.

Écrivez la fonction membre **OrdreParNiveau** pour organiser la traversée par ordre de niveau de l'objet arbre binaire. Modifiez le programme de la figure 15.16 pour qu'il utilise cette fonction. Remarque: vous devrez aussi modifier et incorporer les fonctions de traitement de queue de la figure 15.12 dans ce programme.

15.25 (*Affichage d'arbres*) Écrivez une fonction membre récursive **sortieArbre** qui affiche un objet arbre binaire à l'écran. La fonction doit sortir l'arbre rangée par rangée, avec le sommet sur la gauche de l'écran et le pied de l'arbre dans sa partie droite. Chacune des rangées est affichée verticalement. Par exemple, l'arbre binaire de la figure 15.19 est affiché comme suit:

Remarquez que le nœud feuille le plus à droite apparaît en haut de la colonne la plus à droite et que le nœud racine apparaît sur la gauche de l'affichage. Chacune des colonnes de la sortie commence à cinq espaces de la droite de la colonne précédente. La fonction **sortieArbre** doit recevoir un argument **totalEspaces** représentant le nombre d'espaces qui précèdent la valeur à positionner (cette variable doit démarrer à zéro, de sorte que le nœud racine soit placé sur la gauche de l'écran). La fonction utilise une traversée en ordre modifiée pour afficher les données de l'arbre: elle commence au nœud le plus à droite de l'arbre et revient vers la gauche. L'algorithme est:

    Tant que le pointeur vers le nœud en cours n'est pas nul,

        Appeler **sortieArbre** de manière récursive avec le sous-arbre droit du nœud courant

           et **totalEspaces + 5;**

        Utiliser une structure **for** pour compter de 1 jusque **totalEspaces**

           et afficher les espaces;

        Sortir la valeur du nœud courant;

        Modifier le pointeur vers le nœud courant de façon qu'il pointe vers le sous-arbre gauche

           du nœud courant;

        Incrémenter **totalEspaces** de **5**.

SECTION SPÉCIALE: BÂTIR VOTRE PROPRE COMPILATEUR

Aux exercices 5.18 et 5.19, nous avons introduit le langage machine Simpletron (ou SML) et vous avez mis en place un simulateur d'ordinateur Simpletron pour exécuter des programmes écrits en SML. Cette section vous propose de construire un compilateur qui convertisse en SML les programmes écrits dans un langage de haut niveau. Cette section regroupe donc la totalité du processus de programmation. Vous écrirez des programmes dans ce langage de haut niveau, compilerez ces programmes avec le compilateur que vous aurez bâti et exécuterez les programmes sur le simulateur que vous avez construit à l'exercice 7.19. Vous devrez faire de votre mieux pour mettre en oeuvre le compilateur d'une manière orientée objets.

15.26 (*Le langage Simple*) Avant de commencer à bâtir le compilateur, concevons un langage simple mais puissant, de haut niveau et semblable aux anciennes versions du BASIC. Nous appellerons ce langage *Simple*. Chaque *ligne d'instruction* en Simple est constituée d'un *numéro de ligne* et d'une *instruction*. Les numéros de ligne doivent apparaître en ordre croissant. Chaque instruction commence par une des commandes Simple suivantes: **rem**, **input**, **let**, **print**, **goto**, **if/goto** ou **end** (voir figure 15.20). Toutes les commandes, sauf **end**, peuvent être utilisées à répétition. Le Simple évalue seulement des expressions entières bâties sur les opérateurs **+**, **−**, ***** et **/**. Ces opérateurs ont la même préséance qu'en C. La parenthèses peuvent intervenir pour altérer l'ordre d'évaluation d'une expression.

Notre compilateur Simple ne reconnaît que des caractères minuscules et non accentués. Tous les caractères dans un fichier en Simple doivent donc être en minuscules (les caractères en majuscules entraînent une erreur de syntaxe à moins qu'ils n'apparaissent sous une instruction **rem**, auquel cas ils sont ignorés). Un *nom de variable* est une lettre unique. Le Simple n'admet pas de nom de variable descriptif, de sorte que les variables devront être expliquées en commentaire pour en détailler l'utilisation dans un programme. Le Simple utilise seulement des variables entières. Le Simple n'a pas de déclaration de variables; mieux encore, la mention d'une variable dans un programme entraîne automatiquement la déclaration de la variable et son initialisation à zéro. La syntaxe du Simple ne permet pas de manipulation de chaînes de caractères (lecture, écriture d'une chaîne, comparaison de chaînes, et ainsi de suite). Si une chaîne de caractères est rencontrée dans un programme Simple (après une commande autre que **rem**), le compilateur génère une erreur de syntaxe. Dans cette première version du compilateur, nous allons supposer que les programmes en Simple sont introduits correctement. L'exercice 15.29 demande de modifier le compilateur pour qu'il effectue une vérification de syntaxe.

Commande	Exemple d'instruction	Description
rem	50 rem ceci est une remarque	Tout texte suivant la commande **rem** est destiné à la documentation et est ignoré par le compilateur.
input	30 input x	Afficher un point d'interrogation pour inviter l'utilisateur à entrer un entier. Lire l'entier au clavier et en mémoriser la valeur dans la variable **x**.
let	80 let u = 4 * (j − 56)	Affecter à **u** la valeur de **4*(j−56)**. Notez qu'une expression à priori complexe peut apparaître à la droite du signe égal.
print	10 print w	Afficher la valeur de **w**.
goto	70 goto 45	Transférer le contrôle du programme à la ligne **45**.
if/goto	35 if i == z goto 80	Comparer l'égalité de **i** et **z** et transmettre le contrôle du programme à la ligne **80** si la condition est vraie; sinon, poursuivre l'exécution du programme à l'instruction suivante.
end	99 end	Terminer l'exécution du programme.

Figure 15.20   Commandes en Simple.

Le Simple utilise l'instruction conditionnelle **if/goto** et l'instruction inconditionnelle **goto** pour altérer le flot de contrôle durant l'exécution du programme. Si la condition de l'instruction **if/goto** est vraie, le contrôle est transmis à une ligne déterminée du programme. Les opérateurs relationnels et d'égalité suivants sont acceptés dans une instruction **if/goto** : **<, >, <=, >=, ==** ou **!=**. La préséance de ces opérateurs est la même que celle du C++.

Voyons à présent plusieurs programmes qui montrent les caractéristiques du Simple. Le premier (celui de la figure 15.21) lit deux entiers au clavier, en mémorise les valeurs dans des variables **a** et **b**, puis calcule et affiche leur somme, cette dernière étant stockée dans la variable **c**.

```
1    10 rem     determiner et afficher la somme de deux entiers
2    15 rem
3    20 rem     saisir les deux entiers
4    30 input a
5    40 input b
6    45 rem
7    50 rem     ajouter les entiers et memoriser le resultat dans c
8    60 let     c = a + b
9    65 rem
10   70 rem     afficher le resultat
11   80 print c
12   90 rem     terminer l'execution du programme
13   99 end
```

Figure 15.21 Un programme en Simple qui détermine la somme de deux entiers.

Le programme de la figure 15.22 détermine et affiche le plus grand de deux entiers. Les entiers sont saisis au clavier et stockés dans **s** et **t**. L'instruction **if/goto** teste la condition **s >= t**. Si cette condition est vraie, le contrôle est transmis à la ligne **90** et **s** est affiché; sinon, **t** est affiché et le contrôle est transmis à l'instruction **end** de la ligne **99**, où le programme s'achève.

Le Simple ne fournit pas de structure de répétition telle que les **for**, **while** ou **do/while** du C++. En revanche, il peut simuler chacune des structures de répétition du C++ à l'aide des instructions **if/goto** et **goto**. La figure 15.23 fait appel à une boucle contrôlée par une sentinelle pour calculer les carrés de plusieurs entiers. Chaque entier est saisi au clavier et mémorisé dans la variable **j**. Si la valeur saisie est la sentinelle **-9999**, le contrôle est transféré à la ligne **99** où le programme s'achève. Sinon, **k** reçoit le carré de **j**, **k** est affiché à l'écran et le contrôle est transmis à la ligne **20** où l'entier suivant est saisi.

```
1    10 rem     determiner le plus grand de deux entiers
2    20 input s
3    30 input t
4    32 rem
5    35 rem     tester si s >= t
6    40 ifs >= t goto 90
7    45 rem
8    50 rem     t est plus grand que s, donc afficher t
9    60 print t
10   70 goto99
11   75 rem
12   80 rem     s est plus grand ou egal a t, donc afficher s
13   90 print s
14   99 end
```

Figure 15.22 Programme Simple qui trouve le plus grand de deux entiers.

```
 1   10 rem    calculer le carre de plusieurs entiers
 2   20 input j
 3   23 rem
 4   25 rem    tester la valeur de la sentinelle
 5   30 ifj == -9999 goto 99
 6   33 rem
 7   35 rem    calculer le carre de j et assigner le resultat a k
 8   40 letk = j * j
 9   50 printk
10   53 rem
11   55 rem    boucler pour prendre le j suivant
12   60 goto20
13   99 end
```

Figure 15.23   Calculer le carré de plusieurs entiers.

À l'aide des programmes d'exemple des figures 15.21, 15.22 et 15.23 comme guides, écrivez un programme en Simple qui accomplisse chacune des propositions suivantes:

a) Saisir trois entiers, en déterminer la moyenne et afficher le résultat.

b) Utiliser une boucle contrôlée par sentinelle pour saisir 10 entiers, en calculer et afficher la somme.

c) Utiliser une boucle contrôlée par sentinelle pour saisir 7 entiers, certains positifs et d'autres négatifs, en calculer et afficher la moyenne.

d) Saisir une série d'entiers pour en déterminer le plus grand et l'afficher. Le premier entier saisi sert à indiquer le nombre d'entiers à saisir et à traiter.

e) Saisir 10 entiers et en afficher le plus petit.

f) Calculer et afficher la somme des entiers pairs compris entre 2 et 30.

g) Calculer et afficher le produit des entiers impairs compris entre 1 et 9.

15.27 (*Bâtir un compilateur – Prérequis: compléter les exercices 5.18, 5.19, 15.12, 15.13 et 15.26*) Le langage Simple ayant été présenté (exercice 15.26), étudions maintenant la manière de *bâtir un compilateur* Simple. Considérons d'abord le processus par lequel un programme Simple est converti en SML et exécuté par un simulateur Simpletron (figure 15.24). Un fichier contenant un programme en Simple est lu par le compilateur et converti en code SML. Le code SML est enregistré dans un fichier sur disque, dans lequel les instructions SML apparaissent, une par ligne. Le fichier SML est alors chargé dans le simulateur Simpletron et les résultats sont envoyés dans un fichier sur disque et à l'écran. Notez que le programme Simpletron développé à l'exercice 5.19 prenait ses saisies au clavier. Il doit donc être modifié pour lire à partir d'un fichier et être en mesure d'exécuter un programme produit par notre compilateur.

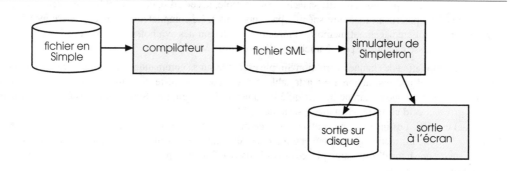

Figure 15.24   Écriture, compilation et exécution d'un programme en langage Simple.

Le compilateur Simple effectue deux passes sur le programme Simple à convertir en SML. La première construit une *table des symboles* (ou plutôt un objet table de symboles), dans laquelle sont stockés chacun des (objets de) *numéro de ligne*, des (objets de) *noms de variable* et des (objets de) *constantes* du programme en Simple, avec leur type et l'emplacement correspondant dans le code SML final. La première passe produit aussi les objets d'instructions correspondant à chacune des instructions Simple. Ainsi que nous allons le voir, la première passe donne comme résultat un programme en SML qui contient certaines instructions non peaufinées. La seconde passe du compilateur localise et complète les instructions inachevées pour exporter le programme SML vers un fichier.

Première passe

Le compilateur commence par lire une instruction du programme Simple en mémoire. La ligne doit être découpée en ses «jetons» individuels, c'est-à-dire les morceaux de l'instruction, en vue de leur traitement et de leur compilation (la fonction **strtok** de la bibliothèque standard peut intervenir ici pour faciliter la tâche). Retenez que chaque instruction commence par un numéro de ligne pour se poursuivre par une commande. À mesure que le compilateur découpe une instruction en jetons, si le jeton est un numéro de ligne, une variable ou une constante, alors ce jeton est placé dans la table des symboles. Un numéro de ligne est placé dans la table des symboles uniquement si c'est le premier jeton d'une instruction. L'objet **tableSymbole** est un tableau d'objets **entreeTable** représentant chacun des symboles du programme. Il n'y a aucune restriction quant au nombre de symboles pouvant apparaître dans le programme. La **tableSymbole** pour un programme donné peut donc être de grande taille. Représentez la **tableSymbole** par un tableau de 100 éléments pour l'instant. Vous pourrez l'agrandir ou la réduire une fois le programme au travail.

Chaque objet **entreeTable** renferme trois membres. Le membre **symbole** est un entier contenant la représentation ASCII d'une variable (rappelez-vous que les noms des variables n'ont qu'un seul caractère), un numéro de ligne ou une constante. Le membre **type** est un des caractères suivants, représentant le type de symboles: **'C'** pour une constante, **'L'** pour un numéro de ligne ou **'V'** pour une variable. Le membre **emplacement** contient l'emplacement mémoire du Simpletron (de **00** à **99**) auquel le symbole se réfère. La mémoire du Simpletron est un tableau de 100 entiers dans lequel sont stockées les instructions et les données SML. Pour un numéro de ligne, l'emplacement est l'élément du tableau de la mémoire du Simpletron auquel les instructions SML correspondant à l'instruction Simple commencent. Pour une variable ou une constante, l'emplacement est l'élément dans le tableau de la mémoire du Simpletron dans lequel la variable ou la constante est stockée. Les variables et constantes sont allouées à rebours, à partir de la fin de la mémoire du Simpletron. La première variable ou constante est stockée à l'emplacement **99**, l'emplacement suivant étant **98**, et ainsi de suite.

La table des symboles fait partie intégrante de la conversion de programmes Simple en SML. Le chapitre 5 explique qu'une instruction SML est un entier de quatre chiffres comprenant deux parties: le *code d'opération* et l'*opérande*. Le code d'opération est déterminé par les commandes en Simple. Par exemple, la commande Simple **input** correspond au code d'opération **10** (lecture) et la commande Simple **print** correspond au code d'opération **11** (écriture). L'opérande est un emplacement mémoire contenant la donnée sur laquelle le code d'opération effectue sa tâche (par exemple, le code d'opération **10** lit une valeur au clavier et la stocke à l'emplacement mémoire spécifié par l'opérande). Le compilateur cherche à déterminer dans la **tableSymbole** l'emplacement mémoire Simpletron de chacun des symboles, de sorte que l'emplacement correspondant puisse être utilisé pour parachever l'instruction SML.

La compilation de chaque instruction Simple est basée sur sa commande. Par exemple, après l'ajout du numéro de ligne d'une instruction **rem** à la table des symboles, le reste de l'instruction est ignoré par le compilateur parce qu'une remarque ne sert qu'à documenter le programme Simple. Les instructions **input**, **print**, **goto** et **end** correspondent aux instructions SML *lecture*, *écriture*, *branchement* (à un emplacement spécifique) et *halte*. Les instructions contenant ces commandes Simple sont converties directement en SML. Remarquez qu'une instruction **goto** peut entraîner une référence non résolue, dans la mesure où le numéro de ligne se réfère à une ligne d'instruction placée plus loin dans le fichier de programme Simple; on désigne parfois ceci par référence précoce.

Lorsqu'une instruction **goto** est compilée avec une référence non résolue, l'instruction SML doit être *marquée* pour indiquer que la seconde passe du compilateur doit compléter l'instruction. Les drapeaux sont stockés dans un tableau **drapeaux** de 100 éléments de type **int**, dans lequel chaque élément est initialisé à -1. Si l'emplacement mémoire référencé par un numéro de ligne dans le programme Simple n'est pas encore connu (autrement dit, n'est pas encore dans la table de symboles), le numéro de ligne est mémorisé dans le tableau **drapeaux**, dans l'élément de même indice que l'instruction incomplète. L'opérande de l'instruction incomplète est mis temporairement à **00**. Ainsi, par exemple, une instruction de branchement inconditionnel (effectuant une référence précoce) est laissée à **+4000**, jusqu'à la seconde passe du compilateur. Cette seconde passe est décrite plus loin.

La compilation des instructions **if/goto** et **let** est plus compliquée que celle des autres instructions, car elles sont les seules à produire plus d'une instruction SML. Dans une instruction **if/goto**, le compilateur produit du code pour tester la condition et, s'il y a lieu, effectuer le branchement à une autre ligne. Le résultat du branchement peut être une référence non résolue. Chacun des opérateurs relationnels et d'égalité peut être simulé à l'aide des instructions *branchement zéro* et *branchement négatif* du SML ou, éventuellement, par une combinaison des deux.

Dans le cas d'une instruction **let**, le compilateur produit du code pour évaluer une expression arithmétique à priori complexe, constituée de variables et (ou) de constantes entières. Les expressions doivent séparer chaque opérande et opérateur par des espaces. Les exercices 15.12 et 15.13 ont présenté les algorithmes de conversion infixe en postfixe et d'évaluation postfixe que les compilateurs utilisent pour évaluer des expressions. Avant de passer à l'élaboration du compilateur, vous devez effectuer chacun de ces exercices. Lorsqu'un compilateur rencontre une expression, il convertit l'expression de la notation infixe en la notation postfixe pour évaluer ensuite l'expression postfixe seule.

Comment le compilateur produit-il le langage machine pour évaluer une expression contenant des variables ? L'algorithme d'évaluation postfixe offre une possibilité de «dégagement» par laquelle le compilateur peut générer des instructions SML au lieu d'évaluer simplement l'expression. Pour permettre ce dégagement dans le compilateur, l'algorithme d'évaluation postfixe doit être modifié afin qu'il recherche dans la table des symboles chacun des symboles qu'il rencontre (et, éventuellement, les y insérer), qu'il détermine l'emplacement mémoire correspondant au symbole et *dépose l'emplacement mémoire dans la pile (au lieu du symbole)*. Lorsqu'un opérateur est rencontré dans l'expression postfixe, les deux emplacements en mémoire situés au sommet de la pile sont retirés et le langage machine qui effectue l'opération est généré en faisant appel aux emplacements mémoire comme opérandes. Le résultat de chaque sous-expression est stocké dans un emplacement temporaire en mémoire et déposé de nouveau dans la pile, de sorte que l'évaluation de l'expression postfixe puisse se poursuivre. Lorsque l'évaluation de l'expression postfixe est achevée, l'emplacement mémoire contenant le résultat est le seul emplacement qui reste sur la pile. Il est alors retiré et les instructions SML sont générées afin d'assigner le résultat à la variable située dans la partie gauche de l'instruction **let**.

Seconde passe

La seconde passe du compilateur effectue deux tâches: elle résout les références non résolues et sort le code SML dans un fichier. La résolution des références se déroule comme suit:

   a) Rechercher dans le tableau **drapeaux** une référence non résolue (c'est-à-dire un élément dont la valeur est **−1**).
   b) Localiser l'objet dans le tableau **tableSymbole** contenant le symbole stocké dans le tableau **drapeaux** (en vérifiant que le type du symbole est bien **'L'**, pour les numéros de ligne).
   c) Insérer l'emplacement mémoire du membre **emplacement** dans l'instruction dont la référence n'est pas résolue, en se rappelant qu'une instruction portant une référence non résolue a **00** comme opérande.
   d) Répéter les étapes 1, 2 et 3, jusqu'à ce que la fin du tableau **drapeaux** soit atteinte.

Après achèvement du processus de résolution, tout le tableau contenant le code SML est exporté dans un fichier sur disque avec une seule instruction par ligne. Ce fichier peut être lu par le Simpletron en vue de son exécution, à condition que le simulateur ait été modifié pour lire ses saisies dans un fichier. La compilation de votre premier programme Simple en un fichier SML, puis l'exécution de ce fichier avec le simulateur devrait vous donner une impression de réel accomplissement personnel.

Un exemple complet

L'exemple suivant illustre une conversion complète d'un programme Simple en SML, à mesure de sa compilation par le compilateur Simple. Considérons un programme Simple qui saisit un entier et calcule la somme de tous les entiers compris entre 1 et cet entier donné. La figure 15.25 montre le programme et les instructions SML générées par la première passe. La figure 15.26 montre la table des symboles construite par la première passe.

Programme Simple	Emplacement et instruction SML	Description
5 rem sommer 1 a x	*aucune*	**rem** ignoré
10 input x	00 +1099	lire **x** à l'emplacement **99**
15 rem verifier y == x	*aucune*	**rem** ignoré
20 if y == x goto 60	01 +2098	charger **y** (**98**) dans l'accumulateur
	02 +3199	soustraire **x** (**99**) de l'accumulteur
	03 +4200	branchement zéro à emplacement non résolu
25 rem incrementer y	*aucune*	**rem** ignoré
30 let y = y + 1	04 +2098	charger **y** dans l'accumulateur
	05 +3097	ajouter **1** (**97**) à l'accumulateur
	06 +2196	stocker à l'emplacement temporaire **96**
	07 +2096	charger depuis l'emplacement temporaire **96**
	08 +2198	stoker l'accumulateur dans **y**
35 rem ajouter y au total	*aucune*	**rem** ignoré
40 let t = t + y	09 +2095	charger **t** (**95**) dans l'accumulateur
	10 +3098	ajouter **y** à l'accumulateur
	11 +2194	stocker dans l'emplacement temporaire **94**
	12 +2094	charger à partir de l'emplacement temporaire
	13 +2195	stocker l'accumulateur dans **t**
45 rem boucler sur y	*aucune*	**rem** ignoré
50 goto 20	14 +4001	branchement à l'emplacement **01**
55 rem afficher le resultat	*aucune*	**rem** ignoré
60 print t	15 +1195	sortir **t** à l'écran
99 end	16 +4300	terminer l'exécution

Figure 15.25   Instructions SML produites après la première passe du compilateur.

Symbole	Type	Emplacement
5	L	00
10	L	00
'x'	V	99
15	L	01
20	L	01
'y'	V	98
25	L	04
30	L	04
1	C	97
35	L	09
40	L	09
't'	V	95
45	L	14
50	L	14
55	L	15
60	L	15
99	L	16

Figure 15.26   Table de symboles du programme de la figure 15.25.

La plupart des instructions en Simple peuvent être converties directement en instructions SML uniques. Les exceptions dans ce programme sont les remarques, l'instruction **if/goto** de la ligne **20** et les instructions **let**. Les remarques ne se traduisent pas en langage machine, mais le numéro de ligne d'une remarque est placé dans la table des symboles pour le cas où il serait référencé dans une instruction **goto** ou une instruction **if/goto**. La ligne **20** du programme spécifie que, si la condition **y == x** est vraie, le contrôle du programme est alors transféré à la ligne **60**. Comme la ligne **60** n'apparaît que plus tard dans le programme, la première passe du compilateur n'a pas encore placé le **60** dans la table des symboles (les numéros des lignes d'instructions ne sont placés dans la table que lorsqu'ils apparaissent comme premier jeton d'une instruction). Par conséquent, il n'est pas possible à ce moment de déterminer l'opérande de l'instruction *branchement zéro* en SML à l'emplacement **03** du tableau des instructions SML. Le compilateur place la valeur **60** à l'emplacement **03** du tableau des **drapeaux** pour indiquer que la seconde passe doit achever cette instruction.

Nous devons conserver une trace de l'emplacement de l'instruction suivante du tableau SML parce qu'il n'y a pas de correspondance un-à-un entre les instructions en Simple et les instructions SML. Par exemple, l'instruction **if/goto** de la ligne **20** se compile en trois instructions SML. Chaque fois qu'une instruction est produite, il faut *incrémenter le pointeur d'instruction* pour qu'il indique l'emplacement suivant dans le tableau SML. Notez que la taille de la mémoire du Simpletron peut poser des problèmes dans le cas de programmes disposant de nombreuses instructions, variables et constantes. Il est concevable, alors, que le compilateur manque de mémoire. Dans le but de tester ce cas, un programme doit contenir un *compteur de données* qui conserve une trace de l'emplacement où la variable ou constante suivante sera stockée dans le tableau SML. Si la valeur du pointeur d'instruction est plus grande que celle du compteur de données, alors le tableau SML est plein. Dans ce cas, le processus de compilation doit se terminer et le compilateur doit afficher un message d'erreur indiquant qu'il a dépassé la mémoire disponible pendant la compilation.

Ceci met en exergue le fait que le programmeur est libéré de la tâche fastidieuse de gérer la mémoire qu'utilise le compilateur, ce dernier devant prudemment déterminer le placement des instructions et des données en mémoire, de même qu'il doit vérifier l'absence de telles erreurs à mesure que le processus de compilation consomme de la mémoire.

Le processus de compilation étape par étape

Suivons à présent le processus de compilation du programme Simple de la figure 15.25. Le compilateur lit la première ligne du programme dans sa mémoire:

```
5 rem sommer 1 a x
```

Le premier jeton de l'instruction, le numéro de ligne, est repéré par **strtok** (voyez, aux chapitres 5 et 16, l'étude des fonctions de manipulation de chaînes de caractères en C++). Le jeton retourné par **strtok** est converti en un entier à l'aide de la fonction **atoi**, de sorte que le symbole **5** peut être localisé dans la table des symboles. Si le symbole n'est pas trouvé, il est inséré dans la table des symboles. Comme nous sommes au début du programme et que c'en est la première ligne, aucun symbole n'existe encore dans la table pour l'instant. Ainsi, **5** est inséré dans la table des symboles comme étant de type **L**, pour un numéro de ligne, et assigné au premier emplacement du tableau SML, en **00** donc. Bien que cette ligne ne soit qu'une remarque, un espace est laissé dans la table des symboles pour le numéro de ligne, pour le cas où ce numéro de ligne serait référencé par un **goto** ou un **if/goto**. Aucune instruction SML n'est générée pour une instruction **rem**, de sorte que le pointeur d'instruction n'est pas incrémenté.

La ligne d'instruction suivante est ensuite découpée en jetons:

```
10 input x
```

Le numéro de ligne **10** est ensuite placé dans la table des symboles comme étant de type **L** et est placé dans le premier emplacement du tableau SML (en **00**, puisque la remarque qui débutait le programme n'a pas modifié le pointeur d'instruction et lui permet encore de pointer vers l'emplacement **00**). La commande **input** indique que le jeton suivant est une variable (seule une variable peut apparaître dans une instruction **input**). Comme **input** correspond directement à un code d'instruction SML, le compilateur n'a plus qu'à déterminer l'emplacement de la variable **x** dans le tableau SML. Le symbole **x** n'est pas trouvé dans la table des symboles, donc il faut insérer dans la table des symboles la représentation ASCII de **x**, de type **V**, et la placer à l'emplacement **99** du tableau SML (le stockage des données commence en **99** et s'effectue à rebours). Le code SML peut enfin être généré pour cette instruction. Le code d'opération **10** (le code de l'opération de lecture en SML) est multiplié par 100 et l'emplacement de **x** (tel que déterminé dans la table des symboles) y est ajouté pour achever le montage de l'instruction. Cette instruction, maintenant complète, est stockée à l'emplacement **00** du tableau SML. Le pointeur d'instruction est enfin incrémenté de 1 puisqu'une seule instruction SML a été produite.

C'est au tour de la ligne d'instruction suivante d'être découpée en jetons:

```
15 rem verifier y == x
```

La table des symboles est parcourue à la recherche du numéro de ligne (type **L**) **15**, introuvable. Le numéro de ligne est donc ajouté comme étant de type **L** et est relié à l'emplacement disponible suivant, **01**, du tableau SML; comme l'instruction Simple **rem** ne génère aucune instruction SML, le pointeur d'instruction n'est pas incrémenté.

L'instruction suivante est découpée à son tour en jetons:

```
20 if y == x goto 60
```

Le numéro de ligne **20** est inséré dans la table des symboles, reçoit le type **L**, à l'emplacement suivant, **01**, du tableau SML. La commande **if** indique qu'une condition doit être évaluée. La variable **y** n'est pas trouvée dans la table de symboles, de sorte qu'elle y est insérée, recevant le type **V** et l'emplacement SML **98**. Ensuite, les instructions SML sont générées pour évaluer la condition. Comme il n'y a pas d'équivalent direct à **if/goto** en SML, il faut la simuler en effectuant un calcul utilisant **x** et **y** et en effectuant un branchement découlant du résultat. Si **y** est égal à **x**, le résultat de la soustraction de **x** hors de **y** vaut zéro, de sorte que l'instruction de branchement zéro peut être utilisée avec le résultat du calcul pour simuler l'instruction **if/goto**. La première étape exige que **y** soit chargé (depuis l'emplacement SML **98**) dans l'accumulateur. Ceci génère l'instruction **01+2098**. Ensuite, **x** est soustrait de l'accumulateur, ce qui donne l'instruction **02 +3199**. La valeur dans l'accumulateur peut valoir zéro, ou être positive ou négative. Comme l'opérateur est **==**, nous voulons un *branchement zéro*. En premier lieu, l'emplacement du branchement, **60** dans ce cas-ci, est recherché dans la table des symboles et, comme il n'est pas trouvé, **60** est placé dans le tableau des **drapeaux**, à l'emplacement **03** et l'instruction **03 +4200** est générée; nous ne pouvons pas ajouter l'emplacement de branchement puisque nous n'avons pas encore donné d'emplacement à la ligne **60** dans le tableau SML. Finalement, le pointeur d'instruction est incrémenté à **04**.

Le compilateur passe ensuite à la ligne d'instruction:

```
25 rem    incrementer y
```

Le numéro de ligne 25 est inséré dans la table des symboles comme étant de type **L** et reçoit la localisation SML **04**. Le pointeur d'instruction n'est pas incrémenté.

Lorsque l'instruction suivante est découpée en jetons, le numéro de ligne **30** est inséré dans la table des symboles comme étant de type **L** et d'emplacement SML **04**:

```
30 let y = y + 1
```

La commande **let** indique que la ligne contient une instruction d'affectation. En premier lieu, tous les symboles de la ligne sont insérés dans la table des symboles s'ils n'y sont pas encore. L'entier **1** est ajouté à la table des symboles sous le type **C** et reçoit l'affectation **97** correspondant à son emplacement SML. Ensuite, la partie droite de l'affectation est convertie de la notation infixe à la notation postfixe. L'expression postfixe (**y 1 +**) est ensuite évaluée. Le symbole **y** est localisé dans la table des symboles et son emplacement mémoire correspondant est poussé dans la pile. Le symbole **1** est également localisé dans la table des symboles et son emplacement mémoire correspondant est poussé sur la pile. Lorsque l'opérateur **+** est rencontré, l'évaluateur postfixe retire le sommet de la pile dans l'opérande de l'opérateur et retire de nouveau le sommet de la pile pour le déposer dans l'opérande gauche de l'opérateur pour produire ensuite les instructions suivantes:

```
04 +2098   (charge y)
05 +3097   (additionne 1)
```

Le résultat de l'expression est stocké dans un emplacement mémoire temporaire (**96**) par l'instruction suivante et l'emplacement temporaire est poussé dans la pile.

```
06 +2196   (stocker temporairement)
```

À présent que l'expression a été évaluée, le résultat doit être stocké dans **y** (c'est-à-dire la variable placée à gauche du **=**). Ainsi, l'emplacement temporaire est chargé dans l'accumulateur et l'accumulateur est stocké dans **y** par les instructions:

```
07 +2096   (charge de temporaire)
08 +2198   (stocke y)
```

Le lecteur notera immédiatement que des instructions SML semblent redondantes, ce que nous étudierons bientôt.

Lorsque l'instruction suivante est découpée en jetons, la ligne **35** est insérée dans la table des symboles comme étant de type **L** et reçoit l'emplacement **09**:

```
35 rem    ajouter y au total
```

L'instruction suivante est similaire à celle de la ligne 30:

```
40 let t = t + y
```

La variable **t** est insérée dans la table des symboles avec le type **V** et l'emplacement du tableau SML **95**. Les instructions suivent la même logique et la même forme qu'à la ligne **30** et les instructions suivantes sont générées: **09 +2095, 10 +3098, 11 +2194, 12 +2094 et 13 +2195**. Notez que le résultat de **t + y** est affecté à l'emplacement temporaire **94** avant d'être affecté à **t** (**95**). Une fois encore, le lecteur aura noté que les instructions des emplacements mémoire **11** et **12** semblent redondantes. Encore un peu de patience, car nous y reviendrons sous peu.

L'instruction suivante est une remarque:

```
45 rem    boucler sur y
```

La ligne **45** est donc ajoutée à la table des symboles avec le type **L** et reçoit l'emplacement SML **14**.

L'instruction suivante transfère le contrôle à la ligne **20**:

```
50 goto 20
```

Le numéro de ligne **50** est inséré dans la table des symboles sous le type **L** et reçoit en affectation l'emplacement SML **14**. L'équivalent de **goto**, en SML, est l'instruction de *branchement inconditionnel* (**40**), qui transfère le contrôle à l'emplacement SML spécifié. Le compilateur recherche la ligne **20** dans la table des symboles et trouve qu'elle correspond à l'emplacement SML **01**. Le code d'opération (**40**) est multiplié par 100 et l'emplacement **01** y est ajouté, pour former l'instruction **14 +4001**.

L'instruction suivante est une remarque:

```
55 rem    afficher le resultat
```

Le numéro de ligne **55** est donc ajouté à la table des symboles, avec le type **L** et l'emplacement SML **15**.

L'instruction suivante est une instruction de sortie de données:

```
60 print t
```

Le numéro de ligne **60** est inséré dans la table des symboles avec le type **L** et reçoit l'assignation de l'emplacement SML **15**. L'équivalent de **print** en SML est le code d'opération **11** (*écrit*). L'emplacement de **t** est déterminé à partir du contenu de la table des symboles et est ajouté au résultat de la multiplication du code d'opération par 100.

L'instruction suivante est la ligne d'instruction finale du programme:

```
99 end
```

Le numéro de ligne **99** est stocké dans la table des symboles avec le type **L** et l'affectation de l'emplacement **16** du tableau SML. La commande **end** produit l'instruction SML **+4300** (**43** est le code d'opération de *halte* en SML), qui apparaît comme l'instruction finale dans le tableau SML.

Ceci achève la première passe effectuée par le compilateur. Nous abordons à présent la seconde passe. Le tableau **drapeaux** est parcouru pour y trouver les valeurs différentes de **−1**. L'emplacement **03** contient **60**, de sorte que le compilateur sait que l'instruction **03** est incomplète. Le compilateur complète cette instruction en recherchant **60** dans la table des symboles, en déterminant son emplacement, puis en ajoutant cet emplacement dans l'instruction incomplète. Dans ce cas précis, la recherche permet de déterminer que la ligne **60** correspond à l'emplacement SML **15**, de sorte que l'instruction modifiée **03 +4215** remplace l'instruction **03 +4200** originelle. Le programme Simple est à présent compilé avec succès.

Pour construire ce compilateur, vous devrez compléter chacune des étapes suivantes:

a) Modifiez le programme de simulateur de Simpletron écrit à l'exercice 5.19 pour qu'il prenne ses entrées dans un fichier spécifié par l'utilisateur (voir chapitre 14). Le simulateur doit sortir des résultats dans un fichier sur disque sous une forme identique à celle de l'affichage. Convertissez le simulateur en un programme orienté objets. En particulier, faites de chaque partie du matériel un objet. Arrangez les types d'instructions en une hiérarchie de classes à l'aide de l'héritage. Exécutez ensuite le programme de façon polymorphe en indiquant simplement à chaque instruction de s'exécuter elle-même par un message **executeInstruction**.

b) Modifiez l'algorithme de conversion d'infixe en postfixe de l'exercice 15.12 pour qu'il traite des opérandes multichiffres et des opérandes de nom de variable à lettre unique. Astuce: vous pouvez utiliser la fonction **strtok** de la bibliothèque standard pour localiser chaque constante ou variable au sein d'une expression, et employer la fonction **atoi** de cette même bibliothèque pour convertir les constantes de chaînes en entiers. Notez que la représentation des données de l'expression postfixée doit être altérée pour accepter des noms de variables et des constantes entières.

c) Modifiez l'algorithme d'évaluation postfixe pour qu'il traite des opérandes entiers multichiffres et des opérandes de noms de variables. Ici aussi, l'algorithme doit à présent mettre en place le «dégagement» évoqué plus haut, de sorte que des instructions SML soient générées au lieu d'évaluer directement l'expression. Astuce: la fonction **strtok** de la bibliothèque standard peut vous aider à localiser chaque constante ou variable dans une expression et les constantes peuvent être converties de chaînes de caractères en entiers, grâce à la fonction **atoi** de la même bibliothèque standard. Notez qu'ici aussi, l'expression postfixe doit être modifiée pour permettre le support de noms de variables et de constantes entières.

d) Bâtissez le compilateur. Incorporez-y les parties b et c proposées ci-dessus dans l'évaluation d'instructions **let**. Le programme doit proposer une fonction qui réalise la première passe de compilation et une fonction qui réalise la seconde passe. Les deux fonctions peuvent appeler d'autres fonctions pour accomplir leur tâches. Rendez le compilateur aussi orienté objet que possible.

15.28 (*Optimisation du compilateur Simple*) Lorsqu'un programme est compilé et converti en SML, une série d'instructions est générée. Certaines combinaisons d'instructions se répètent souvent, habituellement sous la forme de triplets que l'on appelle *productions*. Une *production* se compose normalement de trois instructions telles que *charge*, *additionne* et *stocke*. Par exemple, la figure 15.27 montre cinq des instructions SML qui ont été produites par la compilation du programme de la figure 15.25. Les trois premières instructions forment la production qui ajoute **1** à **y**. Remarquez que les instructions **06** et **07** peuvent stocker la valeur de l'accumulateur à l'emplacement temporaire **96**, puis la recharger dans l'accumulateur de sorte que l'instruction **08** puisse stocker la valeur dans l'emplacement **98**. Une production est souvent suivie d'une instruction de chargement pour le même emplacement que celui qui vient d'être mémorisé. Ce code pourrait très bien être *optimisé*, de façon à éliminer l'instruction de stockage et celle de chargement qui suit immédiatement et qui porte sur le même emplacement de remisage; ceci permet au Simpletron d'exécuter plus rapidement le programme. La figure 15.28 montre le SML optimisé pour le programme de la figure 15.25. Remarquez que le code optimisé a quatre instructions de moins que le précédent, ce qui représente une économie d'espace mémoire de 25% !

Modifiez le compilateur pour offrir une option d'optimisation du code en langage machine Simpletron qu'il génère. Comparez manuellement le code non optimisé au code optimisé et calculez la réduction en pourcentage.

15.29 (*Modifications au compilateur Simple*) Apportez les modifications suivantes au compilateur Simple. Certains de ces changements peuvent également nécessiter des modifications au programme de simulateur de Simpletron écrit à l'exercice 5.19.

a) Permettez l'usage de l'opérateur modulo (**%**) dans les instructions **let**. Le langage machine Simpletron doit être modifié pour inclure l'instruction modulo.

1	04	+2098	(*charge*)
2	05	+3097	(*additionne* **1**)
3	06	+2196	(*stocke*)
4	07	+2096	(*charge*)
5	08	+2198	(*stocke*)

Figure 15.27 Code non optimisé du programme de la figure 15.25.

Programme Simple	Emplacement et instruction SML	Description
5 rem sommer 1 a x	*aucune*	**rem** ignoré
10 input x	00 +1099	lire **x** à l'emplacement **99**
15 rem verifier y == x	*aucune*	**rem** ignoré
20 if y == x goto 60	01 +2098	charger **y** (**98**) dans l'accumulateur
	02 +3199	soustraire **x** (**99**) de l'accumulateur
	03 +4211	branchement à l'emplacement **11** si zéro
25 rem incrementer y	*aucune*	**rem** ignoré
30 let y = y + 1	04 +2098	charger **y** dans l'accumulateur
	05 +3097	ajouter **1** (**97**) à l'accumulateur
	06 +2198	stoker l'accumulateur dans **y** (**98**)
35 rem ajouter y au total	*aucune*	**rem** ignoré
40 let t = t + y	07 +2096	charger **t** depuis l'emplacement (**96**)
	08 +3098	ajouter **y** (**98**) à l'accumulateur
	09 +2196	stocker l'accumulateur dans **t** (**96**)
45 rem boucler sur y	*aucune*	**rem** ignoré
50 goto 20	10 +4001	branchement à l'emplacement **01**
55 rem afficher le resultat	*aucune*	**rem** ignoré
60 print t	11 +1196	sortir **t** (**96**) à l'écran
99 end	12 +4300	terminer l'exécution

Figure 15.28   Code optimisé du programme de la figure 15.25.

b) Autorisez l'exponentielle dans une instruction **let** à l'aide de l'opérateur ^ d'exponentielle. Le langage SML doit être modifié pour inclure l'instruction d'exponentielle.

c) Permettez au compilateur de reconnaître aussi bien des lettres majuscules que minuscules dans les instructions Simple (par exemple '**A**' équivaut à '**a**'). Aucune modification n'est nécessaire au simulateur de Simpletron.

d) Autorisez les instructions **input** à saisir des valeurs de variables multiples comme dans **input x, y**. Aucune modification au simulateur de Simpletron n'est nécessaire.

e) Permettez au compilateur de sortir des valeurs multiples dans une instruction **print**, comme dans **print a, b, c**. Aucune modification au simulateur de Simpletron n'est nécessaire.

f) Ajoutez des possibilités de vérification de syntaxe au compilateur, de sorte que des messages d'erreur s'affichent en cas d'erreurs de syntaxe dans un programme en Simple. Aucune modification au simulateur de Simpletron n'est nécessaire.

g) Autorisez les tableaux d'entiers. Aucune modification au simulateur de Simpletron n'est nécessaire.

h) Ajoutez la possibilité de sous-programmes spécifiés par les commandes Simple **gosub** et **return**. La commande **gosub** passe le contrôle de programme à une sous-routine et la commande **return** restitue le contrôle à l'instruction située après le **gosub**. Ceci est analogue à un appel de fonction en C++. Le même sous-programme peut être appelé ainsi par de nombreuses commandes **gosub** réparties dans un programme. Aucune modification au simulateur de Simpletron n'est nécessaire.

i) Permettez l'utilisation de structures de répétition de la forme:

```
for x = 2 to 10 step 2
    Instructions Simple
next
```

Cette instruction **for** boucle de **2** à **10** par incréments de **2**. La ligne **next** marque la fin du corps de la ligne **for**. Aucune modification au simulateur de Simpletron n'est nécessaire.

j) Autorisez des structures de répétition de la forme:

```
for x = 2 to 10
    Instructions Simple
next
```

Cette instruction **for** boucle de **2** à **10** avec un incrément prédéfini de **1**. Aucune modification au simulateur de Simpletron n'est nécessaire.

k) Permettez au compilateur de traiter les entrées et sorties de chaînes de caractères. Ceci impose une modification du simulateur de Simpletron de manière à lui permettre de traiter et de stocker des valeurs de chaîne de caractères. Astuce: chaque mot du Simpletron peut être divisé en deux groupes contenant chacun un entier à deux chiffres. Chacun des entiers à deux chiffres représente l'équivalent ASCII en décimal d'un caractère. Ajoutez une instruction en langage machine qui affiche une chaîne de caractères à partir d'un emplacement mémoire Simpletron déterminé. La première partie du mot à cet emplacement est un compteur du nombre de caractères de la chaîne de caractères (c'est-à-dire la longueur de la chaîne). Tous les demi mots suivants contiennent un caractère ASCII exprimé en deux chiffres décimaux. L'instruction du langage machine vérifie la longueur de la chaîne de caractères et affiche cette dernière en traduisant chacun des nombres à deux chiffres en son équivalent en caractères.

l) Permettez au compilateur de traiter les valeurs en virgule flottante en plus des entiers. Le simulateur de Simpletron doit également subir quelques modifications pour pouvoir traiter les valeurs en virgule flottante.

15.30 (*Un interpréteur Simple*) L'interpréteur est un programme qui lit une instruction de programme en langage de haut niveau, détermine l'opération à effectuer au sein de cette instruction et exécute l'opération immédiatement. Le programme en langage de haut niveau n'est pas d'abord converti en langage machine. L'interpréteur s'exécute toujours plus lentement, car chacune des instructions rencontrées dans le programme doit d'abord être déchiffrée. Si des instructions sont contenues dans une boucle, elles doivent être déchiffrées chaque fois qu'elles sont rencontrées dans la boucle. Les premières versions du langage de programmation BASIC étaient implantées sous la forme d'interpréteurs.

Écrivez un interpréteur du langage Simple étudié à l'exercice 15.26. Le programme doit faire appel au convertisseur infixe en postfixe développé à l'exercice 15.12 et à l'évaluateur postfixe développé à l'exercice 15.13 pour évaluer les expressions présentes dans les instructions **let**. Ce programme doit respecter les mêmes restrictions que celles imposées au langage Simple à l'exercice 15.26. Testez l'interpréteur sur les programmes Simple écrits à l'exercice 15.26. Comparez les résultats d'exécution de ces programmes par l'interpréteur avec les résultats de la compilation de ces mêmes programmes, suivie de l'exécution dans le simulateur de Simpletron construit à l'exercice 5.19.

15.31 (*Insertion et suppression n'importe où dans une liste chaînée*) Le modèle de classe de liste chaînée que nous avons défini permet les insertions et suppressions uniquement au début et à la fin de la liste chaînée. Ces possibilités étaient intéressantes lorsque nous avons utilisé l'héritage privé et la composition pour produire un modèle de classe de pile et un modèle de classe de queue, avec un minimum de code, simplement en réutilisant le modèle de classe **Liste**. Toutefois, les listes chaînées sont en réalité bien plus générales que celles que nous avons définies. Modifiez le modèle de classe de liste chaînée que nous avons développé dans ce chapitre pour lui permettre de gérer les insertions et suppressions n'importe où dans la liste.

15.32 (*Listes et queues sans pointeur de queue*) Notre implantation d'une liste chaînée (voir figure 15.3) utilisait tant un **ptrPremier** qu'un **ptrDernier**. Le **ptrDernier** était utile pour les fonctions membres **insererEnQueue** et **retirerDeQueue** de la classe **Liste**. La fonction **insererEnQueue** correspond à la fonction membre **enqueue** de la classe **Queue**. Réécrivez la classe **Liste** pour qu'elle n'utilise pas de **ptrDernier**. Ainsi, toutes les opérations sur la fin de la liste doivent commencer en effectuant une recherche à partir du début de la liste. Ceci affecte-t-il notre implantation de la classe **Queue** (figure 15.12)?

15.33 Utilisez la version composée du programme de pile (de la figure 15.11) pour former un programme de pile complètement opérationnel. Modifiez ce programme pour y mettre les fonctions membres en ligne. Comparez les deux approches. Résumez les avantages et les inconvénients de la mise en ligne des fonctions membres.

15.34 (*Performances du tri et de la recherche par arbre binaire*) Un problème du tri par arbre binaire est que l'ordre dans lequel les données sont insérées affecte la forme de l'arbre: pour une même série de données, des ordres de saisie différents peuvent donner des arbres de formes radicalement différentes. Les performances des algorithmes de tri et de recherche par arbres binaires sont sensibles à la forme de l'arbre binaire. Quelle forme un arbre binaire prendrait-il si les données étaient insérées dans l'ordre croissant des valeurs? Quelle forme aurait-il si elles étaient insérées dans l'ordre des valeurs décroissantes? Quelle forme l'arbre doit-il prendre pour obtenir des performances de recherche maximales?

15.35 (*Listes indexées*) Telles que présentées dans le texte, les recherches dans les listes chaînées doivent être effectuées de façon séquentielle. Dans le cas de grandes listes, ceci peut conduire à de piètres performances. Une technique habituelle pour améliorer les performances de la recherche par arbre binaire consiste à créer et maintenir un index de la liste. L'index est une série de pointeurs vers divers emplacements clés de la liste. Par exemple, une application qui recherche dans une grande liste de noms pourrait accroître ses performances en créant un index de 26 entrées, une par lettre de l'alphabet. Une opération de recherche pour un nom commençant par **'Y'** détermine dans l'index à quel emplacement l'entrée **'Y'** commence, puis, à ce moment-là, «saute» dans la liste et recherche ensuite de manière linéaire le nom à trouver. Ceci peut être bien plus rapide qu'une recherche systématique depuis la tête de la liste. À partir de la classe **Liste** de la figure 15.3, concevez une classe **ListeIndexee**. Écrivez ensuite un programme qui montre le fonctionnement des listes indexées. Assurez-vous d'inclure les fonctions membres **insererDansListeIndexee**, **rechercherDansListeIndexee** et **supprimerDeListeIndexee**.

16

Bits, caractères, chaînes de caractères et structures

Objectifs

- Créer et utiliser les structures.

- Passer des structures aux fonctions par valeur et par référence.

- Manipuler des données avec l'aide des opérateurs binaires et créer des champs de bits pour stocker des données de façon compacte.

- Utiliser les fonctions de la bibliothèque de fonctions de manipulation de caractères (**cctype**).

- Utiliser les fonctions de conversion de chaînes de caractères de la bibliothèque d'utilitaires généraux (**cstdlib**).

- Utiliser les fonctions de traitement de chaînes de caractères de la bibliothèque de manipulation de chaînes de caractères (**cstring**).

- Évaluer la puissance des bibliothèques de fonctions comme moyen d'assurer la réutilisation de logiciel.

16.1 Introduction

Dans ce chapitre nous approfondirons les structures, puis nous traiterons de la manipulation de bits, de caractères et de chaînes de caractères. Nombre des techniques exposées ici, ressemblent à celles du C et aideront les programmeurs C++ qui doivent travailler avec du code hérité du C.

Les structures peuvent renfermer des variables de nombreux types de données différents, à l'opposé des tableaux qui ne peuvent contenir que des éléments du même type. Ce fait, ainsi que la majorité de ce que les pages suivantes décrivent des structures, s'applique également aux classes. Une fois encore, la seule vraie différence entre les structures et les classes du C++, est que les membres des structures sont définis par défaut en accès **public**, tandis que les membres des classes sont définis par défaut en accès **private**. On utilise habituellement les structures pour définir des enregistrements de données à stocker dans des fichiers (voir le chapitre 14, *Gestion de fichiers*). Les pointeurs et les structures facilitent la conception de structures de données plus complexes, comme les listes chaînées, les queues, les piles et les arbres (voir le chapitre 15, *Structures de données*). Nous allons étudier comment déclarer des structures, les initialiser et les passer à des fonctions. Nous présenterons ensuite une simulation de brassage et de distribution de cartes à hautes performances.

16.2 Définitions de structures

Considérons la définition de structure suivante:

```
struct Carte {
   char *figure;
   char *couleur;
};
```

Le mot clé **struct** introduit la définition de la structure **Carte**. L'identifiant **Carte** est le *nom de la structure* et est utilisé en C++ pour déclarer les variables du *type de la structure* (en C, le nom du type de la structure précédente est **struct Carte**). Dans cet exemple, le type de structure est **Carte**. Les données – et, éventuellement, les fonctions comme dans le cas des classes – déclarées à l'intérieur des accolades de la définition de la structure sont les *membres* de cette structure. Les membres de la même structure doivent porter des noms uniques, mais deux structures différentes peuvent contenir des membres de même nom sans qu'il y ait conflit. Chaque définition de structure se termine obligatoirement par un point virgule.

Erreur de programmation courante 16.1

Oublier le point virgule à la fin d'une définition de structure est une erreur.

La définition de **Carte** contient deux membres de type **char** *: **figure** et **couleur**. Les membres d'une structure peuvent être des variables des types de données de base, c'est-à-dire **int**, **double** et ainsi de suite, ou des agrégats, comme des tableaux ou d'autres structures. Au chapitre 4, nous avons vu que tous les éléments d'un tableau devaient être du même type. Les membres de données d'une structure, en revanche, peuvent être de types de données variés. Par exemple, une structure **Employe** peut renfermer des membres de type chaîne de caractères pour le prénom et le nom, un membre **int** pour l'âge, un membre **char** contenant **'M'** ou **'F'** pour le sexe de l'employé, un membre **double** pour sa rémunération horaire et ainsi de suite.

Une structure ne peut contenir d'instance d'elle-même. Ainsi, une variable de structure **Carte** ne peut être déclarée dans la définition de la structure **Carte**. On peut toutefois inclure un pointeur vers une structure **Carte**. Une structure dont un membre est un pointeur vers le même type de structure est désignée par l'expression *structure autoréférentielle*. Ce genre de structure a été utilisé au chapitre 15 pour construire différentes sortes de structures de données chaînées.

La définition de structure précédente ne réserve aucun espace en mémoire, mais crée plutôt un nouveau type de données qui sera utilisé pour déclarer des variables de structure. Les variables de structure sont déclarées de la même façon que les variables des autres types. La ligne d'instruction suivante déclare **uneCarte** comme une variable de structure de type **Carte**, **jeu** comme un tableau de 52 éléments de type **Carte** et **cPtr** comme un pointeur vers une structure **Carte**:

```
Carte uneCarte, jeu[ 52 ], *cPtr;
```

On peut également déclarer les variables d'un type de structure donné en plaçant une liste de noms de variables séparés par des virgules entre l'accolade de fin de la définition de la structure et le point virgule de clôture de cette définition. Ainsi, nous aurions pu incorporer la déclaration précédente dans la définition de la structure **Carte**, comme suit:

```
struct Carte {
   char *figure;
   char *couleur;
} uneCarte, jeu[ 52 ], *cPtr;
```

Le nom de la structure est facultatif. Si une définition de structure ne contient pas de nom de structure, les variables du type de cette structure ne peuvent être déclarées que dans la définition de la structure et non dans une déclaration distincte.

Bonne pratique de programmation 16.1

Lorsque vous créez un type de structure, fournissez un nom de structure. Ce nom est pratique pour déclarer ultérieurement de nouvelles variables de ce type dans le même programme; il est même exigé si une structure de ce type doit être passée en paramètre à une fonction.

Les seules opérations prédéfinies autorisées sur les structures sont l'affectation d'une structure à une structure du même type, la prise de l'adresse (**&**) d'une structure, l'accès aux membres d'une structure (voir le chapitre 6, *Classes et abstraction de données*) et l'utilisation de l'opérateur **sizeof** pour déterminer la taille de la structure. Comme c'est le cas avec les classes, la plupart des opérateurs peuvent être surchargés pour fonctionner avec des objets du type structure.

Les membres d'une structure ne sont pas nécessairement stockés dans des octets consécutifs de la mémoire. Il y a parfois des sortes de «trous» dans une structure parce que les ordinateurs peuvent stocker des types de données spécifiques seulement à certaines limites de la mémoire telles que le demi-mot, le mot ou le double-mot. Un mot est une unité de mémoire standard servant à stocker des données dans un ordinateur et est habituellement représenté par 2 ou 4 octets. Considérons la définition de structure suivante, où les variables (des objets réels, en fait) **echantillon1** et **echantillon2** du type **Exemple** sont déclarées:

```
struct Exemple {
    char c;
    int i;
} echantillon1, echantillon2;
```

Un ordinateur fonctionnant avec des mots de 2 octets peut réclamer que chacun des membres de **Exemple** soient alignés à la limite du mot, c'est-à-dire au début d'un mot (ceci est strictement dépendant de la machine). La figure 16.1 montre un exemple d'alignement de stockage pour un objet du type **Exemple** qui reçoit le caractère **'a'** et l'entier **97** (la représentation en bits des valeurs est également montrée). Si les membres sont mémorisés à partir des limites de mots, il en résulte un trou d'un octet (l'octet 1 dans la figure) dans le stockage des objets de type **Exemple**. La valeur de l'octet dans le trou n'est pas définie. Si les valeurs des membres **echantillon1** et **echantillon2** sont en fait égales, les structures ne correspondent pas nécessairement, parce qu'il est peu probable que les octets de ces trous contiennent des valeurs identiques.

Erreur de programmation courante 16.2

Comparer des structures est une erreur de syntaxe parce que les contraintes d'alignement peuvent varier selon les systèmes.

Astuce sur la portabilité 16.1

La taille des éléments de données d'un type déterminé et les considérations d'alignement de stockage dépendant de la machine, il en va de même de la représentation d'une structure.

Octet	**0**		**1**	**2**	**3**
	01100001			00000000	01100001

Figure 16.1   Une possibilité d'alignement de stockage pour une variable de type **Exemple** montrant une zone non définie en mémoire.

16.3 Initialiser des structures

On peut initialiser les structures comme les tableaux, c'est-à-dire au moyen de listes d'initialisations. Pour initialiser une structure, il suffit de faire suivre le nom de la variable dans la déclaration de la structure par un signe égal, suivi d'une liste d'initialiseurs séparés par des virgules. Ainsi, la déclaration suivante crée une variable **uneCarte** de la structure **Carte** définie précédemment, en initialise le membre **figure** à **"Trois"** et le membre **couleur** à **"Coeur"**:

```
Carte uneCarte = { "Trois", "Coeur" };
```

Si la déclaration compte moins d'initialiseurs qu'il n'y a de membres dans la structure, les membres restants sont automatiquement initialisés à **0**. Les variables de structure déclarées en dehors d'une définition de fonction, c'est-à-dire de manière externe, sont initialisées à **0** si elles ne sont pas explicitement initialisées dans la déclaration externe. On peut également initialiser les variables de structure dans des instructions d'affectation, soit en affectant une variable de structure de même type ou en affectant des valeurs aux membres de données individuels de la structure.

16.4 Utiliser les structures avec des fonctions

Deux méthodes permettent de passer à des fonctions les informations contenues dans les structures: on peut soit passer la totalité de la structure, soit en passer les membres individuels. Par défaut, les données (sauf les membres individuels des tableaux) sont passées par valeur. Les structures et leurs membres peuvent aussi être passés par référence, au moyen de références ou de pointeurs.

Pour passer une structure par référence, il suffit de transmettre l'adresse de la variable de structure ou une référence à cette variable. Les tableaux de structures, comme les autres tableaux, sont passés automatiquement par référence.

Au chapitre 4, nous avons montré qu'il était possible de passer un tableau par valeur à une fonction en utilisant une structure. Pour passer un tableau par valeur, il suffit de créer une structure ou une classe avec le tableau comme membre. Comme les structures sont transmises par valeur, le tableau l'est également.

Erreur de programmation courante 16.3

Supposer que les structures sont, comme les tableaux, passées automatiquement par référence, puis tenter de modifier les valeurs de la structure dans la fonction appelée est une erreur.

Astuce sur la performance 16.1

Passer des structures – surtout les grandes structures – par référence est plus efficace que les passer par valeur, car le passage par valeur implique la copie de la totalité de ces structures.

16.5 **Typedef**

Le mot-clé **typedef** fournit un mécanisme de création de synonymes (ou alias) pour des types de données définis au préalable. Les noms des types de structures sont souvent déclarés avec **typedef** pour créer des noms de types plus courts ou plus lisibles. Par exemple, l'instruction suivante définit le nouveau type **PtrCarte** comme un synonyme du type **Carte *** :

```
typedef Carte *PtrCarte;
```

Bonne pratique de programmation 16.2

Dans un **typedef**, *mettez les noms en majuscules afin de bien montrer qu'ils sont des synonymes d'autres noms de types.*

La création d'un nouveau nom à l'aide de **typedef** ne crée pas pour autant un nouveau type de données; **typedef** crée simplement un nouveau nom de type, que le programme pourra ensuite utiliser comme un alias du nom existant.

On peut également utiliser **typedef** pour créer des synonymes des types de données prédéfinis. Par exemple, un programme qui nécessite des entiers sur 4 octets peut utiliser le type **int** sur un système et le type **long int** sur un autre système qui ne dispose, lui, que d'entiers sur 2 octets. Les programmes conçus dans une optique de portabilité peuvent employer **typedef** pour créer un alias comme **Integer** pour gérer des entiers sur 4 octets. **Integer** peut alors recevoir un alias vers **int** sur les systèmes ayant des entiers à 4 octets, et un autre alias vers **long int** sur les systèmes ayant des entiers sur 2 octets mais où les valeurs des **long int** occupent 4 octets. Par la suite, le programmeur qui écrit du code portable n'a qu'à simplement déclarer toutes les variables à 4 octets comme étant du type **Integer**.

Astuce sur la portabilité 16.2

*L'emploi de **typedef** peut aider à améliorer la portabilité des programmes.*

16.6 Exemple: simulation de brassage et de distribution de cartes à hautes performances

Le programme de la figure 16.2 est basé sur la simulation de brassage et de distribution de cartes évoquée au chapitre 5. Le programme représente le jeu de cartes comme un tableau de structures et utilise des algorithmes performants de brassage et de distribution. La figure 6.3 montre les résultats de l'exécution de ce programme.

```cpp
1   // Figure 16.2: fig16_02.cpp
2   // Brassage et distribution de cartes à jouer, utilisant des structures.
3   #include <iostream>
4
5   using std::cout;
6   using std::cin;
7   using std::endl;
8   using std::ios;
9
10  #include <iomanip>
11
12  using std::resetiosflags;
13  using std::setiosflags;
14  using std::setw;
15
16  #include <cstdlib>
17  #include <ctime>
18
19  struct Carte {
20     char *figure;
21     char *couleur;
22  };
23
24  void remplirJeu( Carte * const, char *[], char *[] );
25  void brasser( Carte * const );
26  void distribuer( Carte * const );
27
28  int main()
29  {
30     Carte jeu[ 52 ];
31     char *figure[] = { "As", "Deux", "Trois", "Quatre", "Cinq",
32                        "Six", "Sept", "Huit", "Neuf", "Dix",
33                        "Valet", "Dame", "Roi" };
34     char *couleur[] = { "Coeur", "Carreau", "Trèfle", "Pique" };
35
36     srand( time( 0 ) );              // Générer un premier nombre aléatoire.
37     remplirJeu( jeu, figure, couleur );
38     brasser( jeu );
39     distribuer( jeu );
```

Figure 16.2   Simulation performante de brassage et distribution de cartes. (1 de 2)

```
40        return 0;
41    }
42
43    void remplirJeu( Carte * const wJeu, char *wFigure[], char *wCouleur[] )
44    {
45        for ( int i = 0; i < 52; i++ ) {
46            wJeu[ i ].figure = wFigure[ i % 13 ];
47            wJeu[ i ].couleur = wCouleur[ i / 13 ];
48        }
49    }
50
51    void brasser( Carte * const wJeu )
52    {
53        for ( int i = 0; i < 52; i++ ) {
54            int j = rand() % 52;
55            Carte temp = wJeu[ i ];
56            wJeu[ i ] = wJeu[ j ];
57            wJeu[ j ] = temp;
58        }
59    }
60
61    void distribuer( Carte * const wJeu )
62    {
63        for ( int i = 0; i < 52; i++ )
64            cout << resetiosflags( ios::left )
65                << setw( 6 ) << wJeu[ i ].figure << " de "
66                << setiosflags( ios::left )
67                << setw( 8 ) << wJeu[ i ].couleur
68                << ( ( i + 1 ) % 2 ? '\t': '\n' );
69    }
```

Figure 16.2   Simulation performante de brassage et distribution de cartes. (2 de 2)

Dans ce programme, la fonction **remplirJeu** initialise le tableau de cartes **Carte** dans l'ordre, avec des chaînes de caractères représentant de l'as au roi de chaque couleur. Le tableau **Carte** est passé à la fonction **brasser** où l'algorithme de brassage à haute performance est implanté. La fonction **brasser** reçoit un tableau de 52 structures **Carte** en argument. La fonction boucle parmi les 52 **Carte** (indices 0 à 51 du tableau). Pour chacune des cartes, un nombre compris entre 0 et 51 est pris au hasard. La structure **Carte** en cours et la structure **Carte** sélectionnée au hasard sont ensuite remplacées l'une par l'autre dans le tableau. Au total, 52 remplacements sont effectués en une seule passe sur tout le tableau de structures **Carte**, et le tableau est ainsi brassé! Cet algorithme ne souffre nullement d'ajournements indéfinis comme l'algorithme de brassage présenté au chapitre 5. Comme les structures **Carte** ont été remplacées l'une par l'autre, à leur place dans le tableau, l'algorithme de distribution à haute performance mis en place dans la fonction **distribuer** ne requiert plus qu'une seule passe sur la totalité du tableau pour distribuer correctement les cartes mélangées.

Erreur de programmation courante 16.4

Oublier d'inclure l'indice de tableau lors de l'appel de structures individuelles dans un tableau de structures est une erreur.

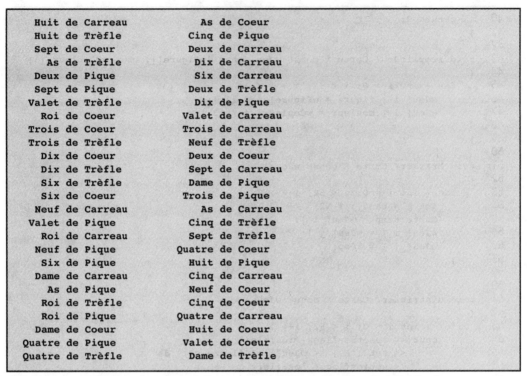

Huit de Carreau	As de Coeur
Huit de Trèfle	Cinq de Pique
Sept de Coeur	Deux de Carreau
As de Trèfle	Dix de Carreau
Deux de Pique	Six de Carreau
Sept de Pique	Deux de Trèfle
Valet de Trèfle	Dix de Pique
Roi de Coeur	Valet de Carreau
Trois de Coeur	Trois de Carreau
Trois de Trèfle	Neuf de Trèfle
Dix de Coeur	Deux de Coeur
Dix de Trèfle	Sept de Carreau
Six de Trèfle	Dame de Pique
Six de Coeur	Trois de Pique
Neuf de Carreau	As de Carreau
Valet de Pique	Cinq de Trèfle
Roi de Carreau	Sept de Trèfle
Neuf de Pique	Quatre de Coeur
Six de Pique	Huit de Pique
Dame de Carreau	Cinq de Carreau
As de Pique	Neuf de Coeur
Roi de Trèfle	Cinq de Coeur
Roi de Pique	Quatre de Carreau
Dame de Coeur	Huit de Coeur
Quatre de Pique	Valet de Coeur
Quatre de Trèfle	Dame de Trèfle

Figure 16.3   Résultats de la simulation performante de brassage et distribution de cartes à jouer.

16.7 Opérateurs binaires

Le C++ fournit des possibilités étendues de manipulation de bits aux programmeurs qui doivent descendre au niveau dit des «bits et octets». Les systèmes d'exploitation, les logiciels des appareils de test, les logiciels réseau et bien d'autres sortes de logiciels exigent que le programmeur puisse communiquer directement avec le matériel. Cette section et celles qui suivent portent sur les possibilités de manipulation des bits du C++. Nous introduisons chacun des nombreux opérateurs de niveau bits du C++ et voyons comment économiser la mémoire au moyen des champs de bits.

Dans un ordinateur, toutes les données sont représentées comme des séquences de bits. Chaque bit peut prendre la valeur **0** ou **1**. Dans la plupart des systèmes, une séquence de 8 bits forme un octet, ce qui correspond en pratique à l'unité de stockage normale d'une variable de type **char**. Les autres types de données sont stockés dans de plus grands nombres d'octets. On utilise les opérateurs binaires pour manipuler les bits des opérandes intégraux (**char**, **short**, **int** et **long**, autant **signed** que **unsigned**). Les entiers non signés (*unsigned*) sont normalement utilisés avec les opérateurs binaires.

 Astuce sur la portabilité 16.3

Les manipulations binaires sont dépendantes de la machine.

Remarquez que, lorsque cette section évoque les opérateurs binaires, c'est en montrant les représentations binaires des opérandes entiers. L'annexe C, *Systèmes de numération*, propose des informations plus détaillées à propos du système de nombres binaire, appelé aussi «en base 2». Comme les manipulations binaires dépendent de la machine, certains parmi ces programmes peuvent ne pas fonctionner sur votre ordinateur.

Les opérateurs binaires sont: le *ET binaire* (**&**), le *OU inclusif binaire* (**|**), le *OU exclusif binaire* (**^**), le *décalage à gauche* (**<<**), le *décalage à droite* (**>>**) et le *complément* (**~**). (Remarquez que nous avons déjà utilisé **&**, **<<** et **>>** à d'autres fins. Ceci est un exemple classique de surcharge des opérateurs.) Les opérateurs ET binaire, OU inclusif binaire et OU exclusif binaire comparent leurs deux opérandes bit par bit. L'opérateur ET binaire met à 1 chacun des bits du résultat si le bit correspondant des deux opérandes est à 1. L'opérateur OU inclusif binaire met chacun des bits du résultat à 1 si le bit correspondant de l'un, de l'autre ou des deux opérandes est à 1. L'opérateur OU exclusif binaire met chacun des bits du résultat à 1 si le bit correspondant d'un et un seul des opérandes est à 1. L'opérateur de décalage à gauche déplace vers la gauche les bits de son opérande gauche du nombre de bits spécifié par son opérande de droite. L'opérateur de décalage à droite déplace vers la droite les bits de son opérande gauche du nombre de bits spécifié par son opérande de droite. L'opérateur de complément binaire met à 0 tous les bits du résultat dont les correspondants de son opérande sont à 1 et met à 1 tous les bits du résultat dont les correspondants de son opérande sont à 0. Une présentation détaillée de chacun des opérateurs binaires est proposée dans les exemples suivants. Les opérateurs binaires sont résumés à la figure 16.4.

Opérateur	Nom	Description
&	ET binaire	Les bits du résultat sont mis à **1** si les bits correspondants dans les deux opérandes sont à **1**.
|	OU inclusif binaire	Les bits du résultat sont mis à **1** si au moins un des bits correspondants des deux opérandes est à **1**.
^	OU exclusif binaire	Les bits du résultat sont mis à **1** si exactement un des bits correspondants des deux opérandes est à **1**.
<<	décalage à gauche	Décale les bits du premier opérande vers la gauche du nombre de bits indiqué dans le second opérande; remplit les bits qui apparaissent à droite avec des bits **0**.
>>	décalage à droiteavec report du signe	Décale les bits du premier opérande vers la droite du nombre de bits spécifié par le second opérande; la méthode de remplissage des bits qui apparaissent à gauche dépend de la machine.
~	complément à un	Tous les bits **0** sont mis à **1** et tous les bits **1** sont mis à **0**.

Figure 16.4   Les opérateurs binaires.

Lorsqu'on se sert des opérateurs binaires, il est parfois utile d'afficher des valeurs dans leur représentation binaire pour illustrer l'effet précis de ces opérateurs. Le programme de la figure 16.5 affiche un entier **unsigned** dans sa représentation binaire, constituée de groupes de 8 bits chacun. La fonction **afficherBits** utilise l'opérateur ET binaire pour combiner la variable **valeur** avec la constante **MASQUE**. L'opérateur ET binaire est souvent employé avec un opérande désigné sous le terme de *masque*, c'est-à-dire une valeur entière dont des bits bien spécifiques sont mis à **1**. Les masques sont utilisés pour cacher certains bits d'une valeur et pour sélectionner d'autres bits de cette même valeur. Dans **afficherBits**, la constante **MASQUE** reçoit la valeur

```
1 << DECALAGE
```

et la constante **DECALAGE** reçoit le résultat de

```
8 * sizeof( unsigned ) -1
```

```cpp
1   // Figure 16.5: fig16_05.cpp
2   // Afficher un entier unsigned sous la forme de bits.
3   #include <iostream>
4
5   using std::cout;
6   using std::cin;
7   using std::endl;
8
9   #include <iomanip>
10
11  using std::setw;
12
13  void afficherBits( unsigned );
14
15  int main()
16  {
17     unsigned x;
18
19     cout << "Entrez un entier non signé:  ";
20     cin >> x;
21     afficherBits( x );
22     return 0;
23  }
24
25  void afficherBits( unsigned valeur )
26  {
27     const int DECALAGE = 8 * sizeof( unsigned ) - 1;
28     const unsigned MASQUE = 1 << DECALAGE;
29
30     cout << setw( 7 ) << valeur << " = ";
31
32     for ( unsigned c = 1; c <= DECALAGE + 1; c++ ) {
33        cout << ( valeur & MASQUE ? '1': '0' );
34        valeur <<= 1;
35
36        if ( c % 8 == 0 )
37           cout << ' ';
38     }
39
40     cout << endl;
41  }
```

```
Entrez un entier non signé:  65000
65000 = 000000000 000000000 11111101 11101000
```

Figure 16.5   Afficher un entier non signé sous forme de bits.

Cette expression multiplie le nombre d'octets qu'un **unsigned** requiert par **8** pour obtenir le nombre total de bits, puis en soustrait **1**. La représentation en bits de **1 << DECALAGE** vaut:

10000000 00000000 00000000 00000000

L'opérateur de décalage à gauche déplace la valeur **1** du bit le moins significatif (le plus à droite) vers le bit le plus significatif (le plus à gauche) dans **MASQUE** et remplit de **0** les bits à partir de la droite.

L'instruction suivante détermine si un **1** ou un **0** doit être affiché pour le bit actuel le plus à gauche de la variable **valeur**:

```
cout << ( valeur & MASQUE ? '1': '0' );
```

Supposons que la variable **valeur** contienne **65000** (soit 00000000 00000000 **11111101 11101000**). Lorsque **valeur** et **MASQUE** sont combinés à l'aide de **&**, tous les bits, sauf le bit le plus significatif de la variable **valeur**, sont «masqués» (cachés) parce que tout bit ET (binaire) **0** donne **0**. Si le bit le plus à gauche vaut **1**, **valeur & MASQUE** donne comme résultat

```
00000000 00000000 11111101 11101000          (valeur)
10000000 00000000 00000000 00000000          (MASQUE)
--------------------------------------
00000000 00000000 00000000 00000000          (valeur & MASQUE)
```

résultat interprété comme **false**, et l'affichage donne 0. La variable **valeur** est ensuite décalée à gauche d'un bit par l'entremise de l'expression **valeur <<= 1** (ce qui équivaut à l'affectation **valeur = valeur << 1**). Ces étapes sont ensuite répétées pour chacun des bits de la variable **valeur**. Finalement, un bit de valeur **1** est décalé dans l'emplacement du bit le plus à gauche et la manipulation de bits devient:

```
11111101 11101000 00000000 00000000          (valeur)
10000000 00000000 00000000 00000000          (MASQUE)
--------------------------------------
10000000 00000000 00000000 00000000          (valeur & MASQUE)
```

Comme les deux bits de gauche valent **1**, une valeur de **1** est affichée. La figure 16.6 résume les résultats de la combinaison de deux bits par l'opérateur ET binaire.

Erreur de programmation courante 16.5

*Utiliser l'opérateur ET logique (**&&**) à la place de l'opérateur ET binaire (**&**) et vice versa.*

Le programme de la figure 16.7 montre l'usage des opérateurs ET binaire, OU inclusif binaire, OU exclusif binaire et de complément à un binaire. Ce programme fait appel à la fonction **afficherBits** pour afficher les valeurs entières non signées. Les résultats sont montrés à la figure 16.8.

Bit 1	Bit 2	Bit 1 & Bit 2
0	0	0
1	0	0
0	1	0
1	1	1

Figure 16.6   Résultats de la combinaison de deux bits avec l'opérateur ET binaire (**&**).

```cpp
1    // Figure 16.7: fig16_07.cpp
2    // Usage des opérateurs ET binaire, OU inclusif binaire, OU exclusif
3    // binaire et de complément à un binaire.
4    #include <iostream>
5
6    using std::cout;
7    using std::cin;
8    using std::endl;
9
10   #include <iomanip>
11
12   using std::setw;
13
14   void afficherBits( unsigned );
15
16   int main()
17   {
18      unsigned nombre1, nombre2, masque, bitsActifs;
19
20      nombre1 = 2179876355;
21      masque = 1;
22      cout << "Le résultat de la combinaison des valeurs suivantes:\n";
23      afficherBits( nombre1 );
24      afficherBits( masque );
25      cout << "à l'aide de l'opérateur ET binaire & est:\n";
26      afficherBits( nombre1 & masque );
27
28      nombre1 = 15;
29      bitsActifs = 241;
30      cout << "\nLe résultat de la combinaison des valeurs suivantes:\n";
31      afficherBits( nombre1 );
32      afficherBits( bitsActifs );
33      cout << "à l'aide de l'opérateur OU inclusif binaire | est:\n";
34      afficherBits( nombre1 | bitsActifs );
35
36      nombre1 = 139;
37      nombre2 = 199;
38      cout << "\nLe résultat de la combinaison des valeurs suivantes:\n";
39      afficherBits( nombre1 );
40      afficherBits( nombre2 );
41      cout << "à l'aide de l'opérateur OU exclusif ^ est:\n";
42      afficherBits( nombre1 ^ nombre2 );
43
44      nombre1 = 21845;
45      cout << "\nLe complément à un de:\n";
46      afficherBits( nombre1 );
47      cout << "vaut:" << endl;
48      afficherBits( ~nombre1 );
49
50      return 0;
51   }
```

Figure 16.7   Utilisation des opérateurs ET binaire, OU inclusif binaire, OU exclusif binaire et de complément à un binaire. (1 de 2)

```
52
53   void afficherBits( unsigned valeur )
54   {
55      const int DECALAGE = 8 * sizeof( unsigned ) -1;
56      const unsigned MASQUE = 1 << DECALAGE;
57
58      cout << setw( 10 ) << (unsigned short int) valeur << " = ";
59
60      for ( unsigned c = 1; c <= DECALAGE + 1; c++ ) {
61         cout << ( valeur & MASQUE ? '1': '0' );
62         valeur <<= 1;
63
64         if ( c % 8 == 0 )
65            cout << ' ';
66      }
67
68      cout << endl;
69   }
```

Figure 16.7   Utilisation des opérateurs ET binaire, OU inclusif binaire, OU exclusif binaire et de complément à un binaire. (2 de 2)

```
Le résultat de la combinaison des valeurs suivantes:
 2179876355 = 10000001 11101110 01000110 00000011
          1 = 00000000 00000000 00000000 00000001
à l'aide de l'opérateur ET binaire & est:
          1 = 00000000 00000000 00000000 00000001

Le résultat de la combinaison des valeurs suivantes:
         15 = 00000000 00000000 00000000 00001111
        241 = 00000000 00000000 00000000 11110001
à l'aide de l'opérateur OU inclusif binaire | est:
        255 = 00000000 00000000 00000000 11111111

Le résultat de la combinaison des valeurs suivantes:
        139 = 00000000 00000000 00000000 10001011
        199 = 00000000 00000000 00000000 11000111
à l'aide de l'opérateur OU exclusif ^ est:
         76 = 00000000 00000000 00000000 01001100

Le complément à un de:
      21845 = 00000000 00000000 01010101 01010101
vaut:
 4294945450 = 11111111 11111111 10101010 10101010
```

Figure 16.8   Affichage résultant du programme de la figure 16.7.

À la figure 16.7, la variable **masque** reçoit la valeur **1** (**00000000 00000000 00000000 00000001**) et la variable **nombre1** reçoit la valeur **2179876355** (**10000001 11101110 01000110 00000011**). Lorsque **masque** et **nombre1** sont combinés à l'aide de l'opérateur ET binaire (**&**) dans l'expression **nombre1 & masque**, le résultat donne **00000000 00000000 00000000 00000001**. Tous les bits sauf le bit le moins significatif de la variable **nombre1** sont masqués par l'opération ET binaire avec la variable **masque**.

L'opérateur OU inclusif binaire est utilisé pour mettre à **1** des bits bien spécifiques d'un opérande. À la figure 16.7, la variable **nombre1** reçoit la valeur **15** (**00000000 00000000 00000000 00001111**) et la variable **bitsActifs** reçoit la valeur **241** (**00000000 00000000 00000000 11110001**). Lorsque **nombre1** et **bitsActifs** sont combinées par l'opérateur OU binaire dans l'expression **nombre1 | bitsActifs**, le résultat donne **255** (**00000000 00000000 00000000 11111111**). La figure 16.9 résume les résultats de la combinaison de deux bits par l'opérateur OU inclusif binaire.

Erreur de programmation courante 16.6

L'utilisation de l'opérateur OU logique (||) au lieu de l'opérateur OU binaire (|) et vice versa.

L'opérateur OU exclusif binaire (^) met à **1** chaque bit du résultat si *exactement* un des bits correspondants de ses deux opérandes est à un. À la figure 16.7, les variables **nombre1** et **nombre2** reçoivent respectivement les valeurs **139** (**00000000 00000000 00000000 10001011**) et **199** (**00000000 00000000 00000000 11000111**). Lorsque ces deux variables sont combinées par l'opérateur OU exclusif binaire dans l'expression **nombre1 ^ nombre2**, le résultat donne **00000000 00000000 00000000 01001100**. La figure 16.10 résume les résultats de la combinaison de deux bits par l'opérateur OU exclusif binaire.

L'opérateur de complément *binaire* (~) met les bits de son résultat à **1** lorsqu'ils sont à **0** dans son opérande et met à **0** les bits de son résultat lorsque ceux de son opérande sont à **1**. On dit dans ce cas que l'opérateur «prend le *complément à un* de la valeur». À la figure 16.7, la variable **nombre1** reçoit la valeur **21845** (**00000000 00000000 01010101 01010101**). Lorsque l'expression **~nombre1** est évaluée, le résultat vaut (**00000000 00000000 10101010 10101010**).

Bit 1	Bit 2	Bit 1 | Bit 2
0	0	0
1	0	1
0	1	1
1	1	1

Figure 16.9   Résultats de la combinaison de deux bits par l'opérateur OU inclusif binaire (|).

Bit 1	Bit 2	Bit 1 ^ Bit 2
0	0	0
1	0	1
0	1	1
1	1	0

Figure 16.10   Résultats de la combinaison de deux bits par l'opérateur OU exclusif binaire (^).

Le programme de la figure 16.11 illustre le fonctionnement de l'opérateur de décalage à gauche (**<<**) et l'opérateur de décalage à droite (**>>**). La fonction **afficherBits** est utilisée pour afficher les valeurs entières non signées.

```cpp
1   // Figure 16.11: fig16_11.cpp
2   // Utilisation des opérateurs de décalage binaires.
3   #include <iostream>
4
5   using std::cout;
6   using std::cin;
7   using std::endl;
8
9   #include <iomanip>
10
11  using std::setw;
12
13  void afficherBits( unsigned );
14
15  int main()
16  {
17      unsigned nombre1 = 960;
18
19      cout << "Le résultat du décalage à gauche de:\n";
20      afficherBits( nombre1 );
21      cout << "de 8 positions de bit à l'aide de l'opérateur "
22          << "<< de décalage à gauche est:\n";
23      afficherBits( nombre1 << 8 );
24      cout << "\nLe résultat du décalage à droite de:\n";
25      afficherBits( nombre1 );
26      cout << "de 8 positions de bit à l'aide de l'opérateur "
27          << ">> de décalage à droite est:\n";
28      afficherBits( nombre1 >> 8 );
29      return 0;
30  }
31
32  void afficherBits( unsigned valeur )
33  {
34      const int DECALAGE = 8 * sizeof( unsigned ) - 1;
35      const unsigned MASQUE = 1 << DECALAGE;
36
37      cout << setw( 7 ) << valeur << " = ";
38
39      for ( unsigned c = 1; c <= DECALAGE + 1; c++ ) {
40          cout << ( valeur & MASQUE ? '1': '0' );
41          valeur <<= 1;
42
43          if ( c % 8 == 0 )
44              cout << ' ';
45      }
46
47      cout << endl;
48  }
```

Figure 16.11 Utilisation des opérateurs de décalage binaires. (1 de 2)

```
Le résultat du décalage à gauche de:
   960 = 00000000 00000000 00000011 11000000
de 8 positions de bit à l'aide de l'opérateur << de décalage à gauche est:
  245760 = 00000000 00000011 11000000 00000000

Le résultat du décalage à droite de:
   960 = 00000000 00000000 00000011 11000000
de 8 positions de bit à l'aide de l'opérateur >> de décalage à droite est:
      3 = 00000000 00000000 00000000 00000011
```

Figure 16.11   Utilisation des opérateurs de décalage binaires. (2 de 2)

L'opérateur de décalage à gauche (**<<**) décale les bits de son opérande de gauche vers la gauche du nombre de bits spécifié dans son opérande de droite. Les bits rendus vacants sur la droite sont remplacés par des **0**; les **1** décalés en dehors par la gauche sont perdus. Dans le programme de la figure 16.11, la variable **nombre1** reçoit la valeur **960** (**00000000 00000000 00000011 11000000**). Le résultat du décalage à gauche de la variable **nombre1** sur 8 bits dans l'expression **nombre1 << 8** vaut **245760** (**00000000 00000011 11000000 00000000**).

L'opérateur de décalage à droite (**>>**) décale les bits de son opérande de gauche vers la droite du nombre de bits spécifié dans son opérande de droite. L'exécution d'un décalage à droite sur un nombre entier non signé provoque le remplacement des bits vacants de la gauche par des **0**. Les **1** rejetés à la droite sont perdus. Dans le programme de la figure 16.11, le résultat du décalage à droite de **nombre1** par l'expression **nombre1 >> 8** vaut **3** (**00000000 00000000 00000000 00000011**).

Erreur de programmation courante 16.7

Le résultat du décalage d'une valeur est indéfini si l'opérande de droite est négatif ou si l'opérande de droite a une valeur supérieure au nombre de bits dans lesquels l'opérande de gauche est stocké.

Astuce sur la portabilité 16.4

Le résultat du décalage à droite d'une valeur signée dépend de la machine. Certains ordinateurs remplissent les bits vacants par des zéros; d'autres les remplissent avec le bit du signe.

Chacun des opérateurs binaires, sauf l'opérateur de complément binaire, dispose d'un opérateur d'affectation correspondant. Ces *opérateurs d'affectation binaires* sont repris à la figure 16.12 et s'utilisent d'une manière semblable aux opérateurs d'affectation arithmétiques introduits au chapitre 2.

Opérateurs d'affectation binaires

&=	Opérateur d'affectation ET binaire.
|=	Opérateur d'affectation OU inclusif binaire.
^=	Opérateur d'affectation OU exclusif binaire.
<<=	Opérateur d'affectation de décalage à gauche.
>>=	Opérateur d'affectation de décalage à droite avec extension du signe.

Figure 16.12   Les opérateurs d'affectation binaires.

La figure 16.13 montre la préséance et l'associativité des différents opérateurs présentés jusqu'ici. Ils sont ici répertoriés de haut en bas, par ordre décroissant de préséance.

Opérateurs	Associativité	Type
`::` (unaire; de droite à gauche) `::` (binaire; de gauche à droite)	de gauche à droite	le plus haut
`()` `[]` `.` `->` `++` `--` `static_cast<`*type*`>()`	de gauche à droite	expression postfixe
`++` `--` `+` `-` `!` `delete` `sizeof` `*` `&` `new`	de droite à gauche	unaire
`*` `/` `%`	de gauche à droite	multiplicatif
`+` `-`	de gauche à droite	additif
`<<` `>>`	de gauche à droite	décalage
`<` `<=` `>` `>=`	de gauche à droite	relationnel
`==` `!=`	de gauche à droite	égalité
`&`	de gauche à droite	ET binaire
`^`	de gauche à droite	OU exclusif binaire
`|`	de gauche à droite	OU binaire
`&&`	de gauche à droite	ET logique
`||`	de gauche à droite	OU logique
`?:`	de droite à gauche	conditionnel
`=` `+=` `-=` `*=` `/=` `%=` `&=` `|=` `^=` `<<=` `>>=`	de droite à gauche	affectation
`,`	de gauche à droite	virgule

Figure 16.13   Préséance et associativité des opérateurs.

16.8 Champs de bits

Le C++ offre la possibilité de spécifier le nombre de bits dans lesquels est stocké un membre **unsigned** ou **int** d'une classe, d'une structure (ou d'une **union**, comme nous le verrons au chapitre 18, *Concepts liés à l'héritage du C*). On désigne un tel membre par l'expression *champ de bits*. Les champs de bits permettent une meilleure exploitation de la mémoire en stockant des données dans le nombre minimal de bits requis. Les membres de champ de bits *doivent* être déclarés comme des **int** ou des **unsigned**.

Astuce sur la performance 16.2

 Les champs de bits permettent de préserver l'espace de stockage.

Considérons la définition de structure suivante:

```
struct CarteDeBits {
    unsigned figure: 4;
    unsigned couleur: 2;
    unsigned teinte: 1;
};
```

Cette définition contient trois champs de bits de type **unsigned** – **figure**, **couleur** et **teinte** – qui servent à représenter une carte dans un jeu de 52 cartes. On déclare un champ de bits en faisant suivre un membre **unsigned** ou **int** d'un double point (**:**) et d'une constante entière représentant la *largeur du champ* (c'est-à-dire le nombre de bits dans lesquels le membre est stocké). La largeur doit être une constante entière comprise entre **0** et le nombre total de bits utilisés pour stocker un **int** sur le système.

La définition de structure précédente indique que le membre **figure** est enregistré dans 4 bits, que le membre **couleur** est enregistré dans 2 bits et que le membre **teinte** n'a besoin que d'un seul bit. Le nombre de bits est basé sur la plage de valeurs désirées pour chacun des membres d'une structure. Le membre **figure** peut stocker les valeurs comprises entre **0** (as) et **12** (roi) puisque 4 bits peuvent stocker une valeur comprise entre **0** et **15**. Le membre **couleur** stocke les valeurs comprises entre **0** et **3** (**0** = Carreau, **1** = Cœur, **2** = Trèfle et **3** = Pique), puisque 2 bits peuvent stocker des valeurs comprises entre **0** et **3**. Enfin, le membre **teinte** mémorise soit **0** (rouge), soit **1** (noir) car 1 bit peut contenir soit **0**, soit **1**.

Le programme de la figure 16.14 (dont la figure 16.15 présente les résultats) crée un tableau **jeu** contenant 52 structures **CarteDeBits**. La fonction **remplirJeu** insère les 52 cartes dans le tableau **jeu** et la fonction **distribuer** affiche les 52 cartes. Notez que les champs de bits, membres de la structure, sont atteints exactement de la même manière que n'importe quel autre membre d'une structure. Le membre **teinte** est inclus comme une indication de la teinte de la carte sur un système qui permet l'affichage des couleurs.

```cpp
1   // Figure 16.14: fig16_14.cpp
2   // Exemple utilisant un champ de bits.
3   #include <iostream>
4
5   using std::cout;
6   using std::endl;
7
8   #include <iomanip>
9
10  using std::setw;
11
12  struct CarteDeBits {
13     unsigned figure: 4;
14     unsigned couleur: 2;
15     unsigned teinte: 1;
16  };
17
18  void remplirJeu( CarteDeBits * const );
19  void distribuer( const CarteDeBits * const );
20
21  int main()
22  {
23     CarteDeBits jeu[ 52 ];
24
25     remplirJeu( jeu );
26     distribuer( jeu );
27     return 0;
28  }
29
```

Figure 16.14   Utilisation de champs de bits pour stocker un jeu de cartes. (1 de 2)

```
30    void remplirJeu( CarteDeBits * const wJeu )
31    {
32       for ( int i = 0; i <= 51; i++ ) {
33          wJeu[ i ].figure = i % 13;
34          wJeu[ i ].couleur = i / 13;
35          wJeu[ i ].teinte = i / 26;
36       }
37    }
38
39    // Afficher les cartes en 2 colonnes. Les cartes 0 à 25 sont indicées
40    // par k1 (colonne 1). Les cartes 26-51 sont indicées par k2 (col. 2).
41    void distribuer( const CarteDeBits * const wJeu )
42    {
43       for ( int k1 = 0, k2 = k1 + 26; k1 <= 25; k1++, k2++ ) {
44          cout << "Carte:" << setw( 3 ) << wJeu[ k1 ].figure
45             << " Couleur:" << setw( 2 ) << wJeu[ k1 ].couleur
46             << " Teinte:" << setw( 2 ) << wJeu[ k1 ].teinte
47             << "   " << "Carte:" << setw( 3 ) << wJeu[ k2 ].figure
48             << " Couleur:" << setw( 2 ) << wJeu[ k2 ].couleur
49             << " Teinte:" << setw( 2 ) << wJeu[ k2 ].teinte
50             << endl;
51       }
52    }
```

Figure 16.14   Utilisation de champs de bits pour stocker un jeu de cartes. (2 de 2)

```
Carte:  0 Couleur: 0 Teinte: 0    Carte:  0 Couleur: 2 Teinte: 1
Carte:  1 Couleur: 0 Teinte: 0    Carte:  1 Couleur: 2 Teinte:
Carte:  2 Couleur: 0 Teinte: 0    Carte:  2 Couleur: 2 Teinte: 1
Carte:  3 Couleur: 0 Teinte: 0    Carte:  3 Couleur: 2 Teinte: 1
Carte:  4 Couleur: 0 Teinte: 0    Carte:  4 Couleur: 2 Teinte: 1
Carte:  5 Couleur: 0 Teinte: 0    Carte:  5 Couleur: 2 Teinte: 1
Carte:  6 Couleur: 0 Teinte: 0    Carte:  6 Couleur: 2 Teinte: 1
Carte:  7 Couleur: 0 Teinte: 0    Carte:  7 Couleur: 2 Teinte: 1
Carte:  8 Couleur: 0 Teinte: 0    Carte:  8 Couleur: 2 Teinte: 1
Carte:  9 Couleur: 0 Teinte: 0    Carte:  9 Couleur: 2 Teinte: 1
Carte: 10 Couleur: 0 Teinte: 0    Carte: 10 Couleur: 2 Teinte: 1
Carte: 11 Couleur: 0 Teinte: 0    Carte: 11 Couleur: 2 Teinte: 1
Carte: 12 Couleur: 0 Teinte: 0    Carte: 12 Couleur: 2 Teinte: 1
Carte:  0 Couleur: 1 Teinte: 0    Carte:  0 Couleur: 3 Teinte: 1
Carte:  1 Couleur: 1 Teinte: 0    Carte:  1 Couleur: 3 Teinte: 1
Carte:  2 Couleur: 1 Teinte: 0    Carte:  2 Couleur: 3 Teinte: 1
Carte:  3 Couleur: 1 Teinte: 0    Carte:  3 Couleur: 3 Teinte: 1
Carte:  4 Couleur: 1 Teinte: 0    Carte:  4 Couleur: 3 Teinte: 1
Carte:  5 Couleur: 1 Teinte: 0    Carte:  5 Couleur: 3 Teinte: 1
Carte:  6 Couleur: 1 Teinte: 0    Carte:  6 Couleur: 3 Teinte: 1
Carte:  7 Couleur: 1 Teinte: 0    Carte:  7 Couleur: 3 Teinte: 1
Carte:  8 Couleur: 1 Teinte: 0    Carte:  8 Couleur: 3 Teinte: 1
Carte:  9 Couleur: 1 Teinte: 0    Carte:  9 Couleur: 3 Teinte: 1
Carte: 10 Couleur: 1 Teinte: 0    Carte: 10 Couleur: 3 Teinte: 1
Carte: 11 Couleur: 1 Teinte: 0    Carte: 11 Couleur: 3 Teinte: 1
Carte: 12 Couleur: 1 Teinte: 0    Carte: 12 Couleur: 3 Teinte: 1
```

Figure 16.15   Résultats du programme de la figure 16.14.

Il est possible de spécifier un *champ de bits non nommé*, auquel cas ce champ est utilisé comme *remplissage* de la structure. Si, par exemple, la définition de structure utilise un champ non nommé de 3 bits comme remplissage, alors rien ne peut être stocké dans ces trois bits. Le membre **b** est mémorisé dans une autre unité de stockage:

```
struct Exemple {
    unsigned a: 13;
    unsigned  : 3;
    unsigned b: 4;
};
```

Un *champ de bits non nommé* sert à aligner le champ de bits suivant dans les limites d'une nouvelle unité de stockage. Par exemple, la définition de la structure suivante utilise un champ de 0 bit non nommé pour éluder les bits restants (aussi nombreux soient-ils) de l'unité de stockage dans laquelle **a** est remisée, et aligner **b** sur la limite d'unité de stockage suivante:

```
struct Exemple {
    unsigned a: 13;
    unsigned  : 0;
    unsigned b: 4;
};
```

Astuce sur la portabilité 16.5

Les manipulations de champs de bits dépendent de la machine. Par exemple, certains ordinateurs permettent aux champs de bits de dépasser les limites du mot, mais d'autres pas.

Erreur de programmation courante 16.8

Tenter d'accéder aux bits individuels d'un champ de bits comme s'il s'agissait des éléments d'un tableau est une erreur. Les champs de bits ne sont pas des «tableaux de bits».

Erreur de programmation courante 16.9

*Tenter de prendre l'adresse d'un champ de bits est une erreur. En effet, on ne peut pas utiliser l'opérateur **&** avec des champs de bits, car ces derniers n'ont pas d'adresse.*

Astuce sur la performance 16.3

Même si les champs de bits économisent l'espace, leur utilisation peut obliger le compilateur à générer du code en langage machine d'exécution plus lente. Ceci se produit parce que l'accès à quelques portions seulement d'une unité de stockage adressable peut exiger des opérations supplémentaires en langage machine. Ceci est l'un des nombreux exemples de compromis espace-temps que l'on rencontre en informatique.

16.9 Bibliothèque de fonctions de manipulation de caractères

La plupart des données sont introduites dans un ordinateur sous la forme de caractères, ce qui englobe les lettres, les chiffres et divers symboles spéciaux. Cette section traite des possibilités du C++ d'examiner et de manipuler des caractères individuels. Quant au reste du chapitre, il poursuit l'étude de la manipulation des chaînes de caractères entamée au chapitre 5.

La bibliothèque de fonctions de manipulation de caractères contient plusieurs fonc-tions qui effectuent des tests et manipulations utiles de données de type caractères. Chaque fonction reçoit en argument un caractère, représenté par un **int** ou un **EOF**. Les caractères sont très souvent manipulés comme des entiers. N'oubliez pas que **EOF** a normalement la valeur –1 et que certaines architectures matérielles ne permettent pas de stocker des valeurs négatives dans des variables de type **char**. C'est pourquoi les fonctions de manipulation de caractères les gèrent comme des entiers. La figure 16.6 montre la synthèse des fonctions de manipulation de caractères. Lorsque vous utilisez des fonctions de cette bibliothèque, assurez-vous de bien inclure le fichier d'en-tête **<cctype>** dans vos programmes.

Le programme de la figure 16.17 illustre l'utilité des fonctions **isdigit**, **isalpha**, **isalnum** et **isxdigit**. La fonction **isdigit** détermine si son argument est un chiffre (de **0** à **9**). La fonction **isalpha** détermine si son argument est une lettre majuscule (de **A** à **Z**) ou une lettre minuscule (de **a** à **z**). La fonction **isalnum** détermine si son argument est une lettre majuscule, une lettre minuscule ou un chiffre. La fonction **isxdigit** détermine si son argument est un chiffre hexadécimal (de **A** à **F**, de **a** à **f** ou de **0** à **9**).

Prototype	Description
int isdigit (int c)	Retourne **true** si **c** est un chiffre et **false** dans le cas contraire.
int isalpha (int c)	Retourne **true** si **c** est une lettre et **false** dans le cas contraire.
int isalnum (int c)	Retourne **true** si **c** est un chiffre ou une lettre et **false** dans le cas contraire.
int isxdigit (int c)	Retourne **true** si **c** est un caractère de chiffre hexadécimal et **false** dans le cas contraire. (Voir l'annexe C, *Systèmes de numération*, pour une explication complète des nombres binaires, octaux, décimaux et hexadécimaux).
int islower (int c)	Retourne **true** si **c** est une lettre minuscule et **false** dans le cas contraire.
int isupper (int c)	Retourne **true** si **c** est une lettre majuscule ou **false** dans le cas contraire.
int tolower (int c)	Si **c** est une lettre majuscule, **tolower** retourne **c** sous forme d'une lettre en minuscule. Sinon, **tolower** retourne l'argument inchangé.
int toupper (int c)	Si **c** est une lettre minuscule, **toupper** retourne **c** sous la forme d'une lettre majuscule; sinon, **toupper** retourne l'argument inchangé.
int isspace (int c)	Retourne **true** si **c** est un caractère d'espacement, c'est-à-dire une nouvelle ligne (' **\n** '), un espace (' '), un saut de page (' **\f** '), un retour de chariot (' **\r** '), une tabulation horizontale (' **\t** ') ou verticale (' **\v** '), et **false** dans le cas contraire.
int iscntrl (int c)	Retourne **true** si **c** est un caractère de contrôle et **false** dans le cas contraire.
int ispunct (int c)	Retourne **true** si **c** est un caractère imprimable autre qu'un espace, un chiffre ou une lettre et **false** dans le cas contraire.
int isprint (int c)	Retourne **true** si **c** est un caractère imprimable, incluant l'espace (' ') et **false** dans le cas contraire.
int isgraph (int c)	Retourne **true** si **c** est un caractère imprimable autre que l'espace (' ') et **false** dans le cas contraire.

Figure 16.16   Résumé des fonctions de la bibliothèque de fonctions de manipulation de caractères.

La bibliothèque de fonctions de manipulation de caractères contient plusieurs fonctions qui effectuent des tests et manipulations utiles de données de type caractères. Chaque fonction reçoit en argument un caractère, représenté par un **int** ou un **EOF**. Les caractères sont très souvent manipulés comme des entiers. N'oubliez pas que **EOF** a normalement la valeur −1 et que certaines architectures matérielles ne permettent pas de stocker des valeurs négatives dans des variables de type **char**. C'est pourquoi les fonctions de manipulation de caractères les gèrent comme des entiers. La figure 16.16 montre la synthèse des fonctions de manipulation de caractères. Lorsque vous utilisez des fonctions de cette bibliothèque, assurez-vous de bien inclure le fichier d'en-tête **<ctype.h>** dans vos programmes.

```cpp
1   // Figure 16.17: fig16_17.cpp
2   // Utilisation des fonctions isdigit, isalpha, isalnum et isxdigit.
3   #include <iostream>
4
5   using std::cout;
6   using std::endl;
7
8   #include <cctype>
9
10  int main()
11  {
12     cout << "Selon isdigit:\n"
13         << ( isdigit( '8' ) ? "8 est un": "8 n'est pas un" )
14         << " chiffre\n"
15         << ( isdigit( '#' ) ? "# est un": "# n'est pas un" )
16         << " chiffre\n";
17     cout << "\nSelon isalpha:\n"
18         << ( isalpha( 'A' ) ? "A est une": "A n'est pas une" )
19         << " lettre\n"
20        << ( isalpha( 'b' ) ? "b est une": "b n'est pas une" )
21         << " lettre\n"
22       << ( isalpha( '&' ) ? "& est une": "& n'est pas une" )
23         << " lettre\n"
24         << ( isalpha( '4' ) ? "4 est une": "4 n'est pas une" )
25         << " lettre\n";
26     cout << "\nSelon isalnum:\n"
27         << ( isalnum( 'A' ) ? "A est un": "A n'est pas un" )
28         << " chiffre ou une lettre\n"
29         << ( isalnum( '8' ) ? "8 est un": "8 n'est pas un" )
30         << " chiffre ou une lettre\n"
31         << ( isalnum( '#' ) ? "# est un": "# n'est pas un" )
32         << " chiffre ou une lettre\n";
33     cout << "\nSelon isxdigit:\n"
34         << ( isxdigit( 'F' ) ? "F est un": "F n'est pas un" )
35         << " chiffre hexadécimal\n"
36         << ( isxdigit( 'J' ) ? "J est un": "J n'est pas un" )
37         << " chiffre hexadécimal\n"
38         << ( isxdigit( '7' ) ? "7 est un": "7 n'est pas un" )
39         << " chiffre hexadécimal\n"
40         << ( isxdigit( '$' ) ? "$ est un": "$ n'est pas un" )
41         << " chiffre hexadécimal\n"
42         << ( isxdigit( 'f' ) ? "f est un": "f n'est pas un" )
43         << " chiffre hexadécimal" << endl;
44     return 0;
45  }
```

Figure 16.17 Utilisation de **isdigit**, **isalpha**, **isalnum** et **isxdigit**. (1 de 2)

```
Selon isdigit:
8 est un chiffre
# n'est pas un chiffre

Selon isalpha:
A est une lettre
b est une lettre
& n'est pas une lettre
4 n'est pas une lettre

Selon isalnum:
A est un chiffre ou une lettre
8 est un chiffre ou une lettre
# n'est pas un chiffre ou une lettre

Selon isxdigit:
F est un chiffre hexadécimal
J n'est pas un chiffre hexadécimal
7 est un chiffre hexadécimal
$ n'est pas un chiffre hexadécimal
f est un chiffre hexadécimal
```

Figure 16.17 Utilisation de **isdigit**, **isalpha**, **isalnum** et **isxdigit**. (2 de 2)

Le programme de la figure 16.17 fait appel à l'opérateur conditionnel (**?:**) avec chacune des fonctions pour déterminer laquelle des chaînes de caractères **"est un"** ou **"n'est pas un"** doit être affichée à la sortie pour chaque caractère testé. Par exemple, l'instruction suivante indique que, si **'8'** est un chiffre, c'est-à-dire si **isdigit** retourne une valeur vraie (différente de zéro), alors la chaîne de caractères **"8 est un"** est affichée et, si **'8'** n'est pas un chiffre, c'est-à-dire si **isdigit** retourne **0**, alors la chaîne de caractères **"8 n'est pas un"** est affichée:

```
isdigit( '8' ) ? "8 est un": "8 n'est pas un"
```

Le programme de la figure 16.18 montre les fonctions **islower**, **isupper**, **tolower** et **toupper** en action. La fonction **islower** détermine si son argument est une lettre minuscule (de **a** à **z**). La fonction **isupper** détermine si son argument est une lettre majuscule (de **A** à **Z**). La fonction **tolower** convertit une lettre majuscule en minuscule et renvoie la lettre minuscule. Si l'argument n'est pas une majuscule, **tolower** retourne l'argument inchangé. La fonction **toupper** convertit une lettre minuscule en majuscule et renvoie la lettre majuscule. Si l'argument n'est pas une minuscule, **toupper** retourne l'argument inchangé.

```
1   // Figure 16.18: fig16_18.cpp
2   // Utilisation des fonctions islower, isupper, tolower, toupper.
3   #include <iostream>
4
5   using std::cout;
6   using std::endl;
7
8   #include <cctype>
9
10  int main()
11  {
12     cout << "Selon islower:\n"
13          << ( islower( 'p' ) ? "p est une": "p n'est pas une" )
14          << " lettre minuscule\n"
```

Figure 16.18 Utilisation de **islower**, **isupper**, **tolower** et **toupper**. (1 de 2)

```
15          << ( islower( 'P' ) ? "P est une": "P n'est pas une" )
16          << " lettre minuscule\n"
17          << ( islower( '5' ) ? "5 est une": "5 n'est pas une" )
18          << " lettre minuscule\n"
19          << ( islower( '!' ) ? "! est une": "! n'est pas une" )
20          << " lettre minuscule\n";
21      cout << "\nSelon isupper:\n"
22          << ( isupper( 'D' ) ? "D est une": "D n'est pas une" )
23          << " lettre majuscule\n"
24          << ( isupper( 'd' ) ? "d est une": "d n'est pas une" )
25          << " lettre majuscule\n"
26          << ( isupper( '8' ) ? "8 est une": "8 n'est pas une" )
27          << " lettre majuscule\n"
28          << ( isupper( '$' ) ? "$ est une": "$ n'est pas une" )
29          << " lettre majuscule\n";
30      cout << "\nu converti en majuscule est "
31          << static_cast<char>( toupper( 'u' ) )
32          << "\n7 converti en majuscule est "
33          << static_cast<char>( toupper( '7' ) )
34          << "\n$ converti en majuscule est "
35          << static_cast<char>( toupper( '$' ) )
36          << "\nL converti en minuscule est "
37          << static_cast<char>( tolower( 'L' ) ) << endl;
38
39      return 0;
40   }
```

```
Selon islower:
p est une lettre minuscule
P n'est pas une lettre minuscule
5 n'est pas une lettre minuscule
! n'est pas une lettre minuscule

Selon isupper:
D est une lettre majuscule
d n'est pas une lettre majuscule
8 n'est pas une lettre majuscule
$ n'est pas une lettre majuscule

u converti en majuscule est U
7 converti en majuscule est 7
$ converti en majuscule est $
L converti en minuscule est l
```

Figure 16.18   Utilisation de **islower**, **isupper**, **tolower** et **toupper**. (2 de 2)

La figure 16.19 montre l'emploi des fonctions **isspace**, **iscntrl**, **ispunct**, **isprint** et **isgraph**. La fonction **isspace** détermine si son argument est un caractère d'espacement comme l'espace (' '), le saut de page ('\f'), la nouvelle ligne ('\n'), le retour de chariot ('\r'), la tabulation horizontale ('\t') ou verticale ('\v') . La fonction **iscntrl** détermine si son argument est un caractère de contrôle, comme une tabulation horizontale ou verticale, un saut de page, une alerte ('\a'), un retour arrière ('\b'), un retour de chariot ou une nouvelle ligne. La fonction **ispunct** détermine si son argument est un caractère imprimable autre qu'un espace, un chiffre ou une lettre, tel que **$**, **#**, **(**, **)**, **[**, **]**, **{**, **}**, **;**, **:**, **%**, etc. La fonction **isprint** détermine si son argument est un caractère qui peut être affiché à l'écran (y compris le caractère espace). La fonction **isgraph** teste les mêmes caractères que **isprint**, sauf l'espace.

```cpp
1   // Figure 16.19: fig16_19.cpp
2   // Utilisation des fonctions isspace, iscntrl, ispunct, isprint, isgraph.
3   #include <iostream>
4
5   using std::cout;
6   using std::endl;
7
8   #include <cctype>
9
10  int main()
11  {
12     cout << "Selon isspace:\nLe caractère de nouvelle ligne "
13        << ( isspace( '\n' ) ? "est un": "n'est pas un" )
14        << " caractère d'espacement\nLa tabulation horizontale "
15        << ( isspace( '\t' ) ? "est un": "n'est pas un" )
16        << " caractère d'espacement\n"
17        << ( isspace( '%' ) ? "% est un": "% n'est pas un" )
18        << " caractère d'espacement\n";
19
20     cout << "\nSelon iscntrl:\nLe caractère de nouvelle ligne "
21        << ( iscntrl( '\n' ) ? "est un": "n'est pas un" )
22        << " caractère de contrôle\n"
23        << ( iscntrl( '$' ) ? "$ est un": "$ n'est pas un" )
24        << " caractère de contrôle\n";
25
26     cout << "\nSelon ispunct:\n"
27        << ( ispunct( ';' ) ? "; est un": "; n'est pas un" )
28        << " caractère de ponctuation\n"
29        << ( ispunct( 'Y' ) ? "Y est un": "Y n'est pas un" )
30        << " caractère de ponctuation\n"
31        << ( ispunct('#') ? "# est un": "# n'est pas un" )
32        << " caractère de ponctuation\n";
33
34     cout << "\nSelon isprint:\n"
35        << ( isprint( '$' ) ? "$ est un ": "$ n'est pas un" )
36        << " caractère imprimable\nLe caractère d'alerte "
37        << ( isprint( '\a' ) ? "est un": "n'est pas un" )
38        << " caractère imprimable\n";
39
40     cout << "\nSelon isgraph:\n"
41        << ( isgraph( 'Q' ) ? "Q est un ": "Q n'est pas un" )
42        << " caractère imprimable autre qu'un espace\nL'espace "
43        << ( isgraph(' ') ? "est un": "n'est pas un" )
44        << " caractère imprimable autre qu'un espace" << endl;
45
46     return 0;
47  }
```

Figure 16.19 Utilisation de **isspace**, **iscntrl**, **ispunct**, **isprint** et **isgraph**. (1 de 2)

```
Selon isspace:
Le caractère de nouvelle ligne est un caractère d'espacement
La tabulation horizontale est un caractère d'espacement
% n'est pas un caractère d'espacement

Selon iscntrl:
Le caractère de nouvelle ligne est un caractère de contrôle
$ n'est pas un caractère de contrôle

Selon ispunct:; est un caractère de ponctuation
Y n'est pas un caractère de ponctuation
# est un caractère de ponctuation

Selon isprint:
$ est un caractère imprimable
Le caractère d'alerte n'est pas un caractère imprimable

Selon isgraph:
Q est un caractère imprimable autre qu'un espace
L'espace n'est pas un caractère imprimable autre qu'un espace
```

Figure 16.19   Utilisation de `isspace`, `iscntrl`, `ispunct`, `isprint` et `isgraph`.
(2 de 2)

16.10 Fonctions de conversion de chaînes de caractères

Au chapitre 5, nous avons présenté plusieurs des fonctions de manipulation de chaînes de caractères les plus populaires du C++. Les sections qui suivent couvrent les fonctions restantes, dont les fonctions de conversion de chaînes de caractères en valeurs numériques, les fonctions de recherche de chaînes de caractères et les fonctions de manipulation, de comparaison et de recherche de blocs de mémoire.

Cette section présente les *fonctions de conversion de chaînes de caractères* de la *bibliothèque d'utilitaires généraux (`cstdlib`)*. Ces fonctions convertissent des chaînes de chiffres en valeurs entières et en virgule flottante. La figure 16.20 résume les fonctions de conversion de chaînes de caractères. Notez l'usage de **const** pour déclarer la variable **nPtr** dans les en-têtes de fonctions (lisez de droite à gauche, soit «**nPtr** est un pointeur vers une constante de caractère»); **const** déclare que la valeur de l'argument ne sera pas modifiée. Lors de l'utilisation des fonctions de la bibliothèque d'utilitaires généraux, assurez-vous de bien inclure le fichier d'en-tête **<cstdlib>**.

Prototype	Description
`double atof ( const char *nPtr )`	Convertit la chaîne de caractères **nPtr** en **double**.
`int atoi ( const char *nPtr )`	Convertit la chaîne de caractères **nPtr** en **int**.
`long atol ( const char *nPtr )`	Convertit la chaîne de caractères **nPtr** en long **int**.
`double strtod ( const char *nPtr, char **endPtr )`	
	Convertit la chaîne de caractères **nPtr** en **double**.

Figure 16.20   Résumé des fonctions de conversion de chaînes de caractères de la bibliothèque d'utilitaires généraux. (1 de 2)

Prototype	Description
`long strtol ( const char *nPtr, char **endPtr, int base )`	
	Convertit la chaîne de caractères **nPtr** en **long**.
`unsigned long strtoul ( const char *nPtr, char **endPtr, int base )`	
	Convertit la chaîne de caractères **nPtr** en **unsigned long**.

Figure 16.20　Résumé des fonctions de conversion de chaînes de caractères de la bibliothèque d'utilitaires généraux. (2 de 2)

La fonction **atof** (figure 16.21) convertit son argument, c'est-à-dire une chaîne de caractères représentant un nombre en virgule flottante, en une valeur **double**. La fonction retourne la valeur **double**. Si la valeur convertie ne peut être représentée, par exemple si le premier caractère de la chaîne de caractères n'est pas un chiffre, la fonction **atof** retourne **0**.

```cpp
1   // Figure 16.21: fig16_21.cpp
2   // Utilisation de atof.
3   #include <iostream>
4
5   using std::cout;
6   using std::endl;
7
8   #include <cstdlib>
9
10  int main()
11  {
12     double d = atof( "99.0" );
13
14     cout << "La chaîne \"99.0\" convertie en double est "
15          << d << "\nLa valeur convertie divisée par 2 vaut "
16          << d / 2.0 << endl;
17     return 0;
18  }
```

```
La chaîne "99.0" convertie en double est 99
La valeur convertie divisée par 2 vaut 49.5
```

Figure 16.21　Utilisation de **atof**.

La fonction **atoi** (figure 16.22) convertit son argument, c'est-à-dire une chaîne de chiffres représentant un entier, en une valeur **int**. La fonction retourne la valeur **int**. Si la valeur convertie ne peut être représentée, la fonction **atoi** retourne 0.

```
1   // Figure 16.22: fig16_22.cpp
2   // Utilisation de atoi.
3   #include <iostream>
4
5   using std::cout;
6   using std::endl;
7
8   #include <cstdlib>
9
10  int main()
11  {
12     int i = atoi( "2593" );
13
14     cout << "La chaîne \"2593\" convertie en int vaut " << i
15        << "\nLa valeur convertie moins 593 vaut " << i - 593
16        << endl;
17     return 0;
18  }
```

```
La chaîne "2593" convertie en int vaut 2593
La valeur convertie moins 593 vaut 2000
```

Figure 16.22   Utilisation de **atoi**.

La fonction **atol** (figure 16.23) convertit son argument, c'est-à-dire une chaîne de chiffres représentant un entier long, en une valeur **long**. La fonction retourne la valeur **long**. Si la valeur convertie ne peut être représentée, la fonction **atol** retourne 0. Si **int** et **long** sont tous deux stockés sur 4 octets, la fonction **atoi** et la fonction **atol** fonctionnent de manière identique.

```
1   // Figure 16.23: fig16_23.cpp
2   // Utilisation de atol.
3   #include <iostream>
4
5   using std::cout;
6   using std::endl;
7
8   #include <cstdlib>
9
10  int main()
11  {
12     long l = atol( "1000000" );
13
14     cout << "La chaine \"1000000\" convertie en long vaut " << l
15        << "\nLa valeur convertie divisée par 2 vaut " << l / 2
16        << endl;
17     return 0;
18  }
```

```
La chaine "1000000" convertie en long int vaut 1000000
La valeur convertie divisée par 2 vaut 500000
```

Figure 16.23   Utilisation de **atol**.

La fonction **strtod** (figure 16.24) convertit une séquence de caractères représentant une valeur en virgule flottante en un **double**. La fonction strtod reçoit deux arguments: une chaîne de caractères (**char ***) et un pointeur vers une chaîne de caractères. La chaîne de caractères contient la séquence de caractères à convertir en **double**. Le second argument reçoit l'emplacement du premier caractère après la partie convertie de la chaîne de caractères. L'instruction suivante, extraite du programme de la figure 16.24, indique que **d** reçoit une valeur **double** convertie au départ de **chaine** et **ptrChaine** reçoit l'emplacement du premier caractère après la valeur convertie (**51.2**) dans **chaine**:

```
d = strtod( chaine, &ptrChaine );
```

La fonction **strtol** (figure 16.25) convertit en **long** une séquence de caractères représentant un entier. La fonction reçoit trois arguments: une chaîne de caractères (**char ***), un pointeur vers une chaîne de caractères et un entier. La chaîne de caractères contient la séquence de caractères à convertir. Le deuxième argument reçoit l'emplacement du premier caractère après la portion convertie de la chaîne de caractères. L'entier impose la *base* de la valeur à convertir. L'instruction suivante, extraite du programme de la figure 16.25, indique que **x** reçoit la valeur **long** convertie à partir de **chaine**:

```
x = strtol( chaine, &ptrReste, 0 );
```

Le deuxième argument, **&ptrReste**, reçoit le reste de **chaine** après la conversion. L'utilisation de **NULL** pour le deuxième argument entraîne que le reste de la chaîne est ignoré. Le troisième argument, **0**, indique que la valeur à convertir peut être au format octal (base 8), décimal (base 10) ou hexadécimal (base 16).

```cpp
1   // Figure 16.24: fig16_24.cpp
2   // Utilisation de strtod.
3   #include <iostream>
4
5   using std::cout;
6   using std::endl;
7
8   #include <cstdlib>
9
10  int main()
11  {
12     double d;
13     const char *chaine = "51.2% sont admis";
14     char *ptrChaine;
15
16     d = strtod( chaine, &ptrChaine );
17     cout << "La chaine \"" << chaine
18         << "\" est convertie en la\nvaleur double " << d
19         << " et la chaine \"" << ptrChaine << "\"" << endl;
20     return 0;
21  }
```

```
La chaine "51.2% sont admis" est convertie en la
valeur double 51.2 et la chaine "% sont admis"
```

Figure 16.24 Utilisation de **strtod**.

Dans un appel à **strtol**, la base peut être spécifiée comme étant zéro ou n'importe quelle valeur comprise entre 2 et 36. (Voir l'annexe C, *Systèmes de numération*, pour en savoir plus sur les systèmes de numération octal, décimal, hexadécimal et binaire.) Les représentations numériques des entiers des bases 11 à 36 utilisent les caractères A à Z pour représenter les valeurs 10 à 35. Par exemple, les valeurs hexadécimales peuvent contenir les chiffres 0 à 9 et les caractères A à F. Un entier en base 11 peut contenir les chiffres de 0 à 9 et la lettre A. Un entier en base 24 est construit avec les chiffres 0 à 9 et les caractères A à N. Un entier en base 36 peut être représenté par des chiffres de 0 à 9 et des lettres de A à Z.

La fonction **strtoul** (figure 16.26) convertit en **unsigned long** une séquence de caractères représentant un entier **unsigned long**. Le fonctionnement de **strtoul** est identique à la fonction **strtol**. L'instruction suivante, extraite du programme de la figure 16.26, indique que **x** reçoit la valeur **unsigned long** convertie de **chaine**:

```
x = strtoul( chaine, &ptrReste, 0 );
```

Le deuxième argument, **&ptrReste**, reçoit le reste de **chaine** après la conversion. Le troisième argument, **0**, indique que la valeur à convertir peut être au format octal, décimal ou hexadécimal.

```cpp
1   // Figure 16.25: fig16_25.cpp
2   // Utilisation de strtol.
3   #include <iostream>
4
5   using std::cout;
6   using std::endl;
7
8   #include <cstdlib>
9
10  int main()
11  {
12     long x;
13     const char *chaine = "-1234567abc";
14     char *ptrReste;
15
16     x = strtol( chaine, &ptrReste, 0 );
17     cout << "La chaîne originale est \"" << chaine
18         << "\"\nLa valeur convertie est " << x
19         << "\nLe reste de la chaîne originale est \""
20         << ptrReste
21         << "\"\nLa valeur convertie plus 567 vaut "
22         << x + 567 << endl;
23     return 0;
24  }
```

```
La chaîne originale est "-1234567abc"
La valeur convertie est -1234567
Le reste de la chaîne originale est "abc"
La valeur convertie plus 567 vaut -1234000
```

Figure 16.25 Utilisation de **strtol**.

```
1   // Figure 16.26: fig16_26.cpp
2   // Utilisation de strtoul.
3   #include <iostream>
4
5   using std::cout;
6   using std::endl;
7
8   #include <cstdlib>
9
10  int main()
11  {
12     unsigned long x;
13     const char *chaine = "1234567abc";
14     char *ptrReste;
15
16     x = strtoul( chaine, &ptrReste, 0 );
17     cout << "La chaîne originale est \"" << chaine
18         << "\"\nLa valeur convertie est " << x
19         << "\nLe reste de la chaîne originale est \""
20         << ptrReste
21         << "\"\nLa valeur convertie moins 567 est "
22         << x - 567 << endl;
23     return 0;
24  }
```

```
La chaîne originale est "1234567abc"
La valeur convertie est 1234567
Le reste de la chaîne originale est "abc"
La valeur convertie moins 567 est 1234000
```

Figure 16.26 Utilisation de `strtoul`.

16.11 Fonctions de recherche de la bibliothèque de manipulation de chaînes de caractères

Cette section présente les fonctions de la bibliothèque de manipulation de chaînes de caractères que l'on utilise pour rechercher des caractères ou d'autres chaînes dans des chaînes de caractères. Ces fonctions sont résumées à la figure 16.27. Notez que les fonctions **strcspn** et **strspn** spécifient comme type de retour un **size_t**. Le type **size_t** est un type défini par la norme comme étant le type intégral de la valeur rendue par l'opérateur **sizeof**.

Prototype	Description
`char * strchr ( const char *s, int c )`	
	Localise la première occurrence du caractère **c** dans la chaîne de caractères **s**. Si c est trouvé, un pointeur vers **c** dans **s** est retourné. Sinon, c'est un pointeur **NULL** qui est retourné.

Figure 16.27 Fonctions de recherche de la bibliothèque de manipulation de chaînes de caractères. (1 de 2)

Prototype	Description
`char * strrchr ( const char *s, int c )`	
	Localise la dernière occurrence de c dans la chaîne de caractères **s**. Si **c** est trouvé, alors un pointeur vers **c** dans la chaîne **s** est retourné. Sinon, un pointeur **NULL** est retourné.
`size_t strspn( const char *s1, const char *s2 )`	
	Détermine et retourne la longueur du segment initial de la chaîne de caractères **s1** constituée des seuls caractères contenus dans la chaîne **s2**.
`char * strpbrk ( const char *s1, const char *s2 )`	
	Localise la première occurrence dans la chaîne de caractères **s1** de tout caractère de la chaîne **s2**. Si un caractère de la chaîne **s2** est trouvé, un pointeur vers le caractère dans la chaîne de caractères **s1** est renvoyé. Sinon, un pointeur **NULL** est retourné.
`size_t strcspn( const char *s1, const char *s2 )`	
	Détermine et retourne la longueur du segment initial de la chaîne de caractères **s1** constituée de caractères non compris dans la chaîne **s2**.
`char * strstr ( const char *s1, const char *s2 )`	
	Localise la première occurrence dans la chaîne de caractères **s1** de la chaîne **s2**. Si la chaîne est trouvée, un pointeur vers la chaîne de caractères dans **s1** est retourné. Sinon, un pointeur **NULL** est retourné.

Figure 16.27   Fonctions de recherche de la bibliothèque de manipulation de chaînes de caractères. (2 de 2)

La fonction **strchr** recherche la première occurrence d'un caractère dans une chaîne de caractères. Si le caractère est trouvé, **strchr** retourne un pointeur vers le caractère dans la chaîne; sinon, **strchr** retourne un pointeur **NULL**. Le programme de la figure 16.28 utilise **strchr** pour rechercher les premières occurrences de `'u'` et `'z'` dans la chaîne de caractères `"Ceci est un test"`.

```
1    // Figure 16.28: fig16_28.cpp
2    // Utilisation de strchr.
3    #include <iostream>
4
5    using std::cout;
6    using std::endl;
7
8    #include <cstring>
9
10   int main()
11   {
12      const char *chaine = "Ceci est un test";
13      char caractere1 = 'u', caractere2 = 'z';
14
15      if ( strchr( chaine, caractere1 ) != NULL )
16         cout << '\'' << caractere1 << "' a été trouvé dans \""
17              << chaine << "\".\n";
```

Figure 16.28   Utilisation de **strchr**. (1 de 2)

```
18        else
19          cout << '\'' << caractere1 << "' n'a pas été trouvé dans \""
20              << chaine << "\".\n";
21
22        if ( strchr( chaine, caractere2 ) != NULL )
23          cout << '\'' << caractere2 << "' a été trouvé dans \""
24              << chaine << "\".\n";
25        else
26          cout << '\'' << caractere2 << "' n'a pas été trouvé dans \""
27              << chaine << "\"." << endl;
28        return 0;
29    }
```

```
'u' a été trouvé dans "Ceci est un test".
'z' n'a pas été trouvé dans "Ceci est un test".
```

Figure 16.28   Utilisation de **strchr**. (2 de 2)

 Astuce sur la portabilité 16.6

Le type **size_t** *est un synonyme dépendant de la machine pour le type* **unsigned long** *ou encore le type* **unsigned int**.

La fonction **strcspn** (voir le programme de la figure 16.29) détermine la longueur de la partie initiale de la chaîne de caractères dans son premier argument qui ne contient aucun des caractères de la chaîne de son second argument. La fonction retourne la longueur du segment.

```
1    // Figure 16.29: fig16_29.cpp
2    // Utilisation de strcspn.
3    #include <iostream>
4
5    using std::cout;
6    using std::endl;
7
8    #include <cstring>
9
10   int main()
11   {
12      const char *chaine1 = "La valeur est 3.14159";
13      const char *chaine2 = "1234567890";
14
15      cout << "chaine1 = " << chaine1 << "\nchaine2 = " << chaine2
16          << "\n\nLa longueur du segment initial de chaine1"
17          << "\nne contenant aucun caractère de chaine2 = "
18          << strcspn( chaine1, chaine2 ) << endl;
19      return 0;
20   }
```

```
chaine1 = La valeur est 3.14159
chaine2 = 1234567890


La longueur du segment initial de chaine1
ne contenant aucun caractère de chaine2 = 14
```

Figure 16.29   Utilisation de **strcspn**.

La fonction **strpbrk** recherche dans son premier argument de chaîne de caractères la première occurrence de tout caractère de son second argument de chaîne de caractères. Si un caractère de son deuxième argument est trouvé, **strpbrk** retourne un pointeur vers le caractère dans son premier argument; sinon, **strpbrk** retourne **NULL**. Le programme de la figure 16.30 localise la première occurrence dans **chaine1** de tout caractère de **chaine2**.

La fonction **strrchr** recherche la dernière occurrence du caractère spécifié dans une chaîne de caractères. Si le caractère est trouvé, alors **strrchr** retourne un pointeur vers le caractère dans la chaîne de caractères; sinon, **strrchr** retourne 0. Le programme de la figure 16.31 cherche la dernière occurrence du caractère **'z'** dans la chaîne **"Un zoo a de nombreux animaux, dont des zèbres"**.

```cpp
1  // Figure 16.30: fig16_30.cpp
2  // Utilisation de strpbrk.
3  #include <iostream>
4
5  using std::cout;
6  using std::endl;
7
8  #include <cstring>
9
10 int main()
11 {
12    const char *chaine1 = "Ceci est un test";
13    const char *chaine2 = "attention";
14
15    cout << "Des caractères de \"" << chaine2 << "\"\n'"
16         << *strpbrk( chaine1, chaine2 ) << '\''
17         << " est le premier caractère qui apparaît dans\n\""
18         << chaine1 << '\"' << endl;
19    return 0;
20 }
```

```
Des caractères de "attention"
'e' est le premier caractère qui apparaît dans
"Ceci est un test"
```

Figure 16.30 Utilisation de **strpbrk**.

```cpp
1  // Figure 16.31: fig16_31.cpp
2  // Utilisation de strrchr.
3  #include <iostream>
4
5  using std::cout;
6  using std::endl;
7
8  #include <cstring>
9
10 int main()
11 {
12    const char *chaine1 = "Un zoo a de nombreux animaux, dont des zèbres";
```

Figure 16.31 Utilisation de **strrchr**. (1 de 2)

```
13      int c = 'z';
14
15      cout << "Le reste de chaine1 commençant avec\n"
16          << "la dernière occurrence du caractère '"
17          << static_cast<char>( c )
18          << "' est:  \"" << strrchr( chaine1, c ) << '\"' << endl;
19      return 0;
20  }
```

```
Le reste de chaine1 commençant avec
la dernière occurrence du caractère 'z' est:   "zèbres"
```

Figure 16.31   Utilisation de **strrchr**. (2 de 2)

```
1   // Figure 16.32: fig16_32.cpp
2   // Utilisation de strspn.
3   #include <iostream>
4
5   using std::cout;
6   using std::endl;
7
8   #include <cstring>
9
10  int main()
11  {
12      const char *chaine1 = "La valeur est 3.14159";
13      const char *chaine2 = " aelrLstuv ";
14
15      cout << "chaine1 = " << chaine1
16          << "\nchaine2 = " << chaine2
17          << "\n\nLa longueur du segment initial de chaine1\n"
18          << "contenant seulement des caractères de chaine2 = "
19          << strspn( chaine1, chaine2 ) << endl;
20      return 0;
21  }
```

```
chaine1 = La valeur est 3.14159
chaine2 = aelrLstuv

La longueur du segment initial de chaine1
contenant seulement des caractères de chaine2 = 14
```

Figure 16.32   Utilisation de **strspn**.

La fonction **strspn** (figure 16.32) détermine la longueur de la partie initiale de la chaîne de caractères en premier argument, qui contient seulement des caractères de la chaîne de caractères en second argument. La fonction retourne la longueur du segment.

La fonction **strstr** recherche la première occurrence de son second argument de chaîne de caractères dans son premier argument de chaîne de caractères. Si la seconde chaîne est trouvée dans la première, un pointeur vers l'emplacement dans la première chaîne du début de la seconde est retourné. Le programme de la figure 16.33 fait appel à **strstr** pour trouver la chaîne de caractères **"def"** dans la chaîne **"abcdefabcdef"**.

```
1    // Figure 16.33: fig16_33.cpp
2    // Utilisation de strstr.
3    #include <iostream>
4
5    using std::cout;
6    using std::endl;
7
8    #include <cstring>
9
10   int main()
11   {
12      const char *chaine1 = "abcdefabcdef";
13      const char *chaine2 = "def";
14
15      cout << "chaine1 = " << chaine1 << "\nchaine2 = " << chaine2
16           << "\n\nLe reste de chaine1 commençant avec\n"
17           << "la première occurrence de chaine2 est:  "
18           << strstr( chaine1, chaine2 ) << endl;
19      return 0;
20   }
```

```
chaine1 = abcdefabcdef
chaine2 = def

Le reste de chaine1 commençant avec
la première occurrence de chaine2 est:  defabcdef
```

Figure 16.33 Utilisation de **strstr**.

16.12 Fonctions orientées mémoire de la bibliothèque de manipulation de chaînes de caractères

Les fonctions de la bibliothèque de manipulation de chaînes de caractères présentées dans cette section facilitent la manipulation, la comparaison et la recherche de blocs en mémoire. Les fonctions traitent les blocs de la mémoire comme des tableaux de caractères et peuvent manipuler n'importe quel bloc de données. La figure 16.34 résume les fonctions orientées mémoire de la bibliothèque de manipulation de chaînes de caractères. Dans l'étude de ces fonctions, le terme «objet» désigne un bloc de données.

Les paramètres de pointeur vers ces fonctions sont déclarés comme étant de type **void ***. Au chapitre 5, nous avons vu qu'un pointeur vers n'importe quel type de données peut être affecté à un pointeur de type **void ***, ce qui explique que ces fonctions puissent recevoir des pointeurs de n'importe quel type de données. Retenez qu'un pointeur de type **void *** ne peut recevoir d'affectation directe d'un pointeur de n'importe quel type de données. Puisqu'un pointeur **void *** ne peut être déréférencé, chaque fonction reçoit un argument de taille qui spécifie le nombre de caractères (octets) que la fonction doit traiter. Pour des raisons de simplification, les exemples de cette section manipulent des tableaux de caractères (ou blocs de caractères).

La fonction **memcpy** copie un nombre spécifié de caractères (octets) d'un objet pointé par son second argument dans l'objet pointé par son premier argument. La fonction peut recevoir un pointeur vers n'importe quel type d'objet. Le résultat de cette fonction est indéfini si les deux objets se superposent en mémoire, c'est-à-dire s'ils font partie du même objet. Le programme de la figure 16.35 fait appel à **memcpy** pour copier la chaîne de caractères du tableau **s2** dans le tableau **s1**.

Prototype	Description

void *memcpy(void *s1, const void *s2, size_t n)

Copie **n** caractères de l'objet pointé par **s2** dans l'objet pointé par **s1**. Un pointeur vers l'objet résultant est retourné.

void *memmove(void *s1, const void *s2, size_t n)

Copie **n** caractères de l'objet pointé par **s2** dans l'objet pointé par **s1**. La copie est effectuée comme si les caractères étaient d'abord copiés de l'objet pointé par **s2** dans un tableau temporaire, puis de ce tableau dans l'objet pointé par **s1**. Un pointeur vers l'objet résultant est retourné.

int memcmp(const void *s1, const void *s2, size_t n)

Compare les **n** premiers caractères des objets pointés par **s1** et **s2**. La fonction retourne **0**, moins de **0** ou plus de **0** si **s1** est égal à **s2**, plus petit que ou plus grand que s2, respectivement.

void *memchr(const void *s, int c, size_t n)

Localise la première occurrence de **c** (converti en **unsigned char**) dans les **n** premiers caractères de l'objet pointé par **s**. Si **c** est trouvé, un pointeur vers **c** dans l'objet est retourné; sinon, **0** est retourné.

void *memset(void *s, int c, size_t n)

Copie **c** (converti en **unsigned char**) dans les **n** premiers caractères de l'objet pointé par **s**. Un pointeur vers le résultat est retourné.

Figure 16.34 Les fonctions orientées mémoire de la bibliothèque de manipulation de chaînes de caractères.

```cpp
// Figure 16.35: fig16_35.cpp
// Utilisation de memcpy.
#include <iostream>

using std::cout;
using std::endl;

#include <cstring>

int main()
{
   char s1[ 34 ], s2[]  = "Copier cette chaîne de caractères";

   memcpy( s1, s2, 34 );
   cout << "Après la copie de s2 dans s1 par memcpy,\n"
        << "s1 contient \"" << s1 << '\"' << endl;
   return 0;
}
```

```
Après la copie de s2 dans s1 par memcpy,
s1 contient "Copier cette chaîne de caractères"
```

Figure 16.35 Utilisation de **memcpy**.

La fonction **memmove**, tout comme **memcpy**, copie un nombre spécifié d'octets de l'objet pointé par son second argument dans l'objet pointé par son premier argument. La copie est réalisée comme si les octets étaient copiés du second argument dans un tableau de caractères temporaire, puis copiés de ce tableau vers le premier argument. Ceci permet de copier des caractères d'une partie d'une chaîne de caractères vers une autre partie de la même chaîne.

Erreur de programmation courante 16.10

*Les fonctions de manipulation de chaînes de caractères (autres que **memmove**) qui copient des caractères, donnent des résultats imprévisibles quand la copie se fait entre des parties d'une même chaîne de caractères.*

Le programme de la figure 16.36 utilise **memmove** pour copier les **10** derniers octets du tableau **x** dans les **10** premiers octets du tableau **x**.

La fonction **memcmp** (figure 16.37) compare le nombre spécifié de caractères de son premier argument au nombre correspondant de caractères de son second argument. La fonction renvoie une valeur supérieure à **0** si le premier argument est plus grand que le deuxième, retourne **0** si les arguments sont égaux et une valeur inférieure à **0** si le premier argument est plus petit que le second.

```
1   // Figure 16.36: fig16_36.cpp
2   // Utilisation de memmove.
3   #include <iostream>
4
5   using std::cout;
6   using std::endl;
7
8   #include <cstring>
9
10  int main()
11  {
12     char x[] = "ô foyer,   doux foyer";
13
14     cout << "La chaîne du tableau x avant memmove est:  " << x;
15     cout << "\nLa chaîne du tableau x après memmove est:  "
16          << static_cast<char *>( memmove( x, &x[ 11 ], 10 ) )
17          << endl;
18     return 0;
19  }
```

```
La chaine du tableau x avant memmove est:  ô foyer,   doux foyer
La chaine du tableau x après memmove est:  doux foyer doux foyer
```

Figure 16.36 Utilisation de **memmove**.

```
1   // Figure 16.37: fig16_37.cpp
2   // Utilisation de memcmp.
3   #include <iostream>
4
5   using std::cout;
6   using std::endl;
7
8   #include <iomanip>
9
10  using std::setw;
11
12  #include <cstring>
13
14  int main()
15  {
16     char s1[] = "ABCDEFG", s2[] = "ABCDXYZ";
17
18     cout << "s1 = " << s1 << "\ns2 = " << s2 << endl
19          << "\nmemcmp(s1, s2, 4) = " << setw( 3 )
20          << memcmp( s1, s2, 4 ) << "\nmemcmp(s1, s2, 7) = "
21          << setw( 3 ) << memcmp( s1, s2, 7 )
22          << "\nmemcmp(s2, s1, 7) = " << setw( 3 )
23          << memcmp( s2, s1, 7 ) << endl;
24     return 0;
25  }
```

```
s1 = ABCDEFG
s2 = ABCDXYZ

memcmp(s1, s2, 4) =0
memcmp(s1, s2, 7) =-1
memcmp(s2, s1, 7) =1
```

Figure 16.37 Utilisation de **memcmp**.

La fonction **memchr** recherche la première occurrence d'un octet représenté par un **unsigned char** dans le nombre spécifié d'octets d'un objet. Si l'octet est trouvé, un pointeur vers cet octet dans l'objet est retourné; sinon, la fontion renvoie **NULL**. Le programme de la figure 16.38 recherche le caractère, c'est-à-dire l'octet, **'r'** dans la chaîne **"Ceci est une chaîne de caractères"**.

```
1   // Figure 16.38: fig16_38.cpp
2   // Utilisation de memchr.
3   #include <iostream>
4
5   using std::cout;
6   using std::endl;
7
8   #include <cstring>
9
```

```
Le reste de s après le caractère 'r' trouvé, vaut "ractères".
```

Figure 16.38 Utilisation de **memchr**. (1 de 2)

```
10   int main()
11   {
12      char s[] = "Ceci est une chaîne de caractères";
13
14      cout << "Le reste de s après le caractère 'r' "
15           << "trouvé, vaut \""
16           << static_cast<char *>( memchr( s, 'r', 33 ) )
17           << "\"." << endl;
18      return 0;
19   }
```

Figure 16.38   Utilisation de **memchr**. (2 de 2)

La fonction **memset** copie la valeur de l'octet de son deuxième argument dans un nombre spécifié d'octets de l'objet pointé par son premier argument. Le programme de la figure 16.39 utilise **memset** pour copier **'b'** dans les **7** premiers octets de **chaine1**.

16.13   Autre fonction de la bibliothèque de manipulation de chaînes de caractères

La dernière fonction de la bibliothèque de manipulation de chaînes de caractères est **strerror**, dont une synthèse est illustrée à la figure 16.40.

La fonction **strerror** prend un numéro d'erreur et crée une chaîne de caractères de message d'erreur. Un pointeur vers la chaîne de caractères est retourné. Le programme de la figure 16.41 démontre l'emploi de **strerror**.

```
1    // Figure 16.39: fig16_39.cpp
2    // Utilisation de memset.
3    #include <iostream>
4
5    using std::cout;
6    using std::endl;
7
8    #include <cstring>
9
10   int main()
11   {
12      char chaine1[ 15 ] = "BBBBBBBBBBBBBB";
13
14      cout << "chaine1 = " << chaine1 << endl;
15      cout << "chaine1 après memset = "
16           << static_cast<char *>( memset( chaine1, 'b', 7 ) ) << endl;
17      return 0;
18   }
```

```
chaine1 = BBBBBBBBBBBBBB
chaine1 après memset = bbbbbbbBBBBBBB
```

Figure 16.39   Utilisation de **memset**.

Prototype	Description

```
char *strerror( int errornum )
```

Associe **errornum** à la chaîne de caractères d'un texte complet, d'une manière dépendant du système. Un pointeur vers la chaîne de caractères est retourné.

Figure 16.40   Une autre fonction de manipulation de chaîne de caractères de la bibliothèque de manipulation de chaînes de caractères.

```
1   // Figure 16.41: fig16_41.cpp
2   // Utilisation de strerror.
3   #include <iostream>
4
5   using std::cout;
6   using std::endl;
7
8   #include <cstring>
9
10  int main()
11  {
12      cout << strerror( 2 ) << endl;
13      return 0;
14  }
```

```
No such file or directory
```

Figure 16.41   Utilisation de **strerror**.

Astuce sur la portabilité 16.7

*Les messages générés par **strerror** dépendent du système.*

RÉSUMÉ

- Les structures sont des collections, ou agrégats, de variables apparentées et désignées par un nom.
- Les structures peuvent contenir des variables de différents types de données.
- Le mot clé **struct** commence toute définition de structure. Les membres de la déclaration de la structure se trouvent au sein des accolades de la définition de la structure.
- Les membres d'une même structure doivent avoir des noms uniques.
- Une définition de structure crée un nouveau type de données qui peut être exploité dans la déclaration de variables.
- Une structure peut être initialisée avec une liste d'éléments d'initialisation en faisant suivre la variable de la déclaration par un signe égal et par une liste d'initialiseurs séparés par des virgules et entre accolades. S'il y a moins d'initialiseurs dans la liste qu'il n'y a de membres dans la structure, alors les membres restants sont automatiquement initialisés à zéro (ou à **NULL** dans le cas des pointeurs membres).
- Des variables de structure peuvent être affectées en totalité à des variables de structure du même type.
- Une variable de structure peut être initialisée avec une variable de structure de même type.
- Les variables de structure et les membres individuels d'une structure sont passés par valeur aux fonctions. Les membres des tableaux, eux, sont bien entendu passés par référence.
- Pour passer une structure par référence, il suffit de passer l'adresse de la variable de structure.

- Un tableau de structures est automatiquement passé par référence.
- Pour passer un tableau par valeur, créez une structure dont le tableau est un membre.
- La création d'un nouveau nom avec **typedef** ne crée pas un nouveau type; elle crée un nom synonyme d'un type défini précédemment.
- L'opérateur ET binaire (**&**) attend deux arguments intégraux. Un bit du résultat est mis à 1 si les bits correspondants dans chacun des opérandes sont à 1.
- Les masques sont utilisés pour cacher certains bits et préserver les autres.
- L'opérateur OU inclusif binaire (**|**) prend deux opérandes. Un bit du résultat est mis à 1 si le bit correspondant d'au moins un des deux opérandes est à 1.
- Chacun des opérateurs binaires, sauf l'opérateur unaire de complément binaire, a un opérateur d'affectation correspondant.
- L'opérateur OU exclusif binaire (**^**) prend deux opérandes. Un bit dans le résultat est mis à 1 si exactement un des bits correspondants des deux opérandes est réglé à 1.
- L'opérateur de décalage à gauche (**<<**) décale les bits de son opérande de gauche vers la gauche du nombre de positions de bits spécifié dans son opérande de droite. Les bits rendus vacants sur la droite sont remplacés par des **0**.
- L'opérateur de décalage à droite (**>>**) décale les bits de son opérande de gauche vers la droite du nombre de bits spécifié dans son opérande de droite. Un décalage à droite appliqué à un entier non signé provoque le remplacement des bits rendus vacants sur la gauche par des **0**. Les bits vacants dans les entiers signés peuvent être remplacés par des **0** ou des **1**, selon la machine.
- L'opérateur de complément binaire (**~**) prend un seul opérande dont il inverse les bits pour obtenir le complément à un de l'opérande.
- Les champs de bits réduisent l'espace nécessaire au stockage et mémorisent les données dans le nombre minimal de bits requis.
- Les membres de champ de bits doivent être déclarés comme des **int** ou des **unsigned**.
- On déclare un champ de bits en faisant suivre le nom d'un membre **unsigned** ou **int** d'un double point et de la largeur de ce champ.
- La largeur du champ de bits doit être une constante entière comprise entre 0 et le nombre total de bits utilisés pour stocker une variable **int** sur le système.
- Si un champ de bits est spécifié sans nom, le champ est utilisé comme un tampon de remplissage dans la structure.
- Un champ de bits non nommé, avec une largeur de **0**, permet d'aligner le champ de bits qui suit sur une nouvelle limite de mot machine.
- La fonction **islower** détermine si son argument est une lettre minuscule (**a-z**).
- La fonction **isupper** détermine si son argument est une lettre majuscule (**A-Z**).
- La fonction **isdigit** détermine si son argument est un chiffre (**0-9**).
- La fonction **isalpha** détermine si son argument est une lettre majuscule (**A-Z**) ou une lettre minuscule (**a-z**).
- La fonction **isalnum** détermine si son argument est une majuscule (**A-Z**), une minuscule (**a-z**) ou un chiffre (**0-9**).
- La fonction **isxdigit** détermine si son argument est un chiffre hexadécimal (**A-F**, **a-f**, **0-9**).
- La fonction **toupper** convertit une lettre minuscule en lettre majuscule. La fonction **tolower** convertit une lettre majuscule en lettre minuscule.
- La fonction **isspace** détermine si son argument est un des caractères d'espacement suivants : **' '** (espace), **'\f'**, **'\n'**, **'\r'**, **'\t'** ou **'\v'**.
- La fonction **iscntrl** détermine si son argument est un des caractères de contrôle suivants: **'\t'**, **'\v'**, **'\f'**, **'\a'**, **'\b'**, **'\r'** ou **'\n'**.
- La fonction **ispunct** détermine si son argument est un caractère imprimable autre qu'un espace, un chiffre ou une lettre.
- La fonction **isprint** détermine si son argument est n'importe quel caractère, incluant le caractère d'espacement.
- La fonction **isgraph** détermine si son argument est un caractère imprimable autre que le caractère d'espacement.

- La fonction **atof** convertit son argument, c'est-à-dire une chaîne de caractères commençant par une série de chiffres représentant un nombre en virgule flottante, en une valeur **double**.
- La fonction **atoi** convertit son argument, c'est-à-dire une chaîne de caractères commençant par une série de chiffres représentant un nombre entier, en une valeur **int**.
- La fonction **atol** convertit son argument, c'est-à-dire une chaîne de caractères commençant par une série de chiffres représentant un nombre entier long, en une valeur **long**.
- La fonction **strtod** convertit une séquence de caractères représentant une valeur en virgule flottante en un **double**. La fonction reçoit deux arguments: une chaîne de caractères (**char ***) et un pointeur vers un **char ***. La chaîne de caractères contient la séquence de caractères à convertir et le pointeur vers un **char *** reçoit le reste de la chaîne après conversion.
- La fonction **strtol** convertit une séquence de caractères représentant un entier en un **long**. La fonction reçoit trois arguments: une chaîne de caractères (**char ***), un pointeur vers un **char *** et un entier. La chaîne de caractères contient la séquence de caractères à convertir, le pointeur vers le **char *** reçoit le reste de la chaîne après conversion et l'entier spécifie la base de la valeur à convertir.
- La fonction **strtoul** convertit une séquence de caractères représentant un entier en un **unsigned long**. La fonction reçoit trois arguments: une chaîne de caractères (**char ***), un pointeur vers un **char *** et un entier. La chaîne de caractères contient la séquence de caractères à convertir, le pointeur vers le **char *** reçoit le reste de la chaîne après conversion et l'entier impose la base de la valeur à convertir.
- La fonction **strchr** recherche la première occurrence d'un caractère dans une chaîne de caractères. Si le caractère est trouvé, **strchr** renvoie un pointeur vers le caractère dans la chaîne de; sinon, **strchr** retourne un **NULL**.
- La fonction **strcspn** détermine la longueur de la partie initiale de la chaîne de caractères placée dans son premier argument qui ne contient aucun des caractères de la chaîne placée dans son second argument. La fonction retourne la longueur du segment.
- La fonction **strpbrk** recherche dans son premier argument la première occurrence de tout caractère qui apparaît dans son second argument. Si un caractère de son deuxième argument est trouvé, **strpbrk** renvoie un pointeur vers le caractère, sinon, **strpbrk** retourne un **NULL**.
- La fonction **strrchr** recherche la dernière occurrence d'un caractère dans une chaîne de caractères. Si le caractère est trouvé, **strrchr** retourne un pointeur vers le caractère dans la chaîne; sinon, **strrchr** renvoie un **NULL**.
- La fonction **strspn** détermine la longueur de la partie initiale de la chaîne de caractères placée en premier argument qui contient uniquement des caractères de la chaîne placée en deuxième argument. La fonction retourne la longueur du segment.
- La fonction **strstr** recherche la première occurrence de son deuxième argument de chaîne de caractères dans son premier argument de chaîne. Si la deuxième chaîne de caractères se trouve dans la première, un pointeur vers l'emplacement de la chaîne dans le premier argument est retourné.
- La fonction **memcpy** copie un nombre spécifié de caractères de l'objet vers lequel le deuxième argument pointe dans l'objet vers lequel le premier argument pointe. La fonction peut recevoir un pointeur vers n'importe quel type d'objet. Les pointeurs sont reçus par **memcpy** comme des pointeurs **void** et sont convertis en pointeurs **char** en vue de leur utilisation dans la fonction. La fonction **memcpy** manipule les octets des arguments comme s'il s'agissait de caractères.
- La fonction **memmove** copie un nombre spécifié d'octets depuis l'objet pointé par le deuxième argument vers l'objet pointé par le premier argument. La copie est réalisée comme si les octets étaient copiés du deuxième argument vers un tableau de caractères temporaire, puis copiés de ce tableau vers le premier argument.
- La fonction **memcmp** compare le nombre spécifié de caractères de ses premier et deuxième arguments.
- La fonction **memchr** recherche la première occurrence d'un octet représenté comme un **unsigned char** dans le nombre spécifié d'octets d'un objet. Si l'octet est trouvé, un pointeur vers cet octet dans le premier argument est renvoyé; sinon, la fonction retourne un pointeur **NULL**.
- La fonction **memset** copie son deuxième argument, traité comme un **unsigned char**, vers un nombre spécifié d'octets de l'objet pointé par le premier argument.
- La fonction **strerror** fait correspondre un numéro d'erreur entier avec une chaîne de caractères du texte complet d'une manière totalement dépendante de la machine. La fonction retourne un pointeur vers la chaîne de caractères.

TERMINOLOGIE

^   opérateur OU exclusif binaire

~ opérateur de complément à un

& opérateur ET binaire

&=   opérateur d'affectation ET binaire

<< opérateur de décalage à gauche

<<= opérateur d'affectation de décalage
     à gauche

^= opérateur d'affectation OU exclusif binaire

>> opérateur de décalage à droite

>>= opérateur d'affectation de décalage à droite

| opérateur OU inclusif binaire

|**=** opérateur d'affectation OU inclusif binaire

affectation de structure

ASCII

atof

atoi

atol

bibliothèque d'utilitaires généraux

caractères d'espacement

caractère de contrôle

caractère imprimable

<cctype>

chaîne de caractères

chaîne de caractères de recherche

chaîne de caractères littérale

champ de bits

champ de bits de largeur nulle

champ de bits non nommé

chiffres hexadécimaux

code de caractère

complement

complément à un

compromis espace-temps

constante de chaîne de caractères

constante de caractère

<cstdlib>

<cstring>

décalage

décalage à droite

décalage à gauche

délimiteur

enregistrement

fonctions de conversion de chaînes
     de caractères

fonctions de manipulation de chaînes
     de caractères

initialisation de structures

isalnum

isalpha

iscntrl

isdigit

isgraph

islower

isprint

ispunct

isspace

isupper

isxdigit

jeu de caractères

largeur d'un champ de bits

littérale (valeur)

masque

masquage de bits

memchr

memcmp

memcpy

memmove

memset

opérateurs binaires

pointeur vers une structure

remplissage

strchr

strcspn

strerror

strpbrk

strrchr

strspn

strstr

strtod

strtol

strtoul

struct

structure autoréférentielle

tableau de structures

tolower

toupper

traitement de chaînes de caractères

traitement de texte

type de structure

typedef

ERREURS DE PROGRAMMATION COURANTES

16.1 Oublier le point virgule à la fin d'une définition de structure est une erreur.

16.2 Comparer des structures est une erreur de syntaxe parce que les contraintes d'alignement peuvent varier selon les systèmes.

16.3 Supposer que les structures sont, comme les tableaux, passées automatiquement par référence, puis tenter de modifier les valeurs de la structure dans la fonction appelée est une erreur.

16.4 Oublier d'inclure l'indice de tableau lors de l'appel de structures individuelles dans un tableau de structures est une erreur.

16.5 Utiliser l'opérateur ET logique (**&&**) à la place de l'opérateur ET binaire (**&**) et vice versa.

16.6 L'utilisation de l'opérateur OU logique (**| |**) au lieu de l'opérateur OU binaire (**|**) et vice versa.

16.7 Le résultat du décalage d'une valeur est indéfini si l'opérande de droite est négatif ou si l'opérande de droite a une valeur supérieure au nombre de bits dans lesquels l'opérande de gauche est stocké.

16.8 Tenter d'accéder aux bits individuels d'un champ de bits comme s'il s'agissait des éléments d'un tableau est une erreur. Les champs de bits ne sont pas des «tableaux de bits».

16.9 Tenter de prendre l'adresse d'un champ de bits est une erreur. En effet, on ne peut pas utiliser l'opérateur **&** avec des champs de bits, car ces derniers n'ont pas d'adresse.

16.10 Les fonctions de manipulation de chaînes de caractères (autres que **memmove**) qui copient des caractères, donnent des résultats imprévisibles quand la copie se fait entre des parties d'une même chaîne de caractères.

BONNES PRATIQUES DE PROGRAMMATION

16.1 Lorsque vous créez un type de structure, fournissez un nom de structure. Ce nom est pratique pour déclarer ultérieurement de nouvelles variables de ce type dans le même programme; il est même exigé si une structure de ce type doit être passée en paramètre à une fonction.

16.2 Dans un **typedef**, mettez les noms en majuscules afin de bien montrer qu'ils sont des synonymes d'autres noms de types.

ASTUCES SUR LA PERFORMANCE

16.1 Passer des structures – surtout les grandes structures – par référence est plus efficace que les passer par valeur, car le passage par valeur implique la copie de la totalité de ces structures.

16.2 Les champs de bits permettent de préserver l'espace de stockage.

16.3 Même si les champs de bits économisent l'espace, leur utilisation peut obliger le compilateur à générer du code en langage machine d'exécution plus lente. Ceci se produit parce que l'accès à quelques portions seulement d'une unité de stockage adressable peut exiger des opérations supplémentaires en langage machine. Ceci est l'un des nombreux exemples de compromis espace-temps que l'on rencontre en informatique.

ASTUCES SUR LA PORTABILITÉ

16.1 La taille des éléments de données d'un type déterminé et les considérations d'alignement de stockage dépendant de la machine, il en va de même de la représentation d'une structure.

16.2 L'emploi de **typedef** peut aider à améliorer la portabilité des programmes.

16.3   Les manipulations binaires sont dépendantes de la machine.

16.4   Le résultat du décalage à droite d'une valeur signée dépend de la machine. Certains ordinateurs remplissent les bits vacants par des zéros; d'autres les remplissent avec le bit du signe.

16.5   Les manipulations de champs de bits dépendent de la machine. Par exemple, certains ordinateurs permettent aux champs de bits de dépasser les limites du mot, mais d'autres pas.

16.6   Le type **size_t** est un synonyme dépendant de la machine pour le type **unsigned long** ou encore le type **unsigned int**.

16.7   Les messages générés par **strerror** dépendent du système.

EXERCICES DE RÉVISION

16.1   Complétez les propositions suivantes:
  a) Une _____ est une collection de variables apparentées, rassemblées sous un seul nom.
  b) Les bits du résultat d'une expression faisant appel à l'opérateur _____ sont mis à 1 si les bits correspondants de chacun des opérandes sont à 1. Sinon, les bits sont mis à 0.
  c) Les variables déclarées dans une définition de structure sont appelés ses _____.
  d) Les bits du résultat d'une expression utilisant l'opérateur _____ sont mis à 1 si au moins un des bits correspondants dans l'un des opérandes est à 1. Sinon, ces bits sont mis à zéro.
  e) Le mot clé _____ amorce la déclaration d'une structure.
  f) Le mot clé _____ est utilisé pour créer un synonyme d'un type de données défini au préalable.
  g) Les bits du résultat d'une expression faisant appel à l'opérateur _____ sont mis à 1 si exactement un des bits correspondants de ses opérandes est à 1. Sinon, les bits sont mis à zéro.
  h) L'opérateur ET binaire **&** est souvent utilisé pour _____ des bits, c'est-à-dire pour sélectionner certains bits dans une chaîne de bits, tout en mettant les autres à zéro.
  i) Le nom de la structure est désigné par le _____ de la structure.
  j) Un membre d'une structure est accessible soit par l'opérateur _____, soit par l'opérateur _____.
  k) Les opérateurs _____ et _____ sont utilisés pour décaler les bits d'une valeur vers la gauche ou vers la droite, respectivement.

16.2   Parmi les propositions suivantes, indiquez lesquelles sont vraies et lesquelles sont fausses. Si elles sont fausses, expliquez pourquoi:
  a) Les structures ne peuvent contenir qu'un seul type de donnée.
  b) Les membres de différentes structures doivent avoir des noms uniques.
  c) Le mot-clé **typedef** est utilisé pour définir de nouveaux types de données.
  d) Les structures sont toujours passées à des fonctions par référence.

16.3   Écrivez une instruction unique ou une série d'instructions qui accomplissent les tâches suivantes:
  a) Définir une structure nommée **Piece** contenant une variable **int** nommée **numeroPiece** et un tableau de **char** nommé **nomPiece** dont les valeurs peuvent avoir jusque 25 caractères.
  b) Définir le synonyme **PiecePtr** du type **Piece *.**
  c) Déclarer la variable **a** du type **Piece**, le tableau **b[10]** de type **Piece** et la variable **ptr** de type pointeur vers **Piece**.
  d) Saisir un numéro et un nom de pièce au clavier et les déposer dans les membres individuels de la variable **a**.
  e) Affecter les valeurs membres de la variable **a** à l'élément 3 du tableau **b**.
  f) Affecter l'adresse du tableau **b** à la variable de pointeur **ptr**.
  g) Afficher les valeurs des membres de l'élément 3 du tableau **b** par l'entremise de la variable **ptr** et de l'opérateur de pointeur de structure pour faire référence aux membres.

16.4 Trouvez les erreurs dans les propositions suivantes:

a) Considérons que la **struct Carte** a été définie comme contenant deux pointeurs vers des types **char**, nommés **figure** et **couleur**. La variable **c** a également été déclarée de type **Carte** et la variable **cPtr** a été déclarée de type pointeur vers **Carte**. La variable **cPtr** se voit affecter l'adresse de **c**.

```
cout << *cPtr.figure << endl;
```

b) Supposons que la **struct Carte** a été définie pour contenir deux pointeurs de type **char**, nommés **figure** et **couleur**. Le tableau **Coeur[13]** a également été déclaré comme étant de type **Carte**. L'instruction suivante devrait afficher le membre **figure** de l'élement 10 du tableau:

```
cout << Coeur.figure << endl;
```

c)
```
struct Personne {
   char nom[ 15 ];
   char prenom[ 15 ];
   int age;
}
```

d) Admettons que la variable **p** a été déclarée de type **Personne** et que la variable **c** a été déclarée de type **Carte**.

```
p = c;
```

16.5 Écrivez une seule instruction qui accomplisse chacune des tâches suivantes. Supposez que les variables **c** (qui stocke un caractère), **x**, **y** et **z** sont de type **int**, que les variables **d**, **e** et **f** sont du type **float**, que la variable **ptr** est du type **char *** et que les tableaux **s1[100]** et **s2[100]** sont de type **char**.

a) Convertissez le caractère stocké dans la variable **c** en une lettre majuscule. Affectez le résultat à la variable **c**.

b) Déterminez si la valeur de la variable c est un chiffre. Utilisez à cet effet l'opérateur conditionnel montré aux figures 16.17, 16.18 et 16.19 pour afficher un " **est un** " ou " **n'est pas un** " lorsque le résultat est affiché.

c) Convertissez la chaîne de caractères **"1234567"** en un **long** et affichez-en la valeur.

d) Déterminez si la valeur de la variable c est un caractère de contrôle. Utilisez à cet effet l'opérateur conditionnel pour afficher un " **est un** " ou " **n'est pas un** " lorsque le résultat est imprimé.

e) Affectez à **ptr** l'emplacement de la dernière occurrence de **c** dans **s1**.

f) Convertissez la chaîne de caractères **"8.63582"** en un **double** et affichez-en la valeur.

g) Déterminez si la valeur de **c** est une lettre. Utilisez l'opérateur conditionnel pour afficher un " **est une** " ou " **n'est pas une** " lorsque le résultat est imprimé.

h) Affectez à **ptr** l'emplacement de la première occurrence de **s2** dans **s1**.

i) Déterminez si la valeur de la variable **c** est un caractère imprimable. Utilisez l'opérateur conditionnel pour afficher un " **est un** " ou " **n'est pas un** " lorsque le résultat est affiché.

j) Affectez à **ptr** l'emplacement de la première occurrence dans **s1** de tout caractère de **s2**.

k) Affectez à **ptr** l'emplacement de la première occurrence de **c** dans **s1**.

l) Convertissez la chaîne de caractères **"-21"** en **int** et affichez-en la valeur.

RÉPONSES AUX EXERCICES DE RÉVISION

16.1 a) structure. b) ET binaire (**&**). c) membres. d) OU inclusif binaire (**|**). e) **struct**.
f) **typedef**. g) OU exclusif binaire (**^**). h) masquer. i) libellé (ou «tag»). j) membre d'une structure (**.**), pointeur de structure (**->**). k) de décalage à gauche (**<<**), de décalage à droite (**>>**).

16.2 a) Faux. Une structure peut contenir de nombreux types de données.

b) Faux. Les membres de structures distinctes peuvent avoir des noms identiques mais les membres d'une même structure doivent avoir des noms uniques.

c) Faux. **typedef** est utilisé pour définir un alias d'un type de données défini au préalable.

d) Faux. Les structures sont toujours passées aux fonctions par valeur.

16.3 a)
```
struct Piece {
    int numeroPiece;
    char nomPiece[26];
};
```
b) `typedef Piece * PiecePtr;`

c) `Piece a, b[ 10 ], *ptr;`

d) `cin >> a.numeroPiece >> a.nomPiece;`

e) `b[ 3 ] = a;`

f) `ptr = b;`

g)
```
cout << ( ptr + 3 )->numeroPiece << ' '
     << ( ptr + 3 )->nomPiece << endl;
```

16.4 a) Erreur: les parenthèses qui devraient enfermer ***cPtr** ont été omises, ce qui provoque un ordre d'évaluation incorrect de l'expression.

b) Erreur: l'indice du tableau a été omis. L'expression devrait être **Coeur[10].figure**.

c) Erreur: un point virgule est obligatoire à la fin de la définition d'une structure.

d) Erreur: des variables de types de structures différents ne peuvent pas être affectées l'une à l'autre.

16.5 a) `c = toupper( c );`

b)
```
cout << '\'' << c << "\' "
     << ( isdigit( c ) ? "est un": "n'est pas un" )
     << " chiffre" << endl;
```
c) `cout << atol( "1234567" ) << endl;`

d)
```
cout << '\'' << c << "\' "
     << ( iscntrl( c ) ? "est un": "n'est pas un" )
     << " caractère de contrôle" << endl;
```
e) `ptr = strrchr( s1, c );`

f) `out << atof( "8.63582" ) << endl;`

g)
```
cout << '\'' << c << "\' "
     << ( isalpha( c ) ? "est une": "n'est pas une" )
     << " lettre" << endl;
```
h) `ptr = strstr( s1, s2 );`

i)
```
cout << '\'' << c << "\' "
     << ( isprint( c ) ? "est un": "n'est pas un" )
     << " caractère imprimable" << endl;
```
j) `ptr = strpbrk( s1, s2 );`

k) `ptr = strchr( s1, c );`

l) `cout << atoi( "-21" ) << endl;`

EXERCICES

16.6 Donnez la définition de chacune des structures et unions suivantes:

a) La structure **Inventaire** contenant le tableau de caractères **nomPiece[30]**, l'entier **numeroPiece**, la valeur en virgule flottante **prix**, l'entier **matériel** et l'entier **reapprovisionnement**.

b) Une structure appelée **Adresse** qui contient les tableaux de caractères **adresseRue[25]**, **ville[20]**, **pays[3]** et **CodePostal[6]**.

c) La structure **Etudiant** qui contient les tableaux **prenom[15]** et **nom[15]**, ainsi que la variable **adresseDomicile** du type **struct Adresse** définie à la partie b.

d) La structure **Test** contenant 16 champs de bits dont les largeurs sont de 1 bit. Les noms des champs de bits sont les lettres **a** à **p**.

16.7   Étant donné les définitions de structures et déclarations de variables suivantes,

```
struct Client {
    char nom[15];
    char prenom[15];
    int numeroClient;

    struct {
        char numeroTelephone[11];
        char adresse[50];
        char ville[15];
        char pays[3];
        char codePostal[6];
    } personne;
} EnregClient, *ClientPtr;

ClientPtr = &EnregClient;
```

Écrivez une expression distincte qui puisse être utilisée pour accéder aux membres d'une structure dans chacun des cas suivants:

a) Le membre **nom** de structure **EnregClient**.
b) Le membre **nom** de la structure pointée par **ClientPtr**.
c) Le membre **prenom** de la structure **EnregClient**.
d) Le membre **prenom** de la structure pointée par **ClientPtr**.
e) Le membre **numeroClient** de structure **EnregClient**.
f) Le membre **numeroClient** de la structure pointée par **ClientPtr**.
g) Le membre **numeroTelephone** du membre **personne** de structure **EnregClient**.
h) Le membre **numeroTelephone** du membre **personne** de la structure pointée par **ClientPtr**.
i) Le membre **adresse** du membre **personne** de la structure **EnregClient**.
j) Le membre **adresse** du membre **personne** de la structure pointée par **ClientPtr**.
k) Le membre **ville** du membre **personne** de la structure **EnregClient**.
l) Le membre **ville** du membre **personne** de la structure pointée par **ClientPtr**.
m) Le membre **pays** du membre **personne** de la structure **EnregClient**.
n) Le membre **pays** du membre **personne** de la structure pointée par **ClientPtr**.
o) Le membre **codePostal** du membre **personne** de la structure **EnregClient**.
p) Le membre **codePostal** du membre **personne** de la structure pointée par **ClientPtr**.

16.8   Modifiez le programme de la figure 16.14 de façon qu'il brasse les cartes au moyen d'un outil de brassage à haute performance (comme à la figure 16.2). Affichez le jeu résultant sous la forme de deux colonnes, comme à la figure 16.3. Faites précéder chaque carte de sa couleur.

16.9   Écrivez un programme qui décale à droite sur 4 bits une variable entière. Le programme doit afficher les bits de l'entier avant et après l'opération de décalage. Votre système place-t-il des 0 ou des 1 dans les bits vacants ?

16.10   Si votre ordinateur utilise des entiers à 4 octets, modifiez le programme de la figure 16.5 de sorte qu'il fonctionne avec des entiers à 4 octets.

16.11   Le décalage d'un bit sur la gauche d'un entier **unsigned** équivaut à multiplier cet entier par 2. Écrivez une fonction **puissance2** qui prenne deux arguments entiers **nombre** et **puis**, pour calculer

nombre * 2^{puis}

Utilisez l'opérateur de décalage pour calculer le résultat. Le programme doit afficher les valeurs en entiers et en bits.

16.12   L'opérateur de décalage à gauche est aussi utile pour empaqueter deux valeurs de caractère en une variable entière non signée de 2 octets. Écrivez un programme qui saisisse deux caractères au clavier et qui les passe à une fonction **emballeCaracteres**. Pour empaqueter deux caractères dans une variable entière

unsigned, affectez le premier caractère à la variable **unsigned**, décalez la variable **unsigned** à gauche de 8 positions et combinez la variable **unsigned** résultante avec le second caractère au moyen d'une opération OU inclusive binaire. Le programme doit sortir les caractères dans leur forme de bits avant et après leur emballage dans l'entier **unsigned** pour prouver que les caractères sont empaquetés correctement dans la variable **unsigned**.

16.13 À l'aide de l'opérateur de décalage à droite, de l'opérateur ET binaire et d'un masque, écrivez une fonction **deballeCaractères** qui prenne l'entier non signé de l'exercice 16.12 et qui en déballe les deux caractères. Pour déballer deux caractères d'un entier non signé de 2 octets, combinez l'entier non signé avec le masque **65280** (**11111111 00000000**) et décalez le résultat de 8 bits vers la droite. Affectez la valeur résultante à une variable **char**. Combinez ensuite l'entier **unsigned** avec le masque **255** (**00000000 11111111**). Affectez le résultat à une autre variable **char**. Le programme doit afficher l'entier **unsigned** sous la forme de ses bits avant son déballage, puis afficher les caractères en bits pour confirmer leur déballage correct.

16.14 Si votre système utilise des entiers sur 4 octets, réécrivez le programme de l'exercice 16.12 pour qu'il emballe 4 caractères.

16.15 Si votre système utilise des entiers sur 4 octets, réécrivez la fonction **déballeCaractères** de l'exercice 16.13 pour déballer 4 caractères. Créez les masques nécessaires pour déballer les 4 caractères en décalant à gauche la valeur 255 dans la variable masque par 8 bits, 0, 1, 2 ou 3 fois, selon l'octet à extraire.

16.16 Écrivez un programme qui inverse l'ordre des bits dans une valeur entière non signée. Le programme doit saisir la valeur auprès de l'utilisateur et appeler la fonction **inverserBits** pour imprimer les bits dans l'ordre inverse. Affichez la valeur en bits avant et après l'inversion pour confirmer le bon fonctionnement de l'opération.

16.17 Modifiez la fonction **afficherBits** de la figure 16.5, de sorte qu'elle soit portable entre des systèmes utilisant des entiers sur 2 octets et d'autres utilisant des entiers sur 4 octets. Astuce: faites appel à l'opérateur **sizeof** pour déterminer la taille d'un entier sur une machine donnée.

16.18 Écrivez un programme qui saisisse un caractère au clavier et qui teste ce caractère avec chacune des fonctions de la bibliothèque de fonctions de manipulation de caractères. Le programme doit afficher la valeur retournée par chacune de ces fonctions.

16.19 Le programme suivant utilise la fonction **multiple** pour déterminer si l'entier saisi au clavier est un multiple d'un entier **X** quelconque. Examinez la fonction **multiple**, puis déterminez la valeur de **X**.

```
1   // ex16_19.cpp
2   // Ce programme détermine si une valeur est un multiple de X.
3   #include <iostream>
4
5   using std::cout;
6   using std::cin;
7   using std::endl;
8
9   bool multiple( int );
10
11  int main()
12  {
13     int y;
14
15     cout << "Entrez un entier compris entre 1 et 32000:  ";
16     cin >> y;
17
18     if ( multiple( y ) )
19        cout << y << " est un multiple de X." << endl;
```

```
20        else
21          cout << y << " n'est pas un multiple de X." << endl;
22
23        return 0;
24    }
25
26    bool multiple( int num )
27    {
28        bool mult = true;
29
30        for ( int i = 0, masque = 1; i < 10; i++, masque <<= 1 )
31          if ( ( num & masque ) != 0 ) {
32            mult = false;
33            break;
34          }
35
36        return mult;
37    }
```

16.20   Que fait le programme suivant ?

```
1    // ex16_20.cpp
2    #include <iostream>
3
4    using std::cout;
5    using std::cin;
6    using std::endl;
7
8    int mystere( unsigned );
9
10   int main()
11   {
12       unsigned x;
13
14       cout << "Entrez un entier:   ";
15       cin >> x;
16       cout << "Le résultat vaut " << mystere( x ) << endl;
17       return 0;
18   }
19
20   int mystere( unsigned bits )
21   {
22       const int DECALAGE = 8 * sizeof( unsigned ) -1;
23       const unsigned MASQUE = 1 << DECALAGE;
24       unsigned total = 0;
25
26       for ( int i = 0; i < DECALAGE + 1; i++, bits <<= 1 )
27         if ( ( bits & MASQUE ) == MASQUE )
28           ++total;
29
30       return !( total % 2 );
31   }
```

16.21   Écrivez un programme qui saisisse une ligne de texte au moyen de la fonction membre **getLine** (voir chapitre 11) de **istream** dans un tableau de chaînes de caractères **s[100]**. Affichez la ligne de texte en majuscules et en minuscules.

16.22   Écrivez un programme qui saisisse 4 chaînes de caractères représentant des entiers, qui convertisse les chaînes de caractères en entiers et qui fasse la somme de leurs valeurs pour en afficher le total.

16.23   Écrivez un programme qui saisisse 4 chaînes de caractères représentant des valeurs en virgule flottante, qui convertisse les chaînes de caractères en valeurs doubles, fasse la somme de ces valeurs et en affiche le total.

16.24   Écrivez un programme qui saisisse une ligne de texte et une chaîne de caractères de recherche au clavier. À l'aide de la fonction **strstr**, localisez la première occurrence de la chaîne de recherche dans la ligne de texte et affectez l'emplacement trouvé à la variable **ptrRecherche** du type **char ***. Si la chaîne de recherche est trouvée, affichez le reste de la ligne de texte commençant à la chaîne de recherche. Réutilisez **strstr** pour localiser l'occurrence suivante de la chaîne de recherche dans la ligne de texte. Si une deuxième occurrence est trouvée, affichez le reste de la ligne de texte à partir du début de cette seconde occurrence de la chaîne de recherche. Astuce: le deuxième appel à **strstr** doit contenir **ptrRecherche + 1** comme premier argument.

16.25   Écrivez un programme basé sur le programme de l'exercice 16.24, qui saisisse plusieurs lignes de texte et une chaîne de caractères de recherche et qui utilise la fonction **strstr** pour déterminer le nombre total d'occurrences de la chaîne dans les lignes de texte. Affichez le résultat.

16.26   Écrivez un programme qui saisisse plusieurs lignes de texte et un caractère de recherche et qui utilise la fonction **strchr** pour déterminer le nombre total d'occurrences du caractère dans les lignes de texte.

16.27   Écrivez un programme basé sur le programme de l'exercice 16.26 qui saisisse plusieurs lignes de texte et qui utilise la fonction **strchr** pour déterminer le nombre total d'occurrences de chacune des lettres de l'alphabet dans le texte. Les lettres majuscules et minuscules doivent être comptées ensemble. Stockez les totaux pour chacune des lettres dans un tableau et affichez les valeurs sous forme tabulaire, après détermination de ces totaux.

16.28   Le tableau de l'annexe B montre les codes de représentation numérique des caractères dans le jeu de caractères ASCII. Étudiez ce tableau pour déterminer si les propositions suivantes sont vraies ou fausses:

   a) La lettre **"A"** vient avant la lettre **"B"**.
   b) Le chiffre **"9"** vient avant the chiffre **"0"**.
   c) Les symboles utilisés habituellement pour l'addition, la soustraction, la multiplication et la division viennent avant n'importe quel chiffre.
   d) Les chiffres précèdent les lettres.
   e) Si un programme de tri place des chaînes de caractères en ordre croissant, ce programme place alors le symbole de parenthèse droite avant celui de gauche.

16.29   Écrivez un programme qui lise une série de chaînes de caractères et qui n'affiche que celles commençant par la lettre **"b"**.

16.30   Écrivez un programme qui lise une série de chaînes de caractères et qui n'affiche que celles commençant par les lettres **"ED"**.

16.31   Écrivez un programme qui saisisse un code ASCII et en affiche le caractère correspondant. Modifiez ce programme pour qu'il génère tous les codes à trois chiffres compris dans l'étendue 000 à 255 et pour qu'il tente d'en afficher les caractères correspondants. Que se passe-t-il lorsque le programme s'exécute?

16.32   À l'aide de la table des caractères ASCII de l'annexe B, écrivez vos propres fonctions de manipulation de caractères comme à la figure 16.16.

16.33 Écrivez vos propres versions des fonctions de la figure 16.20 pour la conversion de chaînes de caractères en nombres.

16.34 Écrivez vos propres versions des fonctions de la figure 16.27 pour la recherche de chaînes de caractères.

16.35 Écrivez vos propres versions des fonctions de la figure 16.34 pour la manipulation de blocs de mémoire.

16.36 (*Projet: un vérificateur orthographique*) Nombre de logiciels de traitement de texte disposent de vérificateurs orthographiques intégrés. Nous avons utilisé des fonctions de vérification orthographique pendant la rédaction de ce livre et nous avons découvert que, malgré notre attention, le logiciel a toujours trouvé des erreurs que nous n'avions pas repérées manuellement.

Ce projet vous demande de développer votre propre utilitaire de vérification orthographique. Quelques suggestions vont vous permettre d'amorcer ce travail. Vous devrez ensuite ajouter quelques possibilités supplémentaires. Vous vous faciliterez la tâche si vous utilisez un dictionnaire électronique existant comme source de mots.

Pourquoi produisons-nous autant de fautes d'orthographe lorsque nous tapons du texte? Parfois, nous ne connaissons tout simplement pas l'épellation exacte d'un mot; alors nous choisissons ce qui nous semble le plus probable. Parfois, c'est parce que nous inversons deux lettres (par ex., «fonciton» au lieu de «fonction»). Parfois encore, nous répétons accidentellement un caractère (par exemple, «mannuel» au lieu de «manuel»). Parfois, nous tapons une touche au clavier proche de celle voulue (par ex., «aluas» au lieu de «alias»), et ainsi de suite.

Concevez et réalisez un programme de vérification orthographique en C++. Ce programme conservera en mémoire un tableau **listeDeMots** de chaînes de caractères. Vous avez le choix de saisir ces chaînes au clavier ou de les importer d'un dictionnaire électronique existant. Le programme demandera à l'utilisateur d'entrer un mot. Il cherchera ce mot dans le tableau **listeDeMots**. Si le mot est présent dans le tableau, le programme affichera la phrase «**Le mot est orthographié correctement**».

Si le mot est absent du tableau, le programme devra afficher la phrase «**Le mot n'est pas orthographié correctement**». Il devra ensuite essayer de trouver dans **listeDeMots** d'autres mots qui pourraient être le mot souhaité par l'utilisateur. Par exemple, vous pourrez tenter toutes les possibiltés uniques de transposition de lettres adjacentes pour découvrir que le mot «fonction» est une correspondance directe d'un mot de la **listeDeMots**. Bien entendu, ceci implique que le programme vérifiera toutes les autres transpositions possibles, telles que «ofnction», «focntion», «fontcion», «fonciton», «fonctoin» et «fonctino». Quand vous trouverez un nouveau mot correspondant à un de ceux de la **listeDeMots**, vous afficherez ce mot avec un message du genre « **Vouliez-vous dire "fonction"?** ».

Implantez d'autres tests, tels que le remplacement de chacune des lettres doubles par une lettre simple, ainsi que tout autre test que vous puissiez développer pour améliorer la qualité de votre vérificateur orthographique.

Le précompilateur

Objectifs

- Développer des programmes de taille importante avec **#include**.

- Créer des macros et des macros avec arguments avec **#define**.

- Comprendre la compilation conditionnelle.

- Afficher des messages d'erreur pendant la compilation conditionnelle.

- Utiliser les assertions pour tester la validité des valeurs des expressions.

17.1 Introduction

Ce chapitre introduit le *précompilateur*. La précompilation intervient avant la compilation d'un programme. Certaines des actions possibles sont: l'inclusion d'autres fichiers dans le fichier à compiler, la définition des *constantes symboliques* et des *macros*, la *compilation conditionnelle* de code de programme et l'*exécution conditionnelle des directives du précompilateur*. Toutes les directives de précompilation commencent par un `#` et seuls des caractères d'espacement peuvent apparaître sur la ligne avant une telle directive. Les directives de précompilation ne sont pas des instructions C++, de sorte qu'elles ne se terminent pas par un point-virgule (`;`). Par ailleurs, elles sont traitées en totalité avant le démarrage de la compilation proprement dite.

Erreur de programmation courante 17.1

Placer un point-virgule à la fin d'une directive de précompilation peut entraîner des erreurs diverses selon le type de directive de précompilation.

Observation de génie logiciel 17.1

Nombre de caractéristiques de précompilation (en particulier les macros) conviennent mieux aux programmeurs C qu'aux programmeurs C++. Ces derniers doivent se familiariser avec le précompilateur parce qu'ils risquent de devoir gérer du code hérité du C.

17.2 Directive de précompilation `#include`

La *directive de précompilation* `#include`, que vous trouverez partout dans ce texte, provoque l'insertion d'une copie d'un fichier spécifié à la place de la directive. Les deux formes de `#include` sont

```
#include <nomfichier>
#include "nomfichier"
```

La différence entre elles réside dans l'emplacement où le précompilateur recherche le fichier à inclure. Si le nom de fichier est entouré de crochets (`<` et `>`), ce qui prévaut pour les *fichiers d'en-tête de la bibliothèque standard*, le précompilateur recherche le fichier indiqué d'une façon qui dépend de l'implantation, normalement dans des répertoires prédéfinis. Si le nom de fichier est entouré de guillemets, le précompilateur débute la recherche dans le même répertoire que le fichier compilé, puis la poursuit de la même façon que pour les fichiers entourés de crochets. Cette méthode est normalement utilisée pour inclure des fichiers d'en-tête définis par le programmeur.

La directive **#include** inclut d'habitude des fichiers d'en-tête standard, comme **<iostream>** et **<iomanip>**. Elle est également employée dans des programmes constitués de plusieurs fichiers de ressources à compiler ensembles. Un *fichier d'en-tête* contenant les déclarations et définitions communes à des fichiers de programme distincts est souvent créé et inclus dans ces fichiers. Les classes, les structures, les unions, les énumérations et les prototypes de fonctions sont des exemples de telles déclarations et définitions.

17.3 Directive de précompilation #define: les constantes symboliques

La *directive de précompilation* **#define** crée des *constantes symboliques*, c'est-à-dire des constantes représentées comme des symboles, et des *macros*, autrement dit des opérations définies comme des symboles. Le format de la directive de précompilation **#define** est

> **#define** *identifiant texte_de_remplacement*

Lorsqu'une ligne semblable apparaît dans un fichier, toutes les occurrences suivantes de *identifiant* dans ce fichier seront remplacées automatiquement par le *texte_de_remplacement* avant la compilation du programme. La ligne ci-après, par exemple, remplace toutes les occurrences suivantes de la constante symbolique **PI** par la constante numérique **3.14159** :

> **#define PI 3.14159**

Les constantes symboliques permettent au programmeur de créer un nom pour une constante et d'utiliser ce nom tout au long du programme. Si la constante doit être modifiée au sein du programme, il suffit de la modifier une seule fois dans la directive de précompilation **#define** ; lorsque le programme est recompilé, toutes les occurrences de la constante dans le programme sont automatiquement modifiées. Remarque: *Tout ce qui se trouve à droite du nom de la constante symbolique remplace la constante symbolique.* Ainsi, **#define PI = 3.14159** entraîne le remplacement de chaque occurrence de **PI** par **= 3.14159**. Ceci est la cause de nombreuses et subtiles erreurs de logique et de syntaxe. Le fait de redéfinir une constante symbolique par une nouvelle valeur est également une erreur. Notez qu'en C++ les variables **const** ont la préférence sur les constantes symboliques. Les variables constantes ont un type de donnée spécifique et sont visibles par leur nom pour un débogueur. Dès qu'une constante symbolique est remplacée par son texte équivalent, seul le texte de remplacement est visible au débogueur. Un inconvénient des variables **const** est qu'elles peuvent exiger un emplacement mémoire de la taille de leur type de donnée, tandis que les constantes symboliques ne requièrent pas de mémoire supplémentaire.

Erreur de programmation courante 17.2

Utiliser des constantes symboliques dans un fichier autre que le fichier dans lequel ces constantes sont définies est une erreur de syntaxe.

Bonne pratique de programmation 17.1

L'emploi de noms explicites pour les constantes symboliques permet de documenter les programmes en eux-mêmes.

17.4 Directive de précompilation #define : les macros

[Remarque: Cette section est proposée ici à l'intention des programmeurs C++ qui devront travailler avec du code hérité du C. En C++, les macros ont été remplacées par les modèles et les fonctions en ligne.] Une *macro* est une opération définie dans une directive de précompilation **#define**. Comme dans le cas des constantes symboliques, l'*identifiant de macro* est remplacé par son *texte de remplacement* avant la compilation du programme. Il est possible de définir des macros avec ou sans *arguments*. Une macro sans argument est traitée comme une constante symbolique. Dans une macro avec arguments, les arguments sont substitués dans le texte de remplacement, puis la macro est *développée*, c'est-à-dire que le texte de remplacement se substitue, dans le programme, à l'identifiant de macro et à sa liste d'arguments. Remarque: aucune vérification de type de donnée n'est effectuée sur les arguments de macro. Une macro n'est utilisée que dans le cadre d'une substitution de texte.

Considérons la définition de macro suivante, qui demande un argument pour le calcul de l'aire d'un cercle:

```
#define AIRE_DU_CERCLE( x ) ( PI * ( x ) * ( x ) )
```

Chaque fois que **AIRE_DU_CERCLE(x)** apparaît dans le fichier, la valeur de **x** est substituée à **x** dans le texte de remplacement, la constante symbolique **PI** est remplacée par sa valeur (définie précédemment) et la macro est développée dans le programme. L'instruction suivante, par exemple:

```
aire = AIRE_DU_CERCLE( 4 );
```

est développée en

```
aire = ( 3.14159 * ( 4 ) * ( 4 ) );
```

Comme l'expression n'est constituée que de constantes, la valeur de l'expression est évaluée lors de la compilation et le résultat est affecté à **aire** au moment de l'exécution. Les parenthèses placées de part et d'autre de chacun des **x**, dans le texte de remplacement et autour de l'expression complète, imposent l'ordre d'évaluation correct lorsque l'argument de la macro est une expression. Par exemple, l'instruction

```
aire = AIRE_DU_CERCLE( c + 2 );
```

est développée en

```
aire = ( 3.14159 * ( c + 2 ) * ( c + 2 ) );
```

Cette expression est évaluée correctement parce que les parenthèses forcent le bon ordre d'évaluation. Sans les parenthèses, la macro serait développée comme suit:

```
aire = 3.14159 * c + 2 * c + 2;
```

ce qui, du fait des règles de préséance des opérateurs, serait évalué incorrectement en

```
aire = ( 3.14159 * c ) + ( 2 * c ) + 2;
```

Erreur de programmation courante 17.3

Oublier d'enfermer les arguments de macro entre parenthèses dans le texte de remplacement est une erreur.

La macro **AIRE_DU_CERCLE** pourrait être définie comme une fonction. La fonction **aireCercle** suivante effectue le même calcul que **AIRE_DU_CERCLE** mais la fonction **aireCercle** impose une surcharge de travail, induite par l'appel de fonction:

```
double aireCercle( double x ) { return 3.14159 * x * x; }
```

Les avantages de **AIRE_DU_CERCLE** résident dans le fait que les macros insèrent du code directement dans le programme, évitant la surcharge due aux appels de fonctions et que le programme reste lisible du fait que **AIRE_DU_CERCLE** est défini séparément et nommé de manière explicite. Un inconvénient est que son argument est évalué deux fois. De plus, chaque fois qu'une macro apparaît dans un programme, elle est développée et, pour peu qu'elle soit de grande taille, elle fait grossir le programme. Il faut donc tenir compte d'un compromis entre vitesse d'exécution et taille de programme (l'espace disque peut être limité). Remarquez que les fonctions en ligne (**inline**), que nous avons vues au chapitre 3, sont préférables pour atteindre les performances des macros et les avantages logiciels des fonctions.

Astuce sur la performance 17.1

Les macros peuvent parfois remplacer un appel de fonction avec code en ligne avant l'exécution. Ceci élimine la surcharge due aux appels de fonction. Les fonctions en ligne sont préférables aux macros parce qu'elles assurent les services de vérification de type des fonctions.

Voici la définition d'une macro à deux arguments pour calculer l'aire d'un rectangle:

```
#define AIRE_DU_RECTANGLE( x, y )  ( ( x ) * ( y ) )
```

Chaque fois que **AIRE_DU_RECTANGLE(x, y)** apparaît dans le programme, les valeurs de **x** et **y** sont substituées dans le texte de remplacement et la macro est développée à la place du nom de la macro. Par exemple, l'instruction

```
aireRect = AIRE_DU_RECTANGLE( a + 4, b + 7 );
```

est développée en

```
aireRect = ( ( a + 4 ) * ( b + 7 ) );
```

La valeur de l'expression est évaluée et affectée à la variable **aireRect**.

Le texte de remplacement pour une macro ou une constante symbolique est normalement constitué de tout le texte qui suit l'identifiant dans la directive **#define** sur la ligne. Si le texte de remplacement est plus long que le reste de la ligne, une barre oblique inverse (\) placée à la fin de la ligne indique que ce texte continue sur la ligne suivante.

On peut supprimer les constantes symboliques et les macros à l'aide de la *directive de précompilation* **#undef**. Cette directive supprime la définition du nom d'une constante symbolique ou d'une macro. La *portée* d'une constante symbolique ou d'une macro part de sa définition et va jusqu'à la suppression de la définition par **#undef** ou jusqu'à la fin du fichier. Une fois sa définition supprimée, un nom peut-être redéfini par un **#define**.

Les fonctions de la bibliothèque standard sont parfois définies comme des macros basées sur d'autres fonctions de la bibliothèque. Une des macros usuelles dans le fichier d'en-tête **<cstdio>** est

```
#define getchar()getc ( stdin )
```

La définition de la macro **getchar** utilise la fonction **getc** pour obtenir un caractère du flux d'entrée standard. La fonction **putchar** de l'en-tête **<cstdio>** et les fonctions de manipulation de caractères de l'en-tête **<cctype>** sont également souvent implantées sous forme de macros. Remarquez que les expressions qui ont des effets de bord, c'est-à-dire dans lesquelles des valeurs de variables sont modifiées, ne peuvent pas être passées à des macros parce que les arguments des macros peuvent être évalués plus d'une fois.

17.5 Compilation conditionnelle

La *compilation conditionnelle* permet au programmeur de contrôler l'exécution des directives de précompilation et la compilation du code de programme. Chacune des directives conditionnelles de précompilation évalue une expression entière constante qui détermine si le code est compilé. Les expressions de transtypage, les expressions **sizeof** et les constantes d'énumération ne peuvent pas être évaluées dans des directives de précompilation.

La construction de la précompilation conditionnelle ressemble à la structure de sélection **if**. Considérons le code de précompilation suivant:

```
#if !defined( NULL )
    #define NULL 0
#endif
```

Ces directives déterminent si la constante symbolique **NULL** est déjà définie. L'expression **defined(NULL)** s'évalue à **1** si **NULL** est défini ou, sinon, à **0**. Si le résultat vaut **0**, **!defined(NULL)** s'évalue à **1** et **NULL** est défini. Dans le cas contraire, la directive **#define** est éludée. Chaque construction **#if** se termine par un **#endif**. Les directives **#ifdef** et **#ifndef** sont des raccourcis pour **#if defined(** *nom* **)** et **#if !defined(** *nom* **)**. On peut tester une construction de précompilation conditionnelle multipartite à l'aide des directives **#elif** et **#else** (les équivalents respectifs de **else if** et **else** dans une structure **if**).

Pendant la phase de développement, les programmeurs estiment souvent utile de mettre de grandes portions de code en commentaire pour éviter que ce code soit compilé. Si le code contient des commentaires du style C, on ne peut employer **/*** et ***/** à cet effet. On peut, par contre, utiliser la construction de précompilation suivante:

```
#if 0
    code éludé à la compilation
#endif
```

Pour permettre la compilation du code, il suffit de remplacer la valeur **0** par la valeur **1** dans la construction précédente.

La compilation conditionnelle est communément utilisée comme une aide au débogage. On utilise souvent des instructions de sortie pour afficher les valeurs des variables et pour confirmer le flot de contrôle. Ces instructions peuvent être enfermées dans des directives conditionnelles de précompilation, de façon à ne les compiler que jusqu'à l'achèvement du processus de mise au point. Les directives suivantes, par exemple, forcent la compilation de l'instruction **cerr** dans le programme si la constante symbolique **DEBUG** a été définie, par un **#define DEBUG**, avant la directive **#ifdef DEBUG**:

```
#ifdef DEBUG
    cerr << "Variable x = " << x << endl;
#endif
```

Une fois le débogage terminé, la directive **#define** est retirée du fichier source, et les instructions de sortie insérées à des fins de mise au point sont ignorées pendant la compilation. Dans les programmes plus gros, il peut être souhaitable de définir différentes constantes symboliques responsables du contrôle de la compilation conditionnelle dans des sections distinctes du fichier source.

Erreur de programmation courante 17.4

Insérer des instructions de sortie compilées conditionnellement à des fins de débogage là où le C++ s'attend à ne trouver qu'une seule instruction peut entraîner des erreurs de syntaxe et de logique. Le cas échéant, ces instructions devraient être enfermées dans une instruction composée. Ainsi, lorsque le programme est compilé avec des instructions de débogage, le flot de contrôle du programme n'est pas altéré.

17.6 Directives de précompilation #error et #pragma

La *directive* **#error** suivante affiche un message dépendant de l'implantation qui inclut les *jetons* spécifiés dans la directive:

```
#error    jetons
```

Les jetons sont des séries de caractères séparées par des espaces. La directive suivante, par exemple, contient sept jetons:

```
#error 1 - Erreur de dépassement de capacité
```

Par exemple, lorsqu'une directive **#error** est traitée, les jetons de la directive sont affichés dans un message d'erreur, la précompilation s'arrête et le programme n'est pas compilé.

La *directive* **#pragma** provoque une action définie au niveau de l'implantation:

```
#pragma    jetons
```

Un pragma est ignoré lorsqu'il n'est pas reconnu par l'implantation. Un compilateur C++ donné peut, entre autre, reconnaître plusieurs pragmas qui permettent au programmeur de tirer pleinement avantage des possibilités spécifiques de ce compilateur. Pour en savoir plus à propos de **#error** et de **#pragma**, consultez la documentation de votre version de C++.

17.7 Opérateurs # et

Les opérateurs de précompilation **#** et **##** sont disponibles en C++ et en C ANSI. L'opérateur **#** provoque la conversion d'un jeton de texte de remplacement en une chaîne de caractères entourée de guillemets. Considérons la définition de macro suivante:

```
#define BONJOUR( x ) cout << "Bonjour, " #x << endl
```

Si **BONJOUR(Jean)** apparaît dans un fichier programme, il est développé en

```
cout << "Bonjour, " "Jean" << endl
```

La chaîne de caractères **"Jean"** remplace **#x** dans le texte de remplacement. Les chaînes de caractères séparées par des espaces sont concaténées pendant la précompilation, de sorte que l'instruction ci-dessus équivaut à

```
cout << "Bonjour, Jean" << endl
```

Notez qu'on doit impérativement utiliser l'opérateur **#** dans une macro avec arguments, car l'opérande de **#** fait référence à un argument de la macro.

L'opérateur **##** concatène deux jetons. Considérons la définition de macro:

```
#define CONCATJETON( x, y )  x ## y
```

Lorsque **CONCATJETON** apparaît dans le programme, ses arguments sont concaténés et utilisés pour remplacer la macro. Par exemple, **CONCATJETON(O, K)** est replacé par **OK** dans le programme. L'opérateur **##** doit obligatoirement avoir deux opérandes.

17.8 Numéros de lignes

La *directive de précompilation* **#line** provoque la renumérotation des lignes de code source qui suivent la valeur constante entière spécifiée. La directive ci-après, par exemple, démarre la numérotation à **100** à partir de la prochaine ligne de code source:

```
#line 100
```

On peut inclure un nom de fichier dans la directive **#line**. La directive ci-après indique que les lignes sont numérotées à partir de **100** depuis la ligne de code source suivante et que le nom de fichier impliqué dans tout message du compilateur est **"fichier1.c"**:

```
#line 100 "fichier1.c"
```

Cette directive est habituellement utilisée pour rendre les messages produits par les erreurs de syntaxe et les avertissements du compilateur plus explicites. Les numéros de lignes ainsi définis n'apparaissent pas dans le fichier source.

17.9 Constantes symboliques prédéfinies

Il existe quatre *constantes symboliques prédéfinies* (figure 17.1). Les identifiants pour chacune de ces constantes commencent et se terminent par *deux* caractères de soulignement. Ces identifiants et l'identifiant **defined** (section 17.5) ne peuvent pas être utilisés dans des directives **#define** ni #undef.

Constante symbolique	Description
__LINE__	Numéro de ligne en cours du code source (une constante entière).
__FILE__	Nom présumé du fichier source (une chaîne de caractères).
__DATE__	Date de compilation du fichier source (une chaîne de caractères de la forme **"Mmm jj aaaa"** telle que **"Jan 19 1994"**)
__TIME__	Heure de compilation du fichier source (une chaîne littérale de la forme **"hh:mm:ss"**).

Figure 17.1   Les constantes symboliques prédéfinies.

17.10 Assertions

La *macro* **assert**, définie dans le fichier d'en-tête **<cassert>**, teste la valeur d'une expression. Si la valeur de l'expression vaut **0** (faux), alors **assert** affiche un message d'erreur et appelle la fonction **abort** de la bibliothèque d'utilitaires généraux **<cstdlib>** pour terminer l'exécution du programme. Ceci est un outil utile de débogage qui permet de vérifier si la valeur d'une variable est correcte. Par exemple, supposons que la variable **x** ne puisse jamais dépasser **10** dans un programme. Une assertion peut tester la valeur de **x** et afficher un message d'erreur si la valeur de **x** est incorrecte. L'instruction serait alors:

```
assert( x <= 10 );
```

Si **x** est supérieur à **10** lorsque l'instruction précédente est rencontrée dans un programme, un message d'erreur contenant le numéro de ligne et le nom du fichier est affiché et le programme se termine. Le programmeur peut alors se concentrer sur cette zone du code pour y repérer l'erreur. Si la constante symbolique **NDEBUG** est définie, les assertions qui suivent seront ignorées. Ainsi, lorsque les assertions ne sont plus utiles, c'est-à-dire quand le débogage est achevé, la ligne suivante est insérée dans le fichier programme et évvite ainsi de devoir supprimer manuellement chacune des assertions.

```
#define NDEBUG
```

La plupart des compilateurs C++ comportent actuellement un traitement d'exceptions. Les programmeurs C++ préfèrent utiliser les exceptions plutôt que les assertions. Mais ces dernières demeurent valables pour les programmeurs C++ qui travaillent avec du code hérité du C.

RÉSUMÉ

- Toutes les directives de précompilation débutent par #.

- Seuls des caractères d'espacement peuvent apparaître avant une directive de précompilation sur une ligne.

- La directive **#include** inclut une copie du fichier spécifié. Si le nom de fichier est enfermé entre des guillemets, le précompilateur commence la recherche du fichier à inclure dans le même répertoire que celui du fichier en cours de compilation. Si le nom de fichier est entouré de crochets (**<** et **>**), la recherche est effectuée selon une manière qui dépend de l'implantation.

- La directive de précompilation **#define** ssert à créer des constantes symboliques et des macros.

- Une constante symbolique est un nom pour une constante.

- Une macro est une opération définie dans une directive de précompilation **#define**. Les macros peuvent être définies avec ou sans arguments.

- Le texte de remplacement d'une macro ou d'une constante symbolique est constitué de tout le texte restant sur la ligne après l'identifiant de la directive **#define**. Si le texte de remplacement d'une macro ou d'une constante symbolique est trop long pour entrer clairement sur une seule ligne, une barre oblique inverse (****) placée à la fin de la ligne indique que le texte de remplacement continue à la ligne suivante.

- Les constantes symboliques et les macros peuvent être éludées à l'aide de la directive de précompilation **#undef**. La directive **#undef** annule la définition du nom de la constante symbolique ou de la macro.

- La portée d'une constante symbolique ou d'une macro débute à sa définition et va jusqu'à la prochaine suppression de définition indiquée par **#undef** ou jusqu'à la fin du fichier.

- La compilation conditionnelle permet au programmeur de contrôler l'exécution des directives de précompilation et la compilation du code programme.

- Les directives conditionnelles de précompilation évaluent des expressions entières constantes. Les expressions de transtypage, les expressions **sizeof** et les constantes d'énumération ne peuvent être évaluées dans des directives de précompilation.

- Chaque construction **#if** se termine par un **#endif**.

- Les directives **#ifdef** et **#ifndef** sont fournies comme de simples raccourcis pour **#if defined**(*nom*) et **#if !defined**(*nom*).

- Une construction de précompilation conditionnelle multipartite peut être testée à l'aide des directives **#elif** et de **#else** .

- La directive **#error** imprime un message dépendant de l'implantation qui inclut les jetons spécifiés dans cette directive et termine immédiatement la précompilation et la compilation.

- La directive **#pragma** provoque une action définie au niveau de l'implantation. Si le pragma n'est pas reconnu par l'implantation, il est ignoré.

- L'opérateur # provoque la conversion d'un jeton de texte de remplacement en une chaîne de caractères entourée de guillemets. L'opérateur # doit se trouver dans une macro avec arguments car l'opérande de # est impérativement un argument de la macro.

- L'opérateur ## concatène deux jetons. L'opérateur ## a obligatoirement deux opérandes.

- La directive de précompilation **#line** provoque la renumérotation des lignes de code source qui suivent, à partir de la valeur constante entière spécifiée.

- Quatre constantes symboliques sont prédéfinies. La constante **__LINE__** est le numéro de ligne (un entier) de la ligne de code source courante. La constante **__FILE__** est le nom (une chaîne de caractères) présumé du fichier. La constante **__DATE__** est la date (une chaîne de caractères) de compilation du fichier source. La constante **__TIME__** est l'heure (une chaîne de caractères) de compilation du fichier source. Remarquez que chacune des constantes symboliques prédéfinies commence et finit par deux caractères de soulignement.

- La macro **assert**, définie dans le fichier d'en-tête **<cassert>**, teste la valeur d'une expression. Si la valeur de l'expression vaut **0** (faux), **assert** affiche un message d'erreur et appelle la fonction **abort** pour terminer l'exécution du programme.

TERMINOLOGIE

opérateur de concaténation
de précompilation

#define

#elif

#else

#endif

#error

#if

#ifdef

#ifndef

#include <nomfichier>

#include "nomfichier"

#line

#pragma

#undef

\ (barre oblique inverse), caractère
de continuation

__DATE__

__FILE__

__LINE__

__TIME__

abort

argument

assert

<cassert>

compilation conditionnelle

constante symbolique

constantes symboliques prédéfinies

<cstdio>

<cstdlib>

débogueur

développer une macro

directive de précompilation

exécution conditionnelle de directives

fichier d'en-tête

fichiers d'en-tête de la bibliothèque standard

macro

macro avec arguments

opérateur **#**

portée d'une constante symbolique ou
d'une macro

précompilateur

précompilateur de conversion en chaîne
de caractères de précompilation

texte de remplacement

ERREURS DE PROGRAMMATION COURANTES

17.1   Placer un point-virgule à la fin d'une directive de précompilation peut entraîner des erreurs diverses selon le type de directive de précompilation.

17.2   Utiliser des constantes symboliques dans un fichier autre que le fichier dans lequel ces constantes sont définies est une erreur de syntaxe.

17.3   Oublier d'enfermer les arguments de macro entre parenthèses dans le texte de remplacement est une erreur.

17.4   Insérer des instructions de sortie compilées conditionnellement à des fins de débogage là où le C++ s'attend à ne trouver qu'une seule instruction peut entraîner des erreurs de syntaxe et de logique. Le cas échéant, ces instructions devraient être enfermées dans une instruction composée. Ainsi, lorsque le programme est compilé avec des instructions de débogage, le flot de contrôle du programme n'est pas altéré.

BONNE PRATIQUE DE PROGRAMMATION

17.1   L'emploi de noms explicites pour les constantes symboliques permet de documenter les programmes en eux-mêmes.

ASTUCE SUR LA PERFORMANCE

17.1 Les macros peuvent parfois remplacer un appel de fonction avec code en ligne avant l'exécution. Ceci élimine la surcharge due aux appels de fonction. Les fonctions en ligne sont préférables aux macros parce qu'elles assurent les services de vérification de type des fonctions.

OBSERVATION DE GÉNIE LOGICIEL

17.1 Nombre de caractéristiques de précompilation (en particulier les macros) conviennent mieux aux programmeurs C qu'aux programmeurs C++. Ces derniers doivent se familiariser avec le précompilateur parce qu'ils risquent de devoir gérer du code hérité du C.

EXERCICES DE RÉVISION

17.1 Complétez chacune des propositions suivantes:
  a) Toute directive de précompilation doit débuter par _____.
  b) La construction de compilation conditionnelle peut être étendue pour tester des cas multiples en faisant appel aux directives _____ et _____.
  c) La directive _____ crée des macros et des constantes symboliques.
  d) Seuls des caractères _____ peuvent apparaître avant une directive de précompilation sur une ligne.
  e) La directive _____ supprime des noms de constante symbolique et de macro.
  f) Les directives _____ et _____ sont fournies comme une notation abrégée de `#if defined`(*nom*) et `#if !defined`(*nom*).
  g) La _____ permet au programmeur de contrôler l'exécution des directives de précompilation et la compilation du code de programme.
  h) La macro _____ affiche un message et termine l'exécution du programme si la valeur de l'expression que la macro évalue vaut 0.
  i) La directive _____ insère un fichier dans un autre.
  j) L'opérateur _____ concatène ses deux arguments.
  k) L'opérateur _____ convertit son opérande en une chaîne de caractères.
  l) Le caractère _____ indique que le texte de remplacement d'une constante symbolique ou d'une macro continue à la ligne suivante.
  m) La directive _____ provoque la numérotation des lignes du code source, en commençant à la valeur indiquée, à partir de la ligne suivante du code source.

17.2 Écrivez un programme qui affiche les valeurs des constantes symboliques prédéfinies reprises à la figure 17.1.

17.3 Écrivez une directive de précompilation qui accomplisse chacune des fonctions suivantes:
  a) Définir la constante symbolique **OUI** à la valeur **1**.
  b) Définir la constante symbolique **NON** à la valeur **0**.
  c) Inclure le fichier d'en-tête **commun.h**. L'en-tête est dans le même répertoire que le fichier en cours de compilation.
  d) Renuméroter les lignes restantes du fichier en commençant au numéro de ligne **3000**.
  e) Si la constante symbolique **TRUE** est définie, supprimer sa définition et la redéfinir à **1**. Ne pas utiliser **#ifdef**.
  f) Si la constante symbolique **TRUE** est définie, supprimer sa définition et la redéfinir à **1**. Utiliser la directive de précompilation **#ifdef**.
  g) Si la constante symbolique **ACTIVE** est différente de **0**, définir la constante symbolique **INACTIF** à **0**. Sinon, définir **INACTIF** à **1**.
  h) Définir la macro **VOLUME_CUBE** qui calcule le volume d'un cube (en utilisant un argument).

RÉPONSES AUX EXERCICES DE RÉVISION

17.1   a) **#**. b) **#elif**, **#else**. c) **#define**. d) d'espacement. e) **#undef**. f) **#ifdef**, **#ifndef**.
g) compilation conditionnelle. h) **assert**. i) **#include**. j) **##**. k) **#**. l) ****. m) **#line**.

17.2   Voir ci-après.

```
 1   #include <iostream>
 2   using std::cout;
 3   using std::endl;
 4   int main()
 5   {
 6      cout << "__LINE__ = " << __LINE__ << endl;
 7      cout << "__FILE__ = " << __FILE__ << endl;
 8      cout << "__DATE__ = " << __DATE__ << endl;
 9      cout << "__TIME__ = " << __TIME__ << endl;
10      return 0;
11   }
```

```
__LINE__ = 6
__FILE__ = c:\_test\ex17_02.cpp
__DATE__ = Apr 28 2000
__TIME__ = 13:48:58
```

17.3   a)   #define OUI 1
          b)   #define NON 0
          c)   #include "commun.h"
          d)   #line 3000
          e)   #if defined(TRUE)
                   #undef TRUE
                   #define TRUE 1
               #endif
          f)   #ifdef TRUE
                   #undef TRUE
                   #define TRUE 1
               #endif
          g)   #if ACTIVE
                   #define INACTIF 0
               #else
                   #define INACTIF 1
               #endif
          h)   #define VOLUME_CUBE(x) ((x) * (x) * (x))

EXERCICES

17.4   Écrivez un programme qui définisse une macro avec un argument, capable de calculer le volume d'une
sphère. Le programme doit calculer le volume de sphères de rayon compris entre 1 et 10 et afficher le résultat
sous forme tabulaire. La formule du volume de la sphère est la suivante:

$$(4.0 / 3) * \pi * r^3$$

où π vaut **3.14159**.

17.5   Écrivez un programme qui produise la sortie suivante:

```
La somme de x et y vaut 13
```

Le programme doit définir une macro **SOMME** qui attend deux arguments, **x** et **y**, et qui utilise **SOMME** pour produire la sortie.

17.6   Écrivez un programme qui fasse appel à la macro **MINIMUM2** pour déterminer la plus petite de deux valeurs numériques. Saisissez les entrées au clavier.

17.7   Écrivez un programme qui utilise la macro **MINIMUM3** pour déterminer la plus petite de trois valeurs numériques. La macro **MINIMUM3** doit faire appel à la macro **MINIMUM2**, définie à l'exercice 17.6, pour déterminer le plus petit nombre. Entrez les valeurs au clavier.

17.8   Écrivez un programme qui utilise une macro **AFFICHE** pour afficher une valeur de chaîne de caractères.

17.9   Écrivez un programme qui utilise une macro **AFFICHETABLEAU** pour afficher un tableau d'entiers. La macro doit recevoir en arguments le tableau et le nombre d'éléments du tableau.

17.10   Écrivez un programme qui utilise la macro **SOMMETABLEAU** pour calculer la somme des valeurs d'un tableau numérique. La macro doit recevoir le tableau et le nombre d'éléments du tableau comme arguments.

17.11   Réécrivez les solutions des exercices 17.4 à 17.10 sous la forme de fonctions en ligne.

17.12   Pour chacune des macros suivantes (où **SQR** signifie calcul d'une racine carrée), identifiez les problèmes possibles (s'il y en a) lorsque le précompilateur développe les macros:

```
a)  #define SQR( x ) x * x
b)  #define SQR( x ) ( x * x )
c)  #define SQR( x ) ( x ) * ( x )
d)  #define SQR( x ) ( ( x ) * ( x ) )
```

18

Concepts liés
à l'héritage du C

Objectifs

- Rediriger l'entrée du clavier pour provenir d'un fichier et rediriger la sortie d'écran vers un fichier.

- Écrire des fonctions utilisant des listes d'arguments de longueur variable.

- Traiter des arguments de ligne de commande.

- Traiter des événements inattendus dans un programme.

- Allouer dynamiquement de la mémoire pour des tableaux, à l'aide de l'allocation de mémoire dynamique du style du C.

- Redimensionner la mémoire allouée dynamiquement à l'aide de l'allocation de mémoire dynamique du style du C.

Aperçu

18.1 Introduction

Ce chapitre présente plusieurs concepts avancés qui ne sont habituellement pas abordés dans des cours d'introduction. Nombre des caractéristiques que nous examinons ici demeurent spécifiques à des systèmes d'exploitation particuliers, surtout UNIX et (ou) DOS. La majeure partie de cette matière servira aux programmeurs C++ qui auront à travailler avec de l'ancien code, hérité du C.

18.2 Redirection des entrées-sorties sur des systèmes UNIX et DOS

Normalement, les entrées dans un programme se font à partir du clavier (entrée standard) alors que ses sorties s'affichent à l'écran (sortie standard). Sur la plupart des systèmes d'exploitation, surtout UNIX et DOS, il est possible de rediriger les entrées pour qu'elles proviennent d'un fichier et de rediriger les sorties vers un fichier. On peut accomplir ces deux formes de déviation sans utiliser les capacités de traitement de fichiers de la bibliothèque standard.

Il existe plusieurs façons de rediriger l'entrée et la sortie à partir de la ligne de commande UNIX. Examinons le fichier exécutable **somme** qui saisit des entiers un par un, conserve le total progressif des valeurs entrées jusqu'à ce que l'indicateur de fin de fichier soit atteint, pour ensuite afficher le résultat. Normalement, l'utilisateur saisit les entiers au clavier et tape la combinaison de touches correspondant à la fin de fichier pour indiquer la fin de la saisie des valeurs. Par la redirection de l'entrée, il devient possible d'enregistrer les entrées dans un fichier. Par exemple, si les données sont stockées dans le fichier **entree**, la ligne de commande suivante exécute le programme **somme**; le *symbole de redirection d'entrée (<)* indique que les données du fichier **entree** (au lieu du clavier) seront utilisées comme saisies par le programme:

```
$ somme < entree
```

La redirection de l'entrée sur un système DOS s'effectue d'une façon identique.

Notez que **y** représente l'invite de ligne de commande UNIX (certains systèmes UNIX affichent une invite **%**). Les étudiants éprouvent souvent de la difficulté à comprendre que cette redirection constitue une fonction du système d'exploitation et non une autre particularité du C++.

La seconde méthode pour rediriger l'entrée s'appelle *traitement pipeline*. L'emploi du symbole du *traitement pipeline* (**|**) redirige la sortie d'un programme pour qu'elle devienne l'entrée d'un autre programme. Supposons que le programme **hasard** produise une série d'entiers de manière aléatoire; la sortie de **hasard** peut être canalisée directement vers le programme **somme** en utilisant la ligne de commande UNIX:

```
$ hasard | somme
```

Cette commande calcule la somme des entiers produits par **hasard**. Le traitement pipeline peut s'exécuter tant sous UNIX qu'en DOS.

Il est également possible de rediriger la sortie d'un programme vers un fichier, à l'aide du *symbole de redirection de sortie* (**>**) et ce même symbole est connu tant sous UNIX que sous DOS. Pour rediriger par exemple la sortie du programme **hasard** vers le fichier **sortie**, utilisez la ligne de commande:

```
$ hasard > sortie
```

Finalement, on peut ajouter la sortie d'un programme à la fin d'un fichier existant par l'emploi du *symbole d'ajout en sortie* (**>>**); ce même symbole est connu sous UNIX et sous DOS. Pour ajouter, par exemple, la sortie du programme **hasard** à la suite du fichier **sortie** créé avec la ligne de commande précédente, écrivez la ligne de commande:

```
$ hasard >> sortie
```

18.3 Listes d'arguments de longueur variable

Remarque: cette matière n'est exposée ici qu'au profit des programmeurs C++ qui travailleront avec du code hérité du C. En C++, en effet, les programmeurs emploient la surcharge de fonctions pour accomplir une grande partie de ce que les programmeurs C accomplissent avec les listes d'arguments de longueur variable. Il est possible de créer des fonctions recevant un nombre non spécifié d'arguments. Une ellipse (...) dans le prototype d'une fonction indique que la fonction reçoit un nombre variable d'arguments, de n'importe quel type. Notez que l'ellipse doit toujours être placée à la fin de la liste de paramètres et que la liste doit contenir au moins un paramètre nommé. Les macros et les définitions de l'*en-tête d'arguments variables* **<cstdarg>** (figure 18.1) fournissent les outils nécessaires pour construire des fonctions avec des listes d'arguments de longueur variable.

Identificateur	Description
va_list	Type apte à contenir les informations requises par les macros **va_start**, **va_arg** et **va_end**. Pour accéder aux arguments dans une liste d'arguments de longueur variable, un objet de type **va_list** doit être déclaré.
va_start	Macro invoquée avant que l'on puisse accéder aux arguments d'une liste d'arguments de longueur variable. La macro initialise l'objet déclaré avec **va_list** en vue de son utilisation par les macros **va_arg** et **va_end**.

Figure 18.1   Type et macros définis dans l'en-tête **<cstdarg>**. (1 de 2)

Identificateur	Description
va_arg	Macro s'étendant à une expression de la valeur et du type de l'argument suivant dans une liste d'arguments de longueur variable. Chaque invocation de **va_arg** modifie l'objet déclaré avec **va_list** afin que celui-ci pointe vers l'argument suivant dans la liste.
va_end	Macro facilitant le retour normal d'une fonction dont la liste d'arguments de longueur variable a été référencée par la macro **va_start**.

Figure 18.1   Type et macros définis dans l'en-tête **<cstdarg>**. (2 de 2)

Le programme de la figure 18.2 présente la fonction **moyenne**, qui reçoit un nombre variable d'arguments. Le premier argument de **moyenne** représente toujours le nombre de valeurs à prendre en compte dans le calcul de la moyenne.

```cpp
1   // Figure 18.2: fig18_02.cpp
2   // Utilisation de listes d'arguments de longueur variable.
3   #include <iostream>
4
5   using std::cout;
6   using std::endl;
7   using std::ios;
8
9   #include <iomanip>
10
11  using std::setw;
12  using std::setprecision;
13  using std::setiosflags;
14
15  #include <cstdarg>
16
17  double moyenne( int, ... );
18
19  int main()
20  {
21     double w = 37.5, x = 22.5, y = 1.7, z = 10.2;
22
23     cout << setiosflags( ios::fixed | ios::showpoint )
24         << setprecision( 1 ) << "w = " << w << "\nx = " << x
25         << "\ny = " << y << "\nz = " << z << endl;
26     cout << setprecision( 3 ) << "\nLa moyenne de w et x est "
27         << moyenne( 2, w, x )
28         << "\nLa moyenne de w, x et y est "
29         << moyenne( 3, w, x, y )
30         << "\nLa moyenne de w, x, y et z est "
31         << moyenne( 4, w, x, y, z ) << endl;
32     return 0;
33  }
34
```

Figure 18.2   Utilisation de listes d'arguments de longueur variable. (1 de 2)

```
35    double moyenne( int i, ... )
36    {
37        double total = 0;
38        va_list ap;
39
40        va_start ( ap, i );
41
42        for ( int j = 1; j <= i; j++ )
43            total += va_arg ( ap, double );
44
45        va_end ( ap );
46
47        return total / i;
48    }
```

```
w = 37.5
x = 22.5
y = 1.7
z = 10.2


La moyenne de w et x est 30.000
La moyenne de w, x et y est 20.567
La moyenne de w, x, y et z est 17.975
```

Figure 18.2   Utilisation de listes d'arguments de longueur variable. (2 de 2)

La fonction **moyenne** emploie toutes les définitions et les macros de l'en-tête **<cstdarg>**. L'objet **ap**, de type **va_list**, est utilisé par les macros **va_start**, **va_arg** et **va_end** afin de traiter la liste d'arguments de longueur variable de la fonction **moyenne**. La fonction commence en appelant **va_start** pour initialiser l'objet **ap** qui sera utilisé dans **va_arg** et **va_end**. La macro reçoit deux arguments, à savoir l'objet **ap** et l'identificateur de l'argument placé avant l'ellipse, à l'extrême droite dans la liste d'arguments soit, dans le cas présent, **i** (**va_start** utilise **i** pour déterminer à quel endroit débute la liste d'arguments de longueur variable). Par la suite, la fonction **moyenne** additionne à la variable **total** les arguments dans la liste, de façon répétitive. La valeur à ajouter à **total** est extraite de la liste d'arguments en invoquant la macro **va_arg**. Celle-ci accepte deux arguments: l'objet **ap** et le type de la valeur attendue dans la liste d'arguments, c'est-à-dire le type **double** dans le cas présent. La macro retourne la valeur de l'argument. La fonction **moyenne** invoque la macro **va_end** avec comme argument l'objet **ap** afin de faciliter un retour normal de **moyenne** vers **main**. Finalement, la moyenne est calculée et renvoyée vers **main**. Notez que nous n'avons utilisé que des arguments **double** pour la portion de longueur variable de la liste d'arguments. En réalité, on peut choisir tout type de donnée ou un mélange de types aussi longtemps que le type approprié est spécifié pour chaque utilisation de **va_arg**.

Erreur de programmation courante 18.1

Le fait de placer une ellipse (...) au milieu d'une liste de paramètres de fonction constitue une erreur. Il n'est permis de placer une ellipse qu'à la fin de la liste de paramètres.

18.4 Utilisation d'arguments de ligne de commande

Il est possible sur bien des systèmes, en particulier DOS et UNIX, de passer des arguments vers **main** à partir d'une ligne de commande, à condition d'inclure les paramètres **int argc** et **char *argv[]** dans la liste de paramètres de **main**. Le paramètre **argc** reçoit le nombre d'arguments de ligne de commande. Le paramètre **argv** représente un tableau de chaînes de caractères dans lequel les véritables arguments de ligne de commande sont mémorisés. L'usage habituel du passage d'arguments dans la ligne de commande est d'afficher les arguments, de spécifier les options d'un programme ou de passer des noms de fichiers à un programme.

Le programme de la figure 18.3 copie un fichier dans un autre, un caractère à la fois. Le fichier exécutable du programme se nomme **copy**. Sur un système UNIX, la commande type pour le programme **copy** est:

> `$ copy entree sortie`

Cette ligne de commande indique que le fichier **entree** sera copié dans le fichier **sortie**. Lors de l'exécution du programme, si **argc** est différent de **3** (**copy** comptant pour un argument), le programme affiche un message d'erreur et se termine. Dans le cas contraire, le tableau **argv** contient les chaînes de caractères **"copy"**, **"entree"** et **"sortie"**. Sur la ligne de commande, le second et le troisième argument sont utilisés comme noms de fichiers par le programme. Les fichiers sont ouverts par la création de l'objet **ifstream** appelé **fichierEntree** et l'objet **ofstream** nommé **fichierSortie**. Si ces deux fichiers s'ouvrent avec succès, la fonction membre **get** lit les caractères à partir du fichier **entree** alors que la fonction membre **put** écrit dans le fichier **sortie** jusqu'à ce que l'indicateur de fin de fichier soit atteint pour le fichier **entree**. Par la suite, le programme termine son exécution. Il en résulte une copie exacte du fichier **entree**. Notez que tous les systèmes d'exploitation ne supportent pas avec autant de facilité les arguments de ligne de commande comme le font UNIX et DOS. Par exemple, les systèmes Macintosh et VMS nécessitent des paramètres spéciaux pour la gestion d'arguments de ligne de commande. Pour plus d'information concernant les arguments de ligne de commande, consultez les manuels de votre système.

```
1   // Figure 18.3: fig18_03.cpp
2   // Utilisation d'arguments de ligne de commande.
3   #include <iostream>
4
5   using std::cout;
6   using std::endl;
7   using std::ios;
8
9   #include <fstream>
10
11  using std::ifstream;
12  using std::ofstream;
13
14  int main( int argc, char *argv[])
15  {
16     if ( argc != 3 )
17        cout << "Traitement: copie fichierEntree fichierSortie" << endl;
18     else {
19        ifstream fichierEntree( argv[ 1 ], ios::in );
20
21        if ( !fichierEntree ) {
22           cout << argv[ 1 ] << " ne s'est pas ouvert" << endl;
23           return -1;
24        }
25
26        ofstream fichierSortie( argv[ 2 ], ios::out );
27
```

Figure 18.3   Utilisation d'arguments de ligne de commande. (1 de 2)

```
28            if ( !fichierSortie ) {
29               cout << argv[ 2 ] << " ne s'est pas ouvert" << endl;
30               fichierEntree.close();
31               return -2;
32            }
33
34            while ( !fichierEntree.eof() )
35               fichierSortie.put( static_cast< char >( fichierEntree.get() ) );
36
37            fichierEntree.close();
38            fichierSortie.close();
39         }
40
41         return 0;
42      }
```

Figure 18.3   Utilisation d'arguments de ligne de commande. (2 de 2)

18.5   Notes relatives à la compilation de programmes à fichiers source multiples

Comme nous l'avons mentionné précédemment, il est possible d'élaborer des programmes constitués de fichiers source multiples (voir au chapitre 6, *Classes et abstraction de données*). Plusieurs facteurs entrent en considération lors de la création de programmes contenus dans des fichiers multiples. La définition d'une fonction, par exemple, doit être entièrement contenue dans un seul fichier; elle ne peut s'étendre sur deux fichiers ou plus.

Au chapitre 3, nous avons introduit les concepts des classes de stockage et de la portée. Nous avons vu que des variables déclarées en dehors de toute définition de fonction possèdent une classe de stockage par défaut de type **static** et qu'elles constituent alors des variables globales. Les variables globales sont accessibles pour toute fonction définie dans le même fichier, après la déclaration de la variable. Elles sont également accessibles pour les fonctions d'autres fichiers; on doit toutefois déclarer les variables globales dans chaque fichier qui les utilise. Par exemple, si nous définissons dans un fichier la variable globale entière **drapeau** et que nous nous référons à celle-ci dans un second fichier, ce dernier doit alors contenir la déclaration suivante, qui doit être placée avant toute utilisation de la variable dans ce fichier:

> **extern int drapeau;**

Dans cette déclaration, la spécification de classe de stockage **extern** indique au compilateur que la variable **drapeau** est définie un peu plus loin dans le même fichier ou dans un fichier différent. Le compilateur informe le programme d'édition des liens que des références non résolues à la variable **drapeau** apparaissent dans le fichier; le compilateur ne peut savoir où se situe la définition de **drapeau** et il confie donc au programme d'édition des liens la tâche de trouver **drapeau**. Si le programme d'édition des liens ne peut localiser une définition pour **drapeau**, une erreur d'éddition de liens est signalée et aucun fichier exécutable n'est produit. Si la définition globale appropriée est repérée, le programme d'édition des liens résout les références en indiquant l'emplacement de **drapeau**.

Astuce sur la performance 18.1

Les variables globales augmentent les performances, puisque toute fonction peut y accéder directement; ceci élimine la surcharge causée par le passage de données aux fonctions.

Observation de génie logiciel 18.1

Évitez d'utiliser des variables globales, sauf lorsque les performances d'application constituent une préoccupation critique, puisqu'elles violent le principe du moindre privilège et compliquent la maintenance des logiciels.

Tout comme les spécifications **extern** permettent la déclaration de variables globales dans d'autres fichiers, les prototypes de fonctions permettent d'étendre la portée d'une fonction au-delà du fichier qui contient sa définition. La spécification **extern** n'est pas requise dans un prototype de fonction). On procède en incluant le prototype de fonction dans chaque fichier où la fonction est invoquée et en compilant conjointement ces fichiers (voir la section 17.2). Le prototype de fonction signale au compilateur que la fonction spécifiée se trouve définie plus loin, soit dans le même fichier, soit dans un autre. Le compilateur ne tente pas de résoudre les références vers une telle fonction et confie plutôt cette tâche au programme d'édition des liens. Si ce dernier ne peut localiser une définition de fonction, une erreur est alors signalée.

Comme exemple d'utilisation d'un prototype de fonction permettant d'étendre la portée d'une fonction, considérez n'importe quel programme contenant la directive de précompilation **#include <cstring>**. Cette directive inclut dans le fichier les prototypes de fonctions telles que **strcmp** et **strcat**. D'autres fonctions du fichier peuvent exploiter **strcmp** et **strcat** pour accomplir leurs travaux. Les fonctions **strcmp** et **strcat** sont définies à part. Nous n'avons pas besoin de savoir où elles sont définies; nous ne faisons que réutiliser leur code dans nos programmes. Le programme d'édition des liens résoudra automatiquement nos références à ces fonctions. Ce processus nous permet d'exploiter ainsi toutes les fonctions de la bibliothèque standard.

Observation de génie logiciel 18.2

La création de programmes en des fichiers source multiples facilite la réutilisation et améliore la conception des logiciels. Des fonctions peuvent être communes à de nombreuses applications. Dans certains cas, il est même souhaitable d'enregistrer ces fonctions dans leurs propres fichiers sources, chaque fichier devant disposer d'un fichier d'en-tête correspondant contenant les prototypes des fonctions. Cette pratique permet aux programmeurs d'applications différentes de réutiliser le même code, en incluant le fichier d'en-tête approprié et en compilant leur application avec le fichier source correspondant.

Astuce sur la portabilité 18.1

Certains systèmes ne sont pas compatibles avec les noms de variables globales ou les noms de fonctions possédant plus de six caractères. Ce fait doit être pris en considération lors de l'écriture de programmes qui seront portés par des plates-formes multiples.

La portée d'une variable globale ou d'une fonction peut être restreinte au fichier dans lequel elle est définie. Lorsque la spécification de classe de stockage **static** est appliquée à une variable globale ou à une fonction, elle empêche son utilisation par les fonctions en dehors du fichier. C'est ce qu'on appelle la *liaison interne*. Les variables globales et les fonctions qui ne sont pas précédées par **static** dans leurs définitions subissent une *liaison externe*; elles sont accessibles dans d'autres fichiers si ces derniers contiennent les déclarations et (ou) prototypes de fonctions appropriés.

La déclaration de variable globale suivante crée la variable **pi** de type **double**, l'initialise à **3.14159** et indique que **pi** n'est connu que par les fonctions dans le fichier contenant sa définition:

```
static double pi = 3.14159;
```

La spécification **static** est couramment utilisée avec des fonctions utilitaires qui ne sont appelées que par les fonctions d'un fichier particulier. Si une de ces fonctions n'est pas requise en dehors de ce fichier, le principe du moindre privilège doit être imposé par l'emploi de **static**. Si une fonction est définie avant son utilisation dans un fichier, **static** doit être appliqué à la *définition* de fonction. Dans les autres cas, **static** doit être appliqué au *prototype* de la fonction.

Lors de l'élaboration de volumineux programmes dans des fichiers source multiples, la compilation du programme devient fastidieuse lorsque de petites modifications sont apportées à un fichier et qu'elles nécessitent la recompilation complète du programme. De nombreux systèmes fournissent des utilitaires spéciaux, permettant de ne recompiler que le fichier de programme modifié.

Sur les systèmes UNIX, cet outil se nomme **make**. L'utilitaire **make** lit un fichier appelé **makefile** (ou fichier **make**), contenant les instructions de compilation et d'édition des liens du programme. Des systèmes comme le Borland C++et le Visual C++ pour PC de Microsoft fournissent des utilitaires et des «projets» **make**. Pour plus d'informations concernant les utilitaires **make**, consultez la documentation de votre système spécifique.

18.6 Terminaison de programme avec exit et atexit

La bibliothèque générale d'utilitaires (**cstdlib**) propose des méthodes pour terminer l'exécution d'un programme qui diffèrent d'un retour conventionnel de la fonction **main**. La fonction **exit** force l'achèvement d'un programme comme s'il s'était exécuté normalement. L'application la plus fréquente de cette fonction consiste à terminer un programme lorsqu'une erreur est détectée lors d'une saisie de données ou si un fichier à traiter par le programme refuse de s'ouvrir. La fonction **atexit** *inscrit* une fonction au sein du programme afin qu'elle soit appelée lors de la terminaison réussie du programme, c'est-à-dire lorsque le programme se termine à la fin de **main** ou encore à l'invocation d'**exit**.

La fonction **atexit** attend en argument un pointeur vers une fonction, donc, en pratique, le nom de la fonction. Les fonctions appelées lors de la terminaison du programme ne peuvent recevoir d'argument ni retourner de valeur. On peut inscrire jusqu'à 32 fonctions pour une telle exécution lors de la terminaison du programme.

La fonction **exit** accepte un argument. Il s'agit normalement d'une des constantes symboliques **EXIT_SUCCESS** ou **EXIT_FAILURE**. Si on appelle **exit** avec **EXIT_SUCCESS**, la valeur définie par l'implantation pour la terminaison réussie est renvoyée à l'environnement appelant. Si on appelle **exit** avec **EXIT_FAILURE**, la valeur définie par l'implantation pour la terminaison sur un échec est retournée. Lors de l'invocation de la fonction **exit**, toutes les fonctions précédemment inscrites avec **atexit** sont appelées dans l'ordre inverse de leur inscription, tous les flux associés au programme sont vidés et clôturés, et le contrôle est restitué à l'environnement hôte. Le programme de la figure 18.4 teste les fonctions **exit** et **atexit**. Il invite l'utilisateur à déterminer si le programme doit se terminer immédiatement avec **exit** ou à l'achèvement de **main**. Notez que dans les deux cas la fonction **affichage** s'exécute à la terminaison du programme.

```
1   // Figure 18.4: fig18_04.cpp
2   // Utilisation des fonctions exit et atexit.
3   #include <iostream>
4
5   using std::cout;
6   using std::endl;
7   using std::cin;
8
9   #include <cstdlib>
10
11  void affichage( void );
12
13  int main()
14  {
15     atexit ( affichage );    // fonction inscrite affichage.
16     cout << "Entrez 1 pour terminer le programme avec la fonction exit"
17          << "\nou entrez 2 pour terminer le programme normalement.\n";
18
```

Figure 18.4   Utilisation des fonctions **exit** et **atexit**. (1 de 2)

```
19        int reponse;
20        cin >> reponse;
21
22        if ( reponse == 1 ) {
23           cout << "\nTerminaison du programme avec la fonction exit\n";
24           exit( EXIT_SUCCESS );
25        }
26
27        cout << "\nTerminaison du programme par la rencontre de la fin de main."
28           << endl;
29
30        return 0;
31    }
32
33    void affichage( void )
34    {
35        cout << "Exécution de la fonction affichage lors de "
36           << "la terminaison du programme\n"
37           << "Programme terminé" << endl;
38    }
```

```
Entrez 1 pour terminer le programme avec la fonction exit
Entrez 2 pour terminer le programme normalement
: 1

Terminaison du programme avec la fonction exit
Exécution de la fonction affichage lors de la terminaison du programme
Programme terminé
```

```
Entrez 1 pour terminer le programme avec la fonction exit
Entrez 2 pour terminer le programme normalement
: 2

Terminaison du programme par la rencontre de la fin de main
Exécution de la fonction affichage lors de la terminaison du programme
Programme terminé
```

Fig. 18.4   Utilisation des fonctions **exit** et **atexit**. (2 de 2)

18.7 Qualificateur de type `volatile`

L'identificateur de type **volatile** à la définition d'une variable indique que cette variable, qui n'est pas complètement sous le contrôle du programme, peut être altérée en dehors du programme. De cette façon, le compilateur ne peut effectuer aucune des optimisations (telles qu'accélérer l'exécution du programme ou réduire la consommation de mémoire) qui dépendent du principe: «Le comportement d'une variable n'est influencé que par les activités du programme observées par le compilateur».

18.8 Suffixes pour constantes entières et à virgule flottante

Le C++ propose des suffixes aux constantes entières et à virgule flottante afin d'en représenter les types. Les suffixes d'entiers sont **u** ou **U** pour un entier (sans signe) **unsigned**, **l** ou **L** pour un entier **long** ainsi que **ul** ou **UL** pour un entier (long, sans signe) **unsigned long**. Les constantes suivantes, par exemple, imposent respectivement les types **unsigned**, **long** et **unsigned long**:

```
174u
8358L
28373ul
```

Si une constante entière n'a pas de suffixe, son type est déterminé par le premier type capable de mémoriser une valeur de sa taille (d'abord **int**, puis **long int** et **unsigned long int**).

Les suffixes de constantes à virgule flottante sont **f** ou **F** pour **float** ainsi que **l** ou **L** pour **long double**. Les constantes suivantes forcent les types respectifs **long double** et **float**:

```
3.14159L
1.28f
```

Une constante à virgule flottante ne possédant pas de suffixe prend automatiquement le type **double**. Une constante non affublée du suffixe adéquat provoque soit un avertissement, soit une erreur de la part du compilateur.

18.9 Manipulation de signal

Un événement inattendu, ou *signal,* peut terminer prématurément un programme. Parmi les événements inattendus, on retrouve: les *interruptions* (comme le fait de taper **<ctrl>** c sur un système UNIX ou DOS), les *instructions illégales*, les *violations de segmentation*, les *ordres d'interruption du système d'exploitation* et les *exceptions à virgule flottante* (division par zéro ou multiplication de trop grandes valeurs à virgule flottante). La bibliothèque de manipulation de signaux fournit la fonction **signal** pour *piéger* (l'anglais *trap* apparaît souvent dans les bibliothèques de routines) les événements inattendus. La fonction **signal** attend deux arguments: un numéro entier de signal et un pointeur vers la fonction de gestion du signal. Les signaux peuvent être générés par la fonction **raise** («lever») qui prend un numéro entier de signal comme argument. La figure 18.5 résume les signaux standard définis dans le fichier d'en-tête **<csignal>**. Le programme de la figure 18.6 montre l'utilisation des fonctions **signal** et **raise**.

Signal	Explication
SIGABRT	Terminaison anormale du programme (comme lors d'un appel à **abort**).
SIGFPE	Opération arithmétique erronée, telle que la division par zéro ou une opération provoquant un débordement.
SIGILL	Détection d'une instruction illégale.
SIGINT	Réception d'un signal interactif
SIGSEGV	Accès non valable à la mémoire.
SIGTERM	Demande de terminaison envoyée au programme.

Figure 18.5   Signaux définis dans l'en-tête **csignal**.

La figure 18.6 piège un signal interactif (**SIGINT**) à l'aide de la fonction **signal**. Le programme appelle **signal** avec **SIGINT** et un pointeur vers la fonction **manipulateur_signal** (rappelez-vous que le nom d'une fonction représente un pointeur vers cette fonction). Lorsqu'un signal de type **SIGINT** se produit, la fonction **manipulateur_signal** est appelée, qui affiche un message et invite l'utilisateur à opter pour la suite de l'exécution normale du programme. Si l'utilisateur désire continuer l'exécution, le manipulateur de signal est réinitialisé par un nouvel appel à **signal** (certains systèmes requièrent la réinitialisation du manipulateur de signal) et le contrôle est restitué au point de détection du signal dans le programme. Dans ce programme, on utilise la fonction **raise** pour simuler un signal interactif. Un nombre aléatoire compris entre **1** et **50** est choisi; si le nombre est **25**, la fonction **raise** est appelée pour générer le signal. Normalement, de tels signaux interactifs sont amorcés en dehors du programme. Par exemple, le fait de taper *<ctrl> c* durant l'exécution d'un programme sur un système UNIX ou DOS génère un signal interactif terminant son exécution. On peut employer la manipulation de signal pour piéger le signal interactif et empêcher la terminaison du programme.

```cpp
1   // Figure 18.6: fig18_06.cpp
2   // Utilisation de la manipulation de signal.
3   #include <iostream>
4
5   using std::cout;
6   using std::cin;
7   using std::endl;
8
9   #include <iomanip>
10
11  using std::setw;
12
13  #include <csignal>
14  #include <cstdlib>
15  #include <ctime>
16
17  void manipulateur_signal( int );
18
19  int main()
20  {
21      signal ( SIGINT, manipulateur_signal );
22      srand( time( 0 ) );
23
24      for ( int i = 1; i < 101; i++ ) {
25          int x = 1 + rand() % 50;
26
27          if ( x == 25 )
28              raise ( SIGINT );
29
30          cout << setw( 4 ) << i;
31
32          if ( i % 10 == 0 )
33              cout << endl;
34      }
35
36      return 0;
37  }
```

Figure 18.6   Utilisation de la manipulation de signal. (1 de 2)

```
38
39   void manipulateur_signal( int valeurSignal )
40   {
41      cout << "\nInterruption de signal (" << valeurSignal
42          << ") reçue.\n"
43          << "Désirez-vous continuer (1 = oui ou 2 = non)? ";
44
45      int reponse;
46      cin >> reponse;
47
48      while ( reponse != 1 && reponse != 2 ) {
49          cout << "(1 = oui ou 2 = non)? ";
50          cin >> reponse;
51      }
52
53      if ( reponse == 1 )
54          signal ( SIGINT, manipulateur_signal );
55      else
56          exit ( EXIT_SUCCESS );
57   }
```

```
  1   2   3   4   5   6   7   8   9  10
 11  12  13  14  15  16  17  18  19  20
 21  22  23  24  25  26  27  28  29  30
 31  32  33  34  35  36  37  38  39  40
 41  42  43  44  45  46  47  48  49  50
 51  52  53  54  55  56  57  58  59  60
 61  62  63  64  65  66  67  68  69  70
 71  72  73  74  75  76  77  78  79  80
 81  82  83  84  85  86  87  88
Interruption de signal (4) reçue.
Désirez-vous continuer (1 = oui ou 2 = non)? 1
 89  90
 91  92  93  94  95  96  97  98  99 100
```

Figure 18.6   Utilisation de la manipulation de signal. (2 de 2)

18.10 Allocation dynamique de mémoire: fonctions `calloc` et `realloc`

Lorsque nous avons abordé au chapitre 7 l'allocation dynamique de mémoire de style C++ avec **new** et **delete**, nous les avons comparés avec les fonctions **malloc** et **free** du C. Les programmeurs C++ doivent utiliser en priorité **new** et **delete** à la place de **malloc** et **free**. Toutefois, la plupart des programmeurs C++ rencontreront une grande quantité de code hérité; c'est la raison pour laquelle nous incluons cette discussion supplémentaire de l'allocation dynamique de mémoire de style C.

La bibliothèque d'utilitaires généraux (**cstdlib**) offre deux autres fonctions pour l'allocation dynamique de mémoire: **calloc** et **realloc**. Elles peuvent être exploitées pour créer et modifier des *tableaux dynamiques*. Comme l'indique le chapitre 5, *Pointeurs et chaînes*, un pointeur vers un tableau peut être indicé comme si c'était un tableau. Par conséquent, un pointeur vers une zone contiguë de mémoire, créée par **calloc**, peut être manipulé comme un tableau. La fonction **calloc** alloue dynamiquement de la mémoire pour un tableau et initialise automatiquemet la mémoire à des zéros. Le prototype de **calloc** est le suivant:

```
void *calloc ( size_t nmemb, size_t size );
```

La fonction prend deux arguments, à savoir le nombre d'éléments (**nmemb**) et la taille de chaque élément (**size**), et initialise les éléments du tableau à zéro. Elle retourne un pointeur vers la mémoire allouée ou un pointeur nul (**0**) si la mémoire n'a pu être allouée.

La fonction **realloc** change la taille de la mémoire allouée à un objet par un appel antérieur à **malloc**, **calloc** ou **realloc**. Le contenu de l'objet d'origine n'est pas modifié, à condition que la mémoire allouée soit de taille supérieure à la quantité allouée auparavant. Dans le cas contraire, le contenu demeure inchangé dans la partie de mémoire limitée par la taille du nouvel objet. Le prototype de **realloc** est le suivant:

```
void *realloc ( void *ptr, size_t size );
```

La fonction **realloc** nécessite deux arguments: un pointeur vers l'objet d'origine (**ptr**) et la nouvelle taille de l'objet (**size**). Si **ptr** vaut **0**, **realloc** travaille de façon identique à **malloc**. Si **size** vaut **0** et que **ptr** diffère de **0**, la mémoire réservée à l'objet est libérée. Si, par contre, **ptr** diffère de **0** et que **size** est supérieur à zéro, **realloc** tente d'allouer un nouveau bloc de mémoire pour l'objet. Si ce nouvel espace ne peut être alloué, l'objet pointé par **ptr** demeure inchangé. La fonction **realloc** renvoie un pointeur vers la mémoire réallouée ou un pointeur nul.

18.11 Branchement inconditionnel: goto

Tout au long de ce manuel, nous avons insisté sur l'importance des techniques de la programmation structurée afin de construire des logiciels fiables, de débogage, d'entretien et de modification aisés. Dans certains cas, les performances représentent un critère plus déterminant que l'adhérence stricte aux techniques de la programmation structurée. Pour ces cas particuliers, certaines techniques de programmation non structurée deumeurent d'application. Par exemple, nous pouvons utiliser **break** pour terminer l'exécution d'une structure de répétition avant que la condition de terminaison de la boucle ne devienne **false**. Cette pratique évite des répétitions non désirées de la boucle, si la tâche est complétée avant l'achèvement de cette dernière.

Un autre exemple de programmation non structurée est *l'instruction* **goto**, qui provoque un branchement inconditionnel. L'effet de l'instruction **goto** entraîne une modification du flot de contrôle du programme vers la première instruction placée à la suite de *l'étiquette* spécifiée dans l'instruction **goto**. Une étiquette est un identificateur suivi d'un deux-points et se doit d'apparaître dans la même fonction que l'instruction **goto** qui s'y réfère. Le programme de la figure 18.7 utilise des instructions **goto** pour exécuter une dizaine de boucles et afficher chaque fois la valeur d'un compteur **compte**. Après l'initialisation de **compte** à 1, le programme teste **compte** afin de déterminer si sa valeur dépasse **10**. L'étiquette **debut** est omise puisque les étiquettes n'exécutent aucune action. Si **compte** dépasse la valeur **10**, le contrôle est déplacé du **goto** de la première instruction à la suite de l'étiquette **fin**. Dans le cas contraire, **compte** est affiché puis incrémenté et le contrôle se déplace du **goto** de la première instruction à l'étiquette **debut**.

Nous avons énoncé, au chapitre 2, trois structures de contrôle suffisent pour écrire un programme: la séquence, la sélection et la répétition. Lorsque les règles de la programmation structurée sont suivies, il est possible de créer des 7structures de contrôle imbriquées qu'il est difficile de quitter efficacement. Lorsque nécessaire, certains programmeurs emploient des instructions **goto** qui permettent la sortie rapide d'une structure profondément imbriquée. Cette pratique permet d'éluder le test de multiples conditions et de s'évader d'une structure de contrôle.

Astuce sur la performance 18.2

 L'instruction **goto** *permet de quitter efficacement des structures de contrôle profondément imbriquées.*

```
1    // Figure 18.7: fig18_07.cpp
2    // Utilisation de goto.
3    #include <iostream>
4
5    using std::cout;
6    using std::endl;
7
8    int main()
9    {
10      int compte = 1;
11
12      debut:                      // étiquette.
13        if ( compte > 10 )
14          goto fin;
15
16        cout << compte << " ";
17        ++compte;
18        goto debut;
19
20      fin:                        // étiquette.
21        cout << endl;
22
23      return 0;
24   }
```

1	2	3	4	5	6	7	8	9	10

Figure 18.7   Utilisation de **goto**.

Observation de génie logiciel 18.3

*L'instruction **goto** ne peut être exploitée que dans des applications orientées vers les performances. Cette instruction n'est pas structurée et peut compliquer sérieusement le débogage, la maintenance et la modification des programmes.*

18.12 Unions

Une union (définie avec le mot-clé **union**) représente une région de mémoire pouvant contenir, selon le moment, des objets de types variés. Toutefois, une **union** ne peut contenir qu'un seul objet à chaque instant parce que les membres d'une **union** partagent le même espace mémoire. Le programmeur est seul responsable de la garantie que les données de l'**union** sont référencées par un nom de membre du type de donnée approprié.

Erreur de programmation courante 18.2

*Le fait de référencer un membre d'**union** différent du dernier membre stocké donne un résultat indéfini; les données mémorisées sont traitées comme étant du type différent.*

Astuce sur la portabilité 18.2

*Si des données, stockées dans une **union** selon un type, sont référencées comme si elles étaient d'un autre type, les résultats obtenus dépendent de l'implantation.*

Selon l'instant précis de l'exécution d'un programme, certains des objets perdent toute pertinence alors qu'un autre l'acquiert. Une **union** partage donc l'espace au lieu de consommer de l'espace de stockage inutile pour des objets inutilisés. Le nombre d'octets nécessaire pour mémoriser une **union** doit suffir pour contenir son membre le plus volumineux.

Astuce sur la performance 18.3

*L'emploi des **union**s préserve la mémoire.*

Astuce sur la portabilité 18.3

*La quantité de mémoire requise pour stocker une **union** dépend de l'implantation du langage sur la machine.*

Astuce sur la portabilité 18.4

*La portabilité de certaines **union**s vers d'autres systèmes d'exploitation peut s'avérer difficile. La portabilité d'une **union** dépend souvent des exigences d'alignement mémoire sur un système donné pour les types de données des membres de l'**union**.*

Une **union** est déclarée avec la même forme qu'une structure (**struct**) ou qu'une classe. La déclaration d'**union** suivante indique que **Nombre** possède un type **union** avec les membres **int x** et **double y**:

```
union Nombre {
    int x;
    double y;
};
```

Dans un programme, la définition de l'**union** précède normalement **main**, afin qu'elle puisse être exploitée dans toutes les fonctions du programme pour déclarer des variables.

Observation de génie logiciel 18.4

*Tout comme une déclaration de **struct** ou de **class**, une déclaration d'**union** ne crée simplement qu'un nouveau type. Le fait de placer une déclaration d'union ou de **struct** en dehors de toute fonction ne crée pas pour autant de variable globale.*

Les seules opérations intégrées exécutables sur une **union** sont les suivantes: affecter une **union** à une autre de même type, prendre l'adresse (**&**) d'une **union** et accéder aux membres de l'**union** par le biais de l'opérateur de membre de structure (**.**) ou celui de pointeur de structure (**->**). Les **unions** ne peuvent être comparées, pour les mêmes raisons que les structures ne peuvent l'être.

Erreur de programmation courante 18.3

*Le fait de comparer des **union**s constitue une erreur de syntaxe puisque le compilateur ne peut savoir ni quel membre de chacune d'elles est actif, ni quel membre de l'une est à comparer avec tel membre de l'autre.*

Une **union** est semblable à une classe, en ce sens qu'elle peut posséder un constructeur afin d'initialiser l'un ou l'autre de ses membres. Une **union** sans constructeur peut être initialisée avec une autre de même type, avec une expression de type identique au premier membre de l'**union** ou avec un initialiseur (entre parenthèses) de type identique à celui du premier membre de l'**union**. Les unions peuvent posséder d'autres fonctions membres, tels les destructeurs, mais les fonctions membres d'une **union** ne peuvent être déclarées comme **virtual**. Les membres d'une **union** sont **public** par défaut.

Erreur de programmation courante 18.4

*L'initialisation d'une **union** dans une déclaration avec une valeur ou une expression de type différent du premier membre de l'**union**.*

Une **union** ne peut servir de classe de base dans un héritage. En d'autres termes, il est interdit de dériver des classes à partir d'une **union**. Les unions peuvent avoir des objets en tant que membres, seulement si ces objets n'ont ni constructeur, ni destructeur, ni opérateur d'affectation surchargé. Aucun des membres de données d'une **union** ne peut être déclaré **static**.

Le programme de la figure 18.8 utilise la variable **valeur** de type **union Nombre** pour afficher la valeur stockée dans l'**union** à la fois comme étant de type **int** et de type **double**. Les résultats à l'affichage du programme dépendent uniquement de l'implantation et illustrent que la représentation interne d'une valeur **double** peut différer complètement de la représentation d'une valeur **int**.

L'**union** *anonyme* estune union sans type et qui ne tente pas de définir d'objet ni de pointeur avant son point-virgule final. L'**union** anonyme ne crée pas de type mais crée un objet sans nom. Comme pour toute autre variable locale, on peut accéder directement aux membres d'une **union** anonyme dans la portée où elle est déclarée; il n'est pas nécessaire d'employer les opérateurs point (**.**) ni pointeur (**->**).

```cpp
1   // Figure 18.8: fig18_08.cpp
2   // Exemple de mise en oeuvre d'une union.
3   #include <iostream>
4
5   using std::cout;
6   using std::endl;
7
8   union Nombre {
9      int x;
10     double y;
11  };
12
13  int main()
14  {
15     Nombre valeur;
16
17     valeur.x = 100;
18     cout << "Place une valeur pour le membre de type int\n"
19          << "et affiche les deux membres.\nint:    "
20          << valeur.x << "\ndouble: " << valeur.y << "\n\n";
21
22     valeur.y = 100.0;
23     cout << "Place une valeur pour le membre de type double\n"
24          << "et affiche les deux membres.\nint:     "
25          << valeur.x << "\ndouble: " << valeur.y << endl;
26     return 0;
27  }
```

```
Place une valeur pour le membre de type int
et affiche les deux membres.
int:    100
double: -9.25596e+061

Place une valeur pour le membre de type double
et affiche les deux membres.
int:    0
double: 100
```

Figure 18.8   Affichage de la valeur d'une **union** dans les types de données de ses membres.

Les **union**s anonymes présentent toutefois certaines restrictions. D'abord, elles ne peuvent contenir que des membres de donnée et tous ces membres doivent être **public**. De plus, une **union** anonyme déclarée globalement, c'est-à-dire dans la portée du fichier, doit être déclarée explicitement comme étant **static**.

La figure 18.9 illustre l'utilisation d'une **union** anonyme.

```
1   // Figure 18.9: fig18_09.cpp
2   // Utilisation d'une union anonyme.
3   #include <iostream>
4
5   using std::cout;
6   using std::endl;
7
8   int main()
9   {
10     // Déclaration d'union anonyme.
11     // Notez que les membres b, d et fPtr partagent le même espace.
12     union {
13        int b;
14        double d;
15        char *fPtr;
16     };
17
18     // Déclaration de variables locales conventionnelles.
19     int a = 1;
20     double c = 3.3;
21     char *ePtr = "Union";
22
23     // Affecte successivement une valeur à chaque membre
24     // de l'union et affiche chacun d'entre eux.
25     cout << a << ' ';
26     b = 2;
27     cout << b << endl;
28
29     cout << c << ' ';
30     d = 4.4;
31     cout << d << endl;
32
33     cout << ePtr << ' ';
34     fPtr = "anonyme";
35     cout << fPtr << endl;
36
37     return 0;
38  }
```

```
1 2
3.3 4.4
Union anonyme
```

Figure 18.9   Utilisation d'une **union** anonyme.

18.13 Spécifications de liens

Un programme C++ est tout à fait capable d'appeler des fonctions écrites et compilées avec un compilateur C. La section 3.20 montrait que le C++ identifie spécialement les noms des fonctions pour des liens à type vérifié. Toutefois, le C ne code pas les noms à côté de ses fonctions. Une fonction compilée en C n'est donc pas reconnue lorsqu'on tente de lier du code C avec du code en provenance du C++, parce que ce dernier s'attend à trouver un nom de fonction codé d'une manière bien spécifique. Le C++ permet au programmeur de fournir des *spécifications de liens* qui informent le compilateur qu'une fonction a été compilée en C, et d'empêcher ainsi que le compilateur C++ n'associe le nom de la fonction dans le code. Les spécifications de liens sont pratiques lorsque d'imposantes bibliothèques de fonctions spécialisées ont été développées et que l'utilisateur n'a pas accès au code source pour le recompiler en C++, ou encore n'a pas le temps d'effectuer la conversion des fonctions de bibliothèque du C en C++.

L'écriture des prototypes de fonctions de la façon suivante informe le compilateur qu'une ou plusieurs fonctions ont été compilées en C:

```
extern "C" prototype de fonction     // fonction simple.

extern "C"                           // fonctions multiples.
{
    prototypes de fonctions
}
```

Ces déclarations informent le compilateur que les fonctions spécifiées ne sont pas compilées en C++ et que le codage des noms ne doit pas être effectué pour les fonctions énumérées dans les spécifications de liens. Ces fonctions seront ensuite liées correctement avec le programme. Les environnements de développement C++ incluent normalement les bibliothèques standard du C; ils n'imposent donc pas au programmeur d'utiliser les spécifications de liens pour ces fonctions.

RÉSUMÉ

- Sur nombre de systèmes, surtout sur les systèmes UNIX et DOS, il est possible de rediriger les entrées pour qu'elles proviennent d'un fichier et de rediriger les sorties vers un fichier. L'entrée est redirigée à partir des lignes de commande UNIX et DOS à l'aide du symbole de redirection d'entrée (**<**) ou du traitement pipeline (**|**). La sortie est redirigée à partir des lignes de commande UNIX et DOS à l'aide du symbole de redirection de sortie (**>**) ou d'ajout en sortie (**>>**). Le symbole de redirection de sortie enregistre simplement la sortie du programme dans un fichier, alors que le symbole d'ajout en sortie ajoute la sortie à la fin d'un fichier.

- Les macros et les définitions de l'en-tête **cstdarg** des arguments variables fournissent les capacités nécessaires qui permettent de construire des fonctions avec des listes d'arguments de longueur variable.

- L'ellipse (**...**) dans un prototype de fonction indique que la fonction reçoit un nombre variable d'arguments.

- Le type **va_list** convient pour contenir les informations requises par les macros **va_start**, **va_arg** et **va_end**. L'accès aux arguments d'une liste d'arguments de longueur variable nécessite la déclaration d'un objet de type **va_list**.

- La macro **va_start** est invoquée avant de permettre l'accès aux arguments d'une liste d'arguments de longueur variable. La macro initialise l'objet déclaré avec **va_list**, utilisé par les macros **va_arg** et **va_end**.

- La macro **va_arg** est déployé en une expression de valeur et de type identiques à ceux de l'argument suivant dans la liste d'arguments de longueur variable. Chacune des invocations successives de **va_arg** modifie l'objet déclaré avec **va_list**, afin que l'objet pointe vers l'argument suivant dans la liste.

- La macro **va_end** facilite le retour normal d'une fonction dont la liste d'arguments de longueur variable a été référencée par la macro **va_start**.

- De nombreux systèmes, en particulier DOS et UNIX, permettent de passer des arguments vers **main** à partir d'une ligne de commande, en incluant les paramètres **int argc** et **char *argv[]** dans la liste de paramètres de **main**. Le paramètre **argc** reçoit le nombre d'arguments de la ligne de commande. Le paramètre **argv** représente un tableau de chaînes de caractères contenant les arguments de la ligne de commande.

- La définition d'une fonction doit être contenue en totalité dans un seul fichier; elle ne peut se déployer sur deux fichiers ou plus.

- Les variables globales doivent être déclarées dans chaque fichier dans lequel elles sont utilisées.

- Les prototypes de fonctions permettent d'étendre la portée d'une fonction au-delà du fichier contenant sa définition (la spécification **extern** n'est pas obligatoire dans un prototype de fonction). Ce processus impose d'inclure le prototype de fonction dans chaque fichier où la fonction est invoquée et de compiler ces fichiers ensemble.

- La spécification de classe de stockage **static**, lorsque appliquée à une variable globale ou à une fonction, interdit son utilisation par les fonctions qui ne sont pas définies dans le même fichier. C'est ce qu'on appelle la liaison interne. Les variables globales et les fonctions qui ne sont pas précédées par **static** dans leurs définitions reçoivent une liaison externe; on peut y accéder dans d'autres fichiers si ces derniers contiennent les déclarations et (ou) prototypes de fonctions appropriés.

- La spécification **static** est communément employée avec des fonctions utilitaires, qui ne sont appelées que par des fonctions au sein d'un fichier particulier. Si une fonction n'est pas requise en dehors d'un fichier particulier, le principe du moindre privilège doit être appliqué par l'emploi de **static**.

- Lors de la construction de programmes volumineux dans des fichiers source multiples, la compilation du programme devient fastidieuse pour de petites modificaitons apportées à un fichier, puisqu'elles nécessitent une nouvelle compilation complète du programme. Nombre d'environnements de développement fournissent des utilitaires spéciaux, ne recompilant que le fichier de programme modifié. Sur les systèmes UNIX, cet utilitaire se nomme **make**. L'utilitaire **make** lit un fichier appelé **makefile** contenant les instructions de compilation et d'édition des liens du programme.

- La fonction **exit** impose la terminaison d'un programme comme s'il s'était exécuté normalement.

- La fonction **atexit** inscrit une fonction dans le programme afin qu'elle soit appelée lors de la terminaison réussie du programme, c'est-à-dire lorsque le programme se termine à la fin de **main** ou lorsque **exit** est invoquée.

- La fonction **atexit** prend un pointeur vers une fonction (c'est-à-dire le nom de la fonction) comme argument. Les fonctions appelées lors de la terminaison du programme ne peuvent posséder d'arguments et peuvent renvoyer de valeur. On peut inscrire ainsi jusqu'à 32 fonctions pour exécution lors de la terminaison du programme.

- La fonction **exit** attend un argument. L'argument est normalement la constante symbolique **EXIT_SUCCESS** ou la constante symbolique **EXIT_FAILURE**. Si on appelle **exit** avec **EXIT_SUCCESS**, la valeur, définie par l'implantation du langage, pour la terminaison réussie est renvoyée à l'environnement appelant. Si on appelle **exit** avec **EXIT_FAILURE**, la valeur définie par l'implantation pour la terminaison échouée est retournée.

- Lors de l'appel de la fonction **exit**, toutes les fonctions précédemment inscrites avec **atexit** sont invoquées dans l'ordre inverse de leur inscription, tous les flux associés au programme sont vidés et clôturés, et le contrôle est restitué à l'environnement hôte.

- L'identificateur de type **volatile** est utilisé pour empêcher les optimisations de perturber une variable, lorsque cette dernière est susceptible de subir des modifications en dehors de la portée du programme.

- Le C++ offre des suffixes entier et à virgule flottante, afin de spécifier les types de constantes entières et à virgule flottante. Les suffixes entiers sont **u** ou **U** pour un entier **unsigned**, **l** ou **L** pour un entier **long** ainsi que **ul** ou **UL** pour un entier **unsigned long**. Si une constante entière ne possède pas de suffixe, son type est déterminé par le premier type capable de mémoriser une valeur de sa taille (d'abord **int**, puis **long int** et **unsigned long int**). Les suffixes à virgule flottante sont **f** ou **F** pour **float** ainsi que **l** ou **L** pour **long double**. Une constante à virgule flottante ne portant pas de suffixe est considérée comme étant de type **double**.

- La bibliothèque de manipulation de signaux fournit la fonction **signal** pour piéger les événements inattendus. La fonction **signal** reçoit deux arguments: un numéro entier de signal et un pointeur vers la fonction de manipulation de signal.

- Les signaux peuvent également être générés par la fonction **raise** et un argument entier.

- La bibliothèque générale d'utilitaires (**cstdlib**) propose les fonctions **calloc** et **realloc** pour l'allocation dynamique de la mémoire. Ces fonctions peuvent être exploitées pour créer des tableaux dynamiques.

- La fonction **calloc** reçoit deux arguments: le nombre d'éléments (**nmemb**) et la taille de chaque élément (**size**); elle initialise les éléments du tableau à zéro. La fonction retourne un pointeur vers la mémoire allouée ou un pointeur nul (**0**) si la mémoire n'a pu être allouée.

- La fonction **realloc** change la taille de la mémoire allouée à un objet par un appel antérieur à **malloc**, **calloc** ou **realloc**. Le contenu de l'objet d'origine n'est pas modifié à condition que la mémoire allouée soit de taille supérieure à la quantité allouée auparavant.

- La fonction **realloc** prend deux arguments, à savoir un pointeur vers l'objet d'origine (**ptr**) et la nouvelle taille de l'objet (**size**). Si **ptr** est **NULL**, **realloc** travaille de façon identique à **malloc**. Si **size** vaut **0** et que **ptr** diffère de **NULL**, la mémoire associée à l'objet est libérée. Sans quoi, si **ptr** diffère de **NULL** et que **size** est supérieur à zéro, **realloc** tente d'allouer un nouveau bloc de mémoire à l'objet. Si ce nouvel espace ne peut être alloué, l'objet pointé par **ptr** demeure inchangé. La fonction **realloc** renvoie un pointeur vers la mémoire réallouée ou un pointeur nul.

- L'effet de l'instruction **goto** est de provoquer une rupture dans le flot de contrôle du programme. L'exécution du programme s'interrompt et reprend à la première instruction placée à la suite de l'étiquette spécifiée dans l'instruction **goto**.

- Une étiquette consiste en un identificateur suivi d'un deux-points. Une étiquette doit obligatoirement apparaître dans la même fonction que l'instruction **goto** qui fait référence à l'étiquette.

- Une **union** représente un type de données dérivé dont les membres partagent le même espace mémoire. Les membres peuvent être de n'importe quel type. La mémoire réservée pour une **union** est suffisamment grande pour remiser son membre le plus volumineux. Dans la plupart des cas, les unions contiennent deux types de données ou plus. Un seul membre, et par conséquent un seul type de donnée, peut être référencé à la fois.

- Une **union** est déclarée sous la même forme qu'une structure.

- Une **union** ne peut être initialisée qu'avec une valeur de type identique à celui de son premier membre.

- Le C++ permet au programmeur de fournir des spécifications de liens, afin d'informer le compilateur qu'une fonction a été compilée en C et d'empêcher que le compilateur C++ ne code le nom conjointement à la fonction.

- Pour informer le compilateur qu'une ou plusieurs fonctions ont été compilées en C, écrivez les prototypes de fonctions de la façon suivante:

```
extern "C" prototype de fonction    // fonction simple

extern "C"                          // fonctions multiples
{
    prototypes de fonctions
}
```

- Ces déclarations informent le compilateur que les fonctions spécifiées ne sont pas compilées en C++ et de ne pas coder les noms des fonctions énumérées dans les spécifications de liens. Ces fonctions peuvent ensuite être liées correctement avec le programme.

- Les environnements de développement en C++ incluent normalement les bibliothèques standard du C; ils n'imposent donc pas au programmeur d'utiliser les spécifications de liens pour ces fonctions.

TERMINOLOGIE

arguments de ligne de commande
argv
atexit
bibliothèque de manipulation de signaux
calloc
const
csignal
cstdarg
événement
exception à virgule flottante
exit
EXIT_FAILURE
EXIT_SUCCESS
extern "C"
instruction **goto**
instruction illégale
interruption
liaison externe
liaison interne
liste d'arguments de longueur variable
make
makefile
piège (*trap*)
raise

realloc
redirection des entrées-sorties
signal
spécification de classe de stockage **extern**
spécification de classe de stockage **static**
suffixe d'entier (sans signe) **unsigned** (**u** ou **U**)
suffixe d'entier **unsigned long** (**ul** ou **UL**)
suffixe **float** (**f** ou **F**)
suffixe **long double** (**l** ou **L**)
suffixe **long integer** (**l** ou **L**)
symbole d'ajout en sortie **>>**
symbole de redirection de sortie **>**
symbole de redirection d'entrée **<**
symbole du traitement pipeline (**|**)
tableaux dynamiques
traitement pipeline
union
va_arg
va_end
va_list
va_start
violation de segmentation
volatile

ERREURS DE PROGRAMMATION COURANTES

18.1   Le fait de placer une ellipse (…) au milieu d'une liste de paramètres de fonction constitue une erreur. Il n'est permis de placer une ellipse qu'à la fin de la liste de paramètres..

18.2   Le fait de référencer un membre d'**union** différent du dernier membre stocké donne un résultat indéfini; les données mémorisées sont traitées comme étant du type différent.

18.3   Le fait de comparer des **union**s constitue une erreur de syntaxe puisque le compilateur ne peut savoir ni quel membre de chacune d'elles est actif, ni quel membre de l'une est à comparer avec tel membre de l'autre.

18.4   L'initialisation d'une **union** dans une déclaration avec une valeur ou une expression de type différent du premier membre de l'**union**.

ASTUCES SUR LA PERFORMANCE

18.1   Les variables globales augmentent les performances, puisque toute fonction peut y accéder directement; ceci élimine la surcharge causée par le passage de données aux fonctions.

18.2   L'instruction **goto** permet de quitter efficacement des structures de contrôle profondément imbriquées.

18.3   L'emploi des **union**s préserve la mémoire.

ASTUCES SUR LA PORTABILITÉ

18.1 Certains systèmes ne sont pas compatibles avec les noms de variables globales ou les noms de fonctions possédant plus de six caractères. Ce fait doit être pris en considération lors de l'écriture de programmes qui seront portés par des plates-formes multiples.

18.2 Si des données, stockées dans une **union** selon un type, sont référencées comme si elles étaient d'un autre type, les résultats obtenus dépendent de l'implantation.

18.3 La quantité de mémoire requise pour stocker une **union** dépend de l'implantation du langage sur la machine.

18.4 La portabilité de certaines **union**s vers d'autres systèmes d'exploitation peut s'avérer difficile. La portabilité d'une **union** dépend souvent des exigences d'alignement mémoire sur un système donné pour les types de données des membres de l'**union**.

OBSERVATIONS DE GÉNIE LOGICIEL

18.1 Évitez d'utiliser des variables globales, sauf lorsque les performances d'application constituent une préoccupation critique, puisqu'elles violent le principe du moindre privilège et compliquent la maintenance des logiciels.

18.2 La création de programmes en des fichiers source multiples facilite la réutilisation et améliore la conception des logiciels. Des fonctions peuvent être communes à de nombreuses applications. Dans certains cas, il est même souhaitable d'enregistrer ces fonctions dans leurs propres fichiers sources, chaque fichier devant disposer d'un fichier d'en-tête correspondant contenant les prototypes des fonctions. Cette pratique permet aux programmeurs d'applications différentes de réutiliser le même code, en incluant le fichier d'en-tête approprié et en compilant leur application avec le fichier source correspondant.

18.3 L'instruction **goto** ne peut être exploitée que dans des applications orientées vers les performances. Cette instruction n'est pas structurée et peut compliquer sérieusement le débogage, la maintenance et la modification des programmes.

18.4 Tout comme une déclaration de **struct** ou de **class**, une déclaration d'**union** ne crée simplement qu'un nouveau type. Le fait de placer une déclaration d'union ou de **struct** en dehors de toute fonction ne crée pas pour autant de variable globale.

EXERCICES DE RÉVISION

18.1 Inscrivez les mots manquants dans chacune des phrases suivantes:
  a) Le symbole _____ redirige les données d'entrée du clavier pour provenir d'un fichier.
  b) Le symbole _____ est employé pour rediriger la sortie de l'écran et la placer dans un fichier.
  c) Le symbole _____ est utilisé pour ajouter la sortie d'un programme à la fin d'un fichier.
  d) Le symbole _____ sert à rediriger la sortie d'un programme comme entrée d'un autre programme.
  e) Une _____ dans la liste de paramètres d'une fonction indique que cette dernière peut recevoir un nombre variable d'arguments.
  f) La macro _____ doit être invoquée avant qu'on puisse accéder aux arguments d'une liste d'arguments de longueur variable.
  g) La macro _____ est employée pour accéder aux arguments individuels d'une liste d'arguments de longueur variable.
  h) La macro _____ facilite un retour normal d'une fonction dont la liste d'arguments de longueur variable a été référencée par la macro **va_start**.
  i) L'argument _____ de **main** reçoit le nombre d'arguments présents dans une ligne de commande.

j) L'argument _____ de **main** mémorise les arguments de ligne de commande dans des chaînes de caractères.

k) L'utilitaire UNIX _____ lit un fichier appelé _____ contenant les instructions pour compiler et chaîner un programme comprenant des fichiers source multiples. L'utilitaire ne recompile un fichier que si le fichier a été modifié depuis sa dernière compilation.

l) La fonction _____ force un programme à terminer son exécution.

m) La fonction _____ inscrit une fonction à appeler lors de la terminaison normale du programme.

n) L'identificateur de type _____ indique qu'un objet ne doit pas être modifié après son initialisation.

o) Un _____ d'entier ou à virgule flottante peut être ajouté à une constante d'entier ou à virgule flottante pour spécifier le type exact de la constante.

p) La fonction _____ peut être employée pour piéger des événements inattendus.

q) La fonction _____ génère un signal à partir d'un programme.

r) La fonction _____ alloue de la mémoire dynamique pour un tableau et initialise les éléments à zéro.

s) La fonction _____ change la taille d'un bloc de mémoire dynamique.

t) Une _____ est une classe contenant une collection de variables occupant la même mémoire mais à des moments différents.

u) Le mot-clé _____ est utilisé pour introduire une définition d'union.

RÉPONSES AUX EXERCICES DE RÉVISION

18.1   a) de redirection d'entrée (**<**). b) de redirection de sortie (**>**). c) d'ajout en sortie (**>>**). d) du traitement pipeline (**|**). e) ellipse (**...**). f) **va_start**. g) **va_arg**. h) **va_end**. i) **argc**. j) **argv**. k) **make**, **makefile**. l) **exit**. m) **atexit**. n) **const**. o) suffixe. p) **signal**. q) **raise**. r) **calloc**. s) **realloc**. t) union. u) **union**.

EXERCICES

18.2   Écrivez un programme calculant le produit d'une série d'entiers qui sont passés à la fonction **produit** à l'aide d'une liste d'arguments de longueur variable. Testez votre fonction avec plusieurs appels possédant chacun un nombre différent d'arguments.

18.3   Écrivez un programme affichant les arguments de ligne de commande du programme.

18.4   Écrivez un programme afin de trier un tableau d'entiers en ordre ascendant ou en ordre descendant. Le programme doit employer des arguments de ligne de commande pour passer l'argument **-a** pour l'ordre ascendant ou **-d** pour l'ordre descendant. Note: Il s'agit là de la forme standard de passage d'options à un programme destiné à UNIX.

18.5   Lisez la documentation de votre système afin de déterminer quels sont les signaux supportés par sa bibliothèque de manipulation de signaux (**csignal**). Écrivez un programme avec des manipulateurs de signaux pour les signaux **SIGABRT** et **SIGINT**. Le programme doit tester le piégeage de ces signaux en appelant la fonction **abort** pour générer un signal de type **SIGABRT** et en tapant **<ctrl> c** pour générer un signal de type **SIGINT**.

18.6   Écrivez un programme qui alloue dynamiquement un tableau d'entiers. La taille du tableau doit être entrée au clavier. Les éléments du tableau doivent recevoir des valeurs saisies au clavier. Affichez les valeurs du tableau, puis réallouez la mémoire du tableau sur la moitié de la quantité d'éléments actuelle. Affichez les valeurs qui demeurent dans le tableau pour confirmer qu'elles sont identiques à la première moitié des valeurs du tableau d'origine.

18.7   Écrivez un programme qui prenne dans ses deux arguments de ligne de commande des noms de fichiers, lise les caractères du premier fichier un à la fois et écrive les caractères en ordre inverse dans le second fichier.

18.8   Écrivez un programme utilisant des instructions **goto** pour simuler une structure de boucle imbriquée, qui affiche un carré formé d'astérisques, comme ci-dessous:

```
*****
*   *
*   *
*   *
*****
```

Le programme ne doit utiliser que les trois instructions de sortie suivantes:

```
cout << '*';
cout << ' ';
cout << endl;
```

18.9   Proposez une définition de l'union **Donnees**, destinée à contenir **char c**, **short s**, **long l**, **float f** et **double d**.

18.10   Créez une union **Entier** avec les membres **char c**, **short s**, **int i** et **long l**. Écrivez un programme pouvant saisir des valeurs de type **char**, **short**, **int** et **long** et mémoriser les valeurs dans des variables d'union de type **union Entier**. Chaque variable d'union doit être affichée avec un type **char**, un type **short**, un type **int** et un type **long**. Les valeurs s'affichent-elles toujours correctement?

18.11   Créez une union **VirguleFlottante** avec les membres **float f**, **double d** et **long double l**. Écrivez un programme pouvant entrer des valeurs de type **float**, **double** et **long double** et enregistrer ces valeurs dans des variables d'union de type **union VirguleFlottante**. Chaque variable d'union doit être affichée avec un type **float**, un type **double** et un type **long double**. Les valeurs s'affichent-elles toujours correctement?

18.12   Sur base de l'**union** suivante,

```
union A {
    double y;
    char *z;
};
```

déterminez parmi les propositions suivantes les instructions qui initialisent correctement l'**union**:

a)   `A p = B; // où B possède un type identique à A`
b)   `A q = x; // où x est de type double`
c)   `A r = 3.14159;`
d)   `A s = { 79.63 };`
e)   `A t = { "Bonjour vous!" };`
f)   `A u = { 3.14159, "Pi" };`

19

Classe **string** et gestion de flux de chaînes de caractères

Objectifs

- Utiliser la classe **string** de la bibliothèque standard C++ pour traiter des chaînes comme des objets à part entière.

- Affecter, concaténer, comparer, rechercher et permuter des **string**.

- Déterminer les caractéristiques des **string**.

- Trouver, remplacer et insérer des caractères dans une **string**.

- Faire la conversion de **string** en chaînes du style du C.

- Utiliser des itérateurs de **string**.

- Effectuer des entrées et des sorties avec des **string** en mémoire.

19.1 Introduction

La classe de modèles C++ **basic_string** fournit des opérations de manipulation de chaînes comme la copie, la recherche, etc. Les définitions des modèles de même que toutes les facilités de support sont définies dans (l'espace de noms) **namespace std**, incluant l'instruction **typedef**

```
typedef basic_string< char > string;
```

qui crée le type alias **string** pour **basic_string< char >**. Un **typedef** est également fourni pour le type **wchar_t**. Ce dernier stocke des caractères de deux octets (16 bits) comme ressource pour les langues étrangères. Tout au long de ce chapitre, nous utiliserons exclusivement **string**. Son emploi inclut le fichier d'en-tête **<string>** de la bibliothèque standard C++. (Note: le type **wchar_t** est couramment utilisé pour représenter l'Unicode, qui possède des caractères de 16 bits, bien que la taille de **wchar_t** ne soit pas fixée par le standard).

On peut initialiser un objet **string** avec un argument de constructeur comme

```
string s1( "Allô" );  // crée string à partir de const char *
```

qui crée une **string** contenant les caractères inclus dans **"Allô"** à l'exception, peut-être, du caractère **'\0'** de terminaison. On peut également employer une initialisation avec deux arguments de constructeur, comme dans

```
string s2( 8, 'x' );  // string de 8 caractères 'x'
```

qui crée une **string** contenant huit caractères **'x'**. La classe **string** offre également un constructeur par défaut et un constructeur de copie.

On peut également initialiser une **string** par le biais d'une syntaxe de construction alternative dans la définition de la **string**, comme dans

```
string mois = "Mars"; // équivaut à string mois( "Mars" );
```

Rappelez-vous que l'opérateur **=** de la déclaration précédente ne représente pas une affectation, mais plutôt un appel vers le constructeur de copie de la classe **string**, qui effectue la conversion implicite.

La classe **string** n'offre aucune conversion d'un type **int** ou **char** en **string** dans une définition de **string**. Par exemple, les définitions

```
string erreur1 = 'c';
string erreur2( 'u' );
string erreur3 = 22;
string erreur4( 8 );
```

sont des erreurs de syntaxe. Remarquez qu'il est permis d'affecter un seul caractère à un objet **string** dans une instruction d'affectation comme

```
s = 'n';
```

Erreur de programmation courante 19.1

*Convertir un **int** ou un **char** en une **string** en utilisant une affectation dans une déclaration ou un argument de constructeur constitue une erreur de syntaxe.*

Erreur de programmation courante 19.2

*La construction d'une **string** trop longue pour être représentée lance une exception **length_error** (erreur de longueur).*

Contrairement aux chaînes de caractères **char *** propres au C, les **string** ne se terminent pas nécessairement par un caractère nul. La longueur d'une **string** est stockée dans l'objet **string** et peut être recouvrée avec la fonction membre **length**. On peut employer l'opérateur d'indice **[ ]** avec des **string** afin d'accéder aux caractères individuels. Comme les chaînes de style C, les **string** possèdent un premier indice de *0* et un dernier égal à la *longueur – 1*. Notez qu'une **string** ne représente pas un pointeur; l'expression **&s[0]** n'est pas l'équivalent de **s** lorsque **s** représente une **string**.

La plupart des fonctions membres d'une **string** prennent comme arguments un emplacement d'indice de départ et le nombre de caractères pour l'opération.

Lors de l'appel d'une fonction membre de **string**, passer une quantité de caractères à traiter plus grande que la longueur de la **string** vers la fonction membre **string** provoque une réduction de cette quantité d'une valeur égale à la différence entre la valeur et la longueur. Par exemple, le fait de passer 2 (indice de départ) et 100 (quantité de caractères) vers une fonction opérant sur une **string** d'une taille de 50 provoque un ajustement à 48 (50-2), à savoir la nouvelle quantité utilisée pour les caractères.

L'opérateur d'extraction de flux (**>>**) est surchargé pour supporter les **string**. L'instruction

```
string objetString;
cin >> objetString;
```

lit une **string** en provenance du périphérique d'entrée standard. L'entrée est délimitée par des caractères d'espace blanc. La fonction **getline** (du fichier d'en-tête **<string>**) est également surchargée pour les **string**. L'instruction

```
string s;
getline ( cin, s );
```

lit une **string** en provenance du clavier et la dirige vers **s**. L'entrée est délimitée par un caractère de nouvelle ligne (**'\n'**).

19.2 Affectation et concaténation de chaînes (`string`)

Le programme de la figure 19.1 montre l'affectation et la concaténation de **string**.

```cpp
1   // Figure 19.1: fig19_01.cpp
2   // Démonstration d'affectation et de concaténation de string.
3   #include <iostream>
4
5   using std::cout;
6   using std::endl;
7
8   #include <string>
9
10  using std::string;
11
12  int main()
13  {
14     string s1( "cat" ), s2, s3;
15
16     s2 = s1;                        // affecte s1 à s2 avec =
17     s3. assign ( s1 );              // affecte s1 à s3 avec assign()
18     cout << "s1: " << s1 << "\ns2: " << s2 << "\ns3: "
19         << s3 << "\n\n";
20
21     // modifie s2 et s3.
22     s2[ 0 ] = s3[ 2 ] = 'r';
23
24     cout << "Après modification de s2 et s3:\n"
25         << "s1: " << s1 << "\ns2: " << s2 << "\ns3: ";
26
27     // démonstration de la fonction membre at ().
28     int len = s3. length();
29     for ( int x = 0; x < len; ++x )
30        cout << s3.at ( x );
31
32     // concaténation.
33     string s4( s1 + "acombes" ), s5; // déclare s4 et s5.
34
35     // += surchargé.
36     s3 += "pette";                  // crée "carpette".
37     s1.append ( "atonie" );         // crée "catatonie".
38
39     // ajoute les emplacements d'indices 3 jusqu'à la fin de s16
40     // pour créer la string "atonie" (s5 était vide à l'origine).
41     s5.append ( s1, 3, s1.size());
42
43     cout << "\n\nAprès concaténation:\n" << "s1: " << s1
44         << "\ns2: " << s2 << "\ns3: " << s3 << "\ns4: " << s4
45         << "\ns5: " << s5 << endl;
46
47     return 0;
48  }
```

Figure 19.1   Démonstration d'affectation et de concaténation de **string**. (1 de 2)

```
s1: cat
s2: cat
s3: cat

Après modification de s2 et s3:
s1: cat
s2: rat
s3: car

Après concaténation:
s1: catatonie
s2: rat
s3: carpette
s4: catacombes
s5: atonie
```

Figure 19.1   Démonstration d'affectation et de concaténation de `string`. (2 de 2)

La ligne 8 comprend l'en-tête **cstring** pour la classe **string**. Trois **string**, **s1**, **s2** et **s3**, sont créées à la ligne 14. La ligne 16,

```
s2 = s1;              // affecte s1 à s2 avec =
```

affecte la **string s1** à **s2**. Une fois l'affectation effectuée, **s2** représente une copie de **s1**, mais **s2** n'est lié d'aucune façon à **s1**. La ligne 17,

```
s3.assign ( s1 );  // affecte s1 à s3 avec assign()
```

utilise la fonction membre **assign** pour copier **s1** dans **s3**. Une copie séparée est fabriquée (**s1** et **s3** représentent des objets indépendants). La classe **string** fournit également une version surchargée de la fonction **assign** qui copie un nombre spécifique de caractères, comme dans

```
maString.assign ( s, debut, nombreDeCaracteres );
```

où **s** représente la **string** à copier, **debut** l'indice de départ, alors que **nombreDeCaracteres** représente la quantité de caractères à copier.

La ligne 22,

```
s2[ 0 ] = s3[ 2 ] = 'r';
```

utilise l'opérateur d'indice pour affecter **'r'** à **s3[2]** (formant **"car"**) et **'r'** à **s2[0]** (formant **"rat"**). Les **string** sont ensuite affichées.

Les lignes 28 à 30,

```
int len = s3.length();
for ( int x = 0; x < len; ++x )
   cout << s3.at ( x );
```

emploient une boucle **for** pour sortir le contenu de **s3**, un caractère à la fois, avec la fonction **at**. La fonction **at** fournit un *accès vérifié* (ou *vérification de plage*); en d'autres termes, dépasser la limite de la **string** lance une exception **out_of_range** (hors de portée). Consultez le chapitre 13 pour de plus amples détails concernant les manipulations d'exceptions. Notez que l'opérateur d'indice **[ ]** n'offre pas l'accès vérifié, d'où son utilisation avec des tableaux.

Erreur de programmation courante 19.3

*Accéder à un indice de **string** en dehors de ces limites en utilisant la fonction **at** lance une exception **out_of_range** (hors de portée).*

Erreur de programmation courante 19.4

*Accéder à un élément en dehors de la taille d'une **string** en utilisant l'opérateur d'indice est une erreur de logique.*

La **string s4** est déclarée (ligne 33) et initialisée au résultat de la concaténation de **s1** et de **"acombes"** grâce à l'opérateur surchargé d'addition **+**, qui représente la concaténation pour la classe **string**. La ligne 36,

```
s3 += "pette";              // crée "carpette"
```

emploie l'opérateur d'affectation d'addition **+=** pour concaténer **s3** et **"pette"**.

La ligne 37,

```
s1. append ( "atonie" );      // crée "catatonie"
```

utilise la fonction **append** pour concaténer **s1** et **"atonie"**. La ligne 41,

```
s5.append ( s1, 3, s1.size());
```

ajoute des caractères de **s1** à **s5**. Les caractères compris entre le quatrième élément et le dernier élément de **s1** sont concaténés à **s5**. La fonction **size** renvoie le nombre de caractères contenus dans la **string s1**.

19.3 Comparaison de `string`

La classe **string** offre des fonctions pour comparer des **string**. Le programme de la figure 19.2 en démontre les capacités.

```
1   // Figure 19.2: fig19_02.cpp
2   // Démonstration des capacités de comparaisons de string.
3   #include <iostream>
4
5   using std::cout;
6   using std::endl;
7
8   #include <string>
9
10  using std::string;
11
12  int main()
13  {
14     string s1( "Test des fonctions de comparaison." ),
15            s2("Allô" ), s3( "compara" ), z1( s2 );
16
17     cout << "s1: " << s1 << "\ns2: " << s2
18          << "\ns3: " << s3 << "\nz1: " << z1 << "\n\n";
19
```

Figure 19.2   Comparaison de **string**. (1 de 2)

```
20      // comparaison de s1 avec z1.
21      if ( s1 == z1 )
22         cout << "s1 == z1\n";
23      else { // s1 != z1.
24         if ( s1 > z1 )
25            cout << "s1 > z1\n";
26         else // s1 < z1.
27            cout << "s1 < z1\n";
28      }
29
30      // comparaison de s1 avec s2.
31      int f = s1. compare ( s2 );
32
33      if ( f == 0 )
34         cout << "s1.compare ( s2 ) == 0\n";
35      else if ( f > 0 )
36         cout << "s1.compare ( s2 ) > 0\n";
37      else  // f < 0.
38         cout << "s1.compare ( s2 ) < 0\n";
39
40      // comparaison de s1 (éléments 22 à 28) avec s3 (éléments 0 à 6).
41      f = s1.compare ( 22, 7, s3, 0, 7 );
42
43      if ( f == 0 )
44         cout << "s1.compare ( 22, 7, s3, 0, 7 ) == 0\n";
45      else if ( f > 0 )
46         cout << "s1.compare ( 22, 7, s3, 0, 7 ) > 0\n";
47      else  // f < 0
48         cout << "s1.compare ( 22, 7, s3, 0, 7 ) < 0\n";
49
50      // comparaison de s2 avec z1.
51      f = z1.compare ( 0, s2. size(), s2 );
52
53      if ( f == 0 )
54         cout << "z1.compare ( 0, s2.size(), s2 ) == 0" << endl;
55      else if ( f > 0 )
56         cout << "z1.compare ( 0, s2.size(), s2 ) > 0" << endl;
57      else  // f < 0
58         cout << "z1.compare ( 0, s2.size(), s2 ) < 0" << endl;
59
60      return 0;
61   }
```

```
s1: Test des fonctions de comparaison.
s2: Allô
s3: compara
z1: Allô

s1 > z1
s1.compare ( s2 ) > 0
s1.compare ( 22, 7, s3, 0, 7 ) == 0
z1.compare(0, s2.size(),s2 ) == 0
```

Figure 19.2   Comparaison de **string**. (2 de 2)

Le programme déclare quatre **string** aux lignes 14 et 15

```
string s1( "Test des fonctions de comparaison." ),
       s2("Allô" ), s3( "compara" ), z1( s2 );
```

et produit la sortie de chaque **string** (lignes 17 et 18). La condition

```
s1 == z1
```

de la ligne 21 teste l'égalité entre **s1** et **z1**. Si la condition est **true**, `"s1 == z1"` s'affiche à la sortie. Si la condition est **false**, la condition

```
s1 > z1
```

de la ligne 19 est testée. Toutes les fonctions d'opérateurs surchargés démontrées ici, de même que celles non illustrées (**!=**, **<**, **>=** et **<=**) renvoient des valeurs **bool**.

La ligne 31,

```
int f = s1.compare ( s2 );
```

prend la fonction **string** nommée **compare** pour vérifier la **string s1** par rapport à la **string s2**. La variable **f** est déclarée, puis affectée à 0 si les **string** sont équivalentes, à un nombre positif si **s1** est lexicographiquement supérieure à **s2**, ou à un nombre négatif si **s1** est lexicographiquement inférieure à **s2**.

La ligne 41,

```
f = s1.compare ( 22, 7, s3, 0, 7 );
```

emploie une version surchargée de la fonction **compare** pour comparer des portions de **s1** et de **s3**. Les deux premiers arguments (**22** et **7**) spécifient l'indice de départ et la longueur de la portion de **s1** à comparer avec **s3**. Le troisième argument représente la **string** à comparer. Les deux derniers arguments (**0** et **7**) spécifient l'indice de départ et la longueur de la portion de la **string** comparée. La valeur affectée à **f** est **0** s'il s'agit d'un cas d'égalité, un nombre positif si **s1** est lexicographiquement supérieure à **s3**, ou un nombre négatif si **s1** est lexicographiquement inférieure à **s3**. Par la suite, une **string** est affichée selon la valeur de **f**.

La ligne 51,

```
f = z1.compare ( 0, s2.size(), s2 );
```

emploie une autre version surchargée de la fonction **compare** pour comparer **z1** et **s2**. Le premier argument spécifie l'indice de départ de **z1** utilisé pour la comparaison. Le second argument détermine la longueur de la portion de **z1** de la comparaison. La fonction size retourne le nombre de caractères dans la **string** spécifiée. Le dernier argument représente la **string** de comparaison. La valeur affectée à **f** est un **0** s'il s'agit d'un cas d'égalité, un nombre positif si **z1** est lexicographiquement supérieure à **s2**, ou un nombre négatif si **z1** s'avère lexicographiquement inférieure à **s2**. Puis, une **string** est affichée selon la valeur de **f**.

19.4 Sous-chaînes

La classe **string** fournit la fonction **substr** pour extraire une sous-chaîne à partir d'une **string**. Le programme de la figure 19.3 démontre l'emploi de **substr**.

À la ligne 8, le programme déclare et initialise une **string**. La ligne

```
cout << s.substr ( 2, 5 ) << endl;
```

prend la fonction **substr** pour recouvrer une sous-chaîne à partir de **s**. Le premier argument spécifie l'indice de départ de la sous-chaîne alors que le dernier identifie le nombre de caractères à extraire.

```
1   // Figure 19.3: fig19_03.cpp
2   // Démonstration de la fonction substr.
3   #include <iostream>
4
5   using std::cout;
6   using std::endl;
7
8   #include <string>
9
10  using std::string;
11
12  int main()
13  {
14      string s( "L'avion a pris son envol." );
15
16      // Extrait la sous-chaîne "avion" commençant
17      // à l'indice 2 et contenant 5 éléments.
18      cout << s.substr ( 2, 5 ) << endl;
19
20      return 0;
21  }
```

```
avion
```

Figure 19.3   Utilisation de la fonction **substr** pour extraire une sous-chaîne à partir d'une **string**.

19.5 Permutation de `string`

La classe **string** fournit la fonction **swap** pour la permutation de **string**. Le programme de la figure 19.4 permute deux **string**.

```
1   // Figure 19.4: fig19_04.cpp
2   // Utilisation de la fonction swap pour permuter deux string.
3   #include <iostream>
4
5   using std::cout;
6   using std::endl;
7
8   #include <string>
9
10  using std::string;
11
```

Figure 19.4   Utilisation de la fonction **swap** pour permuter deux **string**. (1 de 2)

```
12   int main()
13   {
14       string premiere( "un" ), seconde( "deux" );
15
16       cout << "Avant la permutation:\npremière: " << premiere
17           << "\n seconde: " << seconde;
18       premiere.swap ( seconde );
19       cout << "\n\nAprès la permutation:\npremière: " << premiere
20           << "\n seconde: " << seconde << endl;
21
22       return 0;
23   }
```

```
Avant la permutation:
première: un
 seconde: deux

Après la permutation:
première: deux
 seconde: un
```

Figure 19.4   Utilisation de la fonction **swap** pour permuter deux **string**. (2 de 2)

La ligne 14 déclare et initialise les **string** appelées **premiere** et **seconde**. Chaque **string** est ensuite expédiée en sortie. La ligne 18,

> `premiere.swap ( seconde );`

fait usage de la fonction **swap** pour permuter les valeurs de **premiere** et **seconde**. Les deux **string** sont affichées de nouveau pour confirmer la réussite de la permutation.

19.6 Caractéristiques des `string`

La classe **string** fournit des fonctions pour rassembler les informations concernant la taille, la longueur, la capacité, la longueur maximale et autres caractéristiques d'une **string**. La taille ou longueur d'une **string** représente le nombre de caractères couramment stockés dans la **string**. La capacité d'une **string** est le nombre total d'éléments pouvant être stockés dans celle-ci sans augmenter la capacité de mémoire de la **string**. La taille maximale représente la taille de la plus grande **string** pouvant être stockée dans un objet **string**. Le programme de la figure 19.5 démontre les fonctions de la classe **string** pour trouver la taille, la longueur, de même que d'autres caractéristiques d'une **string**.

Le programme déclare une **string** vide, appelée **s** (ligne 17), et la passe à la fonction **afficherStats** (ligne 20). Une **string** vide ne contient aucun caractère. La chaîne **"tomate"** est saisie au clavier. Notez que les **string** sont délimitées par les caractères d'espace blanc, empêchant l'entrée des caractères suivants dans la chaîne.

La fonction **afficherStats** prend comme argument une référence vers une **string** de type **const** et produit la sortie de la capacité (avec la fonction **capacity**), de la taille maximale (avec la fonction **max_size**), de la taille (avec la fonction **size**), de la longueur (avec la fonction **length**) et vérifie si la **string** est vide ou non (avec la fonction **empty**). L'appel initial vers **afficherStats** indique que les valeurs initiales pour la capacité, la taille et la longueur de **s** sont de 0. La capacité étant de 0, on doit allouer de la mémoire pour loger les nouveaux caractères lorsqu'ils sont placés dans **s**. La taille et la longueur de 0 indiquent que **s** ne contient actuellement aucun caractère. La taille et la longueur auront toujours des valeurs identiques et pour cette implantation, la taille maximale s'avère de 4294967293. La chaîne **s** représente une **string** vide; la fonction **empty** renvoie donc **true**.

```cpp
1   // Figure 19.5: fig19_05.cpp
2   // Démonstration des fonctions de taille et de capacité.
3   #include <iostream>
4
5   using std::cout;
6   using std::endl;
7   using std::cin;
8
9   #include <string>
10
11  using std::string;
12
13  void afficherStats( const string & );
14
15  int main()
16  {
17     string s;
18
19     cout << "Statistiques avant entrée:\n";
20     afficherStats( s );
21
22     cout << "\n\nEntrez une string: ";
23     cin >> s;  // délimitation par espace blanc
24     cout << "La string entrée est: " << s;
25
26     cout << "\nStatistiques après entrée:\n";
27     afficherStats( s );
28
29     s.resize ( s. length() + 10 );
30     cout << "\n\nStatistiques après redimensionnement par "
31          << "(longueur + 10):\n";
32     afficherStats( s );
33
34     cout << endl;
35     return 0;
36  }
37
38  void afficherStats( const string &str )
39  {
40     cout << "capacité: " << str.capacity()
41          << "\ntaille maximale: " << str.max_size()
42          << "\ntaille: " << str.size()
43          << "\nlongueur: " << str.length()
44          << "\nvide: " << ( str.empty() ? "true": "false" );
45  }
```

Figure 19.5 Affichage des caractéristiques d'une **string**. (1 de 2)

```
Statistiques avant entrée:
capacité: 0
taille maximale: 4294967293
taille: 0
longueur: 0
vide: true

Entrez une string: tomate rouge
La string entrée est: tomate
Statistiques après entrée:
capacité: 31
taille maximale: 4294967293
taille: 6
longueur: 6
vide: false

Statistiques après redimensionnement par (longueur + 10):
capacité: 31
taille maximale: 4294967293
taille: 16
longueur: 16
vide: false
```

Figure 19.5   Affichage des caractéristiques d'une **string**. (2 de 2)

La ligne 23 entre une **string** dans **s**. Remarquez l'emploi de l'opérateur d'extraction de flux **>>**. La ligne 29,

```
s. resize ( s.length() + 10 );
```

utilise la fonction **resize** pour augmenter la longueur de **s** de 10 caractères.

19.7 Recherche de caractères dans une **string**

La classe **string** offre des fonctions pour trouver des chaînes et des caractères dans une **string**. Le programme de la figure 19.6 démontre l'usage des fonctions **find** qui sont de type **const**.

```
1   // Figure 19.6: fig19_06.cpp
2   // Démonstration des fonctions find pour des string.
3   #include <iostream>
4
5   using std::cout;
6   using std::endl;
7
8   #include <string>
9
10  using std::string;
11
```

Figure 19.6   Programme démontrant les fonctions **find** avec des **string**. (1 de 2)

```
12  int main()
13  {
14      // Le compilateur concatène toutes les parties
15      // dans une chaîne littérale.
16      string s( "Les valeurs des sous-arbres de gauche"
17                  "\nsont inférieures à la valeur du"
18                  "\nnoeud parent et les valeurs des"
19                  "\nsous-arbres de droite sont supérieures"
20                  "\nà la valeur du noeud parent" );
21
22      // Trouve "arbres" aux emplacements 21 et 107.
23      cout << "String d'origine:\n" << s
24          << "\n\n(find) \"arbres\" se retrouve à: "
25          << s.find ( "arbres" )
26          << "\n(rfind) \"arbres\" se retrouve à: "
27          << s.rfind ( "arbres" );
28
29      // Trouve 'p' de parent aux emplacements 76 et 162.
30      cout << "\n(find_first_of) premier caractère dans \"qpxz\": "
31          << s.find_first_of ( "qpxz" )
32          << "\n(find_last_of) premier caractère dans \"qpxz\": "
33          << s.find_last_of ( "qpxz" );
34
35      // Trouve 'g' à l'emplacement 31.
36      cout << "\n(find_first_not_of) premier caractère\n"
37          << "non contenu dans \"eLs vdaoubr\": "
38          << s.find_first_not_of ( "eLs vdaoubr" );
39
40      // Trouve 'n' à l'emplacement 166.
41      cout << "\n(find_last_not_of) premier caractère\n"
42          << "non contenu dans \"eLs vdaoubr\": "
43          << s.find_last_not_of ( "eLs vdaoubr" ) << endl;
44
45      return 0;
46  }
```

```
String d'origine:
Les valeurs des sous-arbres de gauche
sont inférieures à la valeur du
noeud parent et les valeurs des
sous-arbres de droite sont supérieures
à la valeur du noeud parent

(find) "arbres" se retrouve à: 21
(rfind) "arbres" se retrouve à: 107
(find_first_of) premier caractère dans "qpxz": 76
(find_last_of) premier caractère dans "qpxz": 162
(find_first_not_of) premier caractère
non contenu dans "eLs vdaoubr": 6
(find_last_not_of) premier caractère
non contenu dans "eLs vdaoubr": 167
```

Figure 19.6   Programme démontrant les fonctions **find** avec des **string**. (2 de 2)

La **string** **s** est déclarée à la ligne 16, puis initialisée. Le compilateur concatène les cinq littéraux de chaînes en un seul. Pour éviter les erreurs de syntaxe, la fin de chaque chaîne doit être fermée avec un guillemet avant de passer à la ligne suivante et de commencer une autre chaîne.

Erreur de programmation courante 19.5

Terminer une chaîne sans guillemet est une erreur de syntaxe.

La ligne 25, qui fait partie de l'opération d'insertion

```
s.find ( "arbres" )
```

tente de trouver la chaîne **"arbres"** dans la **string s** grâce à la fonction **find**. Si la **string** est repérée, son indice d'emplacement de départ est retourné. Si la **string** n'est pas trouvée, la valeur **string::npos** (constante **public static** définie dans la classe **string**) est renvoyée. Cette valeur est retournée par les fonctions de *recherche* de **string** pour indiquer qu'une sous-chaîne ou qu'un caractère est introuvé dans la **string**.

À la ligne 27, le dernier élément produit à la sortie avec insertion de flux

```
s.rfind ( "arbres" )
```

emploie la fonction **rfind** pour une recherche dans la **string s** commençant par la fin. Pour une recherche fructueuse, l'emplacement de l'indice est retourné. Sinon, la fonction renvoie **string::npos**. Note: à moins d'indication contraire, les autres fonctions de recherche présentées dans cette section retournent le même type de valeur. La constante **string::npos** est également utilisée dans un contexte différent, c'est-à-dire pour indiquer tous les éléments d'une **string**.

L'appel

```
s.find_first_of ( "qpxz" )
```

de la ligne 31 emploie la fonction **find_first_of** pour rechercher la première occurrence d'un caractère parmi **"qpxz"** dans la string **s**. Le recherche s'effectue à partir du début de **s**. Le caractère **'p'** est repéré à la position 76.

L'appel

```
s.find_last_of ( "qpxz" );
```

de la ligne 33 utilise la fonction **find_last_of** pour rechercher la dernière occurrence d'un caractère parmi **"qpxz"** dans la **string s**. Le recherche s'effectue à partir de la fin de **s**. Le caractère **'p'** est trouvé à la position 162.

L'appel

```
s.find_first_not_of ( "eLs vdaoubr" );
```

de la ligne 36 emploie la fonction **find_first_not_of** pour trouver le premier caractère de la **string s** qui n'est pas contenu dans **"eLs vdaoubr"**. La recherche est effectuée à partir du début de **s**.

L'appel

```
s.find_last_not_of ( "eLs vdaoubr" );
```

de la ligne 43 utilise la fonction **find_last_not_of** pour trouver le premier caractère non contenu dans **"eLs vdaoubr"**. La recherche est effectuée à partir de la fin de **s**.

19.8 Remplacement de caractères dans une string

Le programme de la figure 19.7 démontre les fonctions **string** qui remplacent et effacent des caractères.

```cpp
1   // Figure 19.7: fig19_07.cpp
2   // Démonstration des fonctions erase et replace.
3   #include <iostream>
4
5   using std::cout;
6   using std::endl;
7
8   #include <string>
9
10  using std::string;
11
12  int main()
13  {
14     // Le compilateur concaténise toutes les parties en une chaîne.
15     string s( "Les valeurs des sous-arbres de gauche"
16               "\nsont inférieures à la valeur du"
17               "\nnoeud parent et les valeurs des"
18               "\nsous-arbres de droite sont supérieures"
19               "\nà la valeur du noeud parent" );
20
21     // Enlève les tous caractères à partir de
22     // l'emplacement 62 jusqu'à la fin de s.
23     s.erase ( 62 );
24
25     // Produit la sortie de la nouvelle string.
26     cout << "String d'origine après l'effacement:\n" << s
27          << "\n\nAprès le premier remplacement:\n";
28
29     // Remplace tous les espaces avec un point.
30     int x = s.find ( " " );
31     while ( x < string::npos ) {
32        s.replace ( x, 1, "." );
33        x = s.find ( " ", x + 1 );
34     }
35
36     cout << s << "\n\nAprès le second remplacement:\n";
37
38     // remplace tous les points avec deux points-virgules.
39     // NOTE: ce processus écrase les caractères.
40     x = s.find ( "." );
41     while ( x < string::npos ) {
42        s.replace ( x, 2, "xxxxx;;yyy", 5, 2 );
43        x = s.find ( ".", x + 1 );
44     }
45
46     cout << s << endl;
47     return 0;
48  }
```

Figure 19.7 Démonstration des fonctions **erase** et **replace**. (1 de 2)

```
String d'origine après l'effacement:
Les valeurs des sous-arbres de gauche
sont inférieures à la va

Après le premier remplacement:
Les.valeurs.des.sous-arbres.de.gauche
sont.inférieures.à.la.va

Après le second remplacement:
Les;;aleurs;;es;;ous-arbres;;e;;auche
sont;;nférieures;;;;a;;a
```

Figure 19.7   Démonstration des fonctions **erase** et **replace**. (2 de 2)

Le programme déclare et initialise la **string s**. La ligne 23,

```
        s.erase ( 62 );
```

utilise la fonction **erase** pour effacer tous les caractères à partir de l'élément 62 jusqu'à la fin de **s**.

Les lignes 30 à 34,

```
            int x = s.find ( " " );
            while ( x < string::npos ) {
                s.replace ( x, 1, "." );
                x = s.find( " ", x + 1 );
            }
```

utilisent la fonction **find** pour retrouver chaque occurrence d'un caractère d'espace. Chaque espace est ensuite remplacé par un point avec un appel vers la fonction **replace** qui accepte trois arguments: l'indice de départ, le nombre de caractères à remplacer et la chaîne de remplacement. La constante **string::npos** représente la longueur maximale de la chaîne. La fonction **find** renvoie **string::npos** lorsque la fin de **s** est atteinte.

Les lignes 40 à 44,

```
            x = s.find ( "." );
            while ( x < string::npos ) {
                s.replace ( x, 2, "xxxxx;;yyy", 5, 2 );
                x = s.find( ".", x + 1 );
            }
```

emploient la fonction **find** pour retrouver chaque occurrence d'un point, ainsi que **replace** afin de remplacer chaque point et le caractère suivant par deux points-virgules. Les arguments passés vers **replace** sont l'indice de l'élément où l'opération **replace** débute, le nombre de caractères à remplacer, une chaîne de caractères de remplacement à partir de laquelle une sous-chaîne est employée pour remplacer les caractères, l'élément de la chaîne de caractères où la sous-chaîne de remplacement débute, ainsi que le nombre de caractères à utiliser dans la chaîne de caractères de remplacement.

19.9 Insertion de caractères dans une `string`

La classe **string** offre des fonctions pour insérer des caractères dans une **string**. Le programme de la figure 19.8 démontre les capacités d'insertion de la fonction **insert**.

```cpp
1   // Figure 19.8: fig19_08.cpp
2   // Démonstration de la fonction insert avec des string.
3   #include <iostream>
4
5   using std::cout;
6   using std::endl;
7
8   #include <string>
9
10  using std::string;
11
12  int main()
13  {
14     string s1( "début fin" ),
15            s2( "milieu " ), s3( "12345678" ), s4( "xx" );
16
17     cout << "String d'origine:\ns1: " << s1
18         << "\ns2: " << s2 << "\ns3: " << s3
19         << "\ns4: " << s4 << "\n\n";
20
21     // insertion de "milieu" à l'emplacement 6.
22     s1.insert ( 6, s2 );
23
24     // insertion de "xx" à l'emplacement 3 dans s3.
25     s3.insert ( 3, s4, 0, string::npos);
26
27     cout << "String après insertions:\ns1: " << s1
28         << "\ns2: " << s2 << "\ns3: " << s3
29         << "\ns4: " << s4 << endl;
30
31     return 0;
32  }
```

```
String d'origine:
s1: début fin
s2: milieu
s3: 12345678
s4: xx

String après insertions:
s1: début milieu fin
s2: milieu
s3: 123xx45678
s4: xx
```

Figure 19.8   Démonstration de la fonction **insert** avec des **string**.

Le programme déclare et initialise quatre **string**: **s1**, **s2**, **s3** et **s4**. Chaque **string** est ensuite affichée. La ligne 22,

```cpp
s1.insert ( 6, s2 );
```

utilise la fonction **insert** pour insérer la **string s2** avant l'élément 6.

La ligne 25,

```
s3.insert ( 3, s4, 0, string::npos );
```

emploie **insert** afin d'insérer **s4** avant le troisième élément de **s3**. Les deux derniers arguments spécifient l'élément de départ de **s4** et le nombre de caractères de **s4** à insérer.

Astuce sur la performance 19.1

 Les opérations d'insertion peuvent ajouter des opérations de gestion de mémoire additionnelles qui diminuent la performance.

19.10 Conversion en chaînes `char *` de style C

La classe **string** fournit des fonctions pour convertir des **string** en chaînes de style C. Nous avons vu que, contrairement aux chaînes de style C, les **string** ne se terminent pas nécessairement par un caractère nul. Ces fonctions de conversion sont utiles lorsqu'une fonction donnée prend une chaîne de style C comme argument. Le programme de la figure 19.9 démontre la conversion de **string** en chaînes de style C.

```cpp
1   // Figure 19.9: fig19_09.cpp
2   // Conversion en chaînes de style C.
3   #include <iostream>
4
5   using std::cout;
6   using std::endl;
7
8   #include <string>
9
10  using std::string;
11
12  int main()
13  {
14      string s( "CHAINES" );
15      const char *ptr1 = 0;
16      int len = s.length();
17      char *ptr2 = new char[ len + 1 ]; // incluant nul.
18
19      // Affecte const char * renvoyé par la fonction data()
20      // au pointeur ptr1. NOTE: affectation potentiellement
21      // dangereuse. Si la string est modifiée, le pointeur
22      // ptr1 peut devenir non valide.
23      ptr1 = s.data();
24
25      // Copie des caractères de la string en mémoire.
26      s.copy ( ptr2, len, 0 );
27      ptr2[ len ] = 0;  // ajoute un caractère nul.
28
29      // Sortie.
30      cout << "La string s est " << s
31          << "\ns convertie en chaîne de style C est "
32          << s.c_str() << "\nptr1 est ";
33
```

Figure 19.9   Conversion de **string** en chaînes de style C et en tableaux de caractères. (1 de 2)

```
34        for ( int k = 0; k < len; ++k )
35           cout << *( ptr1 + k );   // utilise l'arithmétique de pointeurs.
36
37        cout << "\nptr2 est " << ptr2 << endl;
38        delete []ptr2;
39        return 0;
40     }
```

```
La string s est STRINGS
s convertie en chaîne de style C est STRINGS
ptr1 est STRINGS
ptr2 est STRINGS
```

Figure 19.9   Conversion de **string** en chaînes de style C et en tableaux de caractères.
(2 de 2)

Le programme déclare une **string**, un **int** et deux pointeurs. La **string s** se fait initialiser
à **"CHAINES"**, **ptr1** à **0** et **len** à la longueur de **s**. La mémoire est allouée dynamiquement et
attachée au pointeur **ptr2**.

La ligne 26,

        s.copy (ptr2, len, 0);

prend la fonction **copy** pour copier **s** dans le tableau pointé par **ptr2**. La conversion de la
string en chaîne de caractères de style C s'avère implicite. La ligne 27 place un caractère nul de
terminaison dans le tableau **ptr2**.

La première insertion de flux, à la ligne 32,

        << s.c_str()

affiche l'élément **const char *** terminé par un caractère nul renvoyé par **c_str** lorsque la
string s est convertie.

La ligne 23,

        ptr1 = s.data();

affecte le tableau de caractères de style C de type **const char *** non terminé par un caractère nul
renvoyé par **data** à **ptr1**. Notez que nous ne modifions pas la **string s** dans cet exemple. Si **s**
est modifiée, **ptr1** peut devenir non valide et provoquer des résultats imprévisibles.

Notez que le tableau de caractères renvoyé par **data** et que la chaîne de style C renvoyée par
c_str possèdent une durée de vie limitée et appartiennent à la classe **string**; ils ne devraient pas
être supprimés.

Les lignes 34 et 35 emploient de l'arithmétique de pointeurs pour produire la sortie du tableau
pointé par **ptr1**. Aux lignes 37 et 38, la chaîne de style C pointée par **ptr2** est affichée en sortie
et la mémoire allouée pour **ptr2** est supprimé pour éviter une fuite de mémoire.

Erreur de programmation courante 19.6

*Terminer le tableau de caractères renvoyé par **data** ou par **copy** sans caractère nul peut provoquer
des erreurs à l'exécution.*

Bonne pratique de programmation 19.1

*Utilisez des **string** plutôt que des chaînes de style C; elles sont plus robustes.*

Erreur de programmation courante 19.7

*Convertir une **string** contenant un ou plusieurs caractères nuls en une chaîne de style C peut causer
des erreurs de logique. Les caractères nuls sont interprétés comme des séparateurs pour les chaînes
de style C.*

19.11 Itérateurs

La classe **string** fournit des *itérateurs* pour des traversées avant et arrière de **string**. Les itérateurs permettent l'accès à des caractères individuels avec une syntaxe similaire aux opérations de pointeurs. Les itérateurs ne sont pas assujettis à la vérification de plage. Dans cette section, nous fournissons des «exemples mécaniques» pour démontrer l'emploi des itérateurs. Nous discuterons des utilisations plus robustes d'itérateurs au prochain chapitre. Le programme de la figure 19.10 fait une démonstration des itérateurs.

Les lignes 14 et 15

```
string s = "Test d'itérateurs";
string:: const_iterator  i1 = s. begin ();
```

déclarent la **string s** et l'élément **string::const_iterator**, appelé **i1**. Un **const_iterator** est un itérateur qui ne peut pas modifier le conteneur sur lequel il agit ; dans le cas présent la **string**. L'itérateur **i1** est initialisé au commencement de **s** grâce à la fonction de classe **string begin**. Il existe deux versions de **begin**: une retournant un itérateur s'employant avec une **string** non **const**, et une autre retournant un **const_iterator** qui s'utilise avec une **string const**. La **string s** est ensuite expédiée à la sortie.

```
1   // Figure 19.10: fig19_10.cpp
2   // Utilisation d'un itérateur pour produire la sortie d'une string.
3   #include <iostream>
4
5   using std::cout;
6   using std::endl;
7
8   #include <string>
9
10  using std::string;
11
12  int main()
13  {
14     string s( "Test d'itérateurs" );
15     string::const_iterator i1 = s.begin ();
16
17     cout << "s = " << s
18         << "\n(Utilisant l'itérateur i1) s est: ";
19
20     while ( i1 != s.end () ) {
21        cout << *i1; // déréférence l'itérateur pour prendre un caractère.
22        ++i1;        // avance l'itérateur au caractère suivant.
23     }
24
25     cout << endl;
26     return 0;
27  }
```

```
s = Test d'itérateurs
(Utilisant l'itérateur i1) s est: Test d'itérateurs
```

Figure 19.10   Utilisation d'un itérateur pour produire la sortie d'une **string**.

Les lignes 20 à 23,

```
while ( i1 != s.end () ) {
    cout << *i1;
    ++i1;
}
```

emploient l'itérateur **i1** pour «traverser» **s**. La fonction **end** retourne un itérateur à la première position suivant le dernier élément de **s**. Le contenu de chaque emplacement est affiché en déréférençant d'abord l'itérateur de la même façon qu'un pointeur et en l'avançant d'une position grâce à l'opérateur **++**.

La classe **string** offre les fonctions membres **rend** et **rbegin** pour accéder aux caractères individuels d'une **string** en commençant par la fin vers le début. Les fonctions membres **rend** et **rbegin** peuvent renvoyer des **reverse_iterator** et des **const_reverse_iterator** (selon le type non **const** ou **const de** la **string**). Le lecteur devra démontrer ces fonctions lors des exercices. Nous ferons davantage usage des itérateurs et des itérateurs inverses au chapitre 20.

Astuce de tests et de débogage 19.1

Utilisez la fonction membre **string** *appelée* **at** *plutôt que des itérateurs lorsque vous voulez profiter de la vérification de plage.*

19.12 Gestion de flux de chaînes

En plus des flux d'entrée-sortie standard et des flux d'entrée-sortie de fichiers, les flux d'entrée-sortie du C++ offrent des capacités pour entrer et sortir des **string** en mémoire. On appelle communément ces capacités *entrées-sorties en mémoire* ou *gestion de flux de chaînes*.

La classe **istringstream** supporte l'entrée d'une **string** alors que la classe **ostringstream** supporte la sortie vers une **string**. En réalité, les noms de classes **istringstream** et **ostringstream** représentent des alias. Ces noms sont définis avec les **typedef**

```
typedef basic_istringstream< char > istringstream;
typedef basic_ostringstream< char >ostringstream;
```

Les classes **basic_istringstream** et **basic_ostringstream** fournissent les mêmes qualités fonctionnelles que les classes **istream** et **ostream** en plus des autres fonctions membres spécifiques au formatage en mémoire. Les programmes utilisant le formatage direct en mémoire doivent inclure les fichiers d'en-tête **<sstream>** et **<iostream>**.

Une application de ces techniques est la validation de données. Un programme peut lire un ligne entière à la fois, du flux d'entrée vers une **string**. Une routine de validation peut ensuite scruter le contenu de la **string** et corriger (ou réparer) les données au besoin. Par la suite, le programme peut procéder à l'entrée de la **string**, sachant que les données d'entrée sont de format approprié.

La sortie vers une **string** est une manière pratique de profiter des puissantes capacités de formatage de sortie des flux du C++. Les données peuvent être préparées dans une **string** pour imiter le format édité de l'écran. Cette **string** peut être écrite sur un fichier de disque afin de préserver l'image à l'écran.

Un objet **ostringstream** emploie un objet **string** pour stocker les données sorties. La fonction membre **ostringstream** appelée **str** renvoie une référence **string** vers une copie de la **string**.

La figure 19.11 propose une démonstration d'un objet **ostringstream**. Le programme crée l'objet **ostringstream** appelé **stringSortie** (ligne 18) et utilise l'opérateur d'insertion de flux pour produire la sortie d'une série de **string** et de valeurs numériques vers l'objet.

```cpp
1   // Figure 19.11: fig19_11.cpp
2   // Utilisation d'un objet ostringstream alloué dynamiquement.
3   #include <iostream>
4
5   using std::cout;
6   using std::endl;
7
8   #include <string>
9
10  using std::string;
11
12  #include <sstream>
13
14  using std::ostringstream;
15
16  int main()
17  {
18      ostringstream stringSortie;
19      string s1( "Sortie de plusieurs types de données " ),
20             s2( "vers un objet ostringstream:" ),
21             s3( "\n         double: " ),
22             s4( "\n            int: " ),
23             s5( "\nadresse de l'int: " );
24  double d = 123.4567;
25      int i = 22;
26
27      stringSortie << s1 << s2 << s3 << d << s4 << i << s5 << &i;
28      cout << "stringSortie contient:\n" << stringSortie.str();
29
30      stringSortie << "\nautres caractères ajoutés";
31      cout << "\n\naprès des insertions de flux additionnelles,\n"
32           << "stringSortie contient:\n" << stringSortie.str()
33           << endl;
34
35      return 0;
36  }
```

```
stringSortie contient:
Sortie de plusieurs types de données vers un objet ostringstream:
        double: 123.457
           int: 22
adresse de l'int: 0068FD0C

après des insertions de flux additionnelles,
stringSortie contient:
Sortie de plusieurs types de données vers un objet ostringstream:
        double: 123.457
           int: 22
adresse de l'int: 0068FD0C
autres caractères ajoutés
```

Figure 19.11   Utilisation d'un objet **ostringstream** alloué dynamiquement.

La ligne 27,

```
stringSortie << s1 << s2 << s3 << d << s4 << i << s5 << &i;
```

produit la sortie de : **string s1**, **string s2**, **string s3**, **double d**, **string s4**, **int i**, **string s5** et l'adresse de **int i** en mémoire, vers **stringSortie**. La ligne 28,

```
cout << "stringSortie contient:\n" << stringSortie.str();
```

appelle **stringSortie.str()** pour sortir la **string** créée à la ligne 27. La ligne 30 démontre que plus de données peuvent être ajoutées à la **string** en mémoire par la simple émission d'une autre opération d'insertion de flux vers **stringSortie**. La ligne 32 produit la sortie de la **string** appelée **stringSortie**, après l'ajout de caractères additionnels.

Un objet **istringstream** entre des données d'une **string** en mémoire vers des variables de programme. Les données sont stockées dans un objet **istringstream** comme caractères. L'entrée d'un objet **istringstream** fonctionne généralement de façon identique à une entrée provenant d'un fichier ou particulièrement de l'entrée standard. La fin de la **string** est interprétée par l'objet **istringstream** comme étant la fin du fichier.

La figure 19.12 démontre l'entrée d'un objet **istringstream**. Les lignes 18 et 19,

```
string entree( "Test d'entrée 123 4.7 A" );
istringstream stringEntree( entree );
```

crée la **string** nommée **entree** contenant les données et l'objet **istringstream**, **stringEntree**, construit pour contenir les données dans la **string entree**. La **string entree** contient les données

```
Test d'entrée 123 4.7 A
```

qui, lorsque lues comme entrée vers le programme, sont deux **string** (**"Test"** et **"d'entrée"**), une valeur **int** (**123**), une valeur **double** (**4.7**) et une valeur **char** (**'A'**). À la ligne 25, ces données sont extraites et déposées respectivement dans les variables **string1**, **string2**, **i**, **d** et **c**.

```
stringEntree >> string1 >> string2 >> i >> d >> c;
```

Les données sont ensuite sorties aux lignes 27 à 33. Le programme tente de lire de nouveau à partir de **stringEntree** avec l'instruction **if/else** de la ligne 38. Puisqu'il ne reste aucune donnée, la condition **if** (de la ligne 40) est évaluée comme **false** et la partie **else** de la structure **if/else** est exécutée.

```
1   // Figure 19.12: fig19_12.cpp
2   // Démonstration d'entrée d'un objet istringstream.
3   #include <iostream>
4
5   using std::cout;
6   using std::endl;
7
8   #include <string>
9
10  using std::string;
11
12  #include <sstream>
13
14  using std::istringstream;
15
16  int main()
17  {
18     string entree( "Test d'entrée 123 4.7 A" );
19     istringstream stringEntree( entree );
20    string string1, string2;
21     int i;
22     double d;
23     char c;
24
25     stringEntree >> string1 >> string2 >> i >> d >> c;
26
27     cout << "Les entrées suivantes ont été extraites\n"
28         << "de l'objet istringstream:"
29         << "\nstring: " << string1
30         << "\nstring: " << string2
31         << "\n   int: " << i
32         << "\ndouble: " << d
33         << "\n  char: " << c;
34
35     // Tentative de lecture d'un flux vide.
36     long x;
37
38     stringEntree >> x;
39
40     if ( stringEntree.good() )
41        cout << "\n\nla valeur long est: " << x << endl;
42     else
43        cout << "\n\nstringEntree est vide" << endl;
44
45     return 0;
46  }
```

```
Les entrées suivantes ont été extraites
de l'objet istringstream:
String: Test
String: d'entrée
   int: 123
double: 4.7
  char: A
stringEntree est vide
```

Figure 19.12   Démonstration d'entrée d'un objet **istringstream**.

RÉSUMÉ

- La classe de modèles C++ **basic_string** fournit des opérations de manipulation de chaînes, comme la copie, la recherche, etc.

- L'instruction **typedef**

      typedef basic_string< char > string;

  crée le type **string** pour **basic_string< char >**. Un **typedef** est également fourni pour le type **wchar_t**. Le type **wchar_t** stocke des caractères de deux octets (16 bits) comme ressource pour les langues étrangères. La taille de **wchar_t** n'est pas fixée par le standard.

- L'emploi de **string** inclut le fichier d'en-tête **<string>** de la bibliothèque standard C++.

- La classe **string** n'offre aucune conversion d'un type **int** ou **char** en **string** dans une définition de **string**.

- Il est permis d'affecter un seul caractère à un objet **string** dans une instruction d'affectation.

- Les **string** ne se terminent pas nécessairement par un caractère nul.

- La longueur d'une **string** est stockée dans l'objet **string** et peut être recouvrée avec la longueur (**length** ou **size**) de la fonction membre.

- La plupart des fonctions membres d'une **string** prennent comme arguments un emplacement d'indice de départ et le nombre de caractères pour l'opération.

- Passer une quantité de caractères à traiter plus élevée que la longueur de la **string** vers la fonction membre **string** provoque un ajustement de cette quantité d'une valeur égale à la longueur de la quantité restante dans la **string**.

- La classe **string** offre l'opérateur surchargé **operator=** et la fonction membre **assign** pour les affectations de **string**.

- L'opérateur d'indice **[ ]** fournit un accès direct aux caractères individuels d'une **string**.

- La fonction **at** fournit un accès vérifié (ou vérification de plage); en d'autres termes, le fait de dépasser les limites de la **string** lance une exception **out_of_range** (hors de portée). L'opérateur d'indice **[ ]** n'offre pas l'accès vérifié.

- La classe **string** offre les opérateurs surchargés **+** et **+=** et la fonction membre **append** afin d'effectuer la concaténation de **string**.

- La classe **string** offre les opérateurs surchargés **==, !=, <, >, <=** et **>=** pour la comparaison de **string**.

- La fonction **string** appelée **compare** compare deux **string** (ou deux sous-chaînes) et renvoie **0** si les **string** sont équivalentes, un nombre positif si la première **string** est lexicographiquement supérieure à la seconde, ou un nombre négatif si la première **string** est lexicographiquement inférieure à la seconde **string**.

- La fonction **substr** extrait une sous-chaîne à partir d'une **string**.

- La fonction **swap** permute les contenus de deux **string**.

- Les fonctions **size** et **length** renvoient la taille ou la longueur d'une **string**, c'est-à-dire le nombre de caractères couramment stockés dans la **string**.

- La fonction **capacity** renvoie le nombre total d'éléments pouvant être stockés dans la **string** sans augmenter l'espace mémoire de celle-ci.

- La fonction **max_size** renvoie la taille de la plus grande **string** pouvant être stockée dans un objet **string**.

- La fonction **resize** augmente la longueur d'une **string**.

- La classe **string** fournit les fonctions de recherche **find**, **rfind**, **find_first_of**, **find_last_of**, **find_first_not_of** et **find_last_not_of** pour trouver des chaînes ou des caractères dans une **string**.

- La valeur **string::npos** est souvent utilisée pour indiquer tous les éléments d'une **string** dans des fonctions nécessitant le traitement d'une quantité de caractères.

- La fonction **erase** efface des éléments dans une **string**.

- La fonction **replace** remplace des caractères dans une **string**.

- La fonction **insert** insère des caractères dans une **string**.

- La fonction **c_str** renvoie un élément de type **const char *** pointant vers une chaîne de caractères de style C terminée par un caractère nul, qui contient tous les caractères d'une **string**.

- La fonction **data** renvoie un élément de type **const char *** pointant vers un tableau de caractères de style C non terminé par un caractère nul, qui contient tous les caractères d'une **string**.

- La classe **string** fournit les fonctions membres **end** et **begin** pour accéder aux caractères individuels d'une **string**.

- La classe **string** fournit les fonctions membres **rend** et **rbegin** pour accéder aux caractères individuels d'une **string**, en commençant par la fin de la **string** vers le début.

- L'entrée d'une **string** est supportée par le type **istringstream**. La sortie d'une **string** est supportée par le type **ostringstream**.

- Les programmes utilisant le formatage direct en mémoire doivent inclure les fichiers d'en-tête **<sstream>** et **<iostream>**.

- La fonction membre **str** de **ostringstream** renvoie une référence vers une **string** copie d'une **string**.

TERMINOLOGIE

accès vérifié	fonction **find_last_not_of**
capacité	fonction **find_last_of**
caractères larges	fonction **getline**
classe **istringstream**	fonction **insert**
classe **ostringstream**	fonction **length**
classe **string**	fonction **max_size**
const_iterator	fonction membre de flux de chaîne **str**
const_reverse_iterator	fonction **rbegin**
entrées-sorties en mémoire	fonction **rend**
exception **length_error** (erreur de longueur)	fonction **replace**
exception **out_of_range** (hors de portée)	fonction **resize**
exception **range_error** (erreur de plage)	fonction **size**
fichier d'en-tête **<sstream>**	fonction **substr**
fichier d'en-tête **<string>**	fonction **swap**
fonction **at**	fonctions de *recherche*
fonction **c_str**	instruction **typedef basic_string<char>**
fonction **capacity**	itérateur
fonction **compare**	longueur d'une **string**
fonction **copy**	**namespace std**
fonction d'accès	opérateur d'indice **[ ]**
fonction de recherche	opérateurs: **+, +=, <<, >>, [ ]**
fonction **data**	opérateurs d'égalité: **==, !=**
fonction **empty**	opérateurs relationnels: **>, <, >=, <=**
fonction **erase**	**reverse_iterator**
fonction **find**	**string** vide
fonction **find_first_not_of**	taille maximale d'une **string**
fonction **find_first_of**	type **wchar_t**

ERREURS DE PROGRAMMATION COURANTES

19.1 Convertir un **int** ou un **char** en une **string** en utilisant une affectation dans une déclaration ou un argument de constructeur constitue une erreur de syntaxe.

19.2 La construction d'une **string** trop longue pour être représentée lance une exception **length_error** (erreur de longueur).

19.3 Accéder à un indice de **string** en dehors de ces limites en utilisant la fonction **at** lance une exception **out_of_range** (hors de portée).

19.4 Accéder à un élément en dehors de la taille d'une **string** en utilisant l'opérateur d'indice est une erreur de logique.

19.5 Terminer une chaîne sans guillemet est une erreur de syntaxe.

19.6 Terminer le tableau de caractères renvoyé par **data** ou par **copy** sans caractère nul peut provoquer des erreurs à l'exécution.

19.7 Convertir une **string** contenant un ou plusieurs caractères nuls en une chaîne de style C peut causer des erreurs de logique. Les caractères nuls sont interprétés comme des séparateurs pour les chaînes de style C.

BONNE PRATIQUE DE PROGRAMMATION

19.1 Utilisez des **string** plutôt que des chaînes de style C; elles sont plus robustes.

ASTUCE SUR LA PERFORMANCE

19.1 Les opérations d'insertion peuvent ajouter des opérations de gestion de mémoire additionnelles qui diminuent la performance.

ASTUCE DE TESTS ET DE DÉBOGAGE

19.1 Utilisez la fonction membre **string** appelée **at** plutôt que des itérateurs lorsque vous voulez profiter de la vérification de plage.

EXERCICES DE RÉVISION

19.1 Complétez chacune des propositions suivantes:
a) Le fichier d'en-tête _____ doit être inclus pour la classe **string**.
b) La classe **string** appartient au *namespace* _____.
c) La fonction _____ efface des caractères d'une **string**.
d) La fonction _____ trouve la première occurrence d'un caractère à partir d'une série de caractères.

19.2 Indiquez si les énoncés suivants sont vrais ou faux. Si l'énoncé est faux, expliquez pourquoi.
a) La concaténation peut s'effectuer avec l'opérateur d'addition **+=**.
b) Les caractères d'une **string** commencent à l'élément 0.
c) L'opérateur d'affectation **=** copie une **string**.
d) Une chaîne de style C est une **string**.

19.3 Trouvez l'erreur (ou les erreurs) dans chacune des instructions suivantes et expliquez comment la (les) corriger.
```
a) string sv( 28 );  // construit sv
   string bc( 'z' ); // construit bc
b) // en présumant que le namespace std est connu:
   const char *ptr = nom.data();  // le nom est "joe bob"
   ptr[ 3 ] = '-';
   cout << ptr << endl;
```

RÉPONSES AUX EXERCICES DE RÉVISION

19.1 a) **string** b) **std** c) **erase** d) **find_first_of**

19.2 a) Vrai.
b) Vrai.
c) Vrai.
d) Faux. Une **string** représente un objet fournissant nombre de services différents. Une chaîne de style C ne fournit aucun service. Les chaînes de style C, contrairement aux **string**, se terminent par un caractère nul.

19.3 a) Les constructeurs n'existent pas pour les arguments passés. Il vaut mieux utiliser d'autres constructeurs valides ou convertir les arguments en **string** au besoin.
b) La fonction **data** n'ajoute pas de caractère nul de terminaison. Utilisez plutôt **c_str**.

EXERCICES

19.4 Inscrivez les mots manquants dans chacune des phrases suivantes :
a) Les fonctions ____, ____ et ____ convertissent des **string** en chaînes de style C.
b) La fonction ____ est employée pour l'affectation.
c) ____ représente le type de renvoi pour la fonction **rbegin**.
d) La fonction ____ est utilisée pour extraire une sous-chaîne.

19.5 Dites si les énoncés suivants sont vrais ou faux. Si l'énoncé est faux, expliquez pourquoi.
a) Les **string** se terminent par un caractère nul.
b) La fonction **max_size** renvoie la taille maximale d'une **string**.
c) La fonction **at** peut lancer une exception **out_of_range** (hors de portée).
d) La fonction **begin** renvoie un itérateur.
e) Par défaut, les **string** sont passées par référence.

19.6 Trouvez l'erreur (ou les erreurs) dans chacune des instructions suivantes et expliquez comment la (les) corriger.

```
a)   std::cout << s.data()<< std::endl;// s est "allô"
b)   erase ( s.rfind ( "x" ), 1 );// s est "xénon"
c)   string& foo( void )
     {
        string s( "Allô" );
        ...    // autres instructions de la fonction
        return;
     }
```

19.7 (*Cryptage simple*) Il est possible de crypter de l'information sur Internet à l'aide d'un algorithme simple appelé «rot13», qui pivote chaque caractère de 13 positions dans l'alphabet. Ainsi, le **'a'** correspond au **'n'**, le **'x'** correspond au **'k'**. L'algorithme rot13 est un exemple de *cryptage par clé*. Avec ce type de cryptage symétrique, l'encrypteur et le décrypteur utilisent la même clé.
a) Écrivez un programme qui crypte un message à l'aide de l'algorithme rot13.
b) Écrivez un programme qui décrypte le message brouillé en utilisant 13 comme clé.
c) Après avoir écrit les programmes des parties a) et b), répondez brièvement à la question suivante. Si vous ne connaissiez pas la clé pour la partie b), quel niveau de difficulté auriez-vous eu à surmonter pour décoder le message à l'aide de ressources externes? Croyez-vous que le décodage serait possible si vous aviez accès à des ressources informatiques substantielles (comme un superordinateur *Cray*)? Vous écrirez un programme accomplissant cette tâche à l'exercice 19.27.

19.8 Écrivez un programme en utilisant des itérateurs pour faire la démonstration des fonctions **rbegin** et **rend**.

19.9 Écrivez vos propres versions des fonctions **data** et **c_str**.

19.10 Écrivez un programme pouvant lire plusieurs **string** et n'affichant que celles se terminant avec « **r** » ou avec « **on** ». Seules les lettres minuscules doivent être considérées.

19.11 Écrivez un programme démontrant le passage d'une **string** à la fois par référence et par valeur.

19.12 Écrivez un programme qui entre séparément un prénom et un nom de famille et qui effectue la concaténation des deux en une nouvelle **string**.

19.13 Écrivez un programme jouant au jeu du Pendu. Le programme doit choisir un mot (codé directement dans le programme ou lu à partir d'un fichier texte) et afficher la ligne suivante :

> **Devinez le mot: XXXXXX**

Chaque **X** représente une lettre. Si le joueur devine le mot correctement, le programme doit afficher :

> **Félicitations!!! Vous avez deviné mon mot.**
> **Jouez-vous une autre partie? oui/non**

Une réponse appropriée (oui ou non) doit alors être entrée. Si le joueur ne devine pas le mot correctement, affichez la partie du corps appropriée.

Après sept tentatives ratées pour deviner le mot, le joueur doit être pendu. L'affichage doit ressembler à :

Affichez, après chaque tentative pour deviner le mot, toutes les tentatives effectuées jusqu'alors.

19.14 Écrivez un programme qui entre une **string** et affiche cette **string** en commençant par la fin. Convertissez tous les caractères majuscules en minuscules et tous les caractères minuscules en majuscules.

19.15 Écrivez un programme utilisant les capacités de comparaison introduites dans ce chapitre pour mettre une série de noms d'animaux en ordre alphabétique. Seules les lettres majuscules doivent être employées pour les comparaisons.

19.16 Écrivez un programme créant un cryptogramme à partir d'une **string**. Un cryptogramme est un message ou un mot dans lequel chaque lettre est remplacée avec une autre. Par exemple, la **string**

> **Le chien se nommait toutou**

peut être brouillée pour former

> **zo varow xo weffirs sensen**

Notez que les espaces ne sont pas brouillés. Dans le cas présent, le **'L'** est remplacé par un **'z'**, chaque **'o'** est remplacé par un **'e'**, etc. Les lettres majuscules et minuscules doivent être traitées de la même façon. Employez des techniques similaires à celles de l'exercice 19.7.

19.17 Modifiez l'exercice précédent pour permettre à l'utilisateur de résoudre le cryptogramme en entrant deux caractères. Le premier caractère spécifie la lettre du cryptogramme alors que le second spécifie le choix de l'utilisateur pour deviner. Par exemple, si l'utilisateur entre **r g**, l'utilisateur insinue que la lettre **r** est en réalité un **g**.

19.18 Écrivez un programme qui entre une phrase et qui compte le nombre de palindromes dans la phrase. Un palindrome est un mot pouvant être lu dans les deux sens. Par exemple, **"arbre"** n'est pas un palindrome, contrairement à **"elle"**.

19.19 Écrivez un programme qui compte le nombre total de voyelles comprises dans une phrase. Affichez la fréquence d'occurrence de chaque voyelle.

19.20 Écrivez un programme insérant les caractères `"******"` en plein milieu d'une **string**.

19.21 Écrivez un programme effaçant les séquences `"on"` et `"ON"` dans une **string**.

19.22 Écrivez un programme qui entre une ligne de texte, qui remplace tous les signes de ponctuation avec des espaces et qui utilise ensuite la fonction **strtok** de la bibliothèque de C pour couper la **string** en ses mots individuels.

19.23 Écrivez un programme qui entre une ligne de texte et qui l'affiche en commençant par la fin. Utilisez des itérateurs pour votre solution.

19.24 Écrivez une version récursive de l'exercice 19.23.

19.25 Écrivez un programme pour faire la démonstration de la fonction **erase** prenant des arguments d'itérateurs.

19.26 Écrivez un programme qui, à partir de la **string** `"abcdefghijklmnopqrstuvwxyz{"`, pourra générer l'affichage suivant :

```
              a
             bcb
            cdedc
           defgfed
          efghihgfe
         fghijkjihgf
        ghijklmlkjihg
       hijklmnonmlkjih
      ijklmnopqponmlkji
     jklmnopqrsrqponmlkj
    klmnopqrstutsrqponmlk
   lmnopqrstuvwvutsrqponml
  mnopqrstuvwxyxwvutsrqponm
 nopqrstuvwxyz{zyxwvutsrqpon
```

19.27 Nous vous avons demandé à l'exercice 19.7 d'écrire un algorithme de cryptage simple. Écrivez un programme qui tentera de décrypter un message «rot13» grâce à une substitution à fréquence simple (présumez que vous ne connaissez pas la clé). Les lettres les plus fréquemment employées dans la phrase cryptée doivent être substituées avec les lettres les plus courantes de la langue française (a, e, i, o, u, n, t, r, etc.). Écrivez les possibilités dans un fichier. Quel élément facilite le décodage du code? Comment peut-on améliorer le mécanisme de cryptage?

19.28 Écrivez une version de la routine de tri à bulle pour trier des **string**. Utilisez la fonction **swap** pour votre solution.

20

La bibliothèque de
modèles standard (STL)

Objectifs

- Utiliser les conteneurs modélisés
  de la STL, les adaptateurs de conteneur
  et les « conteneurs proches ».

- Programmer à l'aide des dizaines d'algorithmes
  de la STL.

- Comprendre comment les algorithmes utilisent
  les itérateurs pour accéder aux éléments
  des conteneurs de la STL.

- Se familiariser avec les ressources de la STL
  disponibles sur Internet et le World Wide Web.

Aperçu

Résumé • Terminologie • Erreurs de programmation courantes • Bonnes pratiques de programmation • Astuces sur la performance • Astuces sur la portabilité • Observations de génie logiciel • Astuces de tests et de débogage • Exercices de révision • Réponses aux exercices de révision • Exercices • Ressources STL sur l'Internet et le World Wide Web • Bibliographie de la STL

20.1 Introduction à la bibliothèque de modèles standard (STL)

La facilité de maintenance et de compréhension mise à part, la grande promesse de l'orientation objets est de réutiliser, réutiliser, réutiliser. La norme du C++ intègre une bibliothèque standard de nombreux composants réutilisables. Ce chapitre introduit la *bibliothèque de modèles standard (STL, Standard Template Library)*. Il couvre les trois composants clés de la STL: les conteneurs (structures de données modélisées populaires, en anglais *container*), les *itérateurs* (*iterator* en anglais) et les *algorithmes*.

La STL a été développée par Alexander Stepanov et Meng Lee de chez Hewlett-Packard. Elle est basée sur leurs recherches dans le domaine de la programmation générique et a été étayée de contributions significatives de la part de David Musser. La STL est perçue pour une exploitation à grande échelle, maintenant qu'elle a été acceptée comme faisant partie intégrante de la norme du C++.

La STL est vaste. Notre pari est de la présenter dans le but que le lecteur soit capable d'utiliser efficacement la STL, après avoir lu ce chapitre. Nous présentons ici de long en large les possibilités de la STL en une trentaine de programmes d'exemples tirés de la vie réelle. Ainsi, le lecteur pourra voir la STL en pleine action.

Le chapitre 15 a présenté une introduction aux structures de données. Les structures de données sont, par nature, des conteneurs (des agrégats) de données. Dans le monde de l'orientation objet, les structures de données sont des objets qui contiennent des objets. La classe **Tableau** (de l'anglais *array*) que nous avons développée au chapitre 8 contient des objets du type de donnée primitif **int**. Après avoir étudié le chapitre 12, « Modèles », nous pouvons modéliser la classe **Tableau** en un **Tableau< T >** à partir duquel il est possible d'instancier une variété quasi infinie de classes **Tableau**, telles que **Tableau< int >**, **Tableau< char >**, **Tableau< double >** ou même des tableaux d'objets de classes plus élaborées telles que **Tableau< Employe >**, **Tableau< ExtraTerrestre >**, **Tableau< ArticleInventaire >** et ainsi de suite.

Si nous avions utilisé des termes francisés pour dénommer les classes, structures de données, objets et fonctions dans les chapitres précédents, nous sommes à présent obligés de nuancer cette présentation. En effet, comme la bibliothèque de modèles standard est un ensemble de modèles écrits exclusivement en anglais, nous serons désormais obligés d'utiliser les termes anglais. Pour votre facilité, nous mettrons, au gré des possibilités, soit entre parenthèses, soit dans le texte même, la traduction française des dénominations des classes et objets de la STL, du moins lors de la première rencontre de ces termes. Nous placerons, lorsque cela sera possible et nécessaire, le terme anglais correspondant en italiques. Nous ne pouvons que vous encourager à assimiler des termes tels que **Array** pour désigner une classe **Tableau**, et ainsi de suite.

Qu'en est-il des autres structures de données populaires telles que les listes, les piles (*stack* en anglais), les queues, les queues de priorité et autres? Si vous deviez développer votre propre version de chacune d'elles, vous n'auriez aucune garantie que les programmes écrits sur la base de ces modèles puissent interagir avec les programmes développés par d'autres programmeurs, ceux-ci ayant implanté leurs propres versions de ces structures de données populaires. Ainsi, la motivation est grande de développer une bibliothèque normalisée de conteneurs d'objets modélisés. Or c'est précisément ce qui a été réalisé dans la bibliothèque de modèles standard. L'utilisation de la STL peut épargner temps et efforts et conduire à des programmes de très grande qualité, tirant tout le bénéfice du « monde de la réutilisation ».

Astuce sur la performance 20.1

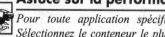

Pour toute application spécifique, plusieurs conteneurs différents de la STL sont adéquats. Sélectionnez le conteneur le plus approprié qui atteint les meilleures performances (c'est-à-dire le compromis entre vitesse et taille) pour cette application. L'efficacité a été une des considérations cruciales de la conception de la STL.

Astuce sur la performance 20.2

Les possibilités de la bibliothèque standard sont mises en place en vue d'un fonctionnement efficace parmi une grande variété d'applications. Pour certaines applications, où les exigences en matière de performances sont très grandes, il peut cependant être nécessaire d'écrire vos propres implantations.

Observation de génie logiciel 20.1

L'approche de la STL autorise l'écriture de programmes généraux de façon à ce que le code ne dépende pas du conteneur sous-jacent. Ce style de programmation est désigné sous le vocable de «programmation générique».

Dans les années 1970, les composants utilisés étaient des structures de contrôle et des fonctions. Les années 1980 ont vu l'émergence de classes en provenance, au premier abord, d'une série de bibliothèques de classes dépendantes de la plate-forme. La fin des années 1990 a vu naître, par l'entremise de la bibliothèque de modèles standard, un nouveau niveau de composants, notamment avec des *bibliothèques de classes indépendantes de la plate-forme*. On peut prévoir une explosion exponentielle du nombre de ces classes qui deviendront disponibles dans la prochaine décennie.

La STL est une partie essentielle de la norme du C++, de sorte que la STL sera implantée par tous les principaux éditeurs de compilateurs C++. Il est certain qu'elle sera utilisée à grande échelle.

En C et en «C++ brut», on accède aux éléments d'un tableau à l'aide de pointeurs. En C++ STL, on accède aux éléments des conteneurs via des objets itérateurs qui, comme nous le verrons, ressemblent à des pointeurs mais qui se comportent de manière plus «intelligente». Les classes d'itérateurs sont conçues pour être utilisées de façon générique sur n'importe quel conteneur.

Les conteneurs encapsulent quelques opérations primitives mais les algorithmes de la STL sont mis en place de manière indépendante des conteneurs.

La STL évince **new** et **delete** en faveur d'*allocateurs*qui prennent en charge l'allocation de mémoire et la libération (désallocation). Le programmeur peut fournir des allocateurs pour adapter la manière dont un conteneur gère le stockage, mais les allocateurs par défaut proposés par la STL sont suffisants pour la majorité des applications. Les allocateurs sur mesure constituent une notion avancée qui dépasse la portée de ce manuel.

Ce chapitre a pour ambition d'introduire la STL. Il n'est ni complet ni exhaustif; par contre il se veut convivial, accessible. Il devrait vous convaincre de la valeur potentielle de la STL et vous encourager à une étude plus approfondie. Nous utilisons ici la même approche basée sur du code réel, que nous avons adoptée tout au long de ce livre. Ce chapitre est sans doute l'un des plus importants du livre lorsqu'il s'agit de vous aider à appréhender la notion «réutiliser, réutiliser, réutiliser». Les conteneurs de la STL incluent les structures de données les plus utilisées et les plus précieuses. Elles sont toutes modélisées, de sorte que vous pouvez les tailler à la demande, de manière à contenir le type des données relatif à vos applications spécifiques.

Au chapitre 15, nous avons étudié les structures de données. Nous y avons construit des listes chaînées (*linked list* en anglais), des queues, des piles et des arbres (*tree*). Nous avons prudemment tissé des liens entre les objets et les pointeurs. Le code basé sur les pointeurs est complexe et la moindre omission ou inadvertance peut entraîner de graves violations d'accès et des erreurs de fuite de mémoire, et ceci sans aucune plainte de la part du compilateur. La mise en place complète de structures de données supplémentaires telles que les deques, les queues, les queues de priorité, les sets, les maps et autres, demanderait un travail supplémentaire non négligeable.

Observation de génie logiciel 20.2

Évitez de réinventer la roue: programmez avec les composants réutilisables de la bibliothèque standard du C++. La STL comporte nombre des structures de données des plus populaires, telles que les conteneurs, et propose divers programmes d'algorithmes des plus connus, employés pour le traitement des données dans ces conteneurs.

Astuce de tests et de débogage 20.1

Lors de la programmation de structures de données et d'algorithmes basés sur les pointeurs, vous devez effectuer vos propres débogages et tests pour être certain que les structures de données, les classes et les algorithmes fonctionnent proprement. Il est facile de commettre des erreurs lors de la manipulation de pointeurs à un niveau aussi bas. Les fuites de mémoire et les violations d'accès à la mémoire sont

habituels dans un tel code adapté. Pour la plupart des programmeurs et la majorité des applications qu'ils ont besoin d'écrire, les structures de données préemballées et modélisées de la STL sont suffisantes. L'emploi du code de la STL peut épargner une grande part du temps nécessaire aux tests et au débogage. La seule réserve est que, pour de grands projets, le temps de compilation peut être assez immmportant.

Chaque conteneur de la STL a ses fonctions membres associées. Certaines fonctionnalités s'appliquent à tous les conteneurs de la STL, tandis que d'autres sont particulières à des conteneurs déterminés. Nous allons illustrer la majorité des fonctionnalités les plus communes avec les modèles de classes **vector** (vecteur), **list** et **deque**. Nous introduirons les fonctionnalités spécifiques à certains conteneurs pour chacun des autres conteneurs de la STL.

Nous avons effectué une recherche exhaustive des ressources de l'Internet et du World Wide Web et nous les répertorions à la fin de ce chapitre. Nous vous proposons également une bibliographie étendue des articles portant sur la STL.

20.1.1 Introduction aux conteneurs

Les types de conteneurs de la STL sont repris à la figure 20.1. Ces conteneurs sont répartis en trois catégories majeures: les *conteneurs de séquence*, les *conteneurs associatifs* et les *adaptateurs de conteneur*. Les conteneurs de séquence sont parfois désignés sous le terme *conteneurs séquentiels*; nous allons normalement utiliser le terme conteneurs de séquence. Les conteneurs de séquence et les conteneurs associatifs sont désignés collectivement sous le vocable *conteneurs de première classe*. On dénombre quatre autre types de conteneurs, considérés comme des «conteneurs proches» (*near containers*): les tableaux comme en C (étudiés au chapitre 4), la **string** (chaîne de caractères, introduite au chapitre 19), le **bitset** (jeu de bits) permettant de conserver et d'entretenir des jeux de valeurs sous forme de drapeaux **1/0**, et le **valarray** qui permet de réaliser des opérations mathématiques très rapides de vecteur (cette classe est optimisée pour les performances de calcul et n'est pas aussi flexible que les conteneurs de première classe). Ces quatre types sont considérés comme des «conteneurs proches» parce qu'ils offrent des possibilités similaires à celles des conteneurs de première classe, mais ne permettent pas toutes les possibilités des conteneurs de première classe.

Classes de conteneur de la bibliothèque standard	Description
Conteneurs de séquence	
vector	Permet des insertions et suppressions rapides à l'arrière, accès direct à n'importe quel élément.
deque	Permet des insertions et suppressions rapides à l'avant ou à l'arrière, accès direct à n'importe quel élément.
list	Liste doublement chaînée, insertions et suppressions rapides n'importe où.
Conteneurs associatifs	
set	Recherche rapide, aucun doublon autorisé.
multiset	Recherche rapide, doublons autorisés.
map	Association de un à un, recherche rapide, aucun doublon autorisé, recherche rapide par clé.
multimap	Association de un à plusieurs, doublons autorisés, recherche rapide par clé.
Adaptateurs de conteneur	
stack	Dernier entré, premier sorti (LIFO, *Last-In, First-Out*)
queue	Premier entré, premier sorti (FIFO, *First-In, First-Out*)
priority_queue	L'élément de priorité la plus grande y est toujours le premier élément sorti.

Figure 20.1   Classes de conteneurs de la bibliothèque standard.

La STL a été conçue avec beaucoup soin, de façon que les conteneurs puissent fournir des fonctionnalités similaires. De nombreuses opérations génériques s'appliquent à tous les conteneurs, telle la fonction **size** (taille), tandis que d'autres s'appliquent à des sous-ensembles de conteneurs semblables. Ceci favorise l'extensibilité de la STL par la voie de nouvelles classes. Les fonctions communes à tous les conteneurs de la bibliothèque standard sont décrites à la figure 20.2. Remarque: les fonctions d'opérateurs surchargées **operator<**, **operator<=**, **operator>**, **operator>=**, **operator==** et **operator!=** ne sont pas fournies pour les **priority_queue**.

Fonctions membres communes à tous les conteneurs de la STL	Description
constructeur par défaut	Un constructeur qui fournit une initialisation par défaut du conteneur. Normalement, chaque conteneur dispose de plusieurs constructeurs qui fournissent diverses méthodes d'initialisation du conteneur.
constructeur de copie	Un constructeur qui initialise le conteneur comme une copie d'un conteneur existant du même type.
destructeur	Fonction de destructeur qui effectue le nettoyage après qu'un conteneur ne soit plus nécessaire.
empty	Retourne **true** s'il n'y a pas d'élément dans le conteneur; sinon, retourne **false**.
max_size	Retourne le nombre maximum d'éléments d'un conteneur.
size	Retourne le nombre actuel d'éléments dans le conteneur.
operator=	Affecte un conteneur à un autre.
operator<	Retourne **true** si le premier conteneur est plus petit que le deuxième conteneur; retourne **false** sinon.
operator<=	Retourne **true** si le premier conteneur est plus petit ou égal au deuxième conteneur; retourne **false** sinon.
operator>	Retourne **true** si le premier conteneur est plus grand que le deuxième conteneur; retourne **false** sinon.
operator>=	Retourne **true** si le premier conteneur est plus grand ou égal au deuxième conteneur; retourne **false** sinon.
operator==	Retourne **true** si le premier conteneur est égal au deuxième conteneur; retourne **false** sinon.
operator!=	Retourne **true** si le premier conteneur n'est pas égal au deuxième conteneur; retourne **false** sinon.
swap	Effectue l'échange des éléments de deux conteneurs.

Les fonctions disponibles seulement dans les conteneurs de première classe

begin	Les deux versions de cette fonction retournent soit un **iterator**, soit un **const_iterator**, qui fait référence au premier élément du conteneur.

Figure 20.2   Fonctions communes à tous les conteneurs de la STL. (1 de 2)

Fonctions membres communes à tous les conteneurs de la STL	Description
end	Les deux versions de cette fonction retournent soit un **interator**, soit un **const_iterator** qui fait référence à la position suivante après la fin du conteneur.
rbegin	Les deux versions de cette fonction retournent soit un **reverse_iterator**, soit un **const_reverse_iterator** qui fait référence au dernier élément du conteneur.
rend	Les deux versions de cette fonction retournent soit un **reverse_iterator**, soit un **const_reverse_iterator** qui fait référence à la position avant le premier élément du conteneur.
erase	Efface un ou plusieurs éléments du conteneur.
clear	Efface tous les éléments du conteneur.

Figure 20.2   Fonctions communes à tous les conteneurs de la STL. (2 de 2)

Les fichiers d'en-tête pour chacun des conteneurs de la bibliothèque standard sont repris à la figure 20.3. Le contenu de ces fichiers d'en-tête est totalement intégré à l'espace de noms **std** (**namespace std**). Remarque: certains compilateurs C++ ne sont pas compatibles avec les fichiers d'en-tête du nouveau style. Nombre de ces compilateurs fournissent leur propre version des noms des fichiers d'en-tête. Voyez la documentation de votre compilateur pour de plus amples informations à propos de sa compatibilité avec la STL.

Fichiers d'en-tête des conteneurs de la bibliothèque standard	
<vector>	
<list>	
<deque>	
<queue>	contient tant les **queue** que les **priority_queue**.
<stack>	
<map>	contient à la fois les **map** et les **multimap**.
<set>	contient à la fois les **set** et les **multiset**.
<bitset>	

Figure 20.3   Fichiers d'en-tête des conteneurs de la bibliothèque standard.

La figure 20.4 montre les définitions de type (**typedef**, pour créer des synonymes ou alias de types existants) que l'on trouve habituellement dans les conteneurs de première classe. Ces définitions de type sont utilisées dans les déclarations de variables génériques, les paramètres des fonctions et les valeurs de retour des fonctions. Par exemple, **value_type** dans chaque conteneur est toujours un **typedef** qui représente le type de valeur stockée dans le conteneur.

typedef	Description
value_type	Le type d'élément stocké dans le conteneur.
reference	Une référence au type d'élément stocké dans le conteneur.
const_reference	Une référence constante au type d'élément stocké dans le conteneur. Une telle référence ne peut être employée que pour *lire* les éléments du conteneur et pour effectuer des opérations **const**.
pointer	Un pointeur vers le type d'élément stocké dans le conteneur.
iterator	Un itérateur qui pointe vers le type d'élément stocké dans le conteneur.
const_iterator	Un itérateur constant qui pointe vers le type d'élément stocké dans le conteneur et qui ne peut être employé que pour *lire* les éléments.
reverse_iterator	Un itérateur inverse qui pointe vers le type d'élément stocké dans le conteneur. Ce type d'itérateur est d'usage pour le parcours (itération) à rebours d'un conteneur.
const_reverse_iterator	Un itérateur inverse constant vers le type d'élément stocké dans le conteneur et qui ne peut être utilisé que pour *lire* les éléments. Ce type d'itérateur est d'usage pour le parcours (itération) à rebours d'un conteneur.
difference_type	Le type du résultat de la soustraction de deux itérateurs qui font référence au même conteneur (l'**operator-** n'est pas défini pour les itérateurs de **list** et de conteneurs associatifs).
size_type	Le type utilisé pour compter les éléments d'un conteneur et indexer un conteneur de séquence (il ne peut pas indexer le contenu d'une **list**).

Figure 20.4   Les **typedef** communs, disponibles dans les conteneurs de première classe.

Astuce sur la performance 20.3

La STL évite généralement l'héritage et les fonctions virtuelles pour leur préférer la programmation générique alliée aux modèles afin de mieux performer à l'exécution.

Astuce sur la portabilité 20.1

La STL est appelée à devenir le moyen favori de programmer des conteneurs. La programmation par l'entremise de la STL améliore donc la portabilité de votre code.

Astuce sur la performance 20.4

Connaissez les composants de votre STL. Le simple choix du conteneur le plus approprié à un problème déterminé peut garantir les performances optimales et réduire au minimum les besoins en mémoire.

Lorsque vous vous préparez à utiliser un conteneur de la STL, il est important de vous assurer que le type de l'élément qui sera stocké dans le conteneur supporte un jeu minimum de fonctionnalités. L'insertion d'un élément dans le conteneur implique une copie de cet élément. Pour cette raison, le type d'élément doit au moins fournir un constructeur de copie et un opérateur d'affectation. Remarque: Ceci n'est nécessaire que si le membre de copie par défaut n'effectue pas correctement l'opération de copie pour ce type d'élément souhaité. En outre, les conteneurs associatifs et de nombreux algorithmes requièrent une comparaison des éléments. C'est la raison pour laquelle le type d'élément doit proposer un opérateur d'égalité (**==**) et un opérateur d'infériorité (**<**).

Observation de génie logiciel 20.3

Les opérateurs d'égalité et d'infériorité ne sont pas requis techniquement pour les éléments stockés dans un conteneur, sauf si les éléments doivent être comparés. Cependant, lors de la création du code d'un modèle, certains compilateurs nécessitent la définition complète de toutes les parties du modèle alors que d'autres compilateurs acceptent que ne soient définies que les parties du modèle réellement utilisées dans le programme.

20.1.2 Introduction aux itérateurs

Les itérateurs ont beaucoup de caractéristiques en commun avec les pointeurs et ils sont employés pour pointer vers les éléments de conteneurs de première classe (ainsi que pour quelques autres usages, comme nous le verrons plus loin). Les itérateurs entretiennent des informations d'état sensibles aux conteneurs particuliers sur lesquels ils interviennent; ainsi, les itérateurs sont mis en place de manière appropriée à chaque type de conteneur. Néanmoins, certaines opérations itératives demeurent uniformes parmi les conteneurs. Par exemple, l'opérateur de déréférence (*****) déréférence un itérateur, de sorte qu'il devient possible d'utiliser l'élément vers lequel il pointe. L'opération **++** sur un itérateur retourne un itérateur vers l'élément suivant du conteneur (ce qui se rapproche beaucoup de l'incrémentation d'un pointeur vers un tableau visant à pointer vers l'élément suivant du tableau).

Les conteneurs de première classe de la STL fournissent les fonctions membres **begin()** et **end()**. La fonction **begin()** renvoie un itérateur pointant vers le premier élément du conteneur. La fonction **end()** retourne un itérateur pointant vers le premier élément au-delà de la fin du conteneur (un élément qui n'existe pas, en fait). Si l'itérateur **i** pointe vers un élément particulier, alors **++i** pointe vers l'élément «suivant» et ***i** fait référence à l'élément pointé par **i**. L'itérateur résultant de **end()** est utilisable uniquement pour une comparaison d'égalité ou d'inégalité pour déterminer si l'itérateur de déplacement (**i** dans ce cas-ci) a atteint la fin du conteneur.

On utilise un objet de type **iterator** pour référencer un élément de conteneur qui peut être modifié, tandis qu'on utilise un objet de type **const_iterator** pour référencer un élément de conteneur non modifiable.

On utilise les itérateurs avec des *séquences* (aussi appelées «intervalles» ou *range* en anglais). Ces séquences peuvent être dans des conteneurs, mais elles peuvent être également des *séquences d'entrée* ou des *séquences de sortie*. Le programme de la figure 20.5 montre l'entrée à partir de l'entrée standard (une séquence de données en vue des entrées dans un programme) en utilisant un **istream_iterator** et la sortie vers la sortie standard (une séquence de données en vue des sorties d'un programme) en utilisant un **ostream_iterator**. Le programme entre deux entiers de l'utilisateur depuis le clavier et affiche la somme des deux entiers. *Note*: les exemples de ce chapitre font tous précéder l'usage d'une fonction et la définition d'un objet de conteneur de la STL du préfixe «**std::**» au lieu de placer des instructions **using** au début du programme comme dans les exemples des chapitres précédents. Du fait des différences entre les compilateurs et de la complexité du code généré lors de l'utilisation de la STL, il paraît difficile de construire le jeu adéquat d'instructions **using** qui permettent de compiler les programmes dans erreur. Pour permettre à ces programmes de se compiler sur la plus grande variété de plates-formes, nous préférons l'approche des préfixes «**std::**».

```
1    // Figure 20.5: fig20_05.cpp
2    // Démonstration de l'entrée et de la sortie avec des itérateurs.
3    #include <iostream>
4
5    using std::cout;
6    using std::cin;
7    using std::endl;
8
9    #include <iterator>
10
11   int main()
12   {
13      cout << "Entrez deux entiers:  ";
14
15      std::istream_iterator< int > intEntree( cin );
16      int nombre1, nombre2;
17
18      nombre1 = *intEntree; // Lire premier int de l'entrée standard.
19      ++intEntree;          // Déplacer itérateur à valeur entrée suivante.
20      nombre2 = *intEntree; // Lire int suivant depuis entrée standard.
21
22      cout << "La somme vaut:  ";
23
24      std::ostream_iterator< int > intSortie( cout );
25
26      *intSortie = nombre1 + nombre2;  // Sortir résultat sur cout.
27      cout << endl;
28      return 0;
29   }
```

```
Entrez deux entiers:  12 25
La somme vaut:  37
```

Figure 20.5   Démonstration des itérateurs d'entrée et de sortie.

La ligne 15 crée un **istream_iterator** capable d'entrer des valeurs **int**, en respectant le type, depuis l'objet d'entrée standard **cin**:

```
std::istream_iterator< int > intEntree( cin );
```

La ligne 18 déréférence l'itérateur **intEntree** pour lire le premier entier depuis **cin** et affecter cet entier à **nombre1**:

```
nombre1 = *intEntree;  // Lire premier int de l'entrée standard.
```

Notez l'utilisation de l'opérateur de déréférence * pour obtenir la valeur au départ du flux associé à **intEntree**; ceci est très similaire à la déréférence d'un pointeur.

La ligne 19 positionne l'itérateur **intEntree** à la valeur suivante du flux d'entrée:

```
++intEntree;           // Déplacer itérateur à valeur entrée suivante.
```

La ligne qui suit entre l'entier suivant depuis **intEntree** et l'affecte à **nombre2**:

```
nombre2 = *intEntree; // Lire int suivant depuis entrée standard.
```

La ligne 24 crée un **ostream_iterator** capable de sortir des valeurs **int** vers l'objet **cout** de sortie standard:

```
std::ostream_iterator< int > intSortie( cout );
```

La ligne 26 sort un entier vers **cout** en affectant à ***intSortie** la somme de **nombre1** et **nombre2**:

```
*intSortie = nombre1 + nombre2;  // Sortir résultat sur cout.
```

Notez l'emploi de l'opérateur de déréférence * qui permet d'utiliser ***intSortie** comme une valeur gauche (*lvalue*) dans l'instruction d'affectation. Si vous souhaitez sortir une autre valeur par l'entremise de **intSortie**, l'itérateur doit être incrémenté par **++** (la pré-incrémentation et la post-incrémentation peuvent toutes deux être utilisées).

Astuce de tests et de débogage 20.2

L'opérateur de déréférence * de tout itérateur **const** *retourne une référence* **const** *à l'élément de conteneur, ce qui interdit l'utilisation de fonctions membres non* **const**.

Erreur de programmation courante 20.1

La tentative de déréférencer un itérateur positionné en dehors de son conteneur est une erreur de logique à l'exécution. En particulier, l'itérateur retourné par **end()** *ne peut être déréférencé.*

Erreur de programmation courante 20.2

La tentative de créer un itérateur non **const** *pour un conteneur* **const** *constitue une erreur de syntaxe.*

La figure 20.6 montre les catégories d'itérateurs utilisés par la STL. Chaque catégorie fournit un jeu spécifique de fonctionnalités.

La figure 20.7 illustre la hiérarchie des catégories d'itérateurs. Lorsque vous suivez la hiérarchie de haut en bas, chaque catégorie d'itérateur supporte toutes les fonctionnalités des catégories du dessus de la figure. Ainsi, les types d'itérateurs les plus «faibles» se trouvent en haut et le type d'itérateur le plus puissant se trouve en bas du tableau. Remarquez qu'il ne s'agit pas ici d'une hiérarchie d'héritage.

Catégorie	Description
input (entrée)	Utilisé pour lire un élément d'un conteneur. Un itérateur d'entrée ne peut se déplacer que dans une seule direction: l'aller (c'est-à-dire du début vers la fin du conteneur) et ce, un élément à la fois. Les itérateurs d'entrée ne supportent que des algorithmes à une passe: le même itérateur d'entrée ne peut être employé pour passer une seconde fois dans une séquence.
output (sortie)	Utilisé pour écrire un élément dans un conteneur. Un itérateur de sortie ne peut se déplacer que dans la direction aller et un élément à la fois. Les itérateurs de sortie ne supportent que des algorithmes à une passe: le même itérateur d'entrée ne peut être utilisé pour passer une seconde fois dans une séquence.
forward (aller)	Combine les possibilités des itérateurs d'entrée et de sortie; de plus, il retient sa position dans le conteneur (sous la forme d'informations d'état).
bidirectional (bidirectionnel)	Combine les possibilités d'un itérateur forward avec la capacité de se déplacer dans le sens du retour (*backward* en anglais, c'est-à-dire depuis la fin vers le début du conteneur). Les itérateurs forward supportent les algorithmes à passes multiples.
random access (accès direct)	Combine les possibilités d'un itérateur bidirectionnel avec la capacité d'accéder accès direct directement à un élément du conteneur, c'est-à-dire d'effectuer un bond vers l'avant ou vers l'arrière, par un nombre arbitraire d'éléments.

Figure 20.6   Catégories d'itérateurs.

```
input        output
     \      /
     forward
        |
   bidirectional
        |
  random access
```

Figure 20.7   Hiérachie des catégories d'itérateurs.

La catégorie d'itérateur admise par chaque conteneur détermine si ce conteneur peut intervenir dans des algorithmes spécifiques de la STL. Les conteneurs qui supportent les itérateurs à accès direct peuvent être utilisés avec tous les algorithmes de la STL. Nous verrons que les pointeurs vers des tableaux peuvent remplacer les itérateurs dans nombre d'algorithmes de la STL, y compris ceux qui requièrent des itérateurs à accès direct. La figure 20.8 montre la catégorie d'itérateur admise par chacun des conteneurs de la STL. Remarquez que seuls les vecteurs, les deques, les listes, les sets, les multisets, les maps et les multimaps (c'est-à-dire les conteneurs de première classe) peuvent être parcourus à l'aide d'itérateurs.

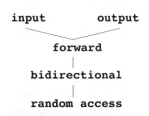 ### Observation de génie logiciel 20.4

L'usage de l'itérateur le plus faible qui entraîne des performances acceptables permet de produire des composants réutilisables au maximum.

La figure 20.9 montre les **typedef** des itérateurs prédéfinis que l'on trouve dans les définitions de classes des conteneurs de la STL. Les **typedef** ne sont pas tous définis pour chaque conteneur. On utilise les versions **const** des itérateurs pour parcourir les conteneurs qui sont en lecture seule. On utilise les itérateurs à rebours (reverse) pour parcourir les conteneurs à rebours.

Conteneur	Type d'itérateur admis
Conteneurs de séquence	
vector	accès direct
deque	accès direct
list	bidirectionnel
Conteneurs associatifs	
set	bidirectionnel
multiset	bidirectionnel
map	bidirectionnel
multimap	bidirectionnel
Adaptateurs de conteneur	
stack	aucun itérateur supporté
queue	aucun itérateur supporté
priority_queue	aucun itérateur supporté

Figure 20.8   Les types d'itérateurs admis par chacun des conteneurs de la bibliothèque standard.

Astuce de tests et de débogage 20.3

*Les opérations effectuées sur un **const_iterator** retournent des références **const** pour éviter des modifications au conteneur en cours de manipulation. Utilisez les **const_iterator** de préférence aux **iterator**. Ceci constitue un autre exemple du principe du moindre privilège.*

La figure 20.10 montre les opérations qu'on peut effectuer sur chacun des types d'itérateurs. Remarquez que pour chaque type d'itérateur, les opérations comprennent toutes les opérations qui précèdent ce type dans la figure. Notez également que pour les itérateurs d'entrée, il n'est pas possible de sauvegarder l'itérateur et en utiliser la valeur plus tard.

Les **typedef** prédéfinis pour les types d'itérateurs	Direction de ++	Capacité
iterator	aller	lecture-écriture
const_iterator	aller	lecture
reverse_iterator	à rebours	lecture-écriture
const_reverse_iterator	à rebours	lecture

Figure 20.9   Les **typedef** d'itérateurs prédéfinis.

Opération d'itérateur	Description
Tous les itérateurs	
++p	Pré-incrémenter un itérateur.
p++	Post-incrémenter un itérateur.
Itérateurs d'entrée	
*p	Déréférencer un itérateur pour utilisation en valeur droite (*rvalue*).
p = p1	Affecter un itérateur à un autre.
p == p1	Comparer l'égalité des itérateurs.
p != p1	Comparer l'inégalité des itérateurs.
Itérateurs de sortie	
*p	Déréférencer un itérateur (pour utilisation en valeur gauche (*lvalue*)).
p = p1	Affecter un itérateur à un autre.
Itérateurs aller	Les itérateurs aller fournissent toutes les fonctionnalités à la fois des itérateurs d'entrée et des itérateurs de sortie.
Itérateurs bidirectionnels	
--p	Pré-décrémenter un itérateur.
p--	Post-décrémenter un itérateur.

Figure 20.10   Opérations itératives pour chaque type d'itérateur. (1 de 2)

Opération d'itérateur	Description

Itérateurs à accès direct

p += i	Incrémenter l'itérateur **p** de **i** positions.
p -= i	Décrémenter l'itérateur **p** de **i** positions.
p + i	Résulte en un itérateur positionné à **p** incrémenté de **i** positions.
p - i	Résulte en un itérateur positionné à **p** décrémenté de **i** positions.
p[i]	Retourne une référence à l'élément de **p** décalé de **i** positions.
p < p1	Retourne **true** si l'itérateur **p** est plus petit que l'itérateur **p1** (en d'autres termes, l'itérateur **p** vient avant l'itérateur **p1** dans le conteneur); retourne **false**, sinon.
p <= p1	Retourne **true** si l'itérateur **p** est plus petit ou égal à l'itérateur **p1** (autrement dit, l'itérateur **p** vient avant, ou est à la même place que, l'itérateur **p1** dans le conteneur); retourne **false**, sinon.
p > p1	Retourne **true** si l'itérateur **p** est plus grand que l'itérateur **p1** (c'est-à-dire que l'itérateur **p** vient après l'itérateur **p1** dans le conteneur); retourne **false**, sinon.
p >= p1	Retourne **true** si l'itérateur **p** est plus grand ou égal à l'itérateur **p1** (c'est-à-dire si l'itérateur **p** vient après ou est à la même place que l'itérateur **p1** dans le conteneur); retourne **false**, sinon.

Figure 20.10   Opérations itératives pour chaque type d'itérateur. (2 de 2)

20.1.3 Introduction aux algorithmes

Un aspect crucial de la STL est qu'elle fournit des algorithmes que vous utiliserez fréquemment pour manipuler divers conteneurs. L'insertion, la suppression, la recherche, le tri et autres sont admis pour certains, voire tous les conteneurs de la STL.

La STL comprend environ 70 algorithmes standard. Nous vous proposons des exemples de code de la vie réelle pour la plupart de ceux-ci et nous résumons les autres dans les tableaux. Les algorithmes opèrent sur les éléments de conteneur uniquement par la voie indirecte des itérateurs. De nombreux algorithmes opèrent sur des séquences d'éléments définis par des paires d'itérateurs: un premier itérateur pointant vers le premier élément de la séquence et un deuxième itérateur pointant vers un élément au-delà du dernier élément de la séquence. Il est également possible de créer vos propres algorithmes originaux qui opèrent d'une manière semblable à ceux de la STL, pour qu'ils soient utilisables avec les conteneurs et les itérateurs de la STL.

La fonction membre de conteneur **begin()** retourne un itérateur vers le premier élément du conteneur; **end()** retourne un itérateur vers la première position au-delà du dernier élément du conteneur. Les algorithmes retournent souvent des itérateurs.

Un algorithme tel que **find()** (*trouver*), par exemple, localise un élément et retourne un itérateur vers cet élément. Si l'élément n'est pas trouvé, **find()** retourne l'itérateur **end()**, qui peut être ensuite testé pour déterminer si l'élément n'a pas été trouvé (le renvoi d'appel de **end()** suppose une recherche sur la totalité du conteneur). L'algorithme **find()** peut être utilisé avec tous les conteneurs de la STL.

Observation de génie logiciel 20.5

La STL est implantée de manière concise. Auparavant, les concepteurs de classes auraient associé plutôt les algorithmes aux conteneurs en créant les algorithmes comme étant des fonctions membres des conteneurs. La STL se base sur une approche différente. Les algorithmes sont séparés des conteneurs et opèrent indirectement sur des éléments des conteneurs par l'entremise des itérateurs. Cette séparation facilite l'écriture d'algorithmes génériques, applicables à de nombreuses autres classes de conteneurs.

Les algorithmes de la STL génèrent encore une autre opportunité de réutilisation. L'exploitation de la riche collection d'algorithmes très connus permet d'épargner aux programmeurs du temps et des efforts de développement.

Si un algorithme permet d'utiliser les itérateurs les moins puissants, il permet aussi d'utiliser les plus puissants. Certains algorithmes, par contre, exigent des itérateurs puissants, comme le tri, qui exige des itérateurs à accès direct (*random iterator*).

Observation de génie logiciel 20.6

La STL est évolutive et extensible. Il devient naturel d'ajouter de nouveaux algorithmes et ce, sans modification aux conteneurs de la STL.

Observation de génie logiciel 20.7

Les algorithmes de la STL peuvent opérer sur les conteneurs de la STL, mais également sur des tableaux pilotés par des pointeurs, comme en C.

Astuce sur la portabilité 20.2

Comme les algorithmes de la STL traitent les conteneurs seulement par la voie indirecte des itérateurs, un algorithme peut souvent exploiter de nombreux conteneurs différents.

Algorithmes de séquence mutable		
`copy()`	`remove()`	`reverse_copy()`
`copy_backward()`	`remove_copy()`	`rotate()`
`fill()`	`remove_copy_if()`	`rotate_copy()`
`fill_n()`	`remove_if()`	`stable_partition()`
`generate()`	`replace()`	`swap()`
`generate_n()`	`replace_copy()`	`swap_ranges()`
`iter_swap()`	`replace_copy_if()`	`transform()`
`partition()`	`replace_if()`	`unique()`
`random_shuffle()`	`reverse()`	`unique_copy()`

Figure 20.11   Les algorithmes de séquence mutable.

La figure 20.11 montre un certain nombre *d'algorithmes de séquence mutable*, c'est-à-dire les algorithmes qui ont pour résultat des modifications aux conteneurs auxquels ils sont appliqués.

La figure 20.12 montre nombre des algorithmes non mutables, c'est-à-dire les algorithmes qui ne donnent pas lieu à des modifications des conteneurs auxquels ils sont appliqués.

La figure 20.13 montre les algorithmes numériques du fichier d'en-tête **<numeric>**.

20.2 Conteneurs de séquence

La bibliothèque de modèles standard du C++ fournit trois conteneurs de séquence: **vector**, **list** et **deque**. La classe **vector** et la classe **deque** sont toutes deux basées sur des tableaux. La classe **list** met en place une structure de données de liste chaînée, semblable à la classe **Liste** présentée au chapitre 15, mais d'une facture nettement plus robuste.

Parmi les conteneurs les plus connus de la STL, la classe **vector** (vecteur) est un rafinement du genre de la classe de tableau intelligent que nous avons créée au chapitre 8. Un **vector** peut changer de taille de façon dynamique. Contrairement aux tableaux bruts de fonderie du C et du C++ (voir chapitre 4), les vecteurs peuvent être affectés les uns aux autres. Ceci n'est pas possible dans le cas des tableaux du C, pilotés par des pointeurs, parce que les noms de ces tableaux sont des pointeurs constants et qu'ils ne peuvent devenir la cible d'affectations. Tout comme dans les tableaux en C, l'indiçage d'un vecteur n'effectue aucune vérification automatique de l'intervalle. Par contre, la classe **vector** fournit cette possibilité (nous le verrons plus loin), grâce à sa fonction membre **at**.

Astuce sur la performance 20.5

*L'insertion à l'arrière d'un **vector** est efficace. Le **vector** grossit si nécessaire pour s'accommoder du nouvel élément. Il est coûteux en temps d'insérer ou de supprimer un élément au milieu d'un **vector**: toute la partie du **vector** qui se trouve après le point d'insertion ou de suppression doit se déplacer parce que les éléments d'un **vector** occupent des cellules contiguës en mémoire, comme les tableaux «bruts» du C ou du C++.*

Algorithmes de séquence non mutable

adjacent-find()	find()	find_if()
count()	find_each()	mismatch()
count_if()	find_end()	search()
equal()	find_first_of()	search_n()

Figure 20.12   Les algorithmes de séquence non mutable.

Algorithmes numériques du fichier d'en-tête `<numeric>`

accumulate()
inner_product()
partial_sum()
adjacent_difference()

Figure 20.13   Les algorithmes numériques du fichier d'en-tête **`<numeric>`**.

La figure 20.2 présentait les opérations communes à tous les conteneurs de la STL. Au-delà de ces opérations, chaque conteneur fournit spécifiquement une variété d'autres possibilités. Ces possibilités sont souvent communes à plusieurs conteneurs. Cependant, ces opérations ne sont pas toujours aussi efficaces pour chacun des conteneurs. Le programmeur doit choisir le conteneur le plus approprié en fonction de ses applications.

Astuce sur la performance 20.6

*Les applications qui nécessitent de fréquentes insertions et suppressions aux deux extrémités d'un conteneur utilisent souvent un **deque** au lieu d'un **vector**. Bien qu'il soit possible d'insérer et de supprimer des éléments aux deux extrémités tant d'un **vector** que d'un **deque**, la classe **deque** se montre plus efficace que le **vector** lorsqu'il s'agit d'ajouter des éléments à son début (en tête).*

Astuce sur la performance 20.7

*Les applications qui insèrent ou suppriment fréquemment des éléments au milieu et (ou) aux extrémités d'un conteneur utilisent habituellement une **list**, du fait de l'efficacité de l'implantation au sein de cette dernière des insertions et des suppressions à n'importe quel emplacement dans sa structure de données.*

En plus des opérations communes décrites à la figure 20.2, les conteneurs de séquence se livrent à plusieurs autres opérations communes: **front** (tête) retourne une référence au premier élément du conteneur, **back** (arrière) renvoie une référence au dernier élément du conteneur, **push_back** (pousse à l'arrière) permet d'insérer un nouvel élément à la fin du conteneur et **pop_back** (retire de l'arrière) retire le dernier élément du conteneur.

20.2.1 vector, conteneur de séquence

La classe **vector** propose une structure de données constituée d'emplacements mémoire contigus. Cette structure autorise un accès direct, efficace, à n'importe quel élément d'un **vector**, par l'entremise de l'opérateur d'indiçage **[ ]**, exactement comme dans un tableau «brut» du C ou du C++. La classe **vector** est la plus fréquemment utilisée lorsque les données du conteneur doivent être triées et aisément accessibles par un indice. Lorsque la mémoire d'un **vector** est épuisée, le **vector** alloue automatiquement une zone de mémoire contiguë de taille plus importante, copie les éléments originaux dans ce nouvel espace mémoire et supprime l'allocation de l'ancienne zone mémoire.

Astuce sur la performance 20.8

*Choisissez le conteneur **vector** pour ses meilleures performances en accès direct.*

Astuce sur la performance 20.9

*Les objets de classe **vector** fournissent un accès rapide et indexé par l'opérateur d'indiçage **[ ]** surchargé parce qu'ils sont stockés dans des zones de mémoire contiguë, comme les tableaux normaux du C et du C++.*

Astuce sur la performance 20.10

Il est beaucoup plus rapide d'insérer de nombreux éléments en une seule opération qu'un élément à la fois.

Un aspect important de chaque conteneur est le type d'itérateur qu'il accepte. Ceci détermine quels algorithmes peuvent être appliqués au conteneur. Un **vector** accepte des itérateurs à accès direct: toutes les opérations itératives montrées à la figure 20.10 peuvent être appliquées à un itérateur de type **vector**. Tous les algorithmes de la STL peuvent opérer sur un **vector**. Les itérateurs associés à un **vector** sont normalement implantés comme des pointeurs vers les éléments du **vector**. Chacun des algorithmes de la STL qui prend des itérateurs comme arguments impose à ces itérateurs de fournir un niveau minimum de fonctionnalité.

Si un algorithme requiert un itérateur aller, il peut opérer sur n'importe quel conteneur qui fournit des itérateurs aller, bidirectionnels ou à accès direct. Aussi longtemps que le conteneur supporte les fonctionnalités d'itérateur minimales de l'algorithme, l'algorithme peut opérer sur le conteneur.

La figure 20.14 illustre le fonctionnement de plusieurs fonctions du modèle de la classe **vector**. Nombre de ces fonctions sont disponibles dans tout conteneur de première classe de la bibliothèque standard. Vous devez inclure le fichier d'en-tête **<vector>** pour exploiter la classe **vector**.

```
1   // Figure 20.14: fig20_14.cpp
2   // Test du modèle de la classe vector de la bibliothèque standard.
3   #include <iostream>
4
5   using std::cout;
6   using std::cin;
7   using std::endl;
8
9   #include <vector>
10
11  template < class T >
12  void afficheVector( const std::vector< T > &vec );
13
14  int main()
15  {
16      const int TAILLE = 6;
17      int a[ TAILLE ] = { 1, 2, 3, 4, 5, 6 };
18      std::vector< int > v;
19
20      cout << "La taille initiale de v est:  " << v.size()
21           << "\nLa capacité initiale de v est:  " << v.capacity();
22      v.push_back( 2 );   // La méthode push_back() est dans
23      v.push_back( 3 );   // tout conteneur de séquence.
24      v.push_back( 4 );
25      cout << "\nLa taille de v est:  " << v.size()
26           << "\nLa capacité de v est:  " << v.capacity();
27      cout << "\n\nContenu du tableau a, par la notation pointeurs:  ";
28
29      for ( int *ptr = a; ptr != a + TAILLE; ++ptr )
30        cout << *ptr << ' ';
31
32      cout << "\nContenu du vecteur v, par la notation itérateurs:   ";
33      afficheVector( v );
34
35      cout << "\nContenu à rebours du vecteur v:   ";
36
37      std::vector< int >:: reverse_iterator p2;
38
39      for ( p2 = v.rbegin(); p2 != v.rend(); ++p2 )
40        cout << *p2 << ' ';
41      cout << endl;
42      return 0;
43  }
44  template < class T >
45  void afficheVector( const std::vector< T > &vec )
46  {
47      std::vector< T >::const_iterator p1;
48
49      for ( p1 = vec.begin (); p1 != vec.end(); ++p1 )
50        cout << *p1 << ' ';
51  }
```

Figure 20.14 Démonstration du modèle de la classe **vector** de la bibliothèque standard. (1 de 2)

```
La taille initiale de v est:  0
La capacité initiale de v est:  0
La taille de v est:  3
La capacité de v est:  4

Contenu du tableau a, par la notation pointeurs:  1 2 3 4 5 6
Contenu du vecteur v, par la notation itérateurs:  2 3 4
Contenu à rebours du vecteur v:  4 3 2
```

Figure 20.14 Démonstration du modèle de la classe **vector** de la bibliothèque standard.
          (2 de 2)

La ligne 18 déclare une instance appelée **v** de la classe **vector** qui stocke les valeurs **int**:

```
std::vector< int > v;
```

Lorsque cet objet est instancié, un **vector** vide est créé avec une taille de **0** (c'est le nombre d'éléments stockés dans le vecteur) et une capacité de **0** (c'est le nombre d'éléments qui peuvent être stockés dans le vecteur sans devoir lui allouer plus de mémoire).

Les lignes 20 et 21 montrent l'utilisation des fonctions **size** et **capacity** qui, initialement, retournent toutes deux **0** pour le **vector v** de cet exemple:

```
cout << "La taille initiale de v est:   " << v.size()
     << "\nLa capacité initiale de v est:  " << v.capacity();
```

La fonction **size**, disponible dans tout conteneur, retourne le nombre d'éléments stockés actuellement dans le conteneur. La fonction **capacity** retourne le nombre d'éléments qui peuvent être stockés dans le **vector** avant que le **vector** doive se redimensionner lui-même pour accueillir d'autres éléments.

Les lignes 22 à 24 utilisent la fonction **push_back**, disponible dans tous les conteneurs de séquence, pour ajouter un élément à la fin du **vector**, c'est-à-dire à la position disponible suivante:

```
v.push_back( 2 );   // La méthode push_back() est dans
v.push_back( 3 );   // tout conteneur de séquence.
v.push_back( 4 );
```

Si un élément est ajouté à un **vector** rempli, le **vector** augmente sa taille automatiquement; certaines implantations de la STL doublent automatiquement la taille du **vector**.

Astuce sur la performance 20.11

*Doubler la taille du **vector** automatiquement lorsque plus d'espace est nécessaire peut représenter un gaspillage. Par exemple, un **vector** rempli d'un million d'éléments qui réajuste sa taille pour en accueillir deux millions alors qu'un seul nouvel élément est ajouté, laisse une place inutilisée pour 999 999 éléments. La fonction **resize()** est à la disposition des programmeurs pour mieux contrôler l'utilisation de l'espace.*

Les lignes 25 et 26 utilisent **size** et **capacity** pour illustrer les nouvelles taille et capacité du **vector** après les opérations de **push_back**. La fonction **size** retourne 3, le nombre d'éléments ajoutés au **vector**. La fonction **capacity** renvoie 4, ce qui indique qu'il est encore possible d'ajouter un élément avant de devoir allouer de la mémoire supplémentaire au **vector**. Lorsque nous ajoutons le premier élément, la taille de **v** devient 1 et la capacité de **v** devient 1. Lorsqu'on ajoute un nouvel élément, la taille devient 2 et la capacité de **v** devient 2. Lorsqu'on ajoute le troisième élément, la taille devient 3 mais la capacité devient 4. Si on ajoutait deux autres éléments, la taille de **v** atteindrait 5 et la capacité 8. La capacité double chaque fois que l'espace total alloué pour le **vector** est pleine et qu'un autre élément est ajouté.

Les lignes 29 et 30 montrent comment sortir le contenu d'un tableau à l'aide des pointeurs et de l'arithmétique des pointeurs. La ligne 33 appelle la fonction **afficheVector** pour sortir le contenu d'un **vector** à l'aide des itérateurs. La définition du modèle de fonction **afficheVector** débute à la ligne 45. La fonction reçoit comme argument une référence **const** vers un **vector**. La ligne 47 déclare un **const_iterator**, nommé **p1**, qui effectue une itération le long du **vector** et en affiche le contenu:

```
std::vector< T >::const_iterator p1;
```

Un **const_iterator** permet au programme de lire les éléments du **vector** mais ne permet pas la modification des éléments. La structure **for** aux lignes 49 et 50 initialise **p1** à l'aide de la fonction membre **begin** du **vector** qui retourne un **const_iterator** vers le premier élément dans le **vector** (une autre version de **begin** existe qui retourne un itérateur utilisable pour des conteneurs non **const**):

```
for ( p1 = vec.begin(); p1 != vec.end(); p1++ )
   cout << *p1 << ' ';
```

La boucle continue tant que **p1** n'est pas au-delà de la fin du **vector**. Ceci se détermine en comparant **p1** au résultat de **vec.end()**, cette dernière renvoyant un **const_iterator** (comme pour **begin**, une autre version de **end** renvoie un itérateur non **const**), indiquant l'emplacement situé après le dernier élément du **vector**. Si **p1** est égal à cette valeur, la fin du **vector** a été atteinte. Les fonctions **begin** et **end** sont disponibles pour tous les conteneurs de première classe. Le corps de la boucle déréférence l'itérateur **p1** pour obtenir la valeur présente dans l'élément courant du **vector**. L'expression **p1++** positionne l'itérateur sur l'élément suivant du **vector**.

Astuce de tests et de débogage 20.4

Seuls les itérateurs à accès direct supportent **<**. *Il est préférable d'utiliser* **!=** *et* **end()** *pour tester la fin du conteneur.*

La ligne 37 déclare un **reverse_iterator** qui peut être utilisé pour parcourir à rebours un **vector**:

```
std::vector< int >::reverse_iterator p2;
```

Tous les conteneurs de première classe supportent ce type d'itérateur.

Les lignes 39 et 40 utilisent une structure similaire à ceci dans la fonction **afficheVector** pour parcourir le **vector**:

```
for ( p2 = v. rbegin (); p2 != v. rend (); p2++ )
   cout << *p2 << ' ';
```

Dans cette boucle, les fonctions **rbegin** (c'est-à-dire l'itérateur qui indique le point de départ de l'itération en sens inverse le long du conteneur) et **rend** (c'est-à-dire l'itérateur qui indique le point final de l'itération en sens inverse, le long du conteneur) dépeignent l'intervalle des éléments à afficher, dans l'ordre inverse. Comme pour les fonctions **begin** et **end**, **rbegin** et **rend** peuvent retourner un **const_reverse_iterator** ou un **reverse_iterator**, selon que le conteneur est constant ou pas.

La figure 20.15 illustre les fonctions qui permettent de retrouver et de manipuler les éléments d'un **vector**. La ligne 16 fait appel à un constructeur de **vector** surchargé, prenant deux itérateurs en arguments:

```
std::vector< int > v( a, a + TAILLE );
```

Rappelez-vous que les pointeurs vers un tableau peuvent être utilisés comme itérateurs. Cette instruction crée un **vector** entier **v** et l'initialise avec le contenu du tableau d'entiers **a**, de l'emplacement **a** jusqu'à emplacement **a + TAILLE** exclusivement.

```cpp
1   // Figure 20.15: fig20_15.cpp
2   // Test des fonctions de manipulation des éléments
3   // du modèle de la classe vector de la bibliothèque standard.
4   #include <iostream>
5
6   using std::cout;
7   using std::endl;
8
9   #include <vector>
10  #include <algorithm>
11
12  int main()
13  {
14      const int TAILLE = 6;
15      int a[ TAILLE ] = { 1, 2, 3, 4, 5, 6 };
16      std::vector< int > v( a, a + TAILLE );
17      std::ostream_iterator < int > sortie( cout, " " );
18      cout << "Le vecteur v contient: ";
19      std::copy( v.begin(), v.end(), sortie );
20
21      cout << "\nPremier élément de v:  " << v.front()
22           << "\nDernier élément de v:  " << v.back();
23
24      v[ 0 ] = 7;                 // Mettre premier élément à 7.
25      v.at( 2 ) = 10;             // Mettre élément de position 2 à 10.
26      v.insert( v.begin() + 1, 22 ); // Insérer 22 en 2e élément.
27      cout << "\nContenu du vecteur v après changements:  ";
28      std::copy( v.begin(), v.end(), sortie );
29
30      try {
31          v.at( 100 ) = 777;    // Accès à un élément hors de l'intervalle.
32      }
33      catch ( std::out_of_range e ) {
34          cout << "\nException: " << e.what();
35      }
36
37      v. erase ( v.begin() );
38      cout << "\nContenu du vecteur v après effacement:  ";
39      std::copy( v.begin(), v.end(), sortie );
40      v.erase( v.begin(), v.end() );
41      cout << "\nAprès effacement, le vecteur v "
42           << ( v.empty() ? "est": "n'est pas" ) << " vide.";
43
```

Figure 20.15 Démonstration des fonctions de manipulation d'éléments du modèle de la classe **vector** de la bibliothèque standard. (1 de 2)

```
44        v.insert( v.begin(), a, a + TAILLE );
45        cout << "\nContenu du vecteur v avant vidage:   ";
46        std::copy( v.begin(), v.end(), sortie );
47        v.clear();  // clear appelle erase pour vider une collection.
48        cout << "\nAprès vidage, le vecteur v "
49            << ( v.empty() ? "est": "n'est pas" ) << " vide.";
50
51        cout << endl;
52        return 0;
53   }
```

```
Le vecteur v contient: 1 2 3 4 5 6
Premier élément de v: 1
Dernier élément de v:  6
Contenu du vecteur v après changements:  7 22 2 10 4 5 6
Exception: invalid vector<T> subscript
Contenu du vecteur v après effacement:  22 2 10 4 5 6
Après effacement, le vecteur v est vide.
Contenu du vecteur v avant vidage:  1 2 3 4 5 6
Après vidage, le vecteur v est vide.
```

Figure 20.15   Démonstration des fonctions de manipulation d'éléments du modèle de la classe **vector** de la bibliothèque standard. (2 de 2)

La ligne 17 déclare un **ostream_iterator** nommé **sortie** qui permet d'afficher les entiers séparés par des espaces uniques via **cout**:

```
std::ostream_iterator< int > sortie( cout, " " );
```

L'**ostream_iterator** est un mécanisme de sortie respectueux des types qui ne sort que des valeurs de type **int** ou de type compatible. Le premier argument envoyé au constructeur spécifie le flux de sortie et le deuxième argument est une chaîne de caractères spécifiant les caractères de séparation des valeurs à sortir, soit le caractère espace dans ce cas-ci. Dans cet exemple, l'affichage du contenu du **vector** est assuré par l'**ostream_iterator**.

La ligne 19 fait appel à l'algorithme **copy** de la bibliothèque standard pour exporter la totalité du contenu du **vector v** sur la sortie standard:

```
std::copy( v.begin(), v.end(), sortie );
```

L'algorithme **copy** copie chaque élément du conteneur, en commençant par l'emplacement spécifié par l'itérateur placé dans son premier argument et exclusivement jusqu'à l'emplacement spécifié par l'itérateur placé dans son deuxième argument. Les premier et deuxième arguments doivent satisfaire aux exigences des itérateurs d'entrée: être des itérateurs par l'entremise desquels des valeurs peuvent être lues dans un conteneur. Par ailleurs, l'application de ++ au premier itérateur doit finalement provoquer une situation où le premier Itérateur rejoint l'itérateur du second argument dans le conteneur. Les éléments sont copiés à l'emplacement indiqué par l'itérateur de sortie (c'est-à-dire un itérateur par l'entremise duquel une valeur peut être stockée en sortie) spécifié dans le dernier argument. Dans ce cas, l'itérateur de sortie est **ostream_iterator sortie**, qui est connecté à **cout**; les éléments sont ainsi copiés dans la sortie standard. Afin d'utiliser les algorithmes de la bibliothèque standard, vous devez inclure le fichier d'en-tête**<algorithm>**.

Les lignes 21 et 22 font appel aux fonctions **front** et **back**, disponibles pour tous les conteneurs de séquence, pour déterminer le premier et le dernier éléments du **vector**, respectivement.

Erreur de programmation courante 20.3

*Un **vector** ne peut être vide; sinon, le résultat des fonctions **front** et **back** est indéfini.*

Les lignes 24 et 25 montrent deux possibilités d'indiçage à travers un **vector** (elles peuvent également être utilisées avec les conteneurs **deque**):

```
v[ 0 ] = 7;          // Mettre premier élément à 7.
v. at ( 2 ) = 10;    // Mettre élément de position 2 à 10.
```

La ligne 24 utilise l'opérateur d'indiçage surchargé pour retourner soit une référence à la valeur qui se trouve à l'emplacement indiqué, soit une référence constante à cette valeur, selon la constance du conteneur. La fonction **at** effectue la même opération avec une particularité supplémentaire: la vérification des limites. La fonction **at** vérifie en premier lieu la valeur introduite en argument et détermine si elle est dans les limites du **vector**. Si ce n'est pas le cas, les lignes 30 à 35 montrent que la fonction lance une exception **out_of_bounds** (hors des limites). La figure 20.16 reprend quelques-uns des types d'exceptions de la STL; le chapitre 13, *Traitement des exceptions*, détaille les types d'exceptions de la bibliothèque standard.

Types d'exceptions de la STL	Description
out_of_range	*hors-intervalle*. Indique que l'indice est hors de l'intervalle, c'est-à-dire lorsqu'un indice spécifié à la fonction membre **at** de **vector** n'est pas valable.
invalid_argument	*argument non valable*. Indique qu'un argument passé à une fonction n'est pas valable.
length_error	*erreur de longueur*. Indique une tentative de créer un conteneur, une chaîne de caractères ou autre, trop longs.
bad_alloc	*allocation incorrecte*. Indique qu'une tentative d'allouer de la mémoire par **new** ou un allocateur a échoué, du fait que la mémoire disponible est insuffisante.

Figure 20.16   Types d'exceptions de la STL.

La ligne 26 utilise une des trois fonctions d'insertion disponibles dans tout conteneur de séquence :

```
v.insert ( v.begin() + 1, 22 );   // Insérer 22 en 2e élément.
```

Cette instruction insère la valeur 22 avant l'élément situé à l'emplacement spécifié par l'itérateur du premier argument. Dans cet exemple, l'itérateur pointe vers le deuxième élément du **vector**, de sorte que 22 est inséré à la place du deuxième élément et que le deuxième élément original devient le troisième élément du **vector**. Les autres versions de **insert** autorisent l'insertion de copies multiples de la même valeur en commençant à une position particulière dans le conteneur ou l'insertion d'un intervalle de valeurs d'un autre conteneur (ou tableau) en commençant à une position spécifique dans le conteneur original.

Les lignes 37 et 40 font appel aux deux fonctions d'effacement **erase**, disponibles dans tous les conteneurs de première classe:

```
v.erase( v.begin() );
v.erase( v.begin(), v.end() );
```

La ligne 37 indique que l'élément situé à l'emplacement spécifié par l'itérateur en argument doit être retiré du conteneur (dans cet exemple, l'élément au début du **vector**). La ligne 40 impose que tous les éléments dans l'intervalle compris entre l'emplacement du premier argument et l'emplacement du deuxième argument, ce dernier étant non compris, soient effacés du conteneur. Dans cet exemple, tous les éléments sont effacés du **vector**. La ligne 42 utilise la fonction **empty** (disponible pour tous les conteneurs, y compris les adaptateurs), pour confirmer que le **vector** est vide.

Erreur de programmation courante 20.4

Effacer un élément qui contient un pointeur vers un objet alloué de façon dynamique ne supprime (delete) pas cet objet.

La ligne 44 fait appel à la version de la fonction **insert** qui utilise les deuxième et troisième arguments pour spécifier l'emplacement de départ et l'emplacement de fin de la séquence de valeurs (éventuellement en provenance d'une autre conteneur et, dans ce cas, en provenance du tableau d'entiers **a**) qui doit être inséré dans le **vector**:

```
v.insert( v.begin(), a, a + TAILLE );
```

Retenez que l'emplacement de fin spécifie la position, dans la séquence, après le dernier élément à insérer. La copie est effectuée jusqu'à cet emplacement, ce dernier n'étant pas compris dans la copie.

Enfin, la ligne 47 utilise la fonction **clear** (disponible dans tous les conteneurs de première classe) pour vider le contenu du **vector**:

```
v. clear();  // clear appelle erase pour vider une collection.
```

Cette fonction appelle la version d'**erase** utilisée à la ligne 40 pour effectuer réellement l'opération.

Remarque: bien d'autres fonctions communes à tous les conteneurs et à tous les conteneurs de séquence n'ont pas été abordées jusqu'ici. Nous les verrons en détail dans les quelques sections qui suivent et nous étudierons également nombre des fonctions spécifiques à chacun des conteneurs.

20.2.2 list, conteneur de séquence

Le conteneur de séquence **list** fournit une présentation efficace des opérations d'insertion et de suppression n'importe où dans le conteneur. Si la majorité des insertions ont lieu aux extrémités du conteneur, la structure de données **deque** (section 20.2.3) propose une implantation plus efficace. La classe **list** se présente comme une liste doublement chaînée: chaque nœud de la liste contient un pointeur vers le nœud précédent de la liste et un autre vers le nœud suivant. Ceci permet à la classe **list** de supporter les itérateurs bidirectionnels qui permettent le parcours du conteneur à l'aller (*forwards*) comme au retour (*backwards*). Tout algorithme qui requiert un itérateur d'entrée, de sortie, aller ou bidirectionnel peut opérer sur une **list**. Nombreuses sont les fonctions membres d'une **list** qui manipulent les éléments du conteneur comme si c'était un jeu d'éléments ordonnés.

En plus des fonctions membres de tous les conteneurs de la STL indiquées à la figure 20.2 et des fonctions membres communes à tous les conteneurs de séquence étudiés à la section 20.5, la classe **list** fournit huit autres fonctions membres: **splice**, **push_front**, **pop_front**, **remove**, **unique**, **merge**, **reverse** et **sort**. La figure 20.17 montre l'utilisation de plusieurs des caractéristiques de la classe **list**. Rappelez-vous que plusieurs des fonctions présentées aux figures 20.14 et 20.15 peuvent être appliquées à la classe **list**. Le fichier d'en-tête **<list>** doit être inclus pour pouvoir utiliser la classe **list**.

```
1    // Figure 20.17: fig20_17.cpp
2    // Test de la classe list de la bibliothèque standard.
3    #include <iostream>
4
5    using std::cout;
6    using std::endl;
7
8    #include <list>
9    #include <algorithm>
10
11   template < class T >
12   void afficheList( const std::list< T > &refList );
13
14   int main()
15   {
16       const int TAILLE = 4;
17       int a[ TAILLE ] = { 2, 6, 4, 8 };
18       std::list< int > valeurs, autresValeurs;
19
20       valeurs.push_front( 1 );
21       valeurs.push_front( 2 );
22       valeurs.push_back ( 4 );
23       valeurs.push_back( 3 );
24
25       cout << "valeurs contient:   ";
26       afficheList( valeurs );
27       valeurs.sort();
28       cout << "\nvaleurs, après le tri, contient:   ";
29       afficheList( valeurs );
30
31       autresValeurs.insert( autresValeurs.begin(), a, a + TAILLE );
32       cout << "\nautresValeurs contient:   ";
33       afficheList( autresValeurs );
34       valeurs.splice( valeurs.end(), autresValeurs );
35       cout << "\nAprès splice valeurs contient:   ";
36       afficheList( valeurs );
37
38       valeurs.sort();
39       cout << "\nvaleurs contient:   ";
40       afficheList( valeurs );
41       autresValeurs.insert( autresValeurs.begin(), a, a + TAILLE );
42       autresValeurs.sort();
43       cout << "\nautresValeurs contient:   ";
44       afficheList( autresValeurs );
45       valeurs.merge( autresValeurs );
46       cout << "\nAprès merge (fusion):\n   valeurs contient:   ";
47       afficheList( valeurs );
48       cout << "\n   autresValeurs contient:   ";
49       afficheList( autresValeurs );
50
51       valeurs.pop_front();
52       valeurs.pop_back ();    // Tous conteneurs de séquence.
```

Figure 20.17 Démonstration du modèle de classe **list** de la bibliothèque standard. (1 de 2)

```
53        cout << "\nAprès pop_front et pop_back, valeurs contient:\n";
54        afficheList( valeurs );
55
56        valeurs.unique();
57        cout << "\nAprès unique, valeurs contient:   ";
58        afficheList( valeurs );
59
60        // La méthode swap n'est pas disponible dans tous les conteneurs.
61        valeurs.swap( autresValeurs );
62        cout << "\nAprès swap:\n    valeurs contient:   ";
63        afficheList( valeurs );
64        cout << "\n   autresValeurs contient:   ";
65        afficheList( autresValeurs );
66
67        valeurs.assign ( autresValeurs.begin(), autresValeurs.end() );
68        cout << "\nAprès assign, valeurs contient:   ";
69        afficheList( valeurs );
70
71        valeurs.merge( autresValeurs );
72        cout << "\nvaleurs contient:   ";
73        afficheList( valeurs );
74        valeurs.remove( 4 );
75        cout << "\nAprès remove( 4 ), valeurs contient:   ";
76        afficheList( valeurs );
77        cout << endl;
78        return 0;
79    }
80
81    template < class T >
82    void afficheList( const std::list< T > &refList )
83    {
84        if ( refList.empty () )
85            cout << "La liste est vide";
86        else {
87            std::ostream_iterator< T > sortie( cout, " " );
88            std::copy( refList.begin(), refList.end(), sortie );
89        }
90    }
```

```
valeurs contient:  2 1 4 3
valeurs, après le tri, contient:  1 2 3 4
autresValeurs contient:  2 6 4 8
Après splice, valeurs contient:  1 2 3 4 2 6 4 8
valeurs contient:  1 2 2 3 4 4 6 8
autresValeurs contient:  2 4 6 8
Après merge (fusion):
    valeurs contient:  1 2 2 2 3 4 4 4 6 6 8 8
    autresValeurs contient:  La liste est vide
Après pop_front et pop_back, valeurs contient:
2 2 2 3 4 4 4 6 6 8
Après unique, valeurs contient:  2 3 4 6 8
Après swap:
    valeurs contient:  La liste est vide
    autresValeurs contient:  2 3 4 6 8
Après assign, valeurs contient:  2 3 4 6 8
valeurs contient:  2 2 3 3 4 4 6 6 8 8
Après remove( 4 ), valeurs contient:  2 2 3 3 6 6 8 8
```

Figure 20.17 Démonstration du modèle de classe **list** de la bibliothèque standard.
        (2 de 2)

La ligne 18 instancie deux objets **list** capables de stocker des entiers:

```
std::list< int > valeurs, autresValeurs;
```

Les lignes 20 et 21 appellent les fonctions **push_front** pour insérer des entiers au début de **valeurs**. La fonction **push_front** est spécifique aux classes **list** et **deque** (et non à **vector**). Les lignes 22 et 23 utilisent la fonction **push_back** pour insérer des entiers à la fin de valeurs. Rappelez-vous que la fonction **push_back** est commune à tous les conteneurs de séquence.

La ligne 27 utilise la fonction membre **sort** (trier) de **list** pour arranger les éléments de la liste dans l'ordre ascendant:

```
valeurs.sort();
```

[Remarque: Cette fonction est différente du **sort** des algorithmes de la STL.] Une deuxième version de la fonction **sort** permet au programmeur de fournir une fonction binaire de prédicat qui prend deux arguments (des valeurs de la liste), effectue une comparaison et retourne une valeur booléenne indiquant le résultat. Cette fonction détermine l'ordre des éléments de la liste. Cette version peut être particulièrement utile pour une liste qui stocke des pointeurs plutôt que des valeurs. [Remarque: la figure 20.28 montre l'utilisation d'une fonction unaire de prédicat. Une fonction unaire de prédicat prend un seul argument, effectue une comparaison à l'aide de cet argument et retourne une valeur **bool** indiquant le résultat.]

La ligne 32 utilise la fonction **splice** (effectuer un raccord) de **list** pour retirer les éléments de **autresValeurs** et les insérer dans **valeurs** avant la position de l'itérateur spécifié dans le premier argument:

```
valeurs.splice( valeurs.end(), autresValeurs );
```

On trouve deux autres versions de cette fonction. La fonction **splice** avec trois arguments permet de retirer un élément du conteneur, spécifié en deuxième argument, à l'emplacement spécifié par l'itérateur du troisième argument. La fonction **splice** avec quatre arguments utilise les deux derniers arguments pour spécifier un intervalle d'emplacements qui doivent être retirés du conteneur du deuxième argument et placés à l'emplacement indiqué dans le premier argument.

Après l'insertion de quelques éléments de plus dans la liste **autresValeurs** et le tri simultané de **valeurs** et de **autresValeurs**, la ligne 45 utilise la fonction membre **merge** (fusionner) de **list** pour retirer tous les éléments de **autresValeurs** et les insérer dans l'ordre dans **valeurs**:

```
valeurs.merge( autresValeurs );
```

Les deux listes doivent être triées dans le même ordre avant que cette opération puisse être effectuée. Une deuxième version de **merge** permet au programmeur de fournir une fonction de prédicat qui prenne deux arguments (des valeurs dans la liste) et retourne une valeur **bool**. La fonction de prédicat spécifie l'ordre de tri utilisé par la fusion.

La ligne 51 utilise la fonction **pop_front** (pousser à l'avant) de **list** pour retirer le premier élément de la liste. La ligne 52 utilise la fonction **pop_back** (retirer à l'arrière), disponible pour tous les conteneurs de séquence), afin de retirer le dernier élément de la liste.

La ligne 56 appelle la fonction **unique** de **list** afin de retirer les éléments dupliqués dans la liste:

```
valeurs.unique();
```

La liste doit être triée dans l'ordre (de sorte que tous les doublons soient accolés les uns aux autres) avant que cette opération ne soit effectuée afin de garantir que tous les doublons soient éliminés. Une seconde version de **unique** permet au programmeur de fournir une fonction de prédicat prenant deux arguments (des valeurs de la liste) et renvoyant une valeur **bool**. La fonction de prédicat spécifie si les deux éléments sont égaux.

La ligne 61 exploite la fonction **swap** (intervertir), disponible pour tous les conteneurs, pour échanger le contenu de **valeurs** avec celui de **autresValeurs**:

```
valeurs.swap( autresValeurs );
```

La ligne 67 fait appel à la fonction **assign** (affecter) afin de remplacer le contenu de **valeurs** par celui de **autresValeurs** dans l'intervalle indiqué par les deux itérateurs passés en arguments:

```
valeurs.assign( autresValeurs.begin(), autresValeurs.end() );
```

Une deuxième version de **assign** remplace le contenu original par des copies de la valeur spécifiée dans le deuxième argument. Le premier argument de la fonction spécifie le nombre de copies.

La ligne 74 exploite la fonction **remove** (ôter) de **list** pour supprimer toutes les copies de la valeur **4** de la liste:

```
valeurs.remove( 4 );
```

20.2.3 deque, conteneur de séquence

La classe **deque** combine dans un conteneur les bénéfices tant d'un **vector** que d'une **list**. Le terme **deque** (à prononcer *dèk*) est un raccourci de l'américain «*double-ended queue*», c'est-à-dire «queue à deux extrémités». La classe **deque** est mise en place de façon à proposer un accès indexé efficace (par l'indiçage) en lecture et en modification de ses éléments, un peu comme un **vector**. La classe **deque** est également conçue pour des opérations efficaces d'insertion et de suppression à son début et à sa fin, tout comme la **list**, bien qu'une **list** soit aussi capable d'insertions et de suppressions efficaces en son milieu. La classe **deque** assure le support des itérateurs à accès direct, de sorte qu'un **deque** peut être utilisé avec tous les algorithmes de la STL. Un des usages les plus fréquents du **deque** est la maintenance d'une queue d'éléments selon le schéma du premier entré, premier sorti.

On peut allouer de l'espace de stockage supplémentaire pour un **deque** à l'une de ses deux extrémités par blocs de mémoire, entretenus de manière typique sous la forme d'un tableau de pointeurs vers ces blocs. De par la disposition non-adjacente de la mémoire d'un **deque**, un itérateur de ce dernier doit être plus «intelligent» que les pointeurs que l'on utilise pour parcourir des **vector** ou des tableaux pilotés par pointeurs.

Astuce sur la performance 20.12

*Une fois qu'un bloc de stockage est libéré pour un **deque**, dans certaines implantations, le bloc n'est pas libéré tant que le **deque** n'est pas détruit. Ceci rend la mise en œuvre d'un **deque** plus efficace que si la mémoire était allouée, libérée puis réallouée de manière répétitive. Ceci implique, par contre, que le **deque** utilise la mémoire d'une façon moins efficace (qu'un **vector**, par exemple).*

Astuce sur la performance 20.13

*Les insertions et les suppressions au milieu d'un **deque** sont optimisées de façon à minimiser le nombre d'éléments copiés, maintenant ainsi l'illusion que les éléments y sont contigus.*

La classe **deque** propose les mêmes opérations de base que la classe **vector**, mais elle y ajoute les fonctions membres **push_front** et **pop_front** pour permettre les insertions et les suppressions, respectivement, au début du **deque**.

La figure 20.18 montre l'utilisation des possibilités de la classe **deque**. Rappelez-vous que nombre des fonctions présentées aux figures 20.14, 20.15 et 20.17 peuvent également intervenir dans le cadre de la classe **deque**. L'inclusion du fichier d'en-tête **<deque>** est essentielle pour utiliser la classe **deque**.

```cpp
1   // Figure 20.18: fig20_18.cpp
2   // Test de la classe deque de la bibliothèque standard.
3   #include <iostream>
4
5   using std::cout;
6   using std::endl;
7
8   #include <deque>
9   #include <algorithm>
10
11  int main()
12  {
13     std::deque< double >valeurs;
14     std::ostream_iterator< double > sortie( cout, " " );
15
16     valeurs.push_front( 2.2 );
17     valeurs.push_front( 3.5 );
18     valeurs.push_back( 1.1 );
19
20     cout << "valeurs contient:   ";
21
22     for ( int i = 0; i < valeurs.size (); ++i )
23        cout << valeurs[ i ] << ' ';
24
25     valeurs.pop_front();
26     cout << "\nAprès pop_front, valeurs contient:  ";
27     std::copy ( valeurs.begin(), valeurs.end(), sortie );
28
29     valeurs[ 1 ] = 5.4;
30     cout << "\nAprès valeurs[ 1 ] = 5.4, valeurs contient:   ";
31     std::copy ( valeurs.begin(), valeurs.end(), sortie );
32     cout << endl;
33     return 0;
34  }
```

```
valeurs contient:  3.5 2.2 1.1
Après pop_front, valeurs contient:  2.2 1.1
Après valeurs[ 1 ] = 5.4, valeurs contient:  2.2 5.4
```

Figure 20.18 Démonstration du modèle de classe **deque** de la bibliothèque standard.

La ligne 13 instancie un **deque** destiné à remiser des valeurs **double**:

```
std::deque< double > valeurs;
```

Les lignes 16 à 18 utilisent les fonctions **push_front** et **push_back** pour insérer des éléments respectivement au début et à la fin du **deque**. N'oubliez pas que **push_back** n'est pas disponible pour tous les conteneurs de séquence et que **push_front** n'est disponible que pour les classes **list** et **deque**.

La structure **for** de la ligne 22 exploite l' opérateur d'indiçage pour retrouver la valeur de chaque élément du **deque** à des fins de sortie:

```
for ( int i = 0; i < valeurs.size(); i++ )
    cout << valeurs[ i ] << ' ';
```

Notez l'utilisation de la fonction **size** dans la condition, de façon à garantir de ne pas tenter d'accéder à un élément situé en dehors des limites du **deque**.

La ligne 25 utilise la fonction **pop_front** pour montrer comment s'effectue le retrait du premier élément du **deque**. Pour rappel, **pop_front** est uniquement disponible au sein de la classe **list** et de la classe **deque** (et non pour la classe **vector**).

La ligne 29 utilise l'opérateur d'indiçage pour créer une valeur gauche:

```
valeurs[ 1 ] = 5.4;
```

Ceci permet d'affecter directement **valeurs** à n'importe quel élément du **deque**.

20.3 Conteneurs associatifs

Les conteneurs associatifs de la STL sont conçus pour assurer un accès direct au stockage et pour retrouver des éléments par l'intermédiaire de clés (qu'on appelle «clés de recherche»). Les quatre conteneurs associatifs sont le **multiset**, le **set**, le **multimap** et et le **map**. Dans chaque conteneur, les clés sont maintenues dans l'ordre. Les itérations dans un conteneur associatif le parcourent dans l'ordre défini pour ce conteneur. Les classes **multiset** et **set** proposent des opérations de manipulation de jeux de valeurs où les valeurs sont les clés, c'est-à-dire qu'il n'y a pas de valeur distincte associée à chaque clé. La principale différence entre un **multiset** et un **set** est que le **multiset** autorise des clés en double contrairement au **set**. Les classes **multimap** et **map** offrent des opérations de manipulation de valeurs associées à une clé (ces valeurs sont parfois désignées sous le vocable de «valeurs associées). La différence principale entre le **multimap** et le **map** est qu'un **multimap** autorise des clés en double avec des valeurs à stocker associées, tandis que le **map** ne permet que des clés uniques avec les valeurs associées. En plus des fonctions membres communes à tous les conteneurs présentées à la figure 20.2, tous les conteneurs associatifs supportent plusieurs autres fonctions membres, dont **find**, **lower_bound** (limite inférieure), **upper_bound** (limite supérieure) et **count** (compter). Des exemples de chacun des conteneurs associatifs et des fonctions membres des conteneurs associatifs sont présentées dans les sous-sections suivantes.

20.3.1 `multiset`, conteneur associatif

Le conteneur associatif **multiset** est prévu pour le stockage et la recherche rapides à partir de clés. Le **multiset** permet les clés en double. Le tri des éléments est déterminé par un objet de fonction de comparaison. Par exemple, dans un **multiset** entier, les éléments peuvent être triés dans l'ordre ascendant en triant les clés à l'aide de l'objet de fonction de comparaison **less< int >** (moindre). Le type de donnée de la clé dans tous les conteneurs associatifs doit accepter une comparaison proprement basée sur l'objet de fonction de comparaison spécifié: les clés triées à l'aide de **less< int >** doivent permettre la comparaison avec l'opérateur **operator<**. Si les clés utilisées dans les conteneurs associatifs sont d'un type défini par l'utilisateur, ces types doivent offrir les opérateurs de comparaison adéquats. Le **multiset** apporte son support aux itérateurs bidirectionnels (mais pas aux itérateurs à accès direct).

Astuce sur la performance 20.14

*Pour des raisons liées aux performances, les **multiset** et les **set** sont implantés, de manière typique, sous forme d'arbres de recherche binaires rouge-noir. De par cette représentation interne, les arbres de recherche binaires tendent à être bien balancés, ce qui minimise les temps de recherche moyens.*

La figure 20.19 montre l'utilisation du conteneur associatif **multiset** dans un **multiset** d'entiers triés dans un ordre ascendant. Le fichier d'en-tête **<set>** doit être inclus pour utiliser la classe **multiset**. Les conteneurs **multiset** et **set** fournissent les mêmes fonctions membres.

```cpp
1   // Figure 20.19: fig20_19.cpp
2   // Test de la classe multiset de la bibliothèque standard.
3   #include <iostream>
4
5   using std::cout;
6   using std::endl;
7
8   #include <set>
9   #include <algorithm>
10
11  int main()
12  {
13     const int TAILLE = 10;
14     int a[ TAILLE ] = { 7, 22, 9, 1, 18, 30, 100, 22, 85, 13 };
15     typedef std::multiset< int, std::less< int > > mse;
16     mse multisetInt;    // mse pour "MultiSet d'Entiers".
17     std::ostream_iterator< int > sortie( cout, " " );
18
19     cout << "Il y a actuellement " << multisetInt.count( 15 )
20          << " valeurs de 15 dans le multiset.\n";
21     multisetInt.insert ( 15 );
22     multisetInt.insert( 15 );
23     cout << "Après insertions, il y a "
24          << multisetInt.count( 15 )
25          << " valeurs de 15 dans le multiset.\n";
26
27     mse::const_iterator resultat;
28
29     resultat = multisetInt.find( 15 );   // find retourne un itérateur.
30
```

Figure 20.19 Démonstration du modèle de classe **multiset** de la bibliothèque standard. (1 de 2)

```
31          if ( resultat != multisetInt.end() )   // Si itérateur n'est pas à fin.
32             cout << "Trouvé valeur 15.\n";       // Trouvé valeur 15 cherchée.
33
34          resultat = multisetInt.find( 20 );
35
36          if ( resultat == multisetInt.end() )   // Sera à true en conséquence.
37             cout << "Pas trouvé valeur 20.\n"; // Pas trouvé 20.
38
39          multisetInt.insert( a, a + TAILLE );  // Ajout tableau a au multiset.
40          cout << "Après insertions, multisetInt contient:\n";
41          std::copy ( multisetInt.begin(), multisetInt.end(), sortie );
42
43          cout << "\nLimite inférieure de 22:   "
44               << *( multisetInt.lower_bound( 22 ) );
45          cout << "\nLimite supérieure de 22:   "
46               << *( multisetInt.upper_bound( 22 ) );
47
48          std::pair< mse::const_iterator, mse::const_iterator > p;
49
50          p = multisetInt.equal_range ( 22 );
51          cout << "\nUtilisation de equal_range de 22"
52               << "\n   Limite inférieure:  " << *( p.first )
53               << "\n   Limite supérieure:  " << *( p.second );
54          cout << endl;
55          return 0;
56       }
```

```
Il y a actuellement 0 valeurs de 15 dans le multiset.
Après insertions, il y a 2 valeurs de 15 dans le multiset.
Trouvé valeur 15.
Pas trouvé valeur 20.
Après insertions, multisetInt contient:
1 7 9 13 15 15 18 22 22 30 85 100
Limite inférieure de 22:   22
Limite supérieure de 22:   30
Utilisation de equal_range de 22
   Limite inférieure:  22
   Limite supérieure:  30
```

Figure 20.19 Démonstration du modèle de classe **multiset** de la bibliothèque standard. (2 de 2)

Les lignes 15 et 16 appliquent un **typedef** pour créer un nouveau (alias de) type **multiset** d'entiers triés par ordre croissant, à l'aide de l'objet de fonction **less< int >**:

```
typedef std::multiset< int, std::less< int > > mse;
mse multisetInt;    // mse pour "MultiSet d'Entiers"
```

Ce nouveau type est utilisé ensuite pour instancier **multisetInt**, un objet **multiset** entier.

Bonne pratique de programmation 20.1

*L'utilisation de **typedef** facilite la lecture d'un code rempli de noms de types longs, tels que ceux des* **multiset**.

L'instruction de sortie de la ligne 17 utilise la fonction **count** (disponible pour tous les conteneurs associatifs) pour compter le nombre d'occurrences de la valeur **15** actuellement présentes dans le **multiset**:

```
cout << "Il y a actuellement " << multisetInt.count( 15 )
     << " valeurs de 15 dans le multiset.\n";
```

Les lignes 21 et 22 appellent une des trois versions de la fonction **insert** pour ajouter deux fois la valeur **15** au **multiset**:

```
multisetInt.insert( 15 );
multisetInt.insert( 15 );
```

Une deuxième version de **insert** prend un itérateur et une valeur en arguments et commence la recherche du point d'insertion à partir de la position de l'itérateur spécifié. Une troisième version de **insert** prend deux itérateurs en arguments, spécifiant un intervalle de valeurs d'un autre conteneur à ajouter au **multiset**.

La ligne 29 utilise la fonction **find** (disponible pour tous les conteneurs associatifs) pour localiser la valeur **15** dans le **multiset**:

```
resultat = multisetInt.find( 15 );  // find retourne un itérateur.
```

La fonction **find** retourne un **itérator** ou un **const_iterator** pointant vers le premier emplacement auquel la valeur est trouvée. Si la valeur n'est pas trouvée, **find** renvoie un **iterator** ou un **const_iterator** égal à la valeur retournée par un appel à **end**.

La ligne 39 utilise la fonction **insert** pour insérer les éléments d'un tableau dans le **multiset**:

```
multisetInt.insert( a, a + TAILLE ); // Ajout tableau a au multiset
```

À la ligne 41, l'algorithme de copie transfère les éléments du **multiset** vers la sortie standard. Remarquez que les éléments sont affichés dans l'ordre ascendant.

Les lignes 43 à 46 utilisent les fonctions **lower_bound** (limite inférieure) et **upper_bound** (limite supérieure), disponibles dans tous les conteneurs associatifs, pour déterminer l'emplacement de la première occurrence de la valeur **22** dans le **multiset** et l'emplacement de l'élément après la dernière occurrence de la valeur **22** dans le **multiset**:

```
cout << "\nLimite inférieure de 22:   "
     << *( multisetInt.lower_bound( 22 ) );
cout << "\nLimite supérieure de 22:   "
     << *( multisetInt.upper_bound( 22 ) );
```

Ces deux fonctions retournent un **iterator** ou un **const_iterator** pointant vers l'emplacement adéquat ou l'itérateur renvoyé par la fonction **end** si la valeur ne se trouve pas dans le **multiset**.

La ligne 48 crée une instance de la classe **pair**, nommée **p**:

```
pair< mse::const_iterator, mse::const_iterator > p;
```

Les objets de la classe **pair** permettent de manipuler des paires de valeurs. Dans cet exemple, le contenu d'une paire est constitué de deux **const_iterator** pour le **multiset** contenant des entiers. Le rôle de **p** est de stocker les valeurs renvoyées par la fonction **equal_range** du **multiset** qui retourne une **pair** contenant le résultat à la fois de l'opération **lower_bound** et de l'opération **upper_bound**. Le type **pair** contient deux membres de donnée **public**, nommés **first** et **second**.

La ligne 50 utilise la fonction **equal_range** pour déterminer le **lower_bound** et l'**upper_bound** de **22** dans le **multiset**:

```
p = multisetInt.equal_range( 22 );
```

Les lignes 52 et 53 emploient **p.first** et **p.second**, respectivement, pour accéder aux **lower_bound** et **upper_bound**. L'affichage des valeurs s'effectue par déréférence des itérateurs aux emplacements retournés par **equal_range**.

20.3.2 set, conteneur associatif

Le conteneur associatif **set** sert au stockage et à la recherche rapides de clés uniques. L'implantation d'un **set** est identique à celle du **multiset** à l'exception du fait que le **set** doit avoir des clés uniques. En conséquence, si on tente d'insérer le doublon d'une clé dans un **set**, le doublon est ignoré. Comme il s'agit ici du comportement mathématique attendu d'un **set**, nous ne pouvons le considérer comment une erreur de programmation courante. Le **set** supporte les itérateurs bidirectionnels, mais pas les itérateurs à accès direct. La figure 20.20 montre l'utilisation d'un **set** de **double**. Pour utiliser la classe **set**, incluez le fichier d'en-tête **<set>** dans votre code.

```cpp
1   // Figure 20.20: fig20_20.cpp
2   // Test de la classe set de la bibliothèque standard.
3   #include <iostream>
4
5   using std::cout;
6   using std::endl;
7
8   #include <set>
9   #include <algorithm>
10
11  int main()
12  {
13      typedef std::set< double, std::less< double > > set_double;
14      const int TAILLE = 5;
15      double a[ TAILLE ] = { 2.1, 4.2, 9.5, 2.1, 3.7 };
16      set_double setDouble( a, a + TAILLE );;
17      std::ostream_iterator< double > sortie( cout, " " );
18
19      cout << "setDouble contient:  ";
20      std::copy( setDouble.begin(), setDouble.end(), sortie );
21
22      std::pair< set_double::const_iterator, bool > p;
23
24      p = setDouble.insert( 13.8 ); // Valeur absente du set.
25      cout << '\n' << *( p.first )
26          << ( p.second ? " a été": " n'a pas été" ) << " inséré.";
27      cout << "\nsetDouble contient:  ";
28      std::copy( setDouble.begin(), setDouble.end(), sortie );
29
30      p = setDouble.insert( 9.5 );  // Valeur déjà dans le set.
31      cout << '\n' << *( p.first )
32          << ( p.second ? " a été": " n'a pas été" ) << " inséré.";
```

Figure 20.20 Démonstration du modèle de classe **set** de la bibliothèque standard. (1 de 2)

```
33        cout << "\nsetDouble contient:   ";
34        std::copy( setDouble.begin(), setDouble.end(), sortie );
35
36        cout << endl;
37        return 0;
38    }
```

```
setDouble contient:   2.1 3.7 4.2 9.5
13.8 a été inséré.
setDouble contient:   2.1 3.7 4.2 9.5 13.8
9.5 n'a pas été inséré.
setDouble contient:   2.1 3.7 4.2 9.5 13.8
```

Figure 20.20   Démonstration du modèle de classe **set** de la bibliothèque standard.
(2 de 2)

La ligne 13 utilise un **typedef** pour créer un nouveau type **set** de valeurs **double** triées par ordre ascendant, à l'aide de l'objet de fonction **less< double >**:

```
typedef std::set< double, std::less< double > > set_double;
```

La ligne 16 emploie ce nouveau type **set_double** pour instancier l'objet **setDouble**:

```
set_double setDouble( a, a + TAILLE );
```

L'appel du constructeur prend les éléments du tableau **a** compris entre **a** et **a + TAILLE** (la totalité du tableau) et les insère dans le **set**. La ligne 20 appelle l'algorithme **copy** pour afficher le contenu du **set**. Notez que la valeur **2.1**, qui apparaissait deux fois dans le tableau **a**, n'apparaît qu'une seule fois dans **setDouble**, puisque le conteneur **set** n'autorise pas les doublons.

La ligne 22 déclare une **pair**, constituée d'un **const_iterator** pour un **set_double** et d'une valeur **bool**:

```
std::pair< set_double::const_iterator, bool > p;
```

Cet objet remise le résultat d'un appel à la fonction **insert** du **set**.

La ligne 24 place la valeur **13.8** dans le **set** par l'entremise de la fonction **insert**:

```
p = setDouble.insert( 13.8 ); // Valeur absente du set.
```

La paire renvoyée, **p**, contient un itérateur **p.first**, pointant vers la valeur **13.8** dans le **set** et une valeur **bool** qui est à **true** si la valeur a été insérée et **false** dans le cas contraire, tout simplement parce que cette valeur existe déjà dans le **set**.

20.3.3 multimap, conteneur associatif

Le conteneur associatif **multimap** est employé pour le stockage et la recherche rapides de clés et de valeurs associées (souvent désignées par «paire clé-valeur). Nombre des méthodes utilisables avec les multisets et les sets sont aussi utilisables pour les multimaps et les maps que nous verrons à la section suivante. Les éléments des multimaps et des maps sont des paires de clés et valeurs, au lieu de valeurs individuelles. Lors de l'insertion dans un **multimap** ou un **map**, on emploie un objet **pair**, qui contient la clé et la valeur. Le tri des clés est déterminé par un objet de fonction de comparaison. Par exemple, dans un **multimap** qui utilise des entiers comme type de clé, les clés peuvent être triées dans l'ordre ascendant des clés, grâce à l'objet de fonction de comparaison **less< int >**. Les clés en double sont permises dans un **multimap**, de sorte que plusieurs valeurs peuvent être associées à une seule et même clé. On désigne souvent ceci sous le vocable de «relation de un à plusieurs». Par exemple, dans un système de gestion de transactions par carte de crédit, un compte de carte de crédit peut avoir de nombreuses transactions associées; dans une université, un étudiant peut suivre plusieurs cours et un professeur peut enseigner à de nombreux étudiants; dans la hiérarchie militaire, un sergent peut commander plusieurs soldats. Le **multimap** supporte les itérateurs bidirectionnels (mais pas les itérateurs à accès direct). Comme pour les multisets et les sets, le **multimap** est implanté de manière typique sous la forme d'un arbre de recherche binaire rouge-noir, dont les noeuds sont des paires de clé-valeur. La figure 20.21 montre comment exploiter un conteneur associatif **multimap**. Le fichier d'en-tête **<map>** doit être inclus dans le code pour qu'il puisse utiliser la classe **multimap**.

```
1   // Figure 20.21: fig20_21.cpp
2   // Test de la classe multimap de la bibliothèque standard.
3   #include <iostream>
4
5   using std::cout;
6   using std::endl;
7
8   #include <map>
9
10  int main()
11  {
12      typedef std::multimap< int, double, std::less< int > > idmm;
13      idmm paires;
14
15      cout << "Il y a actuellement " << paires.count( 15 )
16          << " paires dont la clé vaut 15 dans le multimap.\n";
17      paires.insert( idmm::value_type( 15, 2.7 ) );
18      paires.insert( idmm::value_type( 15, 99.3 ) );
19      cout << "Après insertions, il y a "
20          << paires.count( 15 )
21       << " paires dont la clé vaut 15.\n";
22      paires.insert( idmm::value_type( 30, 111.11 ) );
23      paires.insert( idmm::value_type( 10, 22.22 ) );
24      paires.insert( idmm::value_type( 25, 33.333 ) );
25      paires.insert( idmm::value_type( 20, 9.345 ) );
26      paires.insert( idmm::value_type( 5, 77.54 ) );
27      cout << "Les paires du multimap contiennent:\nClé\tValeur\n";
28
29      for ( idmm::const_iterator iter = paires.begin();
30          iter != paires.end(); ++iter )
31        cout << iter->first << '\t'
32            << iter->second << '\n';
33
34      cout << endl;
35      return 0;
36  }
```

Figure 20.21   Démonstration du modèle de classe **multimap** de la bibliothèque standard. (1 de 2)

```
Il y a actuellement 0 paires dont la clé vaut 15 dans le multimap.
Après insertions, il y a 2 paires dont la clé vaut 15.
Les paires du multimap contiennent:
Clé      Valeur
5        77.54
10       22.22
15       2.7
15       99.3
20       9.345
25       33.333
30       111.11
```

Figure 20.21   Démonstration du modèle de classe **multimap** de la bibliothèque standard. (2 de 2)

Astuce sur la performance 20.15

*Le **multimap** est conçu pour localiser efficacement toutes les valeurs associées à une clé déterminée.*

La ligne 12 utilise un **typedef** pour définir un type de **multimap** où le type de clé est int, le type de la valeur associée est **double** et les éléments sont triés dans l'ordre croissant:

```
typedef std::multimap< int, double, std::less< int > > idmm;
```

La ligne 13 exploite ce nouveau type pour instancier un **multimap** appelé **paires**.

L'instruction des lignes 15 et 16 utilise la fonction **count** pour déterminer le nombre de paires clé-valeur dont la clé vaut **15**:

```
cout << "Il y a actuellement " << paires.count( 15 )
     << " paires sont la clé vaut 15 dans le multimap.\n";
```

La ligne 17 utilise la fonction **insert** pour ajouter une nouvelle paire clé-valeur au **multimap**:

```
paires.insert( idmm:: value_type ( 15, 2.7 ) );
```

L'expression **idmm::value_type(15, 2.7)** crée un objet **pair** dans lequel **first** est la clé (**15**) de type **int** et **second** est la valeur (**2.7**) de type **double**. Le type **idmm::value_type** est défini à la ligne 12 comme faisant partie du **typedef** du **multimap**.

La structure **for** de la ligne 29 sort le contenu du **multimap** en incluant à la fois les clés et les valeurs. Les lignes 31 et 30 font appel à un **const_iterator**, appelé **iter**, pour accéder aux membres de la paire de chaque élément du **multimap**:

```
cout << iter->first << '\t'
     << iter->second << '\n';
```

Notez que les clés sont triées dans l'affichage par ordre croissant.

20.3.4 map, conteneur associatif

Le conteneur associatif **map** permet le stockage et la recherche rapides de clés uniques et de valeurs associées. Les clés en double ne sont pas permises dans un **map**, de sorte qu'une seule valeur peut être associée à chaque clé. On appelle cela une «association de un-à-un». Par exemple, une société qui utilise des numéros d'employé uniques tels que 100, 200 et 300, peut gérer un **map** qui associe les numéros d'employés à leur numéro d'extension téléphonique dans l'entreprise, soit respectivement 4321, 4115 et 5217. Un **map** permet de spécifier la clé et d'obtenir rapidement la donnée associée. Le **map** est appelé communément «tableau associatif». En fournissant la clé à un opérateur d'indiçage **[]** du **map**, il est possible de localiser la valeur associée à la clé au sein du **map**. Les insertions et les suppressions peuvent s'effectuer n'importe où dans un **map**.

La figure 20.22 montre l'utilisation du conteneur associatif **map** et utilise les mêmes caractéristiques que celles exposées à la figure 20.21, sauf en ce qui concerne l'opérateur d'indiçage. Le fichier d'en-tête **<map>** doit être inclus dans votre code pour y utiliser la classe **map**.

```cpp
1   // Figure 20.22: fig20_22.cpp
2   // Test de la classe map de la bibliothèque de modèles standard.
3   #include <iostream>
4
5   using std::cout;
6   using std::endl;
7
8   #include <map>
9
10  int main()
11  {
12     typedef std::map< int, double, std::less< int > > idm;
13     idm paires;
14
15     paires.insert( idm::value_type( 15, 2.7 ) );
16     paires.insert( idm::value_type( 30, 111.11 ) );
17     paires.insert( idm::value_type( 5, 1010.1 ) );
18     paires.insert( idm::value_type( 10, 22.22 ) );
19     paires.insert( idm::value_type( 25, 33.333 ) );
20     paires.insert( idm::value_type( 5, 77.54 ) ); // Doublon ignoré.
21     paires.insert( idm::value_type( 20, 9.345 ) );
22     paires.insert( idm::value_type( 15, 99.3 ) ); // Doublon ignoré.
23     cout << "paires contient:\nClé\tValeur\n";
24
25     idm::const_iterator iter;
26
27     for ( iter = paires.begin(); iter != paires.end(); ++iter )
28        cout << iter->first << '\t'
29            << iter->second << '\n';
30
31     paires[ 25 ] = 9999.99;  // Modifier valeur existante en 25.
32     paires[ 40 ] = 8765.43;  // Insérer nouvelle valeur pour 40.
33     cout << "\nAprès opérations d'indiçage, paires contient:"
34         << "\nClé\tValeur\n";
35
36     for ( iter = paires.begin(); iter != paires.end(); ++iter )
37        cout << iter->first << '\t'
38            << iter->second << '\n';
39
40     cout << endl;
41     return 0;
42  }
```

Figure 20.22 Démonstration du modèle de classe **map** de la bibliothèque standard. (1 de 2)

```
paires contient:
Clé      Valeur
5        1010.1
10       22.22
15       2.7
20       9.345
25       33.333
30       111.11

Après opérations d'indiçage, paires contient:
Clé      Valeur
5        1010.1
10       22.22
15       2.7
20       9.345
25       9999.99
30       111.11
40       8765.43
```

Figure 20.22 Démonstration du modèle de classe **map** de la bibliothèque standard. (2 de 2)

Les lignes 31 et 32 utilisent l'opérateur d'indiçage de la classe **map**:

```
paires[ 25 ] = 9999.99;  // Modifier valeur existante en 25.
paires[ 40 ] = 8765.43;  // Insérer nouvelle valeur pour 40.
```

Lorsque l'indice est une clé qui se trouve déjà dans le **map**, l'opérateur renvoie une référence à la valeur associée. Lorsque l'indice n'est pas une clé déjà existante dans le **map**, l'opérateur insère la clé dans le **map** et renvoie une référence utilisable pour associer une valeur à cette clé. La ligne 31 remplace la valeur de la clé **25** (qui valait **33.333** précédemment à la ligne 19) par la nouvelle valeur **9999.99**. La ligne 32 insère une nouvelle paire clé-valeur, opération appelée *créer une association* dans le **map**.

20.4 Adaptateurs de conteneur

La STL propose trois exemplaires de ce qu'on appelle des *adaptateurs de conteneur*: **stack** (pile), **queue** (file d'attente) et **priority_queue** (queue de priorité). Les adaptateurs ne sont pas des conteneurs de première classe parce qu'ils n'offrent pas l'implantation réelle d'une structure de données où les éléments peuvent être stockés, et ne supportent pas les itérateurs. L'intérêt d'une classe d'adaptateur réside dans la possibilité de choisir la structure de données sous-jacente appropriée. Toutes ces trois classes d'adaptateurs fournissent les fonctions membres **push** (pousser dans) et **pop** (retirer de) qui adaptent la méthode propre d'insertion d'un élément dans la structure de données de chacun des adaptateurs, ainsi que la méthode de retrait d'un élément de cette structure de données de l'adaptateur. Les quelques sous-sections qui suivent montrent des exemples de classes d'adaptateurs.

20.4.1 **stack**, adaptateur

La classe **stack** (nous utiliserons «**stack**» pour désigner la classe et «pile» pour désigner le concept) propose des possibilités qui permettent les insertions et les suppressions dans la structure de données sous-jacente à une seule extrémité pour ainsi la qualifier de structure de données dernier entré, premier sorti. Un **stack** peut être mis en place avec n'importe quel conteneur de séquence:

vector, **list** et **deque**. Cet exemple crée trois piles d'entiers à l'aide de chacun des conteneurs de séquence de la bibliothèque standard comme structure de données sous-jacente pour représenter la pile. Par défaut, une pile est implantée avec un **deque**. Les opérations de pile sont: **push** pour insérer un élément au sommet de la pile – réalisé en appelant la fonction **push_back** du conteneur sous-jacent –, **pop** pour retirer l'élément du sommet de la pile – réalisé par un appel à la fonction **pop_back** du conteneur sous-jacent –, **top** pour obtenir une référence à l'élément du sommet de la pile (effectué par appel de la fonction **back** du conteneur sous-jacent), **empty** pour déterminer si la pile est vide (entraîne un appel à la fonction **empty** du conteneur sous-jacent) et **size** qui permet de connaître le nombre d'éléments présents dans la pile (réalisé par un appel à la fonction **size** du conteneur sous-jacent).

Astuce sur la performance 20.16

*Chacune des opérations communes du **stack** sont implantées en tant que fonctions en ligne qui appellent les fonctions adéquates du conteneur sous-jacent. Ceci évite la surcharge d'exécution d'un deuxième appel de fonction.*

Astuce sur la performance 20.17

*Pour atteindre de meilleures performances, utilisez une des classes **deque** ou **vector** comme conteneur sous-jacent d'un **stack**.*

La figure 20.23 montre l'utilisation des classes d'adaptateur **stack**. Le fichier d'en-tête **<stack>** doit être inclus dans le code pour pouvoir exploiter la classe **stack**.

```
1   // Figure 20.23: fig20_23.cpp
2   // Test de la classe stack de la bibliothèque standard.
3   #include <iostream>
4
5   using std::cout;
6   using std::endl;
7
8   #include <stack>
9   #include <vector>
10  #include <list>
11
12  template< class T >
13  void retireElements( T &s );
14
15  int main()
16  {
17     std::stack< int > stackDequeInt; // Le défaut est une pile de deque.
18     std::stack< int, std::vector< int > > stackVectorInt;
19     std::stack< int, std::list< int > > stackListInt;
20
21     for ( int i = 0; i < 10; ++i ) {
22        stackDequeInt.push( i );
23        stackVectorInt.push( i );
24        stackListInt.push( i );
25     }
26
27     cout << "Retrait hors de stackDequeInt:   ";
28     retireElements( stackDequeInt );
```

Figure 20.23 Démonstration de la classe d'adaptateur de pile **stack** de la bibliothèque standard. (1 de 2)

```
29        cout << "\nRetrait hors de stackVectorInt:   ";
30        retireElements( stackVectorInt );
31        cout << "\nRetrait hors de stackListInt:   ";
32        retireElements( stackListInt );
33
34        cout << endl;
35        return 0;
36    }
37
38    template< class T >
39    void retireElements( T &s )
40    {
41        while ( !s.empty () ) {
42            cout << s.top () << ' ';
43            s.pop ();
44        }
45    }
```

```
Retrait hors de stackDequeInt:  9 8 7 6 5 4 3 2 1 0
Retrait hors de stackVectorInt:  9 8 7 6 5 4 3 2 1 0
Retrait hors de stackListInt:  9 8 7 6 5 4 3 2 1 0
```

Figure 20.23 Démonstration de la classe d'adaptateur de pile **stack** de la bibliothèque standard. (2 de 2)

Les lignes 15 à 17 instancient trois piles d'entiers:

```
std::stack< int > stackDequeInt; // Le défaut est une pile de deque.
std::stack< int, std::vector< int > > stackVectorInt;
std::stack< int, std::list< int > > stackListInt;
```

La ligne 17 spécifie une pile d'entiers qui utilise le conteneur **deque** par défaut comme structure de données sous-jacente. La ligne 18 spécifie une pile d'entiers qui utilise comme structure de données sous-jacente un **vector** d'entiers. La ligne 19 spécifie une pile d'entiers qui utilise une **list** d'entiers comme structure de données sous-jacente.

Les lignes 22 à 24 utilisent la fonction **push**, disponible dans toute classe d'adaptateur, pour placer un entier au sommet de chaque pile.

La fonction **retireElements** des lignes 38 à 45 retire les éléments d'une des piles. La ligne 42 fait appel à la fonction **top** de **stack** pour retrouver l'élément du sommet de la pile en vue de son affichage. La fonction **top** ne retire pas l'élément du sommet. La ligne 43 utilise la fonction **pop**, disponible dans toute classe d'adaptateur, pour retirer l'élément du sommet de la pile. La fonction **pop** ne retourne aucune valeur.

20.4.2 **queue, adaptateur**

La classe **queue** offre des fonctionnalités qui permettent des insertions à l'arrière de la structure de données sous-jacente et des suppressions à la tête de la structure de données sous-jacente. On désigne cette structure de données comme étant du type premier entré, premier sorti. On peut implanter une **queue** avec les structures de données **list** et **deque** de la STL. Par défaut, une **queue** se met en place avec un **deque**. Les opérations habituelles sur une **queue** sont **push** pour insérer un élément à la **queue** (l'arrière) de la queue (qui, partiquement, appelle la fonction **push_back** du conteneur sous-jacent), **pop** qui permet de retirer l'élément présent en tête de la **queue** (qui, pratiquement, appelle la fonction **pop_front** du conteneur sous-jacent), **front** qui obtient une référence au premier élément de la **queue** (qui appelle la fonction **front** du conteneur sous-jacent), **back** qui permet d'ontenir une référence au dernier élément de la **queue** (et qui, en pratique, appelle la fonction **back** du conteneur sous-jacent), **empty** qui détermine si la **queue** est vide (et appelle la fonction **empty** du conteneur sous-jacent), ainsi que **size** qui permet de connaître le nombre d'éléments présents dans la **queue** (et qui appelle en pratique la fonction **size** du conteneur sous-jacent).

Astuce sur la performance 20.18

*Chacune des opérations habituelles sur une **queue** est implantée sous forme d'une fonction en ligne qui appelle la fonction adéquate du conteneur sous-jacent. Ceci permet également de limiter la surcharge à l'exécution, entraînée par un deuxième appel de fonction.*

Astuce sur la performance 20.19

*Pour de meilleures performances, utilisez la classe **deque** comme conteneur sous-jacent d'une **queue**.*

La figure 20.24 montre l'utilisation de la classe d'adaptateur **queue**. Vous devez inclure le fichier d'en-tête **<queue>** dans le code pour tirer parti d'une **queue**.

```
1   // Figure 20.24: fig20_24.cpp
2   // Test de l'adaptateur queue de la bibliothèque standard.
3   #include <iostream>
4
5   using std::cout;
6   using std::endl;
7
8   #include <queue>
9
10  int main()
11  {
12     std::queue< double > valeurs;
13
14     valeurs.push( 3.2 );
15     valeurs.push( 9.8 );
16     valeurs.push( 5.4 );
17
18     cout << "Retrait hors de valeurs:  ";
19
20     while ( !valeurs.empty() ) {
21        cout << valeurs.front() << ' ';     // Ne retire rien.
22        valeurs.pop();                       // Retire un élément.
23     }
24
25     cout << endl;
26     return 0;
27  }
```

```
Retrait hors de valeurs:  3.2 9.8 5.4
```

Figure 20.24 Démonstration du modèle de classe d'adaptateur **queue** de la bibliothèque standard.

La ligne 12 instancie une **queue** destinée à stocker des valeurs **double**:

```
queue< double >valeurs;
```

Les lignes 14 à 16 font appel à la fonction **push** pour ajouter des éléments à la queue. La structure **while** de la ligne 18 exploite la fonction **empty**, disponible dans tous les conteneurs, pour déterminer si la queue est vide.

Tant qu'il y a des éléments dans la **queue**, la ligne 21 fait appel à la fonction **front** de la **queue** pour en lire et non en retirer le premier élément en vue de l'affichage. La ligne 22 retire réellement le premier élément de la queue à l'aide de la fonction **pop**, disponible dans toutes les classes d'adaptateurs.

20.4.3 `priority_queue`, adaptateur

Le classe **priority_queue**, dénommée queue de priorité, propose des fonctionnalités qui permettent les insertions dans un ordre donné dans la structure de données sous-jacente et des suppressions de la tête de la structure de données sous-jacente. Une **priority_queue** peut être mise en place avec, parmi les structures de données de la STL, un **vector** et un **deque**. Par défaut, la **priority_queue** est implantée avec un **vector** comme structure de données sous-jacente. Lors de l'ajout d'éléments à une **priority_queue**, ces éléments sont automatiquement insérés par ordre de priorité, de sorte que l'élément de la plus haute priorité (dont la valeur est la plus grande) est retiré en premier lieu de la **priority_queue**. Ceci s'accomplit généralement grâce à une technique de tri appelée *tri sur le tas* qui maintient toujours la plus grande valeur – et de la plus grande priorité – en tête de la structure de données; une telle structure de données est appelée un *tas* (*heap* en anglais). La comparaison d'éléments est réalisée par un objet de fonction de comparaison **less< T >** par défaut, mais le programmeur peut imposer un comparateur différent.

Les opérations habituelles sur une **priority_queue** sont **push** pour insérer un élément à l'emplacement adéquat, selon l'ordre de priorité de la **priority_queue** (qui, en pratique, appelle la fonction **push_back** du conteneur sous-jacent et trie de nouveau les éléments par le biais du tri sur le tas), **pop** pour retirer l'élément de la plus haute priorité de la **priority_queue** (implantée par un appel de la fonction **pop_back** du conteneur sous-jacent, après retrait de l'élément du sommet du tas), **top** qui permet d'obtenir une référence à l'élément du sommet de la **priority_queue** (mise en place par un appel à la fonction **front** du conteneur sous-jacent), **empty** qui détermine si la **priority_queue** est vide (mise en place par un appel à la fonction **empty** du conteneur sous-jacent) et **size** qui permet de connaître le nombre d'éléments présents dans la **priority_queue** (et qui appelle la fonction **size** du conteneur sous-jacent).

Astuce sur la performance 20.20

Chacune des opérations communes d'une **priority_queue** *est mise en place sous la forme d'une fonction en ligne qui appelle la fonction adéquate du conteneur sous-jacent. Ceci évite la surcharge d'exécution qu'entraînerait un deuxième appel de fonction.*

Astuce sur la performance 20.21

Utilisez la classe **vector** *comme conteneur sous-jacent d'une* **priority_queue** *pour être plus performant.*

La figure 20.25 montre l'utilisation de la classe d'adaptateur **priority_queue**. Avant d'exploiter la classe **priority_queue**, le fichier d'en-tête **<queue>** doit être inclus dans le code du programme.

```
1   // Figure 20.25: fig20_25.cpp
2   // Test de la classe priority_queue de la bibliothèque standard.
3   #include <iostream>
4
5   using std::cout;
6   using std::endl;
7
8   #include <queue>
9
10  int main()
11  {
12     std::priority_queue< double > priorites;
13
14     priorites.push( 3.2 );
15     priorites.push( 9.8 );
16     priorites.push( 5.4 );
17
18     cout << "Retrait hors de priorites:  ";
19
20     while ( !priorites.empty() ) {
21        cout << priorites.top() << ' ';
22        priorites.pop();
23     }
24
25     cout << endl;
26     return 0;
27  }
```

```
Retrait hors de priorites:  9.8 5.4 3.2
```

Figure 20.25 Démonstration du modèle de classe d'adaptateur `priority_queue` de la bibliothèque standard.

La ligne 12 instancie une **priority_queue** qui stocke des valeurs **double** et utilise un **deque** comme structure de données sous-jacente:

    std::priority_queue< double > priorites;

Les lignes 14 à 16 utilisent la fonction **push** pour ajouter des éléments à la **priority_queue**. La structure **while** de la ligne 20 utilise la fonction **empty**, disponible dans tous les conteneurs, pour déterminer si la **priority_queue** est vide. Tant qu'il y a encore des éléments dans la **priority_queue**, la ligne 21 appelle la fonction **top** de la **priority_queue** pour retrouver l'élément de la plus haute priorité de la **priority_queue** pour son affichage. La ligne 22 retire physiquement l'élément de la plus haute priorité à l'aide de la fonction **pop**, disponible dans toutes les classes d'adaptateurs.

20.5 Algorithmes

Avant que la STL n'apparaisse, les bibliothèques de classes de conteneurs et d'algorithmes étaient essentiellement incompatibles d'un éditeur de logiciels à un autre. Les premières bibliothèques de conteneurs utilisaient généralement l'héritage et le polymorphisme, ce qui entraînait une surcharge du processeur due aux appels de fonctions virtuelles. Les premières bibliothèques avaient des algorithmes intégrés aux classes de conteneurs sous la forme de comportements de classes. La STL sépare les algorithmes des conteneurs. Ceci facilite l'ajout de nouveaux algorithmes et fait que la STL est implantée d'une manière plus efficace. Cette séparation évite les surcharges de travail du processeur causées par les appels de fonctions virtuelles. Au sein de la STL, ce sont des itérateurs qui permettent d'accéder aux éléments des conteneurs.

Observation de génie logiciel 20.8

Les algorithmes de la STL ne dépendent pas des détails d'implantation des conteneurs sur lesquels ils opèrent. Tant que les itérateurs du conteneur (ou du tableau) satisfont aux exigences des algorithmes, les algorithmes de la STL peuvent opérer sur tout tableau piloté par pointeurs du style de ceux du C, autant que sur les conteneurs de la STL (et les structures de données définies par les utilisateurs).

Observation de génie logiciel 20.9

Des algorithmes peuvent être ajoutés facilement à la STL, sans modification aux classes de conteneurs.

20.5.1 `fill`, `fill_n`, `generate` et `generate_n`

La figure 20.26 montre l'utilisation des fonctions **fill**, **fill_n**, **generate** et **generate_n** de la bibliothèque standard. Les fonctions **fill** (remplir) et **fill_n** attribuent une valeur spécifique à tous les éléments d'un intervalle d'éléments de conteneur. Les fonctions **generate** et **generate_n** utilisent une fonction de génération pour créer des valeurs destinées à tous les éléments situés dans un intervalle d'éléments de conteneur. La fonction de génération ne prend aucun argument et retourne une valeur qui peut être placée dans un élément du conteneur.

```cpp
1   // Figure 20.26: fig20_26.cpp
2   // Demonstratiion des méthodes fill, fill_n, generate et generate_n
3   // de la bibliothèque standard.
4   #include <iostream>
5
6   using std::cout;
7   using std::endl;
8
9   #include <algorithm>
10  #include <vector>
11
12  char lettreSuivante();
13
14  int main()
15  {
16      std::vector< char > caracteres( 10 );
17      std::ostream_iterator< char > sortie( cout, " " );
18
19      std::fill( caracteres.begin(), caracteres.end(), '5' );
20      cout << "Vector caracteres après remplissage avec des 5:\n";
21      std::copy( caracteres.begin(), caracteres.end(), sortie );
22
23      std::fill_n( caracteres.begin(), 5, 'A' );
24      cout << "\nVector caracteres après remplissage (fill) de cinq"
25          << " éléments avec des A:\n";
26      std::copy( caracteres.begin(), caracteres.end(), sortie );
27
```

Figure 20.26 Démonstration des fonctions **fill**, **fill_n**, **generate** et **generate_n** de la bibliothèque standard. (1 de 2)

```
28      std::generate( caracteres.begin(), caracteres.end(), lettreSuivante );
29      cout << "\nVector caracteres après génération de lettres A à J:\n";
30      std::copy( caracteres.begin(), caracteres.end(), sortie );
31
32      std::generate_n( caracteres.begin(), 5, lettreSuivante );
33      cout << "\nVector caracteres après génération de K à O"
34           << " pour les cinq premiers éléments:\n";
35      std::copy( caracteres.begin(), caracteres.end(), sortie );
36
37      cout << endl;
38      return 0;
39   }
40
41   char lettreSuivante()
42   {
43      static char lettre = 'A';
44      return lettre++;
45   }
```

```
Vector caracteres après remplissage avec des 5:
5 5 5 5 5 5 5 5 5

Vector caracteres après remplissage (fill) de cinq éléments avec des A:
A A A A A 5 5 5 5

Vector caracteres après génération de lettres A à J:
A B C D E F G H I J

Vector caracteres après génération de K à O pour les cinq premiers éléments:
K L M N O F G H I J
```

Figure 20.26   Démonstration des fonctions `fill`, `fill_n`, `generate` et `generate_n` de la bibliothèque standard. (2 de 2)

La ligne 19 utilise la fonction **fill** pour placer le caractère **'5'** dans tous les éléments du **vector caracteres**, depuis **caracteres.begin()** jusqu'à **caracteres.end()** exclusivement:

std::fill(caracteres.begin(), caracteres.end(), '5');

Remarquez que les itérateurs fournis en premier et deuxième arguments doivent être au moins des itérateurs aller, c'est-à-dire qu'ils peuvent intervenir tant pour l'entrée en provenance d'un conteneur que pour la sortie vers un conteneur dans la direction de l'aller.

La ligne 23 emploie la fonction **fill_n** pour placer le caractère **'A'** dans les cinq premiers éléments du **vector caracteres**:

std::fill_n(caracteres.begin(), 5, 'A');

L'itérateur fourni en premier argument doit être au moins un itérateur de sortie, c'est-à-dire qu'il peut être utilisé pour la sortie vers un conteneur dans la direction de l'aller. Le deuxième argument spécifie le nombre d'éléments à remplir et le troisième spécifie la valeur à placer dans chaque élément.

La ligne 28 utilise la fonction **generate** pour placer le résultat d'un appel à la fonction de génération **lettreSuivante** dans tous les éléments du **vector caracteres** depuis **caracteres.begin()** jusqu'à **caracteres.end()** exclusivement:

```
std::generate( caracteres.begin(), caracteres.end(), lettreSuivante
);
```

Les itérateurs fournis en premier et deuxième arguments doivent être au moins des itérateurs aller. La fonction **lettreSuivante**, définie à la ligne 41 commence par le caractère **'A'** maintenu dans une variable locale statique. L'instruction de la ligne 44 renvoie la valeur courante de **lettre** chaque fois que **lettreSuivante** est appelée, puis incrémente la valeur de **lettre**:

```
return lettre++;
```

La ligne 32 utilise la fonction **generate_n** pour placer le résultat d'un appel à la fonction de génération **lettreSuivante** dans cinq éléments du **vector caracteres**, en commençant à **caracteres.begin()**:

```
std::generate_n( caracteres.begin(), 5, lettreSuivante );
```

L'itérateur fourni comme premier argument doit au moins être un itérateur de sortie.

20.5.2 equal, mismatch et lexicographical_compare

La figure 20.27 montre l'utilisation des séquences de comparaison d'égalité de valeurs à l'aide des fonctions **equal**, **mismatch** (dichotomie) et **lexicographical_compare** (comparaison lexicographique) de la bibliothèque standard.

```
1   // Figure 20.27: fig20_27.cpp
2   // Montre l'utilisation des fonctions equal, mismatch
3   // lexicographical_compare de la bibliothèque standard.
4   #include <iostream>
5
6   using std::cout;
7   using std::endl;
8
9   #include <algorithm>
10  #include <vector>
11
12  int main()
13  {
14     const int TAILLE = 10;
15     int a1[ TAILLE ] = { 1, 2, 3, 4, 5, 6, 7, 8, 9, 10 };
16     int a2[ TAILLE ] = { 1, 2, 3, 4, 1000, 6, 7, 8, 9, 10 };
17     std::vector< int > v1( a1, a1 + TAILLE ),
18                        v2( a1, a1 + TAILLE ),
19                        v3( a2, a2 + TAILLE );
20     std::ostream_iterator< int > sortie( cout, " " );
21
```

Figure 20.27 Démonstration des fonctions **equal, mismatch** et **lexicographical_compare** de la bibliothèque standard. (1 de 2)

```
22        cout << "Vector v1 contient: ";
23        std::copy( v1.begin(), v1.end(), sortie );
24        cout << "\nVector v2 contient: ";
25        std::copy( v2.begin(), v2.end(), sortie );
26        cout << "\nVector v3 contient: ";
27        std::copy( v3.begin(), v3.end(), sortie );
28
29        bool resultat = std::equal( v1.begin(), v1.end(), v2.begin() );
30        cout << "\n\nVector v1 " << ( resultat ? "est": "n'est pas" )
31            << " égal (equal) au vector v2.\n";
32
33        resultat = std::equal( v1.begin(), v1.end(), v3.begin() );
34        cout << "Vector v1 " << ( resultat ? "est": "n'est pas" )
35            << " égal (equal) au vector v3.\n";
36
37        std::pair < std::vector< int >:: iterator,
38        std::vector< int >::iterator > emplacement;
39        emplacement = std::mismatch( v1.begin(), v1.end(), v3.begin() );
40        cout << "\nIl y a dichotomie (mismatch) entre v1 et v3 "
41            << "à l'emplacement " << ( emplacement.first - v1.begin() )
42            << ",\n où v1 contient " << *emplacement.first
43            << " et v3 contient " << *emplacement.second
44            << ".\n\n";
45
46        char c1[ TAILLE ] = "BONJOUR", c2[ TAILLE ] = "AU REVOIR";
47
48        resultat = std::lexicographical_compare(
49                    c1, c1 + TAILLE, c2, c2 + TAILLE );
50        cout << c1 << " est "
51            << ( resultat ? "plus petit": "plus grand")
52            << " que " << c2;
53
54        cout << endl;
55        return 0;
56  }
```

```
Vector v1 contient: 1 2 3 4 5 6 7 8 9 10
Vector v2 contient: 1 2 3 4 5 6 7 8 9 10
Vector v3 contient: 1 2 3 4 1000 6 7 8 9 10

Vector v1 est égal (equal) au vector v2.
Vector v1 n'est pas égal (equal) au vector v3.

Il y a dichotomie (mismatch) entre v1 et v3 à l'emplacement 4,
où v1 contient 5 et v3 contient 1000.

BONJOUR est plus grand que AU REVOIR
```

Figure 20.27 Démonstration des fonctions equal, mismatch et lexicographical_compare de la bibliothèque standard. (2 de 2)

La ligne 29 utilise la fonction **equal** pour comparer l'égalité de deux séquences de valeurs:

```
bool resultat = equal( v1.begin(), v1.end(), v2.begin() );
```

Chaque séquence ne doit pas nécessairement contenir le même nombre d'éléments: **equal** renvoie **false** si les séquences ne sont pas de même longueur. La fonction **operator==** effectue la comparaison des éléments. Dans cet exemple, les éléments du **vector v1**, à partir de **v1.begin()** jusqu'à **v1.end()** exclusivement, sont comparés aux éléments du **vector v2**, à partir de **v2.begin()** – dans cet exemple, **v1** et **v2** sont égaux. Les trois itérateurs en arguments doivent être au moins des itérateurs d'entrée, c'est-à-dire qu'ils peuvent être utilisés en vue de l'entrée d'une séquence dans la direction de l'aller. La ligne 33 appelle la fonction **equal** pour comparer les **vector v1** et **v3**, différents.

Une autre version de la fonction **equal** attend une fonction de prédicat binaire en quatrième paramètre. Cette fonction reçoit les deux éléments en cours de comparaison et retourne une valeur **bool** indiquant si les éléments sont égaux ou non. Ceci serait utile pour des séquences qui stockent des objets ou des pointeurs vers des valeurs au lieu de véritables valeurs, car ils est alors possible de définir une ou plusieurs comparaisons. Par exemples, on peut comparer l'age, le numéro de sécurité sociale ou l'emplacement d'objets Employe, au lieu de comparer les objets dans leur totalité. Il est de ce fait possible de comparer ce à quoi les pointeurs font référence au lieu de comparer le contenu des pointeurs – en d'autres termes, les adresses stockées dans les pointeurs en question.

Les lignes 37 à 39 commencent par instancier une paire d'itérateurs appelée **emplacement** pour un **vector** d'entiers:

```
std::pair< std::vector< int >::iterator,
std::vector< int >::iterator > emplacement;
emplacement = std::mismatch( v1.begin(), v1.end(), v3.begin() );
```

Cet objet stocke le résultat de l'appel à **mismatch**. La fonction **mismatch** compare deux séquences de valeurs et retourne une paire d'itérateurs indiquant l'emplacement des éléments dichotomiques dans chaque séquence. Si tous les éléments correspondent, les deux itérateurs de la **pair** sont égaux au dernier itérateur de chaque séquence. Les trois itérateurs en argument doivent être au moins des itérateurs d'entrée. L'expression de la ligne 41, **emplacement.first - v1.begin()**, détermine l'emplacement effectif de la dichotomie dans les **vector** de cet exemple. Le résultat de ce calcul se traduit par le nombre d'éléments entre les itérateurs (ce calcul est analogue à l'arithmétique des pointeurs que nous avons vue au chapitre 5). Le résultat correspond au numéro de l'élément dans cet exemple puisque la comparaison est effectuée depuis de début des deux **vector**.

Comme c'était le cas pour la fonction **equal**, une autre version de la fonction **mismatch** prend une fonction de prédicat binaire en quatrième paramètre.

Les lignes 48 et 49 exploitent la fonction **lexicographical_compare** de façon à comparer le contenu de deux tableaux de caractères:

```
resultat = std::lexicographical_compare(
           c1, c1 + TAILLE, c2, c2 + TAILLE );
```

Les quatre itérateurs en arguments de cette fonction doivent être au moins des itérateurs d'entrée. Or nous avons vu que les pointeurs vers des tableaux sont des itérateurs à accès direct. Les itérateurs des deux premiers arguments spécifient l'intervalle des emplacements dans la première séquence. Les itérateurs placés dans les deux derniers arguments spécifient l'intervalle des emplacements de la deuxième séquence. Durant l'itération le long des séquences, si l'élément de la première séquence est moindre que l'élément correspondant de la seconde séquence, la fonction retourne **true**. Si l'élément de la première séquence est supérieur ou égal à l'élément de la seconde séquence, la fonction retourne **false**. Cette fonction peut être exploitée pour arranger des séquences de façon lexicographique. D'une manière typique, de telles séquences contiennent des chaînes de caractères.

20.5.3 `remove`, `remove_if`, `remove_copy` et `remove_copy_if`

La figure 20.28 montre le retrait de valeurs hors d'une séquence à l'aide des fonctions **remove** (retirer), **remove_if**, **remove_copy** et **remove_copy_if** de la bibliothèque standard.

```cpp
1   // Figure 20.28: fig20_28.cpp
2   // Montre l'utilisation des fonctions remove, remove_if, remove_copy.
3   // et remove_copy_if de la bibliothèque standard.
4   #include <iostream>
5
6   using std::cout;
7   using std::endl;
8
9   #include <algorithm>
10  #include <vector>
11
12  bool plusGrandQue9( int );
13
14  int main()
15  {
16      const int TAILLE = 10;
17      int a[ TAILLE ] = { 10, 2, 10, 4, 16, 6, 14, 8, 12, 10 };
18      std::ostream_iterator< int > sortie( cout, " " );
19
20      // Retirer (remove) 10 de v.
21      std::vector< int > v( a, a + TAILLE );
22      std::vector< int >::iterator nouveauDernierElement;
23      cout << "Vector v avant le retrait de tous les 10:  \n";
24      std::copy( v.begin(), v.end(), sortie );
25      nouveauDernierElement = std::remove( v.begin(), v.end(), 10 );
26      cout << "\nVector v après le retrait de tous les 10:  \n";
27      std::copy( v.begin(), nouveauDernierElement, sortie );
28
29      // Copier de v2 vers c, retirer les 10.
30      std::vector< int > v2( a, a + TAILLE );
31      std::vector< int > c( TAILLE, 0 );
32      cout << "\n\nVector v2 avant le retrait de tous les 10 "
33          << "et la copie:\n";
34      std::copy( v2.begin(), v2.end(), sortie );
35      std::remove_copy( v2.begin(), v2.end(), c.begin(), 10 );
36      cout << "\nVector c après le retrait de tous les 10 de v2:\n";
37      std::copy( c.begin(), c.end(), sortie );
38
39      // Retirer les éléments plus grands que 9 de v3.
40      std::vector< int > v3( a, a + TAILLE );
41      cout << "\n\nVector v3 avant le retrait de tous les éléments"
42          << "\nplus grands que 9:\n";
43      std::copy( v3.begin(), v3.end(), sortie );
```

Figure 20.28 Démonstration des fonctions **remove**, **remove_if**, **remove_copy** et **remove_copy_if** de la bibliothèque standard. (1 de 2)

```
44        nouveauDernierElement = std::remove_if( v3.begin(), v3.end(),
45                                    plusGrandQue9 );
46        cout << "\nVector v3 après le retrait de tous les éléments"
47            << "\nplus grands que 9:\n";
48        std::copy( v3.begin(), nouveauDernierElement, sortie );
49
50        // Copier les éléments de v4 vers c,
51        // en enlevant les éléments plus grands que 9.
52        std::vector< int > v4( a, a + TAILLE );
53        std::vector< int > c2( TAILLE, 0 );
54        cout << "\n\nVector v4 avant le retrait de tous les éléments"
55            << "\nplus grands que 9 et la copie:\n";
56        std::copy( v4.begin(), v4.end(), sortie );
57        std::remove_copy_if(
58                v4.begin(), v4.end(), c2.begin(), plusGrandQue9 );
59        cout << "\nVector c2 après le retrait de tous les éléments"
60            << "\nplus grands que 9 de v4:\n";
61        std::copy( c2.begin(), c2.end(), sortie );
62
63        cout << endl;
64        return 0;
65    }
66
67    bool plusGrandQue9( int x )
68    {
69        return x > 9;
70    }
```

```
Vector v avant le retrait de tous les 10:
10 2 10 4 16 6 14 8 12 10
Vector v après le retrait de tous les 10:
2 4 16 6 14 8 12

Vector v2 avant le retrait de tous les 10 et la copie:
10 2 10 4 16 6 14 8 12 10
Vector c après le retrait de tous les 10 de v2:
2 4 16 6 14 8 12 0 0 0

Vector v3 avant le retrait de tous les éléments
plus grands que 9:
10 2 10 4 16 6 14 8 12 10
Vector v3 après le retrait de tous les éléments
plus grands que 9:
2 4 6 8

Vector v4 avant le retrait de tous les éléments
plus grands que 9 et la copie:
10 2 10 4 16 6 14 8 12 10
Vector c2 après le retrait de tous les éléments
plus grands que 9 de v4:
2 4 6 8 0 0 0 0 0 0
```

Figure 20.28 Démonstration des fonctions **remove**, **remove_if**, **remove_copy** et **remove_copy_if** de la bibliothèque standard. (2 de 2)

La ligne 25 utilise la fonction **remove** pour éliminer tous les éléments dont la valeur est 10 dans l'intervalle compris entre **v.begin()** et **v.end()** du **vector v**:

```
nouveauDernierElement = std::remove( v.begin(), v.end(), 10 );
```

Les itérateurs des deux premiers arguments sont des itérateurs aller pour que l'algorithme puisse modifier les éléments de la séquence. Cette fonction ne modifie pas le nombre d'éléments dans le **vector**, ni ne détruit les éléments éliminés, mais elle déplace tous les éléments qui n'ont pas été éliminés vers le début du **vector**. La fonction retourne un itérateur positionné après le dernier élément du **vector** qui n'a pas été éliminé. Les éléments situés entre la position de l'itérateur et la fin du **vector** ont des valeurs indéfinies. Dans cet exemple, chacune des positions considérées comme indéfinies a la valeur **0**.

La ligne 35 utilise la fonction **remove_copy** pour copier tous les éléments qui n'ont pas la valeur **10** dans l'intervalle **v2.begin()** jusqu'à **v2.end()** du **vector v2** exclusivement:

```
std::remove_copy( v2.begin(), v2.end(), c.begin(), 10 );
```

Les éléments sont placés dans le **vector c** à partir de la position **c.begin()**. Les itérateurs fournis dans les deux premiers arguments doivent être des itérateurs d'entrée. L'itérateur fourni en troisième argument doit être un itérateur de sortie, de sorte que l'élément en cours de copie puisse être inséré adéquatement à l'emplacement de destination de la copie. Cette fonction retourne un itérateur positionné après le dernier élément copié dans le **vector c**. Notez, à la ligne 31, l'utilisation du constructeur de **vector** qui reçoit le nombre d'éléments présents dans le **vector** et la valeur initiale de ces éléments.

Les lignes 44 et 45 utilisent la fonction **remove_if** pour supprimer tous les éléments de l'intervalle de **v3.begin()** et **v3.end()** du **vector v3** pour lequel notre fonction de prédicat unaire définie par l'utilisateur **plusGrandQue9** retourne **true**:

```
nouveauDernierElement = std::remove_if( v3.begin(), v3.end(),
                           plusGrandQue9 );
```

La fonction **plusGrandQue9** est définie à la ligne 67 de façon à retourner **true** si la valeur qui lui est passée est supérieure à 9 et **false** dans le cas contraire. Les itérateurs fournis aux deux premiers arguments doivent être des itérateurs aller, de sorte que l'algorithme puisse modifier les éléments de la séquence. Cette fonction ne modifie pas le nombre d'éléments dans le **vector**, mais elle déplace tous les éléments qui n'ont pas été éliminés vers le début du **vector**. La fonction retourne un itérateur positionné après le dernier élément du **vector** qui n'a pas été supprimé. Tous les éléments situés entre la position de l'itérateur et la fin du **vector** ont des valeurs indéfinies.

Les lignes 57 et 58 exploitent la fonction **remove_copy_if**, afin de copier tous les éléments de l'intervalle entre **v4.begin()** et **v4.end()** du **vector v4**, pour lesquels la fonction unaire de prédicat **plusGrandQue9** retourne **true**:

```
std:: remove_copy_if(
        v4.begin(), v4.end(), c2.begin(), plusGrandQue9 );
```

Les éléments sont placés dans le **vector c2** à partir de la position **c2.begin()**. Les itérateurs fournis dans les deux premiers arguments doivent être des itérateurs d'entrée. L'itérateur fourni en troisième argument doit être un itérateur de sortie, de sorte que l'élément en cours de copie puisse être inséré à l'emplacement de destination de la copie. Cette fonction retourne un itérateur positionné après le dernier élément copié dans le **vector c2**.

20.5.4 replace, replace_if, replace_copy et replace_copy_if

La figure 20.29 montre le remplacement des valeurs d'une séquence à l'aide des fonctions **replace**, **replace_if**, **replace_copy** et **replace_copy_if** de la bibliothèque standard.

La ligne 24 utilise la fonction **replace** pour remplacer tous les éléments de valeur **10** dans l'intervalle compris entre **v1.begin()** et **v1.end()**, du **vector v1** par la nouvelle valeur **100**:

```
std::replace( v1.begin(), v1.end(), 10, 100 );
```

Les itérateurs fournis dans les deux premiers arguments doivent être des itérateurs aller, de sorte que l'algorithme puisse modifier les éléments dans la séquence.

```
1   // Figure 20.29: fig20_29.cpp
2   // Montre l'utilisation des fonctions replace, replace_if.
3   // replace_copy et replace_copy_if de la bibliothèque standard.
4   #include <iostream>
5
6   using std::cout;
7   using std::endl;
8
9   #include <algorithm>
10  #include <vector>
11
12  bool plusGrandQue9( int );
13
14  int main()
15  {
16     const int TAILLE = 10;
17     int a[ TAILLE ] = { 10, 2, 10, 4, 16, 6, 14, 8, 12, 10 };
18     std::ostream_iterator< int > sortie( cout, " " );
19
20     // Remplacer les valeurs 10 dans v1 par des valeurs 100.
21     std::vector< int > v1( a, a + TAILLE );
22     cout << "Vector v1 avant remplacement de tous les 10:\n";
23     std::copy( v1.begin(), v1.end(), sortie );
24     std::replace( v1.begin(), v1.end(), 10, 100 );
25     cout << "\nVector v1 après remplacement de tous les 10 par 100:\n";
26     std::copy( v1.begin(), v1.end(), sortie );
27
28     // Copier de v2 à c1, en remplaçant les 10 par 100.
29     std::vector< int > v2( a, a + TAILLE );
30     std::vector< int > c1( TAILLE );
31     cout << "\n\nVector v2 avant remplacement de tous les 10 "
32          << "et la copie:  \n";
33     std::copy( v2.begin(), v2.end(), sortie );
34     std::replace_copy( v2.begin(), v2.end(),
35                 c1.begin(), 10, 100 );
36     cout << "\nVector c1 après remplacement de tous les 10 dans v2:\n";
37     std::copy( c1.begin(), c1.end(), sortie );
38
```

Figure 20.29 Démonstration des fonctions **replace**, **replace_if**, **replace_copy** et **replace_copy_if** de la bibliothèque standard. (1 de 2)

```
39    // Remplacer les valeurs plus grandes que 9 dans v3 par 100.
40    std::vector< int > v3( a, a + TAILLE );
41    cout << "\n\nVector v3 avant remplacement des valeurs"
42         << " plus grandes que 9:\n";
43    std::copy( v3.begin(), v3.end(), sortie );
44    std::replace_if( v3.begin(), v3.end(), plusGrandQue9, 100 );
45    cout << "\nVector v3 après remplacement de toutes les valeurs"
46         << "\nplus grandes que 9 par 100:\n";
47    std::copy( v3.begin(), v3.end(), sortie );
48
49    // Copier v4 dans c2, remplacer les elements supérieurs à 9 par 100.
50    std::vector< int > v4( a, a + TAILLE );
51    std::vector< int > c2( TAILLE );
52    cout << "\n\nVector v4 avant le remplacement de toutes les valeurs"
53         << "\nplus grandes que 9 et la copie:\n";
54    std::copy( v4.begin(), v4.end(), sortie );
55    std::replace_copy_if( v4.begin(), v4.end(), c2.begin(),
56                          plusGrandQue9, 100 );
57    cout << "\nVector c2 après le remplacement de toutes les valeurs"
58         << "\nplus grandes que 9 dans v4:\n";
59    std::copy( c2.begin(), c2.end(), sortie );
60
61    cout << endl;
62    return 0;
63 }
64
65 bool plusGrandQue9( int x )
66 {
67    return x > 9;
68 }
```

```
Vector v1 avant remplacement de tous les 10:
10 2 10 4 16 6 14 8 12 10
Vector v1 après remplacement de tous les 10 par 100:
100 2 100 4 16 6 14 8 12 100

Vector v2 avant remplacement de tous les 10 et la copie:
10 2 10 4 16 6 14 8 12 10
Vector c1 après remplacement de tous les 10 dans v2:
100 2 100 4 16 6 14 8 12 100

Vector v3 avant remplacement des valeurs plus grandes que 9:
10 2 10 4 16 6 14 8 12 10
Vector v3 après remplacement de toutes les valeurs
plus grandes que 9 par 100:
100 2 100 4 100 6 100 8 100 100

Vector v4 avant remplacement de toutes les valeurs
plus grandes que 9 et la copie:
10 2 10 4 16 6 14 8 12 10
Vector c2 après remplacement de toutes les valeurs
plus grandes que 9 dans v4:
100 2 100 4 100 6 100 8 100 100
```

Figure 20.29 Démonstration des fonctions **replace**, **replace_if**, **replace_copy** et **replace_copy_if** de la bibliothèque standard. (2 de 2)

Les lignes 34 et 35 utilisent la fonction **replace_copy** pour copier tous les éléments de l'intervalle compris entre **v2.begin()** et **v2.end()** du **vector v2** en remplaçant tous les éléments dont la valeur vaut **10** par **100**:

```
std::replace_copy( v2.begin(), v2.end(),
                   c1.begin(), 10, 100 );
```

Les éléments sont copiés dans le **vector c1** à partir de l'emplacement **c1.begin()**. Les itérateurs fournis dans les deux premiers arguments doivent être des itérateurs d'entrée. L'itérateur fourni en troisième argument doit être un itérateur de sortie, de sorte que l'élément à copier puisse s'insérer à la position de copie. Cette fonction retourne un itérateur positionné après le dernier élément copié dans le **vector c2**.

La ligne 44 exploite la fonction **replace_if** et remplace tous les éléments de l'intevalle compris entre **v3.begin()** et **v3.end()** du **vector v3** pour lesquels la fonction unaire de prédicat **plusGrandQue9** retourne **true**:

```
std::replace_if( v3.begin(), v3.end(), plusGrandQue9, 100 );
```

La fonction **plusGrandQue9** est définie à la ligne 65 de façon à renvoyer **true** si la valeur qui lui est passée est supérieure à **9** et **false** dans le cas contraire. La valeur **100** remplace chaque valeur plus grande que 9. Les itérateurs fournis aux deux premiers arguments doivent être des itérateurs aller, de sorte que l'algorithme puisse modifier les éléments de la séquence.

Les lignes 55 et 56 font appel à la fonction **replace_copy_if** pour copier tous les éléments de l'intervalle compris entre **v4.begin()** et **v4.end()** du **vector v4**:

```
std::replace_copy_if( v4.begin(), v4.end(), c2.begin(),
                      plusGrandQue9, 100 );
```

Les éléments pour lesquels la fonction unaire de prédicat **plusGrandQue9** retourne **true** sont remplacés par la valeur **100**. Les éléments sont placés dans le **vector c2** à partir de la position **c2.begin()**. Les itérateurs fournis aux deux premiers arguments doivent être des itérateurs d'entrée pour que l'élément en cours de copie puisse s'insérer à l'emplacement de copie. Cette fonction retourne un itérateur positionné après le dernier élément copié dans le **vector c2**.

20.5.5 Algorithmes mathématiques

La figure 20.30 montre l'utilisation de quelques-uns des algorithmes mathématiques de la bibliothèque standard, dont **random_shuffle** (brassage aléatoire), **count**, **count_if**, **min_element**, **max_element**, **accumulate**, **for_each** (pour chaque) et **transform.**

La ligne 25 utilise la fonction **random_shuffle** pour trier de façon aléatoire les éléments de l'intervalle compris entre **v.begin()** et **v.end()** du **vector v**:

```
std::random_shuffle( v.begin(), v.end() );
```

La fonction reçoit deux itérateurs à accès direct en arguments.

La ligne 32 utilise la fonction **count** pour compter les éléments dont la valeur est **8** dans l'intervalle compris entre **v2.begin()** et **v2.end()** du **vector v2**:

```
int resultat = std::count( v2.begin(), v2.end(), 8 );
```

Cette fonction requiert que les deux itérateurs qui lui sont transmis en arguments soient au moins des itérateurs d'entrée.

```
1   // Figure 20.30: fig20_30.cpp
2   // Exemples d'algorithmes mathématiques de la bibliothèque standard.
3   #include <iostream>
4
5   using std::cout;
6   using std::endl;
7
8   #include <algorithm>
9   #include <numeric> // accumulate est défini ici.
10  #include <vector>
11
12  bool plusGrandQue9( int );
13  void sortirCarre( int );
14  int calculerCube( int );
15
16  int main()
17  {
18     const int TAILLE = 10;
19     int a1[] = { 1, 2, 3, 4, 5, 6, 7, 8, 9, 10 };
20     std::vector< int > v( a1, a1 + TAILLE );
21     std::ostream_iterator< int > sortie( cout, " " );
22
23     cout << "Vector v avant random_shuffle: ";
24     std::copy( v.begin(), v.end(), sortie );
25     std::random_shuffle( v.begin(), v.end() );
26     cout << "\nVector v après random_shuffle: ";
27     std::copy( v.begin(), v.end(), sortie );
28
29     int a2[] = { 100, 2, 8, 1, 50, 3, 8, 8, 9, 10 };
30     std::vector< int > v2( a2, a2 + TAILLE );
31     cout << "\n\nVector v2 contient: ";
32     std::copy( v2.begin(), v2.end(), sortie );
33     int resultat = std::count( v2.begin(), v2.end(), 8 );
34     cout << "\nLe nombre d'éléments correspondant à 8:  " << resultat;
35
36     resultat = std::count_if( v2.begin(), v2.end(), plusGrandQue9 );
37     cout << "\nLe nombre d'éléments plus grands que 9:  " << resultat;
38
39     cout << "\n\nL'élément minimum du vector v2 est:  "
40          << *( std::min_element( v2.begin(), v2.end() ) );
41
42     cout << "\nL'élément maximum du vector v2 est:  "
43          << *( std::max_element( v2.begin(), v2.end() ) );
44
45     cout << "\n\nLe total des éléments du vector v est:  "
46          << std::accumulate( v.begin(), v.end(), 0 );
47
48     cout << "\n\nLe carré de tous les entiers du vector v vaut:\n";
49     std::for_each( v.begin(), v.end(), sortirCarre );
50
51     std::vector< int > cubes( TAILLE );
52     std::transform( v.begin(), v.end(), cubes.begin(),
53                     calculerCube );
54     cout << "\n\nLe cube de tous les entiers du vector v vaut:\n";
55     std::copy( cubes.begin(), cubes.end(), sortie );
56
```

Figure 20.30　Démonstration de quelques-uns des algorithmes mathématiques de la bibliothèque standard. (1 de 2)

```
57       cout << endl;
58       return 0;
59    }
60
61    bool plusGrandQue9( int valeur ) { return valeur > 9; }
62
63    void sortirCarre( int valeur ) { cout << valeur * valeur << ' '; }
64
65    int calculerCube( int valeur ) { return valeur * valeur * valeur; }
```

```
Vector v avant random_shuffle:  1 2 3 4 5 6 7 8 9 10
Vector v après random_shuffle:  5 4 1 3 7 8 9 10 6 2

Vector v2 contient: 100 2 8 1 50 3 8 8 9 10
Le nombre d'éléments correspondant à 8:   3
Le nombre d'éléments plus grands que 9:   3

L'élément minimum du vector v2 est:   1
L'élément maximum du vector v2 est:   100

Le total des éléments du vector v est:   55

Le carré de tous les entiers du vector v vaut:
25 16 1 9 49 64 81 100 36 4

Le cube de tous les entiers du vector v vaut:
125 64 1 27 343 512 729 1000 216 8
```

Figure 20.30 Démonstration de quelques-uns des algorithmes mathématiques
de la bibliothèque standard. (2 de 2)

La ligne 57 appelle la fonction **count_if** pour compter les éléments de l'intervalle compris entre **v2.begin()** et **v2.end()** du **vector v2**, pour lesquels la fonction de prédicat **plusGrandQue9** retourne **true**:

```
resultat = std::count_if( v2.begin(), v2.end(), plusGrandQue9 );
```

La fonction **count_if** requiert que ses deux itérateurs passés en arguments soient au moins des itérateurs d'entrée.

Les lignes 39 et 40 utilisent la fonction **min_element** pour localiser le plus petit élément dans l'intervalle de **v2.begin()** jusqu'à **v2.end()** exclusivement au sein du **vector v2**:

```
cout << "\n\nL'élément minimum du vector v2 est:   "
     << *( std::min_element( v2.begin(), v2.end() ) );
```

La fonction retourne un itérateur d'entrée localisé au plus petit élément ou, si l'intervalle est vide, retourne l'itérateur lui-même. La fonction requiert des itérateurs passés dans ses deux arguments qu'ils soient au moins des itérateurs d'entrée. Une deuxième version de cette fonction prend un troisième argument constitué d'une fonction binaire qui compare les éléments dans la séquence. La fonction binaire attend deux arguments et retourne une valeur **bool**.

Bonne pratique de programmation 20.2

Il est bon de vérifier si l'intervalle spécifié dans un appel à **min_element** *n'est pas vide ou si la valeur de retour n'est pas l'itérateur de «fin dépassée».*

Les lignes 42 et 43 utilisent la fonction **max_element** pour localiser le plus grand élément dans l'intervalle compris entre **v2.begin()** et **v2.end()** dans le **vector v2**:

```
cout << "\nL'élément maximum du vector v2 est:   "
     << *( std::max_element( v2.begin(), v2.end() ) );
```

La fonction retourne un itérateur d'entrée situé à l'élément le plus grand. La fonction requiert des itérateurs passés dans ses deux arguments qu'ils soient au moins des itérateurs d'entrée. Une deuxième version de cette fonction prend en troisième argument une fonction de prédicat binaire qui compare les éléments dans la séquence. La fonction binaire prend deux arguments et retourne une valeur **bool**.

Les lignes 45 et 46 utilisent la fonction **accumulate**, dont le prototype se trouve dans le fichier d'en-tête **<numeric>**, pour calculer la somme des valeurs comprises dans l'intervalle compris entre **v.begin()** et **v.end()** dans le **vector v**:

```
cout << "\n\nLe total des éléments du vector v est:   "
     << std::accumulate( v.begin(), v.end(), 0 );
```

Les deux itérateurs passés aux arguments de la fonction doivent être au moins des itérateurs d'entrée. Une deuxième version de cette fonction prend en troisième argument une fonction générale qui détermine comment les éléments sont cumulés. La fonction générale doit prendre deux arguments et retourner un résultat. Le premier argument de cette fonction est la valeur courante du cumul. Le deuxième argument est la valeur de l'élément courant dans la séquence en cours de cumul. Par exemple, pour cumuler la somme des carrés de chacun des éléments, vous pourriez utiliser la fonction

```
int sommeDesCarres( int cumul, int valeurCourante )
{
   return cumul + valeurCourante * valeurCourante;
}
```

qui reçoit en premier argument (**cumul**) le total précédent et en second argument (**valeurCourante**) la nouvelle valeur à porter au carré et à ajouter au total. Lors de l'appel de la fonction, elle calcule le carré de **valeurCourante**, ajoute ce carré au **cumul** et renvoie le nouveau total.

La ligne 49 tire parti de la fonction **for_each** pour appliquer une fonction générale à chacun des éléments compris dans l'intervalle de **v.begin()** jusqu'à **v.end()** du **vector v** exclusivement:

```
std::for_each( v.begin(), v.end(), sortirCarre );
```

La fonction générale doit recevoir l'élément courant en argument et ne peut pas modifier cet élément. La fonction **for_each** requiert des itérateurs passés dans ses deux arguments qu'ils soient au moins des itérateurs d'entrée.

Les lignes 52 et 53 utilisent la fonction **transform** pour appliquer une fonction générale à chacun des éléments compris dans l'intervalle de **v.begin()** jusqu'à **v.end()** dans le **vector v** exclusivement:

```
std::transform( v.begin(), v.end(), cubes.begin(),
                calculerCube );
```

La fonction générale – le quatrième argument – doit prendre en argument l'élément courant, ne peut pas modifier l'élément et doit retourner la valeur transformée. La fonction **transform** requiert des itérateurs reçus dans ses deux premiers arguments qu'ils soient au moins des itérateurs d'entrée et de son troisième argument qu'il soit au moins un itérateur de sortie. Le troisième argument spécifie où les valeurs transformées doivent être placées. Remarquez que le troisième argument peut être égal au premier.

20.5.6 Algorithmes fondamentaux de recherche et de tri

La figure 20.31 montre l'utilisation de quelques possibilités de recherche et de tri de base de la bibliothèque standard, dont **find**, **find_if** (trouver si), **sort** (trier) et **binary_search** (recherche binaire).

```cpp
1   // Figure 20.31: fig20_31.cpp
2   // Montre l'utilisation des possibilités de recherche et de tri.
3   #include <iostream>
4
5   using std::cout;
6   using std::endl;
7
8   #include <algorithm>
9   #include <vector>
10  bool plusGrandQue10( int valeur );
11
12  int main()
13  {
14     const int TAILLE = 10;
15     int a[ TAILLE ] = { 10, 2, 17, 5, 16, 8, 13, 11, 20, 7 };
16     std::vector< int > v( a, a + TAILLE );
17     std::ostream_iterator< int > sortie( cout, " " );
18
19     cout << "Le vecteur v contient:  ";
20     std::copy( v.begin(), v.end(), sortie );
21
22     std::vector< int >::iterator emplacement;
23     emplacement = std::find( v.begin(), v.end(), 16 );
24
25     if ( emplacement != v.end() )
26        cout << "\n\nTrouvé 16 à l'emplacement "
27             << ( emplacement - v.begin() );
28     else
29        cout << "\n\n16 non trouvé";
30
31     emplacement = std::find( v.begin(), v.end(), 100 );
32
33     if ( emplacement != v.end() )
34        cout << "\nTrouvé 100 à l'emplacement "
35             << ( emplacement - v.begin() );
36     else
37        cout << "\n100 non trouvé.";
38
39     emplacement = std::find_if( v.begin(), v.end(), plusGrandQue10 );
40
41
```

Figure 20.31 Algorithmes de recherche et de tri de base de la bibliothèque standard. (1 de 2)

```
42          if ( emplacement != v.end() )
43             cout << "\n\nLa première valeur plus grande que 10 est "
44                  << *emplacement << ", \ntrouvée à l'emplacement "
45                  << ( emplacement - v.begin() );
46          else
47             cout << "\n\nAucune valeur plus grande que 10 n'a été trouvée.";
48
49
50          std::sort( v.begin(), v.end() );
51          cout << "\n\nVector v après le tri:  ";
52          std::copy( v.begin(), v.end(), sortie );
53
54          if (std::binary_search( v.begin(), v.end(), 13 ) )
55             cout << "\n\n13 a été trouvé dans v.";
56          else
57             cout << "\n\n13 n'a pas été trouvé dans v.";
58
59          if ( std::binary_search( v.begin(), v.end(), 100 ) )
60             cout << "\n100 a été trouvé dans v.";
61          else
62             cout << "\n100 n'a pas été trouvé dans v.";
63
64          cout << endl;
65          return 0;
66       }
67
68    bool plusGrandQue10( int valeur ) { return valeur > 10; }
```

```
Le vecteur v contient:  10 2 17 5 16 8 13 11 20 7


Trouvé 16 à l'emplacement 4
100 non trouvé.


La première valeur plus grande que 10 est 17,
trouvée à l'emplacement 2


Vector v après le tri:  2 5 7 8 10 11 13 16 17 20


13 a été trouvé dans v.
100 n'a pas été trouvé dans v.
```

Figure 20.31   Algorithmes de recherche et de tri de base de la bibliothèque standard. (2 de 2)

La ligne 23 utilise la fonction **find** pour localiser la valeur **16** dans l'intervalle de **v.begin()** jusqu'à **v.end()** exclusivement dans le **vector v**:

```
emplacement = std::find( v.begin(), v.end(), 16 );
```

La fonction requiert des itérateurs passés dans ses deux arguments qu'ils soient au moins des itérateurs d'entrée. La fonction retourne un itérateur d'entrée positionné au premier élément contenant la valeur ou un itérateur indiquant la fin de la séquence.

La ligne 39 utilise la fonction **find_if** pour localiser la première valeur dans l'intervalle compris entre **v.begin()** et **v.end()** dans le **vector v** pour laquelle la fonction unaire de prédicat **plusGrandQue10** retourne **true**:

```
emplacement = std::find_if( v.begin(), v.end(), plusGrandQue10 );
```

La fonction **plusGrandQue10** est définie à la ligne 68 de manière à accepter un entier et retourner une valeur **bool**, indiquant si l'argument entier est supérieur à **10**. La fonction **find_if** requiert des itérateurs passés dans ses deux arguments qu'ils soient au moins des itérateurs d'entrée. La fonction retourne soit un itérateur d'entrée positionné au premier élément contenant une valeur pour laquelle la fonction de prédicat retourne **true**, soit un itérateur indiquant la fin de la séquence.

La ligne 50 exploite la fonction **sort** pour arranger les éléments compris dans l'intervalle compris entre **v.begin()** et **v.end()** du **vector v** dans l'ordre croissant:

```
std::sort( v.begin(), v.end() );
```

La fonction requiert des itérateurs passés dans ses deux arguments qu'ils soient des itérateurs à accès ddirect. Une deuxième version de cette fonction prend un troisième argument, constitué d'une fonction de prédicat binaire qui prend elle-même deux arguments sous la forme de valeurs dans la séquence et retourne une valeur **bool** indiquant l'ordre de tri: si la valeur de retour est **true**, les deux éléments comparés se retrouvent dans l'ordre croissant.

Erreur de programmation courante 20.5

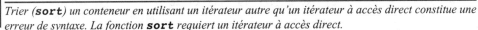

*Trier (**sort**) un conteneur en utilisant un itérateur autre qu'un itérateur à accès direct constitue une erreur de syntaxe. La fonction **sort** requiert un itérateur à accès direct.*

La ligne 54 utilise la fonction **binary_search** pour déterminer si la valeur **13** se trouve dans l'intervalle entre **v.begin()** et **v.end()** dans le **vector v**:

```
if ( std::binary_search( v.begin(), v.end(), 13 ) )
```

La séquence de valeurs doit d'abord être triée dans l'ordre croissant. La fonction **binary_search** requiert des itérateurs passés dans ses deux arguments qu'ils soient au moins des itérateurs aller. La fonction retourne un **bool** indiquant si la valeur a été trouvée ou non dans la séquence. Une deuxième version de cette fonction prend un quatrième argument constitué d'une fonction de prédicat binaire qui prend deux arguments sous la forme de valeurs dans la séquence et retourne un **bool**. La fonction de prédicat retourne **true** si les deux éléments comparés sont dans l'ordre croissant.

20.5.7 `swap`, `iter_swap` et `swap_ranges`

La figure 20.32 montre l'utilisation des fonctions **swap** (intervertir), **iter_swap** et **swap_ranges** pour l'échange mutuel d'éléments.

```cpp
1   // Figure 20.32: fig20_32.cpp
2   // Montre l'utilisation de iter_swap, swap et swap_ranges.
3   #include <iostream>
4
5   using std::cout;
6   using std::endl;
7
8   #include <algorithm>
9
10  int main()
11  {
12     const int TAILLE = 10;
13     int a[ TAILLE ] = { 1, 2, 3, 4, 5, 6, 7, 8, 9, 10 };
14     std::ostream_iterator< int > sortie( cout, " " );
15
16     cout << "Le tableau a contient:\n";
17     std::copy( a, a + TAILLE, sortie );
18
19     std::swap( a[ 0 ], a[ 1 ] );
20     cout << "\nLe tableau a après interversion de a[0] et a[1] "
21        << "par swap:\n";
22     std::copy( a, a + TAILLE, sortie );
23
24     std::iter_swap( &a[ 0 ], &a[ 1 ] );
25     cout << "\nLe tableau a après interversion de a[0] et a[1] "
26        << "par iter_swap:\n";
27     std::copy( a, a + TAILLE, sortie );
28
29     std::swap_ranges( a, a + 5, a + 5 );
30     cout << "\nTableau a après interversion des 5 premiers éléments\n"
31        << "avec les 5 derniers éléments:\n";
32     std::copy( a, a + TAILLE, sortie );
33
34     cout << endl;
35     return 0;
36  }
```

```
Le tableau a contient:
1 2 3 4 5 6 7 8 9 10
Le tableau a après interversion de a[0] et a[1] par swap:
2 1 3 4 5 6 7 8 9 10
Le tableau a après interversion de a[0] et a[1] par iter_swap:
1 2 3 4 5 6 7 8 9 10
Tableau a après interversion des 5 premiers éléments
avec les 5 derniers éléments:
6 7 8 9 10 1 2 3 4 5
```

Figure 20.32 Démonstration de **swap**, **iter_swap** et **swap_ranges**.

La ligne 19 utilise la fonction **swap** pour échanger deux valeurs:

```
std::swap( a[ 0 ], a[ 1 ] );
```

Dans cet exemple, les premier et deuxième éléments d'un tableau a sont intervertis. La fonction prend comme arguments les références aux deux valeurs à échanger.

La ligne 24 utilise la fonction **iter_swap** pour échanger les deux éléments:

```
std::iter_swap( &a[ 0 ], &a[ 1 ] );
```

La fonction prend en arguments deux itérateurs aller – dans ce cas, des pointeurs aux éléments d'un tableau – et intervertit les valeurs des éléments vers lesquels les itérateurs font référence.

La ligne 29 utilise la fonction **swap_ranges** pour échanger les éléments de l'intervalle entre **a** et **a + 5** avec les éléments commençant à la position **a + 5**:

```
swap_ranges( a, a + 5, a + 5 );
```

La fonction requiert trois itérateurs aller en arguments. Les deux premiers arguments spécifient l'intervalle des éléments de la première séquence qui seront échangés avec les éléments de la deuxième séquence à partir de l'itérateur indiqué en troisième argument. Dans cet exemple, les deux séquences de valeurs sont dans le même tableau, mais elles peuvent se trouver dans des tableaux ou conteneurs distincts.

20.5.8 copy_backward, merge, unique et reverse

La figure 20.33 montre l'utilisation des fonctions **copy_backward** (copier à reculons), **merge** (fusionner), **unique** et **reverse** de la bibliothèque standard.

```
1   // Figure 20.33: fig20_33.cpp
2   // Montre l'utilisation de fonctions diverses:
3   // copy_backward, merge, unique et reverse.
4   #include <iostream>
5
6   using std::cout;
7   using std::endl;
8
9   #include <algorithm>
10  #include <vector>
11
12  int main()
13  {
14     const int TAILLE = 5;
15     int a1[ TAILLE ] = { 1, 3, 5, 7, 9 };
16     int a2[ TAILLE ] = { 2, 4, 5, 7, 9 };
17     std::vector< int > v1( a1, a1 + TAILLE );
18     std::vector< int > v2( a2, a2 + TAILLE );
19
20
```

Figure 20.33 Démonstration de **copy_backward**, **merge**, **unique** et **reverse**.
        (1 de 2)

```
21      std::ostream_iterator< int > sortie( cout, " " );
22
23      cout << "Vector v1 contient: ";
24      std::copy( v1.begin(), v1.end(), sortie );
25      cout << "\nVector v2 contient: ";
26      std::copy( v2.begin(), v2.end(), sortie );
27
28      std::vector< int > resultats( v1.size() );
29      std::copy_backward( v1.begin(), v1.end(), resultats.end() );
30      cout << "\n\nAprès copy_backward, resultats contient: ";
31      std::copy( resultats.begin(), resultats.end(), sortie );
32
33      std::vector< int > resultats2( v1.size() + v2.size() );
34      std::merge( v1.begin(), v1.end(), v2.begin(), v2.end(),
35              resultats2.begin() );
36      cout << "\n\nAprès merge de v1 et v2, resultats2 contient:\n";
37      std::copy( resultats2.begin(), resultats2.end(), sortie );
38
39      std::vector< int >::iterator emplacementFin;
40      emplacementFin =
41         std::unique( resultats2.begin(), resultats2.end() );
42      cout << "\n\nAprès unique, resultats2 contient:\n";
43      std::copy( resultats2.begin(), emplacementFin, sortie );
44
45      cout << "\n\nVector v1 après reverse: ";
46      std::reverse( v1.begin(), v1.end() );
47      std::copy( v1.begin(), v1.end(), sortie );
48
49      cout << endl;
50      return 0;
51   }
```

```
Vector v1 contient: 1 3 5 7 9
Vector v2 contient: 2 4 5 7 9

Après copy_backward, resultats contient: 1 3 5 7 9

Après merge de v1 et v2, resultats2 contient:
1 2 3 4 5 5 7 7 9 9

Après unique, resultats2 contient:
1 2 3 4 5 7 9


Vector v1 après reverse: 9 7 5 3 1
```

Figure 20.33 Démonstration de **copy_backward**, **merge**, **unique** et **reverse**. (2 de 2)

La ligne 29 tire parti de la fonction **copy_backward** pour copier les éléments de l'intervalle entre **v1.begin()** et **v1.end()** du **vector v1** et place les éléments dans le **vector resultats**, à partir de l'élément situé avant **results.end()** et à reculons vers le début du **vector**:

```
std::copy_backward( v1.begin(), v1.end(), resultats.end() );
```

La fonction retourne un itérateur positionné sur le dernier élément copié dans le **vector resultats**, c'est-à-dire le début de **resultats** puisque nous allons à reculons. Les éléments sont placés dans **resultats** suivant le même ordre que celui de **v1**. Cette fonction requiert en arguments trois itérateurs bidirectionnels – des itérateurs que l'on incrémente ou décrémente afin de parcourir une séquence à l'aller ou à reculons, respectivement. La principale différence entre **copy** et **copy_backward** est que l'itérateur retourné par **copy** est placé après le dernier élément copié tandis que l'itérateur retourné par **copy_backward** est positionné sur le dernier élément copié, qui est en réalité le premier élément dans la séquence. De plus, **copy** nécessite deux itérateurs d'entrée et un itérateur de sortie comme arguments.

Les lignes 34 et 35 font appel à la fonction **merge** pour combiner deux séquences de valeurs triées dans un ordre croissant dans une troisième séquence triée dans l'ordre croissant:

```
std::merge( v1.begin(), v1.end(), v2.begin(), v2.end(),
        resultats2.begin() );
```

La fonction nécessite cinq itérateurs comme arguments. Les quatre premiers arguments doivent être au moins desitérateurs d'entrée et le dernier argument doit être au moins un itérateur de sortie. Les deux premiers arguments spécifient l'intervalle des éléments de la première séquence triée (**v1**), les deux arguments qui viennent en troisième et quatrième position spécifient l'intervalle des éléments de la deuxième séquence triée (**v2**) et le dernier argument spécifie l'emplacement de départ dans la troisième séquence (**resultats2**) où les éléments seront fusionnés. Une deuxième version de cette fonction prend un cinquième argument sous forme d'une fonction de prédicat binaire qui spécifie l'ordre de tri.

Remarquez que la ligne 33 crée un **vector resultats2** avec **v1.size() + v2.size()**comme nombre d'éléments. Cette utilisation de la fonction **merge** requiert que la séquence où les résultats sont remisés soit au moins de la taille de la somme des tailles des deux séquences à fusionner. Si vous ne souhaitez pas allouer le nombre d'éléments nécessaires à la séquence résultante avant d'effectuer la fusion, vous pouvez employer les instructions suivantes:

```
vector< int > resultats2();
merge( v1.begin(), v1.end(), v2.begin(), v2.end(),
    back_inserter( resultats2 ) );
```

L'argument **back_inserter(resultats2)** utilise le modèle de la fonction **back_inserter** (présent dans le fichier d'en-tête **<iterator>**) pour le conteneur **resultats2**. Un **back_inserter** (qui insère à l'arrière) appelle par défaut la fonction **push_back** du conteneur pour insérer un élément à la fin du conteneur. Plus important, si un élément est inséré dans un conteneur ne disposant pas d'éléments libres, le conteneur croît automatiquement en taille. Ainsi, le nombre d'éléments du conteneur ne doit pas être connu à l'avance. Il existe deux autres outils: **front_inserter**, qui insère un élément au début d'un conteneur spécifié en argument et **inserter**, pour insérer un élément avant l'itérateur fourni en deuxième argument dans le conteneur indiqué en premier argument.

Les lignes 40 et 41 appliquent la fonction **unique** sur la séquence d'éléments triés dans l'intervalle entre **resultats2.begin()** et **resultats2.end()** dans le **vector resultats2**:

```
emplacementFin =
    std::unique( resultats2.begin(), resultats2.end() );
```

Après que cette fonction est appliquée à une séquence triée qui contient des doublons, une seule copie de chaque valeur demeure dans la séquence. La fonction prend deux arguments qui doivent être au moins des itérateurs aller. La fonction retourne un itérateur positionné après le dernier élément de la séquence de valeurs uniques. Les valeurs de tous les éléments du conteneur situés après la dernière valeur unique sont indéfinies. Une deuxième version de cette fonction prend en troisième argument une fonction de prédicat binaire qui spécifie la façon de comparer l'égalité de deux éléments.

La ligne 46 utilise la fonction **reverse** pour inverser l'ordre de tous les éléments dans l'intervalle compris entre **v1.begin()** et **v1.end()**, dans le **vector v1**:

```
std::reverse( v1.begin(), v1.end() );
```

La fonction attend deux arguments qui doivent être au moins des itérateurs bidirectionnels.

20.5.9 inplace_merge, unique_copy et reverse_copy

Le programme de la figure 20.34 montre l'utilisation des fonctions **inplace_merge**, **unique_copy** et **reverse_copy** de la bibliothèque standard.

```cpp
1   // Figure 20.34: fig20_34.cpp
2   // Montre l'utilisation des fonctions inplace_merge,
3   // reverse_copy et unique_copy.
4   #include <iostream>
5
6   using std::cout;
7   using std::endl;
8
9   #include <algorithm>
10  #include <vector>
11  #include <iterator>
12
13  int main()
14  {
15      const int TAILLE = 10;
16      int a1[ TAILLE ] = { 1, 3, 5, 7, 9, 1, 3, 5, 7, 9 };
17      std::vector< int > v1( a1, a1 + TAILLE );
18
19      std::ostream_iterator< int > sortie( cout, " " );
20
21      cout << "Vector v1 contient: ";
22      std::copy( v1.begin(), v1.end(), sortie );
23
```

Figure 20.34 Démonstration des fonctions **inplace_merge**, **unique_copy** et **reverse_copy**. (1 de 2)

```
24          std::inplace_merge( v1.begin(), v1.begin() + 5, v1.end() );
25          cout << "\nAprès inplace_merge, v1 contient: ";
26          std::copy( v1.begin(), v1.end(), sortie );
27
28          std::vector< int > resultats1;
29          std::unique_copy( v1.begin(), v1.end(),
30                             std::back_inserter( resultats1 ) );
31          cout << "\nAprès unique_copy, resultats1 contient: ";
32          std::copy( resultats1.begin(), resultats1.end(), sortie );
33
34          std::vector< int > resultats2;
35          cout << "\nAprès reverse_copy, resultats2 contient: ";
36          std::reverse_copy( v1.begin(), v1.end(),
37                             std::back_inserter( resultats2 ) );
38          std::copy( resultats2.begin(), resultats2.end(), sortie );
39
40          cout << endl;
41          return 0;
42      }
```

```
Vector v1 contient: 1 3 5 7 9 1 3 5 7 9
Après inplace_merge, v1 contient: 1 1 3 3 5 5 7 7 9 9
Après unique_copy, resultats1 contient: 1 3 5 7 9
Après reverse_copy, resultats2 contient: 9 9 7 7 5 5 3 3 1 1
```

Figure 20.34   Démonstration des fonctions `inplace_merge`, `unique_copy` et `reverse_copy`. (2 de 2)

La ligne 24 utilise la fonction **inplace_merge** pour fusionner deux séquences d'éléments triés vers le même conteneur:

```
std::inplace_merge( v1.begin(), v1.begin() + 5, v1.end() );
```

Dans cet exemple, les éléments compris entre **v1.begin()** et **v1.begin() + 5** fusionnent avec les éléments compris entre **v1.begin() + 5** et **v1.end()**. Cette fonction requiert que les trois itérateurs en arguments soient au moins bidirectionnels. Une deuxième version de cette fonction prend en quatrième argument une fonction de prédicat binaire chargée de la comparaison des éléments des deux séquences.

Les lignes 29 et 30 utilisent la fonction **unique_copy** pour copier tous les éléments uniques compris dans la séquence de valeurs triées entre **v1.begin()** et **v1.end()**:

```
std::unique_copy( v1.begin(), v1.end(),
                  std::back_inserter ( resultats1 ) );
```

Les éléments copiés sont placés dans le **vector resultats1**. Les deux premiers arguments doivent être au moins des itérateurs d'entrée et le dernier argument doit être au moins un itérateur de sortie. Dans cet exemple, nous n'avons pas prévu d'allouer à l'avance suffisamment d'éléments à **resultats1** pour stocker tous les éléments copiés depuis **v1**. Au lieu de ceci, nous actionnons **back_inserter** – définie dans le fichier d'en-tête **<iterator>** – pour ajouter les éléments à la fin du **vector v1**. La fonction **back_inserter** utilise les possibilités de la classe **vector** pour insérer les éléments à la fin du **vector**. Comme **back_inserter** insère un élément plutôt que de remplacer la valeur d'un élément existant, le **vector** est incapable de grossir pour s'accomoder d'éléments supplémentaires. Une deuxième version de la fonction **unique_copy** prend en quatrième argument une fonction de prédicat binaire qui se charge de la comparaison d'égalité des éléments.

Les lignes 36 et 37 font appel à la fonction **reverse_copy** pour réaliser la copie à reculons des éléments de l'intervalle compris entre **v1.begin()** et **v1.end()**:

```
std::reverse_copy( v1.begin(), v1.end(),
                   std::back_inserter( resultats2 ) );
```

Les éléments copiés sont insérés dans le **vector resultats2** grâce à un objet **back_inserter** pour assurer la croissance du **vector** du nombre d'éléments nécessaire à la copie des éléments. La fonction **reverse_copy** requiert que les deux itérateurs qui apparaissent en premiers arguments soient au moins bidirectionnels et que celui en troisième argument soit au moins un itérateur de sortie.

20.5.10 Opérations sur les **set**

La figure 20.35 montre l'utilisation des fonctions **include**, **set_difference**, **set_intersection**, **set_symmetric_difference** et **set_union** de la bibliothèque standard dans la manipulation de jeux (**set**) de valeurs triées. Cet exemple ne fait appel qu'à des tableaux pour montrer que ces fonctions peuvent être appliquées tant à des tableaux qu'à des conteneurs. Rappelez-vous qu'un pointeur vers un tableau est un itérateur à accès direct.

La ligne 26 appelle la fonction **includes** dans la condition d'une structure **if**:

```
if ( std::includes( a1, a1 + TAILLE1, a2, a2 + TAILLE2 ) )
```

La fonction **includes** compare deux sets de valeurs triées pour déterminer si tous les éléments du deuxième **set** sont dans le premier **set**. Le cas échéant, **includes** retourne **true**; sinon, **includes** retourne **false**. Les itérateurs des deux premiers arguments doivent être au moins des itérateurs d'entrée; ils décrivent le premier **set** de valeurs. Dans cet exemple, le premier **set** est constitué des éléments compris entre **a1** et **a1 + TAILLE1**. Les itérateurs des deux derniers arguments doivent être au moins des itérateurs d'entrée et ils décrivent le deuxième jeu de valeurs. Dans cet exemple, le deuxième jeu est composé des éléments en provenance de l'intervalle **a2** et **a2 + TAILLE2**. Une deuxième version de la fonction **includes** prend un cinquième argument constitué d'une fonction de prédicat binaire destinée à la comparaison d'égalité entre les éléments.

```
1   // Figure 20.35: fig20_35.cpp
2   // Montre l'utilisation de includes, set_difference,
3   // set_intersection, set_symmetric_difference et set_union.
4   #include <iostream>
5
6   using std::cout;
7   using std::endl;
8
9   #include <algorithm>
10
11  int main()
12  {
13      const int TAILLE1 = 10, TAILLE2 = 5, TAILLE3 = 20;
14      int a1[ TAILLE1 ] = { 1, 2, 3, 4, 5, 6, 7, 8, 9, 10 };
15      int a2[ TAILLE2 ] = { 4, 5, 6, 7, 8 };
16      int a3[ TAILLE2 ] = { 4, 5, 6, 11, 15 };
17      std::ostream_iterator< int > sortie( cout, " " );
18
19      cout << "a1 contient: ";
20      std::copy( a1, a1 + TAILLE1, sortie );
21      cout << "\na2 contient:  ";
22      std::copy( a2, a2 + TAILLE2, sortie );
23      cout << "\na3 contient:  ";
24      std::copy( a3, a3 + TAILLE2, sortie );
25
26      if ( std::includes( a1, a1 + TAILLE1, a2, a2 + TAILLE2 ) )
27          cout << "\na1 inclut (includes) a2";
28      else
29          cout << "\na1 n'inclut (includes) pas a2";
30
31      if ( std::includes( a1, a1 + TAILLE1, a3, a3 + TAILLE2 ) )
32          cout << "\na1 inclut (includes) a3";
33      else
34          cout << "\na1 n'inclut (includes) pas a3";
35
36      int difference[ TAILLE1 ];
37      int *ptr = std::set_difference( a1, a1 + TAILLE1, a2,
38                  a2 + TAILLE2, difference );
39      cout << "\nLe set_difference de a1 et a2 vaut:  ";
40      std::copy( difference, ptr, sortie );
41
42      int intersection[ TAILLE1 ];
43      ptr = std::set_intersection( a1, a1 + TAILLE1, a2,
44              a2 + TAILLE2, intersection );
45      cout << "\nLe set_intersection de a1 et a2 vaut:  ";
46      std::copy( intersection, ptr, sortie );
47
48      int symmetric_difference[ TAILLE1 ];
49      ptr = std::set_symmetric_difference( a1, a1 + TAILLE1,
50              a2, a2 + TAILLE2, symmetric_difference );
51      cout << "\nLe set_symmetric_difference de a1 et a2 vaut:  ";
52      std::copy( symmetric_difference, ptr, sortie );
53
```

Figure 20.35   Démonstration des opérations sur les **set** de la bibliothèque standard.
(1 de 2)

```
54      int unionSet[ TAILLE3 ];
55      ptr = std::set_union( a1, a1 + TAILLE1,
56              a3, a3 + TAILLE2, unionSet );
57      cout << "\nLe set_union de a1 et a3 vaut:   ";
58      std::copy( unionSet, ptr, sortie );
59
60      cout << endl;
61      return 0;
62  }
```

```
a1 contient: 1 2 3 4 5 6 7 8 9 10
a2 contient: 4 5 6 7 8
a3 contient: 4 5 6 11 15
a1 inclut (includes) a2
a1 n'inclut (includes) pas a3
Le set_difference de a1 et a2 vaut:  1 2 3 9 10
Le set_intersection de a1 et a2 vaut:  4 5 6 7 8
Le set_symmetric_difference de a1 et a2 vaut:  1 2 3 9 10
Le set_union de a1 et a3 vaut:  1 2 3 4 5 6 7 8 9 10 11 15
```

Figure 20.35   Démonstration des opérations sur les **set** de la bibliothèque standard. (2 de 2)

Les lignes 37 et 38 utilisent la fonction **set_difference** pour déterminer les éléments du premier **set** de valeurs triées qui n'existent pas dans le deuxième **set** de valeurs triées (les deux jeux de valeurs doivent être dans l'ordre croissant).

```
int *ptr = std::set_difference( a1, a1 + TAILLE1, a2,
                a2 + TAILLE2, difference );
```

Les éléments qui diffèrent sont copiés dans le cinquième argument, soit dans ce cas, le tableau **difference**. Les itérateurs des deux premiers arguments doivent être au moins des itérateurs d'entrée pour le premier **set** de valeurs. Les itérateurs des deux arguments suivants doivent être au moins des itérateurs d'entrée; ils représentent le deuxième **set** de valeurs. Le cinquième argument doit être au moins un itérateur de sortie, indiquant où sera stockée la copie des valeurs différentes. La fonction retourne un itérateur de sortie positionné à l'emplacement situé immédiatement après la dernière valeur copiée dans le **set** vers lequel le cinquième argument pointe. Une deuxième version de la fonction **set_difference** prend un sixième argument qui figure une fonction de prédicat binaire indiquant l'ordre dans lequel les éléments étaient triés à l'origine. Les deux séquences doivent être triées à l'aide de la même fonction de comparaison.

Les lignes 43 et 44 utilisent la fonction **set_intersection** pour déterminer les éléments du premier **set** de valeurs triées qui se trouvent aussi dans le deuxième **set** de valeurs triées (les deux jeux de valeurs doivent être triés dans l'ordre des valeurs croissantes):

```
ptr = std::set_intersection(a1, a1 + TAILLE1,
            a2, a2 + TAILLE2, intersection );
```

Les éléments communs aux deux jeux sont copiés dans le cinquième argument, soit dans ce cas, le tableau **intersection**. Les itérateurs des deux premiers arguments doivent être au moins des itérateurs d'entrée; ils constituent le premier **set** de valeurs. Les itérateurs des deux arguments suivants doivent être au moins des itérateurs d'entrée et représentent le deuxième jeu de valeurs. Le cinquième argument doit être au moins un itérateur de sortie indiquant où stocker la copie des valeurs différentes. La fonction retourne un itérateur de sortie positionné immédiatement après la dernière valeur copiée dans le **set** vers lequel le cinquième argument pointe. Une deuxième version de la fonction **set_intersection** prend un sixième argument, constitué d'une fonction de prédicat binaire, indiquant l'ordre dans lequel les éléments étaient triés à l'origine. Les deux séquences doivent être triées à l'aide de la même fonction de comparaison.

Les lignes 49 et 50 exploitent la fonction **set_symmetric_difference** pour déterminer les éléments du premier **set** qui ne se trouvent pas dans le deuxième **set** ainsi que les éléments du deuxième **set** qui ne sont pas dans le premier set (les deux jeux de valeurs doivent être triés par ordre croissant):

```
ptr = std::set_symmetric_difference( a1, a1 + TAILLE1,
        a2, a2 + TAILLE2, symmetric_difference );
```

Les éléments différents sont copiés à partir des deux jeux vers le cinquième argument, soit dans ce cas, le tableau **symmetric_difference**. Les itérateurs des deux premiers arguments doivent être au moins des itérateurs d'entrée pour le premier **set** de valeurs. Les itérateurs des deux arguments suivants doivent être au moins des itérateurs d'entrée pour le deuxième **set** de valeurs. Le cinquième argument doit être au moins un itérateur de sortie indiquant où stocker une copie des valeurs qui sont différentes. La fonction retourne un itérateur de sortie positionné immédiatement après la dernière valeur copiée dans le **set** vers lequel le cinquième argument pointe. Une deuxième version de la fonction **set_symmetric_difference** prend en sixième argument une fonction de prédicat binaire indiquant l'ordre dans lequel les éléments étaient triés à l'origine. Les deux séquences doivent être triées à l'aide de la même fonction de comparaison.

Les lignes 55 et 56 utilisent la fonction **set_union** pour générer un **set** comportant tous les éléments qui se trouvent dans l'un des deux ou dans les deux jeux triés (les deux jeux doivent être triés par ordre croissant des valeurs):

```
ptr = std::set_union( a1, a1 + TAILLE1,
        a3, a3 + TAILLE2, unionSet );
```

Les éléments sont copiés des deux sets dans le cinquième argument, soit dans ce cas, le tableau **unionSet**. Les éléments qui apparaissent dans les deux sets sont copiés seulement depuis le premier **set**. Les itérateurs des deux premiers arguments doivent être au moins des itérateurs d'entrée et représentent le premier **set** de valeurs. Les itérateurs des deux arguments suivants doivent être au moins des itérateurs d'entrée et représentent le deuxième **set** de valeurs. Le cinquième argument doit être au moins un itérateur de sortie indiquant où stocker les éléments à copier. La fonction retourne un itérateur de sortie positionné immédiatement après la dernière valeur copiée dans le **set** vers lequel pointe le cinquième argument. Une deuxième version de la fonction **set_union** attend un sixième argument constitué d'une fonction de prédicat binaire indiquant l'ordre dans lequel les éléments étaient triés à l'origine. Les deux séquences doivent être triées à l'aide de la même fonction de comparaison.

20.5.11   **lower_bound**, **upper_bound** et **equal_range**

La figure 20.36 montre l'utilisation des fonctions **lower_bound**, **upper_bound** et **equal_range** de la bibliothèque standard.

La ligne 23 utilise la fonction **lower_bound** pour déterminer le premier emplacement dans une séquence de valeurs triées où le troisième argument peut être inséré et faire en sorte que la séquence soit encore triée dans l'ordre croissant:

```
lower = std::lower_bound( v.begin(), v.end(), 6 );
```

Les itérateurs des deux premiers arguments doivent être au moins des itérateurs aller. Le troisième argument est la valeur dont il faut déterminer la limite inférieure. La fonction retourne un itérateur aller pointant vers la position où l'insertion peut avoir lieu. Une deuxième version de la fonction **lower_bound** attend en quatrième argument une fonction de prédicat binaire indiquant l'ordre dans lequel les éléments étaient triés à l'origine.

```cpp
1   // Figure 20.36: fig20_36.cpp
2   // Montre l'utilisation de lower_bound, upper_bound et
3   // equal_range sur une séquence de valeurs triées.
4   #include <iostream>
5
6   using std::cout;
7   using std::endl;
8
9   #include <algorithm>
10  #include <vector>
11
12  int main()
13  {
14     const int TAILLE = 10;
15     int a1[] = { 2, 2, 4, 4, 4, 6, 6, 6, 6, 8 };
16     std::vector< int > v( a1, a1 + TAILLE );
17     std::ostream_iterator< int > sortie( cout, " " );
18
19     cout << "Le vecteur v contient:  ";
20     std::copy( v.begin(), v.end(), sortie );
21
22     std::vector< int >::iterator lower;
23     lower = std::lower_bound( v.begin(), v.end(), 6 );
24     cout << "\n\nLa limite inférieure de 6 est l'élément "
25        << ( lower - v.begin() ) << " du vector v.";
26
27     std::vector< int >::iterator upper;
28     upper = std::upper_bound( v.begin(), v.end(), 6 );
29     cout << "\nLa limite supérieure de 6 est l'élément "
30        << ( upper - v.begin() ) << " du vector v.";
31
32     std::pair < std::vector< int >::iterator,
33        std::vector< int >::iterator > eq;
34     eq = std::equal_range( v.begin(), v.end(), 6 );
35     cout << "\nDe par l'utilisation de equal_range:\n"
36        << "   La limite inférieure de 6 est l'élément "
37        << ( eq.first - v.begin() ) << " du vector v.";
38     cout << "\n   La limite supérieure de 6 est l'élément "
39        << ( eq.second - v.begin() ) << " du vector v.";
40
41     cout << "\n\nUtiliser lower_bound pour localiser le premier point\n"
42        << "où 5 peut être inséré dans l'ordre.";
43     lower = std::lower_bound( v.begin(), v.end(), 5 );
44     cout << "\n   La limite inférieure de 5 est l'élément "
45        << ( lower - v.begin() ) << " du vector v.";
46
```

Figure 20.36　　Démonstration de **lower_bound**, **upper_bound** et **equal_range**. (1 de 2)

```
47          cout << "\n\nUtiliser upper_bound pour localiser le dernier point\n"
48              << "où 7 peut être inséré dans l'ordre.";
49          upper = std::upper_bound( v.begin(), v.end(), 7 );
50          cout << "\n    La limite supérieure de 7 est l'élément "
51              << ( upper - v.begin() ) << " du vector v.";
52
53          cout << "\n\nUtiliser equal_range pour localiser le premier et\n"
54              << "dernier point où 5 peut être inséré dans l'ordre.";
55          eq = std::equal_range( v.begin(), v.end(), 5 );
56          cout << "\n    La limite inférieure de 5 est l'élément "
57              << ( eq.first - v.begin() ) << " du vector v.";
58          cout << "\n    La limite supérieure de 5 est l'élément "
59              << ( eq.second - v.begin() ) << " du vector v."
60              << endl;
61      return 0;
62  }
```

```
Le vecteur v contient:  2 2 4 4 4 6 6 6 6 8

La limite inférieure de 6 est l'élément 5 du vector v.
La limite supérieure de 6 est l'élément 9 du vector v.
De par l'utilisation de equal_range:
    La limite inférieure de 6 est l'élément 5 du vector v.
    La limite supérieure de 6 est l'élément 9 du vector v.

Utiliser lower_bound pour localiser le premier point
où 5 peut être inséré dans l'ordre.
    La limite inférieure de 5 est l'élément 5 du vector v.

Utiliser upper_bound pour localiser le dernier point
où 7 peut être inséré dans l'ordre.
    La limite supérieure de 7 est l'élément 9 du vector v.

Utiliser equal_range pour localiser le premier et
dernier point où 5 peut être inséré dans l'ordre.
    La limite inférieure de 5 est l'élément 5 du vector v.
    La limite supérieure de 5 est l'élément 5 du vector v.
```

Figure 20.36   Démonstration de **lower_bound**, **upper_bound** et **equal_range**. (2 de 2)

La ligne 28 utilise la fonction **upper_bound** pour déterminer le dernier emplacement dans une séquence de valeurs triées où le troisième argument peut être inséré dans la séquence et faisant en sorte que la séquence serait encore triée dans l'ordre croissant:

```
upper = std::upper_bound( v.begin(), v.end(), 6 );
```

Les itérateurs des deux premiers arguments doivent être au moins des itérateurs aller. Le troisième argument est la valeur dont il faut déterminer la limite supérieure. La fonction retourne un itérateur aller pointant vers l'emplacement où l'insertion peut avoir lieu. Une deuxième version de la fonction **upper_bound** accepte en quatrième argument une fonction de prédicat binaire indiquant l'ordre dans lequel les éléments étaient triés à l'origine.

La ligne 34 utilise la fonction **equal_range** qui renvoie une **pair** d'itérateurs aller contenant les résultats combinés des opérations conjointes **lower_bound** et **upper_bound**:

```
eq = std::equal_range( v.begin(), v.end(), 6 );
```

Les itérateurs des deux premiers arguments doivent être au moins des itérateurs aller. Le troisième argument est la valeur dont il faut déterminer l'intervalle. La fonction retourne une **pair** d'itérateurs aller destinée à contenir la limite inférieure (**eq.first**) et la limite supérieure (**eq.second**), respectivement.

Les fonctions **lower_bound**, **upper_bound** et **equal_range** sont souvent utilisées pour localiser des points d'insertion dans des séquences triées. La ligne 43 appelle **lower_bound** pour localiser le premier point où **5** peut être inséré dans le bon ordre dans **v**. La ligne 49 appelle **upper_bound** pour localiser le dernier point où 7 peut être inséré dans l'ordre adéquat dans **v**. La ligne 55 utilise **equal_range** pour localiser les premier et dernier points où **5** peut s'insérer dans l'ordre dans **v**.

20.5.12 Tri sur le tas

La figure 20.37 montre l'utilisation des fonctions de la bibliothèque standard en vue d'effectuer l'algorithme du tri sur le tas (ou tri de tas, *heapsort* en anglais). Le tri de tas est un algorithme de tri selon lequel un tableau d'éléments est arrangé dans un arbre binaire spécial appelé un tas (*heap*). Les caractétistiques clés d'un tas sont que le plus grand élément est toujours au sommet du tas et que les valeurs des enfants de tout nœud de l'arbre binaire sont toujours inférieures ou égales à la valeur de ce noeud. Un tas arrangé de cette manière est souvent appelé un *tas maximum* (*maxheap*). Le tri de tas est généralement étudié dans les cours d'informatique intitulés *Structures de données* et *Algorithmes*.

La ligne 20 utilise la fonction **make_heap** pour prendre une séquence de valeurs dans l'intervalle entre **v.begin()** et **v.end()** et créer un tas utilisable dans la production d'une séquence triée:

```
std::make_heap( v.begin(), v.end() );
```

Les deux itérateurs en arguments doivent être des itérateurs à accès direct, de sorte que cette fonction ne fonctionne qu'avec des tableaux, des **vector** et des **deque**. Une deuxième version de cette fonction prend en troisième argument une fonction de prédicat binaire pour la comparaison des valeurs.

La ligne 23 utilise la fonction **sort_heap** pour trier une séquence de valeurs dans l'intervalle entre **v.begin()** et **v.end()** qui sont déjà arrangées en un tas:

```
std::sort_heap( v.begin(), v.end() );
```

Les deux itérateurs en arguments doivent être des itérateurs à accès direct. Une deuxième version de cette fonction prend en troisième argument une fonction de prédicat binaire destinée à la comparaison des valeurs.

La ligne 33 exploite la fonction **push_heap** en vue d'ajouter une nouvelle valeur dans le tas:

```
std::push_heap( v2.begin(), v2.end() );
```

Nous prenons un élément d'un tableau a à la fois, l'ajoutons à la fin du **vector v2** et effectuons l'opération de dépôt dans le tas par **push_heap**. Si l'élément ajouté est le seul élément dans le **vector**, le **vector** est déjà un tas. Dans les autres cas, la fonction **push_heap** arrange les éléments du **vector** en un tas. Chaque fois que **push_heap** est appelée, elle suppose que le dernier élément actuellement dans le **vector**, c'est-à-dire celui qui est ajouté avant l'appel de fonction **push_heap**, est l'élément en cours d'ajout dans le tas et que tous les autres éléments présents dans le **vector** sont déjà arrangés sous la forme d'un tas. Les deux itérateurs en arguments de **push_heap** doivent être à accès direct. Une deuxième version de cette fonction prend en troisième argument une fonction de prédicat binaire destinée à la comparaison des valeurs.

```cpp
1   // Figure 20.37: fig20_37.cpp
2   // Démonstration de push_heap, pop_heap, make_heap et sort_heap.
3   #include <iostream>
4
5   using std::cout;
6   using std::endl;
7
8   #include <algorithm>
9   #include <vector>
10  int main()
11  {
12     const int TAILLE = 10;
13     int a[ TAILLE ] = { 3, 100, 52, 77, 22, 31, 1, 98, 13, 40 };
14     int i;
15     std::vector< int > v( a, a + TAILLE ), v2;
16     std::ostream_iterator< int > sortie( cout, " " );
17
18     cout << "Vector v avant make_heap:\n";
19     std::copy( v.begin(), v.end(), sortie );
20     std::make_heap( v.begin(), v.end() );
21     cout << "\nVector v après make_heap:\n";
22     std::copy( v.begin(), v.end(), sortie );
23     std::sort_heap( v.begin(), v.end() );
24     cout << "\nVector v après sort_heap:\n";
25     std::copy( v.begin(), v.end(), sortie );
26
27     // Effectuer le tri de tas avec push_heap et pop_heap.
28     cout << "\n\nLe tableau a contient: ";
29     std::copy( a, a + TAILLE, sortie );
30
31     for ( i = 0; i < TAILLE; ++i ) {
32        v2.push_back ( a[ i ] );
33        std::push_heap( v2.begin(), v2.end() );
34        cout << "\nv2 après push_heap(a[" << i << "]): ";
35        std::copy( v2.begin(), v2.end(), sortie );
36     }
37
38     for ( i = 0; i < v2.size(); ++i ) {
39        cout << "\nv2, après que " << v2[ 0 ] << " est retiré du tas:\n";
40        std::pop_heap( v2.begin(), v2.end() - i );
41        std::copy( v2.begin(), v2.end(), sortie );
42     }
43
44     cout << endl;
45     return 0;
46  }
```

Figure 20.37   Exploitation des fonctions de la bibliothèque standard pour réaliser un tri sur le tas. (1 de 2)

```
Vector v avant make_heap:
3 100 52 77 22 31 1 98 13 40
Vector v après make_heap:
100 98 52 77 40 31 1 3 13 22
Vector v après sort_heap:
1 3 13 22 31 40 52 77 98 100

Le tableau a contient: 3 100 52 77 22 31 1 98 13 40
v2 après push_heap(a[0]): 3
v2 après push_heap(a[1]): 100 3
v2 après push_heap(a[2]): 100 3 52
v2 après push_heap(a[3]): 100 77 52 3
v2 après push_heap(a[4]): 100 77 52 3 22
v2 après push_heap(a[5]): 100 77 52 3 22 31
v2 après push_heap(a[6]): 100 77 52 3 22 31 1
v2 après push_heap(a[7]): 100 98 52 77 22 31 1 3
v2 après push_heap(a[8]): 100 98 52 77 22 31 1 3 13
v2 après push_heap(a[9]): 100 98 52 77 40 31 1 3 13 22
v2, après que 100 est retiré du tas:
98 77 52 22 40 31 1 3 13 100
v2, après que 98 est retiré du tas:
77 40 52 22 13 31 1 3 98 100
v2, après que 77 est retiré du tas:
52 40 31 22 13 3 1 77 98 100
v2, après que 52 est retiré du tas:
40 22 31 1 13 3 52 77 98 100
v2, après que 40 est retiré du tas:
31 22 3 1 13 40 52 77 98 100
v2, après que 31 est retiré du tas:
22 13 3 1 31 40 52 77 98 100
v2, après que 22 est retiré du tas:
13 1 3 22 31 40 52 77 98 100
v2, après que 13 est retiré du tas:
3 1 13 22 31 40 52 77 98 100
v2, après que 3 est retiré du tas:
1 3 13 22 31 40 52 77 98 100
v2, après que 1 est retiré du tas:
1 3 13 22 31 40 52 77 98 100
```

Figure 20.37   Exploitation des fonctions de la bibliothèque standard pour réaliser un tri sur le tas. (2 de 2)

La ligne 40 utilise la fonction **pop_heap** pour retirer l'élément du sommet du tas:

```
std::pop_heap( v2.begin(), v2.end() - i );
```

Cette fonction suppose que les éléments dans l'intervalle spécifié par les deux itérateurs à accès direct passés en arguments constituent déjà un tas. Les retraits répétés de l'élément du sommet d'un tas peut éventuellement résulter en une séquence de valeurs triées. La fonction **pop_heap** effectue l'échange du premier élément du tas (**v2.begin()**, dans cet exemple) avec son dernier élément (l'élément situé avant **v2.end() - i** dans cet exemple), puis s'assure que tous les éléments jusqu'à l'avant dernier inclusivement forment encore un tas. Notez que, dans l'affichage, le **vector** est trié par ordre croissant après les opérations **pop_heap**. Une deuxième version de cette fonction prend en troisième argument une fonction de prédicat binaire destinée à la comparaison des valeurs.

20.5.13 min et max

Les algorithmes **min** et **max** déterminent respectivement le minimum et le maximum de deux éléments. Le programme de la figure 20.38 montre l'utilisation de **min** et **max**, appliquées à des valeurs de types **int** et **char**. Note: le compilateur Microsoft Visual C++ n'accept epas les algorithmes min et max de la STL parce qu'ils entrent en conflit aves des fonctions de même nom des MFC (*Microsoft Foundation Classes*), les classes réutilisables de Microsoft permettant de créer des applications sous Windows. Le programme de la figgure 20.38 a été compilé et testé avec le compilateur Borland C++.

```cpp
1   // Figure 20.38: fig20_38.cpp
2   // Démonstration de min et max.
3   #include <iostream>
4
5   using std::cout;
6   using std::endl;
7
8   #include <algorithm>
9
10  int main()
11  {
12     cout << "Le minimum de 12 et 7 vaut:  "
13        << std::min( 12, 7 );
14     cout << "\nLe maximum de 12 et 7 vaut:  "
15        << std::max( 12, 7 );
16     cout << "\nLe minimum de 'G' et 'Z' vaut:  "
17        << std::min( 'G', 'Z' );
18     cout << "\nLe maximum de 'G' et 'Z' vaut:  "
19        << std::max( 'G', 'Z' ) << endl;
20     return 0;
21  }
```

```
Le minimum de 12 et 7 vaut:  7
Le maximum de 12 et 7 vaut:
Le minimum de 'G' et 'Z' vaut:  G
Le maximum de 'G' et 'Z' vaut:  Z
```

Figure 20.38 Démonstration des algorithmes **min** et **max**.

20.5.14   Algorithmes non couverts par ce chapitre

La figure 20.39 présente les algorithmes qui n'ont pas été couverts dans ce chapitre.

Algorithme	Description
`adjacent_difference`	En commençant par le deuxième élément dans une séquence, cet algorithme calcule la différence (par l'opérateur –) entre l'élément courant et l'élément précédent, puis stocke le résultat. Les itérateurs d'entrée des deux premiers arguments indiquent l'intervalle d'éléments dans le conteneur et l'itérateur de sortie du troisième argument indique où les résultats doivent être stockés. Une deuxième version de cette fonction prend en quatrième argument une fonction binaire qui se charge d'effectuer un calcul entre l'élément courant et l'élément précédent.
`inner_product`	Cet algorithme calcule la somme des produits de deux séquences en prenant les éléments correspondants de chacune des deux séquences, en multipliant ces éléments, puis en ajoutant le résultat à un total.
`partial_sum`	Calcule un total partiel des valeurs d'une séquence à l'aide de l'opérateur +. Les itérateurs d'entrée des deux premiers arguments indiquent l'intervalle des éléments dans le conteneur et le troisième argument, un itérateur de sortie, indique où les résultats doivent être stockés. Une deuxième version de cet algorithme prend en quatrième argument une fonction binaire qui effectue un calcul sur la valeur courante dans la séquence et le total partiel.
`nth_element`	Cette fonction fait appel à trois itérateurs à accès direct pour partitionner un intervalle d'éléments. Les premier et dernier arguments représentent l'intervalle des éléments. Le deuxième argument est l'emplacement de l'élément de partitionnement. Après exécution de cette fonction, tous les éléments à la gauche de l'élément de partitionnement sont inférieurs à cet élément et tous ceux à la droite de l'élément de partitionnement sont supérieurs ou égaux à cet élément. Une deuxième version de cet algorithme prend en quatrième argument une fonction de comparaison binaire.
`partition`	Cet algorithme est similaire à **nth_element**; cependant elle requiert des itérateurs moins puissants que les itérateurs bidirectionnels de sorte qu'elle est plus souple que **nth_element**. L'algorithme **partition** nécessite deux itérateurs bidirectionnels indiquant l'intervalle des éléments à partager. Le troisième élément est une fonction de prédicat unaire qui facilite la répartition des éléments, pour que tous les éléments de la séquence pour lesquels le prédicat est **true** soient à la gauche (en direction du début de la séquence) de tous les éléments pour lesquels le prédicat est **false**. L'itérateur bidirectionnel retourné indique le premier élément dans la séquence pour lequel le prédicat renvoie **false**.
`stable_partition`	Cet algorithme est semblable à **partition**, excepté que les éléments pour lesquels la fonction de prédicat retourne **true** sont maintenus dans leur ordre original et les éléments pour lesquels la fonction de prédicat retourne **false** sont également maintenus dans leur ordre original.
`next_ permutation`	La permutation lexicographique suivante d'une séquence.

Figure 20.39   Les algorithmes non couverts par ce chapitre. (1 de 2)

Algorithme	Description
`prev_permutation`	La permutation lexicographique précédente d'une séquence.
`rotate`	Cet algorithme prend en arguments trois itérateurs aller et provoque une rotation de la séquence indiquée par les premier et dernier arguments du nombre de positions obtenu en soustrayant le premier argument du deuxième. Par exemple, la séquence 1, 2, 3, 4, 5 qui subirait une rotation de deux positions deviendrait 4, 5, 1, 2, 3.
`rotate_copy`	Cette fonction est identique à **rotate**, à cette nuance près que les résultats sont stockés dans une séquence distincte, spécifiée par le quatrième argument, un itérateur de sortie. Les deux séquences doivent contenir le même nombre d'éléments.
`adjacent_find`	Cette fonction retourne un itérateur d'entrée indiquant le premier de deux éléments adjacents identiques dans une séquence. S'il n'y a aucun élément adjacent identique, l'itérateur est positionné à la fin de la séquence.
`partial_sort`	Cet algorithme utilise trois itérateurs à accès direct pour trier une partie d'une séquence. Les premier et dernier arguments spécifient la totalité de la séquence d'éléments. Le deuxième argument indique l'emplacement de fin de la partie triée de la séquence. Par défaut, les éléments sont ordonnés par l'opérateur **<** (une fonction de prédicat binaire peut également venir s'ajouter). Les éléments compris entre l'itérateur du deuxième argument et la fin de la séquence sont dans un ordre indéfini.
`partial_sort_copy`	Cet algorithme utilise deux itérateurs d'entrée et deux itérateurs à accès direct pour trier une partie de la séquence délimitée par les deux itérateurs d'entrée placés en arguments. Les résultats sont remisés dans la séquence spécifiée par les deux itérateurs à accès direct donnés en arguments. Par défaut, les éléments sont ordonnés à l'aide de l'opérateur **<**, mais une fonction de prédicat binaire peut également être fournie. Le nombre d'éléments triés est en fait le plus petit des deux nombres suivants: le nombre d'éléments dans le résultat et le nombre d'éléments de la séquence originale.
`stable_sort`	Cet algorithme ressemble à **sort** à cette nuance près que tous les éléments égaux sont maintenus dans leur ordre original.

Figure 20.39   Les algorithmes non couverts par ce chapitre. (2 de 2)

20.6 Classe `bitset`

La classe **bitset** facilite la création et la manipulation de jeux de bits. Les jeux de bits montrent leur utilité lorsqu'il s'agit de représenter une série de bits de drapeau (*flag*). La taille des **bitset** est figée au moment de la compilation. La déclaration qui suit crée un **bitset b** dans lequel tous les bits sont initialisés à **0**:

```
bitset< TAILLE > b;
```

L'expression qui suit active le bit **numeroBit** du **bitset b**:

```
b.set ( numeroBit );
```

L'expression **b.set()** active tous les bits de **b**.

L'instruction suivante désactive le bit **numeroBit** du **bitset** **b**:

```
b.reset( numeroBit );
```

L'expression **b.reset()** désactive tous les bits de **b**.

L'instruction suivante bascule (*flip* en anglais) l'état du bit **numeroBit** du **bitset** **b**, c'est-à-dire que si le bit est actif, **flip** le réinitialise:

```
b.flip( numeroBit );
```

L'expression **b.flip()** fait basculer tous les bits de **b**.

L'instruction suivante retourne une référence au bit **numeroBit** du **bitset** **b**:

```
b[ numeroBit ];
```

De manière semblable, l'expression suivante effectue une vérification préliminaire d'intervalle sur **numeroBit**:

```
b.at( numeroBit );
```

Ensuite, si **numeroBit** se trouve dans l'intervalle, **at** retourne une référence au bit. Dans le cas contraire, **at** lance une exception **out_of_range**.

L'instruction suivante effectue une vérification préliminaire d'intervalle sur **numeroBit**:

```
b.test( numeroBit );
```

Ensuite, si **numeroBit** fait partie de l'intervalle, **test** retourne **true** si le bit est actif et **false** si le bit est inactif. Dans le cas contraire, **test** lance une exception **out_of_range**.

L'expression suivante retourne le nombre de bits du **bitset b**:

```
b.size()
```

L'expression suivante retourne le nombre de bits activés dans le **bitset b**:

```
b.count()
```

L'expression suivante retourne **true** si au moins un bit est actif dans le **bitset b**:

```
b.any()
```

L'expression suivante retourne **true** si aucun des bits du **bitset b** n'est actif:

```
b.none ()
```

Les expressions suivantes comparent respectivement l'égalité et l'inégalité de deux **bitset**:

```
b == b1
b != b1
```

Chacun des opérateurs d'assignation binaires **&=**, **|=** et **^=** peut être mis en œuvre pour combiner des **bitset**, Par exemple, l'expression suivante effectue un ET logique bit à bit entre les **bitset b** et **b1**. Le résultat est stocké dans **b**:

```
b &= b1;
```

Le OU logique binaire et le OU exclusif (XOR) logique binaire sont réalisés par les expressions suivantes:

```
b != b1;
b ^= b2;
```

L'expression suivante décale les bits du **bitset b** de **n** positions vers la droite:

```
b >>= n;
```

L'expression suivante décale les bits du **bitset b** de **n** positions vers la gauche:

```
b <<= n;
```

Les expressions qui suivent convertissent le **bitset b** en une **string** (chaîne de caractères) et un **long**, respectivement:

```
b.to_string()
b.to_ulong()
```

La figure 20.40 visite le crible d'Eratosthène pour trouver les nombres premiers que nous avons rencontrés à l'occasion de l'exercice 4.29. Un **bitset** est utilisé ici au lieu d'un tableau dans la mise en place de l'algorithme. Le programme affiche tous les nombres premiers compris entre 2 et 1023, puis permet à l'utilisateur d'entrer un nombre pour déterminer si ce nombre est premier.

```
1   // Figure 20.40: fig20_40.cpp
2   // Utiliser un bitset pour montrer l'usage du Crible d'Eratosthène.
3   #include <iostream>
4
5   using std::cout;
6   using std::cin;
7   using std::endl;
8
9   #include <iomanip>
10
11  using std::setw;
12
13  #include <bitset>
14  #include <cmath>
15
16  int main()
17  {
18     const int TAILLE = 1024;
19     int i, valeur, compteur;
20     std::bitset< TAILLE > graine;
21
22     graine.flip();
23
24     // Exécuter le Crible d'Eratosthène.
25     int bitFinal = sqrt( graine.size() ) + 1;
26
27     for ( i = 2; i < bitFinal; ++i )
28        if ( graine.test( i ) )
29           for ( int j = 2 * i; j < TAILLE; j += i )
30              graine.reset( j );
31
32     cout << "Les nombres premiers compris entre 2 et 1023 sont:\n";
33
```

Figure 20.40 Démonstration de la classe **bitset** et du crible d'Eratosthène. (1 de 2)

```
34        for ( i = 2, compteur = 0; i < TAILLE; ++i )
35           if ( graine.test( i ) ) {
36              cout << setw( 5 ) << i;
37
38              if ( ++compteur % 12 == 0 )
39                 cout << '\n';
40           }
41
42        cout << endl;
43
44        // Saisir un nombre de l'utilisateur et déterminer s'il est premier.
45        cout << "\nEntrez une valeur entre 1 et 1023 (-1 pour quitter): ";
46        cin >> valeur;
47
48        while ( valeur != -1 ) {
49           if ( graine[ valeur ] )
50              cout << valeur << " est un nombre premier.\n";
51           else
52              cout << valeur << " n'est pas un nombre premier.\n";
53
54           cout << "\nEntrez une valeur entre 2 et 1023 (-1 pour quitter): ";
55           cin >> valeur;
56        }
57
58        return 0;
59     }
```

```
Les nombres premiers compris entre 2 et 1023 sont:
      2     3     5     7    11    13    17    19    23    29    31    37
     41    43    47    53    59    61    67    71    73    79    83    89
     97   101   103   107   109   113   127   131   137   139   149   151
    157   163   167   173   179   181   191   193   197   199   211   223
    227   229   233   239   241   251   257   263   269   271   277   281
    283   293   307   311   313   317   331   337   347   349   353   359
    367   373   379   383   389   397   401   409   419   421   431   433
    439   443   449   457   461   463   467   479   487   491   499   503
    509   521   523   541   547   557   563   569   571   577   587   593
    599   601   607   613   617   619   631   641   643   647   653   659
    661   673   677   683   691   701   709   719   727   733   739   743
    751   757   761   769   773   787   797   809   811   821   823   827
    829   839   853   857   859   863   877   881   883   887   907   911
    919   929   937   941   947   953   967   971   977   983   991   997
   1009  1013  1019  1021

Entrez une valeur entre 1 et 1023 (-1 pour quitter): 389
389 est un nombre premier.

Entrez une valeur entre 2 et 1023 (-1 pour quitter): 88
88 n'est pas un nombre premier.

Entrez une valeur entre 2 et 1023 (-1 pour quitter): -1
```

Figure 20.40 Démonstration de la classe **bitset** et du crible d'Eratosthène. (2 de 2)

La ligne 20 crée un **bitset** de **size** bits (la taille **size** est de **1024** dans cet exemple):

```
bitset< size > graine;
```

On ignore les bits des positions 0 et 1 dans ce programme. Par défaut, tous les bits du **bitset** sont à l'état inactif. Le code suivant détermine tous les nombres premiers compris entre **2** et **1023**:

```
// Exécuter le Crible d'Eratosthène.
int bitFinal = sqrt( graine.size() ) + 1;

for ( i = 2; i < bitFinal; ++i )
   if ( graine.test( i ) )
      for ( int j = 2 * i; j < size; j += i )
         graine.reset( j );
```

L'entier **bitFinal** est utilisé pour déterminer quand l'algorithme doit s'achever. L'algorithme de base suppose qu'un nombre est premier s'il n'a pas de diviseur autre que 1 et lui-même. En commençant par le nombre 2, dès qu'on sait qu'un nombre est premier, on peut en éliminer tous les multiples. Le nombre 2 n'est divisible que par 1 et par lui-même de sorte qu'il est d'office premier. En conséquence, on peut éliminer les nombres 4, 6, 8 et ainsi de suite. Le nombre 3 n'est divisible que par 1 et lui-même. On peut dès lors éliminer tous les multiples de 3 (retenez que tous les nombres pairs ont déjà été éliminés).

20.7 Objets de fonction

Les objets de fonction et les adaptateurs de fonction donnent plus de suplesse encore à la STL. Un *objet de fonction* contient une fonction qui peut être invoquée à l'aide de l'**operator()** avec la syntaxe et la sémantique d'une fonction. Les prototypes des objets de fonction et des adaptateurs de fonction de la STL sont situés dans **<fonctional>**. Un objet de fonction peut aussi encapsuler des données avec la fonction qu'il renferme. Les objets de fonction standard sont systématiquement définis en ligne pour des raisons liées aux performances. Les objets de fonction de la STL sont repris à la figure 20.41.

Objets de fonction de la STL	Type
divides< T >	arithmétique
equal_to< T >	relationnel
greater< T >	relationnel
greater_equal< T >	relationnel
less< T >	relationnel
less_equal< T >	relationnel
logical_and< T >	logique
logical_not< T >	logique
logical_or< T >	logique
minus< T >	arithmétique

Figure 20.41   Objets de fonction de la bibliothèque standard. (1 de 2)

Objets de fonction de la STL	Type
`modulus< T >`	arithmétique
`negate< T >`	arithmétique
`not_equal_to< T >`	relationnel
`plus< T >`	arithmétique
`multiplies< T >`	arithmétique

Figure 20.41   Objets de fonction de la bibliothèque standard. (2 de 2)

Le programme de la figure 20.42 montre l'utilisation de l'algorithme numérique **accumulate** (déjà évoqué à la figure 20.30) pour calculer la somme des carrés des éléments d'un **vector**. Le quatrième argument à cumuler est un objet de fonction binaire ou un pointeur de fonction vers une fonction binaire prenant deux arguments et retournant un résultat. La fonction **accumulate** est présentée deux fois: l'une avec un pointeur de fonction vers une fonction binaire et l'autre avec un objet de fonction.

```
1   // Figure 20.42: fig20_42.cpp
2   // Démonstration des objets de fonction.
3   #include <iostream>
4
5   using std::cout;
6   using std::endl;
7
8   #include <vector>
9   #include <algorithm>
10  #include <numeric>
11  #include <functional>
12
13  // La fonction binaire ajoute le carré de son deuxième
14  // argument au total courant en son premier argument,
15  // puis renvoie la somme.
16  int sommeCarres( int total, int valeur )
17     { return total + valeur * valeur; }
18
19  // Modèle de classe de fonction binaire définissant un operator()
20  // surchargé qui ajoute le carré de son deuxième argument
21  // au total courant de son premier argument,
22  // pour en renvoyer enfin la somme.
23  template< class T >
24  class ClasseSommeCarres: public std::binary_function< T, T, T >
25  {
26  public:
27     const T &operator()( const T &total, const T &valeur )
28        { return total + valeur * valeur; }
29  };
30
```

Figure 20.42   Démonstration d'un objet de fonction binaire. (1 de 2)

```
31   int main()
32   {
33      const int TAILLE = 10;
34      int a1[] = { 1, 2, 3, 4, 5, 6, 7, 8, 9, 10 };
35      std::vector< int > v( a1, a1 + TAILLE );
36      std::ostream_iterator< int > sortie( cout, " " );
37      int resultat = 0;
38
39      cout << "Le vecteur v contient:\n";
40      std::copy( v.begin(), v.end(), sortie );
41      resultat =
42         std::accumulate( v.begin(), v.end(), 0, sommeCarres );
43      cout << "\n\nAdditionner les carrés d'éléments du vector v "
44          << " à l'aide de\nla fonction binaire sommeCarres:   "
45          << resultat;
46
47      resultat = std::accumulate( v.begin(), v.end(), 0,
48              ClasseSommeCarres< int >() );
49      cout << "\n\nAdditionner les carrés d'éléments du vector v "
50          << "à l'aide de\nl'objet de fonction binaire de type "
51          << "ClasseSommeCarres< int >:  " << resultat << endl;
52      return 0;
53   }
```

```
Le vecteur v contient:
1 2 3 4 5 6 7 8 9 10

Additionner les carrés d'éléments du vector v à l'aide de la
fonction binaire sommeCarres:  385

Additionner les carrés d'éléments du vector v à l'aide de
l'objet de fonction binaire de type ClasseSommeCarres< int >:  385
```

Figure 20.42   Démonstration d'un objet de fonction binaire. (2 de 2)

Les lignes 16 et 17 définissent la fonction **sommeCarres** qui calcule le carré de la valeur de son deuxième argument, ajoute ce carré au total placé dans son premier argument et retourne la somme:

```
int sommeCarres( int total, int valeur )
   { return total + valeur * valeur; }
```

La fonction **accumulate** passe de façon répétitive les éléments de la séquence qu'elle parcourt en deuxième argument, soit à **sommeCarres** dans l'exemple. Lors du premier appel à **sommeCarres**, le premier argument a la valeur initiale du **total**, laquelle est fournie comme étant le troisième argument à cumuler, soit **0** dans ce programme. Tous les appels suivants à **sommeCarres** reçoivent en premier argument le total courant, retourné par l'appel précédent à **sommeCarres**. Lorsque le cumul est achevé, la fonction renvoie la somme des carrés de tous les éléments de la séquence.

Les lignes 23 à 29 définissent la classe **ClasseSommeCarres** qui hérite de la classe **binary_function** du fichier d'en-tête **<functional>**:

```
template< class T >
class ClasseSommeCarres: std::binary_function< T, T, T >
{public:
    const T &operator()( const T &total, const T &valeur )
        { return total + valeur * valeur; }
};
```

Les classes qui découlent par héritage de **binary_fonction** surchargent l'opérateur de fonction **operator()** avec deux arguments. La classe **ClasseSommeCarres** définit des objets de fonctions pour lesquels les opérateurs de fonction **operator()** surchargés effectuent la même tâche que la fonction **sommeCarres**. Les trois paramètres de type (**T**) du modèle de la **binary_function** sont, respectivement, le type du premier argument de **operator()**, le type du deuxième argument de **operator()** et le type retourné par **operator()**. La fonction **accumulate** passe avec répétition les éléments de la séquence parcourue pendant les itérations, en deuxième argument de la fonction **operator()** de l'objet de la classe **ClasseSommeCarres** passée à l'algorithme **accumulate**. Lors du premier appel à **operator()**, le premier argument contient la valeur initiale du total (fourni en troisième argument de **accumulate**, soit **0** dans ce programme). Tous les appels suivants à **operator()** reçoivent en premier argument le résultat retourné par le précédent appel à **operator()**. Lorsque le cumul s'achève, **accumulate** renvoie la somme des carrés des éléments de la séquence.

Les lignes 41 et 42 appellent la fonction **accumulate** avec un pointeur vers la fonction **sommeCarres** en dernier argument:

```
resultat =
    std::accumulate( v.begin(), v.end(), 0, sommeCarres );
```

L'instruction des lignes 47 et 48 appelle la fonction **accumulate** avec un objet de la classe **ClasseSommeCarres** en dernier argument:

```
resultat = std::accumulate( v.begin(), v.end(), 0,
        ClasseSommeCarres< int >() );
```

L'expression **ClasseSommeCarres< int >()** crée une instance de la classe **ClasseSommeCarres** qui est transmise à **accumulate** et cette dernière utilise l'objet pour invoquer **operator()**. Nous aurions pu écrire l'instruction qui précède sous la forme de deux instructions séparées, comme suit:

```
ClasseSommeCarres< int > sommeCarresObj;
resultat = std::accumulate( v.begin(), v.end(),
        0, sommeCarresObj );
```

La première ligne définit un objet de classe **ClasseSommeCarres**. Cet objet est passé à la fonction **accumulate** et y reçoit le message **operator()**.

Observation de génie logiciel 20.10

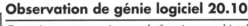

Contrairement aux pointeurs de fonction, un objet de fonction peut aussi encapsuler des données.

RÉSUMÉ

- L'exploitation de la STL peut épargner beaucoup de temps et des efforts considérables pour aboutir à des programmes de bien meilleure qualité.

- Le choix du conteneur de la bibliothèque de modèles standard à utiliser dans une application spécifique est souvent basé sur des considérations relatives aux performances.

- Les conteneurs de la STL sont «modélisés», de sorte que vous pouvez les adapter pour qu'ils contiennent le type de données relatif à des applications particulières.

- La STL inclut nombre de structures de données populaires, telles que les conteneurs, et propose de nombreux algorithmes dont les programmes seront profitables dans le traitement des données de ces conteneurs.

- Les conteneurs de la STL sont de trois catégories principales: les *conteneurs de séquence*, les *conteneurs associatifs* et les *adaptateurs de conteneur*. Les conteneurs de séquence et les conteneurs associatifs sont regroupés sous l'appellation globale de *conteneurs de première classe*.

- Quatre autres types sont considérés comme des conteneurs proches, parce qu'ils offrent des possibilités semblables à celles des conteneurs de première classe, mais ils n'assurent pas toutes les possibilités des conteneurs de première classe: les tableaux, les **string** (chaînes de caractères), les **bitset** et les **valarray**.

- Un **vector** fournit des insertions et suppressions rapides à l'arrière du **vector** et un accès direct à n'importe quel élément. Le **vector** accepte des itérateurs à accès direct.

- Le **deque** permet des insertions et suppressions rapides à l'avant ou à l'arrière du **deque** et un accès direct à n'importe quel élément. Le **deque** accepte des itérateurs à accès direct.

- La **list** offre des insertions et suppressions rapides n'importe où dans la **list**. La **list** accepte des itérateurs bidirectionnels.

- Le **set**, quant à lui, propose la recherche rapide sur base d'une clé. Aucune clé ne peut exister en double exemplaire. Le **set** accepte des itérateurs bidirectionnels.

- Le **multiset** offre des possiblités de recherche rapide sur la base d'une clé. Les clés peuvent exister en double et le **multiset** accepte des itérateurs bidirectionnels.

- Le **map** permet la recherche rapide d'une clé et de sa valeur associée (valeur «mappée). Aucune clé ne peut exister en double (on parle d'association un à un) et le **map** accepte les itérateurs bidirectionnels.

- Le **multimap** permet également la recherche rapide d'une clé et de sa valeur associée. Les clés peuvent y exister en double (on parle d'association de un à plusieurs) et le **multimap** accepte les itérateurs bidirectionnels.

- Le **stack** (pile) offre une structure de données de type dernier entré, premier sorti, ou LIFO pour *Last-In First-Out*.

- La **queue** propose, quant à elle, une structure de données du type premier entré, premier sorti, ou FIFO pour *First-In First-Out*.

- La **priority_queue** (queue de priorité) fournit une structure de données de type premier entré, premier sorti (FIFO) où l'item de la plus grande priorité est toujours placé en tête de la **priority_queue**.

- La STL a été soigneusement conçue de sorte que les conteneurs proposent des possibilités similaires. De nombreuses opérations génériques s'appliquent à tous les conteneurs tandis que certaines autres opérations ne s'appliquent qu'à des sous-ensembles de conteneurs semblables. Ceci contribue à l'extensibilité de la STL.

- La STL évite les fonctions virtuelles en faveur de la programmation générique par des modèles pour obtenir de meilleures performances lors de l'exécution.

- Il est important de s'assurer que le type d'élément en cours de stockage dans un conteneur de la STL accepte un minimum de fonctionnalités, dont un constructeur de copie, un opérateur d'affectation et, dans le cas des conteneurs associatifs, un opérateur inférieur à (**<**).

- Les itérateurs s'utilisent dans des séquences présentes dans des conteneurs, des séquences d'entrée ou des séquences de sortie.

- Les itérateurs d'entrée (*input*) s'utilisent dès lors qu'il faut lire un élément en provenance d'un conteneur. Un itérateur d'entrée ne peut se déplacer que dans la direction aller – c'est-à-dire depuis le début vers la fin du conteneur, c'est la direction *forward* – et un élément à la fois. Les itérateurs d'entrée n'admettent que les algorithmes qui s'exécutent en une seule passe.

- Les itérateurs de sortie (*output*) interviennent dès lors qu'il faut écrire un élément dans un conteneur. Un itérateur de sortie ne peut se déplacer que dans la direction aller et ce, un seul élément à la fois. Les itérateurs de sortie ne sont compatibles qu'avec les algorithmes qui s'effectuent en une seule passe.

- Les itérateurs aller (*forward*) combinent les possibilités des itérateurs d'entrée et de sortie. Ils acceptent les algorithmes à passes multiples.

- Les itérateurs bidirectionnels (*bidirectional*) combinent les possibilités de l'itérateur aller avec la possibilité de se déplacer dans la direction du retour – de la fin au début du conteneur, *backward* en anglais.

- Les itérateurs à accès direct (*random-access*) combinent les possibilités de l'itérateur bidirectionnel avec la capacité d'accéder directement à n'importe quel élément du conteneur, c'est-à-dire avec la capacité de «sauter» à l'aller ou à reculons d'un nombre arbitraire d'éléments.

- La catégorie d'itérateurs admise par chaque conteneur détermine si ce dernier peut être utilisé avec des algorithmes spécifiques de la STL. Les conteneurs qui acceptent les itérateurs à accès direct peuvent être utilisés avec tous les algorithmes de la STL.

- Les pointeurs dans des tableaux peuvent se substituer aux itérateurs dans tous les algorithmes de la STL.

- La STL contient environ 70 algorithmes standard. Les algorithmes à séquence mutable entraînent des modifications aux éléments du conteneur. Les algorithmes à séquence non mutable ne modifient pas les éléments du conteneur.

- Les fonctions **fill** et **fill_n** attribuent une valeur spécifique à chaque élément compris dans un intervalle d'éléments de conteneur.

- Les fonctions **generate** et **generate_n** utilisent une fonction de génération pour créer des valeurs pour chaque élément dans un intervalle d'éléments de conteneur.

- La fonction **equal** compare l'égalité de deux séquences de valeurs.

- La fonction **mismatch** compare deux séquences de valeurs et retourne une **pair** (paire) d'itérateurs indiquant l'emplacement dans chaque séquence des éléments dichotomiques. Si tous les éléments correspondent, la **pair** contient le résultat de la fonction **end** pour chacune des séquences.

- La fonction **lexicographical_compare** compare le contenu de deux séquences pour déterminer si une séquence est plus petite que l'autre (semblable à la comparaison de chaînes de caractères).

- Les fonctions **remove** et **remove_copy** suppriment tous les éléments d'une séquence qui correspondent à une valeur spécifiée. Les fonctions **remove_if** et **remove_copy_if** suppriment tous les éléments d'une séquence pour lesquels la fonction unaire de prédicat passée aux fonctions retourne **true**.

- Les fonctions **replace** et **replace_copy** remplacent par une nouvelle valeur tous les éléments d'une séquence qui correspondent exactement à une valeur spécifiée. Les fonctions **replace_if** et **replace_copy_if** remplacent par une nouvelle valeur tous les éléments d'une séquence pour lesquels la fonction unaire de prédicat transmise aux fonctions retourne **true**.

- La fonction **random_shuffle** trie, ou plutôt mélange de manière aléatoire les éléments d'une séquence.

- La fonction **count** compte tous les éléments d'une séquence qui possèdent une valeur spécifiée. La fonction **count_if** compte les éléments d'une séquence pour lesquels la fonction unaire de prédicat fournie retourne **true**.

- La fonction **min_element** localise le plus petit élément d'une séquence. La fonction **max_element** localise le plus grand élément de la séquence donnée.

- La fonction **accumulate** cumule les valeurs d'une séquence. Une deuxième version de cette fonction reçoit un pointeur vers une fonction générale acceptant deux arguments et retourne un résultat. La fonction générale détermine comment les éléments de la séquence sont cumulés.

- La fonction **for_each** applique une fonction générale à chacun des éléments d'une séquence. La fonction générale prend un argument qu'elle ne peut normalement pas modifier et retourne un **void**.

- La fonction **transform** applique une fonction générale à chacun des éléments d'une séquence. La fonction générale prend un argument qu'elle ne peut modifier et retourne le résultat transformé.

- La fonction **find** localise un élément dans une séquence et si l'élément est trouvé, elle retourne un itérateur vers l'élément; dans le cas contraire, **find** retourne un itérateur indiquant la fin de la séquence. La fonction **find_if** localise le premier élément pour lequel la fonction unaire de prédicat fournie renvoie **true**.
- La fonction **sort** arrange les éléments d'une séquence dans un ordre donné, soit celui des valeurs croissantes par défaut ou l'ordre indiqué par la fonction de prédicat binaire fournie en sus.
- La fonction **binary_search** détermine si un élément est dans une séquence triée.
- La fonction **swap** intervertit deux valeurs.
- La fonction **iter_swap** intervertit deux valeurs auxquelles font référence des itérateurs.
- La fonction **swap_ranges** intervertit les éléments d'une séquence avec les éléments d'une autre séquence.
- La fonction **copy_backward** copie des éléments d'une séquence et place les éléments dans une autre séquence, ceci à partir du dernier élément de la deuxième séquence et en procédant à reculons, vers le début de la deuxième séquence.
- La fonction **merge** combine deux séquences de valeurs triées par ordre croissant dans une troisième séquence triée par ordre croissant. Remarquez que **merge** fonctionne également sur des séquences non triées et que, dans ce cas, elle ne produit pas de séquence triée.
- Un **back_inserter** utilise par défaut la capacité d'un conteneur à insérer un élément à la fin du conteneur. Lorsqu'un élément est inséré dans un conteneur qui ne dispose plus d'élément libre, le conteneur croît automatiquement en taille. Deux autres outils d'insertion sont disponibles: **front_inserter** et **inserter**. Le **front_inserter** insère un élément au début d'un conteneur spécifié en argument et l'**inserter** insère un élément avant l'itérateur fourni en deuxième argument dans le conteneur fourni en premier argument.
- La fonction **unique** retire tous les doublons d'une séquence triée.
- La fonction **reverse** inverse l'ordre de tous les éléments d'une séquence.
- La fonction **inplace_merge** fusionne deux séquences d'éléments triés dans le même conteneur.
- La fonction **unique_copy** réalise une copie de tous les éléments uniques d'une séquence triée.
- La fonction **reverse_copy** effectue une copie inversée des éléments d'une séquence.
- La fonction **includes** compare deux **sets** de valeurs triées pour déterminer si chaque élément du deuxième **set** se retrouve dans le premier **set**. Si c'est le cas, **includes** retourne **true**; sinon, **includes** retourne **false**.
- La fonction **set_difference** détermine les éléments du premier **set** de valeurs triées qui ne se trouvent pas dans le deuxième **set** de valeurs triées – les deux jeux doivent être triés par ordre croissant des valeurs à l'aide de la même fonction de comparaison.
- La fonction **set_intersection** détermine les éléments du premier **set** de valeurs triées qui se trouvent aussi dans le deuxième **set** de valeurs triées – les deux jeux doivent être triés par ordre croissant des valeurs à l'aide de la même fonction de comparaison.
- La fonction **set_symmetric_difference** détermine les éléments du premier **set** qui ne se trouvent pas dans le deuxième **set** et les éléments du deuxième **set** qui ne se trouvent pas dans le premier **set** – les deux jeux doivent être triés par ordre croissant des valeurs à l'aide de la même fonction de comparaison.
- La fonction **set_union** crée un **set** de tous les éléments qui se trouvent soit dans l'un, soit dans les deux sets triés donnés – les deux jeux doivent être triés par ordre croissant des valeurs à l'aide de la même fonction de comparaison.
- La fonction **lower_bound** détermine le premier emplacement dans une séquence de valeurs triées où le troisième argument peut être inséré dans la séquence. La séquence se retrouve encore triée par ordre croissant.
- La fonction **upper_bound** détermine le dernier emplacement dans une séquence de valeurs triées où le troisième argument peut être inséré dans la séquence. La séquence demeure encore triée dans l'ordre croissant.
- La fonction **equal_range** retourne une **pair** d'itérateurs aller contenant les résultats combinés des opérations **lower_bound** et **upper_bound** effectuées.

- Le tri de tas (ou sur le tas) est un algorithme de tri dans lequel un tableau d'éléments est arrangé en un arbre binaire spécial appelé un tas (*heap*). Les caractéristiques principales d'un tas sont que le plus grand élément est toujours au sommet du tas et que les valeurs des enfants de n'importe quel nœud de l'arbre binaire sont toujours inférieures ou égales à la valeur du nœud en question. Un tas arrangé de telle manière est souvent appelé un tas maximum (*maxheap*).

- La fonction **make_heap** prend une séquence de valeurs et en crée un tas qui peut être utilisé pour produire une séquence triée.

- La fonction **sort_heap** trie une séquence de valeurs déjà arrangées en un tas.

- La fonction **push_heap** ajoute une nouvelle valeur dans un tas. Elle suppose que le dernier élément actuellement dans le conteneur est l'élément en cours d'ajout sur le tas et que tous les autres éléments du conteneur sont déjà arrangés en un tas.

- La fonction **pop_heap** retire l'élément du sommet du tas. Cette fonction suppose que les éléments soient déjà arrangés en un tas.

- La fonction **min** détermine le minimum de deux valeurs.

- La fonction **max** détermine le maximum de deux valeurs.

- La classe **bitset** facilite la création et la manipulation de sets de bits. Les sets de bits s'avèrent utiles lorsqu'il s'agit de représenter un jeu de drapeaux booléens. La taille des **bitset** est fixée au moment de la compilation.

TERMINOLOGIE

accumulate()
adaptateur
adjacent_difference()
adjacent_find()
affectation
<algorithm>
algorithme
algorithme de tri
algorithmes de séquence mutable
algorithmes de séquence non mutable
assign()
association un à un
back()
begin()
bibliothèques de classes dépendantes
    de la plateforme
bibliothèques de classes indépendantes
    de la plateforme
bibliothèque de modèles standard (STL)
binary_search()
const_iterator
const_reverse_iterator
conteneur
conteneur associatif
conteneur, classes d'adaptateurs de
conteneur de séquence
conteneur séquentiel
conteneurs de première classe
copy()
copy_backward()
count()
count_if()
création d'une association
<deque>

deque<T>
deque<T>::iterator
deque, conteneur de séquence
dernier entré, premier sorti
    (*LIFO*, *Last-In*, *First-Out*)
empty()
end()
equal()
equal_range()
erase()
fill()
fill_n()
find()
for_each()
front()
<functional>
generate()
generate_n()
inplace_merge()
insert()
intervalle
inverser le contenu d'un conteneur
itérateur à accès direct
itérateur d'entrée (*input*)
itérateur de sortie (*output*)
itérateur inverse
itérateur aller (*forward*)
istream_iterator
itérateur
itérateur bidirectionnel
<iterator>
iter_swap()
lexicographical_compare()
<list>

ERREURS DE PROGRAMMATION COURANTES

20.1   La tentative de déréférencer un itérateur positionné en dehors de son conteneur est une erreur de logique à l'exécution. En particulier, l'itérateur retourné par **end()** ne peut être déréférencé.

20.2   La tentative de créer un itérateur non **const** pour un conteneur **const** constitue une erreur de syntaxe.

20.3   Un **vector** ne peut être vide; sinon, le résultat des fonctions **front** et **back** est indéfini.

20.4   Effacer un élément qui contient un pointeur vers un objet alloué de façon dynamique ne supprime pas (**delete**) pas cet objet.

20.5   Trier (**sort**) un conteneur en utilisant un itérateur autre qu'un itérateur à accès direct constitue une erreur de syntaxe. La fonction **sort** requiert un itérateur à accès direct.

BONNES PRATIQUES DE PROGRAMMATION

20.1　L'utilisation de **typedef** facilite la lecture d'un code rempli de noms de types longs, tels que ceux des **multiset**.

20.2　Il est bon de vérifier si l'intervalle spécifié dans un appel à **min_element** n'est pas vide ou si la valeur de retour n'est pas l'itérateur de «fin dépassée».

ASTUCES SUR LA PERFORMANCE

20.1　Pour toute application spécifique, plusieurs conteneurs différents de la STL sont adéquats. Sélectionnez le conteneur le plus approprié qui atteint les meilleures performances (c'est-à-dire le compromis entre vitesse et taille) pour cette application. L'efficacité a été une des considérations cruciales de la conception de la STL.

20.2　Les possibilités de la bibliothèque standard sont mises en place en vue d'un fonctionnement efficace parmi une grande variété d'applications. Pour certaines applications, où les exigences en matière de performances sont très grandes, il peut cependant être nécessaire d'écrire vos propres implantations.

20.3　La STL évite généralement l'héritage et les fonctions virtuelles pour leur préférer la programmation générique alliée aux modèles afin de mieux performer à l'exécution.

20.4　Connaissez les composants de votre STL. Le simple choix du conteneur le plus approprié à un problème déterminé peut garantir les performances optimales et réduire au minimum les besoins en mémoire.

20.5　L'insertion à l'arrière d'un **vector** est efficace. Le **vector** grossit si nécessaire pour s'accommoder du nouvel élément. Il est coûteux en temps d'insérer ou de supprimer un élément au milieu d'un **vector**: toute la partie du **vector** qui se trouve après le point d'insertion ou de suppression doit se déplacer parce que les éléments d'un **vector** occupent des cellules contiguës en mémoire, comme les tableaux «bruts» du C ou du C++.

20.6　Les applications qui nécessitent de fréquentes insertions et suppressions aux deux extrémités d'un conteneur utilisent souvent un **deque** au lieu d'un **vector**. Bien qu'il soit possible d'insérer et de supprimer des éléments aux deux extrémités tant d'un **vector** que d'un **deque**, la classe **deque** se montre plus efficace que le **vector** lorsqu'il s'agit d'ajouter des éléments à son début (en tête).

20.7　Les applications qui insèrent ou suppriment fréquemment des éléments au milieu et (ou) aux extrémités d'un conteneur utilisent habituellement une **list**, du fait de l'efficacité de l'implantation au sein de cette dernière des insertions et des suppressions à n'importe quel emplacement dans sa structure de données.

20.8　Choisissez le conteneur **vector** pour ses meilleures performances en accès direct.

20.9　Les objets de classe **vector** fournissent un accès rapide et indexé par l'opérateur d'indiçage **[ ]** surchargé parce qu'ils sont stockés dans des zones de mémoire contiguë, comme les tableaux normaux du C et du C++.

20.10　Il est beaucoup plus rapide d'insérer de nombreux éléments en une seule opération qu'un élément à la fois.

20.11　Doubler la taille du **vector** automatiquement lorsque plus d'espace est nécessaire peut représenter un gaspillage. Par exemple, un **vector** rempli d'un million d'éléments qui réajuste sa taille pour en accueillir deux millions alors qu'un seul nouvel élément est ajouté, laisse une place inutilisée pour 999 999 éléments. La fonction **resize()** est à la disposition des programmeurs pour mieux contrôler l'utilisation de l'espace.

20.12　Une fois qu'un bloc de stockage est libéré pour un **deque**, dans certaines implantations, le bloc n'est pas libéré tant que le **deque** n'est pas détruit. Ceci rend la mise en œuvre d'un **deque** plus efficace que si la mémoire était allouée, libérée puis réallouée de manière répétitive. Ceci implique, par contre, que le **deque** utilise la mémoire d'une façon moins efficace (qu'un **vector**, par exemple).

20.13　Les insertions et les suppressions au milieu d'un **deque** sont optimisées de façon à minimiser le nombre d'éléments copiés, maintenant ainsi l'illusion que les éléments y sont contigus.

20.14　Pour des raisons liées aux performances, les **multiset** et les **set** sont implantés, de manière typique, sous forme d'arbres de recherche binaires rouge-noir. De par cette représentation interne, les arbres de recherche binaires tendent à être bien balancés, ce qui minimise les temps de recherche moyens.

20.15   Le **multimap** est conçu pour localiser efficacement toutes les valeurs associées à une clé déterminée.

20.16   Chacune des opérations communes du **stack** sont implantées en tant que fonctions en ligne qui appellent les fonctions adéquates du conteneur sous-jacent. Ceci évite la surcharge d'exécution d'un deuxième appel de fonction.

20.17   Pour atteindre de meilleures performances, utilisez une des classes **deque** ou **vector** comme conteneur sous-jacent d'un **stack**.

20.18   Chacune des opérations habituelles sur une **queue** est implantée sous forme d'une fonction en ligne qui appelle la fonction adéquate du conteneur sous-jacent. Ceci permet également de limiter la surcharge à l'exécution, entraînée par un deuxième appel de fonction.

20.19   Pour de meilleures performances, utilisez la classe **deque** comme conteneur sous-jacent d'une **queue**.

20.20   Chacune des opérations communes d'une **priority_queue** est mise en place sous la forme d'une fonction en ligne qui appelle la fonction adéquate du conteneur sous-jacent. Ceci évite la surcharge d'exécution qu'entraînerait un deuxième appel de fonction.

20.21   Utilisez la classe **vector** comme conteneur sous-jacent d'une **priority_queue** pour être plus performant.

ASTUCES SUR LA PORTABILITÉ

20.1   La STL est appelée à devenir le moyen favori de programmer des conteneurs. La programmation par l'entremise de la STL améliore donc la portabilité de votre code.

20.2   Comme les algorithmes de la STL traitent les conteneurs seulement par la voie indirecte des itérateurs, un algorithme peut souvent exploiter de nombreux conteneurs différents.

OBSERVATIONS DE GÉNIE LOGICIEL

20.1   L'approche de la STL autorise l'écriture de programmes généraux de façon à ce que le code ne dépende pas du conteneur sous-jacent. Ce style de programmation est désigné sous le vocable de «programmation générique».

20.2   Évitez de réinventer la roue: programmez avec les composants réutilisables de la bibliothèque standard du C++. La STL comporte nombre des structures de données des plus populaires, telles que les conteneurs, et propose divers programmes d'algorithmes des plus connus, employés pour le traitement des données dans ces conteneurs.

20.3   Les opérateurs d'égalité et d'infériorité ne sont pas requis techniquement pour les éléments stockés dans un conteneur, sauf si les éléments doivent être comparés. Cependant, lors de la création du code d'un modèle, certains compilateurs nécessitent la définition complète de toutes les parties du modèle alors que d'autres compilateurs acceptent que ne soient définies que les parties du modèle réellement utilisées dans le programme.

20.4   L'usage de l'itérateur le plus faible qui entraîne des performances acceptables permet de produire des composants réutilisables au maximum.

20.5   La STL est implantée de manière concise. Auparavant, les concepteurs de classes auraient associé plutôt les algorithmes aux conteneurs en créant les algorithmes comme étant des fonctions membres des conteneurs. La STL se base sur une approche différente. Les algorithmes sont séparés des conteneurs et opèrent indirectement sur des éléments des conteneurs par l'entremise des itérateurs. Cette séparation facilite l'écriture d'algorithmes génériques, applicables à de nombreuses autres classes de conteneurs.

20.6   La STL est évolutive et extensible. Il devient naturel d'ajouter de nouveaux algorithmes et ce, sans modification aux conteneurs de la STL.

20.7   Les algorithmes de la STL peuvent opérer sur les conteneurs de la STL, mais également sur des tableaux pilotés par des pointeurs, comme en C.

20.8   Les algorithmes de la STL ne dépendent pas des détails d'implantation des conteneurs sur lesquels ils opèrent. Tant que les itérateurs du conteneur (ou du tableau) satisfont aux exigences des algorithmes, les algorithmes de la STL peuvent opérer sur tout tableau piloté par pointeurs du style de ceux du C, autant que sur les conteneurs de la STL (et les structures de données définies par les utilisateurs).

20.9   Des algorithmes peuvent être ajoutés facilement à la STL, sans modification aux classes de conteneurs.

20.10   Contrairement aux pointeurs de fonction, un objet de fonction peut aussi encapsuler des données.

ASTUCES DE TESTS ET DE DÉBOGAGE

20.1   Lors de la programmation de structures de données et d'algorithmes basés sur les pointeurs, vous devez effectuer vos propres débogages et tests pour être certain que les structures de données, les classes et les algorithmes fonctionnent proprement. Il est facile de commettre des erreurs lors de la manipulation de pointeurs à un niveau aussi bas. Les fuites de mémoire et les violations d'accès à la mémoire sont habituels dans un tel code adapté. Pour la plupart des programmeurs et la majorité des applications qu'ils ont besoin d'écrire, les structures de données préemballées et modélisées de la STL sont suffisantes. L'emploi du code de la STL peut épargner une grande part du temps nécessaire aux tests et au débogage. La seule réserve est que, pour de grands projets, le temps de compilation peut être assez immmportant.

20.2   L'opérateur de déréférence * de tout itérateur **const** retourne une référence **const** à l'élément de conteneur, ce qui interdit l'utilisation de fonctions membres non **const**.

20.3   Les opérations effectuées sur un **const_iterator** retournent des références **const** pour éviter des modifications au conteneur en cours de manipulation. Utilisez les **const_iterator** de préférence aux **iterator**. Ceci constitue un autre exemple du principe du moindre privilège.

20.4   Seuls les itérateurs à accès direct supportent**<**. Il est préférable d'utiliser **!=** et **end()** pour tester la fin du conteneur.

EXERCICES DE RÉVISION

20.1   (Vrai ou faux) La STL fait un usage abondant de l'héritage et des fonctions virtuelles.

20.2   Les deux types de conteneurs de la STL sont les conteneurs de séquence et les conteneurs _____.

20.3   La STL évite d'utiliser **new** et **delete**, en faveur des _____, pour permettre une variété de moyens de contrôle de l'allocation et de la libération de la mémoire.

20.4   Les cinq principaux types d'itérateurs sont: _____, _____, _____, _____ et _____.

20.5   (Vrai ou faux) Le pointeur est une forme généralisée d'itérateur.

20.6   (Vrai ou faux) Les algorithmes de la STL peuvent opérer sur des tableaux pilotés par des pointeurs, comme ceux du C.

20.7   (Vrai ou faux) Les algorithmes de la STL sont encapsulés sous la forme de fonctions membres dans chaque classe de conteneur.

20.8   (Vrai ou faux) L'algorithme **remove** ne réduit pas la taille du **vector** dont les éléments sont en cours de retrait.

20.9   L'allocation et la libération de mémoire est effectuée dans la STL par des objets _____.

20.10   Les trois adaptateurs de conteneur de la STL sont: _____, _____ et _____.

20.11   (Vrai ou faux) La fonction membre de conteneur **end()** donne comme résultat la position du dernier élément du conteneur.

20.12   Les algorithmes de la STL opèrent indirectement sur les éléments de conteneur par l'intermédiaire des _____.

20.13   L'algorithme **sort** requiert un itérateur _____.

RÉPONSES AUX EXERCICES DE RÉVISION

20.1   Faux. Ils ont été évités pour des raisons liées à leurs performances.

20.2   Associatif.

20.3   Allocateurs.

20.4   Entrée (*input*), sortie (*output*), aller (*forward*), bidirectionnel (*bidirectional*), à accès direct (*random access*).

20.5   Faux. Il en est réellement un équivalent interchangeable.

20.6   Vrai.

20.7   Faux. Les algorithmes de la STL ne sont pas des fonctions membres. Ils opèrent indirectement sur les conteneurs par l'intermédiaire des itérateurs.

20.8   Vrai.

20.9   Allocateur.

20.10   `stack, queue, priority_queue`.

20.11   Faux. En réalité, elle donne la position située juste après la fin du conteneur.

20.12   Itérateurs.

20.13   À accès direct.

EXERCICES

20.14   Écrivez un modèle de fonction **palindrome** qui prenne en praramètre un **const vector** et retourne **true** ou **false**, selon que le **vector** se lit ou non de façon identique à l'aller ou à reculons (par exemple, un **vector** qui contient 1, 2, 3, 2, 1 est un palindrome et un **vector** contenant 1, 2, 3, 4 n'en est pas un).

20.15   Modifiez le programme de la figure 20.29, le crible d'Eratosthène, de sorte que si le nombre que l'utilisateur saisit dans le programme n'est pas premier, le programme affiche les facteurs premiers du nombre. Rappelez-vous que les seuls facteurs premiers d'un nombre premier sont 1 et le nombre premier lui-même. Tout nombre qui n'est pas premier montre une factorisation de nombres premiers uniques. Par exemple, considérez le nombre 54. Les facteurs de 54 sont 2, 3, 3 et 3. Lorsque ces valeurs sont multipliées entre elles, le résultat vaut 54. Pour le nombre 54, les facteurs premiers affichés sont donc 2 et 3.

20.16   Modifiez l'exercice 20.15 de sorte que si le nombre que l'utilisateur introduit dans le programme n'est pas premier, le programme affiche les facteurs premiers du nombre et le nombre de fois que chacun des facteurs premiers apparaît dans la factorisation unique en nombres premiers. Par exemple, l'affichage correspondant au nombre 54 doit être:

```
La factorisation unique en nombres premiers de 54 vaut: 2 * 3 * 3 * 3
```


RESSOURCES DE LA STL SUR L'INTERNET ET LE WORLD WIDE WEB

La liste que nous vous proposons ci-dessous est une collection de ressources concernant STL en provenance d'Internet et du World Wide Web. Ces sites comprennent des didacticiels, des références, des foires aux questions, des articles, des livres, des interviews et des logiciels. Sauf indication contraire, toutes ces ressources sont en anglais.

Didacticiels

`http://www.cs.brown.edu/people/jak/programming/stl-tutorial/tutorial.html`
Cette auto-formation à la STL est répartie en des exemples, la philosophie, les composants et l'extension de la STL. Vous y trouverez des exemples de code qui utilisent les composantes de la STL, des explications utilisables et des diagrammes utiles.

`http://web.ftech.net/~honeyg/articles/eff_stl.htm`
Ce didacticiel de STL fournit des informations sur les composants, les conteneurs, les flux et les adaptateurs d'itérateurs, la transformation et la sélection de valeurs, le filtrage et la transformation de valeurs et d'objets.

`http://www.xraylith.wisc.edu/~khan/software/stl/os_examples/examples.html`
Ce site est utile aux gens dont les ambitions se limitent dans un premier temps à la seule étude de la STL. On y trouve une introduction à la STL et des exemples concernant l'*Object Space STL Tool Kit*.

Références

http://www.sgi.com/Technology/STL/other_resources.html
Ce site propose une liste de nombreux sites Web relatifs à la STL, ainsi qu'une liste succincte de suggestions d'ouvrages traitant de la STL.

http://www.cs.rpi.edu/projects/STL/stl/stl.html
Voici la page principale de la référence en ligne de la bibliothèque de modèles standard du RPI (Rensselaer Polytechnic Intitute). On y trouve des explications détaillées concernant la STL, ainsi que des liens vers d'autres sources utiles d'informations à propos de la STL.

http://www.sgi.com/Technology/STL/
Le guide du programmeur de la STL, version Silicon Graphics (*Silicon Graphics Standard Templates Library Programmer's Guide*), est une source d'informations très utiles, relatives à la STL. À partir de ce site, il est possible de télécharger la STL, de trouver les informations les plus récentes, une documentation de conception et des liens vers d'autres ressources de la STL.

http://www.dinkumware.com/refcpp.html
Ce site contient des informations relatives à la Bibliothèque du C++ de la norme ANSI/ISO et des informations relatives à la STL.

http://www.roguewave.com/products/xplatform/stdlib/
La page Web de Rogue Wave Software sur la bibliothèque du C++ normalisé. On peut y télécharger des articles relatifs à leur propre version de la Standard C++ Library.

Foires aux questions (FAQ)

ftp://butler.hpl.hp.com/stl/stl.faq
Ce site FTP est une feuille de foire aux questions relatives à la STL mise à jour par Marian Corcoran, membre du comité ANSI et experte du C++.

Articles, livres et interviews

http://www.sgi.com/Technology/STL/other_resources.html
Ce site propose une liste de plus de 15 sites Web relatifs à la STL ainsi qu'une liste succincte de suggestions d'ouvrages traitant de la STL.

http://www.byte.com/art/9510/sec12/art3.htm
Le magasine américain *Byte* propose la copie d'un article au sujet de la STL, écrit par Alexander Stepanov, qui fait partie des géniteurs de la bibliothèque de modèles standard. Cet article fournit des informations à propos de l'emploi de la STL en programmation générique.

http://www.sgi.com/Technology/STL/drdobbs-interview.html
Cette interview d'Alexander Stepanov contient des informations intéressantes à propos de la création de la bibliothèque de modèles standard. Stepanov parle de la manière dont la STL a été conçue, de la programmation générique, de l'acronyme «STL» et de bien plus encore.

Norme C++ ANSI/ISO

http://www.ansi.org/
Vous pouvez acquérir sur ce site une copie du document de la norme du C++.

Logiciels

http://www.cs.rpi.edu/~musser/stl.html
Le site du RPI (Rensselaer Polytechnic Intitute) consacré à la STL contient des informations sur la manière dont la STL diffère des autres bibliothèques du C++, sur la façon de compiler les programmes qui utilisent la STL, une liste des principaux fichiers de la STL que l'on peut inclure, des programmes d'exemple qui utilisent la STL, les classes de conteneurs de la STL et les catégories d'itérateurs de la STL. Il propose également une liste des compilateurs compatibles avec la STL, une liste des sites FTP qui proposent du code source lié à la STL et d'autres matières en relation.

`http://www.mathcs.sjsu.edu/faculty/horstman/safestl.html`
Téléchargez SAFESTL.ZIP, un outil destiné à repérer les erreurs dans des programmes qui exploitent la STL.

`http://www.objectspace.com/jgl/`
Object Space propose des informations concernant le transport de logiciels de C++ en Java. Il est possible de télécharger gratuitement leurs bibliothèques de classes portables Standards<ToolKit>. Parmi les caractéristiques principales de cette boîte à outils, vous trouverez: des conteneurs, des itérateurs, des algorithmes, des allocateurs, des string (classes de chaînes de caractères) et des exceptions.

`http://www.cs.rpi.edu/~wiseb/stl-borland.html`
Utilisation de la bibliothèque de modèles standard avec Borland C++ (*Using the Standard Template Library with Borland C++*). Ce site est une référence utile pour les gens qui utilisent le compilateur Borland C++. L'auteur a défini des sections à propos des avertissements et des incompatibilités.

`http://www.microsoft.com/visualc/`
La page d'accueil du Microsoft Visual C++ propose un certain nombre de ressources sur le C++, comportant notamment des nouvelles du C++, des mises à jour, des ressources techniques, des exemples et des téléchargements.

`http://www.borland.com/bcppbuilder/`
La page d'accueil du Borland C++ Builder propose une série de ressources sur le C++ comprenant plusieurs groupes de discussion; des informations sur les dernières améliorations des produits, des FAQ et bien d'autres ressources destinées aux programmeurs qui utilisent le C++ Builder.

BIBLIOGRAPHIE DE LA STL

Sauf indication contraire, tous ces ouvrages sont en anglais.

(Am97)   Ammeraal, L., *STL for C++ Programmers*, New York, NY: John Wiley, 1997.

(GI95)   Glass, G. et B. Schuchert, *The STL <Primer>*, Upper Saddle River, NJ: Prentice Hall PTR, 1995.

(He97)   Henricson, M. et E. Nyquist, *Industrial Strength C++: Rules and Recommendations*, Upper Saddle River, NJ: Prentice Hall, 1997.

(Jo99)   Josuttis, N., *The C++ Standard Library: A Tutorial and Handbook*, Reading, MA: Addison-Wesley, 1999.

(Ko97)   Koenig, A. et B. Moo, *Ruminations on C++*, Reading, MA: Addison-Wesley, 1997.

(Mu94)   Musser, D. R. et A. A. Stepanov, « Algorithm-Oriented Generic Libraries », *Software Practice and Experience*, Vol. 24, No. 7, Juillet 1994.

(Mu96)   Musser, D. R. et A. Saini, *STL Tutorial and Reference Guide: C++ Programming with the Standard Template Library*, Reading, MA: Addison-Wesley, 1996.

(Ne95)   Nelson, M., *C++ Programmer's Guide to the Standard Template Library*, Foster City, CA: Programmers Press, une division de IDG Books Worldwide, Inc., 1995.

(Po97)   Pohl, I., *C++ Distilled: A Concise ANSI/ISO Reference et Style Guide*, Reading, MA: Addison-Wesley, 1997.

(Po97a)   Pohl, I., *Objet-Oriented Programming Using C++*, deuxième édition, Reading, MA: Addison-Wesley, 1997.

(Ro00)   Robson, R., *Using the STL: The C++ Standard Template Library*, Springer Verlag, 2000.

(Sc99)   Schildt, H., STL Programming from the Ground Up, Osborne McGraw-Hill, 1999.

(Sr94)   Stroustrup, B., «Making a **vector** Fit for a Standard», *The C++ Report*, octobre 1994.

(Sr94a)   Stroustrup, B., *The Design and Evolution of C++*, Reading, MA: Addison-Wesley Publishing Company, 1994.

(Sr97)   Stroustrup, B., *The C++ Programming Language*, troisième édition, Reading, MA: Addison-Wesley Publishing Company, 1997.

(St95)   Stepanov, A. et M. Lee, «The Standard Template Library», *Internet Distribution*, publié sur `ftp://butler.hpl.hp.com/stl`, 7 juillet 1995.

(Vi94)   Vilot, M. J., « An Introduction to the Standard Template Library », *The C++ Report*, Vol. 6, No. 8, octobre 1994.

21

Les ajouts de la norme au langage C++

Objectifs

- Utiliser le type de données **bool**.

- Utiliser les opérateurs de transtypage **static_cast**, **const_cast** et **reinterpret_cast**.

- Comprendre le concept des espaces de noms (**namespace**).

- Utiliser l'information de type valorisée à l'exécution (RTTI) et les opérateurs **typeid** et **dynamic_cast**.

- Comprendre les mots-clés d'opérateurs.

- Comprendre les constructeurs **explicit**.

- Utiliser des membres **mutable** dans des objets **const**.

- Utiliser les opérateurs pointeurs de membres de classe **.*** et **->***.

- Comprendre le rôle des classes de base **virtual** dans l'héritage multiple.

Introduction à la
CONCEPTION
ORIENTÉE OBJETS
avec l' UML™

Aperçu

21.1 Introduction

Nous allons maintenant examiner certaines caractéristiques du langage C++ normalisé, comme le type de données booléen **bool**, les opérateurs de transtypage, les espaces de noms ou **namespace**, l'information de type valorisée à l'exécution (RTTI) et les mots-clés d'opérateurs. Nous étudierons également les opérateurs de pointeur vers des membres de classes et des classes de base **virtual**.

21.2 Type de données `bool`

La norme du C++ fournit le type de données booléen **bool** dont les valeurs **false** ou **true** sont une alternative à l'ancien style qui utilisait **0** pour indiquer **false** (faux) et une valeur différente de **0** pour indiquer **true** (vrai). Le programme de la figure 21.1 illustre le type de données **bool**.

```
1   // Figure 21.1: fig21_01.cpp
2   // Démonstration du type de données bool.
3   #include <iostream>
4
5   using std::cout;
6   using std::endl;
7   using std::cin;
8   using std::boolalpha;
9
```

Figure 21.1   Démonstration du type de données fondamental **bool**. (1 de 2)

```
10    int main()
11    {
12       bool booleen = false;
13       int x = 0;
14
15       cout << "La valeur du type bool est " << booleen
16            << "\nEntrez un entier: ";
17       cin >> x;
18
19       cout << "L'entier " << x << " est"
20            << ( x? " différent de zéro ": " zéro " )
21            << "et interprété comme ";
22
23       if ( x )
24          cout << "true\n";
25       else
26          cout << "false\n";
27
28       booleen = true;
29       cout << "La valeur du type bool est " << booleen;
30       cout << "\nLa sortie du type bool avec le manipulateur boolalpha est "
31            << boolalpha << booleen << endl;
32
33       return 0;
34    }
```

```
Le valeur du type bool est 0
Entrez un entier: 22
L'entier 22 est différent de zéro et interprété comme true
La valeur du type bool est 1
La sortie du type bool avec le manipulateur boolalpha est true
```

Figure 21.1   Démonstration du type de données fondamental **bool**. (2 de 2)

La ligne 12,

```
bool booleen = false;
```

déclare la variable **booleen** de type **bool** et initialise **booleen** à **false**. La variable **x** est déclarée et initialisée à **0**. La ligne 15,

```
cout << "La valeur du type bool est " << booleen
```

produit la sortie de la valeur de **booleen**. La valeur **0** est affichée au lieu du mot-clé **false**. Les données de type **bool** sont, par défaut, affichées sous forme de valeurs numériques.

La valeur de **x**, qui est entrée à la ligne 17, est utilisée comme condition **if/else** à la ligne 23. Si **x** vaut **0**, la condition est **false**; sinon, elle est **true**. Notez que les valeurs négatives diffèrent de zéro et donnent donc **true**.

La ligne 28 affecte **true** à **booleen**. La valeur de **booleen(1)** est sortie à la ligne 29. Par défaut, une variable **bool** produit une sortie de **0** ou de **1**. L'opérateur d'insertion de flux **<<** est surchargé pour afficher les données **bool** comme des entiers.

Les lignes 30 et 31,

```
cout << "\nLa sortie du type bool avec le manipulateur boolalpha est "
     << boolalpha << booleen << endl;
```

utilisent le manipulateur de flux **boolalpha** pour régler le flux de sortie de façon qu'il affiche les valeurs **bool** avec les chaînes «**true**» et «**false**». On peut également employer le manipulateur **boolalpha** sur l'entrée.

Il est possible de convertir implicitement des pointeurs, des entiers, des nombres à virgule flottante (**double**) et autres en données **bool**. Les valeurs égales à zéro sont converties à **false** et les valeurs différentes de zéro à **true**. Par exemple, l'expression

```
bool dc = false + x * 2 - b && true;
```

affecte **true** à **dc** en présumant que **x** vaut **3** et que **b** est **true**. Notez que la portion de droite de l'expression d'affectation est évaluée à **5** et que cette valeur est convertie implicitement par **true**.

Bonne pratique de programmation 21.1

*Lorsque vous créez des variables d'état pour indiquer des conditions de vrai ou faux, utilisez des données **bool** plutôt que des données **int**.*

Bonne pratique de programmation 21.2

*Utiliser **true** ou **false** au lieu de valeurs égales à zéro ou différentes de zéro améliore la clarté des programmes.*

21.3 Opérateur static_cast

La norme du C++ introduit quatre opérateurs de transtypage pour remplacer ceux de l'ancien style utilisés auparavant en C et en C++. Ces opérateurs sont moins puissants mais plus spécifiques que le transtypage à l'ancienne, ce qui assure un contrôle plus précis au programme. Le transtypage est dangereux et peut souvent constituer une source d'erreurs. Grâce à des outils automatisés, ces nouveaux opérateurs sont donc plus faciles à repérer et à rechercher. Un autre de leurs avantages est qu'ils jouent chacun des rôles complètement différents, contrairement à la philosophie de l'ancien style de transtypage où «un seul opérateur vaut pour tout».

Le C++ offre l'opérateur **static_cast** pour la conversion entre types. La vérification du type s'effectue au moment de la compilation. L'opérateur **static_cast** effectue les conversions standard (c'est-à-dire **void** * en **char** *, **int** en **double**, etc.) et leurs inverses. Le programme de la figure 21.2 illustre l'opérateur **static_cast**.

Erreur de programmation courante 21.1

*Effectuer un transtypage illégal avec l'opérateur **static_cast** est une erreur de syntaxe. Par transtypage illégal on entend: le transtypage de types **const** en types non **const**, le transtypage de types de pointeurs et de références non liés par héritage **public**, ainsi que le transtypage pour lequel il n'existe pas de constructeur ni d'opérateur de conversion approprié.*

Le programme déclare les classes **ClasseBase** et **ClasseDerivee**. Chaque classe définit une fonction membre **f**. Les lignes 23 et 24

```
double d = 8.22;
int x = static_cast< int > ( d );
```

déclarent et initialisent **d** et **x**. L'opérateur **static_cast** convertit **d** du type **double** au type **int**. On peut employer l'opérateur **static_cast** dans la plupart des conversions entre types de données fondamentaux comme **int**, **double**, **float**, et autres.

```
1   // Figure 21.2: fig21_02.cpp
2   // Démonstration de l'opérateur static_cast.
3   #include <iostream>
4
5   using std::cout;
6   using std::endl;
7
8   class ClasseBase {
9   public:
10      void f( void ) const { cout << "BASE\n"; }
11  };
12
13  class ClasseDerivee: public ClasseBase {
14  public:
15      void f( void ) const { cout << "DERIVEE\n"; }
16  };
17
18  void test( ClasseBase * );
19
20  int main()
21  {
22      // Utilise static_cast pour une conversion.
23      double d = 8.22;
24      int x = static_cast< int >( d );
25
26      cout << "d est " << d << "\nx est " << x << endl;
27
28      ClasseBase * basePtr = new ClasseDerivee;  // instancie l'objet base.
29      test( basePtr );    // appelle test.
30      delete basePtr;
31
32      return 0;
33  }
34
35  void test( ClasseBase * basePtr )
36  {
37      ClasseDerivee *deriveePtr;
38
39      // Force le type du pointeur de classe de base en pointeur
40      // de classe dérivée.
41      deriveePtr = static_cast< ClasseDerivee * >( basePtr );
42      deriveePtr->f();    // invoque la fonction f de ClasseDerivee.
43  }
```

```
d est 8.22
x est 8
DERIVEE
```

Figure 21.2   Démonstration de l'opérateur **static_cast**.

 ### Observation de génie logiciel 21.1

L'ajout des nouveaux opérateurs de transtypage, comme **static_cast**, *à la norme du C++, a rendu désuets les anciens opérateurs de transtypage de style C.*

Bonne pratique de programmation 21.3

Au lieu de l'opérateur de transtypage de style C, utilisez plutôt l'opérateur **static_cast**, *qui est plus sûr et plus fiable.*

Le pointeur **basePtr** vers une **ClasseBase** se voit affecté d'un nouvel objet de **ClasseDerivee** à la ligne 28 et est passé par référence à la fonction **test** à la ligne 29. L'adresse transmise à **test** est reçue dans un (autre) pointeur **basePtr**. Le pointeur de **ClasseDerivee**, appelé **deriveePtr**, est déclaré à la ligne 37. La ligne 41,

```
deriveePtr = static_cast< ClasseDerivee * >( basePtr );
```

utilise **static_cast** pour un *transtypage vers le bas* (*downcasting*) de **ClasseBase *** en **ClasseDerivee ***. Bien que le transtypage vers le bas d'un pointeur de classe de base en pointeur de classe dérivée soit une opération potentiellement dangereuse (voir le chapitre 9 à ce sujet), **static_cast** le permet. La fonction **f** est invoquée à partir de **deriveePtr** (ligne 42).

21.4 Opérateur const_cast

Le C++ offre l'opérateur **const_cast** pour le transtypage **const** ou **volatile**. Le programme de la figure 21.3 illustre l'emploi de **const_cast**.

```
1   // Figure 21.3: fig21_03.cpp
2   // Démonstration de l'opérateur const_cast.
3   #include <iostream>
4
5   using std::cout;
6   using std::endl;
7
8   class TestConstCast {
9   public:
10      void ajusterNombre( int );
11      int lectureNombre() const;
12      void afficherNombre() const;
13  private:
14      int nombre;
15  };
16
17  void TestConstCast::ajusterNombre( int num ) { nombre = num; }
18
19  int TestConstCast::lectureNombre() const { return nombre; }
20
21  void TestConstCast::afficherNombre() const
22  {
23      cout << "\nNombre après modification: ";
24
25      // l'expression nombre-- générerait une erreur de compilation
26      // mise à l'écart du <<caractère constant>> pour permettre
27      // la modification.
28      const_cast< TestConstCast * >( this )->nombre--;
29
30      cout << nombre << endl;
31  }
32
```

Figure 21.3   Démonstration de l'opérateur **const_cast**. (1 de 2)

```
33   int main()
34   {
35       TestConstCast x;
36       x.ajusterNombre( 8 );   // ajuste le membre de données private à 8.
37
38       cout << "Valeur initiale du nombre: " << x.lectureNombre();
39
40       x.afficherNombre();
41       return 0;
42   }
```

```
Valeur initiale du nombre: 8
Nombre après modification: 7
```

Figure 21.3　　Démonstration de l'opérateur **const_cast**. (2 de 2)

Les lignes 8 à 15 déclarent la classe **TestConstCast** qui contient trois fonctions membres et la variable **private** nommée **nombre**. Deux des fonctions membres sont déclarées **const**. La fonction **ajusterNombre** règle la valeur de **nombre** et **lectureNombre** renvoie la valeur de **nombre**.

La fonction membre **const** appelée **afficherNombre** modifie la valeur de **nombre** à la ligne 28:

```
const_cast< TestConstCast * >( this )->nombre--;
```

Dans la fonction membre **const** appelée **afficherNombre**, le type de données du pointeur **this** est **const TestConstCast ***. L'instruction précédente annule la constance du pointeur **this** avec l'opérateur **const_cast**. Le pointeur **this** est maintenant de type **TestConstCast *** pour la portion restante de cette instruction, ce qui permet la modification de **nombre**. On ne peut pas utiliser l'opérateur **const_cast** directement pour annuler la constance d'une variable constante.

21.5 Opérateur **reinterpret_cast**

Le C++ offre l'opérateur **reinterpret_cast** pour les *transtypages non standard* comme de **void *** en **int**, et autres (par exemple le transtypage d'un pointeur en un pointeur de type différent, etc.). Il est préférable de ne pas utiliser cet opérateur pour des transtypages standard, comme de **double** en **int**, etc. Le programme de la figure 21.4 illustre l'emploi de l'opérateur **reinterpret_cast**.

```
1    // Figure 21.4: fig21_04.cpp
2    // Démonstration de l'opérateur reinterpret_cast.
3    #include <iostream>
4
5    using std::cout;
6    using std::endl;
7
8    int main()
9    {
10       int x = 120, *ptr = &x;
11
12       cout << *reinterpret_cast<char *>( ptr ) << endl;
```

Figure 21.4　　Démonstration de l'opérateur **reinterpret_cast**. (1 de 2)

```
13
14      return 0;
15   }
```

x

Figure 21.4   Démonstration de l'opérateur **reinterpret_cast**. (2 de 2)

Le programme déclare un entier et un pointeur. Le pointeur **ptr** est initialisé avec l'adresse de **x**. La ligne 12,

```
cout << *reinterpret_cast< char *>( ptr ) << endl;
```

fait appel à l'opérateur **reinterpret_cast** pour transtyper le type de **ptr** (de type **int ***) en **char ***. L'adresse renvoyée est déréférencée.

 Astuce de tests et de débogage 21.1

L'emploi de **reinterpret_cast** *est délicat, car il permet trop facilement d'effectuer de dangereuses manipulations susceptibles de produire de graves erreurs à l'exécution.*

 Astuce sur la portabilité 21.1

Les programmes utilisant **reinterpret_cast** *peuvent se comporter différemment d'une plate-forme à une autre.*

21.6 Espaces de noms (namespace)

Un programme comprend de nombreux identificateurs définis sur des portées différentes. Il peut arriver qu'une variable d'une certaine portée vienne se superposer à une variable du même nom mais de portée différente et, ainsi, causer un problème. Ce genre de chevauchement peut se produire à différents niveaux. La superposition d'identificateurs se produit souvent dans les bibliothèques tierces utilisant des noms identiques pour des identificateurs globaux (des fonctions, par exemple). Cette situation génère habituellement des erreurs de compilation.

 Bonne pratique de programmation 21.4

Évitez d'utiliser le caractère de soulignement comme première lettre des noms d'identificateurs, car cela peut causer des erreurs de chaînage (édition de liens).

La norme du C++ tente de résoudre ce problème avec les *espaces de noms* ou **namespace**. Chaque espace de nom définit une portée où sont placés les identificateurs globaux et les variables globales. Pour utiliser un *membre* **namespace**, on doit qualifier le nom du membre avec le nom du **namespace** et l'opérateur de résolution de portée (::) de la façon suivante:

>   *nom_namespace*::*membre*

ou, encore, au moyen d'une instruction **using** qui doit précéder l'emploi du nom. Les instructions **using** sont habituellement placées au début du fichier utilisant les membres de l'espace de nom. Par exemple, l'instruction

>   **using namespace** *nom_namespace*;

placée au début d'un fichier de code source spécifie que les membres du **namespace** *nom_namespace* peuvent être utilisés dans le fichier sans faire précéder chaque membre de son *nom_namespace* et de l'opérateur de résolution de portée (**::**).

Bonne pratique de programmation 21.5

*En cas de risque de conflit de portée, faites précéder un membre par son nom de **namespace** et par l'opérateur de résolution de portée (**::**).*

Il n'est pas garanti que tous les espaces de noms soient uniques. Il peut en effet arriver que deux fournisseurs tiers emploient le même **namespace** par inadvertance. La figure 21.5 illustre l'emploi des espaces de noms.

La ligne 4,

```
using namespace std;
```

informe le compilateur que le **namespace std** est employé. Tout le contenu du fichier d'en-tête **<iostream>** est défini comme faisant partie du **namespace std**.

```
1   // Figure 21.5: fig21_05.cpp
2   // Démonstration des namespaces.
3   #include <iostream>
4   using namespace std;   // utilise le namespace std.
5
6   int monInt = 98;       // variable globale.
7
8   namespace Exemple {
9       const double PI = 3.14159;
10      const double E = 2.71828;
11      int monInt = 8;
12      void afficherValeurs();
13
14      namespace Interieur {   // namespace imbriqué.
15          enum Annees { FISCAL1 = 1990, FISCAL2, FISCAL3 };
16      }
17  }
18
19  namespace {               // namespace non nommé.
20      double d = 88.22;
21  }
22
23  int main()
24  {
25      // Sort la valeur d du namespace non nommé.
26      cout << "d = " << d;
27
28      // Sort la variable globale.
29      cout << "\n(global) monInt = " << monInt;
30
31      // Sort les valeurs du namespace Exemple.
32      cout << "\nPI = " << Exemple::PI << "\nE = "
33          << Exemple::E << "\nmonInt = "
34          << Exemple::monInt << "\nFISCAL3 = "
35          << Exemple::Interieur::FISCAL3 << endl;
36
37      Exemple::afficherValeurs();  // invoque la fonction afficherValeurs.
38
39      return 0;
40  }
41
42  void Exemple::afficherValeurs()
43  {
44      cout << "\n\nDans afficherValeurs:\n" << "monInt = "
45          << monInt << "\nPI = " << PI << "\nE = "
```

Figure 21.5   Démonstration de l'utilisation des espaces de noms (**namespace**). (1 de 2)

```
46              << E << "\nd = " << d << "\n(global) monInt = "
47              << ::monInt << "\nFISCAL3 = "
48              << Interieur::FISCAL3 << endl;
49     }
```

```
d = 88.22
(global) monInt = 98
PI = 3.14159
E = 2.71828
monInt = 8
FISCAL3 = 1992

Dans afficherValeurs:
monInt = 8
PI = 3.14159
E = 2.71828
d = 88.22
(global) monInt = 98
FISCAL3 = 1992
```

Figure 21.5   Démonstration de l'utilisation des espaces de noms (**namespace**). (2 de 2)

Note: la majorité des programmeurs en C++ considère comme une pratique peu élégante d'écrire une instruction **using** telle que celle de la ligne 4, parce que la totalité du contenu du **namespace** est automatiquement inclus dans le code.

L'instruction **using namespace** précise que les membres d'un espace **namespace** sera souvent utilisé dans un programme. Cette pratique permet au programmeur d'accéder à tous les membres de l'espace de noms et d'écrire des instructions plus concises, comme

```
cout << "d = " << d;
```

plutôt que

```
std::cout << "d = " << d;
```

Sans la ligne 4, il faudrait qualifier chaque **cout** et chaque **endl** de la figure 21.5 avec **std::**. On peut utiliser l'instruction **using namespace** pour des espaces de noms prédéfinis, comme **std**, ou définis par le programmeur.

Les lignes 8 à 17,

```
namespace Exemple {
   const double PI = 3.14159;
   const double E = 2.71828;
   int monInt = 8;
   void afficherValeurs();

   namespace Interieur {    // namespace imbriqué
      enum Annees { FISCAL1 = 1990, FISCAL2, FISCAL3 };
   }
}
```

emploient le mot-clé **namespace** pour définir l'espace de nom **Exemple**. Le corps d'un **namespace** est délimité par des accolades (**{}**). Contrairement au corps d'une classe, le corps d'un espace de noms ne se termine pas par un point-virgule. Les membres de **Exemple** comprennent deux constantes (**PI** et **E**), un entier (**monInt**), une fonction (**afficherValeurs**) et un **namespace** *imbriqué* (**Interieur**). Notez que le membre **monInt** a le même nom que la variable globale **monInt**. Des variables de même nom doivent être dotées de portées différentes, pour éviter l'occurrence d'erreurs de syntaxe. Un espace de noms peut contenir des constantes, des données, des classes, des espaces de noms imbriqués, des fonctions, et ainsi de suite. Les définitions des espaces de noms doivent occuper la portée globale ou être imbriquées à l'intérieur d'autres espaces de noms.

Les lignes 19 à 21,

```
namespace {
    double d = 88.22;
}
```

créent un espace de noms *non nommé* contenant le membre **d**. Les membres du **namespace** non nommé, occupant l'espace de noms global, sont accessibles directement et n'ont pas besoin d'être qualifiés par un nom de **namespace**. Les *variables globales* font également partie de l'espace de noms global et sont accessibles dans toutes les portées qui suivent la déclaration dans le fichier.

Observation de génie logiciel 21.2

Chaque unité de compilation séparée possède son propre **namespace** *non nommé unique. Autrement dit, l'espace de noms non nommé remplace la spécification de chaînage* **static**.

La ligne 26 sort la valeur de **d**. Le membre **d** est directement accessible comme partie intégrante de l'espace de noms non nommé. La ligne 29 produit la sortie de la valeur de la variable globale **monInt**. Les lignes 32 à 35,

```
cout << "\nPI = " << Exemple::PI << "\nE = "
     << Exemple::E << "\nmonInt = "
     << Exemple::monInt << "\nFISCAL3 = "
     << Exemple::Interieur::FISCAL3 << endl;
```

sortent les valeurs de **PI**, **E**, **monInt** et **FISCAL3**. **PI**, **E** et **monInt** sont des membres de **Exemple** et sont donc qualifiés avec **Exemple::**. Le membre **monInt** doit être qualifié, car une variable globale porte le même nom. Sinon, la valeur de la variable globale serait produite à la sortie. **FISCAL3** est un membre de l'espace de nom imbriqué **Interieur**; il est qualifié par **Exemple::Interieur::**.

La fonction **afficherValeurs** est un membre de **Exemple** et peut accéder directement à d'autres membres du même espace de noms sans utiliser de qualificateur **namespace**. À la ligne 44, le **cout** produit la sortie de **monInt**, **PI**, **E**, **d**, la variable globale **monInt** et de **FISCAL3**. Notez que **PI** et **E** ne sont pas qualifiés avec **Exemple**, que **d** est toujours accessible, que la version globale de **monInt** est qualifiée avec l'opérateur de résolution de portée (**::**) et que **FISCAL3** est qualifié avec **Interieur::**. Lorsqu'on accède à des membres d'un espace de noms imbriqué, on doit qualifier les membres avec le nom de l'espace de noms, sauf si l'on est à l'intérieur du **namespace** imbriqué.

On peut également employer le mot-clé **using** pour permettre l'emploi d'un membre d'espace de noms individuel. Par exemple, la ligne

```
using Exemple::PI;
```

permet d'utiliser **PI** sans qualificateur **namespace**. C'est là une pratique type lorsqu'un seul membre d'espace de noms est fréquemment utilisé. On peut également donner des alias aux espaces de noms. Par exemple, l'instruction

```
namespace CPECPP3 = CommentProgrammerEnCPlusPlus3Ed;
```

crée l'alias **CPECPP3** pour **CommentProgrammerEnCPlusPlus3Ed**.

Erreur de programmation courante 21.2

*Placer **main** dans un **namespace** est une erreur de syntaxe.*

Observation de génie logiciel 21.3

Dans les gros programmes, chaque entité devrait idéalement être déclarée dans une classe, une fonction, un bloc ou un espace de noms. Cette pratique aide à clarifier le rôle de chacune des entités.

21.7 Information de type valorisée à l'exécution (RTTI)

L'*information de type valorisée à l'exécution* (*RTTI*, run-time type information) offre un moyen de déterminer le type d'un objet au moment de l'exécution. Dans cette section, nous discutons de deux opérateurs RTTI importants: **typeid** et **dynamic_cast**. Le programme de la figure 21.6 illustre **typeid** et celui de la figure 21.7 démontre **dynamic_cast**.

Astuce de tests et de débogage 21.2

Dans certains compilateurs, il est nécessaire d'activer les capacités RTTI pour pouvoir utiliser l'information de type valorisée à l'exécution. Consultez la documentation de votre compilateur à ce sujet.

```
1   // Figure 21.6: fig21_06.cpp
2   // Démonstration de la capacité RTTI typeid.
3   #include <iostream>
4
5   using std::cout;
6   using std::endl;
7
8   #include <typeinfo>
9
10  template < typename T >
11  T maximum( T valeur1, T valeur2, T valeur3 )
12  {
13     T max = valeur1;
14
15     if( valeur2 > max )
16        max = valeur2;
17
18     if( valeur3 > max )
19        max = valeur3;
20
21     // Obtient le nom du type (c'est-à-dire int ou double).
22     const char *typeDonnees = typeid( T ).name();
23
24     cout << "Des " << typeDonnees << "s ont été comparés.\nLe "
25          << typeDonnees << " le plus élevé est ";
26
27     return max;
28  }
29
```

Figure 21.6   Démonstration de **typeid**. (1 de 2)

```
30   int main()
31   {
32      int a = 8, b = 88, c = 22;
33      double d = 95.96, e = 78.59, f = 83.89;
34
35      cout << maximum( a, b, c ) << "\n";
36      cout << maximum( d, e, f ) << endl;
37
38      return 0;
39   }
```

```
Des ints ont été comparés.
Le int le plus élevé est 88
Des doubles ont été comparés.
Le double le plus élevé est 95.96
```

Figure 21.6   Démonstration de **typeid**. (2 de 2)

La ligne 8 inclut le fichier d'en-tête **<typeinfo>** qui définit **typeid**. Lorsqu'il faut utiliser le résultat de **typeid**, **<typeinfo>** est requis. Le programme définit un modèle de fonction appelé **maximum**, qui prend trois arguments du type de données spécifié **T** et qui détermine et renvoie la valeur la plus élevée. Le mot-clé **typename** est utilisé à la place du mot-clé **class**. Dans cette situation, **typename** se comporte de la même façon que **class**.

La ligne 22,

```
const char *typeDonnees = typeid( T ).name();
```

emploie la fonction **name** pour renvoyer une chaîne de style C définie dans l'implantation et représentant le type de données **T**. L'opérateur à la compilation **typeid** renvoie une référence vers un objet **type_info**, c'est-à-dire un objet maintenu par le système et représentant un type. Notez que la chaîne renvoyée par **name** appartient au système; le programmeur ne doit pas la supprimer (par un **delete**).

Bonne pratique de programmation 21.6

*Utiliser **typeid** pour des tests de type **switch** est un mauvais emploi de l'information de type valorisée à l'exécution (RTTI). Servez-vous plutôt de fonctions virtuelles.*

L'opérateur **dynamic_cast** est utilisé en programmation polymorphique pour assurer des conversions adéquates au moment de l'exécution, le compilateur étant lui-même incapable d'en vérifier la pertinence. Il y est aussi employé pour le *transtypage vers le bas* d'un pointeur de classe de base en pointeur de classe dérivée. Le programme de la figure 21.7 illustre l'utilisation de **dynamic_cast**.

```
1    // Figure 21.7: fig21_07.cpp
2    // Démonstration de dynamic_cast.
3    #include <iostream>
4
5    using std::cout;
6    using std::endl;
7
8    const double PI = 3.14159;
```

Figure 21.7   Démonstration de **dynamic_cast**. (1 de 3)

```
9
10    class Forme {
11       public:
12          virtual double aire() const { return 0.0; }
13    };
14
15    class Cercle: public Forme {
16    public:
17       Cercle( int r = 1 ) { rayon = r; }
18
19       virtual double aire() const
20       {
21          return PI * rayon * rayon;
22       };
23    protected:
24       int rayon;
25    };
26
27    class Cylindre: public Cercle {
28    public:
29       Cylindre( int h = 1 ) { hauteur = h; }
30
31       virtual double aire() const
32       {
33          return 2 * PI * rayon * hauteur +
34                 2 * Cercle::aire();
35       }
36    private:
37       int hauteur;
38    };
39
40    void sortieAireForme( const Forme * );    // prototype.
41
42    int main()
43    {
44       Cercle cercle;
45       Cylindre cylindre;
46       Forme *ptr = 0;
47
48       sortieAireForme( &cercle );     // sort l'aire du cercle.
49       sortieAireForme( &cylindre );   // sort l'aire du cylindre.
50       sortieAireForme( ptr );         // tente de sortir l'aire.
51       return 0;
52    }
53
54    void sortieAireForme( const Forme *formePtr )
55    {
56       const Cercle *cerclePtr;
57       const Cylindre *cylindrePtr;
58
59       // Transtypage de Forme * en Cylindre *
60       cylindrePtr = dynamic_cast< const Cylindre * >( formePtr );
61
```

Figure 21.7   Démonstration de **dynamic_cast**. (2 de 3)

```
62        if( cylindrePtr != 0 )         // invoque aire() si true.
63           cout << "Aire du cylindre: " << cylindrePtr->aire();
64        else {  // formePtr ne se réfère pas à un cylindre.
65
66           // Transtypage de formePtr en Cercle *
67           cerclePtr = dynamic_cast< const Cercle * >( formePtr );
68
69           if( cerclePtr != 0 )         // invoque aire() si true.
70              cout << "Aire du cercle: " << cerclePtr->aire();
71           else
72              cout << "Il ne s'agit ni d'un cercle, ni d'un cylindre.";
73        }
74
75        cout << endl;
76  }
```

```
Aire du cercle: 3.14159
Aire du cylindre: 12.5664
Il ne s'agit ni d'un cercle, ni d'un cylindre.
```

Figure 21.7   Démonstration de **dynamic_cast**.(3 de 3)

Le programme définit une classe de base appelée **Forme** (ligne 10) qui contient: la fonction virtuelle **aire**; la classe dérivée **Cercle** (ligne 15) qui hérite publiquement de **Forme**; et la classe dérivée **Cylindre** (ligne 27) qui hérite publiquement de **Cercle**. **Cercle** et **Cylindre** substituent toutes deux la fonction **aire**.

Dans la fonction **main** (lignes 44 à 46), un objet de la classe **Cercle** nommé **cercle** est instancié, un objet de la classe **Cylindre** appelé **cylindre** est également instancié et un pointeur vers une **Forme** nommé **ptr** est déclaré et initialisé à zéro. Les lignes 48 à 50 appellent à trois reprises la fonction **sortieAireForme** (définie à la ligne 54). Chaque appel vers **sortieAireForme** affiche un des trois résultats suivants: l'aire d'un **Cercle**, l'aire d'un **Cylindre** ou une indication que **Forme** n'est ni un **Cercle** ni un **Cylindre**. La fonction **sortieAireForme** reçoit un pointeur vers une forme comme argument; le premier appel reçoit l'adresse de **cercle**, le deuxième reçoit celle de **cylindre** et le troisième reçoit un pointeur de la classe de base **Forme** appelé **ptr**.

La ligne 60,

```
cylindrePtr = dynamic_cast< const Cylindre * >( formePtr );
```

produit dynamiquement le transtypage vers le bas de **formePtr**, qui est de type **const Forme ***, en un type **const Cylindre *** en utilisant l'opérateur de transtypage **dynamic_cast**. Par la suite, **cylindrePtr** est affecté à l'adresse de l'objet **cylindre** ou à **0** pour indiquer que la **Forme** n'est pas un cylindre. Si le résultat du transtypage diffère de **0**, l'aire de **Cylindre** est produite à la sortie.

La ligne 67,

```
cerclePtr = dynamic_cast< const Cercle * >( formePtr );
```

produit dynamiquement le transtypage vers le bas de **formePtr** en un type **const Cercle *** en utilisant l'opérateur **dynamic_cast**. Par la suite, **cerclePtr** est affecté à l'adresse de l'objet **cercle** ou à **0** pour indiquer que la **Forme** n'est pas un cercle. Si le résultat du transtypage diffère de **0**, l'aire de **Cercle** est produite à la sortie.

Erreur de programmation courante 21.3

*Tenter d'utiliser l'information de type valorisée à l'exécution sur un pointeur de type **void** * est une erreur de syntaxe.*

Observation de génie logiciel 21.4

L'information de type valorisée à l'exécution (RTTI) est destinée à être utilisée avec des hiérarchies d'héritage polymorphiques, autrement dit, avec des fonctions virtuelles.

21.8 Mots-clés d'opérateurs

La norme du C++ offre des *mots-clés d'opérateurs* (figure 21.8) dont on peut se servir pour remplacer plusieurs opérateurs du C++. Les mots-clés d'opérateurs peuvent être utiles pour les programmeurs dont les claviers ne prennent pas en charge certains caractères, comme **!**, **&**, **^**, **~**, **|**, etc.

Le programme de la figure 21.9 a été compilé avec le Visual C++ de Microsoft et exige le fichier d'en-tête **<iso646.h>** pour utiliser les mots-clés d'opérateurs. D'autres compilateurs peuvent fonctionner différemment; consultez donc la documentation de votre compilateur pour déterminer le fichier d'en-tête à inclure. Notez aussi que certains compilateurs n'exigent aucun fichiers d'en-tête pour utiliser ces mots-clés.

Le programme déclare et initialise deux entiers, **a** et **b**. Les opérations logiques et binaires sont effectuées avec **a** et **b** avec les différents mots-clés d'opérateurs. Le résultat de chaque opération est affiché en sortie.

Opérateur	Mot-clé d'opérateur	Description
Mots-clés d'opérateurs logiques		
&&	and	ET logique
||	or	OU logique
!	not	NON logique
Mot-clé d'opérateur d'inégalité		
!=	not_eq	inégalité
Mots-clés d'opérateurs binaires		
&	bitand	ET binaire
|	bitor	OU inclusif binaire
^	xor	OU exclusif binaire
~	compl	complément à un binaire
Mots-clés d'opérateurs d'affectation binaires		
&=	and_eq	ET binaire d'affectation
|=	or_eq	OU inclusif binaire d'affectation
^=	xor_eq	OU exclusif binaire d'affectation

Figure 21.8   Mots-clés d'opérateurs comme alternatives aux symboles d'opérateurs.

```
1    // Figure 21.9: fig21_09.cpp
2    // Démonstration des mots-clés d'opérateurs.
3    #include <iostream>
4
5    using std::cout;
6    using std::endl;
7    using std::boolalpha;
8
9    #include <iso646.h>
10
11   int main()
12   {
13      int a = 8, b = 22;
14
15      cout << boolalpha
16         << "    a and b: " << ( a and b )
17         << "\n     a or b: " << ( a or b )
18         << "\n      not a: " << ( not a )
19         << "\na not_eq b: " << ( a not_eq b )
20         << "\na bitand b: " << ( a bitand b )
21         << "\na bit_or b: " << ( a bitor b )
22         << "\n    a xor b: " << ( a xor b )
23         << "\n    compl a: " << ( compl a )
24         << "\na and_eq b: " << ( a and_eq b )
25         << "\n a or_eq b: " << ( a or_eq b )
26         << "\na xor_eq b: " << ( a xor_eq b ) << endl;
27
28      return 0;
29   }
```

```
    a and b:true
    a or b:true
     not a:false
a not_eq b:false
a bitand b:22
a bit_or b:22
    a xor b:0
    compl a:-23
a and_eq b:22
 a or_eq b:22
a xor_eq b:22
```

Figure 21.9 Démonstration de l'utilisation des mots-clés d'opérateurs.

21.9 Constructeurs explicit

Nous avons vu au chapitre 8, *Surcharge des opérateurs*, que tout constructeur appelé avec un argument peut être employé par le compilateur pour effectuer une *conversion implicite* où le type reçu par le constructeur est converti en un objet de la classe dans laquelle le constructeur est défini. La conversion est automatique et le programmeur n'a pas besoin d'utiliser un opérateur de transtypage. Dans certains cas, les conversions implicites ne sont pas acceptables ou sont prédisposées aux erreurs. Par exemple, notre classe **Tableau** de la figure 8.4 définit un constructeur prenant un argument de type **int**. Ce constructeur est destiné à créer un objet

Tableau contenant le nombre d'éléments spécifié par l'argument **int**. Toutefois, le compilateur peut faire mauvais usage de ce constructeur pour effectuer une conversion implicite. Le programme de la figure 21.10 emploie une version simplifiée de la classe **Tableau** du chapitre 8 pour illustrer une conversion implicite incorrecte.

```
1   // Figure 21.10: tableau2.h
2   // Classe Tableau simple (pour entiers).
3   #ifndef TABLEAU1_H
4   #define TABLEAU1_H
5
6   #include <iostream>
7
8   using std::ostream;
9
10  class Tableau {
11     friend ostream &operator<<( ostream &, const Tableau & );
12  public:
13     Tableau( int = 10 );   // constructeur par défaut/de conversion.
14     ~Tableau();            // destructeur.
15  private:
16     int taille; // taille du tableau.
17     int *ptr;   // pointeur vers le premier élément du tableau.
18  };
19
20  #endif
```

Figure 21.10   Constructeurs à un argument et conversions implicites–**tableau2.h**.

```
21  // Figure 21.10: tableau2.cpp
22  // Définitions des fonctions membres pour la classe Tableau.
23  #include <iostream>
24
25  using std::cout;
26  using std::ostream;
27
28  #include <cassert>
29  #include "tableau2.h"
30
31  // Constructeur par défaut pour la classe Tableau (taille par défaut = 10).
32  Tableau::Tableau( int tailleTableau )
33  {
34     taille = ( tailleTableau > 0? tailleTableau: 10 );
35     cout << "Constructeur du tableau appelé pour "
36        << taille << " éléments\n";
37
38     ptr = new int[ taille ]; // crée de l'espace pour le tableau.
39     assert( ptr != 0 );      // termine si mémoire non allouée.
40
41     for ( int i = 0; i < taille; i++ )
42        ptr[ i ] = 0;         // initialise le tableau.
43  }
44
```

Figure 21.10   Constructeurs à un argument et conversions implicites–**tableau2.cpp**.
(1 de 2)

```
45    // Destructeur pour la classe Tableau.
46    Tableau::~Tableau() { delete [] ptr; }
47
48    // Opérateur de sortie surchargé pour la classe Tableau.
49    ostream &operator<< ( ostream &sortie, const Tableau &a )
50    {
51       int i;
52
53       for ( i = 0; i < a.taille; i++ )
54          sortie << a.ptr[ i ] << ' ';
55
56       return sortie;    // permet cout << x << y;
57    }
```

Figure 21.10   Constructeurs à un argument et conversions implicites-**tableau2.cpp**.
              (2 de 2)

```
58    // Figure 21.10: fig21_10.cpp
59    // Pilote pour la classe Tableau simple.
60    #include <iostream>
61
62    using std::cout;
63
64    #include "tableau2.h"
65
66    void tableauSortie( const Tableau & );
67
68    int main()
69    {
70       Tableau entiers1( 7 );
71
72       tableauSortie( entiers1 ); // sort le tableau entiers1.
73
74       tableauSortie( 15 );        // convertit et sort 15 en tableau.
75
76       return 0;
77    }
78
79    void tableauSortie( const Tableau &tableauASortir )
80    {
81       cout << "Le tableau reçu contient:\n"
82            << tableauASortir << "\n\n";
83    }
```

```
Constructeur du tableau appelé pour 7 éléments
Le tableau reçu contient:
0 0 0 0 0 0 0

Constructeur du tableau appelé pour 15 éléments
Le tableau reçu contient:
0 0 0 0 0 0 0 0 0 0 0 0 0 0 0
```

Figure 21.10   Constructeurs à un argument et conversions implicites-**fig21_10.cpp**.

La ligne 70, dans **main**,

```
Tableau entiers1( 7 );
```

définit l'objet **Tableau** appelé **entiers1** et appelle le constructeur à un argument avec la valeur **int 7** pour spécifier le nombre d'éléments dans le **Tableau**. Nous avons modifié le constructeur de **Tableau** afin qu'il produise une ligne de texte à la sortie qui indique que le constructeur de **Tableau** et le nombre d'éléments alloués dans **Tableau** ont bien été appelés. La ligne 72,

```
tableauSortie( entiers1 );    // sort le tableau entiers1.
```

appelle la fonction **tableauSortie** (définie à la ligne 69) pour sortir le contenu du **Tableau**. La fonction **tableauSortie** reçoit comme argument un élément **const Tableau &** vers le **Tableau** pour ensuite produire la sortie du **Tableau** au moyen de l'opérateur d'insertion de flux surchargé **<<**. La ligne 74,

```
tableauSortie( 15 );    // convertit et sort 15 en tableau.
```

appelle la fonction **tableauSortie** avec la valeur **int 15** comme argument. Aucune fonction **tableauSortie** ne prend d'argument de type **int**; le compilateur vérifie donc la classe **Tableau** pour déterminer s'il existe un constructeur de conversion effectuant la conversion d'un **int** en un **Tableau**. Comme la classe **Tableau** fournit un constructeur de conversion, le compilateur utilise ce dernier pour créer un objet **Tableau** temporaire contenant 15 éléments et passe l'objet **Tableau** temporaire à la fonction **tableauSortie** pour produire la sortie du **Tableau**. La sortie montre que le constructeur de conversion de **Tableau** a été appelé pour un tableau de 15 éléments et affiche le contenu de **Tableau**.

Le C++ offre le mot-clé **explicit** pour supprimer des conversions implicites par le biais de constructeurs de conversion. Un constructeur qui est déclaré **explicit** ne peut pas être employé dans une conversion implicite. Le programme de la figure 21.11 illustre un constructeur **explicit**.

```
1   // Figure 21.11: tableau3.h
2   // Classe Tableau simple (pour entiers).
3   #ifndef TABLEAU1_H
4   #define TABLEAU1_H
5
6   #include <iostream>
7
8   using std::ostream;
9
10  class Tableau {
11     friend ostream &operator<< ( ostream &, const Tableau & );
12  public:
13     explicit Tableau( int = 10 ); // constructeur par défaut.
14     ~Tableau();                   // destructeur.
15  private:
16     int taille; // taille du tableau.
17     int *ptr;   // pointeur vers le premier élément du tableau.
18  };
19
20  #endif
```

Figure 21.11   Démonstration d'un constructeur **explicit-tableau3.h**.

```
21    // Figure 21.11: tableau3.cpp
22    // Définitions des fonctions membres pour la classe Tableau.
23    #include <iostream>
24
25    using std::cout;
26    using std::ostream;
27
28    #include <cassert>
29    #include "tableau3.h"
30
31    // Constructeur par défaut pour la classe Tableau (taille par défaut = 10).
32    Tableau::Tableau( int tailleTableau )
33    {
34       taille = ( tailleTableau > 0? tailleTableau: 10 );
35       cout << "Constructeur du tableau appelé pour "
36          << taille << " éléments\n";
37
38       ptr = new int[ taille ]; // crée de l'espace pour le tableau.
39       assert( ptr != 0 );       // termine si mémoire non allouée.
40
41       for ( int i = 0; i < taille; i++ )
42          ptr[ i ] = 0;          // initialise le tableau.
43    }
44
45    // Destructeur pour la classe Tableau.
46    Tableau::~Tableau() { delete [] ptr; }
47
48    // Opérateur de sortie surchargé pour la classe Tableau.
49    ostream &operator<< ( ostream &sortie, const Tableau &a )
50    {
51       int i;
52
53       for ( i = 0; i < a.taille; i++ )
54          sortie << a.ptr[ i ] << ' ';
55
56       return sortie;   // permet cout << x << y;
57    }
```

Figure 21.11　Démonstration d'un constructeur **explicit-tableau3.cpp**.

```
58    // Figure 21.11: fig21_11.cpp
59    // Pilote pour la classe Tableau simple.
60    #include <iostream>
61
62    using std::cout;
63
64    #include "tableau3.h"
65
66    void tableauSortie( const Tableau & );
67
```

Figure 21.11　　Démonstration d'un constructeur **explicit-fig21_11.cpp**. (1 de 2)

```
68    int main()
69    {
70        Tableau entiers1( 7 );
71
72        tableauSortie( entiers1 );       // sort le tableau entiers1.
73
74        // ERREUR: Construction interdite.
75        tableauSortie( 15 );              // convertit et sort 15 en tableau.
76
77        tableauSortie( Tableau( 15 ) ); // vraiment convaincu de faire cela!
78
79        return 0;
80    }
81
82    void tableauSortie( const Tableau &tableauASortir )
83    {
84        cout << "Le tableau reçu contient:\n"
85             << tableauASortir << "\n\n";
86    }
```

Messages d'erreur du compilateur en ligne de commande Borland C++:

```
Fig21_11.cpp
Error E2064 Fig21_11.cpp 18: Cannot initialize 'const Tableau &'
   with 'int' in function main()
Error E2064 Fig21_11.cpp 18: Type mismatch in parameter 1 (wanted
   'const Tableau &', got 'int') in function main()
*** 2 errors in Compile ***
```

Messages d'erreur du compilateur Microsoft Visual C++:

```
Compiling...
Fig21_11.cpp
Fig21_11.cpp(18) : error C2664: 'tableauSortie' : cannot convert
parameter 1 from 'const int' to 'const class Tableau &'
        Reason: cannot convert from 'const int' to 'const class Tableau'
        No constructor could take the source type, or constructor
        overload resolution was ambiguous.
```

Figure 21.11 Démonstration d'un constructeur **explicit-fig21_11.cpp**. (2 de 2)

La seule modification apportée au programme de la figure 21.10 a été l'ajout du mot-clé **explicit** dans la déclaration du constructeur à un argument de la ligne 13. Lors de la compilation du programme, le compilateur produit un message d'erreur indiquant que la valeur d'entier passée vers **tableauSortie** à la ligne 75 ne peut pas être convertie en un élément **const Tableau &**. Le message d'erreur du compilateur est illustré dans la fenêtre de sortie. La ligne 77 montre comment créer un **Tableau** de 15 éléments et le passer vers **tableauSortie** à l'aide du constructeur **explicit**.

Erreur de programmation courante 21.4

*Tenter d'invoquer un constructeur **explicit** pour réaliser une conversion implicite est une erreur de syntaxe.*

Erreur de programmation courante 21.5

*Utiliser le mot-clé **explicit** sur des membres de données ou sur des fonctions membres autres qu'un constructeur à un argument est une erreur de syntaxe.*

Observation de génie logiciel 21.5

*Utilisez le mot-clé **explicit** sur des constructeurs à un argument qui ne doivent pas être employés par le compilateur pour effectuer des conversions implicites.*

21.10 Membres de classe `mutable`

À la section 21.4, nous avons introduit l'opérateur **const_cast** qui permettait d'annuler la constance d'un élément. Le C++ offre la spécification de classe de stockage **mutable** comme alternative à l'opérateur **const_cast**. Un membre de données **mutable** peut toujours être modifié, même dans une fonction membre **const** ou dans un objet **const**. Cette pratique permet de réduire la nécessité de mettre à l'écart la constance de certains éléments.

Astuce sur la portabilité 21.2

*Quand on tente de modifier un objet défini comme constante, l'effet résultant peut varier selon le type de compilateur utilisé, que cette modification soit réalisée par un opérateur **const_cast** ou par un transtypage de style C importe peu!*

On peut modifier un membre de données aussi bien avec **mutable** qu'avec **const_cast**, chacun s'utilisant dans un contexte différent. Dans le cas d'un objet **const** sans membre de données **mutable**, on peut utiliser l'opérateur **const_cast** chaque fois qu'il faut modifier un membre. Cette pratique permet de réduire considérablement le risque de changer un membre accidentellement, ce dernier n'étant pas modifiable de façon permanente. Les opérations impliquant **const_cast** sont habituellement masquées dans l'implantation d'une fonction membre. La modification d'un membre peut être tout à fait transparente à l'utilisateur.

Observation de génie logiciel 21.6

*Les membres de type **mutable** sont utiles dans des classes dotées de détails d'implantation «secrets» ne contribuant pas à la valeur logique d'un objet.*

Le programme de la figure 21.12 illustre l'emploi d'un membre **mutable**. Il définit la classe **TestMutable** (ligne 8) qui contient un constructeur, deux fonctions et un membre de données de type **private mutable** nommé valeur. La ligne 11,

```
void modifierValeur() const { valeur++; }
```

définit la fonction **modifierValeur** comme une fonction **const** qui incrémente le membre de données **mutable** nommé **valeur**. Normalement, une fonction membre **const** ne peut modifier des membres de données, à moins d'utiliser **const_cast** pour transtyper le type de l'objet sur lequel la fonction opère – c'est-à-dire vers lequel **this** pointe – en un type non **const**. Comme **valeur** est de type **mutable**, cette fonction **const** peut modifier les données. La fonction **lectureValeur** (ligne 12) est une fonction **const** qui renvoie **valeur**. Notez que **lectureValeur** pourrait changer **valeur**, car ce membre est **mutable**.

La ligne 19 déclare l'objet **const TestMutable** nommé **t** et l'initialise à **99**. La ligne 21 produit la sortie du contenu de **valeur**. La ligne 23 appelle la fonction membre **const** nommée **modifierValeur** pour ajouter 1 à **valeur**. Notez que **t** et **modifierValeur** sont de type **const**. La ligne 24 sort le contenu de **valeur (100)** pour prouver que le membre de données **mutable** a bel et bien été modifié.

```
1    // Figure 21.12: fig21_12.cpp
2    // Démonstration de la spécification de classe de stockage mutable.
3    #include <iostream>
4
5    using std::cout;
6    using std::endl;
7
8    class TestMutable {
9    public:
10      TestMutable( int v = 0 ) { valeur = v; }
11      void modifierValeur() const { valeur++; }
12      int lectureValeur() const { return valeur; }
13   private:
14      mutable int valeur;
15   };
16
17   int main()
18   {
19      const TestMutable t( 99 );
20
21      cout << "Valeur initiale: " << t.lectureValeur();
22
23      t.modifierValeur();    // modifie le membre mutable.
24      cout << "\nValeur modifiée: " << t.lectureValeur() << endl;
25
26      return 0;
27   }
```

```
Valeur initiale: 99
Valeur modifiée: 100
```

Figure 21.12   Démonstration d'un membre de données **mutable**.

21.11 Pointeurs vers des membres de classe (. * et ->*)

Le C++ offre les opérateurs **. *** et **->*** pour accéder aux membres des classes. Les pointeurs vers des membres de classes diffèrent de ceux dont nous avons parlé jusqu'ici. Tenter d'employer l'opérateur **->** ou l'opérateur ***** avec un pointeur vers un membre entraîne des erreurs de syntaxe. Le programme de la figure 21.13 illustre les opérateurs pointeurs vers des membres de classe.

Erreur de programmation courante 21.6

*Tenter d'employer les opérateurs **->** ou ***** avec un pointeur vers un membre de classe est une erreur de syntaxe.*

Le programme déclare la classe **Test** qui fournit la fonction membre **public** nommée **fonctionAffichage** et le membre de données **public** nommé **valeur**. La fonction **fonctionAffichage** produit la sortie de **"Mot fonction"**. Les lignes 14 et 15 traitent des prototypes des fonctions **flecheEtoile** et **pointEtoile**. Aux lignes 19 et 21, l'objet **t** est instancié et le membre de données **valeur** de **t** est réglé à **8**. Les lignes 22 et 23 appellent les fonctions **flecheEtoile** et **pointEtoile**, chaque appel passant l'adresse de **t**.

La ligne 29,

```
void ( Test::*memPtr )() = &Test::fonctionAffichage;
```

de la fonction **flecheEtoile** déclare et initialise **memPtr** comme pointeur vers un membre de la classe **Test**, qui est une fonction sans paramètre donnant un résultat **void**. Si nous examinons le côté gauche de l'instruction, nous pouvons d'abord voir que **void** est le type de renvoi de la fonction membre. La parenthèse vide indique que cette fonction membre ne prend aucun argument. La parenthèse du centre spécifie un pointeur **memPtr**, pointant vers un membre de la classe **Test**. Les parenthèses entourant **Test::*memPtr** sont obligatoires. Notez que **memPtr** est un pointeur de fonction standard si **Test::** n'est pas spécifié. Examinons maintenant la valeur de droite de l'instruction.

```cpp
1   // Figure 21.13: fig21_13.cpp
2   // Démonstration des opérateurs .* et ->*.
3   #include <iostream>
4
5   using std::cout;
6   using std::endl;
7
8   class Test {
9   public:
10     void fonctionAffichage() { cout << "Mot fonction\n"; }
11     int valeur;
12  };
13
14  void flecheEtoile( Test * );
15  void pointEtoile( Test * );
16
17  int main()
18  {
19     Test t;
20
21     t.valeur = 8;
22     flecheEtoile( &t );
23     pointEtoile( &t );
24     return 0;
25  }
26
27  void flecheEtoile( Test *tPtr )
28  {
29     void ( Test::*memPtr )() = &Test::fonctionAffichage;
30     ( tPtr->*memPtr )(); // invoque fonctionAffichage indirectement.
31  }
32
33  void pointEtoile( Test *tPtr )
34  {
35     int Test::*vPtr = &Test::valeur;
36     cout << ( *tPtr ).*vPtr << endl;  // accède à valeur.
37  }
```

```
Mot fonction
8
```

Figure 21.13 Démonstration des opérateurs .* et ->*.

Erreur de programmation courante 21.7

Déclarer un pointeur de fonction membre sans placer le nom du pointeur entre parenthèses est une erreur de syntaxe.

Erreur de programmation courante 21.8

Déclarer un pointeur de fonction membre sans faire précéder le nom de ce pointeur par un nom de classe suivi de l'opérateur de résolution de portée (: :) est une erreur de syntaxe.

Le côté droit de l'instruction utilise l'opérateur d'adresse (**&**) pour obtenir le décalage de la classe pour la fonction membre **fonctionAffichage** (qui doit renvoyer **void** et ne prend aucun argument). Le pointeur **memPtr** est initialisé à ce décalage. Notez que les parties gauche et droite de l'instruction de la ligne 29 réfèrent à aucun objet spécifique; seul le nom de classe est employé avec l'opérateur binaire de résolution de portée (: :). Sans le **&Test::**, le côté droit de l'instruction de la ligne 29 est un pointeur de fonction standard.

La ligne 30,

```
( tPtr->*memPtr )();
```

invoque la fonction membre stockée en **memPtr** (donc la **fonctionAffichage**) à l'aide de l'opérateur **->***. La ligne 35,

```
int Test::*vPtr = &Test::valeur;
```

déclare et initialise **vPtr** comme un pointeur vers un membre de données **int** de la classe **Test**. Le côté droit de l'instruction spécifie le nom du membre de donnée **valeur**. Notez que, sans le **Test::**, **vPtr** devient un pointeur **int *** vers l'adresse de l'entier **valeur**.

La ligne suivante,

```
cout << ( *tPtr ).*vPtr << endl;
```

utilise l'opérateur **.*** pour accéder au membre nommé dans **vPtr**. Notez qu'en code client nous ne devons employer que des opérateurs pointeurs vers des membres pour les membres accessibles. Dans cet exemple, **valeur** et **fonctionAffichage** sont tous deux de type **public**. Dans une fonction membre de la classe, tous les membres de la classe sont accessibles.

Erreur de programmation courante 21.9

Insérer un ou plusieurs espaces entre les caractères de . ou de ->* est une erreur de syntaxe.*

Erreur de programmation courante 21.10

Inverser l'ordre des symboles dans . ou ->* est une erreur de syntaxe.*

21.12 Héritage multiple et classes de base **virtual**

Au chapitre 9, nous avons discuté d'héritage multiple, un processus par lequel une classe hérite de deux classes ou plus. Ce type d'héritage multiple est notamment utilisé dans la bibliothèque standard du C++ pour former la classe **iostream** (figure 21.13).

La classe **ios** est la classe de base pour **ostream** et **istream**, qui sont tous deux formés par héritage simple. La classe **iostream** hérite à la fois de **ostream** et de **istream**, ce qui permet aux objets de la classe **iostream** de fournir ensemble les qualités fonctionnelles des flux d'entrée et de sortie standard. Dans les hiérarchies d'héritage multiple, la situation décrite à la figure 21.13 est connue sous le nom d'héritage en *diamant* ou en *losange*.

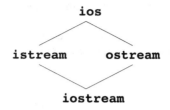

Figure 21.14   Héritage multiple formant la classe **iostream**.

Comme les classes **ostream** et **istream** héritent toutes deux de **ios**, un problème potentiel se pose pour **iostream**. La classe **iostream** peut en effet contenir des sous-objets en double, soit les données d'**ios** héritées à la fois d'**ostream** et d'**istream**. Un problème peut survenir lorsqu'un pointeur **iostream** est forcé vers un type de pointeur **ios** supérieur, un cas susceptible de provoquer l'existence de deux sous-objets **ios**. Quel serait alors l'objet utilisé? Une telle situation entraînerait des ambiguïtés et produirait une erreur de syntaxe. Le programme de la figure 21.15 illustre cette sorte d'ambiguïté, mais à travers une conversion implicite plutôt qu'avec un transtypage vers un type supérieur. Bien entendu, **iostream** ne rencontre pas vraiment le problème que nous avons mentionné. Dans cette section, nous expliquerons comment l'emploi de classes de base **virtual** résout le problème des sous-objets en double.

Astuce sur la performance 21.1

Des sous-objets en double épuisent la mémoire.

```
1   // Figure 21.15: fig21_15.cpp
2   // Tentative d'appel par polymorphisme d'une fonction héritée
3   // de façon multiple à partir de deux classes de base.
4   #include <iostream>
5
6   using std::cout;
7   using std::endl;
8
9   class Base {
10  public:
11     virtual void afficher() const = 0;  // virtual pure.
12  };
13
14  class Derivee1: public Base {
15  public:
16     // Substitue la fonction afficher.
17     void afficher() const { cout << "Derivee1\n"; }
18  };
19
20  class Derivee2: public Base {
21  public:
22     // Substitue la fonction afficher.
23     void afficher() const { cout << "Derivee2\n"; }
24  };
25
```

Figure 21.15   Tentative d'appeler une fonction d'héritage multiple par polymorphisme.
(1 de 2)

```
26    class Multiple: public Deriveel, public Derivee2 {
27    public:
28       // Qualifie quelle est la version de fonction afficher.
29       void afficher() const { Derivee2::afficher(); }
30    };
31
32    int main()
33    {
34       Multiple mult;    // instancie un objet Multiple.
35       Deriveel un;      // instancie un objet Deriveel.
36       Derivee2 deux;    // instancie un objet Derivee2.
37
38       Base *tableau[ 3 ];
39       tableau[ 0 ] = &mult;    // ERREUR: ambiguïté.
40       tableau[ 1 ] = &un;
41       tableau[ 2 ] = &deux;
42
43       // Invoque afficher par polymorphisme.
44       for ( int k = 0; k < 3; k++ )
45          tableau[ k ] -> afficher();
46
47       return 0;
48    }
```

Messages d'erreur du compilateur en ligne de commande Borland C++:

```
Borland C++ 5.5 for Win32 Copyright (c) 1993, 2000 Borland
fig21_15.cpp:
Error E2034 fig21_15.cpp 39: Cannot convert 'Multiple *' to 'Base *'
   in function main()
*** 1 errors in Compile ***
```

Messages d'erreur du compilateur Microsoft Visual C++:

```
Compiling...
fig21_15.cpp
fig21_15.cpp(39) : error C2594: '=': ambiguous conversions from
'class Multiple *' to 'class Base *'
```

Figure 21.15   Tentative d'appeler une fonction d'héritage multiple par polymorphisme.
(2 de 2)

Le programme définit la classe **Base** contenant la fonction virtuelle pure **afficher**. Les classes **Deriveel** et **Derivee2** héritent publiquement de **Base** et écrasent **afficher**. Les classes **Deriveel** et **Derivee2** contiennent toutes deux un sous-objet de **Base**.

La classe **Multiple** hérite de façon multiple de **Deriveel** et de **Derivee2**. La fonction **afficher** est substituée pour appeler la fonction **afficher** de **Derivee2**. Remarquez la qualification utilisée pour spécifier quelle version de sous-objet il faut nommer.

Dans **main**, un objet de chaque classe de la hiérarchie est créé. Un tableau de pointeurs **Base** * est également déclaré. Chaque élément du tableau est initialisé à l'adresse d'un objet.

Une erreur se produit lorsque l'adresse de **mult** (de type à héritage multiple **Multiple**) est convertie implicitement en un élément de type **Base** *. L'objet **mult** contient des sous-objets en double hérités de **Base**, ce qui provoque évidemment des ambiguïtés lors des appels vers la fonction **afficher**. Une boucle **for** est écrite pour appeler **afficher** par polymorphisme pour chaque objet pointé par **tableau**.

Le problème des sous-objets en double est résolu avec l'héritage virtuel. Lorsqu'une classe de base est héritée sous forme virtuelle, un seul sous-objet apparaît dans la classe dérivée; ce processus se nomme héritage de *classe de base* **virtual**. Le programme de la figure 21.16 reprend le programme de la figure 21.15, mais cette fois avec une classe de base virtuelle.

```cpp
1   // Figure 21.16: fig21_16.cpp
2   // Utilisation de classes de base virtual.
3   #include <iostream>
4
5   using std::cout;
6   using std::endl;
7
8   class Base {
9   public:
10      // Constructeur par défaut implicite.
11
12      virtual void afficher() const = 0; // virtual pure.
13   };
14
15   class Derivee1: virtual public Base {
16   public:
17      // Le constructeur par défaut implicite appelle
18      // le constructeur par défaut de Base.
19
20      // Se substitue la à fonction afficher.
21      void afficher() const { cout << "Derivee1\n"; }
22   };
23
24   class Derivee2: virtual public Base {
25   public:
26      // Le constructeur par défaut implicite appelle
27      // le constructeur par défaut de Base.
28
29      // Se substitue à la fonction afficher.
30      void afficher() const { cout << "Derivee2\n"; }
31   };
32
33   class Multiple: public Derivee1, public Derivee2 {
34   public:
35      // Le constructeur par défaut implicite appelle les
36      // constructeurs par défaut de Derivee1 et de Derivee2.
37
38      // Qualifie quelle est la version de fonction afficher.
39      void afficher() const { Derivee2::afficher(); }
40   };
41
```

Figure 21.16 Utilisation de classes de base **virtual**. (1 de 2)

```
42   int main()
43   {
44       Multiple mult;     // instancie un objet Multiple.
45       Derivee1 un;       // instancie un objet Derivee1.
46       Derivee2 deux;     // instancie un objet Derivee2.
47
48       Base *tableau[ 3 ];
49       tableau[ 0 ] = &mult;
50       tableau[ 1 ] = &un;
51       tableau[ 2 ] = &deux;
52
53       // Invoque afficher par polymorphisme.
54       for ( int k = 0; k < 3; k++ )
55           tableau[ k ] -> afficher();
56
57       return 0;
58   }
```

```
Derivee2
Derivee1
Derivee2
```

Figure 21.16   Utilisation de classes de base **virtual**. (2 de 2)

La classe **Base** est définie et contient la fonction virtuelle pure **afficher**. La classe **Derivee1** hérite de **Base** avec la ligne d'instruction

       class Derivee1: virtual public Base {

et la classe **Derivee2** hérite de **Base** avec la ligne

       class Derivee2: virtual public Base {

Les deux classes héritent de **Base**: chacune contient un sous-objet de **Base**. La classe **Multiple** hérite à la fois de **Derivee1** et de **Derivee2**. Un seul sous-objet de **Base** est hérité dans la classe **Multiple**. La compilation permet maintenant de convertir **Multiple *** en **Base ***. Dans **main**, un objet est créé pour chaque classe de la hiérarchie. Un tableau de pointeurs **Base** est également déclaré. Chaque élément du **tableau** est initialisé à l'adresse d'un objet. Notez que le transtypage vers un type supérieur, de l'adresse de **mult** en **Base ***, est maintenant permis. Une boucle **for** écrite pour traverser le **tableau** appelle **afficher** de façon polymorphique pour chaque objet.

Le concept des hiérarchies impliquant des classes de base virtuelles est simple lorsque les constructeurs par défaut sont employés pour ces classes de base. Les deux exemples précédents utilisent des constructeurs par défaut générés par compilateur. Si une classe de base virtuelle fournit un constructeur, le concept devient plus complexe, car la classe la plus dérivée est responsable de l'initialisation de la classe de base virtuelle.

Dans nos deux exemples, **Base**, **Derivee1**, **Derivee2** et **Multiple** constituent les classes les plus dérivées. Lorsqu'on crée un objet **Base**, **Base** est la classe la plus dérivée et lorsqu'on crée un objet **Derivee1** (ou **Derivee2**), **Derivee1** (ou **Derivee2**) est la classe la plus dérivée. Dans le cas de la création d'un objet **Multiple**, **Multiple** est alors la classe la plus dérivée. Quel que soit le niveau de la classe dans la hiérarchie, la classe la plus dérivée reste donc responsable de l'initialisation de la classe de base virtuelle. À l'exercice 21.17, nous demandons au lecteur de mettre en pratique le concept de la classe la plus dérivée.

Observation de génie logiciel 21.7

Fournir un constructeur par défaut pour des classes de base virtuelles simplifie la conception hiérarchique.

21.13 Remarques de conclusion

Nous espérons sincèrement que vous avez eu plaisir à apprendre le C++ et la programmation orientée objets avec ce manuel et nous vous souhaitons bien du succès dans la poursuite de vos objectifs en cette matière!

Nous apprécierions vivement vos commentaires, critiques, corrections et suggestions qui amélioreraient ce livre. Veuillez adresser toute correspondance par courriel à **deitel@deitel.com**.

RÉSUMÉ

- La norme du C++ offre le type de données **bool**. Ce dernier utilise les valeurs **false** ou **true** au lieu d'employer **0** pour une condition fausse et une valeur différente de **0** pour une condition vraie comme dans l'ancien style.

- Le manipulateur de flux **boolalpha** règle le flux de sortie de façon qu'il affiche les valeurs **bool** avec les chaînes **true** et **false**.

- La norme du C++ introduit quatre nouveaux opérateurs de transtypage pour remplacer ceux de l'ancien style du C et du C++.

- Le C++ offre l'opérateur **static_cast** pour la conversion entre types. La vérification du type s'effectue lors de la compilation.

- L'opérateur **const_cast** annule la constance des objets.

- L'opérateur **reinterpret_cast** est destiné aux transtypages non standard (comme **void *** en **int**, etc.) entre types non reliés.

- Chaque espace de noms (**namespace**) définit une portée où sont placés les identificateurs globaux et les variables globales. Pour utiliser un membre **namespace**, il faut qualifier le nom de ce membre avec le nom de l'espace de nom et l'opérateur de résolution de portée (**::**) ou avec une instruction **using** précédant l'emploi du nom.

- Un espace de noms peut contenir des constantes, des données, des classes, des **namespace** imbriqués, des fonctions et autres. Les définitions des espaces de noms doivent occuper la portée globale ou doivent être imbriquées à l'intérieur d'autres espaces de noms.

- Les membres d'un **namespace** non nommé occupent l'espace de noms global.

- L'information de type valorisée à l'exécution (RTTI) offre un moyen de déterminer le type d'un objet au moment de l'exécution.

- L'opérateur **typeid**, qui fonctionne à l'exécution, renvoie une référence vers un objet **type_info**. Un objet **type_info** est un objet maintenu par le système pour représenter un type.

- L'opérateur **dynamic_cast** est employé en programmation polymorphique pour assurer des conversions adéquates au moment de l'exécution. Le résultat de l'opérateur **dynamic_cast** est de **0** lors d'opérations de transtypage invalides.

- Le C++ offre des mots-clés d'opérateurs, utilisables en remplacement de plusieurs opérateurs du C++.

- Le mot-clé **explicit** permet de supprimer des conversions implicites par le biais de constructeurs de conversion. On ne peut pas utiliser un constructeur déclaré **explicit** pour réaliser une conversion implicite.

- Un membre de données **mutable** peut toujours être modifié, même dans une fonction membre **const** ou dans un objet **const**.

- Le C++ offre les opérateurs **.*** et **->*** pour accéder aux membres de classe par le biais de pointeurs vers ces membres.

- L'héritage multiple peut créer un problème de sous-objets en double. Cette situation est résolue avec l'héritage virtuel. Lorsqu'une classe de base est héritée comme **virtual**, un seul sous-objet apparaît dans la classe dérivée; ce processus se nomme héritage de classe de base virtuelle.

TERMINOLOGIE

.*	**namespace** anonyme
->*	**namespace** global
and	**namespace** imbriqué
and_eq	**not**
bitand	**not_eq**
bitor	**or**
bool	**or_eq**
boolalpha	pointeur vers un membre de données
classe de base **virtual**	pointeur vers un membre d'une classe, opérateur
classe la plus dérivée	pointeur vers une fonction membre
compl	**reinterpret_cast**
const_cast	sous-objet
conversion explicite	**static_cast**
conversion implicite	**true**
dynamic_cast	**type_info**
explicit	**typeid**
false	**typeinfo**
transtypage vers le bas	**typeinfo.h**
héritage en diamant	**using**
information de type valorisée à l'exécution (RTTI)	variables globales
mots-clés d'opérateurs	**virtual**
mutable	**xor**
name	**xor_eq**
namespace	

ERREURS DE PROGRAMMATION COURANTES

21.1 Effectuer un transtypage illégal avec l'opérateur **static_cast** est une erreur de syntaxe. Par transtypage illégal on entend: le transtypage de types **const** en types non **const**, le transtypage de types de pointeurs et de références non liés par héritage **public**, ainsi que le transtypage pour lequel il n'existe pas de constructeur ni d'opérateur de conversion approprié.

21.2 Placer **main** dans un **namespace** est une erreur de syntaxe.

21.3 Tenter d'utiliser l'information de type valorisée à l'exécution sur un pointeur de type **void *** est une erreur de syntaxe.

21.4 Tenter d'invoquer un constructeur **explicit** pour réaliser une conversion implicite est une erreur de syntaxe.

21.5 Utiliser le mot-clé **explicit** sur des membres de données ou sur des fonctions membres autres qu'un constructeur à un argument est une erreur de syntaxe.

21.6 Tenter d'employer les opérateurs **->** ou ***** avec un pointeur vers un membre de classe est une erreur de syntaxe.

21.7 Déclarer un pointeur de fonction membre sans placer le nom du pointeur entre parenthèses est une erreur de syntaxe.

21.8 Déclarer un pointeur de fonction membre sans faire précéder le nom de ce pointeur par un nom de classe suivi de l'opérateur de résolution de portée (**::**) est une erreur de syntaxe.

21.9 Insérer un ou plusieurs espaces entre les caractères de **.*** ou de **->*** est une erreur de syntaxe.

21.10 Inverser l'ordre des symboles dans **.*** ou **->*** est une erreur de syntaxe.

BONNES PRATIQUES DE PROGRAMMATION

21.1 Lorsque vous créez des variables d'état pour indiquer des conditions de vrai ou faux, utilisez des données **bool** plutôt que des données **int**.

21.2 Utiliser **true** ou **false** au lieu de valeurs égales à zéro ou différentes de zéro améliore la clarté des programmes.

21.3   Au lieu de l'opérateur de transtypage de style C, utilisez plutôt l'opérateur **static_cast**, qui est plus sûr et plus fiable.

21.4   Évitez d'utiliser le caractère de soulignement comme première lettre des noms d'identificateurs, car cela peut causer des erreurs de chaînage (édition de liens).

21.5   En cas de risque de conflit de portée, faites précéder un membre par son nom de **namespace** et par l'opérateur de résolution de portée (**::**).

21.6   Utiliser **typeid** pour des tests de type **switch** est un mauvais emploi de l'information de type valorisée à l'exécution (RTTI). Servez-vous plutôt de fonctions virtuelles.

ASTUCE SUR LA PERFORMANCE

21.1   Des sous-objets en double épuisent la mémoire.

ASTUCES SUR LA PORTABILITÉ

21.1   Les programmes utilisant **reinterpret_cast** peuvent se comporter différemment d'une plate-forme à une autre.

21.2   Quand on tente de modifier un objet défini comme constante, l'effet résultant peut varier selon le type de compilateur utilisé, que cette modification soit réalisée par un opérateur **const_cast** ou par un transtypage de style C importe peu!

OBSERVATIONS DE GÉNIE LOGICIEL

21.1   L'ajout des nouveaux opérateurs de transtypage, comme **static_cast**, à la norme du C++, a rendu désuets les anciens opérateurs de transtypage de style C.

21.2   Chaque unité de compilation séparée possède son propre **namespace** non nommé unique. Autrement dit, l'espace de noms non nommé remplace la spécification de chaînage **static**.

21.3   Dans les gros programmes, chaque entité devrait idéalement être déclarée dans une classe, une fonction, un bloc ou un espace de noms. Cette pratique aide à clarifier le rôle de chacune des entités.

21.4   L'information de type valorisée à l'exécution (RTTI) est destinée à être utilisée avec des hiérarchies d'héritage polymorphiques, autrement dit, avec des fonctions virtuelles.

21.5   Utilisez le mot-clé **explicit** sur des constructeurs à un argument qui ne doivent pas être employés par le compilateur pour effectuer des conversions implicites.

21.6   Les membres de type **mutable** sont utiles dans des classes dotées de détails d'implantation «secrets» ne contribuant pas à la valeur logique d'un objet.

21.7   Fournir un constructeur par défaut pour des classes de base virtuelles simplifie la conception hiérarchique.

ASTUCES DE TESTS ET DE DÉBOGAGE

21.1   L'emploi de **reinterpret_cast** est délicat, car il permet trop facilement d'effectuer de dangereuses manipulations susceptibles de produire de graves erreurs à l'exécution.

21.2   Dans certains compilateurs, il est nécessaire d'activer les capacités RTTI pour pouvoir utiliser l'information de type valorisée à l'exécution. Consultez la documentation de votre compilateur à ce sujet.

EXERCICES DE RÉVISION

21.1   Complétez chacune des phrases suivantes:
   a) L'opérateur _____ qualifie un membre avec son espace de noms (**namespace**).
   b) L'opérateur _____ permet d'annuler la constance d'un objet.
   c) L'opérateur _____ permet les conversions entre types.

21.2   Déterminez si les énoncés suivants sont vrais ou faux. S'il sont faux, expliquez pourquoi.

a) Il est garanti que les espaces de noms sont uniques.

b) Des espaces de noms ne peuvent pas avoir d'autres espaces de noms comme membres.

c) Le type de données **bool** est un type de données fondamental.

RÉPONSES AUX EXERCICES DE RÉVISION

21.1   a) binaire de résolution de portée (**::**). b) **const_cast**.

c) de style C, **dynamic_cast**, **static_cast** ou **reinterpret_cast**.

21.2   a) Faux. Un programmeur peut choisir le même espace de noms qu'un autre par inadvertance.

b) Faux. Les espaces de noms peuvent être imbriqués.

c) Vrai.

EXERCICES

21.3   Complétez chacune des phrases suivantes:

a) L'opérateur _____ est utilisé pour déterminer le type d'un objet au moment de l'exécution.

b) Le mot-clé _____ spécifie qu'un espace de noms ou qu'un membre d'espace de noms est en cours d'utilisation.

c) L'opérateur _____ est le mot-clé d'opérateur pour le OU logique.

d) La spécification de stockage _____ permet la modification d'un membre d'objet **const**.

21.4   Déterminez si les énoncés suivants sont vrais ou faux. S'ils sont faux, expliquez pourquoi.

a) La validité d'une opération **static_cast** est vérifiée au moment de la compilation.

b) La validité d'une opération **dynamic_cast** est vérifiée au moment de la compilation.

c) Le nom **typeid** est un mot-clé.

d) Le mot-clé **explicit** peut être appliqué aux constructeurs, aux fonctions membres et aux membres de données.

21.5   Comment chacune des expressions suivantes est-elle évaluée? (Note: certaines expressions peuvent générer des erreurs; le cas échéant, indiquez-en la cause).

a) **cout << false;**

b) **cout << (bool b = 8);**

c) **cout << (a = true);   // a est de type int**

d) **cout << (*ptr + true && p);   // *ptr vaut 10 et p vaut 8.88**

e) **// *ptr vaut 0 et m donne false**
    bool k = (*ptr * 2 || (true + 24));

f) **bool s = true + false;**

g) **cout << boolalpha << false << setw(3) << true;**

21.6   Écrivez un espace de noms (**namespace**) nommé **Billets** définissant les membres constants **UN**, **DEUX**, **CINQ**, **DIX**, **VINGT**, **CINQUANTE** et **CENT**. Écrivez deux courts programmes utilisant **Billets**. Un de ces programmes doit rendre toutes les constantes disponibles, alors que le second doit seulement rendre la constante **CINQ** disponible.

21.7   Écrivez un programme utilisant l'opérateur **reinterpret_cast** pour transtyper des pointeurs différents en **int**. Certaines conversions provoquent-elles des erreurs de syntaxe?

21.8   Écrivez un programme utilisant l'opérateur **static_cast** pour transtyper des types de données fondamentaux en **int**. Le compilateur permet-il les transtypages en **int**?

21.9   Écrivez un programme démontrant le transtypage vers un type supérieur, d'une classe dérivée en une classe de base. Utilisez l'opérateur **static_cast** pour effectuer le transtypage vers un type supérieur.

21.10   Écrivez un programme qui crée un constructeur **explicit** à deux arguments. Le compilateur permet-il cette opération? Enlevez le constructeur **explicit** et tentez une conversion implicite. Le compilateur permet-il cette opération?

21.11　Quel est l'avantage d'un constructeur **explicit**?

21.12　Écrivez un programme pour créer une classe contenant deux constructeurs. Le premier doit prendre un argument **int** simple et le second, un argument **char ***. Écrivez un programme pilote pouvant construire plusieurs objets différents, chacun passant un type distinct dans le constructeur. N'employez pas **explicit**. Que se produit-il? Utilisez ensuite **explicit** avec le constructeur prenant un argument **int** seulement. Que se produit-il?

21.13　À partir des espaces de noms ci-après, déterminez si les énoncés suivants sont vrais ou faux. S'ils sont faux, expliquez pourquoi.

```
1   #include <string>
2   namespace Divers {
3      using namespace std;
4      enum Pays { POLOGNE, SUISSE, ALLEMAGNE,
5                  AUTRICHE, REPUBLIQUE_TCHEQUE };
6      int kilometres;
7      string s;
8
9      namespace Temp {
10        short y = 77;
11        Voiture voiture;   // Présumez qu'une définition existe.
12     }
13  }
14
15  namespace ABC {
16     using namespace Divers::Temp;
17     void *fonction( void *, int );
18  }
```

　　a)　La variable **y** est accessible à l'intérieur de l'espace de noms **ABC**.
　　b)　L'objet **s** est accessible à l'intérieur de l'espace de noms **Temp**.
　　c)　La constante **POLOGNE** n'est pas accessible à l'intérieur de l'espace de noms **Temp**.
　　d)　La constante **ALLEMAGNE** est accessible à l'intérieur de l'espace de noms **ABC**.
　　e)　La fonction **fonction** est accessible pour l'espace de noms **Temp**.
　　f)　L'espace de noms **ABC** est accessible pour **Divers**.
　　g)　L'objet **voiture** est accessible pour **Divers**.

21.14　Comparez et mettez en contraste **mutable** et **const_cast**. Donnez au moins un exemple où l'on doit utiliser l'un plutôt que l'autre. Note: cet exercice ne requiert aucune écriture de code.

21.15　Écrivez un programme employant **const_cast** pour modifier une variable **const**. *Astuce*: utilisez un pointeur vers l'identificateur **const** dans votre solution.

21.16　Quel problème les classes de base virtuelles résolvent-elles?

21.17　Écrivez un programme utilisant des classes de base virtuelles. La classe au niveau supérieur de la hiérarchie doit fournir un constructeur prenant au moins un argument (en d'autres termes, ne fournissez pas de constructeur par défaut). Quels défis ce problème présente-t-il pour la hiérarchie d'héritage?

21.18　Trouvez l'erreur (ou les erreurs) dans chacune des instructions suivantes. Lorsque cela est possible, expliquez comment corriger chaque erreur.

```
a)   namespace Nom {
         int x, y;
         mutable int z;
     };
b)   int entier = const_cast< int >( double );
c)   namespace PCM( 111, "allô" );  // construit un namespace.
d)   explicit int x = 99;
```

Tableau de préséance des opérateurs

Cette annexe propose la liste des opérateurs dans l'ordre décroissant de préséance de haut en bas.

Opérateur	Type	Associativité
`::`	opérateur binaire de résolution de portée	de gauche à droite
`::`	opérateur binaire de résolution de portée	
`()`	parenthèses	de gauche à droite
`[]`	opérateur d'indice de tableau	
`.`	opérateur de sélection de membre via objet	
`->`	opérateur de sélection de membre via pointeur	
`++`	opérateur unaire de post-incrémentation	
`--`	opérateur unaire de post-décrémentation	
`typeid`	opérateur d'information de type valorisée à l'exécution	
`dynamic_cast< `*type*` >`	transtypage valorisé à l'exécution	
`static_cast< `*type*` >`	transtypage valorisé à la compilation	
`reinterpret_cast< `*type*` >`	transtypage pour conversions non standard	
`const_cast< `*type*` >`	transtypage `const`	
`++`	opérateur unaire de post-incrémentation	de droite à gauche
`--`	opérateur unaire de post-décrémentation	
`+`	opérateur unaire d'addition	
`-`	opérateur unaire de soustraction	
`!`	opérateur unaire de négation logique	*(ce niveau de*
`~`	opérateur unaire de complément à un binaire	*préséance*
`( `*type*` )`	opérateur unaire de transtypage de style C	*continue sur*
`sizeof`	opérateur déterminant la taille en octets	*la page suivante)*
`&`	opérateur d'adresse	

Figure A.1   Tableau de préséance des opérateurs. (1 de 2)

Opérateur	Type	Associativité

`*`
`new`
`new[]`
`delete`
`delete[]`
	opérateur de déréférenciation
	opérateur d'allocation de mémoire dynamique
	opérateur d'allocation de tableau dynamique
	opérateur de désaffectation de mémoire dynamique
	opérateur de désaffectation de tableau dynamique
		(ce niveau de
		préséance
		continue sur
		la page suivante)

`.*` `->*`	opérateur pointeur vers un membre via objet opérateur pointeur vers un membre via pointeur	de gauche à droite

`*`
`/`
`%`
	opérateur de multiplication
	opérateur de division
	opérateur modulo
		de gauche à droite

`+` `-`	opérateur d'addition opérateur de soustraction	de gauche à droite
`<<` `>>`	opérateur binaire de décalage à gauche opérateur binaire de décalage à droite	de gauche à droite

`<`
`<=`
`>`
`>=`
	opérateur relationnel inférieur à
	opérateur relationnel inférieur ou égal à
	opérateur relationnel supérieur à
	opérateur relationnel supérieur ou égal à
		de gauche à droite

`==` `!=`	opérateur relationnel d'égalité opérateur relationnel d'inégalité	de gauche à droite
`&`	opérateur ET binaire	de gauche à droite
`^`	opérateur OU exclusif binaire	de gauche à droite
`|`	opérateur OU binaire	de gauche à droite
`&&`	opérateur ET logique	de gauche à droite
`||`	opérateur OU logique	de gauche à droite
`?:`	opérateur conditionnel ternaire	de droite à gauche

`=`
`+=`
`-=`
`*=`
`/=`
`%=`
`&=`
`^=`
`|=`
`<<=`
 	
`>>=`
 	
`>>>=`
	opérateur d'affectation
	opérateur d'affectation d'addition
	opérateur d'affectation de soustraction
	opérateur d'affectation de multiplication
	opérateur d'affectation de division
	opérateur d'affectation modulo
	opérateur d'affectation ET binaire
	opérateur d'affectation OU exclusif binaire
	opérateur d'affectation OU inclusif binaire
	opérateur d'affectation binaire de décalage à gauche
	opérateur d'affectation binaire de décalage à droite
	opérateur d'affectation binaire de décalage à droite
		de droite à gauche

`,`	virgule	de gauche à droite

Figure A.1　　Tableau de préséance des opérateurs. (2 de 2)

Jeu de caractères ASCII

Jeu de caractères ASCII

	0	1	2	3	4	5	6	7	8	9
0	nul	soh	stx	etx	eot	enq	ack	bel	bs	ht
1	nl	vt	ff	cr	so	si	dle	dc1	dc2	dc3
2	dc4	nak	syn	etb	can	em	sub	esc	fs	gs
3	rs	us	sp	!	"	#	$	%	&	'
4	(	)	*	+	,	-	.	/	0	1
5	2	3	4	5	6	7	8	9	:	;
6	<	=	>	?	@	A	B	C	D	E
7	F	G	H	I	J	K	L	M	N	O
8	P	Q	R	S	T	U	V	W	X	Y
9	Z	[	\	]	^	_	'	a	b	c
10	d	e	f	g	h	i	j	k	l	m
11	n	o	p	q	r	s	t	u	v	w
12	x	y	z	{	|	}	~	del		

Figure B.1   Jeu de caractères ASCII.

Les chiffres situés à la gauche du tableau représentent les chiffres de gauche de l'équivalent décimal (0-127) du code de caractère, tandis que ceux placés en haut du tableau représentent les chiffres de droite du code de caractère. Par exemple, le code de caractère pour «**F**» est le **70**, et celui pour «**&**» est le **38**.

C

Systèmes de numération

Objectifs

- Comprendre les concepts de base des systèmes de numération comme la base, la valeur positionnelle et la valeur de symbole.

- Travailler avec des nombres représentés dans les systèmes de numération binaire, octal et hexadécimal.

- Abréger des nombres binaires en nombres octaux ou hexadécimaux.

- Convertir des nombres octaux ou hexadécimaux en nombres binaires.

- Effectuer des conversions entre nombres décimaux et leurs équivalents binaires, octaux et hexadécimaux, dans un sens ou dans l'autre.

- Comprendre l'arithmétique binaire et la représentation des nombres binaires négatifs en utilisant la notation du complément à deux.

Aperçu

C.1 Introduction

Nous présentons dans cette annexe les principaux systèmes de numération utilisés par les programmeurs, surtout lorsqu'ils travaillent sur des projets de logiciels qui nécessitent une interaction intimement liée au matériel «de niveau machine». Ces projets incluent les systèmes d'exploitation, les logiciels de réseaux, les compilateurs, les systèmes de bases de données et les applications demandant une performance élevée.

Lorsque nous écrivons un entier comme 227 ou –63 dans un programme, le nombre est présumé faire partie du *système de numération décimal (base 10)*. Les *chiffres* de ce système sont 0, 1, 2, 3, 4, 5, 6, 7, 8 et 9. Le plus petit chiffre est le 0 et le plus élevé est le 9, soit un de moins que la base de 10. À l'interne, les ordinateurs utilisent le *système de numération binaire (base 2)*. Ce système ne possède que deux chiffres: 0 étant le plus petit et le 1, le plus élevé, soit un de moins que la base de 2. La figure C.1 résume les chiffres utilisés dans les systèmes de numération binaire, octal, décimal et hexadécimal.

Les nombres binaires sont généralement beaucoup plus longs que leurs équivalents décimaux. Les programmeurs travaillant sur des langages d'assemblage et de haut niveau leur permettant d'atteindre le «niveau machine», trouvent la manipulation des nombres binaires bien encombrante. Le *système de numération octal (base 8)* et le *système de numération hexadécimal (base 16)* sont populaires principalement parce qu'ils représentent un moyen pratique d'abréger les nombres binaires.

Dans le système de numération octal, les chiffres varient de 0 à 7. Comme le système binaire et le système octal possèdent moins de chiffres que le système décimal, leurs chiffres représentent les mêmes valeurs que ceux en décimal.

Le système de numération hexadécimal pose un problème, car il nécessite seize chiffres: son plus petit vaut 0 et son plus élevé correspond au 15 décimal (un de moins que la base de 16). Par convention, nous utilisons les lettres A à F pour représenter les chiffres hexadécimaux correspondant aux valeurs décimales de 10 à 15. Le système hexadécimal permet donc d'obtenir des nombres tels que 876, composés uniquement de chiffres comme en décimal, des nombres comme 8A55F, contenant des chiffres et des lettres, ainsi que des nombres comme FFE, ne contenant que des lettres. Un nombre hexadécimal peut occasionnellement se présenter sous forme d'un mot, comme FACE ou BEBE. Ceci peut paraître étrange aux programmeurs, plus habitués à rencontrer des chiffres. La figure C.2 décrit chacun de ces systèmes de numération.

Chacun de ces systèmes utilise une *notation positionnelle*; en d'autres termes, chaque position dans laquelle un chiffre est écrit possède une *valeur positionnelle* différente. Par exemple, dans le nombre décimal 937, où le 9, le 3 et le 7 sont appelés des *valeurs de symbole*, le 7 est écrit dans la *position des unités*, le 3 dans la position des dizaines et le 9 dans la *position des centaines*. Chacune de ces positions est une puissance de la base (base 10) qui commence à 0 et augmente de 1 à chaque déplacement vers la gauche dans le nombre (voir figure C.3).

Chiffre binaire	Chiffre octal	Chiffre décimal	Chiffre hexadécimal
0	0	0	0
1	1	1	1
	2	2	2
	3	3	3
	4	4	4
	5	5	5
	6	6	6
	7	7	7
		8	8
		9	9
			A (valeur de 10 en décimal)
			B (valeur de 11 en décimal)
			C (valeur de 12 en décimal)
			D (valeur de 13 en décimal)
			E (valeur de 14 en décimal)
			F (valeur de 15 en décimal)

Figure C.1   Chiffres des systèmes de numération binaire, octal, décimal et hexadécimal.

Attribut	Binaire	Octal	Décimal	Hexadécimal
Base	2	8	10	16
Plus petit chiffre	0	0	0	0
Plus grand chiffre	1	7	9	F

Figure C.2   Comparaison des systèmes de numération binaire, octal, décimal et hexadécimal.

Valeurs positionnelles dans le système de numération décimal

Chiffre décimal	9	3	7
Nom de position	Centaines	Dizaines	Unités
Valeur positionnelle	100	10	1
Valeur positionnelle comme puissance de la base (10)	10^2	10^1	10^0

Figure C.3   Valeurs positionnelles dans le système de numération décimal.

Pour les nombres décimaux plus longs, les positions suivantes à la gauche seraient: la *position des milliers* (10 à la troisième puissance), la *position des dizaines de milliers* (10 à la quatrième puissance), la *position des centaines de milliers* (10 à la cinquième puissance), la *position des millions* (10 à la sixième puissance), la *position des dizaines de millions* (10 à la septième puissance) et ainsi de suite.

Dans le nombre binaire 101, le 1 le plus à droite est écrit dans la position des unités, le 0 dans la *position des deux*, alors que le 1 le plus à gauche est écrit dans la *position des quatre*. Chaque position représente une puissance de la base (base 2). Ces puissances commencent à 0 et augmentent de 1 à chaque déplacement vers la gauche dans le nombre (voir figure C.4).

Pour les nombres binaires plus longs, les positions suivantes à la gauche seraient: la *position des huit* (2 à la troisième puissance), la *position des seize* (2 à la quatrième puissance), la *position des trente-deux* (2 à la cinquième puissance), la *position des soixante-quatre* (2 à la sixième puissance) et ainsi de suite.

Dans le nombre octal 425, le 5 est écrit dans la *position des unités*, le 2 dans la *position des huit* et le 4 dans la *position des soixante-quatre*. Chaque position représente une puissance de la base (base 8) qui commence à 0 et augmente de 1 à chaque déplacement vers la gauche dans le nombre (voir figure C.5).

Pour les nombres octaux plus longs, les positions suivantes à la gauche seraient: la *position des cinq cent douze* (8 à la troisième puissance), la *position des quatre mille quatre-vingt-seize* (8 à la quatrième puissance), la *position des trente-deux mille sept cent soixante-huit* (8 à la cinquième puissance), etc.

Dans le nombre hexadécimal 3DA, le A est écrit dans la *position des unités*, le D dans la *position des seize* et le 3 dans la *position des deux cent cinquante-six*. Chaque position représente une puissance de la base (base 16) et ces puissances commencent à 0 et augmentent de 1 à chaque déplacement vers la gauche dans le nombre (figure C.6).

Pour les nombres hexadécimaux plus longs, les positions suivantes à la gauche seraient: la *position des quatre mille quatre-vingt-seize* (16 à la troisième puissance), la position des *soixante-quatre mille cinq cent trente-six* (16 à la quatrième puissance) et ainsi de suite.

Valeurs positionnelles dans le système de numération binaire			
Chiffre binaire	1	0	1
Nom de position	Quatre	Deux	Unités
Valeur positionnelle	4	2	1
Valeur positionnelle comme puissance de la base (2)	2^2	2^1	2^0

Figure C.4   Valeurs positionnelles dans le système de numération binaire.

Valeurs positionnelles dans le système de numération octal			
Chiffre octal	4	2	5
Nom de position	Soixante-quatre	Huit	Unités
Valeur positionnelle	64	8	1
Valeur positionnelle comme puissance de la base (8)	8^2	8^1	8^0

Figure C.5   Valeurs positionnelles dans le système de numération octal.

Valeurs positionnelles dans le système de numération hexadécimal			
Chiffre hexadécimal	**3**	**D**	**A**
Nom de position	Deux cent cinquante-six	Seize	Unités
Valeur positionnelle	**256**	**16**	**1**
Valeur positionnelle comme puissance de la base (16)	16^2	16^1	16^0

Figure C.6   Valeurs positionnelles dans le système de numération hexadécimal.

C.2 Abréviation de nombres binaires en nombres octaux et hexadécimaux

En informatique, les nombres octaux et hexadécimaux servent principalement à abréger les longues représentations binaires. La figure C.7 montre qu'il est possible d'exprimer de façon concise des nombres binaires longs avec des systèmes de numération de bases plus élevées que celle du système de numération binaire.

Nombre décimal	Représentation binaire	Représentation octale	Représentation hexadécimale
0	0	0	0
1	1	1	1
2	10	2	2
3	11	3	3
4	100	4	4
5	101	5	5
6	110	6	6
7	111	7	7
8	1000	10	8
9	1001	11	9
10	1010	12	A
11	1011	13	B
12	1100	14	C
13	1101	15	D
14	1110	16	E
15	1111	17	F
16	10000	20	10

Figure C.7   Équivalents en décimal, en binaire, en octal et en hexadécimal.

Une relation particulièrement importante, commune parmi les systèmes de numération octal et hexadécimal par rapport au système binaire est que les bases octale et hexadécimale (respectivement de 8 et de 16) correspondent à des puissances de la base du système binaire (base 2). Examinez le nombre binaire suivant, comportant 12 chiffres, et ses équivalents octal et hexadécimal. Vérifiez si vous pouvez établir cette relation pour abréger les nombres binaires en octal ou en hexadécimal. La réponse suit les nombres ci-dessous.

Nombre binaire	Équivalent octal	Équivalent hexadécimal
100011010001	4321	8D1

Pour convertir les nombres binaires en octal, scindez simplement le nombre binaire de 12 chiffres en groupes de trois bits consécutifs et écrivez ces groupes au dessus des chiffres correspondant au nombre octal, de la façon suivante:

100	011	010	001
4	3	2	1

Le chiffre octal écrit sous chaque groupe de trois bits correspond précisément à l'équivalent octal de ce nombre binaire de trois bits, tel qu'illustré à la figure C.7.

On observe le même type de relation lors de la conversion de nombres binaires en hexadécimal. Il s'agit cette fois de diviser le nombre binaire de 12 chiffres en groupes de quatre bits consécutifs et d'écrire ces groupes au dessus des chiffres correspondant au nombre hexadécimal, de la façon suivante:

1000	1101	0001
8	D	1

Le chiffre hexadécimal écrit sous chaque groupe correspond précisément à l'équivalent hexadécimal de ce nombre binaire de quatre bits, tel qu'illustré à la figure C.7.

C.3 Conversion de nombres octaux et hexadécimaux en nombres binaires

À la section précédente, nous avons vu comment convertir des nombres binaires en leurs équivalents octaux et hexadécimaux, en formant des groupes de chiffres binaires et en ré-écrivant ces groupes en chiffres octaux ou hexadécimaux équivalents. Ce processus peut être utilisé à l'inverse pour produire l'équivalent binaire d'un nombre octal ou hexadécimal donné.

Par exemple, le nombre octal 653 est converti en binaire en ré-écrivant simplement le 6 avec son équivalent binaire de trois chiffres 110, le 5 avec son équivalent binaire de trois chiffres 101 et le 3 avec son équivalent binaire de trois chiffres 011, pour former le nombre binaire de 9 chiffres 110101011.

Le nombre hexadécimal FAD5 est converti en binaire en ré-écrivant simplement le F avec son équivalent binaire de quatre chiffres 1111, le A avec son équivalent binaire de quatre chiffres 1010, le D avec son équivalent binaire de quatre chiffres 1101 et le 5 avec son équivalent binaire de quatre chiffres 0101, pour former le nombre binaire de 16 chiffres 1111101011010101.

C.4 Conversion d'un nombre octal ou hexadécimal en décimal

Comme nous travaillons régulièrement en décimal, il est souvent commode de convertir un nombre binaire, octal ou hexadécimal en décimal pour connaître la «véritable» valeur du nombre. Nos diagrammes de la section C.1 expriment les valeurs positionnelles en décimal. Pour convertir un nombre en décimal à partir d'une autre base, il suffit de multiplier l'équivalent décimal de chaque chiffre par sa valeur positionnelle et d'additionner ces produits. La figure C.8 illustre un exemple de conversion pour le nombre binaire 110101 en un nombre décimal de 53.

Nous employons la même technique pour convertir le nombre octal 7614 en le nombre décimal 3980, en utilisant cette fois les valeurs positionnelles octales adéquates, comme l'illustre la figure C.9.

Nous employons la même technique pour convertir le nombre hexadécimal AD3B en un nombre décimal 44347, en utilisant cette fois les valeurs positionnelles hexadécimales appropriées, comme l'illustre la figure C.10.

Conversion d'un nombre binaire en décimal

Valeurs positionnelles:	32	16	8	4	2	1
Valeurs de symbole:	1	1	0	1	0	1
Produits:	1*32=32	1*16=16	0*8=0	1*4=4	0*2=0	1*1=1
Somme:	= 32 + 16 + 0 + 4 + 0 + 1 = 53					

Figure C.8   Conversion d'un nombre binaire en décimal.

Conversion d'un nombre octal en décimal

Valeurs positionnelles:	512	64	8	1
Valeurs de symbole:	7	6	1	4
Produits	7*512=3584	6*64=384	1*8=8	4*1=4
Somme:	= 3584 + 384 + 8 + 4 = 3980			

Figure C.9   Conversion d'un nombre octal en décimal.

Conversion d'un nombre hexadécimal en décimal

Valeurs positionnelles:	4096	256	16	1
Valeurs de symbole:	A	D	3	B
Produits	A*4096=40960	D*256=3328	3*16=48	B*1=11
Somme:	= 40960 + 3328 + 48 + 11 = 44347			

Figure C.10   Conversion d'un nombre hexadécimal en décimal.

C.5 Conversion d'un nombre décimal en binaire, octal ou hexadécimal

À la section précédente, les conversions suivent les conventions de la notation par positions. La conversion de nombres décimaux en binaire, octal ou hexadécimal suit également ces conventions.

Supposons que nous désirions convertir le nombre décimal 57 en binaire. Nous écrivons d'abord les valeurs positionnelles des colonnes, de la droite vers la gauche, jusqu'à ce que nous atteignions une colonne de valeur positionnelle plus élevée que le nombre décimal. Nous n'avons pas besoin de cette colonne; nous pouvons donc l'abandonner. Nous écrivons:

Valeurs positionnelles: 64   32   16   8   4   2   1

Nous abandonnons ensuite la colonne d'une valeur positionnelle de 64, ce qui donne:

Valeurs positionnelles:	**32**	**16**	**8**	**4**	**2**	**1**

Nous travaillons ensuite de la colonne la plus à gauche pour continuer vers la droite. Nous divisons 57 par 32, pour un résultat de 1 avec un reste de 25; nous écrivons donc 1 dans la colonne des 32. Nous divisons ensuite le reste, à savoir 25, par 16 et observons un résultat de 1 avec un reste de 9; nous écrivons donc 1 dans la colonne des 16. Nous divisons ensuite le reste de 9 par 8 et observons un résultat de 1 avec un reste de 1. Les deux colonnes suivantes produisent des quotients de zéro lorsqu'on divise le dernier reste de 1 par leurs valeurs positionnelles; nous écrivons donc des 0 dans les colonnes des 4 et des 2. Finalement, ce reste de 1 divisé par 1 donne 1. Nous écrivons donc 1 dans la colonne des 1 et obtenons

Valeurs positionnelles:	**32**	**16**	**8**	**4**	**2**	**1**
Valeurs de symbole:	**1**	**1**	**1**	**0**	**0**	**1**

par conséquent, le nombre décimal 57 équivaut au nombre binaire 111001.

Pour convertir le nombre décimal 103 en octal, nous écrivons d'abord les valeurs positionnelles des colonnes jusqu'à ce que nous atteignions une colonne de valeur positionnelle plus élevée que le nombre décimal. Nous n'avons pas besoin de cette colonne et nous l'abandonnons. Nous écrivons donc:

Valeurs positionnelles:	**512**	**64**	**8**	**1**

Nous abandonnons ensuite la colonne d'une valeur positionnelle de 512, ce qui donne:

Valeurs positionnelles:	**64**	**8**	**1**

Nous travaillons ensuite de la colonne la plus à gauche vers la droite. Nous divisons 103 par 64, pour un résultat de 1 avec un reste de 39; nous écrivons donc 1 dans la colonne des 64. Nous divisons ensuite le reste, à savoir 39 par 8, qui donne 4 avec un reste de 7; nous écrivons donc 4 dans la colonne des 8. Finalement, ce reste de 7 divisé par 1 donne 7. Nous écrivons donc 7 dans la colonne des 1 et obtenons

Valeurs positionnelles:	**64**	**8**	**1**
Valeurs de symbole:	**1**	**4**	**7**

par conséquent, le nombre décimal 103 équivaut au nombre octal 147.

Pour convertir le nombre décimal 375 en hexadécimal, nous écrivons d'abord les valeurs positionnelles des colonnes jusqu'à ce que nous atteignions une colonne de valeur positionnelle plus élevée que le nombre décimal. Nous n'avons pas besoin de cette colonne et nous l'abandonnons. Nous écrivons donc:

Valeurs positionnelles:	**4096**	**256**	**16**	**1**

Nous abandonnons ensuite la colonne d'une valeur positionnelle de 4096, ce qui donne:

Valeurs positionnelles:	**256**	**16**	**1**

Nous travaillons ensuite de la colonne la plus à gauche vers la droite. Nous divisons 375 par 256, pour un résultat de 1 avec un reste de 119; nous écrivons donc 1 dans la colonne des 256. Nous divisons ensuite le reste, 119, par 16 qui donne 7 avec un reste de 7; nous écrivons donc 7 dans la colonne des 16. Finalement, ce reste de 7 divisé par 1 donne 7. Nous écrivons donc 7 dans la colonne des 1 et obtenons

Valeurs positionnelles:	**256**	**16**	**1**
Valeurs de symbole:	**1**	**7**	**7**

par conséquent, le nombre décimal 375 équivaut au nombre hexadécimal 177.

C.6 Nombres binaires négatifs : notation de complément à deux

Jusqu'à maintenant, cette annexe ne traitait que des nombres positifs. Dans cette section, nous expliquons comment les ordinateurs représentent les nombres négatifs en utilisant la *notation de complément à deux*. Nous expliquons d'abord comment former le complément à deux d'un nombre binaire et illustrons ensuite pourquoi il représente la valeur négative de ce nombre binaire.

En travaillant sur une machine avec des entiers de 32 octets, supposons que

```
int valeur = 13;
```

La représentation à 32 octets de **valeur** donne:

```
00000000 00000000 00000000 00001101
```

Pour former la version négative de **valeur**, nous devons d'abord former *son complément à un* en appliquant l'opérateur binaire de complément à un de C++ (~), que l'on appelle aussi l'*opérateur NON binaire*:

```
complementAUnDeValeur = ~valeur;
```

À l'interne, **~valeur** représente maintenant **valeur** avec chacun de ses bits inversés: les 1 remplacés par des 0 et les 0 remplacés par des 1, de la façon suivante:

```
valeur:
00000000 00000000 00000000 00001101
```

~valeur (c'est-à-dire le complément à un de **valeur**):
```
11111111 11111111 11111111 11110010
```

Pour former le complément à deux de **valeur**, nous additionnons simplement un au complément à un de **valeur**.

Le complément à deux de **valeur** vaut:
```
11111111 11111111 11111111 11110011
```

Si ce résultat est effectivement égal à −13, nous devrions donc l'additionner avec le nombre binaire 13 et obtenir 0. Vérifions-en l'exactitude:

```
 00000000 00000000 00000000 00001101
+11111111 11111111 11111111 11110011
-------------------------------------
 00000000 00000000 00000000 00000000
```

Le bit de report apparaissant dans la colonne à l'extrême gauche est abandonné et nous obtenons bel un bien un résultat de zéro. Si nous additionnons le complément à un d'un nombre à ce nombre, nous obtenons un résultat entièrement formé de uns. Pour obtenir un résultat entièrement formé de zéros, le complément à deux doit être plus élevé que le complément à un d'une quantité de 1. L'addition de 1 provoque une addition à 0 dans chaque colonne avec un report de 1. Le report se déplace continuellement vers la gauche jusqu'à ce qu'il soit abandonné par rapport au bit situé le plus à gauche, pour un nombre entièrement formé de zéros.

En réalité, les ordinateurs effectuent une soustraction telle que la suivante

```
x = a - valeur;
```

en additionnant le complément à deux de **valeur** à **a** de la façon suivante:

```
x = a + (~valeur + 1);
```

Supposons que **a** vaille 27 et que **valeur** vaille 13. Si le complément à deux de **valeur** est effectivement la valeur négative de **valeur**, l'addition du complément à deux de **valeur** et de **a** devrait produire un résultat de 14.

Vérifions-en la pertinence:

```
a (c'est-à-dire 27)      00000000 00000000 00000000 00011011
+(~valeur + 1)          +11111111 11111111 11111111 11110011
                        ------------------------------------
                         00000000 00000000 00000000 00001110
```

ce qui vaut effectivement 14.

RÉSUMÉ

- Lorsque nous écrivons un entier comme 19, 227 ou -63 dans un programme en C++, le nombre fait automatiquement partie du système de numération décimal (base 10). Les chiffres de ce système sont 0, 1, 2, 3, 4, 5, 6, 7, 8 et 9. Le plus petit chiffre est le 0 et le plus élevé est le 9, soit un de moins que la base de 10.

- Les ordinateurs utilisent à l'interne le système de numération binaire (base 2). Ce système ne possède que deux chiffres, 0 étant le plus petit et 1, le plus élevé, soit un de moins que la base de 2.

- Le système de numération octal (base 8) et le système de numération hexadécimal (base 16) sont populaires principalement parce qu'ils représentent un moyen pratique d'abréger les nombres binaires.

- Dans le système de numération octal, les chiffres varient de 0 à 7.

- Le système de numération hexadécimal pose un problème, car il nécessite seize chiffres: son plus petit vaut 0 et son plus élevé correspond au 15 décimal (un de moins que la base de 16). Par convention, nous utilisons les lettres A à F pour représenter les chiffres hexadécimaux correspondant aux valeurs décimales de 10 à 15.

- Chacun de ces systèmes utilise une numération positionnelle; en d'autres termes, chaque position dans laquelle un chiffre est écrit possède une valeur positionnelle différente.

- Une relation particulièrement importante, commune entre les systèmes de numération octal et hexadécimal par rapport au système binaire est que les bases octale et hexadécimale (respectivement de 8 et 16) correspondent à des puissances de la base du système binaire (base 2).

- Pour convertir un octal en binaire, remplacez simplement chaque chiffre octal par son équivalent binaire de trois chiffres.

- Pour convertir un nombre hexadécimal en binaire, remplacez simplement chaque chiffre hexadécimal par son équivalent binaire de quatre chiffres.

- Comme nous travaillons régulièrement en décimal, il est commode de convertir un nombre binaire, octal ou hexadécimal en décimal pour connaître la «véritable» valeur du nombre.

- Pour convertir un nombre en décimal à partir d'une autre base, il suffit de multiplier l'équivalent décimal de chaque chiffre par sa valeur positionnelle et d'additionner ces produits.

- Les ordinateurs représentent les nombres négatifs en utilisant la notation de complément à deux.

- Pour former la version négative d'une valeur, nous devons d'abord former son complément à un en appliquant l'opérateur binaire de complément à un de C++ (~), de façon à inverser les bits de cette valeur. Pour former le complément à deux d'une valeur, nous additionnons simplement un au complément à un de cette valeur.

TERMINOLOGIE

base	système de numération en base 10
chiffre	système de numération en base 16
conversions	système de numération en base 2
notation de complément à deux	système de numération en base 8
notation de complément à un	système de numération hexadécimal
notation par positions	système de numération octal
opérateur binaire de complément (~)	valeur de symbole
système de numération binaire	valeur négative
système de numération décimal	valeur positionnelle

EXERCICES DE RÉVISION

C.1 Les bases des systèmes de numération décimal, binaire, octal et hexadécimal sont respectivement _____, _____, _____ et _____.

C.2 En général, les représentations décimales, octales et hexadécimales d'un nombre binaire donné contiennent (plus/moins) de chiffres que le nombre binaire.

C.3 (Vrai ou faux) Une des raisons populaires justifiant l'emploi du système décimal est qu'il forme une notation pratique pour abréger les nombres binaires, en substituant simplement un chiffre décimal par groupe de quatre bits binaires.

C.4 La représentation (octale / hexadécimale / décimale) d'une valeur binaire longue constitue l'alternative d'écriture la plus concise.

C.5 (Vrai ou faux) Le chiffre le plus élevé de toute base vaut un de plus que la base.

C.6 (Vrai ou faux) Le plus petit chiffre de toute base vaut un de moins que la base.

C.7 La valeur positionnelle du chiffre situé le plus à droite de tout nombre, qu'il soit binaire, octal, décimal ou hexadécimal, vaut toujours _____.

C.8 La valeur positionnelle du chiffre situé à la gauche de celui le plus à droite de tout nombre, qu'il soit binaire, octal, décimal ou hexadécimal, vaut toujours _____.

C.9 Complétez le tableau de valeurs positionnelles suivant pour les quatre positions situées les plus à droite dans chacun des systèmes de numération indiqués:

décimal	**1000**	**100**	**10**	**1**
hexadécimal	...	**256**	...	...
binaire	...	...	...	...
octal	**512**	...	**8**	...

C.10 Convertissez le nombre binaire **110101011000** en octal et en hexadécimal.

C.11 Convertissez le nombre hexadécimal **FACE** en binaire.

C.12 Convertissez le nombre octal **7316** en binaire.

C.13 Convertissez le nombre hexadécimal **4FEC** en octal. Astuce: convertissez d'abord **4FEC** en binaire, puis faites la conversion de ce nombre binaire en octal.

C.14 Convertissez le nombre binaire **1101110** en décimal.

C.15 Convertissez le nombre octal **317** en décimal.

C.16 Convertissez le nombre hexadécimal **EFD4** en décimal.

C.17 Convertissez le nombre décimal **177** en binaire, en octal et en hexadécimal.

C.18 Illustrez la représentation binaire du nombre décimal **417**. Illustrez ensuite le complément à un de **417** et le complément à deux de **417**.

C.19 Quel résultat obtient-on lorsqu'on additionne le complément à un d'un nombre à lui-même?

RÉPONSES AUX EXERCICES DE RÉVISION

C.1 **10, 2, 8, 16.**

C.2 Moins.

C.3 Faux.

C.4 Hexadécimal.

C.5 Faux. Le chiffre le plus élevé de toute base vaut un de moins que la base.

C.6 Faux. Le plus petit chiffre de toute base est le zéro.

C.7 **1** (soit la base élevée à la puissance zéro).

C.8 La base du système de numération.

C.9 Complétez le tableau de valeurs positionnelles suivant pour les quatre positions situées les plus à droite dans chacun des systèmes de numération indiqués:

décimal	1000	100	10	1
hexadécimal	4096	256	16	1
binaire	8	4	2	1
octal	512	64	8	1

C.10 Octal **6530**; hexadécimal **D58**.

C.11 Binaire **1111 1010 1100 1110**.

C.12 Binaire **111 011 001 110**.

C.13 Binaire **0 100 111 111 101 100; octal 47754**.

C.14 Décimal **2+4+8+32+64=110**.

C.15 Décimal **7+1*8+3*64=7+8+192=207**.

C.16 Décimal **4+13*16+15*256+14*4096=61396**.

C.17 Décimal **177** en binaire:

```
256 128 64 32 16 8 4 2 1
128 64 32 16 8 4 2 1
(1*128)+(0*64)+(1*32)+(1*16)+(0*8)+(0*4)+(0*2)+(1*1)
10110001
```

en octal:

```
512 64 8 1
64 8 1
(2*64)+(6*8)+(1*1)
261
```

en hexadécimal:

```
256 16 1
16 1
(11*16)+(1*1)
(B*16)+(1*1)
B1
```

C.18   Binaire:

```
512 256 128 64 32 16 8 4 2 1
256 128 64 32 16 8 4 2 1
(1*256)+(1*128)+(0*64)+(1*32)+(0*16)+(0*8)+(0*4)+(0*2)+
(1*1)
110100001
```

Complément à un: **001011110**
Complément à deux: **001011111**
Vérification de l'addition du nombre binaire initial avec son complément à deux:

```
110100001
001011111
---------
000000000
```

C.19   Zéro.

EXERCICES

C.20   Certaines personnes prétendent que l'emploi du système de numération en base 12 faciliterait une grande partie de nos calculs puisque 12 peut être divisé par une plus grande quantité de nombres que 10 (pour la base 10). Quel est le plus petit chiffre de la base 12? Quel serait le symbole du chiffre le plus élevé en base 12? Quelles sont les valeurs positionnelles des quatre positions situées les plus à droite dans le système de numération en base 12?

C.21   Quelle est la relation entre la valeur de symbole la plus élevée des systèmes de numération analysés dans ce texte, par rapport à la valeur positionnelle du chiffre situé à la gauche du chiffre le plus à droite de tout nombre dans ces systèmes de numération?

C.22   Complétez le tableau de valeurs positionnelles suivant pour les quatre positions situées les plus à droite dans chacun des systèmes de numération indiqués:

	1000	100	10	1
décimal	**1000**	**100**	**10**	**1**
base 6	...	...	**6**	...
base 13	...	**169**	...	...
base 3	**27**	...	...	...

C.23   Convertissez le nombre binaire **100101111010** en octal et en hexadécimal.

C.24   Convertissez le nombre hexadécimal **3A7D** en binaire.

C.25   Convertissez le nombre hexadécimal **765F** en octal. Astuce: convertissez d'abord **765F** en binaire, puis faites la conversion de ce nombre binaire en octal.

C.26   Convertissez le nombre binaire **1011110** en décimal.

C.27   Convertissez le nombre octal **426** en décimal.

C.28   Convertissez le nombre hexadécimal **FFFF** en décimal.

C.29   Convertissez le nombre décimal **299** en binaire, en octal et en hexadécimal.

C.30   Illustrez la représentation binaire du nombre décimal **779**. Illustrez ensuite le complément à un de **779** et le complément à deux de **779**.

C.31   Quel résultat obtient-on lorsqu'on additionne le complément à deux d'un nombre à lui-même?

C.32   Illustrez le complément à deux de la valeur entière **-1** sur une machine avec des entiers de 32 octets.

Ressources de l'Internet et du Web sur le C++

Cette annexe contient une liste de ressources de l'Internet et du Web sur le C++, parmi lesquelles vous trouverez des FAQ (foires aux questions), des didacticiels, des informations concernant la norme ANSI/ISO du C++, concernant les compilateurs C++ les plus utilisés; et la manière d'obtenir des compilateurs gratuits, des démonstrations, des didacticiels, des outils logiciels, des articles, des interviews, des conférences, des journaux et magazines, des cours en ligne, des groupes de discussion et des informations sur les opportunités de carrière.

Pour plus d'informations relatives à l'intitut ANSI (American National Standards Institute) ou pour acquérir les documents de la norme, visitez le site d'ANSI sur **http://www.ansi.org/**.

Sauf information contraire, toutes ces ressources sont en langue anglaise.

D.1 Ressources

http://www.progsource.com/index.html
Le *Programmer's Source* est une excellente ressource donnant des informations sur de nombreux langages de programmation, dont le C++. Vous y trouverez des listes d'outils, de compilateurs, de logiciels, de livres et d'autres ressources consacrées au C++.

http://www.intranet.ca/~sshah/booklist.html#C++
La *Programmer's Book List* dispose d'une section consacrée aux livres de C++ avec plus de trente titres.

http://www.genitor.com/resources.htm
Le site de ressources du développeur possède des liens vers des compilateurs C++, des outils pratiques, des codes sources du *C/C++ Users Journal* et les publications correspondantes.

http://www.possibility.com/Cpp/CppCodingStandard.html
Le site du *C++ Coding Standard* propose une quantité d'informations exhaustives sur le langage de programmation C++, ainsi qu'une liste de belles ressources du Web sur le C++.

http://help-site.com/cpp.html
Help-site.com fournit des liens vers des ressources du Web sur le C++.

http://www.glenmccl.com/tutor.htm
Ce site est une bonne référence pour les utilisateurs connaissant le C et le C++. Les sujets abordés s'accompagnent d'explications détaillées et d'exemples de code.

`http://www.programmersheaven.com/zone3/cat353/index.htm`
Ce site offre une collection étendue de bibliothèques en C++. Celles-ci sont disponibles en téléchargement gratuit.

`http://www.programmersheaven.com/zone3/cat155/index.htm`
Ce site offre des outils et des bibliothèques pour le C++.

`http://www.programmersheaven.com/wwwboard/board3/wwwboard.asp`
Le panneau d'affichage de messages permet aux utilisateurs de poster des questions sur la programmation en C et en C++, ainsi que des commentaires au site Web **developer.com**. Il propose aussi une liste de FAQ.

`http://www.hal9k.com/cug/`.
Ce site propose des ressources sur le C++, des journaux, des partagiciels, des gratuiciels, et ainsi de suite.

`http://developer.earthweb.com/directories/pages/`
`dir.c.developmenttools.html`.
Site très fréquenté par les programmeurs, *Developer.com* fournit une liste étendue de ressources pour les programmeurs en C et C++.

`http://www.devx.com/`
DevX est une ressource complète destinée aux programmeurs. Les différentes sections fournissent les dernières nouvelles, des outils et des techniques pour différents langages de programmation. La section de la zone C++ de ce site est dédiée au C++.

D.2 Didacticiels

`http://info.desy.de/gna/html/cc/index.html`
Ce didacticiel d'introduction à la programmation orientée objets utilisant le C++ est disponible au téléchargement ou par inscription à un cours basé sur le Web. Prenez le temps d'examiner la liste des lectures conseillées sur la POO et le langage de programmation C++..

`http://uu-gna.mit.edu:8001/uu-gna/text/cc/Tutorial/tutorial.html`
Le didacticiel *Introduction to Object Oriented Programming Using C++* est divisé en dix chapitres comportant chacun une série d'exercices et leurs solutions.

`http://www.icce.rug.nl/docs/cplusplus/cplusplus.html`
Ce didacticiel, écrit par un professeur d'université, est conçu à l'endroit des programmeurs en C qui souhaitent apprendre la programmation en C++.

`http://www.rdw.tec.mn.us/`
Le *Red Wing/Winona Technical College* propose des cours de C++ en ligne, moyennant finances.

`http://www.zdu.com/zdu/catalog/programming.htm`
La *ZD Net University* dispense aussi un certain nombre de cours en ligne relatifs au langage de programmation C++.

`http://library.advanced.org/3074/`
Ce didacticiel est destiné aux programmeurs en Pascal qui souhaitent apprendre le C++.

`ftp://rtfm.mit.edu/pub/usenet/news.answers/C-faq/learn-c-cpp-today`
Ce site dispose d'une liste de didacticiels de C++ avec leur description. On y trouve aussi des informations sur les origines des langages de programmation C et C++, ainsi que des informations concernant divers compilateurs C++ pour différentes plates-formes.

`http://www.icce.rug.nl/docs/cplusplus/cplusplus.html`
Site destiné aux utilisateurs connaissant déjà le C et souhauitant apprendre le C++.

`http://www.cprogramming.com/tutorial.html`
Ce site comporte un didacticiel par étapes qui comprend des exemples de code.

`http://www.programmersheaven.com/zone3/cat34/index.htm`
Ce site contient une liste de sujets didactiques. Les niveaux didactiques vont du débutant à l'expert.

D.3 Foires aux questions (FAQ)

http://reality.sgi.com/austern/std-c++/faq.html
Ce site de FAQ est dédié aux questions sur le C++ de la norme préliminaire ANSI/ISO, la conception du langage de programmation C++ et les dernières modifications au langage de la norme.

http://www.trmphrst.demon.co.uk/cpplibs1.html
Voici la FAQ qui concerne les bibliothèques du C++. On y trouve des listes étendues de questions et réponses concernant les points souvent soulevés à propos des bibliothèques standard du C++.

http://pneuma.phys.ualberta.ca/~burris/cpp.htm
L'*Internet Link Exchange* constitue une autre excellente source d'informations sur le C++. Ce site possède des liens vers des FAQ concernant **comp.lang.c++**, les bibliothèques standard du C++ et les MFC.

http://www.math.uio.no/nett/faq/C-faq/faq.html
Une liste des FAQ et réponses en rpovenance de **comp.lang.c**.

http://lglwww.epfl.ch/~wolf/c_std.html
Une liste de FAQ sur la norme ISO sur langage de programmation C.

http://www.cerfnet.com/~mpcline/C++-FAQs-Lite/
Ce site dispose d'une liste abondante de FAQ, réparties en 35 catégories. de nombreux sujets sont traités, chacun d'eux avec plusieurs questions et leurs réponses.

http://www.faqs.org/faqs/by-newsgroup/comp/comp.lang.c++.html
Ce site consiste en une série de liens à des FAQ et didacticiels collationnés à partir du groupe de discussion **comp.lang.c++**.

http://www.eskimo.com/~scs/C-faq/top.html
Cette liste de FAQ traite de sujets tels que les pointeurs, l'allocation mémoire et les chaînes de caractères.

D.4 Visual C++

http://chesworth.com/pv/languages/c/visual_cpp_tutorial.htm
Excellent didacticiel pour le débutant en Microsoft Visual C++, il donne un bref aperçu du C++.

D.5 comp.lang.c++

http://weblab.research.att.com/phoaks/comp/lang/c++/resources0.html
Ce site est une source formidable d'informations relatives à **comp.lang.c++**. Le titre de la page, *People Helping One Another Know Stuff* («une personne qui s'y connaît aide une autre»), résume bien le sujet de ce site. On y trouve des liens vers quelques 40 sources supplémentaires d'informations sur le C++.

http://www.r2m.com/windev/cpp-compiler.html
Une bonne ressource pour les développeurs en C++. Vous y trouverez des liens vers une vingtaine de sites consacrés au C++.

http://home.istar.ca/~stepanv/
Ce site propose une liste de plus de 25 liens à des sites contenant des articles et informations sur la programmation en C++. Ce site parle de sujets tels que les graphismes orientés objets, un brouillon de la norme ANSI C++, la bibliothèque de modèles standard, des ressources sur les MFC, des ressources sur OWL, la C++ Virtual Library et des didacticiels.

http://kom.net/~dbrick/newspage/comp.lang.c++.html
Visitez ce site pour vous connecter à des groupes de discussion en accord avec la hiérarchie de **comp.lang.c++**.

http://www.austinlinks.com/CPlusPlus/
Le site Web de *Quadralay Corporation* contient des liens vers des ressources sur C++, parmi lesquelles on trouve les bibliothèques Visual C++/MFC, des informations sur la programmation en C++, des opportunités de carrières, une liste de didacticiels et des outils en lignes permettant d'apprendre le C++.

http://db.csie.ncu.edu.tw/~kant_c/C/chapter2_21.html
Ce site Web contient une liste de fonctions de la bibliothèque standard du C ANSI.

http://wwwcn1.cern.ch/asd/geant/geant4_public/coding_standards/coding/coding_2.html
Une ssource excellente et étendue d'informations sur la norme du C++.

http://cuiwww.unige.ch/OSG/Vitek/Compilers/Year86/msg00046.html
«*The C standard on segmented machines*,» soit le standard C dans le cas de machines segmentées.

http://www.csci.csusb.edu/dick/c++std/
Ce site possède des liens vers la norme ANSI/ISO C++ Draft Standard et le groupe **comp.std.c++** de Usenet, qui fournit des informations nouvelles sur la norme.

http://ibd.ar.com/ger/comp.lang.c++.html
Le *Green Eggs Report* liste plus d'une centaine d'URL glanés au sein de **comp.lang.c++**.

http://www.ts.umu.se/~maxell/C++/
Ce site propose des exemples de code pour quelques-unes des classes du C++.

http://www.quadralay.com/CPlusPlus/
Excellente source d'informations sur la programmation en C++, l'étude du C++, des opportunités de carrières et d'autres informations concernant le C++.

http://www.research.att.com/~bs/homepage.html
C'est là la page d'accueil de Bjarne Stroustrup, concepteur du langage de programmation C++. Il propose une liste de ressources, des FAQ et d'autres informations fort utiles sur le langage.

http://www.cygnus.com/misc/wp/draft/index.html
Ce site possède la copie de travail de la norme ANSI du C++ au format HTML et datant de décembre 1996.

http://www.austinlinks.com/CPlusPlus/
Ce site comporte une liste de ressources de C++ dont des livres, des sources d'opportunités de carraières, des informations concernant le langage de programmation et des liens vers des sites comportant des listes de ressources sur le C++.

ftp://research.att.com/dist/c++std/WP/CD2/
Ce site a actuellement une copie de l'ébauche de la norme ANSI/ISO du C++.

http://ai.kaist.ac.kr/~ymkim/Program/c++.html
Ce site Web propose des didacticiels, des bibliothèques, des compilateurs usuels, des FAQ et des groupes de discussion.

http://www.cyberdiem.com/vin/learn.html
Le site a pour titre *Learn C++ Today* et propose un certain nombre de didacticiels assez complets sur le C et le C++.

http://www.trumphurst.com/cpplibs1.html
La *C++ Libraries FAQ* est compilée par des professionnels de la programmation à l'endroit et au bénéfice des autres programmeurs en C++. La bibliothèque est régulièrement mise à jour et constitue une bonne source d'informations récentes.

http://www.experts-exchange.com/comp/lang/cplusplus/
L'*Expert Exchange* est une ressource gratuite pour des professionnels des hautes technologies qui souhaitent partager des informations avec leurs collègues. Les membres peuvent Poster des questions et des réponses.

http://www.execpc.com/~ht/vc.htm
Ce site est une compilation de liens sur la programmation en C++ qui reprennent des sites d'informations générales, des didacticiels, des magazines et des bibliothèques.

`http://cplus.about.com/compute/cplus/`

Ceci est le site de About.com consacré aux langages de programmation C et C++. On y trouve des didacticiels, des gratuiciels, des partagiciels, des dictionnaires, des emplois, des magasines et bien d'autres éléments en relation.

`http://pent21.infosys.tuwien.ac.at/cetus/`
`oo_c_plus_plus.html#oo_c_plus_plus_general_newsgroups`

Ce site donne une explication général du C++ et comporte quelques groupes de discussion.

`news:comp.lang.c++`

Groupe de discussion dédié aux éléments du langage C++ orienté objets.

`news:comp.lang.c++.moderated`

Groupe de discussion dédié au langage C++ mais à vocation plus technique.

D.6 Compilateurs

`http://www.progsource.com/index.html`

Le *Programmer's Source* est une grande source d'informations sur de nombreux langages de programmation, dont le C++. On y trouve des listes d'outils, de compilateurs, de logiciels, de livres et d'autres ressources sur le C++. La liste des compilateurs est organisée par plates-formes.

`http://www.cygnus.com/misc/gnu-win32/`

L'*environnement de développement GNU* est disponible gratuitement sur le site Web de Cygnus.

`http://www.remcomp.com/lcc-win32/`

Le compilateur LCC-Win32 pour Windows 95/NT est téléchargeable gratuitement à partir de ce site Web.

`http://www.microsoft.com/visualc/`

La page d'accueil de *Microsoft Visual C++* fournit des informations sur le produit, des aperçus, des matières supplémentaires et des informations de commande du compilateur Visual C++.

`http://www.powersoft.com/products/languages/watccpl.html`

Les dernières nouveautés et informations de *Powersoft* concernant le compilateur *Watcom C/C++, version 11.0*. Ce compilateur n'est pas téléchargeable à partir du site Web, mais des informations permettant l'achat sont fournies.

`http://netserv.borland.com/borlandcpp/cppcomp/turbocpp.html`

Le site Web du compilateur *Borland Tubo C++ Visual Edition* pour Windows.

`http://www.symantec.com/scpp/fs_scpp72_95.html`

Le *Symantec C++ 7.5* pour Windows 95 et Windows NT.

`http://www.metrowerks.com/products/`

Le *Metrowerks CodeWarrior* pour Macintosh ou Windows.

`http://www.faqs.org/faqs/by-newsgroups/comp/comp.compilers.html`

Ce site a créé une liste de FAQ générée au seil dy groupe de discussion `comp.compilers`.

`http://www.ncf.carleton.ca/%7Ebg283/`

Ce compilateur C++ sous DOS est dénommé le *Miracle C Compiler*. Il est gratuit au téléchargement, mais son code source n'est disponible que si vous payez des droits d'inscription.

`http://www.borland.com/bcppbuilder/`

Lien au *Borland C++ Builder 5.5*. Une version gratuite en ligne de commande est disponible au téléchargement.

`http://www.compilers.net/`

Le site de *Compilers.net* est conçu pour faciliter la recherche de compilateurs.

`http://sunset.backbone.olemiss.edu/%7Ebobcook/eC/`

Ce compilateur C++ est conçu pour les utilisateurs débutants en C++ qui souhaitent effectuer une transition entre le Pascal et le C++.

`http://developer.intel.com/vtune/compilers/cpp/`
L'*Intel C++ compiler*. Il est compatible avec les plates-formes Windows 98, NT et 2000.

`http://www.kai.com/C_plus_plus/index.html`
Le *Kai C++ compiler* est disponible gratuitement à l'essai pour trente jours.

D.7 Outils de développement

`http://www.quintessoft.com/`
La société *Quintessoft Engineering, Inc.* propose le Code Navigator for C++, un outil de développement pour Windows 95/NT. Le site propose des informations sur le produit, des commentaires de clients, des téléchargements gratuits de versions d'essai et des informations sur les prix du produit.

D.8 Bibliothèque de modèles standard

Didacticiels

`http://www.cs.brown.edu/people.jak/programming/stl-tutorial/`
`tutorial.html`
Ce didacticiel sur la STL est organisé en exemples, par philosophie, par composants et par extensions à la STL. On y trouve des exemples de code qui exploitent les composants de la STL, des explications et des diagrammes bien utiles.

`http://web.ftech.net/~honeyg/articles/eff_stl.htm`
Ce didacticiel propose des informations sur les composants de la STL, ses conteneurs, les adaptateurs de flux et d'itérateurs, la transformation et la sélection de valeurs, leur filtrage et leur sélection, et les objets.

`http://www.xraylith.wisc.edu/~khan/software/stl/os_examples/`
Ce site montre toute son utilité pour les gens que étudient juste la STL. Il propose une introduction à la STL et des exemples de l'ObjectSpace STL Tool Kit.

Références

`http://www.sgi.com/Technology/STL/other_resources.html`
Ce site possède une liste des nombreux sites Web concernant la STL, ainsi qu'une liste de livres conseillés sur la STL.

`http://www.cs.rpi.edu/projects/STL/stl/stl.html`
La page d'accueil de référence en ligne de la bibliothèque de modèles standard (*Standard Template Library Online Reference Home Page*) du Rensselaere Polytechnic Institute comporte des explications détaillées sur la STL, ainsi que des liens vers d'autres sources d'informations à propos de la STL.

`http://www.sgi.com/Technology/STL/`
Le *Silicon Graphics Standard Template Library Programmer's Guide* est une source utile d'informations concernant la STL, et cette dernière est téléchargeable à partir de ce site. On y trouve les dernières informations, de la documentation sur la conception et des liens vers d'autres ressources.

`http://www.dinkumware.com/refcpp.html`
Ce site contient des informations utiles concernant la bibliothèque standard du C++ ANSI/ISO et des informations étendues à propos de la STL.

`http://www.roguewave.com/products/xplatform/stdlib/`
La *page Web de Rogue Wave Software sur la bibliothèque standard du C++*. Il est possible d'en télécharger des articles sur leur version de la bibliothèque standard du C++.

Foires aux questions

`ftp://butler.hpl.hp.com/stl/stl.faq`
Ce site FTP est une page de FAQ concernant la STL, mise à jour par Marian Corcoran, un membre du comité ANSI et une experte en C++.

Articles, livres et interviews

http://www.sgi.com/Technology/STL/other_resources.html

Ce site dispose de nombreux sites Web relatifs à la STL et d'une courte liste de lectures conseillées sur la STL.

http://www.byte.com/art/9510/sec12/art3.htm

Le *Byte Magazine* possède une copie d'un article sur la STL écrit par Alexander Stepanov, un des créateurs de la STL. Ce dernier y donne des informations sur l'utilisation de la STL en programmation générique.

http://www.sgi.com/Technology/STL/drdobbs-interview.html

Dans une interview, Alexander Stepanov donne quelques informations sur la création de la STL, il y parle de la manière dont les concepts de la STL ont été mis en place, il y donne aussi des détails à propos de la programmation générique, de l'acronyme STl, et d'autres choses encore.

Norme ANSI/ISO du C++

http://www.ansi.org/

On peut y acquérir une copie du document de la norme du C++.

Logiciels

http://www.cs.rpi.edu/~musser/stl.html

Le site de RPI sur la STL donne des informations sur la manière dont la STL diffère des autres bibliothèques du C++ et sur la façon de copmpiler des programmes qui utilisent la STL. Il liste les principaux fichiers include de la STL, propose des exemples de programmes qui utilisent la STL, ses classes de conteneurs et ses catégories d'itérateurs. Il fournit aussi une liste des compilateurs compatibles avec la STL, une liste des site qui proposent des codes sources et d'autres matières liées à la STL.

http://www.mathcs.sjsu.edu/faculty/horstman/safestl.html

Téléchargez SAFESTL.ZIP, un outil conçu pour trouver des erreurs dans les programmes qui utilisent la STL.

http://www.objectspace.com/jgl/

Object Space propose des informations sur la manière de porter des applications de C++ en Java. Il est possible de télécharger gratuitement de ce site leurs bibliothèques de classes portables *Standards<ToolKit>*. Les principales caractéristiques de cette boîte à outils résident dans ses conteneurs, itérateurs, algorithmes, allocateurs, chaînes de caractères et exceptions.

http://www.cs.rpi.edu/~wiseb/stl-borland.html

Ce site est dédié à l'utilisation de L abibliothèqyue de modèles standard avec le Borland C++, il constitue une référen,ce pour les gens qui utilisent le compilateur Borland C++. L'auteur place des sections sur les avertissements de compilation et les incompatibilités.

http://www.microsoft.com/visualc/

La *page d'accueil du site de Microsoft sur le Visual C++*. On y trouve les dernières nouvelles à propos du Visual C++, ses mises à jour, des ressources tehcniques, des échantillons et des téléchargements.

http://www.borland.com/bcppbuilder/

La *page d'accueil du Borland C++ Builder*. On y trouve une grande variété de ressources, dont plusieurs groupes de discussion sur le C++, des informations sur les dernières améliorations du produit, des FAQ et d'autres ressources destinées aux programmeurs qui utilisent le C++ Builder.

Bibliographie

(A192)   Allison, C., "Text Processing I," *The C Users Journal* , Vol. 10, No.10, octobre 1992, pp.23-28.

(A192a)   Allison, C., "Text Processing II," *The C Users Journal* , Vol. 10, No. 12, décembre 1992, pp.73-77.

(A193)   Allison, C., "Code Capsules: A C++ Date Class, Part I," *The C Users Journal* , Vol. 11, No. 2, février 1993, pp. 123-131.

(A194)   Allison, C., "Conversions ans Casts," The C/C++ Users Journal, Vol. 12, No. 9, septembre 1994, pp. 67-85.

(Am95)   Almarode, J., "Object Security," *Smalltalk Report*, Vol. 5, No. 3 novembre-décembre 1995, pp. 15-17.

(An90)   ANSI, *American National Standard for Information Systems-Programming Language C (ANSI Document ANSI/ISO 9899: 1990)*, New York, NY: American National Standards Institute, 1990.

(An94)   *American National Standard, Programming Language C++.* [Approval and technical development work is being conducted by Accredited Standards Committee X3, Information Technology and its Technical Committee X3J16, Programming Language C++, respectively. For further details, contact X3 Secretariat, 1250 Eye Street, NW, Washington, DC 20005.]

(An92)   Anderson, A. E. et W. J. Heinze, *C++ Programming and Fundamental Concepts*, Englewood Cliffs, NJ: Prentice Hall, 1992.

(Ba92)   Baker, L., *C Mathématical Function Handbook*, New York, NY: McGraw Hill, 1992.

(Ba93)   Bar-David, T., *Object-Oriented Design for C++*, Englewood Cliffs, NJ: Prentice Hall, 1993.

(Be94)   Beck, K., "Birds, Bees, and Browsers-Obvious Sources of Objects," *The Smalltalk Report*, Vol. 3, No. 8 juin 1994, p. 13.

(Be93a)   Becker, P., "Conversion Confusion," *C++ Report*, octobre 1993, pp.26-28.

(Be93)   Becker, P., "Shrinking the Big Switch Statement," *Windows Tech Journal* , Vol. 2, No. 5, mai 1993, pp. 26-33.

(Bd93)   Berard, E. V., *Essays on Object Oriented Softawre Engineering: Volume I*, Englewood Cliffs, NJ: Prentice Hall, 1992.

(Bi95)   Binder, R. V., "State-Based testing," *Object Magazine*, Vol. 5, No. 4, août 1995, pp. 75-78.

(Bi95a)   Binder, R. V., "State-Based Testing: Sneak Paths and Conditional Transitions," *Object Magazine*, Vol. 5, No. 6, octobre 1995, pp. 87-89.

(Bl92)   Blum, A., *Neural Networks in C++: An Object-Oriented Framework for Building Connectionist Systems*, New York, NY: John Wiley & Sons, 1992.

(Bo91)   Booch, G., *Object-Oriented Design with Applications*, Redwood City, CA: The Benjamin/Cummings Publishing Company, Inc., 1994.

(Bo94)   Booch, G., *Object-Oriented Analysis and Design*, Second Edition, Reading, MA: Addison-Wesley Publishing Company, 1994.

(Bo96)   Booch, G., *Object Solutions*, Reading, MA: Benjamin/Cummings, 1996.

(Ca92)   Cargill, T., *Programming Style*, Reading, MA: Addison-Wesley Publishnig Company, 1992.

(Ca95)   Carroll, M. D. et M. A. Ellis, *Designing and Coding Reusable C++*, Reading, MA: Addison-Wesley Publishing Company 1995.

(Co95)   Coplien, J. O. et D. C Schmidt, *Pattern Languages of Program Design*, Reading, MA: Addison-Wesley Publishnig Company, 1995.

(C++98)   ANSI/ISO/IEC: *International Standard: Programming Languages--C++*. ISO/IEC 14882:1998(E). Published by the American National Standards Institute, New York, NY: 1998.

(De90)   Deitel, H. M., *Operating Systems*, Second Edition, reading, MA: Addison-Wesley, 1990.

(De00)   Deitel, H. M. et P. J. Deitel, *Java How to Program*, Third Edition, Upper Saddle River, NJ: Prentice Hall, 2000.

(De00a)   Deitel, H M et P J. Deitel, *The Java Multimédia Cyber Classroom*, Third Edition, Upper Saddle River, NJ: Prentice Hall, 2000.

(De01)   Deitel; H M. et P. J. Deitel, *C How to Program* (Thrid Edition), Upper Saddle River, NJ: Prentice Hall, 2000.

(Du91)   Duncan, R., "Inside C++: Friend and Virtual Functions, and Multiple Inheritance," *PC Magazine*, Vol. 10, No. 17, 15 octobre, 1991, pp. 417-420.

(El90)   Ellis, M. A. et B. Stroustrup, *The Annoted C++ Reference Manual*, Reading, MA: Addison-Wesley, 1990.

(Em92)   Embley, D. W.; B. D. Kurtz; and S. N. Woodfield, *Object-Oriented Systems Analysis*, Englewood Cliffs, NJ: Yourdon Press, 1992.

(En90)   Enstminger, G., *The Tao of Objects: A Beginner's Guide to Object-Oriented Programming*, Redwood City, CA: M&T Books, 1990.

(Fl93)   Flaming, B., *Practical Data Structures in C++*, New York, NY: John Wiley & Sons, 1993.

(Ga95)   Gamma E.; R. Helm; R. Johson; and J Vlissides, *Design Patterns: Elements of Reusable Object-Oriented Software*, Reading, MA: Addison-Wesley Publishing Company, 1995.

(Ge89)   Gehani, N. et W D. Roome, *The Concurrent C Programming Language*, Summit, NJ: Silicon Press, 1989.

(Gi92)   Giancola, A. et L. Baker, "Bit Arrays with C++," *the C Users Journal*, Vol. 10, No. 7, juillet, 1992, pp. 21-26.

(Gl95)   Glass, G. et B. Schuchert, *The STL <Primer>*, Upper Saddle River, NJ: Prentice Hall PTR, 1995.

(Go95)   Gooch, T., "Obscure C++," *Inside Microsoft Visual C++*, Vol. 6, No. 11, novembre 1995, pp. 13-15.

(Ha90)   Hansen, T. L., *The C++ Answer Book*, Reading, MA: Addison-Wesley, 1990.

(He97)   Henricson, M. et E. Nyquist, *Industrial Strength C++: Rules and Recommendations*, Upper Saddle River, NJ: Prentice Hall, 1997.

(Ja93)   Jacobson, I., "Is Object Technology Software's Industrial Plateform?" *IEEE Software Magazine*, Vol. 10, No. 1, janvier 1993, pp. 24-30.

(Ja89)   Jaeschke, R., *Portability and the C Language*, Indianapolis, IN: Hayden Books, 1989.

(Ke88)   Kernighan, B W. et D. M. Ritchie, *The C Programming Language*(Second Edition), Englewood Cliffs, NJ: Prentice Hall, 1988.

(Kn92)   Knight, A., "Encapsulation and Information Hiding," *The smalltalk Report*, Vol. 1, No. 8 juin 1992, pp. 19-20.

(Ko90)   Koenig, A. et B. Stroustrup, "Exception Handling for C++ (revised)," *Proceedings of the USENIX C++ Conference*, San Francisco, CA, avril 1990.

(Ko91)   Koenig, A., "What is C++ Anyway?" *Journal of Object-Oriented Programming*, avril/mai 1991, pp. 48-52.

(Ko94)   Koenig, A., Implicit Base Class Conversions," *C++ Report*, Vol. 6, No. 5, juin 1994, pp. 18-19.

(Ko97)   Koenig, A. et B. Moo, *Ruminations on C++*, Reading, MA: Addison-Wesley, 1997.

(Kr91)   Kruse, R. L; B. P Leung; and C L Tondo, *Data Structures and Program Design in C*, Englewood Cliffs, NJ: Prentice Hall, 1991.

(Le92)   Lejter, M.; S. Meyers; and S. P. Reiss, "Support for Maintaining Object-Oriented Programs", *IEEE Transactions on Software Engineering*, Vol. 18, No. 12, decémbre 1992, pp. 1045-1052.

(Li91)   Lippman, S B., *C++ Primer* (Second Edition), Reading, MA: Addison-Wesley Publishing Company, 1991.

(Lo93)   Lorenz, M., *Object-Oriented Software Development: A Practical Guide*, Englewood Cliffs, NJ: Prentice Hall, 1993.

(Lo94)   Lorenz, M.; "A Brief Look at Inheritance Metrics," *The Smalltalk Report*, Vol. 3, No. 8 juin 1994, pp. 1, 4-5.

(Ma93)   Martin, J., *Principles of Object-Oriented Analysis and Design*, Englewood Cliffs, NJ: Prentice Hall, 1993.

(Ma95)   Martin, R. C., *Designing Object-Oriented C++ Applications Using the Booch Method*, Englewood Cliffs, NJ: Prentice Hall, 1995.

(Ma93a)   Matsche, J. J., "Object-Oriented Programming in Standerd C," *Object Magazine*, Vol. 2, No. 5, janvier/février 1993, pp. 71-74.

(Mc94)   McCabe, T J. et A. H. Watson, "Combining Comprehension and Testing in Object-Oriented Development," *Object Magazine*, Vol. 4, No. 1, mars/avril 1994, pp. 63-66.

(Me88)   Meyer, B., *Object-Oriented Software Construction*, C. A. R. Hoare Series Editor, Englewood Cliffs, NJ: Prentice Hall, 1988.

(Me92)   Meyer, B, *Advances in Object-Oriented Software Engineering*, Edited by D. Mandrioli and B. Meyer, Englewood Cliffs, NJ: Prentice Hall, 1992.

(Me92a)   Meyers, B., *Eiffel*: The Language, Englewood Cliffs, NJ: Prentice Hall, 1992.

(Me92b)   Meyers, S., *Effective C++: 50 Specific Ways to Improve Your Programs and Designs*, Reading, MA: Addison-Wesley Publishing Company, 1992.

(Me95)   Meyers, S., *More Effective C++: 35 New Ways to Improve Your Programs and Designs*, Reading, MA: Addison-Wesley Publishing Company, 1995.

(Me95a)   Meyers, S., "Mastering User-Defined Conversion Functions," *C/C++ Users Journal*, Vol. 13, No. 8, août 1995, pp. 57-63.

(Mu93)   Murray, R., *C++ Strategies and Tactics*, Reading, MA: Addison-Wesley Publishing Company, 1993.

(Mu94)   Musser, D. R. et A. A. Stepanov, "Algorithm-Oriented Generic Libraries," *Software Pratice and Experience*, Vol. 24, No. 7, juillet 1994.

(Mu96)   Musser, D R. et A. Saini, *STL Tutorial and Reference Guide: C++ Programming with the Standard Template Library*, Reading, MA: Addison-Wesley Publishing Company, 1996.

(Ne95)   Nelson, M., *C++ Programmer's Guide to the Standart Template Library*, Foster City. CA: Programmers Press, 1995.

(Ne920)   Nerson, J. M., Applying Object-Oriented Analysis and Design," *Communications of the ACM*, Vol. 35, No. 9, septembre 1992, pp. 63-74.

(Ni92)   Nierstrasz, O.; S. Gibbs; and D. Tsichritzis, "Component-Oriented Software Development", *Communications of the ACM*, Vol. 35, No. 9, septembre 1992, pp. 160-165.

(Pi90)   Pinson, L. J. et R. S. Wiener, *Applications of Object-Oriented Programming*, Reading, MA: Addison-Wesley, 1990.

(Pi93)   Piitman, M., "Lessons Learned in Managing Object-Oriented Development," *IEEE Software Magazine*, Vol. 10, No. 1, janvier 1993, pp. 43-53.

(P192)   Plauger, P J., *The Standart C Library*, Englewood Cliffs, NJ: Prentice Hall, 1992.

(P193)   Plauger, D., "Making C++ Safe for Threads," *The C Users Journal*, Vol. 11, No. 2, février 1993, pp. 58-62.

(Po97)   Pohl, I., *C++ Distilled: A Concise ANSI/ISO Reference and Style Guide*, Reading, MA: Addison-Wesley, 1997.

(Po97a)   Pohl, I., *Object-Oriented Programming Using C++*, Second Edition, Reading, MA: Addison-Wesley Publishing Company, 1997.

(Pr92)   Press, W. H., et al, *Numerical Recipies in C*, Second Edition Cambridge, MA; Cambridge University Press, 1992.

(Pr93)   Priero-Diaz, R., "Status Report: Software Reusability," *IEEE Software*, Vol. 10, No. 3, mai 1993, pp. 61-66.

(Pr94)   Prince, T., "Tuning Up Math Functions," *The C Users Journal*, Vol 10. No 12, décembre 1992.

(Pr95)   Prosise., "Wake Up and Smell the MFC: Using the Visual C++ Classes and Applications Framework," *Microsoft Systems Journal*, Vol. 10, No. 6 juin 1995, pp. 17-34.

(Ra90)   Rabinowitz, H. et C. Schaap, *Portable C*, Englewood Cliffs, NJ: Prentice Hall, 1990.

(Re91)   Reed, D. R., "Moving from C to C++," *Object Magazine*, Vol. 1, No. 3, septembre/octobre 1991, pp. 46-60.

(Ri78)   Ritchie, D. M., S. C. Johnson; M. E. Lesk; and B. W. Kernighan, "UNIX Time-Sharing System: The C Programming Language," *The Bell System Technical Journal*, Vol. 57, No. 6, Part 2, Juillet-août 1978, pp. 1991-2019.

(Ri84)   Ritchie, D. M.; "The UNIX System: The Evolution of the UNIX Time-Sharing System" *AT&T Bell Laboratories Technical Journal*, Vol. 63, No. 8, part 2, octobre 1984, pp. 1577-1593.

(Ro84)   Rosler, L., "The UNIX System: The Evolution of C-Past and Future," *AT&T Laboratories Technical Journal*, Vol. 63, No. 8, Part 2, octobre 1984, pp. 1685-1699.

(Ro00)   Robson, R., Using the STL: The C++ Standard Template Library, Springer Verlag, 2000.

(Ru92)   Rubin, K. S. et A. Goldberg, "Object Behavior Analysis," *Communications of the ACM*, Vol. 35, No. 9, septembre 1992, pp. 48-62.

(Ru91)   Rumbaugh, J.; M. Blaha; W. Premerlani; F. Eddy; and W. Lorensen, *Object-Oriented Modeling and Design*, Englewood Cliffs, NJ: Prentice Hall, 1991.

(Sa93)   Saks, D., "Inheritance," *The C Users Journal*, mai 1993, pp. 81-89.

(Sc99)   Schildt, H., STL Programming from the Ground Up, Osborne McGraw-Hill, 1999.

(Se92)   Sedgwick, R., *Algorithms in C++*, Reading, MA/ Addison-Wesley, 1992.

(Se92a)   Sessions, R., *Class Construction in C and C++*, Englewood Cliffs, NJ: Prentice Hall, 1992.

(Sk93)   Skelly, C., "Pointer Power in C and C++, "*The Users Journal*, Vol. 11, No. 2, fevrier 1993, pp. 93-98.

(Sm92)   Smaer, S. et S. J. Mellor, *Object Lifecycles: Modeling the World in States*, Englewood Cliffs, NJ:
            Yourdon Press, 1992.

(Sm90)   Smith, J. D., *Reusability & Software Construction in C & C++*, New York, NY: Jhon Wiley
            & Sons, 1990.

(Sn93)   Snyder, A., "The Essence of Objects: Concepts and Terms," *IEEE Software Magazine*, Vol. 10,
            No. 1, janvier 1993, pp. 31-42.

(St95)   Stepanov, A. et M. Lee, "The Standard Template Library," Internet Distribution, Published at
            ftp://butler.hpl.hp.com/stl, 7 juillet, 1995.

(St84)   Stroustrup, B., "The UNIX System : Data Abstraction in C", *AT&T Bell Laboratories Technical
            Journal*, Vol. 63, No. 8, Part 2, octobre 1984, pp. 1701-1732.

(St88)   Stroustrup, B., "What is Object-Oriented Programming?" *IEEE Software*, Vol. 5, No. 3, mai 1988,
            pp. 10-20.

(St88a)   Stroustrup, B., "Parameterized Types for C++," *Proceedings of the USENIX C++ Conference*,
            Denver, CO, octobre 1988.

(St91)   Stroupstrup, B., *The C++ Programming language* (Second Edition), Reading, MA: Addison-Wesley
            Series in Computer Science, 1991.

(St93)   Stroupstrup, B., "Why Consider Language Extensions?: Maintaining a Delicate Balance,"
            C++ Report, septembre 1993, pp. 44-51.

(St 94)   Stroupstrup, B., "Making a **vector** Fit for a Standard," *The C++ Report*, octobre 1994.

(St94a)   Stroupstrup, B., *The Design Evolution of C++*, Reading, MA: Addison-Wesley Publishing
            Company, 1994.

(St 97)   Stroupstrup, B., *The C++ Programming Language*, Third Edition, Reading, MA: Addison-Wesley
            Publishing Company, 1997.

(Ta94)   Taligent Inc., *Taligent's Guide to Designing Programs: Well-Mannered Object-Oriented Design
            in C++*, Reading, MA: Addison-Wesley Publishing Company, 1994.

(Ta 92)   Taylor, D., *Object-Oriented Information Systems*, New York , NY: John Wiley & Sons, 1992.

(To89)   Tondo, C. L. et S. E. Gimpel, *The C Answer Book*, Englewood Cliffs, NJ: Prentice Hall, 1989.

(Ur92)   Urlocker, Z., "Polymorphism Unbounded, "*Windows Tech Journal*, Vol. 1, No. 1, janvier 1992,
            pp. 11-16.

(Va95)   Van Camp, K. E., "Dynamic Inheritance Using Filter Classes," *C/C++ Users Journal*, Vol. 13,
            No. 6, juin 1995, pp. 69-78.

(Vi94)   Vilot, M J., "An Introduction to the Standard Template Library," *The C++ Report*, Vol. 6; No. 8,
            ocotbre 1994.

(Vo91)   Voss, G., *Object-Oriented Programming: An Introduction*, Berkeley, CA: Osbourne McGraw-Hill,
            1991.

(Vo93)   Voss, G., "Objects ans Messages," *Windows Tech Journal*, février 1993, pp. 15-16.

(Wa94)   Wang, B L et J. Wang, "is a Deep Class Hierarchy Considered Harmful?" *Object Magazine*,
            Vol. 4, No. 7, novembre-décembre 1994, pp. 35-36.

(We94)   Weisfeld, M., "An Alternative to Large Switch Statements," *The C Users Journal*, Vol. 12, No. 4,
            avril 1994, pp. 67-76.

(We92)   Weiskamp, K. et B. Flaming, *The Complète C++ Primer*, Second Edition, Orlando, FL: Academic
            Press, 1992.

(Wi93)   Wiebel, M. et S. Halladay, "Using OOP techniques Instead of switch in C++," *The C Users Journal*, Vol. 10, No. 10, octobre 1993, pp. 105-112.

(Wi88)   Wiener, R. S. et L. J. Pinson, *An Introduction to Object-Oriented Programming and C++*, Reading, MA: Addison-Wesley , 1988.

(Wi92)   Wilde, N. et R., Huitt, "Maintaining support for Object-Oriented Programs," *IEEE Transactions on Sofware Engineering*, Vol. 18, No. 12, décembre 1992, pp. 1038-1044.

(W193)   Wilde, N.; P. Matthews; and R. Huitt, "Maintaining Object-Oriented Software," *IEEE Software Magazine*, Vol. 10, No. 1, janvier 1993, pp. 75-80.

(Wi96)   Wilson, G. V. et P. Lu, *Parrallel Programming Using C++*, Cambridge, MA: MIT Press, 1996.

(Wt93)   Wilt, N., "Templates in C++," *The C Users Journal*, mai 1993, pp. 33-51.

(Wi90)   Wirfs-Brocks, R.; Wilkerson; and L. Wiener, *Designing Object-Oriented Software*, Englewood Cliffs, NJ: Prentice Hall, 1990.

(Wy92)   Wyatt, B B.; K. Kavi; and S. Hufnagel, "Parallelism in Object-Oriented Languages: A Survey," *IEEE Software*, Vol. 9, No. 7, novembre 1992, pp. 54-56.

(Ya93)   Yamazaki, S.; K. Kajihara; M. Ito; and R. Yasuhara, "Object-Oriented Design of Telecommunication Software," *IEEE Software Magazine*, Vol. 10, No. 1, janvier 1993, pp. 81-87.

Index

A

__DATE__, constante symbolique prédéfinie, 909

__FILE__, constante symbolique prédéfinie, 909

__LINE__, constantes symbolique prédéfinie, 909

__TIME__, constante symbolique prédéfinie, 909

<algorithm>, 170, 991

<assert.h>, 169

«dépasser» l'une ou l'autre des limites d'un tableau, 533

«est un» représente l'héritage, 578

«est un», 579, 585, 593, 599, 608, 611

«est un», relation, 578

«explosion», 75

«possède un» est la composition, 578

À propos des objets, 4, 21, 390

a.out, 15–16

abort, 482, 728, 732, 737, 743, 909, 925

abréviation d'expressions d'affectation, 85

abréviations anglaises, 8

abstraction de données, 4, 453, 483, 533, 605

abstraction, 39

accéder à un membre d'une classe, 402

accéder à une variable globale, 202

accès à des membres de données et des fonctions membres non statiques d'une classe, 481

accès à des membres **private** d'une classe, 408

accès à un membre d'une structure, 402, 851

accès à un membre en dehors de toute contrainte, 403

accès aux données de l'appelant, 197

accès aux membres d'un objet par chaque type d'identificateur d'objet, 403

accès aux membres d'une **union**, 930

accès direct, 798

accès indexé, 997

accès non valable à l'espace de stockage, 925

accès **private** par défaut à une classe, 407

accès **private** par défaut aux membres de classes, 850

accès **public** par défaut aux membres d'une **struct**, 409

accès vérifié, 944

accessibilité des membres de classe de base dans une classe dérivée, 592

accolade droite (**}**) de fin d'un bloc, 182

accolade droite (**}**) de fin de la définition d'une classe, 407

accolade droite (**}**), 22–23, 28

accolade gauche (**{**), 22, 25

accolades (**{}**), 23, 37, 67, 68, 79, 103

accolades dans une structure **do/while**, 106

accord de licence, 430

accumulate, 985, 1027, 1053, 1054

accumulateur, 373

achèvement d'E/S disque, 725

achèvement de programme, 419, 421, 923

achèvement normal, 730

achèvement sur échec, 923

achèvement, 719, 421

achèvement, ménage, 418

achèvement, test, 192

ACOO, 41

acteur, 124

action de sortie, 212

action, 3, 65–66, 69, 115, 211, 483

actions à effectuer, 60, 70

activations, 285

activité, 212, 285

Ada, 12

adaptateur de conteneur, 974, 981, 1008

adaptateur de fonction, 1052

adaptateur, 1008

adapter un logiciel, 598

addition, 6, 29–31

adjacent_difference, 985, 1047

adjacent_find, 985, 1048

adjustfield, 687, 689

administrateur, 155

adresse (**&**) d'une structure, 851

adresse d'un champ de bits, 868

adresse mémoire, 306, 667

affectation d'un objet à un autre avec la copie de membre à membre par défaut, 429

affectation d'un objet à un autre, 429

affectation de pointeurs de classe dérivée à des pointeurs de classe de base, 582

affectation de tableau, 484

affectation membre à membre, 525

affectations en cascade, 555

affecter des chaînes de caractères à des objets **Chaine**, 554

affecter des objets de classe, 410, 447

affecter un itérateur à un autre, 982

affecter une structure à une autre de même type, 851

affecter une **union** à une autre **union** de même type, 930

affichage à l'écran, 661, 663

affichage d'un arbre, 834

Affichage d'un entier avec espacement interne et forçage du signe plus, 684

Affichage d'une chaîne un caractère à la fois en utilisant un pointeur non constant vers des données constantes, 317

affichage de caractères autres que l'espace, des chiffres et des lettres, 869

affichage de caractères, y compris les espaces, 869

affichage de dates, 385

Affichage de la valeur d'une **union** dans les types de données de ses membres, 931

Affichage de valeurs à virgule flottante en formats du système par défaut, scientifique et fixe, 687

Affichage des caractéristiques d'une string, 950

End-User License Agreement for Microsoft Software

IMPORTANT-READ CAREFULLY: This Microsoft End-User License Agreement ("EULA") is a legal agreement between you (either an individual or a single entity) and Microsoft Corporation for the Microsoft software products included in this package, which includes computer software and may include associated media, printed materials, and "online" or electronic documentation ("SOFTWARE PRODUCT"). The SOFTWARE PRODUCT also includes any updates and supplements to the original SOFTWARE PRODUCT provided to you by Microsoft. By installing, copying, downloading, accessing or otherwise using the SOFTWARE PRODUCT, you agree to be bound by the terms of this EULA. If you do not agree to the terms of this EULA, do not install, copy, or otherwise use the SOFTWARE PRODUCT.

SOFTWARE PRODUCT LICENSE

The SOFTWARE PRODUCT is protected by copyright laws and international copyright treaties, as well as other intellectual property laws and treaties. The SOFTWARE PRODUCT is licensed, not sold.

1. GRANT OF LICENSE. This EULA grants you the following rights:

    1.1 License Grant. Microsoft grants to you as an individual, a personal nonexclusive license to make and use copies of the SOFTWARE PRODUCT for the sole purposes of evaluating and learning how to use the SOFTWARE PRODUCT, as may be instructed in accompanying publications or documentation. You may install the software on an unlimited number of computers provided that you are the only individual using the SOFTWARE PRODUCT.

    1.2 Academic Use. You must be a "Qualified Educational User" to use the SOFTWARE PRODUCT in the manner described in this section. To determine whether you are a Qualified Educational User, please contact the Microsoft Sales Information Center/One Microsoft Way/Redmond, WA 98052-6399 or the Microsoft subsidiary serving your country. If you are a Qualified Educational User, you may either:

        (i)   exercise the rights granted in Section 1.1, OR

        (ii)   if you intend to use the SOFTWARE PRODUCT solely for instructional purposes in connection with a class or other educational program, this EULA grants you the following alternative license models:

(A)   Per Computer Model. For every valid license you have acquired for the SOFT-WARE PRODUCT, you may install a single copy of the SOFTWARE PROD-UCT on a single computer for access and use by an unlimited number of student end users at your educational institution, provided that all such end users comply with all other terms of this EULA, OR

(B)   Per License Model. If you have multiple licenses for the SOFTWARE PROD-UCT, then at any time you may have as many copies of the SOFTWARE PRODUCT in use as you have licenses, provided that such use is limited to student or faculty end users at your educational institution and provided that all such end users comply with all other terms of this EULA. For purposes of this subsection, the SOFTWARE PRODUCT is "in use" on a computer when it is loaded into the temporary memory (i.e., RAM) or installed into the per-manent memory (e.g., hard disk, CD ROM, or other storage device) of that computer, except that a copy installed on a network server for the sole purpose of distribution to other computers is not "in use". If the anticipated number of users of the SOFTWARE PRODUCT will exceed the number of applicable licenses, then you must have a reasonable mechanism or process in place to ensure that the number of persons using the SOFTWARE PRODUCT concur-rently does not exceed the number of licenses.

2.   DESCRIPTION OF OTHER RIGHTS AND LIMITATIONS.

- Limitations on Reverse Engineering, Decompilation, and Disassembly. You may not reverse engineer, decompile, or disassemble the SOFTWARE PROD-UCT, except and only to the extent that such activity is expressly permitted by applicable law notwithstanding this limitation.

- Separation of Components. The SOFTWARE PRODUCT is licensed as a sin-gle product. Its component parts may not be separated for use on more than one computer.

- Rental. You may not rent, lease or lend the SOFTWARE PRODUCT.

- Trademarks. This EULA does not grant you any rights in connection with any trademarks or service marks of Microsoft.

- Software Transfer. The initial user of the SOFTWARE PRODUCT may make a one-time permanent transfer of this EULA and SOFTWARE PRODUCT only directly to an end user. This transfer must include all of the SOFTWARE PRODUCT (including all component parts, the media and printed materials, any upgrades, this EULA, and, if applicable, the Certificate of Authenticity). Such transfer may not be by way of consignment or any other indirect transfer. The transferee of such one-time transfer must agree to comply with the terms of this EULA, including the obligation not to further transfer this EULA and SOFTWARE PRODUCT.

- No Support. Microsoft shall have no obligation to provide any product support for the SOFTWARE PRODUCT.

- Termination. Without prejudice to any other rights, Microsoft may terminate this EULA if you fail to comply with the terms and conditions of this EULA. In such event, you must destroy all copies of the SOFTWARE PRODUCT and all of its component parts.

3. COPYRIGHT. All title and intellectual property rights in and to the SOFTWARE PRODUCT (including but not limited to any images, photographs, animations, video, audio, music, text, and "applets" incorporated into the SOFTWARE PRODUCT), the accompanying printed materials, and any copies of the SOFTWARE PRODUCT are owned by Microsoft or its suppliers. All title and intellectual property rights in and to the content which may be accessed through use of the SOFTWARE PRODUCT is the property of the respective content owner and may be protected by applicable copyright or other intellectual property laws and treaties. This EULA grants you no rights to use such content. All rights not expressly granted are reserved by Microsoft.

4. BACKUP COPY. After installation of one copy of the SOFTWARE PRODUCT pursuant to this EULA, you may keep the original media on which the SOFTWARE PRODUCT was provided by Microsoft solely for backup or archival purposes. If the original media is required to use the SOFTWARE PRODUCT on the COMPUTER, you may make one copy of the SOFTWARE PRODUCT solely for backup or archival purposes. Except as expressly provided in this EULA, you may not otherwise make copies of the SOFTWARE PRODUCT or the printed materials accompanying the SOFTWARE PRODUCT.

5. U.S. GOVERNMENT RESTRICTED RIGHTS. The SOFTWARE PRODUCT and documentation are provided with RESTRICTED RIGHTS. Use, duplication, or disclosure by the Government is subject to restrictions as set forth in subparagraph (c)(1)(ii) of the Rights in Technical Data and Computer Software clause at DFARS 252.227-7013 or subparagraphs (c)(1) and (2) of the Commercial Computer Software-Restricted Rights at 48 CFR 52.227-19, as applicable. Manufacturer is Microsoft Corporation/One Microsoft Way/ Redmond, WA 98052-6399.

6. EXPORT RESTRICTIONS. You agree that you will not export or re-export the SOFTWARE PRODUCT, any part thereof, or any process or service that is the direct product of the SOFTWARE PRODUCT (the foregoing collectively referred to as the "Restricted Components"), to any country, person, entity or end user subject to U.S. export restrictions. You specifically agree not to export or re-export any of the Restricted Components (i) to any country to which the U.S. has embargoed or restricted the export of goods or services, which currently include, but are not necessarily limited to Cuba, Iran, Iraq, Libya, North Korea, Sudan and Syria, or to any national of any such country, wherever located, who intends to transmit or transport the Restricted Components back to such country; (ii) to any end-user who you know or have reason to know will utilize the Restricted Components in the design, development or produc-

tion of nuclear, chemical or biological weapons; or (iii) to any end-user who has been prohibited from participating in U.S. export transactions by any federal agency of the U.S. government. You warrant and represent that neither the BXA nor any other U.S. federal agency has suspended, revoked, or denied your export privileges.

7. NOTE ON JAVA SUPPORT. THE SOFTWARE PRODUCT MAY CONTAIN SUPPORT FOR PROGRAMS WRITTEN IN JAVA. JAVA TECHNOLOGY IS NOT FAULT TOLERANT AND IS NOT DESIGNED, MANUFACTURED, OR INTENDED FOR USE OR RESALE AS ON-LINE CONTROL EQUIPMENT IN HAZARDOUS ENVIRONMENTS REQUIRING FAIL-SAFE PERFORMANCE, SUCH AS IN THE OPERATION OF NUCLEAR FACILITIES, AIRCRAFT NAVIGATION OR COMMUNICATION SYSTEMS, AIR TRAFFIC CONTROL, DIRECT LIFE SUPPORT MACHINES, OR WEAPONS SYSTEMS, IN WHICH THE FAILURE OF JAVA TECHNOLOGY COULD LEAD DIRECTLY TO DEATH, PERSONAL INJURY, OR SEVERE PHYSICAL OR ENVIRONMENTAL DAMAGE.

MISCELLANEOUS

If you acquired this product in the United States, this EULA is governed by the laws of the State of Washington.

If you acquired this product in Canada, this EULA is governed by the laws of the Province of Ontario, Canada. Each of the parties hereto irrevocably attorns to the jurisdiction of the courts of the Province of Ontario and further agrees to commence any litigation which may arise hereunder in the courts located in the Judicial District of York, Province of Ontario.

If this product was acquired outside the United States, then local law may apply.

Should you have any questions concerning this EULA, or if you desire to contact Microsoft for any reason, please contact

Microsoft, or write: Microsoft Sales Information Center/One Microsoft Way/Redmond, WA 98052-6399.

LIMITED WARRANTY

LIMITED WARRANTY. Microsoft warrants that (a) the SOFTWARE PRODUCT will perform substantially in accordance with the accompanying written materials for a period of ninety (90) days from the date of receipt, and (b) any Support Services provided by Microsoft shall be substantially as described in applicable written materials provided to you by Microsoft, and Microsoft support engineers will make commercially reasonable efforts to solve any problem. To the extent allowed by applicable law, implied warranties on the SOFTWARE PRODUCT, if any, are limited to ninety (90) days. Some states/ jurisdictions do not allow limitations on duration of an implied warranty, so the above limitation may not apply to you.

CUSTOMER REMEDIES. Microsoft's and its suppliers' entire liability and your exclusive remedy shall be, at Microsoft's option, either (a) return of the price paid, if any, or (b) repair or replacement of the SOFTWARE PRODUCT that does not meet Microsoft's Limited Warranty and that is returned to Microsoft with a copy of your receipt. This Limited Warranty is void if failure of the SOFTWARE PRODUCT has resulted from accident, abuse, or misapplication. Any replacement SOFTWARE PRODUCT will be warranted for the remainder of the original warranty period or thirty (30) days, whichever is longer. Outside the United States, neither these remedies nor any product support services offered by Microsoft are available without proof of purchase from an authorized international source.

NO OTHER WARRANTIES. TO THE MAXIMUM EXTENT PERMITTED BY APPLICABLE LAW, MICROSOFT AND ITS SUPPLIERS DISCLAIM ALL OTHER WARRANTIES AND CONDITIONS, EITHER EXPRESS OR IMPLIED, INCLUDING, BUT NOT LIMITED TO, IMPLIED WARRANTIES OR CONDITIONS OF MER-CHANTABILITY, FITNESS FOR A PARTICULAR PURPOSE, TITLE AND NON-INFRINGEMENT, WITH REGARD TO THE SOFTWARE PRODUCT, AND THE PROVISION OF OR FAILURE TO PROVIDE SUPPORT SERVICES. THIS LIMITED WARRANTY GIVES YOU SPECIFIC LEGAL RIGHTS. YOU MAY HAVE OTHERS, WHICH VARY FROM STATE/JURISDICTION TO STATE/JURISDICTION.

LIMITATION OF LIABILITY. TO THE MAXIMUM EXTENT PERMITTED BY APPLICABLE LAW, IN NO EVENT SHALL MICROSOFT OR ITS SUPPLIERS BE LIABLE FOR ANY SPECIAL, INCIDENTAL, INDIRECT, OR CONSEQUENTIAL DAMAGES WHATSOEVER (INCLUDING, WITHOUT LIMITATION, DAMAGES FOR LOSS OF BUSINESS PROFITS, BUSINESS INTERRUPTION, LOSS OF BUSI-NESS INFORMATION, OR ANY OTHER PECUNIARY LOSS) ARISING OUT OF THE USE OF OR INABILITY TO USE THE SOFTWARE PRODUCT OR THE FAILURE TO PROVIDE SUPPORT SERVICES, EVEN IF MICROSOFT HAS BEEN ADVISED OF THE POSSIBILITY OF SUCH DAMAGES. IN ANY CASE, MICROSOFT'S ENTIRE LIABILITY UNDER ANY PROVISION OF THIS EULA SHALL BE LIMITED TO THE GREATER OF THE AMOUNT ACTUALLY PAID BY YOU FOR THE SOFTWARE PRODUCT OR U.S.$5.00; PROVIDED, HOWEVER, IF YOU HAVE ENTERED INTO A MICROSOFT SUPPORT SERVICES AGREEMENT, MICROSOFT'S ENTIRE LIABILITY REGARDING SUPPORT SERVICES SHALL BE GOVERNED BY THE TERMS OF THAT AGREEMENT. BECAUSE SOME STATES/ JURISDICTIONS DO NOT ALLOW THE EXCLUSION OR LIMITATION OF LIA-BILITY, THE ABOVE LIMITATION MAY NOT APPLY TO YOU.

0495 Part No. 64358

The DEITEL & DEITEL Suite of Products...

e-Business & e-Commerce for Managers

© 2001, 794 pp., paper
(0-13-032364-0)

This innovative book is a comprehensive overview of building and managing an e-business. It explores topics such as the decision to bring a business online, choosing a business model, accepting payments, marketing strategies and security, as well as many other important issues (such as career resources). Features, Web resources and online demonstrations supplement the text and direct readers to additional materials. The book also includes an appendix that develops a complete Web-based shopping cart application using HTML, JavaScript, VBScript, Active Server Pages, ADO, SQL, HTTP, XML and XSL. Plus, company-specific sections provide "real-world" examples of the concepts presented in the book.

Wireless Internet & m-Business How to Program

© 2002, 1300 pp., paper
(0-13-062226-5)

While the rapid growth of wireless technologies (such as cell phones, pagers and personal digital assistants) offers many new opportunities for businesses and programmers, it also presents numerous challenges related to issues such as security and standardization. This book offers a thorough treatment of both the management and technical aspects of this expanding area, including current practices and future trends. The first half explores the business issues surrounding wireless technology and mobile business, including an overview of existing and developing communication technologies and the application of business principles to wireless devices. It then turns to programming for the wireless Internet, exploring topics such as WAP (including 2.0), WML, WMLScript, XML, XSL, XSLT, XHTML, HDML, Wireless Java Programming, Web Clipping and more. Other topics covered include career resources, location-based services, wireless marketing, wireless payments, security, accessibility, international issues, Palm, PocketPC, Windows CE, i-Mode, Bluetooth, J2ME, MIDP, MIDlets, ASP, Perl and PHP. Also discussed are Microsoft .NET Mobile Framework, BREW, multimedia, Flash, VBScript, HDML and legal, ethical and social issues.

XML How to Program

BOOK / CD-ROM

© 2001, 934 pp., paper
(0-13-028417-3)

This book is a comprehensive guide to programming in XML. It explains how to use XML to create customized tags and includes several chapters that address standard custom markup languages for science and technology, multimedia, commerce and other fields. Concise introductions to Java, JavaServer Pages, VBScript, Active Server Pages and Perl/CGI provide readers with the essentials of these programming languages and server-side development technologies to enable them to work effectively with XML. The book also covers cutting-edge topics such as XQL and SMIL, plus a real-world e-commerce case study and a complete chapter on Web accessibility that addresses Voice XML. It also includes tips such as Common Programming Errors, Software Engineering Observations, Portability Tips and Debugging Hints. Other topics covered include XHTML, CSS, DTD, schema, parsers, DOM, SAX, XPath, XLink, namespaces, XBase, XInclude, XPointer, XSL, XSLT, XSL Formatting Objects, JavaServer Pages, XForms, topic maps, X3D, MathML, OpenMath, CML, BML, CDF, RDF, SVG, Cocoon, WML, XBRL, and BizTalk and SOAP Web resources, .

Perl How to Program

BOOK / CD-ROM

© 2001, 1057 pp., paper
(0-13-028418-1)

This comprehensive guide to Perl programming emphasizes the use of the Common Gateway Interface (CGI) with Perl to create powerful dynamic Web content for e-commerce applications. The book begins with a clear and careful introduction to programming concepts at a level suitable for beginners, and proceeds through advanced topics such as references and complex data structures. Key Perl topics such as regular expressions and string manipulation are covered in detail. The authors address important and topical issues such as object-oriented programming, the Perl database interface (DBI), graphics and security. Also included is a treatment of XML, a bonus chapter introducing the Python programming language, supplemental material on career resources and a complete chapter on Web accessibility. The text also includes tips such as Common Programming Errors, Software Engineering Observations, Portability Tips and Debugging Hints.

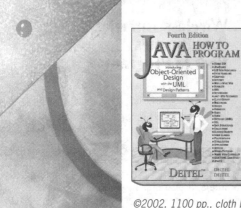

Java How to Program
Fourth Edition

BOOK / CD-ROM

©2002, 1100 pp., cloth bound w/CD-ROM
(0-13-034151-7)

The world's best-selling Java text is now even better! The Fourth Edition of *Java How to Program* now includes a new focus on object-oriented design with the UML, full-color program listings and figures, and the most up-to-date Java coverage available.

Readers will discover key topics in Java programming, such as graphical user interface components, exception handling, multithreading, multimedia, files and streams, networking, data structures, and more. In addition, a new chapter on design patterns explains frequently recurring architectural patterns—information that can help save designers considerable time when building large systems.

The highly detailed optional case study focuses on object-oriented design with the UML and presents fully implemented working Java code.

Updated throughout, the text now includes new and revised discussions on topics such as Swing, graphics, multithreading, multimedia, socket-and-packet-based networking and career resources. Three introductory chapters heavily emphasize problem solving and programming skills. The chapters on RMI, JDBC, servlets and JavaBeans have been moved to *Advanced Java How to Program*, where they are now covered in much greater depth. (See *Advanced Java How to Program*, at right.)

Advanced Java How to Program

BOOK / CD-ROM

©2002, 1000 pp., paper
(0-13-089560-1)

Expanding on the world's best-selling Java text, *Advanced Java How to Program* includes an in-depth discussion of advanced topics, aiding developers in producing significant, scalable Java applications and distributed systems. Primarily based on Java 2 Enterprise Edition 1.2.1, the book integrates many technologies such as XML, JavaBeans, Security, JDBC, JSP, servlets, RMI and Enterprise JavaBeans into a production-quality system, thus allowing developers to take better advantage of the leverage and platform-independence provided by Java 2 Enterprise Edition. Other topics explored include application servers, JINI, CORBA, career resources and more. The book also features the development of a complete, end-to-end Enterprise Java case study using advanced Java technologies. In addition, it incorporates wireless technology, featuring WAP, J2ME, MIDP and MIDlets.

C++ How to Program
Third Edition

BOOK / CD-ROM

©2001, 1168 pp., paper
(0-13-089571-7)

The world's best-selling C++ text teaches programming by emphasizing structured and object-oriented programming, software reuse and component-oriented software construction. This comprehensive book uses the Deitels' signature live-code™ approach, presenting every concept in the context of a complete, working C++ program followed by a screen capture showing the program's output. It also includes a rich collection of exercises and valuable insights in its set of Common Programming Errors, Software Engineering Observations, Portability Tips and Debugging Hints. The Third Edition includes a new case study that focuses on object-oriented design with the UML and illustrates the entire process of object-oriented design from conception to implementation. In addition, it adheres to the latest ANSI/ISO C++ standards. The accompanying CD-ROM contains Microsoft® Visual C++ 6.0 Introductory Edition software, source code for all examples in the text and hyperlinks to C++ demos and Internet resources.

C# How to Program

BOOK / CD-ROM

© 2002, 1000 pp., paper (0-13-062221-4)

An exciting new addition to the *How to Program* series, *C# How to Program* provides a comprehensive introduction to Microsoft's new object-oriented language. C# builds on the skills already mastered by countless C++ and Java programmers, enabling them to create powerful Web applications and components— ranging from XML-based Web services on Microsoft's .NET™ platform to middle-tier business objects and system-level applications. Mastering C# will allow programmers to create complex systems— using fewer lines of code and reducing the chance for error. The end result is faster development at a decreased cost—and optimum adaptibility that makes it easy to keep up with the evolving Web. Look for these related titles in the Deitels' *.NET Series:*

• *Visual Basic® .NET How to Program*
• *Visual C++ .NET How to Program*

C How to Program
Third Edition

BOOK / CD-ROM

© 2001, 1253 pp., paper (0-13-089572-5)

Highly practical in approach, the Third Edition of the world's best-selling C text introduces the fundamentals of structured programming and software engineering and gets up to speed quickly. This comprehensive book not only covers the full C language, but also reviews library functions and introduces object-based and object-oriented programming in C++ and Java, as well as event-driven GUI programming in Java. The Third Edition includes a new 346-page introduction to Java 2 and the basics of GUIs, and the 298-page introduction to C++ and updated to be consistent with the most current ANSI/ISO C++ standards. Plus, icons throughout the book point out valuable programming tips such as Common Programming Errors, Portability Tips and Testing and Debugging Tips.

Look for new editions coming soon!

Visual Basic® 6
How to Program

BOOK / CD-ROM

©1999, 1015 pp., paper bound w/CD-ROM
(0-13-456955-5)

Getting Started with Microsoft® Visual C++™ 6 with an Introduction to MFC

BOOK / CD-ROM

©2000, 163 pp., paper (0-13-016147-0)

Complete Training Courses

Each complete package includes the corresponding *How to Program Series* book and interactive multimedia CD-ROM. *Complete Training Courses* are perfect for anyone interested in learning Java, C++, Visual Basic, XML, Perl, Internet/World Wide Web and e-commerce programming. They are exceptional and affordable resources for college students and professionals learning programming for the first time or reinforcing their knowledge.

Each *Complete Training Course* is compatible with Windows 95, Windows 98, Windows NT and Windows 2000 and includes the following features:

Intuitive Browser-Based Interface

Whether you choose the Web-based *Complete Training Course* or the CD-ROM, you'll love the new browser-based interface, designed to be easy and accessible to anyone who's ever used a Web browser. Every *Complete Training Course* features the full text, illustrations, and program listings of its corresponding *How to Program* book—all in full color—with full-text searching and hyperlinking.

Further Enhancements to the Deitels' Signature Live-Code™ Approach

Every code sample from the main text can be found in the interactive, multimedia, CD-ROM-based *Cyber Classrooms* included in the *Complete Training Courses*. Syntax coloring of code is included for the *How to Program* books that are published in full color. Even the recent two-color books use effective syntax coloring. The *Cyber Classroom* software is provided in full color for all the Deitel books.

Audio Annotations

Hours of detailed, expert audio descriptions of thousands of lines of code help reinforce concepts.

Easily Executable Code

With one click of the mouse, you can execute the code or save it to your hard drive to manipulate using the programming environment of your choice. With selected *Complete Training Courses*, you can also automatically load all of the code into a development environment such as Microsoft® Visual C++™, enabling you to modify and execute the programs with ease.

Abundant Self-Assessment Material

Practice exams test your understanding with hundreds of text questions and answers in addition to those found in the main text. Hundreds of self-review questions, all with answers, are drawn from the text; as are hundreds of programming exercises, half with answers.

Announcing New Web-Based Versions of the Deitels' *Complete Training Courses!*

The same highly acclaimed material found on the *Cyber Classroom* CD-ROMs is now available at the same price via the World Wide Web! When you order the Web-based version of a *Complete Training Course*, you receive the corresponding *How to Program* book with a URL and password that give you six months of access to the *Cyber Classroom* software via the Web.

To explore a demo of this new option, please visit
http://ptgtraining.com

www.Deitel.InformIT.com

Deitel & Associates, Inc. is partnering with Prentice Hall's parent company, Pearson PLC, and its information technology Web site, InformIT (www.informit.com) to launch the Deitel InformIT site at www.Deitel.InformIT.com. The Deitel InformIT site is an online resource center that delivers premium IT content, adding new e-Learning offerings to the established Deitel product suite and the ability to purchase Deitel products. The site will contain information on the continuum of Deitel products, including:

 • **Free weekly Deitel Buzz e-mail newsletter**

 • **Free informational articles**

 • **Free daily audio Deitel Buzz**

 • **Deitel e-Matter**

• **Books and e-Books**
• **Instructor-led training**
• **Web-based training**
• **Complete Training Courses/Cyber Classrooms**

InformIT

www.Deitel.InformIT.com will benefit professionals, professors and students alike. The weekly Deitel Buzz e-mail newsletter and informational articles offer the reader an up-to-the-minute analysis of trends and technologies as well as insights into programming methodologies. The audio Deitel Buzz is a free opt-in daily e-mail featuring a link to an audio-annotated code sample. One of the authors will provide a detailed walkthrough of the code, offering insights into portability issues, maximizing efficiency and other valuable tips. For more in-depth material, we are pleased to announce the launch of **Deitel e-Matter**. e-Matter consists of sections taken from already published texts, forthcoming texts or pieces written during the Deitel research and development process.

A Sneak Peek at Deitel Web-Based Tutorials

Deitel & Associates, Inc. is developing a series of self-paced Web-based tutorials using content from the Cyber Classrooms in their *How to Program Series*. Eventually, it will be possible to access the same cutting-edge content via CD-ROM, the Web, or even wireless devices. New features of these innovative tutorials include:

Five-way Flash animation demonstrating looping.

Interactive Questions

Specialized Q icons are attached to particular lines of code. When clicked, the icon provides a question and—upon pressing a button—an answer relating specifically to that line of code.

Dynamic Glossary

Users click on designated keywords, phrases or programming elements, displaying small windows containing definitions.

Interactive Animations

Deitel Web-based tutorial courses take advantage of the small file sizes of vector-based graphics and advancements in the tools used to produce them such as Macromedia Flash, and use cutting-edge compression techniques and streaming media to deliver abundant audio. The Deitel Java Web-based tutorial features an interactive five-way for-loop animation, as pictured above, which includes an animated flowchart, audio and a simulated output window. Future *Cyber Classrooms* will contain animations illustrating important programming concepts such as flow control and recursion.

Web-based Labs

Gain hands-on knowledge of the concepts you read about in the text. Deitel Web-based tutorial labs present challenging programming assignments and their solutions.

Abundant Audio

The courses deliver hours of streaming audio-based lectures. All code is syntax colored to make it easier to read and comprehend. Future Cyber Classrooms will contain nearly twice the current amount of audio.

Richer Assessment Types

In addition to the true/false questions found in current *Cyber Classrooms*, future versions will contain richer assessment types including fill-in-the-blank and matching questions.

Multiple Content Paths

Future *Cyber Classrooms* will contain multiple paths through the content, optimized for different users. Students will find an abundance of pedagogy designed just for them, while corporate users will find the content arranged in a way that meets their challenging "just-in-time" learning needs.

For those interested in
Microsoft® Visual Basic .NET

Visual Basic .NET™ How to Program:
This book builds on the pedagogy of the
first edition, which was developed for Visual
Studio 6. It has a much-enhanced treatment
of developing Web-based e-business and
e-commerce applications. The book includes
an extensive treatment of XML and wireless
applications.

For those interested in
Python

Python How to Program: This book introduces
the increasingly popular Python language
which makes many application development
tasks easier to accomplish than with traditional
object-oriented languages. Many people are
touting Python as a more effective first language
than C++ or Java.

For those interested in
Flash

Flash 6 How to Program: Thousands of people
browse Flash-enabled Web sites daily. This first
book in our Multimedia series introduces the
powerful features of Flash 6 and includes a
detailed introduction to programming with
the Flash 6 scripting language. The key to the
book is that it presents a complete treatment
of building Flash-centric multi-tier client/server
Web-based applications.

For those interested in
Microsoft® Visual C++ .NET

Visual C++ .NET™ How to Program:
This book combines
the pedagogy and
extensive coverage of
*C++ How to Program,
Third Edition* with a
more in-depth treat-
ment of Windows and Internet programming
in Visual Studio .NET. We have carefully
culled the best material from each of these
areas to produce a solid, two-semester,
introductory/intermediate level treatment.

For those interested in
C++

Advanced C++ How to Program: This book
builds on the pedagogy of *C++ How to Program,
Third Edition*, and features more advanced
discussions of templates, multiple inheritance
and other key topics. We are co-authoring this
book with Don Kostuch, one of the world's
most experienced C++ educators.

New & Improved Deitel Web Site!

Deitel & Associates, Inc. is constantly
upgrading www.deitel.com. The
new site will feature Macromedia Flash®
enhancements and additional content to
create a more valuable resource for students,
professors and professionals. Features will
include FAQs, Web resources, e-publications
and online chat sessions with the authors.
We will include streaming audio clips where
the authors discuss their publications.
Web-based training demos will also be
available at the site.

**Turn the page to
find out more about
Deitel & Associates!**

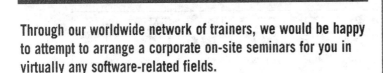

Comment programmer en Java, 3e édition

Deitel et Deitel
1408 pages

Version française de
Java™ How to Program, Third Edition

Java révolutionne le développement de logiciels par son code orienté objets, indépendant de la plate-forme et chargé de multimédia pour ses applets et applications conventionnelles ou destinées à fonctionner sur l'Internet, en intranet ou en extranet. Cette troisième édition du livre sur Java le plus utilisé au monde propose sur son cédérom deux environnements de développement intégrés de Java.

Dans **Comment programmer en Java, troisième édition**, les Deitel présentent les notions fondamentales de la programmation orientée objets et du développement d'applications en client-serveur en Java.

Le livre traite, parmi les concepts clés, des sujets suivants :
- Les composants GUI de Swing, la gestion des événements et les graphismes
- L'informatique répartie : les servlets, le RMI et la mise en réseau
- Les bases de données (JDBC), les structures de données, les collections, les fichiers
- Le multimédia, les animations, l'audio
- L'Internet, le Web
- Le multithread et les exceptions

L'introduction complète, de référence à Java™ 2

1403 exercices en tout!

16 485 lignes de code dans **220 exemples de programmes** avec les copies d'écrans qui montrent les sorties exactes produites

959 exercices qui accompagnent chaque chapitre

444 exercices de révision avec leurs solutions qui accompagnent chaque chapitre

588 astuces, avertissements et pratiques recommandées, toutes indiquées par les icônes suivantes :

| *Erreurs de programmation courantes* | *Astuces de tests et de débogage* | *Bonnes pratiques de programmation* | *Astuces sur la performance* | *Astuces sur la portabilité* | *Observations de génie logiciel* | *Observations sur l'aspect et le comportement* |

Le cédérom d'accompagnement contient la version Standard, 1.3 du SDK de Java™ 2,
La version University Edition du JBuilder™ 3 de Borland®
et la version 2.1 du DeveloperX2 de Netbeans™

LES ÉDITIONS REYNALD GOULET INC.